北京大學圖書館藏

六同別録

整理與導讀（上）

周青 主編

四川人民出版社

圖書在版編目（CIP）數據

北京大學圖書館藏《六同别録》：整理與導讀 / 周青主編. -- 成都：四川人民出版社, 2025. 7. -- ISBN 978-7-220-14131-7

Ⅰ. K207-53

中國國家版本館CIP數據核字第2025Y6G510號

BEIJING DAXUE TUSHUGUAN CANG《LIUTONG BIELU》: ZHENGLI YU DAODU

北京大學圖書館藏《六同别録》：整理與導讀

周青　主編

出 版 人	黄立新
學術顧問	汪啓明
責任編輯	封　龍　葛　天
版式設計	張迪茗
封面設計	周偉偉
責任印製	周　奇
出版發行	四川人民出版社（成都市三色路238號）
網　　址	http://www.scpph.com
E-mail	scrmcbs@sina.com
新浪微博	@四川人民出版社
微信公衆號	四川人民出版社
發行部業務電話	（028）86361653　86361656
防盜版舉報電話	（028）86361653
照　　排	四川勝翔數碼印務設計有限公司
印　　刷	成都東江印務有限公司
成品尺寸	185mm×283mm
印　　張	62.25
字　　數	765千
版　　次	2025年7月第1版
印　　次	2025年7月第1次印刷
書　　號	ISBN 978-7-220-14131-7
定　　價	380.00元（全三册）

群星閃耀：抗戰烽火中的學術堅守

——寫于《六同别録》整理重印之際

周　青

1945年8月15日，日本天皇裕仁通過廣播向全世界宣布無條件投降，全世界熱愛和平的人們爲之歡呼。這不僅標志着第二次世界大戰的結束，也標志着中華兒女十四年浴血抗戰的全面勝利。就在這一年，滔滔長江邊的一個小鎮上，因抗戰而内遷在此的中國學者擊掌相慶。時任中央研究院歷史語言研究所（以下簡稱爲中研院史語所）所長的傅斯年做了一個决定：請史語所各位學者把自己壓箱底的代表作拿出來，出版一部高水準的專輯，一爲紀念這段刻骨銘心的學術生活，二爲紀念抗戰的全面勝利。一時間大家都行動起來，按照各自的研究方嚮、專業特長撰寫、修改文稿，没有機器設備，就用手謄寫、用石版印，“就李莊營業的小石印館”印刷、裝訂，在極其艱苦的條件下硬是把一批具有重要傳承價值的著作整理了出來——這就是1946年出版、印量極小、存世極少，今天在海内外難覓踪迹的《六同别録》。

一、“李莊學者”不僅屬于李莊

抗戰前，李莊是“一個地圖上找不到的地方”。在抗戰時期的大後方，李莊是一座豐碑，是一顆璀璨的明珠，中國學者在此書寫了抗戰文化史、抗戰學術史的重要篇章，以至于能以一鎮而與成都、重慶、昆明等大城市并稱爲“四大抗戰文化中心”。李莊短短六年間的山、水、人、事，艱難著述和琅琅書聲，將永刻在中國人民的記憶中，歷久彌堅，也必將放射出更耀眼的光芒。1946年7月，隨着載有最後一批抗戰文化人士的船隻離去，李莊又歸于平静。常有人説某地、某人是“半部民國史”；李莊因學術抗戰而聞名全國和全世界，我們這裏要説，“一個李莊，半部抗戰學術史”，應該是實至名歸的。

李莊，梁代屬戎州（今宜賓）六同郡，郡治南廣縣，隋時南廣縣改稱南溪縣，李莊成爲縣治所在地，直至晚唐時期縣治别遷。它有“九宫十八廟”，較有名者如奎星閣、東岳廟、王爺廟、張爺廟（桓侯廟）、天上宫、慧光寺、禹王宫、巧聖宫、川祖寺，等等。

1937年7月7日，全面抗戰爆發。機關、學校、工廠相繼内遷，其中就有著名的同濟大學。同濟大學從淪陷區輾轉奔波，從吴淞到上海、浙江金華、江西贛州、廣西八步，而至雲南昆明。但昆明也隨即遭到日軍轟炸。1939年10月，中研院史語所、社會所，中央博物院，中國營造學社等機構，因躲避轟炸，又由昆明疏散至城郊龍泉鎮。1940年10月，同濟大學電托前中原紙廠廠長錢子甯在宜賓、南溪一帶尋找校址，中間頗有波折，多時無果。李莊鄉紳知道這個情况後，立即電邀同濟大學遷至李莊，這就是今天已經聞名中外的“十六字電文”：“同大遷川，李莊歡迎；一切需要，地方供給。”爲能成功引來同濟大學，他們另文再述，詳介當地适宜辦學的各方面優越條件，包括歷史沿革、風土人情、物産資源等。不久，學校就派了理學院院長王葆仁、事務主任周召南先行，中研院三個所和中央博物院也派史語所芮逸夫隨同入川。三位先遣人員來到李莊，住在益德小學，與地方各界人士初步擬定了安置辦法。[①]同時，傅斯年也與時任省政府教育廳廳長的郭有守取得聯繫："郭廳長子杰兄：惠書敬悉，盛情極感。所示南溪李莊張家大院情形，與敝所適宜，請即電知專員公署保留，至荷。又，此間各學術小機關四五，擬與敝所同遷一區，即派敝所專員芮逸夫君前往查看，乞省府電知叙永、瀘州、叙府、犍爲一带專員、縣長協助一切，公私并感。弟傅斯年。"[②]

這樣，同濟大學和中研院史語所等從淪陷區輾轉萬里、漂泊三年，終于在這裏找到了一個可以安放書桌的地方。中國的一大批頂尖學人隨後陸續抵達宜賓李莊。李莊以博大的胸懷先後接納了同濟大學，中研院史語所、社會科學研究所、體質人類學研究所，北京大學文科研究所，中央博物院籌備處，中國營造學社等衆多高等學府和研究機構。這些機構的遷人，使得李莊成爲大後方重要的文化中心，爲抗戰時期的文化傳承和學術發展提供了有力支撑。

隨着這些機構内遷，衆多代表當時中國最高學術水準的學者進入長江邊的這座小鎮，小鎮頓時喧嚣起來。"南渡"而流寓李莊的學人，是教授中的教授、學者中的學者，如社會學奠基人陶孟和、考古學之父李濟、民族學開創者凌純聲、體質人類學奠基人吴定良、非漢語語言學之父李方桂、建築學之父梁思成，还有享譽國内外的大學者傅斯年、梁思永、巫寶三、梁方仲、岑仲勉、劉敦楨、林徽因、童第周、丁文淵，以

① 四川宜賓市政協文史資料委員會：《宜賓文史資料選輯》總第20輯"李莊文化古鎮專輯"，1992，第83頁。

② 王汎森、潘光哲、吴政上主編《傅斯年遺札·傅斯年致郭有守》，社會科學文獻出版社，2015，第829頁。

及青年才俊董同龢、任繼愈、羅爾綱、吴孟超、羅哲文、王世襄……這份名單，還可以列得很長，以至于有人説“如果没有李莊，中華文脉將是另一模樣”。一則廣爲流傳的故事是，1940—1946年的中國，衹要在信封上寫“中國李莊”，哪怕是國際郵件，都能精准直達。另一件事更能説明李莊的地位：1945年4月，甲骨文研究專家董作賓編寫的《殷曆譜》以手寫石印方式在李莊出版，被向以嚴謹著稱的陳寅恪譽爲“抗戰第一書”：“學術界著作當以尊著爲第一部書，決無疑義也。”①

抗戰勝利後，1945年10月8日，《新華日報》頭版發表《感謝四川人民》的社論，贊揚走向抗日戰場上的302萬士兵英勇殺敵，300萬民工服工役，修建了15座機場，供給抗戰前方8000萬擔軍糧，“四川人民對于正面戰場送出了多少血肉，多少血汗，多少血淚”，“我們對這個爲正面戰場出了最多力量的四川人民，決不能忘恩負義，無所報答”。這裏“感謝”的四川人民，自應該包括李莊人民和“李莊學者”。抗戰時期遷入四川的高校48所，占戰前中國108所高校的44%。②以李莊人爲代表的四川人民在文化抗戰中，對全國内遷的高等學校和科研機構的支持也不應該被忘記！當時中央博物院還有一大批國家級珍貴文物也隨同遷往李莊。正是有了李莊人民和“李莊學者”，中華民族的文脉、學脉纔能延續下來。李莊，在國家生死存亡的關頭護佑了中華文化。

陳寅恪在爲鄧廣銘《宋史職官志考證》作序時説：“華夏民族之文

---

① 陳寅恪:《致董作賓》，載《陳寅恪集·書信集》，生活·讀書·新知三聯書店，2009，第255頁。

② 陳光復、張明:《抗日激流中四川大學變化發展》，《成都文史資料選輯》第十六輯，1987，第103頁。

化，歷數千載之演進，造極于趙宋之世。後漸衰微，終必復振。譬諸冬季之樹木，雖已凋落，而本根未死，陽春氣暖，萌芽日長，及至盛夏，枝葉扶疏，亭亭如車蓋，又可庇蔭百十人矣。”[①]“李莊學者”正是華夏民族文化“本根”的代表。

抗戰中的李莊不僅僅是李莊一鎮，而是中國、中華民族，乃至整個世界反法西斯戰争的縮影。四川曾經出版了《發現李莊》（岱峻，四川人民出版社，2023）和《中國李莊：文化抗戰的港灣》（羅鳴，四川民族出版社，2018），就是對以李莊人爲代表的四川人民所做貢獻的最好紀念。在抗戰勝利八十周年之際，我們整理《六同别録》，把“李莊學者”的學術研究作爲一種特殊的學術抗戰、文化抗戰方式，展現中華民族在危難之際的堅韌與不屈，也是一種極好的紀念。

二、“李莊學者”與“李莊精神”

李莊的學者群體克服重重困難，學術研究與教學并重，取得了豐碩的成果，不僅名重當時，即使在今天來看，很多都還是具有里程碑意義。他們用自己的研究很好地詮釋了什麽是愛國主義，什麽是民族精神，什麽是學者良知。李莊在抗戰時期的學術研究已成爲中華民族寶貴的文化遺産，這些學術成果和學者們的精神風貌必將被後人銘記于心，成爲激勵後人不斷前行的動力源泉。

---

① 陳寅恪：《鄧廣銘〈宋史職官志考證〉序》，載《陳寅恪集·金明館叢稿二編》，生活·讀書·新知三聯書店，2009，第277頁。

就李莊的民衆而言，“李莊精神”是一種自我犧牲的精神。前綫戰事緊張，民衆生活困難，僅兩千餘人的小鎮要容納約兩萬名的客居學者。李莊地方和民衆積極捐贈房屋、廟宇、宗祠等作爲研究機構和學生的宿舍，還提供了必要的生活物資和安全保障，確保學者們能够安心治學。因此，“李莊精神”代表了四川人民對抗戰時期中國學術文化發展所表現出來的奉獻精神。

就李莊的學者而言，“李莊精神”又代表中國一流學者共克時艱的奮鬥精神。“功不唐捐，玉汝于成”，李莊精神在于學者居陋室不忘“本根”，蟄居五年，成果驚世。史學上，校勘《明實録》、考證“居延漢簡”、編著《中國疆域沿革史》；語言學上，調查了苗、瑶等民族語言，整理了湖北方言、雲南方言和倮倮語材料；考古學方面，與中央博物院聯合赴川康古迹考察，在四川彭山等地清理漢墓，協助四川博物館整理了成都琴臺蜀王墓，清理、發掘了河南安陽殷墟、小屯南地等遺址。在此期間所得成果中，最著名者有李濟的《殷墟器物甲編：陶器》，梁思成的《中國建築史》《中國建築史圖録》，林徽因的《現代住宅設計的參考》，劉敦楨的《西南古建築調查概况》《川、康之漢闕》，李霖燦的《麽些象形文字字典》，董作賓的《殷曆譜》，逯欽立的《漢詩别録》《〈形影神〉詩與東晋之佛道思想》，屈萬里的《甲骨文从比二字辨》，勞榦的《居延漢簡考釋·釋文之部》及《居延漢簡考釋·考證之部》，馬學良的《撒尼倮倮語語法》，董同龢的《上古音韵表稿》，等等。傅斯年説：“夫一邑之人才如此盛，一家詞章之可傳如此多，足徵今之世運在乎西南，方將翊贊國家之將興，潤色一時之弘業……豈僅爲桑梓徵存文獻哉。”[①]

“李莊精神”離不開學統傳承和學術環境的熏陶。李莊在抗戰時期彙聚了衆多學術精英，他們之間的交流與合作爲學術創新提供了有力的支持。不同學科的人相互啓發、共同進步，形成了濃厚的學術氛圍。

“李莊精神”還代表一批著名學者深知自己的使命與責任。他們紛紛放弃優越的生活條件以及到國外發展的機會，克服重重困難，自己動手，自力更生，在缺乏研究設備、資料不全的情况下，通過不懈的努力取得了豐碩的學術成果。

“李莊精神”將銘刻在中國學術史上，也將銘刻在人們的心中。1946年10月，中研院史語所回遷。離開李莊時，學者們集體立了一塊碑，碑額上是董作賓用甲骨文書寫的“山高水長”四個字。碑文中寫到:“本所因國難播越，由首都而長沙，而桂林，而昆明，輾轉入川，適兹樂土，爾來五年矣。海宇沉淪，生民荼毒。同人等猶幸而有托，不廢研求。雖曰國家厚恩，然而使客至如歸，從容樂居，以從事于游心廣意，斯仁里主人暨諸軍政當道，地方明達，其爲藉助，有不可忘者。今值國土重光，東邁在邇，言念別離，永懷繾綣。用是詢謀僉同，醵金伐石。”[②]

以李莊學術研究爲核心的“李莊精神”，不僅是中華民族文化傳承和學術發展的丰碑，也是文化抗戰和民族精神的典範。同時，學者們的研究成果和學術精神被後人銘記于心，激勵後人不斷前行，爲中華民族

① 傅斯年:《跋〈鍾致和詩集〉》，載歐陽哲生編《傅斯年文集》第五卷，中華書局，2017，第543頁。

② 謝桃坊:《四川國學小史》，巴蜀書社，2009，第107頁。

的偉大復興貢獻自己的力量。李莊人、李莊學者，爲中華民族的文化傳承和學術發展作出了不可磨滅的貢獻。這就是《六同别録》編纂的時代背景，它賦予了《六同别録》特殊的歷史意義。

三、《六同别録》的出版

《六同别録》何爲此名？在傅斯年先生爲該書所作的《編輯者告白》中可見緣由。傅斯年先生指出："這一册何以名《六同别録》呢？其實這裏面的論文，都是可以放在集刊裏的，因印刷技術之故，單提出來，故曰别録。六同是個蕭梁時代的郡名，其郡治似乎即是我們研究所現在所在地——四川南溪縣的李莊鎮——或者相去不遠。其他的古地名，大多現在用在鄰近處，而六同一個名詞，頗近'抗戰勝利'之意，所以就用了他。"可見，這部書的編纂宗旨是傅斯年等學者爲了保存和傳承學術成果，通過學術論文結集的形式，以紀念抗戰勝利和這段特殊的學術歷程。

《六同别録》共收録了中研院15位學者在李莊期間的28篇研究成果。這些成果涉及歷史學、語言學、文學、民俗學、民族學、人類學等多個領域，不僅展現了當時學術研究的廣泛性和多樣性，也爲後世學者提供了豐富的研究資料和參考。學者們能够從多個角度、多個層面深入探討同一問題，相互啓發，從而得出更爲全面、深刻的結論。

關于《六同别録》的印刷，我們不妨引述傅斯年的《編輯者告白》："這一册《六同别録》何以單出呢？自抗戰至'珍珠港'，本所的刊物續由港滬商務印書館印行，因爲就印刷技術論，非托他們辦不可。太平洋戰事突然暴發，港滬商務印書館被敵人占據，我們的稿子損失數百萬言，于是不得不在後方另謀印行。”開始打算“自辦一個石印小工廠，也曾經努力過一下，仍以辦得太晚，錢不够而未成功。目下衹好就李莊營業的小石印館，選些篇需要刻字，音標，而不需要圖版的，凑成這一本，用石印印出。其它需要圖版的，照像影印的，仍是無辦法”。《六同別録》綫裝，上中下三册，毛邊紙，每册150頁左右。“《六同別録》連同先前已出版的史語所集刊第九本、第十本、第十一本三種，是史語所在李莊的學術成果展示。”[①]從出版過程看，《六同別録》通過作者本人手寫，因陋就簡，以石印的方式出版，是在特定條件下的特殊出版形式，不僅展示了史語所學者在艰苦條件下的學術堅守，還成爲抗戰時期中國學术精神传播的象徵。

四、《六同別録》的學術價值

《六同別録》作爲一部重要的學術文集，其研究的深度與廣度、學術分量以及傳承價值都具有不可忽視的地位。全書共分上、中、下三册，涵蓋了歷史學、考古學、文學、語言學、民族學、民俗學、人類學等多個學科領域。這些成果的問題意識和創新精神，今天看來也振奮人心。例如，董作賓的《殷曆譜後記》和石璋如的《小屯後五次發掘的重要發現》在考古學領域具有開創性；勞榦的《論漢朝的内朝與外朝》對漢代政治制度的研究提出了新的見解；而逯欽立的《漢詩別録》則系統梳理

① 彭華:《民國巴蜀學術研究》，四川大學出版社，2021，第343頁。

了漢代詩歌，其研究方法和結論對後世文學研究産生了深遠影響。《六同别録》的學術分量不僅體現在其高水準的研究成果上，還在于其跨學科的研究視角和方法，如張政烺的《奭字説》結合古文字學和歷史學，綜合分析古代文字字形、意義和讀音。後世學界對《六同别録》的評價極高，認爲它是史語所對中國人文科學作出的巨大貢獻之一，也是抗戰時期中國知識分子文化抗戰的成果展示。這部文集不僅在學術内容上具有重要價值，還在研究方法和學術態度上爲後世樹立了學術典範。

《六同别録》中，考古學與甲骨文研究占到四分之一。我們今天特别重視中華優秀傳統文化，特别重視五千年文明史"從哪裏來"，以此增强文化自信。習近平總書記在致甲骨文發現和研究120周年的賀信中指出："新中國成立70年來，黨和國家高度重視以甲骨文爲代表的中華優秀傳統文化傳承和發展，多部門、多學科協同開展甲骨文研究和應用，培養了一批跨學科人才，經過幾代人辛勤努力，甲骨文研究取得顯著成就。新形勢下，要確保甲骨文等古文字研究有人做、有傳承。希望廣大研究人員堅定文化自信，發揚老一輩學人的家國情懷和優良學風，深入研究甲骨文的歷史思想和文化價值，促進文明交流互鑒，爲推動中華文明發展和人類社會進步作出新的更大的貢獻。"① 甲骨文發現于1899年，經過孫詒讓、王國維、羅振玉等人的考釋校訂，開闢出新的學術領域。《六同别録》收入的研究出土文獻的論文，如石璋如《小屯後五次發掘的重要發現》《小屯的文化層》《河南安陽後岡的殷墓》，李濟《研究中國古玉問題的新資料》，董作賓《殷曆譜後記》，勞榦《〈居延漢簡考

① 習近平:《習近平書信選集》第一卷，中央文獻出版社，2022，第254頁。

證〉補正》，屈萬里《甲骨文从比二字辨》等，爲今天的出土文獻和古文字領域的創新研究與發展奠定了良好的基礎。

在《六同别録》中，不少學者對傳統文獻中的疑難問題進行了深入挖掘和重新詮釋。他們不僅關注傳統文獻的整理和解讀，還注重將傳統考據與現代學術方法相結合，進行新的闡釋和發揮。這種研究範式不僅有助于我們更好地理解傳統典籍的内涵和價值，還能爲現代學術研究提供新的思路和啓示。如音韵學長期以來被學術界稱爲絶學，像董同龢的廣韵重紐研究和等韵門法研究、周法高的聲調和韵部研究，都能有所發現、有所發明，自成一家之言。

探索新興領域、以創新引領學術研究是《六同别録》的又一優長之處。如民族語言的調查和整理研究在當時的中國學術界尚處于起步階段，如芮逸夫《苗語釋親》、馬學良《倮文作齋經譯注》便開風氣之先。其他如文化史、文獻學、文學、歷史學等領域，《六同别録》收入的論文也都勇于探索、敢于創新，爲這些領域的發展奠定了堅實基礎。他們的研究成果不僅在當時具有開創性意義，而且對于後世學者瞭解這些領域的發展脉絡和學術動態同樣具有重要意義。

由于當時條件所限，《六同别録》印量極小，所有贈書都必須由傅斯年或董作賓签字批准，即使作者，也衹能領取有自己論文的那一册，因此存世極少，從版本學上分析，具有很高的收藏价值。

此次整理，得到了著名學者、西南交通大學教授汪啓明先生高屋建瓴的謀劃和指導。我們按學科分類，邀請了該領域相應的學術名家作了分篇導讀，如長于歷史學的四川省政府文史研究館資深館員譚繼和先生、長于音韵學的首都師範大學馮蒸教授、長于音韵學和訓詁學的北京大學孫玉文教授、長于文字學的復旦大學劉釗教授、長于歷史學和考古學的四川大學霍巍教授等。在此，對參與整理、撰寫導讀的專家表示衷心的感謝。他們不僅介紹了文章的内容，還對相關領域的背景、研究現狀、學術價值都一一作出評析。正是他們對每一篇文章做了深入、細緻、認真的介紹，使得讀者對該書有了更多一層的瞭解。同時，我們還要感謝瀘州市委宣傳部、瀘州市圖書館在整理文獻的過程中所給予的大力支持。

未來，我們要繼續深入挖掘和研究《六同别録》中的學術成果和學術思想，傳承和發揚其中所藴含的學術精神，以推動相關學科領域的進一步發展，爲學術事業的繁榮和進步貢獻新的力量。

是爲序。

2025年5月

目録

編輯者告白

歷史語言研究所集刊外編到現在出版的有三種：

第一，慶祝蔡元培先生六十五歲論文集 二十二——二十五年出版，已絕版。

第二，史料與史學 獨立出版社發行。

第三，六同別錄 在四川南溪李莊石印，本所發行。

這一冊六同別錄何以單出呢？　自抗戰至「珍珠港」，本所的刊物續由港滬商務印書館印行，因為就印刷技術論，非託他們辦不可。太平洋戰事突然暴發，港滬商務印書館被敵人佔據，我們的稿子損失數百萬言（詳見本所集刊十本一分177-182頁），于是不得不在後方另謀印行。我們既無固定的印刷費，而我們的刊物關于語言學者，需用國際音標，其他又需要大量的銅版，鋅版，刻字，表線，照像影印，等等，所以近來的集刊所載文章，範圍遠比從前縮小了。補救的方法，自然是向能作銅版鋅版刻字……等等技術者商量。但是，不特我們沒有這錢，他們也沒有這工夫，因為他們的工作實在太重要了！他們仿佛想漢代墓畫上的搖錢樹！不得已，作一局部的補救，是自辦一個石印小工廠，也曾經努力過一下，仍以辦得太晚，錢不够而未成功。目下只好就李莊營業的小石印館，選些篇需要刻字，音標，而不需要圖版的，湊成這一本，用石印印出。其他需要圖版的，照像影印的，仍是無辦法。

這一冊何以名六同別錄呢？　其實這裏面的論文，都是可以放在集刊裏的，因印刷技術之故，只提出來，故曰別錄。六同是個蕭梁時代的郡名，其郡治似乎即是我們研究所現在所在地——四川南溪縣的李莊鎮——或者相去不遠。其他的古地名，大多現在月在鄰近處，而六同一個名詞，頗近「抗戰勝利」之意，所以就用了他。我們信顧亭林論文格的話，不取古地名的，猶之乎我們不取古文一樣，但是，總要有個標識，所以便用蕭梁的一個古地名作為標識，更沒有其他任何意思。

這裏邊的論文，在印刷上全受印刷者的支配，所以没有工夫由各組主任詳細看過，同事詳細商榷過，只可作為初稿而已。將來總要再版的，那時候再删正

各篇都是作者自己抄的，這樣辦法，錯字可以少些，然石印工人有時因上版不清楚描補一下，自然可以描出很大的錯誤來，這是作者抄者所不能負責的。因為這樣，書式全不齊一，也是無可奈何。此時能印這類文章，縱然拿一幅醜陋像見人，也算萬幸。

民國三十四年一月，傅斯年

廣韵重紐試釋

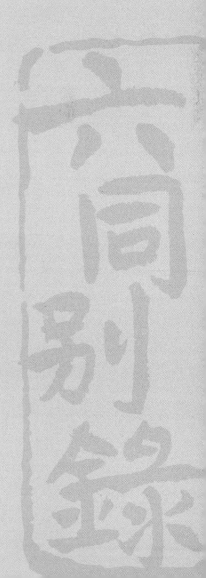

董同龢

導　讀

馮　蒸

學術背景

董同龢到李莊時29歲，據説他在農舍裏的一張神龕上，繼續漢語音韵史研究，1944年石印出版了《上古音韵表稿》，該書修正了瑞典著名漢學家高本漢的諸多看法，在音韵學界影響極大。對《廣韵重紐試釋》的寫作學術背景，日本著名音韵学家辻本春彦論道："這個時期，中國國内對漢語音韵學的研究已有長足的進展，自然不能以單純介紹西方學者的學説爲滿足，而是在自己傳統的基礎上向前深入地展開研究。于是關于切韵'重紐'的問題提出來了。這個'重紐'問題，高本漢因爲看成是同音字問題而完全没有注意到。"趙元任也説："在南京的時候，他就有批評高本漢先生的《詩經》裏的'搭欒韵'的説法，把高老先生都説氣了，到後來也覺得那批評也不無可取之處。在抗戰期間，在那種困難情形之下，把一個多少時代大家莫名其妙的《廣韵》重紐問題，第一次才搞出個頭緒出來。"

學術評議

“重紐”一名始見于董同龢此文，後爲音韵學界所沿用，這在漢語音韵學史上具有破天荒的意義。董文首次對《廣韵》的三等韵重紐問題初步理出頭緒，以爲重紐實係二類不同韵母之對立，而非聲紐無意義之相重，此種韵母之區别至爲緊要，而向爲學者所忽略。重紐是關係到《切韵》音系構擬中一個至關重要的問題，也與上古音的研究密切相關，重紐的命名和發現，應該歸功于董同龢。那麽，什麽是重紐？這裏我想引用陸志韋的定義：重紐是指在《切韵》音系中，支、脂、祭、真（諄）、仙、宵、侵、鹽八韵系（舉平以賅上去入）中唇、牙、喉音三四等小韵的重出。筆者主編的《中國語言學大辭典：音韵學卷》對重紐就是采用的這一定義。

董同龢此文對《廣韵》的重紐問題首次做了全面而詳盡的研究，其代表性觀點可以概括爲如下五點：

（一）董文根據完本《王韵》（今通稱《王三》）的反切、《韵會舉要》、朝鮮漢字音等資料，認爲重紐三等與重紐四等的區别係主要元音部分的差异。

（二）重紐的舌齒音同于重紐四等A類，而重紐三等B類獨立爲一類。《廣韵》重紐在語音上有區别，應該分爲兩類，這是音韵學界所公認的。可是有對立的衹是喉、牙、唇音字，舌齒音字衹有一套，没有對立。于是問題就發生了：重紐韵的舌齒音究竟与本韵重紐三等（今通稱B類）的喉、牙、唇音爲一類，還是与重紐四等（今通稱A類）的喉、牙、唇音爲一類呢？董文認爲舌齒音和重紐四等A類的喉、牙、唇音是一類，重紐三等B類的喉、牙、唇音單獨爲另一類，根據有五點理由。對于這個問題，目前學界還没有一致的意見。

（三）支、脂、祭、真、仙、宵六部重紐的上古來源不同，演變也不全一樣。

（四）喻三四的對立同時又是聲母的不同，和别的重紐的性質不一樣。［按：平山久雄指出喻三（于母）大都與合口韵母搭配；太田齋論證于母有合口B的性質。］

（五）《切韵》音系中應該有禪二（俟）母。

此中争議較大的是重紐韵舌齒音的歸屬問題，針對董文的説法，著名音韵學家邵榮芬提出了完全相反的意見，邵榮芬把重紐三等喉、牙、唇音叫甲類，重紐四等喉、牙、唇音叫乙類，舌齒音叫丙類。邵榮芬認爲甲、丙一類，乙單獨爲一類。具體地説，韵圖放在四等的幫、滂、並、明、見、溪、群、疑、曉、影十個聲母的字單獨爲一類，其餘聲母的字爲一類。龍宇純先生亦發表過同樣的看法。

即使是在該文發表數十年後的今天，重紐研究仍然是漢語中古音甚至是上古音研究的熱門話題。與董文密切相關的重紐研究進展主要有如下三點：

（一）類相關理論及其進展。“類相關”是日本學者辻本春彦和平山久雄等學者提出的理論，該理論認爲《廣韵》的重紐雖然是韵母的問題，但主要表現在反切上字的韵母上。概括言之，有三條原則：1.反切上字是A類，被切字就是A類；2.反切上字是B類，被切字就是B類；3.反切上字是C類，就要看反切下字，反切下字是A類，被切字就是A類，反切下字是B類，就是B類。至于舌齒音的歸屬，理論上也可以用此類相關理論加以考察和歸類。大致説來，精組、照三組、日母屬于A類，知組、照二組屬于B類。來母目前處于兩可狀態。

（二）重紐的音值區别。根據俞敏、鄭張尚芳、龔煌城等學者的研究，基本上確認重紐的區别是介音的區别，而非主要元音的區别，重紐三等（B類）帶有-r-介音，重紐四等（A類）帶有-j-介音。證據爲梵漢對音資料和漢藏語比較研究資料。

（三）重紐八韵系以外的重紐韵問題。主要指的是庚三、清、幽、蒸、職韵的重紐問題。

庚三和清是一對重紐韵，許多學者持此看法，但是何以《廣韵》把它們分爲兩個韵而没有合爲一個韵，目前尚缺乏有説服力的解釋。佐佐木猛介紹《玉篇》《經典釋文》等反映江東音文獻中的庚三被切字用清韵下字，清韵被切字用庚三下字的例子，當作庚三-清韵一韵説的旁證。類相關理論也可以證明它們是一對重紐韵。除了庚三和清韵外，這些重紐八韵系以外的重紐韵不見于《廣韵》，而是見于《切韵》系韵書諸殘卷。

關于清韵系，邵榮芬指出："在中古時期，有的方言清韵系有重紐，有的方言合并了。吕静《韵集》把'益、石'兩字分爲兩韵，颜之推不同意，就指出清韵系在當時有方言分别。《切韵》是屬于合并了的那種方言。因此清韵系我們衹把它作爲三B類韵看待，不分爲兩類。"關于幽韵系，邵榮芬説："《切三》《王二》《王三》幽韵系曉母有重出小韵，説明它可能也是個重紐韵。韵圖把幽韵系的唇、牙、喉音又都放在四等，幽韵系是重紐韵的可能性就更大了。不過韵圖幽韵系本身并没有重紐，而且放在四等的也不限于喉、牙、唇音字，還有來母字，可見韵圖是把幽韵系整個地作爲尤韵系的四等看待的。《廣韵》幽韵系也没有重紐，它把

《切韵》曉母的重出小韵合并了。如果《廣韵》和韵圖的措施是有根據的,《切三》等的‘休’小韵也許衹是偶然没有合并的小韵。要是幽韵系没有重出小韵,而韵圖又把它當作尤韵系的四等,我們似乎可以作如下猜想:尤、幽兩韵系早期原是一個重紐韵系,就像支韵系或脂韵系那樣。到了《切韵》時代,這個重紐韵的四等一類的主元音已經起了變化,所以《切韵》另立爲幽韵系。它的主元音比尤韵系的舌位較高,所以韵圖把它作爲尤韵系的四等。至于《切韵》幽韵系‘鏐、樛、犙、愀’幾個舌齒音字,可以認爲是從尤韵系不規則地變來的,在方言裏未必有代表性,所以韵圖由于没有地位,就擠掉其中的‘樛、犙、愀’三個小韵。”(邵榮芬認爲幽韵有重紐對立是可信的,尤其是早期韵書,但是他又認爲尤、幽兩韵系早期原是一個重紐韵系,則不可信,因爲尤韵的唇音後來輕唇化,是所謂輕唇十韵,爲C類韵,而重紐韵的唇音都不輕唇化。)

日本太田齋對蒸職韵和幽韵的重紐有深入的研究,他認爲必須參考《廣韵》之前的《切韵》系韵書諸殘卷,不能够衹根據《廣韵》。比如職韵,《王三》有對立,《廣韵》把它合并。現在很多學者衹用《廣韵》而不顧之前的韵書,是不妥的。

學術價值

董氏基于本土文獻的原創性發現,終結了重紐“韵圖誤置”“聲母冗餘”等傳統誤判,爲周法高、陸志韋等後續研究奠定了方法論根基,并激發日本學者辻本春彦類相關理論、平山久雄反切行爲分析等跨域學術對話,形成東亞重紐研究學派。其對非典型重紐(如蒸職韵、幽韵)的早期探索，更預判了太田齋通過敦煌殘卷揭示《廣韵》合并前重紐形態的21世紀新發現，顯示出理論框架的前瞻性。此文首次將現代語言學理論與傳統文獻考證相結合，構建“反切系聯—歷史比較—方言參證”三位一體的研究方式，通過對《王三》《韵會舉要》等稀見韵書的系統性反切比對，結合朝鮮漢字音、越南漢字音等域外方音材料，突破傳統等韵學經驗式推演的局限，確立音位對立的客觀分析標準，推動音韵學從經驗性訓詁向實證性音系研究的轉型。其提出的重紐理論體系，不僅填補了高本漢《中國音韵學研究》對《廣韵》音系結構認知的空白，更通過揭示三四等韵母的-r-/-j-介音對立本質，爲《切韵》音系構擬提供了音理基礎，直接促成后繼學者對中古音構擬的精細化修正。

集刊外編第二種

廣韻重紐試釋

董同龢

"重紐"在廣韻中是些很值得注意的現象。他們的絕大多數都是在幾个三等韻裡。並且除去幾个特殊的例子，又完全結集於脣牙喉音。對於他們，一向還沒有人能說出所以然來。經過長時期的觀察，我却得到如下的解釋。

(1)在支[1]脂真(諄[2])仙祭宵諸韻的大體上都不是無意義的相重。實際上他們是代表着兩種不同的韻母的對立，而這種韻母的區分是我們久已忽略掉的一个重要問題。

(2)之韻牀母的兩个"重紐"實在並不是屬於同一个聲母的字。至於審母跟溪母的兩个"重紐"却真是因增加字造成的音切相重。

(3)尤韻溪母也有一个"重紐"，可是其中的一个音應該是屬於幽韻的。

(4)鹽韻中的"重紐"有好幾个。其中影母各字也顯然如支脂諸韻，是代表着音韻地位的不同。不過關於鹽韻的內容我覺得還有一些問題現時無法解決，所以也不能進一步言明其究竟。

除此之外"重紐"也只是在侵韻才有。對於他們，我一時還不能作滿意的解釋，茲暫略。

現在先從支脂真(諄)仙祭宵諸韻說起。"重紐"在這幾韻最是常見，可佔全數的十分之八九。並且他們的出現在許多地方更是整批整批的，如：

真韻脣音	支合口牙音	質韻喉音
彬(府巾切)：賓(必鄰切)	嬀(居為切)：規(居隨切)	乙(於筆切)：一(於悉切)
砏(普巾切)：繽(匹賓切)	虧(去為切)：闚(去隨切)	肸(羲乙切)：欯(許吉切)
貧(符巾切)：頻(符真切)		
珉(武巾切)：民(彌鄰切)		

我說他們不是同一个音切的重出，是由幾件事實推斷而得的。第一，其他韻裡所見

六同別錄

董同龢

的"重紐"都不過是些零碎的現象，不像在這幾韻的那麼有系統。第二，他們差不多都可以追溯到今日所能見的切韻殘卷與王仁昫刊謬補缺切韻，而且到後來，在集韻裡也還大致保存着。第三，就今日所知的上古音韻系統看，他們中間已經有一些可以判別為音韻來源的不同。例如真韻的"彬砏"等字在上古屬"文部"(主要元音*ə)，"賓繽"等字則屬"真部"[3](主要元音*e)；支韻的"媯虧"等字屬"歌部"(主要元音*a)，"規闚"等字則屬"佳部"[4](主要元音*e)；質韻的"乙肸"等字屬"微部"(主要元音*ə)，"一欯"等字則屬"脂部"(主要元音*e)[5]。第四，最要緊的是，即從切韻系統往後推尋，在宋末元初的古今韻會舉要裡，有些"重紐"也確實顯示出不同的流變來。如支韻的"媯虧"等字是與微韻的"歸巋"同音，而"規闚"等字則與齊韻的"圭睽"同音。所以沒有問題的，他們當是音韻地位各不相同的音切。嚴格的說，並不能叫作"重紐"。

其實我這番意見並不是嶄新的。早在百年前，陳澧作切韻考時，已經知道他們是各不相同的音切了。原來依陳氏的反切系聯法，支脂諸韻[6]在開合口的關係外，都還可以劃分出兩類來，所有的"重紐"就分別隸屬其中。例如真韻他是分作"鄰類"與"因類"，"彬砏"等即是"鄰類"字，"賓繽"等即是"因類"字。所以"彬砏"與"賓繽"雖然同屬一韻，實際上卻非同一韻母。可惜陳氏的劃分後來竟沒有人注意到。在中古音韻系統擬測的過程中，一向都以為這幾个韻在開合之外再也沒有分別了。因此"彬砏"與"賓繽"的韻母就同寫作-i̯ěn，"媯虧"與"規闚"的韻母就同寫作-wi̯ě，"乙肸"與"一欯"的韻母就全寫作-i̯ět。絕少有人看出他們的音讀是不應該相同的。現在我正是由另外的幾件事實重新申說陳澧的舊案，此外更想根這一點的認識再求進一步的了解。

不過陳澧在這幾个韻裡面所作的劃分沒有能及早受人注意也是有原因的。他的考訂工作有未盡精確之處且不必提，我只覺得他最大的失敗還是在過於信賴反切系聯的結果。反切下字固然是在顯示着這幾韻在開合之外還有兩類不同的韻母存在，可是實際上又不過是透露了一个區分的大體傾向。至於詳細的分配情形，反切下字所表現的卻不免問題重重。陳氏只是單純的去系聯反切而沒有再用旁的材料作參考，就時常為少數不謹嚴的切語所累，致使整个的系統因之淆混。後人不明究竟，就很容易把他們看作雜亂無章的措施，不予置信了。例如宵韻字，如果全用他的反切系聯法去分析，就得如下的類別。

-2-

	脣音	舌上	齒頭	正齒	半舌齒	牙音	喉音
平	飆,猋,𦘲,蜱	朝,超,鼂	焦,鍫,樵,宵	昭,怊,燒,韶	蕘,饒	蹻,翹	要 遙
						(以上用反切下字邀,遙,宵,消,招,焦,昭)	
	鑣 苗					驕,趫,喬	妖,囂,鴞
						(以上用反切下字嬌,瀌,囂,喬)	
上	縹,標,眇			沼,麵,少,紹	擾		鷕
						(以上用反切下字沼,少)	
	表,褾,藨,藨	肇,兆,趙,悄	小		䔾	矯 蹻	闄
						(以上用反切下字兆,小,夭,矯,表)	
去	剽 妙		醮,悄,噍,笑		饒	翹	要
						(以上用反切下字妙,肖,笑,要)	
	裱 驃,廟	朓,召		照 少,邵,燎		趬,嶠,鷮	燿
						(以上用反切下字召,照,廟,少)	

對於這樣的結果任何人都會覺得其中必有問題第一上聲的'表'(陂矯切)與'標'(方小切)以及'夭'(於兆切)與'闄'既明明是對立的卻為何反切下字仍能系聯陳氏自己也覺得這是不可以的就"有武斷的把'褾闄'二字認為"增加字"以求彌蓋了(參看注7)其次這幾韻的舌齒音從來沒有互相不同的痕跡所以他們的分配應當是完全跟上列宵韻平聲一樣整个的同於兩類脣牙喉音中之某一類而別於另一類才是。但是看上去聲中系聯反切的結果又何以是那樣互不一致而與情理相背呢無疑的這樣不是合乎事實的分類。

其實從上古"宵部"韻的字我們可以看得很清楚從'票堯要'得聲的字在諧聲方面是跟從'麃喬夭'得聲的字分別得很清楚的他們的音讀本來也就不同[8]現在依據這个標準來看上列宵韻字的分配可見平聲的情形確是相合的問題只在上去聲字先說上聲我們[9]把從'票要'得聲的'標'與'闄'改入'縹'字的一類非但他們跟'表夭'二字可以是對立了更因他們都是以'小'為反切下字而'小'又與全體的舌上音齒頭音與半舌齒音在反切上有很密切的聯系整個的舌齒音也就可以歸入'縹'的一類而與平聲一致了。這樣做唯一的牽強只是'夭'字於兆切一个切語再看去聲不僅是'驃趬'二字可以改入'剽'的一類連'燿'字也

六同别録

重同録

是應當的。因為從上古音的觀點与平上聲的例看喻母字是屬於從票兗类類的。騁与越的反切下字是"旨"，耀的反切下字是"照"，而"旨"与"照"又与全體的舌上音正齒音与半舌齒音在反切上有很密的系聯，因此整个的舌齒音也可以不再分裂了。如此做也是僅僅爭只有一个切語的糾纏，即"翻"字"眉名切"是疑也是以名為反切下字，但應當遣"名"字改入"剩"類。看下文宵韵唇牙喉音字表，我以為真正的分類應當是如此的。一兩个切語的例外原可以不顧。

但是我們不見得在每一个韵裡都有這樣清楚的線索去改正，而且完全用這種方法去變更陳氏的劃分也不免距於主觀了。至常我們研究中古音除切韵系的韵書之外又時時用等韵圖作參考，現在韵書既不足全信，韵圖又是如何的呢？

看到韵圖支脂真諄仙祭宵諸韵的分類情形就清楚得多了。在時代較早的通志七音略与韵鏡裡這幾韵的唇牙喉音都是受着兩種不同的處置，一類排在三等，一類排在四等。重紐字在韵書中無法分的，也都各得歸宿，分居兩等。茲據七音略，校以其他各種韵圖，錄各韵唇牙喉音的分配，並分注廣韵切語如下。

	支		紙		寘	
	三	四	三	四	三	四
唇	陂彼為	卑府移	彼甫委	俾并弭	賁彼義	臂卑義
	鈹敷羈	跛匹支	破匹靡	諀匹婢	帔披義	譬匹賜
	皮符羈	陴符支	被皮彼	婢便俾	髲平義	避毗義
	縻靡為	彌武移	靡文彼	弭綿婢		
牙(開)	羈居宜		掎居綺	枳居紙	寄居義	馶居企
	敧去奇		綺墟彼	企丘弭	尵卿義	企去智
	奇渠羈	祇巨支	技渠綺		芰奇寄	
	宜魚羈		蟻魚倚		議宜寄	
喉(開)	漪於離		倚於綺		倚於義	縊於賜
	犧許羈	詑香支	𢅚興倚		戲香義	
		移弋支		酏移爾		易以豉

-4-

集刊外編第二種

廣韻重紐試釋

牙（合口）	嬀居為	規居隨	詭過委		鵙詭僞	瞡規恚
	虧去為	闚去隨	跪去委	跬丘弭		觖窺瑞
			跪渠委			
	危魚為		硊魚毀		僞危睡	
喉（合口）	逶於為		委於詭		餧於僞	恚於避
	麾許為	隳許規	毀許委		毀況僞	孈呼恚
	為薳支	蘳悅吹	蔿韋委	蓶羊捶	為于僞	瓗以睡
	脂		旨		至	
	三	四	三	四	三	四
脣	悲府眉		鄙方美	匕卑履	祕兵媚	痹必至
	丕敷悲	紕匹夷	嚭匹鄙		濞匹備	屁匹寐
	符悲	毗房脂	否符鄙	牝扶履	備平祕	鼻毗至
	眉武悲		美無鄙		郿明祕	寐彌二
牙（開口）	飢居夷		几居履		冀几利	
					器去冀	棄詰利
	耆渠脂		跽暨几		臮具冀	
	狋牛飢				劓魚器	
喉（開口）		伊於脂	歖於几		懿乙冀	
		咦喜夷			齂虛器	
		姨以脂				肄羊至
牙（合口）	龜居追		軌居洧	癸居誄	媿俱位	季居悸
	巋丘追		巋丘軌		喟丘愧	
	逵渠追	葵渠惟	郈暨軌	揆求癸	匱求位	悸其季
喉（合口）		倠許維		䀡火癸	豷許位	侐火季
	帷洧悲	惟以追	洧榮美	唯以水	位于愧	遺以醉

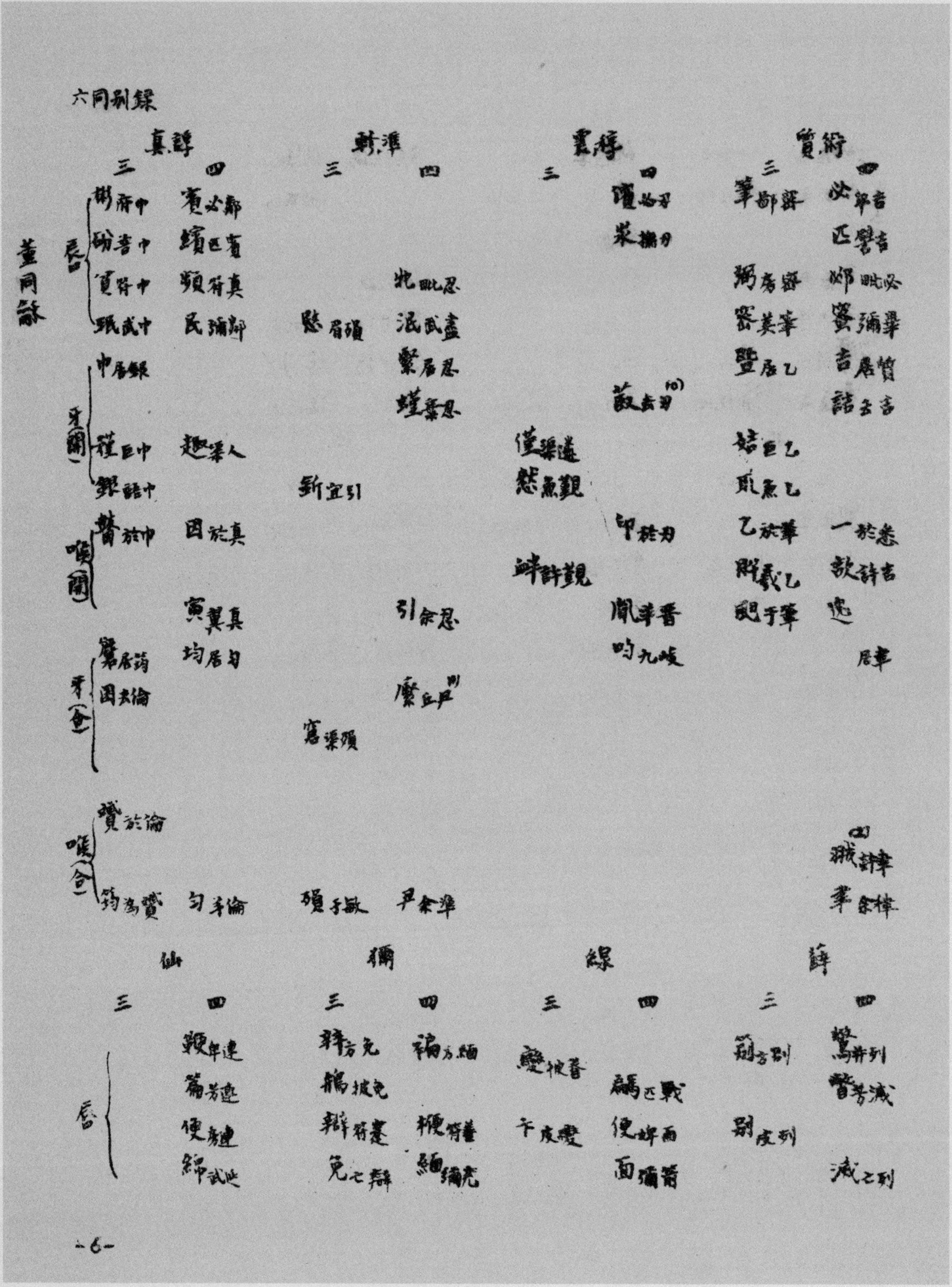
六同別録

董同龢

	真三	諄四	軫三	準四	震三	稕四	質三	術四
脣	彬府巾	賓必鄰				儐必刃	筆鄙密	必卑吉
	砏普巾	繽匹賓				汖撫刃		匹譬吉
	貧符巾	頻符真		牝毗忍			弼房密	邲毗必
	珉武巾	民彌鄰	愍眉殞	泯武盡			密美筆	蜜彌畢
牙（開）	巾居銀			緊居忍			暨居乙	吉居質
				螼棄忍		菣去刃(10)		詰去吉
	殣巨巾	趣渠人			僅渠遴		姞巨乙	
	銀語巾		釿宜引		憖魚覲		耴魚乙	
喉（開）	礥於巾	因於真				印於刃	乙於筆	一於悉
					衅許覲		肸羲乙	欯許吉
		寅翼真		引余忍		胤羊晉	颶于筆	逸
牙（合）	麏居筠	均居匀				昀九峻		居聿
	囷去倫			𡡓丘尹(11)				
			窘渠殞					
喉（合）	贇於倫							
								獝許聿(四)
	筠為贇	匀羊倫	殞于敏	尹余準				聿餘律

	仙三	仙四	獮三	獮四	線三	線四	薛三	薛四
脣		鞭卑連	辡方免	褊方緬	變彼眷		䇷方別	鷩并列
		篇芳連	鴘披免			騙匹戰		瞥芳滅
		便房連	辯符蹇	楩符善	卞皮變	便婢面	別皮列	
		綿武延	免亡辯	緬彌兗		面彌箭		滅亡列

-6-

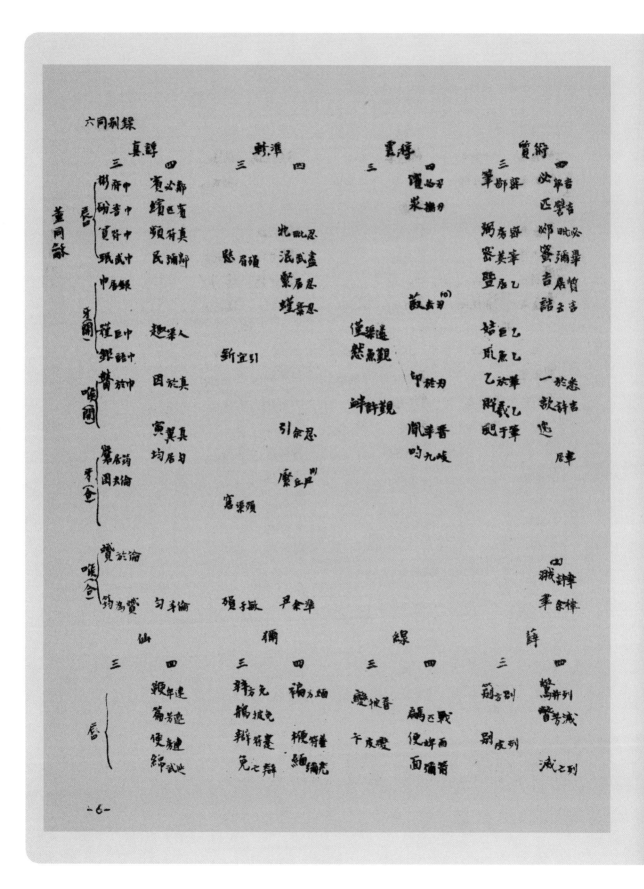

		甄居延	蹇九輦					孑居列
牙開	愆去乾			遣去戰		譴去戰	朅丘竭	
	乾渠焉		件其輦				傑渠列	
			齴魚蹇		彥魚變		孽魚列	
喉開	焉於乾		㫃於蹇		躽於扇			焆於列
	嗎許焉						娎許列	
	漹有焉	延以然		演以淺		衍予線[13]		抴羊列
牙合	勬居員		卷居轉		眷居倦	絹吉掾	蹶紀劣	
	棬丘圓				䊷區倦			缺傾雪
	權渠員		圈渠篆	蜎狂兗	倦渠卷			
喉合	嬽於權	娟於緣					噦乙劣	妜於悅
		翾許緣		蠉香兗				旻許劣
	員王權	沿與專		兗以轉	瑗王眷	掾以絹		悅弋雪

祭

	三	四		三	四		三	四		三	四		三	四
唇		蔽必袂	牙開	猘居例		喉開	緆於罽		牙合	劌居衛		喉合		
		潎匹蔽		憩去例						𥜒丘吠			餯呼吠	
		𡚁毗祭		偈其憩				曳餘制					衛于劌	銳以芮
		袂彌蔽		劓牛例[14]										

宵　　　　小

	三	四	三	四	三	四
唇	鑣甫嬌	飆甫遙	表陂矯	褾方小	裱方廟	
		漂撫招		縹敷沼		剽匹妙
		飄符霄	藨平表	摽符少		驃毗召
	苗武瀌	蜱彌遙		眇亡沼	廟眉召	妙彌笑

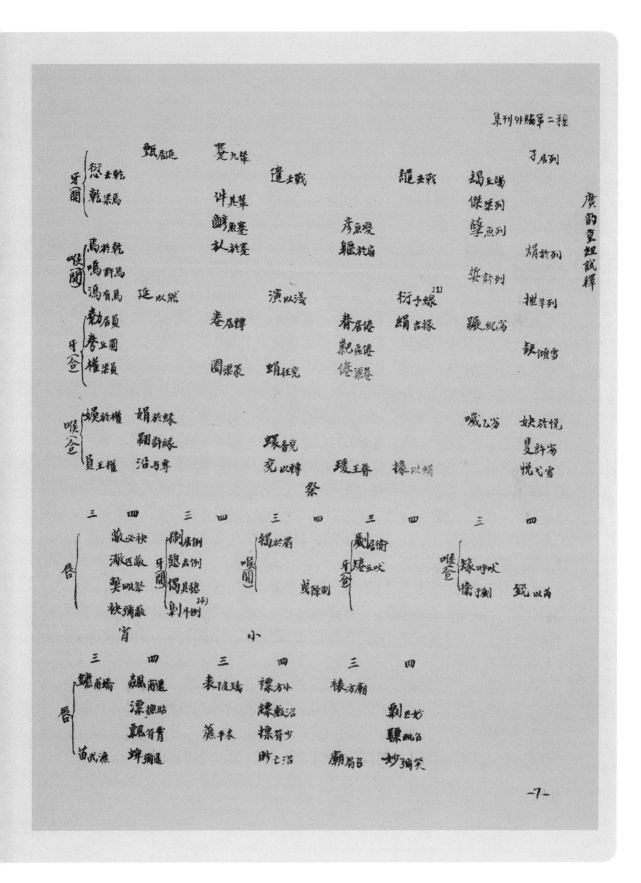

六同別錄

董同龢

牙	驕舉喬		嬌居夭			
	趫起囂	蹻趬				趬丘召
	喬巨嬌	翹渠遙	驕巨夭		嶠渠廟	翹巨要
						顤牛召
喉	妖於喬	邀於宵	夭於兆	闄於小		要於笑
	囂許嬌					
	鴞于嬌	遙餘昭		鷕以沼		燿弋照

我以為韻圖這樣的分類應當是大致可靠的。第一，哪些字在三等跟哪些字在四等各个韻圖差不多完全一致。決不會是無意義的隨便措置。偶爾有一兩處互相參差的，也可以考見為傳抄或後人妄增之誤。（參看注10—14）第二，這一些全是高本漢（Karlgren）所謂三等韻。有些字並沒有對立的"重紐"，而且在韻圖上三等也儘有地位可以安放，可是事實上他們却居於四等。（如仙韻的'鞭''篇''便''綿'，質韻的'詰'，笑韻的'要'等是。）舉措之間必有其所以然就是毫無疑義的了。第三，把如上的劃分与反切系聯的結果對照起來，也有不少是全部相合的。其顯然岐異者大概都是反切的不清楚。例如韻圖對寘韻唇音字的劃分頗与陳澧切韻考不同。若以韻圖的措施核之於古韻部居，就可以證明那是分毫不爽的。（一類來自古"歌部"，一類來自古"佳部"。詳見下文。）同時，韻書在兩類都用'義'為反切下字，就令人無從作合理的區分了。又如宵韻上去聲的'襭''闄''趬''燿'等字，韻圖給他們的地位不是也跟上文的推斷相合嗎？

上文曾說各韻的舌齒音應當只是一類。這在韻圖裡面也可以得到充分的證明。在韻圖裡面，他們都排在各自所應在的地位，並沒有一个受到特殊的待遇。所以陳澧把他們分屬兩類的自然都是錯了。當前我們要考慮的只是各韻的舌齒音到底應該同於兩類唇牙喉音中的哪一類。

從表面看，支脂真（諄）仙祭宵諸韻的舌齒音在韻圖上是跟三等的唇牙喉音一同處於正常的地位，同時，四等的唇牙喉音則是獨自處於特殊的地位。那麼舌齒音似乎是跟三等的唇牙喉音同屬一類了。但是仔細觀察之後就可以看出事實是恰恰与此相反。最明顯的一點是：拿反切現象比較清楚的幾韻來看，沒有一處不是舌齒音与四等的唇牙

-8-

廣韻重紐試釋

喉音為一類，而三等的脣牙喉音自為一類。例如前文所述宵韻的舌齒音即与'飄翹要'是一類，而'鑣喬妖'則自為一類。'飄翹要'即為韻圖的四等脣牙喉音，'鑣喬妖'即為韻圖的三等脣牙喉音。除此之外，真質兩韻更是極好的例子。

	脣	舌上	齒頭	正齒	半舌齒	牙	喉
真	賓繽頻民	珍[illegible]陳	津親秦新	真瞋神申辰	鄰仁	趣	因 寅
	(以上反切下字用'真、賓、珍、人、鄰'，脣牙喉音韻圖置四等。)						
	彬砏貧珉					巾 [illegible]銀嚚	
	(以上反切下字用'巾、銀'，韻圖全置三等。)						
質	必匹邲蜜	窒抶秩	堲七疾悉	質叱實失	栗日	吉詰	一詰逸
	(以上用反切下字'栗、悉、七、吉、質、日、一、必、畢'，脣牙喉音韻圖置四等)						
	筆 弼密					暨 姞[illegible]	乙肸
	(以上用反切下字'筆、密、乙'，韻圖全置三等)						

其次，從4—8頁的表又可以看出一个大致的傾向，即四等的脣牙喉音多用舌齒音字為反切下字，而三等的脣牙喉音則常侷限於本身的範圍之內。從系聯反切的立場說，固然可以認為這項現象是沒有什麼意義的，因為對於反切下字，我們照例只取其韻母而不必顧及其聲母。但是如果換个看法，以為多与舌齒音接觸的音就較近於舌齒音，而極少跟舌齒音接觸的就較遠於舌齒音，不也是一樣的可能合理嗎？我又把各韻舌齒音的反切下字觀察過，除去支韻照二等字比較特別一些，各韻所用的都是四等脣牙喉音字遠較三等為多。可見得這樣的看法的確是有些道理。末了，再說到韻圖。凡支脂諸韻脣牙喉音有字置於四等的（除喻母）韻圖上都名為"廣通"。在'廣通'的範圍之內，除去現在討論的支脂真諄仙祭宵之外，還有个清韻。清韻的情形最值得注意。原來他的脣牙喉音在開合口的關係之外就只有一類，而這一類在韻圖上就完全排在四等，三等的地位空着。如果以為在四等的脣牙喉音不能与舌齒音同屬一類，清韻的韻母豈不是要毫無所謂的分作兩半截了嗎？四聲等子辨廣通偈狹例云：

廣通者，謂第三等字通及第四等字。……凡脣牙喉下為切，韻逢支脂真諄仙祭清宵八韻，及韻[15]逢來日知照正齒第三等，並依廣通門法於本母第四等下求之。

-9-

六同別錄

由此可見支脂諸韻排在四等的唇牙喉音本非真正的四等字而是由三等通過去的。所以來日知照母的字雖不是跟他們排在一行，但仍不失為一類。（關於韻圖這個規例，我在等韻門法通釋一文中詳有解說，兹不贅言）

董同龢

綜合以上所述，支脂真（諄）仙祭宵諸韻開合之外的兩類韻母的分配情形就可以完全確定了。今以'1'与'2'為別，表明如次。

1類—包括所有的舌齒音与韻圖置於四等的唇牙喉音；

2類—包括韻圖置於三等的唇牙喉音。

各韻兩類韻母的分別又在什麼地方呢？下面的幾椿現象也可以給我們一个大概的提示。

(1)就高本漢中國音韻學研究（Etudes sur la Phonologie Chinoise）後附方音字典所錄的高麗譯音看，除宵韻外，各韻1与2兩類的牙喉音字還大致保持不同的讀法，並且舌齒音也是差不多全跟1類牙喉音一致的。

	1類牙喉音	2類牙喉音	舌齒音
支	企 ki[16]	寄 kɯi（微韻豈 kɯi）	知 tsi，支 tsi
	窺 kiu（齊韻奎 kiu）	詭 kue[17]，麾 hui（微韻鬼 kui）	縋 tsu[18]，睡 su，隨 su
脂	棄 ki	器 kɯi（微韻豈 kɯi）	遲 tsi，旨 tsi
	揆 kiu（齊韻奎 kiu）	櫃 kue，龜 kui（微韻鬼 kui）	追 tsu，水 su，雖 su
	帷 iu	位 ue（微韻威 ui）	
真	緊 kin	巾 kɯn（欣韻斤 kɯn）	珍 tsin，真 tsin，津 tsin，身 sin，新 sin
	均 kiun	窘 kun（文韻君 kun）	椿 tsun[18]，春 tsun，俊 tsun，旬 sun，唇 sun
	尹 iun	殞 un（文韻云 un）	
質	一 il	乙 ɯl（迄韻乞 kɯl）	窒 tsil，質 tsil，七 tsil，悉 sil，失 sil
仙	遣 kian（先韻肩 kian）	愆 kən（元韻建 kən）	展 tsan[18]（先韻顛 tsan），戰 tsan（先韻 tsan），仙 san（先韻先 san）
	絹 kian（先韻玄 hian）	捲 kuan（元韻勸 kuan）	轉 tsan[19]，川 tsan，船 san，全 tsan，宣 san
祭	銳 ie	衛 ui	稅 se[18]，歲 se

-10-

(2)據黃粹伯慧琳一切經音義反切考在唐朝中葉仙韵牙喉音的一類字已併入先韵,2類字則併入元韵[20]真韵牙喉音1類字仍獨立,2類字則併入文欣兩韵

(3)在古今韵會舉要裡,支脂兩韵牙喉音的1類字多与齊韵字的音相同,2類字則多与微韵字的音相同如

棄企=契：羇飢=機　　　　　　規=圭：危=韋

伊=翳：漪=衣　　　　　　　　季=桂：龜=歸

真韵開口与仙韵的牙喉音的情形跟慧琳反切一致,宵韵唇牙喉音1類字大部分与蕭韵字同韵母,如縹字屬於所謂皎韵,翹字屬於所謂驍韵,腰字与幺字音全同,至於2類字則完全獨立,不与蕭韵字混

從這許多現象可以歸納得一个一致的傾向,即1類字的音應當較近於純四等韵,2類字應當較近於高本漢所謂β類三等韵如微元凡諸韵,依高氏的學說純四等韵与β類三等韵的區別有兩點:(1)介音的元音性与輔音性,(2)主要元音的關而緊与開而鬆(例如先韵是-ien,-iwen,元韵是-ǐɐn,-ǐwɐn)現在我們没有什麽憑藉可以說支脂諸韵1与2兩類韵母的分别是在介音方面,比如說仙2是*-ǐɛn,*-ǐwɛn,仙1是*-ǐɛn,*-iwɛn。反之,就現在已有的上古音知識看,倒可以確定他們當是主要元音的不同。因為各韵的兩類都是分從上古不同的韵部來的。(分别參看上文第2頁及下文12頁以　不過主要元音的分别究竟該是開与關的關係呢還是鬆与緊呢?以上三項材料又都難以回答了慧琳反切与韵會是没有音值可以參考的,高麗譯又到底是譯音而非切韵方言血屬。因此也只有音類判分的價值,很難據以確定音值。我又覺得單憑一个方言去推斷古語的讀法事實上更不免危險。暫時我只求在寫法上讓他們分開,使1類韵母儘可能的保持高本漢原來的寫法,僅在必要時取消他的一些[ ]號。2類韵母則一律加一个[ ]號以資區别。至於這个[ ]號所代表的是元音的關還是元音的鬆又必待將來材料多了才能决定。

兹各舉數字為例,列各韵兩類韵母的寫法如下。(以開口音為代表。唇音字也暫時看作開口音。)

支韵　　　　　　　　　　脂韵

六同别録

董同龢

1	陴 bjie[21]，祇 gjie，縊 ʔjie，知 ȶie，斯 sie	紕 pjĭ，嚢 kjĭ，伊 ʔĭ，至 ȶĭ，利 lĭ
2	皮 bjĭe，奇 gjĭe，倚 ʔjĭe	丕 pjĭ，器 kjĭ，懿 ʔI
	真(諄)韵	質(術)韵
1	賓 pien，趣 gien，寅 ien 陳 dien，鄰 lien	蜜 miet，吉 kiet，一 ʔiet，質 ȶiet，悉 siet
2	彬 pĭen，趯 gĭen，醫 ʔĭen	密 mĭet，暨 kĭet，乙 ʔĭet
	仙韵	薛韵
1	緬 miɛn，甄 kiɛn 延 iɛn，戰 ȶiɛn，仙 siɛn	瞥 piɛt，焆 ʔiɛt，抴 iɛt，舌 ȡiɛt，列 liɛt
2	免 mĭɛn，𧼒 kĭɛn，焉 ʔĭɛn	别 bĭɛt，傑 gĭɛt，孽 xĭɛt
	祭韵	宵韵
1	敝 biɛi，曳 iɛi，制 ȶiɛi，例 liɛi	妙 miɛu，翹 giɛu 腰 ʔiɛu，趙 ȡiɛu 消 siɛu
2	憩 kĭɛi，緆 ʔĭɛi	廟 mĭɛu，喬 gĭɛu，妖 ʔĭɛu

上文曾經說到支真質諸韵"重紐"的古音來源(12頁)，現在更可以就他們所屬的韵類整個的觀察各个韵母演變的緣由。(舉開口音為代表)

(1)支韵兩類韵母的來源是上古的"佳部"与"歌部"：

佳部支韵字"卑賜是企縊"等(各母)——*-ieg[22]→ie(1類)[23]；

歌部支韵字"皮奇漪"等(唇牙喉音除喻母)——*-ĭa→ĭe(2類)，"池移移"等(舌齒音及喻母)——*-ia→ie(1類)[24]。

(2)真(諄)韵兩類韵母的來源是上古的"真部"与"文部"：

真部真韵字"賓鄰新珍真因"等(各母)——*-ien→ien(1類)；

文部真韵字"彬巾鬻"等(唇牙喉音)——*-ĭən→ĭen[25]，"振紉"等(舌齒音)——*-iən→-ien(1類)。

(3)質(術)韵兩類韵母的來源是上古的"脂部"与"微部"(入聲)：

脂部入聲質韵字"畢栗七室失吉一"等(各母)——*-iet→iet；

微部入聲質(術)韵字"筆肸乙"等(唇牙喉音)——*-ĭət→ĭet(2類)，"出述黜"等(舌齒音)*-iwət→iwet(一類)。

歌部支韵喻母字的變化不跟别的喉音一律是有緣故的。他們的上古聲母是*d-，原為舌

-12-

董同龢第二稿

頭音而非喉音。

脂韵字的來源比較複雜一些。有一部分是來自"之"部的，如丕、鵻（*-ǐwəg，*-ǐwəg），有一部分是來自"幽"部的，如逵（*-ǐŏg）；有來自"微"部的，如魋、郿、覬、雉（*-ǐəd，*-ǐwəd）；有來自"脂"部的，如眦、利、至、棄、夷（*-ǐed，*-ǐwed）。"之""幽"兩部的字（只有合口唇牙喉音，但無來自幽的喻母）都變-wi（2類）。微部的唇牙喉音（除喻母[25]）都變-i，-wi（2類）；舌齒音及喻母[25]都變-i，-wi（1類）。不過有幾个去聲唇音字也例外的變-i，如寐、鼻、寐是。"脂"部字的變化只有舌齒音与牙喉音的合口是一致的，他們都變-i，-wi（1類）。唇音則明母字全變-i（2類），幫滂並母字大致都變-i（1類），只有幾个字例外變-i（2類），即秘、閟、密是。牙喉開口音大致變-i（2類），但平聲影母（伊字等）与去聲溪母（棄字）都變-i（1類）。關於這些不規則的變化，我現在還不能解釋[26]。

至於仙祭宵韵的兩類韵母，從已經發表的上古音學說，雖然還看不出他們在來源方面有什麼不同，可是我仔細分析諧聲字的結果，卻證明上古的"元""祭""宵"部的仙祭宵韵字的確應當分兩類，他們的類別恰可以跟中古的情形相應。關於這幾項現象，我已經在"上古音韵表稿"的敘論中加以詳細的論證，茲不贅述。下面只把所得的結果抄出來。

(1) 仙韵在上古分為*-ǐăn与*-ǐan兩類。*-ǐăn類字全變-ǐɛn（中古1類），*-ǐan類唇牙喉音變-ǐɛ̆n（中古2類），舌齒音變-ǐɛn（1類）。

(2) 祭韵在上古分*-ǐăd与*-ǐad兩類。*-ǐăd全變-ǐɛi（中古1類），*-ǐad的唇牙喉音變中古的-ǐɛ̆i（2類），舌齒音變-ǐɛi（1類）。

(3) 宵韵字在上古分*-ǐɔg与*-ǐɔ̆g兩類。*-ǐɔg全變-ǐɛu（1類），*-ǐɔ̆g（只有唇牙喉音）全變-ǐɛ̆u（2類）。

（以上還是舉開口音為代表）

* * * *

之韵的"重紐"有：

平聲　茬（士之切）：漦（俟甾切）　詩（書之切）：眡（式其切）　欺（去其切）：抾（丘之切）

上聲　士（鉏里切）：俟（牀史切）

六同別錄

董同龢

陳澧切韻考以為'茬'与'俟'是增加字是完全對的。現在看切韻殘卷与王仁煦刊謬補缺切韻，之韻正只有一个蠶母音跟一个漦母音，而茬与俟都是沒有的。關於牀母的兩个重紐，切韻考又云：

(之)此韻末有茬字，士之切……士之切与漦字俟甾切音同。茬字又見菑字側持切下。此增加字也。……徐鍇茬漦並俟之反，則似非增加。然亦足證此二字不當分兩切矣。

(止)此韻有俟騃涘竢𥎊䇃漦七字，牀史切，在士仕柹戺五字鉏里切下。十二字相連。鉏里牀史音又同。此亦誤分兩切也。廣雅釋詁釋文：竢音仕，字又作俟，亦作戺，音同。是此數字同一音之證。玉篇士涘並事几切，亦可證廣韻分兩切之誤。

如果沒有切韻殘卷与王仁煦刊謬補缺切韻的發現，我們會覺得他這番理論確是有些道理。但是現在對照那兩項較原始的材料的結果，'茬'与'漦'以及'士'与'俟'之分為兩切卻仍然是有條不紊的，所以他們的關係還需要考慮。

在切韻殘卷裡，非但'茬'与'漦'以及'士'与'俟'都不同反切，並且還有一樁更值得注意的事，就是'俟'的反切上字原來不是'牀'而是'漦'(凡敦煌与吐魯番發現的本子都如此)，'俟'与'漦'又跟其他任何的反切上字都不聯系。一向說'漦俟'二字是牀母字，本來是因為廣韻以'牀'為'俟'的反切上字，而'漦'又以'俟'為反切上字。現在既知'俟'与'牀'原本是沒有什麼關係的，那麼他們就不見得是牀母二等字，更不會跟'茬'与'士'同音了。

'漦俟'二音究竟該屬於哪一个聲母呢？由兩个不同的方面看，也可以推測出兩種可能來。並且每一種可能又都有些難解說之處(詳後面)，因此我現在還不敢作最後的決定。

從一方面看，通志七音略与切韻指掌圖是把'漦俟'二字放在禪母二等的地位。因為在切韻裡這兩个字不跟別的聲母聯系(就現在所能見的切韻殘卷而言)，那麼很可能他們就是真如七音略与指掌圖所示，即屬於一个我們前所未知的中古聲母禪二等(依高本漢的系統可以寫作ʑ)。這个假定的好處在：(1)可以解釋釋文、玉篇与徐鍇何故以'茬'与'漦'以及'士'与'漦'為同音字，同時也可以解釋為什麼從王仁煦以後韻書會把'俟'的反切上字跟牀字混了。我們知道，從很早的時候牀三等字就有跟禪三等互混的，(2)所以如果有个禪二等聲母，他豈不是也可以很早就跟牀二等混嗎？上述諸書大都比切韻晚(釋文或許

-14-

更有方言的關係，因此就把他們認作同音。王仁昫刊謬補缺切韻與廣韻仍分兩切，不過是在面目上保存切韻之舊而已。(2)就我所知的現代方言說，'漦''俟'二字的聲母不是全讀s-，就是全讀ʂ-。牀與ʂ-同變s-或ʂ-是很自然的事。

但是我們也不能忘記兩件事：(1)以'漦''俟'二字為禪母只是七音略、四聲等子與指掌圖如此。其他的韻圖如韻鏡與切韻指南則有參差。韻鏡之韻平聲禪母二等錄'漦'字，上聲才跟七音略等相同。切韻指南則全不錄'漦''俟'二字。(2)照系二等各母與禪母都不是只限於某一韻的，為什麼這個禪二等卻只在之韻才有呢？

從另一方面說，'俟甾切'與'牀史切'之下的字都從'𠩺'與'矣'得聲。'𠩺'廣韻許其切，是曉母字(x-)；'矣'是于母字(ɣj-)[28]。依諧聲條例，舌根音字是不大跟照系二等字諧的，不過卻有一部分常與照三等字相諧，如：

區k'：樞tɕ'　　翕x-：歙ɕ　　臣ʑ：臤k-

耆g-：蓍ɕ，嗜ʑ　　支tɕ：技g-　　齅x：臭tɕ'

關於這一類現象，我已經在'上古音韻表稿'一書中詳加論列，茲不贅述。現在我只是要說因得他們的啟示，我又疑心'漦''俟'等會是牀母三等字，切韻反切上字偶失系聯而已。廣韻'俟'又音'祈'(g-)；'騃'又'吾駭切'(ŋ-)。可見這些字跟舌根音的關係是可靠的。集韻'漦'又'升基切'(ɕ-)，'充之切'(tɕ'-)，'超之切'(ȶ')，'魚其切'(ŋ-)，疑母一讀跟廣韻'騃'字同一性質。其他三個又音全在照三與知系，也顯得'俟''漦'等不像莊系字而像照系字。因為莊系字是照例不會有知系又音的。用這個假定有兩種好處：(1)可以不打破禪母無二等的舊系統，(2)之韻恰無牀三等字，可以補入。但是同時他也有兩層障礙難除。第一，在許多分別ʂ-與ʑ的方言裡(以西南官話為最顯著)，之韻照二等字照例是讀s-等，照三等字則讀ʂ-等，如'事'sɿ：'始'ʂɿ。然而在這些方言裡，我就沒有遇見一處是'士'讀sɿ而'俟'讀ʂɿ的。其次，這個假定的憑藉，諧聲條例與韻書又音，都是間接的，我們竟無一項直接的證據。

我可以說'漦''俟'是牀三等字，反切上字偶失系聯，卻為何不從舊說，以'漦''俟'為牀二等字，也說反切失其系聯呢？(指切韻而言)這個理由簡單得很。如果在切韻的時代'漦'與'茬'以及'俟'與'士'都是同音的，切韻人何必把他們分作兩個音切？尤其顯明的是'漦'與'茬'以及'俟'與'士'都是緊接著排的(亦指切韻而言)，'俟'與'士'更在韻中也沒有後人增加的可能。所以，我雖

六同别録

雖不能確定「蟹」「蝶」二音的聲母是什麽，但是我可以決定他們斷非与「苗」「𧈢」同屬一母（林二等的字。

董同龢

* * * *

尤韻平聲有两个溪母。龍陳澧切韻考云：

此韻有惏㨆毆三字，去秋切与丘字去鳩切音同。毆字又見四十九宥。此雖不在韻末，亦增加字也……類篇惏在口部。廣韻從心旁亦誤。

今按廣韻以「惏」与「㨆」為一字之二體。陳氏說惏不當從心旁當不誤。不過㨆在切韻殘卷裡已經是跟丘不同反切的，却絶對不是增加字。根據以下幾項推斷，我覺得「㨆」當是幽韻字，切韻傳鈔誤入尤韻，又混其切語而已。（詳今見各本言）

⑴韻鏡与通志七音略從來沒有混亂過韻書上任何兩韻的字。[29]而「㨆」字在兩書則橫与幽韻的「樛」「虯」等字同列，縱亦与幽韻的「䟽」字以平去相承。從這樣的地位看，㨆就應該是幽韻字。如果是尤韻字的話，韻圖就決不會有如此的排法。

⑵最要緊的是，「㨆」在集韻裡的確是收於幽韻的，音「羌幽切」。這就可以使韻圖的措置得到充分的證明了。固然，「㨆」字在集韻裡也曾見於尤韻，可是我們得注意他在幽韻時只是獨自一个，但在尤韻則是帶着廣韻中的舊伙伴「惏」与「毆」蹤跡的。集韻以㨆惏毆入尤韻不過是沿襲廣韻之舊，又以「㨆」入幽則必另有所據。更有一層，對廣韻的重紐集韻差不多都是保存的，獨到「惏」等三字，他就併入「丘」字袪尤切之下了。由此也可以看出尤母不當有两个溪母音。

⑶就今傳切韻系的韻書看，尤韻同時有两个溪母音，幽韻則有見群而獨缺溪。此中也有錯簡的痕跡。

由上所述，「惏」或「㨆」既是幽韻的音，賸在尤韻又不過是个人讀，結果尤韻就無「重紐」可言了。

* * *

𥡴韻的重紐有：

-36-

平	鉗(巨淹切)：鍼(巨鹽切)	淹(央炎切)：懕(一鹽切)
上	預(丘檢切)：脥(謙琰切)	奄(衣檢切)：黶(於琰切)
去		㤿(於驗切)：厭(於豔切)
入		敆(於輒切)：魘(於葉切)

在這裡面"鍼"与"脥"兩个音切都不見於切韻(今傳切韻殘卷嚴韻平上聲全無此二音)當是增加字無疑[30]。現在所要討論的只是四對影母音。

拿以下幾種現象作根據,我們不難推知"淹奄㤿敆"与"懕黶厭魘"當屬兩種不同的韻母,有如支脂諸韻的"重紐"一樣。

(1)韻圖以"淹"等置於三等,"懕"等置於四等。

(2)古今韻會舉要以"淹"等与嚴韻字同歸一个韻母,"懕"等与添韻字同歸一个韻母。

(3)高麗譯音"淹"字讀 əm;"厭"字讀 iəm。(參看前引支脂諸韻字的音讀)

(4)這些字的諧聲偏旁顯然分為兩系:即從"奄""弇"聲的以及從"厭"聲的。除在鹽韻者外,從"奄""弇"聲的字僅又在嚴韻与高本漢所謂"短"元音的韻裡(覃咸)出現,如"媕"-əm,"罨"-ɐp,"黯"-ɐ̆m,"弇"-ɐ̆p[31];從"厭"聲的字僅又在所謂長元音的韻裡(談銜)出現,如"壓"-ap。是黃侃氏晚年有"談添盍帖古分四部說"(見制言第八期),正以"厭"聲入"談盍"部,"奄""弇"聲入"添帖"部。

"淹奄㤿敆"跟"懕黶厭魘"的韻母不同既是那麼顯明,整个的鹽韻當劃分為二就是沒有問題的了。但是在這兒我們却沒有討論支脂諸韻時那麼幸運。因為從起頭就有鹽韻与嚴韻的實際界限的難題無法解決。

對照切韻殘卷、王仁煦刊謬補缺切韻与廣韻,可知切韻原無嚴韻的上去聲儼韻与釅韻[32],而廣韻的儼釅兩韻字原在切韻裡是通同包括在鹽韻上去聲琰豔兩韻的。儼釅兩韻可以說是創立於王仁煦。然而就現存材料較完整的上聲來考察其沿革,各書的參差不齊又使人不能明其究竟。現在且把他們的唇牙喉音字比較如下(儼韻無舌齒音字,無從比對,所以不錄琰韻的舌齒音)

切韻	敦煌王韻		故宮王韻		廣韻	
琰	琰	〃	琰	〃	琰	儼

董同龢

貶	貶			貶	貶	
檢	檢			檢	檢	
顩	顩、脥(新增)		脥	顩、弢(新增)	顩、脥	钱
儉	儉			儉	儉	
儼(广音同)	儼	广		广(儼音同)	广	儼
奄、黶	奄、黶	埯(新增)	黶	奄	奄黶	埯
澰	澰	隒		隒	隒	
琰	琰		琰		琰	

由此看來，非但廣韻鹽嚴的界限有問題，切韻与王仁煦韻都使人懷疑。

此外，"奄"等這一系影母字在鹽嚴兩个系統裡分配的情形也很可以注意。依廣韻有：

	鹽	嚴
平	淹崦醃䣍閹	醃腌
上	奄黶鄣……（共十七字）	埯
去	愔（原注："又作俺"）俺	俺惔淹腌䶮裺讝魘
入	敵裛腌㧖	腌䶳裛裺殗惔浥敵鏟蘵……（又"絏"字在本韻見母下）

從表面看，好像各方面都有字對立。不過如果把又音歸併一下，實際上就只有上聲有一个"埯"字是跟"奄"等衝突的了。然而"埯"實在又是原為切韻所無的後加字，本可以不算。所以在這裡"奄"系影母字確有在平上聲居然鹽而去入聲居於嚴的互不衝突的現象。如此，鹽嚴兩个系統的關係真是難說了。

這一層關係牽涉到自六朝至唐宋間切韻以及其相關諸韻書的沿革問題。自然的就現時所能見的些微的材料決找不出什麼結果來。廣韻以後，許多韻書有把鹽嚴兩韻合併了的，更無庸提。至於仍分這兩韻的韻書或韻圖，也不過是完全承襲了廣韻的規劃，都不能給我們一些幫助。所以當鹽韻的實在範圍還不能確定的時候，任何分析他的內容的企圖也都不免徒勞。勉強做去，只是添加煩擾而已。

不過，鹽韻影母奄系字既然實際上可以跟嚴韻的影母字互補，為求跟嚴系字分別

廣韻重紐試釋

起見暫把他們寫作-ɛin(或-ən)倒也無妨。

注:

(1)此所舉韻目並包括跟他們相當的上去入聲。以下不特別言明時均同。

(2)大致說,真諄兩韻在廣韻裡只不過是開合的關係。切韻原來就沒有分這兩類(即在廣韻,他們的界限事實上也沒有分得清楚。所以我就把他們當一个韻看待,以求叙述上的種種方便。入聲質與術亦同。

(3)參看馬宗霍,中國聲韻學。

(4)參看章炳麟,國故論衡。

(5)這是指王了一先生的"脂部"与"微部"。(見所著"上古韻母系統研究",清華學報12卷3期。我在"上古音韻表稿"一書中也有所申述,並訂其音讀。)

(6)陳澧在祭韻沒有分。其實祭韻也是該分的。看下文祭韻表。

(7)陳澧以為"褋","閑"是增加字,棄而不錄,失之無據。實際上"褋"与"表"的對立可以追溯到切韻,"閑"与"禾"的對立也見於王仁昫刊謬補缺切韻。

(8)詳見拙著"上古音韻表稿"。

(9)廣韻漯追切与遂字音切全同。此依切韻殘卷。

(10)廣韻震韻末有螼字,羌印切,切韻殘卷与王仁昫刊謬補缺切韻均不見,當係增加字。韻鏡以之置四等而以鼓置三等,非是。七音略二字俱無。此據四聲等子与切韻指南。兩三等皆缺韻字,足見鼓當在四等。切韻指掌圖"鼓"亦在四等,但又以"螼"入三等則非。

(11)此從切韻指掌圖。韻鏡与七音略三等有"惆"字,實"櫂"韻"趙"字之誤。準韻無此字也。

(12)韻鏡錄"獡"字於"穑"為增加字,不應有。此從指掌圖。七音略以"穑"置三等,"穑"置四等亦非。

(13)廣韻子㜸切誤。此從王仁昫刊謬補缺切韻。

(14)廣韻"劓"(牛例切)与"藝"(魚祭切)為"重紐"。陳澧以"劓"為增加字,失之無據。各韻圖均錄"劓"而無"藝",又不知何故。疑"藝"當在四等,傳抄脫之耳。

(15)此"褹"字當作反切下字解,等韻門法此例甚多。

(16)音標依趙元任先生等譯本,以後引高氏處均同。

六同别録

董同龢

(17)原注：高麗音 -ue 拼作 -wei。

(18)高麗音的 kʻ, k, s 事實上可作 kʻi, ki, si 看待。照寫法，s 不是个顎化音，可是事實上也沒有一个寫作顎化音的 ɕ。看高氏字典，s 正跟 kʻ, k 是一系的聲母。

(19)又注意不保持合口！

(20)知系字也併入元韻，當係方言關係。

(21)依上述原則，支 1 類應寫作 -ie，2 類應寫作 -ǐe。為書寫便利，合改 -ie 5 ǐe。我覺得這樣子也無害於高氏的原意。

(22)凡上古音的標寫均依拙著"上古音韻表稿"。

(23)韻圖把從"支"聲的"技""岐"等字歸三等是有問題的，高麗音讀 ki 而不讀 kwi，明為 1 類。

(24)"詑" xjie 與"隓" xjwe 一向被認作歌部字，就不合此例。事實上這兩个字都有問題。以"詑"為歌部字是因為他從"它"(tʻa)聲。然而說文"詑"訓"兖州謂欺曰詑"，廣韻支韻則云"自多貌"，顯然不是一个字。說文的"詑"實在廣韻歌韻"徒何切"下，云"詑欺也"。支韻的"詑"說文作"訑"，而從"也"聲的字有一部分是上古佳部字(朱駿聲說)。所以我們還可以把歌韻訓"欺"的"詑"跟支韻訓"自多"又作"訑"的"詑"完全看作兩字，前者竟與本題無關。從來以"隓"為"歌部"字是由於說文以為他跟"隋"是一个字。其實"隓"後來讀 xjwe，"隋"則 dʻua，原不能是一个字。又說文以"隓"從"差"聲，一向就沒有人知道"差"是个甚麼音。

(25)此指"遺""惟"等字。他們有自 *g 來的痕跡，但同時也有來自 *d 的痕跡。

(26)我們不能以此懷疑韻圖的分類，因為有許多地方高麗音與韻圖都可以證明韻圖。我們也不能以此致疑王了一先生的脂微分部，因為凡這些例外的部分實為王念孫脂至劃分的範圍，而王念孫之說大家久已公認了。

(27)看 Maspero：La Dialecte de Tchang-an sous les Tang

(28)高本漢以為 ɣ 來自 *g，也是舌根音。

(29)幽韻還有"樛""稵"兩字未見於韻圖，這因為他們是又讀，而正讀在尤之兩韻，並非與尤合流。

(30)切韻考已言"鱍"為增加字，但仍承認"䏚"則非。

(31)"奄""弇""炎""险"有幾个從邑聲的字，他們都在侵韻有又音。侵韻為 əm，也較近於 am 與 ǐn。

(32)今傳切韻殘卷去聲全缺，但王仁煦韻去聲"釅"韻目下注云"陸無此"，可知切韻原無"釅"。上聲無儼(儼)亦廣韻。王韻亦有此注，可證。

小屯後五次發掘的重要發現

石璋如

導　讀

霍　巍

學術背景

石璋如自河南大學歷史系畢業後即加入中研院史語所考古組，在李濟、梁思永等先驅學者指導下，全程參與了1931—1937年間殷墟第4至15次系統性發掘。該文聚焦的小屯後五次發掘（第8、9、13、14、15次），正值1933—1936年中國考古學方法論成熟的關鍵階段：1934年，第9次發掘中首次采用“探溝法”厘清文化層堆積；1936年第13次發掘運用大規模探方揭露3000平方米基址，標志着中國考古學從“挖寶式”發掘向科學層位學研究的轉型。

學術評議

殷墟是商後期的王都，面積在24平方公里以上，考古發現的遺址以小屯爲中心，在其東西五六公里、南北四五公里的範圍内，都分布着晚商時期的遺址和墓地。大體上，晚商的宫殿區和陵墓區分別分布在洹河兩岸，王宫在南，王陵在北。歷年來的考古工作覆蓋了小屯村、大司空村、小司空村、武官村、後岡、花園村、西北岡、梅園村、孝民屯、侯家莊、范家莊和北辛莊一帶。而其中的小屯村是殷墟最爲重要的組成部分，中國考古學家長期在此進行考古發掘，迄今爲止已達20多次，揭露總面積超過了2萬平方米。在此發現了晚商的宫殿遺址、甲骨卜辭、王室成員墓葬等重要的遺存，爲殷商史研究提供了珍貴的實物資料。

由中研院史語所考古組主持的早年殷墟發掘，自1928年開始，在1937年因抗日戰争全面爆發而停止，其間發掘共計15次，而涉及小屯的有12次。石璋如的這篇文章，主要叙述了與小屯有關的在殷墟所開展的第8、9、13、14、15次發掘的情况，對發掘工作的主要收獲進行了總結。他在文章的開頭便開宗明義地説明："以往七次的發掘與發現，已先後刊載于各期《安陽發掘報告》。第10至12次的三次發掘，是在洹北侯家莊西北岡墓地，已出于該文範圍之外，故不論列。至于此五次的發掘經過，已詳拙作《安陽發掘簡史》，所以本文專述其重要發現及其相關的問題。"由此可知，這篇論文可視爲小屯發掘最爲精彩部分的簡述。

爲了便于對小屯的重要性有更多的瞭解，我們有必要簡要回顧一下小屯遺址的發現經過。早在清代末年，小屯村的農民便在這一帶挖掘所謂的"龍骨"，作爲藥材賣給中藥店。1898—1899年，一位叫作王懿榮的官員發現這些"龍骨"上面刻有古代的文字，經過一批古文字學家如孫詒讓、羅振玉、王國維等人的研究，確認其爲商代使用的占卜文字——甲骨文，由此引發了社會各界的關注。1908—1911年，羅振玉進一步打聽到這些"龍骨"的出土地點主要是在河南安陽的小屯，小屯的重要地位被確認。1928年，西方考古學傳入中國之後，早期的中國考古學家們選定了安陽殷墟作爲發掘遺址，然後從這一年開始組織了前後15次連續的考古工作，取得了重大的收獲，首次將司馬遷《史記·殷本紀》所記載的殷代商王晚期世系與發掘出土的甲骨文所載商王世系相互勘合，從而確定了殷墟作爲商代都城的地位和價值，也爲走出“疑古時代”，爲重建中國古史尋找科學史料邁出了關鍵性的一步。

在此文的十個部分中，石璋如根據大量考古發現的材料，重點討論了若干重要問題。

（一）關于殷商時期的建築。通過這五次發掘，基本上認識了商人采用人工“版築”夯土砌建多種樣式的建築基礎的基本方法。石璋如認爲，商人可能還使用了石質的建築柱礎，對于一些考古發現的銅礎有被火熔化的現象，也提出了他的推測，認爲這或許是商代都城廢毀後形成的遺迹。對于夯土基礎以上的商代建築結構，他結合甲骨文的字形，對家、宅室、宗宮這樣一些可能的建築形制也進行了推測。

（二）對小屯發現的商代墓葬進行了綜述。尤其是對于文中涉及一些殉人、殉狗的遺迹現象，他利用甲骨文中有關人牲、祭祀的資料，對于商代社會中用人或狗作爲奠墓、侍衛，或者用于祭祀中的犧牲等習俗，以及祭、殉兩者之間的區別等問題，也作了詳細的論述，這對于後世進一步討論商代晚期的社會性質提供了重要的證據。

（三）對于小屯發現的甲骨文，石璋如對其價值和意義作了深入的闡釋。他尤其是對小屯發現的編號爲H127的一座甲骨坑作了詳細的描述，此坑出土的甲骨經過董作賓的初步整理，有字的甲骨達到1.7萬片，其中可以合成爲整版者三百餘版，這是殷墟考古一個空前重大的發現與收獲。他特別注意到甲骨在坑裏的堆積情況，“猶如字紙簍中的廢物而倒入垃圾堆中”，但同時又在坑裏首次發現人的骨架，這就不禁讓他對這個坑的性質産生了思考：“由它的形制來看，它是一個廢弃的圓窖，而不是一個埋人的墓葬，所以這些龜版可斷言不是爲這人而殉葬，或有這人爲龜甲而殉節的可能。”聯繫到殷墟發掘中有隨着車馬而殉葬的車夫、與大象一道殉葬的“豢象者”等現象來分析，他認爲死者的身份可能是當時管理這批龜片的人員。由此，他推測：“這一坑字甲不論從那一方面觀察，都是充分的表示着它的重要性，决不像垃圾堆中的廢物。”這裏還存在三種可能性：一是當時藏珍的處所，二是臨難急劇的埋藏，三是清理前代文物的儀式。在逐一進行推理分析之後，他的結論是：“可以攝要的這樣説，殷代的甲骨，是有專人管理的，因爲性質的不同而异其儲藏，又因爲它有時效性，故當君主交替的時候，即把用不着的前代文物盡行埋藏，并有管理龜甲的人員也跟着殉職的現象。”這些研究意見，對于認識殷商王朝對甲骨文的管理體系極具啓發意義。其後的考古研究發現，此坑出土的龜甲全屬武丁時代，其性質是武丁時代的甲骨窖藏坑，也可以説是殷商王朝的“國家檔案庫”，由此確證小屯是商代後期的王都。

除此之外，在該文中他還運用大量考古實物材料，結合金文、甲骨文、陶文以及其他文獻史料，對有關商代車馬騎乘制度作了精深的分析探討，認爲殷人騎馬的習俗要早于戰國時代趙人的“胡服騎射”，趙人的改革衹是因爲騎馬術的興起改變了服裝的樣式而已。他對歷年來殷墟考古中出土的車輿，以及車的構件、伴隨出土的武器等也作了綜合考察，認爲殷商時代已經有了車和戰車的使用。同時他還指出，在小屯或西北岡的車坑中，“均没有輪的痕迹”，這實際上可能是當時的考古發掘水平所限，未能成功地發掘出車輪的緣故。在後來新中國的商周考古工作中，考古工作者已經成功地從商周遺址中完整地發掘出車馬遺存，其中就包括車輪。

石璋如在文中還根據小屯考古發掘的大量金、石、玉、銅、骨、陶器以及陶範，擇要地對當時鑄銅、骨角牙蚌、玉石器的工藝進行了考證，大大豐富了對商文化的認識。

學術價值

石璋如此文構建了建築遺迹的考古學解釋模型，首創性地將甲骨出土地層與商代檔案管理制度相結合。史料整理意義頗高，它系統整合了宮殿基址、甲骨窖藏、祭祀遺存等物質證據，爲《史記·殷本紀》的實證研究提供了考古學支撑。此文豐富了對商代社會的認識，如通過對鑄銅陶範、骨器作坊遺存的分析，揭示了商代手工業生產的標準化特徵。尤爲重要的是，石璋如提出的“殷墟作爲持續發展的都城”認知框架，突破了單純證經補史的初期目標，轉向對商代國家運作機制的整體性研究。文中關于建築基址功能分區的討論，直接啓發了後世對“前朝後寢”宮室布局的探索；對甲骨埋藏規律的闡釋，則推動了甲骨斷代學的形成。該研究標志着中國考古學從器物中心主義向聚落考古的轉型嘗試，其注重遺存空間關係與歷史場景復原的研究取向，爲蘇秉琦的類型學理論的形成提供了重要鋪墊。

集刊外編第二種

小屯後五次發掘的重要發現

石璋如

一

殷墟雖然發掘了十五次而小屯僅發掘過十二次本文所指的後五次發掘是:

第八次發掘: 二十二年十月至十二月。

第九次發掘: 二十三年三月.

第十三次發掘: 二十五年三月至六月。

第十四次發掘: 二十五年九月至十二月。

第十五次發掘: 二十六年三月至六月。

以往七次的發掘與發現已先後刊載於各期安陽發掘報告十至十二的三次發掘是在洹北侯家莊西北岡墓地已出於本文的範圍之外故不論列至於此五次的發掘經過已詳拙作安陽發掘簡史所以本文專述其重要發現及其相關的問題

—1—

六同别錄

石璋如

小屯自發掘以來，每次都有新的發現，新的認識，新的問題和新的假設。隨着發掘的進展和發現的壘積，因之有的認識確定了，或者改變了；有的問題解決了，或者仍懸着；有的假設錯誤了，或者証實了；有的預期實現了，或者有出乎意料之外的發現。譬如：

（一）第一二兩次發掘所提出的"殷墟淹没"說，第三次發掘雖然在地層上注意搜集証據，但到第四次發掘便予修正了。及第八次發掘另有新的材料發現，所以另有一種新的推測。詳本文"柱礎與銅礎"。

（二）關於"覆穴竇窖"是殷墟內一個重大的問題，第二三兩次發掘的時候，李濟先生便把它提出來，謂有"穴居""窖藏""埋祭"等三種可能。到第五次發掘，郭寶鈞先生根據地下的發現及古籍的記載，把"穴居""窖藏"兩說証實了，而"埋祭"說，這後五次的發掘，卻找到了相似的物証。詳本文"基址墓葬與殷代的宗教儀式"。但還有許多深及水中的窖不能解釋，它的用途恐怕出乎這三種之外，其中固然有少數是被破壞的墓葬，其餘的是不是殷代的水井，乃是留待以後解決的問題。

（三）"黃土堂基"是第四次發掘郭寶鈞先生所發現，疑為"殷人之明堂路寢"。但是它的用途至今尚不能十分確定，一來因為我們尚没有在它的附近仔細的尋找，二來關於殷代的建築還没有澈底的整理，所以這個問題仍在虛懸着。但知道它與殷代的宗廟有關。

（四）郭寶鈞先生在B區四五兩次發掘的報告中，預期着"殷人明堂宗廟路寢之制，重入吾人眼簾"。到第六次發掘，作者便在E區發現了兩座完整的基址和幾處不完全的基址，並且這種發現逐漸加多，此次更獲得有偉大的建築遺存，詳本文"夯土與殷代的建築"。雖然那預期現在没有完全實現，可是就後五次發掘的情形推測，並非没有完全實現的可能。

以上多半是八次以前的舊話，現在不必去深究。這幾次的發現，有的仍與舊的問題有關，有的確是嶄新的新現象。這些新現象都是出乎我們意料之外的發現，茲分別敘述於後。

二

柱礎與銅礎是第八次發掘所得的新現象，發現的日期為二十二年十二月十六日，那天的日記有這麼一段記錄。

— 2 —

連日以來常常發現徑約一公寸餘的銅片。它們的位置每與石卵成相當的間隔和直線的行列，有的上面且有炭燼，于是我們推想到它或是銅礎，便打算按照它們的行列找出個究竟，遂開D88.1坑。先作北段。深四公寸在北段發現石卵，同時也發現不整齊的銅片，情形和深度都與D69坑相同，且在一條直線上。距西南標点六公尺五寸五處，發現一個最有趣，最重要而最有價值的殷代遺物，就是連日以來我們所渴望的真正的銅礎（插圖一）。它不惟本身完整無缺，而附帶的條件更足使我們推測房屋毀棄的因素和由來。

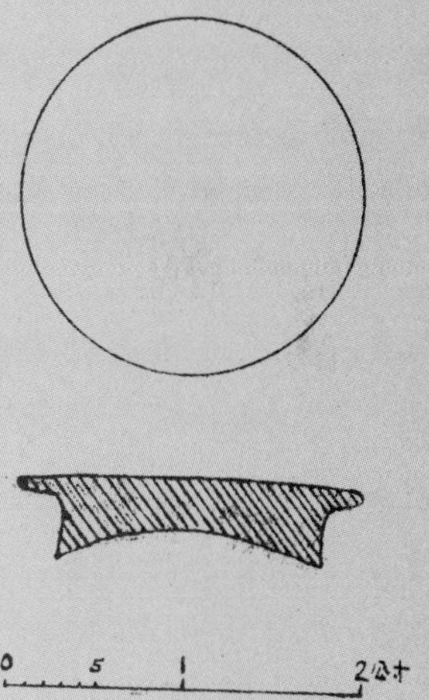

插圖一：　銅礎

銅礎略向北側置，它的上面並有一個徑約一公寸大小的朽柱的殘遺，僅具炭燼，不存原形。它的放置是與礎面差不多成直角的。銅礎的下面又有一個石卵，平面向上，端端正正的放着，兩者相距約有二公寸的樣子。銅礎的上面，平面稍凸，下面中心稍凹，很容易放平。根據這種情形，作以下幾種推測：

甲、石卵是墊銅礎的，所以放在下面，石銅中間的灰土，想係穩固銅礎的支墊品的後身。

乙、銅礎是用以豎柱的，故上面有木質炭燼的殘遺。

丙、有的銅礎殘缺不全，在其附近並有許多大如豌豆之小銅珠，想係銅礎被火焚，鎔，鎔汁散漫而流入土中所致。

丁、沿着石卵兩公尺以內，有厚約一公寸的紅燒土，参以銅礎上的木炭以及被焚毀銅礎附近的小銅珠，均啓示着這座建築的毀棄很有被火焚燒的可能。

同時在其它的石礎上也發現有柱燼，最大的有徑約一公寸高約三公寸的。根據我們發掘的經驗，若是木炭在地下可以經久不壞，若是木頭埋在地下，則經過若干年後必

石璋如

腐朽成粉土。現存的南北一行銅礎共十一個，長三十一公尺五寸。每兩個的距離普通都是二公尺五寸。其間祇有兩對是相距五公尺，那很顯然的是被後世挪走了。又有兩個相距僅一公尺二寸，我疑惑那是房屋的門口。所佔的地基都是天然成功的褐色土，非常堅硬，然而每礎所佔的範圍內仍然夯打使的更為牢固。方向為北偏東約五度，與現在的日影相近似，雖然與E區各基址的方向少有出入，但與C區之規模較大，有系統有組織的基址是一致的。因為所佔的地基為天然的生土，而表皮又被農人挖去一層以墊低地，所以無法找出這個基址的範圍來。

就銅礎的樣子和它的行列，可以推測殷代的建築相當的偉大，相當的燦爛，很可能為"崇巍宮殿"。就炭燼殘柱和紅燒土的現象，更可推測宮殿的摧毀和都城的廢棄，其中當多少含有火燒的成分。

三

殷代之有車，已經是不成問題的一回事，但是車究竟是怎樣一個結構，還沒有真正的殷代遺存發現，僅在文字方面有車的輪廓的樣子。甲骨文的車字，據孫海波甲骨文編所收共有九種（插圖二：18—26）。金文的車字，據容庚金文編所收共有二十二個（插圖二：2—12，14—17係摘錄，因許多文体相同故未全錄）。另有旅（插圖二：1）輦（插圖二：13）等字頗多，亦與車有關，僅舉例示不全錄。殷墟第三次發掘在橫13.5西坑中發現一塊陶片，其上亦刻車文（插圖二：27）。由甲骨金陶等文字的指示，那麼車的構成至少當有輪、軸、輿、轅、衡、軛等部分。

殷墟十至十二次在洹北侯家莊西北岡發掘的時候發現了許多像車上的用品，附近並有馬坑，所以我們叫它為車器。殷墟第十三次在小屯發掘，高去尋先生在C區也發現了與西北岡相同的車器，而整個的形制確與甲骨金文等車字相像，所以我們叫它"車"。車坑共有五處，四處經過了隋代墓葬的破壞和擾亂，僅殘遺些少數的銅泡和馬冑，一處尚稱完整，也祇埋着一輛"車"。雖然為數只有一輛，但在埋葬時經填土動力的摧毀和打夯的壓力的下軋，已由立体的形制變為平面的堆積，且木質均已腐朽，僅餘不相連屬的銅飾，各種裝飾品的部位也非絕對正確，所以精確的結構如何，很難復原。它在田野的號数

— 4 —

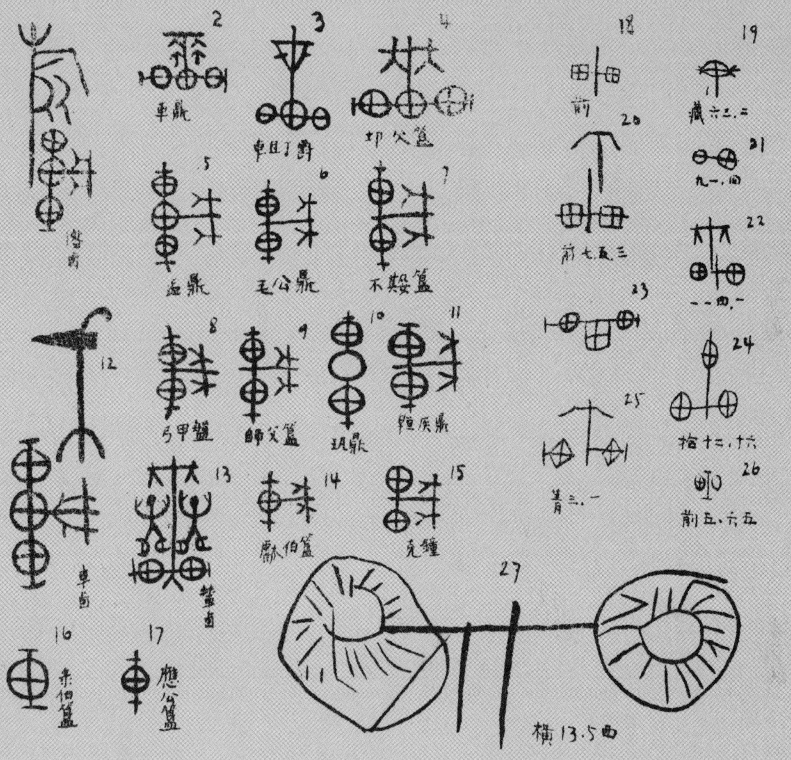

插圖二：金甲陶等文車字

是M20出土的現象是：

坑形長方，南北長約三公尺八寸，東西寬約二公尺，深約地面下八公寸。最先露出來的現象為坑壁周圍的紅土頗似漆皮。坑內的現象最為煩雜，四角有四個銅質的圓杠頭，頂端各向外放着（插圖三：1—4，以下不言插圖數目僅寫号碼者均係插圖三），南端的兩個大，北端的兩個小。在坑的南端並排着四匹馬，口齒齊向東南，頭部清晰並有羈飾（A.B.C.D.）。由羈飾排列的樣子，可以知道羈的形狀，由飾上附着之纖維觀察似係皮質。羈飾分銅貝兩種，銅的為圓泡，以一個為單位，每羈約五十多個，泡上有星形、獸頭形等不同的花紋；貝以兩個為一單位，每羈約百餘個，多為天然貝而稍加琢磨，接近口部則羈分歧的穿入鑣

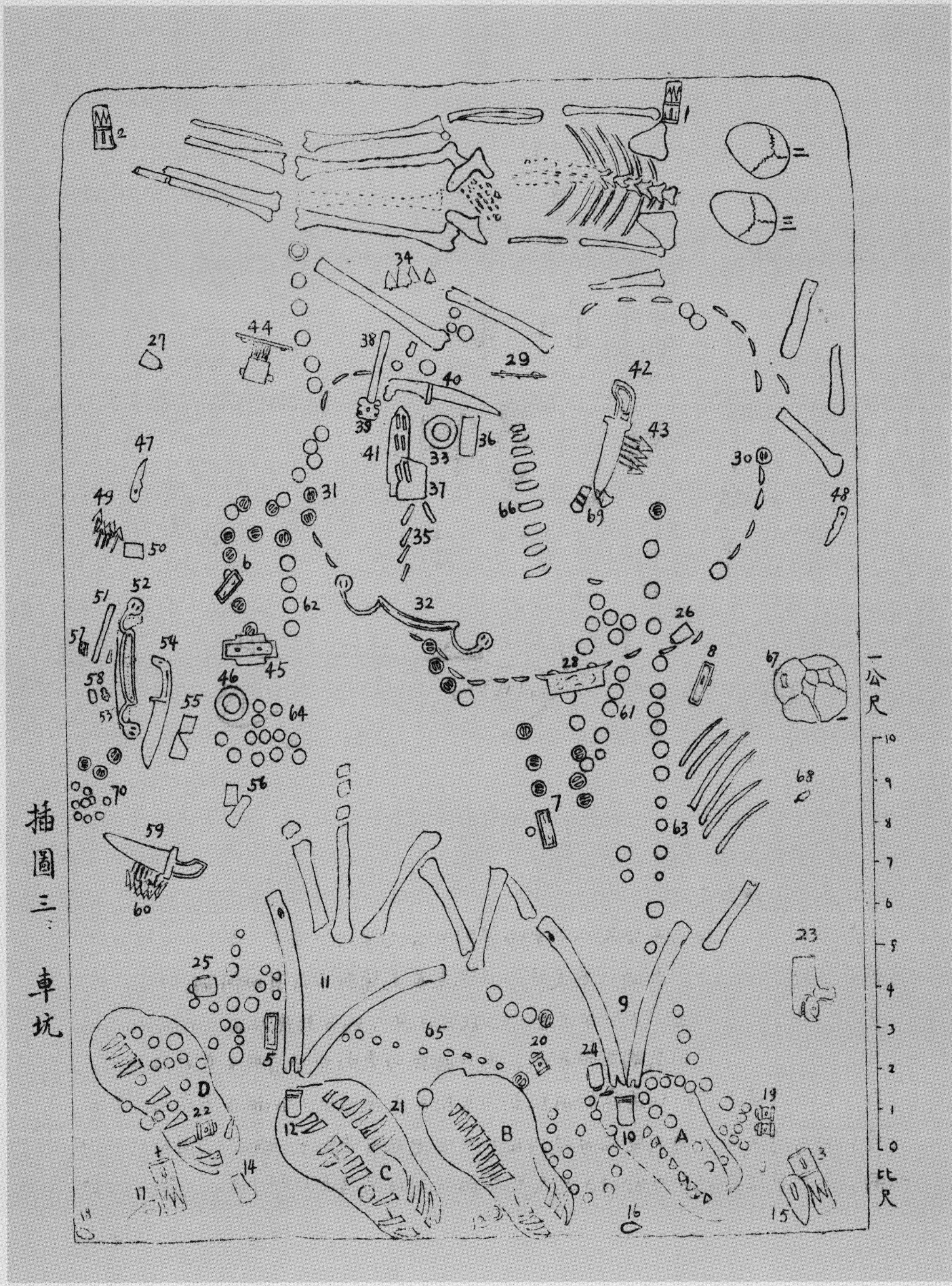

插圖三：車坑

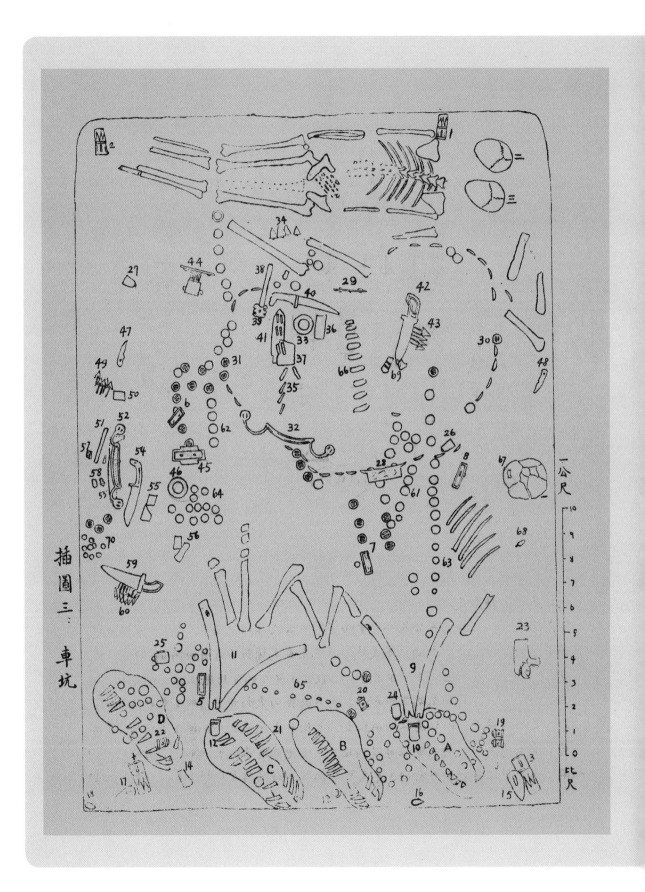

一、二、三：人、	A.B.C.D.：馬、	1—2：小圓銅杠頭、	3.4.大圓銅杠頭、	5-8.方杠頭、
9-12.軛飾、	13.14.軛首飾、	15.17.大當盧	16.18.小當盧	19—22.鑣、
23.輈頭飾、	24-27.銅鈴	28.輿前飾	29.輿後飾	30.31.東西半輿
32.52.弓形飾、	33.46.玉璧	34.石鏃	35.金頁	36.37.50.55.礪石、
38.51.長玉管	39.石獸頭	40.53.54.獸頭刀、	41.玉戈	42.59.銅戈
43.49.60.銅鏃	44.車尾飾	45.車飾	47.48.角形玉器	56.69.短玉管
57.車飾	58.67.68.玉飾	61—64.70.一組銅泡	65.衡飾	66.朽木

小屯後五次發掘的重要發現

的兩孔中，鑣後有鼻可繫纓，鑣中有孔可穿銜（19—22）。杏葉形的銅器叫做當盧（15—18）有大小兩種各二個。鑣與當盧各四具，本應連在馬頭上，但現在有一部分已與馬頭離開。銅鈴四個，兩個挨近馬頭（24，25），一個在輿的東南隅（26），一個在坑的西北角（27）。

馬的軀幹因腐朽過甚且交相疊壓，分不清他們單獨的個體和彼此相互的關係，其被壓在輿下的馬骨腐朽更甚。在四匹馬的頸上，有東西一行銅泡，想係衡上的裝飾品（65）。由裝飾品的範圍測量，可以推知衡長約一公尺四。兩軛之銅飾與衡成直角相接（9—12）。兩軛首相距約八公寸五。軛飾由三部合成，一個軛首，兩個軛腳。腳的下部為管狀，並有一孔可穿繩，上部為半管狀，其中有木質，其上並有精美的星形紋飾。由軛首到軛腳共長五公寸，兩腳相距據現存的殘跡，為由三公寸二到四公寸五。又有兩個軛首飾，（13.14）沒有軛腳，或者腳為木質而腐朽，它的放置是參雜在銅軛的中間的。一個大形的銅製獸頭（23）側放在坑的東南隅，很顯明的是被動力摧毀後的現象，據我們的推測，當為最前方之輈頭飾。

居中為輿，呈簸箕形，夾面向前，擴面向後，周圍以四十個銅泡所組成（31，32）。輿的正前方為一個長方形銅質獸面（28），面部向上，弧度與輿身相符合，下面呈乜凹形，似附着於輈上，其中有很厚的木質痕跡，裡面有二鼻，可牢結於輈輿。輿後為一個側置的長方形銅片，面上有兩個突起的圓泡，向着正後方（29）。四個長方形的杠頭，排列的不很規律，銅質內空，其上有三面花紋，一面光素，兩側有孔，有紋之一側呈方形，無紋之一側呈橢圓形，不知道它的用途（5—8）。輿的西北隅的一件器物（44），想係車的後尾，其西南隅的一件器物（45）或為軸飾。從輿後飾到輿前飾有一條木痕（66），當係輈遺之一部。由輿底到馬頸

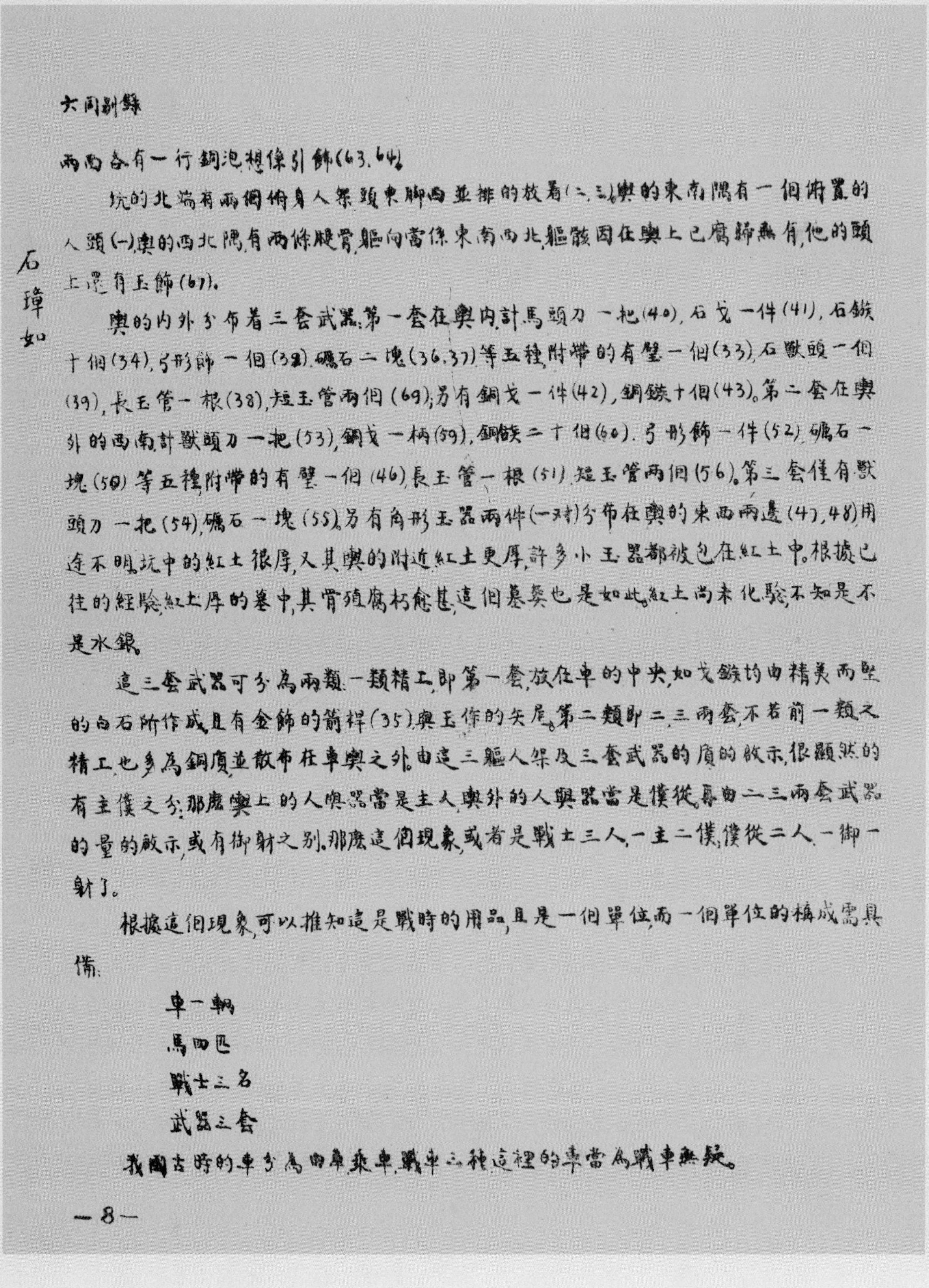

六同別錄

石璋如

兩面各有一行銅泡想像引飾(63.64)

坑的北端有兩個俯身人架頭東腳西並排的放着(二,三)輿的東南隅有一個俯置的人頭(一)輿的西北隅有兩條腿骨,軀向當係東南西北,軀骸因在輿上已腐歸無有,他的頭上還有玉飾(67)。

輿的內外分布着三套武器:第一套在輿內,計馬頭刀一把(40),石戈一件(41),石鏃十個(34),弓形飾一個(32),礪石二塊(36.37)等五種,附帶的有璧一個(33),石獸頭一個(39),長玉管一根(38),短玉管兩個(69);另有銅戈一件(42),銅鏃十個(43)。第二套在輿外的西南,計獸頭刀一把(53),銅戈一柄(59),銅鏃二十個(60).弓形飾一件(52),礪石一塊(50)等五種,附帶的有璧一個(46),長玉管一根(51),短玉管兩個(56)。第三套僅有獸頭刀一把(54),礪石一塊(55)。另有角形玉器兩件(一對)分布在輿的東西兩邊(47,48)用途不明。坑中的紅土很厚,又其輿的附近紅土更厚,許多小玉器都被包在紅土中。根據已往的經驗,紅土厚的墓中,其骨殖腐朽愈甚,這個墓葬也是如此。紅土尚未化驗,不知是不是水銀。

這三套武器可分為兩類:一類精工,即第一套,放在車的中央,如戈鏃均由精美而堅的白石所作成,且有金飾的箭桿(35)與玉作的矢尾。第二類即二,三兩套,不若前一類之精工,也多為銅質,並散布在車輿之外。由這三軀人架及三套武器的質的啟示,很顯然的有主僕之分:那麼輿上的人與器當是主人,輿外的人與器當是僕從。再由二三兩套武器的量的啟示,或有御射之別。那麼這個現象,或者是戰士三人,一主二僕,僕從二人,一御一射了。

根據這個現象,可以推知這是戰時的用品,且是一個單位,而一個單位的構成需具備:

車一輛
馬四匹
戰士三名
武器三套

我國古時的車分為田車,乘車,戰車三種,這裡的車當為戰車無疑。

—8—

這個現象不但與古籍所載相吻合，又可補其不足。譬如這個"駟"字便是一車四馬的專名詞，兩服兩驂謂之駟。詩疏鄭風干旄引王肅云，"夏后氏駕兩謂之麗，殷益一騑謂之驂，周人又益一騑謂之駟。"這段話好像是殷代一車三馬，到周代才是一車駟馬，其實一車駟馬在殷代已經通行了。古人對於這並排着的四匹馬有兩種解釋：一說是中間的兩匹馬叫"服"，兩旁的兩匹馬叫"驂"；一說是除中間的兩匹馬外，左邊的一個叫驂，右邊的一個叫騑。這坑中的實際現象是兩個銅軛飾固定在衡上，兩個軛首間隔的參雜在銅軛飾的中間，四個當盧兩大兩小，它的放置一大一小的間隔着。或者戴銅軛飾戴大當盧的兩匹馬叫"服"，戴木軛戴小當盧的兩匹馬叫"驂"。驂是參加的意思，原來一輛車上只有兩匹馬，後來又加入兩匹，所以把後加入的兩匹叫驂，那麼這仍是兩服兩驂了。

左傳僖公二十八年"獻楚俘於王駟介百乘"，注"駟介者一乘四馬，被甲之士三人也"。這與四馬一車，三架人骨，三組武器的現象又相吻合。從此知道春秋時的戰車，尚沒有很大的變化。

民國二十一年在河南濬縣辛村發掘，發現了大批的車器，其中以轂飾為最多，輪跡數見，而輿跡僅一見，輪徑約一公尺三寸，輻十八根，輿為長方形。專有車馬坑，但其中只有馬骨車飾輪痕，而無輿跡，此輿跡係在大墓中發現者①。二十六年春北平研究院在陝西寶雞鬥雞台發掘，發現了一輛整車，輪軸輿轅俱全，輪徑約一公尺二，輻二十六根，輿為長方形，橫豎之差為三比一強，轅之兩旁各有一匹馬骨②。由兩處出土之遺物觀察，形制相仿，紋飾相似，其時代相差不遠，當同為西周時物。固然殷周在時代上必有距離，但銅質禮器形制多相類似，何以於車大相懸殊，或因用途有別。此長方形輿的車，無隨葬戰士及武器，那麼當為主人翁的乘車。果然，則殷周之際的車，戰車為簸箕形，乘車為長方形。

所可注意的，不論小屯或西北岡的車坑中，均沒有輪的痕跡。

至於車的結構和馬的駕馭均正在研究中。由這個現象和車坑數量的啟示，我們可以推知車在當時已經用作戰爭上的武器，車戰已經大規模的通行了。

四

馬在當時的用途僅供駕車抑除駕車之外另有其它的用途，這個問題曾經考慮過

六同別錄

石璋如

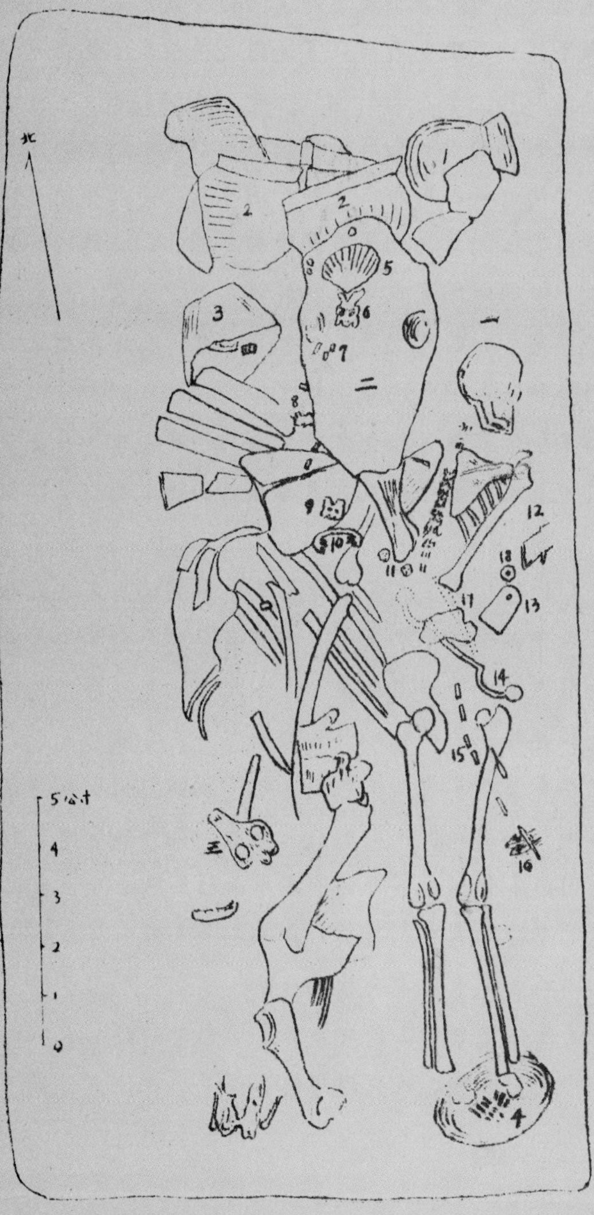

一、人架
二、馬
三、狗
四、獸頭
1. 圜底陶罐
2. 陶盃
3. 灰陶罐
4. 椒子盃
5. 蚌當盧
6. 玉獸頭
7. 玉珠
8. 石魚
9. 石獸頭
10. 玉馬飾
11. 玉人頭
12. 銅戈
13. 礪石
14. 弓形飾
15. 金飾桿玉劍?
16. 銅鏃
17. 獸頭銅刀
18. 骨珠

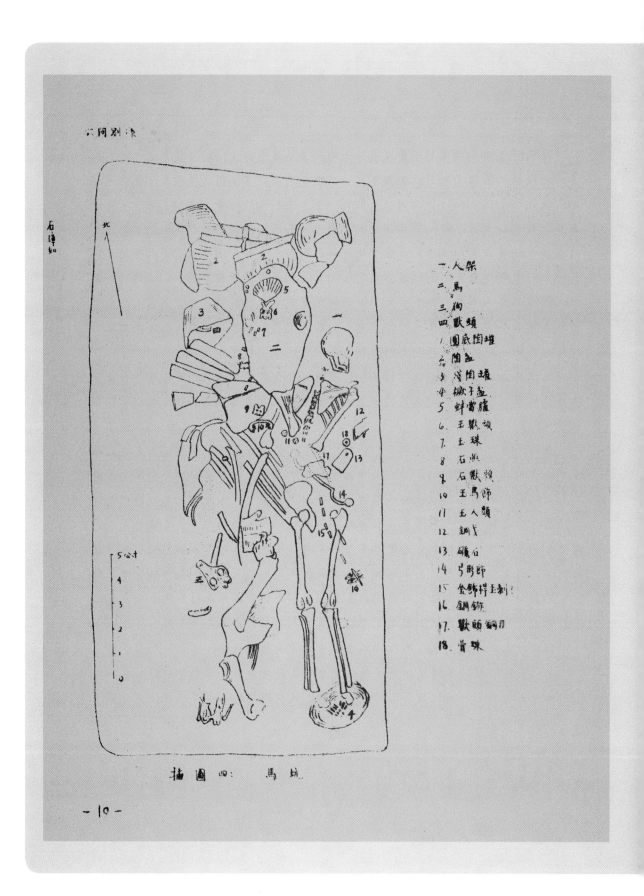

插圖四：馬坑

很長的時間和費了不少的思索。在河北侯家莊西北岡發現了許多馬坑，每坑的數目不是四匹便是四的倍數，從來沒有看見單獨的一匹馬埋在一處。在小屯發現車馬同坑，更足証明馬供輓車之用。殷墟第十三次發掘，王湘先生在小屯的C區發現了一個人馬合葬的小墓，它的位置在C113，田野的名子叫M164，（插圖四）。它的現象是：

坑形長方，南北長二公尺五寸，東西寬一公尺三寸，深約八公寸，方向北偏東拾度。在它的上層有一片黃灰土的堆積，黃灰土完了才露出它的上口，黃灰土也呈坑狀，面積比墓葬的面積較大。墓葬中埋着一個人，一匹馬，一隻狗，另一隻動物和四件破爛的陶器（插圖四）。

人架的放置頭頂向北（插圖四：一，以下不言插圖數目，僅寫號碼者均插圖四）。在骨盤下壓着一套武器，計戈一（12），刀一（17），弓形飾一（14），礪石一（13），銅鏃十（16），一件精美器物（15），附帶的有幾個蚌泡和骨珠（18）。戈係銅質已銹蝕，刀柄飾獸頭，弓形飾的中部有兩個對頂的人形飾，兩端為鈴，那件精美器物有刺有柄，刺柄均係玉質，桿上包着金葉，玉柄與桿交接處鑲着一圈綠松石，並有一段沒有金葉，當為手持的部分，玉刺與桿交接處並有金箍，桿係木質已腐朽只留金葉。鏃為雙翅形，礪石上端並有一孔，蚌泡中間也有圓孔，骨珠較小。人架是俯置的。

馬的軀向與人架同（二），頭頂向北，臀部向南，脊背向西的側放着，骨骸大半腐朽。馬的裝飾着重頭部，轡已腐朽而失去聯絡，所以轡飾散漫到頭的附近。當臚為蚌質，尚在馬的額上，周圍鑲着綠松石（5），蚌的形狀恰像殼牌汽油箱上所畫的殼，大端向上，小端向下。其下為一個長角玉獸頭（6），中有兩個玉珠與當臚相連。獸頭下又有兩行玉珠（7）連接石燕（8）。石燕之下為白石獸頭，也有玉珠相連（9）。又有兩個玉質小人頭，想係在馬的兩個嘴角（11）。另有一件器物（10），想係領飾以連接玉質人頭的。這件器物也是玉質，製作異常精工。狗骨在坑的西南隅（三）沒有裝飾，也是頭頂向北，臀部向南的放着，骨骸腐朽過甚。另一隻動物（四）放在北部的殘陶罐中，頭部略小，很像猴的樣子（3內）。

四件陶器，一個是圜底罐（1）在東北隅放着，腹部已破；一個是破盆子（2）在馬頭的正前方；一個是破罐（3）並有蓋子，即某種動物頭部的放置處；一個是有柄的蓋（4），它的樣子，是在盆內長出一個柄，來安陽的土話叫它橛子盆，放置在墓的東南隅，人的兩隻腳伸入

石璋如

具中。

根據這個現象的推測，那些陶器想係喂馬養犬的用具，那個人架想係喂馬養犬的差役，武器和馬匹想係供主人翁使用的。再就馬的裝飾與人的武器及其所有的環境來觀察，這匹馬似乎供騎射的成分多，而供駕車用的成分少。那麼這個現象或許是"戰馬獵犬"了。董作賓先生整理甲骨，從許多碎片中鬥合成一條文辭。

(癸)亥卜㱿貞：旬亡囚。王固曰：㞢(希出示)。(五日)丁卯王獸敝，祝車馬口，祝險(車)(在)㙜馬亦口，㙜亦㞢有祟。珠一一八三，徵雜六〇，六八，前七、五、三，前七、一八、三，續五、五、一 合補。

由這條文辭來看，似乎祝坐的車，㙜騎的是馬。

竹書紀年："十五年商侯相土作乘馬遂遷於商邱。"義證云："相土作乘馬者，蓋始以二馬夾輈謂之兩服，今以四馬並駕加兩驂矣，說文曰：驂駕三馬也，駟一乘也……"把它解釋為駕車之馬是可以的，因為商邱一帶是大平原走車是可以的。詩大雅緜篇："古公亶父，來朝走馬，率西水滸，至於岐下……"玉篇引詩作趣馬，言早且疾是可以的，但有些人把走馬也解釋為駕車之馬，恐怕有点不可能。作者三十二年到關中調查，沿着太王遷岐的路線走，山谷縱橫難以通車。目前雖有田車，但活動的範圍僅限於很小的面積，而交通工具仍限於馬驢，由於地形的限制，故所謂走馬解為騎用的馬比較合乎事實。

普通一般人的觀念，以謂趙武靈王"胡服騎射"，遂把中國的騎射認為始於趙武靈王之效胡，但"騎射"是一回事，"胡服"是一回事，"胡服騎射"又是一回事。能可能的中國本有騎射，趙武靈王以中國的服裝作騎射不便，才改為胡服的。按社會進化的道理講，騎馬應該比駕馬為早。可是古書上没有騎射的字樣，或者騎射在殷代僅用之於打獵，尚没有用作戰爭上的主要武器。殷代的兵制究竟有無騎射的組織，尚是問題，這種實際的現象僅只一處，卜辭也僅見一條，希望將來得到更多的材料去尋出一個更確實的解答。

五

挖穴的技術來源很早，不知起自何時，可是仰韶、龍山與小屯等遺址中都有穴的遺存，而窖這個遺跡却只在小屯期遺址中才看見過，那麼挖窖的技術或者創自殷商了。

—12—

在殷代另有一種建築技能，比挖穴更進步，更偉大，更能惹人注意的便是"版築術"。這套本領不管是殷人承受龍山期的系統，或者為他們自己的新興工業，總之自盤庚遷殷以後，這種技術便大吕盛起來，不論活人所居的房屋，或者屍骸所埋葬的墳墓，以及魂魄所寄托的宗廟，都是用"版築"建造起來。這種技術的發明可以說為人類生活史上一個飛躍的進步，從地下的穴居，到地面上營造宮室，猶之乎棟樑磚瓦發明以後，才能夠建造亭台樓閣，鋼筋士敏土發明後，才容易建造百仞大廈，它在建築史上的地位恐怕不減於磚瓦和士敏土的。

殷代的基址，係由版築土所構成，版築土的特徵為質密而堅，層與層間的交接處有圓形小窝和小窩，窩窝是套在一起的。版築這個名詞起源很早，孟子告子："傅說舉於版築之間"，但沒有講到怎樣的去版築。現在建造這類土的工具是版和杵，所以叫做版築土。殷代的基址是否用版打成，現在還沒有找到確切的証據，不過質密與層厚有相像處，所以也叫它版築土，其實只是築而不版，安陽的土名叫作"夯土"，這名詞頗為恰當。

殷代建築的程序，由於環境的不同可分為兩種：一種是填平早期的坑，然後再來建造，基址和坑[redacted]是兩回事；一種是先挖成坑，然後再來建造，基址與坑是一回事。為穩固上層的建築物起見，兩者同樣的首先堅定下層的基礎。

(一)先平後建：在"版築術"未施用到小屯之前，那裡的建築物，都是地下的穴窖，及至版築技術既盛之後，而穴窖有的被平復，有的被廢棄，有的還在沿用着；可是已經兢兢業業像雨後春筍般的在地面上起垣架屋了。既經平填的穴窖，沒有什麼問題，未經平填的穴窖，勢不能不顧慮，所以第一步的手緒便是填坑，凡在這一個基址範圍之內的穴或窖，不論方的圓的，深的淺的，一齊填起來再建造基址，所以現在把基址揭開，把版築土挖盡，便露出先前的穴窖的底部或上口。

(二)先挖後建：先擇好了地点，然後按照所建基址之大小，整個的在地下挖去一塊，不論這下面是早期的穴窖，墓葬或基址等；挖至相當的深度，則由下而上一層一層的打起來，所以現在要把這一種基址按着夯土揭開，便成了一個比較整齊的長方坑。

這兩種辦法，現在也都在沿用着。譬如豫西及陝北由破壞的窯院改為地面上的建築物時，首要的工作，便是填坑，這是和第一種辦法相像的。現在要建築高樓大廈，必

石璋如

先下很深的根基這和第二種辦法有相像處。

基址既經完成，然後再行埋礎的工作。礎為柱下的墊石，普通都是徑約三公寸至五公寸，厚約一公寸至三公寸的不加琢磨的天然石卵。石礎埋入的程序有兩種可能。一種想係把建造基址工作分為前後兩個階段，第一個階段則造至相當高度而停止，舉行排礎豎柱的工作，等到上層的結構完成後，再來進行第二個階段，把基面打至所需要的高度。另一種想係沿着既成基址的内緣，於相當距離處而埋入的。這種推測是根據在基面的周緣先發現小圓洞，然後在圓洞中發現石卵，而石卵下面仍是版築土。石卵距基面約五公寸的樣子，也有露出基面的。石卵的行列與深度有密切的關係，大概每一個行列係在一個平面上的。有的基址並用石卵排列成門洞的樣子，那門洞多在基址的一隅或前面，數目多少不等(插圖七)。也有些基址沒有石卵，大半在遺址的低處，想係基面經過後代的擾亂所致。完整的基址周圍的邊沿清楚，石卵的行列整齊，版築的層次分明，可是這類的遺存較少。

由地層的疊壓，知道先平後建的基址較早，先挖後建的基址較晚，不知道這是不是建築術上的一種進步。

根據安陽現在的習慣，高出地面的墻垣才用版築。建造的程序，是先用四根木柱成長方形的豎在要打墻垣的地方，再將長約二公尺二寸，厚約三公分，寬約四公寸的木板夾在柱的中間，作成墻的模型，填土兩板的中間，用杵子一層一層的打起來，至相當的高度而止，這叫作一板。第一板打成後，接着同樣的打第二板，依次的接連下去，直至整個的工程完竣，而在一條直線内所連合的若干板叫做一堵。殷人是否用這種辦法，尚是問題，不過"先填後建"或"先挖後建"的基址，與挖在地面下的墓葬均無須乎用這種方法，因為坑壁和墓壁在限制着，不啻是個模型。小墓的四角很不容易使土堅硬，可是殷代小墓的四隅，的確與中間有同樣的堅硬。究竟他們用的什麼方法，還是一個大謎。

據安陽的老工人云：當建築袁墳(袁世凱的墓在安陽)的時候，下面的工程完竣之後上面也是用土打起來的。他雇了許多工人，每人各拿一根白蠟木的齊眉棍(棍長與眉相齊故名)，攤平了一層黄土，許多工人都用棍頭搗來搗去的搗。等到搗堅以後再鋪上一層黄土，照樣的搗來搗去，一直等到打成為止。經我們試驗的結果一個個小夯與小

小屯後五次發掘的重要發現

窩的樣子及其堅硬的程度與殷代的版築沒有兩樣。於是推想到西北岡的大墓與其它地方的小墓，其中的夯土不論邊緣當中以及角隅都是一樣的堅固結實，想非大的夯杵所能為力，或者殷人的版築辦法與建築袁墳的"棍搗"辦法相同也很難說。廿五年梁思永先生到杭州調查，親眼看見當地人打牆是用棍搗的。廿七年還至西南後，看見昆明西川等地打牆也是用棍來搗，那棍叫做木杵，一端是平的，一端是尖的。這些實例可以証明這種辦法現在還有人使用着。據殷人的文化程度來看當能有更好的辦法，不過在二十世紀的時代，總統墳墓的建築，還採用那種棍搗的辦法，當三千餘年前封建制度盛行的時候他那裡計算到經濟人工，很可能的徵集許多百姓來給國王"用棍搗土"，建築朝王的宮殿與葬王的陵墓以及祭祀的宗廟。

牆垣的遺蹟現在毫無遺存，但據基址的土質推斷，很可能的也是夯土。至於上層的結構，在小屯文化層中，也無絲毫遺留，我們根據甲骨文字的形狀與柱礎排列的樣子可以推測出一個大概。甲骨關於建築物的文字很多，譬如家宅室宗宮等字，好像是在

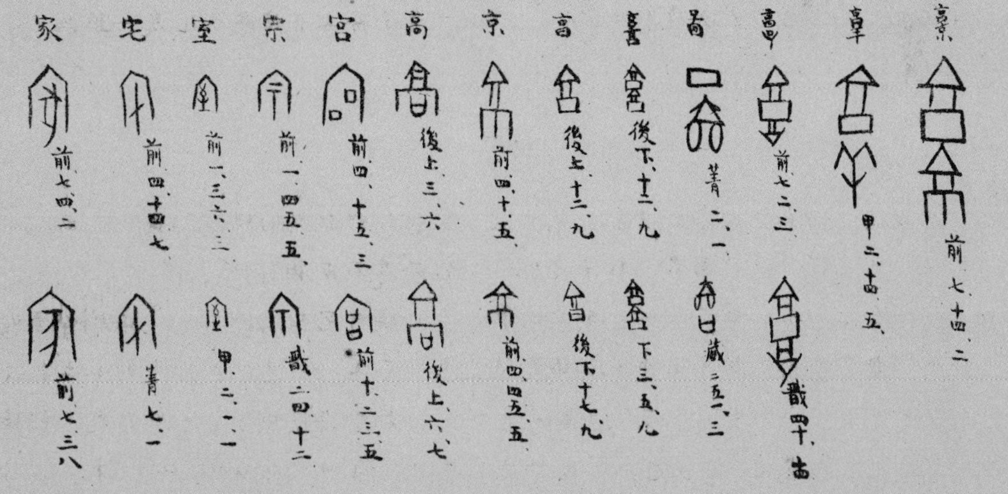

地下挖穴在穴上蓋蓬子；譬如高京亯喜等字，好像是在地面上築台子，在台子上蓋房子；譬如啚字，房子下面是空的，而前或後有一方圈子；譬如亭字像城的樣子，並有門樓；譬如章臺則為合文，另有含意。以上文字，不論那一種，其頂均作人字形，人形就是表示建築物為前後兩坡，坡下的 || 是兩面的牆或柱子。小屯基址上礎石的排列，每為一周，前後

六同别錄

石璋如

兩兩相對，礎上當豎柱，柱上當架樑，由其對稱的情形看，其頂當為人形，與甲骨文所示𠆢相同，惟其高度不得而知。至於房頂的質料或為草類，因在殷代文化層內並未發現使用瓦的痕跡。殷人的居室確為"土階"已有實物的証明，由"土階"可以聯想到"茅茨"，我想"茅茨土階"或者就是殷代建築的說明了，至少是其中的一部分。"茅茨"並不是壞字眼，古者天子的大社稱"茅社"或稱"茅土"，封諸侯謂之"授茅土"，可見茅的珍貴了。現在開封一帶蓋房子，仍是先編一個草笆鋪在椽上，然後才來蓋瓦的，還保着一点古代的遺風。

"茅茨土階"的建築固然不算講究，若是用蚌和石把牆壁鑲嵌起來（西北岡1217，1500兩大墓之西道，因儀仗腐朽，蚌石貼於牆上，若鑲壁然）用雕石把屋地鋪蓋起來（無此遺跡想有可能）不就是"瓊宮瑤台"麼？若是用顏料把梁柱彩繪起來（小屯與西北岡的墓中，所發現之紅花土多呈器形，想係彩繪器物腐朽所致，故殷人知彩繪術）用刀子把鑲板雕刻起來（殷墟出土花骨甚多，皆為極細之紋飾，故殷人之雕刻術最精）不就是"雕梁畫棟"麼？這種推測若是可能，當然也僅限於少數的明堂太廟，但拿地面上的"茅茨土階"與地面下的"陶復陶穴"來比，還不是"天堂地獄"麼？所以殷代有了夯土，在建築術上是一種極大的進步。

六

水溝是一個假定的名詞，為殷墟第十三次發掘所得的新的現象。就它的形狀和性能可分為兩種：就平面看一種呈≈≈≈≈形，兩邊有兩相對稱之外突，它的體積寬而深，叫它"幹溝"。另一種呈═══形，它的體積窄而淺，叫它"枝溝"（插圖七）。不論"幹溝"或"枝溝"，切面都呈▽狀的楔形，其中也都填着很堅實的"夯土"。若是把"幹溝"中的"夯土"掏出，則兩壁光滑，其外突部分則呈兩相對稱的半圓洞，至相當深度則變為白粉若朽木的樣子，它深度比溝底還深。在溝底以下的部分則為圓洞，其中滿填白粉，底呈尖狀。由我的觀察那白粉是木樁的後身，現存白粉的高度就是當時木樁的高度。在溝底有一層細沙，厚約半公分左右。若是把"枝溝"中的"夯土"掏出，其邊壁不很光滑，也沒有木樁的痕跡。它們的坡度都是很小，每五十公尺不過相差一公寸，有時簡直是平的，甚至有些段落，下流比上流還高。概括的可以這樣說，大體是平的而微有坡度。"幹溝"多在基址的下部而枝瀆有時也在基址的版築層中。

至於它的功能我想不外有水道，水平及宗教信仰等種類，但是有一個時間的限制，它和基址是有相互的關係的，並不是與基址無關的早期的獨立的現象。

(一)水道：初看見這個現象的人，很容易把它解釋為地下的水道，由它的分歧的狀況，决定了它的用途。舉例解釋如下：

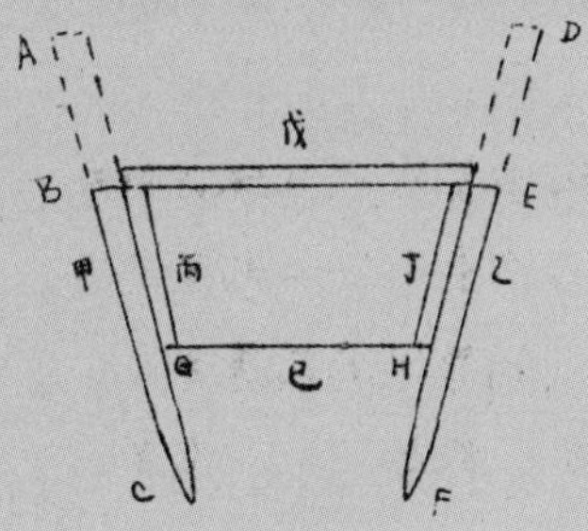

插圖五

譬如插圖五AD為溝口寬，GH為溝底寬，AG及DH為溝深，也就是溝壁。BC為右邊木樁的全長，EF為左邊木樁的全長。甲為右邊的木樁，乙為左邊的木樁，丙丁為兩塊木板，戊為蓋板，己為溝底。原來甲木樁的尖端由A處釘起，釘至C處為止；乙樁的尖端由D處釘起，釘至F處為止。丙板的寬度等於BG，把它的一端釘在甲樁上，另一端釘在甲'上；丁板的寬度等於EH，把它的一端釘在乙樁上，另一端釘在乙'上而成插圖六的樣子。底部要木板或不要木板均可，最後蓋上戊板而成方筒的結構(插圖五)。如此裝置，木樁始有它的意義。我們知道木樁為釘板用的，木板的功用為要防止溝壁被水的毀削。內部的木質結構完成後再來打夯土，等到全部的工程完成後不論院中的雨水，或用過的髒水均可由此道中排洩。但是事實並不是如此，溝壁光滑，沒有木板的踪影，溝底細沙很薄，沒有朽腐的遺存，僅僅有相對的木樁的痕跡。坡度太小，流水不便，而且其中滿實夯土，根本不能流水。若認為是實用的下水道，事實上是講不通的。

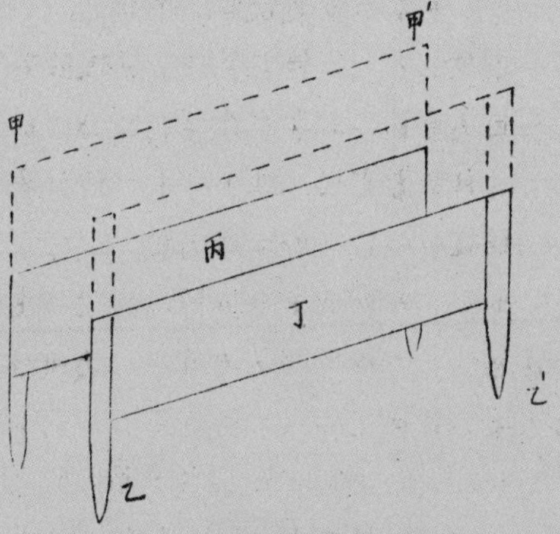

插圖六

六同別錄

（二）水平：水平的解釋是根據現在的泥水匠用水測平而來的。

周禮考工記"匠人建國水地以縣"，這"水地以縣"是什麽意思呢？東漢的鄭康成根據當時的知識把它解釋為"於四角立植而縣以水，望其高下，高下既定，乃為位而平地"。到了清初江永也根據當時的知識舉例說明，把"水地以縣"的辦法更具体化了。他說："今工人作室，有水平之法，各柱任意量定若干尺，畫墨四面，依墨用橫線，線下以竹承水，縣直物於線，進退量之，如柱平，則直物至水皆均，如不均，則知柱有高下而更定之，意古人亦用此法。"

石璋如

現在豫西鄉間的泥水匠仍用着與此相仿的方法。在要建築房子的一塊地上，先挖成乂形的交插水溝，另外作些木橛，並在其上畫一圈橫墨線，成直線等距離的一個一個釘在水溝的底部。然後灌水於溝中，待水靜止時，精細的檢查木橛上的墨道是不是都與墨道等平；若是那一個木橛稍有出入，馬上改正它，使他們都與水面等平，那麽接連這些墨道便是所找的水平了。再按着這個水平豎柱上梁，奠基起垣，俾可有所標準，而上層的建築也可以長久的保持平衡。等上層的建築完成之後，再來用夯或杵"打地工"，把先前所挖的水溝堅堅固固的打在室内地面的下層。小屯的水溝不是也都在版築基址之下麽？光滑的墻壁，表示着使用的不久，小的坡度表示着易使水靜而不使水動。其中滿填夯土，表示着為使用後的狀態。

（三）宗教信仰：若僅認為是廢棄後的水平，問題又來了，水平既然廢棄，那麽在房基之下的，因為要穩固上層的建築，應該打的結結實實，而何以基址範圍之外的水溝，也同樣的打的結結實實呢？並且水平一條兩條就夠用了，何以有那樣多呢？即令為全盤建築的結構計而挖一幹溝作為總水平，然而總水平又何必那樣多而那樣分歧呢？我想除去水平之外另有宗教上的意味，恐怕是象徵"百川大海"的。史記秦始皇本紀記其墓的建築云"……以水銀為百川大海，機相灌輸，上具天文，下具地理，以人魚膏為燭，度不滅者久之。二世曰先帝後宮非有子者，出焉不宜，皆令從死……"

這一段是記述墓中建築的奢華與從死者之多。我們發掘西北岡墓地，其中殉葬者之多與排列的整齊而規律，為向所未見，而古籍載亦無類此之記述，即小屯亦有許多排列整齊而殺頭後始埋的小墓（含意與西北岡不同，詳後）。要知道這些偉大的基址都是殷人的宗廟或宮殿，殷人對於宗廟異常重視，每次祭祀，典禮都很隆重，很可能的於其

-18-

宗廟宮殿範圍之內掘地為“百川大海”以表示其偉大。一般人的建築術，最重要的為打夯，所以於地下挖成“水溝”之後，在其內打成夯土，以表示與它土不同，而象徵“百川”。C區東北部有一大方坑，為許多“水溝”所滙處，或者即所謂“大海”。僅僅作“水平”之用，決不致建造的如此講究，其宗教上的含義恐相當重大，那麽這些“水溝”可作“水平”之用，而目的則象徵江河，具與基址之下所埋的人狗等同有宗教與信仰的意味。

七

自殷墟第十三次發掘，在小屯發現了幾個出銅器的墓葬後，當時便懷疑到小屯或者也是一個偉大的葬地，範圍和形勢或與侯家莊西北岡相類似。于是於十四次發掘的時候，即一方發掘，一方試探，假定目前的工作地點相當侯家莊西北岡的東區，即在西部開坑尋找，結果並沒有找到大墓的踪影。到第十五次發掘，又集中在原來的工作地點，予以慎密的觀察，恰巧這一次也有新的發現，看出基址與墓葬有分不開的關係，與西北岡的局勢完兩樣，可是在含義上或許有相同的地方。

基址的面積大小不等，大的基址寬約十餘公尺，長四十餘公尺，尚未到頭，小的基址長約五公尺，寬約三公尺。方向亦不一致，有南北長的，有東西長的，大小約計三十餘處。就現在已經露出輪廓之基址言：北由E區起，經B D兩區，南至C區，南北長約三百公尺，東西寬約一百三十公尺（C區西南部之小基址不在此內）。其間的基址是彼此有關係的。可以這樣說，以第四次所發現之黄土台基為標準，它的北邊，東西基址與南北基址的布置是分散的，它的南邊，東西基址與南北基址的布置，每相聯絡若四合形。單就C區來說，已發現有四組，可惜只發現了整體的一半；那一半則五分之一沒有發掘，五分之四已被河岸所破壞，所以也只能看見這一半的情形了。但C區的南部以及小屯村附近，仍有夯土，故基址之範圍現在還在不知之數。至於已發現的基址之總體結構與平面的布局，現正在研究中。茲先舉C區北組之一部，以說明其大概情形。

基址的輪廓並非個個清楚，有的室外為平台，台基與室基混而為一；有的夯土界綫清楚，但不一定代表一個房基，今為說明方便計，邊緣清楚的基址按照邊緣畫入，邊緣不清的，依礎石的排列而連起，成插圖七的樣子。

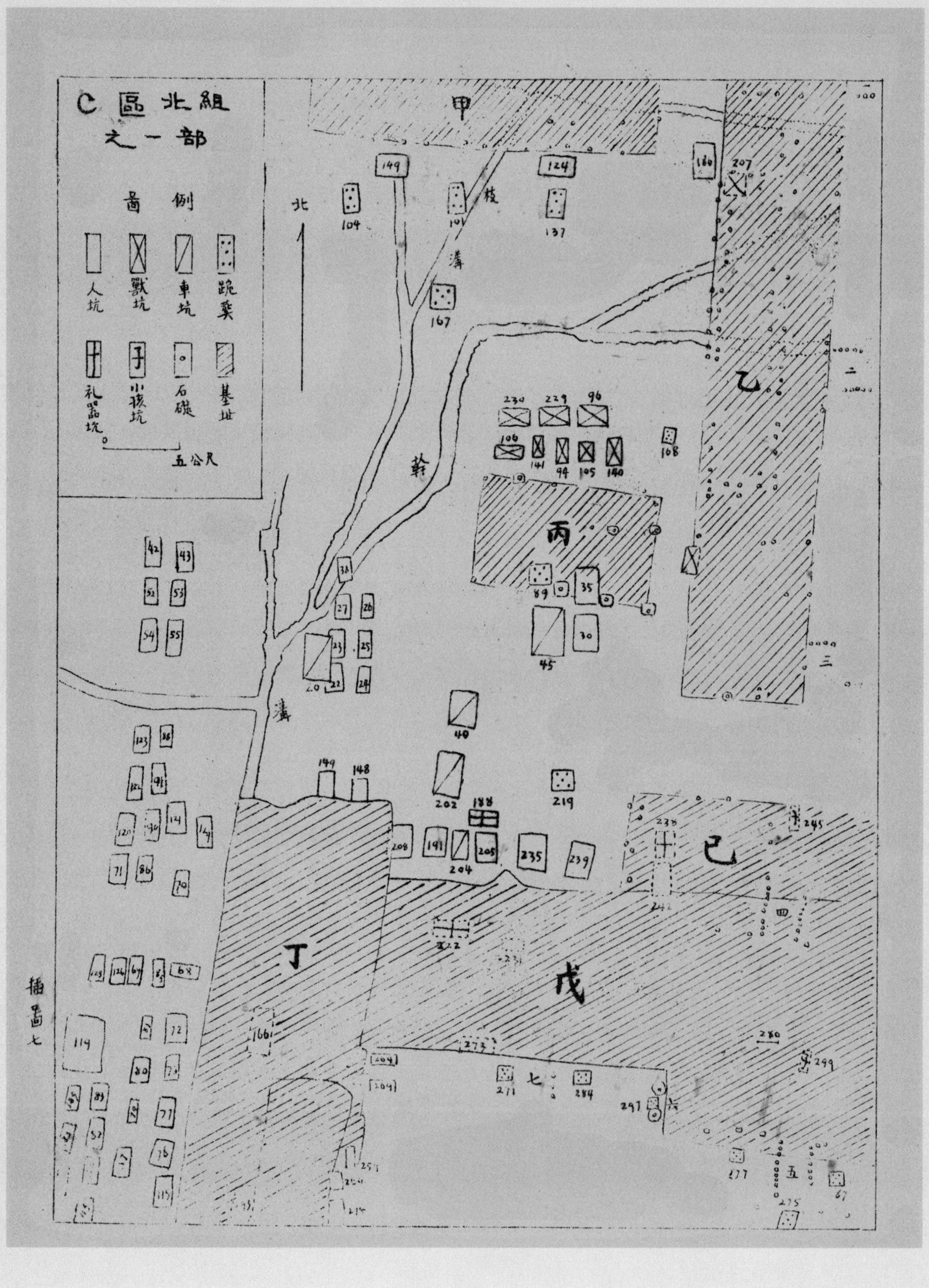
C區北組之一部
圖例
人坑
獸坑
車坑
跪葬
禮器坑
小孩坑
石礎
基址
五公尺
北
甲
乙
丙
丁
戊
己
枝溝
幹溝
溝

譬如甲址為西南的房子,從礎石的布置,知道它的南面有一條東西的走廊。輪廓是根據礎石的排列連起來的,它的南部仍是夯土,它與乙址中間的距離也是夯土,所以真正的邊緣,須到非發掘的北部去尋找。乙址是西東的房子,也可以說是中間院落的西廂,建築的相當的講究,除前面有一條走廊外,室閒尚有平行而高低不同的兩行礎石,並有間隔的分劃。最前面有三座用石卵排成的向東的大門(插圖七:一,二,三)彼此的距離兩兩相等,門外則為一大片夯土。丙址面積較小,僅在放置礎石的地方略事夯打,其餘則為尋常土,可推知它不是重要的建築,由礎石的排列,當為西北的房子。丁址為西東的房子,時代較晚一點。戊址較為複雜,由夯土的痕跡所示,可能為兩座不同時的房子,它的南面有三座門:一座向南(五)用石卵排成門洞,一座向西(六),兩旁有兩個大礎石,另一座也向南(七),而礎石僅存一行。它的北部只有一個門(四)。己址輪廓不清,當是戊址的一部,它的北部與乙址接壤的地方仍是夯土。這些基址我們認為是殷代的宗廟的遺存。

這裡所謂墓葬,僅指殷代的一個時期而言,它與基址的關係,依其種類的不同而異其含義。就觀察所得,概括的可分為三種形式:(甲)擺在基址的外圍,(乙)壓在基址的上面,(丙)被壓在基址的下面,這三種形式各與基址的方向,另有其密切的關係。

甲.擺在基址外圍的墓葬

擺在基址外圍的墓葬,按照基址的方向有兩個形式,與南北長基址並排的,則為南北向的居多,與東西長基址並排的,則多為東西向,其中也有少數與基址相反方向的。東西長的基址似為正房,南北長的基址似為廂房,埋在正房前的墓葬少,埋在廂房後的墓葬多。廂房後的墓葬,多為砍過頭的人架,(插圖七丁址西之68,72,76,77,78等),正房前的墓葬多為牛羊狗等獸架(插圖七:丙址北之96,229,230,140等)。但是廂房後面也有少數的牛羊等獸架(在丁址西之125坑之西未畫入),正房前面也有少數的人架(插圖七戊址北之205,235等)。

乙.壓在基址上面的墓葬

打破基址的墓葬,多半是些小坑,方的居多,長的次之。這種墓葬也有兩個形式,一種是在基址的前面,如甲址前面的101,104,137等坑;一種是沿着基址的外緣或門前,

六同别錄

石璋如

沿着基址外緣的墓，多在門的兩旁，如戊址東南隅之277，287，都是面向南的；在門的前面的，如戊址前面的275是面向北的。這兩種墓葬都是跪着的姿態。有的是單体的骨架，如戊址門五旁之277；有的則隨葬一把戈，如甲址南之101；有的戈盾並有，如甲址南之167；又有的隨葬一條狗，如戊址門四正南之280。

丙、被壓在基址下面的墓葬

被壓在基址下面的墓葬為数較少，多在東西長的基址下面，而南北長的基址下面則更少。埋的位置也有兩個方式：一種埋在基址的前面或後面，如乙址後面的182，207；一種埋在基址的當中，如己址245，戊址299等。埋在基址前面或後面，多為牛羊犬等骨骸，有時基址僅壓其一半；埋在基址正中間的，是在基址下層的生土中，每為一個小孩或一條狗。前者兩種基址全有，後者則南北長的基址絕無。

根據以上的情形，知道基址附近的墓葬有人獸兩種：人葬中有單軀跪葬（插圖七：丙址東北之168），多軀童葬（插圖七：丙址南之30，35）及多軀殺頭葬（插圖七：丁址西之70，86，88等全是）。獸葬中有（一）單埋牛的（插圖七：丙址北之230），（二）單埋羊的（乙址西南之182），（三）單埋狗的（丙址北之94），（四）牛羊合埋的（在C區中組插圖七未画上），（五）羊狗合埋的（丙址北之105）。因為附近沒有任何的大墓存在，可推知它們决不是某墓殉葬品。這些墓葬的究竟用途，不妨從與它同地同層出土的甲骨上去檢討一番，而找出一個合理的解釋來。

卜辭關於用人用牲，多是拿來祭祀的，兹先說人。

卜辭關於用人祭祀叫做"伐"，有"伐人""伐羌"及僅言"伐"的三種分別。如

1. 伐人：丁丑卜貞王賓武丁伐十人卯三牢鬯亡尤（通39）。

2. 伐羌：丙子貞丁丑又父丁伐卅羌歲三牢丝用（院635）。

3. 伐：癸未卜御妣庚伐廿鬯卅，卅牢，反三𤰈（前，4.8，2；通780）。

這種祭祀是把人或羌人的頭砍下來，在被祭祀者的面前表示敬意，而祭祀的對象多為祖妣。這種伐祭和多軀砍頭葬的現象正同。次說牲：

卜辭關於用牲祭祀種類繁多，所用之牲多為牢，牛，宰，羊，犬，豕等，其相互的關係約有以下七種。

－22－

1.單用牢或牛的

癸巳卜又中丁三牢(粹223)。

貞㞢于王亥卌牛辛亥用(前4.8.3,通315)。

2.單用宰或羊的

辛亥卜王貞𫹉父乙百宰十一月(十三次)。

乙巳卜賓貞三羊用于且乙(前1.9.6)。

3.單用犬的

辛酉卜𡆥鳳由九犬(庫992)。

4.單用豕的

丙午卜穷貞㞢于且乙十白豕(前7.29.2)

5.牛羊合用的

丙辰卜賓貞𡆥于丁十牛十羊九月(前1.53.3)。

6.羊狗合用的

口口卜㱿貞乎子伐㞢于賁由犬㞢羊(佚14)。

7.另有各種牲合用的

庚戌卜㞢貞尞于西囲一犬一南𡆥四豕四羊南二卯十牛南一(庫1987)。

其它如人與宰,豕與羊,牛與羊豕,牛與犬豕等等,卜辭中雖有很多的記載,因在地下尚沒有發現這種實際的現象,故不備引。

至於如何祭祀以及祭祀的對象,卜辭中也有很清楚的記載,今擇其與小屯地下的現象有關者說明於下。

1.埋.把牲類埋在地下而表示敬意的。

𡆥于河一宰,埋二宰(前1.32.6)。

辛巳卜㽙貞埋三犬五豕卯四牛一月(前7.3.3)。

2.尞.把牲類燒了而表示敬意的。

丁巳貞其尞三宰沈五口(院894)。

小屯地下的牛羊等坑,有的似與埋祭有關;另在一個坑中出了一架燒餘的殘牛骨

六同別錄

似與瘞祭有關。再說祭祀的對象。

3. 河，

乙巳卜㱿貞：燎于河五牛，沈十牛，十月（前2.9.3）。

石璋如

4. 土，

貞燎于土三小宰卯二牛沈十牛（前1.24.3）。

根據卜辭的記載知道殷人的確是用人及牲來祭祀的，祭祀的對象為土，為河，為祖妣及其它；但是小屯地下的這些人牲的祭祀對象是什麽？是不是與墓葬附近的基址有關，或者建築房子，是否須要那樣繁雜的儀式，我們再從民俗學上去找一點旁證。

現在昆明的鄉間，對於建築房子，從起首到完成，舉行着擱盤定向，破土，發馬，豎柱上梁，安龍奠土等一套隆重的典禮。擱盤定向是建築房子的初步；破土是開始動工；發馬是請魯班師父；豎柱上梁時較為隆重，親戚朋友皆送禮物；而最重要的是最後的安龍奠土一幕。安龍是把房頂上所留的一片瓦補起來，而奠土則甚重要，請和尚或道士念經三日，殺一隻白鴨與一頭黑羊，把鴨頭與羊角釘在大門的頭上，把四隻羊蹄釘在墻的四角，然後大宴賓客。

從此可知迷信較深的地方，要蓋一座房子，須舉行各種繁雜的儀式，也就是說邊疆的地方還保留着許多古制。

現在根據卜辭的記載和昆明的風俗，來解釋小屯基址附近墓葬的含義。

1. 被壓在基址下面的墓——小孩或狗——當係奠基的儀式，卜辭的祀于土，也許有這種意思。

2. 壓在基址上面的方坑或長方坑，即門旁與門前跪着的人架，當係基址的侍衛者（詳下節墓下的跪着的人架）。

3. 擺在基址前面或後面的牛羊坑與砍頭葬，當係慶祝房屋落成與祭祀祖妣的犧牲者。卜辭的伐祭與昆明的奠土，想都有同樣的意味。

安陽的其它同時代的墓地，如後岡，大司空村等處的小墓中，棺穴之下另有一個狗坑。侯家莊西北岡有一個大墓，墓的周圍埋着車馬戰士等小墓，墓室的底部棺穴之下四隅及中間共有九個小坑，每個小坑裡面埋着一個跪着的人架隨葬一戈一狗。殷人

—24—

謎信最深，凡事卜貞，到處防鬼，陵墓下面是人或狗護衛着，宗廟下面也是人或狗護衛着，二者雖性質不同，其在禮儀上或有同樣的含意。以下講講奠基與侍衛，關於享祭及祭與殉等問題。

⑴奠基與侍衛

殷代建築的程序在前面第五節"夯土與殷代的建築"已經講過，可分為"先平後建"與"先挖後建"兩種，這裡所指的多半是後一種。把基址範圍之內的土挖到相當的深度及初步工作完成後，則舉行奠基典禮。關於奠基的儀式，最重要的是孩童，在基址的中心照着大門四至五公尺內，挖一個長約一公尺左右，寬約五公寸左右的長方坑，把孩童，頭頂向北的放入坑中(插圖七：已址，四與245；戊址，五與299)。也有把孩童換成狗的，但狗的頭頂則向南(這是C區南組的現象)。以上都是正房的情形，並有在廂房之後部的基址下，一坑放五狗的(插圖七：乙址，207)，它的放置是中間一個，周圍四個，南北兩端的頭向東，東西中的三個頭向南。這都是奠基典禮中的犧牲品，祭祀之後即行打夯，一直打到所需要的高度。銅器上常常有"析子孫"字樣的銘文，這或者與宗廟的奠基典禮有關，具此字樣的器物或者就是舉行此種典禮的祭器。

侍與衛有很清楚的分別，侍是關於起居飲食方面的，衛是關於警戒保護方面的；他們位置不同，姿態不同，以及隨葬的器皿也不同。譬如拿甲址來說，該建基址的124，149，186等坑是侍；基址南面的101，104，137，167等坑是衛。侍多半是俯身，衛大都為跪葬。124，149或者是侍起居的，因124並葬三人，頭頂均向西，隨葬有兩條狗及數個貝；149則並葬兩人，頭頂向東，隨葬物有簪，貝，石飾等裝飾品。186坑，似為侍飲食的，因其中有八架人骨皆俯身，頂向南北全有，隨葬物有廚刀，羹匙等。至於衛則101，104，137等坑皆面南而跪，各執一戈(104因被擾亂，戈遺失)；167則面北而跪，左手持盾右手持戈。守衛宗廟者，想非普通人物，當與主人有很深切的關係，著錄之銅器上，有持戈持盾的形像，或即指這一類人物而言。有的基址僅有衛而無侍的，如戊址門五兩旁之277，287及門前之275等，且無隨葬的戈。門四前之跪葬則一人一狗。最奇怪的，是戊址前面的守衛者，除271坑被擾亂外，而284及297兩坑俱為頭頂向下的姿態。

奠基與侍衛因與基址建築的程序有關，雖有先後之別，然均是一次埋入的。至於基址外圍的犧牲者,因與建築的程序沒有很大的關係,且涉於祭祀的範圍之內,所以不是一次埋入的。

石璋如

(2)關於享祭

通常把祭祀宗廟的儀式叫做享,這種典禮也許每年舉行一次,也許數年舉行一次,每次的用品不盡相同,或者因性質的不同而異其用品,又因用品的不同而異其祭祀的名稱,這都是留待將來解決的問題。現在單就C區北組之一部(插圖七)來說,至少先後祭祀了五次。譬如丙址北的一群獸坑230(牛),229(狗,羊),96(牛),106(狗),141(狗),94(狗),105(狗),140(牛)等八坑係一次埋入的,東邊的168係一個西向東北跪着的人架,大概是這一次的領祭的。看情形丙址是為臨時祭祀而設,那麼祭祀的對象應該還在北邊。這算第一次。再南一點的三列墓葬,如西列的42,43,52,53,54,55等六墓,中列的22,23,24,25,26,27,38等七墓,東列的30,35等二墓;以上西中二列每坑中為若干砍過頭的人架,東列每坑為若干軀孩童。這三列墓葬也許是一次埋入的,也許是三次埋入的,今為簡明計,假定是一次埋入的。在東列35坑之西的89坑,為一個跪着的人架(因腐朽過甚面向不清),大概是這一次的領祭的,這算第二次。再南一點的兩列墓葬,如西列的123,88,122,91,120,90,121,129,71,86,70.等十一墓,中列的148,149等二墓;這兩列墓葬,每坑中也是若干軀砍過頭的人架,它們也許是一次埋入的,也許是兩次埋入的,今為簡明計也假定為一次埋入的。東列有一個219方坑,是面向東南跪着的人架,大概是這一次的領祭的,這算第三次。其次如20,45,40,202,204,等五車馬坑及222一孩童坑是一次埋入的,這算第四次。最後的188,208,191,205,235,239,238,242等八坑係一次埋入的,這算第五次。

前三次的祭祀,因為有的被當時壓住,有的被當時挖掉,更有的被後代盜掘,尋不着祭器的所在,但每次都有一個領祭者。後二次則祭器擺設的非常清楚。譬如第四次的祭祀是獻車,把五輛車擺開,後並在前面擺設祭器及孩童,即222坑,當祭祀之後,不但把車埋入,連祭器及孩童也都埋入了,其中的祭器有觚及爵,童孩為三軀。到第五次祭祀的時候,更為莊嚴隆重。把二十五個人放在南北向的五個坑中,(其中191坑被隋墓破壞了一架,尚餘四架,205坑完全被擾亂,其餘每坑五架,以每坑五架算,當為二十五架)

把一套祭器放在中坑正北的188橫坑中,命幾個人面北跪着頂着祭器。這套祭器計有鼎一,甗一,斝二,罍一,毀一,觚一,爵一共八件。另在東面的238坑內也放着一套祭器計爵三,觚三,方彝二,卣一,壺一,罐一,斝一等十二件及弓形飾一,刀一,瞿一,鏃十二;另有石戚,玉柄,陶輪,蚌飾,骨器,牙飾,松綠石等多種,可惜所有器物均打殘碎後始埋入的,器物的下面埋着五個俯身人架。挨着它的南邊242坑內則埋着七個童骸。在西邊是否與此對稱和有沒有這樣的祭器則不得而知了,因為被較晚的丁址挖去了一部,即令有也被挖去了。

從這五次祭祀的布置看,似乎全是對着甲址,這甲址的位置是在黄土台子的西南,當是重要的宗廟之一。至於全體基址的結構和其它幾組基址與墓葬的關係,亦正在研究中。

(3)祭與殉

由安陽先後十五次發掘的經驗,我們對於殷墟的認識是小屯為殷代的國都,侯家莊西北岡為其陵墓。怎麼都城裡面也有與墓地同樣砍過頭的小墓呢?這個道理非常明白,就是有祭與殉之分。

祭是對宗廟而言,晉書禮志謂"古無墓祭之禮",那麼祭祀先祖,大概都在宗廟舉行。因為祭祀不是一次,所以單就C區北組之一部說,就有先後五次之多,而每次所用的犧牲品也不一定完全相同。也可以說祭是於魂靈所在地舉行。

殉是對陵墓而言,古籍關於殉葬的記載很多。殉是一次埋入的,就是當埋葬主人翁的時候,應該從死的人員也同時與之埋葬了。西北岡墓地的東區,雖然有先後不同的小墓,決非一次埋入,但大墓也不是一個時期埋入,而墓地也不是很短的時間造成的;因為它們的對象次第不同,故有先後之別。也可以說殉是於屍骸所在地舉行。

兩地的小墓,同樣的把頭砍下後始埋入的(也有全軀的當另有含意),但亦小有差别。小屯沒有整整齊齊每坑十個的人頭坑與每坑十架,每排十坑的刀戚葬;西北岡則沒有與卜辭所記相同的,牛若干,羊若干,犬若干,牛羊犬合等若干的坑,而且小屯的小墓的對象是基址,西北岡的小墓的對象是大墓,因此我叫西北岡的砍頭小墓及大墓中的人頭為"殺殉",小屯的砍頭小墓與牛羊等坑為"代祭"。

六同别錄

八

石璋如

小屯發現甲骨，本是常態，並非珍見罕聞，用不着大驚小怪的視為重要發現；不過這次所獲儲藏之異與數量之多，為歷次發掘所未有。大体的情形已如安陽發掘簡史所述，它是藏在一個窖中的，較詳的情形如次。

窖的田野號數叫做H127，它的附近的地層頗為複雜。最上層是平排的墓葬群，前面所講的164馬坑就在它的西南。單就與它本身有關的遺跡來說，最上層為M156，這個墓葬的南半又被後世所破壞。其次則為H117，是一個大而淺的灰土坑。又其次為H121灰土坑，當H117到底之後始發現它的上口，它和H127發生直接關係，因H127的東邊被它破壞了一部（插畵八），那麼H127在這一帶是資格最老的遺跡了。上口距地面一公尺七寸，口徑約一公尺八寸，深距地面約六公尺，底徑約一公尺四寸。

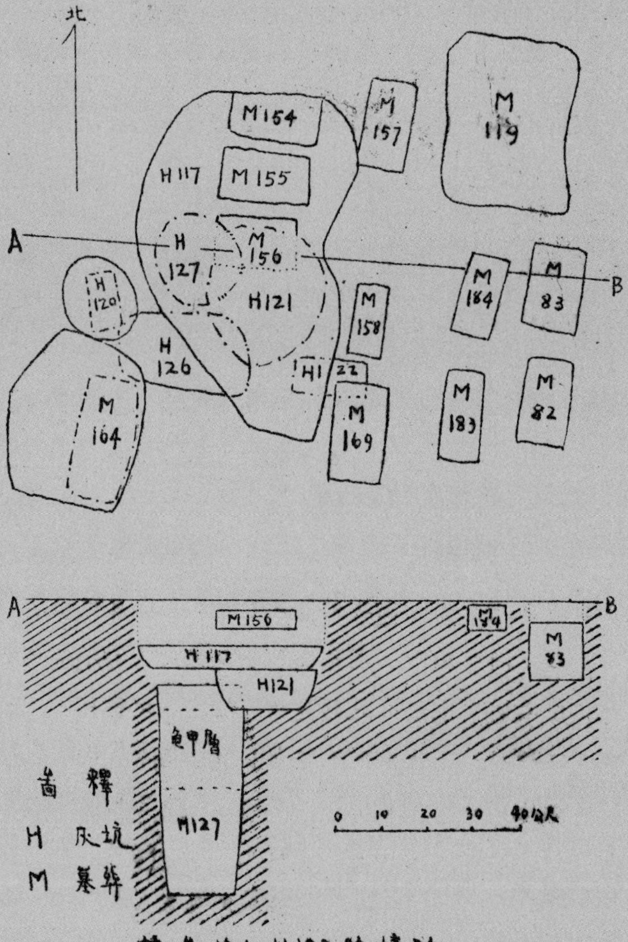

插畵八：H127的情形

窖內的堆積可分為三層，上層為灰土，下層為綠灰土，中間的一層是堆積的灰土與龜甲。從坑口下五公

小屯後五次發掘的重要發現

寸發現字甲起，到深二公尺一寸止，所佔的空間高約一公尺六寸的樣子。這個窖也是一個普通的圓窖，在字甲未放入之前，便有相當時間的堆積，那堆積就是下層的綠灰土，其中含有少數的陶片和獸骨。由它呈現着北高南低的斜坡狀態，可以推測其中的堆積，係由窖的北上方傾入的。這個現象也在啓示着當時的傾繖的人們是住在這窖的以北。在傾入字甲的時候也是沿着舊日傾繖的路線而傾入的，所以也呈北高南低的斜坡狀態，並且北壁上貼了許多整版和殘碎的甲片。在龜甲的堆積中有一個拳曲而側置的人架，緊緊的靠着北壁，大部已被埋在龜甲之中，而頭及上軀還較清楚的露出龜甲以外。這個人架的姿態與龜甲堆積的情形，有密切的關係，由我們的觀察，推定他們是同時埋入的。

龜甲的排列並不是井然有序整齊而規律的放置着，有的正面向上，有的正面向下，映在我們眼簾內的景像，盡是些卜兆灼穴與龜甲的輪廓。大版的，小版的，有字的，無字的，完整的，殘缺的，堅固的，朽腐的，腹甲背甲彼此疊壓互相枕籍的排成由北而南的一個斜坡布滿了坑的底面，真是沒有容足之地。文字有大的，小的，紅色的，黑色的，並有在背面用墨或朱寫成簡單的文辭。又有背甲製成如石刀的樣子，中間穿孔，上面刻辭的(插畵九)。但是其上的卜兆是向一個方向的。這些樣子，均為從前所未有。經董作賓先

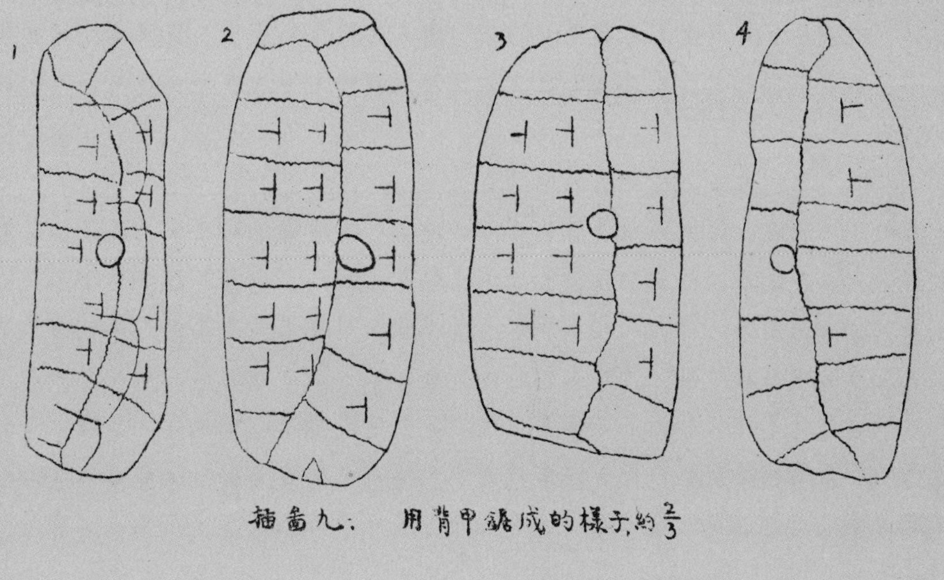

插畵九： 用背甲鋸成的樣子，約$\frac{2}{3}$

生的初步整理全坑字甲約一萬七千餘片,其中可合成整版者約三百餘版,現正在整理粘閂拓搨中。由這種現象的啓示,我們應該注意探究其所給予的諸問題。

石璋如

甲、字骨絕少或為甲骨異地而藏

經仔細清理的結果,發現其中的字骨很少;字甲約一萬七千餘片而字骨僅八片,連卜骨也不多,這的確是應該注意的一個問題。在小屯少數甲骨經常的出土現象不論穴窖或散層以及版築土中,差不多都是甲骨雜出的,可是在量上很少很少。這種堆積猶如字紙簍中的廢物而倒入垃圾堆中;現在看來固然有它不可泯滅的價值,可是在當時堆積的時候並沒有含着什麼重要的意義。但是大量的堆積則不然。殷墟第九次在洹北侯家莊南地發掘的時候,發現了甲骨異穴藏埋的事實,龜版由我們親自挖出,而獸骨係盜掘者所獲。這兩個坑相距不遠,當我們把這兩個坑清理出以後,便有一種推測,以謂甲骨的用途或有不同,為收存方便計而異其儲藏,但在卜辭上尚未十分分出它們的異點。殷墟第十三次發掘,在小屯B區H001小穴中發現了四十多塊大骨版,均經灼過但無卜辭,其中只夾雜了一塊龜版,在C區H127坑,出了一萬七千餘片字甲而僅出八片字骨。殷墟第十五次發掘,在H251坑中發現了整版大龜而少卜骨,在H344坑中發現了許多字骨而少龜版。這些現象情形略同,而小屯北地與侯家莊南地兩處的情形也大體相合,所異者不過數量上的差別與人架之有無罷了。蓋因這些現象在遺址上說為未經擾動的穴窖,在遺物上說為大量的堆積,故甲骨異地而藏之說,其可能性很大。

乙、人龜同處或為管理龜版的人員

在穴窖內發現人架,在小屯是數見不鮮的現象,可是與龜甲同堆在一處,這卻是第一次的發現。我們應該注意的是先認清這個現象的類別。由它的形制看來,它是一個廢棄的圓窖,而不是一個埋人的墓葬,所以這些龜版可斷言不是為這人而殉葬,或有這人為龜甲而殉節的可能。再就人架的地點來看,正是沿着傾入龜版時的路線而下去的,人的姿態像是活人跳入,而不像是死後投進,很可能的當龜甲傾入完畢後,自己也跳進去的。在墓葬的現象為戰士與車,馬夫與馬(小屯的現象),豢象者與象(西北岡的現象),是難分開的,這雖然是個殘窖但與普通窖的含義不同,那麼這個人架或為當時管理龜甲的公務員了。

丙、出土地點的意義

這一坑字甲不論從那一方面觀察，都是充分的表示着它的重要性，決不像垃圾堆中的廢物。依着這一切的現象去觀察推測這坑字甲的含意有三個可能性，(一)當時藏珍的處所(二)臨難急劇的埋藏(三)清理前代文物的儀式。從欲窖的形制與其上蓋下鋪的堆積，以及字甲自身排列的次序來看，不像一個藏珍的處所，若是一個藏珍的所在，為什麼呈凌亂的坡狀堆積，而又跑出一個人架來？臨難藏珍是很普遍的情形，現在還有人遇着兵災匪患的時候把金銀珍貴之物丟在井中或埋在地下以避一時之亂，更有無法逃避的人等而跳入井中的。但據地層的疊壓，這個坑的時代相當的早，決不是殷代亡國時的急劇措置。它的上層的155，156等墓，正是大興土木後舉行祭祀的表現，証明那時國家正在安定，那裡會有急劇的變亂影響到宮庭之內，這種解釋也非妥適。殷人有埋祭的習慣，不論牛羊犬馬，當鍦血獻神之後不食其肉，以埋在地下而表示敬意者，小屯的車馬牛羊以及多軀俯身等墓葬都與祭祀有關，所以當時我們推想這個坑或者也是祭祀祖宗的一種儀式。但它是灰坑中的堆積，而非墓葬裡的瘞埋，故性質不同。曲禮云："龜甲敝則埋之"。白虎通云"蓍龜敗則埋之"。這都是指用過而不能再用的龜甲把它埋起，因此我們推測這個現象，或者是君主交替時候的一種清理，把用不着的前代文物盡行埋藏，而管理龜甲的公務員也隨之而殉職。

由以上的觀察和推測，可以摘要的這樣說：殷代的甲骨，是有專人管理的，因為性質的不同而異其儲藏，又因為它有時效性，故當君主交替的時候即把用不着的前代文物盡行埋藏，並有管理龜甲的人員也跟着殉職的現象。

九

八九兩次發掘，所得的完整器物較少，十三至十五三次發掘所獲較多。單就後三次所得的重要器物而論，能看出原來的形狀的，整殘約七百餘件，計陶佔三分之一強，銅佔三分之一弱，骨蚌石等佔三分之一。其它如碎陶，獸骨，殘石，破蚌以及人架等均不在此概約的統計之內。今略舉數種以說明殷代工藝的一斑。

石璋如

甲、鑄銅

殷墟第十三次發掘，在小屯的B區發現了許多銅范，計有觚·爵·鼓·罍·鏃·車飾·銅泡等殘片，知道一個器物的范型不是一個整體，而是由許多段和許片合成的，而且一個范也只能鑄造一件器物。這次發現除范外還有一種與原器相同的東西，也是略經燒過的土質，其上畫着或刻着花紋，我們叫它“模”。發現了兩種，其一是壺的下半段（插圖十），内部實心略發紅色，表皮黑色，光滑，其上僅有界線沒有花紋，這界線大概是表示將來作范的塊數的。另一是方彝的中段（插圖十一）殘破的相當的利害。在上部的平面上，有刻成交插十字線，兩端各有一個三角形的小窩，知道蓋是另一段其上當有突出的三角形的榫的。

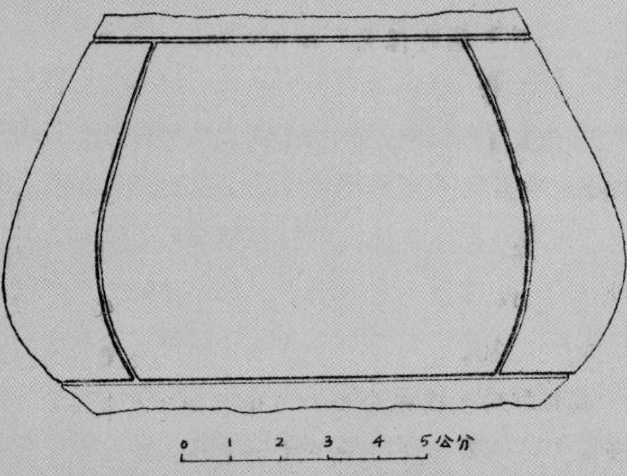

插圖十：　殘銅壺模 1/1

殘存的紋飾分上下兩層，上層是頭頂向中的兩隻鼓起的小鳥，這小鳥是另外貼上的，在它的身上畫着朱紋，在其附近的平面上畫着朱色的雲雷紋，有的已經刻過。下層是個高起的大獸面，側面的獸面完全脱落，正面僅存角眉等部，彩繪及雕刻的情形與上層相同。脱落的部分則呈低凹而不光滑的狀態，其脱落之紋飾殘片，亦發現了若干片。于是推想到一件銅器的作成不是一件容易的事情，其間必須經過相當的手

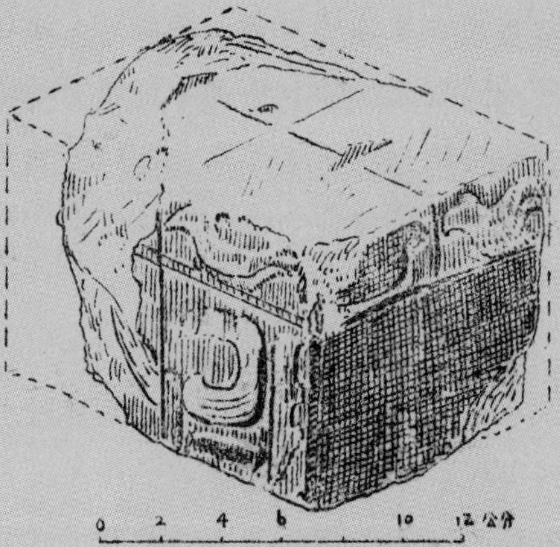

插圖十一：　殘方彝模 1/2

小屯後五次發掘的重要發現

續。第一步先做成一個模，模是一個完整的器形，與要鑄造的器物一樣，不過內裡實心，質地不同。模以土作成而稍加火候，質料與笵相同，但表面黑光，內裡紅色。圓腹的器物的模則在黑光的表皮上，用朱筆畫成各種紋飾，然後雕刻。畫成後，是紅花黑地，相當顯明，刻的時候剷破了黑色的表皮，露出了內部的紅色，刻成後仍是黑地紅花，因有高低的不同，故較畫成時更為顯明。方形的器物的模每面是平的，器角並有瓠稜，若臥置繪雕，因壓力太重，下面紋飾每易傷損，若立着雕繪，人不方便，故另作成紋飾片子鑲嵌進去。若為有蓋器物，則蓋器之間有榫眼相套以免錯置。待模作成後再來作笵。笵的單位，大小不等，而各種器物的塊數也不相等，是按照模的形狀及紋飾的單位而確定笵的弧度及塊數的。如圓筒形的器物的笵，多呈半圓形的長條(插圖十二)，爵的笵，則腹部的笵片較大，而三足是另按上的；觚的笵則分上下兩段，每段更分數片；方的器物則由四片合成。有許多笵片的縫口上，一邊有眼，一邊有榫，接合起來可以不錯的，笵的背面並有小窩或小溝，窩與窩間束上泥條，溝內也用泥封起來，使其牢固。同時再作與模相似的內胎，內胎上沒有花紋，但其表面也相當的光滑，原與笵是密接的，但刮去一層，使笵與內胎之間少有距離，這距離就是器物的厚度。這內胎我們也發現了不少，如方彝的內胎是一塊方土，矛銎的內胎及觚的內胎都是土柱，而現在所看見的都是經過高熱的紅燒土塊。待笵與笵的接縫處完全密合，笵與內胎的放置也恰巧

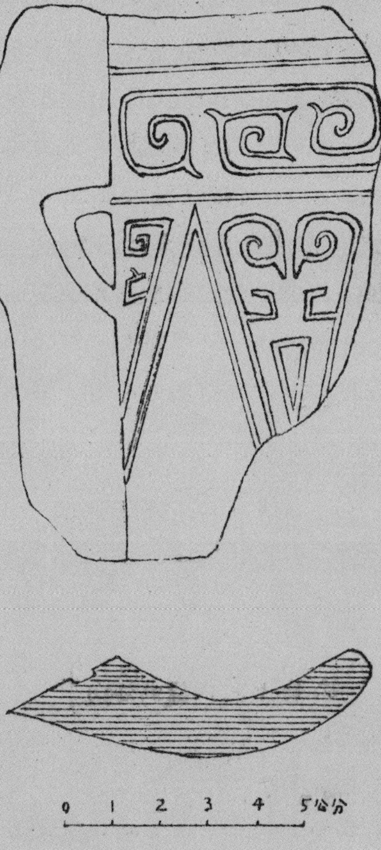

插圖十二：　殘銅笵

適度，然後再來審察和修整，等到內裡的花紋完全銜接，外面的接縫十分密合，範與內胎確切牢固，這才可以談到鑄造的。

石璋如

鑄的時候，是器物的口部向下，底部向上，底的上方，作一小口，鎔汁從這口部注入的。圈足的器物，兩內胎間稍加支墊品，所以觚尊卣壘盤斝等器底部之下的圈足上每有兩相對稱之小孔。至於銅錫等的比例，冶爐的樣式，所用燃料，鎔汁的火候以及鑄成後的修整等，則非短少的篇幅所能詳盡的。

乙、骨角牙蚌

製作骨角牙蚌等器，是殷代的精巧工藝之一，除一部分骨角器外，多半是各種幾何形的單位，為裝飾物的鑲嵌品。它們所用的原料：骨是牛象的腿骨和肋骨，角是鹿的角，牙是象和豬的牙，蚌是比較厚的蚌。牙蚌等器每小如黍粒，花骨上的紋飾每細如髮絲，非有犀利的工具與高度的技術不能致此。我們在有些骨料上及蚌料上發現有鋸的痕跡，在有些未作成的骨簇上及牙飾的背面，發現有錯的痕跡，並有許多小塊礪石。可以推知製造這些器物，須要經過鋸，錯，磨，雕的。在有些花骨上畫着朱色紋飾，有些是雕成的紋飾，還有些在雕刻的紋飾中鑲嵌着松綠石。于是我們推想花骨的製成，滿許是先繪畫而後雕刻的。所發現之礪石，大小不等，我想大概有兩種用途，一種是打磨器物的表面，一種是砥礪雕刻用的工具。曾經發現兩把龍形小刀，（插圖十三）出土於第186號墓葬中，龍形為柄，口中所出之刀為刻刀，非常鋒利。這刀或者是王之侍從，隨身佩帶，占卜刻辭用的，其硬度相當的高，那麼雕刻花骨也許是這一類的工具。至於其它的工具如鋸，錯，鑽等，尚未發現過實物，而所發現的斧，鑿，錛，削等器，也許與斯項工藝有深刻的關係。

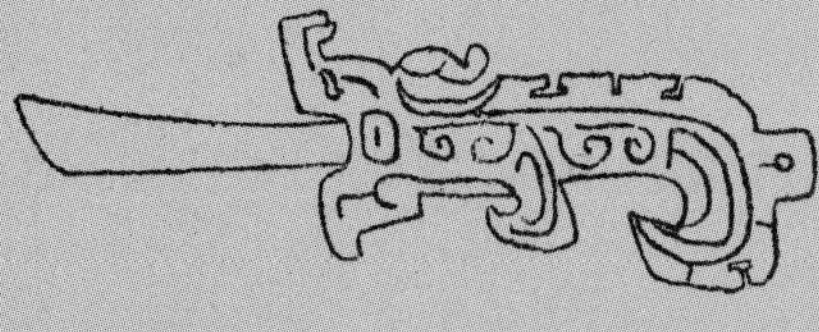

插圖十三：龍形銅刀 1/1.

丙、石玉

石玉等製作為殷代工藝中之最精工者。這幾次發掘所得的石製品中，有鏃，戈，皿，盂等，前此有立體的動物，皆用白色的大理石雕成。玉製品中有璧，小人頭，獸頭，魚，鳥，長玉管及其它佩帶品,其上均有精美的紋飾。我們知道安陽西鄉的寶山溝是出多及大理石的,質地與殷墟出土的石製品極相近似,河南的南陽是出玉的,質地也與殷墟出土的玉製品相彷彿,河北省的磁縣是出解玉沙的,因此我想他們所用的原料很可能均就從這些地方取材。原料雖不成問題,但技術與工具還是不能確切了解。第十三次發掘,在前面已經講過的車坑中發現了一根長約一公寸七八,徑約一公分四的細長玉管,外面雕着很精美的紋飾,中間有一條兩端相通的小孔,外面的紋飾是怎樣雕的,內裡的小孔是怎樣鑽的,都是值得思索的問題。又發現了幾個璧,全體極光滑,中間一個極圓的大孔,這孔是怎樣挖的,器表是怎樣磨的,也是值得思索的問題。銅柄石戈上每有上下一致的小圓孔,其作風與石刀上之兩面大中間細由兩面鑽成之孔炯然不同。石或玉製品上,有的是陰紋,有的是陽紋,而陽紋每為極細極勻之線條。這種出乎吾人意料之外的靈巧和精工,更使我們加重疑慮到他們的工具和技術。白大理石的硬度並不很高,青銅的刀子或可奏效,但玉是決刻不動的。在小屯的殷代文化層中曾發現一塊石料,其上有個未鑽通的孔,這孔呈同心圓的樣子,于是推想到殷代恐有兩尖鑽之使用。又發現一塊綠色玉料,其上帶着很窄的鋸縫,與現代玉業之輪鋸痕相像,于是推想到殷代或已有解玉輪盤之使用。若沒有這些工具,那種圓孔和鼓起的陽紋恐怕是不容易作成功的。

十

以上講的太零星了,茲歸納其結語如下,這結語都是根據現象推測的。

一、殷代的建築,多用石礎,亦有用銅礎的,礎上每有炭質柱燼,銅礎且被鎔化為小銅珠,附近並有紅燒土,故推測殷都的廢毀,其中當多少含有火燒的成分。

二、殷代的車戰已經大規模的運用,車兵的組成,以一車為一單位,一個單位的組成為一車四馬戰士三人,此三人為一主二僕,此二僕乃一御一射。共得五個車坑。

三、馬坑僅發現一處,其中一人,一馬,一犬,因隨葬物僅弓形飾,刀,戈,鏃等武器,此現象當為"戰馬獵犬",疑其與騎射有關,故推測殷代或有騎射的組織。

四、殷代的建築遺存,不論宗廟或陵墓,都是用版築土作成,這種土本地人叫做夯

六同别錄

石璋如

土，其建築的程序，前期的係先平後建，後期的係先挖後建，而夯土的製造，疑是用棍搗成功的。

五、水溝的形狀很像地下的水道，它的用途彷彿水平，但其中滿實夯土，假設認定基址為宗廟的遺存，則水溝很有挖地為江河的可能。

六、基址與墓葬有聯帶的關係，被壓在基址下面的小孩與狗是奠基用的，壓在基址上面的長方坑與基址邊緣或門附近的方坑跪葬，是宗廟的侍衛，基址外圍的砍頭葬與牛羊等獸坑是祭祀宗廟的犧牲品，依據埋葬的情形，叫陵墓附近的犧牲者為殉，叫宗廟附近的犧牲者為祭。這大概是殷代的宗教儀式。

七、殷代的甲骨已有專人管理，因甲骨的性質不同異地而藏，又因卜辭有時效性，故當君主交替的時候，每把用不着的前代文物盡行埋藏，因此前代管理甲骨的人員也隨之而殉職。這情形是根據H127龜甲坑及其它現象推測的。

八、殷代的工藝已經發展到很高度的階段，據發現的遺存，如道鑄銅術是先作模次作範，然後冶鑄，製造骨角牙蚌等器，須經過鋸錯磨的，而斧鑿刀削或與是項工藝有關，石玉等業極度精工，據石玉料上的鑽孔與鋸痕推測，殷代或已有兩尖鑽及解玉輪盤之使用。

註① 本所田野考古報告第一册：郭寶鈞：濬縣辛村古殘墓之清理。

② 寶鷄鬥鷄台的車坑，是民國二十六年夏季在北平，徐旭生先生告訴我的。

③ 河北磁縣出解玉沙，是王天木先生告訴我的。

—完—

小屯的文化層

石璋如

六同别録

導　讀

霍　巍

學術背景

20世紀二三十年代，中國正經歷從傳統金石學向現代考古學的轉型：一方面，王國維“二重證據法”推動地下材料與文獻互證的研究方法的使用；另一方面，安特生（J. G. Andersson）在仰韶的發掘暴露出本土學者對地層學的認知空白。在此背景下，中研院史語所將殷墟作爲“中國考古學練兵場”，試圖通過系統實踐，建立本土化的考古方法論體系。石璋如系統整理小屯地層時（1936—1937），中國考古學已形成獨特的地層操作體系：采用5米×5米探方網格，每方設立永久性三維座標基點；發展出“四維記録法”（平面分布、剖面堆積、出土物空間坐標、影像記録）；特别注重“遺迹鏈”分析，如將柱洞排列、礎石分布與墻基走向進行動態關聯。

學術評議

“文化層”是一個考古學的術語，它是和考古學的地層學原理緊密結合在一起的。所謂“地層學”，是從地質學上藉用而來的概念，指在人類居住活動過的地點，通常會因爲人類的各種行爲在天然形成的“生土”之上堆積起來不同時代的一層層“熟土”，在這一層層的“熟土”當中往往會雜含有人類無意或有意遺弃的各種器物及其殘餘，所以就稱爲“文化層”。現代考古（又稱爲科學考古）是從西方傳來的學科，其中地層學和類型學是其兩大支柱理論，而地層學原理的核心，就是要通過對考古發掘遺址的地層堆積情況的田野發掘、觀察和分析，來確定不同時期人類活動遺留下來的各文化層的相對早晚關係。具體而言，如果後一代的人類居住在同一地點，便會在已有的文化層上堆積另一個文化層，遺址使用的年代越是久遠，文化層的堆積也越厚，層次也會越來越複雜。如果没有經過自然或人爲的擾亂，上層文化層的年代必然比下層的年代晚。這樣，一個遺址文化層的堆積便構成了這一居住址的編年歷史。

小屯遺址的文化層，如同石璋如所言：“是安陽全部考古工作中最複雜的問題，也是最重要的問題。本來層位是發掘考古工作上，最重要的大事件，層位的次第弄清楚了，時代的先後自然也就判分。”在這篇論文中，他首先列出了歷次殷墟發掘的簡表，指出此表可以反映出，殷墟發掘中以小屯遺址發掘的次數最多，先後共計12次。根據小屯遺址的層位關係，他將遺址的年代劃分爲三個大的時期，即前殷期、殷商期、後殷期。這種根據地層堆積判斷遺址年代的科學方法，并不是一帆風順地被運用于殷墟發掘，這當中也曾經歷過許多波折。

因爲基于地層學原理的現代考古學是從西方傳來的，而被運用到殷墟發掘的實踐尚屬中國考古學的“童年時代”，所以對于地層學方法的運用及其闡釋都還處在一個逐漸成熟的過程中。最初主持殷墟發掘的董作賓因爲没有接受過專業的考古學訓練，他在1928年10月對殷墟遺址的首次發掘當中，首先發掘的就是小屯村東北、村北和村中三個地點，采取了所謂的“求輪廓法”“集中求法”“打探求法”開設探坑，但主要目的是尋求甲骨，開探坑的位置没有統一的規劃，發掘中以1英尺（0.3米）爲單位水平起土，雖然也能够大致按照土質土色和出土物的情況來記録地層的堆積情況，“但没有任何遺迹單位的概念”，因此還談不上是完全科學的考古學。李濟後來對這次發掘的批評則更爲嚴厲：“此次董君挖掘仍襲古董商陳法。就地掘坑，直貫而下；惟檢有字甲骨保留，其餘皆視爲副品。雖繪地圖，亦太簡略；且地層紊亂，一無記載。”

隨後，殷墟第2、3次發掘改由留學美國受過西方考古學系統訓練，而且主持過山西夏縣西陰村仰韶遺址發掘的李濟主持，地層學的方法有了進一步的改進。發掘是在小屯的村南、村中和村北三個地點進行。在地層學方法的運用上，雖然仍然是采用了“水平發掘法”，但和李濟在夏縣西陰村的發掘中按照統一掘的每一米爲一個水平單位向下發掘的方法相比，已經有了很大改進，此次發掘是根據土質土色的變化而以不同的水平層向下發掘，表明發掘者對于地層的自然變化更爲關注，并開始關注各種遺迹現象，同時對于地層當中存在晚期人類活動擾亂早期地層的現象也有了認識。不過，即使如此，對于殷墟遺址地層的形成原因，仍未形成正確認識。由于當時對于地層學認識上的局限，將殷墟的文化層采用了"水淹説"來加以解釋，將這些文化層看作是"數次大水淤積而成"，導致一些重要的遺迹現象被錯誤地認知。這些認識上的局限性表明在考古學傳入中國之初，中國學者對于地層學理論的具體運用、對于文化層的形成原因也在探索的過程之中。

從殷墟的第4次發掘開始，李濟决定采取卷地毯式的發掘方法，全面揭示遺址内的夯土建築，從而在遺址内廣泛地發現了版築夯土的遺迹。到了第5次發掘，已經徹底推翻了此前所假定的文化層爲"水淹遺迹"的説法，并根據田野考古所發現的夯土叠壓圓形坑穴的地層關係，第一次將殷墟文化分爲"方圓坑時期"和"版築時期"。1931年3月，梁思永第一次通過地層關係揭示了小屯、龍山和仰韶之間的關係，後來被稱爲著名的"後岡三叠層"，被認爲是中國考古學地層學成熟的標志。在殷墟第6次發掘中，董作賓、劉嶼霞、石璋如、李光宇等發掘的小屯中出現臺基版築建築，這是小屯最早確定的宫殿遺迹。自梁思永在後岡發現"三叠層"之後，殷墟的發掘者又先後在侯家莊高井臺子等遺址發現了相似的地層堆積。

在此後的侯家莊西北岡墓地三次發掘結束之後，第13次到第15次發掘又重新回到了小屯，這幾次發掘在總結前一階段發掘經驗教訓的基礎上，在許多方面做了重要的改進：首先是采用了探方法，一改以往的探溝法；二是對遺迹單位進行了統一的編號與記録；三是統一了發掘記録的方式，有了發掘記録和發掘日記兩類，這些重大的舉措影響深遠，一直爲今天中國的田野考古工作所繼承和發展。

石璋如此文總結了歷次小屯遺址發掘的地層情況，舉出若干實例來討論小屯各種遺迹之間的關係，包括穴窖、墓葬、建築基址、水溝等不同類型的遺存，以及墓葬中死者的不同葬式，隨葬車馬、獸類、陪葬遺物等各種埋藏堆積物的不同情況，説明殷商的文化層彼此之間的關係是异常複雜的，“蓋每種現象并不是一個時期完成，因各有先後的差别，遂形成彼此交錯互相叠壓的狀態”，并由此歸納出23種不同的考古地層學現象，采用簡圖的方式來加以表示。由此可知，當時以石璋如爲代表的殷墟發掘者們，已經清晰地認識到各種遺迹現象本身所代表的時間單位，并能够根據各種現象之間的叠壓、打破關係來判斷它們的早晚，證明在經過歷次發掘之後，學者們對于“文化層”的概念以及在田野考古工作中如何具體運用已經日漸成熟。

在文章的最後，石璋如對小屯文化層進行了總結，認爲小屯的“地下世界”上起殷商以前，下迄現代，“包含着各種各樣的遺迹，形形色色的遺物”，大體上可以分爲前殷期、殷商期和後殷期三大段。爲了讓讀者不至于讀來“繁雜無章”，他還專門設計了小屯文化層簡表，表中横列爲三個時期，豎列則分别爲遺迹種類、遺物特徵、分布區域，使之一目了然。不僅如此，他還專門列出一節對小屯和洹濱諸遺址，即對殷墟洹河兩岸其他遺址之間的文化層堆積情況作出分析研究，形象地將其比喻爲一部殘破的“殷代文物志”。石璋如生動地描述道：“它的殘卷破頁已經零星而紛亂的散漫到洹濱各處，若是多找一個地方，便可以多得一頁，更可以多得到一點知識。第一頁上模糊不清的問題或者到第二頁上便可迎及（刃）而解，但第二頁上的新問題同時又隨之而發生。到了第三頁，則舊的問題解决，而新的問題又生。新陳代謝的逐漸交替着，越來花樣越多，興趣越加濃厚。”這段極富文學性的文字，衹有經歷過豐富的田野考古實踐者纔能够深刻體會其中的韵味，也爲讀者留下廣闊的思考空間。

學術價值

石璋如此文作爲殷墟考古研究的重要文獻，其學術價值主要體現在對殷墟核心區域地層堆積的系統性解析與實證研究。文章通過翔實的田野發掘資料，首次系統梳理了小屯遺址文化層的叠壓關係與遺物分布規律，揭示了殷商時期建築基址、祭祀遺存與生活遺迹的時空演變脉絡，爲殷墟分期斷代提供了關鍵地層學依據。同時，石璋如結合自然沉積與人爲擾動因素，深入分析了洹河改道、洪水衝刷及後世農耕活動對遺址的破壞過程，不僅還原了殷墟文化層殘損散亂的客觀原因，更開創性地提出遺物分布與地貌變遷的關聯性研究方式，爲後續考古學中的遺址保護、遺物歸位及歷史環境復原奠定了方法論基礎。此文以嚴謹的實證分析與理論建構，成爲理解殷墟聚落形態、商代社會結構，乃至中國早期城市發展史不可或缺的經典研究，至今仍對考古學、歷史學及文化遺産保護領域具有深遠的啓示意義。

集刊外編第三種

小屯的文化層

小屯的文化層

石璋如

一、引言

小屯的文化層，是安陽全部考古工作中最複雜的問題，也是最重要的問題。本來層位是發掘考古工作上最重要的大事件，層位的次第弄清楚了，時代的先後自然也就判分，所以一開始發掘殷墟，我們就特別注意這個問題。在殷墟第二次發掘完了之後，李濟先生即根據一二兩次發掘所見到的實際現象和所得的知識，撰小屯地面下情形分析初步一文，載安陽發掘報告第一期37—48頁。當殷墟第三次發掘完了之後，張蔚然先生依據以往三次發掘所見到的實際現象和所得的知識，作殷墟地層研究一文，載安陽發掘報告第二期253—286頁。自此以後，雖然將歷次的發掘情形和重要的發現先後刊載於安陽發掘報告及田野考古報告，可是沒有再用專題來討論這個問題。一直到二十六年七七抗戰為止，殷墟已經了十五次。由這十五次發掘所滙聚的現象和累積的知識，對於安陽古代的認識逐漸深刻，各時代文化的異同也較明白，尤其小屯地面下的情形，較諸從前更為複雜，不用專文來討論，恐怕不容易說明白。但這十五次的發掘並不是集中在一個地方，而各地方都有連帶的關係，為着使讀者有一個輪廓的認識，計兹先將歷次發掘的大概情形簡單的表列於後。

六同別錄

石璋如

表一：殷墟歷次發掘簡表

次數	時期	人員	地點	工作情形	重要發現
1	十七年十月十三日至三十日共十八日。	董作賓，趙芝庭，李春昱，王湘，張錫晉△，郭寶鈞△	小屯村及村北地	分三區工作以村北沙堆為第一區，沙坑西北為第二區，村中為第三區共開四十坑，坑積約以長三公尺寬六公寸為標準共掘面積約二百八十六平方公尺。	獲有字甲骨七百八十四片，另有陶骨蚌石等殘器多種。
2	十八年三月七日至五月十日共兩月又三日。	李濟，董作賓，董光忠，王慶昌，王湘，裴文中	小屯	分村中，村南，村北三處工作。村中在廟西南以縱橫斜連為坑名，村南在墻上以ABC等為坑名村北以TUV等為坑名坑積約以長三公尺寬一公尺五為標準，共開四十三坑佔面積約二百八十六平方公尺。	得大宗陶器，陶片獸骨少數石器，銅器及其它遺物。陶片中有許刻文的，而彩繪之殘片其紋飾與銅器相同，整形陶器中之方器最為少見，此外得有字甲骨六百八十四片。
3	分二期：1、十月七日至十月二十一日。2、十一月十五日至十二月十二日。兩期共四十二日	李濟，董作賓，董光忠，張蔚然，王湘	小屯	依照計劃在北地將工作展開，開縱橫支連等溝以長三公尺寬一公尺為一單位以甲乙丙等名之，每溝單位不等，計縱溝七橫溝十四共開坑四十三單位佔地約八百三十六平方公尺。	遺跡有長方坑及圓坑，其中所出遺物較完整，有埋有人骨及深入水底者。遺物銅器有刀矛鏃釘錐鏃及銅范等，石器有刀斧簇等，以半截抱腿而坐的殘人像為最新穎，陶器有一塊仰韶期彩陶片及帶釉陶片，此外有兩大獸顱刻辭，大龜四版及有字甲骨三百餘片與花骨，白陶等，又有墓葬二十四處。
			霸台	開探溝三，其單位之面積和名稱與小屯同。	得墓葬六處，此外亦有灰土的堆積。
	二十年三月二十一日至五月十一日共三個月。	李濟，董作賓，梁思永，郭寶鈞，吳金鼎，劉嶼霞，李光宇，王湘，周英學，關百益△，許敬參△，馬元材△，谷重輪△，馮進賢△	小屯	重新測量，確定永久基點，暫分遺址為ABCDE等五區，坑積劃一，以長十公尺寬一公尺為一坑，每隔若干公尺平行開坑，各區均從第一坑起，依次而下，開	遺跡方面繼續發現長方坑及圓坑，以E16圓坑為最重要之發現，本次之重要收穫多出其中。遺物有銅戈矛，銅范，花骨，白陶，鯨骨，鹿顱刻辭一個及有字甲骨七百八十一片，又有

—2—

次數	時期	人員	地點	工作情形	重要發現
4		劉燿†,石璋如†		坑一百七十五個佔地約一千四百七十平方公尺。	墓葬十八處,以隋墓為多,隋墓中出有瓷罐碗盤鐵剪鐵鏡及大批土俑。
			四盤磨(在小屯西)	為吳金鼎所發掘自四月十六日至三十一日共作十六日。開探尺形溝兩個東西相距約一百五十公尺,其中以寬一公尺長五尺或七公尺為一坑,共開二十坑佔地約一百六十平方公尺。	得俯身葬一處。遺物有卜甲、卜骨、銅鏃、骨矢、骨錐、骨雕蚌器等,其情形大都與小屯相仿,惟本地人稱為著名的銅器時代葬地。
			後岡(在小屯東)	為梁思永所發掘自四月十六日至五月十二日共二十七日,由岡頂向四方發展,以長十公尺寬一公尺為一坑,共開二十五坑佔地約二百十六平方公尺。	遺跡有龍山期的白灰面,小屯期的長方竇及後代的墓葬。遺物有小屯期的字骨,龍山期的陶骨石,仰韶期的陶石等。
5	二十年十一月七日至十二月十九日共一月又十二日	董作賓,梁思永,郭寶鈞,劉嶼霞,王湘,張善†,劉燿,石璋如†,李英伯,郝升霖°	小屯	增開村中為F區,郭寶鈞作B區,董作賓作F區,石璋如作E區,本次共作三區,除F區外大都繼續上季工作而進展,開坑凡九十三處佔地約八百十八平方公尺。	遺跡除常見之長方坑及圓坑外,而黃土台基部為本次的新發現,EF兩區均有出甲骨的灰土坑。遺物有殘石磬,雕石皿,花骨,金葉等及有字甲骨三百八十一片。又得墓葬九處,僅有一個時代不明,其餘都是隋代的。
			後岡	繼續上季未竟的工作,分東南,西南,西北三區開坑二十個,佔地約三百八十五平方公尺。	繼續發現白灰面,夯土牆基為本次的新收穫,在地層方面有重大之發現,即小屯,龍山與仰韶三層文化的清晰的堆積。遺物之重要者有仰韶期之彩陶,甗,鼎等。
	二十一年四月一日至五月三十一日共兩個月	李濟,董作賓,吳金鼎,劉嶼霞,李光宇,王湘,周英學,石璋如	小屯	集中B、E兩區工作,B區作小規模的平翻,E區則開密集的坑,計開坑凡八十二處佔地	遺跡除常見之竇窖外,又有長約三十公尺寬約十公尺的殷代版築基址,其上並有行列整齊的礎石,

- 3 -

六同別錄

石璋如

次数	時期	人員	地點	工作情形	重要發現
6				面積約九百平方公尺。	又發現龍山期的遺存如小灶,灰坑等。本期僅發現字骨一片。墓葬五處。
			侯家莊高井台子	為吳金鼎與王湘所發掘,自四月八日至十六日共作八日。計開三十三坑,佔地約二百五十七平方公尺。	有三層堆積,下層為仰韶,中層為龍山,上層為龍山後期。所可注意者即仰韶期無灶窖,上層有細把豆,此址中未見小屯期遺存。
			王裕口及霍家小莊	為李濟與吳金鼎所發掘,自四月十四至五月十日共二十七日。開南北長溝一條,長達百餘公尺,計九坑。佔地約一百十六平方公尺。	此處為著名之出銅器墓葬區,在此百餘公尺內得夯土基址八座,另有踩跡五處。隨葬物多為陶觚爵,亦有銅質的。
7	二十一年十月十九日至十二月十五日共一月又二十六日	李濟,董作賓,李光宇,石璋如	小屯	集中於A.B.C.E.等四區工作,由六河溝煤礦借來鐵斗車兩輛,故本次所挖掘之土運至沙坵以東,共開坑一百七十三個,佔地約一千六百十二平方公尺。	版築基址逐漸加多,灰坑有長條形的。E161灰坑中有成層的鹿角,E181長方井中出土遺物最多,約計五十七種五千八百零一件,以墨書之白陶片最為珍貴。又得有字甲骨二十九片,又有墓葬十六處,有三個為早期的,其餘皆隋代墓,而隋墓中有一個門為雕牆。
8	二十二年十月二十日至十二月二十五日共兩月有五日。	郭寶鈞,石璋如,李景聃,劉燿,李光宇,馬元材△	小屯	集中於D區,事先將坑位排定,每隔一公尺挖一公尺,若有需要全挖之,仍利用鐵斗車將土運送至沙坵以東,共開一百三十六坑,佔地約一千一百九十六平方公尺。	發現版築基址兩處,另有銅礎及柱礎。在地層上有清晰的小屯期與龍山期的堆積,在遺物方面獲大批龍山期之遺存,又得有字甲骨二百五十七片。墓葬九處,其中有早期者一處,為人獸同葬,餘均為隋墓。
			四盤磨	為李光宇所發掘,自十一月十五至二十一共七日,開兩坑,佔地約二十平方公尺。	出墓葬一,隨葬物有陶觚爵,均在腳端,身旁並有小玉器一件。

－4－

次數	時期	人員	地點	工作情形	重要發現
			後岡	此為第三次工作由劉燿所續掘，以岡頂為東區，以河神廟附近為西區，開坑共五十七個，佔地約三百平方公尺。	得殷代大墓一，小墓二，並有完整之殷代銅甗一個，均為上兩次發掘所未有。
9	二十三年三月九日至五月三十一日共兩月又二十二日	董作賓，石璋如，李景聃，劉燿，尹煥章，馮進賢，祁延霈	小屯	集中D，G兩區工作自三月九日至四月一日共二十四日，開坑共二十八個佔地約三百餘平方公尺。	得墓葬四處均屬隋代，又有有字甲骨四百十六片，都是小塊。
			後岡	繼續上次工作，分前後兩期，自三月十五至四月一日為前期，自四月十日至二十日為後期，開坑三十個佔地約三百零八平方公尺。	找清圍墻，係純龍山期遺址南西兩面，又發現殷代小墓二處，並獲有銅爵觚等。
			侯家莊南地	將小屯後岡兩處員工集中於此，分為東西兩區，以南北坑為主，遇必要時開東西坑，共開坑一百二十個，佔地約一千二百七十一平方公尺。	基址穴窖與小屯的情形大致相同，計得基址兩處，穴窖十五處，墓葬十九處，墓葬中有仰身者，殉物有陶鬲，碗，爵，觚等；俯身者除以上殉物外，另有白石小劍，銅鏃，鈴等；甕罐葬為小孩，其中有小白石劍及石魚等。此外有大龜七版及有字甲骨大小共四十二片。
			武官南霸台	為石璋如所發掘，自四月三十日至五月二十二共二十三日，先將坑位測定然後發掘，共開坑八個，佔地約九十三平方公尺。	有龍山，小屯兩期堆積，小屯期中卜用甲骨甚多，但未得有字的。
	二十三年十月三日至十二月二十九日	梁思永，石璋如，劉燿，祁延霈，胡福林，尹煥章	侯家莊西北岡	就岡頂為工作起點，分東西兩區發掘，此處發掘以墓葬為單位，採	西區有大墓四處，每墓各四道，有平面作亞形者，佔積約四百六十餘平方公尺，亦有

六同別錄

石璋如

次數	時期	人員	地點	工作情形	重要發現
10	事前籌備七日事後清理三日故為期逾三月。	李濟*，馬元材		掘範圍約五十餘畝，佔地約二十餘畝。	作方形的。東區發現小墓三十二座有方形及長方形兩種方坑中埋人頭而長方坑中則有全軀葬，無頭十軀葬及十軀無頭附有刀戚葬。大墓中出有大理石立体石雕小墓中出有精品銅器二十七件，另有花骨，玉器，白陶等。
			同樂寨	為梁思永石璋如，胡福林所發掘自十月二十九日至十二月五日共一月又六日。以寨中之關帝廟為中心，在其西南，東南，東北三處發掘，開坑六個，佔地約二百二十三平方公尺。	有仰韶，龍山，小屯，漢等期之堆積。仰韶期遺存在遺址之最下層，碎陶居多，龍山期遺存在遺址之中層，為本址之主要堆積，小屯期及漢代均為隨葬有銅器之墓葬。此址中之最可注意者為龍山的手掌形，窯及數量甚多之打製石器。
11	二十四年三月十五日至六月十五日，又籌備四日清理九日共三月又十一日。	梁思永，石璋如，劉燿，祁延霈，胡福林，李光宇，王湘，傅斯年x，李濟x，董作賓•，夏鼐+，馬元材△	侯家莊西北岡	仍分東西兩區工作，西區四大墓皆到底，東區則為平翻，開掘面積約八千平方公尺，佔地約四十餘畝。	西區四大墓情形不同，第一墓深十二公尺到底，中心及四隅有九個小坑，其餘三墓皆中心一小坑，惟二，四兩墓深十三公尺，另發現漢墓一座。東區又發現小墓四百十一座，其中之馬坑，獸坑，車坑等均為上次所未有。器物之重要者，銅製品中有牛鼎，鹿鼎，大圓鼎，盉，戈矛等；石製品中有白色大理石之立体雕刻，鳥，獸，魚，蛙，蟬及雙尾獸等；玉製品，松綠石製品皆為小器，雕骨最為精工；陶製品中有釉陶，白陶，殘片，並有儀仗多種。

—6—

次数	時期	人員	地點	工作情形	重要發現
12	二十四年八月三十一日至十二月十八日共三月又十八日其間自九月五日至十二月十六日為正式發掘時期	梁思永，石璋如，劉燿，李景聃，祁延霈，李光宇，高去尋，尹煥章，潘慤，王建勛，董培憲，李濟×，李春岩△，黃文弼•	侯家莊西北岡	仍分西東兩區工作，範圍更為擴大，東區展至大柏樹墳以東，佔地約五十六畝，實際開掘面積為九千六百平方公尺。	西區發現大墓三座，假大墓一座及小墓若干座，而小墓有人葬馬葬排列整齊，係圍繞最初發現之第一號大墓者。東區發現大墓二座及小墓七百八十五座。為上二次所未見者計有象坑，鳥獸坑，隨葬有銅鈴之人頭坑及隨葬有兵器或禮器之長方坑。遺物之重要者銅製品中有牛鼎及鹿鼎，與人面具等兩組，玉製品中有碧玉象，儀仗中有蟒皮鼓等。
			大司空村（村南）	為劉燿所發掘，自十月二十日至十二月五日共一月又十六日。開坑一百十一個，挖掘面積約一千一百餘方公尺，佔地約六畝半。	得灰土坑三十七處，形狀不一，其時代以小屯期者為多。墓葬六十四處，計有俯身仰身兩種。
			范家莊（村北）	為祁延霈所發掘，自十月二十日至十一月七日止，開坑較少，佔地約二百二十方公尺。	僅獲被盜掘過之殘墓一處。
13	二十五年三月十八日至六月二十四日共三月又七日	郭寶鈞，石璋如，李景聃，王湘，祁延霈，高去尋，尹煥章，潘慤×，李濟，董作賓•，孫文青△，王作賓•	小屯	集中B C兩區，以一百六十平方公尺為一工作單位，實行平翻計劃。開坑五十二，挖掘面積約四千七百平方公尺，而佔地約一萬平方公尺。	得版築基址四處，穴窖一百二十七處，墓葬一百八十一處。其中第一百二十七窖出有字甲骨一萬七千餘片。第二十墓為車坑，第一百六十四墓為馬坑，另有殺頭葬，跪葬及牛羊狗等坑，又有水溝。遺物有許多完整陶器，銅範，銅器以車馬飾為多，玉器以佩帶品為多。

小屯的文化層

六同别錄

石璋如

次數	時期	人員	地點	工作情形	重要發現
14	二十五年九月二十日至十二月三十一日共三月又十二日	梁思永 石璋如 王湘 高去尋 尹煥章 潘慤 王建勛 魏鴻純 李永淦 石偉 王思睿△ 袁同禮●	小屯	初集中於C區，後擴展至Ⅰ區，Ⅰ區又分兩處。開坑六十個，挖掘面積約三千五百九十平方公尺。佔地約萬餘平方公尺。	得版築基址二十六處，穴窖一百二十二處，墓葬一百三十二處，水溝繼續發現。其中有銅器墓葬數處，遺物有銅質之鼎、甗、斝、罍、爵、觚、方彝、馬飾等，另有玉笄及佩帶品。隋墓中出有磁俑、鼎、盤等。卻有字甲僅二片。
			大司空村（東南地）	為高古系所發掘，自十月二十四日至十二月十日止，共一月又十七日。開坑三十餘，挖掘面積約一千一百餘平方公尺，而佔地則為二千零二十七平方公尺。	得穴窖二十八處，墓葬九十一處。穴窖以小屯期者為多，而墓葬則有殷代、戰國等若干期。隨葬品以陶器為多，也有銅器。
15	二十六年三月十六日至六月十九日共三月又四日。	石璋如、王湘、高去尋、尹煥章、潘慤、王建勛、魏鴻純、李永淦、石偉、張光毅△、董作賓×、梁思永×、舒楚石●	小屯	集中於C區，開坑三十七個，挖掘面積為三千七百平方公尺，佔地約萬餘公尺。	得版築基址二十處，穴窖二百二十個，墓葬一百零三個，水溝長約一百二十公尺尚未到頭。版築基址上每有用石卵排成門形，門之兩旁及前面埋有跪着的人架，門內埋有小孩。基址之前方每有車坑及牛羊坑，其側方每有砍去頭後始埋的墓，其人架多少不等。遺物有銅尊、罍、爵、觚等，以白陶器等最為少見。又有石鳥、石龜、玉佩等。並獲有字甲骨五百九十九片。

〔註〕在人員欄內凡無記號者為本所殷墟發掘團工作人員；△河南省政府參加人員；十河大、清華實習學生；○安陽教育局參加人員、×本所視察人員；●中央古物保管委員會監察委員。

7 -

由上表看，以小屯遺址發掘的次數為最多，先後共有十二次。這個遺址從發掘以來，歷次都有新的收穫，知道遺物的包含非常豐富，遺址的分布也很廣濶，並不是單純的僅殷一代的堆積，殷前殷後都有大量的文化遺留。而殷代的遺存，也不是單獨的一個方式，始而地面下挖穴，既而地面上建屋，揭去了地層上面的外衣，則先民的刀跡斧痕，處處皆是。就穴窖言，他們挖而後填，填而後又挖，不知經過了幾度的變遷和改造，紛繁重疊，複雜萬端，要不是地層上有清晰的劃分，遺物上有顯明的區別，這座"關山萬里，汪洋千頃的雲霧世界，真難逃出迷津，安渡彼岸"。現在根據地層的次序由下而上的進行敘述。

在未開始分析地層以前，有幾句話須先聲明，就是在十八年的秋季曾經在這裡掘得了一塊仰韶期的彩陶，以後再沒有發現過，因為地層上沒有找到該期的遺蹟，故不把仰韶期的遺存放在這裡來講。

二.殷商以前的遺存

殷商以前的遺存，簡稱之為前殷期。在殷墟第七次發掘以前，我們在小屯所見到地下的現象還是散漫的分布和雜亂的混合，雖然有幾處遺蹟很顯明的早於殷商，但差不多都是直接地面與殷商文化層沒有密切的直接關係。到殷墟第八次發掘，在D區不但獲得了大量的前殷期的遺物，又找到了地層上真真確確的層位關係，証明在殷人未來小屯之前，這裡並不是荒僻的原野，也有相當繁盛的村落。

我們在山東的龍山日照和河南的洹淇沿岸等處調查和發掘，認識了黑陶是一個自成系統的獨立文化，有其自身的悠久歷史及其特殊的風格，遺跡所至遠及於長江以南的浙江杭州[1]。因為黑陶最先在龍山發現，所以也叫龍山文化。在小屯前殷期的遺存中有黑陶的成分，但另有其它的成分，與單純的龍山文化稍有區別，茲分述之。

甲.龍山期文化的特徵

龍山期器物的特徵很容易認識和鑑別，不論在形制上，紋飾上，質料上，作風上，都有它獨到的地方。單就陶器來說，黑、光、薄、稜、鼻，這五種形容詞，大體上可以概括它特有的要點。黑是描述它的烏黑的色澤，光是形容它的光潤的表皮，薄是狀述它的胎薄的厚度，稜是表示它的整齊的稜角，鼻係在器上多附有穿繩或手執之鼻，在山東日照兩城鎮

石璋如

瓦屋村遺址中，有一個器上多至十六個鼻的。但此期陶器中以平底，圈足及三足器為多，而圜底器物絕少，也是應該注意的。固然在色澤上，也有灰，肉，紅，白等少數之例外，質料上也有較厚的砂質，表皮上也有少數的，環劃等紋飾的諸變態，可是大體上仍然保持着整齊的稜角和特有的作風。若進一步的探討，便應該注意製造時的手續和用具以及陶土，燃料，火候等問題。這種工作並非短時間所可了事，然也出乎本文討論之外，故不談及。不過我們知道這些陶器大都是輪製的，在製造時是經過捏形，修括，磨光諸種手續的。

至於其它遺物，如骨鏃則體圓錐而尖具三稜，骨錐則就獸骨敲折而磨光銳，蚌刀頗與殷商層的石刀形狀相像而有兩孔，蚌鋸與蚌刀的形狀相似，而及間多齒，蚌鏃為三稜形，石斧多為小型，石鏃有琢製的等等。

乙，小屯前殷期文化的特徵

小屯前殷期遺存最顯著的特徵是在陶器方面，就是大量的包含着條紋，方格紋及直而細的繩紋等陶器。條紋陶器多為泥質，而方格紋及細直繩紋等陶器多含砂質。黑陶的含量並不很多。在發掘的時候，我們所得到的印象和觸到的感覺，盡是些條紋，方格紋與細直繩紋等陶片。這種現象在山東境內較為少見，而在河南境內則特別的多。譬如彰，洹，淇，衛等流域[2]，黃河南岸邙山[3]以及伊洛交流的偃師[4]等遺址大都如此，甚至澠池的仰韶村[5]也有此現象，尤其豫東永城造律台[6]等遺址，簡直是條紋，方格紋等陶器的大本營。這種情形更向東南擴展到淮河流域[7]。其次是陶環，它的數量也相當的多。

我疑惑黑陶是一個系統，而條紋，方格紋及細直繩紋等又是一個系統，兩者同時來到了安陽，成功了前殷期的文化層。它們個別的老家，現在還不能十分確定，是不是黑陶來自山東，條紋等陶來自豫東，須待於將來多多發掘的証明。

本期穴的形狀略圓，較淺小，其中多填以淺灰土，大概他們所用的燃料及其它習慣上，或與殷商時期有別。還有兩件事情應該注意的，其一是在前殷期文化層尚沒有發現過長方窖或圓窖，其二在同樂寨前殷期文化層中出了大批的燧質打製石器。

龍山期與小屯前殷期相同的地方也很多，譬如黑而光的圈足盤，碗形的蓋與三足的鬶鼎等陶器。蚌刀，蚌鋸，敲製的骨錐，圓錐形尖具三稜的骨鏃，三稜形的蚌鏃以及小型石斧等。惟有一件值得注意的事情,就是由龍山鎮往東,愈近海濱的兩城鎮遺址中蚌器甚少,反之由龍山鎮向西,距海較遠的河南諸遺址中蚌器反多。

丙.前殷期遺存在小屯分布的區域

小屯前殷期遺存的分布,就現在所知道的,有B區的西南隅,C區的一小部,D區的大部及E區之一部共四處。

在B區者僅一小部分,出土的地點並不是一個很整齊的穴,而是像帶狀似的兩個溝。其中的遺物多為陶片。這些陶片都是失掉棱角的碎屑,僅可辨別出來為前殷期的遺物,都認不清楚究屬何種器物。這兩條溝疑是當時的水溝,已被殷商期的穴窖和隋代的墓葬破壞的"體無完膚"了。這兩條溝一條是南北的,一條是東西的,交接着(插圖三)。

C區僅有兩個坑:一個在C155,被殷商期的穴窖正打在它的中間;一個在C175,被壓在很厚的殷商層之下,是一個不很整齊的圓穴,它們中間所含的遺物都不很多。

D區除有限的幾個坑穴,幾個墓葬和普遍的一層灰褐土外,其下層的包含大都是前殷期的成分。遺物出土的地點,多為當時的廢穴,它們的形制有大小兩種:大者形橢圓,東西寬約六公尺,南北長約十三公尺,深約四公尺五寸,如D84等坑,因坑底有數個單位,那麼這個大坑或許是數個小坑由其上口破壞連合而成。小穴形圓,徑約一公尺八寸,深約一公尺五寸,如D22等坑。這些穴的上口都被蓋在殷商文化層之下,所以揭去了上層,才能露出它們的真正的面目。

E區的情形則較特殊,殷商時期的穴窖,多在東西兩端,前殷期的遺存則居中間。中間的地帶正與D區的前殷期地帶相接壤,多為徑約二公尺左右的小圓穴,上口直接地面者居多,間或也有被壓在版築之下者,遺物的產量不若D區的豐富。

就其整個分布的密度來看,靠近河岸者較多,愈南愈少。

丁.前殷層與殷商層的關係

前殷層與殷商層的關係非常清楚,尤其是D區,在發掘的時候,有精細的觀察和明晰的記載,茲查錄各坑的記載如下:

D82:深一公尺,是這坑上下兩層的分界線,上層的遺物是屬於殷商期的,下層的遺物則屬於前殷期的。

六同别録

D83：深一公尺以下的遺物，有少數獸骨及蚌殼，又有一塊黑而薄的陶片，很薄的方格紋陶片，繩紋陶片及陶環等。這些遺物都屬於前殷期的。

石璋如

D84：深一公尺六到二公尺八，蚌屬於薄的可以作蚌刀，而陶片也相當的薄，都屬於前殷期的。

D85：……大概南北長約三公尺，深度由地面至一公尺零五，舊坑雖然到底而熟土尚未到底。褐土深一公尺二以下便是灰土。上層的遺物較複雜，屬於殷商時期的，而下層則屬於前殷期的，其中含有黑陶的成分。

茲再將各坑的切面舉例說明：

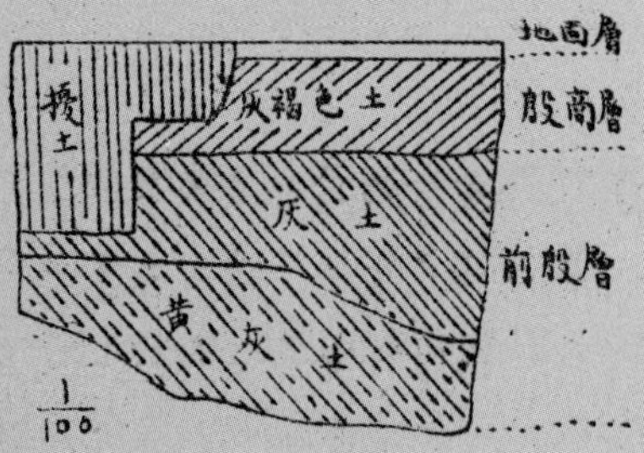

插圖一：D84坑的西壁

D84坑的西壁層次很清，地面層下可分為三大層（插圖一）。由上而下：第一層是灰褐土，地面層下深約一公尺四上下，為殷商文化層；第二層是灰土，約自一公尺四至三公尺五，其中含有大量的陶片與少數的獸骨；第三層為黄灰土，深度由三公尺五至四公尺五，其中的遺物與第二層相同，那麼二三兩層同為前殷期文化層。南端的擾土係後代破壞了一塊。這個現象大概為前殷期的一個廢穴，經過了兩次的堆積，才把它填平，所以灰土與黄灰土中所包含的均為前殷期的遺存。至於灰褐土下，是否前殷期的地面，在這個殘廢的現象上無從得知。後來殷人又在其上堆積了一層，整個的把這個廢穴完全蓋住。

D47坑為出前殷期遺物最豐富的一個坑。這個坑本為兩個小坑，後來經過殷商期的穴來破壞而失去了上層的界線。這是D47.1坑的東壁（插圖二），自地面層下可分為很清楚的上下兩層。上層為灰褐土，係殷商時代的堆積，下層為灰土，係前殷

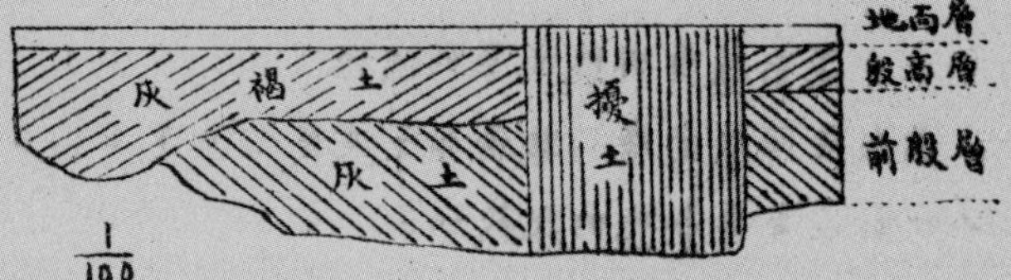

插圖二：D47.1坑的東壁

期的堆積。這很顯明的前殷期的堆積被殷商文化層截去了一段。

在B區的B124和B128兩坑中各有一條前殷期的溝，在B124坑中的是東西向，在B128坑中的約呈南北向，兩者相交接着。這條南北溝，我們叫它第31灰坑，在第31灰坑的上層又有一個灰坑，我們叫它第24灰坑。這個現象最有趣味，最有價值，也最能表示

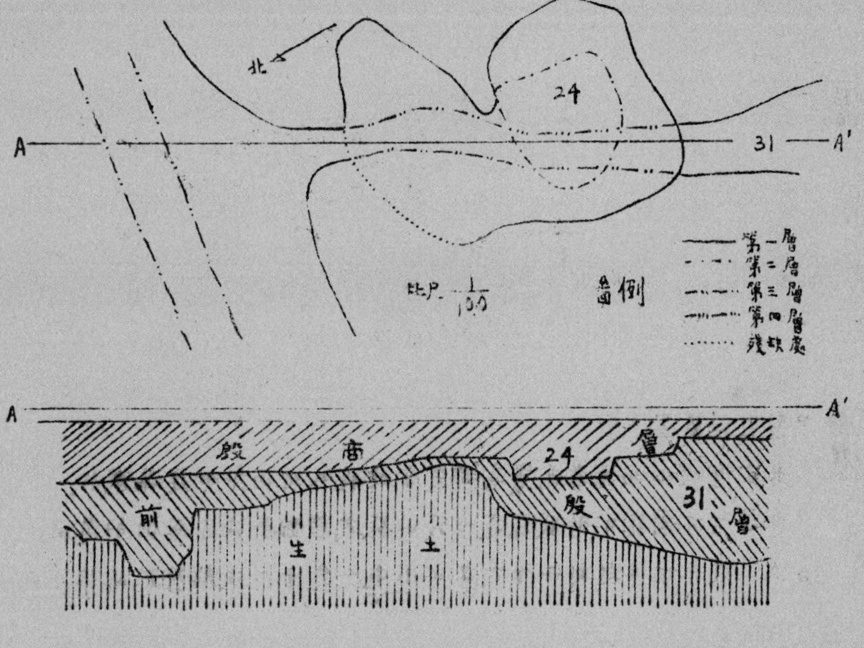

插圖三：24灰坑與31灰坑及南北溝與東西溝之關係

它們彼此的關係。這裡原來是個早期的丁字形溝，當被填平之後又被殷商時期的一個穴即24灰坑破壞了一段，可是穴的底深不及溝的底深，若順着南北溝的方向把它們切開，它們彼此的關係更為清晰明瞭（插圖三）。東西溝則上口寬而下底窄，它與南北溝交接的地方堆積較薄。

茲再檢查小屯村北的地勢，D區最高，前殷期常常被壓在殷商層下，B C兩區與D區有相似的情形。惟E區地勢較低，好像它的上面被剷去了一層，所以前殷層往往直接現在的地面。

石璋如

歸納以上各坑的記載,各坑的切面和各區的情形,可以得到一個比較可靠的概念,就是前殷期遺存在小屯的分布,大都由C區起及其以北的地帶,其縱的系列差不多以地面下深一公尺為其分界線,上層屬於殷商期文化層,下層屬於前殷期文化層。但也有少數例外,在前殷層上沒有殷商層的,可是絕對沒有前殷層壓在殷商層之上的。雖然殷商期的穴窖深入水面以下,但是它的上口仍是在前殷層之上。這個觀察大體上是不錯的,並看出D區為小屯的前殷期遺存的中心地帶。

三 殷商文化層的構成

小屯這個遺址的堆積好像一個直立的橄欖,兩端尖小,中間粗大,這粗大的部分相當正要提起的殷商文化層。因為殷代在此停留的時間最長(有帝乙、帝辛時代的甲骨文,知殷代的晚年此處尚未廢棄),分布的區域也最廣,食餘用廢的堆積較厚,斧踪鏟痕的遺蹟也較多,這一層造成了小屯遺址堆積的中堅主幹,而殷墟的名稱也由此獲得。以目前的經驗和知識來觀察,構成殷商文化層的軀幹有以下幾個重要的肢體。

甲、竪穴與竇窖

大而淺者為竪穴,小而深者為竇窖,都是當時挖入地面下的建築遺存。這遺存每次每區均有獲得,方方圓圓的形狀,深深淺淺的樣式,遺跡普遍了整個的遺址,數量佔各種現象的首位。從十七年起到二十六年止,小屯先後十二次的發掘所得竪穴竇窖共整共六百一十七處。就形狀來分,以長方形的為最多,幾乎要佔全數的二分之一,其次為圓形,其次為不規則形,其次為橢圓形,其次為方形,其次為長條形,以葫蘆形為最少。大的竪穴有長至二十餘公尺,寬至十餘公尺的,如H005坑,有長八公尺五,寬三公尺,如E166坑。竇的口徑普通以一公尺餘的為多,窖則以長二公尺餘,寬一公尺餘的為多,也有較大或較小的。竪穴的深度多半由地面下五公寸至四公尺以內,也有少數較深的,竇窖的深度則由一公尺至九公尺不等,甚有深入水內尚未到底的。

其中所填的都是些當時食剩用廢的日常用品的殘遺。如吃肉所剩的動物的骨骸,水產的甲殼,用破的鬲、罐、盆、盂等陶器,使斷的骨笄、花骨、蚌飾等裝飾品,破折的石刀、石斧、骨矢、銅鏃、戈尾、矛尖等殘武器。又如工業上的廢料,如鋸過的獸骨,敲破的蚌殼,磨礪的牙質和碎小的銅鏃銅範礪石等；又如燒過的柴灰炭、燼破損的甲骨卜辭，雕刻的石器等等。其中大部的成分為灰土，也有滿填綠灰土的，土質很鬆，頗像穀類的腐朽後的樣子。就大多數而論，綠灰土每居坑的下層或底部。

至於它們的建造，大都是挖成功的。又可分為修飾與不修飾兩類，不修飾的壁甚粗糙，並有建造時的鏟鋤印痕，修飾的又有泥塗拍打兩種，泥塗是另用一種細土和水及草而成泥糊，塗在壁的表面使其光滑，有的多至二三層的，每層厚約半公分，很容易成層的向下脫落；拍打的比較簡單，在窖挖成後，用一種木棒在壁上用力拍打，使其平勻光滑，或在挖的工作進行中且挖且打。泥塗與拍打這兩種辦法，現在還都在沿用着。[8] 因為它們的體積和性質不同，所以竇窖有腳窩可以上下，[9] 有的豎穴有台階可以出入。[10]

據我們的觀察和推測，這些豎穴和竇窖的用途大概有一部分是起土的坑坎，有一部分是儲物的倉庫，還有一小部分可能是人的住處或工作的處所。挖窖藏菜或儲糧的習慣，現在還有些地方仍採用着。[11] 不過我們在小屯所獲得的遺蹟，都是改造廢棄後的狀態，而不是居住使用時的本來面目了。

先就它們自身來講，並不是一期挖成，也有時代上先後的差別，尤其B C兩區更為顯著。甲穴可被乙穴損傷一壁，而乙穴又可被丙穴破壞一角，[12] 竇窖可建築在填過的大穴之間，[13] 而大穴又可以挖壞了平復的竇窖之一部。[14]

次就它和水溝的關係而論，至少也有兩種不同的時期，其一早於水溝而存在者，即被水溝所破壞之豎穴，[15] 其二晚於水溝而建造者，即破壞水溝之竇窖。[16]

至於它和版築基址的關係，也有種種不同的形式，有被壓在基址之下者，[17] 有被基址切去一半者，[18] 有與基址並存者，[19] 並有挖破基址者。[20] 這些種種不同的形式，自然有時代上先後的差別。

它和殷代的墓葬也有關係，通常是殷墓壓在穴窖之上的，[21] 但也有穴窖破壞了殷墓的現象。[22]

種種情形非常的雜亂，另有許多穴窖被後代的隋唐墓葬所破壞，那是晚期的現象，不放在這裡來說。至於豎穴竇窖的本身和其它遺蹟的層位關係，留到"現象的系列"的節中去講。

六同別錄

石璋如

乙、水溝

水溝的形狀和用途在小屯後五次發掘的重要發現中已經講過，茲不贅述。有南北向的，有東西向的，有幹溝，有枝溝。最深的由地面下一公尺二至三公尺餘，最淺的現地面下四公寸的樣子。就它的本身來講，同深度的水溝每相連接的，異深度的水溝每有上下層的分別，但彼此的關係是不固定的。自然是下層的較早，上層的較晚，然而相去的時間恐怕很短，因為它是建築上的一種過程。

它和版築基址，有深切的關係，有的被壓在基址之下，有的建造在基址之上。建造在基址之上的水溝較少，而且活動的範圍也有限，被壓在基址之下的水溝甚多，活動的範圍也較廣，它可以由甲址起，穿過乙址，丙址，丁址等，從地下把許多基址溝通起來，它經過非基址的地帶，其中也滿填夯土。又可以說水溝與基址的關係是必然的。

水溝與豎穴竇窖的關係是偶然的，在前面已經講過有早於水溝的豎穴，有晚於水溝的竇窖。我想水溝的使用為時較短，而情形也比較簡單，不像穴窖的使用，歷時長而情形繁雜，所以它是一個很好的斷代標準。

水溝與殷墓也有相當的關係，據已有的現象所知，殷墓大都是壓在水溝之上的，[23]那麼很明顯的水溝早於殷墓而存在了。

丙、版築基址

版築基址不是一個時期造成，猶如豎穴竇窖不是一個時期挖成一樣，其間也有許多變動和改造，甲址可以建築在乙址的上面，而乙址又被丙址切去了一角，[24]交互的情形也很繁雜。歷代的農人們高處起土，低處平坑，地面時常在變動着，所以現在的基面是否殷代的基面很是問題。有些地方地面層下即露出版築土，有些地方版築土上尚有一層堆積。由版築的顏色，硬度，層次和面積等可以分辨出殷代的遺存與後代的堆積。後代的堆積，其性質多為便於耕種，或防風防水等作用，如填平地中的楛井，補起田端的一角，其功用與殷代的版築有別，且時代不同，故略而不述。

基址與基址的關係，有若干不同的方式：有同時並存的，即數個基址有計劃的排列在一個平面上；[25]有先期存在的，即被其它基址破壞之基址；[26]有後期建造的，即破壞其它基址之基址。[27]

— 16 —

基址與水溝的關係在前面已經講過了。

基址與殷墓簡直有不可分離的密切關係,在小屯後五次發掘的重要發現19-27頁已經講的很多了。簡言之有先基址而埋葬的墓,即被壓在基址之下的墓[28];有與基址同時之墓,即埋在基址門旁的墓[29];有晚於基址的,即破基址及其附近之墓[30];另有被基址破壞之墓[31]。但須注意者被壓在基址之下的墓與被基址破壞之墓並不是同時,而壓在殷墓上的基址與破壞殷墓的基址也不是同時,據互相疊壓的地層看,前者早點,後者晚點,但是時間的距離並不甚久。

基址與豎穴竇窖的關係如同基址與殷墓一樣的密切,但是性質是兩回事,因為墓葬的對象是死者而一部分竇窖的對象却是活人[32]。有些穴窖為着要建造基址才填平的,因為基址需要穴窖所佔的地方;有些不規則的豎穴是為着建造基址才挖成的,由於建造基址需要大量的土;有的穴窖是為着基址而建造,為的是便於儲藏東西,又有些穴窖挖破了基址,依照層位學來講,當是在基址廢棄之後,或者同時並用而另有其含義。那麼很顯然的,為建基址而平的穴窖是先基址而存在;為着基址而挖的穴窖,是與基址同時;挖破基址的穴窖當然是在基址以後了。至於被基址挖破的穴窖,為時當更早,因為在建造基址時,穴窖早經平復而已成平地了。

基址的本身雖然也有時代上先後的差別,但在殷商文化層中却是一個獨立的部門,而且它和其它的遺蹟有比較清楚的界劃,所以尚不失為殷商層中的一個斷代判年的好標準。

丁.墓葬

由燦爛的帝都忽然變作了同時代的陰鬱的葬地,恐怕要引起讀者莫大的驚訝罷,其實並不神奇可怪。這一期的墓葬為數相當的多,除去很少的一部分外,大都與宗廟祭祀有關,是宗教上的一種儀式,而不是真正的墳園。

它們彼此之間也有時代先後的差別,有同時並存的,譬如丙址北之獸坑群(小屯後五次發掘的重要發現,插圖七,以下現象均指插圖七言);有先期存在的,譬如22,23等墓;有後期建造的,譬如20墓打破了22,23兩墓。它們彼此雖然有先後的差別,但是相距的時間不會很長久的。

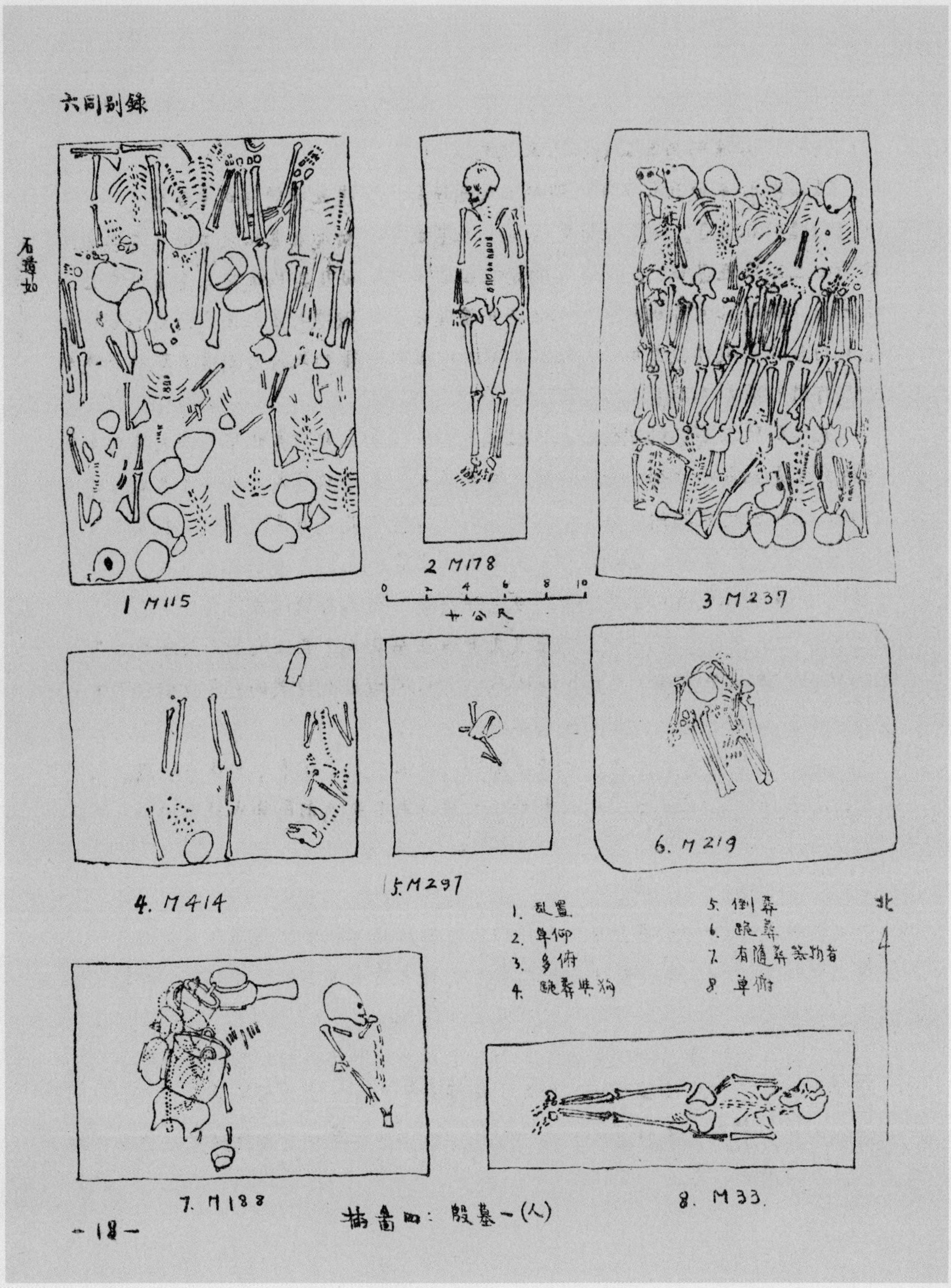
六同别録
石璋如
1 M115
2 M178
0 2 4 6 8 10
十公尺
3 M237
4. M414
5. M297
6. M219
1. 亂置
2. 單仰
3. 多俯
4. 跪葬與狗
5. 倒葬
6. 跪葬
7. 有隨葬器物者
8. 單俯
北
7. M188
8. M33.
插圖四：殷墓一（人）
-18-

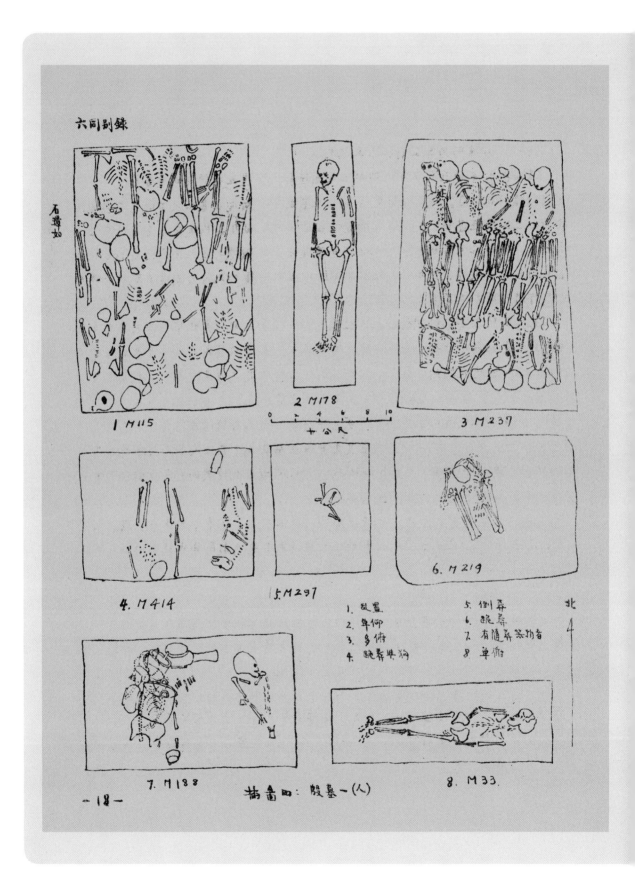

至於它和其它遺蹟的關係已經在各該項下敘述過了。茲分別其異同，約計有十一種述如下：

(一)單仰：墓形長方，有南北向的，有東西向的，一個墓中只有一個仰置的人架，沒有隨葬物(插圖四：2)。

(二)單俯：墓形長方，有南北向的，有東西向的，一個墓中只有一個俯置的人架，有有隨葬物及無隨葬物兩種，有隨葬物者多為陶觚陶爵等，其無隨葬物者僅單人一條(插圖四：8)。

(三)多俯：墓形長方，以南北向的為多，也有少數東西向的，一個墓中有三個以上以至十多個的俯身人架。這些人架是頭脫離軀骸以後才埋入的。它們的軀向，有全坑向着一個方向的，有相反的向着兩個方向的，排列的相當的整齊(插圖四：3)。這類墓葬是祭祀用的一種。

(四)亂置：墓形長方，但不整齊，以南北向的為最多，人架的數目沒有一定，仰俯側屈也不一，置項向更不規則。頭與脊椎相距很遠，甚至有頭髗集中在一處，而分不出那一個頭屬於那一架軀骸的。頭髗被砍下來的痕跡更為清楚。這類墓葬大都沒有隨葬物，間或有之也不過在軀旁放置幾個蚌泡等。這類墓葬也是用於祭祀的，每與多俯葬相雜處(插圖四：1)。

(五)跪葬：墓形近正方，約當長方形墓之一半，與侯家莊西北岡的人頭葬相類似。其中埋葬跪着的人架，但方式種種不同。有的只有一個跪着的人架(插圖四：6)；有的左手執盾右手持戈，有的隨葬有戈及貝，並有一隻狗架(插圖四：4)。依照所埋的位置而異其面向及隨葬物。

(六)倒葬：墓形近正方，與跪葬同，但其中所埋的是一個頭向下腳向上的人架，沒有隨葬物(插圖四：5)。

(七)有隨葬器物的：墓形長方，以南北向的為多，東西向的次之，長約二公尺左右，寬約一公尺二左右。其中的人架數目不等，而隨葬器物亦不一律，最有趣者為M188，有兩個跪着的人架，其中一人的身上壓着鼎一，甗一，斝二，毀一，罍一，觚一，爵一，共八件(插圖四：7)，也是與祭祀有關的。

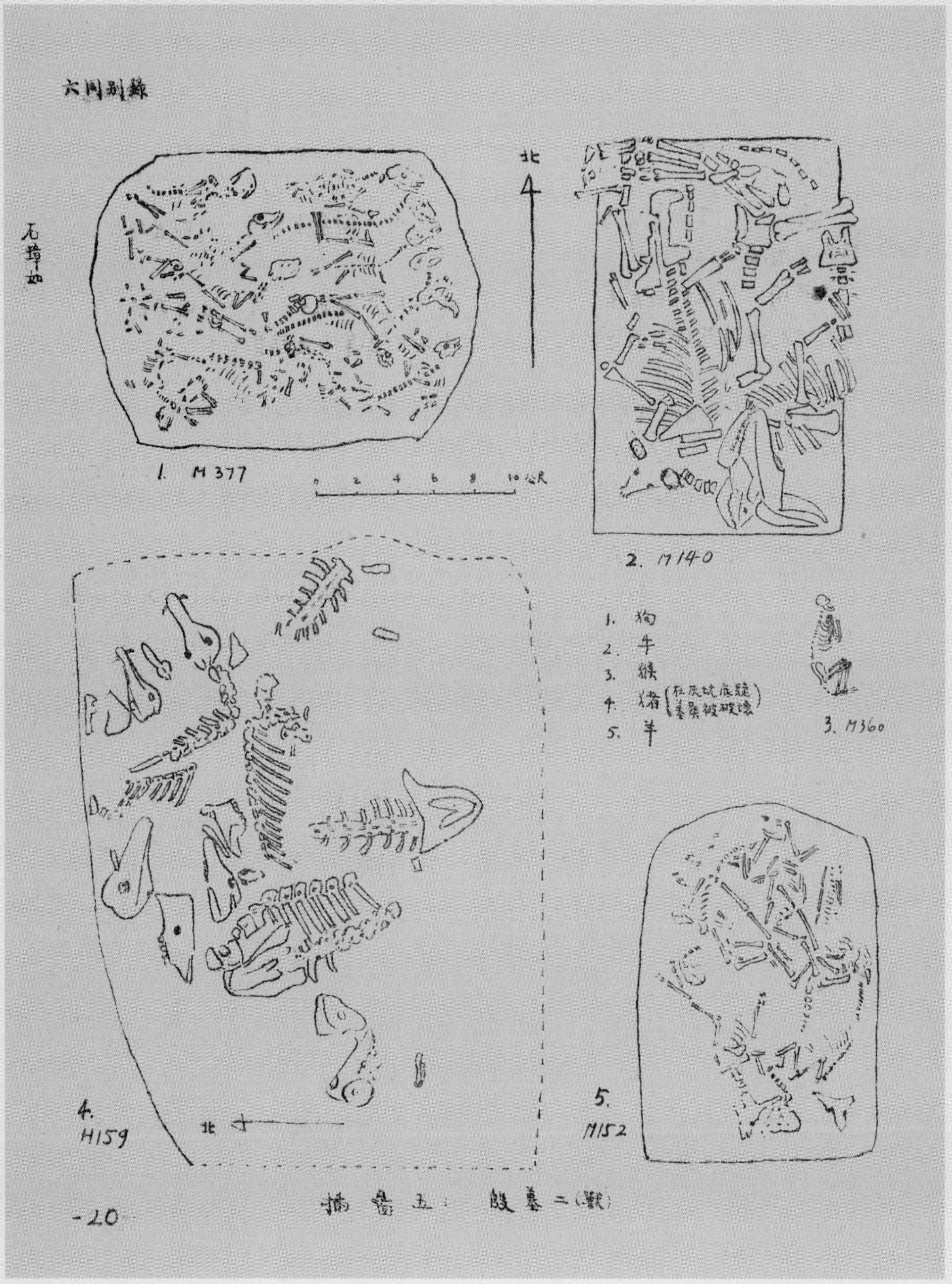
六同别錄
石璋如
北
1. M377
0 2 4 6 8 10公尺
2. M140
1. 狗
2. 牛
3. 猴
4. 猪（在灰坑底疑墓葬被破壞）
5. 羊
3. M360
4. H159
北
5. H152
-20-

插圖五：殷墓二(獸)

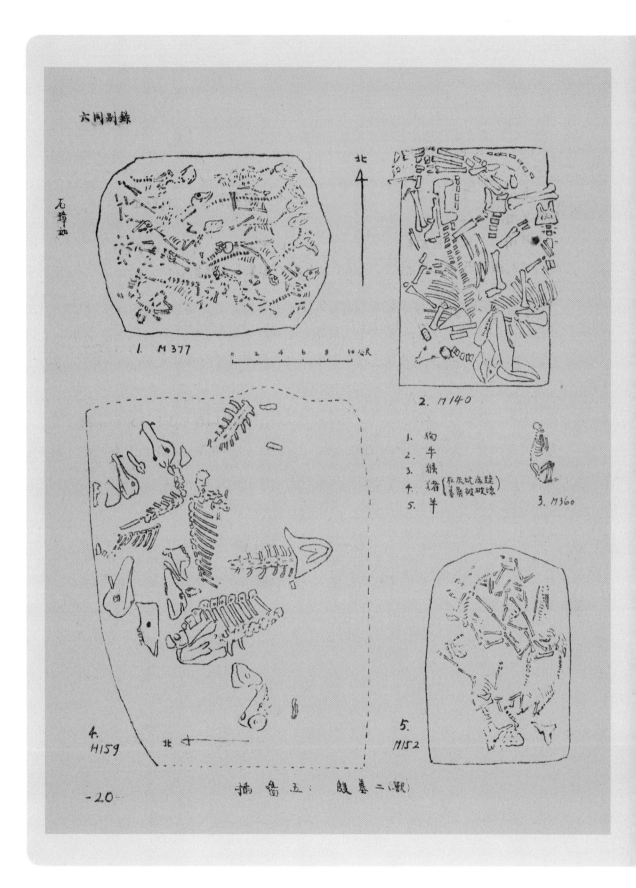

(八)車馬：　墓形長方但較寬大為南北向。有的人馬車葬在一處的(小屯像五次發掘的重要發現插圖三)。有的僅人和馬葬在一起的(前文插圖四)。這些車馬坑也是與宗廟祭祀有關的。

(九)獸葬：　墓形方長不一，大小不等，大的南北長約三公尺二，東西寬約四公尺二寸五如M357。小者若單仰葬。普通以像多俯葬者為多。其中所埋的獸，並不一致約有以下七種：

1、有單埋狗的如M377(插圖五：1)。

2、有單埋牛的如M140(插圖五：2)。

3、有單埋猴的如M360(插圖五：3)。

4、有單埋豬的如H159(插圖五：4)。

5、有單埋羊的如M152(插圖五：5)。

6、另有埋牛與羊的如M390，此類坑為數較少。

7、有埋羊與狗的如M368此類坑為數最多，而架數亦不一致，少者一羊二狗或二羊一狗，多者可至四十二條羊四十隻狗。

(十)有陪葬及隨葬物的：　墓形長方規模較大，多為長約三公尺餘，寬由一公尺五到二公尺左右，都是南北向。上口旁邊多埋有狗，墓底的陪葬人排列四方繞成一週，隨葬物每壓於陪葬者的身上。墓主人的骨骸多朽腐。隨葬物品以銅器為多，如爵觚斝鼎盤尊壺罍戈等，也有玉器及白陶豆罍等。底部每有木條痕跡，最下有一狗坑。這類大墓多在基址的西部。

(十一)形制較大的墓：　這類的墓葬僅有一個，約為四公尺的閣方。四壁整齊，可惜被早年盜過，其中僅存大量的石子與少數的陶片。石子大小不等，大的如鵝蛋，小的如鴿卵，越向下越多，直挖至水面下一公尺尚未到底。有一個隋代的墓葬壓住了盜坑的一角，所以這個墓葬的被盜，想像隋代以前的事，至晚也在隋代。

在戰國期較大的墓葬往往蓋有石子的，但是在小屯殷代的竇窖中也往往出大量的小石子的，最著名的如E16及E181等。

另有在獸坑內混着鳥骨的墓葬，僅只一見。

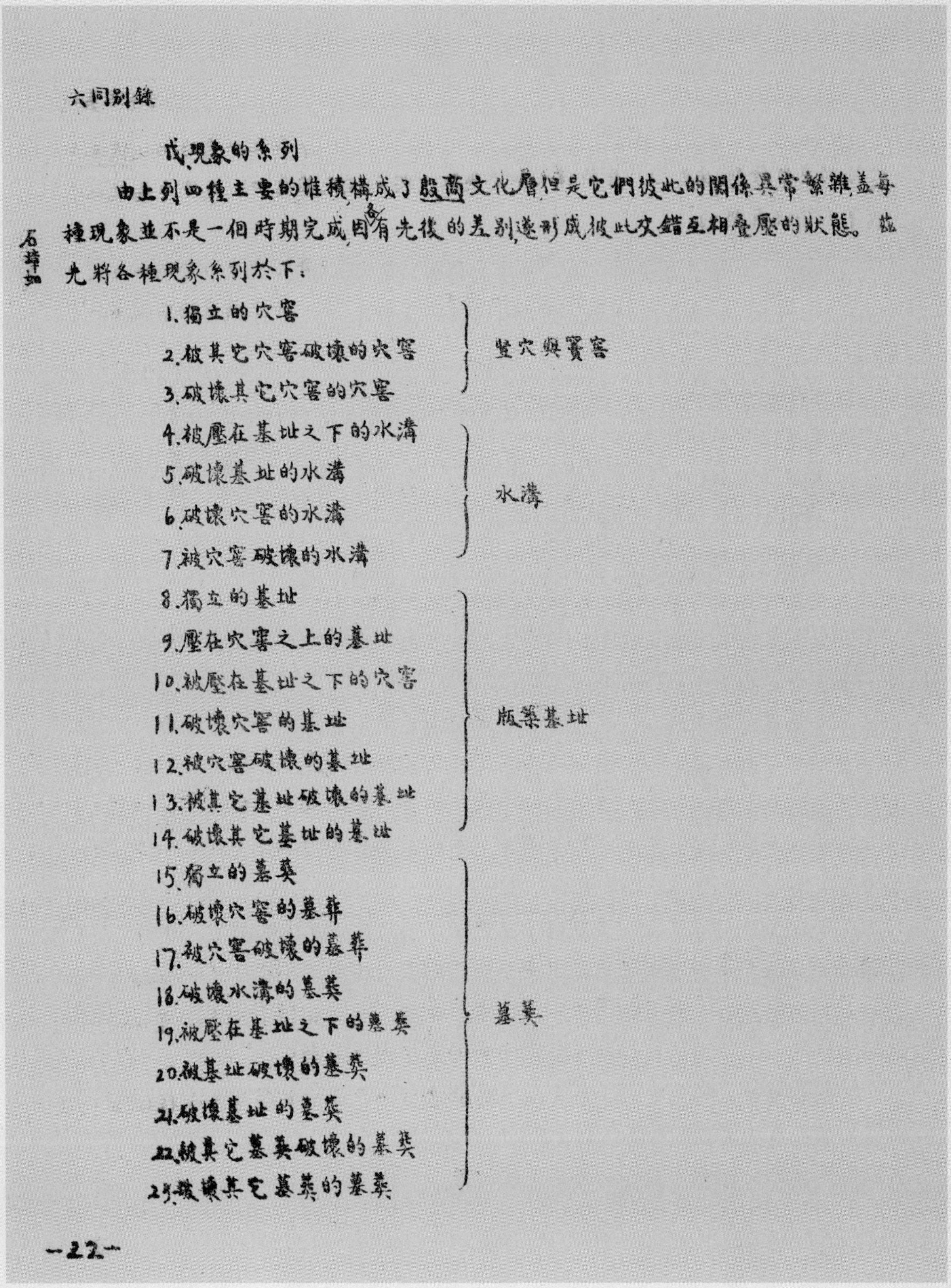

六同别録

戊、現象的系列

由上列四種主要的堆積構成了殷商文化層，但是它們彼此的關係異常繁雜，蓋每種現象並不是一個時期完成，因各有先後的差别，遂形成彼此交錯互相疊壓的狀態。茲先將各種現象系列於下：

石璋如

1. 獨立的穴窖
2. 被其它穴窖破壞的穴窖
3. 破壞其它穴窖的穴窖

（竪穴與竇窖）

4. 被壓在基址之下的水溝
5. 破壞基址的水溝
6. 破壞穴窖的水溝
7. 被穴窖破壞的水溝

（水溝）

8. 獨立的基址
9. 壓在穴窖之上的基址
10. 被壓在基址之下的穴窖
11. 破壞穴窖的基址
12. 被穴窖破壞的基址
13. 被其它基址破壞的基址
14. 破壞其它基址的基址

（版築基址）

15. 獨立的墓葬
16. 破壞穴窖的墓葬
17. 被穴窖破壞的墓葬
18. 破壞水溝的墓葬
19. 被壓在基址之下的墓葬
20. 被基址破壞的墓葬
21. 破壞基址的墓葬
22. 被其它墓葬破壞的墓葬
23. 破壞其它墓葬的墓葬

（墓葬）

—22—

以上二十三種現象是緊集各區各坑本層現象的総合。並不是由上而下堆積了二十三層。茲為表明彼此的關係計作一簡圖如下(插圖六)：

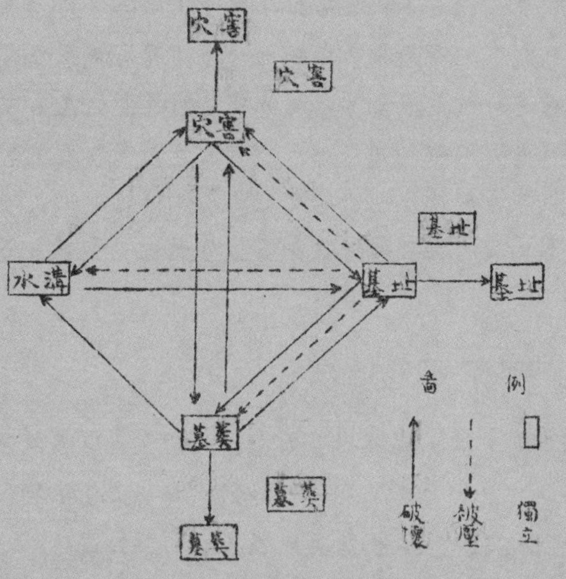

插圖六： 各種現象的關係

尋常這四種現象直接堆積在一起的每每是：

第四層為穴窖

第三層為水溝

第二層為基址

第一層為墓葬

現在以C85坑為例來説明它們堆積的情形(插圖七)。

在C85坑的西部最早的建築物只有一個不規則的豎穴H086。經過了若干時日的使用穴被廢棄其中也慢慢堆積起來堆積的與穴口等平並與其周圍成一塊平地。又經過了若干時日，大規模的在此地挖掘水溝，直由穴的北端穿過南端並穿過了若干的穴。當水溝使用之後，又在其上建造基址，把水溝和豎穴都蓋在下面。當基址既成之後，又在其上造墓即M149把基址挖去了一塊填入另一種版築土而成目前堆積的狀態(插圖七)。依照發掘的次第來説，地面層下為墓葬，墓葬之下為基址，基址之下為水溝，水溝之下為豎穴。

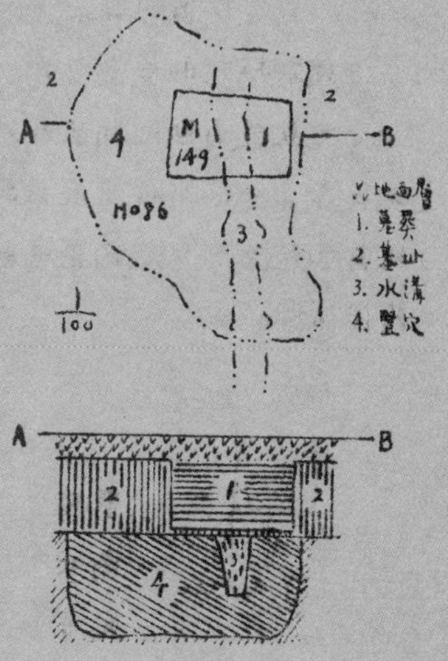

插圖七： C85坑的

由以上種種的討論，知道殷商文化層是由許多穴窖，水溝，基址，墓葬等主要現象所構成。地層的疊壓和時代的排列是穴窖最早，水溝次之，基址又次之，墓葬較晚（插圖七）。但情形並不是如此單純，其間的變動很大（插圖六），尤其是穴窖方面，從被壓在水溝下的穴窖起，到打破墓葬的穴窖止，終殷之世，均有穴窖的使用，故不能據此以律所有的現象而定其時代。然主要的基幹和大體的堆積是如此的（插圖七）。反此現象則其年代更易明瞭，變動愈速則其間的距離愈短，以此基幹的堆積為標準而窺測其它現象在地層中所居的位置，觀察它變動的情形，審視它相互的關係，然後確定它的年代，這個原則是不會錯的。依此原則把殷商文化層所有的現象全盤整理後，則各遺存時代的先後自然也就判分了。

石璋如

四、殷商以後的堆積

小屯這個遺址，自殷末周初廢棄之後，由錦繡的帝都，變作了荒凉的廢墟，以致箕子過殷墟而歌麥秀。其間由周初到隋前，僅有些不能確定絶對年代的零星堆積，降至隋代又大昌盛，不過變作枯骨的寄托所了。就我們發掘所及，有以下幾種遺存。

甲、黄土溝

黄土溝在C區的西部，係由東北而西南的一條斜溝。東壁呈斜坡狀而下，西壁尚未尋得，故不知它的寬度。深及水面尚未到底。它破壞了一些穴窖，一些墓葬，其中的包含有少數殷商期的陶片和紅燒土塊。知道它是晚於殷商的現象，究竟晚到什麼程度，現在還没有得到有力的證據。有些部分還是夯土，而夯土直打至水面。這裡現存的地面比較東部為低，雨水順此向北流入洹河。其中没有後代的夾雜物，想至晚也要在隋代以前。

乙、瓦罐葬與白灰基址

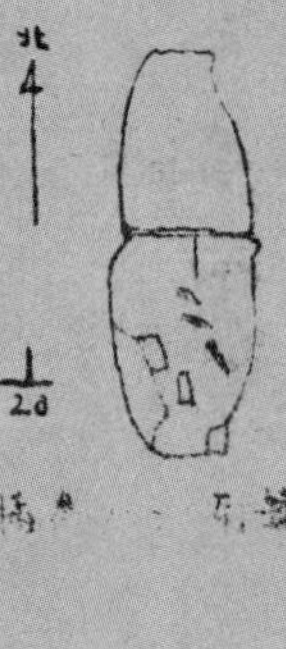

插圖八 瓦罐葬

瓦罐葬在古代的安陽相當的流行，但是它的絶對的年代不能確定。它是被壓在一個基址之下的，這個基址東西長五公尺，南北寬四公尺五，其上平塗了一層白灰，它的年代雖不能十分確定，可是我們知道它是晚於殷商的。瓦罐葬所用的器物，為兩個繩紋陶罐所接起，其中所埋的為童骸，然已殘腐不堪了（插圖八）。

由陶器來看，當較殷商要晚一點。但須注意的，這個白灰基址與後岡、同樂寨、大賚店等處的白灰面絕然不同，那些是圓的，中間有燒火的痕蹟，而且白灰面疊壓了好幾層；這個是方的，中間沒有燒火的痕蹟，且僅只一層。時代上也相距很遠，那些是殷商以前的遺存，這個是殷商以後的建築。

丙、隋墓

這一個時期的墓葬，為數最多，所謂殷後的大量遺存，就是指此期而言。這是卜姓的葬地，規模很大，由南而北，很整齊的排列着十數代，附近並有同時的小墓地。就墓的形制來分，有釘形、刀形兩種。[33]土壙居多，也有用磚砌成的。釘形墓葬頭頂多向西，刀形墓葬頭頂多向南。[34]其中的隨葬物，有瓷盤、瓷碗、瓷罐、鐵鏡、鐵剪、泥俑、泥錢、五銖錢等，最大墓中有瓷俑、瓷鼎、瓷瓶等物，[35]但不常見。墓誌是比較重要的，墓中才有的，有石質的，有磚質的。石質的墓誌有兩塊，一塊是開皇六年五月八日死去的卜寨號子監的，他是一位七十歲的老人；另一塊是仁壽三年三月十六日死去的卜仁字士信的，他活了五十三歲，都是很好的石頭，並且有蓋。磚質的較為粗糙，有一塊開皇七年馬布孃墓，其上僅數字而已。還有把墓主人的生平事蹟用朱筆寫在隨葬的陶罐上的。[36]在這個時期又有隨葬鐵手爐及陶缽的墓，[37]墓形長方而頭頂向西南，我們推測它是和尚墳。或者至少與當時的佛教信仰有關（插圖九）。

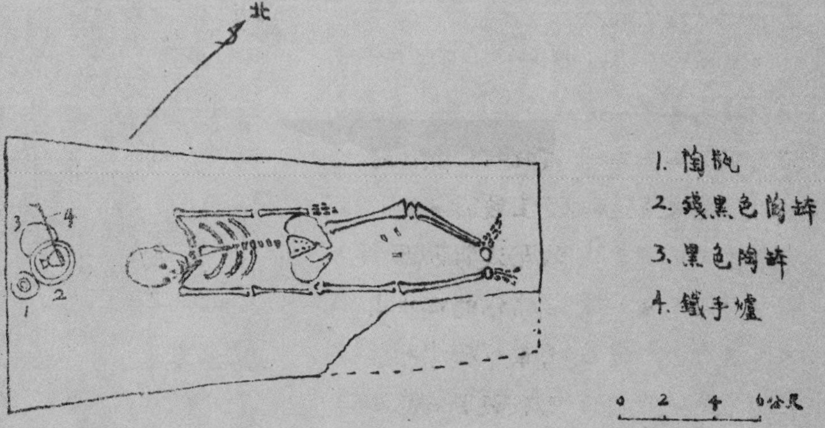

插圖九：隨葬有鐵手爐之墓（M226）

六同别錄

石璋如

丁.唐墓

唐墓的數量没有隋墓多,而形制大體相同,也是有釘形的與刀形的。有一個釘形墓是用磚砌的,墓底也鋪着磚,但經過盜掘,内部非常凌亂,遺有一塊磚質墓誌,係用墨寫成,因經久字蹟不清,開頭的幾個字為"大唐高處士……"隨葬物有陶罐,陶盆,瓦硯,銅衣帶飾等。而陶盆,瓦硯,銅衣帶飾等則為隋墓所未見,于此我們可以窺知唐人有愛寫字的風氣。另有用磚砌成長方形的墓室,底部也鋪着磚,人骨在磚上放着,不顯棺木的痕蹟。頭頂向南,而頭端却没有磚封。隨葬物有陶瓶,陶罐,鐵鏡,開元錢等。這種形制没有釘形墓或刀形墓普遍,僅見此一處(插圖十)。

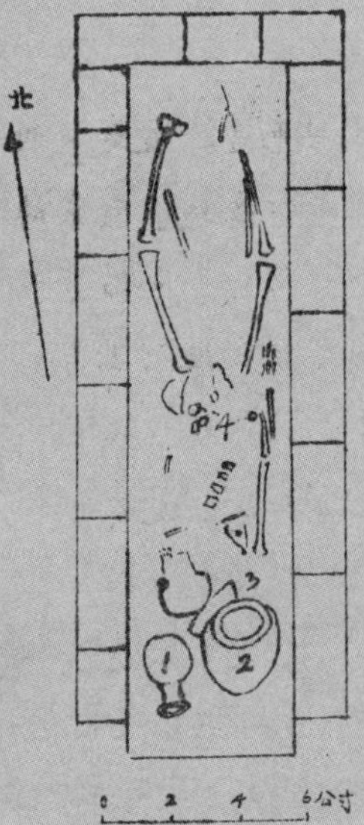

1. 陶瓶
2. 陶罐
3. 鉄鏡
4. 開元錢

插圖十: 唐墓(M56)

戊.宋墓

墓形像把鏟子(插圖十一),墓室在南,像個鏟頭,墓道在北,像個鏟柄。墓道露天,墓室則挖入成窰洞形。頭頂向北,骨骸腐朽成粉末,棺木遺痕較為清楚,呈頭大脚小的狀態。隨葬物有畫着朱符的瓦,混雜在讀土的中間,有黑磁小罐,在頭端棺外的西北隅放着,另有十二個政和銅錢,散布在骨骸的下面。這個時代的墓葬為數較少,而隨葬一個畫着符咒的瓦,確是新起的作風。

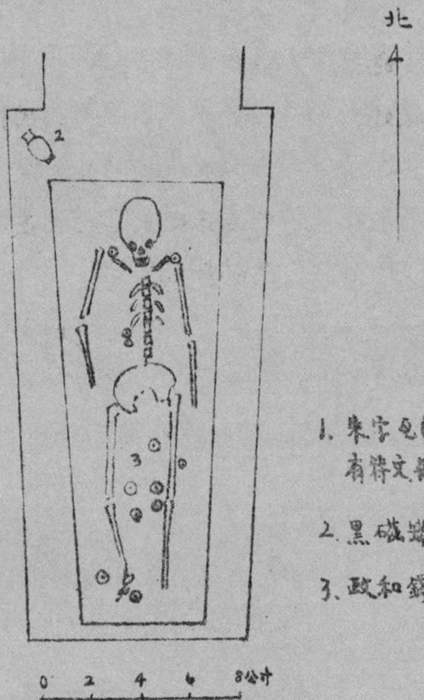

1. 朱字瓦(上画有符文,器上層)
2. 黑磁罐
3. 政和錢

插圖十一: 宋墓(M413)

-26-

己 明墓

墓形與宋墓相仿也是像鏟子的樣子，惟為東西向墓室在東，墓道在西。其中有兩具人架頭頂均向東，它的放置恰和唐宋墓葬頭頂向着墓道者相反，是很值得注意的一件事。隨葬物有黑磁罐，銅鏡，符咒瓦，瓦上有

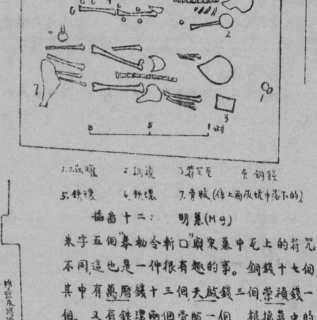

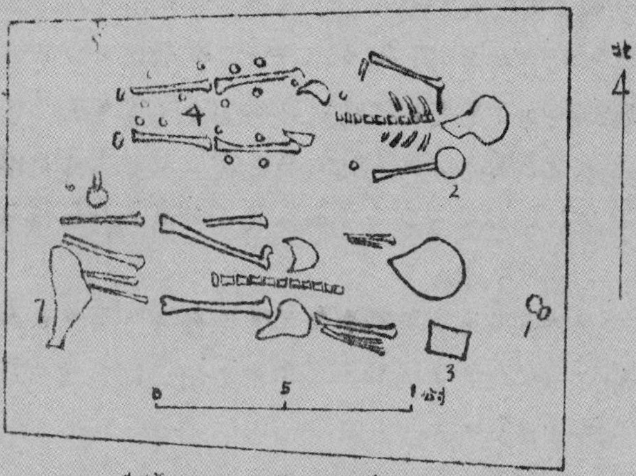

1.磁罐 2.銅鏡 3.符咒瓦 4.銅錢
5.鉄環 6.鉄環 7.骨版(係上面灰坑中落下的)

插圖十二： 明墓(M9)

朱字五個"奉勅令斬口"與宋墓中瓦上的符咒不同，這也是一件很有趣的事。銅錢十七個，其中有萬曆錢十三個，天啟錢三個，崇禎錢一個。又有鉄環兩個，骨版一個。根據墓中的銅錢來推斷，那麼是明代末年的墓葬了(插圖十二)。這個時期的墓僅兩見，且是並排的兩人骨也都殘朽了一部。

庚 清墓

墓形與明墓大致相同，人架的放置也是腳端向着墓道，共二架，其一，骨骸集中一處棺痕不清，大概為早死者寄埋它處，與後死者合葬時將其骨骸起出另裝入一小盒內與之同葬，安陽人叫作"乾骨"現在還行着這種風俗。另一具骨骸棺木的痕蹟清楚，底部鋪着煤渣和

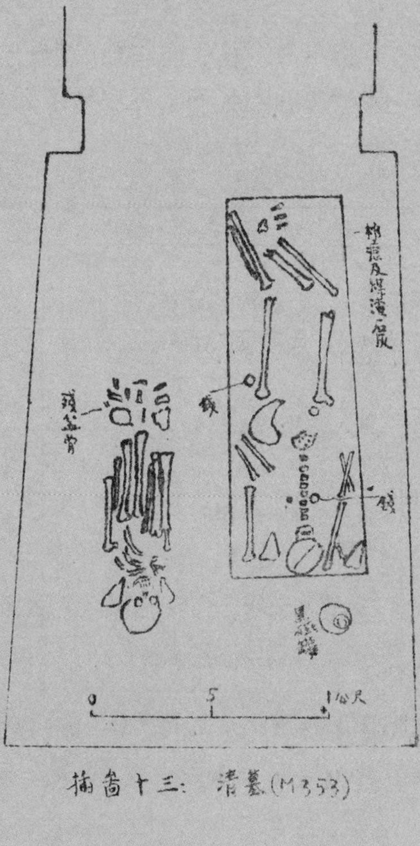

插圖十三： 清墓(M353)

石璋如

石灰。隨葬有六個銅錢：一個是"康熙通寶"，一個是"雍正通寶"，三個是"乾隆通寶"，分布在東部的軀骸的身旁，另有一個黑磁罐放在他的頭前，可是在棺木之外。這個墓葬的方向與宋墓相同，但是骨骸的放置又恰巧相反（插圖十三）。這個清初的墓葬已經不在現在小屯人的記憶之中，不知為何人的墓，其上沒有墓塚的標記，而恰在發掘的區域之中，這可以說是發掘殷墟的副產品，而不是有意的去發掘清墓。

十、現代墓

現代的墓葬，墓塚纍纍可辨，而且繼續着向内葬埋，譬如我們的老工人何國禎便是其中的一個，他的墳墓正埋在乙區的中間。(34)除去現代的墳墓有形跡可辨外，其餘完全是肥美的農田。

十一、殷商以後各代墓葬的比較

殷商以後的遺存，除去黃土溝及白灰基址外，其餘完全為墓葬。這些墓葬雖然同在這一個區域之內，但是由於時代上的先後不同，而風俗習慣也因之有所差異。其詳細情形已見上述，兹滙為簡表比較其異同如下：

表二、殷商以後各期墓葬比較表

期别	墓形	墓向	頂向	葬况	重要隨葬器物
瓦罐葬	罐形	南北	不清	斷骨盖在罐中，單葬。	無
隋墓	釘形 刀形 長方形	南北 南北 西南東北	西 南 西南	釘形多雙葬的，刀形多單葬的，雙葬似有兩骸同棺者。長方形為單葬，似與宗教有關。	墓誌，白瓷罐，盤，碗，鐵鏡，土俑，鐵剪，銅錢等。長方形墓中有陶瓶，飾，錢，手爐。
唐墓	釘形 刀形 長方形	南北 南北 南北	西 南 南	釘形墓被盜不清，長方形墓為單葬。	墓誌，陶瓶，罐，盃，鐵鏡，瓦硯，銅帶飾，銅錢等。
宋墓	鏟形	南北	北	單葬	符咒瓦，黑磁罐，銅錢
明墓	鏟形	東西	東	雙葬似異棺	符咒瓦，黑磁罐，銅鏡，銅錢
清墓	鏟形	南北	南	雙葬異棺	黑磁罐，銅錢
現代墓	長方形	東西	西	單葬，係齊葬者	黑磁罐，銅錢（即何國禎墓）

由上表看，隋唐兩代的埋葬習慣是差不多相同的，但是唐代漸漸沒有隨葬土俑的習慣了。到了宋代新興了一種作風，就是隨葬畫着朱符的瓦和黑磁罐，而頭頂向着墓

道的習慣則仍未改。明墓雖然有與宋墓相同的隨葬物如符咒瓦等但文辭不同，而骨骸的放置又恰巧相反，乃是脚端向着墓道了。清墓與明墓的組織大致相同，但所採的方向卻不一致，而清墓中又沒有看見符咒瓦。上除瓦罐葬，下除現代墓，自隋至清，其間有一脈相傳而未變更的習慣，就是各隨葬當代使用的銅錢。

癸、小屯文化層的總結

小屯地下的遺存，上起殷商以前，下迄現代，其中包含着各種各樣的遺蹟，形形色色的遺物，雖然分述於上，但恐繁雜無章，為明瞭計，茲再列一簡單總表於後：

表五：小屯文化層簡表

時期	前殷期	殷商期	後殷期
遺蹟種類	豎穴	豎穴與竇窖，版築基址，水溝，墓葬	黃土溝，瓦罐葬與白灰基址，隋墓，唐墓，宋墓，明墓，清墓，現代墓，農田
遺物特徵	器物多小巧。陶器除黑光薄殼鼻圈足較高以圓底器等特徵外，又有方格條紋細繩紋等紋飾；質多陶土，也有砂質的。骨器則就獸骨之原形敲折而磨一尖，也有製成器形者。石器除常見之刀斧外，另有打製之燧石刀(間雜寨遺物)鏃，小斧鑿等。蚌器質較薄以刀鐮為多。此外並有許多陶輪陶環等。然無銅器。	器物較細大亦有精美者。陶器以繩紋的居多，光面的次之，質地有土砂兩種多笨厚；白陶細陶為較貴重的器物。骨器雕製精美紋飾燦然，並有用象牙雕成器物用豬牙作成紋飾的。蚌質較厚製成各種各樣的裝飾品。鹿角的數量很多，是他們的工藝原料之一。石器除常見之刀鏟斧戈外，另有人獸鳥魚等裝飾品皿盒等器物。玉器如璧，斧，人頭，獸頭，及其它佩帶品亦甚精工。又有用範鑄成花紋精美之銅器。字骨字甲為本期的特有物。	黃土溝內遺物很少。罐葬中無隨葬物。隋墓中有瓷盤，碗，罐，俑，鐵鏡，鐵剪，土俑，五銖錢，墓誌等，並有隨葬鐵斧燼陶餅的。唐墓中有陶瓶，罐，盆，瓦硯，磚誌，開元錢等。宋墓中有符咒瓦，黑磁罐，政和錢等。明墓中有符咒瓦，黑磁罐，萬曆，天啟等銅錢。清墓中有黑磁罐及康熙，乾隆等銅錢。現代墓則墓塚壘壘，高起於農田之中。
分布區域	以B，C，D，E等區為多並以D區為中心地帶。	遺存的分布非常普遍，小屯附近幾無處無之。	黃土溝，瓦罐葬，宋墓皆在C區，隋唐墓葬則各區皆有，明墓在B區，清墓在C區，現代墓到處可見。

六同别録

五.小屯與洹濱諸遺址

石璋如

小屯地下的文化層堆積既明,以下講它與洹濱諸遺址的關係。

殷墟這個名詞包括的範圍很廣,洹濱諸遺址均在它的廣袤之內,並非專指小屯而言。它好像一部殘破的"殷代文物志",它的殘卷破葉已經零星而紛亂的散漫到洹濱各處,若是多找一個地方,便可以多得一葉,更可以多得到一點知識。第一葉上模糊不清的問題或者到第二葉上便可迎刃而解,但第二葉上的新問題同時又隨之而發生。到了第三葉,則舊的問題解決,而新的問題又生。新陳代謝的逐漸交替着,越來花樣越多,興趣越加濃厚,使你寢饋在這個問題之中弄得不能釋手。若能把整個的洹濱找完,這部巨著或者可復原個大概。但是其中的殘章斷句恐怕須從其它同時代或稍晚的巨著中(如濬淇等處遺址)把它彌補起來。單單的死守在小屯,整個的殷代文化是不能夠徹底解决的,"它山之石,可以為攻錯之資",這是我把洹濱諸遺址要拿來當作比較材料的重要根據。根據着這些材料或者可以作成一根測量地層的尺子而應用到國內各處的遺址,以判定其時代,這又是我檢討小屯文化層與洹濱諸遺址的重要理由。

殷墟的發掘工作,初以小屯為中心,依次的擴展到洹河的南北兩岸,東西相距約十來華里。在洹南的有小屯,四盤磨,後岡,四盤磨,王裕口及霍家小莊,范家莊等處,在洹北的,有大司空村,武官南霸台,侯家莊南地,侯家莊西北岡,高井台子,同樂寨等處。共總發掘了十二個遺址。

這十二個遺址,在洹南者六處,在洹北者六處。其間工作的次數不等,發掘的面積有大有小,所以對於它們認識的程度也不相等。它們的堆積不同,蘊藏不同,因之時代上有先後的差別,組合上有簡繁的區分。並且它們的地勢不同,環境不同,因之它們的性質也各不相同。有的在早期發達而晚期稍衰,有的在早期並未開拓而晚期特別發達,有的始終如一的保持着它的重要性。若把每個遺址從頭到尾的逐一叙述,則繁冗寡要,亦非本文所需,雖然它們的大概情形已在本文表一"殷墟歷次發掘簡表"中陳述過了,但該表係次列性質眉目不清。茲為簡明計,以遺址為單位僅述其堆積的層位。但只敘到殷商為止,殷商以後的堆積恕不提及。

－30－

表四：洹濱諸遺址位置及包含表

號數	遺址	發掘次第	次數	位置及形勢	包含	性質
1	小屯	1—9，13—15，	12	在安陽城西北約五里當洹河的右岸。洹河至此灣成若九十度的樣子，故包圍遺址的北東兩面。遺址的西面有向北流水的溝，所以遺址稍呈岡起的狀態。	前殷期	居住遺址
					殷商期	國都及宗廟所在地。
2	後岡	4.5.8，9.	4	在小屯之東南平漢路之西，當洹河的南岸，河水曲折地勢隆起因在高樓莊的後地故稱後岡。	仰韶期	居住遺址
					前殷期	居住遺址
					殷商期	居址兼葬地
3	霸台	3	1	在小屯之西，緊臨洹河的南岸。河水至此陡形曲折，故遺址略呈向北突出之咀。	殷商期	居址兼葬地
4	四盤磨（東地）	4.8	2	在霸台之西，緊靠洹河南岸，與小屯可東西遙望，地勢較平坦，但其西南則路溝縱横。	殷商期	居址兼葬地
5	王裕口及霍家小莊（東地）	6	1	在四盤磨東南，小屯之西南，地勢平坦，若以洹河為標準則其地形與方向恰和西北岡相反。	殷商期	居址兼葬地

—31—

六同別錄

石璋如

號數	遺址	發掘次第	次數	位置及形勢	包含	性質
6	范家莊 （北地）	12	1	在四盤磨西北約五里，當洹河右岸，東與侯家莊北與同樂寨均可隔河相望。	殷商期	葬地
7	大司空村 （南地）	12，14	2	在洹河北岸，西與小屯南與後岡均隔河相峙，因地勢較隆起亦稱小後岡。	殷商期	居址兼葬地
8	武官 南霸台	9	1	在武官村西南，當洹河北岸，因地勢高起故稱南霸台，隔河南與四盤磨相應。	前殷期 殷商期	居住遺址 居址兼葬地
9	侯家莊 南地	9	1	在南霸台之西，當洹河之左岸，河水自北來至此又陡向東折，故圍繞遺址西南兩西，地勢亦相當高。	殷商期	居址兼葬地
10	侯家莊 西北岡	10–12	3	在侯家莊村北，洹河在其西，為一較隆起的高岡，故名。與侯家莊南地遺址南北成一直線，或可接連。	殷商期	葬地 （陵墓）
11	高井台子	6	1	在侯家莊村西北，緊臨洹河左岸，因其地井台特高，故名。	仰韶期 前殷期	居住遺址 居住遺址
12	同樂寨	10	1	在高井台子西北，秋口村西南，緊靠洹河左岸。河水自北來至此又向東折，故圍繞遺址西南兩西。地勢高起最易防守。	仰韶期 前殷期 殷商期	居住遺址 居住遺址 葬地

—32—

粗略的把上表讀過一遍,即可看出這十二個遺址一個不同一個。若是按照它們的包含與性質強為歸納與分類,則可概略的分為六種。

(一)小屯是一個自成單位的遺址。

(二)霸台,四盤磨,王裕口及霍家小莊,大司空村,侯家莊南地等,這五個遺址比較相近,同是殷代的居住遺址兼葬地。

(三)侯家莊西北岡又是一個自成系統的殷代的特殊的葬地。

(四)後岡與同樂寨兩遺址比較相近,它們同蘊藏着三期的堆積,同是中國考古史上的鎖鑰。

(五)高井台子與南霸台,雖然前者沒有殷商期的遺存,後者沒有仰韶期的堆積,但全有前殷期的包含是相同的,故列為一類。

(六)范家莊也是一個殷代的葬地,但組織方面卻與西北岡不同,因為發掘的面積太小,對於它的認識不很清楚。

以上六種,因范家莊墓地我們對於它的認識不清,暫時不講,其餘五種有一相同之點,就是文化層的疊壓是一致的。若是一層的話,大都是殷商層;若是兩層的話,或是仰韶層與前殷層,或者是前殷層與殷商層,它們的堆積,則前者仰韶層居前殷層之下,後者殷商層居前殷層之上;若是三層的話,則仰韶層居下,前殷層居中,殷商層在上,沒有一個例外的。這種堆積的情形,成功一根測量遺址時代的尺度,可以應用到河南省的各處,甚至於華北一帶。

這十一個遺址所佔的範圍,西起同樂寨,東止後岡,中間相距約五公里半的樣子。大都是緊臨河邊,其距河最遠的也不過一公里。我們在距河較遠的地方,也曾經仔細的調查過,雖然也有一二處遺存,但沒有像洹河兩岸的邊上的遺址,分布的那樣稠密。為什麼成這種現象呢,這大概是他們的生活條件所必需,離河過遠,生活就不方便。現在從各遺址的下層講起。

1. 仰韶文化層

就我們現在所得到的材料和發掘所得到的經驗,知道最先來到洹濱並且定居在那裡的,是使用彩色陶器和磨製石器的人們。他們究竟是從什麼地方來的,現在還不

—33—

石璋如

能確定。這種遺物分布的區域很廣，如甘肅[39]陝西[40]晉南[41]豫西[42]豫北[43]等處都很稠密。甚至遼寧的錦西[44]，熱河的赤峰[45]，陝南的城固[46]，四川的威州[47]也都有發現。因為這種文化是在河南澠池縣仰韶村最先發現，所以叫它仰韶文化。又因為其中的紅陶和彩陶很多，所以也有人叫它紅陶文化或彩陶文化。在洹濱諸遺址的最下層內出土的遺物與仰韶村所出土的遺物很相像，所以叫它仰韶文化層。他們選擇住址的條件，是(一)靠近河岸(二)地勢較高，這也許與他們的生活方式有關。他們的村落的面積範圍很小，有些地方，有淺小的灰土坑，有些地方簡直是一片膠褐土，這種膠褐土，黏性很強，密度很高，濕度很大，所以把其中的遺存弄的"少皮沒毛"，非常潮濕，腐爛的幾乎不成樣子。若是出在灰土坑中的遺物比較好些。當時村落的分布，非常稀少，在我所講的洹濱的區域之內，僅有同樂寨，高井台子和後岡三處。在距離河濱較遠的平地上，並沒有找到他們的遺物和遺蹟。在這裡僅僅找到他們的居住遺址，並沒有找到他們的墓地。

2.前殷期文化層

第二次來到洹濱的是使用條紋，方格紋和黑而光的陶器，打製或磨製等石器及樂用蚌刀，石環，陶環的人民。他們究竟是從什麼地方搬來的，現在也不能十分確定。這種遺物分布的區域也相當的廣，如山東[48]，河南[49]，陝西[50]，甘[51]，晉[52]，皖等，甚而至於浙江的杭州[53]，遼寧的錦西[54]也都有相近似的遺存發現。這種文化最初我們叫它龍山文化，因為是在山東歷城縣的龍山鎮最先發現的緣故。又因為其中所出的黑陶器又薄又亮，而且特殊，所以又叫它黑陶文化。但是安陽諸遺址的遺存與龍山鎮的有點不同，其中固然有黑陶的成分，但不是單純的黑陶文化，而拍紋陶的成分又特別的多，它是包括兩者而有之。這種區別是在小屯前殷期文化層認識的，所以稱它為前殷期文化。在洹濱諸遺址的下層或中層出着與此相似的遺物，所以叫它前殷期文化層。

他們選擇住址的標準，大致與仰韶期的人民相同，也許是因為人多的關係，選擇的條件卻沒有像前人那樣的嚴格，比較可用的地方都住了人家，除仍依仰韶期的舊村落外，更有開荒闢野另建新村的。他們的村落，範圍比較仰韶期稍大，愛築小豎穴，愛建白灰面[55]，有時也建造一座手窯式的陶窯[56]自燒陶器。他們所用的燃料，大概是草或木，因為所遺留下來的，都是很鬆的淺灰土，隨着殘破的用具堆積到廢而不用的豎穴之中。當時村落的分布比較稠密一點,在我所講的洹濱的區域之內計有同樂寨,高井台子,南霸台,小屯,後岡等五處。他們也是愛住在河邊距河較遠的地方,到處找不着他們的踪蹟。也是僅找到他們的居住遺址,没有找到他們的墓葬。

3.殷商文化層

第三次來到洹濱的是把國都遷來的殷人,即指盤庚遷殷而言。不知道是他們的氣魄偉大,或者是社會組織不同,他們所使用的陶器都比較粗大。他們使用的工具和武器除石器外又有骨器和銅器,更有拿銅鑄成祭器和飾品的。用龜甲獸骨刻上文字記載他們的卜辭。因為確定的知道它是殷人的遺存,所以叫它殷商文化。另有因為是在小屯最先發現,稱它小屯文化的;因為其中出精美之白陶,稱它白陶文化的;因為其中所出的陶器大部是灰色,稱它灰陶文化的。在洹濱諸遺址的上層(有些遺址在殷商層之上另有戰國期或漢代的堆積的,但前面已經聲明過,只講到殷商層為止,故稱上層)出着與此相同的遺存,所以叫它殷商文化層。

他們選擇住址的標準,也是離不開河邊,所以他們不但佔據了仰韶期的村落,前殷期的村落,並且在洹河兩岸另建了許多新的住宅。他們這一群人的物質享受,比前兩輩子的古人都高的多,吃的好,住的好,用的傢伙也好。才來的時候,因陋就簡,生活還樸實一點,到了後來便大興土木,有計劃的營造宮室,有出乎人意料之外的高度技能。他們不但對於靈魂所寄托的宗廟及活人所居住的房舍注意,就是對於死人的墳墓也特別講究。

他們選擇墓地的標準和選擇住址差不多,有相同的條件,也是不願意離開洹濱很遠,並喜歡洹濱的高的地方。對於墳墓的設施和營建,差不多與宗廟宮室有同等的詳細的擘畫。

他們是當時的統治者,吸取人民的血汗,供他們享受之資,吃酒,作樂,田獵,征伐。[57]不論國家的大事小事和君王的一舉一動,都要求神問卜,以占未來的吉凶而後從事。[58]若是埋葬一位君主,則殺人宰獸,鑄重器,獻車馬,來殉葬,來供奉。[59]若是建設一座宗廟,也是殺人宰獸,鑄重器,獻車馬,來奠基,來祭祀。[60]對于死去的先人,不論遠宗近祖,每年照例的舉行定期祭祀。[61]他們這樣大的氣魄和這樣闊的生活,真是為前兩輩子的古人所夢想

石璋如

不到。

活的人既是想在洹河邊上找住址，死的人也想在洹河邊上找墳塋，人稠地狹，供不應求。試檢查我所講的洹濱的區域之內，殷代的遺存計有同樂寨，侯家莊西北岡，侯家莊南地，南霸台，大司空村，范家莊，王裕口及霍家小莊，四盤磨，霸台，小屯，後岡等十一處。我們共總發掘了十二個遺址，他的勢力便佔據了十一個。實際上這一帶的地下，他們的住址也有，葬地也有，鱗連櫛比，把洹河兩岸十餘里內聯成一片，不能分開。這時的景象比從前大不相同，這是洹濱的最盛時期。

洹濱的三期文化的大致情形已如上述，以下再講幾句小屯與洹濱諸址彼此的關係，約分兩點。

(一)小屯這個地方，當用彩陶的人來到這裡，並沒有把它看到眼裡，它的環境的條件，還夠不上他們選擇住址的標準，于是那時的小屯仍是荒野。到使用黑陶和拍紋陶的人來到此地，他們看着小屯還相當的不錯，于是開闢它，建設它，經營的頗具規模。等到殷人來到此地，他們一眼便看中了小屯，于是改造它，建設它，把它當作繁榮洹濱的出發點和安內攘外的根據地。當時的小屯成了洹濱的空前的繁盛之區。這也可以說是小屯的殷及其以前的建設簡史。

(二)因為挖掘了小屯，然後對於殷代的文物才有一個輪廓的知識，拿着這個知識和經驗去發掘附近的各遺址，很順利的分辨出那是殷代的遺存，那是殷前的堆積。若是不發掘後岡，則不會知道在殷人未來以前，這裡已經有兩種文化的遞嬗，要不是在後岡找出那座殷代的大墓，也不會下決心去找出一個侯家莊西北岡殷代的陵墓來，要不是發掘西北岡，對于小屯出土的許多殘破的比較貴重的器物，仍是無法復原。若是不發掘侯家莊南地，則不知道小屯以外，還有蘊藏着大量甲骨的地帶。若是不發掘同樂寨則不知道前殷期的人民尚有打製石器的作風。若不是在洹河兩岸多發掘了若干的地帶，則不會知道殷人在安陽的遺存這樣偉大。所以洹濱是整個的，它們可以彼此互相証明，互相彌補。單單的株守着一個遺址，不過是殷代文化的一斑，決不能看到全豹。而況他們是到處遷徙，住地多方，吸收文明，即令把整個的安陽翻過來，恐怕也不能完全的了解殷商的全部歷史。要想進一步的了解殷商，那麽那些記載與傳說所謂殷人遷居的地方，都應該仔細的去發掘。

註(1) 二十五年冬季至二十六年春季施昕更先生在杭州良渚作過三次的試掘工作，曾發現黑陶及石器。其杭縣第二區黑陶文化遺址初步報告載西湖博物館考古報告第一集：良渚。

(2) 二十年至二十六年本所曾在豫北作多次考古調查工作。發現漳河北岸磁縣之講武城，洹河沿岸於本文所述諸址之外，另有夏寒寨、永安寨等十數遺址；湯河流域有文王廟、長狐堆等遺址；淇河流域有辛村、大賚店、鉅橋等遺址；衛河流域有魯堡等遺址。

(3) 二十四年河南古蹟研究會郭寶鈞先生等在廣武、鞏縣一帶之邙山上曾作調查及發掘工作，發現青台等遺址。

(4) 二十年的暑假作者由偃師教育局長劉紹融先生之協助，調查傳說上之西亳遺址，並作小規模採掘，確為一前殷期遺址。

(5) 仰韶村大家公認為彩陶文化，但其上層確有前殷期或龍山期的遺存。其詳細情形見劉燿：龍山文化與仰韶文化之分析。載本所田野考古報告第二冊，原稿淪陷香港商務印書館。

(6) 二十五年冬季，河南古蹟研究會派李景聃先生到豫東一帶調查，獲得史前遺址數處，並在永城造律台發掘，其中遺存有陶、骨、蚌、石等，而陶器則為拍紋陶器，其詳細情形見李景聃：豫東商邱永城調查及造律台、黑孤堆、曹橋三處小發掘。載本所田野考古報告第二冊，原稿淪陷香港商務印書館。

(7) 二十三年春季，本所李景聃與王湘兩位先生到安徽壽縣一帶調查，發現此期遺址（王先生稱黑陶期遺址）十二處。其詳細情形見王湘：安徽壽縣史前遺址調查報告。載本所田野考古報告第二冊，原稿淪陷香港商務印書館。

(8) 塗泥洞穴的牆壁，現在的豫西人還有施用這種辦法的。他們所住居的窯洞，都要塗泥的，富的用石灰泥，次的用破灰泥（即半土半石灰），窮的用麥稭泥（即麥稭和土），他們所挖的舊水窖，一律用石灰泥的，但未塗石灰之前，先塗一層黏性甚大之紅土泥，

石璋如

可以格外堅固，而且不滲漏水。拍打墻壁是馬非百先生告訴我的，他說湖南長沙一帶現在挖坑或修產當作墻壁用的，是隨挖隨打，使它光滑，打的工具是木杖。

(9) 按圓的為竇，方的為窖。小屯的竇窖較深的往往有脚窩。体積較小的，則脚窩在兩對側，伸開兩臂及兩腿，恰巧合適，可以自由上下，不論竇窖皆然。体積較大的窖，則脚窩在一角的兩旁，面對角上下也很方便。体積較大的竇，則脚窩並行的兩行，在一壁上，但兩相錯踪，徒手上下也可，若在地面上垂下一繩，用以引手，則更為便利而安全。

(10) 有台階的豎穴体積都比較大些。有圓的，有長的，有方的。試查小屯發掘現象總圖（現在無法印刷未發表），譬如C164是圓形，有台階可以旋轉而下；H156是長形，兩端各有台階可以上下，H304是方的，沿着一邊有台階可以上下。

(11) 竇窖本來是藏粮的，禮記月令仲秋月穿竇窖。小屯有些竇窖，其下部為綠灰土，似為粮食腐朽的樣子，用為藏粮甚有可能。現在晉綏一帶的人民，仍是把粮食藏在地下的窖內，他們叫做粮窖。有方的，有圓的，粮食多了挖個大窖，粮食少了挖個小窖，秋天挖窖，冬初入窖，次春出窖，其詳細情形，可參看拙作晉綏紀行（獨立出版社出版）。至於挖窖藏菜的情形更為普遍。

(12) 小屯發掘現象總圖：C93，C94兩方的中間，H098，H129，H132，H133等坑係連環套疊。

(13) 小屯發掘現象總圖：B131方中H005為已平填之大穴，而H012窖又挖破了H005；C160方中H224穴，為已平填之大穴，而H222長方窖又挖破了H224。

(14) 小屯發掘現象總圖：C71方中，已填平之H082長方窖，又被H016大穴破壞其上段。

(15) 小屯發掘現象總圖：C85方中的H086豎穴被水溝所破壞，又C160方中H224豎穴被水溝所破壞，因水溝穿過了已填平的坑，有清楚的痕蹟。

(16) 小屯發掘現象總圖：C153方中H154，H160等窖，係破壞水溝而建築，因在窖的範圍內的一段水溝，被破壞無餘了。

(17) 被壓在墓地之下的穴窖很多，小屯發掘現象總圖B126方中，H038，H035等均係破壓在版築基址之下。

(18)小屯發掘現象總圖 C180方中H336,被基址41切去了一半。

(19)與基址並存的穴窖係在基址的外圍,其上口不能過低。小屯發掘現象總圖:C166方中的H251窖即與基址此同時。

(20)挖破基址的坑,其時代有早有晚,晚的為後代的起土坑或灌田的井,其中雖有灰土及殷代的陶片,但含有後代的遺存,而非本文所指的穴窖,所謂破壞基址的穴窖,係指殷代的而言。譬如小屯發掘現象總圖:B133,B130兩方中的H019及H020等竇窖,係打破基址的殷代遺蹟。

(21)小屯發掘現象總圖:C113方中的H117豎穴,被M154,M155,M156等殷墓所破壞,這種現象很多。

(22)小屯發掘現象總圖:B129方中的H045豎穴,打破M066殷墓,這種現象不如前一種(即21)的多。

(23)參看本文插圖七:C85方中的現象。

(24)小屯發掘現象總圖:C154,C167兩方中,南北長的基址,切破了東西長的基址。而東西長的基址上又有一個小基址

(25)小屯發掘現象總圖:C162,C175,C176,C166,C179,C180,等方中之乙15,乙14,乙34,乙41等基址為同時並存的。

(26)小屯發掘現象總圖:C154,C167,等方中的乙33基址被乙6基址所破壞。

(27)仝上乙6基址破壞乙33基址。

(28)被壓在基址之下的墓,是當既挖成坑之後(即先挖後建),未打基址之前,埋的墓葬,是奠基用的。

(29)埋在基址的門旁的墓,是當基址既已打成或正在進行時埋入的,故稱同時,是侍衛,當埋這種人時,宗廟的上層建築尚未完成。

(30)基址附近之墓多為殺頭,車馬,牛羊犬等墓,此等墓葬係宗廟落成後所舉行的祭祀或慶祝,故較基址為晚。打破基址的墓,譬如小屯發掘現象總圖:B130方中的M033墓,墓形見本文插圖四:8。

(31)小屯發掘現象總圖在C127,C131,C167等方中,原來有許多墓葬,但當建築乙6基

址時淺的墓葬被挖光了，深的墓葬被挖去了上半段還有被切去了一半的，這類墓址比較晚些。

石璋如

(32)墓葬的對象是墓址，墓址為宗廟，故其對象為死人的靈魂，其中一部分竇窖為藏粮的，粮食當然是活人用的，故其對象為活人。

(33)參看安陽發掘報告第四册殷墟第七次發掘E區工作報告。

(34)這些墓葬有單葬的有合葬的，單葬的以刀形墓為多，因只葬一具人架所需的地方小，故挖成刀形，下棺後把棺向一邊一推即行填土，所以人架頭項向南。合葬的以釘形為多，因為要放兩具人架及殉葬物，所需的地方大，故挖成釘形，下棺後尚須把棺的大端向內一擺，故成頭向西的狀態。合葬的墓有兩具人架同在一個棺內的現象。

(35)隨葬有瓷俑的墓，僅發現M243墓一處，其中的隨葬物雖多但沒有墓誌，這個墓葬就是兩具人架放在一個棺中的。

(36)把生平事蹟用朱筆寫在陶罐上的墓也只見一處，即M407墓，是開皇時代的，字蹟大半脫落。

(37)鉢本來是釋家傳代的寶器，手爐也是信仰佛教的人才用。敦煌壁畫的供養人如曹元忠、曹延祿及一和尚等的八尺高的大像都是手持手爐，其形狀與此墓中所出的鐵手爐相同，故推測其為和尚的墓或信仰佛教者的墓。

(38)埋何國禎的時候我曾去看，挖一個東西向的長方坑，深約一公尺上下，恰可容納一棺，先在墓底燒火，叫做"暖壙"，然後放入一小黑瓷罐，叫做"食品罐"，然後再下棺封墓，頭項向西，據云其棺內也放的有"墊背錢"。這種埋是寄埋的。

(39)1923—1924兩年內，安特生在甘肅考古于渭河流域、洮河流域、黃河流域、青海、民勤等一帶，發現遺址數十處。並分甘肅遠古文化為六期。

(40)北平研究院在陝西調查，發現魚化寨、鬥雞台等遺址，又於汧河流域發現遺址多處，二十三年至二十六年，又在鬥雞台發掘，其戴家溝區域即為彩陶遺存。

又民國三十二年作者在陝西調查於涇河、雒水、渭河等流域，發現邠縣龍馬、武功羊尾溝、扶風飛鳳山、郿縣遺賢村等十數處彩陶遺址。

—40—

(41)山西彩陶遺址甚多,民國十五年李濟先生在夏縣西陰村發掘,即為規模很大的彩陶遺址,見李濟:西陰村史前的遺存。嗣後衛聚賢先生又在山西境內調查,發現彩陶遺址多處。

(42)豫西的彩陶遺址更多,除地質調查所所發現之仰韶村,秦皇寨等處外,二十四年河南古蹟研究會在豫西一帶調查,發現鞏縣馬峪溝,廣武陳溝等處,並在各該處施行發掘工作。

(43)豫北的彩陶遺址,除本文所講的洹濱諸址外,其上游有大正集,下游有乜定村等;濬縣有大賚店,劉莊等。二十二年作者與趙青芳先生在豫北調查,於獲嘉發現同盟山,二十四年趙先生又在新鄉發現魯堡遺址。參看註2。

(44)民國十年安特生在錦西縣發掘沙鍋屯洞穴,遺物中有彩陶,見安特生:奉天錦西縣沙鍋屯洞穴層。地質調查所古生物誌丁種第一號第一冊,民國十二年出版。

(45)民國二十四年日人濱田耕作,水野清一等,在熱河赤峯紅山後發掘,得彩色陶片及石器甚多,見所著:赤峯紅山後。東亞考古叢刊甲種第六册,昭和十三年出版。

(46)民國三十一年陸懋德,何士驥等在漢中西門外發現青龍寺彩陶遺址,見陸懋德:漢中區的史前文化。載說文月刊三卷十一期。

(47)林名均:四川威州彩陶發現記。載說文月刊吳稚暉先生八十大慶紀念專號。言民國三十年在四川理番縣威州姜維城發現。

(48)山東除已知之龍山鎮,安上村,鳳凰台外,二十三年春本所祁延霈,王湘兩位先生到魯東沿海一帶調查,曾發現日照的兩城鎮,諸城的單頭村等處黑陶遺址。

(49)河南的遺址見註2,3,4,5,6。

(50)民國三十二年作者陝西調查,發現本期遺址有豐鎬村,斿西莊等處。

(51)安特生甘肅考古記所謂齊家期即此期物,將有專文討論之,民國二十年四月衛聚賢,董光忠兩位先生在山西萬泉縣所發掘的荊村即此期物。

(52)見註7。

(53)見註1。

(54)錦西沙鍋屯安特生先生,認為是彩陶文化,其實有許多非彩陶系統之物,譬如甾版

六同别錄

十一的各種方格紋陶及圖版十：2陶器之形制，均與小屯前殷期遺物相似。

(55)白灰面的分布不甚廣，就現在所知者，有安陽的後岡，同樂寨，濬縣的大賚店，寶鷄的鬥鷄台，作者三十二年在陝西調查時又發現了兩處。

石璋如

(56)在安陽的同樂寨與山西的荊村均有之。

(57)因殷代墓葬中隨葬物以酒器為多，在許多小墓中，僅放一觚一爵的，故推知其好酒。在西北岡出有蟒皮鼓，石磬，銅鐃等，知他們能作樂。田獵征伐見卜辭所記。

(58)卜旬，卜夕，卜年，卜行，卜風，卜雨…………俱見卜辭。

(59)殺人牢獸以殉葬見西北岡，殺人牢獸以祭祀見小屯，參看小屯後五次發掘的重要
(60)發現中的祭與殉。

(61)見董作賓先生所著之殷曆譜下編卷二祀譜一祖甲祀譜，所謂彡翌祭壹劦等五種祭祀。本所李莊石印本。

三十三年十一月十四日寫完于南溪栗峯。

(1)

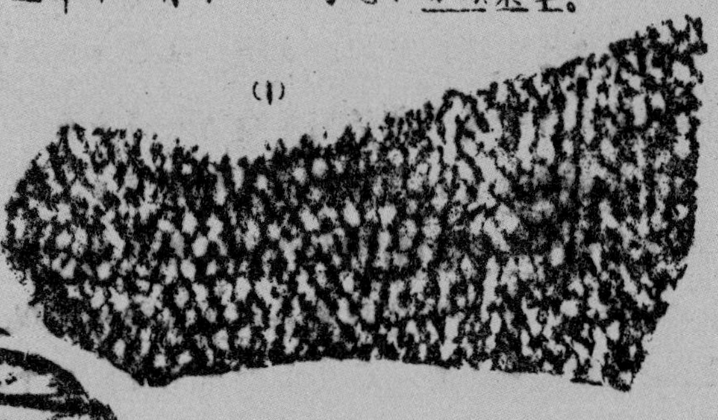

(2)

(1)為陝西武功王家堡出土之繩紋陶片，(2)為豐鎬村[長安縣]出土之條紋陶片，這兩種紋飾與小屯前殷層內出土的相同，今用油印墨拓出，一來試試這種辦法能否成功，二來好讓注意考古的同志作個比較。

璋如附記 卅三，十一，十四。

—42—

河南安陽後岡的殷墓

石璋如

六同別錄

導　讀

霍　巍

學術背景

河南安陽後岡是殷墟遺址核心區域的重要組成部分，該遺址1928年至1935年經歷中研院史語所組織的四次系統性發掘，其發掘歷程正值中國現代考古學發軔之際，具有學科奠基意義。石璋如作爲殷墟發掘工作的親歷者與記録者，其研究建立在殷墟遺址“宫殿區—陵墓區—居住區”三級空間結構的考古認知基礎之上。後岡墓地的特殊性在于其作爲王陵區重要組成部分却未發現甲等大墓，這種墓葬等級的缺失現象與西北岡王陵區形成鮮明對比，暗示着殷墟貴族墓葬可能存在更複雜的地緣政治格局。

學術評議

後岡距離小屯東南約1公里，是殷墟遺址中一處重要的貴族墓地。要瞭解後岡墓地，首先有必要對殷墟遺址的總體情況有所瞭解。河南安陽殷墟遺址是商代晚期的都城，大體上可以分爲宫殿區、陵墓區和居住區三個大的區域。宫殿區和陵墓區分别位于洹河兩岸南北對峙的兩個河灣内，小屯村附近是以王宫爲中心的分布區；陵墓區則是指侯家莊、西北岡、前小營和武官村之間的一大片墓地；環繞着王宫區和王陵區有許多分散的居民點，還有一些規模較大的手工業作坊遺址。

陵墓區内先後發現和發掘了11座大墓和數以千計的小墓，後岡發現的墓葬屬于其中的中、小型墓葬。從殷商陵墓總體上的形制和結構來看，已經具有非常嚴格的等級制度，體現在墓葬的外觀上，可以分爲甲、乙、丙、丁四個等級。甲等的大墓往往有朝向四方的四條墓道，形制如同一個“亞”字；乙等的墓葬有前、後兩條墓道，形制如同一個“中”字；丙等的墓葬衹有一條墓道，形制如同一個“甲”字；丁等的墓葬則往往不帶墓道，是一座長方形的豎穴土坑墓。體現在墓内的隨葬器物上，不同的等級之間差别也很大，高等級的墓葬不僅隨葬有大量青銅器，還有車馬，并且同時用人牲祭、殉墓的現象也特别突出；而隨着墓葬等級的降低，墓内這些隨葬器物、車馬的數量相應減少，人牲、人殉的數量也有所減少。

從現有的考古發現來看，“亞”字形的帶有四條墓道的甲等大墓，應是殷代晚期的王陵，曾在殷墟西北岡有過挖掘。這類墓葬的墓口作“亞”字形，墓室底部設有腰坑，坑内有殉人，椁室在墓室的中央，使用木材建築，也可稱爲木室，室壁也用柏木製成，墓葬内隨葬了青銅器、玉、石、骨、牙、蚌等多種質地的隨葬器物，以及車馬、兵器、工具等，其他還有各種生活用具、裝飾品，名目繁多，不可勝數。

石璋如在此文中所介紹的後岡發掘的殷墓，没有甲等墓，從墓葬形制上來看，衹有乙等墓和丙等墓，也就是他文中所談到的所謂“大墓”和“小墓”。文中介紹的五座小墓，有三座還可以看出墓葬的形制是長方形，有兩座已經看不出墓形，石璋如推測後者可能是利用了當時的灰坑，也就是被人爲廢弃之後的垃圾坑來改爲墓葬的。這裏，我們要注意他在文中專門列出的編號爲H321B的這座小墓。因爲這座墓葬雖然是小墓，却具有殷人墓葬的一些共同特點，比如全墓分成墓室、椁室和腰坑三部分，腰坑是在墓主人腰下設置的一個小坑，這是殷人墓葬的重要特色；隨葬器物有銅器和陶器。石璋如特别注意到墓内發現了三具人骨、兩具狗骨和四具鳥骨，他對此作了詳細的分析：其中一具人骨可能是墓主人，因爲盗墓的原因而散亂；隨葬的兩具狗骨，一具葬在墓室，一具葬在腰坑，後者他認爲没有被盗墓所擾亂。這個判斷很重要，因爲後來大量殷人墓葬被發掘之後，發現在墓室内或腰坑中以狗殉葬，也是殷人重要的喪葬習俗之一。至于鳥骨，他認爲不排除可能是鷄骨，但是未經鑒定。

接下來對後岡發掘的這座大墓，石璋如對于發現經過、發掘用工和墓葬本身的情况作了更爲詳細的介紹，這也是在早期殷墟發掘中一個重要的收獲。這座墓葬共有南、北兩條墓道，屬于前面介紹的“中”字形墓，也就是乙等的墓。墓葬的結構也是墓室、椁室和腰坑三大部分。非常遺憾的是，由于早年墓葬被盗，隨葬器物僅餘下一些殘碎的金、銅、玉、石、陶、骨器。不過，還有6件車的部件殘餘遺留在墓内，表明原來這座墓葬也是有車馬隨葬的。石璋如根據這些零散的銅車部件，考析了殷代車輿可能的形制，認爲殷人的車可能是一輈的，這對研究中國古代的車制提供了重要綫索。尤其重要的是，在這座墓中發現了28個大多呈殘破狀的人骨頭，石璋如認爲："看墓室内人頭分布的情形，可以推測此墓未被擾亂之前決不衹此二十八個，究竟當時殺了多少人則不得而知，可是殷代有殺人殉葬的風氣，于此得到了確確實實的有力的物證。"在南墓道内也發現有無頭的人骨，石璋如由此判定，殷代的殺殉是身首异處的，這具人骨是被殺死之後隨着封墓和打夯的進展，把人頭埋在了墓室，而把身子埋在了南墓道内。這些細緻的觀察爲我們認識殷代的殺殉制度無疑是極其生動的。

最後，石璋如對這座大墓營建的過程，通過考古學的觀察復原了當時的程序。首先是定嚮、測形，然後是挖掘墓穴、修整墓壁，其後在墓室内構建"亞"字形的木室。接着是下葬的過程：當送葬的人群到達墓室之後，先殺狗殉葬于腰坑，其後在墓室内放置木椁，接下來陳置隨葬的器物，安葬既畢，最後封閉墓門。按照甲骨文的記載，殷人崇尚祭祖重神，很可能還會在墓地舉行一場隆重的祭祀儀式。最後，到了封墓的時刻，最慘不忍睹的一幕就在此時發生：殉墓的人將會被集中在墓的附近，把他們的頭砍下後隨着填土擲入墓内，打進夯土；而他們的身軀也被擲入墓道，隨着夯土而掩埋在墓内。墓道大概是最後被夯土填埋的，當填土夯至一半時，會在墓道中埋入車。

學術價值

石璋如此文完整地呈現了殷商中型貴族墓葬的立體圖景：從椁室構造的"亞"字形木室到腰坑殉狗的儀式空間，從青銅禮器的組合關係到車馬器件的復原可能，這些物質遺存成爲殷墟文化分期的重要尺規。在社會結構層面，通過墓葬等級與隨葬品差异的量化分析，實證了《禮記·禮器》“禮有以多爲貴者”的等級制度，爲商代社會分層研究提供關鍵參考。在精神信仰層面，對殉葬人牲空間分布與處理方式的考古學觀察，揭示出“事死如事生”的喪葬觀念與祖先崇拜的複雜互動。特別需要補充的是，該研究創造的“墓葬營建過程復原法”具有方法論啓示意義，其將夯土層次、器物分布與甲骨卜辭相結合的闡釋路徑，開創了“透物見人”的研究理論，這種將静態遺存轉化爲動態行爲過程的學術嘗試，對後來鄭州商城、三星堆等重要遺址的發掘闡釋産生深遠影響。

集刊外編第三種

河南安陽後岡的殷墓

石璋如

一、引言

後岡在河南安陽車站西北，高樓莊與造紙廠的北地，緊靠洹河的南岸(插圖一)。岡頂東去平漢路洹河鐵橋不過三百公尺。這個遺址，從民國二十年春季開始發掘，到二十三年夏季為止，前後發掘凡四次。前兩次的工作，為梁思永先生所主持，已將兩次的發掘與發現，撰後岡發掘小記一文，載於安陽發掘報告第四冊。發掘的地點是在遺址東部的岡頂。後兩次的工作，為劉燿先生所主持，把遺址分為東西兩區，以前兩次所發掘的岡頂為東區，以造紙廠西北河邊的河神廟附近為西區(插圖一)。他預計一季挖掘一百個探坑，這一百個探坑的分配是，東區五十個，西區五十個。又因本次為後岡第三次發掘，故每個坑名的前面都冠一個三字，東區的坑從三〇一開始，西區的坑從三五一開始。從民國二十一年的春季，到二十二年的夏季，劉先生曾三次參加河南濬縣辛村墓地的發掘，經手發掘衛的大墓多處，故此次發掘後岡，就換了一種新的眼光，他想利用發掘墓葬的經驗，來處理夯土的遺跡，不但要把黑陶時期的圍墻弄清楚，並矢志要找出殷代的墓葬來。結果在遺跡方面有許多新的發現，在墓葬方面果如他的所期。第三次發掘結束之後，預計的一百坑尚沒有開完，所以第四次發掘的時候，仍然繼續着第三次的坑序向下排。茲先把四次發掘的大概情形，列一簡表如下：

河南安陽後岡的殷墓

六同别錄

石璋如

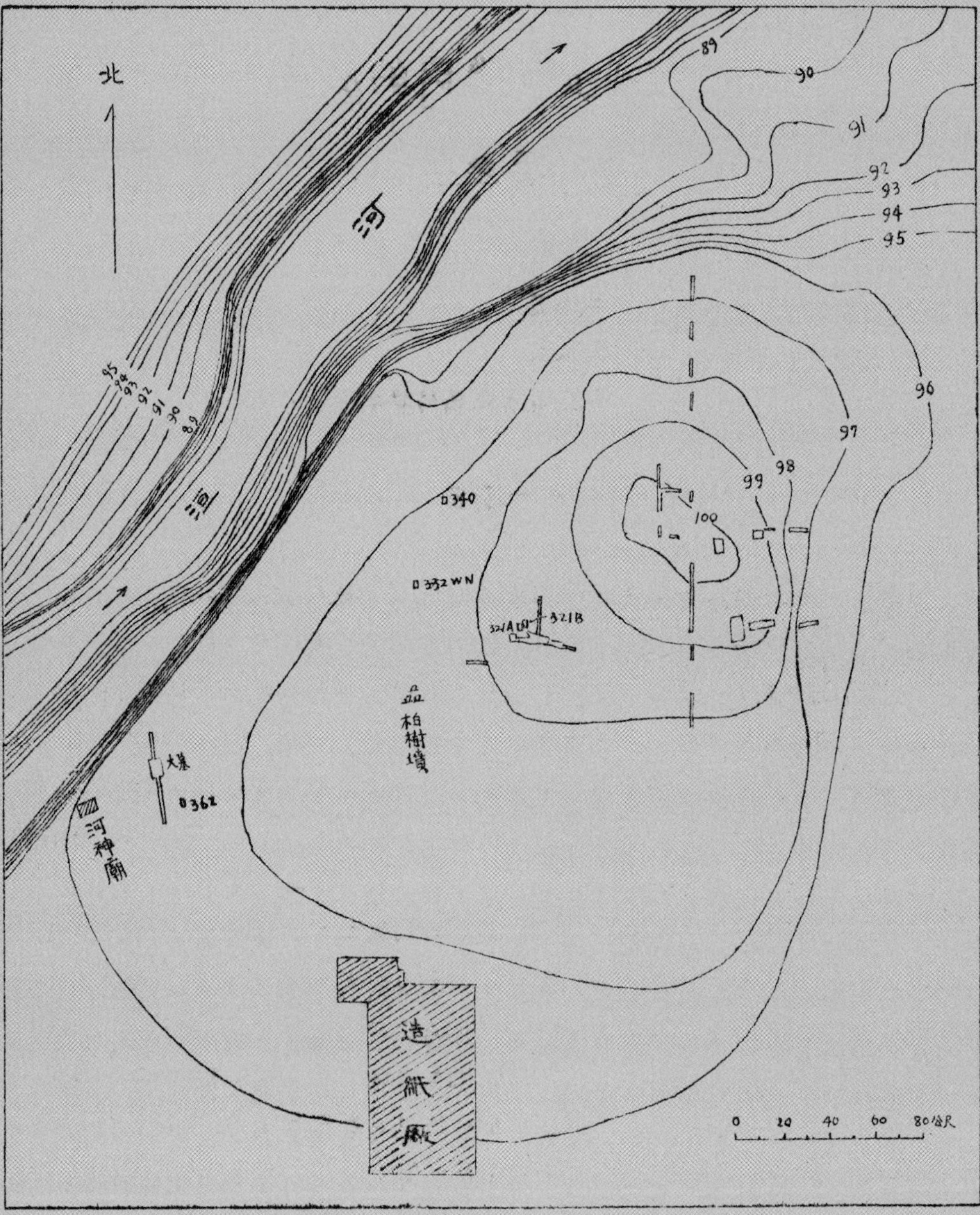

插圖一　後岡地形與坑位圖

—2—

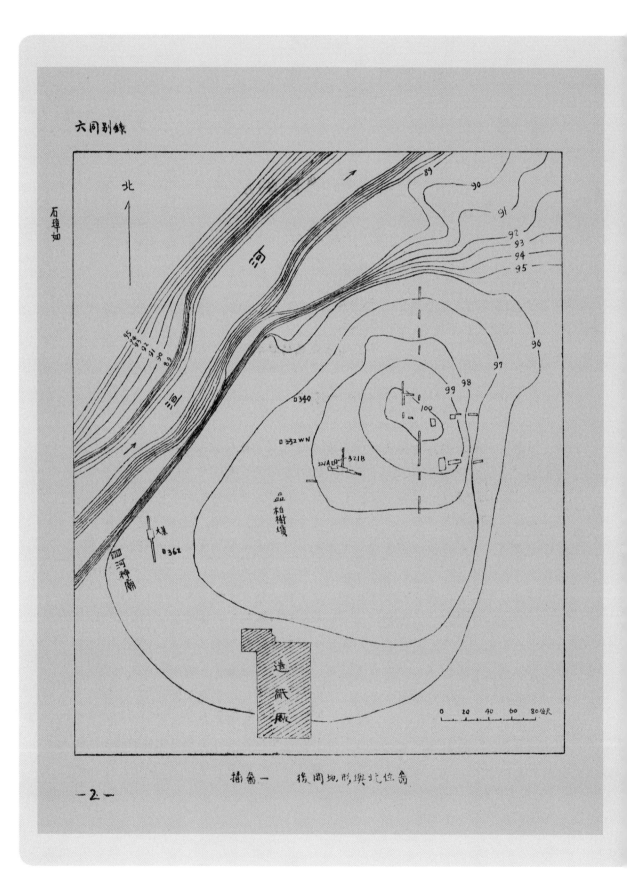

河南安陽後岡的殷墓

後岡歷次發掘簡表

次數	時期	人員	工作情形	重要發現
一	二十年四月十六日至五月十二日	梁思永、吳金鼎、劉燿(河大)	由岡頂作起點，向東西南北四面發展，開坑凡二十五個，佔地約二百十六平方公尺。	遺跡有龍山期的白灰面、小屯期的長方窖及後代的墓葬。遺物除龍山期之陶骨石、小屯期之字骨外，並有仰韶期的陶石等。
二	二十年十一月十日至十二月四日。	梁思永 劉燿(河大) 張善(清華)	仍就岡上分東南、西南、西北三區工作，開坑凡二十個，佔地約三百八十五平方公尺。	除白灰面外更發現有夯土圍墻及小屯、龍山與仰韶三層文化的清晰的堆積，遺物有彩陶鉢、沙鼎等。
三	二十二年十一月十五日至二十三年一月二十四日(由一月四日至十四日因雪休工)	劉燿　李景聃 石璋如　尹煥章	分東西兩區，以岡頂為東區，以河神廟附近為西區，共開正坑及支坑凡五十七個，佔地約三百平方公尺。	得殷代大墓一、小墓二，遺物有銅甗一。
四	二十二年三月十五日至四月二十日，其中自四月二日至九日在洹北侯家莊南地工作。	劉燿 尹煥章	仍分東西兩區工作，開坑凡三十個，又續作舊坑四個，佔地約三百零八平方公尺。	找獲圍墻之盡頭係圍繞龍山期遺址南西兩面，並發現殷代小墓二處、唐墓三處、宋墓一處，遺物有銅爵觚等。

墓葬的發掘是劉先生和我合作的，並且有些部分是我單獨經手，所以我專敘述墓葬。後兩次發掘所得的墓葬共有十一處，計宋墓一處、唐墓三處、戰國期墓一處、殷墓六處。宋墓墓形長方，深約二公尺，頭向正南，仰置平伸，隨葬物僅肩旁一白磁罐，身邊亂置着五個銅錢。唐墓有釘形、刀形兩種，與小屯發現者相像，遺物也大致相同[①]，茲不贅述。戰國期墓因為它的位置與殷墓有關，故附帶的提及，此篇的主要目的係專記殷墓。

這六個殷墓可分為小大兩種：小墓五處，大墓一處。大墓在西區，小墓則東區四處，西區一處，由其分布的情形觀察，好像它們彼此沒有很大的關係，但在沒有澈底發掘之前是不能確定的。這六個殷墓都經早期盜掘，沒有一個完整的，有的僅被盜掘一次，有的曾被古今盜掘兩次。早期的盜掘等於把全墓整個的挖開，雖不算"竭澤而漁"，然也"吮其精華"，現在的盜掘為密集的小坑，並在坑底鑽洞，到處尋找，但也只能"撿其糟粕"。所以僅經早期盜掘的墓尚有殘遺，若經古今兩次盜掘的墓簡直是蕩而不遺了。茲分別敘述於後。

石璋如

二、小墓

五個小墓，又可分為無墓形的及長方形的兩種。無墓形的二處，長方形的三處。

1.無墓形的

這種墓葬又可分為二類，其一原有墓形的，因為地面日漸降低，把墓形損壞了；其二係把屍體擲入灰土坑中，根本無墓形可言。前者如H332WN（插圖二），在東區的西部（插圖一）。地面下二公寸五，即露出器物，人骨不清，僅有片段的白粉痕跡，連頂向都無法知道，也沒有墓形可言。隨葬器物有銅質爵一，觚一，鏃一，殘戈一，又銅鏃五，是散亂在上層出土的，均無紋飾。北端更有骨粉一片，不知係頭骨或隨葬物。墓底並散佈着許多紅色土屑，頗似丹砂麪。墓的位置正壓在龍山期的圍牆上②，由此可以証明，這個地帶當埋葬此墓時，地面較現在為高，耕種者日削月割，雨水的漸漸沖刷，將來恐怕更要降低了。若這個墓葬不被發掘，數年之後，其中遺存會自動的暴露出來的。以往著錄中所載某年某地某農夫，因耕種而獲某物，其情形大相彷此。

插圖二：H332WN墓

後者如H362墓（插圖三），在西區大墓的東南（插圖一）。現地面下深三公尺八寸，在一個灰土坑中發現人架，沒有墓形，沒有隨葬物，而人架卻很完整，俯置平伸，頭頂向北偏西十四度。因該坑為H362，即以坑名為墓名。在殷代遺址中，灰土坑內往往出人骨的，有的有墓形，有的無墓形。因為在灰土坑中找墓，把扒上來的灰土又

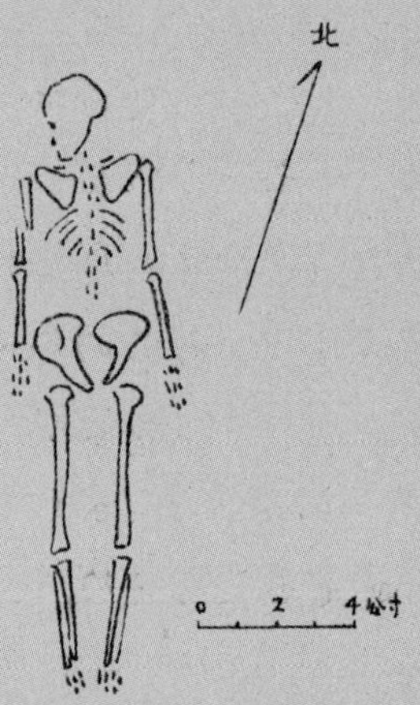

插圖三：H362墓

河南安陽後岡的殷墓

墳進去，墓壁是灰土，墓室內也是灰土，並且陶、骨、蚌、石等遺物內外相同，僅僅借着硬度的差別而去分辨，若不深刻的注意，墓形會被忽略的。有的是直接埋到灰土坑中，像把屍體放入已經廢棄不用而正在傾倒垃圾的殘穴中，上面蓋一層薄土便算了事，讓日後傾倒的垃圾把它深埋起來。有墓形可察的往往有隨葬物；直接埋到灰土坑中的，單單骸骨一條。本文所述的，像屬於後一種。

2. 長方形墓

後岡已發現的有形的墓都是長方形，方向雖不十分一致，大體上可以說都是南北向。墓的深淺大小雖有差別，而結構則差不多是相同的。今舉H321B墓為例（插圖四），分墓形，隨葬物，遺骸等三項說明。

（一）墓形

就整個的結構說，全墓可分為墓室槨室腰坑三部。腰坑（插圖四：3）用以埋狗，槨室（插圖四：2）以放棺槨，而墓室則為槨室的外圍（插圖四：1），其中滿填以夯土。造墓的程序推測如下：

先看好方向，次量定尺寸，然後挖一個長方形坑，一直挖到預定的深度，並在底部的正中間另挖小坑即腰坑。槨蓋以上，墓壁多為直的並且光滑，槨蓋以下，墓壁傾斜也好，筆直也好，多不講究，其上每有鐘钁遺痕。埋葬以前，先把墓底的槨排好，周圍打成夯土與槨等平。埋葬時先在最下層放一隻狗，再來下棺，棺應擺在槨室的正中，然後封上槨蓋，再在周圍陳列隨葬物，或放置殉從，郭寶鈞先生稱此處為棺階③，本地人叫做二層台。也有在棺槨上放置鳥或狗的。各種

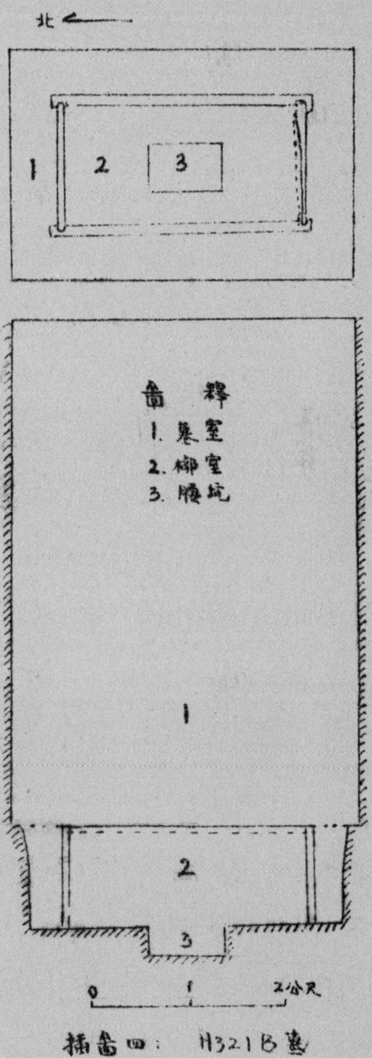

插圖四：H321B墓

六同別録

手續完竣後再行填土，每填一層，用一種器物打一遍，(4)以使土質堅密，狀如小屯殷代的夯土基址。一直打到最上層，其上是否有墳起的標記，現在無從証明。這個推測是根據下列各墓歸納出來的。

石璋如

H321B在後岡遺址的東區（插圖一）。地面下深一公尺，才露出清楚的上口。坑口的面積，南北長三公尺六，東西寬兩公尺四寸五，墓向北偏東十度。地面下深五公尺發現槨室，由上口至槨室墓壁直立，所以槨室上部的面積與上口相倜（插圖四）。槨由木板所結成，平面呈長方形。長二公尺七寸，寬度兩端微有出入，北寬一公尺四寸五，南寬一公尺三寸五，相差一公寸的樣子，深一公尺。由遺存的印痕可以看出兩壁長木板的兩端各有刻槽，橫板則嵌入槽中，故槨的四角各有外出之板頭約半公寸。板厚約一公寸因為腐朽太甚，不辨塊数。由其結構觀察，似就墓底拼成，而非整個的由上移下。這種形制較大，四角有外出的似應叫槨。而形制較小四角無外出的似應叫棺。此墓因被盜掘擾亂過甚故無棺的遺跡。腐朽的木痕有的為白色粉末，有的為黃色的小粒，據本地的木匠云："白色粉末

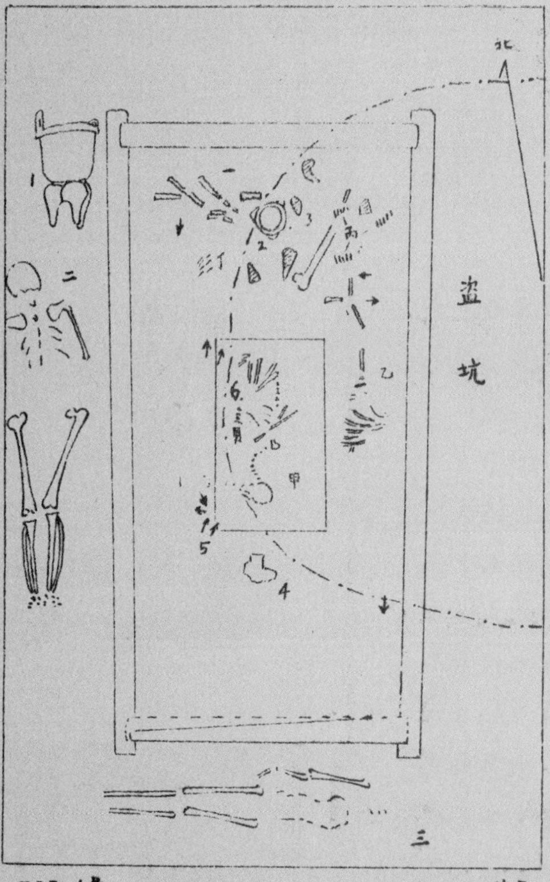

插圖五：H321B之遺存

－6－

係柳木，黃色小粒為朽木，但未經專家化驗不知道他的話是真是假。此外另有黑色炭狀小塊。在安陽有些殷墓的底部有木條痕或席印紋，此墓因被盜過甚，全無踪跡。

腰坑係本地的土名，因為正在骸骨的腰下，故叫腰坑，它的坑積是與槨室或棺穴成正比例的。此墓的腰坑長八公寸，寬五公寸，深二公寸五。腰坑的建造不若墓室的講究，所以四壁每成斜坡，但必居於墓底之當中。

二、隨葬物

已往我們在安陽沒有發現過較大的完整的殷代墓葬，其中究竟隨葬些什麼物品，而物品又如何的排列均不知道。這個墓中的殘遺為一甗，一戈尾，十銅鏃，一陶馬，三十餘塊碎銅片及許多碎骨等（插圖五）。

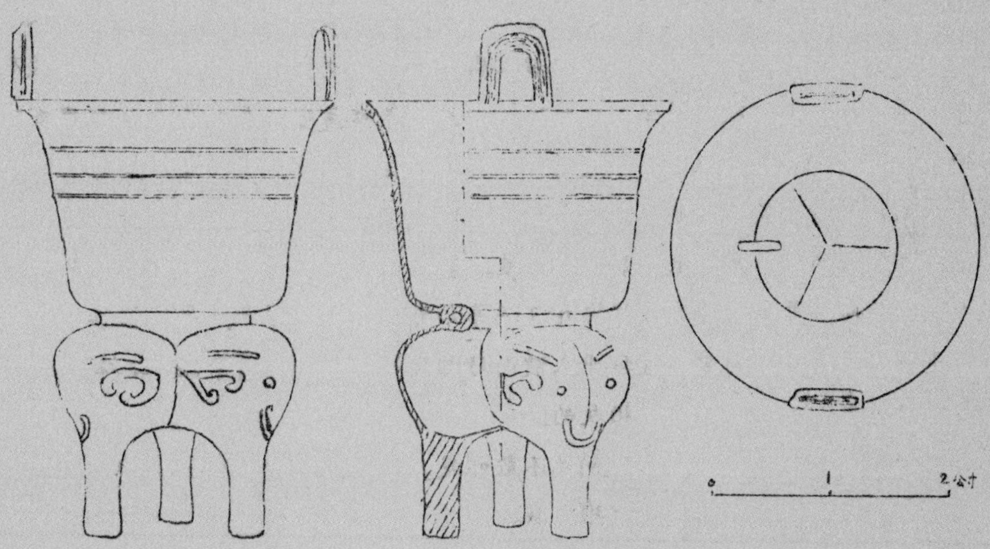

插圖六： H321B墓出土的銅甗 1/4

隨葬物除銅甗外，大都經過擾動的。甗在槨外的西北隅，口北腳南的躺臥着（插圖五：1），尚完整。通耳高四公寸一，口徑約二公寸六分五，腹部有三道鼓起弦紋，腿之粗大處各有一個簡單獸面（插圖六），內部有放箄之孔但無箄子。其上無銘文。就大而完整的銅器說它是發掘安陽以來第一次的發現。附近有淤土，水係從盜掘坑中浸入的。

六同別錄

殘戈僅有尾部，平放在室底的南部（插圖五：4）。十個銅鏃，沒有秩序的散亂在室底（插圖五：5）。陶鬲一個，放在室底北端的中間（插圖五：2）。另有許多破碎的銅片（插圖五：3）與鳥骨獸骸亂雜着，碎銅片大小共三十六塊，因為碎小而銹蝕，看不出為何種器物。腰坑內除狗骨外並有四個貝（插圖五：6）。

石璋如

三、遺骸

這個墓內共有三具人骨，兩具狗骨，四具鳥骨。

三具人骨的分布，是南壁下一具，西壁下一具，室底一具。室底的人骨亂雜的堆在北端，是被盜掘者擾亂了。室底的中間沒有主人，北端的亂骨（插圖五：一）或即主人的骨骸，盜掘者因在它的身下找玉器，遂把它的骨骸集中在一隅，以便尋檢，這是很可能的。雖然骸骨已經凌亂，但據槨形來看，知道墓主人的頭頂是應向北的，因為槨形是北大南小。可是主人翁的放置仰身呢，俯身呢，就不得而知了。南壁下的一具（插圖五：三）沒有頭骨（盜掘），四肢已化成骨粉，但尚隱約可辨，骨上的朱紅，還可以看出來，它的放置是頭東俯身。西壁下的一具（插圖五：二）頭頂向北，也是俯身，身長一公尺四寸五，很像一個幼童，上體已成骨粉，而下肢尚具骨形，不過也不堅固了，它的口中啣着一塊松綠石。

兩具狗骨的分布是室底一具，腰坑一具。室底的狗骨（插圖五：乙），殘缺不全，想係盜掘者的堆積，而非原來的位置。根據H321A墓狗骨的分布來推測，其原來的位置當在槨的東北隅。腰坑的狗骨（插圖五：甲），大體尚好，頭頂向南的側臥着，未經盜掘者的翻動。狗的頭向每與主人翁的頭向是相反的。

鳥骨似為鷄骨，但未經專家鑑別，尚不敢確定。共有四堆，分布在室底的北端（插圖五：丙，丁）。看其整堆的情形，當係一堆一具。

這墓是早年被盜，由東北角下手，至墓底向周圍發展。插圖五所示的盜坑，係坑口的情形，所以在上層尚有一部分未經擾動的土，愈下則擾土的範圍愈大。整個的北壁下與東壁下全被破壞，連南壁下的人頭及右臂也被挪開，至於東北兩壁下是否有殉從的人架，很是問題。西壁下的中段也被掏入，故殉從者的骨盆被擾亂了。西南隅亦被波及，故殉從者的脚被擾亂了。西北隅也曾掏入，但骸的放置稍稍偏南，僅一公寸之隔未被發現。這墓比它的西鄰H321A墓的時代稍早，它的西壁被鄰墓切去了一部，殉從者的左臂亦隨之而被切去。

H321A墓形制較小，墓的結構大體與H321B墓相同，惟槨室僅有木痕，而隅角的構造不清，是否也像H321B墓的槨角有外出，則不得而知。此墓被盜雖慘，而墓底尚遺有席紋。這兩個墓的關係(插圖七)是並排的，B墓的西壁被A墓切去了寬約二公寸的樣子，但深淺不同，A墓的底正與B墓的槨蓋等平，故兩墓的早晚很容易辨認。

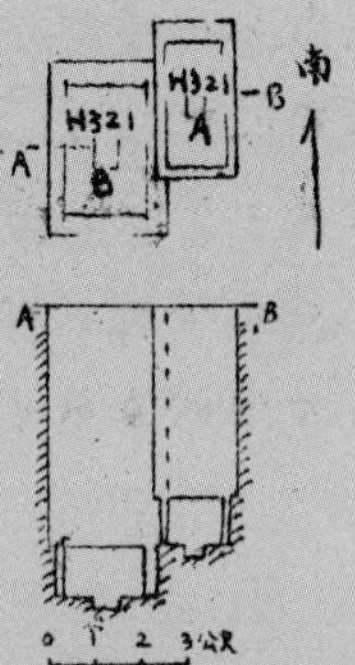

插圖七

另有較小的墓，其內部的結構則為方角(插圖八)，亦被早期盜過，茲將各小墓列一簡表以資比較，不另一一贅述。

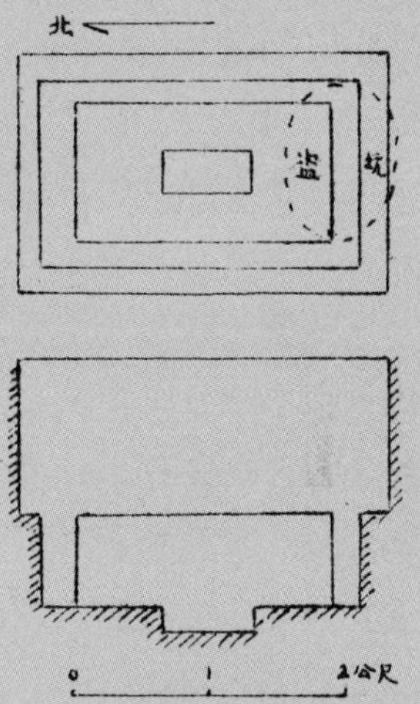

插圖八：H340墓

號數		1	2	3	4	5
墓名		H321A	H321B	H332WN	H340	H362
方向		南北向，北偏東12°	南北向，北偏10°	南偏西5°	南北	北偏西14°
通深		上口：1.0m，通5.5m.	上口：1.0m，通6.25m.	通：0.25m.	通：2.2m.	通：3.8m.
墓形	墓室	上口長3.2，寬1.7，深3.25 底同長寬	上口長3.6，寬2.45，深5.0 底同長寬.	不清	上口長2.7寬1.7， 深1.1，底同長寬	無
	槨室	長2.5，寬北1.3，南1.0 深1.0m	長2.7，寬北1.45，南1.35， 深1.0m	無	長1.9寬1.0 深0.7	無
	腰坑	長0.7，寬0.4，深0.25 狗骨不全	長0.8，寬0.5，深0.25 狗骨尚全	無	長0.65，寬0.28，深 0.15，狗骨尚好	無
骨骸	保存	被早年盜過，東北隅有狗葬的狗骨	被盜掘者所破壞，僅餘一部	殘，僅有骨粉	被盜殘毀	尚好
	放置	亂骨集于北端，墓底有殘朽腿骨一隻半，放置不清	南西兩壁下各一殘俯，北端墓底有亂骨一堆共三人。	不清	不清	俯
	頭向	北	北	不清	不清	北
隨葬物		僅有銅銹，無銅器，又有綠松石，蚌飾石器等，北端並有一陶鬲。	銅觚1，銅鏃6，陶鬲1，殘蚌骨器，綠松石，蚌飾等，並狗骨兩架，馬骨四堆。	銅觚爵鑄戈各一，銅鏃五	狗鈴，紡陶，陶豆，殘陶等	無
附記		墓底有紅土及席紋，墻上有木痕，深4.15，西南角有狗骨，盜坑由北端挖下向周圍發展.	陶鬲在北端，西壁下之狗從口中，嘴有綠松石，南西兩壁下人骨均殘，室內人骨亂，盜坑由東北隅挖入	埋在黑陶期之圓墻上，因距地面太淺，故墓形不清	盜掘者係從南端挖下的	係在灰土坑內，沒有墓形

六同別錄

三.大墓

石璋如

這個墓葬在後岡的西脇，緊靠洹河南岸的河神廟的東邊（插圖一）。從二十二年十二月二十三日找到了墓的痕跡後，跟着就找清了整個的墓室的上口，而發掘，而清理，而找墓道，斷斷續續的直到二十三年四月十七日始告一段落。雖然歷時將近四月，可是實際工作不過二十五日，每日的工人，最少時僅二名，最多時達二十三名，總計這個墓葬共作了三百四十二個工，每日每人工資國幣四角，故純工資為一百三十六元八角。檢查工程，則墓室整個發掘，北墓道僅留一部未掘，南墓道則僅掘一部，但是整個的墓形可以看出來了（插圖九）。以下分墓形，隨葬物，遺骸，盜掘四項來說明。

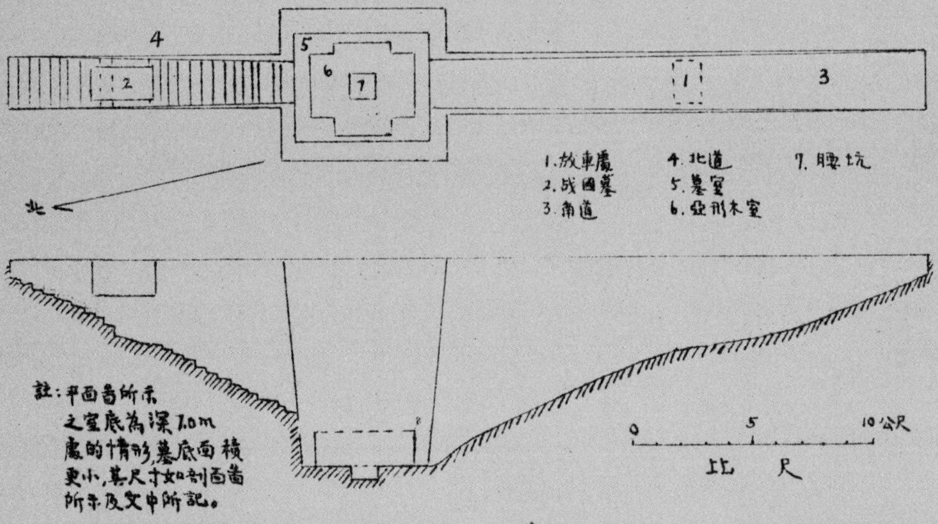

插圖九：　大墓圖

（一）墓形

現地面下四公寸即露出夯土，大概它的上口是直接現地面的。墓形分道室兩大部。全部北偏東11°，通長為三十八公尺六寸，通深為九公尺，墓底恰在水面。茲分室，道兩部敘述。

甲.墓室　　墓室又可分為墓室，亞形木室，腰坑等三部。

-10-

1.墓室，　上起墓口，下迄墓底通稱為墓室(插圖九：5)。平面長方形，上口南北長七公尺，東西寬六公尺二寸，深八公尺五寸，底部南北長五公尺五寸，東西寬四公尺二寸。四壁傾斜，故口與底的面積不同，其傾斜的坡度約為九十五度半，壁面非常光滑，隅角也很整齊。

2.亞形木室：　深七公尺露出亞形木室的上口(插圖九：6)。此處墓室的面積為南北長五公尺七寸，東西寬四公尺四寸(插圖九：5)，而亞形木室上口的面積則為南北共長四公尺四寸，東西共寬應三公尺五寸，但經盜掘者的擾動而將西壁弄成拔形，故現存的寬度為三公尺九寸。南北兩端均寬二公尺六寸，向外突出各約一公尺，東西兩端均寬二公尺三寸，而向外突出各應為五公寸。本身的高度為一公尺五寸。係用木條所構成，據底部的殘痕來看，木條的寬度約為一公寸四分，因太殘朽，長度與厚度無法得知。室壁的木條，係平卧而疊壓，頗直立，但塊數不清。

3.腰坑：　平面為長方形，正在墓底的中心，南北長一公尺二寸，東西寬一公尺一寸，深五公寸。係土穴。

乙.墓道：　分南北兩道，情形不很相同。

1.南道：　長約二十公尺，寬二公尺五寸五分。道底為斜坡，底面也不平滑，通體的坡度也不一致。道端較平坦，約為一百六十度的樣子，接近墓室處較為陡立，約一百五十度的樣子，通體平均約為一百五十五度(插圖九：3平面及剖面)。中間有一段為放車的處所(插圖九：1)，底部較為平坦，而車的放置留待講隨葬物時再說。道壁也頗傾斜，與室壁同，所以道底愈深愈窄，深至室底則僅寬二公尺一寸。

2.北道：　長約十一公尺六寸，寬二公尺二寸五分。道底約呈一百五十度的傾斜，惟為台階，由上而下殘存二十三級。正中間埋入一個戰國期的墓葬(插圖九：2)，其詳細情形容後叙述，破壞此墓的盜坑更深入道底，破壞了台階，接近墓室的地方有一個新掘的盜坑，也打破了台階的一部。平均約有三十級台階，每階平均寬約四公寸，高約二公寸。道壁與室壁有同樣的傾斜，與南道大致相同。底部與墓室相接處，僅寬一公尺八寸。

南北兩道的異點是，南道長寬，坡底，與墓室相接處和室底等平。北道則短窄，階底，與墓室相接處，下距亞形木室的上口，尚有八公寸。所以南道是深入室底，北道則高掛半空。

石璋如

（二）隨葬物

講到隨葬物，可憐的很，痛心的很。可憐的是這個大墓曾經先後兩次的盜掘，貴重器物一無所有，所檢諸物不過是殘遺的殘遺！痛心的是抗戰軍興，團體西移，所檢之殘遺的殘遺也隨着首都而淪陷其大部。這些殘遺，除去少數的人頭外大都經過擾動，故它們的層次及位置根本是不可靠的。今將出土物的種類和數量列表如下，並分類說明。

後岡大墓出土遺物統計表

種類 / 號數	金銅		石玉		陶		骨		介殼		其它	
	名稱	數量	名稱	數量	名稱	數量	名稱	數量	名稱	數量	名稱	數量
1	金葉	13	殘玉戈	2	紅陶片	57	雜骨	477	蚌殼	10	花土	2
2	銅鏃	20	殘石戈	3	灰陶片	131	人骨	148	蚌泡	10		
3	銅片	14	殘石器	65	陶輪	1	人頭	28	蚌魚	2		
4	銅鈴	2	殘石刀	81	南道陶片	179	骨器	2	蚌飾	294		
5	殘戈	2	綠松石	10	北道陶片	220	骨矢	3	貝	6		
6	車器	6	石獸	1			骨釘	19	麻龜	70		
類計		57		162		588		677		392		2
總計	1878											

甲.金銅類

這個墓葬當未被盜掘之前，其中的銅器當不在少數，因為有許多擾亂的骨頭都被銅銹染綠了，但現在所檢得的，不過幾個銅鏃，銅鈴與殘戈而已，至於純金的器物，不敢說有沒有大件的像銅器一樣，因為這些殘遺，都是盜掘者不要的糟粕。

1.金葉：　都是小而薄的碎片，形狀並不規則，當是鑲裹在某種器物上作裝飾用的。它的厚度，用我們的$\frac{1}{5}$m.m.的尺子，簡直量不出來。製造的相當薄妙，色澤金黃而光潤。全是從墓底的擾土中檢出來的。

2.銅鏃：　均為雙翅形，與小屯殷商文化層出土的銅鏃形狀相同。

3.銅片：　為器物的碎片，係第一次盜掘者所打破的，有的上面並有紋飾。究竟為什麼器物的破片，因太碎小，不易看出。

4.銅鈴：　兩個銅鈴是在坑底的泥土中檢出，因為與狗同層當為狗鈴。這兩個鈴都殘去了一部，但互相參考可以推知整鈴的形制與當時的繫法(插圖十一：3)。全高五公分四厘，橫斷面為橢圓形。上頂的長徑約為二十五公厘，短徑約為十九公厘；下口的長徑約為三十八公厘，短徑約為二十二公厘，厚約一公厘半。頂有繫，高約十五公厘，寬約五厘，厚約三公厘，呈半圓形而連於鈴頂。兩側有翅，翅脚更向外出，腹部兩面均飾陽文獸面，頂的中間是缺的，故上下相通。在一個鈴的繫上，附有殘革帶，可推知此革帶為繫鈴用的，或者繫於狗頸上。這革帶由外面看，好像是由四個窄條合成的，但由斷面看則為一個整的寬帶，當為隨着繫的曲度，自行縮皺而成現存的狀態。另在繫的一側有線的遺存，這線由兩股合成，一粗一細，由外形看彷彿為麻質，其下當連鈴舌。鈴舌也是銅質，曾發現有骨質的，長約十四公厘，厚約五公厘，上端有一圓孔，用以穿線，下端較為擴大，用以撞鈴。這個發現可以証明殷代鈴的裝置，是聯舌用線，繫鈴用革帶的。至少一部分的情形是如此。

5.殘戈：　僅戈之一部，無法知其長度。

6.車器：　此為較完整之器物，出於南墓道之中段，共六件：一個大圓杠頭，二個小圓杠頭，二個方杠頭和一個轅飾。這裡也經過盜掘者的擾亂，六件器物也是殘遺，不能代表全車的。今按着它出土的情形而推測它的用途。

(1)出土的情形

北距墓室九公尺五至十公尺零七寸的一段中出了六件車器，五件集中在一處，一件單獨的在一起。集中在一處的五件，為轅飾(插圖十：1)，大圓杠頭(2)，方杠頭(3.4)及小圓杠頭(5)，單獨在一

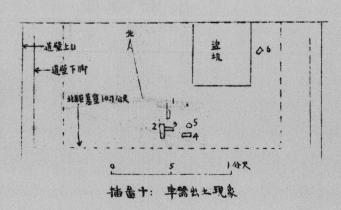

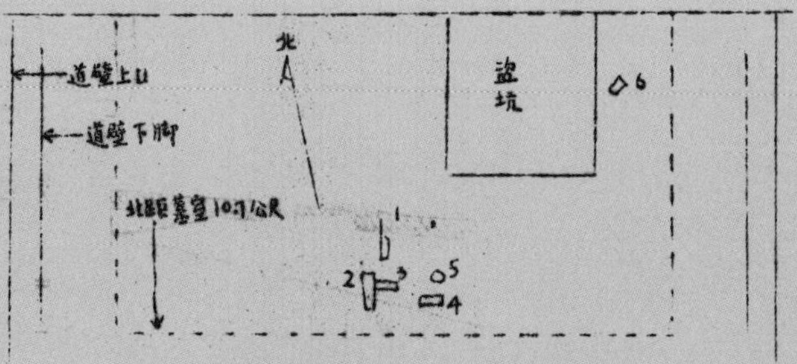

插圖十：　車器出土現象

六同别錄

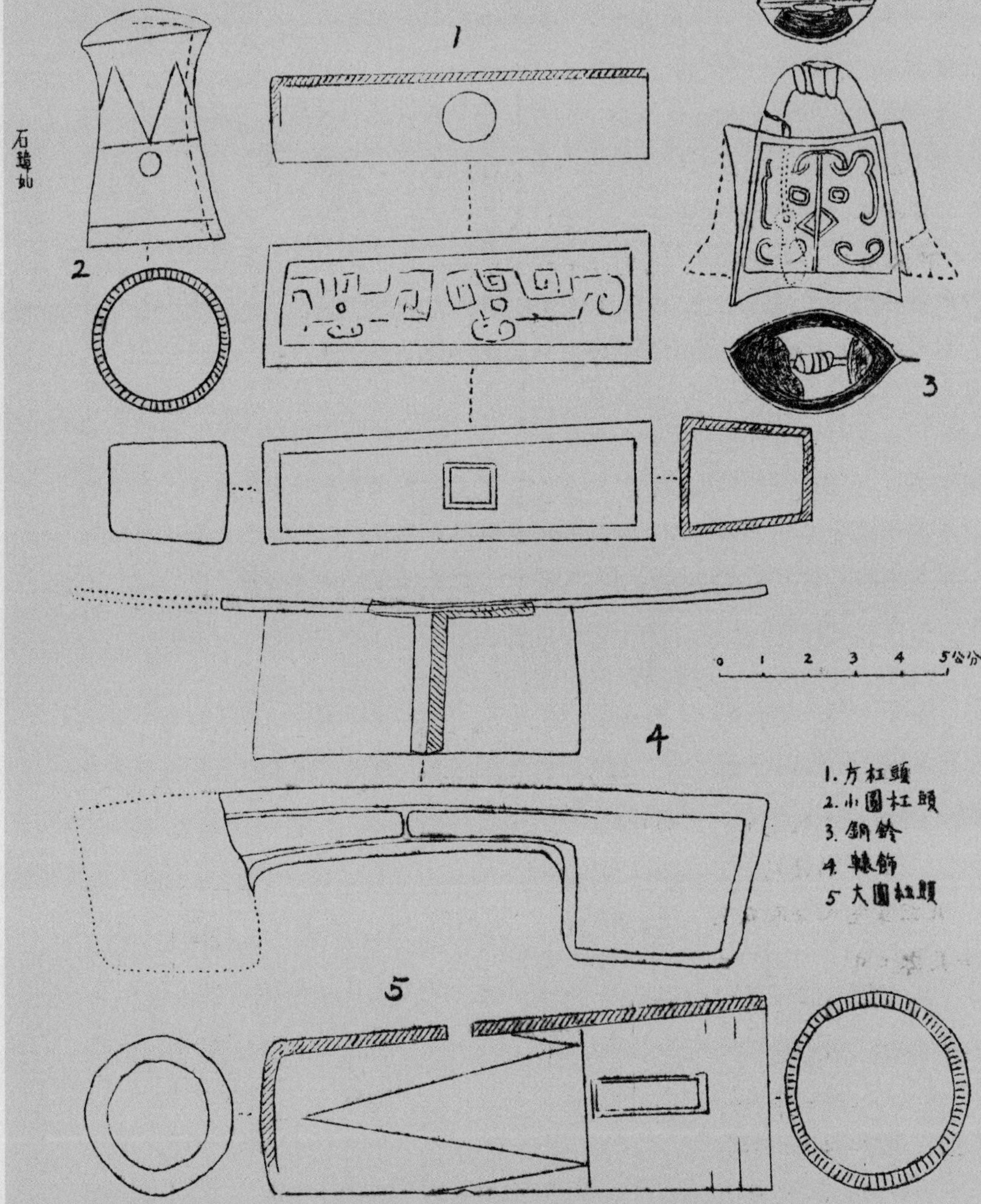

插圖十一：大墓中出土的銅器

-14-

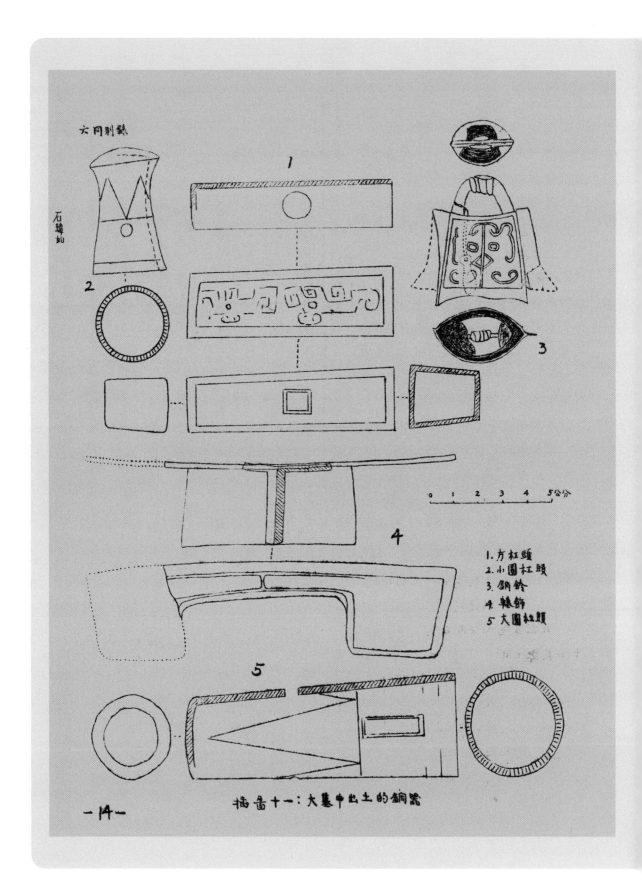

起的是一個小圓杠頭(插圖十:6)。這些車器的放置,是拆開後的情形,不能由此看出車的整形,但可以看出局部的彼此關係。其一是大圓杠頭與方杠頭的關係。在大圓杠頭上有四個孔,兩個長方的較大,接近大端,兩個圓孔較小,接近小端,皆交插楷置着兩兩相通(插圖十一:5)大端為銎形,小端則有頂。方杠頭則一端有銎,中段的兩側各有一個小孔,一面為圓形,一面為長方形(插圖十一:1)銎內則實以木質。放置的情形是方杠頭的銎端,接着圓杠頭的長方孔,好像木質相接連的(插圖十2與3)。它們彼此間的關係,相當後來的軸頭與轄,如同濬縣的車器。但是兩者銎孔的大小相差較多,就是方杠頭的銎大,圓杠頭的長方孔小,不容易接連,也許是偶然的巧合,非原來的狀況。其次是兩個小圓杠頭的關係。這兩個小圓杠頭相距約八公寸(插圖十:5,6)想是兩個軛首,其下當另有兩個軛脚的。後來在小屯發現了一個車坑⑤,兩軛是固定在一根橫木上,兩個軛首的距離恰巧也是八公寸。

(2)車器形制與紋飾

大圓杠頭,長一百一十四公厘,大端徑約四十二公厘,小端徑約三十三公厘,厚約二公厘四。長方孔兩面稍有出入,一面長二十五公厘,寬八公厘半;另一面長二十四公厘,寬八公厘。孔的寬度兩端並不絕等,接近邊的一端,每較裡面的一端寬一公厘。紋飾可分為三部:上段由兩個獸面所組成,以長方孔為界線,布滿了這一段器面的一週。下段為四個三尖形。頂端為一個獸面,獸面的放置是與長方孔平行的。紋飾均甚精工。另有兩個小圓孔,徑均約五公厘(插圖十一:5)。

方杠頭,長八十六公厘半,斷面略呈楔形,銎端寬二十五公厘及二十公厘,另端寬二十二公厘及十七公厘,高二十九公厘及二十六公厘。三面紋飾,一面光素,光素的一面較窄,由結構的情形看,此面當向內或向下而不為人目所發現的。紋飾則每面各為兩個夔龍作追逐式,頂端也是一個夔龍。素的一面為圓孔,徑約十一公厘,其對面則為長方孔,長九公厘,寬八公厘。全器平均厚約二公厘四(插圖十一:1)。

小圓杠頭,長五十二公厘,頂端最大徑為三十公厘,銎徑為三十一公厘,兩相對稱之小圓孔,徑五公厘,平均厚約二公厘。紋飾分三部,與大圓杠頭同,銎端由四個側龍所組成,以兩個小孔為分界線,每邊兩個。中段為六個三尖蟬紋布滿了一週。頂端為一個

六同别錄

獸面，它的放置與兩個小孔呈十字形（插圖十一：2）。

轅飾，殘長約一百二十二公厘，中間寬約三十二公厘，厚約二公厘八（插圖十一：4）。其上有簡單的紋飾。殷代車是一轅的，此件轅飾也是輿的一部，其詳細的情形可參看小屯後五次發掘的重要發現插圖三：28。

石璋如

乙石玉類：　此類器物全都殘破無一整的。

1.殘玉戈：　色青或白，不透明，表面異常光潤，因其硬度較普通之石戈為高，而且質地與琢製均精，故稱玉戈，都是很小的碎片，出於墓室的底部。

2.殘石戈：　質為白色大理石，硬度沒有上一種高，製作也不精工，其殘片有尖端中段等。

3.殘石器：　所謂殘石器大都是白色大理石的各種幾何形的嵌鑲品。如鉤，長條，三尖等形制。在擾土中時常發現，但都是碎塊。

4.石刀：　質為青灰色的石灰石，形狀與小屯出土的相同，多呈半月形。出土於墓室的底部，也都是殘破的。

5.綠松石：　多為銅器上的鑲嵌品，其形狀有三角的，長條的，方的，圓的以及各種不規則的小塊，它們都是脫離母體後的散亂的单位了。

6.殘石獸：　出於南墓道的東壁下，北距墓室一公尺三寸，深五公尺的擾土中。由白色大理石所製成，很像熊的樣子，完全為立體雕刻，殘高約十二公分，已殘毁而眉目不清了。雖然殘破，可是從此確知殷代已有立體的石刻了（器未帶出）。

丙陶片：　殘陶可分為紅陶，灰陶及陶輪三種。紅陶片多為凸形的蓋子，灰陶片有光面的，繩紋的兩類，陶輪則為徑約三十五公厘，厚約六公厘的圓形陶片。

丁殘骨：　骨類中有人骨，獸骨及殘破的骨器。殘骨器能看出原來樣子的僅有骨矢與骨釘兩種。骨矢為三稜式，断面呈三角形，為殷代骨矢最普通的一種。骨釘則呈楔形，長約三十公厘左右，尖多秃朽。

戊介殼類：　這類器物的數量相當的不少，不過完整的却是不多。蚌殼都是全身有輪排鋸齒形的小蚌。蚌泡圓形，中頂略高如扣子狀。蚌魚為薄片魚形，長不過三十五公厘左右，也均殘斷。所謂蚌飾也都是些鑲嵌品，形狀多與石質的鑲嵌品相同。

—16—

貝為未經磨製的天然貝。麻龜是本地的土名，因為其上有許多麻斑，有長條的，有大如當二十枚的銅元的圓片。這種遺物在濬縣辛村衛的大墓中有，在小屯遺址的殷商文化層中也有。

已.其它：在墓室的底部，常常有大小不同的紅色花紋土塊，我收集了兩塊較大的，似為璺的腹部。這種花土當係由器物印上的，原來器物被埋在土中，後來器物的質地腐歸烏有，僅在包着器物的土上殘遺些紅色花紋。

以上各種器物的數量，骨最多，次陶，次介殼，次石，次銅，以花土為最少。這雖然是殘餘的數字，不能據此以推定當埋葬時各種器物的數量，可是這個比例，或者是有道理的。

(三)遺骸

整架的人骨沒有了，僅在南墓道的擾土中出了一百四十八塊殘破的人骨，墓室內出了二十八個人頭，無異議的人頭與人骨原是全軀而被分開的。茲先將二十八個人頭分布的情形列表如下：

後岡大墓墓室人頭分布略表

號數	位置	深度	擾否	放置	保存
1	西南隅	3.6	未	頂西南，面東	殘
2	南道口	3.7	擾	頂南面西	整
3	東南隅	3.7	未	頂東面北	殘
4	西南隅	4.2	〃	頂西面北	〃
5	西北隅	4.2	〃	頂北面東	〃
6	東南隅	4.55	〃	頂北面下	〃
7	東北隅	4.9	擾	頂西面南	〃
8	西南隅	5.0	未	頂南面西	無腭骨
9	西北隅	5.0	擾	頂北面東	殘
10	東南隅	5.2	未	頂東面南	〃
11	西壁北	5.25	〃	頂南面東	〃
12	東北隅	5.65	〃	〃	〃(血)
13	西壁南	5.75	〃	頂北面東	〃
14	東南隅	5.9	〃	頂北面西	〃
15	西壁北	5.95	未	頂南，面西	碎(血)
16	西南隅	7.0	未	頂南面東	殘碎
17	〃〃〃	7.3	〃	頂北面下	〃
18	西壁下	7.3	〃	頂北面東	〃
19	西壁下	7.3	〃	〃	殘
20	東南隅	8.2	〃	不清	成粉
21	西南隅	8.2	〃	頂上面北	殘
22	西北隅	8.2	擾	頂東面南	殘有朱
23	北道口	6.5-7.0	〃	不清	殘
24	〃	〃	〃	〃	〃
25	〃	〃	〃	〃	〃
26	〃	〃	〃	〃	〃
27	〃	〃	〃	〃	〃
28	〃	〃	〃	〃	〃

據上表這二十八個人頭，有十個是被擾動過的，這十個人頭的分布，南道口一個，西

六同別錄

石璋如

北隅盜坑內兩個，東北隅一個，北道口正中一堆六個。其餘未經擾動的十八個人頭的分布：是東南隅與西南隅密度最大，西北隅與東北隅只各有一個，西壁下有若干個（插圖十三）都是埋在夯土中的。其垂直的分布，每層的距離並不規則，由地面下三公尺六起，至八公尺二止，其間共四公尺六寸，若通体的觀察，以每頭的深度為單位而相比較，則相距五公分的兩個，相距一公寸的三個，相距一公寸五的一個，相距二公寸的一個，相距三公寸的三個，相距三公寸五的一個，相距四公寸的一個，相距四公寸五的一個，相距五公寸的兩個，相距九公寸的兩個，相距一公尺零五的一個；若單就東南隅一處來說，則第一個與第二個的距離是八公寸五，第二個與第三個的距離是六公寸五，第三個與第四個的距離是七公寸，第四個與第五個的距離是二公尺三。以上這樣多不同的深度，是表示着人頭的層次不十分固定，可以推知當埋葬時，人頭是隨時向下拋擲的，並不是打一層夯土排一層人頭。

這二十八個人頭，僅只第二號一個是完整的，尚是出於擾土中，其餘有的殘破，有的碎成粉末。在打夯土時因用力過大，當時有許多人頭即被打破，所以現在把土揭開，遺存的都是破碎的狀態。這些人頭骨，有的帶着數節脊椎，有的沒有下腭，在在証明人頭是被砍下來的。較特殊的是第12號，頭下有紫青色的土像是血跡，頭蓋內並有一片黑，其次是第15號，頭的放置，緊挨西壁，並在壁上印入了一個很深的印痕，在人頭之上高約五公寸的墓壁上，有五滴紫點，很像血跡。如果紫青色的土與壁上的紫點真是血跡的話，從此現象可以推想到人頭方被砍下，於血跡淋淋的時候便投入墓中是很可能的。第22號人頭，雖然被盜掘者所擾亂而改變了原來的位置，但是他的頷下帶有朱紅，並有花紋，是與眾迥然不同的。這花紋當然是由某種器物染上的。在殷代的小墓中，墓主人的骨骸上往往有紅色的，這個有紅色的人頭，不知是否這個大墓中的主人翁，很是疑問。看墓室內人頭分布的情形，可以推測此墓未被擾亂之前決不只此二十八個，究竟當時殺了多少人則不得而知，可是殷代有殺人殉葬的風氣，於此得到了確確實實的有力的物証。

南墓道內的無頭人骨，因被擾亂而致殘碎，究竟有多少軀很難判定，但可斷言的為墓室內人頭的肢體是無問題的。於此又可推知殷代的“殺殉”是身首異處的，隨着封墓

—18—

及打夯土的進展,把人頭埋在墓室内,把人身埋在南墓道中。

墓室底部的腰坑,應是埋狗的,但經擾亂,空無所有,而狗骨被搬運到腰坑以外的北面且已殘碎(插圖十三:C)。

(四)破壞北墓道的戰國期墓葬

在距北墓道的北口約三公尺四寸處,發現了一條橫斷線,仔細的尋找,另是一個與墓道方向相同的長方坑,它的上口差不多直接地面。這長方坑正正的擺在墓道的當中,左右兩邊各去道壁約三公寸,南壁被現代的盜坑破壞了大部,故長度不甚明顯。坑寬一公尺四寸四,長約二公尺七,深一公尺七,另是一個獨立的墓葬(插圖九:2)。其中埋着一軀人骨,頭頂向北,仰置平伸,兩手交插於骨盆上(插圖十二)。隨葬物集中在脚端,右脚的右方放着兩個帶鉤,北面的一個,鉤頂向西,南面的一個鉤頂向東,都是面上的仰置着。帶鉤的西南放着一堆陶器,被二十二年春季的盜坑打壞了一大部,僅餘殘陶豆及碎陶片。由陶器及帶鉤去判斷,推定它是戰國期的墓葬。這一期的墓葬,在安陽很多,後來二十五年的冬季高去尋先生在大司空村南地發掘,便發現了許多處。

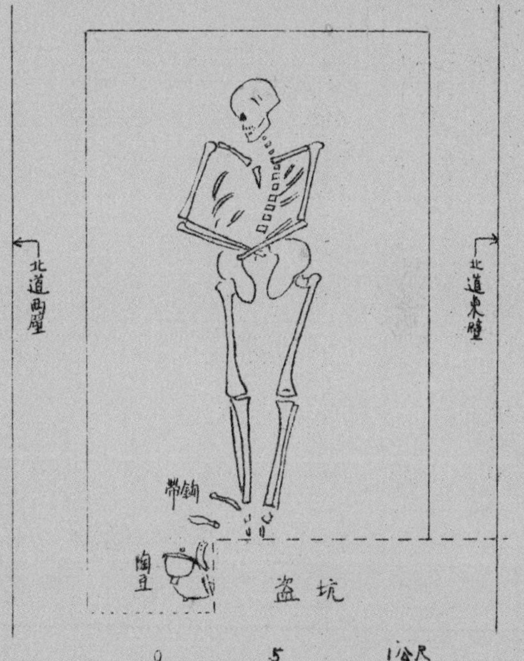

插圖十二: 戰國期墓

它的端莊的排列與方向的適度,很使人疑惑它是大墓的一部,或者是大墓的殉從,其實這是偶然的巧合,並沒有什麽關係,後期的墓葬正正的埋在早期的墓葬之上,這種情形是常見的事實。譬如濬縣辛村的大墓上,埋有後代的墓葬,小屯遺址中的隋墓,往往破壞殷墓,這個戰國期的墓葬,埋在殷代大墓的墓道中,當然也是一個例證。陝西有句成語"重喪"或"乏坑"都是指曾經埋過人的墓穴而言。

(五)盜掘

石璋如

這個大墓曾被兩次盜掘,第一次盜掘是早期的,盜掘的規模很大,墓中所有一掃而光。第二次盜掘是民國二十二年的春季,盜掘的規模較小,因為他們知道此墓已被早早期擾亂,而不再作徒勞無獲之舉。先後兩次盜掘的方法大不相同,兹分别述之。

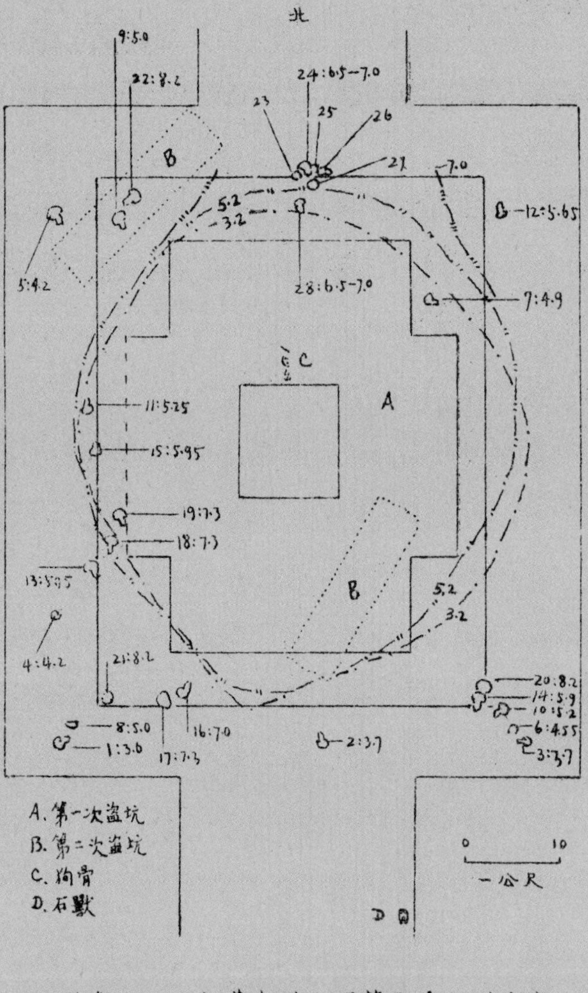

插圖十三：大墓中的人頭等及盜坑的分布

第一次盜掘

第一次盜掘的肯定年代不得而知,由盜掘的技術來看,有兩個可能:(一)距埋葬之後很近,其上尚有標記存在,或者在人們的記憶之中,不然不能挖掘的那樣準確。(二)北宋末年,常有大規模盜掘事件發生,且有洹岸河亶甲墓出古物的記載,但在墓内没有找到直接的証據,尚不能確定。這兩個可能都是很有理由的,據我的觀察,第一個可能比第二個的可能性更大。其次討論他們盜掘的方法。

盜掘的部位是南墓道與墓室。為什麼要盜掘這兩個地方?或者是明瞭埋葬的情形,或者是參與埋葬的工作親眼看見墓中的陳列,再不然,是他們盜掘經驗的結晶,否則不會專注意這兩個地方。

盜掘墓室,是在墓室的正中間挖個大圓坑,由平面看差不多等於正方形内的内切圓。墓的上口距現地面只有四公寸,若是其上沒有標記,恐怕是把整個的墓室上口找出來然後才下钁的,以那樣大規模的工程,把整個的墓室上口找出來不是不可能的。他們的挖法非常巧妙,從上口説,盜坑口比墓室小,由墓底看,盜坑的面積比墓底大,因為墓壁是斜的愈下愈小,坑壁是直的,底部更向外掏,所以更大了(插圖十三:A)。深三公尺二,盜掘坑最大的坑徑是五公尺二,深五公尺二,盜掘坑最大的坑徑是五公尺三寸五,至深七公尺則直抵墓室的北壁。普通的情形,與木室等平的北壁下,是重器所在,木室内為小巧而貴重的器物所在,這樣以來一網打盡了。

盜掘與墓室交接處的南道口,是另外一個盜坑,寬及兩壁,但與墓室的盜坑尚有一墻之隔,許多被銅銹染綠的人骨都是由此出土。這裡也是重器的陳列地,由染綠的人骨的數量去推想,銅器的數量當也不在少數。

北墓道未被盜掘,因為其中沒有隨葬物。墓室的四隅未被擾及,仍然是堅實的夯土,因為其中埋的是人頭。墓室西壁下的人頭,雖在盜坑的範圍之内,但它們的位置,却是未動,因為人頭不是他們理想中的目的物。我真懷疑,他們對於墓内埋葬的情形,何以知道的那樣清楚。

第二次盜掘

二十二年的春季,我們的發掘工作集中在濬縣辛村的衛的葬地,安陽的工作暫時停止。盜掘者便趁着這個機會大肆盜掘,後岡遺址是他們的盜掘目標之一,所以這個大墓自然難逃劫運。他們盜掘的方法,也很有趣。

先在一塊有墓葬希望的地内,普遍的開坑尋找夯土。所開的坑長二公尺,寬五公寸恰好容納下一個人在其中钁土。找着夯土了,一直把它挖淨,看看底部是什麼情形,平底呢?或是斜坡?平底是墓室,斜坡是墓道。什麼土色,朱沙土呢?或是亂夯土?朱沙土不亂,那是完整墓,若夾雜的有亂夯土,便是"翻葬坑"。安陽人把經過早期盜掘的墓葬叫"翻葬坑"。若是先找着墓道的一壁,即在對方開坑,找出另一壁來而確定墓道的

六同别錄

寬度,更由底部的坡度,而推定墓室所在的方向。然後兩面錯綜的每隔三公尺開一個坑,尋找墓室繼續不停的直到找着墓室為止。若是先找着墓室的一壁,則先找出壁的長度和兩角,以推定墓室的範圍,然後對角的,平行的,開兩個坑,就是一個坑開在室的西北隅,另一個坑則開在室的東南(插圖十三:B),到了底部各向前掏,以便會師中原而後包剿,把整個的中心坑挖個乾淨。這種辦法比着早期的盜掘既省工而且不很惹人注意,免得聚衆盜掘致干法令。他們用的方法很好,廢的時間不多,但是早期盜掘的太乾淨了,他們並沒有重要的獲得。

石璋如

四 建造與結構的推測

這個大墓雖然曾經先後兩次的盜掘,遺物方面靡有孑遺,但整個的形制還可以連結起來。真正的建造的程序與内部的結構,現在固然不能確知,然根據所遺的痕跡,可推測當有以下的幾個步驟。

1.定向

在侯家莊出土的幾個殷代的墓葬都是南北向,而且有一貫的偏差,這偏差與磁針的關係是北偏東由五度到十二度。其中H362墓,是灰土坑中的一條單獨人架,沒有墓形,埋葬的性質不同,故它的方向不能與有形的墓相提並論。小屯的殷代建築遺存,也有同樣的偏差,這偏差恐怕是與當地的太陽有關係的。當地太陽的南北,由磁針來測,大約是北偏東八度的樣子。小屯附近的地界多為太陽的南北,發掘出來的基址遺跡,每與地界的角度相符合,那麼殷代或者也是用的當地太陽的南北了。既然殷代的墓向有一貫的偏差,可以証明他們對於方向相當的注意。既然對於方向相當的注意,故可推測在造墓之前,須先要定向的。至於如何定法,沒有遺跡可尋,立竿測影,或者就是他們的定向方法。

2.測形

小的墓葬平面是一個長方形,只要方向定準,粗略的一量便可以動手挖掘,因為墓形簡單,面積也小,憑着眼力即可隨挖隨修。這個大墓,墓室如此整齊,墓道如此條照,若不預先測定墓形,恐怕建造的不能如此合度,而且挖墓的工人漫無目標,如何的去挖,所

-22-

以測形當為定向後的首要工作。至於怎樣測形又是一個不能解決的大謎。由我的推測當從墓室出發,先畫一個長方形,如同小墓一樣,墓道乃是因為工作的需要,漸漸挖成的,不過事前也須有一個大概的範疇。

3.挖掘

墓形既定即可在圈定的範圍內動手挖掘,他們所用的工具,我們無法直接知道,但由墓壁下層的鏟痕來看,每一痕跡寬約六公分,與殷墟出土的銅質戚鋳等寬度相當,那麽很可能的戚鋳就是他們的挖墓的工具了。最初先由墓室挖起,土可直接的傳遞上去,但是超過了一人深之後,便不容易出土,這時便不得不挖墓道了。墓道在建造墓葬時有其絕大的功能,譬如向上運土,向下運料,以及其它隨葬物,儀仗等都是由此下去的。但南北兩墓道的功用不同,故分別挖到預定的深度而止。北墓道坡度較陡,因為僅限於走人,且不直達墓底,故挖成台級。南墓道坡度較平,是笨重物品的運輸處,且直達墓底,故挖成坡底。最後在墓底的正中挖一腰坑,挖掘的工作便算完成,但須注意的,這腰坑的底下就是水面。

4.修壁

大墓的墓壁,不論室道,都是傾斜的,平均略呈九十五度的斜坡,而且表面非常的光滑,光滑的程度好像塗了一層粉泥,其實是用木杖拍成功的。為什麽要傾斜?為什麽要拍打?其中有很奥妙的道理。

安陽普通的地層(文化層除外),現地面下深一公尺便是黃沙,這種黃沙質地鬆疏,團結的力量很小,而疏散的力量卻很大。口面在三公尺內外的小墓,因為四壁互相支持,所以垂直的墓壁沒有關係。墓形大了,墓道又截斷墓室的南北兩面,東西兩面的壓力大,南北兩面的支力小,壓力與支力不能平衡,常常會發生變動的。而且質地疏鬆的黃沙,那能經得起動力的振盪,所以當挖掘時的振動力量會使團結力薄弱的黃沙解離而崩塌的。這種傾斜的坡度,是借以增加支力的,實在是經驗的結晶,不知為此結晶而犧了若干生命。因此,我們認為墓壁垂直的大墓較早,而墓壁傾的大墓為晚。

由壁上遺留的痕跡看,推知拍打是用較平面的木杖,杖寬不過六公分的樣子。拍打有三種含義:一為美觀,二為標的,三是堅固。由工程上去觀察,從挖墓到埋葬其間須

石璋如

有相當的距離，而下部的結構更為費工。殷代是否如後世皇帝即位之次年即營造陵墓我們不得而知，但營造墳墓决非短促的時間所可完成的。有了整齊的墓形，其下部的結構乃有所憑借，不僅專為美觀而也兼為標的。墓底的結構，雖需相當的時日，而工作振動的力量也相當的強大，墓壁若不堅牢會被振力推塌，以致下面的工匠有生命的危險。黄沙質地本鬆，即令墻壁傾斜而支持的力量仍有限度，若經拍打則較為堅固，而且表面打成了一体，平滑無縫，一目瞭然。若振力過大，致將墓壁振塌時，最初表面必先裂縫，人看見了裂縫或設法補救，或臨時躲避，這樣可以保得墓底工作者的安全。但黄沙非趁濕的時候拍打不可，一經乾燥即洒水也不能使它均匀而堅固，因為所洒的水僅是表面一層而内部仍是乾的，若勉強拍打使外面成為一体，但一經風吹日晒則表面一層立即鼓起而脫落反更為壞事。所以拍打墓壁是隨挖隨拍並與挖掘的工作配合進行。墓壁只修到與木室等高而止，其下部多不拍打，威痕錛跡，就是從這一段發現的，因為有木室周圍的土擁蓋着，所以無須講究。可是墓道的墻壁，則與室壁同樣的加工修拍。修壁是建造墓葬的途程中一段相當重要的工作。

5.營造

營造係指墓底的亞形木室的結構而言。木室南北長四公尺四，東西寬約三公尺五，現存的高度約一公尺五並為亞形。它的寬度超出道底的寬度在一公尺五寸以上。這樣高大的体積，不易搬運的形狀和墓道不能容納的寬度，决非整個的由上運下，是很明白的事實，所以亞形木室是在下部建造的。底和壁均用寬約一公寸四分的長方木條所構成。底為平鋪，壁係側壘。其營造的程序，大概是把底部鋪好，然後建造室壁，室壁的建造恐怕是壁上壘一層木條，外圍打一層夯土，木條和夯土相並昇高，直至所需要的高度而止，這樣，木室可更穩固。為什麽墓壁的下段不打光滑，至此可更明白，因為那裡根本為人目所看不到。至於木室的頂部，為平頂呢？或人字形？或其它的形狀，現在無由得知了。木室的頂部距墓底相當的高，在其上工作不便於從前面上下的，這時候就可以看出北墓道的功用了，它的高度正是與木室頂相差不多。南墓道是直通墓底的，我疑惑木室的前面當有一門。木室内是否另有棺木，隨葬器物如何排列，均無遺跡可尋。據我的推測，當另有棺木的，因為屍体不能赤裸裸的從家中抬到墓地。或者是棺木薄而小遺跡不易保存。假設有棺木的話，它的位置應在腰坑的正上面。其周圍當是陳設隨葬物的。

6.安葬

在卜吉安葬之前，下部的營造工作須要完成的。安葬時是怎樣一個景況，現在無法稽考，不過根據墓中出土的各種各樣的蚌石綠松石等器來看恐怕是儀仗上的裝飾品，從染綠的骨頭來看當然也有銅器，那些人頭和人骨很顯明的是殉從。若是把這些現象連在一起再從現在出殯的情形去推測，那麼抬棺的，送殯的，執儀仗的，捧器的以及殉從等相當的熱鬧。既抵墓地，則先在腰坑內放狗，次在木室內放棺，次陳設器物，安葬既畢即把木室的門封閉起來。由甲骨文所記殷人那樣的崇敬祖宗來看，在此安葬的時候要舉行一種盛大而隆重的儀式恐怕是不成問題的。

7.陳器

隨葬器物如鼎彝之類恐怕是陳設於木室之內，但笨重的大器，有放在南墓道與墓室相接的地方，也有將羊腿彝器放在北壁下的。至於儀仗等則放在木室的外圍，或木室的頂上。

8.封土

下部的一切手續完成後即行封土。把挖上來的土，重填下去，但是填一層要打一層，每層約一公寸的樣子。打的辦法或係杵搗，(6)一層一層的直打到預定的高度為止。

9.殺殉

當封土工作進行的時候，又有一種慘忍的事件隨着進行，就是殺殉。把殉葬的人們集中在墓的附近，把他們的頭顱用刀砍下來，隨着填土的時候擲入墓內並打在夯土之中。肢体則擲入南墓道內也打在夯土之中。有的頭骨上帶有一兩節脊椎，有的頭骨上沒有下腭，可以想像當時的慘狀了。

10.放車

封土的時候，室與道是平排的向上進展，封到一半深度的時候，恰巧當南墓道長度的二分之一，就在此處把車輛放入。因為要放車輛，所以這一段的道底較為平坦，至於車是如何放置，因被盜掘者所破壞不得而知。

六同别録

石璋如

11. 封頂

封土至預定的高度即行封頂。頂是與地面等平呢？或是高出的？方的？圓的，以及其上有沒有標記？這個問題恐怕不容易解決了。

殷代的墓葬是這兩次發掘後岡的絶大收穫。雖然被擾亂了，雖然沒有殘遺，但是給我們以巨大的啟示和肯定的信念，認識安陽這個地方不僅是殷都所在，而且也有為殷陵所在的可能。從此便精心調查到處尋找，洹北侯家莊西北岡殷代墓地的發現與發掘，便是這個種子的發芽。

註：(1) 參看安陽發掘報告第四册：石璋如：殷墟第七次發掘E區工作報告。

(2) 圍墻為暫借名詞，殘存的現象也是地面下的夯土，並非高出地面的墻。寬二至四公尺，長七十餘公尺，呈彎尺形圍繞龍山期遺存南西兩面，故稱為龍山期的圍墻，其中含有仰韶期陶片。

(3) 參看田野考古報告第一册，郭寶鈞：濬縣辛村古殘墓之清理。

(4)(6) 參看本刊小屯後五次發掘的重要發現：夯土與殷代建築。

(5) 仝上車坑。

—26—

廣韵重紐的研究

周法高

六同別錄

導　讀

冯　蒸

學術背景

李莊時期，周法高與董同龢、張琨等青年學者共同栖居在農舍中，白天面對敵機轟炸的威脅，夜晚則借菜油燈光研讀敦煌殘卷與域外文獻，這種“戰火中的學術”成爲戰時中國知識分子的集體寫照。周氏選擇重紐問題作爲突破口，蘊含着深刻的學術史邏輯。20世紀初，高本漢《中國音韵學研究》雖構建了中古音系框架，但對《廣韵》重紐現象僅以“三等韵内部例外”簡單處理。傳統音韵學者雖有察覺，亦未系統論證。至20世紀40年代，隨着《十韵彙編》刊布，學界得以窺見早期《切韵》的殘卷面貌，重紐作爲音系結構性矛盾的本質逐漸凸顯。周法高在北大文科研究所攻讀碩士期間（1939—1941），受羅常培指導完成《玄應音研究》，發現初唐佛經音義中重紐對立依然清晰可辨，由此確信重紐絶非韵書編排失誤，而是實際語音的投射。這一發現促使他將研究視野從共時音系描寫轉向歷時音變追踪，試圖通過《切韵》系韵書的縱向比較，揭示重紐現象的生成機制。

學術評議

周法高的《廣韵重紐的研究》雖然與董同龢的論文同爲研究《廣韵》的重紐問題，但是在材料、角度和方法等方面與董文有諸多不同。

周文共分五節。總的來看，周文的結構安排大致分爲兩部分，前四節討論的是重紐的音類問題，第五節討論的是重紐的音值問題。這種分兩步走討論《廣韵》的重紐問題是很合宜的。此文討論《廣韵》重紐的音類方面，顯然與董同龢的論文頗有不同，可以想見，二人當時同在李莊，又同時研究《廣韵》的重紐問題，在音類方面又都需要參考清人陳澧的《切韵考》，如何避免重複？實屬不易。可以發現，董文基本上衹是就《廣韵》談《廣韵》，很少引用到《廣韵》以前的諸《切韵》殘卷，而周文恰恰相反，大量引用《廣韵》以前的諸《切韵》殘卷，當時可以用到的《切韵》殘卷，主要見于1936年出版的《十韵彙編》，所以周文大量運用該書中的與重紐有關的韵書材料以印證《廣韵》的重紐。可惜的是，由于當時《王三》（故宫藏本《唐寫本王仁昫刊謬補缺切韵》，1947年發現并出版，通稱《王三》）尚未出版，所以周文未能引用。

周文旁徵博引，洋洋灑灑，篇幅是董文的三倍多。第一節首先概述了高本漢、章太炎、黄侃諸家對重紐問題的看法，接着指出了《廣韵》的重紐音類區别，特别是發現在與《廣韵》反切性質迥异的玄應《一切經音義》中亦存有同類現象，令人驚异。

然後此文分韵列出《廣韵》一書的全部重紐，并且引用《廣韵》以前的諸《切韵》殘卷材料與之對照，這些材料有《切三》《王一》《王二》等，周文把重紐分成A類和B類分列，A類是重紐四等，B類是重紐三等。除此之外，周文還附列了玄應音以爲參照，證明《廣韵》的重紐的確是當時時音的反映。關于《廣韵》重紐的音類劃分，特别是在反切下字的反映方面，論述十分細緻，此處就無須一一引述了。

在宏觀方面，我們必須指出，《韵鏡》和《七音略》所反映出來的重紐A類與B類之别，絶非偶然。但是，這種分别在《廣韵》的反切下字方面的反映却并不十分理想，也就是説，韵圖分爲兩類，而反切下字并不都是二類，關于《廣韵》重紐韵切下字的系聯類别及其可能的結果，即使在系聯前，理論上也需要有如下的幾點認識，對結果進行預判：

（一）對開合韵來説，韵系的切下字系聯類别考察必須分兩步走，先分聲調，再分開口與合口，分别進行系聯。《廣韵》重紐八韵系中，支、脂、祭、真、仙五韵系是開合韵，所以應分開系聯，如果開口可以爲A、B二類，合口也爲A、B二類，則最多的韵類結果應該是四類。但實際上有不少A、B類分不開，四類很少。

（二）對獨韵來説，《廣韵》重紐八韵系中宵、侵、鹽三韵系是獨韵系，它們不分開合，所以切下字最多衹能够是二類。即重紐A、B二類，如果有三類，應該看作偶然不系聯。以侵韵系的系聯結果爲例，侵韵是-m尾韵，不該有開合之别。按理來説，最多二類（即重紐二類）。實際上大家都是分三類，應該看作偶然不系聯。侵韵衹在影母之下有區别。大概“音”是一類，其他二類可以合并。衹靠系聯法，難以得到二類。到底援用何種方法爲妥，各個學者會有不同看法。

大致來説，情况略如下表。

表1 《廣韵》重紐韵分類（A、B二類）與《廣韵》反切下字分類對應關係表

	等韵圖重紐類别	《廣韵》反切下字分類（參陳澧《切韵考》）
1	重紐二類：A類和B類（開口或合口）	反切下字二類
2	同上	反切下字一類
3	同上	反切下字三類或更多類

具體情況雖然周文均有論列，但是没有詳細的統計數字。

關于重紐A類和B類音值的分析，即周文的第五部分，周先生的結論與前述董同龢的意見一樣，認爲重紐三等（B類）與重紐四等（A類）的區别是主要元音的區别，而不是聲母或者介音的區别。但是這種觀點目前在音韵學界同意的人已經不多了，因爲正如王静如所説，如果重紐A類和B類的區别是主要元音的區别，就破壞了《切韵》一部一主要元音的原則。後來，周法高對于重紐的觀點已經有所改動，認爲是聲母（和介音）的區别，這裏就不多説了。

周法高的重紐研究及其在漢語音韵學史上的地位，何大安有一段評論："（周法高在）北大文科研究所短短二年中，在名師益友的切磋砥礪之下廣讀群書、精研學問、增廣見聞，爲以後的學術生涯鋪路。1940年冬，因在書架上看到《叢書集成初編》裏唐代玄應和尚的《一切經音義》二十五卷，發現其反切與《切韵》接近，就起了系聯其反切而得出該書聲韵系統的念頭。自己選定了題目再徵得導師羅先生同意，寫成奠定其聲韵研究主軸的《玄應音研究》，其中的《廣韵重紐研究》後來得獎，堪稱對中國聲韵學界的一項重大貢獻。研究這一項比陸法言《切

韻》略晚的資料，發現其音系和《切韻》非常接近，‘重紐’也分別得很清楚，等于給《切韻》音系的正確性增加一項有力證據。”

周法高也有過回憶：“我深深地感覺到，早期的研究有時候會超過後來的研究。……《玄應音研究》中所包含的幾篇論文，在發表的時候雖然也經過了兩三年的修訂而加以擴充改正，但是最初的開端是在這兩年中形成的。而我居然在以後的四十餘年中竟然没有寫出一篇比《廣韻重紐的研究》更好的文章，真是使我覺得頹喪得很。後來雖然有充足的功力，綿密的組織，可是在創見方面却缺少了一點衝勁。俗語説‘初生之犢不畏虎’，孔子説‘後生可畏’，走筆至此，不禁感慨繫之。”足見周先生對此文的重視和鍾愛。

學術價值

周法高此文的貢獻，首先是確認在《廣韻》以及其他《切韻》系韻書中都存在系統的重紐現象，當時《切韻》以外的音韻資料也有重紐現象，如玄應《一切經音義》中同樣存在，所以《切韻》的重紐現象并不是個案，是當時時音的真實反映。其次，確認重紐的區别是韻母主要元音的區别，此點周文與董同龢的看法一致。雖然這與當前漢語音韻學界的通常看法不同。此外，我們知道，周法高自已對重紐的這一看法已經發生了變化，即不贊成重紐是主要元音的不同，轉而認爲是聲母和介音的不同，但這已經不是此文的任務了。最後，此文把重紐四等稱爲A類，重紐三等稱爲B類，這一A、B類的重紐命名爲後來國際漢語音韻學界所有的音韻學研究者所遵用，在音韻學史上有重要意義。

集刊外編第三種

廣韻重紐的研究

周法高

一

自從陳澧的切韻考根據廣韻切語的上下字系聯得出廣韻的声類韻類，比從前一般所承認的分類多出不少類。但是不幸得很，他劃分的声類，後來的人還有所增加，而韻類卻始終沒有得到後人的重視和遵行，以後便幾乎淹沒而不彰了。就是最詳細的高本漢(Bernhard karlgren)中國音韻學研究(Études sur la phonologie chinoise)對於韻類方面也沒有詳細劃分。和這事相關連的就是：當我們打開廣韻時，有時不免發現在一般人所承認的韻類中，在同等呼的同声紐下，會遇到兩個反切——這就是本篇中的所謂重紐(例見後)。這現象很容易發現，但是一般人對於這現象有一種解釋，並不想把牠和劃分出新韻類一事相關連(陳澧劃分韻類從這一點上得到很大的幫助，他往往根據重紐而分為兩類——雖然有時切語下字並不能劃分)。我們可以舉兩位國故家的意見出來。章太炎國故論衡上音理論說：

> 廣韻分紐，本有不可執者。若五質韻中"一、壹"為於悉切，"乙"為於筆切；"必"以下二十七字為卑吉切，"筆"以下九字為鄙密切；"蜜、謐"為彌畢切，"密、蔤"為美畢切；悉分兩紐。一屋韻中，"育"為余六切，"囿"為于六切，亦分兩紐也。夫其開闔未殊，而建類相隔者，其殆切韻所承声類韻集諸書豐陿不齊，未定一統故也。因是析之，其違於名實益遠矣。若以是為疑者，更舉五支韻中文字證之："嬀"切"居為"，"規"切"居隋"，兩紐也；"虧"切"去為"，"闚"切"去隨"，兩紐也；"奇"切"渠羈"，"岐"切"巨支"，兩紐也；"皮"切"符羈"，"陴"切"符支"，兩紐也。是四類者，"嬀、虧、奇、皮"古在歌，"規、闚、岐、陴"古在支，魏晉諸儒所作反語宜有不同，及唐韻悉隸支部，反語尚猶因其遺跡，斯其證驗最著者也。

黃季剛先生𢑥析韻部左證曰：

> 緣陸以前已有声類韻集諸書，切語用字未能畫一，切韻裒集舊切，於音同而切

六同別録

周法高

諸用字有異者，仍其異而不改，而合為一韻，所以表其同音。精於審音者驗諸脣吻本可了然，徒以切異字異，易致迷惘。率其中尚有一字一音而分二切者，今即據此得以證其音本同類。

假使我們看了他們的解釋更不容易發生什麼懷疑了。

前幾年，我在羅莘田師的指導下，研究唐初玄應和尚的一切經音義裡的声韻系統。這書成於唐太宗貞觀末年（約650 A.D.），和切韻的時代很接近（切韻成於隋文帝仁壽元年，601 A.D.）。根據系聯的結果這書的声韻系統和廣韻（切韻的後身）很相近，使我對於切韻是代表當時長安方音而不是一部綜合古今南北方言的韻書這个假定，更加了一番證實（詳見拙著玄應音研究）。最能引起我的興趣的就是：在廣韻有重紐切語下字也分做兩類的幾韻（支、真、仙），在玄應的書裡也有同樣的分別（參本文第四節和附錄）。玄應這書是替藏經作音義的，並不是一部韻書，書中的切語也和廣韻大異，但是居然得到同樣的結果，更是值得注意的了。

廣韻重紐的現象是從切韻沿襲下來的，並不是後起的分別。我們從唐寫本切韻殘卷三種（簡稱切一，切二，切三），敦煌本和故宮本王仁昫刊謬補缺切韻（簡稱王一、王二。——這些簡稱是沿襲北京大學出版的十韻彙編一書。總稱這幾種材料為"切韻"，後準此。），都可以看出同樣的分別，不過收字比廣韻少罷了。

假使我們把廣韻的重紐都找出來，我們會覺得他的數目並不算少。再加以一種分析後，我們會發覺他們的價值和可靠性並不見得都相等。大致可以分為三種：第一種重紐，分屬於切語下字不相系聯的兩類，並且不是後來增加的，如支韻開口群紐"祇"巨支切，"奇"渠羈切，他們的切語下字，同時也不相系連，分屬兩類。這兩个反切下的字都很常見，從切韻就有，並不是後來增加的。我們認為這一種重紐，在語音上一定有差別的。第二種重紐也不是後來增加的，但是他們的切語下字，可以系聯成一類；不過在平上去入相承的他韻中，卻往往有重紐發現，有時並且分屬兩類。如脂韻合口群紐："葵"渠追切，"逵"渠追切（逵字切二作渠惟反，王二作渠隹反），切語下字互相系聯，不分二類，但是在脂韻的上声旨韻，去声至韻，都有重紐，並有至韻合口的重紐分屬兩類。第三種重紐，是重紐之一往往列於韻末，收字很少，不見於切韻，並且字也不常見，大多數可以斷定是後來增加的

—2—

如隊韻裡紐："潰，胡對切，十一"；"蚚，胡輩切，一"。"蚚"字靠近韻末，切韻都沒有收，就認為他是後來增加的。

現在我把重紐都抄下來。脣音的切語下字不管開合，我一律把脣音抄在開口下面，理由見第四節。重紐大多是脣牙喉音，在韻鏡七音略裡分列在三四等，就是本文所分的A B類。現在大致把列在四等的A類排在前，列在三等的B類排在後。譬如"詑，香支切，二"，"犧，許羈切，十七"，"詑"字列於四等屬A類，"犧"字列於三等屬B類。注的數字代表本切語所收的字數。

支開	曉	詑(香支，二)	犧(許羈，十七)	
	群	祇(巨支，二五)	奇(渠羈，十)	
	幫	卑(府移，十一)	陂(彼為，十一)	
	滂	[illegible](匹支，一)	鈹(敷羈，十二)	([illegible]近韻末，切韻無，出後增)
	並	陴(符支，五)	皮(符羈，六)	
	明	彌(武移，十七)	糜(靡為，九)	
合	曉	隓(許規，九)	麾(許為，六)	
	見	規(居隋，七)	嬀(居為，二)	
	溪	闚(去隨，二)	虧(去為，一)	
	精	厜(姊規，六)	劑(遵為，六) [illegible](子垂，一)	(周祖謨云："厜，姊宜切，唐本作姊規反"。今按，切二，切三，王二[illegible]紐均在韻末。)
紙開	見	枳(居帋，一)	掎(居綺，七)	
	溪	企(丘弭，二)	綺(墟彼，七)	(企紐近韻末，切韻無，出後增)
	幫	俾(并弭，十)	彼(甫委，五)	
	滂	諀(匹婢，六)	破(匹靡，三)	
	並	婢(便俾，二)	被(皮彼，二)	
	明	渳(綿婢，十一)	靡(文彼，七)	
合	溪	跬(丘弭，四)	跪(去委，二)	
寘開	影	縊(於賜，三)	倚(於義，三)	

六同别録

同法高

	見	跂（居企，二）	寄（居義，三）	
	溪	企（去智，六）	䞈（卿義，二）	（䞈在韻末，王一無此紐，王二有）
	邦	臂（卑義，一）	賁（彼義，七）	
	滂	譬（匹賜，二）	帔（披義，三）	
	並	避（毗義，一）	髲（平義，六）	
合	影	恚（於避，二）	餧（於僞，四）	
	曉	孈（呼恚，一）	毀（况僞，一）	（孈近韻末，王一無，王二有，在韻末。）
	見	瞡（規恚，一）	[illegible]（詭僞，五）	（瞡近韻末，切韻無，出後增。）
脂開	滂	紕（匹夷，六）	丕（敷悲，十二）	
	並	毗（房脂，二六）	邳（符悲，六）	
合	群	葵（渠追，八）	逵（渠追，十九）	（葵，切二作渠惟反，切三、王二之作渠隹反）
旨開	照章	旨（職雉，八）	䟡（止姊，一）	（䟡近韻末，切韻無，出後增）
	邦	匕（卑履，十）	鄙（方美，四）	
	並	牝（扶履，一）	否（符鄙，八）	
合	見	癸（居誄，二）	軌（居洧，十三）	
	群	揆（求癸，五）	䠩（暨軌，一）	（䠩近韻末，王一、王二在韻末，切三無，出後增）
至開	溪	棄（詰利，五）	器（去冀，二）	
	邦	痹（必至，六）	秘（兵媚，十五）	
	滂	屁（匹寐，二）	濞（匹備，六）	
	並	鼻（毗至，九）	備（平秘，十七）	
	明	寐（彌二，三）	媚（明秘，十）	
合	曉	睢（香季，三）　侐（火季，一）	豷（許位，二）	（王二無睢紐，王一有）
	見	季（居悸，二）	媿（俱位，六）	
	群	悸（其季，五）	匱（求位，十一）	
眞開	影	因（於眞，二三）	[illegible]（於巾，三）	
	邦	賓（必鄰，十）	彬（府巾，十三）	

一八一

	並	頻(符真,十四)	貧(符巾,二)	
	明	民(彌鄰,五)	珉(武巾,十九)	
合	見	均(居勻,四)	麏(居筠,六)	(均組廣韻錄諄韻;切三不分真諄,以與麏組)
軫開	明	泯(武盡,十)	愍(眉殞,十四)	
震開	溪	螼(羌印,一)	菣(去刃,三)	(螼近韻末,切韻無,出韻增.)
質開	影	一(於悉,三)	乙(於筆,三)	
	曉	欯(許吉,五)	肸(羲乙,一)	(肸近韻末,切韻無,出後增.)
	見	吉(居質,廿八)	暨(居乙,一)	(暨近韻末,切韻無,唐韻有,出後增.)
	邦	必(卑吉,二七)	筆(鄙密,九)	
	並	邲(毗必,二一)	弼(房密,十)	
	明	蜜(彌畢,九)	密(美筆,十)	(美筆,廣韻原作美畢,據周祖謨校改.)
仙合	影	娟(於緣,七)	嬽(於權,二)	
獮開	邦	褊(方緬,二)	辡(方免,四)	
	並	緶(符善,四)	辯(符蹇,五)	
	明	緬(彌兗,十)	免(亡辨,八)	
	群	蜎(狂兗,一)	圈(渠篆,三)	
線開	並	便(婢面,一)	卞(皮變,十五)	
	見	絹(吉掾,五)	眷(居倦,十五)	
薛開	邦	鷩(并列,七)	莂(方別,五)	
合	影	妜(於悅,一)	噦(乙劣,一)	(噦,切韻無,唐韻有,出後增.)
	影	要(於霄,九)	妖(於喬,五)	
	溪	蹻(去遙,八)	趫(起囂,四)	
	群	翹(渠遙,六)	喬(巨嬌,十六)	
	邦	飆(甫遙,十五)	鑣(甫嬌,七)	
	明	蜱(彌遙,五)	苗(武瀌,五)	
	影	闄(於小,一)	夭(於兆,四)	(闄近韻末,切三無,王一有.)

廣韻重紐的研究

—5—

六同別錄

周法高

	幫	褾(方小,四)	表(陂矯,四)	
	滂	縹(敷沼,八)	麃(滂表,一)	(麃紐近韻末,切韻無,出後增.)
	並	摽(符少,八)	藨(平表,八)	
笑	群	翹(巨要,一)	嶠(渠廟,二)	
	明	妙(彌笑,三)	廟(眉召,二)	
侵	影	愔(挹淫,二)	音(於金,八)	
寑	溪	顉(欽錦,一)	坅(丘甚,一)	(顉紐近韻末,切三無,王一作廞,丘䫴反.)
緝	影	揖(伊入,二)	邑(於汲,八)	
鹽	影	懕(一鹽,七)	淹(央炎,六)	
琰	影	黶(於琰,八)	奄(衣檢,十七)	
	溪	㰹(謙琰,一)	預(丘檢,二)	(切三無㰹紐;王二無預紐.)
豔	影	厭(於豔,五)	𢢃(於驗,二)	
葉	影	魘(於葉,七)	䬈(於輒,四)	
之	溪	抾(丘之,一)	欺(去其,十一)	(抾紐近韻末,切韻無,出後增.)
	審書	詩(書之,六)	眣(式其,一)	(眣紐在韻末,切韻無,出後增.)
	牀崇	茌(士之,一)	漦(俟甾,一)	
止	牀崇	士(鉏里,五)	俟(牀史,七)	
尤	溪	恘(去秋,三)	丘(去鳩,六)	
有	敷	恒(芳否,三)	秠(芳婦,一)	(秠在韻末,切韻無,出後增.)
祭	疑	藝(魚祭,八)	劓(牛例,四)	

下列的重紐大都屬於前述的第三種重紐,沒有什麼語音上分別的價值的.

腫	照章	腫(之隴,六)	𢥞(職勇,一)	(周祖謨校云:"𢥞當音且勇反".)
用	日	䩕(而用,三)	[illegible](穠用,一)	([illegible]紐在韻末,切韻無,出後增.)
泰	清	襊(麤最,三)	嘬(七外,一)	(嘬紐在韻末,切韻無,出後增.)
隊	匣	潰(胡對,十三)	[illegible](胡輩,一)	([illegible]紐近韻末,切韻無,出後增.)
海	喻以	佁(夷在,一)	䑂(與改,二)	(切韻無此二紐,出後增.)

一6一

廣韻重紐的研究

	滂	啡(匹愷,一)	倍(普乃,二)	
準	日	蝡(而允,一)	䐇(而尹)	(蝡紐,切韻無,出後增.)
刪開	溪	馯(丘姦,一)	豻(可顏,二)	(切韻無此二紐,出後增.)
過	清	剉(麤臥,三)	磋(七過,一)	(磋近韻末,切韻七個反,當在開口箇韻)
麻	溪	齣(苦加,三)	㗇(丘加,一)	(㗇紐在韻末,切韻無,出後增.)
陌	影	韄(乙白,一)	擭(一虢,五)	
養	審山	磢(初兩,六)	䫪(初丈,二)	(䫪紐在韻末,切三、王一無,王二有,恐出後增.)
耕	幫	浜(布耕,二)	繃(北萌,五)	(切韻無浜紐,出後增)
合	影	姶(烏合,十三)	唈(烏荅,一)	(唈紐在韻末,切韻、唐韻無,出後增.)
談	從	慙(昨甘,五)	鏨(昨三,一)	(鏨紐近韻末,切三、王二作三反,當入精紐.)
盍	見	頜(古盍,八)	砝(居盍,二)	(砝紐近韻末,切韻無,出後增.)
怗	心	燮(蘇協,十六)	[illegible](先頰,一)	([illegible]紐在韻末,切韻、唐韻無,出後增.)

廣韻中有一字收入兩組重紐的情形,黃季剛先生曾經舉出若干,現在略加增補,列在下面,也可以做一種參考,前面加點的,是我所增補的.

支開 、曉 許羈切十七 㰜 㰜欯,貪者欲食皃. 香支切二 㰜 㰜欯,貪者欲食皃.

群 渠羈切十 碕 曲岸,又巨支切.(周祖謨云:"案本韻巨支切下無碕字,切二、王二作又巨機反,是也.碕字又見微韻渠希切下.")

精 即移切十六 觜 觜星,爾雅曰:娵觜之口,營室東壁也,又遵誄切. 姊宜切六 觜 星名(周祖謨校云:"姊宜切,切三、切二、王一、王二均作姊規反.")

、滂 敷羈切十二 [illegible] 器破而未離,又匹支切. 匹支切一 [illegible] 器破也,匹支切,一.

並 符羈切六 椑 木下交皃,又符支切. 符支切十五 椑 木枝下也.

之 、溪 去其切十一 抾 把也,又丘之切. 丘之切一 抾 挹也,丘之切,一.

真開 影 於真切二 駰 白馬黑陰,又於巾切. 於巾切三 駰 馬陰淺黑色,又音因.

軫開 、明 眉殞切十四 𨏥 車伏兔下革也. 武盡切十 䡅 車伏兔下革也.

(䡅,段改作𨏥,云:"即說文之𨏥,車伏兔下革也."周祖謨曰:"案𨏥字從慶,慶即古䡅字,故𨏥亦作䡅,集韻𨏥䡅一字.")

周法高

質開 明	彌畢切九	宓 安也，默也，寧也，止也。 瞔 瞔瞔不測也。（周祖謨：“瞔王一作瞔，集韻同。”）	美筆切十	宓 蜂蜜…… 瞔 瞔瞔，不可測量也。
仙合 影	於緣切七	嬽 娥眉，說文曰好也。 潫 水深	於權切二	嬽 娥眉兒，於權切二。 潫 水深兒。
獮開 並	符蹇切五	諞 巧佞言也，又符沔切	符善切四	諞 巧言。
宵 溪	起囂切四	趫 善走，又緣木也。起囂切，又巨嬌切四。（黃季剛先生云：“喬下亦有趫字，又去遙切，今去遙切下無趫字。”）		
小 幫	方小反三	表 方小反，外，又方矯反三	方矯反一	表 方矯反，上書，一。
並	平表反	受 口，又符小反，亦作受，又物落。	（以上二條據王一）	
陌合 影	乙白切一	韄 佩刀飾。	一號切五	韄 刀飾，把中皮也。
豔 影	於豔切五	愴 快也，又於驗切。	於驗切二	愴 快也，於驗切，亦作憶，二。

二、

現在進一步我們要研究重紐和韵類劃分的關係。我們要問切語下字不能系聯，是不是都可以劃分開來？我覺得可以有兩種情形：一是由於確實的分為兩類而下字不能系聯，二是偶然不能系聯，不能用把做分類的標準。相反的，切語下字系聯為一類，雖然十九可以証明確實是同類，但是也有本為二類的可能。如開合口本來應該分為兩類，但是切語下字有時可以系聯為一類，便是一個例子。陳澧的切韵考卷一說：

切語上字，既系聯為同類矣，然有實同類而不能系聯者，以其切語上字兩兩互用故也。如“多得都當”四字，聲本同類，“多”，得何切，“得”，多則切；“都”，當孤切，“當”，都郎切，“多”與“得”，“都”與“當”兩兩互用，遂不能四字系聯矣。今考廣韵一字兩音者，互注切語，其同一音之兩切語，上二字聲必同類，如一東“涷”，德紅切，又都貢切；一送“涷”，多貢切，“都貢”“多貢”同一音，則“都”“多”二字實同一類也。今於切語上字不系聯而實同類者，據此以定之。

切語下字，既系聯為同類矣，然亦有實同類而不能系聯者，以其切語下字兩兩互用故也。如"朱、俱、無、夫"四字，韻本同類。"朱"，章俱切；"俱"，舉朱切；"無"，武夫切；"夫"，甫無切。"朱"與"俱"，"無"與"夫"，兩兩互用，遂不能四字系聯矣。今考平上去入四韻相承者，其每韻分類亦多相承。切語下字既不系聯，而相承之韻又分類，則據以定其分類；否則雖不系聯，實同類耳。

這確是開了後人的無上法門。他根據"同一音之兩切語上二字聲必同類"的方法，來系聯切語上字，並不很健全，所以開了後來合併成三十三或二十八聲類的先例。至於他根據"平上去入四聲相承"的標準來分合韻類，卻不失為一個好的標準，但是這辦法有時容易引入歧途，似乎還得參用其他的標準才行。

在有重紐而又分做兩類的時候，我們比較不容易決定牠們的分合。譬如脂韻合口，下字"追、隹、維、遺、綏"和"帷、悲"不系聯，另外群紐"葵"，渠追切（切二作渠惟反，切三、王二作渠隹反），"逵"，渠追切，雖然切語下字不分二類，但是據我後文所訂的標準，應該分屬二類，——也許"葵"和"帷"正是一類。

有時切語下字不系聯，分成三組，如至韻合口，寘韻等，我們本可以歸併成兩類，和重紐相配合，但是把那兩組合併成一類，這卻要我們決定了。

此外，各韻新分出的類，韻類的相當也成問題。譬如說，支韻"祇"是一類，"奇"是一類；真韻"因"是一類，"寅"是一類，兩韻的情形相同，支韻的祇類究竟相當於真韻的因類或是寅類，這又需要加以考慮的。

我們在韻鏡、七音略（二書總稱韻圖）裡，看到了牠們處理重紐的方法，在脣（幫滂並明）、牙（見溪群疑）、喉（影、曉、匣、喻）音欄下，得到很一致的規律，就是：有一類放在三等，一類放在四等。這和牠們切語下字的分類也很符合。縱使是切語下字不分二類的重紐，也都分列三四等。這只限於脣牙喉音諸紐，至於這幾韻的舌上音（知徹澄娘）列三等，正齒音（照穿牀審禪）分列二三等，齒頭音（精清從心邪）列四等，和韻圖普通的規則一樣，不論牠們屬於那一類。如韻鏡第四圖支韻的脣音"陂、鈹、皮、縻"，牙音"羈、㩻、奇、宜"，喉音"猗、犧"，切語下字系聯為一類，皆列三等；脣音"卑、披、陴、彌"，牙音"祇"，喉音"移"，切語下字另系聯為一類，皆列四等。其舌音"知、摛、馳"，正齒音照章系"支、眵、施、匙"，舌齒音"離、兒"，皆依通例列在三等；齒頭音"貲、雌、疵、斯"，依通例仍列四等。這四組聲紐都和[illegible]……等

六同別録

周法高

切語下字系聯爲一類，正齒音照系"齜差鶿釃"依通例列在二等，和陂鈹……等切語下字系聯爲一類。支韻開口兩類的劃分，只有脣、牙、喉音的重紐分列三四等可以看出來，其他都和平常的排列一樣。他韻重紐大致準此。此外，當本韻圖中有四等韻時，或另列一表，如第二十五開既列豪、肴、宵、蕭諸韻，復於第二十六合列宵（小、笑）韻之重紐（脣、牙、喉音）及喻母音於四等。或分屬二表，如第二十一開、第二十二合列山、元、仙諸韻，把仙韻放在四等，復於第二十三開、第二十四合，列寒、桓、刪、仙、先，把仙韻放在三等。鹽韻、祭韻準此。至於清韻開口並無重紐，切語下字也不分二類，而第三十三開列庚、清諸韻，把清韻脣、牙、喉、齒頭音放在四等；第三十五開列耕、清、青諸韻，把清韻舌音、正齒音、來紐放在三等（韻鏡、七音略對於清、靜、勁韻諸紐的排列，小有參差，且有正誤，現在另爲訂正）。這雖和上述情形類似，實在不可相提並論的。現在把韻圖裡支、脂、真、仙、宵、侵、鹽、祭諸韻脣、牙、喉音的部份列成表一，用韻鏡（古逸叢書本）做底本，用七音略（元至治本）來校，簡稱"略"。加【】者，韻鏡無，據七音略補；字右上方加*者，韻鏡有，七音略無。另外每行右方稍加校語，用數字來表明。

表一

			幫滂並明	見溪群疑	影曉匣喻	
內轉第四開合（七音略第四重中輕，內重。）	支	三	陂鈹皮縻(一)	羈鈹奇宜	犄犧	(一)縻，略作糜，脂韻字，非。
		四	卑披(二)陴彌	祇	【訑】 移	(二)披，略作䃾，是。
	紙	三	彼破被靡	掎綺技螘	倚【䌖】	
		四	俾(一)諀婢渳	跂(二)企	酏	(一)俾，略作比，非。(二)跂，略作枳，是。
	寘	三	賁帔髲(一)	寄㩻芰義(二)	倚戲	(一)略明紐有䴢，非。(二)義，略作議。
		四	【臂譬避】	馶企	【縊】 易	

			幫滂並明	見溪群疑	影曉匣喻	
內轉第五合（略內轉第五輕中輕）	支	三		嬀虧𧽚*(一)危	逶麾 爲	(一)略無𧽚，是。
		四		規*闚*	隳 蠵(二)	(二)蠵，略作蘬，音同。
	紙	三	(一)	詭【跪】跪硊	委毀 蔿	(一)略幫紐有萎，非。
		四		跬	䔺*	
	寘	三		䞈(一) 僞	餧毀 爲	(一)略溪紐有䞈，非。
		四		瞡(一)觖(二)	恚孈 瓗	(一)瞡，略作䀢，非。(二)觖，略作[illegible]

—10—

集刊外編第三種

	韻	等	幫滂並明	見溪群疑	影曉匣喻	注
內轉第六開(略內轉第六重中重)	脂	三	悲丕邳眉	飢 耆狋(一)		(一)狋，略作示，非。
		四	紕毗		伊咦(一) 姨(二)	(一)咦，略作咦遂；(二)姨，略作夷。
	旨	三	鄙嚭(一)否美	几 跽	歖[俙]	(一)嚭，略作諀，非。
		四	匕 牝			
	至	三	祕濞備郿	冀 器 臮 劓	懿 齂	
		四	痹(一)屁鼻寐	(二)弃	四 系(三)肆	(一)痹，略作痺，非；(二)略見紐有騺，非；(三)略無系，是。

	韻	等	幫滂並明	見溪群疑	影曉匣喻	注
內轉第七合(略內轉第七輕中重內輕)	脂	三		龜巋逵	(帷)	
		四		葵	[睢] 惟	
	旨	三		軌巋郈	䠩 洧	
		四		[癸] 揆	唯	
	至	三		媿喟匱	𩞄 位	
		四		季 悸	侐 遺	

	韻	等	幫滂並明	見溪群疑	影曉匣喻	注
外轉第十七開(略外轉第十七重中重)	真	三	彬(一)[份](二)貧珉	中 墐(三)銀	𪒠 囙	(一)彬，略作份；(二)略依指掌圖改此，有份，廣韻并中切，在諄韻，此攢略作𧰜，音同。
		四	賓繽頻民	(一)	因 礥寅	(一)略群紐有趁，非。
	軫	三	愍	(一)	肸(二) 殞(三)	(一)略見紐有螼，非；(二)肸，略作肹，是；(三)殞，略作殞，亦非，殞當在合口。
		四	(一)(二)牝泯	緊[螼](三)	(四) 引	(一)略有臏，非；(二)略有礠，非；(三)略依指掌圖有螼，音忌切，在準韻；(四)略有𨽻，非。
	震	三		捇鼓僅憖	(一)(二)(三) (四)	(一)略無捇，是；(二)略有隱，非；(三)略有衅；(四)略有酳。
		四	儐汖(一)(二)	吤(三)𧹞	印 衅 酳	(一)略有遁，非；(二)略有愍，非；(三)略無吤，是。
	質	三	筆 弼密(一)	暨 姞耴	乙 肸 颶	(一)略三四等密蜜互易，非。
		四	必匹邲蜜	吉詰佶(一)	一 款 逸	(一)略無佶，是。

廣韻重紐的研究

—11—

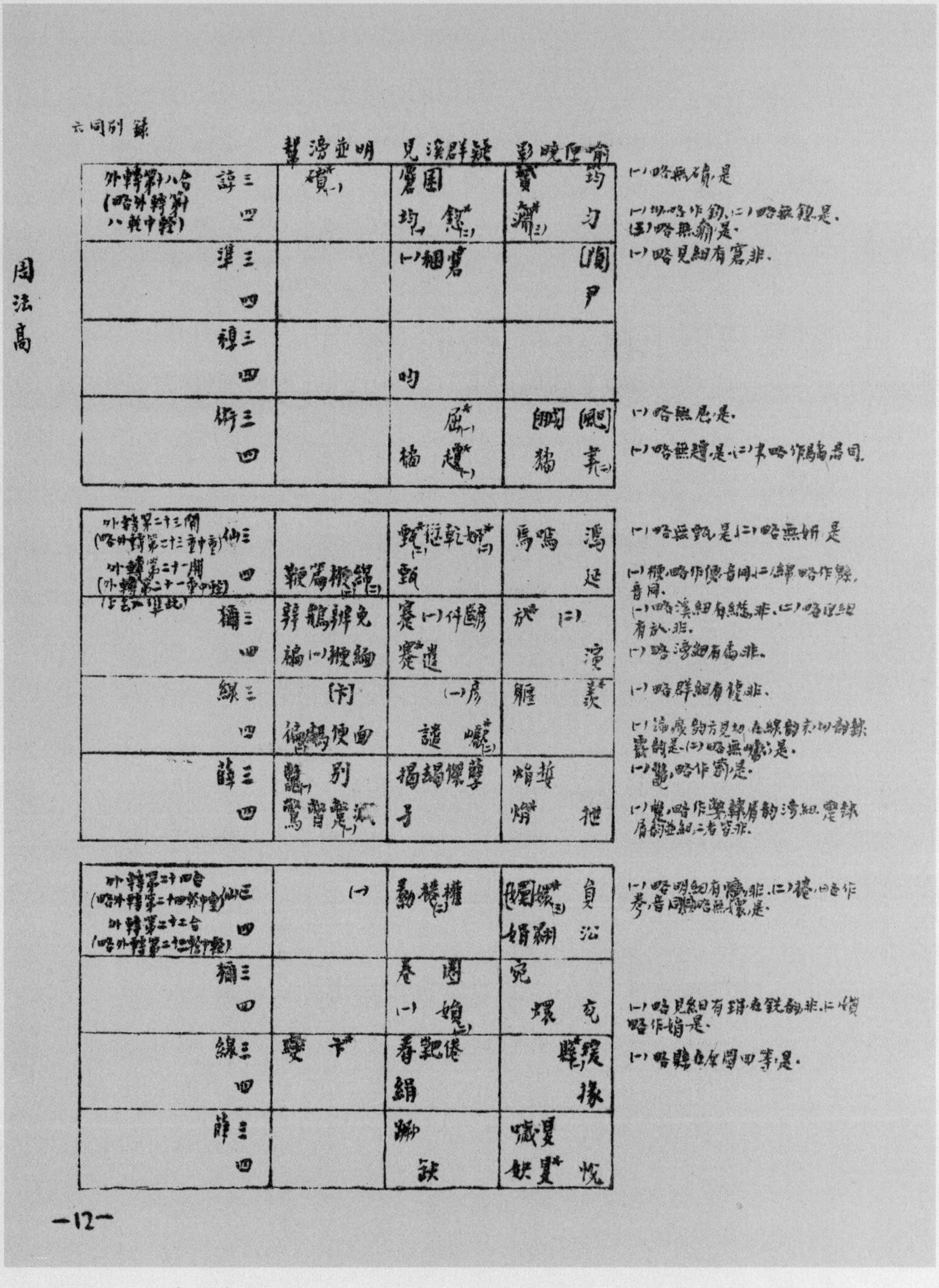

六同别録

周法高

		幫滂並明	見溪群疑	影曉匣喻	
外轉第十八合（略外轉第十八韓中輕）	諄三	磒(一)	麏囷	贇 筠	(一)略無磒是
	四		均(一) 䔪(二)	𧑹(三) 勻	(一)均略作鈞,(二)略無䔪是,(三)略無𧑹是.
	準三		(一)稛窘	[殞]	(一)略見紐有窘非.
	四			尹	
	稕三				
	四		昀		
	術三		屈(一)	[颶] [颶]	(一)略無屈是.
	四		橘 𧻜(一)	獝 聿(二)	(一)略無𧻜是,(二)聿略作矞音同.

		幫滂並明	見溪群疑	影曉匣喻	
外轉第二十三開（略外轉第二十三重中重）	仙三		甄(一)愆乾妍(二)	焉嗎 漹	(一)略無甄是,(二)略無妍是
外轉第二十一開（外轉第二十一重中輕）（上去入準此）	四	鞭篇楩綿(二)(三)	甄	延	(一)楩略作便音同,(二)綿略作緜,音同.
	獮三	辡鴘辯免	蹇(一)件巘	䗡 (二)	(一)略溪紐有繾,非,(二)略匣紐有䗡,非.
	四	褊(一)楩緬	蹇遣	演	(一)略滂紐有𥿥非.
	線三	[卞]	(一)彥	躽 羨	(一)略群紐有㣼非.
	四	徧(一)騗便面	譴 巘(二)		(一)論廣韻方見切,在線韻末,切韻殘卷韻是,(二)略無巘是.
	薛三	鷩(一) 別	揭朅傑孽	焆娎	(一)鷩略作蔚是.
	四	鷩瞥鷩滅(一)	子	焆 抴	(一)鷩略作𩿐,韓屑韻滂紐,鷩錄屑韻並紐,二者皆非.

		幫滂並明	見溪群疑	影曉匣喻	
外轉第二十四合（略外轉第二十四輕中重）	仙三	(一)	勬棬(二)權	嬽(三) 負	(一)略明紐有𦈡,非,(二)棬,四音作眷,音同,(三)略無嬽是.
外轉第二十二合（略外轉第二十二輕中輕）	四			娟翾 沿	
	獮三		卷 圈	宛	
	四		(一) 蜎(二)	蠉 兗	(一)略見紐有𤚲,在銑韻,非,(二)蜎略作娟是.
	線三	變 卞	眷䌫倦	睶(一) 瑗	(一)略睶在願四等,是.
	四		絹	掾	
	薛三		蹶	噦 旻	
	四		缺	缺 旻 悅	

—12—

集刊外編第三種

		幫滂並明	見溪群疑	影曉匣喻	
外轉第二十五開（略外轉第二十五重中重）外轉第二十六合（略外轉第二十六重中重）	宵 三	鑣 藨(二) 苗	驕 蹻(二) 喬 䞘(三)	妖 囂 鴞	(一)藨，略作𣝏是(二)蹻，略作𧽂是 (三)略重在序圖四等是
	四	飆 漂 䴢 蜱	蹻 翹	葽(二) 遙	(一)略蹻在群紐，翹在疑紐，非 (二)葽，略作𧄍音同
	小 三	表 麃 藨	矯(一) 蹻(二)	夭(三)	(一)略溪紐有𧼯，非(二)略疑紐有𩒍，非 (三)夭，略作夭音同
	四	標 縹 摽 眇	䀊(一) (二)	闄 鷕(三)	(一)略無䀊，是(二)略疑紐有𤢇，非 (三)鷕，略作𤢇音同
	笑 三	裱(一)(二) 廟	驕 𧼯 嶠		(一)略滂紐有剽，非(二)略並紐有驃
	四	(一) 剽 驃 妙	䩨(二) 翹 趬(三)	要 燿(四)	(一)略幫紐有褾，非(二)䩨，略作𩋾，𩋾當在溪紐，趬另三等，趬同音，略非 (三)趬，當作䩨(四)燿，略作耀音同
內轉第三十八合（略內轉第四十一重中重）	侵 三		金(一) 欽 琴 吟	音 歆	(一)金，略作今音同
	四			愔 淫	
	寑 三	稟 品	錦 坅 噤 傑	飲 廞(一)	(一)廞，略作𢻼，非
	四		願		
	沁 三	(一)	禁 紟 吟	蔭 類	(一)略幫紐有稟，非
	四				
	緝 三	鵖 鴚(一)	急 泣 及 岌	邑 吸 熠	(一)略明紐有䮠，非
	四			揖 熠	
外轉第三十九開（略外轉三十一重中重）外轉第四十合（略外轉三十二重中重）	鹽 三	砭	箝(一) 鍼 鈐 䜩	淹 䬳(二)(三) 炎	(一)略無箝，是(二)略無䬳，是(三)略匣紐有嫌，非
	四		鍼	懕 鹽	
	琰 三	貶	檢 預 儉 顩(一)	奄 險 䶮(二)	(一)略無顩，是(二)略無䶮，是
	四		脥	黶(一) 琰	(一)黶，略作𪑾，非
	豔 三	窆	驗	俺	
	四			厭 豔	
	葉 三		紬 痍 笈	敵 𠍴(一) 曄	(一)略無𠍴，是
	四			魘 𩑟(一) 葉	(一)略無𩑟，是

廣韻重紐的研究

—13—

周法高

	幫滂並明	見溪群疑	影曉匣喻	
外轉第十三開（略外轉第十七重中重）祭 三 外轉第十五開（略外轉第十五重中輕）四	蔽潎獘袂	猘揭偈劓 藝	(一)緆(二) 緆 曳	(一)略影三日有緆.(二)緆,略作篋,二者皆非.
外轉第十四合（略外轉第十四輕中重）祭 三 外轉第十六合（略外轉第十六輕中輕）四		劌䁤(一) 瀱(一)	𥏼 衛 銳	(一)略疑紐有䁤,非. (一)略見紐無瀱,是.

又有少數重紐於韻圖亦往往分列,如第五合支韻精紐"䮹"字在三等,"劑"字在四等,"䮹"字適補照系紐之缺。第八開止韻牀系紐"士"字在二等第三位,"俟"字列二等第五位與三等之禪紐同位。第三十四合陌韻影紐"擭"字在二等,"嚄"字在三等。第三十七開尤韻溪紐"丘"字在三等,"惏"字在四等,適補幽韻之缺。此種情形,大概多由於塡空格,不得已的緣故,沒有什么深意的。

所以我們現在惟有從韻圖唇牙喉音的三四等才能看出諸韻分類的關係來。譬如真韻彬類是列在三等,因類是列在四等,那么真韻的彬類便和支韻列在三等的奇類相當,因類和列在四等的祇類相當。就是那些切語下字不分做兩類唇牙喉音的重紐,韻圖也分列在三四等。譬如脂韻合口"葵逵"下字為一類,韻圖把"逵"放在三等,"葵"放在四等。這樣就給我們一个處置牠們的標準。我們把這幾韻在韻圖唇牙喉音列在四等的那一類叫做A類,列在三等的叫做B類。當切語下字分做三類的時候,我們也可以比照韻圖把牠們合併成二類。如至韻合口切語下字"遂,醉,萃,類"為一類,"季,悸"為一類,"位,愧,媿"為一類。我們本來很躊躇把那兩類合併起來和其他的韻配合,又叫那一類為A類,那一類為B類?現在,從韻圖上我們看到唇牙喉音拿"位,愧,媿"做切語下字的字是在三等;拿"季,悸"做切語下字的字和拿"醉"字做切語下字的"遺"字,是在四等。我們就可以決定:把拿"位,愧,媿"做切語下字的那一類叫B類,其他兩類合併起來叫做A類。陳澧切韻考曾經利用過韻圖,对於宵韻獮韻三類的合併成兩類,就和韻圖的情形一致。但是对於至韻合口部把"季,悸"自成一類,其他二類合併成一類,就弄錯了。

陳澧切韻考對於重紐的處置是這樣的:如支韻"詑(香支)、犧(許羈)、麾(許為)、隓

—14—

(許規)，分列四格。第一、二格為開口，依切語下字分列兩格，第一格屬A類，第二格屬B類。切語下字分成二類的幾韵，如紙開、真開、質開、寘、侵、緝、琰、豔諸韵都準此。第三、四格為合口，切語下字不分二類。陳氏說："隨，旬為切。此韵虧字去為切，闚字去隨切，則隨与為韵不同類。隨字切語用為字，亦其疏也。" 因而把"嫢(居隋)、隓(許規)、闚(去隨)、隨(旬為)"放在合口第二格，其餘諸紐放在合口第一格。他劃分的根據是：選一組重紐做標準(如"虧、闚")，証明牠們的切語下字也應當分二類(如"為"和"隨")，認為切語下字不分二類是編韵書的疏忽(如"隨"字切語用"為"字)。切語下字不分二類而有重紐的幾韵，如旨合、緝韵、豔韵等，都用這方法分為二類。這辦法到了重紐同用一切語下字時，就不能生效了。如脂韵合口第二格列"葵(渠追)"，其餘的諸紐都列在合口第一格。他說："葵，渠追切。此韵已有逵字渠追切，葵字不當又渠追切也。玉篇、類篇、集韵逵葵皆不同音，則非傳寫誤分，實以葵字無同類之韵，故切語借用不同類之追字耳。"這種分類法實在沒有什麼道理。現在我們看到A、B兩類的特點(說見後)和韵表處置A、B兩類的辦法，我們就可以把這辦法適用到那些切語下字不分二類而有重紐的韵類(假使我們需要劃分的話)。我們把喉、牙、脣音韵圖列在四等的字和其他諸紐的字標A類，喉、牙、脣音韵圖列在三等的字標B類，比起陳氏的分類法要有系統多了。又如仙韵開口，雖無重紐，切語下字卻分二類，韵圖在喉、牙、脣音，也有分列三四等的情形，其上、去、入諸韵都有重紐，陳氏仙韵開口不分二韵也是錯了。另外，脣音的切語下字，以及用脣音做切語下字的字，係連起來往往容易使開合口混淆，又有一些合口字用開口字作切，開口字用合口字作切的現象，我們可以從韵圖的排列、諧声偏旁、現代方言諸方面判斷牠們的開合。陳氏純粹依靠切語下字，有時就難免糾纏不清了。如寘韵下，陳氏說："避，毗義切。此韵恚字於避切，縊字於賜切，則避与賜韵不同類。賜字斯義切，避既与賜韵不同類，則亦与義韵不同類，避字切語用義字，亦其疏也。"結果把"避"放在合口第二格，"臂(卑義)"卻放在開口第二格，多麼矛盾！其實"縊"是開口字，"恚"是合口字，牠們的混淆就是由于脣音字。我在第一節就沒把開合不同的字認作重紐，如"企，丘弭切"，屬開口，"跬，丘弭切"，屬合口，我卻把"企"和"綺"算一組重紐，"跪"和"跬"算另一組重紐，縱然"企"和"跬"用同一的切語。

我們現在既然利用韵圖(韵鏡、七音略)的排列，做分類的標準，对於牠們的時

周法高

代也得有所考定。據羅莘田先生的考証，韵鏡七音略同出一源，堪資互証；牠們的母圖，當在北宋以前（參釋重輕，歷史語言研究所集刊二本四分，通志七音略研究，集刊五本四分）。他又說：“以等分韵，不知始自何時，然日本藤原佐世之日本現在書目著錄切韵圖一卷，大矢透謂即韵鏡之原型，是宋代之等韵圖唐初已存其蹟。今此殘卷第一截所載四等重輕例，其各等分界與韵鏡悉合，可証等韵起源必尚在守溫以前，与大矢透說可相參驗。”（敦煌寫本守溫韵學殘卷跋，集刊三本二分）這樣，韵圖的價值更加確定了。我們知道韵圖喉牙脣音的分列三四等，和切語下字的分類一致，不光是為了三等放不下就放在四等。譬如薛韵合口溪紐並沒有重紐，而“缺”字却放在第四格，便是一个例子。

三、

現在我把開口或合口切語下字分成兩類（或三類合併成兩類）而有重紐的韵和声紐配合的情形列成表二。大多用A，B來標分兩類，有的用1，2來標類（理由見後）。每類下的字按照声紐排列，並且注明牠們的反切，用阿剌伯數字注明此紐所收的字數，用括弧括起。把廣韵和切韵都給列上，假使都分成兩類的話。所謂切韵，包括切韵殘卷第一，二，三種，王一，王二（敦煌本和故宮本王仁昫刊謬補缺切韵）。每韵在數種切韵之中選擇一種殘闕最少或時代較早的列上。玄應一切經音義裡的反切，在支韵開口，紙韵開口，真韵開口，仙韵開合口幾類切語下字也分做A，B兩類，和廣韵，切韵相應。但是因為玄應同一个字可以有幾个不同的切語，就只在表內注明A，B表示牠和声紐配合的情形。其詳可以參看附録。如支韵開口列在第一格，第二格劃分廣韵，王二，玄應三欄，第三格廣韵和切韵又各分為A類，B類兩欄，在左方縱列着的是声紐的名称。在曉紐那一格內，廣韵A類有“詑（香支，2）”，B類有“犧（許羈，18），王二A類有“訑（香支，1+1）”，B類有“犧（許羈，8+6）”，玄應有“A，B”。這就是說：廣韵，王二，玄應支韵開口的切語下字都分做A，B兩類。牠們曉紐的字，廣韵“詑，香支切”屬A類，原書注明此紐所收的字數是“二”，“犧，許羈切”屬B類，所收的字數是“十八”，王二“訑，香支反”屬A類，原書注明此紐所收的字數是“一加一”，“犧，許羈切”屬B類，所收的字數是“八加六”；玄應在支韵開口曉紐，有A，B兩類的字。

	支韻開口					紙韻開口				
	廣韻		王二		玄應	廣韻		切三		玄應
	A類	B類	A類	B類		A類	B類	A類	B類	
影	漪(於離,11)		漪(於離,5+5)		A B		倚(於綺,5)		倚(於綺,3) 綺(於綺,1)	B
喻以	移(弋支,32)		移(弋支,10+16)		A	酏(移爾,9)		酏(移爾,7)		A
喻云										
曉	詑(香支,2)	犧(許羈,18)	詑(香支,1+1)	犧(許羈,8+6)	A B		[illegible](興倚,1)			
見		羈(居宜,9)		羈(居宜,5+2)	B	枳(居帋,1)	掎(居綺,7)		掎(居綺,3)	A B
溪		攲(去奇,11)		攲(去奇,4+7)	A B	企(丘弭,2)	綺(墟彼,7)		綺(墟彼,4)	B
群	祇(巨支,29)	奇(渠羈,10)	祇(巨支,10+9)	奇(渠羈,6+5)	A B		技(渠綺,6)		技(渠綺,3)	B
疑		宜(魚羈,11)		宜(魚羈,5+1)			蟻(魚倚,12)		蟻(魚倚,5)	B
知	知(陟離,4)		知(陟移,2+2)		A	捯(陟侈,2)				
徹	摛(丑知,9)		摛(丑知,5+2)		A	褫(敕豸,1)				A
澄	馳(直離,33)		馳(直知,6+6)		A	豸(池爾,12)		豸(池爾,4)		A B
娘						狔(女氏,3)		狔(女氏,2)		
來	離(呂支,37)		離(呂移,4+14)		A	邐(力紙,3)		邐(力紙,2)		A
日	兒(汝移,4)		兒(汝移,1)			爾(兒氏,4)		爾(兒氏,3)		
照章	支(章移,29)		支(章移,11+8)		A	紙(諸氏,16)		紙(諸氏,8)		A
穿昌	眵(叱支,2)		眵(叱支,1)		A	侈(尺氏,15)		侈(尺氏,4)		A
牀船						舓(神紙,4)		舓(食氏,2)		A
審書	絁(式支,12)		絁(式支,3+3)		A	弛(施是,3)		弛(式氏,2)		A
禪	提(是支,12)		提(是支,5+6)		A	是(承紙,10)		是(承紙,3)		
照莊		齜(側宜,1)				批(側氏,2)				
穿初		差(楚宜,4)		差(楚宜,1)						
牀崇		齹(士宜,1)								
審生		釃(所宜,7)		釃(所宜,2+3)	B		躧(所綺,10)		躧(所綺,6)	B
精	貲(即移,16)		貲(即移,7+9)		A	紫(將此,9)		紫(將此,5)		A
清	雌(此移,5)		雌(七移,2+2)			此(雌氏,9)		此(雌氏,5)		
從	疵(疾移,8)		疵(疾移,3+7)		A					
心	斯(息移,26)		斯(息移,12+13)		A	徙(斯氏,5)		徙(斯氏,2)		A
邪										
幫	卑(府移,11)	陂(彼為,17)	卑(必移,6+5)	陂(彼為,3+3)	A B	俾(并弭,10)	彼(甫委,5)	俾(卑弭,6)	彼(補委,2)	A
滂	跛(匹支,1)	鈹(敷羈,12)	㩻(匹卑,1)	鈹(敷羈,3+3)		諀(匹婢,6)	破(匹靡,3)	諀(匹婢,3)	破(匹靡,1)	A
並	陴(符支,15)	皮(符羈,6)	裨(頻移,5+2)	皮(符羈,3+2)	A	婢(便俾,2)	被(皮彼,2)	婢(便俾,2)	被(皮彼,2)	
明	彌(武移,17)	糜(靡為,9)	彌(武移,8+10)	糜(靡為,4+5)	A	渳(綿婢,11)	靡(文彼,7)	渳(民婢,5)	靡(文彼,1)	A

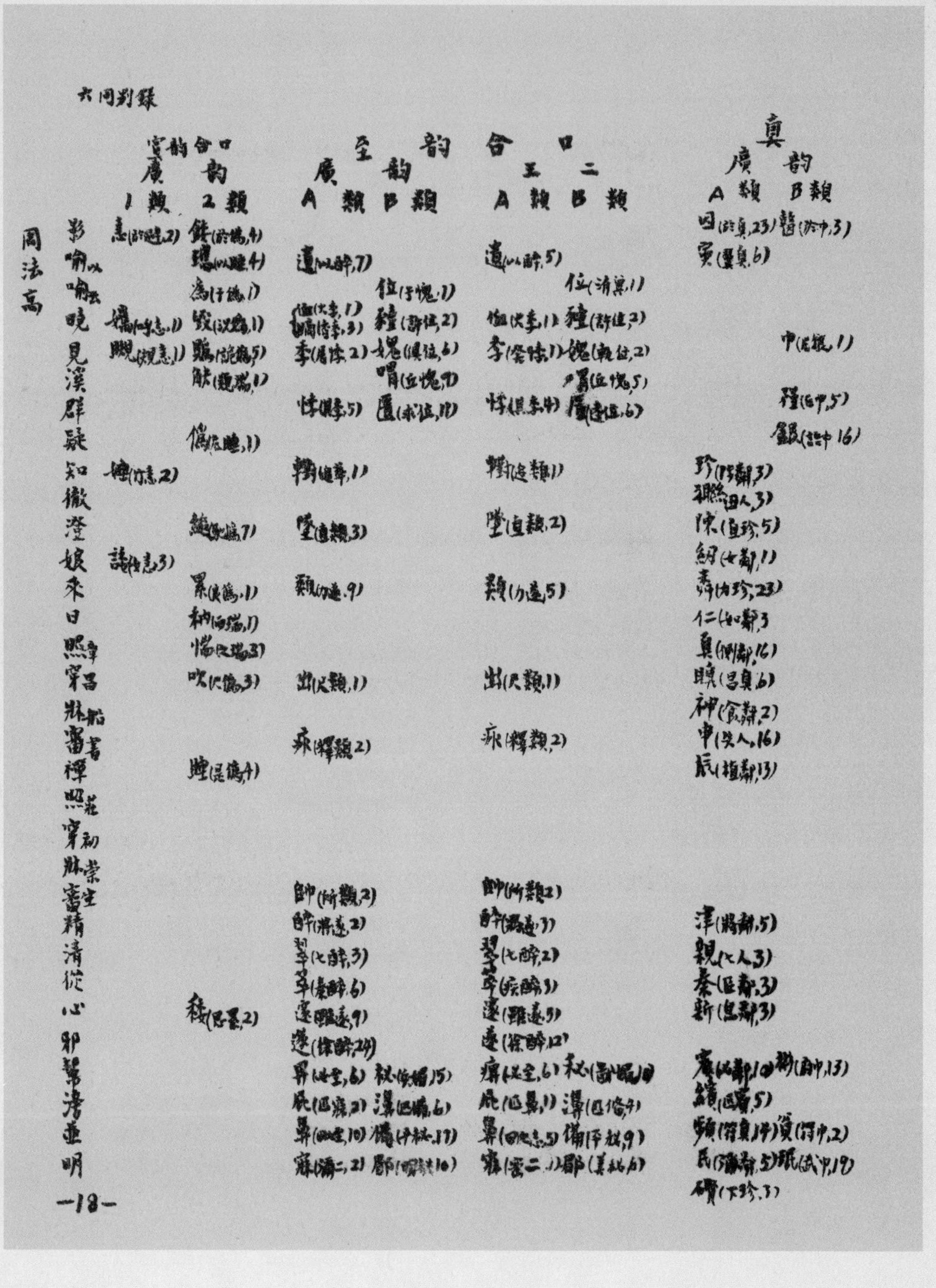

六同別錄

周法高

	寘韻合口 廣韻 1類	2類	至韻合口 廣韻 A類	B類	王二 A類	B類	真 廣韻 A類	B類
影	恚(於避,2)	餧(於僞,4)					因(於真,23)	[illegible](於巾,3)
喻以		瓗(以睡,4)	遺(以醉,7)		遺(以醉,5)		寅(翼真,6)	
喻云		爲(于僞,1)		位(于愧,1)		位(洧冀,1)		
曉	孈(呼恚,1)	毀(況僞,1)	侐(火季,1) [illegible](許季,3)	豷(許位,2)	侐(火季,1)	豷(許位,2)		
見	瞡(規恚,1)	鵙(詭僞,5)	季(居悸,2)	媿(俱位,6)	季(癸悸,1)	媿(軌位,2)		巾(居銀,1)
溪		觖(窺瑞,1)		喟(丘愧,7)		喟(丘愧,5)		
羣			悸(其季,5)	匱(求位,11)	悸(其季,4)	匱(逵位,6)		[illegible](巨巾,5)
疑		僞(危睡,1)						銀(語巾,16)
知	娷(竹恚,2)		轛(追萃,1)		轛(追類,1)		珍(陟鄰,3)	
徹							[illegible](丑人,3)	
澄		縋(馳僞,7)	墜(直類,3)		墜(直類,2)		陳(直珍,5)	
娘	諉(女恚,3)						紉(女鄰,1)	
來		累(良僞,1)	類(力遂,9)		類(力遂,5)		鄰(力珍,23)	
日		枘(而瑞,1)					仁(如鄰,3)	
照章		惴(之瑞,3)					真(職鄰,16)	
穿昌		吹(尺僞,3)	出(尺類,1)		出(尺類,1)		瞋(昌真,6)	
牀船							神(食鄰,2)	
審書			[illegible](釋類,2)		[illegible](釋類,2)		申(失人,16)	
禪		睡(是僞,4)					辰(植鄰,13)	
照莊								
穿初								
牀崇								
審生			帥(所類,2)		帥(所類,2)			
精			醉(將遂,2)		醉(將遂,3)		津(將鄰,5)	
清			翠(七醉,3)		翠(七醉,2)		親(七人,3)	
從			萃(秦醉,6)		萃(疾醉,3)		秦(匠鄰,3)	
心		[illegible](思累,2)	邃(雖遂,9)		邃(雖遂,5)		新(息鄰,3)	
邪			遂(徐醉,24)		遂(徐醉,12)			
幫			痹(必至,6)	秘(兵媚,15)	痹(必至,6)	秘(鄙媚,11)	賓(必鄰,10)	彬(府巾,13)
滂			屁(匹寐,2)	濞(匹備,6)	屁(匹鼻,1)	濞(匹備,4)	繽(匹賓,5)	
並			鼻(毗至,10)	備(平秘,17)	鼻(毗志,5)	備(平秘,9)	頻(符真,14)	貧(符巾,2)
明			寐(彌二,2)	郿(明祕,10)	寐(蜜二,1)	郿(美秘,6)	民(彌鄰,5)	珉(武巾,19)
							礥(下珍,3)	

—18—

	韻合口			軫準韻合口				質韻	
	切三		玄應	廣韻		切三		廣韻	
	A類	B類		A類	B類	A類	B類	A類	B類
影	因(於鄰,11)	䪩(於巾,2)	A B					一(於悉,3)	乙(於筆,3)
喻以	夤(翼真,9)			尹(余準,8)		尹(余准,4)		逸(夷質,12)	
喻云					殞(于敏,7)		殞(于閔,2)		颹(于筆,5)
曉								欯(許吉,5)	肸(羲乙,1)
見		巾(居鄰,1)	B					吉(居質,8)	暨(居乙,1)
溪				螼(丘尹,1)				詰(去吉,4)	
群		墐(巨巾,2)			窘(渠殞,10)		窘(渠殞,4)		姞(巨乙,5)
疑		銀(語巾,8)	B						耴(魚乙,7)
知	珍(陟鄰,3)							窒(陟栗,12)	
徹	𤢄(丑珍,2)			偆(癡準,1)				抶(丑栗,4)	
澄	陳(直珍,3)							秩(直一,12)	
娘	紉(女人,1)		A					暱(尼質,7)	
來	鄰(力珍,9)		A	輪(力準,2)				栗(力質,19)	
日	仁(如鄰,2)		A	蝡(而允,1) 𡰬(而尹,1)				日(人質,5)	
照章	真(職鄰,4)		A	準(之尹,4)		准(之尹,3)		質(之日,15)	
穿昌	瞋(昌鄰,2)		A	蠢(尺尹,9)		賰(尺尹,3)		叱(昌栗,1)	
牀船	神(食鄰,2)			盾(食尹,4)		盾(食允,1)		實(神質,1)	
審書	申(書鄰,6)			賰(式允,1)				失(式質,3)	
禪	辰(植鄰,6)								
照莊			B						
穿初								剎(初栗,	
牀崇								䶥(仕叱,1)	
審生			A B						
精	津(將鄰,3)		A					堲(資悉,8)	
清	親(七鄰,1)		A					七(親吉,10)	
從	秦(匠鄰,3)		A					疾(秦悉,11)	
心	新(息□,3)			筍(思尹,9)		筍(思尹,3)		悉(息七,9)	
邪									
幫	賓(必鄰,3)	彬(□□□)	A B					必(卑吉,27)	筆(鄙密,9)
滂	繽(敷賓,1)		A					匹(譬吉,4)	
並	頻(符鄰,9)		A					邲(毗必,21)	弼(房密,10)
明	民(彌鄰,3)	珉(□巾,11)	A B		愍(眉殞,14)		愍(眉殞,4)	蜜(彌畢,9)	密(美筆,10)
	礥(下珍,1)							螲(丁悉,1)	

廣韻重紐的研究

—19—

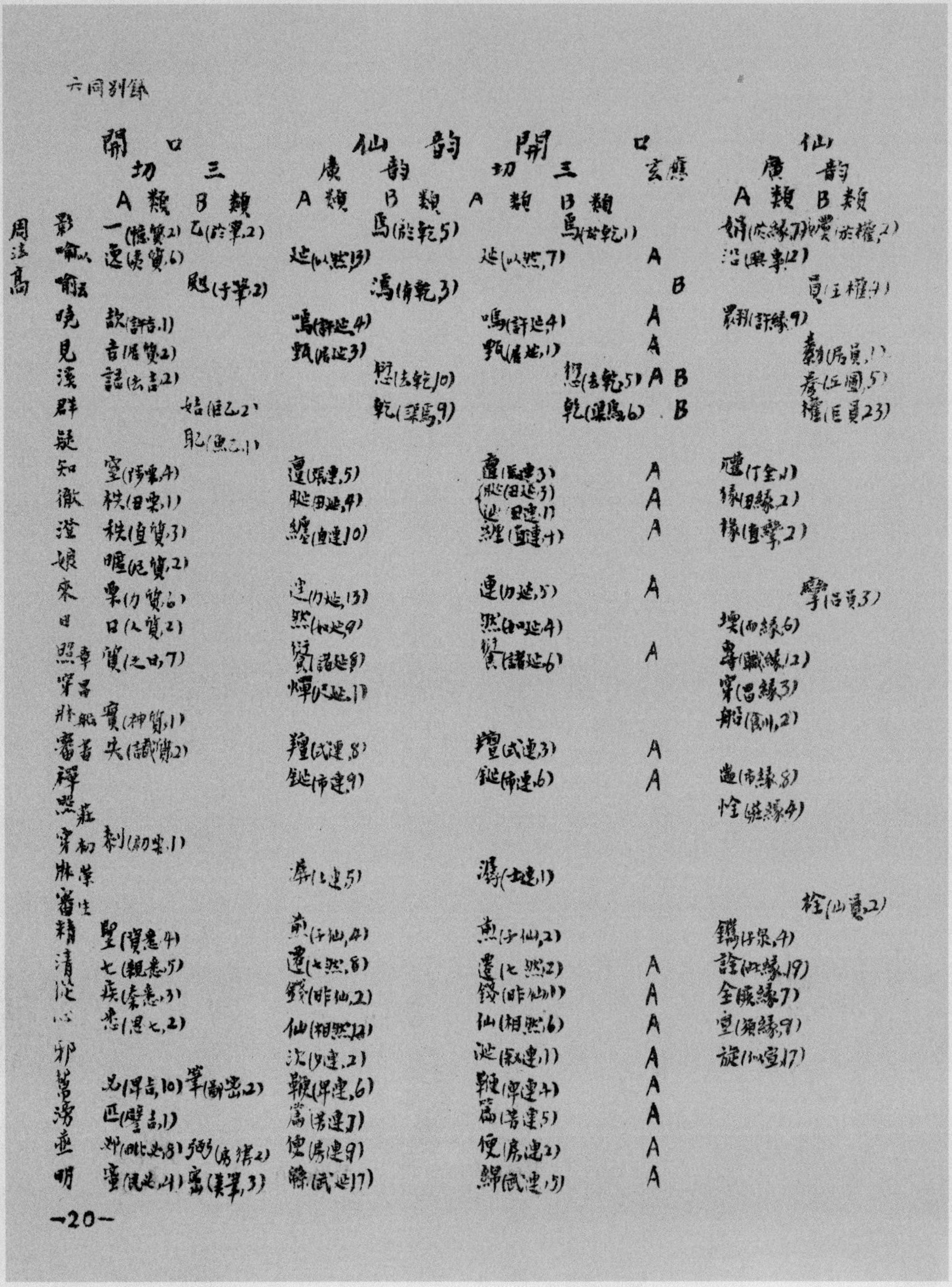
六同别録

周法高

	開口 切三		仙韻 廣韻		開口 切三		玄應	仙 廣韻	
	A類	B類	A類	B類	A類	B類		A類	B類
影	一(憶質,2)	乙(於筆,2)		焉(於乾,5)		焉(於乾,1)		娟(於緣,7)	嬽(於權,2)
喻以	逸(夷質,6)		延(以然,13)		延(以然,7)		A	沿(與專,12)	
喻云		颫(于筆,2)		漹(有乾,3)			B		員(王權,7)
曉	欯(許吉,1)		嘕(許延,4)		嘕(許延,4)		A	翾(許緣,9)	
見	吉(居質,2)		甄(居延,3)		甄(居延,1)		A		勬(居員,1)
溪	詰(去吉,2)			愆(去乾,10)		愆(去乾,5)	A B		弮(丘圓,5)
群		姞(巨乙,2)		乾(渠焉,9)		乾(渠焉,6)	B		權(巨員,23)
疑		耴(魚乙,1)							
知	窒(陟栗,4)		邅(張連,5)		邅(張連,3)		A	[illegible](丁全,1)	
徹	抶(丑栗,1)		脠(丑延,4)		脠(丑延,3) 延(丑連,1)		A	猭(丑緣,2)	
澄	秩(直質,3)		纏(直連,10)		纏(直連,4)		A	椽(直攣,2)	
娘	暱(尼質,2)								
來	栗(力質,6)		連(力延,13)		連(力延,5)		A		攣(呂員,3)
日	日(人質,2)		然(如延,9)		然(如延,4)			堧(而緣,6)	
照章	質(之日,7)		饘(諸延,9)		饘(諸延,6)		A	專(職緣,12)	
穿昌			燀(尺延,1)					穿(昌緣,3)	
牀船	實(神質,1)							船(食川,2)	
審書	失(識質,2)		羶(式連,8)		羶(式連,3)		A		
禪			鋋(市連,9)		鋋(市連,6)		A	遄(市緣,8)	
照莊								恮(莊緣,4)	
穿初	刹(初栗,1)								
牀崇			潺(士連,5)		潺(士連,1)				
審生									栓(山員,2)
精	堲(資悉,4)		煎(子仙,4)		煎(子仙,2)			鐫(子泉,4)	
清	七(親悉,5)		遷(七然,8)		遷(七然,2)		A	詮(此緣,19)	
從	疾(秦悉,3)		錢(昨仙,2)		錢(昨仙,1)		A	全(疾緣,7)	
心	悉(息七,2)		仙(相然,12)		仙(相然,6)		A	宣(須緣,9)	
邪			次(夕連,2)		涎(叙連,1)		A	旋(似宣,17)	
幫	必(卑吉,10)	筆(鄙密,2)	鞭(卑連,6)		鞭(卑連,4)		A		
滂	匹(譬吉,1)		篇(芳連,7)		篇(芳連,5)		A		
並	邲(毗必,8)	弼(房律,2)	便(房連,9)		便(房連,2)		A		
明	蜜(民必,4)	密(美筆,3)	綿(武延,17)		綿(武連,5)		A		

—20—

	韻合口 切三 玄應 A類	B類		線韻開口 廣韻 A類	B類	王二 A類	B類	線韻 廣韻 A類	B類
影	娟(於緣3)	嬛(於權1)	A	躽(於扇3)		躽(於扇1)			
喻以	沿(与專7)		A	衍(予線8)				掾(以絹4)	
喻云		員(王權3)	B						瑗(王眷5)
曉	翾(許緣3)		A						
見		勬(居員1)	B					絹(吉掾5)	眷(居倦5)
溪		桊(去員4)	B	譴(去戰5)		譴(遣戰1)			䡅(區倦3)
群		權(巨員12)	B						倦(渠卷5)
疑					彥(魚變6)		彥(魚變4)		
知				䮗(陟扇3)			䮗(陟彥2)		囀(知戀3)
徹	鐉(丑專2)								猭(丑戀2)
澄	椽(直緣2)		A	邅(持碾2)					傳(直戀2)
娘				輾(女箭2)		輾(女箭1)			
來		攣(呂員3)	A		[illegible](連彥2)				戀(力卷4)
日	壖(而緣1) [illegible](人全1)							[illegible](人絹1)	
照章	專(職緣4)		A	戰(之膳2)		戰(之膳2)			剸(之囀1)
穿昌	穿(昌緣3)		A	硟(昌戰1)		硟(尺戰1)		釧(尺絹4)	
牀船	船(食川1)		A						
審書				扇(式戰6)		扇(式戰4)			
禪	遄(市延4)		A	繕(時戰12)		繕(市戰6)		擅(時釧2)	
照莊	跧(莊緣1)								孨(莊眷1)
穿初									
牀崇									饌(士戀9)
審生		栓(山員1)							篹(所眷2)
精	鐫(子泉1)			箭(子賤9)		箭(子賤5)			
清	詮(此緣12)		A					縓(七絹3)	
從	全(疾緣3)		A	賤(才線3)		賤(在線3)			
心	宣(須緣5)		A	線(私箭4)		線(私箭1)			
邪	旋(似宣5)		A	羨(似面2)				選(息絹8)	漩(辝戀9)
幫					變(彼眷1)		變(彼眷1)		
滂				騗(匹戰2)		騗(匹扇1)			
並				便(婢面1)	卞(皮變15)	便(避面1)	卞(皮變9)		
明				面(彌箭2)		面(弥便2)			

六同別錄

周法高

	合口 王二 A類	合口 王二 B類	薛韻合口 廣韻 A類	薛韻合口 廣韻 B類	薛韻合口 切三 A類	薛韻合口 切三 B類	宵韻 廣韻 A類	宵韻 廣韻 B類
影			妜(於悅1)	噦(乙劣1)	妜(於悅1)		要(於霄9)	妖(於喬5)
喻以	捸(以絹3)		悅(弋雪7)		悅(口雪5)		遙(餘昭36)	
喻云		瑗(王眷5)						鴞(于嬌2)
曉				旻(許劣6)		昊(口口,口)		嚻(許嬌10)
見	絹(古掾3)	眷(居倦8)		蹶(紀劣5)		蹶(紀劣2)		驕(舉喬9)
溪			缺(傾雪2)		缺(傾雪1)		蹻(去遙6)	趫(起囂4)
群		倦(渠卷2)					翹(渠遙6)	喬(巨嬌16)
疑								
知		囀(知戀4)		輟(陟劣15)		輟(陟劣4)	朝(陟遙2)	
徹		猭(丑戀2)	䜖(丑悅1)			䜖(丑劣1)	超(敕宵6)	
澄		傳(直戀1)					鼂(直遙5)	
娘				吶(女劣1)		吶(女劣1)		
來		戀(力卷1)		劣(力輟13)		劣(力惙4)	燎(力昭2)	
日	[illegible](人絹1)			爇(如劣5)	爇(如雪2)		饒(如招6)	
照章			拙(職悅11)		拙(職雪3)		昭(止遙7)	
穿昌	釧(尺絹2)		歠(昌悅2)		歠(昌雪1)		怊(尺招2)	
牀船								
審書				說(失爇1)	說(失爇1)		燒(式招2)	
禪	[illegible](豎釧2)		啜(殊雪1)		啜(樹雪1)		韶(市昭10)	
照莊				茁(側劣2)		茁(側劣2)		
穿初								
牀崇		饌(士戀3)						
審生		[illegible](所眷2)		㕞(所劣4)		刷(所劣2)		
精			蕝(子悅3)		蕝(子悅3)		焦(即消17)	
清	縓(七選1)		膬(七絕4)		膬(七絕1)		鍫(七遙7)	
從			絕(情雪1)		絕(情雪1)		樵(昨焦5)	
心	選(息便1)		雪(相絕4)		雪(相絕1)		宵(相邀20)	
邪	旋(辝選4)		[illegible](寺絕2)					
幫							飆(甫遙15)	鑣(甫嬌7)
滂							[illegible](撫招21)	
並							瓢(符霄6)	
明							蜱(彌遙5)	苗(武瀌5)

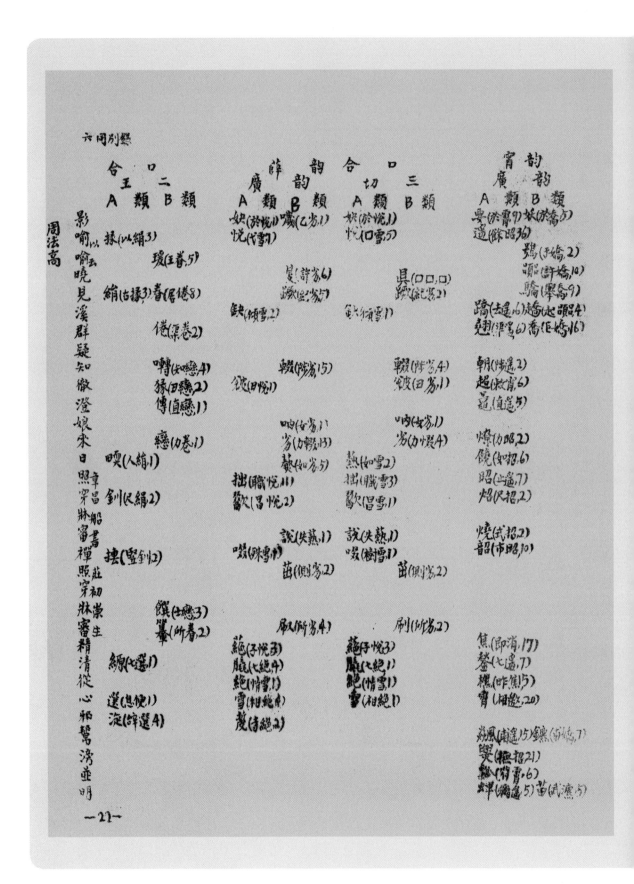

—21—

	小韻 廣韻 1類	小韻 廣韻 2類	切三 1類	切三 2類	笑韻 廣韻 1類	笑韻 廣韻 2類	侵韻 廣韻 A類	侵韻 廣韻 B類
影		夭(於兆,4) 闄(於小,1)	夭(於兆,2)		要(於笑,3)		愔(挹淫,2)	音(於金,8)
喻以	鷕(以沼,7)			鷕(以沼,3)		燿(弋照,17)	淫(餘針,15)	
喻云								
曉								歆(許金,4)
見		矯(居夭,12)		矯(居沼,3)				金(居吟,9)
溪						趬(丘召,5)		欽(去金,5)
群		驕(巨夭,1)	驕(巨小,1)		翹(巨要,1)	嶠(渠廟,2)		琴(巨金,22)
疑						虠(牛召,1)		吟(魚金,10)
知							碪(知林,5)	
徹		巐(丑小,1)				朓(丑召,1)	琛(丑林,7)	
澄		肇(治小,11)	肇(治小,6)			召(直照,1)	沈(直深,9)	
娘							誑(女心,3)	
來		繚(力小,9)	繚(力小,1)			療(力照,8)	林(力尋,8)	
日	擾(而沼,7)			擾(而沼,3)	饒(人要,2)		任(如林,7)	
照章	沼(之少,3)			沼(之少,1)		照(之少,5)	斟(職深,9)	
穿昌	䫂(尺沼,5)			䫂(尺沼,3)			覾(充針,1)	
牀船								
審書	少(書沼,3)			少(書沼,1)		少(失照,2)	深(式針,2)	
禪	紹(市沼,5)			紹(市沼,3)		邵(寔照,7)	諶(氏任,7)	
照莊								兂(側吟,4)
穿初								參(楚簪,6)
牀崇							岑(鋤針,9)	
審山								森(所今,10)
精		剿(子小,8)	剿(子小,2)		醮(子肖,11)		祲(子心,9)	
清		悄(親小,3)	悄(七小,2)		陗(七肖,8)		侵(七林,7)	
從					噍(才笑,4)		鬵(昨淫,10)	
心		小(私兆,3)	小(私兆,1)		笑(私妙,5)		心(息林,4)	
邪							尋(徐林,16)	
幫		表(陂矯,4) 褾(方小,4)	表(方小,2)	表(方矯,1)		裱(方廟,2)		
滂	縹(敷沼,8)	麃(滂表,1)		縹(匹沼,4)	剽(匹妙,11)			
並	摽(符少,8)	藨(平表,8)	㠒(符小,2)	藨(平表,2)		驃(毗召,1)		
明	眇(亡沼,10)			眇(亡沼,4)	妙(彌笑,3)	廟(眉召,2)		

廣韻重紐的研究

－23－

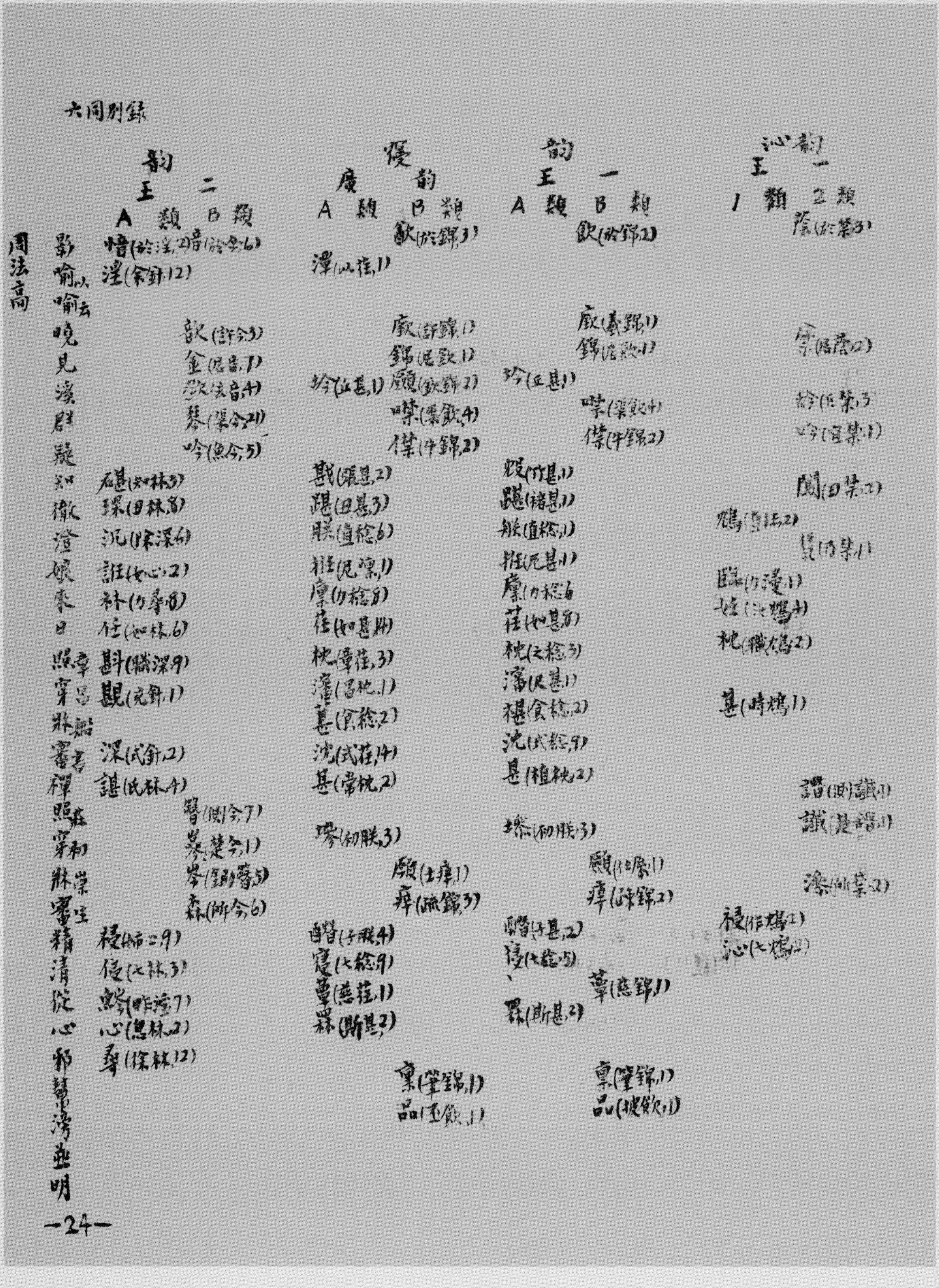

六同別録

周法高	侵韻 王二 A類	侵韻 王二 B類	侵韻 廣韻 A類	侵韻 廣韻 B類	侵韻 王一 A類	侵韻 王一 B類	沁韻 王一 1類	沁韻 王一 2類
影	愔(於淫,2)	音(於今,6)		飲(於錦,3)		飲(於錦,2)		蔭(於禁,3)
喻以	淫(余針,12)		潭(以荏,1)					
喻云								
曉		歆(許今,3)		廞(許錦,1)		廞(羲錦,1)		
見		金(居音,7)		錦(居飲,1)		錦(居飲,1)		禁(居蔭,2)
溪		欽(去音,4)	坅(丘甚,1)	顉(欽錦,2)	坅(丘甚,1)			
群		琴(渠今,21)		噤(渠飲,4)		噤(渠飲,4)		紟(巨禁,3)
疑		吟(魚今,5)		僸(牛錦,2)		僸(牛錦,2)		吟(宜禁,1)
知	碪(知林,3)		戡(張甚,2)		戡(竹甚,1)			
徹	琛(丑林,8)		踸(丑甚,3)		踸(楮甚,1)			闖(丑禁,2)
澄	沉(除深,6)		朕(直稔,6)		朕(直稔,1)		鴆(直[illegible],2)	
娘	誑(女心,2)		拰(尼凜,1)		拰(尼甚,1)			賃(乃禁,1)
來	林(力尋,8)		廩(力稔,8)		廩(力稔,6)		臨(力鴆,1)	
日	任(如林,6)		荏(如甚,[illegible])		荏(如甚,8)		妊(汝鴆,4)	
照章	斟(職深,9)		枕(章荏,3)		枕(之稔,3)		枕(職鴆,2)	
穿昌	覘(充針,1)		瀋(昌枕,1)		瀋(尺甚,1)			
牀船			葚(食稔,2)		椹(食稔,2)		葚(時鴆,1)	
審書	深(式針,2)		沈(式荏,14)		沈(式稔,9)			
禪	諶(氏林,4)		甚(常枕,2)		甚(植枕,2)			
照莊		簪(側今,7)						譖(側讖,1)
穿初		嵾(楚今,1)	墋(初朕,3)		墋(初朕,3)			讖(楚譖,1)
牀崇		岑(鋤簪,5)		[illegible](士痒,1)		[illegible](士[illegible],1)		
審生		森(所今,6)		瘁(疏錦,3)		瘁(疎錦,2)		滲(所禁,2)
精	祲(姉心,9)		[illegible](子朕,4)		[illegible](子甚,2)		祲(作鴆,2)	
清	侵(七林,3)		寑(七稔,9)		寑(七稔,5)		沁(七鴆,2)	
從	鬵(昨淫,7)		蕈(慈荏,1)			蕈(慈錦,1)		
心	心(息林,2)		罧(斯甚,2)		罧(斯甚,2)			
邪	尋(徐林,12)							
幫				稟(筆錦,1)		稟(筆錦,1)		
滂				品(丕飲,1)		品(披飲,1)		
並								
明								

—24—

集刊外編第三種

	緝韻 王二		琰韻 廣韻		琰韻 王一		豔韻 廣韻	
	A類	B類	A類	B類	A類	B類	A類	B類
影	揖(伊入,2)	邑(英及,6)	黶(於琰,8)	奄(衣檢,17)	黶(於琰,6)	奄(應檢,13)	厭(於豔,5)	俺(於驗,2)
喻以			琰(以冉,11)		琰(以冉,7)		豔(以贍,9)	
喻云		煜(爲立,3)						
曉		吸(許及,7)		險(虛檢,8)		險(虛檢,5)		
見		急(居立,6)		檢(居奄,2)		檢(居儼,3)		
溪		泣(去急,3)	脥(謙琰,1)	顩(丘檢,2)	脥(苦斂,1)	顩(丘檢,2)		
群		及(其立,2)		儉(巨險,2)		儉(巨險,2)		
疑		岌(魚及,1)		顩(魚檢,7)		儼(魚儉,9)		驗(魚窆,3)
知		縶(陟立,3)						
徹	湁(丑入,1)		諂(丑琰,2)		諂(丑琰,2)		覘(丑豔,2)	
澄		蟄(直立,5)						
娘								
來		立(力急,7)	斂(良冉,13)		斂(力冉,7)			殮(力驗,7)
日	入(尒執,1)		冉(而琰,10)		冉(而琰,8)		染(而豔,2)	
照章	執(之十,4) 讋([illegible]十,1)		颭(占琰,1)				占(章豔,1)	
穿昌							[illegible](昌豔,8)	
牀船	褶(神執,1)							
審書	溼(失入,2)		陝(失冉,8)		陝(失冉,5)		閃(舒贍,4)	
禪	十(是執,3)		剡(時染,1)				贍(時豔,1)	
照莊		戢(阻立,6)						
穿初								
牀崇								
審山		澀(色立,3)						
精	㗱(姉入,4)		[illegible](子冉,1)		[illegible](子冉,1)		[illegible](子豔,1)	
清	緝(七入,3)		憸(七漸,2)		憸(七漸,2)		壍(七豔,4)	
從	集(秦入,5)		漸(慈染,10)		漸(自染,4)		潛(慈豔,1)	
心	霫(心緝,2)	靸(先立,2)						
邪	習(似入,5)							
幫			貶(方斂,2)		貶(方冉,1)			窆(方驗,2)
滂								
並								
明								

廣韻重紐的研究

−25−

六同别録

周法高

	韵 王一 A類	B類
影	厭(於豔3)	[illegible](於驗1)
喻以	豔(以贍5)	
喻云		
曉		
見		
溪		
群		
疑		驗(語窆2)
知		
徹	覘(丑豔2)	
澄		
娘		
來		殮(力驗6)
日	染(而贍1)	
照章	占(之豔1)	
穿昌	韂(充豔1)	
牀船		
審書	閃(式贍2)	
禪	贍(市豔1)	
照莊		
穿初		
牀崇		
審生		
精	[illegible](子豔1)	
清	塹(七贍2)	
從	潛(疾豔1)	
心		
邪		
幫		窆(方驗2)
滂		
並		
明		

—26—

本表刊誤和小註

1. 幫,滂,並,明四格内:支韵開口,廣韵和王二B類有"陂縻",紙韵開口,廣韵和切三有"彼,被,靡",都和合口字相系聯;至韵合口,廣韵和王二A類有"畀(王二作痹)屁,鼻,寐",屬開口,B類有"祕,濞,備,郿"自成一組;現在為便於參考起見,暫時把牠們放在現在的地位.
2. 真韵合口,"1類"應改作"2類","2類"應改作"1類";線韵合口,薛韵合口和汃韵的"1類",都應該改作"A類","2類"改作"B類".
3. 真韵合口的"合"字應改作"開",此韵切三下字系聯成一類,假使根据廣韵把見紐的"巾(居鄰)"改做"巾(居銀)",就分成A,B兩類如表中所列的了.質韵開口廣韵B類"密(美筆)廣韵原作"美畢切",現在已經根据切韵改正了.
4. 至韵合口,廣韵B類穿初紐格内,應補"敊(楚愧1)".
5. 仙韵合口,廣韵A類澄紐格内"椽(直攣2)"應移入同格B類.
6. 線韵開口,王二A類並紐格内"便(避面1)",王二原本沒有,係根据王一所補.又明紐格内"面",和合口A類相系聯,現在為和廣韵參証起見,暫列開口.
7. 線韵合口,廣韵B類見紐格内"倦(渠眷)"的"眷"字,應改作"卷";來紐格内,"戀(力倦)"的"倦"字,應改作"卷".

廣韻重紐的研究

現在我們再將有第一,二種重紐的幾韻切語下字系聯的情形列在下面:

1.支,紙,寘韻

支韻開口:廣韻,切韻分二類和重紐相應.

廣韻:A類　知(陟離),離(呂支),支(章移),移(弋支)

B類　宜(魚羈),奇(渠羈),羈(居宜)

王二:A類　知(陟移),移(弋支),支(章移),離(呂移)

B類　宜(魚羈),奇(渠羈),羈(居宜)

支韻合口:廣韻,切韻有重紐下字系聯為一類.

廣韻:　規(居隋),隋隨(旬為),危(魚為),垂(是為),為(薳支)

王二:　規(居隨),隨(旬為),危(魚為),垂(是為),為(薳支)

紙韻開口:廣韻切韻分二類廣韻和重紐相應.

廣韻:A類　紙帋(諸氏),此(雌氏),侈(尺氏),爾(兒氏),豸(池爾),氏是(承紙)

B類　倚(於綺),綺(墟彼)

切三:A類　紙(諸氏),氏(承紙),尔(兒氏)

B類　倚(於綺),綺(墟彼)

紙韻合口:

廣韻:　捶(之累),累(力委),詭(過委),毀(許委),髓(息委),委(於詭),彼(甫委),靡(文彼)

切三:　捶(之累),累(力委),詭(居委),毀(許委),髓(息委),委(於詭),彼(甫委),靡(文彼)

另外脣音成一類,開口的重紐"企(丘弭)",合口的重紐"跬(丘弭)",都拿牠作切語下字和其他的劃分:

廣韻:　婢(便俾),俾(并弭),弭(綿婢)

切三:　婢(便俾),俾(卑婢),弭(民婢)

寘韻開口:廣韻切韻有重紐,下字系聯為一類.

廣韻:　企(去智)智(知義),義(宜寄),寄(居義),賜(斯義),豉(是義)

王二:　智(知義),義(宜寄),寄(居義),賜(斯義),豉(是義)

寘韻合口:廣韻,切韻分二類和重紐相應.

六同別録

周法高

廣韻：1類　累(良僞)，僞(危睡)，睡瑞(是僞)
　　　2類　恚(於避)避(毗義)
王二：1類　睡瑞(是僞)，僞(危賜)
　　　2類　恚(於避)避(婢義)

2.脂，旨，至韻

脂韻開口：廣韻，切韻無重紐，下字為一類.
　廣韻：飢肌(居夷)，夷(以脂)，脂(旨夷)，私(息夷)資(即夷)，尼(女夷)
　王二：夷(以脂)，脂(旨夷)，私(息脂)伊(於脂)，肌(居脂)，尼(女脂)
脂韻合口：廣韻，切韻有重紐.
　廣韻：綏(息遺)，遺維(以追)追(陟隹)，隹(職追)
　王二：綏(息遺)，遺維惟(以隹)，隹(職追)，追(陟隹)
脣音成一類，合口喻云紐"帷(洧悲)"拿牠作切語下字.
　廣韻：悲(府眉)，眉(武悲)
　王二：悲(府眉)眉(武悲)
旨韻開口：廣韻下字分二類，和照章紐的重紐不相應. 切韻無重紐，下字為一類.
　廣韻：几(居履)，履(力几)，雉(直几)，姊(將几)
　　　　矢(式視)，視(承矢)
　切三：几(居履)履(力几)雉(直几)，姊(將几)，旨(職雉)，視(承旨)
旨韻合口：廣韻，切韻，有重紐，下字為一類.
　廣韻：癸(居誄)，誄壘(力軌)，水(式軌)，軌(居洧)，洧(榮美)美(無鄙)鄙(方美)
　切三　癸(居誄)，誄藟(力宄)，水(式宄)，宄軌(居洧)，洧(榮美)，美(無鄙)，鄙(方美)
至韻開口：廣韻切韻有重紐，下字成一類.
　廣韻：自(疾二)，寐(彌二)，二(而至)，至(脂利)，四(息利)冀(几利)器(去冀)，利(力至)
　王二：二(而至)，至(旨利)，四(息利)冀(几利)，器(去冀)，利(力至)鼻(毗志)
至韻合口：廣韻，切韻下字分三類，合併成二類和重紐相應.

-28-

廣韻:A類　萃(秦醉),醉(將遂),遂(徐醉),類(力遂)
　　　　　季(居悸)悸(其季)
　　B類　位(于愧)愧(俱位)
王二:A類　萃(疾醉),醉(將遂),遂(徐醉),類淚(力遂)
　　　　　季(癸悸)悸(其季)
　　B類　愧(癸位)位(洧冀)

脣音成一類:

廣韻:備(平祕),祕(兵媚),媚(明祕)

王二:備(平祕),祕(鄙媚),媚(美祕)

3. 真諄軫準震稕質(術韻)

真韻開口:廣韻下字分二類,与重紐相應.切三有重紐,下字成一類.

廣韻:A類　鄰(力珍),珍(陟鄰),人(如鄰),真(側鄰),賓(必鄰)
　　B類　巾(居銀)銀(語巾)
切三:　　鄰(力珍)珍(陟鄰)人(如鄰)真(職鄰),賓(必鄰),巾(居鄰)

廣韻真韻合口,和諄韻下字成一類,有重紐,切韻不分真諄,下字成一類無重紐.

廣韻諄韻:勻(羊倫),倫綸(力迍),迍(陟倫),脣(食倫),遵(將倫)旬(詳遵)
　　真韻:筠(爲贇),贇(於倫)
切三真韻:均(居春)春(昌脣)脣(食倫)倫(力屯)屯(陟倫)純(常倫)遵(將倫),旬(詳遵),荀(相倫)

軫韻開口,廣韻,切韻成一類,無重紐.

廣韻軫韻合口和準韻下字成二類,切韻不分軫準,軫韻合口成二類.

廣韻準韻:準(之尹),尹允(余準)
　　軫韻　殞(于敏),敏(眉殞)
切三 A類　准(之尹)尹允(余准)
　　B類　殞(于閔),閔(眉殞)

震韻開口,廣韻,切韻成一類.切韻無重紐,廣韻有,是後來增加的.

廣韻重紐的研究

周法高

六同別録

廣韻震韻合口和稕韻下字成一類無重紐，切韻不分震稕，震稕合口成一類.

質韻開口：切韻分三類合併成二類，廣韻切語下字成一類，假使根據切韻把"密"美畢切改做美筆切就分二類，和重紐相應.

廣韻：A類　一(於悉)、悉(息七)、七(親吉)、必畢(卑吉)、吉(居質)、質(之日)、日(人質)、栗(力質)、叱(昌栗)

B類　乙(於筆)、筆(鄙密)、密(美筆)

切三：A類　一(憶質)、質(之日)、日(人質)、栗(力質)、吉(居質)、必(卑吉)

悉(思七)、七(親悉)

B類　乙(於筆)、筆(鄙密)、密(美筆)

廣韻質韻合口和術韻下字成一類無重紐，切韻不分質術，質韻合口成一類.

本仙、獮線、薛韻

仙韻開口：廣韻切韻分二類，廣韻無重紐，切三、王一、徹組有重紐"脠""延""延"在韻末，是係增加字

廣韻：A類　仙(相然)、然(如延)、延(以然)、連(力延)

B類　焉(於乾)、乾(渠焉)

切三：A類　仙(相然)、然(如延)、延(以然)、連(力延)

B類　焉(於乾)、乾(渠焉)

仙韻合口：廣韻、切韻分二類，有重紐，切三、王一四組有"嬛""𧙗"為重紐，"𧙗"在韻末，是係增加字，廣韻合併成一組.

廣韻：A類　緣(與專)、專(職緣)、泉全(疾緣)、宣(須緣)、川(昌緣)

B類　權(巨員)、員圓(王權)

切三：A類　緣(与專)、專(職緣)、泉(聚緣)、宣(須緣)、川(昌緣)。

B類　權(巨員)、員(王權)

獮韻開口：廣韻、切韻有重紐，切語下字系聯成一類.

廣韻：免(亡辨)、辨(符蹇)、蹇(九輦)、輦(力展)、展(知演)、演(以淺)、淺(七演)、翦(即淺)、善(常演)

切三：免(亡辨)、辨(符蹇)、蹇(居輦)、輦(力演)、展(知演)、演(以淺)、淺(七演)、踐(即演)、善(常演)

—30—

廣韻重紐的研究

獮韻合口：廣韻切韻有重紐，下字成一類。

廣韻 篆(持兗)，緬(彌兗)，兗(以轉)，轉(陟兗)

切三 篆(治兗)，緬(無兗)，兗(以轉)，轉(陟兗)

線韻開口：廣韻，切韻切語下字成三類，合併成二類。

廣韻：A類 箭(子賤)，賤(才線)，線(私箭)，碾(女箭)，面(彌箭)

扇(式戰)，戰(之膳)，膳(時戰)

B類 彥(魚變)，變(彼眷)

王二：A類 箭(子賤)，賤(在線)，線(私箭)

扇(式戰)，戰(之膳)，膳(市戰)

B類 彥(魚變)，變(彼眷)

線韻合口：廣韻切語下字成二類，切韻成三類，和重紐相應。

廣韻：A類 釧(尺絹)，絹(吉掾)，掾(以絹)

B類：囀(知戀)，戀(力卷)，卷眷(居倦)倦(渠卷)

王二：A類 釧(尺絹)絹(古掾)掾(以絹) 選(息便)

B類 囀(知戀)，戀(力卷)卷眷(居倦)倦(渠卷)

薛韻開口：廣韻，切韻有重紐，下字成一類。

廣韻：列(良薛)，薛(私列)，竭(渠列)，滅(亡列)，熱(如列)，別(皮列)

切三：列(呂薛)，薛(私列)，竭(渠列)熱(如列)別(憑列)，滅(亡別)

薛韻合口：廣韻，切韻下字成二類，廣韻有重紐。

廣韻：A類 悅(弋雪)，雪(相絕)，絕(情雪)

B類 爇(如劣)，劣(力輟)輟(陟劣)

切三：A類 悅(弋雪)，雪(相絕)，絕(情雪)

B類 劣(力惙)，惙(陟劣)

5. 宵、小、笑韻

宵韻：廣韻成三類，合成二類和重紐相應。切三下字成一類，假使"喬，巨朝反"，据廣韻改為"巨嬌反"，就分二類，和重紐相應了。

周法高

六同別録

廣韻A類　遙(餘昭)，昭招(止遙)

焦(即消)　消霄宵(相邀)，邀(於霄)

B類　儦(甫嬌)，囂(許嬌)，嬌(舉喬)，喬(巨嬌)

切三：　遙(餘招)，招昭(止遙)，焦(即遙)，宵(相焦)　朝(知遙)

儦(甫喬)，驕(舉喬)，韶(詩□)，喬(巨朝)

小韵，廣韵，切韵切語下字成二類，和重紐相應，但是分配大不相同。

廣韵：1類　少(書沼)，沼(之少)

2類　表(陂嬌)，矯(居夭)，夭(於兆)，兆(治小)，小(私兆)

切三：1類　兆(治小)，小(私兆)

2類　沼(之少)，少(書沼)　紹(市沼)，矯(居沼)　表(方矯)

笑韵廣韵切語下字成二類和重紐相應，切韵成一類，有重紐。

廣韵：1類　要(於笑)，笑肖(私妙)，妙(彌笑)

2類　廟(眉召)，召(直照)，照(之少)，少(失照)

王二：　笑肖(私妙)，妙(弥召)　召(持笑)　照(之笑)　廟(眉召)，誚(才笑)

6.侵寑沁緝韵

侵韵，廣韵，切韵切語下字成三類，合併成二類和重紐相應。

廣韵：A類　心(息林)，任(如林)，林(力尋)，尋(徐林)

淫(餘針)，針(職深)　深(式針)

B類　簪(側吟)　吟(魚金)，金今(居吟)

王二：A類　心(息林)　林(力尋)　尋(徐林)

淫(余針)　針(職深)，深(式針)

B類　簪(側今)，今(居音)　音(於今)

寑韵廣韵，切韵無重紐，切語下字成二類。

廣韵：A類　朕(直稔)　稔荏(如甚)，凜(力稔)，甚(常枕)，枕(章荏)

B類　瘁(踈錦)　錦(居飲)，飲(於錦)

—32—

王一：A類　朕(直稔)稔(如甚)，甚(植枕)，枕(之稔)

　　B類　瘮(踈錦)，錦(居飲)，飲(於錦)

沁韻，廣韻，切韻無重紐，廣韻切語下字成一類，切韻成三類，合併成二類.

廣韻：任(如鴆)，鴆(直禁)，禁(居蔭)蔭(於禁)譖(莊蔭)

王一：A類　浸(作鴆)，鴆(直任)，任(汝鴆)

　　B類　禁(居蔭)蔭(於禁)

　　　　譖(側讖)，讖(楚譖)

緝韻，廣韻切韻有重紐，廣韻切語下字成一類，切韻成二類.

廣韻：　,,　汁執(之入)，入(人執)立(力入)，及(其立)急汲(居立)，戢(阻立)

王二：A類　十(是執)，執(之十)入(尔執)，緝(七入)

　　B類　立(力急)急(居立)，及(其立)

7.鹽琰豔葉韻

鹽韻，廣韻，切韻有重紐，切語下字成一類.

廣韻：淹(央炎)，炎(于廉)，占(職廉)，廉(力鹽)，鹽(余廉)

王二：淹(英廉)鹽(余廉)，廉(力兼)

琰韻，廣韻，切韻切語下字成二類，和重紐相應(王二把B類併入广韻).

廣韻：A類　漸(慈染)，染冉(而琰)琰(以冉)，歛(良冉)

　　B類　儉(巨險)，險(虛檢)，檢(居奄)，奄(衣檢)

王一：A類　漸(自染)，染冉(而琰)琰(以冉)，歛(力冉)

　　B類　儉(巨險)，險(虛檢)，檢(居儼)，儼(魚儉)

豔韻，廣韻，切韻切語下字成二類，和重紐相應.

廣韻：A類　豔(以贍)，贍(時豔)

　　B類　驗(魚窆)，窆(方驗)

王一：A類　豔(以贍)，贍(市豔)

　　B類　驗(語窆)，窆(方驗)

六同别録

周法高

業韻,廣韻,切韻有重紐,切語下字為一類.

廣韻：接(即葉),輒(陟葉),葉(與涉),涉(時攝),攝(書涉)

切三　輒(陟葉),葉(與涉),涉(時攝),攝(書涉)

8 其他

祭韻開口,廣韻,切韻有重紐,下字成一類.

廣韻：蔽(必袂)袂(彌弊),弊(毗祭),祭(子例),例(力制),世(舒制),制(征例),罽(居例)
　　　憩(去例)

王一：袂(彌弊)弊(毗祭),祭(子例),例厲(力制),罽(居厲),勢世(舒制),制(職例),
　　　憩(去例)

之韻,廣韻,切韻有重紐,下字成一類.

廣韻：菑(側持),持(直之),之(止而),而(如之),其(渠之),茲(子之)

切二：淄(側持)持治(直之)之(止而),而(如之)其(渠之),茲(子之),基(居之)

止韻,廣韻,切韻切語下字成二類和重紐不相應.

廣韻：擬(魚紀),紀己(居理)理里(良士),士(鉏里),史(疏士)
　　　止(諸市),市(時止)

王一：擬(魚紀),紀(居似),似(詳里),里李(良士),士(鋤里),史(疏士)
　　　止(諸市),市(時止)

尤韻,廣韻,切韻,切語下字為二類和重紐不相應.

廣韻：秋(七由),由(以周),周州(職流),流(力求)求(巨鳩),鳩(居求),尤(羽求)
　　　謀(莫浮),浮(縛謀)

切三：秋(七遊),遊由(以周)周(職鳩),鳩(居求),求(巨鳩),尤(雨求),流(力求),愁(士求)
　　　浮(薄謀),謀(莫侯)

—34—

廣韻重紐的研究

四.

我們綜合表一(見第二節)表二(見第三節)第一,二種重紐(見第一節)和他們切語下字系連的情形(見第三節),可以歸納出一些特點.第一,這些韻都屬於高本漢所謂三四等韻中的α型(說見第五節);第二,這些重紐多出現於喉,牙,脣音諸紐下.尤其重要的是,我們因此可確定A,B兩類的定義.當切語下字分做二類(或者三類,按照各種標準合併成二類)的時候,B類多出現於喉(影,喻以,喻云,曉),牙(見,溪,群,疑),脣(幫滂並明),正齒二等(照莊,穿初,牀崇,審山),來紐,間或出現於舌上音(知,徹,澄,娘);其喉,牙,脣音,在韻圖(韻鏡,七音略)列於三等.A類就沒有這个限制;其喉,牙,脣音在韻圖上列於四等.還有一點,喻以紐在韻圖上老是列在四等,喻云紐老是列在三等,並且同在一行,A類恰巧沒有喻云紐,B類恰巧沒有喻以紐,在這兩紐也不再發現重紐,好像這兩紐自成一組重紐似的.另外,我們發現在影紐重紐出現的次數最多;有幾韻,只在影紐下才出現重紐,如仙韻合口,侵,鹽韻等.

在表二中,有二十多韻類,假使我們根據切韻或廣韻把他們互相校訂的話,不合乎上述A B兩類的定義的,只有三个韻類——寘韻合口,小韻,笑韻.寘韻合口的兩類本來和A,B兩類特點相合;但是假使管"恚,孈,瞡,娷,諉"叫B類,就和韻圖排列的情形不合.B類在韻圖上照例把喉牙脣音列在三等,在這兒"恚孈瞡"却列在四等(參看表一).小,笑韻的兩類雖然和重紐相應,和聲紐配合的情形却不合上述的標準;恰巧,切韻小韻切語下字雖分兩類,分配的情形和廣韻却大不相同(參看表二),笑韻索性不分兩類,可見廣韻小,笑韻的分類有問題,一方面也可証明我上述A,B兩類的定義並不是武斷的了.我現在把寘合,小,笑韻的兩類叫"1類""2類"和其他諸韻叫"A類""B類"的不同.廣韻線韻合口B類有照章紐"剸(之囀,1)",切韻B類沒有,廣韻薛韻合口日紐有"爇",審書紐有"說",切韻都屬A類,應該根據切韻來訂正,便沒有例外了.此外廣韻真韻開口,質韻,切語下字成二類,切韻系聯成一類,應該根據廣韻來訂正.廣韻質韻開口,沁韻,緝韻,切語下字系聯成一類,切韻分二類,應該根據切韻來訂正.還有脂韻和至韻切語下字自成一類的脣音,開合口不好斷定(註),但是無論屬開屬合,都相當於B類的一部份.至於支脂真仙宵侵鹽(舉平以包上去入)諸韻中其他切語下字不分二類而有重紐的諸韻類,也可以依照韻圖劃分A,B二類,假使我們需要劃分的話.

周法高

(註)當我們系聯韻類時,最容易使開合口混淆的就是脣音字,假使我們單憑切語下字去判斷牠們的開合,就難免發生糾紛,譬如支韻"陂,糜",用"為"字作切,"為"屬合口;而"鈹,皮"用"羈"字作切,"羈"屬開口.有時脣音自成一類,如宣韻.我現在打算把支,脂,真,仙這幾韻(包括上,去,入)的脣音,算做開口重紐.理由有幾点:第一,在韻圖裡,把這幾韻的脣音都放在開口(除去線韻的"變"),和重紐一樣看待.第二,消,小,笑,沒有合口,脣音也有重紐.第三,把牠們當做開口,可以解釋三等合口變輕脣,三等開口不變的原則(參高本漢中國音韻學研究譯本P.37).

上述重紐,韻圖,切語下字諸方面的情形,已經足夠使們想信A,B兩類的應當劃分.此外,還可以找到一些証据從兩方面証明牠們.

第一,以同時記載為証.

本人在切韻以外找到了一部和切韻同時代,同系統的書——玄應在唐貞觀末年所著的一切經音義.這本書的反切系統對於切韻代表長安方音,恰是最有力的証据.聲紐方面和切韻大體相同,就是現代方言極不規則的從,邪,牀,船,禪四紐,都大體和切韻一致.韻部方面,同等的韻,如一等的東与冬,泰与代,二等的佳与皆,三等的東与鍾,支与脂之,真与欣,文与諄,元与仙,在稍後的韻圖上也沒有分別的諸韻,這書都劃分了;異等的韻,如豪肴宵蕭,以及清和青,都分別得很清楚.只有切韻二等的咸与銜,刪与山,庚与耕,三等的脂与之,尤与幽諸韻是混淆的(但是我們要原諒這不是一部編好的韻書,其中難免有疏誤的地方).所以我們可以說,切韻的韻類九十多(除了声調的分別不計),至少有八十餘類是代表長安方音的,就是在代表長安方音這一點上,至少有十之八九的準確性.那班主張切韻是各種方言混合產品的學者們,也只好把他們的說法縮小到那十分之一的範圍中去.(詳見拙著玄應音研究,在這書裡,我有理由根据華梵對音和其他方面証明牠代表長安方音,並且決對不是因襲切韻的反切)

玄應音和切韻音的吻合,除了上面所說,最重要的還是:在支開,紙開,真開,仙開,仙合諸韻類中,廣韻切韻切語下字分做A,B二類的,玄應音也各分二類.現在把牠們系聯的情形寫在下面,並且把這幾韻類的全部反切,收在附錄裡,以昭徵信.另外其他還有一些

—36—

証据也寫在各韵類下面。(玄應所用的切語下字，下面加橫綫"—")

玄應，支韵開口：A類　支(只移反)貲(子移反；子離反)離(呂知反)斯知〔攡(力知反；力斯反)〕卑〔蜱(扶支反；扶卑反)〕彌〔椑(音卑；辟彌反)〕移〔貲(子離反；子斯反；子移反)〕

B類　猗(一奇反)奇宜〔羇(居奇反；居猗反；居宜反)〕儀〔岐(巨宜反；巨儀反)〕

玄應音義云："跂，渠支反，又音奇"；又云"岐，渠支巨宜二反"；同條兼載二音。廣韵："岐，岐蚑蟲行皃巨支切"但有A類一讀，王二："蟚，虫行，渠羈反"，但有B類一讀("蟚"當即"岐"字)，都不完備，應當依玄應兼收A.B二類。又顏氏家訓音辭篇云："岐山當音為奇，江南皆呼為神祇之祇，江陵陷沒，此音被於關中。"廣韵"祇""岐"都是"巨支切"但有A類一讀。王二"渠羈反"下有"岐"云："山名又巨支反"；"巨支反"下又有"岐"云："山名，又渠羈反。"可知顏氏"奇祇"音讀有別。顏氏和陸法言同時，曾經參預切韵的修訂。

玄應，紙韵開口：A類　介爾(而是反)氏(常爾反)紙〔舐(昌氏反；昌紙反)〕婢〔弭(亡爾反；亡婢反)〕是〔恀(音是；時紙反)〕

B類　倚(於蟻反)蟻(魚綺反)綺(墟蟻反)

玄應，真韵開口：A類　仁(而親反)親(且鄰反)隣鄰〔津(子鄰反；子隣反)〕人身〔咽(於仁反；一人反；於身反)〕真〔茵(於人反；於真反)〕

(廣韵臻韵，玄應屬B類)

B類　巾陳〔臻(側巾反；側陳反)〕貧旻〔邠(悲巾反；悲貧反；府旻反)〕

玄應音義云："駰，於身於巾二反"一字兼有A.B二類的音。陸德明毛詩釋文"駰，舊於巾反，讀者並音因。"爾雅釋文："駰，字林乙巾反，郭央珍反，今人多作因音。"(此條据趙少咸師新校廣韵敘例所引)廣韵"駰"字兼有"於真""於巾"二切，和玄應，陸氏合。陸德明經典釋文創始於陳至德元年(583 A.D.)和陸法言同時。

玄應，仙韵開口：A類　仙(私延反)延(以旃反)〔鮮(思延反，思錢反)〕錢(自連反)連(力錢反；力然反)旃〔埏(音延；以旃反)〕然〔連(力錢反；力然反)〕

B類　虔焉〔騫(起虔反；去焉反)〕

玄應，仙韵合口：A類　宣(雪緣反)，專(之緣反)泉(自宣反；絕緣反)全〔蜎(一泉反；一全反)〕緣〔篅(市緣反；視專反)〕

周法高

B類　權(渠員反)圓員[卷(渠員反;渠圓反)]捲(渠圓反)

徐鉉徐鍇說文篆韻譜,夏英公古文四声韻,皆從二仙分出三宣,今就五卷本說文篆韻譜(小學彙函本)切語下字系聯之,

篆韻譜二僊開口A類　仙(相然),然(如延),延(以然),連(力延).

三宣開口B類　虔(渠焉),焉(有虔)

合口A類　宣(須沿),沿緣(與專),專(職沿),川(昌緣)

B類　員(王權),權(巨員)

開合各分A,B二類,和切韻,廣韻同.此類韻書,雖是沿襲切韻,然而從二仙分出三宣,將開口分隸仙,宣.可見A B二類的劃分,是有語音上的根據的.

第二,以方言為証.

有些韻,在一些方言中,表現出A,B類的分別.有時切語下字不分二類,也和根據韻圖排列所分的A,B兩類吻合,可以証明韻圖的價值.方言的現象要留到第五節構擬音值時再說,在這裡就從省了.

五.

現在我們想討論A,B兩類,應該如何擬音.高本漢在研究三,四等韻時,曾經把牠們分為三型.他說:

我們先看看這個很重要的事實,就是三四等韻可以分不同的三型:

α)有些韻在j化声母後頭(三等)跟在純声母(四等)的後頭一樣的可以出現.可是有一種有一定規則的限制.只有一個喻母(沒有口部或喉部輔音的声母)在這些韻裡j化的跟純粹的兩樣都見.其餘的見,知,泥,非幾系声母一定是j化的,端系声母一定是純粹的.這些韻是不管什麼樣的声母都可以有的.

β)另外有些韻只有j化的声母(三等).這些韻在開口類只有見系声母;在合口類只有見非兩系声母.所以完全沒有知端泥三系声母,開口也沒有非系声母.

γ)第三類的韻只有純声母(四等).所以除去知系声母外,各系声母都有.

——中國音韻學研究原本 P.625.626；譯本 P.471.472.

我上文所劃分的A類可以仍然屬於高氏的 α 型，B類和高氏的 α 型，β 型都不大適合，我現在把新分的B類屬 β_1 型，高氏原訂的 β 型諸韻屬 β_2 型。B類在未分出前，高氏把牠歸入 α 型的。（注意高氏的 α、型 β 型是用希臘字母 *alpha*，*beta* 標目的；所謂"型"是"type"的翻譯，和我所說的A類，B類不同！）現在把各型的特徵和所屬的韻類寫在下面，舉平声包括上，去入声。高氏的声母顎化說，其實並不必需，已經引起一些人的不滿（註），不必再沿用了.

（註）參趙元任先生 Distinctions within Ancient Chinese. Harvard Journal of Asiatic Studies V. 3&4；陸志韋的證廣韻五十一声類，燕京學報第二十五期；三四等与所謂'喻化'，燕京學報第二十六期。陸氏從統計學的觀点立論，趙氏從語言學的觀点立論，都不贊成声母顎化說。趙氏的立論，尤見精闢.

α 型　出現在 k 組（見，溪，群，疑，影，喻$_{以}$，喻$_{云}$，曉），ȶ 組（知，徹，澄），l 組（來，娘），tś 組（照$_{章}$，穿$_{昌}$，牀$_{船}$，審$_{書}$，禪，日），tṣ 組（照$_{莊}$，穿$_{初}$，牀$_{崇}$，審$_{生}$），ts 組（精，清，從，心，邪），p 組（不，芳，並，明）（註）声母下。α 型的韻類如下：東$_{二}$，鍾，支$_A$，脂$_A$，之，魚，虞，祭，真$_A$，諄，仙$_A$，宵$_A$，陽，清，蒸，尤，侵$_A$，鹽$_A$.

（註）p 組包括後來所謂"重脣音"和"輕脣音"，我在這兒沿襲唐代守溫的字母名称。又 α 型的字，間或出現在 t 組下，如"地".

β_1 型　經常出現在 k 組（除去喻$_{以}$組），p 組声母下，也出現在 ȶ 組，l 組，tṣ 組声母下。β_1 型的韻類如下：支$_B$，脂$_B$，真$_B$，仙$_B$，宵$_B$，侵$_B$，鹽$_B$.

β_2 型　出現在 k 組（除去喻$_{以}$組），p 組声母下。β_2 型的韻類如下：微，廢，文，欣，元，庚$_{二}$，嚴，凡.

至於 γ 型的純四等韻，与本文無關，不必討論了。β_1 型和 β_2 型的名称也有相當的道理，在声母的分配上 β_1 型和 β_2 型雖然有差別，但是在一些分別A、B類的方言上，往往把 β_1 型和 β_2 型的字，同樣看待（說見下）。在韻圖上，清韻的位置和A類相同（參 P.10，

六同別錄

周法高

但是清韻並沒有B類，在三等B類的位置和牠配合的，恰是庚三韻，屬β_2型；還有，故宮本王仁昫切韻（王二）把琰韻（豔韻的上声）的B類和广韻（嚴韻的上声）合併，嚴韻屬β_2型，可見β_1型和β_2型的接近了。所以有時候，我把β_1型和β_2型總称為β型。

我們現在應該如何擬定這新添出的幾丁韻類的音值呢？高本漢在擬定α，β兩型時，曾經過一番改定。他先假定是介音的區別，後來又認為元音的區別。他在方言字彙的緒論中說：

三四兩等當中並不是像我當初所想有三層階級的介音。α）kji̯ɛn，β）kjɛn，γ）kiɛn，乃是只分兩層的：α，β兩型韻是kji̯-，而γ型韻是ki-，（從高麗音看得出來）至於α與β兩型韻母的區別乃是在主要元音上。在山攝裡α型是-i̯ɛn，而β型是-i̯en（γ型是-ien）。在臻攝α型是-i̯ĕn，而β型是-i̯ən。那么山、臻還有個花樣很多的梗攝就是這麼樣了：

	等	韻目	例字	舊擬測	新擬測
山攝	三，四	仙	遣	kʻji̯ɛn	kʻji̯ɛn
		元	建	kjɛn	kji̯ɛn
		先	堅	kien	kien
臻攝	二，三，四	真臻	巾	kji̯ən	kji̯ĕn
		欣	斤	kjən	kji̯ən
梗攝	一	登	恆	ɣəŋ	ɣəŋ
	二	庚，耕	庚，耕	kʻeŋ	keŋ，kæŋ
	三，四	清	輕	kʻji̯ɛŋ	kʻji̯ɛŋ
		庚	京	kjɛŋ	kji̯eŋ
		青	經	kieŋ	kieŋ
		蒸	兢	kji̯əŋ	kji̯əŋ

合口也照改，蟹、效、咸三攝就是跟着山攝一樣走的。

中國音韻學研究原本P.704，譯本P.537，538.

-40-

(附註)引用中國音韻學研究,大抵據趙元任、羅常培、李方桂三位先生的譯本。不過高氏原書音標下有"^"号的表示輕讀帶有多少的輔音性,音標上有"ˇ"号的表示短音譯本都作"ˇ"号,放在音標上;這對於i介音和尤韻的ə,沒有什么影响,但是真韻的短音ĕ,便和支微韻的輔音性e̯分不清了。在這一点仍然改從原書。我在另一篇文章"切韻魚虞之音讀及其流變"裡,也全根据譯本把輔音性的記号放在音標上面。

可是高氏並沒有嚴密注意重紐問題和A.B兩類的劃分,在一兩處,也稍微接觸着一点。他在方言字彙質韻4号"乙"字下注云:

恐怕是古ʔjiĕt,變成ʔjĕt,在有些古方言就變成et.(原本p.872,譯本p.705)

至於"一"字則為ʔjiĕt。"一"是A類字,"乙"是B類字,他把"乙"字假定作ʔjĕt,正和他的喜欢解決B_1型的辦法一樣。(註)

(註)此外,高氏曾經利用過一次介音的區別,不過都弄錯了,方言字彙真韻15,殷16,愍下注云:"這兩個字恐怕是古ʔjiĕn,在有些古方言這j曾經吞沒了下面的i,就變成ʔjĕn."(中國音韻學研究原本p.784)譯本加注說:"原文14下誤列欣韻字'殷,愍'作為15,16号,並加長注,假定它們許是三等ʔjiĕn與四等ʔiĕn'因,姻'等字不同。"(譯本p.617)譯本的改正是對的,但是把原書的意思却誤會了。

現在我們擬定B_1型的音讀究竟要採取元音抑介音的區別呢?我們如果採取介音的區別,可以拿喻以紐和喻云紐做標準(注意A類無喻云紐,B類無喻以紐的現象)(註)如:沿iwɛn,員jwɛn。但是在方言中也沒有什么有利的根据,對於上古音的擬構,也要多添一套介音。對於高氏擬構的B_2型諸韻,也勢必至於要改得和B_1型的介音一樣,憑空的增加了許多麻煩。現在決定採取元音的分別。我們且看方言中A,B類的區別如何?

(註)有些人認為切韻的喻云紐是匣紐的細音,曉許紐相對的濁音,這在切韻以前是對的。在切韻時代便不見得怎樣適合。我們要問,為什么喻以紐不和曉紐一樣的有重紐?為什麼恰巧喻以紐也沒有重紐,並且當切語下字分做A,B二類時,喻以紐老在A類,喻云紐老在B類?可見後來把喻以紐和喻云紐相配,未嘗沒有道理。

六同別錄

周法高

在未構擬前我們要立兩條主要的元則.第一,A類和B類的音值必定極相近,所以韻書的作者把牠們放在一韻,並且有時切語下字常常混淆.第二,有些方言當A,B類的某些字有不同的音讀時,B類的字往往和同攝P_2型的韻類一樣讀法.那么,B類的音值一方面要和A類很接近,一方面又要和P_2型的韻接近.

現在根據高本漢中國音韻學研究裡的方言字彙(據譯本用國際音標),再另外參考一些材料,如果方言中對於A,B類的字有不同讀法,就把牠們列在下面.一般的情形,在喉牙音(K組声母)才可以找到區別.阿剌伯數字是高氏原書的号碼.我在漢字的四角加圈表示平上去入.為了表示声母和開合口,把高本漢擬的切韻音也列上了.另外注明A,B類假使切語下字不分二類,而是根據韻圖劃分A,B類的外加括弧來表示.

支紙寘韵	60 寄	61 企	62 騎	63 奇	64 歧	65 技	66 妓	67 儀	68 宜	69 蟻
	B類	(A類)	B類	B類	AB類	B類	B類	B類	B類	B類
切韵	kie̯	k'ie̯	g'ie̯	g'ie̯	g'ie̯	g'ie̯	g'ie̯	ŋie̯	ŋie̯	ŋie̯
高麗	kɯi	ki	kɯi	kɯi	ki	ki	ki	ɯi	ɯi	ɯi
汕頭	ki,kiã*	k'i	k'i,k'iã*	ki,kiã*	k'i	ki	ki	ŋi	ŋi,gi	ŋi,hiã*
廈門	ki,k̲i̲a̲	k'i	k'i,k'ia	ki,kia	ki,K̲i̲a̲	ki	ki	gi	gi	gi,h̲i̲a̲

	70 義	71 議	72 誼	73 戲	74 椅	75 倚	76 移	77 易	崎	碕
	(B類)	(B類)	(B類)	(B類)	B類	B類	A類	(A類)	B類	B類
切韵	ŋie̯	ŋie̯	ŋie̯	xie̯	ʔie̯	ʔie̯	ie̯	ie̯	k'ie̯	g'ie̯
高麗	ɯi	ɯi	ɯi	hɯi	ɯi	ɯi	i	i		
汕頭	ŋi	ŋi	ŋi	hi	i,ĩ*	ĩ	i	i	ki,kiã*	ki,kiã*
廈門	gi			hi	i	i	i	i	k̲i̲a̲	k̲i̲a̲

(注) * 号表示又讀,字下加——表示話音.廈門音根據羅常培先生的廈門音系(歷史語言研究所單刊甲種之四).汕頭音參考過John Steele 的潮正兩音字集(The Swatow Syllabary).

我們看到高麗音A類為-i,B類為-ɯi("技,妓"祘是例外);汕頭廈門話中,不管

A類B類,大都讀-i,但是有-i̯ɑ 讀法的字,都屬B類。高本漢構擬支韵音值時說:

關於支韵,福州話曾我們揭破了這个謎。在這個方言開口呼的騎,奇,崎,宜,椅,移,池,支,枝,肢,施,匙,兒,璃,離,籬,披,蟻,倚,紫,寄,企,義,議,誼,戲,啻,刺,豹,臂,避等字裏,就是說支紙寘韵的大多數字,韵母是-ie,而在別的韵裏只有幾個讀-ie的例:如脂韵的脂,擇兩字,之韵的芝,釐兩字,其餘的完全保持着-i。這不會是偶然的。尤其是汕頭話跟厦門話在支韵的騎,奇,岐,蟻,寄幾個字裏用-i̯ɑ音,而別的韵裏決不如此。

所以,我們絕對有理由認定支韵問題應該如此解決,採取Maspero很好的意見,再加上了点重要的修正,我們把支韵就寫作-ji̯ẹ。

——中國音韵學研究原本P.645,譯本P.490,491.

我們看了B類汕頭厦門-i̯ɑ的讀法,就不免使我們想替B類構擬作-i̯ẹ。在周秦上古音裡,B類的字多屬歌部,假定為-i̯ɑ̆,A類的字多屬支部,假定為-i̯ĕg,那麼,

i̯ɑ̆ ⟶ i̯ẹ (B類); i̯ĕg ⟶ i̯e (A類)

jwɑ̆ ⟶ ʷi̯ẹ (B類) i̯wĕg ⟶ ʷi̯e (A類)

真,質韵

	11 巾 B類	14 銀 B類	狺 B類	誾 B類	嚚 B類	垠 B類	珢 B類	17 因 A類	18 姻 A類	19 茵 A類
切韵	ki̯ĕn	ŋi̯ĕn	ŋi̯ĕn	ŋi̯ĕn	ŋi̯ĕn	ŋi̯ĕn	ŋi̯ĕn	ʔi̯ĕn	ʔi̯ĕn	ʔi̯ĕn
高麗	kɯn,kən	ɯn						in	in	in
吳音	kon	gon						in	in	in
汕頭	kɯn	ŋɯn	ŋɯn	ŋɯn	ŋɯn	ŋɯn	ŋɯn	in	in	in
福州	kyŋ	ŋyŋ	ŋyŋ	ŋyŋ	ŋyŋ	ŋyŋ	ŋyŋ	iŋ	iŋ	iŋ

	20 湮 A類	22 寅 A類	殷,隱,焮,韵 p_2型
切韵	ʔi̯ĕn	i̯ĕn	-i̯ən
高麗	in	in	-ɯn
吳音	in	in	-on
汕頭	in	in	ɯn
福州	iŋ	iŋ	-yŋ

	2 吉 A類	3 一 A類	4 乙 B類
切韵	ki̯ĕt	ʔi̯ĕt	ʔi̯ĕt
高麗	kil	il	ɯl
吳音	kitsi	itsi	otsu
廣州	kɐt	iɐt	yt

六同别録

周法高

（註）汕頭音和福州音根據潮正兩音字集和 Maclay & Baldwin 的 Dictionary of the Foochow Dialect 補了五个字。真韻的去声震韻切語下字不分A，B二類，切韻也不見有重紐，但是韻圖却把群紐的"僅"疑紐的"慭"放在三等B類的位置。群紐的"僅覲殣饉墐"等字汕頭音讀 kɯn，福州音讀 kœyŋ（相當於平声的-yŋ）；疑紐的"慭"汕頭音讀 ŋɯn，福州音讀 ŋœyŋ；"僅"，高麗音作 kɯn，都和B類的音讀相合，只有吳音"僅" gin 和A類相合。上声軫韻見紐的"緊"字，韻圖列在四等A類的位置，高麗 kin，汕頭 kin，福州 kiŋ，都和A類的音讀相合，由此可見韻圖排列的價值了。請參看 P.11.

真韻的喉牙音（k組），高麗音A類為 in，B類為 ɯn，吳音A類為 in，B類為 on，汕頭音A類為 in，B類為 -ɯn，福州A類為 -iŋ，B類為 -yŋ。在這幾个方言B類的讀法和 P_2 型的欣韻一樣，如"隱"，高麗 ɯn，吳音 on，汕頭 -ɯn，福州 yŋ。質韻重紐"一"和"乙"也有不同的讀法，我們看到高麗汕頭的 ɯ，吳音的 o，很想把B類假定一个央元音，但是欣韻已經是 -jən 了。我們看到高麗支韻B類的 -ɯi 和真韻B類的 ɯn，恰巧相當，那麼，B類正好作 jɛn。結果：

真韻 A類 -jĕn，B類 -jɛ̆n；欣韻 -jən.

質韻 A類 -jĕt，B類 -jɛ̆t；迄韻 -jət.

	1	2	3	4	5	6	7	8	9	10
侵寑沁緝韻	今	襟	金	錦	禁	衾	欽	琴	禽	擒
	B類	B類	B類	B類	B類	B類	B類	B類	B類	B類
切韻	kjəm	kjəm	kjəm	kjəm	kjəm	kjəm	k'jəm	gjəm	gjəm	gjəm
吳音	kon	kon	kon	kon	kon	kon	kon	gon	gon	gon
	11	12	13	14	15	16	23	36	40	41
	吟	音	陰	歆	蔭	淫	滲	寢	稟	品
	B類	B類	B類	B類	B類	A類	B類	A類	B類	B類
切韻	ŋjəm	ʔjəm	ʔjəm	ʔjəm	ʔjəm	jəm	ʂjəm	ts'jəm	pjəm	p'jəm
吳音	gon	on	on	on	on	in	son	son	hon	hon

—44—

	8 邑	9 揖
	B類	A類
切韻	ʔi̯əp	ʔi̯əp
吳音	o:	iu:

(註)方言字典中侵寢沁韻除去上面所列出的吳音都讀 -in，這些字都屬A類，吳音A類為in("寢"字為例外)，B類為-on；入声影母重紐"邑揖"讀音也有區別。

高本漢說：

除去很少的例外我們可以看見深攝跟臻攝完全並行，這兩攝的元音在古代是一樣的，只有尾音不同，臻攝是收-n的，深攝是收-m的。深攝的韵屬於α型，所以韵母的古代音值是：三四等 -ji̯əm

因為從臻攝類推，Pelliot在這兒寫作-im，Maspero寫作-iĕm，拿我們在討論臻攝所舉的理由來看，這兩個擬測是不能接受的。

——中國音韵學研究原本p.667，譯本p.508.

現在正好比照着臻攝的α，β型來擬音。

臻攝	α型：真韵A類	-i̯ĕn；	β型：欣韵		-i̯ən.
深攝	α型：侵韵A類	-i̯ĕm，	β型：侵韵B類		-i̯əm.

因為深攝沒有β₁型，把B類正好擬作-i̯əm，這對於解釋吳音的分別也是很適合的。趙元任先生曾經說：把侵韵讀為i̯ĕm，在古音系統或是和現代方言的關係上，並沒有大的阻碍。(Harvard Journal of Asiatic Studies V. 3&4. p226)那麼各方面都沒有問題了。

侵寢沁韵	A類	-i̯ĕm	B類	-i̯əm
緝韵	A類	-i̯ĕp	B類	-i̯əp

仙獮線韵	1 棬	2 絹	3 眷	4 卷	5 權	6 拳	7 倦	9 緣	10 沿	11 捐
	(B類)	A類	B類	(B類)	B類	B類	B類	A類	A類	A類
切韵	ki̯wɛn	ki̯wɛn	ki̯wɛn	ki̯wɛn	gʻi̯wɛn	gʻi̯wɛn	gʻi̯wɛn	i̯wɛn	i̯wɛn	i̯wɛn
吳音	kwan	ken	kuan	kuan	gon	gon	gon	en	en	en

六同別録

同法高

	12	13
	員	圓
	B類	B類
切韻	ji̯wɛn	ji̯wɛn
吳音	uon,uan*	uon,uan*

（註）8号 淵係先韵字高氏誤入仙韵，今不録．14号 院，高氏注："日本 uen，uin" 不知係指吳音或漢音，假使吳音是 uen，院是 B 類就祇是例外字．

仙韵合口喉牙音(K組声母)的字 A 類吳音作 en，B 類作 -on，uon，uan；正和 β₂型 元韵合口的情形一樣，如：吳音，勸 kuan，轅 uon 幡 hon．高本漢把仙韵合口擬作 i̯wɛn，元韵合口擬作 i̯wɐn．我們看見仙韵合口 B 類有 uan 的讀法，曉得 B 類要比 A 類的元音開些．A 類在吳音同 γ型的先韵讀法正同．先韵是 -ien 那麼，

α型	仙韵A類	-i̯ɛn，-i̯wɛn	薛韵A類	-i̯ɛt，i̯wɛt
β₁型	仙韵B類	-i̯æn，-i̯wæn	薛韵B類	-i̯æt，i̯wæt
β₂型	元韵	-i̯ɐn，-i̯wɐn	月韵	-i̯ɐt，i̯wɐt
γ型	先韵	-ien，-iwen	屑韵	-iet，-iwet

這結果有點兒像英文中：bear [bɛə]，bat [bæt]，but [bɐt]，bet [bet] 四个字中 [ɛ，æ，ɐ，e] 的區別．

我們可以穩穩當當地把仙韵的結果應用到鹽韵和宵韵，因為它們在事實上和仙韵的情形是一樣的．

鹽琰豔韵	A類 -i̯ɛm	B類 -i̯æm
葉韵	A類 -i̯ɛp	B類 -i̯æp
宵小笑韵	A類 -i̯ɛu	B類 -i̯æu

脂旨至韵	12	13	14	15	16	17	18	19
	肌	几	器	棄	伊	夷	姨	腠
	(B類)	(B類)	(B類)	(A類)	(A類)	(A類)	(A類)	(A類)
切韻	ki	ki	k'i	k'i	ʔi	i	i	i
高麗	kui	kue	kui	ki	i	i	i	i

--46--

脂,旨,至韻開口喉牙音(K組声母),高麗音A類為 -i,B類為 -ɯi.我們看到上面擬音的原則,B類的元音要比A類開些,那么把脂韻A類擬作 -i,B類擬作 -ɪ,就可以解決了這和英文 beat [bi:t],bit [bɪt] 二字中 [i],[ɪ] 的區別相似(元音的長短不計).

脂,旨,至韻開口A類 -i　　B類 -ɪ
　　　　　合口A類 -wi　　B類 -wɪ

我在前面替真韻A,B類擬音的時候,忘記了把他的合口列上,現在補寫在這兒.切韻不分真,諄韻,上声軫韻合口,切語下字分成A類二類(參看P.19).廣韻從真韻分出諄韻,但是在平声真韻,上声軫韻却保留了一些合口字.軫韻合口屬B類,準韻屬合口A類,和切韻相合.真韻合口和諄韻切語下字相系聯,見組有重紐.切三(在現存的各種切韻中只有切三才保留真韻,其他幾種都殘缺了)真韻合口切語下字成一類,見組不見有重紐,但廣韻真韻合口從声紐分配和韻圖排列上看,都合乎B類的條件,在方言上,也和諄韻的情形不同,並且在玄應音裡也和諄韻字不系聯,在第四節係聯玄應反切時,却把他漏了,現在補在這兒.

諄韻屬合口A類　純(時均反.時勻反) 勻(弋倫反) 淪(力均反) 綸(力均反;力旬反) 瞤[瞤(而純反;而倫反;而綸反;如輪反)] 遵[詢(私旬反;私遵反)] 巡[恂(私遵反;私巡反)] 均[循(似遵反;似均反)]

真韻合口屬B類　麏(居筠反)(真韻合口玄應只收此一字)

準韻屬合口A類　尹(弋準反) 準(之尹反) 𦘺[埻(之允反;之尹反)]

軫韻合口屬B類　愍(眉殞反) 殞(為愍反;為愍反;于愍反) 愍

再看方言中的區別:

諄,準韻	46 鈞	47 麏	48 允	49 勻	50 尹
切韻	kiuěn	kiuěn	iuěn	iuěn	iuěn
高麗	kiun	kiun	iun	iun	iun
漢音	kin	kin	in	in	in
汕頭	kun	kun	un,dzun	un	un
福州	kiŋ	kiŋ	yŋ	yŋ	yŋ

廣韻重紐的研究

六同别録

周法高

真軫韵合口	麕	莙	窘[107]	菌	箘	隕[108]	殞[109]	閔[110]	敏[111]
切韵	ki̯wěn	ki̯wěn	gi̯wěn	gi̯wěn	gi̯wěn	ji̯wěn	ji̯wěn	mi̯wěn	mi̯wěn
高麗			kun			un	un	min	min
漢音			kin			uin	uin	bin	bin
汕頭	kun,kún*	kun	Kun	kun	K'un	un,uan*,ien*	un	mien	mien
福州	kuŋ,kuŋ*		K'uŋ	K'uŋ		uŋ	uŋ	miŋ	miŋ

(註) 汕頭音据潮正兩音字集補列了幾字，福州音据 Maclay & Baldwin 的字典補列。

諄準稕韵屬合A類，喉牙音（k組声母）高麗 -iun，漢音 -in，汕頭 un，un，福州 -iŋ，-yŋ；真軫韵合口，屬B類，喉牙音：高麗 -un，漢音 -in，-uin，汕頭 -un，福州 -uŋ。假使我們比照着開口來擬音，那么，

諄準稕韵 -i̯wěn　　術韵 -i̯wět

真軫韵合口 -i̯wěn

至於軫韵合口的脣音字"憫，敏"在方言中看不出合口的成分來，高本漢說：

此外真軫自身還有一類合口，跟諄準不同，現在得討論一下。這一類之所以另立一類之故很容易看出來，非系字的合口成分失掉的很早，如敏字，高麗譯音作 min，日譯吳音作 min，漢音作 bin，可見合口成分很弱，是弱的 w，而非強的 u，那么這一類的韵母就是 -jʷin(1)

(1) 照這樣擬法，就可以明白這一類的脣音字後來何以不變為脣齒音，因為合口成分早失掉了，如：敏 mjʷin > 北京 min。

中國音韵學研究原本 P.662，譯本 p.504。

高氏根据脣音字把真軫韵合口擬 -jʷin，後來改作 -i̯wěn，把諄韵擬作 i̯uěn，以為是 u 和 w 的分別，這是根本不能成立的，因為切韵根本不分兩韵，合口介音寫作 u 和 w 兩種，不但沒有根据，並且沒有必要。現在照我劃分 A，B 類的標準來擬音，便可以免除種種困難。不過高氏對於脣音字的解釋，倒可以証成第四節小註裡的辦法，就是：把分做 A，B 兩類的幾韵的脣音字，不論牠們的切語下字怎樣，都算做開口。高氏在漢

--48--

語詞類(Word families in Chinese, 1934)裡把真韻合口寫'iwen'(趙元任先生因為已經用國際音標的[ɛ]譯高寫作 ɑ̆ 的仙韻音,並且高氏在詩經研究(Shi king researches, 1932)明說他的ɛ是英語 man 字中的元音,所以譯作國際音標的 i̯wæn),假定真韻合口的元音比諄韻開,也和我的假定相合。(註)

(註)高氏的ɛ譯作ɛ̆比譯作æ要確當些。他說像英文中 man 的元音,他的意思是說這是一个短元音,他把耕韻寫作-ɛŋ,也是這个意思,因為他認梗攝的主要元音是短的。照這樣說更和我的假定不謀而合。

還有臻韻櫛韻,只有tʂ組声母。至於上,去声附在別韻,沒有独立成韻(註1)。玄應書裡廣韻臻韻和真韻開口B類的字切語下字相系聯,櫛韻的字有"蝨,所一反","虱,所一反"也和質韻的字相系聯,只有"櫛,側瑟反"和其他的字不系聯。高氏起先以為臻櫛韻跟真,質韻是同樣的韻類,不過前者因有盛,上音声母的關係,使韻母的音彩微有不同。繼而由瑟字的現代方音來看,覺得瑟字或者有一个比質韻的字較開一点的元音,於是他在Anal. Dict.裡把瑟字寫作ʂɛt,而把榛等字依然寫作tʂi̯ĕn。在漢語詞類裡把詵字寫作ʂi̯ɛn而把瑟字依然寫作ʂi̯ĕt。在Grammata Serica (1940)裡,瑟字作ʂi̯ɛt,同我所擬B類的音值相合。我們現在把臻櫛tʂ組的字通算作B類,不管她們自成一韻或是附在別韻(註2),結果:

臻韻 -i̯ĕn　　櫛韻 -i̯ĕt.

(註1)廣韻(欣韻上声)照組巾謹切下有"緕,"秦又音蓁",穿初組下有"齔,初謹切,又初靳切",震韻(真韻去声)穿初組初覲切下有"齔,又初忍切"。初謹切就是初忍切,初靳切就是初覲切。玄應:"齔,初忍反"凡三見,把tʂ組屬軫韻(真韻上声)是對的。不過真韻B類和欣韻同屬B型,把tʂ組的字放在隱韻,也不是毫無道理的。我們現在比照着平入声把tʂ組都标B類,那麼軫韻開口B類有齔tʂʰi̯ĕn,愍mi̯ĕn;震韻開口B類有櫬tʂʰi̯ĕn,僅gʰi̯ĕn。

(註2)廣韻質韻開口有"剝,初栗反",切韻同。恰巧櫛韻就沒有穿初組。至於質韻開口有"齜,仕叱切",櫛韻有"齜,崱瑟切"同屬牀崇組,切韻無,係後來增加的。又廣韻質韻有"率,所律切,十"。律字屬術韻,我想也可以比照真韻合

廣韻重紐的研究

六同別録

口的例，擬作 ṣi̯wĕt．

周法高

末了，有幾点需要声明的：

第一，高本漢早先在中國音韵學研究裡把 w 提高寫，如：i̯ʷĕn，後來也把 w 和其他符号平行着寫，如：i̯wĕn．現在都平行着寫．又高本漢在三四等韵中 a 型，ə 型的 k 組 p 組声母後加顎化符号 j，但是在 1940 年的 Grammata Serica 裡也把 j 省略了，不過在支，脂，微諸韵仍然保存着，如：kje̯i，kjwi 等，未免不一致．我現在把 j 一齊取消了（喻云組的 j 是聲母，仍然保留）

第二，三十六字母中照穿牀審，和喻紐，在廣韵裡各分為二，現在從趙元任先生的標目，在字母下加注小字來分別牠們，如：照章，穿昌，牀船，審書（在韵圖上列在三等），和照莊，穿初，牀崇，審生（在韵圖上列在二等）；喻以（在韵圖上列在四等）和喻云（在韵圖上列在三等），此外我把在方言中不變輕脣的脣音字，用幫，滂，並，明來標目，其實這是後來的分別，和廣韵切語上字的分別不同

（附注）：我在文中，有時把"審生"寫作"審山"，其實是一樣的，應該改成一律才好．

第三，在第五節我時常參証日本的吳音，普通認為日本的吳音代表中國南部的方音，也許有人覺得講代表長安音的切韵音時，不應該引用牠，其實我們對於牠的來源的考訂，也得不到什麼確切的証據，對於那時中國南北方言的情形，也無文獻可徵，關於這一點，存而不論也好，日本吳音的時代要比日本漢音早（漢音用鼻音讀全濁声母，和八世紀不空翻譯梵音的現象相同，可知漢音大概代表唐代中葉的音），在真韵，仙韵，侵韵，都可以看出 A，B 類的分別，又如吳音虞韵 -o，-u 的讀法和北方華梵對音的現象相合（參拙著：切韵魚虞之音讀及其流變 p. 4.），這都是值得我們注意的，對於吳音的地位的重新估計，能不能從這裡得到一點啟發呢？

最後，把我的擬音和高本漢的擬音對照着列在下面．

—50—

韵	類		高本漢擬音	周法高擬音	例字	高本漢擬音	周法高擬音
支	開	A	-ie̯	-ie̯	祇	gʻjie̯	gʻie̯
	開	B	-ie̯	-iɛ̯	奇	gʻjie̯	gʻiɛ̯
	合	A	-ʷie̯	-wie̯	隳	xjʷie̯	xwie̯
	合	B	-ʷie̯	-wiɛ̯	麾	xjʷie̯	xwiɛ̯
脂	開	A	-i	-i	棄	kʻji	kʻi
	開	B	-i	-ɪ	器	kʻji	kʻɪ
	合	A	-ʷi	-wi	悸	gʻjʷi	gʻwi
	合	B	-ʷi	-wɪ	匱	gʻjʷi	gʻwɪ
真	開	A	-i̯ĕn, i̯ĕt(入)	-i̯ĕn, i̯ĕt(入)	一	ʔi̯ĕt	ʔi̯ĕt
	開	B	-i̯ĕn, -i̯ĕt(入)	-i̯ɛ̆n, i̯ɛ̆t(入)	乙	ʔi̯ĕt	ʔi̯ɛ̆t
諄	合	A	-i̯uĕn, i̯uĕt(入)	-i̯wĕn, i̯wĕt(入)	均	kji̯uĕn	ki̯wĕn
真	合	B	-i̯ʷĕn	-i̯wɛ̆n	麏	kji̯ʷĕn	ki̯wɛ̆n
仙	開	A	-i̯ɛn, i̯ɛt(入)	-i̯ɛn, i̯ɛt(入)	延	i̯ɛn	i̯ɛn
	開	B	-i̯ɛn, i̯ɛt(入)	-i̯æn, i̯æt(入)	漹	ji̯æn	ji̯æn
	合	A	-i̯ʷɛn, -i̯ʷɛt(入)	-i̯wɛn, i̯wɛt(入)	絹	kji̯ʷɛn	ki̯wɛn
	合	B	-i̯ʷɛn, i̯ʷɛt(入)	-i̯wæn, i̯wæt(入)	眷	kji̯wɛn	ki̯wæn
宵	開	A	-i̯ɛu	-i̯ɛu	腰	ʔi̯ɛu	ʔi̯ɛu
	開	B	-i̯ɛu	-i̯æu	夭	ʔi̯ɛu	ʔi̯æu
侵	開	A	-i̯əm, i̯əp(入)	-i̯ĕm, -i̯ĕp(入)	揖	ʔi̯əp	ʔi̯ĕp
	開	B	-i̯əm, i̯əp(入)	-i̯əm, -i̯əp(入)	邑	ʔi̯əp	ʔi̯əp
鹽	開	A	-i̯ɛm, -i̯ɛp(入)	-i̯ɛm, -i̯ɛp(入)	厭	ʔi̯ɛm	ʔi̯ɛm
	開	B	-i̯ɛm, -i̯ɛp(入)	-i̯æm, -i̯æp(入)	奄	ʔi̯ɛm	ʔi̯æm

(注) 韵目舉平声包括上去入声.

六同別錄

附錄　玄應音摘錄

周法高

唐玄應一切經音義裡的反切，經過系聯的結果，和廣韻切韻的系統大體相同，我在玄應音研究裡也就沿用廣韻的韻目和声紐名称，不再另立名目（假使廣韻兩韻在玄應反切上相混淆，就把兩韻的名称聯合起來標目，如："之幽韻"）。廣韻有幾个韻劃分A，B類，廣韻支韻開口，紙韻開口，真韻開口，仙韻開，合口A，B類的字，玄應的反切也有分別，在第四節已經把牠們的切語下字系聯的情形列出；廣韻真韻合口和諄韻，軫韻合口和準韻，在玄應也不相系聯，在第五節已經把牠們切語下字系聯的情形列出，現在再逐字列在下面。所謂玄應的支韻開口A類並不全等於廣韻的支韻開口A類，有少數字和廣韻的分類也許有出入，不過大部份相當而已。其他諸韻的称呼準此。又譬如說：玄應的臻韻歸入真韻開口B類，我的意思是說：在玄應書裡，廣韻臻韻的字和真韻開口B類的字，玄應的切語下字相系聯。

每字列出牠的反切，並且用阿剌伯數字表示見於何頁何行，頁數和行數之間用點來隔開。頁數是根據商務印書館叢書集成本一切經音義。集成本據海山仙館叢書本影印，原書頁數每卷自為起迄，集成本卻從頭一直計祘到底，並且以page為單位来計祘。現在把卷數和集成本頁數对照着列在下面：

卷一　P.7；卷二　61；卷三　111；卷四　167；卷五　219；卷六261，卷七301；
卷八　351；卷九　401；卷十　443；卷十一475；卷十二525；卷十三577；
卷十四637；卷十五685；卷十六733；卷十七773；卷十八815；卷十九861；
卷二十897；卷廿一943；卷廿二979；卷廿三1039；卷廿四1087；卷廿五1123。

有時據磧砂藏本玄應音義（簡称磧）或唐慧琳一切經音義中所採玄應音義（簡称琳）改正誤字，就在本條頁數行數下注明。一條兼載二音的，用方括弧把另一音括起。一字下注明牠的又音所在，說：參某韻類某紐。廣韻本韻類本紐所無的字，用＊号加在字的左上方；假使集韻本韻類本紐卻收此字，就在後面注明集韻的反切。〔如紙韻開口A類禪紐："恀音是〔又時移反〕42.2；時紙反874.5；881.9。（正文恀，舊作忮，磧同，琳卷五六引應改。參支開A：禪。）"其含義為：在叢書集成本42頁2行有："恀音是，又時移反"一條，把"又時移反"括起，表示是另一音（在支開A類禪紐，也收這一條，就要把"音是"二字用方括弧括起。），在874頁5行有"恀，時紙反"一條，在881頁9行有"忮，時紙反"一條，是在佛本行集經第二十八卷的音義裡出現的，磧砂本的文字也相同，慧琳一切經音義卷五六所採玄應佛本行集經音義，作"恀，時紙反"（慧琳書裡，有時是標明玄應，其實已經慧琳改過，有時雖不標玄應，其實還是玄應著的，要對照二書才可知道。），參照各方面知道恀是誤字，就把忮字改成恀字，放在現在的位置，而在後面注明（注意：後面的注只說明881.9的一條，和874.5的一條無關，他處準此。）恀字在玄應書裡還有支韻開口A類禪紐的一讀，所以注明：參支開A：禪。〕

支韵開口A類

喻以 䗅音移642.7；弋知反613.3（弋舊作夫，礥同，据琳卷五五引改）椸音移679.2；736.1；余支反554.9（參支開B：喻三）匜餘支反16.2

溪 *敂去知反481.3 *攲去知反841.1；卻知反755.1；766.2（廣韵攲敂去奇切，隸B類）

群 跂渠知反［又音奇］142.8；365.5，759.5；渠支［巨宜］二反193.4（參支開B：群）蚑渠支反310.2 巨支反908.3（參支開B：群）祇字苑巨兒反675.7 *忮巨支［止支］反238.7（集韵忮翹移切，參支開A：禪）靰巨支反909.7

知 蜘音知558.6

徹 螭勑知反196.4；547.9；螭勑知反101.2 魑勑知反273.1；1154.4（勑舊作來，据礥改）

澄 馳直知反94.6；280.1，802.7；994.3 篪除離反847.6；871.8 踟腸知反170.5 直知反32.5（踟舊作遲，据礥改）*躊又作踟同［腸留］腸知二反441.3；608.4 誃直移反390.6 *蚳直移反314.3（直舊作真，据礥改，廣韵蚳直尼切，在脂韵）

來 驪力支反920.4 鸝力斯反953.4 力貲反1014.5 離呂知反262.2 籬力支反755.7 欐力支反395.5；641.3；858.7 *䙰力支反889.4（集韵籭或作䙰𥫗）攡力知反34.4；力支反257.8 力斯反384.7

照章 支音枝660.1 指移反487.5 止移反819.3 卮之移反652.5 梔旨移反349.2 梔字苑之移反675.7 禔之移反741.6 *提［時支］之移二反595.1（參支開A：禪）

穿昌 眵蚩移反389.2 昌支反921.2 充支反38.7；231.7；333.9；851.9；935.8 充尸反426.5；1150.6

審書 絁書支反904.5；式移反317.6（式舊作或，据礥改。）*䗅式支反613.2（參支開A：喻以）

禪 匙是支反549.6；716.8 是移反690.3 堤［天兮反］又石支反904.1（參齊開：透）提時支［之移］二反595.1（參支開A：照章）惿［音是］又時移反42.2（參紙開A：禪）忮［巨支］上支二反238.7 *秖是支反199.7（參紙開A：照章）

精 貲紫斯反508.7；子離反627.8；子移反151.8；子斯反157.4 訾子移反242.6；312.1；630.2；921.6；936.2；紫斯反560.3；854.4 顉子移反876.9 觜子

—33—

移反 35.3；411.5

從 疵 才(?)細反 105.7；268.5

周法高

心 斯 思移反 83.4；844.4；新移反 320.2；934.8；息移反 347.1 澌 相離反 536.2；903.8 虒 音斯 273.2 鼶 徙移反 463.4 禠 音斯 347.1

幫 鵯 音卑 210.9 椑 音卑 662.1；辟彌 388.5；辟彌 388.9；521.7；747.1；884.1；904.6 椑［𠺸比移］比移二反 245.4；［𠺸比移反］又音卑 744.4（𠺸比舊作比，磧同，據琳卷六五引應改。參支開A：並）＊埤 補支反 367.6（集韻：埤，賓彌切。玄應椑下注云：又作埤。參支開A：並）錍 賓彌反 80.6

並 椑 蒲支反 211.4 避 移反 314.2；461.3；𠺸比移［比移］二反 245.4；𠺸比移反（又音卑）744.4（參支開A：幫。）陴 父支反 176.9 蜱 扶卑反 480.1 蒲支反 908.8 音脾 76.7 音埤 199.1（埤舊作蜱，磧同，據琳卷四三引應改。）＊螵 字與蜱同，頻支［脾遙］二反 489.7；輔支［𠺸比遙］二反 197.4［支，舊作之，磧同，據琳卷四三引應改。參宵：並。］

明 𦿆 亡支反 528.7 音彌 784.3（正文𦿆，舊作𦿆，據磧改。）亡卑反 721.6（舊作：𦿆亡卑反，磧同，據琳卷五八引應改。）

文韻開口B類

影 ＊猗 一奇反 66.3；830.7 ＊禕 於宜反 317.7（廣韻猗，禕隸A類）

曉 巇 許奇反 723.4 戲 許宜反 271.1 㢊 虛猗反 980.1 ＊㘊 虛奇反 738.3；音羲 818.1；許宜反 843.9（集韻：巇，虛宜切。）

見 羈 居奇反 70.9 居猗反 130.4；1076.8 羇 居儀反 992.2 ＊羇 又作羈，同，居猗反 342.3；704.6（猗，舊作倚，據磧改。）居奇反 695.1 居宜反 693.9；906.6 𣢾 居儀反 719.9（參支開B：溪。）

溪 崎 丘宜反 211.1 𣢾 去宜反 370.8（參支開B：見。）＊𪘏 卻奇［卻倚］二反 605.2；卻奇反［漢書韋昭音𡫂］309.2（集韻：𪘏，丘奇切。參紙開B：溪。）

群 ＊岐 巨宜反 234.8；927.7；渠宜反 425.6；782.9；1024.5（故宫本王仁昫切韻岐，渠羈反，又巨支反。廣韻但收巨支切一讀。）＊蚑［渠支反］又音奇 142.8；365.5；759.5

—54—

(奇舊作忮,据琳卷六五引應改。)〔渠支〕巨宜二反193·4 巨儀反333·9;421·3;934·7
(故宮本王仁昫切韵:蚑虫行,渠羈反,即蚑字,廣韵此紐未收。參支開A:群。)*蚔 巨宜反388·4
(廣韵蚔巨支切隸A類,但恐如蚑字之比,仍分隸A,B二類,參支開A:群。)

審生 躧 所宜〔所解〕二反765·6(參蟹開:審山)*簁 所宜反389·2(集韵:簁,山宜切)

幫 羆 彼宜反175·3·1099·7·

紙韵開口A類

喻以 [illegible] 弋是反711·5

見 枳 居爾反1147·7;居紙反396·3;1099·5;

徹 褫 勑紙反391·1;勑爾〔直紀〕二反845·4;〔直紙〕勑爾二反273·1(參紙開A:澄。)
*褫〔直爾〕勑紙二反198·2(集韵:褫,丑豸切,參紙開A:澄。)

澄 豸 直爾反609·7;869·9 褫〔勑爾〕直紀二反845·4;直紙〔勑爾〕二反273·1(參紙開A:徹。)*褫 直爾〔勑紙〕二反198·2(參紙開A:徹。)

日 尒 字作 爾 同 而是反673·8

來 邐 力爾反397·1

照章 衹 之是反910·4(參支開A:禪) 泜 之氏反384·6;903·9

穿昌 侈 昌是反118·2(是,舊作三,据磧及琳卷九引應改。);405·6 哆 充爾〔昌亞〕二反240·9
(參禡開:徹)*鉹 昌氏反35·5 昌紙反690·3;716·9;549·6(集韵:鉹,敞介切。)[illegible]
昌是反253·5

牀船 舓 食爾反479·9 舐 食爾反862·8;980·3 䑛 食尒反662·2(尒,舊作今,据磧改)

禪 氏 常爾反1123·5 恀 音是〔又時移反〕42·2(參支開A:禪。)時紙反874·5;881·9
(正文恀,舊作忮,磧同,据琳卷五六引應改。)諟 是爾反248·2 *坁 時紙反199·2

精 訿 貲爾反239·5;398·2;貲尒反1033·2 訾 貲爾反625·1 呰 子爾反282·3;653·4;
984·6;1062·3,1113·4;子爾〔子雅〕二反65·3(參馬開:精)祉〔側買〕子爾二反131·2;
834·2(參蟹開:照莊。)

心 徙 斯爾反1104·4 璽 思紙反320·8

—55—

六同別錄

周法高

幫 俾補爾反317.6；比爾反796.9 箄方爾反548.8 髀[蒲米反，北人用此音；]又方爾反，江南行此音.114.1，1117.6；[蒲米反，北人行此音]又必尒反，江南行此音89.2；[蒲米反]江南音必爾反874.5；[傍禮音陛，北人用此音，]又方爾反，江南行此音644.4（參齊：並） *髀今作髀同[蒲米反，]江南音必爾反570.3（集韻：髀，補弭切，參薺：並） *箄方爾反180.1 [補倖]補婢二反208.4（集韻：箄，補弭切。參至志開：幫）

滂 諀匹爾反625.1 疋爾反237.5；398.2 匹尒反1033.2

明 弭亡爾反295.3；彌尒反1095.2；彌爾反696.4；964.5；1049.7 亡婢反389.5；亡爾反626.4；1014.5 *哶彌尒反910.2；亡婢反329.8；彌紙反231.6；彌爾反318.2；706.1；彌尒反32.4（集韻：哶，母婢切。）

紙韻開口B類

影 倚於蟻反66.3；129.4；449.6；830.7；於蟻反與渠蟻反.1403.2（參紙開B：群。）

見 踦居綺反78.4；381.5 居蟻反1133.3

溪 綺墟蟻反517.2（蟻舊作蟻，磧同，據琳五十二引應改。） 齮[卻倚]卻倚二反605.2（參支開B：溪）

群 伎渠綺反1113.6 錡其蟻反328.2 倚[於蟻反]，又渠蟻反.403.2（參紙開B：影。）

疑 蟻魚綺反328.1

澄 阤除蟻反273.1

審生 纚山綺反633.8 屣所綺反484.2 所倚[所解]二反79.4；646.5；779.5（參蟹開：審生。）

簁所倚反371.8

真韻開口A類

影 茵於人反126.3；971.6；於真反277.7 禋於仁反253.6 駰於身[於巾]二反162.1（參真開B：影。） 湮於仁反192.9；919.2 氤一鄰反321.5 堙於仁反476.9；於仁反340.1 於鄰反199.5[音煙]，又音因904.7（參先開：影。） 垔於仁反339.7；724.1 姻於人反182.4；一仁反957.8；於身反616.1 *陻伊人反868.4（集韻：陻，伊真切。） *禋於人反824.3 *垔於仁反，慧爲見者非也。

—56—

集刊外編第三種

廣韻重紐的研究

娘 紉女珍反642.2；1136.7；女珍反[又女鎮反]38.9（參震：娘.）
日 仁而親反288.5；360.9；1135.4.
來 鄰[力鎮]力珍二反447.5（參震：來.）麟理真反171.3；1027.2；1108.1
驎力珍反171.3
照章 甄之人反135.6
牀船 晨食仁反62.2
審書 娠書鄰反425.4；書鄰[之忍]反389.9 書鄰[之刃]反874.8 書鄰反.漢書音義曰：娠音身.今多以娠作身，兩通也.40.1（參震：照章.）呻書仁反903.1 胂矧人反1138.9
侚音身1062.6
審生 *侁所隣反（隣舊作憐，磧同，琳卷十九作隣，今改.）*扟所隣反710.9（廣韻侁扟隸臻韻）
精 津子隣反126.9 子鄰反98.5；229.5；1137.4.
清 親且鄰反
從 螓疾辛反739.8；音秦894.1
幫 濱必人反322.2；比人反1029.2
滂 繽匹仁反1148；294.7
並 頻脾人反470.1 *臏脾身反908.7（集韻臏，毗賓切.）
明 泯[彌忍]彌賓二反198.2

真韻開口B類 臻韻附

影 駰[於身]於巾二反162.1（參真開A：影.）
疑 狺魚巾[魚佳]二反626.4；[牛佳]牛巾二反556.7（參佳開：疑.）誾魚巾反556.7 嚚魚巾反71.4；1002.9；1072.8；1125.4 垠五巾反373.8 訡語巾反1021.9.
見 *筋居銀[居欣]二反1009.9（參欣：見）
照莊 臻側詵反140.4；側陳反179.2；1000.5
牀崇 *榛仕巾反108.8；461.6；1010.2；1070.7；士巾反706.7；助巾反494.9（集韻榛，鋤臻切）
審生 詵使陳反182.2；所巾反522.5 𥿁所巾反711.9

—57—

六同別録

幫　邠悲貧反149.6；悲巾反383.3　補貧反890.5；甫貧反130.8；府旻反670.7；府貧反557.7；
鄙旻反97.4（旻舊作文，據磧改。）份　北陳反566.1

周法高

明　鰵忙巾反699.6　罠武貧反621.3

諄韻　線合口A類

喻以　勻弋倫反691.3
知　屯陟倫反557.7
徹　椿勅倫反201.4
來　淪力均反392.3；528.3；1002.2；1087.7　倫力均反270.2　綸力均反960.5；力旬反13.7
照章　諄〔之閏〕之純二反313.7；622.2；746.8（參稕：照章。）
禪　純時均反46.4；361.1；時勻反407.7　醇是均反515.3；時均反921.1　鶉市勻反689.8；
錞市均反692.9；916.1　淳時均反314.2；919.5；視倫反366.2
清　逡且旬反419.7　皴且旬反938.4；七旬反1030.7
心　詢私旬反186.8；私遵反216.8；553.1；972.4；1026.7；思遵反315.6　恂私遵反
332.5；私巡反567.6；760.7
邪　馴似均反310.5；316.9；1379　循似均反405.9；610.3；808.6；983.9；似遵反21.9；116.?；
917.3；1074.2；1118.4　紃似均〔昌緣〕二反708.3（參仙合A：穿昌。）
日　瞤如輪反209.6；而綸反929.6；而純反203.9；而倫反856.9

真韻合口　線B類

見　麕居貧反171.4

準韻　線合口A類

喻以　允弋準反723.7
日　蝡人尹反500.4
照章　准之尹反173.2；止尹反1112.1　埻之尹〔之閏〕二反893.8；之允〔之閏〕二反55.5；之允
〔之閏〕二反620.6；之尹反574.5；791.4（參稕：照章。）準之尹反；574.5

—58—

牀船 盾食尹反162.6;786.1;811.3 楯食允反13.5;67.5;265.4 吮[子兗]石準二反42.7(參補合:精.)

心 隼思尹反253.3

軫韻合口 隸B類

喻云 殞為懇反798.9;為愍反30.2;760.3;1095.1 于愍反163.1(于舊作於,據磧改.)352.7
隕于愍反913.4;982.6;1014.6

群 窘渠殞反912.6;奇殞反922.2 菌奇殞反709.9

明 愍眉殞反147.9 閔眉殞反332.2 憫眉隕反564.4 敏眉殞反455.7;1009.2;1071.7

仙韻開口A類

喻以 延以旃反1017.3 埏音延49.7;以旃反863.2(參仙開A:審書.) 綖三蒼以旃反126.3;272.3 蜒以旃反274.5;音延673.5

曉 嫣虛延反229.1;834.7 仚火延反683.7

見 甄居延反490.4;字林己仙反293.5(己,舊作巳,據磧改.)

溪 *愆去連反231.9 *僁去連反156.4;1067.6;1144.9(廣韻愆,僁隸B類.)

知 鱣知連反198.8;461.3;512.1;698.9;728.9;782.7;822.7;910.8

徹 梴丑連反515.6

澄 廛直連反842.1;1065.6;治連反1094.6

來 連力錢反125.9;670.2 聯力然反923.4 *縺力煎反670.2(集韻:縺,陵延切)

照章 饘之然反561.8 鸇之然反605.1

審書 羶失然反49.4 埏尸延反472.1;859.1;931.1;955.3;節延反598.5 挻式延反717.5;804.2;尸延反36.3

禪 鋋音蟬43.7;446.4 市延反735.6;873.5 蟬說文時延反922.5 篅[市緣反江南行此音]又上仙反,中國行此音809.6;1102.7(參仙合A:禪.)

牀崇 孱[士閒]士連二反743.9(參山開:牀崇.)

六同别録

清 遷比仙反736.4
從 錢自連反495.9
周法高
心 仙(䙴聲類俗)宋同私延反333.5 鮮私延反951.5；1067.3 鱻思錢反570.9
邪 涎詳延反92.5；1152.7；似延反673.3 *漾詳延反504.6（集韻：漾，徐連切）
*次延 似延反474.1（集韻：次延，徐連切。）
幫 編卑綿反95.5；1076.5 鞭比綿反375.5
滂 篇[布殄]匹綿二反688.8（參銑開：扁） 翩疋然反177.5
並 *便[毗與反]，一音便318.2（集韻：便，毗連切。參銑開：辯）
明 宀亡仙反831.6 㬈彌然反11.3

仙韻開口B類

溪 褰卿焉反785.6 騫起虔反344.3；去焉反850.1；903.5；1029.7
群 乾巨焉反22.9 犍巨焉反132.8；261.9；612.1；774.3（參元開：寋） *鞬巨焉反
917.5（參元開：見）

仙韻合口A類

影 蜎於全反42.1，一全反506.3；759.5；一泉反142.8；240.6 悁於緣反226.1；
915.6
喻以 沿翼泉反887.1；1034.1 鉛役川反268.9；784.2 櫞以專反1084.4；1122.2
蝝悦專反737.5 捐以專反85.1；288.2；1046.6；1094.3
曉 翾呼全反42.1；599.5 儇許緣反635.3 蠉呼全反506.3；呼泉反142.9；390.8
澄 椽馳宣反763.9；842.2
來 攣力泉反481.5
照章 專之緣反1141.8 顓脂緣反702.8；888.4 *塼脂緣反，[又音船]106.3（集韻：塼，朱遄切。參仙合A：牀船。）
穿昌 *紃[似均]昌緣二反708.3（集韻：紃，昌緣切。參諄：邪）
牀船 船示專反504.6；述專反796.1 *塼[脂緣反]又音船106.3（參仙合A：照章。）

—60—

廣韻重紐的研究

禪 篅市緣反214.2；575.1；683.3；748.5；905.6 視專反532.2 市緣反，江南行此音；[又上仙反，中國行此音.]809.6；1102.7（參仙開A：禪.） 圌時緣反532.2

清 詮且全反456.7；七泉反1063.8 銓且泉反856.1；七泉反337.4；1028.7；1047.3；1108.5 痊七全反970.8 悛且泉反936.5 絟七泉反654.6 縓音詮373.4

從 泉自宣反248.3；絕緣反533.2

心 宣雪緣反26.5 揎斯緣反939.1

邪 旋似緣反234.2 璿辭緣反493.6 *漩似緣反819.8（集韻：漩旬宣切.）

仙韻合口B類

喻云 湲于權反591.5

見 勬姜權反

溪 棬去權反678.5；去員反698.7

群 權渠員反1124.2 拳渠員反713.1；1015.2；渠圓反492.6；903.6 卷奇員反763；676.2；990.3 渠員反711.1 棬渠員反466.4；972.4；渠圓反508.1 踡渠員反1013.3；1051.2.

補遺

我在第一節，列出廣韻中的重紐，現在又找到了一些，列在下面；切韻中有些廣韻所無的重紐，遇到了也都寫下。遺漏的當然還有一些，只好有機會再補了。有時一韻之中，照切語看，雖然像是重紐，但是實在分隸開合口，如宕韻"盎烏浪切"注"汪烏浪切"，切語完全一樣，但是從各方面看，盎隸開口，汪隸合口，就不能算是重紐了，便沒有抄錄下來。

紙開	影	倚(於綺,三)	輢(於綺,一)	本條據切三作王二，廣韻皆在於綺反一紐下。
真開	群	趣(渠人,一)	墐(巨巾,五)	趣紐隸諄韻，切韻不分真諄，亦無趣字，係出後增。
術	曉	䬢(許聿,四)	獝(況必,一)	獝紐隸質韻，切韻不分質術，亦無獝紐，係出後增。
仙開	徹	脠(丑延,三)	𨓈(丑連,一)	本條據切三作，王一亦分二紐，𨓈紐近韻末，廣韻皆在丑延切一紐下。
仙合	日	堧(而緣,三)	𧝎(人全,一)	本條據王一作切三亦分二紐，𧝎紐近韻末，廣韻只有而緣切一紐。

—61—

周法高

六同别録

緝	照章	執(之十,四)	蟄(枕十,一)	本條據王二作、蟄紐在韵末,係出後增。廣韻只有之十切一紐,蟄之涉切在葉韻。
	心	㲀(先立,二)	霫(心緝,二)	本條據王二作、霫紐近韵末,切三只有先立反一紐,唐韵廣韵皆在先立切一紐下,唐韵注"三加二",是王二霫紐係增加未合併者。
遇	精	緅(子句,一)	足(即具,一)	本條據王二作、王一緅足皆在子句反下又云:"足,業緅(當作緅)字,皆以子句反之,此足字又以即具反之,音既無别,故併足。"唐韵亦分二紐,廣韵皆在子句切一紐下。
沒	透	叐(土骨,一)	宊(他骨,六)	叐紐,切三,王一,王二,唐韵無,係出後增。
過	清	剉(麤臥,三)	諎(千過,二)	諎紐,切韵無,出後增。
養合	見	獷(居往,一)	臦(俱往,四)	二紐切韵俱無,出後增。
㮇	見	趝(紀念,一)	㾌(古念,二)	
豏	曉	闞(火斬,二)	喊(呼豏,一)	切三,王一,王二無呼豏反一紐。王一,王二:"喊,下減反。"

一字收入兩組重紐的,又得三條。

支開	群	渠羈反 六加五	岐 山名,又巨支反	巨支反 十加九	岐 山名,又渠羈反	據王二
仙開	徹	丑延反 四	延 纏步,又丑連反。	丑連反 一	延 丑連反,纏步,一。	據王一
仙合	日	而緣反 三	袇 促衣縫。	人全反 一	㮕 人全反,衣縫,一(切三㮕作袇)	據王一

(補註一)假使祭韵需要劃分的話,可以比照仙韵擬音:

A類 -jɛi, -jwɛi ; B類 -jɐi, -jwɐi

(補註二)止韵牀紐有重紐,鉏里切的"士仕"北平 [ʂʅ] 廣州 [ʃi];牀史切的"俟涘"北平 [sʅ],廣州 [tʃi],都在声母上有區别。切韵也分兩紐,韵圖也都給列上了,分別……

(補註三)切三:"表,方小反,又方矯反,二。"但是"方矯反"並沒有另成一紐,按王一有"表,方小反,又方矯反,三。"和"表,方矯反,上書,一。"兩條,P.23 切三小韵第紐格內的"表,方矯,一"就是根據王一補的。

本文及切韵魚虞之音讀及其流變二文承李方桂、丁梧梓二先生有所指正,說平仄一文,承丁梧梓先生有所指正,謹致謝忱。

(完) 民國三十年初稿於昆明,
三十三年重訂付印於李莊。

—12—

切韻魚虞之音讀及其流變

周法高

導讀

馮蒸

學術背景

1931年，羅常培的《切韵魚虞之音值及其所據方音考》通過對六朝詩人用韵的統計分析，發現建康文人群體存在魚、虞分韵的“金陵士音”，而北朝詩文則多混押，這與《切韵序》“因論南北是非，古今通塞”的編纂原則形成互文。這一發現動摇了高本漢將魚、虞差异簡單歸結爲方言混雜的假説，促使學界重新審視韵書的分韵。羅常培于1933年在《唐五代西北方音》中系統運用敦煌藏經洞文獻，尤其是唐代藏漢對音寫本，揭示出藏漢對音在音值擬測中的獨特價值。日本學者有坂秀世于1937年對高本漢魚、虞擬音的質疑，以及馬伯樂在《唐代長安方言考》中對佛教譯音材料的運用，共同構成了周法高研究的學術語境。

學術評議

周法高此文是對《切韵》音系中一組韵系構擬争議的一個新構擬。

這一個構擬指的是《切韵》遇攝的三個韵系：魚、虞、模的擬音問題。

周氏的新擬音是對高本漢《切韵》遇攝擬音的商榷和修正。在叙述此文的具體價值和修正過程之前，先把高氏的擬音以及其後諸家的修正結果表列如下，以此作爲下文討論的基礎。

表1　遇攝三韵五家擬音比較表

遇攝			高本漢音（1940）	周法高音（1945）	李榮音（1956）	邵榮芬音（1982）	鄭張尚芳音（1987）
等	韵	開合					
一等	模	合	-uo	-uo	-o	-o	-o
三等	虞	合	-i̯u	-ĭwo	-io	-io	-jo
三等	魚	開	-i̯wo	-ĭo	-iä	-iɔ	-jɔ

《切韵》音系中魚、虞二韵系的擬音問題，更准確一點説，即遇攝魚、虞、模三韵的擬音問題，有四個原則性的理論問題必須加以明確。我們認爲，衹有在此基礎上才能够對周法高的論文結論進行准確的評判。這四個原則性的理論問題如下：

原則一：《切韵》系韵圖對“開合”的分類與内涵定位，即關于《韵鏡》系韵圖的“開合”的理解標準問題。《切韵》音系研究者都知道，《韵鏡》類等韵圖的“開合”標注，實際上有兩種内涵。根據著名音韵學家李榮的觀點，《切韵》音系的擬音在“開合”問題上，需要分清獨韵的開合標注與開合韵的開合標注，這兩者性質全然不同，這一點非常重要。李榮借用宋元等韵圖《切韵指掌圖》和《經史正音切韵指南》把韵部分爲獨韵和開合韵兩類的模式用于《切韵》音系的韵母構擬上，這是一個重要創新。上述兩者的區别是：獨韵的“開合”指的是主要元音的問題，即主要元音是-u還是非-u；而開合韵的“開合”指的是介音的問題，即是介音-u-（-w-）的有無問題。這一點高本漢似乎没有説清楚，雖然他已經認識到這個問題，主要元音的-u與介音的-u不是一回事，但没有引入中國傳統等韵學術語獨韵和開合韵。筆者認爲，上表高本漢和周法高二人擬音中三等韵中的介音-w-其實都是不必要的。由此也可看出原則一的重要性。

《切韵》音系的韵母可分爲十六攝，這十六攝的獨韵和開合韵如下表。

表2　十六攝開合口情况表（獨韵攝）

有開無合（共四攝）	效攝（一二三四等）
	流攝（一三等）
	深攝（三等）
	江攝（二等）
有合無開（共兩攝）	遇攝（一三等）
	通攝（一三等）

表3　十六攝開合口情况表（開合韵攝）

開合都有的攝（共十攝）		
果攝	開一三	合一三
蟹攝	開一二三四	合一二三四
咸攝	開一二三四	合三無合一二四
臻攝	開一三	合一三

續表

開合都有的攝（共十攝）		
曾攝	開一三	合一三限于入聲
假攝	開二三	合二無合三
止攝	開三	合三“之”有開無合
山攝	開一二三四	合一二三四
宕攝	開一三	合一三
梗攝	開二三四	合二三四

這种以攝爲單位考察介音u的模式在漢語言韵學史上有重要意義。上表中的咸攝是開合韵攝還是獨韵攝，雖然音韵學界還有不同意見，但我們由此可知，中古的遇攝是獨韵攝，即該攝的開合問題是主要元音的問題，不涉及介音的問題。

原則二：關于《切韵》的分韵原則。這也是一個關乎擬音全局的大問題。筆者認爲，《切韵》的分韵原則是：按主要元音和韵尾分韵，不按介音分韵。這一點最早是由高本漢提出，由筆者確定。儘管這個觀點雖然是由高本漢最早提出，但是他的《切韵》音系擬音并没有把此原則貫徹到底，所以他的擬音體系有很大的内部矛盾和缺陷，或者説是缺乏自洽性。因此，遇攝魚、虞、模三韵的構擬，就遇到了這個問題。

原則三：需分清《切韵》體系與等韵體系是不同時代的產物。衆所周知，《韵鏡》與《七音略》均把模韵與虞韵同圖，而不是與魚韵同圖。這裏需要明確兩點。其一，韵圖的出現晚于《切韵》，所以陸志韋早就明確指出："反切是反切，等韵是等韵，是不同時期的產物。"這裏引申一下陸先生的意思，把反切改爲韵書，其實意見是一樣的。所以，《韵鏡》與《七音略》把有關韵部處理爲同圖或不同圖，完全是後來等韵學家的意見，未必完全忠實地反映了《切韵》時期的情况。其二，筆者認爲，等韵學家的處理，應該是反映了當時等韵學家認爲同圖的兩個韵部可能主要元音是相近的，否則不會貿然把它們處理爲同圖。據此，筆者認爲，既然模韵與虞韵同圖，而不是與魚韵同圖，大概率是認爲模韵與虞韵的主要元音相近，而不是與魚韵的主要元音相近，這應該是一種合乎情理的推測。所以，我們現在進行中古音的擬測，倒不必一定受限于《韵鏡》與《七音略》是否同圖，但等韵學家的處理方案可以參考。

原則四：材料的選用標準。需用同時代的材料來論證《切韵》擬音。擬測這三個韵的主要元音，應該運用何種材料，怎麽運用材料，也是驗證它們音讀的原則之一。對此，高本漢主要是運用了現代漢語方言的讀音，而周法高論文的最大特色是廣泛采用了同時代的梵漢對音材料以驗證其擬音，可以説他是繼羅常培後第二位大規模使用梵漢對音來擬測中古音的學者。李榮也對此加以肯定，但是也指出了梵漢對音材料的不整齊，現象參差。周法高所使用的梵漢對音材料基本上都是唐代的，與《切韵》的成書時間相近，由于梵漢對音是拼音文字，音值相對來説十分清楚，對于這三韵的音值構擬十分直觀，故有很大的可信性。

在確認了這四個構擬原則的基礎上，我們再來看一下周氏對這三韵的擬音與高氏的擬音有何不同。周氏的擬音做了如下修正：

（一）修改了高氏對此攝一三等韵的相配關係。和模韵相配的三等韵是虞韵而不是高氏所説的魚韵，周氏説：“和模韵相配的，是虞韵而不是魚韵：ĭwo（這個o是關o），以上的假定，可以向上適用到魏晋南北朝的時候。”羅常培的文章《切韵魚虞之音值及其所據方音考——高本漢切韵擬音商榷之一》可作旁證。

（二）確認魚韵是開口。周氏把魚韵擬成ĭwo（這個o是關o）。周氏此文原則上衹是討論三等韵魚、虞二韵的擬音問題，對于一等模韵，并未加以討論，而是沿用高本漢的擬音，但由于牽涉到是魚韵與模韵相配還是虞韵與模韵相配的問題，所以自然也無法完全回避模韵的問題。總的來説，周氏的擬音與高氏的擬音的最大區别是，周氏的擬音基本上是根據中古的等韵圖，《韵鏡》與《七音略》標爲開的，他的擬音就基本上是開口度大的元音；《韵鏡》與《七音略》標注合的，基本上就是合唇度較大的主要元音。具體結論是：魚韵是開口，虞韵相對來説是合口。梵漢對音也可以印證這一看法。而由于高本漢未能够參考中古等韵圖，導致其擬音多有未妥。周法高這個擬音，在其後發表的有關論文中（周法高：《論切韵音》《論上古音和切韵音》）仍然堅持，可見其一貫性。

（三）周氏還指出“高氏-u-介音和-w-介音分别的理論，本身就成問題”，這一觀點也是對的，但是由于尚未能指出《切韵》音系的獨韵與開合韵的問題，所以其有關討論似可斟酌，兹不贅述。

周文的不足是未能够考慮上文原則二所提出的問題，即《切韵》的分韵原則問題。這是一個關乎擬音全局的大問題。根據筆者意見，《切韵》的分韵原則是按照主要元音和韵尾分韵而不按介音分韵，此處遇攝魚、虞、模三韵的構擬，就遇到了這個問題。關于遇攝三韵的擬音，不論是高本漢的模配魚，還是周法高的模配虞，都是認爲一等模韵或與三等魚韵的主要元音相同，或與三等虞韵的主要元音相同，二者的區别衹是-i-介音的有無問題。如果認爲模韵與虞或魚的區别衹是-i-介音的有無之别，則等于承認了《切韵》可以按照-i-介音分韵。持此説者大概忘記了《切韵》的東韵有東一和東三兩個韵母，由于同居一韵，其區别衹能够是-i-介音，對此將作何解釋？所以筆者認爲，遇攝三韵的擬音，不論是高本漢的模配魚，還是周法高的模配虞，這三韵的主要元音都不應該相同。周文當時似乎未能注意到這個問題。

學術價值

周法高此文首次系統整合等韵學理論與歷史比較法，確立中古音研究的“二重證據法”，既重視傳統韵圖的内在邏輯，又强調域外對音的外部驗證，這一方法論創新深刻影響了李榮《切韵音系》、邵榮芬《切韵研究》等漢語中古音研究經典著作的撰述理路。其開創梵漢對音材料系統化的研究先河，以“佛陀”（Buddha）對譯虞韵字、“迦葉”（Kāśyapa）對譯魚韵字的精微分析，爲三等韵介音差异提供直接證據，這種實證路徑推動中古音研究從理論推導向材料實證轉型。此文標志着漢語音韵學研究從高本漢體系的單極主導走向多元探索，其提出的模虞配列假説、魚韵開口説等問題，引發持續數十年的學術討論，促成王力、鄭張尚芳等學者提出競争性擬音方案，最終推動學界形成“魚韵主母音低化、虞模主母音後高化”的共識。

集刊外編第三種

切韵魚虞之音讀及其流變

周法高

民國十三年，汪榮寶氏發表了歌戈魚虞模古讀考（北京大學國學季刊一卷二期），引起了古音學上的大辯論，對於歌戈的古讀雖然確定了，而魚虞模的音讀還沒有可靠的結論。

高本漢（Bernhard Karlgren）中國音韵學研究（Études sur la phonologie chinoise，趙元任羅常培李方桂三先生合譯，本篇所引文，皆據譯本）說：

	a 韵（魚）	b 韵（虞）
漢音	'i-yo'	'i-yu'
高麗	ə, iə	u, iu
安南	ɯ, zɯ(z<i-)	u, zu(z<i-)
吳音	o（註一）	知系o，見系u
汕頭	見系ɯ（註二），i；知系u	知系u

以上所舉的事實，可以絕對無疑的証明b韵（虞）韵母是-iu，元音是u，這个u的音彩我們隨後就要討論，那么a韵（魚）的元音是什么呐？

這就遇到很嚴重的困難了。日譯漢音跟高麗音，安南譯音，汕頭話，魚虞一樣的有分別，這種分別顯然是根據切韵古分別來的，一方面我們照汕頭的分法（魚：ky（註二），ki，虞：ku）就忍不住要假定一个顎元音y算是魚韵的元音，這樣就是可以解釋高麗的ə跟安南的ɯ，說是外國人不會讀y而讀出來的特別音，然則漢音的o，那是怎樣變來的呐？另一方面，假如我們取了漢音的o，那又怎樣解釋朝鮮的ə跟安南的ɯ呐？究竟那个答案對，是y呐還是o呐？

這个問題的解答從二等字找得出來，遇攝的二等其實是附屬的二等，就是說

六同别録

周法高

二等跟三四等同韵反切下字也一樣，只是声母不同（二等tʂ-ʂ三等tɕ 对），在這个附屬的二等的字裏，ï介音因為在舌尖声母[tʂ等]之後大概很早就变弱了，所以本來的主要元音比在曾有强影响的ï的三四等裏容易聽得出來一点兒。請看這個附屬的二等：

	高麗	汕頭	廈門	安南	漢音	吳音
a韵(魚等)	o	o	o	國語'o'[ɤ]	'i-yo'	o
b韵(虞等)	(i)u	u	u	ɑ(閩ɑ)	'i-yu'	u

請注意恰好就是在魚韵三等作ə, ɯ(註二), y, i 等的特别音的方言——高麗譯音、安南譯音跟汕頭話——在這兒的二等都給漢音的o作了明確的証据。在切韵的古代漢語裏二三四等既然同韵，漢音在這二等又既然都有o，並且其餘分别魚虞兩韵的方言在二等裏也全用o，所以就得到一个合法的結論：古代漢語a韵(魚)的二三四等的主要元音都是o，結果如下：

魚語御：-ĭwo　　虞麌遇：-ĭu

（原本p.679—680；譯本p.518-519）

此外，他假定：模姥暮：-uo

我覺得高氏的學説对於兩種現象不能解釋：

第一，華梵对音中，对譯梵文-o、-u的開尾字（就是不用子音做韵尾的字），在唐以前多用尤、侯、虞、模諸韵字，在唐代多用虞模韵字，都很少用魚韵字。在附表幾百條例字中，用魚韵字譯-u的，只有三見，譯-o的只有一見，譯o的長音ōu的只有二見，都是唐代以前的譯文，在唐代却更少遇到（註三）。我們要問：假使魚韵的主要元音是o，為什么不拿來譯梵文的o，而用虞模韵的字來譯？

第二，在南北朝的詩文用韵裏，假使魚虞不混時，和模韵通用的都是虞韵，而不是魚韵。于海晏漢魏六朝韵譜：漢、魏、晉、宋，魚虞模合為一部；齊、梁、陳、隋虞模為一部，魚為一部。王力氏南北朝詩人用韵考（清華學報第十一卷第三期）説：

魚虞模三韵，依南北朝的韵文看來，虞模是一類，魚独成一類。當虞模同用的時候，魚還是独用的，因此我們可斷定當時魚与模的距離遠了許多。高本漢的切韵音

—2—

到反是魚与模近，而虞与模遠，就很難令人相信了。

廣韵魚韵下注"独用"，虞韵下注"模同用"。虞模兩韵的字都很多，不能拿字少合併的理由來解釋的，這和東韵注"独用"，冬韵注"鍾同用"都有語音上的根据的。

此外，高本漢解釋高麗安南譯音並不圓滿，他説：

在古 tɕ' 等舌尖硬音的後頭高麗作 -o，安南作 ɤ（國語'o'）；在 kj 等古等声母之後，-ǐwo 变成了 -yo，這个 y 就是外國譯音人要模擬的音。當時他們用來模擬 y 的那个音究竟是什么音值，自然是無從曉得，我們只知道那个音現在是讀成了 ə 跟 ɯ。這个顎化的假設，由汕頭話可以得到佐證，在汕頭話裏 kjǐwo 变成 ky，再失掉圓唇作用而变成 ki（跟虞韵 kjǐu > ku 不同）。

（中國音韵學研究原本 p.681，譯本 p.520。）

用 ə 或 ɯ 來譯 yo 前面的 y，而不管後面的主要元音 o，可能性並不大。李方桂先生告訴我：在廣西的一部份的泰語借字裏還保存魚虞的分別，可以看出魚韵的元音是 ɯ，安南的 ɯ 恐怕正是代表那一帶地方的方言，不見得是模擬的吧！拿汕頭話作佐証也是由於把 ɯ 音誤會成 y 音的緣故（參看註二），反倒可以作非 y 介音的証明了。

從上面兩種現象我們知道魚韵的元音和虞韵的元音有点兩樣，但是根据上古音和方言現象看來，是近乎 o 的一个元音。我覺得切韵魚韵的主要元音有兩種可能，一種是 o 開的 ɔ，另一種是 o 的不圓唇音，但是還沒有到 ɤ 的程度。

在附表中，唐以前的譯音裏，魚韵字有幾條对梵文 a 的例。在 Julien 氏的梵語音譯還原法（Méthode pour déchiffrer et transcrire les noms Sanskrits）一書裏，模韵也有幾个对 a 的例。我們不應該從少數的例來斷定魚韵的音讀，但是從牠兼對 -o，-a 的幾个字，和虞韵少有对 a 的情形看，假定作 o，a 之間的 ɔ 正可以解釋牠。

我們現在把魚韵的主要元音寫成 ɔ，代表一个和普通的 o 相近而不同的音。

此外，高本漢假定魚韵是合口，我覺得假定作開口是比較適宜一点。

1. 從音理上看，不圓唇元音（高麗，安南，汕頭，泰語借字，"唐五代西北方音"）的形成，假

六同别錄

周法高

定牠是受了ɪ介音的影响,比認為是合口-ɪw-要好得多了.我們或者可以假定合口的介音成分-ɪw-变成ɯ,再慢慢把後面的元音o遺失了.那么我們要問,為什么其他韵裏的合口成分不变成ɯ,而單單發生在圓唇o的前面？在上古(詩經叶韵和諧声時代),魚韵被假定作開口,我們為什么要假定牠在中古变成了合口呢!

2.從歷史的文獻上看,也並沒有一定是合口的証据.羅莘田先生切韵魚虞之音值及其所据方音考(歷史語言研究所集刊第二本第三分)說:

> 宋韵鏡魚韵在第十一轉屬開口,通志七音略作重中重,虞模兩韵在第十二轉屬開合,七音略作輕中輕,是魚虞的呼法,在韵鏡裏本來顯然有別.後來切韵指南,切韵指掌圖跟四声等子,雖然把魚虞模併為遇攝,可是對於牠們的呼法,或者標為獨韵,或者標為重少輕多韵,都不能當作完全合口的証据.

現在根据上述的理由,我們把魚韵假定作-ɪɔ.

關於虞韵,高本漢假定作-ɪu,拿來解釋漢音高麗音等,倒非常適宜.在佛典譯音裏,虞韵兼對梵文的o,u;對o的字出現在喻細,見系,照系,來細,心細等声母後.喻細,照系,群細都是模韵所沒有的声母,而見系声母的字,却多用虞韵字,少用模韵字.玄應音義卷十八說:

> 拘屢,或作句盧,今或云拘樓賒,此云五百弓.應言俱嚧舍.嚧音學俱反.

俱嚧舍的梵文是Krośa.同卷又說:

> 毗盧遮那,或言吠嚧遮那,或言鞞嚧柘那,此譯云遍照.字書無嚧字,義安一口為別.嚧音宜學俱反.

梵文作vairocana,用嚧对ro.口旁是加上去表示r音的.盧字在模韵,嚧字不入模韵而入虞韵,說"宜學俱反",似乎音義的作者覺得虞韵比模韵更確切些.在日譯吳音裏,虞韵見系,喻云細,來細,非,敷等細的韵母都是-o,其餘作-u,同對音的情形,恰巧相合.在附表中,梵文的su,唐以前用虞韵須字來譯,唐代則改用模韵蘇字來譯.此外,在其他方言中,虞韵字也有讀o的情形.(以下所引,据高本漢方言字彙)

安南音　　宇,禹,羽 vɔ(兩字是又讀),住 tɔ(又讀),樹 tɔ;儒 nɔ(又讀),賦,傅

—4—

付,訃,赴,扶,附 fɔ(賦,付,扶是又讀);武,舞 vɔ(又讀);無,毋 vo.((ɔ)音,安南國語作'ô';(o)音,國語作'ơ'.魚韻字讀 ɯ 跟 ɤ,安南國語作'ư'跟'ơ'.)

福州: 句 kuo,竽 uo,廚 tio,主,朱,殊,注,鑄 tɕio(主是又讀).輸 ɕio(又讀),斧 puo(又讀);(魚虞韻通常讀 -y).

汕頭: 愚,寓 ŋo(又讀),無,毋 bo(又讀);雨 hou(又讀);竽 ou,廚 tou(又讀);甫 pou(又讀);斧,傅 pou(又讀).(-u 跟 -o,-ou 並存時,-u 是文言音.)

廣州: 芻 tʃʻɔ;雛 tʃʻɔ;數 ʃou(限於二等齒上音,跟魚韻一樣).

太谷: 芻 tsʻo;雛 tsʻo;數 so(同上條).

這些情形可以看出古代有一個 o 元音的讀法似的.唐以前的佛典譯音多用流攝字對譯梵文的 u.假使在唐以前,尤侯韻有 -ĭu,-u 的讀法(說見後),假定那時虞韻讀 -ĭuo,正可以避免和尤音的衝突.

我們再看,假使我們假定虞韻是 -ĭuo,對於高麗音,漢音和安南音的讀作 -u,又是怎麼解釋呢?漢音的時代,大蓋在唐代中葉,這從全濁次濁的声母的讀法可以証明的.那時和唐初相差百餘年,在語音上已經有不少的變化了.安南音的時代,更是遲到唐代末年.高麗音的時代,還不能確定,大概比漢音要早點.照高本漢假定的原則,三等韻的元音要比一等韻閉一点;我們可以假定虞韻的 o 是閉 o,用 u 音來寫 ĭuo,並不覺得奇怪的.漢音既然用 o 來寫魚韻的 ĭo,更不能不用 u 來寫虞韻了.到了安南音的時代,虞韻大概已經由 ĭuo 变做 ĭu,所以用 u 來表示牠.不過也許由於方言混雜或其他的原因,還保留許多 -ɔ,-o 的讀法.

高氏 u 介音和 w 介音分別的理論,本身就成問題,我在這裡不願意詳細地批評牠.我現在寧願把虞韻寫作 -ĭuo 而不作 ĭwo,表示 u 介音相當強,這在各方面都可以解釋得好一点.虞韻上古音的來源,一個是 ĭwo,一個是 ĭu,把牠寫作 -ĭuo,正代表這兩個來源的拼合.牠和模韻的 -uo,正好相配,同尤韻 -ĭəu 和侯韻 -əu 的情形一樣.假使我們把虞韻寫作 -ĭu,便看不出牠和模韻的關係了.高氏把魚韻寫作 -ĭwo,倒好像和模韻相配的,不是虞韻而是魚韻了.

討論的結果是: 魚語御 -ĭo;虞麌遇 -ĭuo

切韻魚虞之音讀及其流變

六同别錄

周法高

馬伯樂(H. Maspero)的唐代長安方音(Le dialecte de Tch'ang ngan sous les T'ang BEFEO. XX)假定：

模	七世紀：u	八世紀：uó	九世紀：uó？ó？
虞	(1)iu,(K)üiu	(1)iu(K)üu	(1)iu,(K)üu
魚	io	iɯ	iɯ

他有一段討論魚韻的音值：

魚韻表現一個老是有 i 介音的韻母，並且這韻母的主要元音是很有規則地在漢音用 o 來譯，在安南音則用 ɯ. 要擬構這個元音，我們可以假定牠是 ɯ 沒有變化的或是 o 受 i 介音的影响慢慢地變成 ɯ，因為日本的 o 同樣地可以譯漢語的 o 和 ɯ. 在上古漢語裡，這韻母的確是 io；在第十世紀牠很確定地是 iɯ. 當顏之推說："北人以如為儒"時，這變化好像就開始了。在我的意思，這句話僅僅用一種說法可以明白牠，從六世紀的末尾，io 在魚韻元声母下或者已經變成 iɯ 而虞韻同声母的字或者已經從 iu 變成 iü：如 ńio, > ńiɯ,；儒 ńiu, > ńiü,. 這很難覺察的分別一方面解釋顏之推說牠們是同音，並且在另一方面解釋陸法言和顏之推及別的朋友們把如儒分屬兩韻。切韻的作者們為了好古，靠着古字典的反切在兩韻間保留一種隔離，我們從他們中的一個作者知道在某些情形下，在他們的時代，已經沒有這種分別了。這種從 io 到 iɯ 的變動，從切韻以前開始的(1)；在唐末已經完成了。正如安南譯音所指明的，因為西藏語裡沒有 ɯ，敦煌漢藏對音的寫本有時用 u 有時用 i 來譯牠。

(1)因為我們不可能知道顏之推所表明的變化的限度，在切韻的時代，我完全保留 io 音。切韻的作者們認為這對於"如"字也是同樣地適用的。在另一方面，當漢音的時代，我完全寫作 iɯ，我不清楚是否這個演變在這時代已經完成，並且所有的字，不管牠們的声母，已經有了新的韻母——我寫作 iɯ，因為不能更清楚地知道牠底音值——P. 83

— 6 —

關於虞韵,他認為漢音在前顎音(palatales),齒音(dentales)的声母後,保留介音i,但是在舌根音(gutturales),喉音(laryngales)的声母後沒有i介音.如"須siyɯ(shu),拘ku."這就是他把虞韵分做iɯ,ïiɯ兩類的根據.前者他叫做開口,後者他叫做合口.

馬氏關於虞韵的假定顯然是錯誤的.在反切下字上並沒有分做兩類.漢音元音的寫法隨着声母的不同而有点差異,許是表現那時代的實際情形,但是那是唐代中葉的事,不能適用到切韵時代.

至於魚韵呢,馬氏假定為ïô,雖然沒有什麼理由,這確是一個很好的見解.據馬氏的描寫,ô是開口,ō是閉口,關於ɯ,他說:

我用這個符号來描寫安南的ô,ɯ,法文的eu,德文的ö等脣化音(Le son labialisé),牠們細微的分别同别的元音一樣用重音符号來表示:ɯ̀ ɯ́ ɯ̃.(前引書P.3)

法文的eu和德文的ö相當於國際音標的圓脣前元音[ø]或[œ],但是安南的ɯ是不圓脣後元音[ɯ],馬氏都用ɯ來表示,在文中說ɯ和ïɯ[y]很相近,怕是錯了.

此外,馬氏根據顏之推的一句話,就假定"如ńio>ńiɯ,儒ńiɯ>ńiïɯ"的演變,未免太冒險了.顏之推說:

北人以庶為戍,以如為儒.(家訓音辭篇)

北人之音,多以舉莒為矩(同上)

"舉,莒,庶"是魚韵的上去声,"矩戍"是虞韵的上去声,在声紐上包括舌根音和前顎音.大概有一些方言已經魚虞不分了.馬氏只引了一句,就斷章取義了.陸法言切韵序說:

支脂魚虞,共為一韵.

也是同樣的情形;但是顏之推以為是"謬失",陸法言以為"若賞知音,即須輕重有異",可見他們的方言是分的.玄應和慧琳一切經音義反切,魚虞韵也分做二類(參黃淬伯氏慧琳一切經音義反切考,歷史語言研究所單刊之六,及周法高玄應音研究).顏師古匡謬正俗卷三"禹字丘區"條說:

或問曰:曲禮云:"禮不諱嫌名"鄭注云:"嫌名謂禹與宇,丘與區"其義何也?答曰:康成鄭君此釋,蓋舉異字同音,不須諱耳.區字既是於引為例,禹宇二字,其音不别,丘之與區,今讀則異,然尋案古語,其声亦同……今之儒者不曉其意,競為解釋,或云禹字是

六同别録

同聲，丘區是声相近，二者並不須諱，並為詭妄。或云禹字，區丘，並是別音相近，乃讀禹為于舉反，故不須諱，並為詭妄，不諳其理。

周法高 按廣韻"禹宇"並王矩切，屬九麌韻，是虞韻的上声。"舉"居許切，屬八語韻，是魚韻的上声。"禹宇"本來同音，都屬虞韻的上声，或說把"禹"讀成魚韻的上声，顏師古說他的不對。可見顏氏和或人的方言，魚虞韻也有分別。

我在附表裡把從六朝到唐對譯梵文o，u的開尾字，列出了一些，雖然不完全，但是可以看出声韻分佈的大致情形。現在寫在下面。魚韻的例子很少，不寫，可參看附表。

唐以前：	梵文o	侯韻	曉，定，泥，來。
		尤韻	喻以，曉，來。
		模韻	定，來，並，明。
		虞韻	喻以，見，群，來，審書，禪，心，微。
	梵文u，ū	侯韻	影，匣，端，定，泥，來，心。
		尤韻	影，喻以，見，溪，群，泥，來，照章，審書，審生，心，非，奉，明。
		模韻	泥，來，心，邦，並。
		虞韻	喻云，見，日，審書，禪，心，奉。
唐代宋初：	梵文o	模韻	影，曉，匣，見，端，透，定，泥，來，精，心，邦，滂，並，明。
		虞韻	喻以，見，群，疑，來，照章，審書，禪，穿初，審山。
	梵文u，ū	模韻	影，曉，匣，見，疑，端，定，泥，來，精，心，邦，滂，並，明。
		虞韻	喻以，喻云，見，群，疑，澄，來，照章，審書，禪，穿初，審山，心。
		侯韻	端，來。
		尤韻	喻以，見，群，審書，非，明。

這裡顯然不同的地方，就是唐以前多用尤侯韻字，也用虞模韻字，唐及宋初幾乎都用模韻，不用尤侯韻。附表中唐代採用尤侯韻的次數除了脣音，才有八次。表中有許多字，唐以前用尤侯韻來譯的，唐代都改做模韻。

根據高本漢和李方桂先生等假定的上古音（周秦），尤侯韻除去介音的分別不計外，

—8—

牠們的主要元音，都假定作後高元音。高本漢的切韻音，尤侯韻是u元音前有一個ə音。我們現在很容易地假定從漢到唐有一段時期尤侯韻是拿單純的u做主要元音的，牠可能以u分化為 ᵒu，再變為ə̆u。同時我假定的魚虞韻的音值，也可以適用到那時代。假使照高本漢虞韻的假定，就會和尤韻衝突了。侯，尤，虞韻的演變如下：

		周秦	魏晉	隋唐
侯韻	屬上古音侯部的一部分讀：	u	>u>ᵒu>ə̆u	
		ug		
	屬上古音之部的一部分讀：	əg		
尤韻	屬上古音幽部的一部分讀：	ĭog	>ĭᵒu> ĭə̆u	
	屬上古音之部的一部分讀：	ĭŭg		
虞韻	屬上古音魚部的一部分讀：	iwo	>ĭuo>ĭuo	
	屬上古音侯部的一部分讀：	ĭu		
		ĭug		

現在，我願意討論一下魚虞韻在方言中演變的情形。在大多數方言裡，魚虞兩韻的讀法，沒有分別，光是隨着声紐的不同，韻母也有差異。在官話的許多方言裡，在喉牙音，齒頭音，來，娘等紐後讀-y，其他声母後讀-u；又有些方言，y再變為-i，如江蘇六合，雲南昆明和客家。有些方言，除了正齒二等和脣音外，都讀成-y，如湖北，湖南的許多方言，和福州方言（指平声）。至於廣州，古上，正齒三等和元音起頭的字讀-y，正齒二等讀o，脣音讀u，其餘的讀-øy。他們的演變大概是：

魚韻　iɔ>io>iu>u，y（或其他韻母）。

虞韻　ĭuo>iu>u，y（或其他韻母）。

在一些魚虞有分別的方言裡，高麗音的ə，安南音的ɯ跟ɤ，汕頭的ɯ跟i，可以看出魚韻有一個不圓脣的元音來。我們可以假定牠們因為受了i介音的影響，從圓脣音漸漸變成不圓脣音，從開元音變成閉元音。其演變為：

魚韻　iɔ>iɤ>iɯ>ɯ或i。

六同別錄

周法高

在羅莘田先生的唐五代西北方音一書（歷史語言研究所單刊甲種之十二）中，有幾種漢藏對音的材料，表示出魚虞的分別：

千字文：平声魚韻：楚 c'i 踈 çi，車 ki 居 ki，諸 cu，渠 gu，於 'u；
上声語韻：黍 çi 鉅 gi，舉 ku'u；
去声御韻：庶 çi 處 yi，慮 lu，御 'gu，豫 yu。

大乘中宗見解：平声魚韻：如 źu，虛 hu，諸 cu，'cu，初 c'u，於 'u，i；
上声語韻：與 yi，所 çu，汝 źu，舉 gu，語 'gu；
去声御韻：據 gi。

阿弥陀經：平声魚韻：如 źi，źu，諸 ci，於 'i，'u；
上声語韻：所 çi，çe，çu，汝 źi，źu，女 'ji，與 yi，yu；
去声御韻：處 c'i，去 k'e。

金剛經：平声魚韻：如 źe，虛 he'i，諸 ci，於 'i；
上声語韻：所 çi，çe'i(?)，çu，çu'i(?)，ça，汝 źe，女 ji，與 yi；
去声御韻：ki（P.43—44）

以上是魚韻的情形，至於虞韻呢，除了阿弥陀經中的"數"字讀 ço 外，完全讀 -u。

羅先生說：

由這四種藏音所有的例來看，大概魚韻字在阿弥陀經跟金剛經裡變 i 音的較多，在大乘中宗見解裡變 u 音的較多，而在千字文裡，i，u 兩音大有勢均力敵的樣子，所以千字文的藏音好像是前兩系方音的過程似的，惟其如此，所以牠分化的現象是沒有規則的（前引書 P.45）。

這 i 和 u 的混用，可以假定當時讀 ɯ，所以藏文有時用 i，有時用 u 來譯牠。

在敦煌本開蒙要訓的注音中，也可以發現同樣的現象。這書的時代和地域比前四種還確定，羅先生說：

從這書的尾題來看，如果那個敦煌郡學士郎張某就是注音的人，那末這些注音所代表的當然後唐明宗時代（天成四年，即 929 A.D.）的敦煌方音了。（前引書 P.13）

這書一方面魚韻和止攝開口互相注音：

-10-

集刊外編第三種

切韻魚虞之音讀及其流變

脂魚互注例：姨餘，旟餘，梳師，疏師，貯主.

之魚互注例：頤餘，廁楚，緒巨，紓志，竽志，鋸已.

以魚注支例：縭鱸，綺去，翅鼠.

以魚注微例：機居，稀虛.

另一方面虞韻和止攝合口互相注音：

虞支互注例：盂為，踰為，髓須，偽遇.

以虞注支例：櫃具，蕤須，雖朱.

以微注虞例：瞿舌鬼.　　（前引書P. 101--105）

在四種漢藏對音裡，止攝的開口是-i，合口是u（除去千字文在止攝合口有二字是-u，六字是u'i，we，wi等）和這書的情形相同。我們現在要問：在那時，魚韻和止攝開口，虞韻和止攝合口是否同音，或是音近？高本漢所記的十幾種西北方音（山西八種，甘肅三種，陝西三種）中，他們並沒有相混，止攝開口是-i，合口是-ui，-ue等，魚虞同讀-u，-y等。我想對音的相混是由於音近的緣故，魚韻的-u和止攝開口的-i相近，虞韻的-u和止攝合口的-ui相近。在這書裡，止攝開口自注的例有二十八對，魚韻自注的例有六對，魚韻和止攝開口互注的有十四對，和止攝合口相注的例有一對（鱸驢），和虞韻相注的有二對（縷呂，屢呂），最後這三對都是來紐。我想除非我們發現敦煌一帶，有止攝開口和魚韻不分與止攝合口和虞韻不分的方言，我們只有用音近的說法去解釋牠們，否則對於音變的條件便無法解釋。

在唐蕃會盟碑中，也有幾個魚韻的字，這碑的時代是唐穆宗長慶二年（822 A.D.）。"虞，魚同讀作-u，惟虞韻主字變o，矩字有声無韻"。

虞韻：孺ʑu一見，儒ʑu一見，夫pu十一見，武bu一見，bū七見，矩k-一見，主co二見.

魚韻：書ɕu六見，於yu一見，御gu二見（前引書P. 183）

這也許可以看出另一方言魚虞不分的現象。

最後，本篇的結論是：

1. 切韻中的魚韻是開口，牠底主要元音雖然跟虞模韻的元音相近，卻有點兩樣：

—11—

六同别録

第一，在佛典譯音裡，不用，魚韻字對譯梵文的 o, ŭ，而用虞模韻字.

第二，在南北朝後期的韻文裡，虞模成一類，魚獨成一類.

第三，有幾個方言，魚虞不混，魚韻有一個不圓唇的元音.

周法高

我們把，魚韻寫作 ĭo.

2.和模韻相配的，是虞韻而不是魚韻，虞韻的韻母是：ĭuo.（這個 o 是開 o）

以上的假定，可以向上適用到魏晉南北朝的時候.

（註 1）原作"知系 o 見系 ɯ"誤也，今改作"o".

（註 2）ɯ，原本作 ï，國際音標作 y. 其實原本應該作 bï，國際音標作 ɯ. 在第六章和方言字彙裡都沒有錯，在這裡卻錯了，原來高本漢所根據的 Gilbson 和衛三畏（S. W. Williams）的材料，把這個音寫作 ü（u 下兩點），在此處就誤會作 ï（u 上兩點），因之在下面，就忍不住要假定一個顎元音，算是"魚韻的元音"，這是不必需的.

（註 3）玄奘西域記卷十有恭御陀國，御字屬魚韻的去声，舊音上又有五嫁反一讀. Julien 氏還原作 Konyodha，Watters 氏還原作 Kongudha 或 Konyadha，堀謙德氏據刻文作 Koṅgoda，這個字的原文不能確定.

-12-

附錄

華梵對音的問題，本來非常複雜，很容易引到錯誤的路上去。牠是由於譯者所根據的原文（印度和西域的各種文字）翻譯標準的寬嚴，譯文的時代而不同的。我在附錄裡把對譯梵文o，u的字和對譯其他元音的魚虞模等韻的字，大略舉了一些。為了徵信起見，把梵文原文和譯名的全部錄下。為了說明的方便起見，把牠們分為兩期：唐以前的譯名為一期，用～～～號標出；唐代宋初的譯名為一期，用———號標出。大概前期的對音比較不嚴密，牠們根據的原文也不全是梵文，例如塔婆、偷婆、塔等字的原名不像是梵文的stūpa，倒反和巴梨文的thūpa接近似的。又如迦那迦牟尼代表梵文的Kanaka(muni)，而拘那含倒和巴梨文的Konāga相近了。我在附表裡便沒有列了出來。後期的譯音比較嚴密多了。我因為恐怕有許多名稱是沿襲舊譯，不合當時實際的標準，所以也比較謹嚴，多是從玄奘西域記（簡稱西），玄應一切經音義（簡稱玄），慧琳一切經音義（簡稱琳），窺基的法華音訓（簡稱基），慧苑的華嚴經音義（簡稱苑），義淨的南海寄歸內法傳（簡稱南）幾部書中選出的。這幾部書往往說明舊譯的訛誤，或是注明"舊言""正言""具言""具正云"等。

我在這裡，儘量地想縮減篇幅，有時一個梵字的譯名同時有幾條，而對於附表中所列的字沒有差異的，就只選擇一條。在複合詞（Compound word）裡也避免重複，例如拿buddha-做複合詞的上半或下半的很不少，就只錄一兩條。有時一條中包括幾個不同的譯名，我都給利用了，不必再另條舉出。例如：Sumeru就只舉出一切經音義的兩條，不必把法華經的須彌山，西域記的蘇迷盧山諸條寫出。一切經音義的各條除了注明所在的卷數外，並且注明那一條是屬於某經某卷。例如第一條注"應十八雜阿毘曇心論十"，就是說全條出於玄應一切經音義第十八卷，而拘隣這個名稱是見於劉宋僧伽跋摩等譯的雜阿毘曇心論卷十。

另外，我取了佛頂尊勝陀羅尼（簡稱A）和法華經裡的陀羅尼（簡稱B）。前者沒有前期的譯文，後者羅什和闍那崛多屬前期，玄奘和不空屬後期。只錄出梵名和對譯-o、-u音的漢字，以省篇幅。宋初法天譯的犍稚梵讚、七佛讚唄伽陀、佛說文殊師利一百八名梵讚，和佛說聖觀自在菩薩梵讚，鋼和泰氏（Baron A. Von Staël-Holstein）都有精審的

六同別錄

錄原前三者見Bibliotheca Buddhica XV, 1913；後者見燕京學報第十七期,1935'
並且把每一個漢字都編成號碼,注明牠所譯的梵音,所以不需另錄原文,就直接地把牠編入
附表二.

周法高

1. Ājñatakaundinya　拘隣:賢劫經作居倫,大哀經作俱輪,或作居隣,皆梵言訛也……普曜經云:俱隣者,解本際也……此則憍陳如訛也。中本起經云:初五人者,一名拘隣(應十八,雜阿毘曇心論十)
阿若憍陳如:梵云阿若多憍陳那(基)
2. Añgulimālya　鴦窶利摩羅:唐言指鬘,舊曰央掘摩羅,訛也(西六)
3. Aniruddha　阿泥律陀:舊言阿那律,或云阿㝹樓馱,亦言阿泥盧豆,皆一也(應廿三,順正理論卅四)
阿泥㗚(盧骨反)陀:舊曰阿那律,訛也(西六)
4. Anuttara-samyak-sambodhi　阿耨多羅三藐三菩提(法華一品)
5. Aparagodāna　瞿耶尼:具云阿鉢唎瞿陀尼(苑)
6. Arbuda　頞部陀:亦言遏部曇,或作頞浮陀,皆梵言輕重耳(應廿三,對法論三)
7. Aśoka　阿輸迦:唐言無憂,舊曰阿育,訛也(西八)
8. Asura　阿須倫:又作阿修羅,皆訛也,正言阿素洛(應三,放光經一)
9. Aśvaghosa　阿濕縛窶沙:唐言馬鳴(西八)
10. Ayuta　百倶致名阿由多(佛本行經)
11. Bhadraruci　苾芻跋陀羅樓支:唐言賢愛(西十)
12. Bhikṣu　比丘:梵云苾芻(基)
13. Bodhisattva-mahāsattva　菩薩摩訶薩:菩提,覺也;薩埵,有情也;摩訶薩埵,云大有情(基)
14. Brahmapurohita　梵富樓(阿毗曇心論四)
15. Buddhagupta　佛陀毱多王:唐言覺護(西九)
16. cunda　准陀:舊曰純陀,訛也(西六)

-14-

周陀.(法華八品)

注荼.(正法華八品)

17. cūrṇi　朱儞.(南四)

18. Dantalokagiri　彈多落迦山：舊曰檀特山，訛也.(西二)

19. Dhūta　頭陀：此應訛也，正言杜多.(應六，法華經十一品)

20. Cīna-deva-gotra　至那提婆瞿呾羅：唐言漢日天種.(西十二)

21. Druma　童籠磨.(大論)

22. garuḍa　迦樓羅：揭路荼，此云妙翅鳥.(基)

迦留樓 正法華一

迦嚕羅：古云迦婁羅，或云揭路荼，正梵云蘗嚕荼(琳四一大乘理趣六波羅蜜經一)

23. gautama　俱譚：或作具譚，經中多云瞿曇，皆是梵言輕重也.(應十三五百弟子自說本起經.)

喬答摩：舊曰瞿曇，訛略也.(西六)

24. gautamī　憍曇彌：正言喬答彌.(基)

瞿曇彌(正法華經十二品)

25. ghoṣa　瞿沙：唐言妙音.(西三)

26. ghoṣira　具史羅：舊云瞿師羅，訛也.(西五)

瞿師：案中本起經云：瞿師羅者，此譯云美音.(應七，大般泥洹經四).

27. godānī　西瞿陀尼洲，舊曰瞿耶尼，又曰劬伽尼，訛也(西一).

西牛貨洲：……正梵音云遇嚩抳.(琳一)

28. gṛdhra-kūṭa　姞栗陀羅矩吒山：唐言鷲峰，亦謂鷲臺。舊曰耆闍崛山，訛也.(西九)

29. guṇabhadra　弥沙塞部求那跋陀：唐言德賢(慈恩傳二)

30. guṇamati　瞿那末底：唐言德慧.(西八)

31. gurupāda　窶盧播陀山：唐言尊足山.(西九)

32. Hiṅgu　興渠：此言訛也，應言興舊.(應十八雜阿毗曇心論四)

33. Jambudvīpa　南贍部洲：舊曰閻浮提，又曰剡浮，訛也.(西一)

六同別錄

周法高

南贍部洲：……正梵音云瞻謨。(珠林一)

34. Jyotiṣka　殊底色加：唐言星曆，舊曰樹提伽，訛也。(西九)

35. Kālodāyin　迦留陀夷。(法華經八品)

迦盧陀夷：正梵音云迦(引)路娜(引)以。(珠林十四，大宝積經六十)。

36. Indraśailaguhā　因陀羅勢羅窶訶山：唐言帝釋窟也。(西九)

37. Kapilavastu　赫兜：正言迦毗羅皤兜(應十三，過去現在因果經一)

劫比羅伐窣堵：舊曰迦毗羅衛國，訛也。(西六)

38. Kapotaka　迦布德迦之 唐言鴿。(西九)

39. Kaṭapūtana　羯吒布怛那：舊言羯吒富單那(應二十一，大乘十輪經一)

40. Kauśāmbī　憍賞彌國：舊曰拘睒彌國，訛也。(西五)

41. Kauśika　拘翼：梵言憍尸迦(應十二，生經二)

42. Mahākauṣṭhila　摩訶拘絺羅：摩訶俱瑟恥羅。(基)

俱瑟祉羅：舊言俱絺羅。(應廿三，大乘成業論)

43. Keyūra　吉由羅：應云枳由羅(應一，華嚴經五一)

44. Kharoṣṭhī　佉樓書：應言佉路瑟吒。(應十七，阿毗曇毗婆沙論四二)

45. Kiṃśuka　甄叔迦寶：(法華經廿四品)

56. Kokila　拘耆：或言居枳羅鳥(應八，申日經)

瞿翅羅鳥：經中或作拘枳羅鳥，或作俱翅羅鳥(應十七，阿毗曇毗婆沙論七)。

57. Koṭi　俱胝：佛本行經作拘致。(應二三，顯揚聖教論)

58. Kroça　拘屢或作句盧，今或云拘樓賒，應言俱廬舍，廬音筝俱反。(應十八，雜阿毗曇心論二)

59. Kukkuṭa　究究羅(大般涅槃經廿三卷)

60. Kukkuṭapāda　屈屈(居勿反)吒播陀山：唐言雞足山(西九)

61. Kumāra　拘摩羅：唐言童子。(西十)

62. Kumāra-bhūta　鳩摩：正言究摩羅浮多。(應三，摩訶般若波羅蜜經一)

63. Kumbhaṇḍa　拘辨荼：或言鳩槃荼，應言究槃荼。(應四，大宝經一)

64. Kumbhīra　蛟龍：梵云宮毗羅(應五)

—16—

金毘羅。西七

65. kumuda　句文羅，又作拘物陀，又作拘牟頭，或作拘物頭。（應三，放光般若經廿九）

66. kuṇḍika　捃稚迦，即澡瓶也，舊曰軍持，訛略也。（西十）

67. kusūlaka　梵云俱蘇洛迦，譯為篅衣。（南二）

68. kuśinagara　拘尸：舊經中或作拘夷那竭，又作究施城。（應二十一，如來記法住經）

69 pūti-mukti-bhaiṣajra　梵云晡提木底鞞殺社。（南三）

70. lokanātha　路伽那他。（大智論二）

71. lokāyata　路伽耶陀（法華經十四品）

72. lumbinī　流彌尼：亦名嵐毗尼，園名也，正言藍毗尼。（應一，大方等大集經五五）

73. mahoraga　摩睺勒：又作摩休勒，或作摩睺羅迦，皆訛也，正言牟呼洛迦。

（應三，放光般若經十）

摩休勒：（正法華經一品）

摩睺羅伽、新云莫呼勒伽（玄公涅槃音義）

74. mañjuśrī　滿殊：…經中或作濡首，或作文殊師利，或言曼殊尸利，…正言曼殊室利。（應三，摩訶般若波羅蜜經一）。

75. manojñaghoṣa　大乘三藏名末奴若瞿沙，唐言如意聲。（慈恩傳二）

76. manomaya　摩㝹：奴侯反，正言摩奴末耶，此云意生身。（應一，華嚴十三）

77. manoratha　摩㝹羅他。（世親傳）

末奴曷剌他：唐言如意。（西二）

78. manuṣa　案梵本云末奴沙，舊經云摩㝹沙，此云人。（應二二）

79. mokṣadeva　木叉提婆：唐言解脫天。（西十二）

80. muhūrta　牟候利：正梵音云謨護律多。（琳廿四，佛華嚴入如來德智不思議境界經上）

81. mucilinda　目眞隣陀山：舊言目眞隣陀，或作牟眞隣陀。（應二一，大菩薩藏經三）

目眞隣陀：正梵音云母止隣（上聲）那。（琳十三）

82. muni　牟尼仙：莫侯反，舊言文尼，又作茂泥，皆訛也。（應二十一，大方等十輪經一）

83. namo 南無：正言納慕。（基）

周法高

84. nayuta 那術：經文作述，同食聿反。或言那由他，正言那庾多。（應三，放光般若經一）

85. nīla-utpala 優鉢羅花：具正云尼羅烏鉢羅。（苑）

86. nyagrodha 諾瞿陀：舊經中作尼拘陀，或言尼俱盧陀，又作尼俱類，皆訛也。（應二十二，瑜伽師地論十八）

87. pimdolabharadvāja 賓徒羅跋羅墮。（大智論二六）
賓頭盧。（增一阿含經一）

88. prajñākūṭa 般若拘：正梵云鉢囉（二合）吉孃（二合）拘，唐言智積，菩薩名也。（琳二八，薩曇分陀利經）

89. pudgala 福伽羅：經論中或作富伽羅，或作富特伽耶……應補特伽羅。（應一，華嚴十二）

90. pula 腹羅：或作福羅，或云富羅，正言布羅。（應十六，善見律十六）

91. puṇḍarīka 奔荼利迦花：古云芬陀利，正梵音云，本拏哩迦華。（琳三，大般若經三一八卷）

92. pūraṇakāśyapa 晡剌拏：舊云富蘭那，訛也。具正應云晡剌拏迦葉波。（希九，根本說一切有部毘奈耶破僧事二）

93. pūrṇamaitrāyaṇīputra 布剌拏梅呾麗衍尼弗呾羅：唐言滿慈子。舊曰彌多羅尼子，訛略也。（西四）
富樓那彌多羅尼子：補剌拏梅呾利曳尼弗怛羅。（基）

94. puruṣa 逋沙：布吾反，又作補盧沙，或言富留沙，皆訛也，正言富盧沙。（應一，大集日藏分經）

95. puruṣayoḥ 布路殺諭。（慈恩傳三）

96. puruṣeṣu 布路鐵縐：所芻反（慈恩傳三）

97. pūrvaśaila 弗婆勢羅，唐言東山。（西十）

98. pūrva-videha 勝身洲，古云弗于逮，或名弗婆提，正云補囉嚩尾尼賀。(希一)
99. pūtana 布呾那：舊云富單那，或作富多那。(應二十一，大菩薩藏經二)
100. rāhula 羅睺羅：羅怙羅。(基)
101. rāhula-mitra 自然男名曷羅戶羅蜜呾羅。(南二)
102. rocana 盧舍那(華嚴經一)
103. rucika 盧至：舊言樓至佛。(應二十一，大方等十輪經七)
104. sādhu 娑度。(南一)
105. śākyamuni 釋迦牟尼。(法華經七品)
釋迦文尼。(正法華經十一品)
106. śāriputra 舍利弗：異云奢利補怛羅。(苑)
107. sindu 信度河：舊曰辛頭河，訛。(西一)
108. śiśumāra 失收摩羅：或作失守，善見律文。(應十四，四分律二)
109. śloka 室路迦：舊言輸盧迦，或云首盧迦，又言首盧柯。(應二十二，順正理論十四)
110. srota āpanna 預流：梵言窣路多阿半那，舊言須氀多分得也。須陀洹音訛也。(應二三，顯揚聖教論一)
111. srotaviṁśatikoṭi 室縷多頻設底拘胝：唐言聞二百億，舊譯曰億耳，訛也。(西十)
112. stūpa 寶塔：諸經論中或作藪斗波，或作塔婆，或云兜婆，或言偷婆，或云蘇偷婆……皆訛略也。正言窣堵波。(應六，法華經)
113. subhadra 蘇跋陀羅：舊言須跋陀羅，此云善賢。(應二一，大方等十輪經二)
114. subhūti 蘇部底：唐言善現，舊曰須扶提，或曰須菩提，譯曰善吉也，皆訛也。(西四)
115. sudāna 須大拏：女加反，或言須達拏，或云蘇陀那，此譯云善與。(應五，太子須大拏經)

六同別録

周法高

蘇達拏太子.(西二)

116. sudarśana 須薆天：案中陰經作須滯天，或作須癈天，樓炭經作須嚏天，皆一也。應言須達梨舍那.(應三，道行般若經二)

蘇達梨舍那.(瑜伽師地論十一)

117. sudatta 蘇達多：唐言善施，舊曰須達，訛也。(西六)

118. śuddhāvāsa 首陀婆娑：或云秫陀婆娑.(應十九，佛本行集經一)

119. śuddhodana 輸頭檀王：正言首圖馱那.(應四，大方便報恩經一)

閱頭檀.(佛三昧海經二)

120. sudhā 須陀食：或云修陀.(應四，大方便報恩經六)

121. śūdra 戍陀羅：舊曰首陀，譌也.(西二)

122. sugata 蘇揭多：舊言修伽陀，或作修伽度，亦作修伽多.(應二一，大菩薩藏經三)

123. śuka 鸚鵡：梵言叔迦.(應二，涅槃經一)

124. sumanaḥ 須曼：蘇末那花.(基)

125. sumeru 安明由山：即須彌山也。亦言須迷樓山，正言蘇彌盧.(應五，海龍王經一)

蘇迷盧山：正梵音云蘇迷嚧，嚧字轉音.(琳一，大般若經一)

126. sundarananda 孫陀羅難陀：孫達羅難陀.(基)

127. suputrī 蘇弗室利.(佛本行集經五十二)

128. śūraṅgama 首楞伽摩：舊云首楞嚴也.(應二十三，攝大乘論一)

129. sūryadeva 蘇利耶提婆：唐言日天.(慈恩傳二)

130. sūtra 素怛纜：舊言修多羅，或云修妬路，皆訛也.(應二十三，顯揚聖教論八)

131. tiryagyonigati 傍生：梵云帝利耶瞿榆泥伽.(應二十一，說無垢稱經四)

132. tuṣita 兜率哆：或作兜駛多，或言兜率陀，皆訛也，正言覩史多.(應十八，阿毗曇心論四)

—20—

切韵魚虞之音讀及其流變

133. udaka 鬱持：梵言鬱持迦，此水之一異名也。(應二，大般涅槃經十三)
134. udāna 鄔陀南：烏故反，此云自說，舊云鬱陀那。(應二十一，大菩薩藏經二
135. udayana 鄔陀衍那王，唐言出愛，舊云優填王，訛也。(西五)
136. udumbara 優曇鉢華，鄔曇鉢羅。(基)
137. udyogapāla 鬱廋伽波羅：梁言勤守。(翻譯名義集二十一篇)
138. ullambana 盂蘭盆：此言訛也，正言烏藍婆拏。(應十三，盂蘭盆經)
139. uṇadi 溫那地，二千五百頌。(慈恩傳三)
鄔挐地，一千頌。(南四)
140. upadeśa 鄔波弟鑠論，舊曰優波提舍論，訛也。(西三)
141. upagaruḍa 優波迦嘍荼。(佛本行經)
142. upagupta 優波毱比丘。(大智度論十)
尊者鄔波毱多：唐言近護。(西四)
143. upaniṣad 優波尼沙陀分，正云鄔波尼煞曇。(苑)
144. upāli 鄔波離：舊云優波離，輕重異也。(琳八，大般若經五六六)
145. upasikā 鄔波斯迦，唐言近事女，舊曰優婆斯，又曰優婆夷，皆訛也。(西九)
146. uruvilvākāśyapa 優樓頻螺迦葉波，鄔盧頻螺迦葉波。(基)
147. utkaṭuka 嗢屈竹迦：譯為蹲踞。(南三)
148. utpala 漚鉢羅，嗢鉢羅，云是紅蓮花，有作優鉢羅，應從嗢為正也。(基)
149. uttarakuru 北拘盧州，舊曰鬱單越，又曰鳩樓，訛。(西一)
150. vairocana 毘盧折那：唐言遍照。(西十二)
151. vakṣu 縛芻河，舊曰博叉河，訛。(西一)
152. vastu śākyeṣu 婆兜釋翅搜。(菩薩處胎經一)
153. vasubandu 伐蘇畔度菩薩，唐言世親，舊曰婆藪盤豆，譯曰天親，訛謬也。(西五)
154. vāsuki 和修吉，筏蘇枳，此云九頭。(基)
155. vasumitra 婆須蜜菩薩。(大方等大集經二十)
伐蘇蜜呾羅：唐言世友，舊曰和須蜜多，訛也。(西二)

—21—

六同别錄

圖法高

156. venuvana 鞞紐婆那.(出生菩提心經)

157. virūḍhaka 毗留勒叉.或名毗流離.或言毗樓勒迦.或言鼻溜荼迦(應十八、立世阿
毗曇論四)
毗盧擇迦王.舊曰毗流離王,訛也.(西六)

158. virūpākṣa 毗留博叉.或名毗樓博叉.或名鼻溜波阿叉.(應十八、立世阿毗曇論四)

159. yaśodharā 耶輸陀羅.耶戍達羅,此云持譽也.(基)

160. yoga 瑜伽.(瑜伽師地論)

161. yojana 由旬.或言由延.或言俞旬.或言踰闍那.皆訛也.正言踰繕那.(應二,大般涅槃經一)
踰繕那.舊曰由旬.又曰踰闍那.又曰由延.皆譌略也.(西二)

162. yugaṁdhara 由乾.(華嚴經二十九)
乾陀山.具云瑜乾陀羅(苑)

163. indu 詳夫天竺之稱,異議糾紛.舊云身毒,或曰賢豆.今從正音,宜云印度.(西二)

164. avalokiteśvara 阿縛盧枳低濕伐羅菩薩.唐言觀自在.合字連聲,梵語如上.分文散音,即阿縛盧枳多,譯曰觀.伊濕伐羅,譯曰自在.(西三)

165. anumata 阿奴莫枕,譯為隨喜.(南一)

166. varga 跋渠.此言譺也.正言伐伽.(應十五,僧祇律四十)

167. māgha (?) 摩袪月.(西二)

168. lava 羅預(僧祇律)
臘縛(廣百論八)
臘縛.(西二)

169. dharmarakṣa (?) 曇無讖.或云曇摩讖.或云曇無懺.蓋取梵音不同也.(高僧傳二)

—22—

A.佛頂尊勝陀羅尼

據許地山氏大中磬刻文管見(燕京學報第十八期)所錄尊勝陀羅尼之各時代譯文,摘出具有o,u,ū音節之梵字,而列表以明之,原文將梵文依阿剌伯數字逐字標之,今亦錄於梵字之後。在表中又錄出對譯梵文o,u,ū音節之漢字;若為梵文,則又錄出其含有o,u,ū之音節;如無字,則用△表之。例如"namo 7",即指namo一字見於許氏原文第七號。其"一法隆寺貝葉"行下作"△","二杜行顗等譯"行下作"模","十一遼志妙碑文"行下作"mo",即指法隆寺譯文此梵字無對音,杜譯模字為namo一字中mo之譯音,遼志妙碑文為梵文,亦為namo,但於此又錄出mo.

	一法隆寺貝葉 淨嚴和尚譯 一六九四年江戶	二唐杜行顗等譯 六七九年	三唐地婆訶羅譯 六八三年	四唐佛陀波利譯 六七九年	五唐地婆訶羅譯 六八七年	六唐義淨譯 七一〇年	七唐善無畏譯 七二三年	八唐不空譯 七六四年	九宋法天譯 九七三至九八二年	十宋法天譯	十一遼志妙碑文 一〇七年	十二宋法護譯 一〇四七年刻石	十三日本東京淺草寺碑文 梵	十四高麗指空譯 十四世紀	十五施食儀所出 十四世紀
namo 7	△	謨	謨	謨	謨	謨	謨	謨	謨	謨	mo	謨	mo	謨	謨
trailokya 12	路	盧	路	路	路	路	路	路	路	路	lo	路	lo	路	盧
buddha 171	沒	勃	菩	沒	沒	沒	沒	沒	沒	沒	bud	沒	bud	富	勃
om 19	△	嗚牟	嗚牟	唵	唵	唵	唵	唵	唵	唵	om	唵	om	唵	唵
bhrūm 20,21,22	△	△	△	△	△	△	△	△	部	沒	△	勃	△	部	普
sodhaya 23,24,25,252,253,254	輸	△	△	△	△	△	△	△	輸	戍	△	輸	△	素	藪
visodhaya 23 26.	輸	輸	輸	戍	輸	輸	戍	戍	輸	戍	△	輸	so	素	藪
visuddhe 36,66.	輸	舜	舜	秫	輸	戍	秫	秫	秫	秫	sud	戍	sud	素	說
abhisincatu 37	觀	△	△	△	△	觀	觀	觀	觀	觀	△	觀	tu	社	多
sugata 41	素	素	素	素	素	素	素	素	酥	叟	su	嗖	su	嗖	莎
yuh 55	欲	愈	瑜	慾	瑜	愈	瑜	庾	欲	庾	yu	欲	yu	喩	猶
sodhaya 57,58	蕍	輸	輸	戍	輸	輸	輸	戍	輸	戍	so	輸	so	素	藪

六同別録

周法高

	一	二	三	四	五	六	七	八	九	十	十一	十二	十三	十四	十五
uṣṇīṣa 67.	鄔	嗚	嗚	鄔	鄔	鄔	鄔	鄔	瑦	塢	u	于	u	乎	烏
pariśuddhe 71, 112, 150, 216.	輸	舜	舜	秫	輸	戍	秫	秫	戍	秫	śud	戍	śud	叟	説
saṃcodite 74.	祖	朱	珠	祖	珠	珠	注	祖	祖	祖	co	祖	cu	祖	祖
avalokini 81.	△	△	△	△	△	△	盧	路	路	路	△	路	rū	路	盧
paripurani 87	△	△	△	△	△	△	布	布	布	布	△	布	pu	富	補
mudre 101, 102, 104, 274, 275, 277, 279.	母	△	母	母	慕	沒	母	母	母	母	mu	母	mu	舞	摩
viśuddhe 117, 121, 265.	輸	舜	舜	秫	輸	戍	秫	秫	戍	秫	śud	戍	śud	叟	説
vimuni 136, 138.	△	△	△	△	△	△	△	△	牟	母	△	母	△	舞	牟
sumati 146.	△	△	△	△	△	△	△	△	蘇	△	△	蘇	△	叟	訴
bhūta 148.	步	菩	部	部	部	步	部	部	部	部	bhū	普	bhū	薄	普
koṭi 149.	句	俱	俱	句	俱	孤	句	句	俱	句	ko	酤	ko	固	孤
visphuṭa 151.	普	普	普	普	△	△	普	普	普	怖	phu	普	phu	富	蒲
buddhe 152, 177, 178.	勃	勃	馞	沒	△	△	勃	沒	沒	△	bud	沒	bud	富	勃
bhavantu 200, 210.	覩	覩	都	都	覩	覩	覩	覩	覩	覩	tu	覩	tu	杜	多
budya 232, 233.	沒	△	馞	沒	勃	勃	勃	沒	沒	△	△	沒	bud	△	勃
bodhaya 239, 240	冒	勃	菩	冒	蒲	菩	△	冒	冒	沒	bod	冒	bod	普	譜
mocaya 248, 249, 250, 259, 260.	△	△	△	△	△	△	△	△	謨	謨	△	謨	△	謨	謨

（註）慧琳一切經音義三五卷"記佛頂尊勝陀羅經翻譯年代先後説：

最初後周宇文氏武帝保定四年甲申歲(564 A.D.)，三藏闍那耶舍，於長安舊城四天王寺，譯出尊勝佛頂陀羅尼，并念誦功能法一卷五紙，學士鮑永筆授，見開皇三寶録説，第一譯也。後至大唐天皇儀鳳元年(676 A.D.)，婆羅門僧佛陀波利來至五臺山礼謁大聖，見文殊化身，却令歸西國取佛頂尊勝梵本經。至儀鳳四年己卯歲(679 A.D.)西國取得經，却迴至長安，聞奏具説，勑請日照三藏將梵本經，在內翻譯，日司賓寺典客令杜行顗筆授，具經七紙，第二譯也。廟諱國諱之字迴避不書，勑留梵夾經在內不

—24—

出日照，因茲寫得一本，賜梵僧絹三十疋，波利不受絹，却請梵夾，勅令却還付佛陀波利，得經將向西明寺，訪得解梵語漢僧順貞共翻，亦是儀鳳四年再譯一本八紙，見經前叙說，第三譯也。佛陀波利將梵本經入五臺山，至今不出。又至永淳元年壬午歲(682A.D.)，日照三藏又再譯此經一遍，沙門彥琮筆授，為正杜行顗所譯經中隱諱不書之字，所以重譯八紙，第四譯也。而復見經首彥琮序云。又至垂拱元年乙酉歲(685A.D.)，地婆訶羅三藏隨駕於東都，又譯佛頂尊勝名淨除業障經十四紙，具說善住天子往昔口業感果因緣，并說授持法則，是第五譯也。後至中宗景龍四年庚戌歲(710A.D)義淨三藏於長安薦福寺，又譯一遍，六紙，第六譯也。後至玄宗皇帝開元十年壬戌歲(722,A.D.)善無畏三藏譯出佛頂尊勝瑜伽念誦法兩卷，第七譯。又至代宗文武皇帝廣德二年甲辰歲(764A.D.)三藏大廣智不空於長安大興善寺，譯出佛頂尊勝念誦供養法一卷二十紙，沙門飛錫筆授，此第八譯也。

前後約二百餘年，已經八度出本，經則五翻，念誦法即三種差別。唯有善無畏所譯，是加句尊勝陀羅尼，中加十一句六十六字，儀軌法則乃是瑜伽，與前後所譯不同，多於諸本。餘七譯陀羅尼，字數多少相似。慧琳音至此經，遂檢遇諸譯經年歲先後，故書記之，曉彼疑繁之士。貞元十八年壬子歲(802A.D壬午)記。

許氏等沒有見慧琳此記，對於佛陀波利、地婆訶羅(即日照)、善無畏、不空翻譯年代的考定有訛，略許地山大中磬刻文時代管見說：

四、唐佛陀波利譯佛頂尊勝陀羅尼經，高宗弘道元年(永淳二年683A.D.)所出。[勘No.967, A.D.676—]

五、唐地婆訶羅重譯最勝佛頂陀羅尼淨除業障經。地婆訶羅寂於嗣聖四年十二月(武后垂拱三年)，元本譯人名上作"唐天后代"，流行本只作"唐"，今依元本定為自嗣聖二年至四年(垂拱元年至三年，685—687A.D.)。[勘No.970, A.D.676—688]

七、唐善無畏譯尊勝佛頂修瑜伽法儀軌。譯出年代不明，大概在開元五年至二十三年間(717—735A.D.)。[勘No.973, A.D.717—735]

八、唐不空譯尊勝陀羅尼念誦儀軌。譯出年代不明，大抵在天寶五年至大曆九年之間(746—774A.D.)[勘No.972, A.D.746—774]

大正新脩大藏經勘同目錄也錯了(現在用[ ]注在前述各條下)，都應該根據慧琳訂正。

六同别録

周法高

B.妙法蓮華經内的陀羅尼.

這種陀羅尼我收了四種音譯本：第一是姚秦鳩摩羅什譯的妙法蓮華經（大正藏第二六二號）；第二是隋闍那崛多譯的添品妙法蓮華經（大正藏第二六四號）；第三是唐玄應一切經音義卷二妙法蓮華經音義後附的"三藏法師玄奘譯"的陀羅尼；第四是唐不空譯的成就妙法蓮華經王瑜伽觀智儀軌（大正藏第一〇〇〇號）。梵文根据南條和Kern所編的Saddharmapuṇḍarīka（1912, Bibl. B. X）和大正藏所附的梵文。現在依照前例把對譯梵文o, u, ū音節的漢字排列出來.

		羅什	崛多	玄奘	不空
藥王菩薩陀羅尼	mukte	目	目	目	穆
	muktatame	目	目	目	穆
	ālokabhāse	盧	盧	路	盧
	abhyantarapāriśuddhi	輸	秫(亂出)	秫(尸聿反)	舜(入音)
	mutkule	牟	目	沒	模
	mutkule	究	究	矩	俱
	sukāṅkṣi	首	恕(亂注)	輸(式繞反)	輸
	buddhavilokite	△	盧	盧	盧枯
	saṃghanirghoṣaṇi	瞿	瞿	具	具
	bhayābhayaviśodhani	輸	輸	輸	戍
	rute	郵樓	△	胡魯	嚕
	rutakauśalye	郵樓	護路	胡魯	嚕
	valoḍa	盧	盧	△	路
勇施菩薩陀羅尼	ukke	郁	郁	鄔	屋
	mukke	目	目	目	穆
毘沙門陀羅尼	kuṛiaḍi	拘	掘(渠運)	俱	矩
持國天王陀羅尼	gori (gauri)	瞿	瞿	具	矯(居矯反引)
	saṁkule	求	句	矩	矩

—25—

		羅什	崛多	玄奘	不空
	vrūsali	浮樓	部嚕	勃盧	物嚕(二合)
十羅剎女陀羅尼	ruhe	樓	護路	胡魯	嚕
普賢菩薩陀羅尼	daṇḍakuśale	鳩	矩	狗(疑為拘之誤)	俱
	sudhāri	修	穌(上)	蘇	蘇
	buddhapaśyane	佛	勃	勃	沒
	su-āvartane	修	△	蘇	△
	sarvasattvaruta-	樓	戶嚕	胡魯	嚕
	kauśalyānugate	㝹	努	奴	努
	tr-adhvasaṃgatulya	兜	△	咄	咄

附表

附表一中但列附錄中對譯梵文o,u之開尾字,及對譯其他元音之魚虞模韵字,每字注明聲韵,以廣韵為据,次列所對梵音,並注明出現於附錄中之數字,以便檢核。帶尾字(有m,n ng,p,t,k尾的字)從省,大致用魂,諄,文等韵譯梵文-un;東談等韵譯-um;沒,術,物等韵譯-ut,-ud;屋盍等韵譯-up;屋燭等韵譯-uk,-ok.有時附屬的子音再接着下面的音另譯他字,入聲字中這種情形最多,如mokṣadeva中的mok譯做"木",kṣa譯做"叉";uṇadi中的uṇ譯做"溫",ṇa譯做"那"。附表一從中間劃分,左邊的為前期(唐以前)的譯音,右邊的為後期(唐及宋初)的譯音,我們可以比較着看.

附表二中所列全屬後期,列有鋼和泰所還原的宋初法天的幾部梵讚,也以對譯梵文o,u的開尾字為限,所注的阿剌伯數字,以鋼和泰所標的為据,性質和附表一的數字不同。字母後注的漢文數字,是出現的次數.

所謂後期,對譯梵文-o,-u的方法雖然很一致,但是唐代初葉(可以玄奘為代表)和唐代中葉以後(可以不空和法天為代表)的對音,在聲母上有顯著的差異,如前者用全

六同别録

周法高

濁音並定澄群諸紐字譯梵文的bh, dh, ḍh, gh, 和b, d, ḍ, g. 後者用並定澄群諸紐字譯梵文的bh, dh, ḍh, gh；而用次濁音明泥娘疑諸紐譯梵文的b, d, ḍ, g 如附録B法華經的"普賢菩薩陀羅尼"玄奘用並紐"勃"譯梵文"bud"，不空則用明紐"沒"；又如附表二No. 135 用泥紐"努"譯ḍu，便是其例。兩者在此處都屬於所謂後期。所謂前後期的劃分也不過為着討論魚虞韻音讀的便利而設，其實詳細的分期和各期的特點當另文論之.

附表一

前期	後期
1.侯厚候韻	
漚(影紐,侯韻) u (148)	
侯(匣紐,侯韻) hū (80)	
睺(匣紐,侯韻) hu (100)；ho (73)	
兜(端紐,侯韻) tu (37,132) stu (112,152)	兜(端紐,侯韻) tu (37)
藪(心紐,厚韻)斗(端紐,厚韻) stū (112)	
頭(定紐,侯韻) dhu (107)；dhū (19)；ḍo (87)；ḍho (119)	
豆(定紐,候韻) ḍhu (153)	
㝹(泥紐,侯韻) nu (78)；no (76,77)	
樓(來紐,侯韻) ru (3,22,103,146,149,B)；rū (157,158)；ro (14,44)	樓(來紐,侯韻) ru (11)
郵(喻三紐,尤韻)樓(來紐,侯韻) ru (B)	
拘(見紐,虞韻)樓(來紐,侯韻) kro (58)	
浮(奉紐,尤韻)樓(來紐,侯韻) vrū (B)	
婁(來紐,侯韻) ru (22,94)	
嘍(來紐,侯韻) ru (141)	
藪(心紐,厚韻) su (153)	

−28−

前期	後期
茂(明紐,候韻) mu(82)	母(明紐,厚韻) mu(81,A)

2. 尤,有,宥韻

前期	後期
優(影紐,尤韻) u(135,136,140,143,144,145,146,148)	
憂(影紐,尤韻) u(141,142)	
由(喻以紐,尤韻) yu(10,84,162); yū(43); yo(161); ru(125)	由(喻以紐,尤韻) yū(43)
休(曉紐,尤韻) ho(73)	
鳩(見紐,尤韻) ku(62,63,149,B)	
究(見紐,宥韻) ku(59,68.B)	究(見紐,宥韻) ku(62)
丘(溪紐,尤韻) kṣu(12)	舊(群紐,宥韻) gu(32)
求(群紐,尤韻) ku(B)	求(群紐,尤韻) gu(29)
紐(娘紐,有韻) nu(156)	
流(來紐,尤韻) lu(72); rū(157)	
留(來紐,尤韻) ru(22,94); lo(35); rū(157,158)	
溜(來紐,宥韻) rū(157,158)	
部(並紐,姥韻)嚠(來紐,尤韻) vrū(B)	
周(照章紐,尤韻) cu(16)	
收(審書紐,尤韻) śu(108)	
守(審書紐,有韻) śu(108)	
首(審書紐,有韻) śu(118,B); śū(121,128)	首(審書紐,有韻) śu(119); śū(128)
搜(審生紐,尤韻) ṣu(152)	
修(心紐,尤韻) su(8,120,154); sū(130)	
脩(心紐,尤韻) su(125,155)	

六同別録

周法高

前期	後期
富(非紐,宥韻) pu(14,39,89,90,99) pū(92,93)	富(非紐,宥韻) pu(94)
浮(奉紐,尤韻) bu(6,33)	
牟(明紐,尤韻) mu(36,65,80,81,105,B)	牟(明紐,尤韻) mu(36,80,82)

3.模,姥,暮韻

前期	後期
	烏(影紐,模韻) u(85,138)
	嗚(影紐,模韻) u(A)
	鄔(影紐,模韻) u(134,135,136,139,140,142,144,145,146,B)
	塢(影紐,姥韻) u(143)
	呼(曉紐,模韻) hū(80) ho(73)
	户(匣紐,姥韻) hu(101)
	怙(匣紐,姥韻) hu(100)
	護(匣紐,暮韻) hū(80)
	孤(見紐,模韻) ko(A)
	都(端紐,模韻) tu(A)
	覩(端紐,姥韻) tu(132,A)
	堵(端紐,姥韻) tu(37,112)
徒(定紐,模韻) do(87)	圖(定紐,模韻) dho(119)
	杜(定紐,姥韻) tu(A); dhū(19)
	度(定紐,暮韻) du(163); dhu(104,107,153)
	奴(泥紐,模韻) nu(78,165,B); no(75,76,77)
努(泥紐,姥韻) nu(B)	努(泥紐,姥韻) nu(B)
盧(來紐,模韻) lo(B); ro(102,150)	盧(來紐,模韻) lu(31); lo(164,A,B); ru(94,103,125,146,149); ru(157); ro(150)

—30—

切韻魚虞之音讀及其流變

前期	後期
俱(見組,虞韻)盧(來組,模韻) gro(86)	勃(並組,沒韻)盧(來組,模韻) vrū(B)
句(見組,遇韻)盧(來組,模韻) kro(58)	胡(匣組,模韻)魯(來組,姥韻) ru(B)
輸(審組,虞韻)盧(來組,模韻) slo(109)	杜(定組,姥韻)魯(來組,姥韻) dhru(20)
首(審組,有韻)盧(來組,模韻) slo(109)	嚕(來組,姥韻) ru(22, B)
户(匣組,姥韻)嚕(來組,姥韻) ru(B)	物(微組,物韻)嚕(來組,姥韻) vrū(B)
路(來組,暮韻) lo(10,71) ra(130)	路(來組,暮韻) lo(35,109,A,B); ru(22,95,96);
護(匣組,暮韻)路(來組,暮韻) ru(B)	rū(158)
	組(精組,模韻) co(A)
	粗(精組,姥韻) co(A)
蘇(心組,模韻) su(127)	蘇(心組,模韻) su(67,113,114,115,116,117,122,
酥(心組,模韻) su(A)	124,125,153,154,155,B); sū(129)
	酥(心組,模韻) su(A)
	素(心組,暮韻) su(122,A); sū(130)
逋(邦組,模韻) pu(94)	逋(邦組,模韻) pū(69,92)
補(邦組,姥韻) pu(94)	補(邦組,姥韻) pu(89,106); pū(93,98)
	布(邦組,暮韻) pu(39,90,95,96,99,A); pū(93);
	po(38)
	普(滂組,姥韻) phu(A)
	怖(滂組,暮韻) phu(A)
	蒲(並組,模韻) bo(A)
菩(並組,模韻) bhū(114); bo(4,13)	菩(並組,模韻) bu(A); bo(13,A)
	部(並組,姥韻) bu(6,33); bhu(A); bhū(114);
	bo(A)
	步(並組,暮韻) bhū(A)
	謨(明組,模韻) mu(80); bu(33) mo(A); ma(165)

六同別録

周法高

前期	後期
	慕(明紐,暮韵) mu(A); mo(83)

4.虞,麌遇韵

前期	後期
俞(喻以紐,虞韵) yo(161)	瘉(喻以紐,虞韵) u(A); yu(162,A); yo(160)
踰(喻以紐,虞韵) yo(161)	踰(喻以紐,虞韵) yo(161)
	瞿(群紐,虞韵) 榆(喻以紐,虞韵) gyo(131)
庾(喻以紐,麌韵) yo(137)	庾(喻以紐,麌韵) yu(84,A)
	愈(喻以紐,麌韵) yu(A)
	諭(喻以紐,遇韵) yo(95)
盂(喻云紐,虞韵) u(138)	于(喻云紐,虞韵) u(A)
拘(見紐,虞韵) ku(63,65,68,B); kū(68); ko(56,57); kau(40,41,42,A); gro(86)	枸(見紐,虞韵) ku(61,68); kū(88,149); ko(57,111)
俱(見紐,虞韵) ko(56,57); kau(1,42); gau(23)	俱(見紐,虞韵) ku(67,B); ko(A)
矩(見紐,麌韵) ku(B)	矩(見紐,麌韵) ku(28,B)
句(見紐,遇韵) ku(63,B)	句(見紐,遇韵) ko(A)
瞿(見紐,遇韵) ko(56)	瞿(群紐,虞韵) gu(30); go(5,20,27); gho(25,75); gro(86)
瞿(群紐,虞韵) go(5,27,B); gho(26,B); gau(23,24)	
朐(群紐,虞韵) go(27)	寠(群紐,虞韵) gu(2,31,36); gho(9)
具(群紐,遇韵) gau(23)	具(群紐,遇韵) go(B); gho(26,B)
	遇(疑紐,遇韵) go(27)
廬(來紐,虞韵) lo(B)	嚧(來紐,虞韵) ru(125)
須(心紐,虞韵)氀(來紐,虞韵) sro(110)	俱(見紐,虞韵)嚧(來紐,虞韵) k?o(58)
拘(來紐,虞韵, 屢 (來紐,遇韵) kro(58)	縷(來紐,麌韵) ro(111)
濡(日紐,虞韵) ju(74)	朱(照章紐,虞韵) cū(17); co(A)
	珠(照章紐,虞韵) co(A)

-32-

前期		後期	
		注(照章紐,遇韻)	co(A)
輸(審書紐,虞韻)	śu(119,B); śo(159,B)	輸(審書紐,虞韻)	śu(A,B); śo(7,A,B)
		戍(審書紐,遇韻)	śu(A); śū(121); śo(159,A,B)
殊(禪紐,虞韻)	ju(74)	殊(禪紐,虞韻)	ju(74); jyo(34)
樹(禪紐,遇韻)	jyo(34)	芻(穿初紐,虞韻)	kṣu(151)
		蒭(穿初紐,虞韻)	kṣu(12)
		縐(審生紐,虞韻)	ṣu(96)
須(心紐,虞韻)	su(8,113,114,115,116,117,120,122,124,125,155)	須(心紐,虞韻)	su(116)
趺(奉紐,虞韻)	bhū(114)		
无(微紐,虞韻)	mo(83)		

5.魚語御韻

予(喻以紐,魚韻)	ju(74)		
預(喻以紐,御韻)	va(168)		
居(見紐,魚韻)	ko(56) kau(1)	祛(溪紐,魚韻)	gha(?)(167)
渠(群紐,魚韻)	gu(32) ga(166)		
如(日紐,魚韻)	nya(1)		
恕(審書紐,御韻)	śu(B)		

六同別錄

附表二

本表所注阿剌伯數字係据鋼和泰所標，与附表一的數字完全是兩回事。字母後注的漢文數字為在鋼和泰原書出現的次序。參看前面附錄說明和附表說明。

周法高

1.模，姥，暮韵

244. 烏（影紐，模韵） u（三）
20. 護（匣紐，暮韵） hu（四）；ho（四）；hau（三）
245. 吳（疑紐，模韵） gu（一）
221. 都（端紐，模韵） tu（三）
223. 堵（端紐，姥韵） tu（二）；to（九）
219. 覩（端紐，姥韵） tu（十二）；to（三）；ta（一）
220. 妒（端紐，暮韵） to（二）
224. 吐（透紐，姥韵） tho（一）
222. 度（定紐，暮韵） dbu（二）；dhu（一）；ddho（二）；da（一）；tho（一）
135. 努（泥紐，姥韵） du（十三）；dū（五）；do（五）；du（一）；nu（二）；nū（一）；no（八）
136. 弩（泥紐，姥韵） nu（一）；ndū（一）
84. 嚧 rau（一）
83. 魯（来紐，姥韵） ru（三）；rū（五）；ro（二）
82. 嚕 ru（二一）；rū（三）；ro（五）；rau（一）；lu（二）
81. 路（來紐，暮韵） lo（二四）
239. 租（精紐，模韵） co（一）
238. 祖（精紐，姥韵） ju（二）；jo（二）
192. 蘇（心紐，模韵） su（六）
194. 酥（心紐，模韵） su（十七）；so（二）
195. 素（心紐，暮韵） sū（二）
153. 補（幫紐，姥韵） pu（九）
152. 布（幫紐，暮韵） pu（六）；pū（九）；po（五）

—34—

155. 普（滂紐，姥韻） phu（三）；phū（一）；pho（二）
154. 部（並紐，姥韻） bhu（八）；bhū（十五）；bho（四）
103. 謨（明紐，模韻） mu（十四）；mū（三）；mo（八）

2. 虞麌遇韻

266. 瑜（喻以紐虞韻） yo（五）
268. 愈（喻以紐麌韻） yu（四）；yo（一）
265. 喻（喻以紐遇韻） yu（二）；yo（六）
56. 俱（見紐，虞韻） ku（十四）；kū（一）；ko（六）
57. 矩（見紐麌韻） ku（一）
54 句（見紐遇韻） ko（一）
58. 瞿（群紐，虞韻） gho（六）
55. 具（群紐，遇韻） gho（一）；kho（五）
269. 虞（疑紐，虞韻） gu（三）
267. 娛（疑紐麌韻） gu（四）
10. 駐（澄紐，麌韻） ṭu（九）
184. 輸（審書紐，虞韻） śu（一）；śū（二）；śo（一）
185. 戍（審書紐，遇韻） śu（一）；śū（一）；śo（一）
17. 芻（穿初紐，虞韻） kṣu（三）；kṣo（三）
186. 數（審生紐，遇韻） ṣu（一） ṣo（二）

3. 魚語御韻

113. 尼（娘紐，脂韻）所（審生紐，語韻）二合 ṇu（一）；ṇo（四）；ḍu（七）

4. 侯厚候韻

102. 母（明紐，厚韻） mu（七）；mū（一）；bu（一）

5. 尤有宥韻

93. 牟（明紐，尤韻） mu（一）

顏氏家訓金樓子"伐鼓"解

周法高

周法高

顏氏家訓文章篇：

比世往往見有和人詩者，題云敬同，孝經云："資於事父以事君而敬同。"不可輕言也。梁世費旭詩云："不知是耶非。"殷澐詩云："飄颻雲母舟。"簡文曰："旭既不識其父，澐又飄颻其母。"(註)此雖悉古事，不可用也。世人或有文章，引詩伐鼓淵淵者，宋書已有屢遊之誚。如此流比，幸須避之！

金樓子雜記篇：

宋玉戲太宰屢遊之談，人因此流遷反語至相習。至如太宰之言屢遊，鮑照之伐鼓，孝綽步武之談，韋粲浮柱之說，是中太甚者，不可不避耳！

都提到"伐鼓"。文鏡秘府論：

翻語病者：正言是佳辭，反語則深累是也。如鮑明遠詩云："雞鳴關吏起，伐鼓早通晨。"正言是佳辭，反語則不祥，是其病也。崔氏云："伐鼓反語腐骨是病。"

崔氏認為"伐鼓"切"腐"，"鼓伐"切"骨"，故為腐骨。我覺得"伐鼓"所以要避的原因是："伐鼓"是"父"字的反語。金樓子把"伐鼓"、"步武"、"浮柱"連舉，其實都切"父"字。按廣韻：

伐（房越切，奉紐）　　鼓（公户切，姥韻）
步（薄故切，並紐）　＋　武（文甫切，麌韻）　｝＝父（扶雨切，奉紐，麌韻）
浮（縛謀切，奉紐）　　柱（直主切，麌韻）

南北朝時輕重脣尚未分化，所以奉紐字可以用並紐字來切牠，南北朝的詩文用韻，虞韻和模韻時常通叶〔參王力南北朝詩人用韻考（清華學報第十一卷第三期）和于海晏漢魏六朝韻譜〕根據我擬構的切韻音，虞、麌、遇韻是 ĭuo，模、姥、暮韻是 uo，牠們的音值也很相近，所以麌韻字可以用姥韻字來切牠。家訓在上文提到詩文中不能隨便用"父"、"母"、"耶"的字樣，把"伐鼓"切"父"字在行文上更加貫注，假使解作"腐骨"便無意義了。

(註) 劉盼遂顏氏家訓校箋曰："旭皆昶之誤。隋書經籍志：尚書義疏，梁國子助教費甝作。"劉說非也。南史卷七十二何思澄傳云："王子雲，太原人，及江夏費昶，並為閭里才子。昶善為樂府，又作鼓吹曲，武帝重之。"玉臺新詠六、樂府詩集十七載費昶巫山高曰："彼美巖之曲，寧知心是非。"下句當即此句異文，豈因顏氏譏誚而改之歟！友人逯卓庭說。

說平仄

周法高

導　讀

冯　蒸

學術背景

1934年，陳寅恪發表《四聲三問》，提出漢語四聲發現受佛經轉讀啓發的革命性觀點。羅常培《梵文顎音五母之藏漢對音研究》、周一良《論佛典翻譯文學》等研究雖涉及梵漢對音，但未系統關聯聲調理論。范文瀾在《文心雕龍注》中重提曹植“梵唄影響説”等。在這種背景下，周法高選擇以“平仄”爲樞紐展開突破。

學術評議

周法高的《説平仄》一文内容豐富，涉及與平仄相關的諸多問題，創新點很多，今簡單概括其觀點爲七條，如下：

（一）四聲説成立于宋齊，但“平仄”一名則到唐初纔成立。要想論述平仄的起源，必須先從中古四聲談起。關于漢語四聲發現的契機，目前主要有兩種説法。一種説法是外來説，認爲來自從印度傳來的佛經轉讀，見陳寅恪的《四聲三問》。還有梵唄影響説，見范文瀾注《文心雕龍·聲律》稱“作文始用聲律，實當推源于陳王（曹植）”。周法高《説平仄》引用沈約《謝靈運傳論》也是把子建（曹植）函京之作作爲例子。此外，還有一種説法是本土説，即四聲的發現源自《世説新語》所載魏晋士人對驢的觀察，以及對驢叫聲的模擬，此説可能有些駭人，但是陸志韋對此的肯定絶非偶然。周文先後根據日本空海的《文鏡秘府論》引劉善經《四聲論》、沈約《宋書·謝靈運傳論》等文獻指出，以上文獻雖然提出了四聲，但并未提出將上去入歸爲一類，而同時和平聲相對的觀點，説明當時四聲二元化還未形成。一直等到近體律絶詩的成立，才很嚴格地利用平仄（上去入）聲的交互使用構成韵律，近體詩雖然萌芽于齊梁，但是到唐初纔正式成立。承蒙盧盛江見告，梁代劉滔已有四聲二元化的表述，初唐元兢明確以平聲與上去入聲相對。有平聲一詞，但還没有仄聲一詞。

（二）平仄起源于樂調論。關于平仄的起源，一種普遍的有影響的説法是，平仄得名于樂調，周文先後引用梁慧皎《高僧傳》卷十三、《維摩經講經文》中之偈語（《維摩經講經文》見《敦煌零拾》第一卷）、《昭明文選》卷二十八謝靈運《會吟行》的李善注和宋郭茂倩《樂府詩集》卷二十六，認爲樂調的平調、側調與聲調的平仄有關。

（三）平仄原作平側，其對稱出現于唐代，寒山詩可爲證。周文指出唐寒山詩：

有個王秀才，笑我詩多失。
云不識蜂腰，仍不會鶴膝。

平側不解壓，凡言取次出。

我笑你作詩，如盲徒咏日。

這個例子雖然對説明平側（平仄）一詞出現的時代很有説服力，但是該詩的平仄是一個詞，指的是平仄運用的規則之義，不是周法高所要辨析的詞組“平聲與仄聲”對舉之義，且周文所列平側出現的資料明顯不足。承蒙杜曉勤教授賜告，盛唐人殷璠在《河岳英靈集序》（天寶年間成書）中説“或五字并側，或十字俱平”，説明唐代已有“平側”之名。

（四）漢語中古音的四聲與梵漢對音的長短元音有關，平聲對長音，仄聲對短音。周文説：

我在唐初（西元第七世紀）和尚翻譯梵文的記載裏，曾經找出一點與四聲有關的記録。他們普通翻譯梵文的長短元音，并沒有什麼區别：同是一個字，可以譯長音，也可以譯短音。但是當聲韵方面的條件都一樣，祇有長短音的分别，而又有分别的必要時，就用聲調來區别它們。

梵文字母的翻譯是需要區别長短音的。周文參考了以下兩種資料：1.唐玄應《一切經音義》［唐貞觀末年（約649）撰］卷二《大般涅槃經文字品音義》；2.義净《南海寄歸内法傳》［武周天授元年至如意元年（690—692）］後説：

我們可以看出玄應用上聲“裒、塢、理”，入聲“壹”，代表梵文短音；用平聲“阿、伊、烏、哩、醫”代表他所謂長音。義净用上聲“枳、矩”，去聲“計、告”，入聲“脚”，代表他所謂短音，用平聲“迦、雞、俱、孤”代表他所謂長音。都是兩兩相對，不得不分别的。而兩家代表長短音的，都是仄聲字，代表長音的，都是平聲字。短音字中上聲最多，義净也説明“脚等三十三字，皆須上聲讀之，不可看其字而爲平去入”，也好像認爲仄聲中上聲最適宜代表短音似的。

周文接着説：

以上所舉的幾條，代表梵文長音的有十幾個字，都是平聲。代表梵文短音的，都是仄聲，也有十幾個字；并没有什麽例外。我們可以相信唐初的四聲有長短的區别（我的意思并没有説長短是唯一的區别），其程度并不像梵文長短音的顯著，所以在普通的情形下，都不分别長短，但是長短已經到了耳朵可以覺察的地步，所以當需要分别時，就用平仄來表示長短。上述的情形，都發生于七世紀。這時候，正是近體律絶詩正式成立和普遍流行的時候，以律詩齊名的沈（佺期）、宋（之問）也就生在這時，我想，在較早的時候，也許已有這樣的區别，不過没有見于記載罷了。

（五）現代關中方言四聲的長短或可證唐代長安話平仄聲的長短。周文説：

唐代的國都在長安，那時譯經和作詩都要拿關中方言做標準。從現在的關中方言裏，我們是不是可以看出長短的痕迹來呢？白滌洲氏《關中聲調實驗録》（歷史語言研究所集刊四本四分）以實驗儀器記録關中三十九縣的聲調。他的結論是：平聲陽平最長，陰平次之，上去均較短。

（六）根據陳寅恪的説法，印度吠陀語的三聲可以比古漢語的平上去三聲，但詳情不明。周法高又援引陳寅恪的《四聲三問》拿平上去三聲跟印度古時聲明論的三聲相比附，陳文説：

圍陀聲明論依其聲之高低，分别爲三：一曰udātta，二曰svarita，三曰anudātta。佛教輸入中國，其教徒轉讀經典時，此三聲之分别當亦隨之輸入。至當日佛教徒轉讀其經典時所分别之三聲，是否即與中國之平上去三聲切合，今日固難詳知，然二者俱依聲之高下分爲三階，則相同無疑也。

筆者不敢假定中國韵文用平仄構成的長短律是受了印度的影響，不過筆者覺得印度以及希臘古代詩歌裏的長短律，是值得我們參考和比較的。

（七）全文的結論。周文的結論有如下兩條：

1. 在唐初甚或在較早的時候，四聲中平仄有長短的區别。這區别構成了當時韵文中平仄對立的主要音素。至于四聲分别的主要音素，也許還是高低，不過長短的區别，也不失爲一個音素。

2.平仄（古作側）聲的得名，源于樂調，平側聲名詞的成立，大概在唐代。

學術價值

此文系統整合中日傳世文獻與敦煌遺書，厘清了“平仄”術語從南朝四聲論到唐代二元化的演進脉絡，特别是通過《文鏡秘府論》等域外漢籍的深度釋讀，填補了中古聲律理論轉型的關鍵環節。其開創性地將音樂學、佛經語言學納入聲調研究視域，提出的“平仄長短音假説”，雖存争議，却爲解釋近體詩格律形式提供了音系學依據，啓發了後續學者對聲調時長特徵的持續關注。另外，該文通過梵漢對音材料揭示語言接觸對聲調理論的影響，借助關中方言建構古今音長特徵的歷時關聯，運用印歐語韵律學反觀漢語聲調特性，這種多維透視法深刻影響了當代聲調理論研究路徑。

集刊外編第三種

說平仄

周法高

四声說的成立始於宋齊。日本空海的文鏡秘府論引劉善經四声論云，

宋末以來，始有四声之目，沈氏乃著其譜，論云起自周顒。

當時很講究声律。沈約宋書謝灵運傳論云：

夫五色相宣，八音協暢，由乎玄黃律呂，各適物宜。欲使宮羽相變，低昂舛節，若前有浮声，則後須切響；一簡之內，音韻盡殊；兩句之中，輕重悉異。妙達此旨，始可言文。至於先士茂製，諷高歷賞，子建函京之作，仲宣灞岸之篇，子荊零雨之章，正長朔風之句，並直舉胸情，非傍詩史，正以音律調韻，取高前式。

沈約答陸厥書云：

宮商之声有五，文字之別累萬；以累萬之繁，配五声之約，高下低昂，非思力所学。

(南史四十八陸厥傳引)

答甄思伯書云：

作五言詩者，善用四声，則諷詠而流靡。(文鏡秘府論四声論中引录)

從那時起，才自覺地注意美文中四声的交互使用。然而並沒有很明顯地把上去入歸為一類和平声相對(雖然說者以為"浮声"、"切響"是指平仄，但是他文中只說"五声"、"四声"，沒有正式分成二類)。而且從他所舉出古人的四首代表作和他自己的作品來看，並沒有嚴格的標準。清紀昀的沈約四声考卷下說：

律体文声病之学，尽於此論(法高按：此指宋書謝灵運傳論)。此後來律体之椎輪也。但律体以二四回換，字有定程；此則隨字均配，法較後人為疏。故答陸厥書有巧歷不盡之語。律体但分平仄，此則並仄声亦各不相通，法較後人為密。故杼山詩式稱其酷用四声，鍾嶸亦曰"平上去入，僕病未能"。蓋苦其難於諧調，故不樂用也。

就是這个意思。這一直等到近体律絕詩的成立，才很嚴格地利用平仄(上去入)声的交互

六同别録

使用構成韻律(rhythm)，並且多數用平声字叶韵。近体詩雖然萌芽於齊梁（清王闓運八代詩選中有齊已後新体詩三卷，就是近体詩的前身），但是到唐初才正式成立。

周法高

平仄声的得名源於樂調。梁慧皎高僧傳卷十三說：

釋法憐：平調牒句，殊有宮商。

智欣善能側調。

昭明文選卷二十八謝靈運會吟行云："六引緩清唱，三調佇繁音。"李善注：

沈約宋書曰："控撫宮引第一，商引第二，徵引第三，羽引第四。古有六引，其宮引本第二，角引本第四也，並無歌有絃笛存声不足故闕。"又曰："第一平調，第二清調，第三瑟調，第四楚調，第五側調。"然今三調蓋清平側也。

姜皋曰：

三調之調，宋書樂志但云"清商三調歌詩，荀勗撰舊詞施用者"，無第一平調諸文。

宋郭茂倩樂府詩集卷二十六說：

唐書樂志曰："平調，清調，瑟調，皆周房中曲之遺声，漢世謂之三調。"又有楚調，側調。楚調者，漢房中樂也；高帝樂楚声，故房中樂皆楚声也。側調者，生於楚調，与前三調總謂之相和調。

平声得名於平調，仄声（古作側声）得名於側調。平側声名詞的成立大概在唐代。唐寒山詩：

有個王秀才，笑我詩多失；云不識蜂腰，仍不會鶴膝；平側不解壓，凡言取次出；我笑你作詩，如盲徒詠日。

就是一个例子。

平仄相对在現在沿襲之下，並不覺得奇怪；但是我們要想一想：在開始把四声歸成兩類的時候，為什么不兩兩相对，如平上对去入，平去对上入，平入对上去等，而偏拿平声和上去入三声相对呢？我們可以假定：平仄的配合是由於高調和低調，或是平調和升調降調的配合。但是一点確实的証据都沒有。沈約所説的"低昂"，"浮声，切响"，"輕重"和文心雕龍声律篇的"飛沈"（"沈則响發而斷，飛則声颺不還"）都不過是一種空泛的形容而已。古代的調值，全不知道（註一），現在方言的調值，又分歧得夠利害。我們憑什么這樣假定呢？另外我們可以想像平仄的分別是由於長短的不同。如清顧炎武音論說：

—2—

平声最長，上去次之，入則絀然而止，無餘音矣。

其重其疾則為上為去為入，其輕其遲則為平。

江永音学辨微說：

平声音長，仄声音短；平声長空，如擊鐘鼓，上去入短实，如擊土木石。

但是同様地是憑臆而談，沒有根據的。近人王光祈中國詩詞曲之輕重律說：

平声之字，較上去入三種仄声之字，有下列兩種特色：(甲)在量的方面：平声則長於仄声，即徐大椿樂府傳声所謂："四声之中，平声最長"是也。(乙)在質的方面：平声則強於仄声(蓋平声之字其發音之初，既極宏壯；而繼續延長之際，又能始終保持其固有之強度)。因此，余遂將中國平声之字，比之於近代西洋語言之"重音"(Accent)，以及古代希腊文字之"長音"，而提出平仄二声，為造成中國詩詞曲的"輕重律"之說。

王氏的理論不知何所據而云。現代方言的字調如此分歧，不知道他根据什么方言。劉復四声实驗录說：

四声与強弱絕不相干，其重要元素，惟高低一項而已。"

不知道王氏為什么捨"高低"而取"輕重"(即劉氏所謂"強弱")？又如何能推得一千多年前声調的特色？

我在唐初(西元第七世紀)和尚翻譯梵文的記載裡，曾經找出一点与四声有關的記录。他們普通翻譯梵文的長短元音，並沒有什么區別，同是一个字，可以譯長音也可以譯短音。但是當声韵方面的條件都一樣，只有長短音的分別，而又有分別的必要時，就用声調來區別他們。

梵文字母的翻譯是需要區別長短音的。唐玄應一切經音義(唐貞觀末年649 A.D.撰)卷二大般涅槃經文字品音義說：

字音十四字：(a)裹烏可反；(ā)阿；(i)壹；(ī)伊；(u)塢烏古反；(ū)烏；(ḷ)理重；(ḹ)釐力之反；(e)黳烏奚反；(ai)藹；(o)污；(au)奧烏故反(法高案：飛鳥信行涅槃音義引"應師作污奧，上烏故反"，可知烏故反是替污字作音)。此十四字以為音，一声之中皆兩兩字同，長短為異，皆前声短後声長。菴惡此二字是前惡阿兩字之餘音，若不爾音，則不尽一切字，故復取二字以窮文字也。(法高按：括弧中羅馬字母

說平仄

六同别録

係新加發準此）（註二）

義淨南海寄歸内法傳（武周天授元年至如意元年690—692 A.D.）說：（註三）

脚等二十五字並下八字（法高按：此指ka，kha，ga，gha，ṅa等字母）總有三十三字，名初章；皆須上声讀之，不可看其字而為平上去入也。……十二声者，謂是：（ka）脚，（kā）迦上短下長；（ki）枳，（kī）雞，姜移反，上短下長；（ku）矩，（kū）俱上短下長；（ke）雞，（kai）計上長下短；（ko）孤，（kau）告上長下短；（kaṃ）甘，（kaḥ）箇兩声俱短，用力出气呼。佉等十二字並效此。此十二字，皆可兩兩相隨呼之，仍須二字之中，看子註而取長短也。

周法高

我們可以看出玄應用上声"哀，塢，理"，入声"壹"代表梵文短音；用平声"阿，伊，烏，釐，黳"代表他所謂長音。義淨用上声"枳，矩"，去声"計，告"，入声"脚"，代表他所謂短音，用平声"迦，雞，俱，孤"代表他所謂長音。都是兩兩相对，不得不分別的。兩家代表長短音的都是仄声字，代表長音的都是平声字。短音字中上声最多。義淨也說明"脚等三十三字，皆須上声讀之，不可看其字而為平去入"，也好像認為仄声中上声最適宜代表短音似的。

此外，要辨別梵文声韵相同而長短不同的兩字時，在七世紀，也用声調來區別牠。玄應一切經音義卷三說：

秋露子：梵言舍利弗，舊言舍利子，或言奢利富多羅。此譯云鶖鷺子。從母為名；母眼似鶖鷺，或如秋露鳥眼，因以名焉。舊云身子者，謬也。身者舍梨，与此奢利，声有長短，故有斯誤。

玄奘西域記（貞觀二十年646 A.D.寫成）卷四也說：

舍利子，舊曰舍梨子，又曰舍利弗，訛略也。

按梵文當"人名"講的奢利為śāriputra，當"身"講的舍梨是śarīra。玄應用去声"舍"对短音śa，平声"奢"对長音śā；用去声"利"对短音ri，用平声"梨"对長音rī。慧苑華嚴音義上說：

尸羅幢：案梵語云尸羅（śīla），此云清涼；若云試羅（śila），此翻為玉。謂以玉為幢，名尸羅幢也。

—4—

用去声"試"对短音si，平声"尸"对長音sī。義淨南海寄歸內法傳卷四說：

「如喚男子，一人名補嚕灑(puruṣaḥ)，兩人名補嚕稍(puruṣau)，三人名補嚕沙(puruṣāḥ)，此中声有呼韻重輕之別。

用上声"灑"对短音ṣaḥ，平声"沙"对長音ṣāḥ。慧立的大慈恩寺三藏法師傳(垂拱四年688 A.D.前)卷三也說：

丈夫，印度語名布路沙(puruṣa)体三囀者，一名布路殺(puruṣaḥ)，二名布路胥(puruṣau)，三布路沙去声(puruṣāḥ)。

用入声"殺"对短音ṣaḥ，"沙"对長音ṣāḥ，沙字原是平声，注中"去声"二字，明本藏經無注。

以上所舉的幾條，代表梵文長音的有十幾个字，都是平声，代表梵文短音的都是仄声，也有十幾个字，並沒有什么例外，我們可以相信唐初的四声有長短的區別(我的意思並沒有說長短是唯一的區別)，其程度並不像梵文長短音的顯著，所以在普通的情形下都不分別長短，但是長短已經到了耳朵可以覺察的地步，所以當需要分別時，就用平仄來表示長短。上述的情形都發生於七世紀，這時候，正是近体律絕詩正式成立和普遍流行的時候，以律詩齊名的沈(佺期)、宋(之問)，也就生在這時。我想在較早的時候，也許已有這樣的區別，不過沒有見於記載罷了。

在現代方言中，保存古入声(有-p、-t、-k、-ʔ韻尾)的方言，除了分別長短元音以套韻母的，如廣州方言外，通常入声都比較短促，很可以使我們相信，入声在古代除了有特別的韻尾輔音外，还相當短促，拿牠和上去声合併成仄声，來与平声相对，也容易使我們假定前者是比較短的(假使我們承認平仄有長短的區別的話)。另外，在現代方言中，雖然高低為區別調類的主要因素，但是有些方言調類的長短(除去前述的入声不計)也还可以覺察出來，譬如北平的上声就比較長，那么，古代声調有長短的區別也是極可能的。

唐代的國都在長安，那時譯經和作詩都要拿關中方言做標準，以現在的關中方言裡，我們是不是可以看出長短的痕迹來呢？白滌洲氏關中声調实驗录(歷史語言研究所集刊四本四分)以实驗儀器記录關中三十九縣的声調，他的結論是：

六同别録

平声陽平最長陰平次之上去約較短.

牠們的比例如下:

周法高

	陰平	陽平	上声	去声
三十九縣平均	349σ	357σ	316σ	316σ
浪紋長度 假定烟薰紙上浪紋振動數每秒120	42mm.	43mm.	38mm.	38mm.

劉復氏説:"這單位的名称叫做σ(sigma),我們可以説圖中的0.1是一百丁σ(一秒的一千分之一)."

這也是可以証成我的假定的.

陳寅先生四声三問(清華学報九卷二期)拿平上去三声跟印度古時声明論的三声相比附説:

初問曰:中國何以成立一四声之説?即何以適定為四声,而不定為五声,或七声抑或其他數之声乎?答曰:所以適定為四声,而不為其他數之声者,以除去本易分别,自為一類之入声外,復分别其餘之声為平上去三声,綜合通計之,適為四声也.但其所以分别其餘之声為三者,實依據及摹擬中國當日轉讀佛經之三声,而中國當日轉讀佛經之三声又出於印度古時声明論之三声也.據天竺圍陀之声明論,其所謂声(svara)者,適与中國四声之所謂声者相符合,即指声之高低,言英語所謂pitch accent者是也.圍陀声明論依其声之高低,分别為三:一曰udātta,二曰svarita,三曰anudātta.佛教輸入中國,其教徒轉讀經典時,此三声之分别當亦隨之輸入.至當日佛教徒轉讀其經典時所分别之三声,是否即与中國之平上去三声切合,今日固難詳知,然二者俱依声之高下分為三階則相同,無疑也.中國語之入声皆附有名k,t,p等輔音之綴尾,可視為一特殊種類,而最易与其他之声分别.平上去則其声响高低相互距離之間雖有分别,但應分别之為若干數之声,殊不易定.故中國文士依據及摹擬當日轉讀佛經之声,分别為平上去之三声,合入声計之,適成四声.於是創為四声之説,並撰作声譜,借轉讀佛經之声調,應用於中國之美化文.此四声之説所由成立,及其所以適為四声,而不為其他數声之故也.

—6—

我們覺得古代平上去之分為三類，正和現代北平話的分為陰陽上去一樣的道理，是一種很自然的分類，而決不是人為的。至於印度圍陀（veda）裡所用的三種聲調，到了西曆紀元時的語言，久已沒有這種區別了。不知道印度古代佛教徒應用牠來轉讀佛經和牠的傳入中國有什么根據沒有？這是我所希望知道的。印度詩歌的韵律通常是用長短音的間隔來構成的，即使在分別三聲的圍陀時代也是用長短律（quantitative rhythm）的。A. A. Macdonell 氏論圍陀的韵律說：

這種詩句包含八，十一，十二，或（比較不普遍）五個音節。這種詩句更多少為長短律所支配（不受樂調 musical accent［法高按即 pitch accent］的影響）。在詩裡長短音節互相間隔，幾乎所有的韵律有一種普遍的抑揚律（iambic rhythm），因此牠們表示一種傾向，在一詩裡偶數的音節（第二，第四等）用長音遠甚於用短音。——A Vedic Grammar for students，附錄二，p.436。

以後到了古典梵語（classical Sanskrit）的文學裡，也是沿襲使用長短律的。

我並不敢假定中國韵文用平仄構成的長短律是受了印度的影響，不過我覺得印度以及希臘古代詩歌裡的長短律，是值得我們參考和比較的。

用平仄構成詩歌的韵律，不但影响了漢文詩歌一千多年，並且在非漢語與文字的歌謠裡，還保留平仄的區別。現在引李方桂先生莫話記略（歷史語言研究所單刊甲種之二十）裡的兩首為例，（p.22）原文從省，只將韵脚及平仄列下。

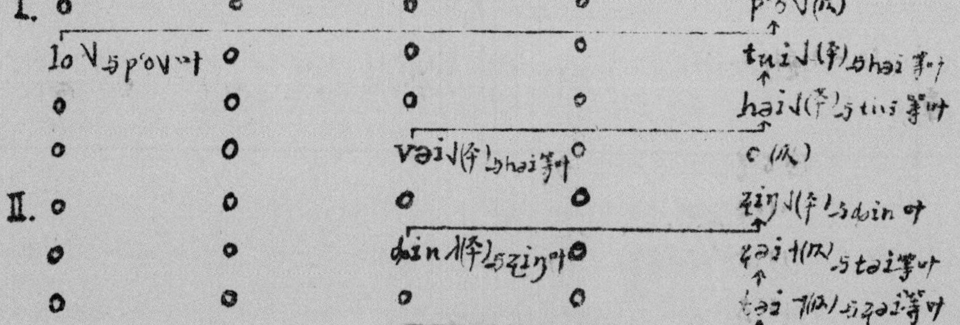

I.
p'o˅(仄)
lo˅与p'o˅叶
tui˩(平)与hai叶
hai˩(平)与tui叶
vai˩(平)与hai叶
o(仄)
II.
zin˩(平)与din叶
din˩(平)与zin叶
zai˧(仄)与tai叶
tai˧(仄)与zai叶
?bai˧(仄)与tai叶
o(平)

這語言的"聲調系統是完全与漢語相合的，六調實与漢語的平上去的陰陽相當，入聲則

六同別録

周法高

有-p,-t,-k的韻母,實亦一陰一陽(衛引書p.16)。所以上面的dzin是第一低升調相當於漢語的陰平;tui, hai, vai, ziŋ是第二降調相當於陽平;tai是第三半高升調相當於陰上;p'o, lo是第四全降調相當於陽上;ʔbai是第五高升調相當於陰去,zai是第六中升調相當於陽去。第一、二調互相叶韻,第三、四、五、六調互相叶韻。上面所注的平仄,就是依照和漢語比較所得的標準,並不是隨便的。非漢語歌謠的分平仄(即拿和漢語平声相當的調類成一組,和漢語仄声相當的調類成一組),起於何時,現在還不能斷定;他們是受漢語的影响,抑或是根據語音上的區別自動地劃分的,也不能確知,只好留待以後討論了。

此外平仄的分別和声母的演變也有点關係。在現代大多數官話方言裡,古代的全濁声母b',d',g',在平声变吐氣清音p',t',k',在仄声变不吐氣清音p,t,k;可見拿平和仄排對,確是有些語音上的根據的。

最後,本篇的結論是:

在唐初甚或在較早的時候,四声中平仄有長短的區別,這區別構成了當時韻文中平仄對立的主要音素。至於四声分別的主要音素,也許還是高低,不过長短的區別也不失為一个音素。

平仄(古作側)声的得名,源於樂調。平側声名詞的成立,大概在唐代。

(註一)通行的對於古代声調的見解,可舉高本漢説為例。中國音韻學研究第十六章説:

中國古音,有以下的四声。

(1)平声(横調,舒收)

(2)上声(升調,舒收)

(3)去声(想來大概也是降調,舒收)

(4)入声(促收)

他們所以這樣假定的緣故,第一是顧名思義,以平為平調,上為升調,去為降調(3),入為

—8—

似調，這是很危險的假定。第二，是受了康熙字典前明代釋真空的玉鑰匙歌訣的影響，這更不可靠了。第三，是受了現代北平話調型的影响，更是不成理由。其实北平的声調從記載上去推尋至多可以告訴我們在元代北平的調型大概和現在差不多，這根據中原音韵的作詞十法，可以証明的，在此不能多談，應當另外討論他。

（註二）日本安然悉曇藏卷五（大正藏卷八十四 P.411）：

玄應涅槃音義云：

a短阿惡音，應烏可反，應類此也。ā長阿平声；i短伊億音；ī長伊平声；u短憂郁音；ū長優平声；已上六字，前短後長；已下六字前長後短。

e哩烏雞反，長也；ai 於多短也；o烏長也，平声；au 炮短声，烏早反；am 菴長也，平声；ah 痾短也，入声。

以上所引，和今本相去甚遠，不見得是玄應的原文。同卷所引。

飛鳥信行涅槃經音義云：

一、噁阿 玄應師依新譯作：裒，烏可反……

二、億伊 玄應作：壹，伊，一弋反，又烏吳反……

三、郁優 應師作鄔，古反……

理釐 力之反，唯此二字玄應師置，經文及諸疏家並無，未詳何來，然是加二呼声為十四音之意，以錯誤耳……

四、哩野……應師翳藹，下烏矣反……

五、烏炮……應師作污奧，上烏故反……

根據所引證，條與今本都同，可證今本是原本。

（註三）所引寄歸傳文今本無，見於日本安然悉曇藏卷二（大正藏卷八十四 P.380）和卷四（P.405）所引。卷四引的是節文，比較卷二所引的少一二百字。高楠順次郎寄歸的英譯本，抄录悉曇藏卷四所引的佚文，却把卷二所引的忽略了，這是應當補正的。

（補註）向達氏唐代俗講考說：

至於維摩詰講經文中之偈語，常注以"平""側""斷"諸字，甚難索解，頗疑此

六同别録

等名詞，亦與梵唄有關。日本所傳声明有十二調子，或名為十二律。所謂十二調子，即一越、斷金、平調、勝絶、下無、雙調、鳧鐘、黄鐘、鸞鏡、盤涉、神仙、上無是也。然則講經文之平側斷諸號，或者即指平調側調斷金調而言歟？

周法高

按維摩經講經文，敦煌零拾收第一卷，偈語前有"斷詩"、"斷"（八見）、"平側"、"経"（三見）、"側"、"側吟"、"経平"諸名。敦煌雜録收第二卷，偈語前有"吟"、"韻"、"詩"、"平詩"、"古吟上下"、"側"、"斷"、"吟上下"、"平"諸名。詳細的分别不可得知。在日本声明十二調子中並無側調。高僧傳卷十三曇智傳後云：

時有道朗、法忍、智欣、慧光並無餘解，薄能轉讀。道朗捉調小緩，法忍好存擊切，智欣善能側調，慧光喜騁飛声。

可算是"側調"一名和轉讀有關最早的文獻了。

奭字説

張政烺

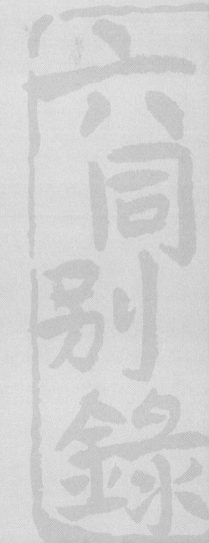

六同別錄

導讀

刘钊 黄博

學術背景

張政烺的《奭字説》發表于1945年，當時殷墟甲骨、商周金文大量出土，但學界對疑難字的考釋仍存在“望形生義”的流弊。該文針對甲骨、金文中舊釋爲“蔑”或“眛”的“奭”字展開研究，通過系統梳理字形演變，結合傳世文獻，考訂其爲“眇”之初文。他所用的考釋方法正好體現了民國考據學向現代古文字學的轉型過渡，既承襲乾嘉學派“以形索義”的傳統，又注重考古學的層位分析，强調字形與器物年代的對應關係。此文不僅糾正了長期誤讀，其嚴謹的實證方法也爲後來甲骨殘辭互證研究提供了藉鑒，展現了戰時學者堅守學術的治學精神，對後來古文字學的發展具有奠基意義。

學術評議

甲骨金文中有一類形體，象“大”形兩腋下各携一物（詳下），甲骨文中异體較多，區别在于腋下兩側所象物品的寫法不同。該字在甲骨卜辭中多表示“配偶”的含義，諸家的釋法却不盡相同。張政烺指出，此字即《説文·間部》“奭”字的變體，《説文·鬥部》从“鬥”“奭”聲的“鬩”字古有“仇”音，“仇”在古書中有“匹配”類的含義。張政烺懷疑“仇”即甲骨金文中該字的後起形聲字，多數情况下就可以讀作“仇”。

他還重點梳理了甲骨卜辭中此字的用法，主要分爲三類。第一類多見于祭祀卜辭，表示先王之配偶；第二類用于卜辭中“黄奭”“伊奭”的稱謂，張政烺認爲二者即伊尹與保衡，稱爲“奭”表示國之重臣與王爲匹耦；第三類用法見于周初銅器矢令尊（《集成》06016）、矢令彝（《集成》09901），相關銘文他斷讀作“今我惟令汝二人亢眔矢奭，左右于乃寮以乃友事”，“奭”同樣讀作“仇”，有朋友之義。將三類用法理解爲“仇匹”一類含義，如他所説，“甲骨文、金文上皆可講得通”。

裘錫圭指出，在關于此字的種種意見中，張政烺的説法“最爲合理，應該是符合實際的”。此文至今在學界仍有較大影響，作者的論證落實了甲骨金文中該字表示“匹配”類含義的用法。此文的另一貢獻在于，對傳世、出土文獻中表“仇匹”“匹耦”類含義的字詞進行了集中解説，并指出此類字詞不僅適用于男女之間，还適用于君臣之間，即文中所謂“國之重臣與王爲匹耦”“君臣遭際自有匹合之義”，指導了後續的相關研究。西周金文數見“逵匹”一類詞語，用來形容君臣關係，如何尊（《集成》06014）叙述先祖公氏“克逵先王”；乖伯簋（《集成》04331）王稱贊乖伯的祖先“克𠦪先王”；史墻盤（《集成》10175）謂器主的乙祖“逵匹厥辟”；單伯鐘（《集成》00082）亦有“逵匹先王”之語。張政烺將“𠦪/逵”讀爲“弼”，“弼”有輔佐之義；後來陳劍利用郭店楚簡有關字形，將此類用法的“𡘾/遾”徑讀爲“仇匹”之“仇”，“仇匹”同義連用，陳文的相關討論即在此文觀點上展開。“仇匹”一語多描述臣對君的關係，體現的是“君權高高在上，而臣子以匹合周王爲榮并須爲之無限奉獻的觀念”。

以現在的觀點回看，張政烺對甲骨金文該字的考釋尚不能成爲定論。甲骨文中該字的异體大致可分爲如下幾類：

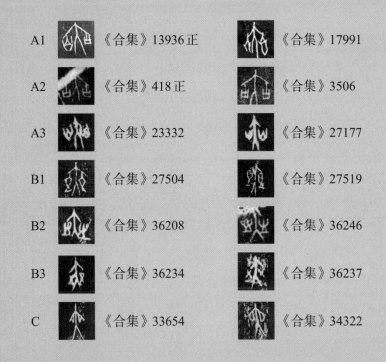

A1		《合集》13936正		《合集》17991
A2		《合集》418正		《合集》3506
A3		《合集》23332		《合集》27177
B1		《合集》27504		《合集》27519
B2		《合集》36208		《合集》36246
B3		《合集》36234		《合集》36237
C		《合集》33654		《合集》34322

A類字形以村北系爲主，A1、A2字體屬賓類，A3字體屬出、何類，A1至A3的省變環節明顯，人形兩手各携的器物簡省爲火焰形；B類字形以村南系爲主，B1字體屬無名類，B2、B3字體屬黄類，B1至B3的省變過程是人形兩手各携的器物簡化爲“五”形或“×”形；C形多見于歷類，是最簡省的寫法。從A1、B1類的原始形體看，人形雙手所持的

器物應是一類容器，A1類所象應是“酉”類器物，B1類則是“豆”類器物。A1、B1類形體手臂下的竪筆似乎也有其象徵含義。商周金文中該字出現次數不多：

D  《集成》04144  《集成》06016

E  《集成》05412  《集成》10176

D類形體沿襲自B1，E類形體在B3類基礎上，重複刻寫“×”形來表示所持器物，“”形出自西周晚期的散氏盤。總之，從字形演變的角度考察，甲骨金文該字“大”形兩側腋下的形體訛變爲“目”的可能性微乎其微，于省吾就據散氏盤形體將該字釋爲“爽”，讀爲“相”，訓爲“輔佐”，不過他牽連“爽”字“爽明”的含義，認爲該形最初形體從兩“火”，從上文的梳理看同樣不確。該形究竟要釋爲何字之初文，還有待進一步研究。另外，關于“黄奭”“伊奭”，研究者多指出與甲骨卜辭中“黄尹”“伊尹”爲一人，賓類刻辭稱“黄尹”，歷類刻辭則稱“伊尹”。由此可知，“黄奭”“伊奭”也應指一人。劉源通過祖先能力的考察、對比，指出“黄奭/伊奭”更具自然神的屬性，與“黄尹/伊尹”掌控人事不同，我們傾嚮于“‘黄奭/伊奭’與‘黄尹/伊尹’并非一人”。

學術價值

以文字考釋看，此文通過字形訛變軌迹分析（村北系A類酉器象形→火焰形省變，村南系B類豆器象形→“五/X”形簡寫，歷類C形極簡體）與語音通轉論證，確立甲骨文特殊字元與傳世字書的對應關係，爲古文字釋讀提供方法論範例；以語義演變看，揭示“仇匹”概念從具體婚配關係到抽象政治倫理的語義擴展，爲考察商周社會結構提供語言學證據。值得補充的是，新近考古發現如殷墟花園莊東地甲骨中“奭”字新寫法的發現，以及清華簡《祭公》篇“仇匹”用語的再現，均從不同側面印證張説的生命力，同時也提示未來研究需更深入探討該字元在不同地域、不同書寫載體中的形態分异及其文化内涵關聯。

集刊外編第三種

𥄎字說

張政烺

甲骨文及殷周金文中有奭字，从大从皕，象一人挾二物於掖下。金文不多見，甲骨文中則數累千百，所見既繁，形體詭變亦甚，至掖下所持又作[illegible]……等形，蓋取二物相儷為偶，故不拘泥于形體也。向來考釋紛紜莫衷一是，唐立厂先生天壤閣甲骨文存（簡稱天、考釋三十六葉）曾逐一駁斥，其論皆甚是，而先生釋為夾，雖則形似，義亦覺未安。今考即說文𥄎字，許說从眀，寔其變體，徵之字形殆無疑義，而按其辭義尤覺迎刃而解，古訓既明，各家之得失自見，故亦不復一一討論之也。

說文解字眀部：

𥄎 目衺也，从眀从大，大人也。

按依許君之說，𥄎是會意字，而大象人體，二目雖不正，不宜橫出掖下，竊意𥄎即奭之變體，本不从眀，蓋奭字今所見者皆殷周時書，偏旁猶變化無定，春秋已降迄于後漢，年代尚遠，形體演變自所不免也。

𥄎字除說文外未見經典有用之者，其音大徐本舉朱切，小徐本卷于切，篆隸萬象名義居虞反（當本原本玉篇，今本玉篇居于切）新加九經字樣（雜辨部）云「說文音拘，目邪也。」按此皆自說文眀「讀若拘，又若良士瞿瞿」一語推演以出，未必古音如此。說文諧𥄎聲者斗部有𣂡字，云「挹也，从斗𥄎聲」，各家之音與上舉𥄎音同，殆亦連類而得之，非別有所本也。毛詩小雅賓之初筵：

賓載手仇，室人入又，酌彼康爵，以奏爾時。

鄭氏箋云：

仇讀曰𣂡，室人有室中之事者，謂佐食也。又復也，賓手挹酒，室人復酌為加爵。

無論詩義是否如此，仇讀曰𣂡，必其音同可知，此𣂡字漢讀之足徵者。段玉裁云古音蓋在

六同别録

三部，故鄭得以易仇字，其説是矣。奭字古音當即讀仇，在三部，而間讀若拘在四部，又若瞿在五部，古音三四五部亦不甚遠，且仇拘瞿係雙聲（見母或溪母），尤覺音近，以故疑奭本即奭字，不从間，許君以與間聲同韵近，遂定著爲从大从間也。

張政烺

甲骨金文中無仇字，其奭字之用法約可分爲數類，而皆當讀爲毛詩中之仇字。疑仇即奭之後起形聲字，从人與从大同義，形體雖異，聲韵相符，固可代易，寫詩者遂概以仇字爲之，並𩛥字亦書作仇矣。

甲骨文中奭字最常見者爲第二期及第五期卜祭祀先妣之辭，如

庚戌卜，𡆥貞王賓示壬奭妣庚，□，亡尤。	庫方二氏甲骨卜辭（簡稱庫）1221
辛□卜，行貞王賓大甲奭妣辛，𠬝，亡尤，在八月。	殷虚書契後編（簡稱後）上2·7
壬午卜，行貞王賓大庚奭妣壬，𠬝，亡尤。	同上
壬子卜，行貞王賓大戊奭妣壬，𠬝，亡尤。	後上2·3
己巳卜，行貞王賓祖乙奭妣己，𠬝。	後上3·4
己卯卜，尹貞王賓祖丁奭妣己，𠬝，亡尤。	殷虚書契前編（簡稱前）1·34·2

以上第二期

甲子卜，貞王賓示癸奭妣甲，𧷗，亡尤	後上1·8
丙寅卜，貞王賓大乙奭妣丙，翌日，亡尤	前1·3·7
戊戌卜，貞王賓大丁奭妣戊，𧷗，亡尤。	後上2·1
癸丑卜，貞王賓中丁奭妣癸，𧷗，亡尤。	後上2·11
庚子卜，貞王賓祖辛奭妣庚，彡日，亡尤。	後上3·8
庚午卜，貞王賓小乙奭妣庚，𠬝，亡尤。	後上4·6

以上第五期

皆云「祖某奭妣某」，文例似此者不可勝舉，其卜日之天干悉與妣某合，而與祖某不相應，以殷人卜祭祀之通例觀之，知皆以妣某爲主，乃先妣之專祭，與先祖無涉。彝銘彝：

戊辰，弜師錫肄𦉢卣𧷗貝，用作父乙寶彝，在十月，惟王廿祀，𠬝日，遘于妣戊武乙奭，𧷗一，旅。

此殷末銅器，其所記祭禮與上列卜辭同，而「妣戊武乙奭」之稱微異，卜辭中亦有似此者：

— 2 —

于妣己祖乙爽告。[于]妣庚[祖][□]爽[告]。　　明義士藏骨

于妣己妣庚祖乙爽，于妣甲祖辛爽。　　同上

于妣庚羌甲爽。　　殷契粹編(簡稱粹)255

此所引乃第三期卜辭，視肄彝畧早，皆以「祖某爽」三字置于「妣某」之下，然其文義與前舉諸例皆自相似，可見「祖某爽」三字為一辭，乃用以區別妣某之同號者，使不混淆，此爽字當讀曰仇，而解為匹，即妃匹之謂。陳奐詩毛氏傳疏，周南，關雎：

窈窕淑女，君子好逑。傳，逑，匹也，言后妃有關雎之德，是幽閒貞專之善女，宜為君子之好匹。疏，釋文逑本亦作仇，仇匹，釋詁文，孫炎本仇作逑……匹，配也，好匹猶嘉配耳。

君子好逑本作好仇，逑字乃出後人私改，非漢以來之舊，清儒論之已詳。卜辭稱先王之后妃曰「祖某爽」，正謂君子之好匹，與毛詩故訓傳相合。又有

庚申卜，即，貞翌辛酉[其]又(侑)于祖辛，□又爽。　　前1·12·2

此第二期卜辭，有闕文，按祖辛之爽為妣庚，(見前)此云又爽，殆即指妣庚而言，則爽義仍為妃匹，與以上各例同，特王賓之禮異耳。此係殘辭，本無足重，以自來考釋諸家多注意者，故畧論之。

爽字之第二類用法，如卜辭黃尹亦稱黃爽，伊尹亦稱伊爽，今舉例於下。黃爽如

丙寅卜，𡆥，貞㞢于黃爽，二羌。　　天36

戊戌帝黃爽，二犬。帝黃爽，三犬。　　前6·21·3

戊戌卜，帝于黃[爽]。　　龜甲獸骨文字1·11·6

□戌，貞从來于雪，氏黃爽。　　庫1533

貞黃爽希戌。　　戩壽堂所藏殷虛文字22·13

以上各片皆屬于第一期，同期卜辭又常見有黃尹，如

癸丑卜，賓，貞㞢于黃尹。　　前1·51·6

貞黃尹不希。貞來犬，卯□羊。

貞黃尹壱戌。貞黃尹不壱。　　前1·52·1

其祭祀與作祟之情形皆相同，知黃尹即黃爽也。伊爽如

其寧風伊(闕)。亡雨。園寧風，伊奭一小宰。粹828

丙寅，貞又𢆶歲于伊尹，二宰。壬申，𠛱于伊奭。卜辭通纂(簡稱通)259

張政烺

此第三期及第四期貞兩之辭也，後者伊奭與伊尹同見于一片，自是一人。周書君奭：

我聞在昔，成湯既受命，時則有若伊尹，格于皇天，在大甲，時則有若保衡，……格于上帝。

此周公述殷代之舊聞也。按卜辭伊與大乙同祀(後上22·1及2　粹151)，即湯之小臣無疑。黄衡古音同，多通假之例，黄尹見于卜辭者與大甲同貞(後上29·4　參孜通236片孜釋)，當即保衡。蓋保者官名，衡者人名，猶召公稱保奭或大保奭也。(商頌長發曰：實維阿衡，實左右商王。按阿倚也，保安也，阿保為師傅之官，後漢書崔寔傳注阿保謂傅母也，是漢時猶有此職，特以女子充之耳)尹乃三公之官，伊與黄皆嘗為之，而同稱為奭，是奭與尹相當，蓋謂國之重臣與王為匹耦也。詩毛氏傳疏，周南，兔罝：

赳赳武夫，公侯好仇。疏，仇，匹也。義見關雎傳，例不煩更見也。公侯好匹，言武夫能為公侯之好匹。匹當讀率由羣匹之匹，假樂箋云循用羣臣之賢者，其行能匹耦己之心。昭三十二年左傳史墨曰：物生有兩，有三，有五，有陪貳。故天有三辰，地有五行，體有左右，各有妃耦，王有公，諸侯有卿，皆有貳也。晉語國人誦之曰：若狄公子，吾是之依兮，鎮撫國家，為王妃兮。韋注云：言重耳當伯諸侯，為王妃耦。……並與詩仇字義同。

又大雅，皇矣：

帝謂文王，詢爾仇方，同爾弟兄，以爾鉤援，與爾臨衝，以伐崇墉。傳，仇，匹也。疏，仇讀如公侯好仇之仇，仇訓匹，匹為匹耦，謂羣臣也。上章傳云方，則也。後漢書伏湛傳湛上疏曰：文王受命而征伐五國，必先詢之同姓，然後謀之羣臣。其下即引詩曰：詢爾仇方，同爾弟兄。湛治齊詩，其解詢爾仇方為謀之羣臣。正義述毛云：文王伐崇，當詢謀於女匹己之臣，以問其伐人之方。此與伏湛釋詩義合矣。

此兩詩中之仇字皆指羣臣言，外為干城，内制其腹心，參預兵謀，誼同兄弟，其為貴要可知。伊黄皆嘗尹治天下，而有奭稱，其義適合。尚書大傳載微子麥秀之歌曰：

麥秀漸漸兮，禾黍油油，彼狡童兮，不我好仇。(據學齋佔畢卷二引)

此歌史記宋微子世家以為箕子作，究出何人，今雖無從判定，其流傳要必甚早。司馬遷、鄭玄並以為狡童謂紂，則末句「不我好仇」者，蓋傷帝辛未嘗與己善相匹合（微子去之，箕子為之奴），不能諫行言聽，卒至宗社為墟也。前人或不解仇字之義，故史記此句誤為「不與我好兮」（御覽卷五百七十，事類賦卷十一引並作「不我好仇」，不誤）。而文選李善注引大傳亦誤作「不我好」（卷十六），或「不我好兮」（卷卅六），義既膚泛，於韻亦不甚合矣。單伯鐘：

單伯昊生曰：丕顯皇祖烈考，逑匹先王，勞勤大命。……（代1·16）

此宗周中葉之器，匹先二字從孫詒讓釋（古籀餘論卷二），「佐貳先王，猶詩云公侯好仇」，其說是矣。單伯先世雖不可知（路史謂周成王封少子于單，為單氏，不知何據），疑必周室佐命之臣，蓋君臣遭際自有匹合之義也。楚辭王逸注離騷經

湯禹嚴而求合兮（嚴，敬也。合，匹也。）摯咎繇而能調（摯，伊尹名，湯臣也。咎繇，禹臣也。調，和也。言湯禹至聖，猶敬承天道，求其匹合，得伊尹、臯陶，乃能調和陰陽而安天下也。）

文選李善注，楊子雲甘泉賦：

乃搜逑索偶臯伊之徒，冠倫魁能。韋昭曰：搜，擇也。逑，匹也。索，求也。偶，對也。應劭曰：冠其羣倫魁桀也。善曰：臯，臯陶，堯臣也。伊，伊尹，湯臣也。

漢書董仲舒傳贊

至向子歆，以為伊呂乃聖人之耦（師古曰：耦，對也。）王者不得則不興。

是伊尹與臯陶、呂望等為聖王之仇，漢人猶識之也。保衡因自來經師皆誤以為與伊尹係一人，黃尹、黃奭之稱，世遂罕知者矣。

奭字之第三種用法見周初銅器矢彝（代6·57）及矢尊（代11·38，文與彝同）其文云：

惟八月，辰在甲申，王令周公子明保尹三事四方，受卿史寮。丁亥，令矢告于周公宮，公令徃同卿史寮。惟十月，月吉癸未，明公朝至于成周，徃令舍三事令，眔卿史寮，眔諸尹，眔里君，眔百工，眔諸侯：侯、田、男，舍四方令。既咸令，……明公錫亢師鬯金小牛，曰：用祰。錫令鬯金小牛，曰：用祰。迺令曰：今我惟令汝二人亢眔矢，奭左右于乃寮以乃友事。……

前人考釋皆不達奭字之義，今按亦當讀曰仇，即同位相人偶之辭（鄭康成注經每有人偶之語，蓋尊異親愛之意，臧琳經義雜記有說）。詩毛氏傳疏秦無衣：

— 5 —

豈曰無衣，與子同袍。王于興師，脩我戈矛，與子同仇。　傳：仇，匹也。　疏：仇與𠷎通，匹者匹讀秦晋匹也之匹。

張政烺

陳疏墨守毛義，是其所長，故今取之。然如此處詮釋仇字之義，似有未瞭，幸有文彝爽字可以相互發明。字在君夫殷則以求為之，其文曰：

唯正月初吉乙亥，王在康宮太室，王命君夫曰：儥求乃友。君夫敢奉揚王休，用作文父丁𩰫彝。（代8·47）

郭沫若謂「此儥求連文當讀為續逑，續逑乃友猶師奎父鼎言用𤔲乃父官友」，（兩周金文辭大系攷釋）其說甚善，惟引説文以解逑字義猶有間。按此即以求字為爽（求仇音韵俱合，固可通假，猶關雎好仇亦作好逑。）王命君夫與明公之命亢及矢事正相類也。古者士大夫既各與寮友為仇，於是仇字遂有朋友之一義。禮記鄭氏注緇衣：

子曰：唯君子能好其正，小人毒其正（正當為匹，字之誤也。匹謂知識朋友。）故君子之朋友有鄉……詩云君子好仇。（仇，匹也。）

此引詩以明「君子之人以好人為匹」，（孔穎達疏）雖則斷章，非關雎本義，亦古訓之僅存者矣。

以上爽字三解，皆由仇匹一義引申，而按之詩義古文，頓覺貫串，證發毛詩故訓傳信古義之淵海矣。此外周代銅器有叔爽父尊，（代11·32）爽係人名，無文理可尋，可以不論。又毛伯彝（西清古鑑13·12，當稱班殷，穆王時器。）銘文之末云：

班非敢望，惟作佋考爽，謚曰大政，子子孫孫多世其永寶。

或云爽蓋讀為皿。按此器久佚，原拓未見，今僅據縮摹本，字體未必無誤，果即爽字則當假為簋。仇之與簋聲韵相合，説文簋之古文有㔶匭朹三體，皆諧九聲，可以為證。而與器之形制相符，尤見今之訓讀為不謬矣。然則爽从大从𡴀，其初或即象一人挾二簋歟？惜材料尚缺乏，不足以徵也。

中華民國三十一年春日作，三十三年歲杪手錄上石，研凍指殭，目瞑意倦，幾不成字，視月書舍校訖記。

— 6 —

說文燕召公史篇名醜解

張政烺

導 讀

刘 钊 黄 博

學術背景

20世紀上半葉，隨着殷周青銅器的大量出土，學界逐漸認識到許慎《說文》對先秦文字的釋讀存在不少訛誤，王國維、郭沫若等學者開始利用金文材料校正《說文》之說。張政烺此文即在此學術脉絡下展開，針對《說文》所引《史篇》記載燕召公名“醜”這一傳統說法提出新解。文章的研究背景涉及兩個關鍵問題：一是《說文》引《史篇》的可靠性，二是燕國早期歷史的文獻記載。民國學者已注意到《史篇》(即《史籀篇》)作爲西周文字教材的重要性，但對其内容多存疑問。張政烺通過此文揭示了漢代學者在轉寫古文字時的形近致誤現象。

學術評議

《說文·皕部》:“奭，盛也。从大从皕，皕亦聲。此燕召公名，讀若郝，《史篇》名醜。”文章開宗明義，主要就是對《說文》“奭”字下記載召公"《史篇》名醜"給出合理解釋。文章分三個部分：考證《史篇》具體所指；説解《説文》中的"疇"字是古文"𠷎"；討論者減鐘（《集成》00195、00197）銘文中的"若召公壽若參壽"。結論也很明確，《史篇》原文爲"若召公壽"，形容召公長壽，説解者讀"壽"爲"醜"，誤以爲是召公之名。

張政烺對《史篇》性質的考證，要從古代太史教學童之制講起。官員需要掌握書寫文字的技能，史官子弟從蒙書學起，掌握一定數量的文字才有資格成爲"史"。一般認爲《史篇》即《史籀篇》，張政烺指出周代教科書《史籀篇》，所謂"大篆"字體已經不適用于秦漢時期以篆、隸書爲主的公文體系，《史篇》乃是秦漢時期《倉頡》《爰歷》《博學》三篇蒙書的統稱。秦李斯作《倉頡》七章，漢初閭里塾師本在李斯本基礎上，合并《爰歷》《博學》，編爲一書，統稱《倉頡篇》。《史篇》故也可稱作"《倉頡史篇》"，《揚子法言·吾子》謂"或欲學《倉頡史篇》"是也。

《説文·䀠部》："䀠，目圍也。从䀠、厂。讀若書卷之卷。古文以爲醜字。"張政烺指出"䀠"字讀音與"醜"相隔甚遠，"古文以爲醜字"本是"疇"字的古文"𠷎"，"𠷎"作爲構件屢見于《説文》。"𠷎""䀠"形近，故誤置于"䀠"字頭下。《詩經·鄭風·遵大路》"無我魗兮"，正義謂"魗與醜，古今字"，由此可證"壽""醜"音近。《者減鐘銘》"若召公壽若參壽"，聯繫傳世典籍有關記載，是形容召公長壽，《史篇》原文可能以"若召公壽"爲一句，解説者讀"壽"爲"醜"，誤解爲召公之名，利用青銅器銘文，解决了傳世文獻記載的訛誤問題。不過此文在討論過程中并不局限于文字的考證，同時涉及秦漢時期史官授學、蒙書的演變與使用，以及文獻中長壽類祝嘏辭等歷史學、文獻學問題，彰顯張政烺學術視野的開闊。

不斷發現的出土文獻材料可以細化此文的有關討論。關于《史篇》，2019年劉桓公布了一批漢牘材料，部分内容劉先生分别命名爲“《史篇》一”“《史篇》二”。另外，關于《倉頡篇》，出土簡牘提供的新内容也豐富了相關認識，如北大簡《倉頡篇》、阜陽簡《倉頡篇》、水泉子簡《倉頡篇》以及居延簡、敦煌簡、玉門花海簡中發現的《倉頡篇》内容，爲復原其面貌提供了契機。《者减鐘銘》“若召公壽若參壽”中的“參壽”，近年也引發學者熱議，傳世文獻中“三壽”僅見于《詩·魯頌·閟宫》“三壽作朋”，出土文獻中“參（三）壽”不僅見于西周、春秋時期的銅器銘文，亦見于戰國竹書清華簡《殷高宗問于三壽》，簡文中“三壽”指三位長壽之人，對傳統的“壽之三等”説提出了挑戰。蔣文通過梳理指出，《詩經》及出土文獻中的“三壽”即本指三等壽，表示長壽，後亦可指三等壽之人，“三壽”“人格化”發生于春秋時期，此時代的《者减鐘銘》以及《閟宫》中的“參（三）壽”，應指三等壽之人，“若召公壽若參壽”中召公與之相對，皆指長壽之人。鄔可晶又有詳細論説，他信從高本漢的説法，將表示“長壽、多壽”的“三壽”解釋爲“三倍或多倍的年歲”，讀者可以參看。

張政烺所論《説文》中的“𠷎”字古文“𠃬”，其實在甲骨文中已經獨立成字，作“”形，中部從雙“口”形，繁體作“”，加“辶”旁或“止”旁（下統一用“𠃬”表示），代表辭例如下。

1. 甲子卜，□貞：𠃬翌日［虫］于祖乙。（《合集》339）

2.丙寅卜，疑貞：卜竹曰："其㞢于丁宰。"王曰："弜翌丁卯𡴂，若。"八月。（《合集》23805）

3.己丑卜，出貞：𦉪日其桒丁牢……（《合集》23614）

4.其啓，𦉪大甲日。（《拼集》171）

"𦉪"後接表示時間的詞語，所接時間"翌日、翌丁卯"距離占卜日很近。"大甲日"指白天對大甲舉行諸如翌日、𧿍日、彡日之類的祭祀，卜辭數見"叀+祖先日/彡日+𦉪"的搭配：

5.叀父甲彡日𦉪，又正。

□亥卜：叀祖丁彡日𦉪，又正。（《合集》27041）

6.……其乍豊，叀祖丁劦日𦉪，王受［又］。（《屯南》348）

7.叀小乙日𦉪，王受又。

……卒，迺……又大乙……（《合集》27094）

陳夢家指出"卜辭近稱的紀時之前加虛字'叀'，遠稱者加虛字'于'"，"叀"與"𦉪"搭配，表示的時間同樣是近稱。"𦉪"後還可接祭祀動詞：

8.戊午卜，貞：來甲［子］𦉪彡上甲，㞢……（《合集》1183）

9.庚子卜，争貞：𧿍其耏于祖辛，𦉪㞢彳歲，用。（《合集》1654）

10.癸亥卜，𡈼貞：其又小乙，𦉪祭于祖乙。（《合集》27223）

“𢀛彡上甲”的句式類似于“𢀛大甲日”。花東卜甲有辭謂：

11. 甲寅卜：乙卯子其學商，丁侃。子占曰：其又𢀛（，一“口”形改造爲“肘”聲）艱，用，子尻。（《花東》336）

貞卜的類似事項又見于《花東》487，“其又𢀛艱”對應部分徑作“又求（咎）”。花東刻辭又有“又至艱”（《花東》179、220），卜辭習見“又來艱”。有學者通過辭例比對，指出該字有逢、遇一類的含義，與祭祀卜辭中“冓（遘）”的用法接近。

學術價值

張政烺此文是古文字學與經典文獻互證研究的經典之作，其學術價值集中體現于破解了困擾學界千年的“召公名醜”之謎，并由此揭示了先秦謚法制度與文字演變的深層關聯。此文更深遠的意義在于，通過召公稱謂的辨正，重新審視了西周早期“生稱謚”問題：金文中“公奭”之“奭”非私名而是尊稱，與《逸周書·謚法解》“執心克莊曰奭”相合，這爲王國維“周初無謚法”説提供了關鍵反證，推動學界重新建構謚法制度的起源脉絡。此文在方法論上使用的“四重證據法”（傳世文獻、古文字材料、禮制考辨、文本傳播）深刻影響了李學勤、裘錫圭等學者的研究路徑，堪稱古文字學與文獻學交叉研究的里程碑。

集刊外編第三種

召醜解

說文燕召公史篇名醜解

張政烺

一 問題

說文解字皕部：

奭 盛也。从大，从皕，皕亦聲。此燕召公名。讀若郝。史篇名醜。

按召公名奭，載見于尚書君奭及顧命兩篇，昭昭在人耳目，史篇不宜違異，故各家注釋皆不得其故。今籀繹說文，徵之盤盂雜書，知1.史篇即蒼頡篇，2.𠥓古文以為醜類字，3.召公壽可誤讀為召公醜。因草為此文，攷證稍繁，分節著之，而以結論終焉。世有治說文之學者，幸匡教之。

二 史篇攷

說文稱史篇者三，除奭字外，缶部匋字云「按史篇讀與缶同」，女部姚字云「史篇以為姚易也」，自來注解皆以為史籀篇。按史篇史書之名兩漢書中屢見，孟康應劭等並以為史籀篇，史書之非籀文，段玉裁注說文序已言之，（錢大昕亦有此說）顧于史篇則不敢斷定。攷說文載籀文凡二百餘，皆出史籀篇，其中自有假借之字，如叒部㲋字云「籀文以為車轅字」，鼎部鼎字云「籀文以鼎為貞」，設使籀文以匋為缶（從段注），以姚為姚易字，亦當稱籀文，而不當稱史篇以自亂其例。故知史篇籀文判然二書，史篇非即史籀篇也。然則史篇果何書耶？今欲明此問題，宜略述古代太史教學童之制。

六同别録

張致爘

古者學術統于王官，疇人子弟轉相傳授，故雖書法之微，皆有流别。今所見殷代甲骨文字與施于銅器者往往不同，是其顯證。而𢿜龜廢骨上常有學者書刻之迹，尤見殷代太卜教學僮之法也。周自春秋以降，文字之用日廣，然職業不同，施行各異，書體猶有分别。觀當時之銅器、陶器、戈劍、鉩印等文字，皆具特殊之風格，可以瞭然。史官之書著于竹帛，今雖無傳，然攷漢人「八體六技」之稱，知亦衆體中之一體而已。

古代政治以史為中堅，人數既衆，文字之需要亦切。故論者遂以為文與法有不可分之勢。易下繫之辭曰：

上古結繩而治，後世聖人易之以書契，百官以治，萬民以察，蓋取諸夬。

此謂文與治相因。「夬揚于王庭」（易下經），言文者宣教明化于王者朝庭，其用最大也。周代史官傳習之法，其詳不可得聞，要當與保氏教國子異制。其教科書可知者僅史籀篇一種，晋以後已不傳。所述當屬史掌官書以贊治之事，其書則説文所謂籀文也。漢書藝文志小學家類：

史籀篇者，周時史官教學童書也，與孔氏壁中古文異體。蒼頡七章者，秦丞相李斯所作也；爰歷六章者，車府令趙高所作也；博學七章者，太史令胡毋敬所作也。文字多取史籀篇，而篆體復頗異，所謂秦篆者也。是時始造隸書矣，起于官獄多事，苟趨省易，施之于徒隸也。漢興，閭里書師合蒼頡、爰歷、博學三篇，斷六十字以為一章，凡五十五章，并為蒼頡篇。

此文本之劉歆七畧，由張懷瓘書斷（法書要録卷七）所引可證。云史官教學童書者，學童指史官之子弟而言，猶後世胥吏之有學徒也。秦始皇帝統一天下，三十四年燒詩書百家語，「若欲有學，以吏為師」（史記本紀及李斯傳），即摧毁春秋以來之私學，恢復此種學徒制度，寔復古運動，非創制也。惟秦時同一文書，史籀篇已不適于用，李、趙、胡毋有作，起而代之，皆取史籀大篆，或頗省改。此後學為史者自當習此，而不更學史籀，于是此三書遂有史篇之稱，而其書體亦即謂之史書也。漢興，蕭何捃摭秦法，取其宜于時者，以為漢律，其尉律之文曰：

太史試學童，能諷書九千字以上，乃得為史。又以六體試之，課最者以為尚書御史

— 5 —

史書令史。（韋昭曰：若今尚書蘭臺令史也。）

此據漢書藝文志，與說文序所引皆係節取七畧之文，故互有詳畧。云太史試學童者，學童謂史官之學徒，十七以上及齡，可以為史。故太史試之，與後世之科舉不同。云課最者以為尚書御史史書令史者，蓋太史課試善史書者以補史書令史，而分隸尚書及御史也。（參攷吳廷傑兩漢刊誤補遺卷六）學童學于史官，習蒼頡篇。藝文志說文序引尉律雖無其文，可由漢官儀徵之。大唐六典卷一引漢官儀（太平御覽卷二百一十三引同）：

能通蒼頡史篇，補蘭臺令史，滿歲補尚書令史。

應劭刪定律令為漢儀，建安元年奏之。此所述當即本之尉律。當東漢時「雖有尉律，不課」（見說文序，言徒有律文，不實行課士之法。段注誤。）固不妨存其故事。蒼頡爰歷博學字出衙人，故人稱為史篇，以蒼頡為首，故曰蒼頡史篇。法言吾子篇曰「或欲學蒼頡史篇」，漢書揚雄傳贊「史篇莫善于蒼頡」，是也。漢書列傳常見以史為師之事，其言善史書者如

王尊　能史書，年十三求為獄小吏，數歲給事太守府。……除補書佐。

嚴延年　其父為丞相掾，延年少學法律丞相府，歸為郡吏，以選除補御史掾。……尤巧為獄文，善史書，所欲誅殺，奏成於手中，主簿親近史不得聞知。

按王尊給事太守府即為史，嚴延年除補御史掾即為御史令史。若張安世「用善書給事尚書」，則為尚書令史也。貢禹上書曰：

郡國恐伏其誅，則擇便巧史書習于計簿能欺上府者，以為右職。

胡廣漢官解詁：

假佐，取內郡善史書，佐給諸府，府有史，故言佐也。

觀此可知史書之功用及其與史之關係。漢代書法數變，流沙墜簡居延漢簡中之蒼頡篇已為隸書，故此所謂史書者當不盡是秦篆，然其名詞之來源不可不辨也。

秦漢學為史者既以蒼頡篇為課程，遂奉蒼頡為史皇（世本呂覽淮南及讖緯中皆有此稱，不知起于何時。）且有「蒼頡作法」之說。鶡冠子大抵漢人所著，其近迭篇云：

蒼頡作法，書從甲子，成史李官，蒼頡不道，然非蒼頡，文墨不起。

此謂蒼頡作法，而學書仍從六甲入手，理獄治民之事蒼頡不言，然而文墨之萌由是起矣。

六同别錄

張政烺

蓋史官教學童雖以蒼頡相傳授，乃效其書法，析其字義，而非有取于文辭。觀漢簡所存之蒼頡篇，四言成文，二句一韵，畧似千字文，與「文法」固無涉也。

蒼頡篇亡于唐末，此後書吏不復知此，然仍奉蒼頡為師。葉夢得石林燕語卷五：

京師百司胥吏每至秋必醵錢為賽神會，往往因醵飲終日。蘇子美進奏院會正坐此。余嘗問其何神，曰蒼王，蓋以蒼頡造字，故胥吏祖之，固可笑矣。

近代胥吏多產于紹興，（始于南宋，盛于明代，師弟相傳，把持官府，惟無始試并課之制，亦不易補官耳。）而郡城卧龍山之西獨有蒼帝祠，（不知始于何時，明嘉靖間毀而重建，有碑記，見乾隆紹興府志）然特積習相沿，能知祠賽之意者鮮矣，因攷史篇原委，故附著之。

三 𠃬字說

說文醜字隸鬼部，無重文，而䀠部有𥄕字，云「古文以為醜字」。按𥄕訓「目圍」，與醜義既不相應，形聲尤遠。𥄕「讀若書卷之卷」，諧𥄕聲之字有𥄕（大部，或曰拳勇字，一曰讀若傿，乙獻切）顅（頁部，魚怨切）嬛（女部，委員切），古韵並在十四部，而醜則在三部，音讀迴別，絕不相通，古文無緣以為醜字。攷杜從古集篆古文韵海上聲四十四有，醜字古文有 [illegible] [illegible] [illegible] 三體。杜氏撰集古字雖不標出處，當有所本。𩴾字見毛詩鄭風遵大路：「無我𩴾兮」，與上章「無我惡兮」句相當，箋「𩴾亦惡也」，釋文「或云鄭音為醜」，正義「𩴾與醜古今字」是也。古者醜壽聲韵相同，故醜字或體得諧壽聲。𥄕與 [illegible] 是一字，即𠃬之變體，壽字從以得聲，與醜同音，故可通假。𠃬說文作𠃬，以為疇之古文（見口部𠷎字下，又白部𠷎字下以為疇之異體，田部疇字下以為疇之省文）。按古籍疇醜並與等匹比類同訓，其例不可勝舉。（參攷何萱韻史卷十一，第三部平聲鳩韵，疇字條）段玉裁醜字注云：

凡云醜類也者，皆謂醜即疇之假借字，疇者今俗之儔類字也。

段氏注說文好究本字，然如疇醜訓類皆非本義，則何為正字，何為假借，似未易言。尚書有疇無醜，毛詩有醜無疇，學者安其所習，蔽所希聞，既可謂醜毛詩以為疇字，亦可謂疇尚書以為醜字，其義一也。𠃬與疇古今字，故有醜類一義，說文所謂「古文以為醜字」者當即此字也。

說文不立𠃬為部首，又不出正篆，未收異體，實則甲骨金文中所見𠃬及諧𠃬聲之字如𣹢𠷎壽鑄等無慮千百，皆作𠃬，其與說文合者不過偶一二見，特變體耳。𠃬與𥄕形

— 4 —

似，而古文醜類一義，與田疇義又不同，既不以為𠷎之或體，遂漫記于𠷎字之下。說文收古文本多謬誤，凡云古文以為某字者，大抵涉形似致誤，尤十九不合。余別有說文古文箋正一書論之，其例似此者甚夥，茲不贅焉。

四 召公壽徵

國立北平故宮博物院及國立中央博物院籌備處皆藏有者減鐘，其銘文有云：

用祈眉壽繁釐于其皇祖皇考，若𨟻公壽若參壽。（三代吉金文存1·45—47）

此春秋中葉吳國之器，𨟻公即燕召公，參壽又見于宗周鐘（1·66），亦作三壽，見㠱仲壺（代12·13）、晉姜鼎（嘯堂集古錄1·8）及魯頌閟宮，皆祝嘏之辭（參考徐中舒先生金文嘏辭釋例，見本所集刊第六本）。其義自毛鄭以來迄無達詁。按古有三壽三殤之說，儀禮喪服傳謂

年十九至十六為長殤，十五至十二為中殤，十一至八歲為下殤。

是為三殤。文選（卷廿一）謝宣遠張子房詩

力政吞九鼎，苛慝暴三殤。

此言秦無道戮及幼稚，蘇軾仇池筆記（卷上）論之是也。莊子盜跖篇：

人上壽百歲，中壽八十，下壽六十。

是為三壽。而三壽亦稱三命，文選（卷廿）孫子荊征西官屬送于陟陽候作詩：

三命皆有極，咄嗟安可保。　李善注：養生經黃帝曰，上壽百二十，中壽百年，下壽八十。

夫人情莫不貪生惡死，故至天老養生經等書三壽之數遂遞增二十歲（關于三壽三命之材料所集甚多，詳見別篇，此不具引）。者減鐘云若召公壽若三壽，是則召公之年尤在三壽之上。考之古籍，召公實享大年，君奭顧命俱有徵驗。詩江漢：

虎拜稽首，對揚王休，作召公考，天子萬壽。

此亦祝嘏之辭，與者減鐘文體相似，「作召公考」猶云「若召公壽」。（召旻「昔者先王受命，有如召公之臣」，按臣𠷎形近，疑當作「有如召公之壽」，與「維今之人不尚有舊」為韻。閔天下無老成人，即十月「不慭遺一老，俾守我王」，蕩「匪上帝不時，殷不用舊」之意。今本訛奪，竟不可讀矣。）漢人言之者尤多，如

論衡氣壽篇　邵公，周公之兄也，至康王之時，尚為太保，出入百有餘歲矣。……傳稱老子二百餘歲，邵公百八十。

— 5 —

孟子注(盡心篇「殀壽不貳」下)　殀若顏淵，壽若邵公.

風俗通六國篇　燕召公奭與周同姓，武王滅紂封召公于燕，成王時入據三公，出為二伯……壽百九十餘乃卒.

張政烺

謂召公享年百八九十，雖未必信(參攷全祖望經史問答卷二)然「召公壽」一語為古書所常有，則無疑也。史篇四言成文，博采雜事，自可有「若召公壽」句，或因押韵之故而有「周旦召壽」一類語(猶千字文云周發商湯)，亦不足異也.

五 結論

古者文字省改假借雖煩，大抵以聲為主。史篇固可以𠷎為壽，而說解者亦可讀壽為醜，于字例之條皆所不背，故可作一結論曰：史篇原文謂召公壽，說解者誤以為召公名醜也。夫「蒼頡多古字，俗師失其讀」(藝文志)固宜有此誤。「怪舊藝而善野言」既許君之所詬，何至躬蹈其失，故疑奭下「史篇名醜」四字乃後學所附益也.

三十四年二月四日寫畢.

勘誤表

廣韻重紐試釋

頁	行	現作	應作
2	15	'規閥'	'規闚'
	16	看只	看出
	17	根這一點	根據這一點
3	15	'闥'	'闥'(於小切)
4	1	紩[illegible]堯要類	槩堯要類
7	2	遣去戰	遣去演
11	1	一類	1類
	14	仙1是*-i̯ɛn, *-iwɛn	仙1是*-i̯ɛn, *-iwɛn
	16	12頁以( )	12頁以下
	18	高麗譯	高麗譯音
12	倒2	*-i̯wat→i̯wĕt(一類)	*-i̯wat→-i̯wet(1類)
18	18	平上聲居煞鹽	平上聲居於鹽

* * *

小屯後五次發掘的重要發現

頁	行	現作	應作
2	13	寢	寑
	16	"	"
3		銅礎	銅櫍(劉致平先生所示並致謝)
7	2	艫	盧(卜辭皆應爲盧)
	20	夾	狹
12	6	出示	祟
	17	艉	很

-1-

頁	行	誤作	應作
20	首	日	日：182
21	3	非	未
22	15	墓殉	墓的殉
24	8	須	需
	15	謎	迷
30	14	了整	了許多整
	15	累	雷
11	2	不是四匹便是四的倍数 從來没有看見	多是二匹四匹或二的倍數只有一次 是

* * *

小屯的文化層

1	3	引言	發掘
	8	" "	" "
	17	經了	經發掘了
2	末格	許刻	許多刻
6	末格	老	者
	末格	的	期
8	末格	甲僅	甲骨僅
	末二格	桑	尋
9	18	攸人	悠久
	25	腓	菲
19	13	買	歎
	19	弋	戈
21	20	的間	見
24	12	楛	枯

-2-

頁	行	現作	應作
30	3	褒	裹
31	24	桓	詎
35	11	ラ	之

*　*　*

河南安陽後岡的殷墓

11	11	平	側
16	5	弋	戈
21	25	亦	夾
25	19	慘	殘

*　*　*

廣韻重紐的研究

1	9	在同等呼的同聲紐下	在同聲紐下
3	1	種細	重細
3	8	十七	十八
3	12	陴(符支，五)	陴(符支，十五)
3	倒6	俾(並弭，十)	俾(并弭，十)
4	12	切韻架	切韻無，
5	倒11	群	合群
5	倒10	便(婢面，一)	便(婢面，一)
4	7	毀(況偽，一)	毀(況偽，一)
6	7	王一作顣，仕縻反.	王一仕縻反.
6	倒9	愀	愀
6	倒8	劓(牛例，四)	劓(牛例，一)
7	8	繃(北崩，五)	繃(北萌，五)
8	6	[“霄溪 起蹓切”到“今去遑切下無趫字”全條都應當删去!]	
8	倒4	“凍”,	“凍”,
9	倒1	這四組声組	這四組声紐

-3-

頁	行	現作	應作
10	倒4	唴	硊
10	倒2	(一)略溪紐有㧪,非	(一)略溪紐有𨂲,非.
10	倒1	(一)睍,略作譞非.	(一)睍,略作譞非.
11	3	(二)婕略作衷.	(二)婕略作衷,音同.
11	倒18	国	国(四)
11	倒8	(一)彬,略作份.(二)略及指掌圖滂紐有砏,廣韻普中切,在諄韻.(三)㻞,略作墐,音同.	(一)彬,略作份,音同.(二)略及指掌圖滂紐有砏,廣韻普中切,在諄韻.(三)㻞,略作墐,音同.(四)国,廣韻為贇切,應隸合口.
11	倒4	(一)略無抶,是.	(一)略無抶,是.
11	倒3	䴵 醅	䴵* 醅*
12	倒10	揭	揭(二) (二)廣韻揭,子同居列切.
13	6	嶮	嶠
13	倒3	豔	艷(一) (一)艷,略作豔,字同.
13	倒1	挾*(一) (一)略無𢶍,是	挾*(一) (一)略無挾,是.
14	3	藝	蓺*
14	倒1	犧	犧

[17頁,支韻開口去應欄影紐格內"A, B"應作"B",曉紐格內"A B"應作"B";紙韻開口去應欄日紐格內應補"A",審書紐內"A"應刪去,禪紐格內應補"A".19頁真韻開口去應欄穿昌紐格內"A"應刪去,牀船紐審書紐格內應補"A",牀崇紐格內應補"B".]

頁	行	現作	應作
20	12	邅(張連,3)	邅(張連,3)
26	倒2-4	7.線韻合口……應改作卷.	7.線韻開口廣韻喻以紐格內"衍(線8)"廣韻作于線切,據周祖謨校改.
37	3	扶支反	蒲支反
37	倒11	仁反,一人反	人反,一仁反
39	倒10	陽	麻二,陽
40	倒11	kien kien	kiɛn kien

-4-

頁	行	現作	應作
40	倒4	kieŋ kieŋ	kiɛŋ kieŋ
43	倒2	tit6i	kit6i
47	9	令ㄴ字	合口字
48	9	合A類	合口A類
51	15	濡 jiɐn	濡 jɪɛn
53	4	廣韻㱿敲	廣韻㱿,
53	倒5	是移反	7418;是移反
54	倒16	𣪠	𣪠
54	倒4	歑	𣪠
56	倒1	烏見者	烏見反者
59	倒7	連力錢反	連古文聯同力錢反
59	倒7	聯力然反	聯今作連同力然反
60	3	鱻思錢反	鱻又作鮮同思錢反

* * *

切韻魚虞之音讀及其流變

頁	行	現作	應作
1	倒11	知系o,見系u	知系u,見系o
1	倒10	知系u	見系u,zu(z<i),知系u
1	倒7	高麗音	高麗譯音
1	倒6	切的	切韻的
3	5	在kj等	在kj等跟ts,ts6,6等軟音的後頭,高麗作ə,安南作ɯ.大概是一種類化的現象.在kj等
3	倒9	o開	比o開
4	倒1	羽	羽,雨
5	3	硃	硃,珠
5	5	芋ou,	芋ou(又讀),
5	倒2	魚韻了.	魚韻了.假使把合口介音完全寫作w,那么,模-wo,虞-ĭwo仍然是很一致的.
8	8	曉定,	匣定,
8	11	心微	微
8	12	心	心明
8	13	泥來,	娘來,
8	16	影曉	曉
8	倒3	模韻	虞模韻
9	3	能以	能從
9	9	>ĭəu>ĭǝ̆u	>ĭu>ĭou>ĭǝ̆u
10	倒2	當然	當然就是
11	7	以虞注支例	以虞注脂例
12	9	Gilbson	Gibson
12	13	onyadha	konyadha
13	9	拘那合	拘那含
13	倒1	Λ. Von	A. Von
14	1	Bibllotneea	Bibliotheca
14	4	搆隣	拘隣
14	8	央擄	央掘
14	8	(六)	(西六)

—5—

頁	行	現作	應作
14	8	Anguliṁālya	Aṅgulimālya
14	9	河覓樓馳	阿覓樓馱
14	9	阿泥广馬	阿泥盧豆
14	14	遝部曇	遏部曇
14	15	無憂	無憂
14	16	放去經	放光經
14	17	阿温	阿濕
15	9	迦留樓	迦留羅
15	倒8	godāni	godānīya
16	8	之唐	唐
16	10	kauśambī	kauśāmbī
16	14	枳由羅	枳由邏
16	倒7	kroça	kroṣa
17	倒7	manuṣa	mānuṣa (或manuṣya)
19	11	sindu	sindhu
19	倒10	srota	śrota

頁	行	現作	應作
20	倒10	轉音	轉音
21	7	unadi	uṇādi
21	15	upasikā	upāsikā
23	倒9	嗚 嗚 牟 牟	嗚 嗚 牟 呼
23	倒7	sodhaya	śodhaya
24	倒7	陀羅經	陀羅尼經
31	4	杜(定紐姥韵)魯(來紐姥韵)dhru (20)	[全條删去!]
33	倒1	śu(B)	śu(B)(崛多於怨字下原註"鼠注反,注字屬遇韵.)
34	3	次序	次數

[注意:文中的不圓脣後高元音"ɯ"有時印作"ɯ",和"m"很容易相混.]

* * *

說平仄

頁	行	現作	應作
2	8	故闕.	故闕二曲
4	4	平上去入	平去入
5	倒10	保重	保存
6	9	陳寅	陳寅恪
6	倒7	三階	三階
7	1	古代古	古代平

頁	行	現作	應作
7	15	無之字	無文字
8	2	高星	高平
8	9	平的	平仄的
9	12	飛鳥	飛鳥寺
9	倒14	寄歸的音譯本	寄歸傳的英譯本

—6—

北京大學圖書館藏

六同別録

整理與導讀（中）

周青 主編

四川人民出版社

目録

研究中國古玉問題的新資料

李濟

導讀

霍巍

學術背景

李濟此文直接關聯20世紀30年代中國考古學界對于玉器研究方法的争論。其中，主要針對的是傳統金石學“以文獻證器物”的研究方法，與當時新興考古學派（以李濟、梁思永爲代表）主張“以地層證器物”大异其趣，此文正是通過殷墟發掘的層位證據，批判了清代如吳大澂的《古玉圖考》等傳統著録的斷代謬誤。在國際學界，此文還隱含對瑞典學者安特生“中國玉器西來説”的回應，通過殷墟玉器與仰韶文化玉斧的工藝對比，質疑其傳播論觀點。文章中所涉及的“禮器”與“實用器”之辨，是直接介入當時傅斯年與徐中舒關于“玉兵象徵意義”的論戰。在具體問題上，此文對“牙璋”定名的討論，延續了郭沫若與董作賓關于殷墟器物定名的分歧，而關于玉料來源的分析，則與章鴻釗主張的“和田玉中心論”形成對話。

學術評議

殷墟發掘出土了大量玉器。李濟此文，雖然篇幅很短，却是探討中國古玉問題的拓荒性作品。讀者可以首先閱讀文末所附的62件古玉的化學檢測數據表。在這份表格中，李濟列出了這62件古玉的實驗室數據，包括實驗號、出土地或原編號碼、標本形態、顔色、比重、硬度等。李濟通過比較這62件古玉器，討論了幾個中國古玉研究的重要問題。

首先，這62件玉器除一件爲山東日照出土，其餘均出土于安陽殷墟的遺址或墓葬中。從所選擇的器物類來看，李濟認爲是較爲全面的，即使按照舊金石學家的眼光，也可以稱得上是“五德俱備”。所謂“五德”，言出東漢許慎《説文解字》中對“玉”的解釋：

> 玉，石之美者有五德者。潤澤以温，仁之方者；䚡理自外可以知中，義之方也；其聲舒揚專以遠聞，智之方也；不撓而折，勇之方也；鋭廉而不忮，絜之方也。

因此玉可喻德，可以象徵和代表仁、義、智、勇、潔等優秀的人格品質。

從考古發現的情況來看，殷墟玉器主要出土在大、中型的墓葬，種類多樣，使用的範圍包括禮器、樂器、兵器、工具以及各式裝飾器物，尤其以佩飾、鑲嵌于其他材質表面的裝飾性玉器等最具特點。這些玉器大多是墓主人生前喜愛之物，死後也隨之入葬于墓中，成爲死者在地下世界的隨身之物。玉器中的璧、璋、瑗、環、璜、琮、圭等品種常常被視爲用于祭祀的瑞寶或統治權力的信物，具有禮器的性質，故金石學家們稱其爲“六瑞”，成爲殷商時代王和貴族們的專用工藝品。

玉有所謂“硬玉”“軟玉”之分，“硬玉”的比重大約爲3.33，硬度在7以上；“軟玉”則硬度在6至6.5之間，比重爲2.9至3.1，具有表面油脂光澤、細膩如脂、色澤温潤的特點。這種玉料是一種由細小的閃石礦物晶體呈纖維狀交織在一起形成的致密狀集合體，主要成分是矽酸鹽礦物，包括透閃石和陽起石等礦物。軟玉的分類在色澤上也有區别，有白玉、青玉、黄玉、碧玉、墨玉等品種。李濟根據化學分析測試所獲得的數據，認爲在這批玉器中“没有一件可以够得上硬玉的資格”，“實際可以證明殷商時代玉器的原料是以軟玉爲主體的”。

那麼，如果殷墟出土的玉器都是軟玉，這就引出了一個問題，即它的產地會是在什麽地方？中國古代最爲有名的軟玉也稱爲“和田玉”，主要產自新疆的和田（古稱于闐）一帶。此外，青海的格爾木等地也是軟玉的重要產地。概括而論，以往的學者一種意見認爲，中國商周時代的軟玉雖然都是利用中國本土的材料製作的，但却不一定都是產自和田，而可能是在更爲廣闊的西域；也有意見認爲，陝西的藍田原來也是產玉的，祇是後來隨着人們的需求量越來越大，礦源日益枯竭，纔開始從和田與東南亞的緬甸輸入玉，不過李濟認爲這種意見“言之雖極成理，却極難證實”。因此，李濟在文中提出，中國現代的考古學家要努力地搜集更多出土地點準確、時代準確的可靠資料，結合地質學家們對中國玉礦分布的詳細調查，如果能够證明“在殷商以前，華北的陸路交通已是西至昆侖，東至于海”，那麼纔能最終證明殷墟玉料的產地問題。

目前，考古學界對和田玉傳入中原的時間争議較大，主要有如下觀點。1.仰韶説，在距今4500年的陝西臨潼姜寨遺址出土了青白玉三角飾品，部分學者認爲其可能是和田玉。2.夏代説，二里頭遺址中出土的白玉柄形器可能是和田玉，同時期的齊家文化玉器也有和田玉料的使用。3.商代説，殷墟婦好墓出土的玉器經科學檢測，其玉料産地爲新疆和田，同時期的江西新幹大洋洲墓地、四川廣漢三星堆遺址出土玉器均有部分被鑒定爲和田玉料。4.西周説，陝西西安灃西張家坡墓地、河南三門峽虢國墓地出土玉器部分經鑒定爲和田玉料。根據《史記》《漢書》等記載，在河西走廊西端曾生活着月氏這一族群，《管子》中也有“月氏之玉”“禺氏之玉”的記載，所以除了和田之外，廣闊的西域都有可能成爲殷商軟玉的來源地，而月氏等古代族群則可能很早就從事玉的開采與交换貿易。

1976年，在著名的殷墟婦好墓中，又出土了755件玉器，成爲出土古玉最多的中國古代墓葬，這充分説明了玉在殷商時代具有重要地位，殷人對美玉的喜愛之情再次得以體現。今天我們重讀李濟的這篇短文，不僅可以由此得知當年殷墟發掘時早期中國考古學者對玉器的格外關注，還可以得到的另一個啓示是：今天成爲考古科學重要組成部分的科技考古，早在殷墟考古出土器物的研究中就已被納入這個體系，且不斷萌發和成長。

學術價值

此文開創了科技考古與人文研究結合的典範模式，首次建立中國古玉科學檢測標準參數庫，62組檢測資料至今仍是研究商代玉器材質的基礎參照系，并且通過“五德”概念（仁、義、智、勇、潔）與“六瑞”禮器（璧、琮、璦等）的對應分析，揭示玉器從物質載體向精神象徵的轉化機制，爲理解“玉帛文化”的意識形態建構提供實證支撑。其關于軟玉産地“昆侖—華北通道”的探討，不僅推動後續學者系統研究“玉石之路”，更啓發了早期跨區域貿易網絡的研究。近年在新疆阿爾泰山礦冶遺址、河西走廊玉料中轉站的考古發現，均印證了李濟關于早期陸路交通網絡的預見性判斷。尤爲重要的是，此文所揭示的殷商玉器使用規模與技術的複雜度，爲重新評估青銅時代手工業專業化程度提供了關鍵物證。

集刊外編第三種

研究中國古玉問題的資料

李濟

殷商時代有硬玉作的器物沒有？要徹底解决這個問題，自然是應請岩石學家將殷虛出土的玉器詳細考查一次，並作若干化學分析，不過在現代的中國這却不容易作得到。但比重實驗是我們常作的。下表所列是我今年暑假作這種實驗的一部份紀錄。因爲又有別的工作在同時進行，這實驗尚未完成。發表這部份紀錄最大的目的是想藉此提出另外的一個有關問題促請中國學者的注意。

所選擇的實驗標本，照舊標準說，大半都是五德俱備的。六十二件中，除了一件(實驗號24)爲山東日照黑陶期隨葬器外，其餘的都出於殷虛遺址或墓葬中。軟玉的比重近於3.00，[1]硬玉的比重近於3.33。曾經實驗過的六十二標本的比重多數在2.90與3.10之間，共有四十三件，計佔全數三分之二强。比重最高的紀錄爲3.18。故單據這一組實驗說，六十二標本中，没有一件可以够得上硬玉的資格。

這一點固然尚待將來更詳盡的分析，方能確定。但實際已可證明殷商時代玉器的原料是以軟玉爲主體的。它們的顏色以各級綠色爲最多，白色次之，硬度大半在6與7之間。

中國古代的軟玉是從什麼地方採集來的？關心這問題的學者現尚不多，但他們的意見已不十分一致。美國已故漢學家洛佛爾氏[2]爲提這問題較早的一人；他說在他手中經過的所有的周代的玉器以及大半數漢代的玉器都是中國本地材料作的。他更具體的說，中國古玉的緊要品質，如組織，文理，顏色，與現代的和闐玉比全不一樣。照這一派的意見，[3]出中國古玉材料的礦山(如藍田)或河床早已被採完了，因爲被採完了，和闐玉及緬甸玉才被輸入。這說法言之雖極成理，却極難證實。故章鴻釗氏在他所著的石雅另持一說謂："古所謂産玉之輿區者，從中國言，皆西域而已。"[4]他又說，有名出玉的西安藍田，並不産玉，只是一個玉的交易市場，真正産玉的藍田在崑崙山附近。[5]

是否中國所有的古玉都是這樣一個來源，章氏並没斷定地説。

李濟

據此似乎中國現代的考古家，像十九世紀末葉的歐洲考古家一樣，也有一個軟玉問題待解决。與這問題有關的事實在黑陶時期已存在了[6]。下表所列出標本24的黑陶遺址緊靠黄海岸，遠在與西方文化有密切關係的仰韶文化區之外。假如我們能切實的證明在殷商以前華北的陸路交通已是西至崑崙，東至於海，這自然要算一重要發現。解决這個問題的途徑是極清楚的：(1)我們必須努力收集很多可靠的資料，出土地準確，時代準確的資料；(2)我們更希望國内地質學家把中國的玉礦詳細調查一次。這兩項工作作到了，這個問題大概也就解决了。

(1) S. C. Nott　Chinese Jade: PP. 7-8

(2) B. Laufer.　Jade, PP. 23.24

(3) B. Laufer.　Archaic Chinese Jade. P.5, P.8;　Una Hennessy: Early Chinese Jade PP. 3-4;　J. C. Fergusson, Survey of chinese Art; P.64

(4) 章鴻釗.　石雅(冊刊本)，一百一十三頁.

(5) 同上,　一百卅至一百卅一頁.

(6) 劉　燿:　山東日照兩城鎮附近史前遺址. 稿本.

六十二件古玉的比重與硬度

實驗号	出土地或原編号碼	標本	顏色	比重	硬度	實驗号	出土地或原編号碼	標本	顏色	比重	硬度
1	M388	双孔斧	綠有黑暈	2·92	6-7	32	M331	箳頭	綠	2·94	8-9
2	重0085	殘件	碧綠	2·96	5-6	33	M040	鐲(?)	綠	2·78	8
3	3.9.0084	殘件	黑	3·02	9+	34	M020	瑗	綠	2·95	6-7
4	3·9·0020	殘件	白	2·97	7-8	35	M164	馬銜	灰,黑綠	2·93	6-7
5	3·9·0252	殘件	黃	2·52	5	36	C325	瑗	綠	2·99	6-7
6	872	長方形片	象牙白	2·81	9	37	M303	魚	松綠	2·62	8-9
7	M164:33	方珠	碧綠	2·94	8	38	HPKM1001	玦	綠	2·93	9
8	1317	殘件	黃	2·74	3-4	39	M333	簪	白	2·91	6-7
9	M331	魚	淡綠(不純)	3·00	6-7	40	M331	魚	淡綠	2·49	6-7
10	M164	?	青	2·96	7-8	41	M331	魚	灰白	2·96	6-7
11	3.9.0015	殘件	鷄骨白	2·84	8-9	42	M331	魚	白	2·80	6-7
12	M164	飾件	白	2·95	8-9	43	M331	魚	灰白	2·96	5-6
13	1.9.0001	飾件	白	2·92	8-9	44	M331	魚	米黃	2·88	5-6
14	3.9.0423	三角片	白	2·91	8-9	45	M331	魚	淡綠	2·94	6-7
15	3.9.0416	殘件	綠	3·18	4-5	46	M331	魚	淡綠	2·97	6-7
16	767	殘件	白帶黑斑	2·92	8	47	M331	魚	淡綠	3·06	6-7
17	686	殘件	白	2·91	6-7	48	M331	魚	米黃	2·80	5-6
18	M331	環	綠	2·94	8-9	49	M331	魚	米黃	2·88	6-7
19	M331	魚	綠	2·95	6-7	50	M164	人頭像	綠黑斑	2·97	6-7
20	M237	魚	白	2·98	6-7	51	M164	人頭像	綠黑斑	2·95	6-7
21	M331	魚	綠	2·94	8-9	52	M331	魚	灰白	2·90	7-8
22	HPKM1004	帶孔圓片	淡綠	2·88	6-7	53	M331	魚	黃	2·86	9
23	M331	璜	淡綠	2·94	6-7	54	M331	魚	淡青	2·96	6-7
24	TKTM2	双孔斧	碧綠	2·96	6-7	55	M331	魚	灰白	2·90	7-8
25	M331	仄面人像	碧綠	2·88	6-7	56	M331	魚	淡青	2·95	6-7
26	14.0246	仄面人像	白	2·87	9+	57	M331	魚	灰黑白斑	2·91	6-7
27	M232	璜	碧綠	2·96	6-7	58	M331	魚	米黃	2·83	6-7
28	M232	璜	綠	3·00	7-8	59	M331	魚	淡綠	2·99	6-7
29	M232	琥	象牙白	2·84	7-8	60	M331	魚	淡綠	2·95	6-7
30	M232	象(?)	綠	2·96	7-8	61	M333	戈頭	青色黃暈	2·88	6-7
31	M331	箳頭	綠	2·94	7-8	62	HPKM2016	戈頭	青色黑斑	2·93	7-8

完.卅四年.十月十九日,在南溪李莊板栗坳.

研究中國古玉問題的新資料

殷曆譜後記

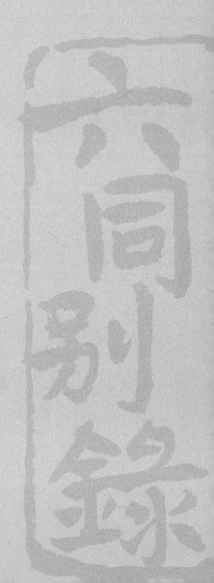

董作賓

導 讀

孫玉文

學術背景

自1899年甲骨文被發現以來，王國維、羅振玉等學者已奠定甲骨分期基礎，但系統性曆法研究尚付闕如。董作賓自1928年主持殷墟發掘始，長期浸潤于甲骨整理工作，他于1933年提出的甲骨斷代“十項標準”及“五期分期法”標志着甲骨學方法論的重大突破。在此學術積纍基礎上，《殷曆譜》歷經15年潛心研究，于抗戰時期在四川李莊完成，開創性地將甲骨文與曆法研究相結合。該著作問世後引發學界廣泛討論，既有陳寅恪、徐中舒等學者質疑，亦有新出考古材料需要整合，董氏遂撰《後記》八節以回應商榷，補正闕失，展現出嚴謹的學術自省意識。

學術評議

殷墟甲骨文是商代武丁至帝乙時期200多年的占卜記録，其間應該有些變化。王國維《殷卜辭中所見先公先王考》涉及甲骨文稱謂定時期問題，郭沫若《卜辭通纂》對甲骨文的斷代有初步設想。董作賓于1931年發表《大龜四版考釋》，他發現“貞”前面一字代表“卜問命龜之人”，出現在同一片龜甲上的“貞人”名應該是同時的人，其年齡不會相差太大，于是首先提出可據“貞人”推斷甲骨文時代先後，這是董氏的首創；後于1933年發表《甲骨文斷代研究例》，據世系、稱謂、貞人、坑位、方國、人物、事類、文法、字形、書體等十項斷代標準，全面論證甲骨斷代學説，提出“貞人集團”的概念，將出現在同片甲骨的貞人稱爲一個集團，劃分殷墟甲骨爲5個時期，這種劃分迄今還具有極大影響，也下啓了董氏《殷曆譜》的寫作。

我國古代學者對于夏代、商代曆法已有若干説法，但大多是隻言片語，而且有歧見。《殷曆譜》吸收了自然科學的一些知識，全面搜集甲骨卜辭中干支紀日的資料，通過卜辭中各種天文曆法的記録，加以分析、排比，推斷歷代商王的在位時間，解决了商周時期的年代問題，視角獨特，思路新穎，因此新見迭出。

全書分上下兩編，上編有殷曆鳥瞰、曆譜之編製、祀年、殷之年代等四卷，下編有年曆譜、祀譜、交食譜、日至譜、閏譜、朔譜、月譜、旬譜、日譜、夕譜等十卷。本書研究商代曆法，并非完全一空依傍，董作賓認識到，自周秦以來，傳世古書反映出來的曆法必然對商代曆法有因有革，于是跟後代的曆法進行比較，確定具體的研究對象、研究内容，得出相當多的新見。例如，第一卷論證商人已采用干支紀日，紀月爲太陰月，分大小月，已采用陰陽合曆，當時已置閏；第三卷討論了卜辭所見日月食，等等，這都使人對于商代曆法有更細緻的認識。

《殷曆譜》既爲開創之作，因此不免有若干瑕疵。後來胡厚宣、貝塚茂樹等不少學者對它展開商榷。例如陳夢家《殷墟卜辭綜述》第七章“曆法天象”對《殷曆譜》的研究成果做出若干補正，肯定了董氏的一些説法，可以參閲。

《殷曆譜》對瞭解商代歷史、甲骨文斷代以及我國天文曆法在商代所達到的水準具有參考價值。

商代甲骨文折射出來的商代天文曆法現象不可能是商代天文曆法的全部。周秦時人反映的天文曆法現象，後來有人依據我國新石器時期的考古發現，證明有一些在新石器時期已經出現了，因此在商代肯定也出現了。這是利用出土材料研究新石器时期天文曆法的嘗試，這種研究方法不能説跟《殷曆譜》没有關係。

《殷曆譜》刊行後，董作賓受到一些讀者的質疑，他自己也根據新發現的若干甲骨文資料，感到有一些需要補充、訂正的地方，于是他在當年寫了《殷曆譜後記》，以刊謬補缺、答復讀者。順次分爲八節：

一、帝乙八祀祀典之修訂。認真釋讀從美國學者方法斂《金璋所藏甲骨卜辭》一書新發現的一個卜骨，加以校勘，校“三”爲“四”之訛，對《殷曆譜》相關部分進行補充、訂正，并論證方氏《庫方二氏藏甲骨卜辭》和《金璋所藏甲骨卜辭》二書在摹寫甲骨文時有一些錯訛，需要校勘。

二、文武丁日譜補記。補充《殷曆譜》未列的卜辭，《殷曆譜》論武丁時期殷人卜“月雨”，衹有兩則材料，有了新補充的見于同版的卜辭材料，進一步證明當時“冬季缺少雨雪之經驗”，“己未以前已久不雨”，“冬季盼望雨雪之迫切”。

三、劉朝陽氏“庚申月食”之推算。劉朝陽也很早就研究商代曆法，有兩部著作，有些觀點跟董氏不同，董氏取武丁時期“庚申月食”的推算問題跟劉氏商榷。

四、關于“得四年”。先列孫次舟的意見，孫氏疑“年”爲“羌”。董氏列出“羌”在不同時期甲骨文中寫法的演變，又詳列“年”的不同字體，論證到底“得四年”的“年”是釋作“年”還是釋作“羌”，不好斷定，可以存疑。由于無法斷定，所以《殷曆譜》卷三“祀與年”章的此例應該删去。

五、五種祀典中𢼄之商討。讀者衛挺生對《殷曆譜》卷三“祀與年”章幾個字的釋讀提出不同意見，這一部分就是董氏的答復。

六、“殷正”與“無節置閏”問題。《殷曆譜》討論了卜辭所見日月食，試圖證明商代已有四分術和正月建丑、置閏的曆法。陳寅恪、徐中舒、唐蘭等對其中若干問題提出質疑，作者此處對“殷正、無節置閏”等質疑作出答復，認爲“殷曆之爲‘四分術’，以建丑之月爲正月，以節氣所在之月爲建，以無節之月爲置閏標準”。

七、據新出商器銘刻三事補證帝辛初葉《祀譜》。馬叔平、郭沫若根據新出商器提出質疑，董氏説法正是對馬叔平、郭沫若的回答，斷定馬叔平所提出的三種商器“必作于帝辛之初年也。第一器可據以修正二祀祀統；第二器可以證明四祀祀統之無誤；第三器可以證明一失閏問題”，對三種商器一一作出討論。

八、德效騫博士“庚申月食”之推算。董作賓在寫印《殷曆譜》時，得到胡適和德效騫的幫助，德效騫推算甲骨文的“庚申月食”是在西元前1311年11月24日，跟董氏推算相合，進一步驗證了董氏的結論。

此文不尚空談，接着《殷曆譜》而作，將補正的理由詳細列出，分析細緻，補《殷曆譜》之缺，正《殷曆譜》之失。利用《殷曆譜》，必須參考此文。《六同别録》(中册)最後有《六同别録中册刊誤表》，改正《殷曆譜後記》一處文字錯誤，可參。

《殷曆譜後記》不但對《殷曆譜》做了重要的補充、訂正，而且也體現了董作賓的精品意識，他從善如流，勇于、善于改正錯誤，治學精益求精，這是值得我們學習的。

學術價值

《殷曆譜》及其《後記》系統整理13047片甲骨中的干支紀日資料，建立商代曆日資料庫，爲後續研究提供了基礎坐標；通過祀譜重建商王世系年表，解决“盤庚遷殷至商亡年限”等關鍵年代問題；對日月食記録的考證，爲上古天文現象研究提供實證。《後記》的補充價值尤顯珍貴：對“得四年”釋讀的存疑態度體現文字考釋的審慎原則，“庚申月食”的反復推算展現跨學科研究特色，對殷曆“建丑説”的辯護則深化對商周曆法沿革關係的認知。以方法論觀之，其“三重證據法”(甲骨、金文、傳世文獻)的實踐，以及將自然科學方法引入人文研究的嘗試，爲出土文獻研究樹立標準。此文揭示商代已具備成熟的曆法體系：陰陽合曆的采用、大小月的區分、閏月的設置，以及節氣概念的萌芽，都展現出商代文明在理性層面的成就。

集刊外編第三種

殷曆譜後記

殷曆譜後記

董作賓

殷曆譜一書，自三十四年四月刊行後，頗得友人惠函商討者，問難析疑，匡正違失，益我良多。間亦自己偶然發現應加訂補或足供參證之材料，隨時記之。茲分條寫出，以諗讀者。

一 帝乙八祀祀典之修訂

祀譜二帝乙祀譜第六葉，余曾收錄庫1661，新1.合成之一骨，列二月癸酉至三月癸卯四辭，是為帝乙八祀。近發現七祀所錄金382一骨，恰可以密接於其上，蓋因其三月有癸丑，為八祀所不容，故當時列入七祀。今按三月實為四月之誤，摹寫時少一橫畫耳。

庫金兩書，皆為已故之美國甲骨學者方法歛氏（Frank Herring Chalfant 1865—1914）摹繪之本。方氏對於甲骨文字有極大之貢獻，余嘗為文稱述之（文載北平圖書館圖書季刊新二卷三期）金璋所藏甲骨卜辭一書，當摹寫於一九〇八年（清光緒三十四年戊申）頃，庫方二氏藏甲骨卜辭一書，摹寫亦當在一九〇四至一九〇八年間（據白瑞華氏序文）。其時距甲骨文字之發現，不過十年，國人之研究卜辭而發表論著者，僅孫詒讓氏之名原與契文舉例而已。斯誠甲骨學之啓蒙時期，無怪乎方氏之傳鈔或誤也。

吾人今日讀方氏書，須下一番校勘工夫，作為卜辭之鈔本觀可也。如在此兩書中，方氏誤摹之原因，不外下列四事：

一、辨認不真。癸字在五期，均當作癸，方氏寫作癸、癸、癸、癸各體，沿早期癸形而誤也。畋字作畋為正，方氏亦寫為畋、畋、畋諸形。

二、常識猶乏。此兩版卜旬所附記者為五種祀典之祭奠，在今日固可一望而知，然三十餘年之前，固無此種常識也。

三、土銹未除。方氏摹繪者皆新出土之品，土銹猶未剔除，故有缺筆，如雨作雨，月作D，雲作雲等。

六同别録

董作賓

四，用寫生法。方氏圖繪骨形，用寫生法，故能逼肖實物，惟骨邊凸起部分，字在側面者，必為圖中所不容，如癸丑一辭，"貞羌甲，卯羌甲"一行，正面視之，幾不能見，乃作曲線表示之，此其弊也。

凡此，均不足為方書病，在三十年研究猛進後之今日，倘不能校讀此珍貴之鈔本者，斯則吾輩治契學者之羞也。

方氏摹録此兩版，在校勘時最有趣味者，厥為癸酉癸丑兩辭之"在三月"，此則關係今日殷曆之研究者甚大，為方氏當時所夢想不到之一問題也。如據原摹本排比，則

癸酉三月，癸未三月，癸巳三月，

癸卯三月，癸丑三月，癸亥四月

三月有五次癸日，足為主張殷代曆法一月有五旬者（謂閏二十日）之堅證。然癸酉之三月，為二月之誤摹，吳金鼎博士已為我核對原骨，確切證明之矣，癸丑之三月，余亦決然斷定其為四月之誤摹，故挹彼注兹，取癸酉之三月一畫，加於癸丑之三月焉。原骨猶在英倫，將來自有證成余説之日也。

原本既出摹繪，付印時又經縮小，故接兑處不能密合無間，然觀其文辭及下片殘存"卯""辰"二字之竪畫，固已足證其必為一版之折也。

兹附列方氏原摹本及余校定之本如右圖。並修訂帝乙八祀祀典祭賓𧺆祀系於次。

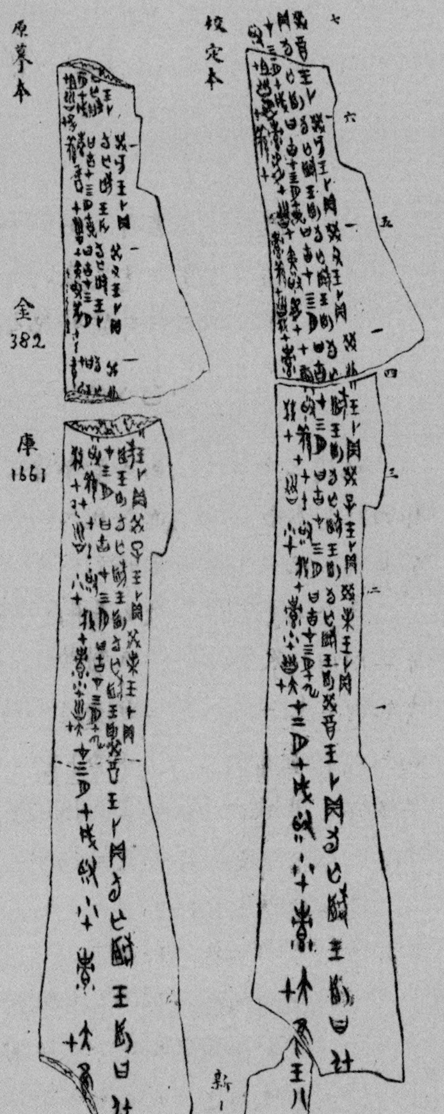

帝乙	正月小	癸未甲申	(祭)	(壹)	(劦)	(卜辭)
八祀	己卯朔	癸巳甲午	工典			
		癸卯甲辰	祭上甲			
	二月大	癸丑甲寅		壹上甲		
	戊申朔	癸亥甲子	祭大甲		劦上甲	
		癸酉甲戌	祭小甲	壹大甲		一癸酉王卜貞："旬亡畎？"王乩曰："弘吉。"在二月。甲戌，祭小甲，壹大甲。隹王八祀。
	三月小	癸未甲申		壹小甲	劦大甲	二癸未王卜貞："旬亡畎？"王乩曰："吉。"在三月。甲申，壹小甲，劦大甲。
	戊寅朔	癸巳甲午	祭戔甲		劦小甲	三癸巳王卜貞："旬亡畎？"王乩曰："吉。"在三月。甲午，祭戔甲，劦小甲。
		癸卯甲辰	祭羌甲	壹戔甲		四癸卯王卜貞："旬亡畎？"王乩曰："吉。"在三月。甲辰，祭羌甲，壹戔甲。
	四月大	癸丑甲寅	祭虎甲	壹羌甲	劦戔甲	五癸丑王卜貞："旬亡畎？"王乩曰："吉。"在四月。甲寅，祭虎甲，壹羌甲，劦戔甲。
	丁未朔	癸亥甲子		壹虎甲	劦羌甲	六癸亥王卜貞："旬亡畎？"王乩曰："吉。"在四月。甲子，壹虎甲，劦羌甲。
		癸酉甲戌	祭祖甲		劦虎甲	七(癸酉)王卜(貞：旬)亡畎？(在四月。甲戌，(祭)祖甲，劦虎甲。
	五月小	癸未甲申		壹祖甲		
	丁丑朔	癸巳甲午			劦祖甲	
		癸卯甲辰				

據此修定原譜第五葉所列金382一圖及附入七祀三月癸卯至四月癸酉之卜辭，均當刪除。

二　文武丁日譜補記

董作賓

下編卷九，日譜二，文武丁日譜第四十六葉，論㱿人之卜"月雨"，曾舉十三次發掘所得乙未卜"十三月雨"之二例。此版尚有卜"上甲害雨"之辭，足證冬季雨雪之少，附刊原版，以供參閱。此版為一較完整之龜腹甲，右邊略有殘損，全甲卜用二十四次，卜兆均經刻劃，與同坑出土之其他腹甲相類，殆皆武丁早年之物也。編號13.0.13374。卜辭分兩組，共十四見。錄如下：

第一組，卜十三月雨：

（右半，卜問正面）

一　（乙未卜，㱿貞："今十三月雨"）

二　乙未卜，㱿貞："今十三月雨"

三　貞："今十三月雨"

（四）（貞："今十三月雨"）

五　"今十三月雨"

（左半，卜問反面）

一　乙未卜，㱿貞："今十三月不其雨"

二　貞："十三月不其雨"

三　貞："今十三月不其雨"

四　貞："今十三月不其雨"

五　"今十三月不其雨"

第二組，卜上甲害雨：

（右半）

一　"隹上甲害雨"

二

三

四　"隹上甲"

（五）"隹上甲"

六

七　"隹上甲"

（左半）

一

二　"不隹上甲"

三

四　"不隹上甲"

五

六

七　"不隹上甲"

觀上列兩組卜辭，最明顯者，乃出於同日所為。其次序乃由上而下，先卜問十三月雨不雨，正反面各五次，然後由貞人㱿一一記貞卜辭於兆旁，因均屬重文，乃於正面三卜，反

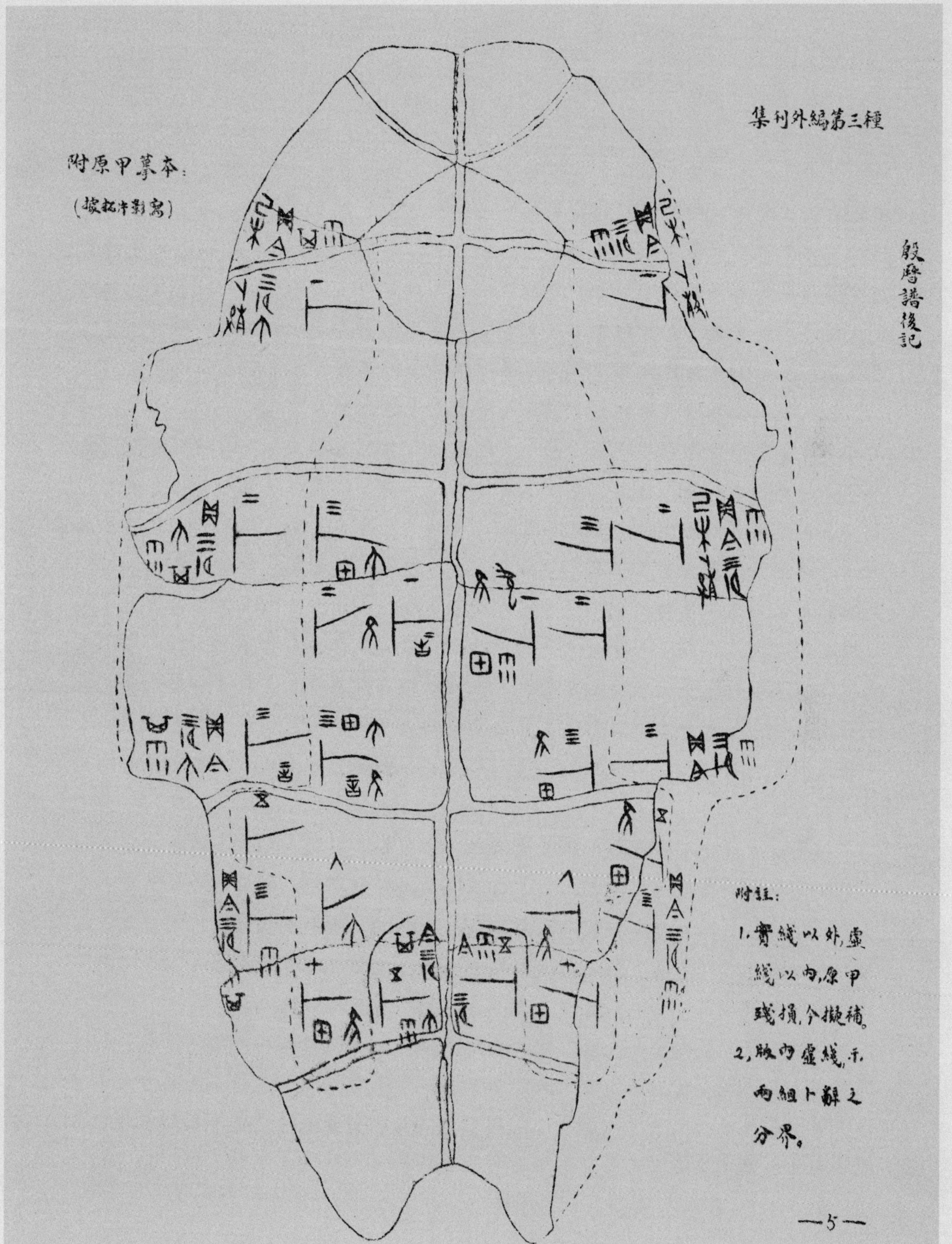
集刊外編第三種
附原甲摹本：
(據拓片影寫)
殷曆譜後記
附註：
1.實綫以外，虛綫以內，原甲殘損，今擬補。
2.版內虛綫，示兩組卜辭之分界。
—5—

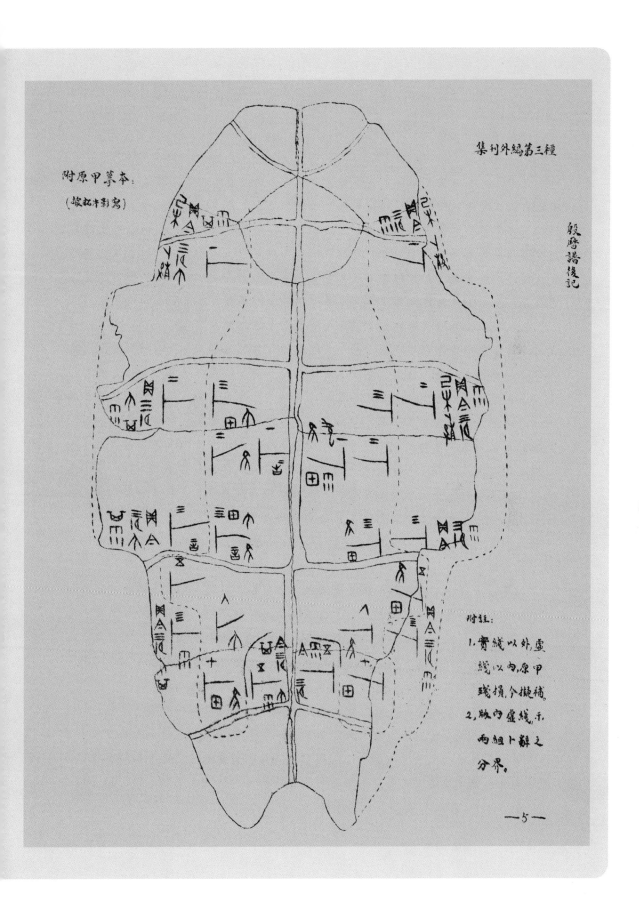

董作賓

面二卜，省略日名、卜字、貞人名；五卜並省略貞字。次卜問是否上甲壱雨，正反面各七卜，仍故記其辭正面一卜，即沿第一組五卜之例並省略日名、卜字、貞人及貞字；四卜及反面二卜以下共六辭，又省略"壱雨"字；十四卜中記辭者且僅及其半。此其貞卜刻辭之先後詳略，可由推求而知之者也。故第二組卜辭如詳列之，則正面貞問，當為"己未卜，㱿貞：隹上甲壱雨十三月。"反面當為"己未卜，㱿貞：不隹上甲壱雨，十三月。"因其同月同日所卜，一人所貞，乃可省略如此。否則月名貞人可省略，而日名及卜貞字則不應省略，卜辭之恆例然也。

知此版卜辭為同時所記，則其關係之重要，有可得而言者：

一、是冬季缺少雨雪之經驗。余于日譜中舉卜"月雨"之辭凡二十三例，計：在十月者四見，十一月者二見，十二月者三見，十三月者四見，一月者四見，二月者四見，三月者二見，而四至九月無有也。因論定"十月至三月，為'雨日'極少之月，甚至全月無雨。"即以此版而論，"十三月"為閏月，三年一見，五年再見，然以其在十二月與一月之間，仍可由冬季雨少之經驗推知之，故亦有卜月雨之舉。卜月雨者，卜問在本月之內，是否能降一次雨或雪也。在武丁時某年之閏月己未日，王命史㱿卜問曰："此十三月之內，其降雨雪乎？""抑不降雨雪乎？"吾人試思，此己未如為十三月朔，則方交十三月，何以知三數日或半月之內必無雨，而問及全月，則經驗告之也。此己未如為十三月之望或晦，更可知在此月內，已有半月，或近一月不雨之事實也。總之，凡卜"月雨"之月，在殷人之經驗上，必其月雨雪極少，或至全月不雨之現象，為其背景也。

二、是己未以前久已不雨。此由第二組卜辭推知之。所謂"壱雨"者，乃過去及現在之事，謂天久不雨，必有先祖之靈，在上帝之前阻撓之，而降禍祟於人間。他辭有"隹王亥壱雨"，亦其例也。此辭意為久已不雨矣，"壱雨者其惟上甲乎？""非上甲乎？"因其同為己未日所卜，可知己未以前，久已不雨矣。卜辭雨有降下之義，冬季雨雪，亦包括其中。兩組互證，亦可見卜月雨必為雨雪缺少之時，十三月如此，自十月以至三月，無不如此也。

三、是冬季盼望雨雪之迫切。綜合兩組卜辭觀之，可見殷人在十三月望雨之如何迫切。在己未日，盼望下雨者卜五次，又恐不下雨，卜五次；同時又卜是否過去之日久不雨為上甲作祟，共十四次，全版之字裏行間，因已充滿大旱雲霓之殷情也。卜之猶未能自信，更求不雨之原因，蓋壱雨果上甲所為者，必將舉行祭祀以祈禱之，早期卜祭之辭，每稱"亡毫”殆即此義。

關於殷代氣候之真象，詳于另文。以此版未見著錄，故補記之。

三　劉朝陽氏“庚申月食”之推算

劉朝陽先生在十餘年前曾與余論辨殷曆問題，情況熱烈，為余研究殷代曆法過程中諍友之一。劉氏近復著成關於殷周曆法之基本問題，晚殷長曆，殷末周初日月食初考等書，以與余觀點不同，不欲有所論列。茲取其有關於武丁時代“庚申月食”推算之部分，附載於此，藉為他山攻錯之資焉。

劉氏初考之四“甲骨卜辭之月食”舉下列兩辭：

庫1595：七日己未月㞢庚申月㞢食

金584：己未月㞢庚申月㞢食（據原釋寫）

此兩辭見殷曆譜交食譜月食四，二十七，二十八葉。金為595，己未下兩月字並當釋夕。劉氏云：

依據作者推算之結果，武丁時月食可能在庚申日發生者，計有下列八次：

第六表　庚申月食

紀元前		月	日	望(安陽地方時)	儒畧日數	食類	
1357年	(1)	5月	29日	上午8.4＋1.6點	1225927	b	武丁3祀7月27日
*1347	(2)	11	2	上午8.9＋1.6	1229736	b	武丁14祀1月27日
1341	(3)	1	5	下午1.7＋1.6	1231627	a	武丁19祀3月27日
1336	(4)	4	7	上午11.8＋1.6	1233547	b	武丁24祀7月27日
*1321	(5)	6	19	下午6.0＋1.6	1239098	b	武丁40祀1月27日
1311	(6)	11	23	下午12.0＋1.6	1242907	a	武丁50祀7月27日
*1305	(7)	2	24	下午9.8＋1.6	1244826	d	武丁55祀11月27日
1280	(8)	10	12	上午5.8＋1.6	1254187	d	祖甲11祀11月27日

此表余曾對證殷代交食表，及年曆譜，發現其稍有訛誤之處，附誌如下：

一誤以庚寅為庚申者兩見。第(2)項1347年11月2日，儒畧周日為1229737，是庚

六同别録

董作賓

實非庚申。其1229736則為11月1日己丑。第(5)項1321年6月19日儒略周日1239098，是為癸卯，其前一日，則為庚寅也。

二，誤以或起月偏食為必起月全食。劉氏説明月食符號四類，云：

下文通常將推算所得之月食，分作a，b，c，d四類。Δ小於27°.6時為d，此時月偏食為可能，但不一定；Δ小於17°.2時為c，此時月偏食為一定；Δ小於14°.3時為b，此時月全食為可能，但不一定；Δ小於6°時為a，此時定有月全食。

第(3)項1341年1月5日之月食，食類為a，是必起月全食也。檢余交食表無此項。加以覆算，乃知當為或起月偏食而不能確定者，其符號為d。a d形近，此或手民之誤排，而校對時未注意及之。

三，對照晚殷長曆年月日均誤者二事。第(2)項武丁十四祀一月二十七日庚申，儒略周日當為1229767，而表中所列之1229736，則相當於其晚殷長曆武丁十三祀十二月二十六日也。第(5)項，武丁四十祀一月二十七日儒略周日當為1239127，其日為庚申，而表中所列之1239098，則相當於其晚殷長曆武丁三十九祀十二月二十八日也。

四，日之分劃應有一致之標準。劉氏云：

上列第六表內，加有*號之三個月食，其儒略日數與其餘諸月食所發生之儒略日數，或早或遲，先後相差一日，似不復為庚申。惟天文日自中午起算，而通用之政治日則自夜半起算，兩者差池半天，不能相合。故據天文日，中午零時至次日中午零時止，同為一儒略日數，而據政治日，則自上午夜半0時起至下午夜半0時止，應為同一干支。此二者之取法不同，干支儒略日數容或有先後一日之差，故特附錄於此。

儒略周日本自正午起算，然亦未嘗不可活用之，奥泊爾子氏之交食圖表，以之對照民用時自夜半起算即其例也。吾人借用之以對證干支，自應有一致之標準，否則兩者並列，前後殊異，自亂其例矣。即以此表言之，武丁祖甲之日，皆庚申也，而儒略日數之末位，在上午者或為6(2)，或為7(1)(4)(8)，在下午者亦或為6(7)，或為7(3)(6)，或為8(5)，將令讀之者莫由索解矣。

在余交食表中所推算之月食，有與此表異者，茲比較於次：

—8—

劉表。　　　　　　　　　　殷代交食表

紀元前	月	日	儒畧日數	食類	月	日	儒畧周日	食類	備註
1357年	5	29	1225927	b	5	29	1225928	月偏	
1347	1	2	1229736	b	11	2	1229737	月全	
1341	1	5	1231627	d					1月20日,有日全環食,5日無月食。
1336	4	7	1233547	b	4	7	1233546	月全	
1321	6	19	1239098	b	6	20	1239099	月全	
1311	11	23	1242907	a	11	24	1242908	月全	庚申之夕。
			下午12.0+1.6點 望				0時47分 食甚		
1305	2	24	1244826	d					2月10日,有日全環食,24無月食。
1280	10	12	1254187	d					1280.1月28日,有日全食,10日無月食。

觀上表劉氏食類之d,皆不見余交食表,蓋劉氏所據牛考慕週期上推三千餘年,余則據奧氏表上推僅五百二十一年,故凡有月偏食之可能而不一定者,已不可復見也。其中最可注意者為1311年11月23日月全食之推算,幾與余推密合,即余交食譜月食四,列入余譜武丁二十九年,十二月十五日庚申之月食也。劉氏亦云:

此表內最可注意之月食,自為紀元前1311年11月23日之月全食,正發生於夜半。至於兩表儒畧周日之異,則由於推算標準不同,在殷代固皆為庚申之夜也。其關係有如下圖:

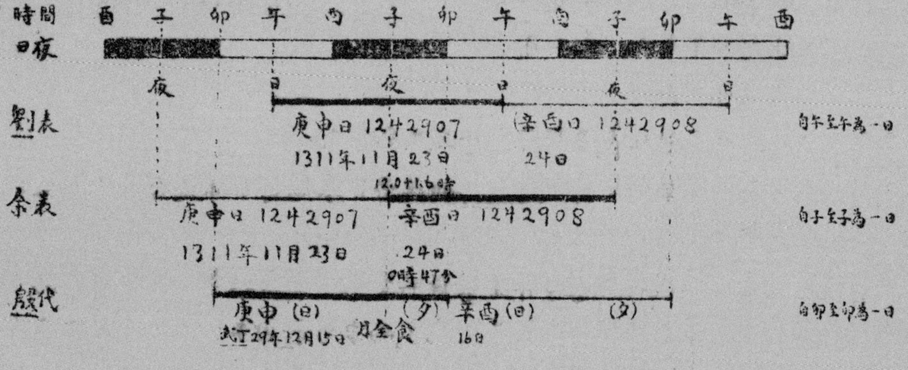

六同別錄

董作賓

劉氏既以1311年11月23日之月全食，最合武丁時之庚申月食，然何以不據此以證其晚殷長曆，則亦有故。余于二十九年發表方法斂博士對於甲骨文字之貢獻一文，曾舉此月食全版卜辭證明其當在十二月之望，劉氏未嘗不知之，如其說明云：

上述庫1595為一骨之反面卜辭，其正面尚有“癸未卜㱿貞”云云，可知其為屬於武丁時代。

既以正面貞人㱿，證反面徵驗辭所記月食屬於武丁時代，則癸未卜旬辭下，即記有“十三月”之文，非不知之也。蓋正面卜旬辭之殘存者有四，其次序為：

癸丑　癸亥　癸酉　癸未，十三月

庚申月食，自當屬於癸丑之下一旬（甲寅至癸亥），依其長曆例，以十三月為一月，則庚申必為十二月之二十七日也。今觀所列對照晚殷長曆之年月，相當於武丁五十祀七月二十七日，是月名顯與原骨正面卜旬所記者枘鑿不容，故屏而不錄耳。

余作殷曆譜所據天象之四基點，此一月食與逸周書小開篇之乙亥月食最為重要。小開月食，劉氏既據以定周文王之年矣，儻再據此庚申月食，證以古四分術之章蔀年月，則其結果必與余說全同（余推殷曆與四分術關係，詳年曆譜十二葉），所謂“閉門造車，出門合轍”矣。顧劉氏不肯為之，殆亦估計殷代文化之出發點各異而已。見仁見智，固無害於史實之本身也。

四、關於“得四年”

上編卷三祀與年第一章殷代之紀年法，曾引殷契遺珠465一版，文曰：

（上缺）得四年，在𠂤。十二月。

乙亥卜，貞：伐羌。

影寫本年字作[illegible]，羌字作[illegible]。前得孫次舟先生來書云：

大著卷三論年祀所引中村不折所藏骨片摹圖“得四年”是否“得四羌”之誤，祈與原照片核正。

承其校正此條之誤，感甚！細審原片，余摹錄時實缺一筆。余釋年之字，當作[illegible]形，可能為羌，余所以釋為年字者，因同版別有“伐羌”之羌字，兩字形體固不相同也。羌之字，在五期中最

—10—

殷曆譜後記

習見者，有下列各體：

第一期	前1.9.6	前6.2.2	
第二期	粹239	壓7	
第三期	甲1948	鐵7.1	後下42.6
第四期	後上22.1	後上27.10	甲896
第五期	前1.41.7	前1.42.1	

五期之演變，大抵如此。在武丁時僅从羊首从人，無論羌方，羌甲，多如是作。祖甲以下，始於頸部加飾繩索，以示羈縻之之意，至於五期，相沿不變，其繩索有繁簡之異而已。武丁時之別體，有於頸部加一斜畫者作，文曰「貞：出疾，羌其井」，前6.1.5與形略同，而筆順有異。蓋一為，一為也。

年字除習見各體，如：

前1.50.1　前3.1.2　前4.40.3　前5.17.5　前3.30.2　鐵214.3

等形外，亦有所从之禾，其秀作雙歧及三歧者，如：

"我受黍年"之年字　鐵248.1

戊午卜，㱿貞："畫受年"，十三次

禾之雙歧，羊之兩角，在象形文字，幾不可別，故"得四年"抑"得四羌"，因上文殘損，末由確定，付之存疑之列，可也。祀與年篇自應刪去此例。

五、五種祀典中壹齊之商討

接衛挺生先生八月一日來書，有云：

兹讀卷三祀與年章，五種祀典既為殷商末年制度，覺其名稱周初典籍均應當有記載。先生以"彡"為"肜日"之"肜"，說甚令人稱快；以"翌"為彝祭，亦即後代之"禴"，亦甚佳；"祭"為"內祭"，自無疑義，其餘二名，弟意以為"𢦏"即"嘗"祭之原字，"嘗"秋祭也，亦薦黍稷之祭，與先生所舉之順序同，時令同，內容同也。"𠷎"應即"烝"祭之原字，"烝"冬祭也，眾也，亦"大合眾人"之祭，其時序內容，均與尊說合。商頌："顧予烝嘗，湯孫之將"，烝嘗固殷代祭名

董作賓

也。未識先生首肯否？

當即答書稱許之。蓋⿱甾食䶒之與烝嘗，或為古今之異字者，在殷代二百七十三年間，已常見之，如㞢、𡧊兩種祭祀，祖甲以下，均作又、叙（武乙文武丁除外），即其例也。

⿱甾食之訓䶒，楊樹達、徐中舒兩先生有所獻替，楊先生書云：

⿱甾食字公亦釋為說文之䶒，鄙說正同，尤為欣喜，以所見不謀於通人也。

楊先生說，見所著古文字學研究第二十七葉，釋⿱甾食一篇，節錄於此。

余謂其字蓋从食从甾。說文十二篇下甾部云"東楚名缶曰甾，象形"，側詞切。甾字古音在咍部，以聲類求之，⿱甾食殆即䶒字也。說文三篇下丮部云"䶒，設飪也。从食才聲，讀若載"。𩚩盨𣪕之𩚩字从丮从食，與說文同，異者甾與才聲類殊耳，而甾才古音正同也。金文卯𣪕云"䶒乃先且考死嗣𤔲公室"，䶒字从才，乃與說文同。由流溯源，甲文之⿱甾食，蓋即䶒設飪之訓，與祭饗之義亦相合也。

楊先生此釋極精審，足補余說之不及。徐先生來書僅云：

甲文饎，鄙意仍以釋餘為是。

饎字，余列入"⿱甾食字演化系統表"第四期，以為⿱甾食字變體之一（上編卷三祀譜第十五葉），余覺後世之餘，固可云由饎形分化而來，在殷代祀典中，義則同於⿱甾食也。並錄存之，以供讀者參閱焉。

六 "殷正"與"無節置閏"問題

關於殷代曆法以建丑之月（天文月）為其正月或一月，以無節之月為置閏標準，迄今尚未接到正式商討之函件。當余殷曆譜一部分印成時，曾請益於陳寅恪先生，先生方養病於重慶，承其賜書，有云：

大著病中匆匆拜讀一過，不朽之盛業，惟有合掌贊嘆而已。改正朔一端，為前在昆明承教時所未及，尤覺精確新穎。冬至為太陽至南回歸綫之點，故後一月，即建丑月為歲首，最與自然界相符合。其次為包含冬至之建子月，周繼殷而以子月代丑月為正月，亦與事理適合。若如傳統之說，夏在商前，何以轉取"寅"月為正月，似難解釋。故周代文獻中，雖有以寅月為正之實證，但是否果為夏代所遺，猶有問題也。然

—12—

風七月詩中曆法不一致，極可注意。其"一之日"、"二之日"，是"一月之日"、"二月之日"之舊稱否？又與左傳孔子"火猶西流，司曆過也"參校，則疑以寅月為正，乃民間歷久而誤失閏之通行曆法，遂以"記昔"而屬之夏歟？

此三十三年十一月二十七日陳先生"伏枕"所書，承教至感。全書印就，寄至成都，先生又患目疾，未能披閱有所指正也。三十四年十月，得徐中舒先生函，述及陳先生意見，似與前書又異，函云：

寅恪先生不信三正有建丑，建子起自冬至，建寅合於農曆，惟建丑無可說。

此或者亦可代表徐先生之意見也。

書寄昆明，承唐蘭先生詳讀一過，二旬始畢，曾以讀後之感想見示，多所指教，信末附記云：

無節置閏法，亦為弟所不敢贊同之一點。後世所傳殷曆，以甲子朔旦冬至建丑之月，固可有朔旦冬至也。若推至殷商真曆，則恐無四分之法，堯典以三百有六旬有六日為歲實，可見彼時尚無畸零算法也。然則商世節氣必後天，閏必先天，而置閏恐仍是無中也。

立庵先生曾勸余取消日至譜，謂

日至譜則不敢苟同，以第一例恐仍是記某人之至，第二例則恐是殘辭也。其實專著不妨缺此一譜。

固然，武丁日至無關輕重，余不過引以作陪。文武丁日至辭雖殘，而數字、月、日均不殘，未可忽視之也。其重要即在"五百四旬七日"並計開始之日，為548日，合於四分術一年半之歲實。如依堯典366日為歲實，則一年半當549，或550日，（即由冬至至第二次夏至之翌日）不能為548日也。堯典之366日，當解為期年之日數，即由冬至至冬至之翌日，非歲實也。

余書各篇，先後寫出，材料散漫，致讀者不得綱要，至深歉仄。此"殷正"及"無節置閏"問題，即其顯例也。兹再分別述其要略，幸讀者垂察焉。

甲，關於"殷正"。寅恪先生謂在昆明時，未曾談及"殷正"，是也。余非有意附會之也。遷川以來，漸樹立全譜之間架，復根據天象之基點，以推考殷代曆法。殷人以建丑之月為正者，乃余所研究所得結果之一種說明而已，非取卜辭及天象以證建丑為正之說者也。約言之，

六同別録

董作賓

所謂天象之基點，交食二，合朔一，即武丁時之庚申月食，帝辛時之乙亥月食，及帝乙十一祀之正月丁酉朔也。余自信此三者，史料解釋之不誤，天象之推算不誤，陰陽曆年月日節氣不誤，乃得此結論與此解說。如有指摘其誤而加之糾彈，固余所日夜企禱而願安承欽者也。爰列簡表如下：

1.庚申月食(交食譜月食四，閏譜二，年曆譜)

武丁二十九年			儒略周日	儒略曆(西元前)	格列哥里曆
十二月(小)基●點	一日丙午朔	(有日偏食)	1242893	1311年11月9日	1311年10月28日
	十日乙卯	立冬	1242902	11月18日	11月6日
	十五日庚申望	月全食	1242907	11月23日	11月11日
	安陽地方時食甚在夜半				
	廿五日庚午	小雪	1242917	12月3日	11月21日
	廿九日甲戌晦		1242921	12月7日	11月25日
十三月(大)	一日乙亥朔		1242922	12月8日	11月26日
	十一日乙酉	大雪	1242932	12月18日	12月6日
	廿七日辛丑	冬至	1242948	1310年1月3日	12月22日
	卅日甲辰晦		1242951	1月6日	12月25日
一月(小)	三十年				
	一日乙巳朔		1242952	1月7日	12月26日
	十二日丙辰	小寒	1242963	1月18日	1310年1月6日
	廿七日辛未	大寒	1242978	2月2日	1月21日
	廿九日癸酉晦		1242980	2月4日	1月23日

此表為一堅實之組織，自有科學之證據為基礎。由卜辭中庚申月食在十二月，同版有十三月，因而推算此月食所在為基點，月食在望，則太陰月本月之朔可知，十三月之朔望與次年一月之朔望，亦均可知也。知月食所在之儒略周日，儒略曆年月日，則格列哥里曆之年月日及定氣所在，可知也。在西元前1310年之一月有寒(丑月節)大寒(丑月中)兩節氣，與武丁時之一月(太陰月)兩不習之漢[illegible]

—14—

以下兩表,情形略同。

2.乙亥月食(交食譜月食六,上編卷四殷之年代,年曆譜)

帝辛三十八祀

(周文王三十五祀)

			儒略周日	儒略曆(西元前)	格列哥里曆
正月(大)●蔀點	一日庚申朔	(有日偏食)	1306147	1137年 1月14日	1137年 1月3日
	五日甲子	小寒	1306151	1月18日	1月7日
	十六日乙亥望	月全食	1306162	1月29日	1月18日
	安陽地方時食甚在二十二時五十六分				
	十七日丙子		1306163	1月30日	1月19日
	二十日己卯	大寒	1306166	2月2日	1月22日
	卅日己丑晦		1306176	2月12日	2月1日

3.丁酉合朔(閏譜五,日譜三,朔譜,年曆譜)

帝辛十一祀

正●月(大)	一日丁酉朔	(有日全食)	1296284	1164年 1月12日	1164年 1月1日
	六日壬寅	小寒	1296289	1月17日	1月6日
	廿一日丁巳	大寒	1296304	2月1日	1月21日
	卅日丙寅晦		1296313	2月10日	1月30日

此表中之正月丁酉朔,其考定詳見閏譜及日譜,輯錄甲骨卜辭,復原為三十三版而成一有系統之組織者也。茲僅摘取其正月朔晦及節氣,以證"殷正"之為建丑而已。

三表所列節氣,對照格列哥里曆,足以確證其定氣之所在。四分術合用恆氣,其前後游移,不能過一日,則大寒小寒絕不能出此一月或正月,三者悉同。小寒,天文月丑月之節也,大寒天文月丑月之中也,余謂殷正建丑乃根據此天象基點推考之結果,為之作一合理之解說耳。

乙.關於"無節置閏"。"無節置閏"之名,仿自"無中置閏"。吾人知舊日行用之陰陽合曆,其歲閏之月,皆為僅有一節氣而不含中氣之月,例如清光緒二十一年閏五月,其前五月為

董作賓

建午之月，十四日甲申芒種（午月節），三十日庚子夏至（午月中），六月為建未之月，初二日辛未大暑（未月中），而閏五月則僅十五日乙卯有小暑（未月節），故以為閏，不列月建，即余所謂"以中為建""以無中為置閏標準"（年曆譜16葉）也。"無節置閏"如上例，易中氣為節氣而已。

余所據以考定殷代置閏法，仍以上列天象基點第一、第三兩項為標準，即武丁二十九年之十三月，及帝辛十祀之閏九月也。略述如下：

1. 武丁二十九年之十三月。十三月者，祖甲改制以前之舊閏法也。蓋本年應置閏月，因於十二月之後，增加一月曰十三月，亦可視為閏月之置於年終者。此十三月，見於庚申月食之同版，確證此年必為應閏之年。余嘗推考此年各太陰月所含之節氣中氣（見閏譜二），僅一月十五日乙未值冬至，冬至，子月之中氣也，而一月則應含丑月之節氣小寒（以三十年為例），如以節氣所在為建，則此一月已不得為建丑，是此年當閏，乃有十三月之閏也。若以"無中置閏"說之，是年無無中氣之月，必二十七年九月（十六日甲辰白露，酉月節）始有之。今不閏於二十七年，而閏於二十九年，故以"無節置閏"為說。

2. 帝辛十祀之閏九月。由十一祀正月丁酉合朔，推出正月之節氣，更上推之，則十祀七月十五日甲申，值定氣夏至（午月中），是為無節之月，當為閏六月，而卜辭中所考見者，則為閏九月，相差纔三月。古用恒氣，以測影定冬至，故不能與今推密合耳。無中氣之月，與無節氣之月，相距在十六閏月以上，決非同年所並有，此亦"無節置閏"之一顯例也。

以上兩者，乃安排殷代二百七十三年間閏月之根據，其詳具見閏譜，不復贅及。

總之，在殷代曆法之諸項結論中，如殷曆之為"四分術"，以建丑之月為正月，以節氣所在之月為建，以無節之月為置閏標準，及新舊兩派之關係，悉以上舉之天象基點為根據，欲推翻余之結論，必自推翻此天象基點始也。吾人所求者真理，余固願並世學者，對余說有所匡正，使之減少謬誤，以彰明吾國三千年前文化之真象於斯世也。

七　據新出商器銘刻三事補證帝辛初葉祀譜

後記寫訖第六節，得馬叔平先生惠寄新出商器三事，因其關係帝辛初年祀典者極大，亟錄於此。叔平先生來書云：

日前郭鼎堂以新出商器橅本三事見示，一、二祀正月丙辰，一、四祀四月乙巳，一、六祀六月乙亥，皆有亞形及卲其之名，茲橅以奉覽。以較曆譜，祇一器相合，餘皆不合。器雖未見，但不類僞造，兄當能鑑別之也。

叔平鼎堂兩先生，皆精于鑑定，此三器之形制及出土地雖均不詳，而其必為真實史料則無足疑。余以之對證祀譜，知當屬于帝辛之世。茲附錄摹本釋文如次，並分三節論述之。

釋文 一

丙辰，王令(命)卲其兄(貺)𢼸(釐)□于夆田，浩賓貝五朋。在正月，遘于妣丙彡日，大乙奭。隹王二祀。既𢦏于上下帝。

二

乙巳，王曰障文武丁帝乙宜，在召大庭。遘(大)乙翌日。丙午魯，丁未煮，己酉王在梌，卲其易(錫)貝。在四月。隹王四祀翌日。

殷曆譜後記

(影寫馬叔平先生橅本)

其一

其二

董作賓

三

其三

乙亥，𠨘其易(錫)乍(作)册𢼄𡉚琂，用乍(作)祖癸障彝。在六月，隹(惟)王六祀，翌日。

三器均有圖形，亞中有㠯犬字，此種氏族徽識亦見於續殷文存卷上所收鼎文：

此鼎凡二器，同文。下有父丁二字。父丁若為文武丁，則𠨘者或即帝辛之叔父行歟？

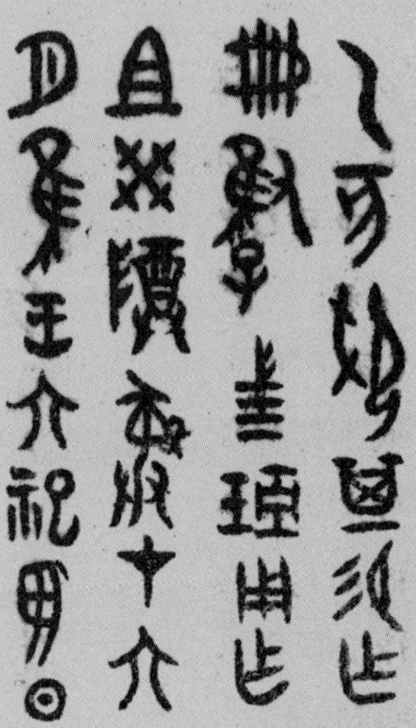

叔平先生云：此形，三器皆同。但有大小疏密之異。

以三器年月祀典，對校帝乙祀譜，月日合者一器，即六祀六月有乙亥也。而祀典皆不合。第二有文武丁，帝乙，為作於帝辛世之堅證，知三器作於同時，即當為一五之二，四，六祀，亦無可疑。更以祀典證之，悉合於帝辛祀譜，故可斷定此三器必作於帝辛之初年也。第一器可據以修正二祀祀統，第二器可以證明四祀祀統之無誤，第三器可以證明一失閏問題，故關係余書者極大。分别論之。

一

第一器之要點，凡四事：曰"丙辰"，曰"在正月"，曰"遘于妣丙彡日大乙奭"，曰"隹王二祀"。在余譜中，須具下列五條件：一，必在帝辛之二祀，二，必在二祀正月，三，正月必有丙辰日，四，必適值彡祭之時，五，此丙辰正遇彡祭大乙配妣丙，故彡祭必為先祖之"甲午系"，先妣之"庚戌系"。(參看下編卷二祀譜祀表一)此五條件，僅其五不合。蓋余排帝辛二祀之彡祭，乃據十二月之祀統逆推之，先祖為"甲辰系"，先妣為"庚申系"也。今得此器，乃足以確定二祀之祀統，即前移一旬，祀統為甲申，則彡系甲午，彡先妣為庚戌系，無不密合矣。兹修訂如下表

帝辛二祀

		(原列)	今定		
正月小 庚寅朔	癸巳 甲午	(工典)(甲午統)	彡上甲(先祖祀統甲申 系甲午)		
	乙未		彡匚乙		
	丙申		彡匚丙		
	丁酉		彡匚丁		
	壬寅		彡示壬		
	癸卯		彡示癸		
	甲辰	(彡上甲)(甲辰系)			
	乙巳		彡大乙		
	丁未		彡大丁		
	庚戌			彡示壬奭妣庚(先妣祀系庚戌)	
	癸丑 甲寅		彡大甲	彡示癸奭妣甲	
	丙辰		彡外丙	彡大乙奭妣丙	丙辰。……在正月。遘于妣丙彡日，大乙奭。隹王二祀。……
	戊午			彡大丁奭妣戊	
	庚申		彡大庚	(以下從略，參看祀表一)	
二月大 己未朔	癸亥 甲子	(彡大甲)	彡小甲		
	丙寅	(彡大乙奭妣丙)			
	癸酉 甲戌	(彡小甲)			
	癸未 甲申		彡戔甲		
三月小 己丑朔	癸巳 甲午	(彡戔甲)	彡羌甲		
	癸卯 甲辰	(彡羌甲)	彡虎甲		
	癸丑 甲寅	(彡虎甲)			
四月大 戊午朔	癸亥 甲子		彡祖甲		
	癸酉 甲戌	(彡祖甲)			

六同別録

董作賓

	癸未甲申		翌上甲（甲申系）	
五月小	癸巳甲午	（翌上甲）（甲午系）		
戊子朔	癸卯甲辰		翌大甲	
	癸丑甲寅	（翌大甲）	翌小甲	
六月大	癸亥甲子	（翌小甲）		
丁巳朔	癸酉甲戌		翌戔甲	
	癸未甲申	（翌戔甲）	翌羌甲	
七月小	癸巳甲午	（翌羌甲）	翌虎甲	
丁亥朔	癸卯甲辰	（翌虎甲）		
	癸丑甲寅		翌祖甲	
七月（閏）大	癸亥甲子	（翌祖甲）		
丙辰朔	癸酉甲戌		祭上甲（甲戌系）	
	癸未甲申	（祭上甲）（甲申系）		壹上甲（甲申系）
八月小	癸巳甲午	（壹上甲）（甲午系）	祭大甲	劦上甲（甲午系）
丙戌朔	癸卯甲辰	（祭大甲）（劦上甲）（甲辰系）	祭小甲壹大甲	
	癸丑甲寅	（祭小甲壹大甲）		壹小甲劦大甲
九月大	癸亥甲子	（壹小甲，劦大甲）	祭戔甲	劦小甲
乙卯朔	癸酉甲戌	（祭戔甲）（劦小甲）	祭羌甲壹戔甲	
	癸未甲申	（祭羌甲壹戔甲）	祭虎甲壹羌甲劦戔甲	
十月小	癸巳甲午	（祭虎甲，壹羌甲，劦戔甲）		壹虎甲劦羌甲
乙酉朔	癸卯甲辰	（壹虎甲，劦羌甲）	祭祖甲	劦虎甲
	癸丑			
十一月大	甲寅	（祭祖甲）（劦虎甲）		壹祖甲
甲寅朔	癸亥甲子	（壹祖甲）		劦祖甲
	癸酉甲戌	（劦祖甲）		
	癸未			

—20—

十二月大 甲申 （以下如原譜）
甲申朔 癸巳甲午 工典（甲午祀統）
癸卯甲辰 彡上甲（甲辰系） （以下從略）

如上表，僅將祀典修正，較前一旬，無不密合。十二月以下祀典，有卜辭可證。故帝辛二祀之祀譜，得此器銘刻，已可以絕對確定，其關係之重要如此。

二

第二器應分三段讀之，乙巳至遘乙翌日為首段，丙午至賜貝為中段，記年月為末段。中段為附記王所在之地及錫貝事，其重要在首段，故末段之四月，乃指乙巳而言，不必四月有丙午至己酉等日，猶卜旬附記次日甲乙應祀之先祖，而其月名則僅限於卜旬之癸日也。帝辛二祀至十祀，曆日祀典均有嚴密之組織，不容游移，而其四祀四月，乙巳為晦日，不復能與丙午，丁未，己酉同月，故須有如上述之解說也。知此，則此器之祀典曆日無一吻合余譜矣，茲錄祀譜二帝辛四祀四月，五月之翌祭如下：

帝辛四祀 四月小 癸未甲申
丁丑朔 癸巳甲午 翌上甲（甲午系）
乙未 翌匚乙
丙申 翌匚丙
丁酉 翌匚丁
壬寅 翌示壬
癸卯 翌示癸
甲辰
乙巳 翌大乙 乙巳……遘乙翌日……在四月，隹王四祀翌日。
五月大 丙午
丙午朔 丁未 翌大丁
己酉
癸丑甲寅 翌上甲 （以下從略）

六同別錄

董作賓

觀上表，器銘所稱之乙，非大乙莫屬。蓋帝辛四祀翌祭爲甲午系，乙巳正值大乙翌日，稱乙，不稱大乙，猶稱遘不稱遘子，皆省文也。銘文中丁未日，值大丁翌祭，不復舉之，亦足見其所重者在乙巳之遘大乙翌日，故所謂"在四月"，所謂"隹王四祀翌日"，殆皆"乙巳"遘乙翌日"之註腳耳。

三

第三器六祀六月值翌祭，有乙亥。今帝辛祀譜六祀六月值翌祭，無乙亥也。余於六祀曾列銘刻三事，合者一，不合者二，其中小臣邑一器較重要，文稱癸巳在四月，而四月亦無癸巳也。據此兩器不得已，余將以失閏說之。

謂之失閏，必先承認其有閏法。殷代閏法，余深信其爲古四分術十九年而七閏也。余嘗據卜辭中天象據點作長時期之推步，自武丁二十七年一月壬辰朔至帝辛十三祀十二月己酉晦，凡55518日，1880月，152年，爲四分術之八章，有閏月五十六。四分術十九年爲一章，一章有七閏月，前後推證，無不合者（說詳年曆譜十二葉）。然其置閏之法，亦復小有改革，所謂新舊派之異者也。失閏之事，以帝乙四祀、七祀最爲顯著（說見祀譜一），有歷年卜旬附記祀典及年祀月日之堅證，不容否認者也。帝辛初年置閏，乃據十祀閏九月，依法上推之，即：

十祀閏九月 ——（距34月）——→ 七祀閏十一月 ——（距32月）——→ 五祀閏三月 ——（距32月）——→ 二祀閏七月

依四分術，必相距32，或33月而置一閏，可活動者，前後游移一二月而已。今試以五祀三月失閏爲說，則此閏必補置於六月之後，方能下接十祀之朔閏祀典。姑列改閏表如下，以備一說。

帝辛五祀	（原列）		（今改）
	三月大	辛丑朔	
	三月大（閏）	辛未朔	四月
	四月小	辛丑朔	五月
	五月大	庚午朔	六月

—22—

	六月小	庚子朔	七月		
	七月大	己巳朔	八月		
	八月小	己亥朔	九月		
	九月大	戊辰朔	十月		
	十月小	戊戌朔	十一月		
	十一月大	丁卯朔	十二月		
		帝辛六祀			
	十二月小	丁酉朔	正月	甲辰彡上甲 (祀系如原譜)	
帝辛六祀	正月大	丙寅朔	二月		
	二月小	丙申朔	三月		
	三月大	乙丑朔	四月	甲戌彡祖甲	
				乙酉彡武乙	乙酉……遘于武乙彡日。隹王六祀彡日。(見原譜)
				癸巳	癸巳……隹王六祀彡日。在四月。(同上)
				甲午翌上甲	
	四月小	乙未朔	五月		
	五月大	甲子朔	六月	甲子翌小甲	
				乙亥	乙亥……在六月。隹王六祀翌日。
	六月小	甲午朔	七月	甲午翌羌甲	
	七月大	癸亥朔	七月(閏)		
	八月小	癸巳朔	(五祀三月之閏，補置于此以下同原譜從略)		

如此改閏，則可以密合者三器，而宰丰骨器六祀五月壬午彡日，仍不合。此年及帝辛七祀九月丁巳彡日一器，皆當存疑以待他證也。寫至此，接郭沫若先生函，知此三器均為卣，以為帝乙時器，與叔平先生所見畧同，謂合余譜者一，二則否也。附誌於此。

六同别錄

八　德效騫博士"庚申月食"之推算

董作賓

殷曆譜在寫印中，曾陸續以印成各卷帶呈胡適之先生，請其指教，同時希望先生轉求美國天文學者為余覆核交食譜月食四武丁二十九年之庚申月食。頃承汪緝齋先生自倫敦攜來胡先生書，附有德效騫博士致余函，對於庚申月食，有精確之推算，欣感之餘，亟錄於此，以供讀者參證。

適之先生書云：

你的殷曆譜，除去最後郵寄的一部分之外，都收到了。這真是一部絕大的著作，我曾細細讀過，十分佩服，我這一年中已傳觀了許多朋友。此書現在Mr. Britton處。我曾託德效騫（Dr. Homer H. Dubs）先生（曾譯漢書三册）代你考定1311 B.C.十一月二十四日的月食。最近我到英國來開世界教育會議，前幾天忽然收到他給你的長信，他不但考定了1311十一月廿四日的月食，並且列舉了1341至1284 B.C.之間的月食表，供你參考。我把此信鈔存了一份，原文託緝齋兄帶給你。他寫給我的短信，我也鈔了一份寄給你。我明早飛回紐約，在百分匆匆之中草此信。

此函寫於"卅四年十一月十九夜半後兩點半"，足見適之先生之賢勞。

茲將德效騫先生1945年十月二十七日來函，節譯如下：

胡適博士曾託我替你核算公元前1311年11月24日的月食，在安陽能否看見。我根據了很好的並且十分正確的P.V. Neugebauer Astronomische Chronologie的表，推算的結果如此：

這是一個月全食，從初虧至復圓，在安陽都可以看到。初虧在11月24日午前1時38分（1:38 a.m.），食既在午前2時40分（2:40 a.m.），生光在午前4時18分（4:18 a.m.），復圓在午前5時20分（5:20 a.m.）。這個月食，發生在儒畧日1242907，即公元前1311年（或天文學年-1310）11月23日，因為儒畧日是依據英國格林威基的經度推算的，格林威基與安陽有7時37分之差，所以這個月食在安陽發生於11月24日，這日子在安陽是辛酉日。

這個推算，我校對過兩次，關於它，是合理的可以確信，假如關於這月食，你希望知

—24—

道任何的其他詳細情形時,請隨時寫信給我。

德效騫先生對於庚申月食,有此精確之推算,使余異常感奮快慰,正如彼致適之先生函所謂:

這是關於董先生的月食推算覆核的結果,他斷定這月食在公元前一三一一年十一月二十四日,是非常正確的,因此他的年曆譜上的系統,在這里可以有個堅實的基礎。

數年來,余之希望,亦不過如此。今得科學之證明,則余所據以推證年曆之基礎益為鞏固,其樂可知。

關於此月食所在之日,今推自夜半起,故午前0時以後屬辛酉日,在殷代則以全夜屬於庚申,全夜皆庚申之夕也。其關係已見本篇三節第9葉附圖。

德效騫先生更為余推算公元前一二八四年至一三四一年間,發生於十月至一月之間,而安陽可見之月食,表列二十四次月食,供余參攷。垂詢殷奉,高誼尤為可感,以其非關本題,不復於此譯述。然觀所推公元前1311年,前後五十八年間,在殷正十二月之月食,無復有再值庚申者,亦足以旁證此庚申月食無可游移也。

34,12,25.初稿寫訖。

屈萬里

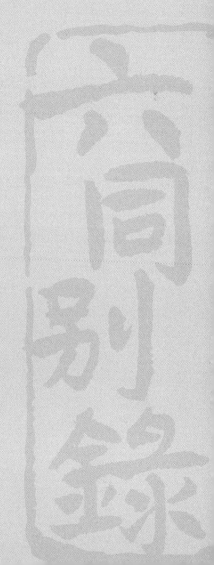

自不䟴解

導讀

刘钊 黄博

學術背景

此文研究源于甲骨學界對商代卜辭中“自不踬”“兹邑亡踬”兩大成語的長年争議。自甲骨被發現之初，其核心難題“踬”字釋讀便懸而未決：羅振玉據《説文》釋爲“洗”，却無法契合卜辭軍事語境；郭沫若讀作“震”，從音韵切入却未成體系。20世紀40年代，董作賓的甲骨分期理論揭示“自不踬”多見于商末黄類“卜夕辭”，“兹邑亡踬”則屬武丁時期賓類卜辭，由此，促使研究轉向歷史語境關聯。此一背景下，屈萬里于1945年發表《自不踬解》，突破性地將文字考釋與商代軍事制度結合進行考證。

學術評議

以黄類卜辭爲主的甲骨卜辭數見成語“自不㞜”，賓類卜辭中還有“兹邑亡㞜”，素無定論。“㞜”字的考釋與理解成爲關鍵。屈萬里贊同郭沫若等學者讀爲“震”的意見，作了進一步申説，他將“㠯不𠫑”的“𠫑（震）”訓爲“警動”，“今夕㠯不/亡𠫑”即卜問“王及其臣衆（包括軍旅）與兹夕是否有警也”；“兹邑亡𠫑”則是卜問“其邑之是否有警也”。另外，他還指出“𠫑（震）”的用法與“振旅”之“振”不同，黄類卜辭“振旅”之“振”寫作“遉（）”（《合集》36426），从“辵”“𦥑”，與“𠫑”用字有别。

材料的豐富與研究的深入讓我們對“㠯不𠫑”的認識更加清晰。從貞卜體例上看，“今夕㠯不/亡𠫑”可歸入歷類、黄類的“卜夕辭”，即商人對當晚發生事件、舉行活動是否順利的貞卜。與“旬亡憂”一類的“卜旬辭”相似，“今夕㠯不/亡𠫑”以否定性的語氣開始貞卜，表明商人心中傾嚮于不希望發生“𠫑”的情況。歷類卜辭多作“㠯亡𠫑”（《合集》34717等）、“亡𠫑㠯”（《合集》34718），黄類則一般作“今夕㠯不𠫑”（《合集》36345等）。黄類卜辭中還有貞問“㠯亡憂，寧”的記録，如：

丙子卜，貞：今夕㠯亡𡆥（憂），𡧊（寧）。

丁丑卜，貞：今夕㠯亡𡆥（憂），𡧊（寧）。

戊寅卜，貞：今夕㠯亡𡆥（憂），𡧊（寧）。

《契合》143

“㠯不/亡𠫑”與“㠯亡憂，寧”表達的含義是一致的，筆者認爲，“𠫑（震）”與安寧義的“𡧊”相對，更能説明“㠯不/亡𠫑”是指外部侵擾引起的騷動、驚警而言。除了賓類卜辭提到的“兹邑亡𠫑”，黄類卜辭中的“㠯”與“邑”也存在聯繫：

甲戌卜，在[illegible]貞：今夕𠂤不㞢。

其㞢。

甲戌卜，在[illegible]貞：又邑今夕弗㞢。在十月又一。

《綴興》55

貞：方來入邑，今夕弗㞢王𠂤。

《合集》36443

通過研究，筆者認爲“𠂤”的性質應同城邑的安全和夜間警衛有關。《綴興》55先卜問“𠂤”，又卜問“又邑”是否“㞢”；《合集》36443貞問敵方侵入“邑”後會不會“㞢”王𠂤，“𠂤”很可能就駐扎在邑中。相關卜辭還有：

丁丑卜，貞：王今夕罗（寧）。

戊寅卜，貞：王今夕罗（寧）。

己卯卜，貞：王今夕罗（寧）。

《合集》36480

壬午卜，舊立，貞：王今夕不㞢。

《合集》36442

“寧”同樣與“不㞢”相對。在拙文《卜辭所見殷代的軍事活動》中，曾有推斷：

通過比較可以認爲“𠂤㞢”“邑㞢”“王㞢”三者是相關的。殷代諸方經常在夜間對殷進行侵擾，殷邦國爲城邑和殷王的安全，必設有軍隊以事警衛。“𠂤”就是從事這項任務的組織。

可以視作對以上有關討論的總結。另外，關于“辰”的字形，一般認爲其下部所从“止”形。屈萬里已經注意到“止”周圍有點狀筆畫，不過認爲與“止”形無别。我們懷疑，“止”周邊的點形筆畫有其實際意義，甲骨文一部分“辰”字就从“□”形，在“止”的基礎上“變形音化”，起到提示讀音的作用。先看部分“辰”字形體：

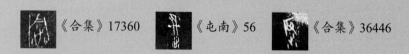

《合集》17360

《屯南》56

《合集》36446

甲骨文中確定从“止”的字形，很少在周圍加點，而“辰”字賓類、歷類、黄類的寫法都有从“□”的例子。關于“□”，羅振玉最早將之釋爲《説文》訓“灑足也”的“洗”字，近年來王子楊又加以補充論證。“辰”“洗”二者同是文部開口字，韵部一致。“止”本作爲“辰”字的意符，部分字形加點改寫作“□”，用來提示“辰”字的讀音。類似的例子如甲骨文“尋”字，本作“□”，所从竪筆代表人雙臂的距離，又可寫作“□”，竪筆替换作“因（簟）”，兼取“因（簟）”的讀音。如此，从“□”的“辰”字可以視作一般寫法的“辰”字异體。

學術價值

屈萬里此文的價值主要體現在對甲骨卜辭中“𠂤”“䢅”二字的疑

難考辨及由此引發的商代禮制、軍事活動等問題的深度揭示。這一考釋不僅解决了卜辭中“自不踬”長期懸而未决的語義難題，更串聯起多條相關卜辭的歷史語境，例如“自不踬，其遘方”“自踬，王受祐”等記載，被重新詮釋爲商王對軍隊調度與邊境防禦的占卜，反映了商代軍事管理的制度細節——包括師旅的日常巡查、戰前布防及與方國衝突的預警機制。屈萬里的研究進一步揭示，此類卜辭中頻繁出現的“自”與“方”（敵方）的對舉，凸顯了商王朝以“師”爲核心構建的軍事防禦體系，以及王權對軍隊調度的絶對控制，這對理解商代國家機器的運作方式（如“師”與“族”武裝的互補性）具有重要參考價值。此外，他對“踬”字的釋讀，還爲甲骨文中一批从“辰”的疑難字（如“農”“辱”）提供了字形演化的旁證，間接推動了上古軍事術語與農事詞彙的關聯性研究。

集刊外編第二種

𠂤不踬解

屈萬里

卜辭習見"𠂤不踬""𠂤亡踬"或"茲邑亡踬"等語，雖考釋者多家，而其義卒未明也。茲就諸家所著錄者，略舉數事如次：

乙丑卜，㱿貞，茲邑亡踬？續編，三，一，三。

庚辰貞，今夕𠂤亡踬？粹編一二〇一。

□午貞，[今]夕𠂤[亡]踬？同上。

□巳卜，在俑貞，今夕𠂤不踬？前，二，一二，五。

辛未卜，在俑貞，今夕𠂤不踬？吉。茲御。其踬？前，八，六，二。

丙子卜，在火貞，今夕𠂤不踬？其踬？粹編，一二〇四。

壬午卜，舊立貞，王今夕不踬？其踬？明，二一一。

甲戌卜，在火貞，又邑今夕弗踬？在十月又一。前，二，一三，二。

貞方來入邑，今夕弗踬王𠂤？殷契卜辭，八九。

右舉諸例，首辭屬第一期，二三兩辭屬第四期，餘皆第五期之辭。踬字作⿸辰止⿸辰止等形，余永梁釋為辱（見所著殷虛文字考，原文載於清華大學研究院國學論叢一卷一期）。郭沫若初亦釋辱（見甲骨文字研究釋干支篇），後則隸定作⿸辰止，以為古辰字，應讀作震。云："⿸辰止乃古辰字，旂鼎'辰在乙卯'作⿸辰止，與此同。又从辰之字如農卣三農字均作⿸辰止，師晨鼎四晨字均作⿸辰止，均从此作。此讀為震。"並引商頌長發"何天之龍，敷奏其勇，不震不動，不戁不竦"為證（見卜辭通纂考釋六〇三條）。容庚亦隸定作⿸辰止，舉唐蘭說，亦謂"⿸辰止讀作震"（見殷契卜辭釋文第八九條），與郭氏从同，而未詳其立說之由。葉玉森釋作踬，云："从止，从辰，或古踬字。說文解字足部'踬，動也。从足，辰聲。'曰'師不踬'，即言師不動。曰'其踬'，即言其動。止外之小點象塵土形，足動則塵揚也。"（殷虛書契前編集釋卷二，第二十六葉）按此字釋辱，非是。（注）隸定作⿸辰止，乃沿後世訛變之體，而未合契文之本形。釋作踬者是矣，而就原始字形言之，其不合與隸定作⿸辰止者同。（說詳下)。以爲古辰字，可謂偶合，而實不如郭氏所説。至訓其義爲行動之動，則與卜辭語意不協。謂讀作震者甚是，惜乎諸家又未暢其説也。

按十二辰之辰字，在第一期卜辭中通作内。郭沫若甲骨文字研究釋支干篇云："(辰)字於骨文變形頗多……，又其一呈磬折形作内若内……其作磬折形者，則爲石器。本草綱目言：'南方藤州，墾田以石爲刀。'此事古人習用之，世界各民族之古代均如是。近年於直隸北部，亦有石鋤出土矣。"按郭氏之説甚諦。厂爲石字，彐象兩手前推，合爲雙手推石之義。字又作内（鐵一四五，一）形，厥誼尤顯。此當是最早之耨字，而借爲干支字也。其字隸定之應作㕣形，實即辰字上半之㕣。㞢與𠙵同(詳下)，而𠙵又隸定作止。以㕣加止，應爲㞢形。稍變則成㞢形（漢碑辰字通作㞢，辛李君造橋碑作㞢，止、止殆即止之變），又變遂成辰形。是㞢實即辰字，在初原非十二辰之辰。旂鼎之㞢字，乃假辰爲辰，非十二辰之正字也。謂㞢與𠙵同者，卜辭有習見之人名曰沚貳者，沚字作㞢（前，六，二五，六）、㞢（前，五，二三，二）、㞢（前，七，一八，四）、㞢（鐵，四五，一二）等形。諸家隸定作沚，以小點爲水，當否姑不具論，而其字有省小點但作𠙵者（見殷虚文字乙編三七九五）。亦猶土之通體作𠙵，而又作㞢（前，六，六一，五）、㞢（拾，下，三八，三）、㞢（鐵二三六，四）等形也。則㞢下所从之㞢，隸定作止，自無不可。卜辭以𠙵爲足，則以㞢爲足字，亦無不可。獨是書作㞢若踬，則猶然之作燃，奉之作捧，皆後世昧其初誼，遂致畫蛇添足耳。惟後世既以辰爲辰，則書㞢作㞢若踬，勉從流俗，俾不致爲世人所駭怪，亦無不可。本文仍作踬者，即爲此故。然溯其古初，則不應不知辰辰之辨耳。

白虎通德論(五行篇)及説文(辰部)並云："辰，震也。"此雖以訓十二辰之辰，然實亦旨亡踬之踬之本誼。甲骨文未見震字，踬震同聲（説文足部："踬，从足，辰聲。"又雨部："震，从雨，辰聲。"），義固相通。震者，驚也，警也，亦騷動也。詩大雅常武："震驚徐方，如雷如霆，徐方震驚。"謂徐方因周軍至而驚懼也。魯頌閟宫："保彼東方，魯邦是常。不虧不崩，不震不騰。"箋云："震、騰皆謂僭踰相侵犯。"詩意謂魯邦安燕而無警也。易未濟九四爻辭："震用伐鬼方。"言因有鬼方之警，而往伐之也。凡此皆驚懼警動之義。尚書盤庚："爾謂朕，曷震動萬民以遷？"逸周書作雒篇："又作師旅，臨衛政(征)殷，殷大震，潰隣。"春秋昭公十八年左傳："鄭之未災也，里析告子産曰：'將有大祥，民震動，國幾亡。'"凡此皆騷動之義。而騷動之與驚懼警動，義實相因。蓋驚懼者率致騷動也。甲骨文旨不踬之踬，當爲警動之義。或讀爲振，釋作振旅，亦非是。蓋振旅一辭，不能但言振。即使能通，而諸辭以振旅之義說之，亦多不能通。彼"茲邑亡𨅖"及"又邑今夕弗𨅖"諸語，尤為費解。況卜辭中自有振旅之語，殷虛書契續編卷三第二十三葉第七片辭云："丁丑，王卜貞，其𢓊旅祉𢓊于盂，往來亡巛"，𢓊旅，即後世所用之振旅。以此證之，益見𠂤不𨅖之𨅖，非振旅之義矣。

𠂤，古師字。盂鼎："雩殷正百辟，率肆于酉(酒)，古(故)喪𠂤"。克鐘："至于京𠂤"。並以𠂤為師，是其證。師者，眾也。或指恒人，或謂軍旅。易師卦六三爻辭："長子帥師"，謂軍旅也。尚書帝典："震驚朕師"，謂恒人也。然則"今夕𠂤亡𨅖"或"今夕𠂤不𨅖"者，乃卜王及其臣眾(包括軍旅)於該夕是否有警也。"茲邑亡𨅖"或"又邑今夕弗𨅖"者，卜其邑之是否有警也。卜辭於一事，往往反正卜之，故既有"今夕𠂤不𨅖"之問，又著"其𨅖"之辭，其𨅖亦疑問之語，非謂是夕之竟𨅖也。"乙丑卜，㱿貞，茲邑亡𨅖"一辭，與"己卯卜，㱿貞，𢀛方不至于𢀛"一辭同版，董彥堂先生殷曆譜，繫此事於武丁三十年五月(見武丁日譜)，時方伐𢀛方及土方，懼敵人之侵襲，故有此卜。"貞，方來入邑今夕弗𨅖王𠂤"一辭，為因有敵而卜，其文自明。立貞一辭，殷曆譜列在帝辛十祀之十二月(見閏譜五。董彥堂先生以為'𨸏'上脫'在'字，是)，時方征人方，宜有此卜。在偹及在𤆍所卜諸辭，雖未能詳其卜時之背景；然既云在偹在𤆍，其為王出外時所卜可知，此殆亦征人方時所卜之辭。然則第四期之兩辭，當亦因有所警戒而卜，可例推矣。

第五期卜辭中，又時見"今夕𠂤亡畎寧"之語，蓋亦因有所警戒而卜，與𠂤亡𨅖之義相近，特措辭不同耳。

〔註〕郭沫若釋支干篇謂："故辱字在古實辰字之別構。惟字有兩讀，其為耕作之器者則為辰，後變而為耨，字變音亦與之俱變；其為耕作之事則為辱，辱者，蓐與農之初字也"。其說殆是。然𨅖則非辱字也。

三十四年七月二十一日初稿，十月二十三日寫訖，時寓南溪李莊。

甲骨文从比二字辨

屈萬里

六同別錄

導讀

刘钊 黄博

學術背景

20世紀上半葉，隨着殷墟甲骨的大量出土與整理，甲骨學研究進入快速發展階段，學者們開始對甲骨文字進行系統性的考釋與研究。在這一學術背景下，屈萬里撰寫了《甲骨文從比二字辨》一文，其產生具有深厚的學術淵源。早期甲骨學者如羅振玉、王國維等已對甲骨文字進行了基礎性考釋，但面對"从""比"這類形近字時仍存在混淆現象。隨着《殷虛文字甲編》《殷虛文字乙編》等材料的陸續出版，學界對甲骨文字考釋的精確性要求日益提高，特別是史語所宣導的實證研究方法，爲屈萬里的研究提供了重要支撑。當時學界對"从""比"二字的認識尚不統一，孫詒讓在《契文舉例》中未作明確區分，董作賓在斷代研究中雖注意到二字差异但未深入探討，而日本學者島邦男與中國學者陳夢家等對"比"字的解釋也存在分歧。正是在這樣的學術語境下，屈萬里秉承史語所"有一分材料説一分話"的治學傳統，通過對大量甲骨材料的系統梳理，從字形構造、辭例運用等角度對"从""比"二字進行了細緻的辨析。

學術評議

《甲骨文从比二字辨》從字形出發，較早明確地區分了甲骨文“从”“比”二字，主要結論至今顛扑不破，深刻影響後來學界對有關問題的討論。

屈萬里首先指出，“从”所从之“人”形與“比”所从之“匕”形判然有别，因此“从”“比”并非一字。甲骨文“从”字作“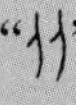”“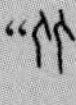”等形，二者“顛位筆段”有所不同，前者“人”形，頭部、軀幹與手臂相連；後者“人”形，頭部、手臂與軀幹相連。“比”字作“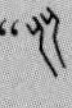”“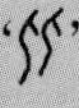”等形，前者从兩“匕”形，“匕”字是“匕”一類挹取器的象形寫法；後者受字義的影響，“匕”有變作“人”的趨勢，但其豎筆的彎曲程度要甚于“人”形。正如屈萬里所説：“人字斜丿，多上出豎畫頂端，間有没于頂端之下者，則其豎畫之下端必較直，匕字斜丿，多没于豎畫頂端之下，其豎畫之下端則較曲。于是从、比兩字之形，亦隨之而异，此其大較也。”他還指出“比”有省作“匕”的現象，如《粹編》1148（原文誤作《粹編》92）“癸卯卜，戉王其匕（比）犬爺■⧄”，這也是“比”不能視作“从”的又一力證。接着他分析“从”“比”二字在甲骨卜辭中的含義與用法，古書中“比”的親信之義同樣適用于卜辭，卜辭中“王比某人”“呼/令某人比某人”意即王或他人信任某人做某事。“从”在甲骨文的用法屈文總結爲兩種：一是“从雨”，屈文讀“从”爲“從”，并謂：“㞢从雨者，言跟從即降雨，冀其所求之即應也”；另一種作“介詞”，義爲“自”“于”，後常接地點。

隨着甲骨學的不斷發展，學界對甲骨文“从”“比”二字的辨析逐漸細化，林沄指出，學界對“从”“比”的混同是由于對不同組類刻辭字體認識不清。他細緻考察了武丁時期𠂤類、賓類中“人”“匕”的不同寫法，結合卜辭内容，指出“从”“比”寫法、用法上的不同；林先生又列表舉出甲骨文各期“人”“匕”二字寫法，二者單字寫法與用作部件時保持一致，從而徹底區分“从”“比”二字。林文在屈文的基礎上更進一步，背後的動力是甲骨文字體分類學説的發展。陳劍評價林文“一方面重視就同時期同類組卜辭的相關字形加以比較，另一方面又重視不同時期不同類組卜辭有關字形的區分”。林文對“从”“比”二字的區分，是學界利用字體分類學説解决疑難問題的經典案例。

準確認識甲骨文字形、解讀甲骨卜辭是討論商代歷史問題的基礎。“比”字，屈萬里指出爲“親信之謂”，林沄將“比”字解爲“親密聯合”，卜辭屢屢記載“王比某方/某伯/某侯”作戰，應理解爲商王聯合其他方國共同作戰，據此可以判定出與商關係友好的方國。林先生從而提出商代方國聯盟學説，指出“以商王爲首的方國軍事聯盟是夏商周‘諸侯製’的實質”，商王作爲聯盟盟主，掌握巨大的權力。

不過關于“比”的含義，學界尚未達成共識。楊升南起初贊同釋“比”的意見，但訓作“輔佐”，認爲商王占據軍事行動的主導地位，控制諸侯軍權。李宗焜同樣將“比”理解爲“輔佐”，他指出不用于軍事征伐卜辭中的“比”非表示“軍事聯盟”義。另外卜辭中有“比”“眔”共見一辭的情況（“令多子族比犬眔𢀛”），“眔”意爲聯合、一齊，“比”的含義應與之有别。李先生還舉出如下一組材料：

貞：洗戓啓巴，王比。

《契合》276

貞：王叀洗戓比伐巴方。

《合集》6476

“啓”有先導義，二辭所指當爲一事，李先生據此認爲洗戓是征伐的先導、主力，王是後備力量。“比”的理解關係到征戰或外事活動中商王及其臣屬與諸侯方伯的主次，若理解爲聯合，二者地位相當；若理解爲輔佐，前者則低于後者。我們傾向林沄的意見，“比”應理解爲聯合義，所“比”雙方地位無高低之分。無名類卜辭中有很多商王“比”某犬田獵的記録，理解爲“輔佐”顯然不合適；關于商王、洗戓在征伐巴方中的角色，請看下辭：

甲午卜，賓貞，洗戓啓，王比伐巴方，受㞢又。

《合集》6471+

“伐巴方”的主語是“王”，征伐由商王主導，洗戓衹是距離巴方較近的方伯，因此作爲征伐的先鋒。至于“令多子族比犬眔亩𢀛”一辭，是説“犬”及“亩𢀛”二者都是商王呼令多子族聯合的對象，“比”作動詞，“眔”爲連詞。將“比”理解爲親密聯合，適用于甲骨卜辭中的絶大多數情况。

至于“从”的含義，争論焦點在于對卜辭中“从雨”的理解。除屈萬里的意見外，郭沫若讀“从”爲“縱”，“从雨”即“急雨”“驟雨”；于省吾認爲“从”有順義，从雨即順雨，“猶今俗所謂風調雨順之雨順也”；詹鄞鑫認爲卜辭“从雨”即《禮記·月令》之“衆雨”，《説文》作“𩁹”或“霥”，義爲“霖雨”；楊逢彬認爲“㞢从雨”之“从”是作定語的動詞，“㞢从雨”是指跟着來的雨。以下卜辭能説明一些問題：

貞：烄（焚）聞，㞢从雨。

《合集》1136

貞：勿烄（焚），亡其从雨。

《合補》3799

□■卜：今日…舞河眔岳，［又］从雨。

《合集》34295

戊寅卜：于癸舞，雨。不。三月。
辛巳卜：取岳，从。不（）从（）。
乙酉卜：于丙奏岳，从。用。不雨。
辛丑卜：奏贾，从。甲辰卬小雨。四月。

《合集》20398

“从雨”是商人通過奏、舞、焚等祭祀活動主觀祈求的一種天氣現象，與“征（延）雨”“盅雨”等直接貞問或描述的現象不同。根據司禮義的“其字法則”，在一對正反對貞的卜辭裏，如果其中一條卜辭用“其”字，而另一條不用，用“其”那條所説的事，一般是占卜者所不願看到的，“亡其从雨”的貞問表明“从雨”是商人願意看到的現象。據《合集》20398，“从雨”可以簡省作“从”，若“不从”的釋讀可信，“从”似乎是動詞。另外楊逢彬已指出商代“从”尚無“順”義，其他卜辭中也的確未見類似用法。總之，屈萬里的觀點仍有可取之處。出類卜辭中有“又各雨”（《合集》24756）、“亡各雨”（《合集》24757），“各”的用法似乎與“从”接近。

學術價值

此文聚焦甲骨文中長期混淆的“从”“比”二字，通過細緻分析字形差异與語義功能，揭示了前人研究中的關鍵誤區。屈萬里指出，“从”字以二人前後同嚮構形，表示“跟隨”或“率領”，而“比”字以二人反嚮并列，强調“聯合”或“協作”。這一發現不僅厘清了羅振玉、王國維等學者因字形誤判導致的卜辭釋讀偏差（如將“比某方”誤釋爲征伐對象），更通過大量辭例佐證，重新詮釋了商王與方國間的聯盟關係。屈萬里的研究進一步深化了對商代國家形態的理解，如卜辭中“婦好比龍方”，表明商王室女性參與盟約外交，補充了性别政治與權力結構的細節；而“燎祭以比”等記載則反映了盟約締結與宗教儀式的密切關聯，爲探討商代社會制度提供了新視角。屈萬里的研究綜合字形演變分析（從甲骨文、金文到小篆的縱向對比）、辭例歸納（統計語法位置與搭配物件）、文獻互證（結合《詩經》《尚書》等傳世文獻）及歷史邏輯校驗（將結論置于商代社會背景中審視）。這一科學化路徑直接影響于省吾、裘錫圭等後世學者的考釋思路，推動甲骨文研究的進一步轉向。

集刊外編第三種

甲骨文从比二字辨

屈萬里

說甲骨文者，率謂从比二字不分。甲骨文編於比字下說云："比从一字"。殷虛書契類編及簠室殷契類纂，雖分列兩字，而所收之字，仍从比不分。之商諸家，亦未深辨。實則以字形言，二字雖間有相似者，然大都固較然甚明；以字義言，則尤如風馬牛之不相及也。

說文："从，相聽也。从二人。"又："比，密也。二人為从，反从為比。"說文以匕為"从反人"，故"反从為比"者，亦即比从二匕。反人之說，當否今姑不論。然从，从二人，比，从二匕，則固斷然無疑也。卜辭人字作[illegible]前，二，五，一．[illegible]前，五，一二，三．[illegible]前，六，二，二．等形（甲骨文編收有[illegible]前，六，二，五．[illegible]後，上，一三，五．兩形，原辭皆殘，昏難定為人字。又收[illegible]前，七，三○，二．一形，固是人字，然細審前編原書，其形實作[illegible]，影印不甚清晰，遂誤摹作[illegible]形耳。）故从字作[illegible]前，二，一九，四．[illegible]前，五，三三，三．[illegible]前，五，三三，二．等形。匕字作[illegible]前，一，三三，六．[illegible]戩，二三，一○．等形，故比字作[illegible]前，五，九，二．[illegible]前，七，三八，二．等形。人字斜丿，多上出豎畫頂端；間有沒於頂端之下者，則其豎畫之下端必較直。匕字斜丿，多沒於豎畫頂端之下，其豎畫之下端則較曲。於是从比兩字之形，亦隨之而異：此其大較也。人匕二字，其形不過毫髮之差；故从比二字，所差亦僅。刀筆偶失，从比遂淆。故遇字形上偶有不易分辨者，試就其義核之，固仍涇渭分明也。

按比者，親信之謂，此義古籍中最習用之。尚書盤庚："汝萬民乃不生生，暨予一人猷同心；先后丕降與汝罪疾，曰：'曷不暨朕幼孫有比'！"偽孔傳云："比，同心。"春秋昭公二十八年左傳，引詩皇矣"維此文王"之章（文王，今本作王季。按以左氏引本為長），而說"比于文王"云："擇善而從之曰比。"書意乃責民眾之不親信盤庚，詩意則謂上帝親信文王也。推之，詩小雅正月之"洽比其鄰"，乃謂親善其鄰；唐風杕杜之"嗟行之人，胡不比焉"，乃傷人之不見親耳。易比卦初六："有孚，比之，无咎。"六二："比之自內，貞吉。"六三："比之匪人。"六四："外比之。"九五："顯比。"上六："比之无首。"其比字胥當作親信解，於義乃安。而象傳之釋是卦，曰："地上有水比，先王以建萬國，親諸侯。"又周禮夏官形方氏："使小國事大國，大國比小國。"（鄭注："比猶親也。"）而說尤無異。爲卜辭作注睍謂予不信，請試徵之。

屈萬里

卜辭有曰比某人，或勿比某人者，皆卜其人之是否可親信也。後世枚卜之事，猶沿此習。辭云：

貞，王比沚戠？　貞，王勿比沚戠？前、一、四七、五。

癸亥卜，王貞，余比侯專？八月。前、五、九、二。

己未卜，王其告，其比亞侯？粹編三六七。

前二例爲第一期之辭，比字作𠤎若𠤎；末則第四期之辭，比字作𠤎，皆非从字。其語法猶詩之"比于文王"，周禮之"大國比小國"。此卜可親信沚戠、侯專或亞侯與否也。或置比字於句末，而義則無殊。如：

辛巳卜，㱿貞，𠧟乎𠣞𦍒比？前、四、三、四。

勿隹沚戠比？前、六、二五、七。

壬辰卜，㱿貞，王𠧟沚戠比？前、七、四、三。

戊子卜，㱿貞，沚戠爯冊，王比？六月。殷契卜辭、八五。

等皆是。此皆一期之辭，而比字字形，皆不與从字相混。此類句法，亦猶盤庚之"曷不暨朕幼孫有比"，及詩皇矣之"克順克比"也。

以上所舉，皆泛卜親信某人之辭。又有卜可否親信某人以任某事者：

丙戌卜，㱿貞，今春王比望乘伐下旨，我受㞢又？鐵、二四九、二。

貞，今□比𠂤侯虎伐𢀛方，受㞢又？前、四、四四、六。

貞，王比沚戠伐土方？後、上、一七、六。

己亥卜，在𡆥貞，王□盂，其比𢦚白伐東□方，不曾𢦔，在十月又□。前、二、八、五。

右皆卜可否信任某人以伐某方之辭，其辭屬於一期及五期，而比字亦均不與从混，足證比从兩字之分，自武丁以迄殷末，無不然也。世人既讀比爲从，於右舉諸辭，遂説爲王从某臣伐某方，以爲皆卜殷王親征之事。實則，殷王親征之辭，卜辭中固數見之，如"己卯卜，㱿貞，𢀛方出，王自正，下上若？"林、二五。"庚戌貞，叀王自正人方？"粹編一一八五。"庚□□，叀□自正人方？"粹編一一八六。王者征伐，其率有臣屬可知，然皆云"王自正"，不言从某人也。且就甲骨文中所表現之殷代文化程度言之，知殷人屬辭已優知尊卑之别，若必言王率臣屬征伐，亦當以"王𠦪某"或"某从王"為辭，斷不應有王乃从臣之語。此可以質諸卜辭而無疑者也。天壤閣甲骨文存第六十三片辭云："貞，令眷王勿比望乘𡆥。"唐立庵氏既釋比為从，蓋亦惑於王从臣之語之費解，因謂："此貞王从某人之辭。王从望乘者，王以望乘為从也。"是乃易主動語氣為被動語氣，律以文法，終覺難安。按此乃王卜"可否信任望乘往伐下旨"之殘辭。倘以比字解之，則文從字順，無勞費辭矣。

此外，第一期中，又時見令某人或呼某人以比某人之辭。如：

辛丑卜，賓貞，令多𢿨比望乘伐下旨，受㞢又？後，上，三一，九。

貞，令多子族比口眔𠂤𣥚，由王事？前，六，五一，七。

壬子卜，賓貞，令戉比䖒𡆥？續，五，三，二。

壬申卜，㱿貞，令帚好比沚𢦔伐𢀛方，受㞢又？粹編一二三〇。

己巳卜，㱿貞，勿全單好比沚𢦔𡆥，下上若，受我又？前，四，三八，一。

貞，乎商比眷？前，七，一九，四。

此皆令某甲或呼某甲使其親信某乙之辭也。甲骨文中比字，其最習見之用法，略如上述。其形既與从殊，其義尤與从遠。諸辭以从字解之，率皆扞隔難通；以比字解之，則皆渙然冰釋。竹竹等字之當釋為比，可無疑矣。

復次，更有一堅強之證據，足以明竹竹等字之必當釋比而決不當釋為从者。殷契粹編第九十二片辭云：

癸卯卜，戊，王其匕犬䖒𡆥？

此辭屬第四期。犬䖒皆人名。匕本祖匕之匕，亦即比字之偏旁。此固決非人字，尤決不能讀為从。其用法既與比字從同，又為比字之偏旁而與比同聲，可以斷然知其乃假匕為比者。以此證之，益見竹竹等字之必當為比也。

甲骨文中从字最習見之用法有二。有言从雨者。如：

往于河，亡𡆥从雨？鐵，七〇，三。

貞，烄，㞢从雨？ 貞，勿烄，亡其从雨？前，五，三三，三。

庚口卜，貞，乎𤔲舞(需，雩)，从雨？前，六，二六，二。

庚申卜，㱿貞，取河，㞢从雨？粹編五七。

屈萬里

乙未卜，口無，今夕㞢从雨？殷契卜辭，一三四背。

郭沫若氏讀从爲縱，云："㞢从雨，謂有急雨，有驟雨也"（殷契粹編考釋第五七条）。按殷虛書契續編卷四第二十二葉第四片辭云："貞，亡其从雨，二月"。殷正建丑，其二月當夏曆之正月，在黄河流域，正瑞雪紛飛之時；即或降雨，亦皆霏如霧，决不至有急雨驟雨也。以此言之，从不讀爲縱，竊疑此當讀爲跟蹤之從。此類卜辭，多卜祈雨之事。㞢於此處爲語辭，不讀作有無之有。㞢从雨者，言跟蹤即降雨，冀其所求之即應也。雨爲動詞，可施於雨，亦可施於雪。若是，則此類語辭，可施諸冬夏而無不宜矣。

其次，从字之義，爲"自"爲"于"。如：

乙酉卜，㱿貞，往复从臬伞邑方？十二月。前，五，一三，六。

貞，今春令𠭯田，从戠至于瀧，獲羌？前，七，二四。

口口卜，韋貞，王往告（省）从西，告于大甲？後，上，一，一四。

☐之日王往于田，从融京，允獲麇二，雉十。七月。續，三，四三，五。

辛卯貞，从斳涉；辛卯貞，从𤞺冃涉？粹編，九三四。

癸丑卜，貞，㫃往追龍，从朿西，及？殷契卜辭五九〇。

上列諸辭，第一期及第四期並有之。从下之字，或爲地名，或爲方向，繹其語義，則"从戠至于瀧"之从，當訓爲"自"；"往复从臬伞邑方"，及"从斳涉""从𤞺冃涉"諸从字，訓"自"訓"于"並通。（从斳涉，从𤞺冃涉，兩从字作⺁⺁，有似於比，此爲第四期之辭，第四期比字率作𠤎𠤎，仍有别也。）其餘諸从字，皆當訓"于"。殷契粹編第一〇一七片辭云："翌日壬，王其㞢于向，亡𢦏；从凡，亡𢦏；从梌，亡𢦏？"于、从二字互用，則从字可以訓"于"，尤不待煩言而解矣。

此外，如"辛丑卜，㱿貞，𢓊兄戊口从，不隹囚？口月"。鐵，一二一，三。"貞，子漁亡其从"？後，上，二七，二。"丁未卜，貴貞，口方𦉢口新家，今口口，王其从"？後，下，三三，一。則从字似爲聽从之義。惟辭多殘缺，義尚難定耳。

右舉比从兩字之義，雖均有未盡，然習見者畧具於此。（本文所引甲骨文諸例證，皆出於最習見之書；凡未出版及雖已出版而流行未廣之書，概未徵引。）要之，兩字字形既殊，其義尤不相涉。爰抒所見，用請正於方聞君子。

本文承李濟之、董彦堂兩先生，多所教正，謹此志感。三四，一〇，一九，萬里並記。

—4—

謚法濫觴于殷代論

屈萬里

六同別錄

導　讀

譚繼和

學術背景

自20世紀30年代起，隨着殷墟甲骨文的大規模出土，商代史研究進入實證化階段，但關于禮制起源的討論仍長期受困于傳統經學範式。傳統觀點基于《逸周書·謚法解》“周公制謚”的記載，普遍認定謚法制度始于西周初年，這一認知自漢代鄭玄至清代乾嘉學者均未受到根本性質疑，甚至王國維在《觀堂集林》中仍强調謚法當興于西周中期。然而，這種理論體系在甲骨文釋讀取得突破性進展後逐漸顯露矛盾。謚法未成定制以前，其原始形態爲何如？其事濫觴于何時？這些問題成爲屈萬里重探謚法起源的起點。

學術評議

屈萬里的學術生涯横跨甲骨學、金文學、經學與古史考證等諸多領域，在《殷虚文字甲編考釋》《尚書异文考》等著作中，他展現出對古文字材料的高度敏感與嚴謹考據能力，這種學術特質在《謚法濫觴于殷代論》中得到集中體現。此文發表于1945年，正值戰後中國學術界重建之際，屈氏突破經學傳統對周禮的過度推崇，主張以出土材料重構制度史。他通過系統整理甲骨卜辭中的稱謂體系，發現商代“日名”不僅具有紀日功能，更隱含對先王德行、事功的評價，如“武丁”之“武”可能暗指征伐功績，“康辛”之“康”或寓治國安邦之意。這種將禮制研究與文字考釋結合的研究範式，開創了謚法研究的新途徑。

在具體論證層面，屈萬里構建了多角度的博綜證據體系。此文首先從文字學角度切入，通過對部分甲骨卜辭的統計分析，揭示“日名”中的天干用字與《史記·殷本紀》所載商王事迹存在語義關聯。例如太甲被伊尹放逐後復位，謚“甲”暗含“革故鼎新”之意（《説文》：“甲，東方之孟，陽氣萌動”，一作“易氣萌動”），武丁中興謚“武”（《逸周書·謚法解》“剛强理直曰武”），這種對應關係顯示日名已具備謚法的評價功能。其次，針對王國維“周人改制説”提出的殷周禮制二分説，屈氏强調制度變遷的相承漸進性，指出商代“日名”雖未形成固定謚號，但周初謚法中的“文”“武”“成”“康”等字實爲承襲商代評價體系的規範化。以《尚書·無逸》中周公對殷王祖甲“能保惠于庶民”的評價爲例，證明周人對商王已有系統化歷史評判。

在材料運用上，此文首次系統整合甲骨文與《殷本紀》等史書材料研究禮制起源，將謚法探討從經學注疏轉向實證考據。例如通過對殷墟甲骨中“妣辛”“祖乙”等稱謂的統計分析，揭示日名用字的選擇具有主觀評價傾嚮，打破了“日名純屬干支紀日”的舊説；在理論建構方面，提出“禮制要素漸進生成”模型，修正了將謚法視爲周公“制禮作樂”

突發性創造的傳統認知，證明制度形成是周因于殷禮長期文化積澱的結果，這種動態視角直接影響了張光直對商周文化連續性的研究；在方法論層面，開創“古文字語義場分析”技術，通過統計日名用字在甲骨卜辭中的語境含義，構建商王稱號的語義網絡，這種方法後被朱鳳瀚應用于商王廟號研究，證實“文武丁”“帝乙”等稱謂確實包含道德評判。這些創新使該文成爲20世紀中國古史研究的典範之作。

此文引發的學術争議同樣具有深遠意義。徐復觀在《謚法考辨》中批評屈氏混淆謚法與日名的本質區别，認爲商代稱號缺乏後世謚法的“議定程式”。對此，屈萬里在1965年增訂版中補充三條關鍵證據：安陽出土的“毓祖丁卣”銘文，顯示商人對先祖有“毓”（育民）的評價，周原甲骨“彝文武丁”的記載，證明周人沿用商代評價術語，西周早期謚號與日名并存的器物（如利簋“珷王”即“武王”）顯示制度過渡痕迹。這場論戰客觀上推動學界重新審視早期禮制，日本學者白川静在《金文通釋》中采納屈説，將謚法起源前推至殷商晚期；李學勤通過分析花園莊東地甲骨，發現商王武丁時期已存在“文武丁”的複合稱號，進一步支持屈氏觀點。考古學界亦受其啓發，張長壽在陝西周原遺址研究中指出，西周早期青銅器祭祀銘文明顯繼承商代“美稱”傳統，這種物質文化證據與歷史文獻記載形成雙重印證。

該文的局限性與時代烙印亦需客觀看待。受20世紀中期考古材料所限，屈氏未能充分利用西周早期金文最新成果，對日名向謚法轉變的具體機制論述稍顯簡略。此外，他將商周制度變革理解爲綫性演進，對殷周革命引發的文化突變性估計不足，這點在後來的考古發現中有所修正，如西周初期突然出現的“德”觀念確實顯示出超越商代神權思維的新特質。但恰是這些學術生長點，反證了屈氏研究的奠基價值。後續學者正是在其構建的商周連續性框架内，進一步辨析制度演變中的創新成分，推動研究走嚮精細化。

學術價值

殷周制度變革實爲中華民族古代文明歷史形態第一次革故鼎新大變革之關鍵。自王國維先生《殷周制度論》的創新性大變革論開其端，后繼之有中研院史語所徐中舒先生于1927年著《從古書中推測之殷周民族》一文，續論“殷周之際”，“實經一度急劇之變遷。其關係后世，至爲重要”。當時學者注意到了殷周國家治理、社會治理制度与文化思想的劇變性、質變性，然多昧于殷周文明形態的傳承連續性、創新守正性的論証。正如中舒先生所論：“舊史非但不載其事，又從而湮晦其迹，使我國古代史上因果之關係，全失真相。”屈萬里先生之《謚法濫觴于殷代論》則全掃史迹湮晦之謎，使之昭明；深探歷史因果關係，恢弘真相，開拓了賡續五千年歷史文脉之薪火，厚殖學術探究之根基，堅守本土文化自信之熱力，又“馳騖乎兼容并包”（司馬相如語）的歷史思維現代研究之新路。

謚法濫觴於殷代論

屈萬里

一　前說

故書中言謚法之意義者，以逸周書爲最早。其謚法篇曰：

> 維周公旦、太師望相嗣王發，既賦憲受臚于牧之野，將葬，乃制作議謚。謚者，行之迹也；號者，功之表也；車服，位之章也。大行受大名，細行受細名。行出于己，名生於人（據朱右曾逸周書集訓校釋本）。

則是謚者，乃其人既歿之後，後人就其生前行爲，而追命以名符其實之號也。自來言謚法者，率據逸周書此文，以爲謚法之興，始於周初。至王國維氏，始以遹毀有生稱穆王之文，因謂"周初諸王，若文、武、成、康、昭、穆，皆號而非謚。"又因戩毀生稱穆公，敔毀生稱武公，謂"周初天子諸侯，爵上或冠以美名，如唐宋諸帝之有尊號。"（以上並見觀堂集林遹敦跋）王氏遂疑謚法之興，或當在宗周共懿諸王以後。說雖未定，然已足以破自來所謂謚法始於周初之傳統見解。郭沫若氏，復著謚法之起源一文（見金文叢考第五），專論此事，謂謚法之興，當在戰國之時，曾歷舉彝器銘識，以證其說。按王郭兩君所論，皆指謚法成爲定制而言，其事是否如二氏所說，今姑不論。兹所欲討論者，乃謚法未成定制以前，其原始形態爲何如，並其事濫觴於何時耳。

每一制度之興起，在其未成定制之前，往往有其邈遠之前身。其初或迫於情勢之不得已，或在有意無意之間，偶爾造成一新的事態。當其濫觴之始，本無一成不易之想。後人覺其事可法，於是久之而成制度。在其過程中，又必有行之於此而未必行之於彼之現象。及其垂爲定制，蓋方從同，不知經歷幾許歲年。謚法之制，亦復如此。本文所論，即其迫於情勢之不得已，於有意無意之間，偶爾造成謚法之新的事態之現象，及此現象濫觴之始也。

予謂謚法之成爲定制雖晚，而謚號之發生，實始於殷代末葉。欲明此事，當先明殷王日

屈萬里

干之號，皆後人所追命，而非生前之本名。顧此點殊非片言可解，試論如次：

二.殷王日干之號皆後人所追命

白虎通德論（姓名篇）曰："殷以生日名子何？殷家質，故直以生日名子也"。此謂殷人日干之號，乃其生前之本名。學者相承，幾無異説。有之，於古惟譙周，於今惟王静菴，不過兩人而已。史記殷本紀索隱引譙周釋上甲之説，曰："死稱廟主曰甲"。實具卓識。顧學者率未之許也。王静菴氏更申言之。其所著殷禮徵文（殷人以日爲名之所由來節）云：

> 然則商人甲乙之號，蓋專爲祭而設。以甲日生者，祭以甲日，因號之曰上甲、曰大甲、曰小甲、曰河亶甲、曰沃甲、曰羊甲、曰且甲。以乙日生者，祭以乙日，因號之曰報乙、曰大乙、曰且乙、曰小乙、曰武乙、曰帝乙。蓋出子孫所稱，而非父母所名矣。上甲之名曰微，大乙之自稱，曰"予小子履"，周人之稱辛，曰商王受，曰受德，可知商世諸王，皆自有名，而甲乙等號，自係後人所稱。而甲乙上所冠諸字，曰上、曰大、曰小、曰且、曰帝，尤爲後世追稱之證矣。

此謂日干之號，出於子孫所稱，而非父母所名，可謂一語破的。而並世學人，猶多漠然若未之省者，蓋安於舊聞，習焉不察故耳。茲再臚舉諸證，以成譙王二氏之説。

白虎通德論（姓名篇）云："湯生於夏世，何以用甲乙爲名？曰：湯王後乃更變名，本名履"。又云："於臣民亦得以生日名子"。此謂殷人以日干爲名，始於成湯，且謂此制不限於王室也。今按成湯以後之名臣，有仲虺、伊尹、咎單、伊陟、巫咸（咸，或作戊）、臣扈、巫賢、傅説、甘盤、祖己、比干、膠鬲、商容、微子啟、微仲衍、箕子、胥餘、伯夷、叔齊，以及雖盡憑信之老彭、卞隨、務光等，皆見諸經子，而詳於漢書古今人表，爲後世所習知者。然除巫戊及祖己外，自餘胥不以日干爲名。而祖己即孝己，爲祖庚之兄（説詳吴其昌殷虚書契解詁第一二三条，原文見武漢大學文哲季刊五卷一期）。祖己之號，乃被祀時之稱謂，實由後人所追命，此由己上冠以祖字證之，即不待煩言而解。巫戊當是卜辭之咸戊，其稱謂亦見於卜祀之辭，亦必後世所追命。試閲後文，可自明也。

不特此也，卜辭中往往契著貞人之名及史官之簽署，就今日已出版之卜辭書中，約而數之，其貞人則有永、亘、㱿、韋、品、咎、率、箙、𢦏、賓、㞢、内、史、大、旅、即、行、兄、出、矣、狀、彭、光、冂、宁、逢、喜、尹、沐、囚、涿、子、亞、貫、𡧊、㵒、𠂤、由、㳄、中、我、黄、泳………，為數在五十内外。其史官除見於上列貞人者外，尚有㝵、小㝵、𠂤、𠣞、岳、𠂤諸人。此外武丁時又有小臣古、小臣从、小臣中；祖甲時有小臣𤞞；廩辛康丁時有小臣囚、小臣取、小臣𡧊；帝乙帝辛時有小臣吉、小臣醜等（小臣諸名，據董彥堂先生甲骨文斷代研究例，原文載於中央研究院歷史語言研究所出版之慶祝蔡元培先生六十五歲論文集）。餘如諸侯伯及其他臣工之名，見於甲骨文者，猝難具述。凡此皆其生前之稱，固未嘗有一人以日干為名也。

其次，更論武丁之諸婦。武丁諸婦，見於甲骨文者，有帚妌（妌，一作井）、帚鼠、帚喜、帚杞、帚良、帚妹、帚嫀、帚寶、帚杏、帚好………，達數十人之多（胡厚宣殷代婚姻家族宗法生育制度考中所列舉者，達六十四人。原文見甲骨學商史論叢）。此數十人者，其帚下之字，當是母家之姓，稱帚妌、帚好云者，猶王姬、齊姜之比，雖未必即帚之本名，然諸帚生前，未見以日干為名者，則斷乎無疑也。按武丁之妃，見於後世祭祀之卜辭者，則有匕戊、匕辛、匕癸。此數十婦中，必有為匕戊、匕辛、匕癸者矣。而此日干之稱，乃但見於後世子孫卜祀之辭，生前則絕無此稱。且日干之上，冠以妣字，從可知此日干之號，皆後人所追命矣。

復次，更論武丁之諸子。武丁諸子，據胡厚宣殷代婚姻家族宗法生育制度考中所述，有子漁、子畫、子宋、子䝨、子𠬪、子效、子汏、子不、子𡆥、子弓、子㹜、子美、子衛、子弦、子商………，凡五十三人。此五十三人者，皆生前之稱，復無一人以日干為名也。武丁之子之繼王位者，為祖庚、祖甲。此五十三人中，必有為祖庚、祖甲者矣。乃此日干之號，亦但見於後世子孫卜祀之辭，生前亦絕無此稱，且日干之上，冠以祖字。從可知祖庚、祖甲之號，亦必後人所追命矣。

尤有進者，大乙名履，帝乙名受，王靜菴氏，已論及之。此外，見於太平御覽（卷八十三，皇王部八）所引竹書紀年者，則有外丙（卜辭作卜丙）名勝，沃丁名絢，小庚（卜辭作大庚）名辨，小甲名高，雍己名伷，河亶甲（卜辭作戔甲）名整，祖乙名滕，開甲（卜辭作羌甲，史記作沃甲）名踰，南庚名更，盤庚名旬，小辛名頌，小乙名斂，祖庚名曜，祖甲名載（曜載二字，不知當於上述五十三子中之何人。董彥堂先生，於甲骨文斷代研究例中，曾疑子𠬪——𠬪，原文隸定作㚇，子㹜——㹜原文隸定作戴，即祖庚、祖甲），馮辛（史記作廩辛）名先。今本竹書紀年，又謂仲壬名庸，太甲名至，太戊名密，仲丁名莊，外壬名發，祖辛名旦，祖丁名新，陽甲名和，武丁名昭，庚丁（即康

屈萬里

丁）名囂，武乙名瞿，文丁名托，帝乙名羨。今本紀年，固未可盡信，然此十三王之名，亦無由決其必無所受。即捨此不論，而尚書、論語，及御覽所引竹書紀年者，都已十七王，皆有本名。益可證殷代諸王，胥不以日干爲本名矣。

蓋殷人已有避諱之俗。就卜辭驗之，爾時已知直斥尊長之名爲不敬。卜辭中凡貞人之卜問，或史官之簽署，皆自記其名。而言及王者，則有"王固曰"、"由王事"，以及王田于某所，王步于某所，及王入于某所等辭，從無一語直斥王名者。王之自言則稱余，而其於侯伯，於臣工，於婦子，則無不直呼其名。尊長生時，既不敢直斥其名，歿後當亦如此。此蓋即後世所謂避諱者。是故尊長生時，呼之曰祖曰父，對面相稱，自無不便。及其歿也，言祖則有高曾，言父則有諸父，但曰祖曰父，則混而無別。然則，當其祭先公先王時，其所祭之王公，既當契於甲骨，復當騰諸口語，如不能直斥其名，其將何以識別？於是而有日干之號之追命。蓋祖甲父乙云者，乃祖日甲、父日乙云云之簡稱，意謂祖之生日爲甲，父之生日爲乙……即以此日，以代祖若父之名耳（或疑此日干之號，指死之日言。按帝辛不以辛日死，故籍章章可考，知其非是。周禮地官媒氏："凡男女自成名以上，皆書年月日名焉。"禮記內則謂子生三月後，"夫告宰名，宰辯告諸男名，書曰：某年某月某日某生，而藏之。宰告閭史，閭史書爲二，其一藏諸閭府，其一藏諸州史。州史獻諸州伯，州伯命藏諸州府。"於生日皆謹記之。周禮、內則，雖皆甚晚之書，然此重視生日之俗，蓋傳自古昔也）。祖若父等稱謂之下，甲若乙等日干之上，綴以日字者，彝器銘辭中，數數見之。略事摭拾，有如下列：

商句兵："大且日己，且日丁，且日乙，且日庚，且日丁，且日己，且日己。"夢郼草堂吉金圖，卷中。

又："且日乙，大父日癸，大父日癸，中父日癸，父日癸，父日辛，父日己。"同上。

又："大兄日乙，兄日戊，兄日壬，兄日癸，兄日癸，兄日丙。"同上。

䢅毁："䢅用作朕文考日己寶毁。"三代吉金文存，卷八。

旂鼎："旂用作文父日乙寶隮彝。"三代吉金文存，卷四。

日辛尊："用作公日辛寶彝。"擴古錄金文，卷二之二。

婦闆甗："婦闆作文姑日癸隮彝。𦍌"三代吉金文存，卷五。

李日卣："用作李日乙䵼。"擴古錄金文，卷二之二。

以上不過略舉數則以見例。各器時代，或在殷商，或逮周初，雖未能一一釐定，然爲殷人以日干追號其先人之俗或遺俗下之產物，則無疑義。凡此諸器銘識，其為祖之日為甲、父之日為乙……之義，至為分明。是知祖甲父乙云者，祇是以祖若父之生日，以代其名，用為廟主而已。

三、謚法濫觴於殷代之證

殷王公日干之號，出於後人所追命之說既定，則謚法濫觴於殷代之說，亦可得而決。蓋殷代末葉，已知就先王平生行為，而追命以'名符其實'之號也。此'名符其實'之號之追命，亦自有其所自來之前身，非突然而生者。試申論之：

殷人既以日干之號追命其先王，然積世既久，日干同者必多，於是遠祖與近祖無別，高曾與雲礽同號，斯不能不有以別之。故成湯以下，以乙日生者，成湯既曰大乙，祖辛之父既曰祖乙；至武丁之父，遂不得不更別之曰小乙，曰小祖乙，或后祖乙。名雖殊異，用意則同。蓋欲別於大乙、祖乙，不得不以'小''后'諸名命之也。以辛日生者，祖丁之父，既曰祖辛；於小乙之兄，遂別之曰小辛；至於廩辛，乃不得不更別之曰三祖辛。餘如三祖丁、四祖丁等號，甲骨文中，亦數數見之。凡此胥所以別於同日干之先祖耳。小、后、三、四等稱，雖多晚期之辭，然大丁、大甲、大庚、大戊諸名，已見於武丁時之卜辭。知以'世次'之特徵，以冠於祖宗日干名號之上之事實，至遲當始於武丁。此類名號之追命，本皆出於不得已，於有意無意之間為之。然推其流變，實謚法之邈遠前身也。

知以世次之特徵以追號其先王，亦當能知就先王之其他特徵而追號之。南庚、盤庚等稱，已見於卜辭。吳其昌氏以為南庚自庇還奄，奄地較南，故曰南庚（說詳殷虛書契解詁第九二条，見武漢大學文哲季刊四卷四期）。又謂盤庚（卜辭作般庚，又作凡庚）因居凡或葬凡，故得凡庚之號（詳殷虛書契解詁第一一一条。亦見文哲季刊四卷四期）。而南庚之稱，武丁時已有之（例證甚多，如殷虛書契前編卷一，第十三葉，第二片等）。倘吳氏之說可信，則是在武丁之時，已知以'居處'之特徵，以追號其先王。至是，則距以'行事'之特徵（所謂行之迹者），以追號其王而為謚者，在意念上，不過一間之差而已。

實則，就王'行事'之特徵，而追命以'名符其實'之號，殷人已優知之。成湯之號，不見於卜辭

屈萬里

(卜辭稱之曰唐，又曰大乙)，其他如雍己、戔甲、羌甲、象甲、康丁(廩辛之號，亦不見於卜辭)等號，其雍、戔、羌、象、康諸字，義究何指，尚不能確知，今皆存而不論。至如武丁、武乙、文武丁(即文丁)諸號，則皆就其行事之特徵而追命者，可斷言也。故書記武丁功烈之史實甚繁，而要以武功為盛。周易既濟爻辭，有"高宗伐鬼方，三年克之"之語。詩商頌之頌武丁，亦有"邦畿千里，維民所止，肇域彼四海"之說。尚書無逸，復謂武丁"不敢荒寧，嘉靖殷邦"。此經籍中之史料最早而最可信者。至甲骨文中，記武丁伐土方、伐𢀛方、伐下旨……等史實，尤不勝殫舉。是武丁行事之特徵為武，故其後人遂以武號之也。武乙史實，故籍中傳者較罕，且多以為無道之君。故史記殷本紀有"為偶人，謂之天神，與之博，令人為行，天神不勝，乃僇辱之。為革囊盛血，仰而射之，命曰射天"之傳說。又謂"獵於河渭之間，暴雷，武乙震死"。凡辱神射天諸傳說，雖難盡信，然就此傳說之背景觀之，則武乙要亦好勇鬭狠之徒。故其田遊之記載，甲骨文中，數數見之(甲骨文斷代研究例中，曾引述之)。田獵所以習武事，此與史記所載諸傳說，正可互證。然則，其後人號之曰武，雖或溢美，亦固其所。文武丁之所以為文，舊籍中雖無可徵，然就卜辭驗之，在文武丁時，其歷法，其祀典，以及文字之形體，貞卜之事類等，在在摹倣武丁時之風尚(說詳董彥堂先生殷曆譜上編卷一)，是實所謂稽古右文之君。至其武，則晉書束皙傳、史通疑古篇及雜說篇述汲冢竹書，並有文丁殺季歷事。季歷生平，數事征伐，見於後漢書西羌傳注所引竹書者，即達四事，可見其兵權之盛。而文武丁能殺之，即此一事，已足見其武。是文武丁之號，固亦名符其實者也。

就以上三王驗之，可確定殷人已知就先王行事之特徵，而追命以名符其實之特號。此行事之特徵，即周書所謂行之迹；此特號，即周書所謂功之表。雖爾時未必有後世所謂謚法之觀念，亦未必每王皆就其行之迹而追命以特號，然既有此事實，則謂其為謚法濫觴之始，當非過論也。

武丁、武乙(卜辭亦稱武且乙)、文武丁等號，皆見於第五期卜辭。而五期卜辭，其書體及習用語法等相同，誰為帝乙時辭，誰為帝辛時辭，除少數可據歷日或稱謂判別外，其大部之材料，尚難細分。惟帝乙時稱文武丁為父丁，可知稱文武丁者，當為帝辛時之辭。而武丁、武乙兩號，是否已見稱於帝乙之世，抑或始於帝辛，但據卜辭，尚無決定性之證據，資以判明。薛氏歷代鐘鼎彝器款識中，有乙酉父丁彝，銘云：

乙酉商(賞)貝。王曰:□□□工,毋不戒!懋□武乙彡日。惟王六祀,彡日。□丙□□□豐用作父丁隮彝。□□。

銘文多摹泐失真,幾難屬讀。因有父丁之稱,初頗疑為帝乙時器。然既云"賞貝",又有"王曰"云云,知作器者為臣工而非王,自難據此以屬之帝乙。殷曆譜以祀典衡之,定為帝辛時器,當可信從。器銘中有武乙之號,以此及卜辭證之,謚法之濫觴,可能在帝乙之世;即或至遲,亦當在帝辛六祀時也。

以上所論,不過謂此為謚法濫觴之始,非謂謚法之制,已定於此時也。比周人開國,蓋習聞武丁、武乙、文武丁諸號,喜其嘉名,乃及身而自稱之,於是有文、武、成、康等號。久之,更由自命之美稱,遞為歿後被人追命以寓有褒貶之謚號,而謚法之制以定。雖其制度,奠於何時,尚無定論;然推厥原始,則未宜數典而忘祖也。

附記

殷人日干之號為後人所追命之説既定,則故籍著成之年代,亦頗有可資以辨證者。如尚書高宗肜日篇,文辭淺近,今人固疑其上不逮於西周。然守舊者仍篤信書序,以為武丁時書;以疑之者僅能謂其文辭淺近,更無其他決定性之證據足以翻篤信者之口也。曩者,吳其昌氏,曾據卜辭斷定"高宗肜日"一語,乃後人肜祭武丁,非武丁之祭成湯,謂此篇不得成於武丁之世(説詳殷虚書契解詁),其説良是。今按是篇有"祖己曰"云云,祖己乃祖庚之兄,既以日干為號,其上且冠以'祖'字,如此稱謂,至遲當在武乙之後。以此言之,是篇之成,至早亦不能上於武乙之世,此斷然無疑者。至其究成於何時,尚待論定耳。又盤庚三篇,佶屈聱牙,即勇於疑古者,猶多信其為盤庚時之作品。然三篇中皆著盤庚之名,是知亦非當時書也。本文寫訖,墨有餘瀋,紙有餘幅,聊附記之如此。

又本文初稿,承傅先生孟真論正多處;改稿後又承董彥堂先生覆覈一遍,謹識感謝之忱。

民國三十四年十一月八日,記於四川南溪李莊。時日本投降,已逾兩月,方將漫卷詩書，作出峽計也。

屈萬里

評漢以前的古鏡之研究并論『淮式』之時代問題

高去尋

導讀

霍巍

學術背景

20世紀30年代，海外收藏機構對中國文物的系統性收集催生了國際學界對中國銅鏡起源問題的討論熱潮。日本學者梅原末治提出的“秦式鏡”概念及其年代判定，歐美學者主張的“斯基泰文化西來説”，共同構成了當時該領域的主流學術話語。而中國本土學者在考古材料尚不充分的情況下，亟須通過對傳世文獻與早期考古發現的系統梳理，建立起中國銅鏡的時空框架。在此背景下，高去尋依托中研院史語所的考古成果，特別是安陽殷墟侯家莊商代銅鏡的發掘資料，以及故宫博物院、各地方收藏的傳世銅鏡，對國際學界的既有觀點展開學術對話。

學術評議

中國古代銅鏡是中國文物的一個重要門類，其鏡背上的紋飾具有很高的藝術價值，又因其鏡背銘文帶上有許多語言豐富的銘文，因此它既是文物，也是研究歷史的重要文字材料，所以從來被歷史上的收藏家和金石學家們所重視。早在北宋時期的《宣和博古圖録》中，便收集了不少的銅鏡，清代還出現了專門著録銅鏡的圖録。隨着考古學傳入中國之後，地下出土的青銅鏡開始大量涌現，這些具有考古背景的銅鏡與傳世銅鏡相互對照，爲銅鏡的研究提供了科學的基礎。高去尋的這篇論文，就是在這樣一個歷史背景之下對我國古鏡研究提出的一些新看法。

他首先在文中對中國古鏡在海内外的收録情况作了概述，然後對近二十年來考古發現的古鏡給予高度關注。文中提出的第一個重要問題，是關于漢以前古鏡的問題，過去曾有人將這類古鏡稱爲“秦式鏡”，這類鏡大多流往了歐美和日本各國。日本學者梅原末治認爲這些“秦式鏡”的年代應當爲戰國時期。高去尋由此引發對中國青銅鏡起源問題的討論。在當時的歷史條件下，對于中國銅鏡起源的認識，一般衹能上溯到漢代，後來有了“秦式鏡”的提法，將其年代上推到戰國。但秦鏡僅見于傳説，春秋以前的銅鏡也尚無綫索可尋，所以不少海内外學者認爲中國銅鏡的起源應歸因于“外來説”。

高去尋認爲，一些外國學者認爲中國銅鏡起源于“斯克泰文化”（今一般譯爲“斯基泰文化”），這是需要慎重的。因爲斯基泰文化中的銅鏡，以俄國南部及高加索地區爲例，通常來説有三類，前兩類都是帶柄鏡，有的還帶有鏡托；後一類爲平板具鈕鏡，這類鏡雖然與我國的青銅鏡有相似之處，如果認爲中國的青銅鏡受其影響或許有可能，但若將中國古鏡的起源完全認爲是源于“斯基泰文化”，則是不能接受的觀點。他當時能够舉出的論據，一是在我國古史如《述异記》《博古圖》《本草綱目》中，已經有了鏡鑒的記載；二是在殷墟侯家莊墓葬中曾經發現過一面商代的銅鏡，從年代關係來看，不可能認爲商代的銅鏡起源于年代更晚的斯基泰銅鏡。爲了證明這個觀點，他在文中進一步列舉了當時所知歐亞其他區域的青銅鏡并進行了年代學上的比較，所得出的結論是："總之以現階段考古學上之資料而論，關于我國古鏡之起源問題尚屬一謎，梅原氏于本所發見殷鏡之前，即于源自斯克泰文化之説，謂所謂漢以前之鏡與斯克泰時代之鏡對照觀察，周詳考慮，不下肯定之斷語，吾人當予與以好評。"

中華人民共和國成立以後，我國考古工作者在黄河上游齊家文化中發掘出土了距今6000多年的銅鏡，最終證明我國的具鈕系統的青銅鏡應當是獨立起源的。大量的考古材料證明，中國以及受中華文化影響的東亞地區流行的青銅鏡的最大特點是在背面設鈕，用以穿繫，便于手持；而西方系統的带柄鏡則是在鏡板之下另設一手柄，兩者在設計理念、使用方法和裝飾藝術等方面均不相同。雖然中國在宋代也開始出現带柄鏡，但中國的带柄鏡的柄部是與鏡面合成一體的，不同于西方系統的带柄鏡用象牙、寶石、金銀等來製作和裝飾柄部的做法。高去尋在當時有限的資料條件下，正確地判斷了中國古代銅鏡的起源問題，十分難能可貴。

此文所討論的第二個重點問題，是所謂“淮式鏡”的問題。對于《漢以前的古鏡之研究》一文中所涉及的“蟠螭紋鏡”，高去尋分别從鏡背紋飾、出土地點出發，對其年代進行了判定。他結合漢代出土器物上的銘文、裝飾性圖案等，正確地指出當中不少銅鏡應屬于漢代鏡，并進而聯繫到文獻記載推測其與“淮南王安”有關，認爲所謂“淮式鏡”流行的年代有其上、下限之分，又指出戰國末年壽縣楚墓中就已經發現不少的器物具有“淮式”的因素。用今天的眼光來看，此文中所論及的七類“蟠螭紋鏡”，其實很多都是漢鏡，上面的銘文多爲漢代流行鑄刻于鏡背的所謂“吉語”，其流行的地域也不限于江淮地區。

現代考古學興起之後，隨着地下考古材料的不斷出土，考古學界對于中國古代銅鏡的起源與發展已經有了更爲準確的年代斷定，結合其出土的地點，現在已經不再沿用當年前輩學者們所采用的“秦式鏡”“淮式鏡”這樣的概念。大體而言，就該文所論討的時代範圍而言，漢以前的銅鏡起源于新石器時代文化晚期的齊家文化時期已成定讞，但總體而言在戰國以前銅鏡還發現較少，尚屬初創時期，這個時期的鏡子形體很小，紋飾也很簡單。戰國時期，鏡形和紋飾趨嚮規範化，出現了所謂“山字紋鏡”、羽狀紋鏡等裝飾性鏡種。秦漢時期，開始出現銘文鏡，兩漢以來進入到銅鏡發展的第一個高峰期，紋飾中出現了四神（四靈）、瑞獸，東漢時期還出現了東王公、西王母、王子喬等仙人、神獸的圖像，銘文的内容也更加豐富。南北朝時期的銅鏡其本承襲了東漢以來的舊制，這一時期從地域上來看，魏鏡、吴鏡和蜀鏡三大鏡種開始形成，中國的銅鏡製作技術和銅鏡還開始傳入日本，日本古墳時代出土的銅鏡在形制、紋飾上均受到中國銅鏡的影響。

學術價值

針對國際學界盛行的傳播理論，高去尋提出了“技術傳統連續説”。他以殷墟銅鏡爲基點，向上追溯二里頭文化緑松石銅牌飾的鑲嵌工藝，向下梳理戰國銅鏡的紋飾演變，構建起中國銅鏡“獨立演化”的證據鏈。這種理論建構在1975年青海貴南尕馬臺齊家文化銅鏡（距今約4100年）

發現後得到確證：該鏡是直徑8.9厘米的素面鈕鏡，其鑄造工藝顯示出的合範技術，與殷墟銅鏡一脉相承。而2012年甘肅張掖西城驛遺址出土的透閃石玉料，經鍶同位素檢測證實源自阿爾金山脉，爲中原與西域早期物質交流提供了實證，側面印證了高去尋當年“華北陸路交通西至昆侖”的前瞻性假説。但是，受20世紀40年代考古材料的限制，高去尋未能預見齊家文化銅鏡的發現，導致其起源研究存在缺環；對“淮式鏡”與楚文化關係的討論，因缺乏銘文實證稍顯推測性。

集刊外編第三種

評漢以前的古鏡之研究並論"淮式"之時代問題

高去尋

評漢以前的古鏡之研究

著錄我國古鏡，號稱隋代即有專書，但已亡佚不得見其梗概。現傳世之著錄當以宋宣和博古圖為最早。清代金石之學大盛，搜集並著錄古鏡者頗不乏人。其流風餘韻似至近年仍未稍衰。吾人統計自宋迄民國十一二年，古鏡之經著錄者約近千六百面。而論其時代則多為兩漢及其以後者，僅博古圖及清梁廷柟之藤花亭鏡譜（余所見者為民國二十三年順德龍氏鉛印本，無圖）各有一二面形式文飾較古者而已。此種少數形式文飾較古之銅鏡，並未引起後人之注意，故庫波（Albert Koop）於1924年（民國十三年）出版之中國古代青銅器（Early Chinese Bronzes）一書中曾云：

> 於現存諸鏡中（中國各家金石目錄所著者亦然）就其文飾觀之無一可斷為漢以前者。[1]

然吾人如稍一涉獵自此以後二十年來之中外著錄，則知其情形已漸改觀矣。而羅振玉則於民國十七八年間仍有如下之論述：

> 傳世古鏡有銘識者，始於炎漢，未見先秦物。然即無文字者，亦未見確可定為漢以前物者。唯往歲於定海方氏見一鏡，其質介玉石間，黑光如漆，背平無紐而有穿，如古玉瑑，平漫無花紋，詫為古鏡中奇品。及甲子秋，予供職南齋，奉命檢定御府儲藏，又見一鏡，形制與方氏所藏正同，光瑩澄澈，明燭毫髮，尤勝於方氏藏品，殆銅鏡以前物，平生未見第三品也。[2]

羅氏認為銅鏡以前之古鏡二品，是否為鏡，其年代是否早於漢，今暫不論。唯於民國十三年日本所出版桃華盦古鏡圖錄之第一頁即有所謂"獸紐雷文鏡"一面，又民國十五年瑞典人喀爾白克（O. Karlbeck）於中國古銅鏡雜記（Notes On Some Early Chinese Bronze Mirrors）[3]一文中已盛唱楚國銅鏡之說。喀氏文中所舉十四面淮河流域出土之銅鏡，今日就其形式文飾而論，則有四面可確斷為漢以前之物品。此等情

高去尋

形式為羅氏當時所未聞見，抑便有其個人之見解，則不能使人無疑也。

近二十餘年來，我國古鏡出土之夥不勝枚舉，且多形制文飾較古而為早年著錄中所不經見者。唯此等較古之鏡，大都已流往國外之收藏家或博物院中。其曾為國人所獲得者不過於羅振玉之古鏡圖錄及劉體智之善齋吉金錄中僅見數面而已。流往國外者雖夥，然吾人於外人之著錄中亦不過得見其少數之圖影。又近十餘年來，因中國古銅器學之進步，及其年代學之逐漸確立，此諸形式文飾較古銅鏡之時代問題，亦漸得闡明。其於此類資料搜羅較廣，且作綜合之研究者，即梅原末治所著漢以前的古鏡之研究是也。

日本學人向多注意我國之古鏡，尤以大正年間於此等器物之研究頗為熱烈。論其原因除具有文化侵略性外，尚有為情勢不得不然者在。日本古鏡之沿革可分為三大階段：奈良時代（708—794 A.D.）以前為"漢式鏡"時代，奈良時代至平安朝（794—894 A.D.）前期為"唐式鏡"時代，以下則為"和式鏡"時代。[4] 故日人欲研究彼邦之古鏡，勢不能忽視我國之古鏡。又日本原史時代（Protohistoric age）之古墳中，常有我國輸入之古鏡或日本之仿製品出土。欲確知其古墳之時代，則日人勢必以出土之古鏡為至可珍貴之研究資料。例如日本京都帝國大學出版之筑前須玖史前遺跡的研究於其所謂"合口甕棺"古墳之斷代，即全以其中發見之三十餘面銅鏡之時代為根據。具此種種原因，故日本知名之考古家如濱田耕作、原田淑人、後藤守一、梅原末治等皆於我國古鏡有相當之研究，而梅原氏則為其翹楚。梅原氏於1914年（日本大正三年氏年二十一歲）即受課於日本京都帝國大學講師，所謂當時日本鏡鑑學上之重鎮，富岡謙藏。[5]
自此三十年來於我國及日本古鏡之研究仍多所致力，遂成為今日彼邦鏡鑑學之權威。彼於1925年至1929年調查歐美各地博物院及收藏家所搜集之我國古器物，於流往歐美一千數百面之我國古鏡，亦多數獲得目覩，並照像拓影。又當時正值歐美人士盛唱"秦銅器"之說，因而彼於所謂"秦式鏡"者尤為注意搜訪。於1932至1934年間彼據多年搜集之材料，於日本東方文化學院京都研究所中提出"所謂秦鏡之性質與支那鏡之起源問題"之研究題目。漢以前的古鏡之研究即此題目下之研究報告書。此書上題名之更改，乃尊其導師濱田耕作之意見，實則此一題名以吾人觀之似更不必以書

—2—

內所研究者確有漢代之物也。余個人以為此書如題名為"漢式鏡以前的古鏡之研究"則與其內容相符合矣。

漢以前的古鏡之研究著錄所謂"秦式鏡"者共一百四十餘面,皆我國之出土品而流往歐美及日本者。其出土之地點,梅原氏謂有淮河流域壽縣洛陽鄭州等地。書中於各器物之敘述,雖有如高本漢(B Karlgren)對其洛陽金村古墓聚英之批評,描寫不够詳細,致吾人不能充分利用,然其分類尚可稱為系統清楚。彼之綜合此類材料,指出所謂"秦式鏡"之一般性質,足使吾人如用之與所謂"漢式鏡"者對照觀察,則可了然前者確屬於較早階段之作品。彼於所謂"秦式鏡"之年代問題,曾就"秦式鏡"之文飾,與彼之所謂"戰國式銅器"者對照觀察,認為其多數之實年代,與戰國式銅器"並行,而一方饕餮文鏡帶有古調,他方則蟠螭文鏡應屬於"前漢代",因而推斷其為公元前五六世紀至公元前二世紀末,大約前後四五世紀間之物品。余對梅原氏之斷代,亦大體同意。最後彼於論及我國古銅鏡之起源問題,則對源自斯克泰(Scythian)文化之說,避免作"定不的結論"其態度之謹慎似亦有足多者。斯克泰文化之地區,如俄國南部及高加索地方所發見斯克泰時代之銅鏡,其有三種形式:一,上為圓板狀而下具手持之柄;二,圓板狀之鏡身嵌入一圓形"鏡托"之內,三,圓板狀鏡身而背面更具一鈕。[6] 前二種鏡吾人由其附飾之圖文觀察可斷為若非希腊人之輸入物,則為受希腊文化影響之本地產品。斯克泰人墓內常有此等來源之物品出見,乃考古學上之事實也。後一種之圓板具鈕鏡其分佈之區域,西自匈牙利南俄東至西伯利亞以及我國之內蒙古地帶,因而國內外學人有認為此乃我國內地出土古鏡之所淵源者。唯以目下吾人所知之我國古鏡之資料而論,於公元前五六世紀時我國銅鏡之突然發達,或有受所謂"斯克泰西伯利亞"(Scytho—Siberian)文化刺激之可能,但如謂我國古鏡之起源乃由於此種文化之影响則不可。我國之有鏡鑑為時已極早之古代傳說,如述異記博古圖本草綱目之所載固不足為訓,然亦不若近世所推論之過晚。本所發掘安陽侯家莊殷代之皇堂葬地時,曾獲得一面銅鏡。此鏡之精確時代尚有待梁思永先生之研究,然吾人今日據殷代後半期歷史之傳統年代說,認其為公元前十四世紀至十二世紀之物或無極大之錯誤。斯克泰文化於南俄之出見,由文獻與考古學證明,最早亦不過公元前七八世紀之時。[7] 如此則斯克

六同别録

高去尋

秦時代之鏡安能為我國古鏡之所淵源？西伯利亞南部葉尼塞河上游之明奴辛斯克(Minussinsk)地方古代文化之第三期，俄人台樸勞豪夫(S. Teploukhov)称之為"克拉蘇克文化"(Kara-suk culture)。其時代據台氏之推斷似為始自公元前十世紀或十二世紀而至公元前五世紀。[8] 此期文化中亦有圓板狀具鈕之銅鏡發見。[9] 明奴辛斯克古代文化之分期，台氏者雖較芬蘭人陶尔格倫(A. M. Tallgren)奧國人麥赫特(G. V. Merhert)者為晚出，且材料豐富系統詳明，但其可信至如何程度似仍有問題。例如陶氏即以為"喀拉蘇克文化"之出見雖不若彼與麥氏所推斷當在公元後一千年之過晚，但台氏所定之時代似嫌過早。[10] 且台氏所分之時期仍屬"相對的紀年"(relative chronology)其價值不能與大體上可稱具"絕對的紀年"(positive chonology)之殷墟時代相比。故"喀拉蘇克文化"雖可能早至相當我國殷代末一世紀之公元前十二世紀，但其銅鏡與我殷鏡之關係如何，今日仍尚不能斷言。吾人固知殷墟出土之一部分銅器，如矢鏃矛頭斧頭刀子之類，皆與明奴辛斯克出土者有其共同性，[11] 但尔須殷墟此種銅器文化與葉尼塞河上游早期金屬文化之關係闡明之後，則两地所出銅鏡之關係始可得而言也。至若北歐亞大草原中之古代金屬文化之四大區域，除上舉之黑海北岸古斯克泰人所居之區域，及西伯利亞南部之明奴辛斯克區域外，其烏拉山以西喀馬河(Kama R.)流域之所謂"安南尼歐文化"(Ananino culture)區，及外人所称之我國鄂尔多斯(Ordos)地帶，據余淺陋之聞知亦尚無可認為我國古鏡所淵源之資料發見。此外法人莫尔根(J. de Morgan)於十九世紀末二十世紀初發掘伊蘭高原之埃蘭(Elam)古都蘇撒(Susa)時，於所謂埃蘭以前文化層之上層，發見極原始之具柄圓銅鏡，於其最下之文化層更發見伴婦人遺骸出土之圓板狀銅鏡數面。[12] 此等銅鏡之圖影可見於漢以前的古鏡之研究第二十五圖。其具柄鏡可能乃後世希腊羅馬埃及所盛行之具柄鏡之祖型。其圓板狀鏡可能因不便手持，於後世發展為具柄鏡及盛行於東方以我國為代表之具鈕鏡。蘇撒之發掘報告書，於遺物出土情形及其年代觀，向稱多曖昧誤謬之處。余目下雖未見此書，但於其他有關近東史前史之著述中，可知其圓板狀鏡確出於蘇撒第一之a層(Susa Ia)。蘇撒文化之時代，莫尔根氏曾有两次之推訂，此外各家之説法亦不相同。據近年之研究，"蘇撒第二層"(Susa II)之時期應相當

-4-

於美索不達米亞地方之“初期王朝時代”(Early Dynastic period),[13]其“第一a層”當更早於此時若干世紀。如此則綠撒圓板狀鏡與我國殷鏡之關係如何,非但兩者之時代相距過遠,且於我國之金屬文化始自何時,源自何地等問題尚未獲得若干線索之今日,故亦不能多所揣測也。總之以現階段考古學上之資料而論,關於我國古鏡之起源問題尚屬一謎,梅原氏於本所發見殷鏡之前,即於源自斯克泰文化之說,就所謂漢以前之鏡與斯克泰時代之鏡對照觀察,周詳考慮,不下肯定之斷語,吾人當與以好評。

綜觀梅原氏此一著述,提供資料之豐富,分類之清楚,論斷之周詳,覺濱田氏称之為“中國鏡鑑學研究上劃一時期之重要文獻”或非過譽。唯此書亦非全無缺點。今就管見所及舉其大者,除於器物之描述猶嫌不足外,則尚有兩點:1.誤以日本京都大學文學部所藏具三十七年銘文之銀奩脚為秦始皇三十七年之物;2.未將書中已有之蟠螭文鏡加以詳細之研究以推訂更確實之年代。關於第一點之謬誤及其影響之大,瑞典人高本漢(B. Karlgren)氏早已有所評論,[14]今僅討論第二點。

日人富岡謙藏曾著蟠螭文鏡考,謂此類鏡之時代當起自先秦而下及前漢代之末期。[15]後藤守一則以為蟠螭文鏡之具有細線地文者,其時代可比定為自周末至前漢代,地文已失蟠螭文已形式化者,乃前漢代末期至後漢代之物。[16]喀爾白克於1926年所發表之中國古銅鏡雜記載有蟠螭文鏡五面,其一亦見於漢以前的古鏡之研究圖板二十七。喀氏觀察此類銅鏡與同在淮河流域出土之其他器物,共具較漢器帶古調之特彩,因更就此出土地之歷史考訂其為楚國時物。喀氏之見解曾為其國人西崙(O. Siren)所採納,因而西崙之中國古代藝術史(A History of Early Chinese Arts)於所謂“秦楚時代”(the Chu and Chin period)之器物中,亦有蟠螭文鏡之列入。日人富田幸次郎及德人屈麥爾(O. Kümmel)則以為蟠螭文之樣式與明確屬於漢代之鏡者極近,乃反對喀氏之說而斷其為公元前二世紀之物。[17]郭沫若先生於喀氏楚鏡之說亦曾論曰:“案其鏡之有銘者,文曰‘大樂富貴,千秋萬歲,宜酒食魚’。魚字類圖形,其他均在篆隸之間而與隸近,文辭亦類漢人語,余意其鏡鑑帶鈎之類殆是淮南墓所出。”[18]梅原氏即據郭氏此一有力之見解,認為蟠螭文鏡既多數出於淮河流域又多具“漢代之吉祥語”乃斷定為公元前二世紀之物。今願以梅原氏所提供之資料,於蟠螭文鏡之時代更

六同別錄

作進一步之考察。

漢以前的古鏡之研究圖板中所載蟠螭文鏡共三十一面。其正面是否金屬弧形
高去尋 突起狀及各器弧度之大小不得詳知。今先將其背面所具主要文飾之極近似者分為九類：

1. 樹木文蟠螭文鏡（原書圖板二三：1.2.3. 二四：1.2.3. 二五：1. 二七：4.）
2. 規矩文蟠螭文鏡（原書圖板二四：4.5.6. 二九.1.2.）
3. 變形菱文蟠螭文鏡（原書圖板二六：3.4. 二七：1.2.3.5.6. 二八：2.3.4.5.）
4. 甲類蟠螭文鏡（原書圖板二五：2.）
5. 乙類蟠螭文鏡（原書圖板二六：1.）
6. 丙類蟠螭文鏡（原書圖板二六：2.）
7. 丁類蟠螭文鏡（原書圖板二八：1.）
8. 戊類蟠螭文鏡（原書圖板二八：6.）
9. 蟠螭文人物畫象鏡（原書圖板三〇：1.2.）

此九類蟠螭文鏡，論其形式則具有兩種"通性"：一、皆為圓形鏡，背面中心皆有一"鈕座面"，面上之鈕多作狹長帶狀或飾以獸首文，此等鈕形與明確之"漢式鏡"之鈕皆作半圓球體狀者有別。二背面多作兩層同心圓之"帶圈"，第2類者雖內層帶圈為方形，但仍屬"重圈鏡"式，僅第1類中之一鏡（原書圖板二三：2.）多一外銘之帶圈，此不過因銘文較長，出於一時之便利而已。論其文飾除蟠螭文畫象鏡暫不論外，其餘者亦有兩種"通性"：一、"鈕座面"具文飾者多作獸文或蟠螭文。二、其文飾雖有時加入樹木文，變形菱文，及其所謂規矩文之TLV，但皆以蟠螭為主要文飾之母題（motive），以低淺之雷文或變形雷文為"地文"，不過蟠螭之渦文化程度稍有大小之不同而已。至於人物畫象鏡如原書圖板三〇：1者，其樹木文蟠螭文與第1類鏡者極相同，圖板三〇：2者其鈕座面之獸文與他類鏡者相近似，其人物之服裝與故事之題材亦與上鏡相同。論其文飾表出之手法亦有一種"通性"，即全鏡之文飾乃由用一圖文單位連續排列而成者。綜觀以上九類蟠螭文鏡形式文飾之"通性"可使吾人得一初步印象，即其大多數當為同時所造成者，少數之時代亦當與此極近。但更進一步推斷其時代則不能不以銘文為依據，此

—6—

三十一面蟠螭文鏡具銘文者僅有十一面。其文飾則屬於三類。其銘文可分為七項：

(甲)“大樂貴富千秋萬歲宜酒食” (原書圖板二三：3. 二四：2.)　第1類

(乙)“大樂貴富得所好千秋萬歲宜酒食” (原書圖板二四：3.)　第1類

(丙)“大樂貴富得所好千秋萬歲延年益壽” (原書圖板二四：4.5.6.)　第2類

(丁)“脩相思頃毋相忘大樂未央” (原書圖板二四：1)　第1類

(戊)“脩相思毋相忘常樂未央” (原書圖板二六：3)　第3類

(己)“安樂未央” (原書圖板二九：2.)　第2類

(庚)“内請[清]質以昭[照]明光輝象夫日月心忽(内銘)楊而願忠然雍塞而不泄懷糜美之窮嗌外承驩之可説慕安於之重泉願永思而毋絶(外銘)(按此銘梅原書内於釋文及其排列有謬誤，今改正如上。)

(原書圖板二三：2)　第1類

此七項銘之書體，己項者乃篆書，庚項者乃隸書，甲乙丙丁戊五項為一組乃在篆隸之間者。甲乙丙丁戊五項銘文乃余立説之據點。此組之時代解决後，更以其鏡之文飾及銘文書體與他組者對照觀察，則他組之時代不難推定。具銘文鏡之時代解決後，用以與無銘文之各鏡比較其文飾之異同，則此三十一面蟠螭文鏡之時代皆可求得。

今先述余推斷其時代之據點。

(一)出土之地域問題

欲推斷具甲乙丙丁戊五項銘文鏡之時代，須先考慮其出土地域問題。如此問題能獲得相當之解决，則余之時代説或更為有力。

具甲項銘文之二鏡，其文飾屬於第1類；其一傳稱為壽縣之出土物。此外尚有六面蟠螭文鏡，其文飾銘文皆與此二鏡者相同。其一確知為淮河流域之出土物，可見於漢以前的古鏡之研究之第一圖，其五則未經此書所載入。未經梅原氏著錄之五鏡，有一面見於上舉之喀氏文内，確知為淮河流域之出土品，有二面確知出於壽縣經友人李景聃先生調查楚墓時獲得其拓影，餘者則見於善齋吉金錄而出土地不明。今以已知出土地之五鏡，對比不知出土地之三鏡，深覺不但其形式，文飾，銘文及銘文位置極相同，且其書體亦如同出於一人之手。此等決非偶然之情形，可使吾人確斷此八鏡當屬同一地域之出土物，甚至乃同一地域或同一工廠所製造者。所謂淮河流域之出土物，實即壽縣一帶所出，此由李景聃先生之調查[19]及喀氏斷其時代而以壽縣之歷史為説可知之。

具乙項銘文之一鏡已殘破。文飾屬於第1類。銘文中"好千秋萬"四字乃余據丙項銘文增補者。其形式，文飾，銘文位置及銘文書體皆與上項銘文者相近同。確知出於淮河流域，為瑞典遠東古物館（The Museum of Far Eastern Antiquities）所藏。

具丙項銘文之三鏡，文飾皆屬於第2類，内中之二面傳稱出於壽縣。此外尚有四面蟠螭文鏡，其文飾銘文與此三鏡者相同，而為漢以前的古鏡之研究所未載。一其確知出於壽縣，經李景聃先生拓影，另一確知出於淮河流域，曾經喀氏獲得之，餘者可見於善齋吉金錄，而出土地不明。今以已知出土地之四鏡對比不知出土地之三鏡，於其銘文，形式，文飾，銘文書體與位置相同之情形，有同為壽縣一帶出土或製造之感。

具丁項銘文之一鏡出土地域不明。其形式及銘文位置皆與上三項者相同。文飾則屬於第一類，與甲乙二項銘文者相同。銘文書體及所附之魚形圖文亦與上三項銘文者如同出於一人之手。若此種種情形皆顯示其出土之地域應為壽縣一帶。

具戊項銘文之一鏡，為日人廣瀨治兵衛之藏品，出土之地域不明。其文飾屬於第3類。其形式，銘文書體及位置皆與上四項銘文者相同。此外廣瀨氏及喀氏各得一蟠螭文鏡，確知為淮河流域出土者，其形式文飾與此鏡者極相同而獨缺銘文，是此鏡亦應為出土於壽縣一帶者。喀氏所得之鏡可見於上舉之喀氏文内，廣瀨氏所得者可見漢以前的古鏡之研究第一圖之8，亦即其圖版二四：4也。

余斷定具丁戊二項銘文之鏡應為壽縣之出土品，除上述之理由外，更可舉一旁證。我國較古銅鏡之出土，於近二十年來，有其兩大中心地點：一為洛陽，一為壽縣。據李景聃先生之調查，壽縣經多年之盗掘，以古鏡之出土為最多。據梅原氏之調查，壽縣所出銅鏡之表面皆作黑漆色，與洛陽出土者之作緑銅銹色有别。據英人冠林斯（W. F. Collins）於顯微鏡下之觀察，我國漢唐銅鏡表面之有漆黑色銹，乃含錫成份較多之故。[20] 而據日人之化學分析，則表面作漆黑色之鏡與作其他色者之含錫量並無極大之差别。[21] 如此則我國古鏡常因出土地域之不同而具不同之色澤，是否更有其他原因

—8—

不能使人無疑，但近年來壽縣之出土品，其表面常作黑漆色則確如梅原氏之調查。今觀此二鏡之照像圖影，其黑漆色及反光之情形，則確與其他壽縣所出者相同也。

二、年代之斷訂

具此五項銘文之鏡，其形式皆為圓板形具帶狀或獸首狀鈕之“重圈式”。其鈕座面文皆作獸形或蟠螭形。其主要之文飾雖夾雜樹木文規矩文變形菱文但皆以蟠螭文為主而以雷文變形雷文為地。其銘文之位置皆在內層帶圈，書體“均在篆隸之間而與隸近”。其銘文之語句皆為漢人所通行者。甲項者乃漢代通行之成語早經郭沫若先生所指出。乙項銘文較甲項者僅多“得所好”一語。漢鏡銘中常見“得所喜”之語，“得所好”與其義同。丙丁戊三項銘文之語句，亦與漢鏡銘之語句或全同，或其義相同，例證繁多無需枚舉。銘文末所附之魚形圖文，則僅見於蟠螭文鏡，確為一大特彩。但漢代之銅洗亦常具魚形圖文，四川“漢崖墓”之門簷上亦常有魚形之浮雕。余疑此種魚形圖文有巫術(magic)上之咒符(charm)或咒語(spell)之意義。漢銅洗及此組鏡銘，於富貴昌樂等吉祥語之旁附有魚形圖文，蓋出於魚餘為同音字之附會。此由近世市肆中之“年畫”常有嬰兒抱魚之圖，旁書“富貴有餘”四字可以想見也。由以上種種情形，吾人如將此一組蟠螭文鏡斷為同時代之物似無問題。又由此組鏡之形式文飾為上承战國下開西漢末期之作風，而銘文書體則在篆隸之間，吾人亦可想見其大體之時代。今能更將其時代斷定屬於較短之一時期內，則唯丁戊兩類銘文之“脩”字是賴。

吾人於漢代之帶鉤上可見“長相似”及“長毋相忘”之銘文，於漢代之鏡上亦常見以下之銘文：

“願長相思”。“長毋相忘”。“久不相見，長毋相忘”。“長樂未央，長毋相忘”。“時來何傷，長毋相忘”。“願長相思，幸毋相忘”。“富貴安樂未央，長毋相忘”。“常富貴樂未央，長相思，毋相忘”。“見日之光，長毋相忘，(內銘)見日之光，長毋相忘。(外銘)見日之明，長毋相忘”。“天日之光，長毋相忘”。“與天無極，與美相長，安樂如志，長毋相忘”。“內清質以昭明，光輝象夫日月，心忽揚而願忠，然[壅]塞而不泄，(外銘)見日之光，長毋相忘。(內銘)”“君有行，妾有憂，行有日，反無期，願君強飯多勉之，仰天大息，長相思，毋久，(外銘)見日之光，天下大明，服者富貴番昌，長相思，

六同別錄

母。(内銘)"

高去尋

由此可見"長相思""長毋相忘""長相思，毋相忘"皆漢時流行之語句，其"長"字之義意及用法亦極顯著。又具上列銘文之諸鏡，以其形式文飾而論皆為西漢時物，與蟠螭文鏡之時代亦相近同。何以當時既通行"長相思，毋相忘"之語句，而丁戊兩項銘文則作"脩相思慎毋相忘"及"脩相思毋相忘"？ 管見以為其以脩代長乃因淮南厲王之諱故。古時避諱改字之法為最早見。所謂改字者乃用一同義互訓之字以代之。此法已顯於秦，漢承秦制，其例極多。陳垣先生曾曰"惟漢諱有一定相代之字，後世無之；即有亦非一定，斯為獨異耳。"[22]今考之史實因避淮南厲王諱以脩代長確為當時之定制。高誘於淮南鴻烈解序曰："以父諱長故其所著諸長字皆曰脩"。余遍查淮南鴻烈(據劉文典氏集解本)一書，僅見四長字。其三今讀當如"知養切"，用於"長老"或"繼長增高"諸辭。其一則用於"日長至"一辭。疑日長至本為自古習用之專名詞，後人嫌其書中之"日脩至"未免生硬，因之改為原名者。此外淮南鴻烈中之脩字除義為治或理者外，餘者皆為代長字而用。今略舉數例如下：

人間篇："秦皇挾錄圖，見其傳曰："亡秦者胡也"，因發卒五十萬，使蒙公楊翁子將築"脩城"，西屬流沙，北擊遼水，東結朝鮮，中國內郡輓而餉之。……欲知備"脩城"以備胡，不知築"脩城"之所以亡也"。

此因父諱，改稱長城為"脩城"最為顯著。

墬形篇："掘崑崙以下地，中有增城九重，其高萬一千里百四十步二尺六寸，上木禾，其脩五尋"。

"上有木禾其脩五尋"乃因父諱改用山海經海內西經之文"上有木禾長五尋"也。

說山篇："拘囹圄者以日為脩，當死市者以日為短，日之脩短有度也，有所在而短，有所在而脩也，則中不平也。

其改常語之長短為脩短亦顯然為父諱也。此外由顏氏家訓之風俗篇：

"凡避諱者皆須得其同訓以代換之，桓公名白，博有五皓之稱，厲王名長琴有脩短之目。"

仍可見因淮南厲王諱而以脩代長之事例。又淮南鴻烈一書中，脩字有時作修。修乃後世

—10—

所起之別體字。此因(一)漢代金石文字中脩字無作修者,(二)書中之脩字有時為循字之誤,(此種錯誤亦見於漢書中)乃以隸書脩循二字相近之故,如當時原作修,則後世傳錄亦不致與循字相混矣。今丁戊兩項銘文之脩字皆不作修,亦與當時之書體相合。

淮南厲王長以漢高帝十一年(196 B.C.)王淮南,都壽春(今之壽縣),在位二十三年,於漢文帝六年(174 B.C.)因謀反廢,徙蜀,死於雍。文帝十二年因受輿論(童謠)之壓迫,徙城陽王喜王淮南故地,十五年復徙之城陽。至十六年,文帝憐淮南王廢法不軌,自使失國早夭,乃立其尚存之三子王淮南故地而三分之,長子阜陵侯安為淮南王,仍都壽春。淮南王安自文帝十六年(164 B.C.)紹父封,在位四十二年,至武帝元狩元年(122 B.C.)因謀反自殺,后太子諸所與謀皆收夷,國除為九江郡。[23] 丁戊兩項銘文鏡既應出於壽縣一帶,則銘文之以脩代長當為恐干淮南厲王諱故;而其製成之時代則當在淮南王安之時(164—122 B.C.)。

漢初諸侯王之制,皆比儗天子。漢書宣帝紀元康二年詔曰:“聞古天子之名難知而易諱也,今百姓多上書觸諱以犯罪者,朕甚憐之,其更諱詢,諸觸諱在令前者赦之。”說者認為此乃當時天子生時即有避諱之例。而據陳垣先生之研究,漢時“大約上書言事不得觸犯廟諱當為通例,至若臨文不諱詩書不諱禮有明訓。”至若秦始皇帝自為之琅琊台刻辭有“端平法度”“端直忠敦”之語,說者謂端字避諱始皇名之正,亦未可輕信。史記李斯傳趙高詐為始皇書賜公子扶蘇,有曰:“蒙恬與扶蘇居外不匡正,”可見始皇生時亦不諱其名也。禮記曲禮云“卒哭乃諱”。大約漢時去古未遠,諸侯王之制雖比儗天子,而於其生時除上書言事外則當臨文不諱,故具丁戊兩項銘文之鏡不能謂為製於淮南厲王之時也。

淮南王安時因父諱長,其以脩代長之定制,自當隨其國除而歸於滅,此由後世避諱之情形可以想見。但當時所通行“脩相思慎毋相忘”及“脩相思毋相忘”之語句亦有可能因習慣關係於淮南王安之後仍沿用於壽縣一帶。若然則此二鏡是否有製於較晚時代之可能?管見以為此種可能性極小。此二鏡形式文飾之時代性已如上述矣。漢鏡中之有紀年銘文者以王莽時代者為最早。王莽時代鏡之形式文飾與此二鏡者相去甚遠。此二鏡之時代如更晚於淮南王安時,則其與王莽時鏡之中間過度期物無恰當之時間可安置矣。至若博古圖卷二十九所載之一“神獸鏡”,銘文中雖有“壽脩”之語,但

高去尋

與淮南厲王之諱毫無關係，因此鏡之形式文飾乃魏晋之作風也。

余既斷定具丁戊兩項銘文之二鏡當製成於淮南王安之時，則其同組鏡之時代亦可想見，唯具丙項銘文者其文飾有TLV之出見及蟠螭亦漸失其原有之形體，容或為此時期內較後起之物而已。吾人如以此組蟠螭文鏡為時代上之據點，用以推斷漢以前的古鏡之研究中其他蟠螭文鏡之時代，則須先考慮數點：一、於同時同地域同用一文飾"母題"之物，可能有自古即傳來之不同作風。二、同時代同一文飾作風，但因製成之地域不同，常各帶有地方性之色彩。三、同一器物，同一作風，而可能以地域之不同而維持之時間有稍長稍短之不同。例如去年本所與中央博物院合組之川康古蹟考察團於四川彭山牧馬山發見一漢墓。管見以為此墓之造成時代至晚亦不過相當淮南王安時，而其出土之一蟠螭文鏡之文飾，則近於梅原所謂"自秦鏡向前漢鏡推移之樣式"。此種事例至堪發人深思。余於考慮此數問題之後，認為漢以前的古鏡之研究所載三十一面蟠螭文鏡之製成皆相當於淮南王安時代，或其稍前稍後。關於此一問題既屬屑瑣牽涉亦廣不更詳述，今僅一論淮式(Huai-style)之時代問題以為本題之結束。

1923年山西渾源李峪村人於恒山脚下發見一古墓，出有大批銅器，其一部份為法國古董商王涅克(M. Wanneick)所得，流往國外。王氏曾據本地人荒誕之傳說謂為秦始皇帝二十九年祭祀北嶽時之遺物，於是歐人之著錄內遂有"秦銅器"及"秦式"之呼聲。"秦鏡"之名亦因此而生者。自喀爾白克所得之淮河流域出土品傳至歐洲後，於1929年西崙之中國古代藝術史中又有"秦楚式"之劃分。1933年於瑞典舉行第十三次藝術史國際大會時，瑞京之遠東古物館曾展覽所搜集之我國古器物。展覽品之說明書則將"秦式"改稱為"淮式"，其時代則訂定為自公元前七世紀或六世紀至公元前三世紀。24) 說明書中曾聲言此一時代之斷定乃從高本漢之說。高氏於1936年發表中國青銅器中之殷周(Yin and Chou in Chinese Bronzes)一文又謂"淮式"之年代當為自公元前六世紀至秦代之時。25) 彼於1937年更發表中國青銅器之新研究(New Studies on Chinese Bronzes)一文，則更訂定"淮式"之年代為大約自公元前650年至公元前200年(Circa 650—Circa 200 B.C.)。26) 近年高氏於"淮式"之年代問題又有新見解否，則非余之所知矣。

今按高氏於"淮式"開始時之推斷,最初本以厲氏編鐘製成之年月為主要之標準,而更加以此式演進之時間而來,實不能使人滿意。厲氏編鐘銘文之考釋,各家多有不同之處,而為所公認者則為厲氏先隨其"韓宗"征秦後又伐齊,伐齊之役諸軍先會於平陰而入長城,事後因功"賞于韓宗,令于晉公,卲于天子,"因於"唯廿又再祀"作鐘以銘之。但此"唯廿又再祀"當屬於何王之年則先有兩說:一、為徐仲舒唐立庵劉子植諸先生之周靈王二十二年(550 B.C.)說。二、為郭沫若先生之周安王二十二年(380 B.C.)說。高氏因於1934年發表厲鐘之年代(On the Date of the Piao Bells)一文,據春秋左傳史記戰國策古本竹書紀年(王國維輯校本)將自春秋至晉滅時所有晉及其三卿韓趙魏伐秦伐齊之年列為一表,用以對照鐘銘之所載詳加考辨,結果認為其"唯廿又再祀"只有乃周靈王二十二年之一可能。[27] 但高氏於此時期內忽略一周威烈王之二十二年(404 B.C.),雖已舉出可貴之資料而仍不免失去思考另一可能之機會。民國二十三年春,徐仲舒先生於北大授課時,曾略論厲氏編鐘製成之年日,謂以其銘文書體而論過去所訂之周靈王二十二年似嫌稍早,目下之意見則以為當為周威烈王之二十二年。因引史記六國年表及魏世家魏文侯十七年伐秦之文謂鐘銘征秦之事或即此役,當時三晉之中魏為最強,文侯伐秦三家之兵皆必參加。又引水經汶水注引竹書紀年"晉烈公十二年王命韓景子趙烈子翟員伐齊入長城"之文,謂鐘銘之伐齊或即指此役。後一年餘,溫廷敬氏發表厲羌鐘銘釋一文,亦引上舉紀年之文及六國年表威烈王十三年之秦與晉戰,十六年十七年魏兩次伐秦之事以為說,亦認為厲氏編鐘之製成當於武烈王之二十二年。[28] 唯溫氏欲使伐齊之役與鐘銘之"唯廿又再祀"相符,又誤信史記之說因謂"晉烈公十二年當威烈王十八年,然紀年久佚,水經注每多訛誤,此十二年必為十六年之誤。(六字失去下二點後人遂誤為二字耳)烈公十六年當威烈王二十二年,以此銘證之之而益信",則全屬臆斷。史記六國年表及其他世家之所載多與紀年不合。徐仲舒錢賓四兩先生各據新舊史料之考證皆認為由於史記之誤,[29] 晉烈公十二年實當威烈王之二十一年,清雷學淇及錢賓四先生皆已有考定。厲氏於此年追隨韓景子伐齊,於翌年製鐘,乃極合情理之事。果如溫氏之說,則伐齊之役却在製鐘後之第三年矣。自溫氏之威烈王二十二年說發表後,高氏則仍主其前說,於溫說更提出不能接受之理由。[31]

六同别錄

高去尋

管見以為屭氏編鐘製成之年代問題第二說之不能成立確如高氏溫氏之所評論，第三說之價值則與第一說不相上下。威烈王二十二年韓猶未稱侯，（據史記威烈王二十三年韓始稱侯，如據紀年稱韓景侯為韓景子則韓之稱侯當更晚。）韓之家臣屭氏於"令于晉公"自當引以為榮。當時周室雖衰微，但伐齊之役紀年明言出于王命，鐘銘又有"卲于天子"之語，則"唯廿又再祀"乃周王之年自亦可通。紀年之文僅云入長城，雖不若左傳"平陰之役"能有一具體明確之地點平陰與鐘銘相合，但吾人如以當時齊長城之形勢[32]而論則三晉之攻入長城勢必先克平陰，紀年所載稍略而已。此外高氏反對第三說之有力理由，則為魏文侯十七年之伐秦於文獻不見有韓之參加，以此役乃鐘銘之征秦終不過出于臆度耳。實則韓人之參加此役於文獻亦有可徵。史記秦本紀載孝公下令國中，有"往者厲躁簡公出子之不寧，三晉攻奪吾河西地"之語。據錢賓四先生之考證，三晉之奪秦河西地亦即魏文侯十七年伐秦之役[33]，如此則孝公所稱之三晉自亦有韓也。吾人如更進一步，觀察屭氏編鐘之形式文飾，銘文書體，則第三說實較第一說為優。鐘銘之齊字作𠫯與"陳侯四器"之齊字近同，與陳逆簠及其以前之齊器之齊字書作𠫯者有別。楚字之作楚與楚王酓忎鼎者相近同。"永業毋忘"與陳侯午鐘之書體語句相近同。

陰字所從阜作阝與曾姬無卹壺陰字所從者形同。明字之作[illegible]，寺之作[illegible]，又之作[illegible]，亦皆為晚起之書體。鐘之形制文飾全與者沪鐘相同。者沪鐘之製成據郭氏兩周金文辭大系則當在戰國初年。如更以之與應製於公元前554年之叔夷編鐘[34]及應製於公元前556年及稍前之邾公牼鐘[35]比較，則其甬之改作長細狀，枚之變為半圓球形，篆及鼓上之具標準蟠螭文等，無論其應屬於我國古鐘之第二式[36]或屬於鎛與鐘之混合物[37]，而當是較後起之作風則無問題。若此種種情形可見屭氏編鐘之製成似應於威烈王之二十二年。唯此雖較高氏信從者已晚百四十餘年，然於其"淮式"時代之開始說並不能因而推翻。高氏於其中國青銅器中之殷周及中國青銅器之新研究內曾又舉出若干"淮式"器物其製成或不能晚於公元前六世紀內之某年或應為公元前五世紀初期之作品。由此可見"淮式"開始之時期實不當過晚。但此等器物亦無可確定為製成於公元前六世紀之前者。吾人固知"淮式"與"中周式"（middle Chou style）在時代上之交替不易截然劃分，甚至有若干"中周式"器含有少許之"淮式"意味，但"淮式"之開始能否確

—14—

定於公元前七世紀或其後半期，則有待新資料之發見耳。

高氏最後斷定"淮式"時代之下限(lower limit)當為公元前200年，並無若何根據，亦不過取其數字為一整數而已，實與其以前認為下至秦代(221—207 B.C.)之說相去無幾。管見以為藝術史或文化史時代之劃分，確不能以政治史為標準，換言之即文化期(Culture age)不能與朝代(dynasty)混為一談。高氏雖亦曾據此種觀點批評我國參加倫敦中國藝術國際展覽會之銅器說明書，然彼於"淮式"下限時代之斷定，實亦不能令人滿意。吾人今日如以銅鏡為標準可云至少於高氏認為"淮式"之發祥地淮水流域，其"淮式"之時代可下至公元前一百年(100 B.C.)，因淮南王安時代或其稍前稍後之蟠螭文鏡，於(一)形式與其他之"淮式"鏡者相同，(二)繩文常見於其他"淮式"器物上，蟠螭文雖已稍渦文化，但其形體仍為早年蟠螭文之系統，其結構姿態亦見於壽縣楚墓洛陽韓墓之出土物中，(三)文飾表出之方法為用一單位圖文連續排列而成，亦為一般"淮式"器物文飾表出方法之特徵，(四)用作地文之雷文變形雷文之佈置具有無限擴大性，不與浮起之蟠螭文相合，其蟠螭文之佈置亦未全受器物形式之限制，此種不律動(rhythm)之情形亦為一般"淮式"器物之特徵。[38] 如僅據此等情形而論，蟠螭文鏡之被西蕃列入"秦楚時代"，被懷履光(W. C. White)列入所謂韓墓之出土物內[39]，實有相當之理由。但於公元前二世紀時是否僅有銅鏡保持原來之作風，其他銅器則不如此？郭沫若先生曾謂我國古銅器之"新式期"器物"綿延至于秦漢，隨青銅器時代之退禪，隨落式日趨于墮落，精進式則集中于鑑鏡而別構成文化之一環矣"。[40] 但郭氏此種見解可否引用於西漢初年及其稍前則大有問題。吾人今日除蟠螭文鏡外雖尚未見"淮式"器物確可斷為屬於秦或西漢初年者，但亦未見"漢式"(Han style)器物確可斷為此時者。今以戰國末年壽縣楚墓所出之數百件銅器為例，其中至少有一部分具有"淮式"之文飾，若謂於楚亡之後當地之此種作風，除鏡類外其他則隨朝代之改革突變為全無文飾，或即有之亦全突變為"漢式"之作風，則實難想像。又我國古器物之出土大都非經學術上之發掘者，既不知其層位關係，又出土之後即流散四方，於同出之關係亦無從獲悉。往者我國之著錄於此等器物之具"淮式"作風者，或列入周器，或列入漢器，固無科學之根據，但自古器物學已進步及"秦式"或"淮式"之說盛行後，凡此等器物是否皆當認為

六同別録

屬於先秦者，實亦不能使人無疑。若此問題，乃今後田野考古人士所當嚴加注意者也。

高去尋

最末更當聲明一點：1904年外國傳教士畢爾斯（Rev. Z. Charles Beals）在安徽蕪湖發見之磚墓中，出有典型的"淮式"作風之一銅壺。[41] 由其同出蜀漢昭烈帝時所鑄之直百五銖錢及吳孫權赤烏元年鑄之當千錢，可斷此墓之造成時代不得早過赤烏元年（238 A. D.）。其"淮式"之銅壺乃當時之一古董，因吾人絕無理由可言"淮式"在安徽一帶延續至三國時代也。

本文乃三十二年二月七日本所學術討論會上之講稿。匆匆寫作於會前之一星期內。越兩月餘，曾以之請教於王獻唐先生。先蒙賜書云"昔年曾囑賈人至壽縣收買古物，得鏡六七枚，完闕相間，花紋皆與所謂"淮式"各種者同，內一枚亦作脩相思，曾作一小文說此為淮南王安時物，後見柯燕卿之金文分域編言其兄燕舲已有是說，但均了了數語"，後又蒙面告，彼所得具脩相思銘文之鏡，其形式文飾銘文皆與漢以前的古鏡之研究圖板二四：1者相同。此不特於余認為梅原書內丁項銘文鏡應出土壽縣之說與一強有力之證據，且其應為淮南王安時物亦因獻唐先生之早已鑒及更使余深信而不疑。

金文分域編所舉之一鏡見其第三卷第四頁，原文僅"漢脩勿相忘鏡。藝林旬刊景本，兄說脩乃避淮南王長諱"等語。手下無藝林旬刊不得見其形式文飾及全部銘文。友人張政烺先生曾告余一鏡銘，文曰"道路遙遠，中有關津，道不隱請情，脩毋相忘"。按此鏡銘僅見於高本漢之 Early Chinese Mirror Inscriptions（載於 The Bulletin of the Museum of Far Eastern Antiquities No. 6），器物為瑞典人 A. Lagrelius 所藏。是否即金文分域編所舉之鏡已流往國外，亦以不得見其圖影為可憾耳。又於學術討論會上承傅孟真先生有所教誨，文稿更承李濟之先生曾昭燏先生審閱一遍，亦並書此誌謝。

三十五年一月高去尋附識于南溪李莊。

—16—

附　　註

1)見Early Chinese Bronzes第三十二頁及O. Karlbeck之Notes on Some Early Chinese Bronze Mirrors。

2)見羅振玉遼居雜著中之鏡話民國十八年出版。

3) O. Karlbeck此文載於中國科學美術雜誌(Chinese Journal of Science and Art)四卷一期,1926出版,張蔭麟將其譯為中文載於北平考古學社之考古第四期,民國二十五年出版。

4)見後藤守一之鏡(載於日本考古學講座第二十二卷二十四卷三十四卷)。

5)見丁士選之介紹日本考古學者濱田梅原兩先生(載於考古學社之考古第六期)。

6)見漢以前的古鏡之研究第二十六、二十七、二十八圖。

7)見E. H. Minns: Scythians and Greeks, Cambridge, 1913; M. J. Rostovtzeff: Iranian and Greeks in South Russia, Oxford, 1922; Borovka: Scythian Art, New York, 1928。

8) Teploukhov之原著Essai de classification des anciennes civilisations métalliques de la région de Minoussinsk, Leningrad, 1929,未見,此時代說乃由日人江上波夫水野清一之內蒙古長城地帶第二編第三十二頁之文推測者。此外余所見引及Teploukhov所定之Kara-suk文化時代者,尚有E. Golmshtok: Anthropological Activities in Soviet Russia(載於American Anthropologist, vol 35, No. 2, 1933), A. Salmony: Sino-Siberian Art in the Collection of C. T. Loo, paris, 1933,及梅原末治:論支那古代的銅利器(載東方學報京都第二冊)。Salmony及及梅原皆僅謂Teploukhov定Kara-suk文化出見於公元前第十世紀,Golmshtok之文曾將Teploukhov之分期列成一表,僅謂Kara-suk文化出見於10th century A.D.其A.D.當是B.C.之誤。如此則江上水野之文似有問題,余非甚能讀日文者,倘余誤會彼等原文之意而Teploukhov確僅以為Kara-suk文化出見於公元前第十世紀,則Kara-suk文化期之銅鏡之時代已晚於殷鏡者一百餘年,更不能為我國銅鏡之來源矣。

9)見注8所舉Salmony及Golmshtok之著作中所影錄Teploukhov原著中所載各文化期之標準器物分類圖。

10)見A.M. Tallgren所主編Eurasia Septentrionalis Antiqua第三期之Literaturberichte。

六同別錄

高去尋

11)見李濟之先生之殷虛銅器五種及其相關之問題(載於本所集刊外編蔡元培先生六十五歲慶祝論文集)。

12)見漢以前的古鏡之研究 65,66兩頁。

13)見 V. G. Childe：New Light on the Most Ancient East(1934), E. Eyre：European Civilzation, Vol.I (1935), S. Lloyd：Mesopotamia(1936), E.A. Speiser：The Beginning of Civilization in Mesopotamia(載於 Supplement to the Journal of the American Oriental Society No.4, 1939)。Susa I之時代問題以上各家之說不盡相同,故未單獨稱引之。米索不達米亞之 Early Dynastic period各家之說雖亦不盡同,但不過早晚一二十年之爭,今擧其大約之年代則為相當3000—2500 B.C.

14)B. Karlgren：Notes on a Kin-Tsün Album(載於 The Bulletin of the Museum of Far Eastern Antiquities No.10)。

15)見後藤守一之鏡。

16)見同上。

17)見漢以前的古鏡之研究第54頁。

18)見古代銘刻彙考續編第33頁。

19)見壽縣楚墓調查報告(載於本所田野考古報告第一冊)。

20)見 Collins：The Mirror-black Quicksilver Patinas of Certain Chinese Bronzes(載於 Proceeding of the First International Congress of Prehistoric and Protohistoric Sciences, London, 1934)。

21)見山松茂 山內淑人之古鏡之化學的研究及梅原末治之關於古鏡的化學成分考古學的考察(皆載於東方學報京都第八冊)。

22)見陳垣之史諱舉例。

23)見前漢書卷四十四淮南衡山濟北王傳

24)The Exhibition of Early Chinese Bronzes(載於 The Bulletin of the Museum of Eastern Antiquities No.6)

-18-

25)載同上雜誌之No. 8。

26)載同上雜誌之No. 9。

27)載同上雜誌之No. 6。

28)載於史學專刊第一卷第一期(國立中山大學研究院文科研究所歷史部於二十四年十二月出版)。

29)見徐仲舒先生之陳侯四器考釋(載於本所集刊第三本第四份)及錢賓四先生之先秦諸子繫年考辨。

30)見雷學淇之竹書紀年義證卷三十四及錢賓四先生之先秦諸子繫年考辨之通表第二。

31)見 B. Karlgren: New Studies on Chinese Bronzes之附注第13。

32)可見於張維華之齊長城考(載於禹貢第七卷第一二三合期)。

33)見先秦諸子繫年考辨第五十三章吳起為魏將拔秦五城考

34)孫詒讓於古籀拾遺謂叔夷編鐘乃齊靈公二十八年所製器,今從之。據史記十二諸侯年表靈公二十八年當周靈王之十八年,西元554 B.C.

35)邾公牼即春秋襄公十七年(556 B.C.)卒之邾子牼。

36)見瀧遼一之鐘的歷史的考察(載於東方學報東京第八冊)

37)見郭沫若之兩周金文辭大系圖錄序說

38)見長廣敏雄之从工藝史上所見漢樣式與銅鏡(載於東方學報京都第一冊)及梅原末治之戰國式銅器的研究

39)見 Tombs of Old Lo-yang 圖板46。

40)見郭沫若之兩周金文辭大系圖錄序說

41)梅原末治有介紹 Beals 在蕪湖所發見磚墓之著作,數年前余曾見其單行本於昆明,現已不能記憶其題目及所載之刊物名稱矣。

論漢代的內朝與外朝

勞榦

導　讀

譚繼和

學術背景

自20世紀30年代起，隨着居延漢簡等考古材料的發現與整理，漢代史研究逐漸突破傳統文獻考據的局限，但關于内朝與外朝問題的討論仍視野很窄，長期受困于《漢書·百官公卿表》的權威叙述。傳統觀點多將漢武帝時期視爲内朝形成的分水嶺，認爲尚書、侍中等近臣集團的崛起，標志着皇權對相權的系統性壓制。這種解釋框架自宋代馬端臨《文獻通考》至清代趙翼《廿二史札記》一脉相承，甚至在20世紀30年代吕思勉《秦漢史》中，該傳統見解仍被奉爲主流。然而，這種將制度變革歸因于帝王個人意志的叙事模式，在勞榦看來既無法解釋内朝職能形成和發展的複雜性，也難以契合新出土簡牘所反映的行政運作衍變實態。而此文發表正是勞榦基于對居延漢簡的系統研究，結合傳世文獻與制度演進規律，對漢代權力結構展開的顛覆性重構。

學術評議

勞榦作爲漢代簡牘研究的奠基人，其學術地位的確立與居延漢簡的整理密不可分。20世紀30年代參與西北科學考察團的工作經歷，使他成爲最早接觸居延漢簡的學者之一。在《居延漢簡考釋》《漢代政治制度考》等著作中，他創新性地將簡牘文書與傳世史籍互證，這種“簡帛證史”的研究方法突破了乾嘉學派“以經證史”的考據學局限，爲漢代制度史研究開闢了新路徑。這種學術特質在勞榦後期的政治制度的研究中達到成熟形態：他通過對簡牘中“詔書下達程式”“丞相府文書流轉”等微觀行政運作方式的考辨，揭示出漢代中央集權決策的形成与運作機制遠比文獻記載更爲複雜。例如，居延簡EPT22：36A所載元帝初元五年詔書，其發文機構爲“御史大夫寺”而非尚書臺，證明成帝以前詔令起草仍屬外朝職權；而懸泉置簡Ⅱ90DXT0114③：6記録的“侍中奏事”文書，則顯示近臣參政早在武帝之前已具雛形。這些發現促使勞榦重新思考内朝形成的動力機制——制度演變并非帝王刻意設計的産物，而是時代對行政效率的需求與權力運行制衡邏輯進程長期作用的結果。

這裹所收的關于漢代“内朝”與“外朝”研究的核心貢獻在于用封建國家治理的中央集權内外二元機制逐步合一的歷史進程，解構了“内朝—外朝”二元對立的傳統認知。勞榦通過考證尚書、侍中、給事中等職官的職能演變，指出内朝并非武帝時期突然創設的權力實體，而是肇端于漢初的“近臣參謀”傳統，歷經文景時期“大夫掌論議”的制度化，至宣元時代方形成穩定的決策體系。他特别强調“加官”職銜制度的關鍵作用：侍中、中常侍等本爲無固定職掌的加銜，皇帝通過賦予特定官員“領尚書事”“平尚書奏”等許可權，逐步將決策中心從丞相府轉移至禁中。這種“制度寄生”模式既避免與既有官僚體系直接衝突，又能靈活調整權力配置。如霍光以大司馬大將軍領尚書事，本質是將軍事統帥權與文書審核權結合，形成超越丞相的決策權威；而元帝時期石顯以中書令身份“貴幸傾朝”，實爲内朝職能從文書處理向政治決策擴展的典型例證。勞榦由此提出“制度功能漂移”理論：漢代内朝的崛起并非源于預設的制度設計，而是君主爲應對時勢需要行政效率危機，通過職能叠加與許可權重組實現的漸進變革。

从此文研究看，劳榦展现的“制度層纍分析法”將顧頡剛“古史層纍説”引入制度史研究，通過梳理《史記》《漢書》《漢舊儀》等文獻記載的早晚差异，辨析制度叙述中的後世建構与叠加成分。例如，《漢書·百官公卿表》稱武帝設中書謁者令掌尚書事務，但《史記·三王世家》顯示武帝時尚書仍屬少府屬吏，證明班固將東漢制度投射至西漢叙事的這种叠加法有偏差。另外，他通過對行政文書的研究，并結合他所整理的各類漢簡公文，統計顯示武帝至宣帝時期由尚書草擬的詔書僅占少數部分，而丞相、御史大夫參與制定的法令占絶大部分，這爲重新評估内外朝權力消長提供了依據。由此，他還提出“制度生態”概念。勞榦認爲内朝的形成需置于漢代整體官僚文化生態中理解：刺史制度的創設削弱了丞相的監察權，察舉制的推行改變了官員選拔機制，這些變革共同促成決策重心向禁中轉移。這種整體史觀較錢穆《中國歷代政治得失》的制度叙事更具動態解釋力。

20世紀50年代，日本學者西嶋定生在其《中國古代帝國的形成與結構》中吸納勞榦的觀點，將内朝演變視爲“皇帝支配體制”成熟的關鍵標志；邢義田通過尹灣漢簡研究，發現成帝時期郡國上計文書仍直呈丞相府，證實勞榦關于外朝職能延續至西漢末年的判斷。但争議亦隨之而來：徐復觀在《兩漢思想史》中批評勞榦過度强調制度理性，忽視了儒家士大夫與宦官集團的鬥争；閻步克則指出勞榦對“領尚書事”官員的貴族屬性關注不足，未能充分解釋外戚專權與制度演進的關係。這些争論客觀上推動了漢代國家治理政治史研究的深化，1983年安作璋、熊鐵基《秦漢官制史稿》即采取二元合一立場，既承認内朝形成、演變的漸進性，也强調封建專制時代武帝個人集權意志的催化劑作用。

但是，受20世紀40年代考古材料所限，勞榦未能利用後來發現的尹灣漢簡、張家山漢簡等關鍵證據，對内朝財政職能的論述稍顯薄弱；其“制度功能主義”的分析方式雖突破傳統叙事，但對意識形態、社會結構等要素關注不足。但恰是這些學術生長點，彰顯了此文的奠基價值。20世紀90年代廖伯源《秦漢史論叢》對内朝與宦官制度的再探討，2000年卜憲群《秦漢官僚制度》對“制度慣性”理論的深化，均可視爲對勞榦研究的延伸與修正。

學術價值

此文的貢獻不僅在于重新書寫了漢代官制演進圖譜，更在于重塑了中國制度史研究的方法論。勞榦將簡牘文書從“補史”工具轉化爲核心史料，建立起“文獻—實物—制度”三位一體的實證體系；打破“制度—事件”二元叙事，揭示出政治結構變遷的深層動力；超越傳統史學“善惡褒貶”的道德評判，以功能分析揭示制度設計的理性邏輯。更值得注意的是，勞榦在解釋制度變遷時表現出的“去預設目的論”傾嚮：他拒絕將内朝崛起簡單歸結爲皇權擴張的結果，而是通過大量多元實證展現制度自我調適的複雜過程，這種歷史認識論在當今制度史研究中仍具前沿性。這些突破使此文成爲跨越時代的經典，在哈佛學派“統治藝術”研究、日本東洋史學“皇權構造”分析中，都能看到勞榦學術的影響。

集刊外編第三種

論漢代的內朝與外朝

勞榦

中國官制有系統的機構，據現在可以知道的，只有到漢代才最完備。漢代以前當然在各期也會有他自己的系統，但現在只有零星的官名存下來。從現在不完全的材料看來，當時的整個系統是無法復原的。周禮一書雖然有不少寶貴的料，不幸的是早已被人增添修改作成了一部建國計畫，這書只能代表「一家之言」而不能算作某一代的官制實錄。加以始皇焚書，六國史記盡從毀滅，只能知道從秦制因襲下來的漢制，再遠便很難推定了。

漢代官制的組織，分為中都官及郡國官，凡在京師的都屬於中都官，凡在外郡和諸侯王國的都算郡國官。其屬於邊郡的武職及西域的官都算做邊官。中都官郡國官和邊官可互相轉調；中都官，郡國官的分別只在職務上，其遷轉的限制不似後代的嚴。

中都官又分為內朝和外朝，漢書劉輔傳云：

於是中朝左將軍辛慶忌，右將軍廉褒，光祿勳師丹，太中大夫谷永俱上書。

注，孟康曰：

中朝，內朝也。大司馬，左右前後將軍，侍中，常侍，散騎，諸吏，為中朝，丞相以下至六百石為外朝也。

劉奉世漢書刊誤曰：

案文則丹永皆中朝臣也。蓋時為給事中，侍中，諸吏之類。

錢大昕二十二史考異曰：

漢書稱中朝官或稱中朝者，其文非一。惟孟康此注，最為分明。蕭望之傳：「詔遣中朝大司馬車騎將軍韓增，諸吏富平侯張延壽，光祿勳楊惲，太僕戴長樂，問望之計策。」王嘉傳：「事下將軍中朝者，光祿大夫孔光，左將

六同别錄

勞榦

單公孫祿，右將軍王安，光祿勳馬宮，光祿大夫龔勝（龔勝傳又有司隸校尉鮑宣）。」光祿大夫非內朝官，而孔光與議者，加給事中故也。此傳末中大夫谷永亦以給事中故得與朝者之列，則給事中亦中朝官，孟康所舉不無遺漏矣。光祿勳掌宮殿掖門戶，在九卿中最為親近，昭宣以後，張安世，蕭望之，馮奉世，皆以列將軍兼光祿勳，而楊惲為光祿勳亦加諸吏，故其與孫會宗書自稱與聞政事也。然中外朝之分，漢初蓋未之有，武帝始以嚴助主父偃輩入直承明，與參謀議，而其秩尚卑。衛青霍去病雖貴幸，亦未干丞相御史職事。至昭宣之世，大將軍權兼中外，又置前後左右將軍，在內朝預聞政事。而由庶僚加侍中給事中者，皆自託為腹心之臣矣。此西京朝局之變，史家未明言之，讀者可推驗而得也。

按中國自有史以來皆屬君主專制政體，全國的所有官吏都只對君主負責。君主是政治上最後的威權所在。在這種政治組織之下，決不會有比較永久的法治可說。漢代經常的政治設施是由丞相來管，但天子不一定常常和丞相接近的，例行的政事雖然從丞相和九卿及郡國官吏聯絡，國家大計的決定卻常常另有一般人替天子策畫。等到國家大計決定好了，再來交給丞相核辦。所以漢代政治的源泉往往不由於丞相而由另外一般人，這就是所謂「內朝」。「內朝」的起原或由於軍事的處置不是德業雍容的宰相所能勝任，因此將大計交給另外的人，但內朝和外朝既有分別，漸漸的在非軍事時期也常常有天子的近臣來奪宰相之權，因此宰相便只成為一個奉命執行的機關了。

漢代的政治是以武帝為轉捩點，內朝外朝的分別便是在武帝時代形成的。在漢的前代，秦的宰相是掌實權的。秦始皇帝雖然權石量書，親理庶政，但綜天下的政治的，還是丞相。趙高在二世時當政，本為變例，但因為丞相綜理政務，所以他還要加上一個「中丞相」的名義。到了漢代初年，漢高帝顯然將天下的政事信託給蕭何掌管。孝惠時曹參為相，仍然受領着天下的政治。在漢書曹參傳說得很明白：

參代何為相國，舉事無所變更，壹遵何之約束。擇郡國吏長大，訥於文辭，

—2—

> 謹厚長者，即召除為丞相史。吏言文刻深，欲務聲名者，輒斥去之。……惠帝怪丞相不治事，以為「豈少朕與？」……參免冠謝曰：「陛下自察聖武孰與高皇帝？」上曰：「朕乃敢望先帝。」參曰：「陛下觀參孰與蕭何賢？」上曰：「君似不及也。」參曰：「陛下之言是也，且高皇帝蕭何定天下，法令既具，陛下垂拱，參等守職，遵而勿失，不亦可乎？」

從這一節看來，在惠帝時期，除天子和丞相以外，在君主和丞相之間，並無可以干預政事的人。自然也就無所謂「內朝」。到了文帝時候，也可以看出天子和丞相的關係，漢書陳平傳：

> 上益明習國家事，朝而問右丞相勃曰：「天下一歲決獄幾何？」勃謝不知。問：「天下錢穀一歲出入幾何？」勃又謝不知。汗出洽背，媿不能對。上以問左丞相平，平曰：「各有主者。」上曰：「主者為誰乎？」平曰：「陛下即問決獄，責廷尉，問錢穀責治粟內史。」上曰：「苟各有主者，而君所主何事也？」平謝曰：「主臣！陛下不知其駑下，使待罪宰相，宰相者，上佐天子，理陰陽，順四時，下遂萬物之宜。內填撫四夷諸侯，內親附百姓，使卿大夫各遂其職也。」

這一段對於天子和宰相的關係也可以明顯的看出來。在這一個時候，天下的大計是決於丞相。所以天子對於國事是詢問丞相而不是在丞相以外還有一些人。陳平以後是張蒼，無大改革。其後申屠嘉為相，尚能折辱文帝的幸臣鄧通。到景帝時鼂錯始以內史貴幸用事，景帝用鼂錯議侵削諸侯，「丞相嘉自絀，所言不用」，後竟因為此事歐血而死。但申屠嘉和鼂錯的爭執，還是在朝廷大議之中，並非在朝廷中另外有一個「內朝」的組織。甚至於申屠嘉為宗廟事還說：「吾悔不先斬錯，乃請之，為錯所賣。」可見丞相遇必要時還有斬有罪大臣之權，也可見丞相的政治地位了。

武帝時的丞相有衛綰，竇嬰，許昌，田蚡，薛澤，公孫弘，李蔡，莊青翟，趙周，石慶，公孫賀，劉屈氂，田千秋。就中以田蚡最稱信任，漢書田蚡傳曰：「當時丞相入奏事，語移日，所言皆聽。薦人或起家至二千石，權移主上。上迺

六同别録

勞榦

曰：「君除吏盡未？吾亦欲除吏。」」在這種狀況之下，君臣之間自然便要生出疑忌，所以漢書田蚡傳又説：「後淮南王謀反，覺。始安入朝時，蚡為太尉，迎安霸上。謂安曰：「上未有太子，大王最賢，高帝孫；即宫車宴駕，非大王尚誰立哉？」淮南王大喜，厚遺金錢財物。上自嬰（竇嬰）夫（灌夫）事不直蚡，特為太后故，及聞淮南事，上曰：「使武安侯在者，族矣。」」從此可見武帝對於田蚡，君臣之間是不甚相得的，竇嬰和淮南王兩件事，只是最後的原因而已。田蚡以後，薛澤公孫弘之流為相，不過取其雍容儒雅，朝廷事是不由丞相的。漢書張湯傳：「湯每朝，奏事語國家用日旰，天子忘食，丞相取充位，天下事皆決湯。」萬石君傳：「是時漢方南誅兩越，東擊朝鮮，北逐匈奴，西伐大宛，中國多事。天子巡狩海内，修古神祠，封禪興禮樂，公家用少。桑弘羊等致利，王温舒之屬峻法，兒寬等推文學，九卿更進用事，事不決於慶，慶醇謹而已。」這是很顯然的，國家最高的統治權在天子，「朕即國家」，宰相只對天子負責，天子願意委託宰相，宰相便有權，天子不願意委託宰相，宰相便没有權。漢書杜周傳杜周説：「三尺安出哉？前主所是，著為律；後主所是，疏為令。當時為是，何古之法乎？」杜周這幾句話雖然不是老百姓所希望的，然而依照法理的解釋，的確不錯。天子本身就是國家的最高立法機關，當然天子的意志便是法律，無所謂不對。

不過就此時的情況説來，還是「九卿更進用事」，九卿在後來仍屬外朝，此事雖然影響到丞相的失勢，但和中朝外朝的分别，還不能説便是一回事。中朝的起源是見於漢書嚴助傳説：

> 擢助為中大夫。後得朱買臣，吾丘壽王，司馬相如，主父偃，徐樂，嚴安，東方朔，枚皋，膠倉，終軍，嚴葱等並在左右。是時征伐四夷，開置邊郡，軍旅數發。内改制度，朝廷多事。婁舉賢良文學，公孫弘起徒步至丞相。開東閣，延賢人，與謀議。朝覲奏事，因言國家便宜。上令助等與大臣辯論，中外相應以義理之文，大臣數詘。

注，師古曰：

> 中謂天子之賓客，若嚴助之輩也。外謂公卿大夫也。

—4—

在這裡很可以看出來，便是武帝時因為國家多事，天子除去任用大臣之外，又添了不少的賓客。這一般人在政府的組織上，本來是沒有地位的。但因為天子是法制的最後源泉，既然天子要這樣做，政府組織自然也必須隨着天子的意思改動。這便是漢代内朝與外朝分别的起原。

漢書劉輔傳注引孟康曰：「中朝，内朝也；大司馬，前後左右將軍，侍中，常侍，散騎，諸吏，為中朝。丞相以下至六百石為外朝。」這其中的中朝官實在還可分作兩類；大司馬，左右前後將軍為一類；侍中，常侍，散騎，諸吏為另一類。後一類自武帝時已經是天子左右的親近臣僚。前一類的武職是自霍光秉政以後才成為當朝的機要官職。武帝時天子的賓客，大都是掛着內中頭銜與政的。但武帝時的將軍都是領兵出征，並不參與朝廷政治。甚至衛青和霍去病並為將軍，加大司馬，親信無人可以比擬，但他們也都從來不過問國家的大計。到霍光才用大司馬大將軍的名義當政，權力在宰相以上；從此將軍屬於中朝。大司馬漢代是不輕易給人的，除去霍禹嗣霍光為大司馬，後來因為謀反被誅以外，只有宣帝特以張安世，哀帝特以董賢為大司馬；其餘作大司馬的，大都屬於外戚了。

内朝官屬於近臣一類的，除去孟康說的還應當有左右曹，給事中，尚書，計為：

1. 侍中。
2. 左右曹。
3. 諸吏。
4. 散騎。
5. 常侍。
6. 給事中。
7. 尚書。

在這幾種之中又可以分為三類；據漢書百官表云：

侍中，左右曹，諸吏，散騎，中常侍，皆加官。所加或列侯，將軍，卿大夫，將，都尉，尚書，太醫，太官令，至郎中。亡員，多至數十人。侍中，中常侍得入禁中。諸曹受尚書事。諸吏得舉法。散騎騎並乘輿車。給事中亦加官，所加或博士，議郎，掌顧問應對，位次中常侍。中黄門有給事黄門，位從侍大夫，皆秦制。

勞榦

從上文看出來可分為以下各類：

第一類　得入禁中的，有侍中和中常侍。

第二類　天子的親近執事之官，有左右曹和散騎。

第三類　掌顧問應對的，有給事中。

以上都是天子的近臣，並且多是加官的。其不是加官，本職就是天子的近臣，職務和第三類接近的，便是尚書。

總括以上的三類，統屬於天子的近臣，因為接近天子，結果將宰相的權侵奪了去。所以這些官職以官階而論原來不算很大。但在政治上的地位卻無與比倫了。現在再對於各官依次分述一下：

甲、侍中

據漢書朱買臣傳説：「拜買臣為中大夫，與嚴助俱侍中。」可見侍中的名稱實是加到中大夫上面的，侍中並非本官的名稱。當時在武帝元朔年間，和這同時的，有「去病（霍去病）以皇后姊子年十八侍中。」（漢書本傳）按衛皇后以元光五年立，大抵也應在元朔時。此外便是漢書霍去病傳的「荀彘以御見侍中」。據鹽鐵論，桑弘羊十五為侍中，也應當是武帝初年的事。

關於侍中的職事，有下列的記載：

漢舊儀：侍中，無員。或列侯，將軍，衛尉，光禄大夫，侍郎，為之。得舉非法，白請，及出省户休沐，往來過直事。

漢舊儀：侍中左右近臣，見皇后如見帝；見婕妤，行則對壁，坐則伏茵。

太平御覽職官部引漢官儀：侍中周官也。侍中金蟬左貂，金取堅剛，百鍊不耗；蟬居高食潔，目在腋下；貂内勁悍而外温潤。貂蟬不見傳記者，因物論義。予覽戰國策乃知趙武靈王胡服也。其後秦破趙，得其冠以賜侍中。高祖滅秦亦復如之。孝桓末侍中皇權參乘，問貂蟬何法，不知其説。復問地震，云不為災，左遷議郎。侍中便蕃左右，與帝升降。切問（據書鈔）近對，拾遺補闕，莫密於茲。

續漢書百官志：「侍中秩比二千石」（劉昭注曰：「漢官秩云千石」，周禮太僕干寶注曰：「若漢侍中」。」）本注曰：「無員，掌侍左右，贊導衆事，顧問應對。法駕出，則多識者一人參乘，餘皆騎在車後。本有僕射一人，中興轉為祭酒，或置或否。」

續漢書百官志注引蔡質漢儀曰：侍中常伯選舊儒高德，博學淵懿，仰瞻俯視，切問近對，喻旨公卿，上殿稱制，參乘佩璽秉劍。員本八人，舊在尚書令僕射下，尚書上。今官入禁中，更在尚書下。司隸校尉見侍中，執板揖，河南尹亦如之。又侍中舊與中官俱止禁中，武帝時侍中莽何羅挾刃謀逆，由是侍中出禁外，有事乃入，畢即出。王莽秉政，侍中復入，與中官共止。章帝元和中，侍中郭舉與後宮通，拔刀驚上，舉伏誅，侍中由是復出外。

後漢書獻帝紀引漢官儀：侍中左蟬右貂。本秦丞相史，往來殿中，故謂之侍中。分掌乘輿御物，下至褻器虎子之屬。武帝時孔安國為侍中，以其儒者，特聽掌御唾壺，朝廷榮之。

按此節不經，當為淺人妄增，章懷誤引耳。乘輿御物乃少府所掌，不由侍中。據續漢書百官志云：「少府掌中服御諸物衣服，寶貨，珍膳之屬。」是乘輿御物明由少府掌之也。其少府屬官，如，「太醫令，掌諸醫」，「太官令，掌御飲食」，「守宮令，主御紙筆墨，及尚書財用諸物及封泥」，而宦者尚有：「掖庭令，掌後宮」，「永巷令，典官婢侍使」，「御府令，典官婢作中衣服及補浣之屬」，是乘輿御物於少府屬官之中，各有主者，固不煩侍中為之。況侍中在武帝時本以加於郎大夫之親近者，其人多為文學材力之臣，與少府無涉；東漢改屬少府，然以儒者為之，其職尤尊：安得前漢侍中遂與少府事乎？抑乘輿御物可掌者多矣，筆札飲膳之屬無一不可掌，豈侍中必褻器虎子之屬始得而掌，偶得掌御唾壺，朝廷始以為榮乎？漢武帝時之為侍中者，嚴助朱買臣皆從容謀議，

勞榦

為天子賓客；霍去病以親戚貴幸；而操上官桀俱以材武；皆不必司褻器為宦者之事也。宮中豈少人，何至使之一皆司褻器乎？至於孔安國亦未嘗為侍中。史記孔子世家云：「安國為今皇帝博士，至臨淮太守，蚤卒」未言為侍中之事。漢書儒林傳言「安國為諫大夫」亦未言為侍中。況漢書所言安國事尚有未可遽信者。即令漢書可信，漢書言安國之古文尚書久未得立於學官；若安國誠得為侍中，旦暮見天子，則其古文不必待至巫蠱時始上矣。惟晉武帝時會稽孔安國曾為侍中，唾壺事或從此而訛，以致混兩孔安國為一人。（其前「本秦丞相史，往來殿中，故謂之侍中」亦誤以御史之來源為侍中之來源）詳漢官儀此文自「本秦丞相史」起至「朝廷榮之」止，無一語不誤，應仲遠通達古今，料不至此。此必六朝漢官儀卷子中，後人或加旁注，鈔胥皆誤為正文，遂為李賢所據。俗語不實，流為丹青，此之謂也。

同上：至東京時屬少府亦無員。駕出則一人負傳國璽，操斬蛇劍參乘。與中官俱止禁中。

北堂書鈔設官部引漢官儀：漢成帝取明經者充為侍中，使辟百官公卿參議可正，止殿行則負璽，蓋高取一人為僕射，後改為祭酒。

初學記職官部引漢官儀：史丹為侍中，元帝寢疾，丹以親密近臣得侍疾，候上獨寢時，丹直入臥內，頓首伏青蒲上。

文選陳太丘碑注引漢官儀：侍中周官號曰常伯，選於諸伯，言其道德可常尊也。

文選東京賦注，藉田賦注，安陸王碑注引漢官儀：侍中，周成王常伯任侍中，殿下稱制，出即陪乘，佩璽抱劍。

初學記職官部引漢官儀：侍中冠武弁大冠，亦曰惠文冠，加金璫附蟬為文，貂尾為飾，謂之貂蟬。

通典職官部引漢官儀：漢官表曰，凡侍中，左右曹，諸吏，散騎，中常侍，皆加官也。

北堂書鈔設官部引漢官儀：漢周秦置侍中舍人。

按漢書周緤傳：「以舍人從高帝，常參乘」，然武帝以後常以侍中參乘，是高帝時以舍人任侍中事也。

從以上各則看來，侍中在天子近臣之中，要算最為尊顯的。在天子平時生活之中，除去游宴後宮以外，通常是侍中在左右，贊導一切諸事。天子出外也選侍中的見聞較廣的，來準備着天子的隨時詢問。遇見朝會的時候，侍中也要接着天子的委託，質問公卿，或對公卿傳話。所以侍中對於政治上的地位，非常重要。因此侍中的選任也往往是和天子有特殊關係的。

兩漢書中所見的侍中，現在再列舉如下：

盧綰，以客從，入漢為將軍，常侍中。

衛青為建章監，侍中。

霍去病以皇后姊子侍中。

朱買臣與嚴助俱以中大夫侍中。

荀彘以御見侍中。

李陵少為侍中建章監，使將八百騎深入匈奴，拜為騎都尉。

留侯子張辟彊為侍中，年十五。

何並傳，邛成太后外家王氏貴，而侍中王林卿通輕俠。

上官桀，以未央廄令，親近，為侍中。擢為太僕，受遺詔，輔政。

王商父武，武父無故，（以宣帝舅封列侯。）商擢為侍中，中郎將。元帝時至右將軍，光祿大夫。

史高以外屬舊恩為侍中。

史丹，自元帝為太子，丹以父高任為中庶子，侍從十餘年，元帝即位，為駙馬都尉，侍中，出常驂乘。

史丹九男以丹任並為侍中，諸曹，親近常在左右。

師丹為少府，光祿勳，侍中。

房鳳以五官中郎將為侍中。

勞榦

六同別錄

王龔以光祿勳為侍中。

劉歆以奉車都尉為侍中，又以中壘校尉為侍中，光祿大夫。

淳于長以水衡都尉為侍中。

馮逡以郎名欲以為侍中，復罷。(石顯傳。)

董賢以駙馬都尉為侍中。

韓增為郎，諸曹，侍中，光祿大夫。

張安世子千秋，延壽，彭祖，俱為中郎將，侍中。

張放為侍中，中郎將，監平樂屯兵，左遷北地都尉。復徵入侍中，太后以放為言，出放為天水屬國都尉。復徵為侍中，光祿大夫，秩中二千石。

張安世傳，自宣元以來，為侍中，中常侍，諸曹，散騎，列校尉者，八十餘人。

吾丘壽王中郎將侍中，復徵光祿大夫侍中。

霍光以郎稍遷諸曹侍中。

衛尉王莽子忽侍中。(霍光傳)

霍山奉車都尉侍中，領胡越兵。

金日磾以黃門馬監遷侍中，駙馬都尉。

金日磾兩子賞建俱侍中，賞為奉車都尉，建駙馬都尉。

金安上少為侍中，至建章衛尉。

金敞為騎都尉，侍中。

金敞子涉本為左曹，詔拜侍中，成帝時為侍中騎都尉。

金涉兩子，湯，融，皆侍中，諸曹，將，大夫。

金欽，光祿大夫，侍中。

侍中樂成侯許延壽拜強弩將軍。(趙充國傳。)

于定國子永以父任為侍中，中郎將。

灌夫傳，夫家居，卿相侍中賓客益衰。

以上見漢書。

—10—

臧宮，偏將軍，侍中，騎都尉，輔威將軍。

來歷，以公主子為侍中，監羽林右騎，遷射聲校尉。

鄧藩，尚顯宗女平皋長公主為侍中。

鄧康，越騎校尉，侍中，太僕。

鄧弘，鄧閶，侍中。

寇榮，為侍中，誅廢。

耿承，襲公主爵，為林慮侯，侍中。

邳彤，以故少府為侍中。

傅俊，偏將軍，侍中，積弩將軍。

馬武，振武將軍，侍中，騎都尉。

竇憲，以郎稍遷侍中，虎賁中郎將。

竇景，瓌皆侍中　奉車駙馬都尉。

馬康以黃門郎為侍中。

卓茂，更始以為侍中祭酒。

魯恭以魯詩博士拜侍中，遷樂安相，又為議郎拜侍中，遷光祿勳。

張酺以侍郎為侍中虎賁中郎將。

爰延，徵博士，舉賢良，再遷為侍中。

延篤，拜議郎，稍遷侍中。

歐陽地餘．以侍中為少府。

魯丕，以中散大夫遷侍中，免，復為侍中左中郎將。

劉寬，以太中大夫遷侍中，轉屯騎校尉。

伏無忌，侍中，屯騎校尉。

宋弘，以侍中為王莽時共工。

蔡茂，哀平間以儒學顯，拜議郎，遷侍中、自免。

宣秉，隱居不仕，更始徵為侍中，建武元年拜御史中丞。

承宮，以左中郎將拜侍中。

勞榦

趙典，四府表薦，徵拜議郎，再遷侍中，出為宏農太守。
趙謙，以故京兆郡丞，獻帝時還為侍中，司空。
蘇竟，以趙郡太守拜侍中。
楊厚，以議郎三遷為侍中。
陰識，以關都尉為侍中，守執金吾。
陰興，以守期門僕射遷侍中，拜衛尉，領侍中，受顧命。
馮魴子柱，侍中；柱子石，侍中，稍遷衛尉。
鄭弘，以平原相拜侍中，代鄭衆為大司農。
梁安國，以嗣侯為侍中，有罪免。
梁商，以黃門侍郎遷侍中，屯騎校尉。
梁冀，初為黃門侍郎，轉侍中，虎賁中郎將。
曹充（曹褒父），持慶氏禮為博士，拜侍中，曹褒，以河內太守徵為侍中
賈逵，以左中郎將為侍中，內備帷幄，兼領秘書。
司馬均，位至侍中（賈逵傳）。
桓郁，以郎稍遷侍中，監虎賁中郎將。
桓焉，以郎三遷為侍中，步兵校尉。
丁鴻，襲父爵，拜侍中，兼射聲校尉，少府。

以上見後漢書。

所以侍中在西漢時是加官，到東漢便有專任尚書的，侍中僕射到東漢改為侍中祭酒，然而這種官職自更始時已經有了。因此，侍中的專任可能是更始時開始的。至于侍中的人選方面，東漢和西漢也不盡同；在西漢的侍中大都屬於以下的各種人：

一、皇帝的舊友；如盧綰。不過當時有無侍中一職名稱，尚有問題。
二、皇帝的外戚；如衛青，霍去病，史高，史丹。
三、皇帝的佞幸；如淳于長，董賢。
四、文學侍從之臣；如嚴助，朱買臣，吾丘壽王。

論漢代的內朝與外朝

五、材武之士，如荀彘，上官桀。

六、功臣子弟，如張安世、金日磾諸家子弟。

七、重臣及儒臣，如師丹，劉歆，蔡茂。

在這七類之中，前六類作侍中的，都可以說是由於親信，到第七類便不然了，都是師儒重臣。但元成以前的侍中，只有前六類，哀平以後才有第七類。到東漢以後，凡佞幸，材武，以及文學侍從，都不再為侍中，只有外戚，功臣子弟，和重臣及儒臣三類了。所以侍中的演進，由親而尊，略可看出。

通典云：

侍中，周公戒成王立政之篇，所云常伯，常任以為左右，即其任也。秦為侍中，本丞相史也，使五人往來殿內東廂奏事，故謂之侍中，漢侍中為加官。凡侍中，左右曹，諸吏，散騎，中常侍，皆為加官。所加或列侯，將軍，卿大夫，將，都尉，尚書，太醫官令，至郎中，多至數十人。侍中中常侍得入禁中，諸曹受尚書事，諸吏得舉非法。漢侍中冠武弁大冠，亦曰惠文冠，加金璫附蟬為文，貂尾為飾，便繁左右，與帝升降，舊用儒者，然貴子弟榮其觀好至乃襁抱受寵位，貝帶傅脂粉，綺襦紈袴，鵕鸃冠。（惠帝時侍中鵕鸃冠，貝帶，傅脂粉。張辟彊年十五，桑弘羊年十三，並為侍中。）直侍左右，掌乘輿服物，下至虎子之屬。武帝時孔安國為侍中，以其儒者，特聽掌御唾壺，朝廷榮之。本有僕射一人，後漢光武改僕射為祭酒，或置或否。而又屬少府，掌贊導衆事，顧問近對，喻旨公卿，上殿稱制，參乘陪見。舊在尚書令僕射下，尚書上。司隸校尉見侍中，執板揖。舊與中官俱止禁中，因武帝侍中馬何羅挾刃謀逆，由是出禁外，有事乃召之，畢即出。王莽秉政，侍中復入，與中官止禁中。章帝元和中，郭舉與後宮通，拔佩刀驚上，舉伏誅，侍中由是復出外。秦漢無定員（蔡質漢儀曰：員本八人）。漢官曰：無員，侍中舍有八區，論者因言員本八人司）魏晉以來置四人，別加官者則非數。

這一段大都根據漢官諸書，排列的相當清晰，然而也有矛盾的地方。例

六同別錄

勞榦

如說「張辟彊年十五，桑弘羊年十三，並爲侍中」，張辟彊和桑弘羊非同時的人。又前說「秦爲侍中，本丞相史也，使五人往來殿內東廂奏事，故謂之侍中」而後面卻說：「秦漢無定員」，彼此衝突。至於說「舊用儒者」，亦與事實不合。至說：「惠帝時侍中，鵕鸃冠，貝帶傅脂粉」，是出於漢書佞幸傳：「漢興佞幸寵臣，高祖時有籍孺，孝惠有閎孺，此兩人非有材能，但以婉媚貴幸，與上臥起，公卿皆因關說，故孝惠時郎侍中皆冠鵕鸃，貝帶，傅脂粉，化閎籍之屬也。」佞幸傳所說的，是「郎侍中」，史記佞幸傳亦作「郎侍中」，究屬後來的侍中，抑或是侍中的郎官，尚有問題；通典先言儒者而後言佞幸，也與時代的先後不合。反正霍光和上官桀都是武帝的侍中，這般人只能和武弁大冠相稱，再也不能鵕鸃冠貝帶了。

侍中任務的消長，和漢代政治的得失，關係相當重要。侍中是除此以外再無他官可以入宮禁的士人官吏。除去文景時代無爲而治的君主以外，例如武帝時代，光武時代，明帝章帝時代，以及王莽時代，都是宦官不大得志的時代。這便不能說不是天子親近侍中的結果。因爲天子無論如何賢明，他總要和人商量得失。大臣元老見天子時往往較爲嚴重，天子往往不能事事商量，因此事權便很容易到了近臣之手，近臣如無士人，便要歸到宦者了。此外，成帝至平帝，是外戚政治，侍中不入內無妨，東漢和帝以後是宦官外戚互相消長的局面，大體說來是天子年幼，母后專政的時期，總是外戚得勢；到天子年長，天子和外戚對立，結果是天子利用宦者的力量除掉外戚，宦官便得勢了。外戚的團體有許多，宦官的團體卻是只有一個，長久的維持下去。爭競的結果，除非外戚篡位，最後的勝利，總在對於天子更爲親近的宦官方面。侍中雖然有一個時期作成和天子親密的左右，但總是士人，對於後宮不便，終究代替不了宦官的作用

乙　其他內朝官

（左右曹，諸吏，散騎，中常侍，給事中。）

附尚書（並略論將軍。）

—14—

左右曹，也是屬於內朝的加官。漢書百官表稱做加官，已經在前面引證到了。漢舊儀中也有兩段如下：

左曹日上朝謁，秩二千石。

右曹日上朝謁，秩二千石。

所以左右曹也是天子的親近之官。不過這兩個官職是日日上朝謁了，而不是日日侍左右了，所以對於天子總有些夠尊重卻還不十分夠親近之感。因此左右曹的人選和侍中也就有些不同了。

在漢代任左右曹的，計有：

韓增，少為郎，諸曹，侍中，光祿大夫。

劉德子安民，為郎中，右曹，宗家以德得官宿衛者二十餘人。

劉岑，為諸曹，中郎將，列校尉。

劉歆。哀帝崩，王莽持政，莽少與歆俱為黃門郎，重之。白太后，太后留歆為右曹太中大夫，遷中壘校尉。

蘇武。武官（典屬國）數年，昭帝崩。武以故二千石與計謀立宣帝，賜爵關內侯，食邑三百戶。久之衛將軍張安世薦武明習故事，奉使不辱命，先帝以為遺言。宣帝即時召武待詔宦者署，數進見，復為右曹典屬國。以武著節老臣，令朝朔望。號稱祭酒，甚優寵之。……又以武弟子為右曹。

王商傳：商子弟親屬為駙馬都尉，侍中，中常侍，諸曹，大夫，郎吏者，皆出補吏。

史丹傳：九男皆為侍中諸曹，親近常在左右。

薛宣子況，為右曹侍郎。

張禹傳：長子宗嗣……三弟皆為校尉，散騎 諸曹。

王嘉傳：孫寵，右曹光祿大夫。

夏侯勝子兼，為左曹太中大夫。

董賢傳：董氏親屬皆侍中諸曹奉朝請。

淳于長，列校尉，諸曹。

勞幹

息夫躬，宋弘，皆光祿大夫，左曹，給事中。

張延壽，繼為左曹，太僕。

杜延年，以儀，左曹，給事中。

楊惲，常侍騎郎，左曹，諸吏，光祿勳。

陳咸，以郎抗直數言事，遷為左曹。

霍光，以郎稍遷諸曹侍中。

霍光傳：昆弟諸壻，外孫皆奉朝請，為諸曹，大夫，騎都尉，給事中。

孔光傳：霸，次子捷，捷弟喜，皆列校尉，諸曹。

金安上四子，常，敞，岑，明。岑，明皆為諸曹，中郎將，光祿大夫。

金敞子涉，本為左曹，上詔涉拜侍中。

辛慶忌，左曹中郎將。

以上是西漢時代的，至於東漢的，則有：

邳彤，以故少府為左曹，侍中。

堅鐔，以揚化將軍為左曹。

綜上各例，可見諸曹和侍中是有分別的。漢宣帝以霍光為右曹，可見右曹在親近之官以內還表示着相當尊重，這種尊貴而親近的耆宿，在侍中之中尚找不見相同的例子。至於韓增，霍光，金涉和邳彤，俱以諸曹轉為侍中，那是因為諸曹不是不夠尊重，而是不夠親近。然而侍中後來也漸漸失去親近的意味，所以只有光武時的功臣，邳彤和堅鐔，以後便無所聞了。

諸吏和左右曹相同，是天子近臣中的執事之官，和侍中常在天子的左右，左右曹每日朝謁，其間又有不同。百官表說諸吏是一種加官，已見前引。漢書中又有一段：

成帝紀，建始元年：「封諸吏光祿大夫關內侯王崇為安成侯」。

注 應劭曰：

百官表，諸吏得舉法案劾，職如御史中丞，武帝初置　皆兼官。所加或列侯卿大夫為之。無員也

論漢代的內朝與外朝

這裏說「武帝初置」是不十分對的。因為賈山是文帝時人，當時上書已經說：「今方正之士皆在朝廷矣，又選其賢者使為常侍諸吏，與之馳驅射獵，一日再三出，臣恐朝廷之解弛，百官之隳於事也。」所以在文帝之時已經有「諸吏」一官，只是當時是「侍從馳驅」，而不是「舉法案劾」罷了。

漢代為諸吏的，有以下各則見於漢書各傳：

劉向傳(附楚元王傳後)：「元帝初即位，太傅蕭望之為前將軍，少傅周堪為諸吏光祿大夫。」注：「師古曰：加官也。百官公卿表云，諸吏所加或列將軍卿大夫，得舉不法也。」

馮奉世傳：「右將軍典屬國常惠薨，奉世代為右將軍典屬國，加諸吏之號，數歲為光祿勳。」

張禹傳：「元帝崩，成帝即位，徵禹，寬中(鄭寬中)，皆以師賜爵關內侯。寬中食邑八百戶，禹六百戶，拜為諸吏光祿大夫，秩中二千石，給事中，領尚書事。」

孔光傳：「上甚信任之，轉為僕射，尚書令。有詔，光周密謹慎，未嘗有過，加諸吏官。……數年，遷諸吏光祿大夫，秩中二千石，給事中，賜黃金百斤，領尚書事。後為光祿勳，復領尚書事，諸吏給事中如故。凡典樞機十餘年。」

霍光傳：「從次壻諸吏中郎將任勝為安定太守」

辛慶忌傳：「拜為右將軍，諸吏散騎給事中。」

平當傳：「哀帝即位，徵當為光祿大夫諸吏散騎。復為給事中。」

蕭望之傳：「代丙吉為御史大夫，五鳳中，匈奴大亂，議者多曰：「匈奴為害日久，可因其壞亂舉兵滅之。」詔遣中朝大司馬車騎將軍韓增，諸吏富平侯張延壽，光祿勳楊惲，太僕戴長樂問望之計策。」

楊惲傳：「遷中郎將，擢為諸吏光祿勳，親近用事。」

又答孫會宗書曰：「惲幸得列九卿，諸吏宿衛近臣，上所信任，與聞政事」

從以上材料可以看出諸吏的加官是加到參與謀議的大臣的，凡諸官加諸吏的，都是位置在九卿將軍以上，並且得到天子信任的。他們的職務是實際與聞大政，處在樞機的重臣，而不是文學侍從，或外戚貴游，隨侍天子左右之職。

勞榦

散騎之官照前引漢書百官公卿表與侍中同為加官，據類書所引的漢官儀，計有兩節：

秦置散騎，又置中常侍，漢因之，兼用士人，無員，多為加官。（初學記職官部引。）

秦及前漢置散騎及中常侍各一人，散騎騎馬並乘輿車，獻可替否。（北堂書鈔設官部及太平御覽職官部引。）

所以散騎最初只是「騎馬並乘輿車」的一個人，後來便成了無定員的加官了。這兩段合併起來，只有如此解釋的。漢代加散騎之號的，大都為諫大夫以上至於九卿。其見於漢書的，有：

劉向，散騎諫大夫給事中，擢散騎宗正給事中。

于永，散騎光祿勳

張禹傳，長子宏嗣。……三弟皆為校尉，散騎，諸曹。

張霸，散騎中郎將。

張勃，散騎諫大夫。

其中尚有辛慶忌及平當，加諸吏散騎之號，見前引。可見加官中尚有加別的官以後又再加散騎的，是散騎自有本官的特質，漢官儀言散騎之職為天子的騎從，當得其實。散騎在未加到較尊的官職之前，當由常侍騎郎衍變而來。史記袁盎傳云：「盎兄子種為常侍騎，持節夾乘，」索隱：「漢舊儀，持節夾乘輿騎從者。」此即漢書張釋之傳的「騎郎」，師古注引如淳曰：「漢注，貲五百萬得為常侍郎。」此外尚有所謂「武騎常侍」的，史記李將軍列傳：「用善騎射，殺首虜多，為漢中郎。廣從弟李蔡亦為郎，皆為武騎常侍。秩八百石。」索隱：「謂為郎而補武騎常侍也。」以上的「騎郎」，「武騎常侍」，「散騎」，自卑而尊顯然可見。由此也可知道散騎一職本導源於騎從的郎官，因其接近天子，其中漸漸的參有重臣，因此也加到九卿諫大夫各職了。

中常侍據漢書百官表說是加官，已經在上文引到。並謂：「侍中中常侍得入禁中。」據續漢書百官志云：「中常侍千石。本注曰，宦者，無員。後增秩比二千石。掌侍左右。從入內宮。贊導內衆事，顧問應對給事。」漢舊儀：「中常侍宦者，秩千石。得出入卧內，禁中諸宮。」通典：「中常侍……永平中始定員數，中常侍四人。」續漢書百官志王先謙集解引李祖楙曰：「西京初惟有常侍，元成後始有中常侍之名，然皆士人。中興用宦者，又稍異焉。朱穆疏：『舊制侍中中常侍各一人，省尚書事，黃門侍郎一人，傳發書奏，皆用姓族。自和熹太后以女主稱制，不接公卿，乃用閹人（原文作乃以閹人為常侍。），假貂璫之飾，處常伯之任。』政愈乖矣。是中興之初尚用士人，後改制則不復舊也。」按李說有些是對的，但參詳後漢書朱穆傳，朱穆上疏的本文，也有應當斟酌的地方。後漢書朱暉傳附朱穆傳云：

> 徵拜尚書。穆既深疾宦官，及在臺閣，旦夕共事，志欲除之，乃上疏曰：「案漢故事，中常侍參選士人，建武以後乃悉用宦者；自延平以來，寖益貴盛，假貂璫之飾，處常伯之任，天朝政事，一更其手，權傾海內。」（注，璫以金為之，當冠前附以金蟬也。漢官儀曰：「中常侍秦官也，漢興或用士人，銀璫左貂。光武以後，專任宦者，右貂金璫。」常伯，侍中。）後穆因進見口陳曰：「臣聞漢家舊典，置侍中，中常侍，各一人，省尚書事；黃門侍郎一人，傳發書奏；皆用姓族。自和熹女主稱制，不接公卿，乃以閹人為常侍，小黃門通命兩宮，自是以來，權傾人主。」

照朱穆前後所說看來，所謂「漢家舊典」當指西漢而言，至光武帝的建武時期，常侍已經全用宦官了。不過尚以侍中參省尚書事，用黃門侍郎傳通詔命的。到了殤帝延平元年，和熹鄧太后當政，不接見公卿，於是省尚書事的只有中常侍，傳達詔命的也只有宦官的小黃門了。於此宦官便「權傾海內」了。這也是逐漸而成，曾經變更幾次的。後來的五侯十常侍也是在社會習慣上，在政治制度上，必然的趨勢；「未嘗不太息痛恨於桓靈」，也不過愍居下流之意罷了。

關於漢代常侍及中常侍，在漢書中有下列幾個例子：

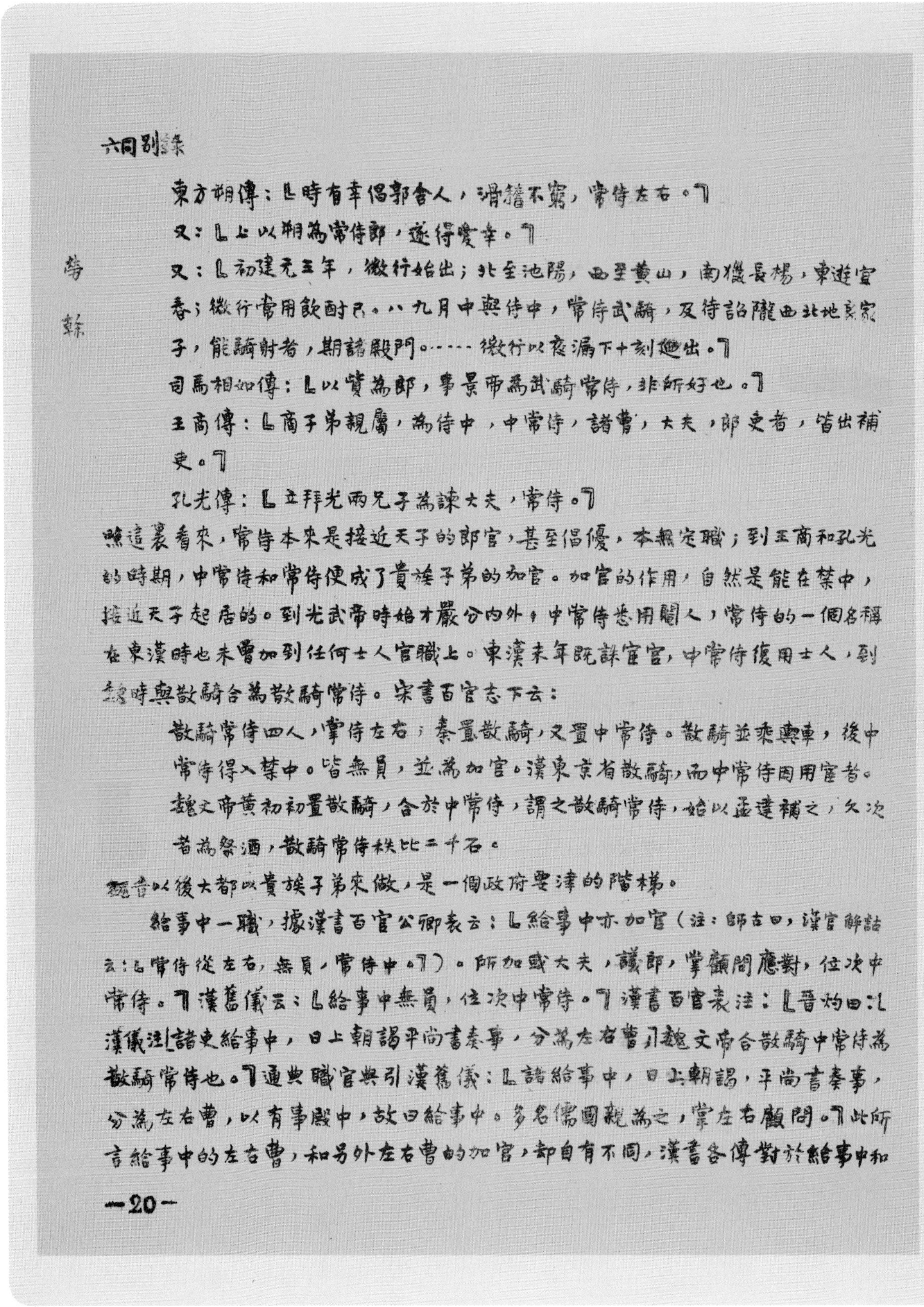
六同別錄

等
案

東方朔傳：「時有幸倡郭舍人，滑稽不窮，常侍左右。」
又：「上以朔為常侍郎，遂得愛幸。」
又：「初建元三年，微行始出；北至池陽，西至黃山，南獵長楊，東遊宜春；微行常用飲酎已。八九月中與侍中，常侍武騎，及待詔隴西北地良家子，能騎射者，期諸殿門。……微行以夜漏下十刻廼出。」
司馬相如傳：「以貲為郎，事景帝為武騎常侍，非所好也。」
王商傳：「商子弟親屬，為侍中，中常侍，諸曹，大夫，郎吏者，皆出補吏。」
孔光傳：「上拜光兩兄子為諫大夫，常侍。」
照這裏看來，常侍本來是接近天子的郎官，甚至倡優，本無定職；到王商和孔光的時期，中常侍和常侍便成了貴族子弟的加官。加官的作用，自然是能在禁中，接近天子起居的。到光武帝時始才嚴分內外，中常侍悉用閹人，常侍的一個名稱在東漢時也未曾加到任何士人官職上。東漢末年既誅宦官，中常侍復用士人，到魏時與散騎合為散騎常侍。宋書百官志下云：

散騎常侍四人，掌侍左右；秦置散騎，又置中常侍。散騎並乘輿車，後中常侍得入禁中。皆無員，並為加官。漢東京省散騎，而中常侍因用宦者。魏文帝黃初初置散騎，合於中常侍，謂之散騎常侍，始以孟達補之，久次者為祭酒，散騎常侍秩比二千石。

魏晉以後大都以貴族子弟來做，是一個政府要津的階梯。

給事中一職，據漢書百官公卿表云：「給事中亦加官（注：師古曰，漢官解詁云：「常侍從左右，無員，常侍中。」）。所加或大夫，議郎，掌顧問應對，位次中常侍。」漢舊儀云：「給事中無員，位次中常侍。」漢書百官表注：「晉灼曰：『漢儀注「諸吏給事中，日上朝謁平尚書奏事，分為左右曹」魏文帝合散騎中常侍為散騎常侍也。」通典職官典引漢舊儀：「諸給事中，日上朝謁，平尚書奏事，分為左右曹，以有事殿中，故曰給事中。多名儒國親為之，掌左右顧問。」此所言給事中的左右曹，和另外左右曹的加官，卻自有不同，漢書各傳對於給事中和

—20—

左右曾是不相混的。

給事中一職，在西漢時期，近臣加上的甚多。如：

漢書楚元王傳附劉向傳：「復拜為郎中，給事黃門，遷散騎諫大夫，給事中，與侍中金敞拾遺於左右。四人（向，敞，太傅蕭望之及少傅周堪）同心輔政。」

楚元王傳附劉向傳：「徵堪詣行在所，拜為光祿大夫，秩中二千石，領尚書事。猛復為太中大夫，給事中。顯（石顯）幹尚書事，尚書五人皆其黨也，堪希得見，常因顯白事，事決顯口。」

馮奉世傳：「參字叔平……少為黃門郎給事中，宿衛十餘年。……參昭儀少弟，行又敕備，以嚴見憚，終不得親近。」

終軍傳：「為謁者給事中。」

匡衡傳：「上以為郎中，遷博士，給事中。……遷衡為光祿大夫，太子少傅。」

張禹傳：「禹小子未有官，上臨候禹，禹數視其小子，上即禹牀下拜為黃門郎給事中。」

孔光傳：「元帝即位，徵霸（孔霸）以師賜爵關內侯，食邑八百戶，號褒成君，給事中。」

又：「遷諸吏光祿大夫，秩中二千石，給事中，領尚書事。後為光祿勳，復領尚書諸吏給事中如故，凡典樞機十餘年。」

史丹傳：「右將軍給事中，徙左將軍光祿大夫。」

薛宣傳：「上徵宣，復爵高陽侯，加寵特進。位次師安昌侯，給事中，視尚書事。」

薛宣傳：「博士申咸給事中。」

谷永傳：「徵永為太中大夫，遷光祿大夫給事中，元延元年為北地太守。……對曰……臣永幸得給事中，出入三年，雖執干戈，守邊垂，思慕之心常存於省闥。」

六同別錄

師丹傳：「徵入為光祿大夫，丞相司直。數月，復以光祿大夫給事中。由是為少府光祿勳侍中，甚見尊重。」

帶 韋賢傳：「(為)博士給事中，進授昭帝詩。」

執 魏相傳：「宣帝即位，徵相入為大司農，遷御史大夫。四歲，大將軍霍光薨，上思其功德，以其子禹為右將軍，兄子樂平侯山領尚書事。相因平恩侯許伯奏封事，言：『春秋譏世卿，惡宋三世為大夫……今光死子復為大將軍，兄子秉樞機，昆弟諸壻據權勢，在兵官；光夫人顯及諸女皆通籍長信宮。或夜詔門出入，驕奢放縱，恐寖不制。宜有以損奪其權，破散陰謀，以固萬世之基，全功臣之世。』又故事諸上書者，皆為二封署，其一曰副，領尚書者先發副封，所言不善，屏去不奏。相復因許伯言，屏去副封，以防壅蔽，宣帝善之。詔相給事中，皆從其議。」

丙吉傳：「遷大將軍長史，霍光甚重之，入為光祿大夫給事中。」

夏侯勝傳：「(以故長信少府)為諫大夫，給事中。」

儒林傳：「士孫張為博士，至揚州牧，光祿大夫，給事中。」

息夫躬傳：「與宋弘皆光祿大夫，左曹，給事中。」

杜延年傳：「(為)太僕，左曹，給事中。」

蔡義傳：「擢光祿大夫給事中，進授昭帝，拜為少府。」

陳咸傳：「(以故少府)為光祿大夫給事中。」

霍光傳：「昌邑王賀……既至，行淫亂，光憂懣，獨以問所親故吏大司農田延年，延年曰：『將軍為國柱石，審此人不可，何不建白太后，更選賢而立之？』……光遂引延年給事中。陰與車騎將軍張安世圖計，遂召丞相，御史，列侯，中二千石，大夫，博士，會議未央宮。」

霍光傳：「昆弟諸壻外孫皆奉朝請，為諸曹大夫，騎都尉，給事中。」

又：「光薨，上始躬親朝政。御史大夫魏相給事中。顯謂禹，雲，山：『女曹不務奉大將軍餘業，今大夫給事中，他人壹間，女能復自救邪？』」

又：「出光姊壻光祿大夫給事中張朔為蜀郡太守。」

—22—

金日磾傳：「欽太中大夫給事中。」

平當傳：「以明經為博士，公卿薦當論議通明，給事中。每有災異，輒附經術言得失。」

又：「為太中大夫，給事中。」

孔光傳：「拜為光祿大夫，秩中二千石，給事中。位次丞相。」

又：「莽白太后，帝幼少，宜置師傅；徙光為帝太傅，位四輔，給事中，領宿衞，供養，行內署門戶，省服御食物。」

蕭望之傳：「儒生王仲翁，……至光祿大夫給事中。」

蕭望之傳：「賜望之爵關內侯，食邑六百戶，給事中，朝朔望，位次將軍。」

董賢傳：「以賢為大司馬衞將軍……雖為三公，常給事中，領尚書，百官因賢奏事……董氏親屬皆侍中，諸曹奉朝請，寵在丁傅之右矣。」

從上看來，給事中一職的性質，在諸加官中又和其他的加官略有不同。其他的加官大都起於天子隨侍左右或者是隨從車騎的近臣。給事中一職卻是自有此職以來加上的都是顧問應對之臣而非文學侍從之臣，在佞幸中也只有董賢一個特例。這一點和左右曹相近，而給事中所負的任務更為切實，所以有諸吏或左右曹再加給事中的。因為給事中負有實際的任務，所以各官加上給事中的更為廣泛。據以上所記，自大司馬，御史大夫而下，凡故丞相，將軍，列侯，關內侯，九卿，太傅，光祿大夫，太中大夫，諫大夫，博士，議郎，郎中，黃門郎，謁者，無一不可加上給事中的職務。

尚書一職，並未曾提到。實在尚書也是應屬於內朝的。史記三王世家，霍去病請封王子奏，以御史臣光守尚書令奏未央宮；制乃下御史，並及丞相。昭宣以來，有領尚書事的人，臣下奏事分為二封，領尚書事的發其副封，不善者不進奏（霍光傳及魏相傳）。大致說來，用人和行政，定於禁中，宰相奉行而已（見張安世傳）。元帝時，蕭望之領尚書，石顯以中書令管尚書事，尚書五人，皆石顯的黨羽，蕭望之遂為所制。這卻是尚書組織的內部問題，不涉於丞相以下的事。

勞榦

尚書的職權自漢以後是日就增進的。所以增進的原因，這是很顯明的。在專制政體之下，天子為一切權力之源。天子信託丞相，丞相便有事可做；天子要自己管事，而又一個人的精力管不過來，那就只有將政事從宰相之手移到近臣之手。中國歷朝政治總是近臣奪宰相之權，等到近臣變了宰相，那就又產生了新的近臣再來奪權，這樣便一層一層的推之不完，剝之不已。

西漢初年無為而治的局面之下，宰相以下至於太守縣令，只要有法令可據，便不必再請示上峯的意見。重要的事到了丞相府也大致都可以解決了。除去諸侯王和四裔的事件，有丞相府不能解決的，天子才召集廷會來解決，這已經很少了。照這樣看來，宣室前席只問鬼神，正是當然如此，不足為異的。所以權力之源雖在天子，但天子有權而不用，自然天下事只好循舊來的成法了。到了武帝，他要安心要開創一個新的局面，他有心要自己管事，因此天子的左右另外有了一般幕僚，而給天子管詔令的秘書機關，尚書，也變成了特别重要了。天子的幕僚便是以前舉出的各項加官，天子的秘書機關便是在後代特别重要而成為丞相代替者的尚書臺。

尚書本是少府的屬官。據漢書百官表，少府有尚書，符節，太醫，太官，湯官，導官，樂府，若盧，考工室，左弋，居室，甘泉居室，左右司空，東織，西織，東園匠，共十六官令丞。所以尚書只是少府下一個給天子管書札之官，從和尚書具有同等位置的十五官令丞看來，對于朝政的位置並不高。所以就設官的情狀看來，最初尚書決不能參與到朝政。

到了後漢，尚書的位置格外重要，所以續漢書百官志關於尚書的也格外加詳。雖然官制上仍屬少府，實際不過以文屬少府罷了。這和侍中亦在後漢屬少府，不為加官，是一樣的。他們在任何方面，早已非少府所能顧問的了。

續漢書中關于尚書的職掌，有如下列：

尚書令一人，千石。本注曰，承秦所置。（注：荀綽晉百表注曰，唐虞官也，詩云，仲山甫王之喉舌，蓋謂此人。）武帝用宦者，更為中書謁者令，成帝用士人，復故。掌凡選署及奏下書文書衆事。（注，蔡質漢儀曰：故公為之者，朝會不陛奏事，增秩二千石，故自佩銅印墨綬。」）

尚書僕射一人，六百石。本注曰，署尚書事。令不在則奏下眾事（注，蔡質漢儀曰：「僕射主封門，掌授廩假錢穀。凡三公、列卿、將、大夫、五營校尉，行複道中遇尚書僕射、左右丞郎、御史中丞、侍御史，皆避車，豫相迴避。衛士傳不得迕臺官，臺官過後乃得去。」臣昭案，獻帝分置左右僕射。建安四年，以榮邵為尚書左僕射是也。獻帝起居注，邵卒官執金吾。）

尚書六人，六百石。本注曰，成帝初置尚書四人，分為四曹。（注，漢舊儀曰：「初置五曹，有三公曹，主斷獄。」蔡質漢儀曰：「典天下歲盡課事，三公尚書二人，典三公文書；吏曹尚書典選舉，齋祀屬三公曹。靈帝末，梁鵠為選部尚書。」）常侍曹尚書，主公卿事。（注，蔡質漢儀曰：「主常侍黃門御史事，世祖改為吏曹。」）二千石曹主郡國二千石事。（注，漢舊儀亦云：「主刺史。」蔡質漢儀曰：「掌中郎水火盜賊辭訟罪眚。」）民曹尚書主凡吏上書事。（注，蔡質漢儀曰：「典繕、治功、作監池苑囿盜賊事。」）客曹尚書主外國夷狄事。（注，尚書：「龍作納言，出入帝命。」應劭曰：「今尚書官，王之喉舌。」）世祖承遵後，分二千石曹，又分客曹為南主客曹，北主客曹。（注，周禮天官有司會，鄭玄曰，「若今尚書。」）

左右丞各一人，四百石。本注曰：掌錄文書期會，左丞主吏民章報，及騶伯史。（注，蔡質漢儀曰：「總典臺中綱紀，無所不統。」）右丞假署印綬，及紙筆墨諸財用庫藏。（注，蔡質漢儀曰：「右丞與僕射對掌授廩假錢穀，與左丞無所不統。凡宮中漏夜盡，鼓鳴則起，鐘鳴則息。衛士甲乙徼相傳，甲夜畢，傳乙夜；相傳盡五更，衛士傳言五更。未明三刻後雞鳴，衛士踵丞郎趨嚴上臺。不畜宮中雞，汝南出雞鳴。衛士候朱雀門外，專傳雞鳴于宮中。」應劭曰：「楚歌，今雞鳴歌也。」晉太康地道記曰：「後漢固始、鮦陽、公安、細陽四縣衛士習此曲於闕下歌之，今雞鳴是也。」）侍郎三十六人，四百石。本注曰，一曹有六人，主作文書起草。（注，蔡質漢儀曰：「尚書郎初從三署詣臺試，初上臺稱守尚書郎中，歲滿稱尚書郎，三年稱

勞榦

侍郎；客曹郎主治羌胡事，劇遷二千石或刺史；其公遷為縣令，秩滿自占縣去，詔書賜錢三萬祖餞，他官則否。治嚴一日，準謁公卿陵廟乃發。御史中丞遇尚書丞郎避車執板住揖。丞郎坐車執板禮之，車過遠乃去。尚書言左右丞，「敢告知」，如詔書律令。」郎見左右丞對揖，無敢稱，曰左右君。郎見尚書執板對揖，稱曰明時。見令僕執板拜，朝賀對揖。」）令史十八人，二百石。本注曰：曹有三人，主書；後增劇曹三人，合二十一人。（注，古今注曰：「永元三年七月，增尚書令史員。功滿未犯禁者，以補小縣墨綬。」蔡質曰：「皆選蘭臺，符節上稱簡精練有吏能為之。」決錄注曰：「故事，尚書郎以令史久次補之，世祖改以孝廉為郎。」）

其尚書的職事見於漢官各書的，有：

北堂書鈔設官部引王隆漢官解詁：「尚書出納詔令，齊衆喉口。」

又：「尚書唐虞曰納言，周官為內史；機事所總，號令攸發。」

又：「士之權貴不過尚書，其次諸吏。」

漢舊儀：「尚書四人為四曹，常侍曹尚書主丞相御史事，二千石曹尚書主刺史二千石事，民曹尚書主庶民上書事，主客曹尚書主外國四夷事。成帝初置尚書五人，有三公曹，主斷獄事。」（據孫星衍校本，下同。）

又：「尚書令主贊奏封下書，僕射主開封；丞二人，主報上書者，兼領財用，火燭，食廚。漢置中書官，領尚書事；中書謁者令一人，成帝建始四年罷中書官，以中書謁者令為中謁者令。」

又：「尚書郎四人，其一郎主匈奴單于營部，一郎主羌夷吏民，民曹一郎主天下戶口墾田功作，謁者曹一郎主天下見錢貢獻委輸。」

又：「中臣在省中皆白請，其宦者不白請。尚書郎宿留臺中，官給青縑白綾被或錦被；帷帳，氈褥，通中枕；太官供食，湯官供餅餌果實，下天子一等；給尚書郎佐（原作伯，蓋草書佐字近于伯字也，伯字不可解。今校作佐，佐即書佐，漢簡書佐常省作佐。）二人，女侍史二人，皆選端正者從直，佐送至止車門還，女侍史執香爐燒薰，從入臺護衣。」

論漢代的內朝與外朝

唐六典一引漢官儀：「尚書令主贊奏，總典紀綱，無所不統。秩千石。故公為之朝會不陛奏事，增秩二千石。天子所服五時衣賜尚書令。其三公，列卿，將五營校尉，行複道中遇尚書(令)僕射左右丞皆迴車豫避。衛士傳不得紆臺官，臺官過乃得去。」

又：「尚書令秦官，銅印墨綬，每朝會，與司隸校尉，御史大夫中丞，皆專席坐，京師號為三獨坐，其尊重如此。」

又：「僕射秩六百石，(故)公為之，加至二千石。」

文選王文憲集序注引漢官儀：「獻帝建安四年，始置左右僕射，以執金吾榮郃為左僕射，衛臻為右僕射。」

後漢書光武紀注引漢官儀：「尚書四員，武帝置，成帝加一為五。有侍曹尚書，主丞相御史事；二千石尚書，主刺史二千石事；戶曹尚書，主人庶上書事；主客曹尚書，主外國四夷事；成帝加三公曹，主斷獄事。」

初學記職官部引漢官儀：「初秦代少府遣吏四，一在殿中主發書，故謂之尚書，尚猶主也。漢因秦置之，故尚書為中臺，謁者為外臺，御史為憲臺，謂之三臺。」

唐六典一引漢官儀：「尚書令，左丞，總領綱紀，無所不統；僕射右丞掌廩假錢穀。」

北堂書鈔引漢官儀：「左右丞，久次郎補也。」

初學記職官部引漢官儀：「左右曹受尚書事，前世文士以中書在右，因謂中書為右曹，又稱西掖。」

北堂書鈔設官部引漢官儀：「尚書郎四人，一人主匈奴單于營部，一人主羌夷吏民，一人主天下戶口，土田，墾作，一人主錢帛，貢獻，委輸。」

初學記職官部引漢官儀：「尚書郎初從三署郎選詣尚書臺試，每一郎缺，則試五人，先試箋奏。初入臺稱郎中，滿歲稱侍郎。」

太平御覽職官部引漢官儀：「尚書郎初上詣臺稱守尚書郎，滿歲稱尚書郎中，三年稱侍郎。」

勞榦

北堂書鈔設官部引漢官儀：「郎以孝廉年未五十，先試箋奏，初上稱郎中，滿歲爲侍郎。」

唐六典一引漢官儀：「能通蒼頡史篇，補蘭臺令史，滿歲補尚書令史，滿歲爲尚書郎；出亦與郎同宰百里。郎與令史分職受書。令史見僕射尚書執板拜，見丞郎執板揖。」

初學記職官部引漢官儀：「尚書郎主作文書起草，夜更直五日于建禮門内。」

北堂書鈔設官部引漢官儀：「尚書郎給青縑白綾被(或)以錦被，帷帳氈褥，通中枕，太官供食，湯官供餅餌，五熟果實，下天子一等。給尚書史二人，女侍史二人，皆選端正從直。女侍史執香爐燒，從入臺護衣。奏事明光殿省，皆胡粉塗畫古賢人烈女。郎握蘭含香趨走丹墀，奏事黄門，郎與對揖。天子五時賜服，賜珥赤管大筆一雙，分墨一丸。若郎處曹二年，賜遷二千石刺史。

唐六典二引漢官儀：「曹郎二人，掌天下歲盡集課，有尚書曹郎，有考工郎中一人。」

初學記文部引漢官儀：「尚書令僕丞郎，月賜渝麋大墨一枚，小墨一枚。」

北堂書鈔引漢官儀：「漢舊置中書官領尚書事。」

初學記職官部引蔡質漢儀：「尚書奏事于明光殿省中，畫古烈士，重書行讚。」

又，居處部引蔡質漢儀：「省中皆以胡粉塗壁，紫朱界之，畫古烈士。」

書鈔設官部引蔡質漢儀：「尚書郎晝夜更直于建禮門内。」

就以上的各則看來，漢官各書言及尚書的比較多，也就可以知道尚書臺對于漢代政治上格外重要了。以下再就兩漢書中有關尚書臺諸官的具列下來。

昭帝立，霍光爲大司馬大將軍領尚書事，宣帝地節二年薨。(霍光領尚書事見昭帝紀及張安世傳。)

宣帝地節二年，霍山爲奉車都尉領尚書事，三年七月伏誅。(霍光傳。)

論漢代的內朝與外朝

宣帝地節三年，張安世為大司馬車騎將軍領尚書事，元康四年薨。

(陳樹鏞漢官答問曰：「表云地節三年，安世為大司馬車騎將軍，攷安世傳言光死數月，魏相上封事，宣帝遂以安世為大司馬車騎將軍領尚書事。光以二年三月薨，則安世之拜必不當在三年也。安世領尚書，後歲餘霍禹謀反夷宗。則表以此二事同列於地節三年之下，其誤甚矣。」今按仍當從百官表。蓋光以三月薨，而魏相上封事于次年二三月間，仍未踰一年也。魏相傳言：「大將軍霍光薨，上思其功德，以其子禹為右將軍，兄子樂平侯山復領尚書事。相因平恩侯許伯奏封事，言春秋譏世卿，惡宋三世為大夫……國家自後元以來，祿去王室，政繇冢宰，今光死子復為大將軍——劉攽曰禹不為大將軍，字之誤也」——兄子秉樞機，……宜有以損奪其權，破散陰謀，以固萬世之基……又故事諸上書者皆為二封，署其一曰副，領尚書者先發副封，所言不善，屏去不奏，復因許伯白去副封，以防壅蔽。宣帝善之，詔相給事中，皆從其議。霍氏殺許后之謀始得上聞，乃罷其三侯令就第。親屬皆出補吏。」霍光傳：「光薨，上始躬親朝政，御史大夫魏相給事中。……會魏大夫為丞相，數燕見言事，平恩侯與侍中金安上等徑出入省中。時霍山自若領尚書，上令吏民得奏封事，不關尚書，羣臣進見獨往來，於是霍氏甚惡之。」張安世傳：「光薨，後數月御史大夫魏相上封事曰『……車騎將軍安世事孝武三十餘年，忠信謹厚……宜尊其位以為大將軍……』……安世深辭弗能得，後數日竟拜為大司馬車騎將軍領尚書事。數月罷車騎將軍屯兵更為衛將軍，兩宮衛尉城門兵屬焉。時霍光子禹為右將軍——據此知魏相傳大將軍為右將軍之誤，百官表亦作右將軍——上亦以禹為大司馬，罷其右將軍屯兵。」就此三傳合觀之，霍光薨宣帝即以霍山領尚書事。于是御史大夫魏相因平恩侯許延壽上書，去尚書副封，而霍氏弒許后之事乃得上聞。四年四月遂以張安世為大司馬領尚書事，而霍山猶領尚書事自若。至是年七月霍氏誅而張安世遂專領尚書事矣。惟張安世傳云：「禹謀反，夷宗族，安世素小心畏忌，已內憂矣。」其言隱約，似有所指者。顏師古注

勞榦

曰：「忌者戒盈滿之辭」，猶未得其微意也。今案趙充國傳云：「初破羌將軍武賢在軍中，時與中郎將卬宴語，卬道車騎將軍張安世始嘗不快上，上欲誅之，卬家將軍以為安世本持橐簪筆，事孝武帝數十年，見謂忠謹，宜全度之。安世用是得免。」安世為車騎將軍在昭帝崩後，迄于地節三年七月戊戌，轉為衛將軍，至七月壬辰，誅霍氏。——長歷是年七月無戊戌壬辰，表誤——是安世為衛將軍與霍氏見誅乃同月之事耳。當霍氏未誅時，宣帝方與霍氏為敵，不應欲誅大臣。及霍氏就誅，則安世早任為衛將軍矣。惟方誅霍氏時，安世為衛將軍未久，故以車騎將軍稱之。是宣帝或竟欲以霍氏牽及安世也。蓋宣帝誅霍氏之前，魏相，許延壽，金安上皆與宣帝而敵諸霍；而張安世獨依違于二者之間無所建白。是時宣帝或疑其黨於霍氏而欲誅之。是安世之領尚書事蓋未能盡監察牽制之職責，而充國時任後將軍少府——據百官表，此時少府為宋疇，充國蓋是長樂少府——曾與廢霍氏之謀，故能為安世解說，此則由充國傳知之，證以安世傳而益明者也。）

神爵元年，韓增為大司馬車騎將軍，領尚書事，五鳳二年薨。（韓王信傳）

于定國以御史中丞遷光祿大夫平尚書事（本傳）

張敞為太中大夫與于定國共平尚書事（本傳）

至宣帝寢疾，引外屬侍中樂陵侯史高，太子太傅望之，少傅周堪至禁中，拜高為大司馬車騎將軍，望之為前將軍，光祿勳堪為光祿大夫，皆受遺詔輔政，領尚書事。（蕭望之傳）——高永光元年免，望之及堪初元二年免，堪後又拜光祿大夫，領尚書事。

元帝初元元年，石顯以中書令幹尚書事，成帝即位罷死。（石顯傳）

劉向傳：「周堪拜為光祿大夫，領尚書，張猛為太中大夫，給事中；顯幹尚書事，尚書五人皆其黨也，堪希得見，常因顯白事，事決顯。」

成帝即位，王鳳為大司馬大將軍領尚書事，陽朔三年薨。（外戚傳）

張禹為諸吏光祿大夫，給事中，領尚書事。河平四年罷。（張禹傳，外戚傳）

鄭寬中以光祿大夫領尚書事。（儒林傳）

孔光以光祿大夫領尚書事，遷光祿勳領尚書事如故，永始二年遷御史大夫。(孔光傳)

陽朔三年，王音為大司馬驃騎將軍領尚書事(代王鳳)，永始二年薨。(外戚傳)

永始間，薛宣以故丞相為列侯加特進給事中，視尚書事，尊寵任政。(薛宣傳)

永始二年，王商為大司馬衞將軍領尚書事(代王音)，元延元年薨。(外戚傳)

元延元年，王根為大司馬驃騎將軍領尚書事(代王商)，綏和元年免(外戚傳)

綏和元年，王莽為大司馬領尚書事(代王根)，二年免。(外戚傳)

哀帝即位，師丹為左將軍領尚書事月餘徙為大司空。(師丹傳)

建平元年，傅喜為大司領尚書事，二年免。(外戚傳)

建平二年，丁明為大司馬衞將軍領尚書事，元壽二年免。(外戚傳)

元壽二年，董賢為大司馬衞將軍給事中領尚書事，三年，自殺。(佞幸傳)

平帝即位，王莽為大司馬領尚書事。(平帝紀)

後漢和帝即位，鄧彪以太傅錄尚書事，及竇氏誅以老病免。(後漢書鄧彪傳)

殤帝延平元年，遷張禹為太傅錄尚書事，永初元年秋，免。(後漢書張禹傳)

順帝即位，桓焉為太傅與太傅朱寵並錄尚書事，視事三年，免。(後漢書桓焉傳)

沖帝即位，李固為太尉，與梁冀參錄尚書事，桓帝立，為梁冀所殺。(後漢書李固傳)

質帝崩，胡廣代李固為太傅，錄尚書事，以病退位。(後漢書胡廣傳)

沖帝即位，梁冀為大將軍與太傅趙峻，太尉李固參錄尚書事。元嘉元年每朝會與三公絕席，十日一入平尚書事。百官遷召皆先到冀門，牋檄謝恩，然後敢詣尚書。延熹二年，伏誅。(後漢書梁商傳附傳)

中平六年，何進為大將軍，錄尚書事(後漢書何進傳)

獻帝初平三年，周忠為太尉，錄尚書事，初平四年以災異免。(後漢書周景傳)

初平四年，朱儁為太尉，錄尚書事，明年秋以日食免。(後漢書朱儁傳)

以上領尚書事。至於其他和尚書相關的史料，現在再列舉於下：

漢書劉向傳：「元帝初即位，太傅蕭望之為前將軍，少傅周堪為諸吏光祿大夫，皆領尚書事甚見尊任。更生年少于望之、堪。二人重之，薦更生宗室

六同別錄

筦斡

忠直，明經有行，擢為散騎宗正給事中。與金敞拾遺于左右，四人同心輔政，患苦外戚許史在位放縱，而中書宦官弘恭石顯弄權。望之、堪、更生議欲白罷退之，未白而語泄，遂為許史及恭顯所譖愬，堪更生下獄，及望之皆免官，語在望之傳。其春地震，夏，客星見昴卷舌間，上感悟，下詔賜望之爵關內侯，奉朝請，秋，徵堪、向，欲以為諫大夫，恭顯白皆為中郎。冬，地復震，時恭顯許史子弟侍中諸曹皆側目于望之等。……更生坐免為庶人，而望之亦坐使子上書自冤前事，恭顯白令詣獄置對，望之自殺。天子甚悼恨之，乃擢周堪為光祿勳，堪弟子張猛光祿大夫給事中，大見信任，恭顯憚之，數譖毀焉。……左遷堪為河東太守，猛槐里令。……後三歲餘，……徵堪詣行在所，拜為光祿大夫，秩中二千石，領尚書事。猛復為太中大夫，給事中。顯幹尚書事（注，師古曰，「幹與管同，言管主其事」。按幹从倝从于，說文解字無是字，當為斡之俗體。然漢碑已有其字，則其譌誤已始自漢世矣。說文斡字，大徐音烏括切。段玉裁曰：「匡謬正俗云，『斡音管，不音烏括反』，引陸士衡愍思賦為證。按其字倝聲，則顏說是也，然俗音轉為烏括切，又作捾作斡，亦於六書音義無甚害也。」又曰：「引申之，凡執柄樞轉運皆謂之斡。賈誼鵩鳥賦云『斡流而遷』，張華勵志詩云『大儀斡運』，皆是也。或假借筦字，楚詞云『筦維焉繫，天極焉加』。或作幹字，程氏瑤田云，『考工記，旋蟲謂之幹，蓋斡之譌也。』」此言顯幹尚書事，即言顯以中書令管尚書臺事；堪雖領尚書事，不如顯之可以直處置其事也。然後世知幹為斡之誤字者甚鮮，相沿別幹與斡為二字，斡為烏括切，幹為古案切；而幹又與榦之別體杆、桿等字相淆混，於是音義愈不可究詰。迄於今日，幹事一詞猶為世俗所常用，然書作管事或筦事，必羣相駭怪，若書作幹事，則鮮不以不誤為誤矣。）。……尚書五人皆其黨也，堪希得見，常因顯白事，事決顯口。」

鄭崇傳：「以丞相屬為尚書僕射。」

何並傳：「是時潁川鍾元為尚書令，領廷尉，用事有權。」

-32-

蕭望之傳：「初宣帝不甚從儒術，任用法律，而中書宦官用事。中書令弘恭石顯久典樞機，明習文法，亦與車騎將軍高（史高）為表裏，論議常獨持故事，不從望之等。恭顯又時傾仄見詘。望之以為中書政本，宜以賢明之選，自武帝游宴後庭，故用宦者。非國舊制，又違古不近刑人之義。白欲更置士人，繇是大與恭顯忤。上初即位，謙讓重改作，議久不定。」

成帝紀建始四年：「罷中書宦官。初置尚書五人。」注：「臣瓚曰，漢初中人有中謁者令，孝武加中謁者令為中書謁者令，置僕射。宣帝時任中書官弘恭為令，石顯為僕射。元帝即位，數年，恭死，顯代為中書令，專權用事，至成帝乃罷其官。」

孔光傳：「博士選三科，高第為尚書。……光以高第為尚書，觀故事品式。數歲，明習漢制及法令，轉為僕射，尚書令，加諸吏官。」

翟方進傳：「遷為丞相司直，從上甘泉，行馳道中，司隸校尉陳慶劾奏方進，沒入車馬。既至殿中，慶與廷尉范延壽語。「時慶有章劾，自道行事以贖論，今尚書持我事來，當於此決。前我為尚書時，嘗有所奏事，忽忘之，留月餘。」方進于是舉劾慶曰：「案慶奉使刺舉大臣，故為尚書。知機事周密壹統，明主躬親不解，慶有罪，未伏誅，無恐懼心，豫自設不坐之比。又暴揚尚書事，言遲疾無所在，虧損聖德之聰明。奉詔不謹，皆不敬，臣謹以劾。」慶坐免官。」

師丹傳：「尚書劾咸（申咸）、欽（炔欽）幸得以儒官選擢，備腹心，迺復上書妄稱譽丹，前後相違，不敬。」

師丹傳：「尚書令唐林上疏，……上從林言賜丹爵關內侯。」

丙吉傳：「霍氏誅，上親政，省尚書事。」

陳遵傳：「嘗有部刺史奏事過遵，值其方飲，……見遵母叩頭自白，當對尚書，有期會狀。」

司馬相如傳：「上令尚書給筆札。」

張安世傳：「少以父任為郎，用善書給事尚書。精力于職，休沐未嘗出

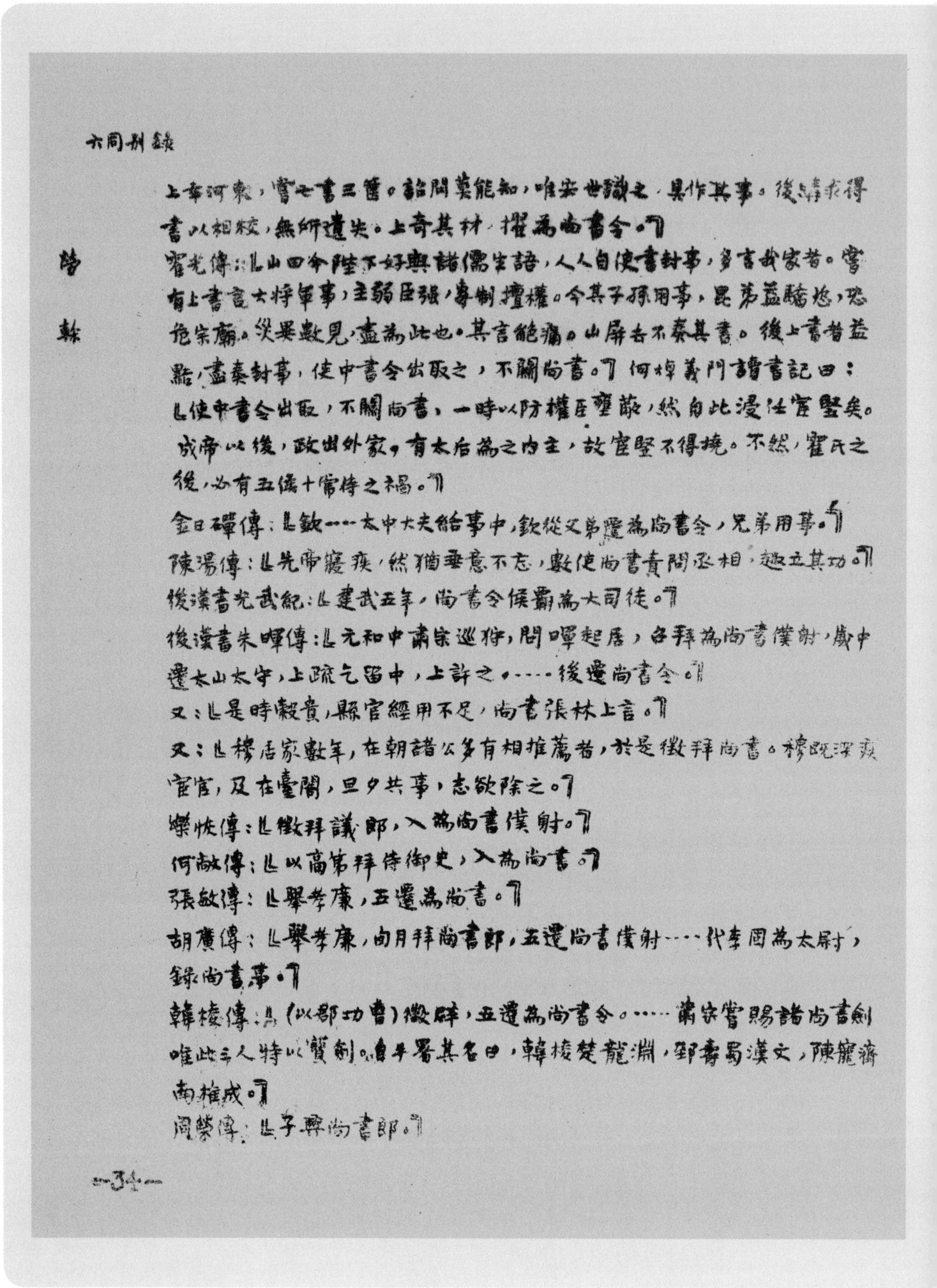

六同别録

上幸河東，嘗亡書三篋。詔問莫能知，唯安世識之，具作其事。後購求得書以相校，無所遺失。上奇其材，擢為尚書令。」

營
轄

霍光傳：「山曰：今陛下好與諸儒生語，人人自使書封事，多言我家者。嘗有上書言大將軍事，主弱臣强，專制擅權。今其子孫用事，昆弟益驕恣，恐危宗廟。災異數見，盡為此也。其言能痛，山屏去不奏其書。後上書者益黠，盡奏封事，使中書令出取之，不關尚書。」何焯義門讀書記曰：「使中書令出取，不關尚書，一時以防權臣壅蔽，然自此浸任宦豎矣。成帝以後，政出外家，有太后為之內主，故宦豎不得撓。不然，霍氏之後，必有五侯十常侍之禍。」

金日磾傳：「欽……太中大夫給事中，欽從父弟遷為尚書令，兄弟用事。」

陳湯傳：「先帝寢疾，然猶垂意不忘，數使尚書責問丞相，趣立其功。」

後漢書光武紀：「建武五年，尚書令侯霸為大司徒。」

後漢書朱暉傳：「元和中肅宗巡狩，問暉起居，召拜為尚書僕射，歲中遷太山太守，上疏乞留中，上許之。……後遷尚書令。」

又：「是時穀貴，縣官經用不足，尚書張林上言。」

又：「穆居家數年，在朝諸公多有相推薦者，於是徵拜尚書。穆既深疾宦官，及在臺閣，旦夕共事，志欲除之。」

樂恢傳：「徵拜議郎，入為尚書僕射。」

何敞傳：「以高第拜侍御史，入為尚書。」

張敏傳：「舉孝廉，五遷為尚書。」

胡廣傳：「舉孝廉，旬月拜尚書郎，五遷尚書僕射……代李固為太尉，錄尚書事。」

韓棱傳：「(以郡功曹)徵辟，五遷為尚書令。……肅宗嘗賜諸尚書劍，唯此三人特以寶劍，自手署其名曰，韓棱楚龍淵，郅壽蜀漢文，陳寵濟南椎成。」

周榮傳：「子興尚書郎。」

—34—

周景傳：「(以故將作大匠)引拜尚書令，遷太僕，衛尉。」
郭躬傳：「弟子鎮……辟太尉府，再遷延光中為尚書。……再遷尚書令。」
陳寵傳：「辟司徒鮑昱府……三遷肅宗初為尚書。」
又：「皇后弟竇憲薦真定令張林為尚書。」
陳忠傳：「遷廷尉正，擢為尚書，使居三公曹。……以父次轉為僕射……遷尚書令……拜司隸校尉……出為江夏太守……復留拜尚書令。」
陳忠傳：「上疏諫曰：今(安帝時)之三公，雖當其名，而無其實，選舉誅賞一由尚書，尚書見重於三公，陵遲以來，其漸久矣。」
班勇傳：「尚書問勇曰，今立副校尉，何以為便？又置長史屯樓蘭，利害云何？」
翟酺傳：「遷侍中，時尚書有缺，詔將大夫六百石以上試對政事，天文，道術，以高第者補之。……酺對第一，拜為尚書。」
又：「權貴共誣酺及尚書令高堂芝等。」
仲長統傳：「昌言法誡篇曰：光武皇帝慍數世之失權，忿彊臣之竊命，矯枉過直，政不在下。雖置三公，事歸臺閣。自此以來，三公之職，備員而已。然政有不理，猶加譴責。而權移外戚之家，寵被近習之豎。親其黨類，用其私人。內充京師，外布列郡。」
梁節王暢傳：「永元五年，豫州刺史舉奏暢不道，考訊辭不服。有司請徵暢詣廷尉，和帝不許。有司重請除暢國徙九真。帝不忍，但削成武單父二縣。」
陳禪傳：「尚書陳忠劾禪。」
陳龜傳：「(以故度遼將軍)復徵為尚書。」
橋玄傳：「轉司徒……策罷，歲餘為尚書令。」
崔實傳：「拜遼東太守，行道，母劉氏病卒……服竟召拜尚書。實以世方阻亂，稱疾不視事，數月免。」
楊震傳：「帝舅大鴻臚耿寶薦中常侍李閏兄於震……震曰：「如朝廷欲令三

六同別錄

府辟召，故宜有尚書敕，遂拒不許。」

楊秉傳：「拜太中大夫，左中郎將。遷侍中，尚書，出為右扶風。」

勞榦

又：「徵拜河南尹……單超弟匡客任方刺兗州從事，突獄亡走，尚書召秉詰責。」

又：「詔公車徵秉，不至。有司並劾秉大不敬，尚書令周景與尚書邊韶議奏……明王之世必有不召之臣。」

又：「尚書召對秉掾屬曰：『公府外職而奏劾近官，經典漢制有故事乎？』」

楊賜傳：「拜少府，……以病罷，……拜賜尚書令，數日出為廷尉。」

楊彪傳：「代朱儁為太尉，錄尚書事。……及車駕還，復守尚書令。」

張晧傳：「尚書僕射，出為彭城相。」（自大將軍府掾屬五遷。）

又：「永寧元年徵拜廷尉。晧雖非法家而留心刑斷，數與尚書辯正疑獄，多以詳見從。」

張綱傳：「冀乃諷尚書以綱為廣陵太守。」

王龔傳：「徵拜尚書，擢司隸校尉。」

王暢傳：「梁商特辟舉茂才，四遷尚書令，出為齊相——免——是時政事多歸尚書。桓帝特詔三公，令高選庸能。太尉陳蕃薦暢，清方公正，有不可犯之色，由是復為尚書。尋拜南陽太守。」

种暠傳：「徵拜議郎，遷南郡太守，入為尚書。……擢暠度遼將軍。」

杜根傳：「初平原郡吏成翊亦諫太白歸政，坐抵罪。與根俱徵。擢為尚書郎，……免歸……後尚書令左雄，僕射郭虔，復舉為尚書。」

欒巴傳：「遷沛相，所在有績，徵拜尚書。」

劉陶傳：「三遷為尚書令，以所舉將為尚書，難與齊，乞從冗散，拜侍中。」

劉瑜傳：「以侍中尹勳為尚書令。」

虞詡傳：「帝問諸尚書，尚書賈朗……證詡之罪，帝疑焉。」

—36—

集刊外編第三種

虞詡傳：「遷尚書僕射，……永和初遷尚書令。」

又：「寧陽主簿詣闕訴縣令之枉……帝大怒，持章示尚書，尚書遂劾以大逆。詡因謂諸尚書曰：『小人有怨，不遠千里，斷髮刻肌，詣闕告訴，而不為理，豈臣下之義？』」

張衡傳：「初出為河間相，徵拜尚書。」

蔡茂傳：「轉治書侍御史，遷尚書。」

劉寬傳：「出為東海相……再遷尚書令。」（碑云司徒長史拜尚書，出為東海相。）

伏湛傳：「為平原太守，……徵拜尚書，使典定舊制，拜為司直。」

郭賀傳：「以司徒掾累官尚書令，拜荊州刺史。」

馮勤傳：「以郎中給事尚書，拜尚書，尚書令，大司農。」

鄭均傳：「以公車特徵，拜尚書……乞歸，拜議郎。」

趙謙傳：「以故司徒為尚書令。」

馮衍傳：「子豹，以武威太守徵為尚書。」

郅惲傳：「子壽，以冀州刺史三遷為尚書令，擢為京兆尹，以公事免，復徵為尚書僕射。」

襄楷傳：「詣闕上書，上即尚書問狀。」

郭伋傳：「以雍州牧轉尚書令，出為中山太守。」

樊宏傳：「準……宏之族曾孫也……為河內太守……以疾徵……三轉為尚書令，光祿勳。」

馮魴傳：「（孫石）遷太傅，與太尉東萊劉熹參錄尚書事。順帝既立，石與熹皆以阿黨閻顯江京等策免。」（補前錄尚書事節）

鄭弘傳：「淮陰太守四遷建初為尚書令。舊制尚書郎補縣令長丞尉。弘奏以為臺職雖尊，而酬賞甚薄，請使郎補千石令，帝從其議。出為平原相，徵拜侍中。」

左雄傳：「徵拜議郎，……拜尚書。再遷尚書令。遷司隸校尉。初雄薦周舉為尚書，舉既稱職，議者咸稱焉。……坐法免，後復為尚書。」

勞榦

左雄傳：「案尚書故事無乳母爵邑之制，唯先帝乳母王聖為野王君。」

左雄傳：「是時大司農劉據以職事被譴，召詣尚書。」

左雄傳：「每有章表奏議，臺閣以為故事。」

周舉傳：「轉冀州刺史，……司隸校尉左雄薦舉，徵拜尚書。」

黃瓊傳：「拜議郎，稍遷尚書僕射。……遷尚書令，稍遷太常。」

韓韶傳：「尚書選三府掾能理劇者，乃以韶為嬴長。」

陳寔傳：「(潁川)太守高倫，被徵為尚書。」

陳紀傳：「豫州刺史嘉其至行，上尚書圖象百城以厲風俗。……拜太僕，又徵為尚書令。」

李固傳：「公卿舉固對策曰，……又詔書禁侍中尚書中臣子弟，不得為吏察孝廉者，以其秉威權，容請託故也。而中常侍在日月之側，聲勢振天下，子弟祿仕曾無限極……今可為設常禁，同之中臣。……今陛下之有尚書，猶天之有北斗也。斗為天喉舌，尚書亦為陛下喉舌。……尚書出納王命，賦政四海，權尊埶重，責之所歸。……今與陛下共理天下者，外則公卿尚書，內則常侍黃門。」

李固傳：「舊任三府選令史，光祿試尚書郎，皆特拜，不復選試。」

杜喬傳：「為太尉……梁冀舉汜宮為尚書。喬以宮臧罪明著，遂不肯用。」

史弼傳：「弼由北軍中候遷尚書，出為平原相。」

史弼傳：「父敞順帝時以佞辯至尚書郡守。」

史弼傳：「裴瑜位至尚書。」

盧植傳：「為侍中，遷尚書。」

皇甫規傳：「為度遼將軍……徵為尚書……遷宏農太守。」

陳蕃傳：「稍遷拜尚書……徵為尚書令……免……徵為尚書僕射……以蕃為太傅，錄尚書事。諸尚書畏懼權官，託病不朝，蕃以書責之。」

陳蕃傳：「永康元年，竇后臨朝……蕃為太傅錄尚書事……（為宦官曹節王甫等所殺）。」（補前錄尚書事節）

陳蕃傳：上書曰：「陛下宜割塞近習豫政之源，引納尚書朝省之事，公卿大夫五日一朝。」……不納。

樊準傳：「帝幸南陽，準為功曹召見，帝器之，從車駕還宮。特補尚書郎，再遷御史中丞。」

徐防傳：「舉孝廉為郎，防體貌矜嚴，占對可觀，顯宗器之，特補尚書郎，職典樞機，周密畏慎。奉事二帝，未嘗有過。和帝時稍遷司隸校尉。」

左雄傳：「廣陵孝廉徐淑年未及舉，臺郎疑而詰之。」

黃瓊傳：「尚書周永，昔為沛令，素事梁冀，幸其威勢。坐事當罪，越拜令職。」

王允傳：「拜太僕，再遷，守尚書令。」

黨錮傳序：「初桓帝為蠡吾侯，受學於甘陵周福，及即帝位，擢福為尚書。」

黨錮傳：「劉淑……拜議郎……再遷尚書，建議多所補益，又再遷侍中。」

又：「杜密……太山太守……去官，……桓帝徵拜尚書令，轉河南尹。」

又：「劉祐……初察孝廉，補尚書侍郎。閑練故事，文札強辯，每有奏議，應對無滯，為僚類所歸。除任城令。……河東太守。……再遷延熹四年拜尚書令，又出為河南尹。」

又：「魏朗……出為河內太守，……尚書令陳蕃薦朗公忠亮直，宜在機密，復徵為尚書。」

又：「尹勳……邯鄲令，……五遷尚書令。」

又：「羊陟……冀州刺史，……再遷虎賁中郎將，城門校尉，三遷尚書令。……拜陟河南尹。」

又范滂傳：「尚書責滂所劾猥多，疑有私故。」

又：「滂繫獄，尚書霍諝理之。」

竇武傳：「（宦官）白尚書官屬，脅以白刃，使作詔板，拜王甫為黃門令。」

何進傳：「尚書得詔板，疑之，曰請大將軍出。」

鄭太傳：「以公業為尚書侍郎。」

六同別録

勞榦

孔融傳注引典略：「路粹建安初以高第擢拜尚書郎。」

荀彧傳：「及帝都許以彧為侍中守尚書令。」

董卓傳：「集議廢立，百僚大會……尚書盧植獨曰：「昔太甲既立不明昌邑罪過千餘，故有廢立之事。今上富於春秋，行無失德，非前事之比也」卓大怒，罷坐。」（植以故北中郎將徵為尚書，見本傳。）

董卓傳：「及其在事，雖行無道，而猶忍性矯情，擢用羣士。乃任吏部尚書漢陽周毖，侍中伍瓊，尚書鄭公業，長史何顒等。以尚書韓馥為冀州刺史。」

又：「催汜等更以（賈詡）為尚書典選。」

又：「使侍中劉艾出讓有司，於是尚書令以下，皆詣闕謝。」

劉表傳：「劉先，尚書令。」

劉矩傳：「太尉胡廣舉矩賢良方正，四遷尚書令。」

周紆傳：「召司隸校尉河南尹詣尚書譴問遣劍戟士收紆。」

陽球傳：「舉孝廉拜尚書侍郎，閑達故事，其章奏處議常為臺閣爲崇信。」

又：「遷將作大匠……頃之拜尚書令。」

又：「球出謁陵，節勅尚書令召拜，不得鑄留尺一。」

孫程傳：「迎濟陰王立之，是為順帝，召尚書令，僕射以下從輦。」

曹節傳：「節遂領尚書令。」

戴憑傳：「帝即勅尚書解遣禁錮。」

張馴傳：「徵拜尚書。」

周澤傳：「孫堪，徵為侍御史，再遷尚書令。」

李育傳：「再遷尚書令。」

黃香傳：「拜尚書郎……拜左丞……累遷尚書令……後以為東郡太守。……復留為尚書令，增秩二千石。」

劉梁傳：「召入拜尚書郎。」

周嘉傳：「舉為孝廉拜尚書郎。」

—40—

陸續傳：「祖父閎，建武中為尚書。」

李郃傳：「五還尚書令。」

樊英傳：「令公車令導尚書奉引賜几杖。」

第五倫傳：「為漢中太守，公事免，拜尚書。」

周黨傳：「乃著短布單衣，穀皮綃頭待見尚書。」

王霸傳：「建武中徵到尚書。」

漢陰老父傳：「尚書郎張溫異之。」

東夷高句驪傳：「（宮死），子遂成立，姚光上言欲因其喪發兵擊之。議者皆以為可許，尚書陳忠曰：「宮前桀黠，光不能討，死而擊之非義也。」」

綜以上各條，關於尚書的職任可歸納出下列的幾件事：

(1) 尚書的職守

a. 最初尚書為管天子章札的官，屬於少府。

b. 因為管章札，成為給天子下詔令和保管檔案的官。

c. 内朝和外朝在武帝以後有了分別，於是内朝的定案便從尚書臺通過，再下給三公。

d. 尚書的任務加重，於是昭帝以後，當政大臣加上領尚書事銜，來處理國家的政務。

e. 宣帝為防權臣的擅權，更由中書處置尚書的文件。到成帝時始改。

f. 光武以後將内朝的官職多歸裁併，專任尚書。此時宰相的職務也成為具文。

g. 東漢的晚期，宦官的中常侍和小黃門又成了新的内朝，控制着尚書臺事。

(2) 尚書的選任：

a. 尚書令由故三公，九卿，將作大匠，侍中，尚書僕射，尚書丞，州牧，太守轉任。

尚書令轉為三公，九卿，司隸校尉，三輔，太守，諸侯相及刺史。

六同別錄

勞榦

b. 尚書僕射多由尚書轉任，或有由議郎及三公屬轉任。

尚書僕射多轉任尚書令，但亦有為諸侯相的。

c. 尚書以故將軍，侍中，議郎，侍御史，三公屬，北軍中候，博士，太守，縣令轉任，或以尚書郎累遷。

尚書轉為尚書僕射，侍中，司隸校尉，三輔、太守，諸侯相，侍御史

尚書令在西漢已有由九卿來領職的。不過在西漢時其例尚少。到東漢時，尚書令作三公，三公作尚書令，已經不算希有的事了。尚書本來只管章奏，但到了東漢，朝中的詢問，糾舉，辟召，以及一切的國政，原由丞相和御史大夫擬議的，現在都完全歸入尚書之手。這就是「雖置三公，政歸臺閣」。

尚書和中書的關係，各書中頗有含混不明的。續漢志說：「尚書令一人千石，本注曰：承秦所置。武帝用宦者，更為中書謁者令，成帝用士人，復故。」通典卷二十二便承着這個說法，以為「漢承秦置尚書，武帝游宴後庭，始用宦者為中書之職，成帝罷中書宦官，置尚書五人，」又：「成帝去中書，更以士人為尚書」照此說來，漢初本有尚書，到武帝時改為中書，成帝時才恢復尚書的制度。今按漢武帝以司馬遷為中書令，在太始年間，司馬相如傳的「尚書給筆札」，應在元光以前；史記三王世家的守尚書令在元狩六年，雖不足為武帝時未曾改尚書為中書之證，但張安世為尚書令，却在武帝的晚期，並且昭宣元三代的尚書也並見前引，可見說是成帝時才恢復尚書，是不足為據的。

這裏誤會的原因，是由於石顯傳說「望之……以為尚書百官之本，國家樞機，宜以通明公正處之。武帝游宴後庭，始用宦者，非古制也」蕭望之傳說：「望之以為中書政本，宜以賢明之選，自武帝乃用宦者，非國舊制，白欲更置士人。」成帝紀建始四年：「罷中書宦官，初置尚書員五人」百官公卿表：「建始四年，更名中書謁者為中謁者令，初置尚書員五人。」據這幾段的表面文字來看，當然是武帝置中書宦者來代替尚書，到成帝時重置尚書五人，但據其他的材料看來，却不如此簡單（見前引）。武帝到成帝時，尚書有令一

—42—

人，僕射一人，尚書四人。此時另外有中書令一人，中書僕射一人。中書所管的，仍是尚書的事，所以在石顯傳稱為「尚書百官之事」而在蕭望之傳，則稱為「中書政本」。可見中書並非獨立於尚書之外的。至成帝時「初置尚書員五人」是在四人之中，加多一人，成為五人。並非至此才初置尚書。

至於劉向傳所說：「(石)顯幹尚書事，尚書五人皆其黨也」一事，在元帝時不應有尚書五人，或連僕射而言，總為五人。因為僕射也是秩六百石，和尚書相同的。又據百官公卿表「建昭元年：尚書令五鹿充宗為少府」，在賈捐之傳中言其為尚書令事，在朱雲傳中言其為少府事，和石顯是同黨的。劉向傳所說，應在初元時，此時五鹿充宗或已為尚書令，或仍作尚書未能明晰，然從五鹿充宗事，也可以知元帝時尚書的人選了。

三國魏黃初元年，曹丕改秘書為中書，以劉放為中書監，孫資為中書令；是為後世中書省之始。雖然其名和西漢的中書相同，其內容卻是不同的。

將軍和大司馬一職，在孟康所說是屬於中朝。而錢大昕三史拾遺則稱：

> 衛青霍去病雖貴幸，亦未干丞相御史職事。至昭宣之世，大將軍權兼內外，又置左右前後將軍，在內朝預聞政事。

在漢代除大將軍以外，尚有車騎將軍（金日磾，竇憲，鄧騭，閻顯，何苗。）衛將軍（張安世，王商。）驃騎將軍（王根，董重。）皆輔政重臣，各置幕府，有長史，從事中郎，功曹，主簿，議曹，司馬，軍司空，武庫令，軍市令，校尉，等。而出征時大將軍營五部，部校尉一人　軍司馬一人；部下有曲，曲有軍候一人；曲下有屯，屯長一人。又有假司馬，假候，皆為副貳。其別營領屬，為別部司馬。又有將兵長史之類。此篇不擬詳述，擬在「漢代幕府考」一文中論之

關於外朝諸官，本篇亦不擬詳述，擬另作「漢代公卿考」一文。現在止將內朝和外朝的關係大致說一下。在丞相和御史大夫的時代，丞相是非常重要的。雖然用人行政無所不統，但大體說來，京師之事有九卿直接天子。郡國之事卻由丞相統率。丞相五日一朝天子，若有政事，丞相具奏以聞，亦得

勞榦

引見。所以外朝以丞相為主，而丞相實天子（治者）和郡國（被治者）的聯繫。漢代郡守和國相，雖然對天子而言是被治者，但在施政方面，還有比較大的自由，所以天子止要安心清靜無為，丞相對天下事舉其大綱，是不太困難的。因此自高惠文景以還，用不着內朝外朝的分別。

到了武帝時代，丞相和郡守國相之權雖然尚仍舊貫，但天子方面對於丞相的壓力增加了。天子方面的壓力，便自然形成了一個集團，便是內朝。內朝結論總匯的所在，便是尚書。在這種狀況之下，尚書的組織便會龐大起來

然而丞相府還是一個完整的機關，內朝的成立使得若干國家大計被內朝奪了去。但習慣上的用人行政，總還保持一貫的成例。到了司徒，司空，太尉，三府成立了，一個有力的丞相府再變成沒有力量的三個府，尚書臺接受了丞相府的事權，三府只成了一個承轉機關。尚書和侍中官位隆重了，尚書和侍中關係疏遠了，於是新的內朝，中常侍和小黃門，隨着起來。

附記：此篇本為擬寫的《漢代官制彙證》的一章。因為六同別錄徵稿，便在此先發表。其中引證只抄錄卡片，未逐條核對原書，當俟再版時再為勘校，並加增補。

逯欽立

漢詩別録

導　讀

孫玉文

學術背景

在逯欽立的研究《漢詩别録》問世之前，對漢詩的研究，有兩种極端的研究傾向，有人注重字句訓詁而忽視文學演進；有人重視理論闡發而輕視漢詩的釋讀，胡適《白話文學史》開創“平民文學”的研究範式，過度强調民間性而忽略文人詩的審美價值。逯氏吸收這兩种研究傾向之所長，通過“别録”這一特殊體裁，在文獻學領域，對樂府分類標準作出詳細的討論；在文學史觀上，回擊了將漢代視爲“文學幼稚時代”的論斷。他以出土漢簡（如居延漢簡）與傳世文獻互證，修正了《古詩紀》等傳統總集的輯佚訛誤。文中對《古詩十九首》創作年代的考辨，直接挑戰了“東漢説”與“建安説”的對立觀點。

學術評議

漢成帝時，劉向受命校理宫廷藏書，每校完一書就寫一篇提要，後彙編成《别録》。《漢詩别録》的“别録”就是仿此而命名的。此文可以看作是逯欽立《先秦漢魏晋南北朝詩》前期工作的一部分，他整理完兩漢詩歌後，將整理過程中遇到的一些問題寫出來，成爲《漢詩别録》。《漢詩别録》除了見載于《六同别録》（中册），本册最後有《六同别録中册刊誤表》，改正《漢詩别録》多處文字錯誤，可參。

《漢詩别録》分爲三節：

一、辨僞。在既有辨僞成果的基礎上，重點辨析了那些疑爲僞作但没有論定的漢詩，有蘇武詩、李陵詩、班婕妤詩、古詩、柏梁臺詩，論定其是否僞作，辨析細密，新解甚多，尤其是對蘇武詩的辨僞，考辨的角度較多，結論有一定説服力。

舉例來説，逯欽立將蘇武、李陵放到一起討論，詳搜蘇武、李陵詩及詩句，有20餘篇，試圖證明“世稱蘇、李詩云者，僅李陵一人之作也”。列有兩個證據：一是“宋初迄于齊末，僅有李陵詩之見稱評以及模擬，而無所謂蘇武詩”，“似鍾嶸亦品蘇作”，但逯欽立舉出二證以證明實爲品李陵詩。二是詳古書目録，原來衹收録李陵詩集，没有蘇武詩集；後人説是蘇武詩者，前人多説是李陵詩，由此得出“蘇詩出于李集，本爲李陵詩，後人以其總雜，故妄增蘇武名字”。然後分析這20餘篇詩的内容與蘇武、李陵的身世不合，不避漢文帝皇帝名諱，并“審其用語之時代性，及其時地相關性知此組詩之一部分，實有數點自示其爲東漢末年文士之作，而與當時避地交趾之士大夫，且極有關，决可定其出于靈獻之際”。值得注意的是，逯欽立據李陵詩中“中州、清言”等詞的出現時代證明李陵詩中有東漢僞作，不可能是李陵時的用詞習慣，這是利用了語言學的手段，可惜例證太少。

二、考源。漢代出現了新的詩體五言、七言詩，需要考源探流。逯欽立廣搜各種證據，以及既往不同的意見，詳細考證五言詩、七言詩的源流，爲研究詩體流變服務。在他考源之前，一般都認爲五言詩出于樂府，七言詩變自楚聲，但缺乏詳細的論證，作者贊同此觀點，“以爲此兩種體裁，實分别由樂府楚聲而來，而漢武一朝，又其發生之共同起點”，不乏新見。

例如給五言詩考源，“欲徵五言詩之溯源，須先標三准”：一是“凡稱五言詩，須通篇皆爲五言”，二是“凡稱五言詩，不得含有兮字”，三是“不以某一人之有此作，定其原始，而分别以一段時間爲其發生期及成立期”。據此，逯欽立認爲先秦詩歌中出現包含五字的詩句不能算五言詩的濫觴。逯氏試圖“由雜歌之自無名氏至有名氏者”“自樂府歌辭之由俗入雅”“自五言之應用于其他題材者”等角度，證明“自西漢武帝（西元前一世紀）”爲“發生期”，“至東漢章帝之時（西元二世紀）應定爲此一體裁之成立期”。

關于七言詩，逯氏據《漢書·東方朔傳》“朔之文辭……八言、七言上下”，證明漢代至此有“七言”之名。他將漢代七言詩分爲三類：一是之間含“兮”字的，東方朔的七言詩即是，這是魏晋隋唐七言詩的始祖；二是句句用韵的，此爲正格七言，宋齊以後隔句用韵，至陳隋以後“由駢及律”，受到五言詩的影響；三是句中用韵的，兩漢七言謡諺即是，跟後代七言詩没有關係。

他據東方朔殘詩爲七言，中間有“兮”字，推測“漢人所謂七言者，乃當時之楚歌”，跟《史記》所載項羽“力拔山兮氣蓋世”句型完全相同。西漢七言詩也有“悉句實字之篇”，柏梁臺詩、劉向七言即是，句句押韵，是當時七言之正格，漢武帝時期，“小學雜占之書，多用此正格之七言”，因此“七言”一目先就此格而言，然後將楚歌也稱爲“七言”。

對正格七言的來歷，逯氏做了詳細考證。他説，柏梁臺詩、劉向七言詩句句用韵是正格七言的一個特色，“歷東漢至兩晋，皆保留不變，而罕有例（按：後面當脱去‘外’字）者”。然後舉出“兩漢之歌詩、雜文、小學、讖緯、鏡銘等”材料加以證明，漢代“凡屬七言，無不句句用韵，而與六朝以降之隔句用韵者，截然有别”，而句句用韵“本楚歌體裁之一”，“其源又出于楚聲之亂”，《楚辭》的“亂曰”之後已有此體。怎麼證明正格七言源出于“楚聲之亂”呢？逯氏從以下幾個方面加以論證：（一）張衡《思玄賦》、馬融《長笛賦》俱以七言，造爲亂辭。（二）淮南王《八公操》，七言爲句，而結以“兮”字，其格與《九章·抽思》之亂辭全同，疑此操與楚亂本屬一類，至此而獨立成章，别爲新體，則進而略去“兮”字，變爲七言。（三）《漢晋西陲木簡彙編》（按：《漢詩别録》脱“編”字）載漢人風雨詩簡有“兮”字，除去“兮”字，則爲七言，此源自楚歌。（四）漢人已有省除“兮”字之習慣。逯氏注意到：漢代謠諺也有很多七言句的，但跟正格七言兩句之間押韵不同，而是“句中自韵”，跟正格七言詩之間没有淵源關係；東漢末的謠諺偶有兩句之間押韵的，這纔是受了正格七言的影響所致。

三、明體。漢代詩體有五言詩、七言詩、樂府詩三種主要類型。逯氏專門討論樂府詩。在鈎稽、抽繹反映樂府詩文體材料的基礎上，專門研究樂府詩作爲一種文體的獨特性，“論述兩漢樂府充分具有街陌謳謡之活潑性，而與楚歌五言樂府俱不同”，它“常兼有三言四五言等，而雜糅成篇，略無格律之可尋”。

《漢詩別録·明體第三》研究了樂府詩“雜言各篇，其構句尤多別致者”，舉出五言句中節奏點有“上三下二”格式，七言句中有“上三下四”，八言句中有“上四下四、上五下三、上三下五、上二下六、八言渾成”五類，是很有意義的成果，但是這種節奏點是怎麽分析出來的，作者没有交代，有些例子不一定可靠。逯氏文中引文有不準確之處，例如引《楚辭·招魂》的“亂曰”，其中有錯訛、遺漏。作者對有些詩句的校勘不一定可靠，例如《楚辭·招魂》最後一句“魂兮歸來哀江南”，這個“南”字跟“楓、心”押上古侵部，但作者説：“末句原作‘魂兮歸來哀江南’，按王逸注云，言魂魄當急來歸云云，知王逸見本有‘急’字。今本‘歸來’亦有倒誤。”據王逸注不可能證明王逸所見本有“急”字，又説“今本‘歸來’亦有倒誤”，没有根據。“魂兮歸來哀江南”句不誤，按逯氏校勘，原文反而不押韵。這都是我們閱讀此文時應該注意的地方。

學術價值

據今所見文獻資料，對漢詩的辨僞、考源、明體工作，南北朝時期即已開始，歧説紛呈。《漢詩别録》一文的成功之處不在于選題的創造性，而在于不爲成説所左右，詳細占有材料，進行細緻考辨。逯欽立將既往認定爲漢詩的所有詩歌都納入考察物件，然後篩選進没有疑問的漢詩，剔除經過嚴格研究而没有疑問的非漢詩，《漢詩别録》則對疑似之間的漢詩做重點考釋，進行深入考證，因此其結論具有極大的參考價值，其嚴謹求實的學風非常值得提倡，也是後人應該繼承的。逯氏後來有《先秦漢魏晋南北朝詩》，跟他早期的研究活動有緊密的聯繫，反映他治學的沉潛功夫，值得後人學習。

集刊外編第三種

漢詩別錄

逯欽立

引語

欽立年來從事漢魏晉南北朝詩之整理，據馮纂古詩紀，重爲校輯，而編古詩紀補正一書。蒐索證考，爲時較久，所得一知半解，或以納入全書叙例，或部分著當篇之後，一俟清藁付梓，當持以就正於方家。然有頗多涉及文史而不能闌入本書之見，縈洄縈注於心，有時興發，不能自已。兹當兩漢部分整理已畢，且付繕寫矣，因以餘暇，撰述此文，名之曰漢詩別錄。斯後以次而作魏至隋各代詩別錄，以繼此篇焉。

夫欲窺見一代詩章之迹象，而探得其精髓，自當以辨真僞祛疑滯爲其首要，此猶之稼穡須先耕芸也，作辨僞第一。又詩章之淵源不明，詩體之流變亦莫由明，故溯源所以別流也。五言七言，詩之正體，而皆昉於炎漢，不可略也，作考源第二。又樂府依詠，肇自漢武，朝章國采，一時稱盛，然時移世變，樂崩譜亡，聲辭體式，迄今愈晦，使有片辭單記，可以鈎稽抽繹，藉得蹤其線索者，亦斷乎不容緘默也，作明體第三。

至於別錄云者，無深奥之別旨也。昔劉向校書秘閣，每一書已，輒條其篇目，撮其旨要，錄而奏之，而另有別錄，推尋事迹，是校讐之餘業也，今此所述，頗與此類，故仿其此稱云。

*　*

*　*　*

辨偽第一

逯欽立

兩漢詩歌，不可據信者頗多，如武帝落葉哀蟬曲，昭帝淋池歌，靈帝招商歌（皆見王子年拾遺記），趙飛燕歸風送遠操（西京雜記），司馬相如琴歌（玉臺新詠），霍去病歌（琴操），王逸琴思楚歌（張溥百三家集），龐德公於忽操（古詩紀），諸葛亮梁父吟（藝文類聚）等，皆是此類，後人之所假託，固不獨李陵班婕妤之見疑於後代也。欽立編纂古詩，頗勤稽考，冀能刪芟贋作，不使亂真。如琴思楚歌，此本楚辭注文，並非王逸之詩。龐德公於忽操，乃宋王禹偁擬作，宋文粹明白載之。凡此既皆削之矣。然如上列其他各篇，則以尚無確絕之反證，足以定其為偽，而古籍既早有載錄，後人又相沿選輯，故不得不仍加甄取，以疑傳疑。

然此不可據信之諸偽作，如蘇武李陵贈答詩，班婕妤怨歌行，以及古詩十九首，武帝柏梁臺集詩等，則至關詩體之淵源，且為後世爭辨之點，是則又須重為論證，明其真偽。蓋此數詩者，於考定五七言詩之起源時代，雖非具有充分性之例據，然如不加說明，則又考源上一大障礙也。今尋繹各詩用語，參之當世其他篇什，徵之史傳雜書，因斷蘇李詩為靈獻時物，班氏怨詩行為曹魏時物，古詩十九首大部分產於桓靈二代，然亦有新莽時代之作，而柏梁詩則仍出於西京也。請分論之。

（甲）蘇李詩

今存之蘇李詩，昭明文選七首（蘇武詩四首李陵別蘇武詩三首）以外，古文苑載有十首（李陵錄別詩八首蘇武答詩一首又別李陵一首），而引見他書之李詩零句，又有四條。如：

清涼伊夜沒，微風動單幬（北堂書鈔百三十二）。

招搖西北馳，天漢東南流（文選三十陸士衡擬明月皎夜光詩注）。

此上幬流同韻，姑作一首；

嚴父潛長夜，慈母去中堂（文選二十一曹子建詠三良詩注）。

行行且自割，無令五內傷（文選二十七石季倫王明君詞注）。

此上堂傷同韻，姑作一首。完篇斷章總計約有一十九首。然古文苑載有孔融雜詩二首，蘇經考證，本亦出於李集，則蘇李詩之傳世者，且有二十餘首之多。孔融雜詩云：

巖巖鍾山首，赫赫炎天路，高明耀雲門，遠景灼寒素。昂昂累世士，結根在所固，呂望老匹夫，苟為因故，管仲小囚臣，獨能建功祚。人生有何常，但患年歲暮，幸托不肖軀，且當猛虎步，安能苦一身，與世同舉厝。由不慎小節，庸夫笑我度，呂望尚不希，夷齊何足慕。

漢詩別録

又

遠送新行客，歲暮乃來歸。入門望愛子，妻妾向人悲。聞子不可見，日已潛光輝，孤墳在西北，常念君來遲。褰裳上墟丘，但見蒿與薇，白骨歸黃泉，肌體乘塵飛。生時不識父，死後知我誰，孤魂遊窮暮，飄颻安所依。人生圖孝養，爾死我念追，俛仰內傷心，不覺淚沾衣，人生自有命，但恨生日希。

欽立案此詩前首幸託不肖軀且當猛虎步二句，文選李注數引皆作李陵。又文鏡秘府引或曰云：

五言之作，召南行露，已有濫觴。漢武帝時，屢見全什，非本李少卿也。少卿以傷子為宗，文體未備，意悲辭切，若偶中音響，十九首之流也。

而上列遠送新行客一首，又適為傷子之作，是此雜詩二首，唐時出於李集之顯證也。按古文苑宋時晚出之書所載詩文，本難盡信。又卷中李陵孔融前後相次，亦易有竄亂，則據選注及文鏡秘府定為李作，必較近真。然則吾人今日所能依據之資料，與南朝所傳篇數，固當相差不遠也。

治史考古，無徵不信，今多方搜取，廣其例據，以茲判斷，自易收其結案之效。然於判斷之前，吾人復能使此案件簡單化，即世稱蘇李詩云者，僅李陵一人之作是也。斯可以下列二點，以證明之。

一、宋初迄於齊末，僅有李陵詩之見稱評以及模擬，而無所謂蘇武詩。 太平御覽五百八十六引顏延之庭誥云：

荀爽云：詩者古之歌章，然則雅頌之樂篇全矣。以是後之□詩者，率以歌為名，及秦勒望岱，漢祀郊宮，辭著前史者，文變之高制也。雖雅聲未至，弘麗難追矣。逮李陵眾作，總雜不類，元是假託，非盡陵制，至其善篇，有足悲者。

李詩之見稱引，始於此文，然而不及蘇武。又文心雕龍明詩篇云：

孝武愛文，柏梁列韻，嚴馬之徒，屬辭無方，至成帝品錄，三百餘篇，朝章國采，亦云周備，而辭人遺翰，莫見五言，所以李陵班婕妤見疑於後代也。

六同別錄

又南齊書文學傳論云：

少卿離辭，五言才骨，難與爭鶩。

逯欽立

又詩品總論亦僅云：

遠漢李陵，始著五言之目矣。

而俱不及蘇。且詩品所評，二百二十餘人，今古作家，亦云周備，而三品之中，子卿無地。（詩品總論又稱子卿雙鳧，叔夜雙鸞，斯皆五言之警策云云，似鍾嶸亦品蘇作。然細核之，知子卿之誤，有二證：一詩品總論所舉名篇，皆屬上中二品內人，雙鳧作者如為蘇武，則上中品不得獨無其名。二庾信哀江南賦云李陵之雙鳧永去，蘇武之一雁空飛。仍作李陵，不作蘇武也。）又江淹雜體，摹擬各家，而於西漢，亦僅有班姬李陵，與上舉劉勰所論者適同。且詩品總論又云：

自王揚枚馬之徒，詞賦競爽，而吟詠靡聞。從李都尉迄班婕妤，將百年間，有婦人焉，一人而已。

俱證宋齊時代，並無所謂蘇武詩者，而今傳之蘇詩風格韵調，又頗類李作，決非齊梁小兒所能擬出，則昭明所選，梁武所擬（代蘇屬國婦，見玉臺新詠），裴子野所論（雕蟲論云其五言為家，則蘇李自出），自令人疑其來源矣。

二蘇詩出於李集，本為李陵詩，後人以其總雜，故妄增蘇武名字。宋初迄於齊末，不聞蘇武有詩，甫入梁時，頓爾出見，誠至異之事也。案廣弘明集卷三載梁阮孝緒七錄云：

齊末兵火，延及秘閣，有梁之初，缺亡甚衆。爰命秘書監任昉躬加部集，又於文德殿內別藏衆書，使學士劉孝標等重加搜進，乃分數術之文，更為一部，使奉朝請祖暅撰其名錄。其尚書閣內別藏經史雜書。華林園又集釋氏經論，自江左篇章之盛，未有踰於當今者也。

據此，似因梁初大搜圖籍，異書麕集，典策之盛，超邁晉宋。而蘇武各作，於此得以出現於世，而選錄仿效稱引之者，亦於焉興起，至此蘇李不但有往返書札，亦且有贈答之詩章焉。然檢隋書經籍志，梁時有李陵集，並無少卿之集。隋志兼出舊錄，以志其異同存佚，梁氏故書，茲並存目，當時倘有蘇集，自有著錄，隋志亦不至獨此闕載。然則梁時並無新出之蘇集，自昭昭明矣。李陵蘇武既有贈答各詩，而附人和作，又先唐舊集之常式，則新有之蘇詩，其必

—4—

出於李集，亦昭昭明矣。蘇詩出於李集，而其風格與李詩類，決非梁人擬作之所竄入，是則必好事者就總雜之李集臆增子卿之名，因致有蘇詩之突然出世也。

以蘇詩原屬李集，故他書引錄，尚多作李陵。如文選蘇詩第一首骨肉緣枝葉篇，初學記引作李陵贈蘇武詩。又駱賓王和學士閨情啟云：

李都尉鴛鴦之辭，纏綿巧妙；班婕妤霜雪之句，發越清迥。

檢骨肉緣枝葉篇有昔為鴛與鴦一句，駱氏所云，自必指此。又第二首結髮為夫妻篇，有云：

結髮為夫妻，恩愛兩不疑。行役在戰場，相見未有期。握手一長歎，淚為生別滋。

而江淹雜體擬李陵云：

日暮浮雲滋，握手淚如霰。而我在萬里，結髮不相見。

是江淹擬詩，尚視此夫妻離辭為李陵之作也。又第三首黃鵠一遠別篇，藝文類聚亦引作李陵贈蘇武詩。此文選蘇詩他書署為李陵之例。又古文苑蘇詩第二首雙鳧俱北飛篇，白帖御覽（卷四百八十九又九百十九）俱作李陵贈蘇武詩，此質之庾信哀江南賦所謂李陵之雙鳧永去云云者，其原為李作亦極足信。頗疑唐人所據，乃李集舊本，顏延之所謂總雜者，而未從昭明文選，因而有此歧異也。

以蘇詩乃由李詩改成，雖署蘇武，未暇定為何類之作，故其標題梁時尚不一致。文選蘇詩第二首結髮為夫妻篇，昭明僅題作蘇武詩，而梁武帝作代蘇屬國婦，針對此詩而反擬之，是必以蘇武此篇為贈婦之作也。此種參差之現象，自是改李集者不善作偽之所致。又藝文類聚引此又作蘇武別李陵詩，是則蘇李竟是一雙夫婦，尤見李集竄亂之甚，生此可笑之謬誤。意者總雜之李集，其始並無蘇作，洎乎梁初，棲書此偽本混入，偽本新異，投人所好，故蕭衍父子據以選錄摹擬，而若斯之表張之也。

☼　☼　☼　☼

李陵此二十餘篇之詩，為古代離辭之雜匯。如文選所載七首，自為別詩；古文苑所存十首，明標錄別，又傷子之作，是與家別，而行行且自割者，則又俟言。故顏延年視為總雜，蕭子顯目為離辭。然此同屬別詩之篇，內容極不一致，有臨歧遠別之辭，如攜手上河梁、嘉會難再遇、良時不再至、骨肉緣枝葉、黃鵠一遠別、燭燭晨明月、陟彼南山隅、雙鳧俱北飛之類

六同别録

是也。有遊子自傷之辭，如爍爍三星列、晨風鳴北林、鍾子歌南音、童童孤生柳之類是也。有征人別妻之作，如結髮為夫妻一首。有久別還之作，如遠送新行客一首。至於寂寂君子坐，

逯欽立 奕奕鍾山首，則又作客者稍詠主人之辭也。各類詩章，既彼此雖異，而每類所詠之情物時地，亦鮮有同者，則此一組別詩，姑不問其是否一人之作，而其非一時一地之產物，則可斷言也。

然此總雜之作，種類雖繁，以較李陵身世，則無一切合者。反之，詩中"江漢""嘉會三載""弦望有時"等語，且足以斷其決非李詩。蘇軾答劉沔書云：

李陵蘇武，贈別長安，而有江漢之語。及陵與武書，辭句儇淺，正齊梁間小兒所擬作，決非西漢人。而統不悟。劉子玄獨知之。真識者少，從古所痛也。

又梁章鉅文選旁證引翁方綱曰：

自昔相傳蘇李河梁贈別之詩，蘇武四章，李陵三章，皆載昭明文選。然文選題云蘇子卿詩四首，不言與陵別也。李陵詩則曰李少卿與蘇武詩三首，而其中有攜手上河梁之語，所以後人相傳為蘇李河梁贈別之作。今即以此三詩論之，皆與蘇李當時情事不切。史載陵與武別，陵起舞作徑萬里兮五句，此當日真詩也，何嘗有攜手上河梁之事。即以河梁一首言之，其曰安知非日月，弦望自有時，此謂離別之後或可冀會合耳。不思武既南歸，即無再北之理，而陵云丈夫不能再辱，亦自知決無還漢之期，此則日月弦望為虛詞矣。又云嘉會難再遇，三載為千秋，蘇李二子之留匈奴，皆在天漢初年，其相別則在始元五年，是二子同居者，十八九年之久矣，安得僅云三載嘉會乎？就此三首其題明為與蘇武者，而語意尚不合如此，況蘇四詩之全不與相涉乎？

欽立案：容齋隨筆、野客叢談及日知錄等，且曾以詩中盈字觸犯漢諱，斷其決為偽託，此說今不列舉。尋漢書蘇李各傳，陵武一生未嘗在南，詩中自不得有江漢之語。而嘉會三載、弦望有期之語，亦與蘇李之情事不合。斷其不出李陵，可謂定論。然諸賢僅能以詩中辭字證其為偽，而迄未能案其習語，以斷其時代。且如蘇軾，竟謂為齊梁小兒所作。夫擬作有似代言，如假李陵一生中之最動人事件，以描摹發揮，極其仿效之能事，如世習之李答蘇武書即其一例。今此一組別詩，既俱與李陵身世不合，則謂其為李作固非，謂其為齊梁擬作，抑極可笑。況顏氏之庭誥已有稱引乎？

—6—

欽立嘗就此一組別詩審其用語之時代性，及其時地相關性，知此組詩之一部分，實有數點自示其爲東漢末年文士之作，而與當時避地交阯之士大夫，且極有關，決可定其出於靈獻之際。由此類推，則其他之一部分之時代，亦較此相去不遠也。請試論之。

(一)中州　燭燭晨明月篇其中有云：山海隔中州，相去悠且長。檢中州一語，西漢文章，極罕用之。然東漢中葉以後，此語郎漸習用，是蓋以中興洛都，適處天下中心之故也。隸釋三三公山碑云：

(靈帝)光和四年歲在辛酉四月(略)元氏左尉上郡白土樊瑋字子義(略)出從幽谷，遷於喬木。得在中州，尸素食祿。

又藝文類聚六引李尤函谷關賦云：

自周轍之東，秦虎睨乎中州。

又潛夫論實邊篇云：

今邊郡千里，地各有兩縣，戶財置數百，而太守周迴萬里，空無人民，美田棄而莫墾發；中州內郡，規地拓境，不能半邊，而戶口百萬，田畝一全，人衆地荒，無所容足，此亦偏枯躄痱之類也。

又吳志六孫賁傳附子鄰傳云：

時太常潘濬掌荊州事，重安長陳留舒燮有罪下獄，濬嘗失燮，欲寘之於法。鄰謂濬曰，舒伯膺兄弟爭死，海內義之，以爲美譚，仲膺又有奉國舊意。今君殺其子弟，若天下一統，青蓋北巡，中州人士，必問仲膺繼嗣，答者云，潘承明殺燮，於事何如？

又吳志十五全琮傳云：

是時中州人士避亂而南依琮者以百數。

又吳志九周瑜傳注引江表傳云：

中州之士，以此多之。

又吳志十二虞翻傳注引江表傳云：

及與中州士大夫會語，我東方人多才耳，但恨學問不博，語議之間有所不及耳。

又同書同傳注引吳歷云：

翻謂華歆曰，竊聞明府與王府君(指王朗)齊名中州，海內所宗，雖在東垂，常懷瞻仰又藝文類聚八十一引王粲迷迭賦云：

惟遐方之珍草兮，產昆侖之極幽（略）揚豐馨於西裔兮，布和種于中州。

逯欽立

此東漢以來應用此一習語之大略，上舉各例，抑並不足以盡之，然即此已足目為邪說之證，稍習此時代文史者，必不至相河漢，且賈誼過秦，尚以山東二字表示中原之各國，至李尤則已以中州代之，此尤可為確證。今此詩中有山海中州之語，固自示其為東漢以降之產物矣。

（二）清言　穆穆君子座篇有云：清言振東序，良時著西廂。欽立案：清談盛於魏晉，而始於東漢季葉，此亦殆盡人而知者，為徵信計，茲並略引東漢清言之例。魏志一武帝紀注引張璠漢記載鄭泰說董卓（後漢書鄭太傳同）云：

孔公緒能清談高論，噓枯吹生。

又魏志七臧洪傳青州刺史焦和卒下注引九州春秋云：

初平中焦和為青州刺史，黃巾暴亂，和不能禦。入見其清談干雲，出則渾命不可知。

又魏志十三鍾繇傳注引魏略載太子書曰：

得報知喜南方，至於荀公之清談，孫權之嫵媚，執書嘔噦，不能離手。若權復黠，當折以汝南許劭月旦之談，權優遊二國，俯仰荀許，亦已足矣。

又劉楨贈五官中郎將詩云：

清談終日夕，情盼叙憂勤。

欽立案：清談清言，本為一事，而此詩及之，是亦自示其為東漢以來之作矣。夫以時代之不同，觀念風尚，隨之而異，文學最能反映時代者也，而其遣辭用字，以常為含有特殊觀念特殊風尚之時代口語，於時代之鑑定，尤為可寶。中州、清言，其一例也，準此二語，衡此眾篇，尚得謂之出於李陵乎，尚得不謂之為東漢以降之產物乎？

至此組別詩之所以能定為靈獻時人之作，且與避難交阯之士大夫有關者，則又以詩中山海隔中州、暮聞日南陵（有鳥西南飛篇）二句所相應示出之時地相關性，俾吾人獲得極明顯之證據也。文選蘇武詩第四首全篇云：

燭燭晨明月，馥馥我蘭芳，芬馨良夜發，隨風聞我堂。征夫懷遠路，遊子戀故鄉，寒冬十二月，晨起踐嚴霜，俯觀江漢流，仰視浮雲翔，良友遠別離，各在天一方，山海隔中州，相

—8—

去悠且長，嘉會難再遇，歡樂殊未央，願君崇令德，隨時愛景光。

又古文苑李陵錄別詩第一首云：

有鳥西南飛，熠熠似蒼鷹，朝發天北隅，暮聞日南陵，欲寄一言去，託之牋綵繒，因風附輕翼，以遺心蘊蒸，鳥辭路悠長，羽翼不能勝，意欲從鳥，駕馬不可乘。

欽立案此上二詩，有極堪注意者，即山海隅中州所示行人將往之地，及暮聞日南陵所示行人已在之所是也。日南屬於交州，與交阯同為南越七郡，世所共知，自不俟論，而東漢邊郡與中州有山海之隔者，當時亦實維交州，此則有待論證，茲以下列各例徵之。魏志十一袁渙傳袁徽避亂交州句注引袁宏漢紀云：

初天下將亂，渙慨然歎曰：漢室陵遲，亂無日矣，苟天下擾攘，逃將安之？若天未喪道，民以義存，唯彊而有禮者，可以庇身乎？徽曰：古人有言，知幾其神乎？見幾而作，君子所以元吉也。天理盛衰，漢其亡矣。夫有大功必有大事，此又君子之所深識退藏於密者也。且兵革既興，外患必眾，徽將遠迹山海，以求免身。及亂作，各行其志。

案此見後漢紀二十九，文字稍異，錄其後段如下：

徽曰：古人有言，知機其神乎？見機而作，君子所以元吉也。天理盛衰，漢其已矣，夫有大功，必有大事，此又君子之所深識退藏於密者也。且兵革之興，外患眾矣，徽將遠蹈山海，以求免乎？天下清亂，各行其行志。徽避地交州，渙從轉劉備袁術呂布之間，晚乃遇曹公。

又晉書五十六陶璜傳云：

吳既平，晉減州郡兵，璜上言曰：交土荒裔，斗絕一方，或重譯而言，連帶山海，又南郡去（交）州，海行千有餘里，外距林邑纔七百里。（千有餘里，千字疑誤。）

俱以山海二字，指明赴交所經之艱阻，可知山海云云，乃係實寫，而非泛泛之形容。考東漢以降，赴交之路，始有水陸兩途，前此蓋唯有航行之交通。後漢書六十三鄭弘傳云：

舊交阯七郡，貢獻轉運，皆從東冶，（劉注：東冶縣屬會稽郡）汎海而至，風波艱阻，沈溺相係，弘奏開零陵桂陽嶠道，於是夷通，至今遂為常路。

自鄭弘開此嶠道，陸路之交通以便，後人之赴交者，即漸由此，所謂嶠道，五嶺之山道是也。後漢書九十四吳佑傳云：

六同別錄

父恢為南海太守，祐年十二，隨從到官。恢欲殺青簡以寫經書，祐諫曰：今大人踰越五領，遠在海濱，此書若成，載之兼兩，嫌疑之間，誠先賢所慎也。恢乃止。

逯欽立 欽立案：南海亦交州七郡之一。吳恢赴任，踰越五嶺，自由鄭弘之嶠道而南，緣此為當時之唯一山道也（傳中五領海濱二語，且無異山海二字之注脚）。又是時自會稽入海道者，亦仍多有。（後漢為交州郡守者，多會稽人，或亦與當時海上交通有關）後漢書六十七桓曄傳云：

初平中，天下亂，避地會稽，遂浮海客交阯。

又同書九十三袁閎傳略謂：

弟忠棄官，客會稽上虞。後孫策破會稽，忠等浮海，南投交阯。

斯又當時海道赴交之例也。東漢以還，赴交者既有山海二道，而當時叙入交之艱阻者，又適別有山海之文，則此詩山海隔中州云者，其明指交州一地，而與暮聞日南陵之所謂日南為同一處所之實寫，固可瞭若指掌矣。

上舉燭燭及有鳥二詩，其示行人之地，既證知必為交州，吾人由此且對嘉會難再遇篇臨河濯長纓一句之言外意旨，亦可豁然而悟。竊謂嘉會一篇，乃行人對於燭燭一篇之答什。詩中濯長纓一語，兼假終軍「願受長纓羈南越王」之典，以喻此遠赴交州之事。贈詩以山海隔中州者惜別，而此以臨河濯長纓者酬知，同驚心動魄於遊子將至之地，猶之二詩俱以嘉會難再遇一句，致其將此長別之悲也。茲錄嘉會一篇如下，讀者校觀，自可知也。

嘉會難再遇，三載為千秋。臨河濯長纓，念別悵悠悠。遠望悲風至，對酒不能酬。行人懷往路，何以慰我愁。獨有盈觴酒，與子結綢繆。

欽立又案：此組別詩，其叙述亂離者，既頗有其篇，其言別之作，又多為感傷盛時之難再，而此行乃所以違世避亂者，故同致還鄉無期之哀。是知此行役交州之士，必以天下將亂，因之遠蹈山海，以求身免也。今列其證例如下。古文苑李陵錄別第二首云：

爍爍三星列，拳拳月初生。寒涼應節至，蟋蟀夜悲鳴。晨風動喬木，枝葉日夜零。遊子暮思歸，塞耳不能聽。遠望正蕭條，百里無人聲。豺狼鳴後園，虎豹步前庭。遠處天一隅，苦困獨零丁。親人隨風散，歷歷如流星。三萍離不結，思心獨屏營。願得萱草枝，以解飢渴情。

又前引李陵詩云：

－10－

嚴父潛長夜，慈母去中堂。

又李陵錄別第六首有云：

鍾子歌南音，仲尼歎歸與。身無四凶罪，何爲天一隅。

此敘述亂離之作也。至如良時不再至篇有云：

良時不再至，離別在須臾。風波一失所，各在天一隅。長當從此別，且復　　須。

又攜手上河梁篇有云：

攜手上河梁，遊子暮何之。徘徊蹊路側，悢悢不能辭。安知非日月，弦望　　時。努力崇明德，皓首以爲期。

又黃鵠一遠別篇有云：

欲展清商曲，念子不得歸。俯仰內傷心，淚下不可揮。

而前引二詩，又俱有嘉會難再遇之語。此則爲詩人傷時感事，而行者還鄉無期之例也。欽立案此遠赴交土之士，使係出爲邊裔州郡，則雖官守有限，不能自由去來，然決無終身不返之理。故念子不得歸，皓首以爲期，長當從此別，以及日月弦望之句，詩中不能有也。此必避難者之別什。居者行人，俱預識天下將亂，且無底止，因一再有此良時不再之歎也。

又案東漢迄晉，大亂凡有兩次，一在東漢末年，一爲西晉末葉。然西晉之亂，士大夫紛紛南渡，而克於極短期內建立江左偏安之局，一時名流世宦，俱有寓居安集之所，甚少更竄交土者。而東漢之末，則九州渾亂，即江南一隅，以袁術劉繇孫策等之連歲攻戰，亦至普罹兵厄。嫡擧桓曄袁忠之再由會稽泛海投交者，以此也。吳志士燮傳稱燮爲交阯，中國士人往依避難者以百數。此百數士人雖難盡知，然據史傳所能考者，則計有袁忠袁徽（汝南人，見前引後漢書）許靖（汝南人，見蜀志八本傳）程秉（汝南人，見吳志八本傳）桓曄（沛人，見前引後漢書）桓劭（沛人，見魏志武帝紀注引曹瞞傳）薛綜（沛人，見吳志八本傳）劉熙（北海人，見程秉傳及薛綜傳）以及牟子（見弘明集）袁沛鄧子孝徐元賢（見許靖傳）等一十二人。蓋知士燮傳當爲實錄，而其時之赴交者爲甚夥也。

夫此組別詩，固非一人一時之作，試觀其龐雜之內容，自足默識，而古文苑之標題錄別，則尤堪吟味。然通考衆作，既證其撰作時代決不在東漢中葉以前，又其中顯有避亂交州之行人別辭，而士人因避亂而大量赴交者，又僅東漢末年有一次。總此各點而判斷之，

六同别録

則自劉宋世傳之李陵衆作，固可確定其為靈獻時代之產物矣。（如嚴嚴鍾山首篇之誇大自炫，遠送新行客篇之出門送客，留連至於歲暮，凡此亦皆東漢末年之遊士風氣，茲不復論）

逯欽立

復次，此東漢末年之士人離辭，何以認為李陵之作乎？欽立於此，並擬作一假設，以為此篇之結焉。

竊疑此組別詩，其中有東漢李逵送別許靖兄弟之作。當時許靖許劭同至吳郡避亂。嗣後靖投交阯，劭回揚州，而逵則作詩贈之。顧以李逵名字較生，因而誤為李陵。至東晉以後，遂有此少卿衆作之出現於世也。茲擬三種可能，以肊斷之。

（一）地理上之相合。欽立案許靖李逵，皆汝南人，前舉赴交阯難者共十二人，其中以汝南人為多，而許靖入交，為當時寓客之領袖，故在汝南交州之地理關涉上，甚有可能。

（二）事蹟上之相合。文選蘇武詩第一首云：

骨肉緣枝葉，結交亦相因，四海皆兄弟，誰為行路人。況我連枝樹，與此同一身，昔為鴛與鴦，今為參與辰。昔者常相近，邈若胡與秦，惟念當乖離，恩情日以新，鹿鳴思野草，可以喻嘉賓，我有一尊酒，欲以贈遠人，願子留斟酌，敘此平生親

此詩昔者常相近以下四句，頗難解釋，徐世溥榆林詩話云：

蘇骨肉緣枝葉篇，昔者常相近，邈若胡與秦，惟念當乖離，恩情日以新，四語，頗扞格不相屬，恐有脫句，而從來論者未嘗疑及，何與？

欽立案此詩為兄弟朋友同別之作，當中此四句，良有可疑，然謂有脫句亦非也。尋此四句，前二語敘平素之毫無恩情，後二語言將別之際，忽萌念戀，將別益戀，人之恒情，無足異者。惟前二語所言兄弟朋友之關係，則與後漢士人矯情虛恣常非親疏之道者合，而與李逵許劭等之當時行事且尤合也。後漢書九十八許劭傳云：

劭邑人李逵，壯直有高氣，劭初善之，而後為隙，又與從兄靖不睦，時議以此少之。初劭與靖，俱有高名，好共覈論鄉黨人物，每月輒更其品題，故汝南俗有月旦評焉。

後漢書無李逵傳，逵與許劭之為隙，不得其詳，而劭與靖之不睦，魏文帝典論又別有記載，其文云：

劭與族兄靖，俱避地江東保吳郡，爭論於太守許貢座，至於手足相及。

—12—

當此流宕之際，尚有斯種兼讓之行徑，則其夙昔之爭執違拗，毫無恩情，自在意中。兄弟如此，朋友亦如此，此許劭所以招致物議之惟一劣點。使果一旦兵禍迫及，行將離散之際，此三人者同場作別，而臨歧有相贈之篇，則如骨肉緣枝葉，結交亦相因，四海皆兄弟，誰為行路人，以及昔者常相近，邈若胡與秦，惟念當乖離，恩情日以新者，勢為此篇應有之句矣。

(三)品目之相合　後漢書許劭傳又云：

劭兄虔亦知名，汝南人稱平輿有二龍焉。

案東漢品題，積習成風，如八俊八廚一類之品目，極一時之熱鬧，而以龍為稱號者，如曰荀氏八龍，慈明無雙，公沙六龍，天下無雙等，則並與許氏二龍完全同例。今尋蘇武詩第二首云：

黃鵠一遠別，千里顧徘徊，胡馬失其群，思心常依依，何況雙飛龍，羽翼臨當乖，幸有絃歌曲，可以喻中懷，請為遊子吟，泠泠一何悲，絲竹厲清聲，慷慨有餘哀，長歌正激烈，中心愴以摧，欲展清商曲，念子不得歸，俛仰內傷心，淚下不可揮，願為雙黃鵠，送子俱遠飛。

欽立案：許劭兄弟既有二龍之稱，而此詩適以雙龍喻二人之別，頗似詩人乃就行人素日著稱之令名，有意為此喻語，而非泛泛應酬之詖辭。蓋自來詩文，率以飛龍作為駕御之物，若使並無別旨，則非所以別友人者矣。

據此三端觀之，欽立此一假設，雖不必中，要亦不遠。蓋此終可為此組別詩出於東漢末年之另一佐證也。特懸一解，以為談料，讀者當不以此而涉疑此篇主要之論點也歟！

(乙)班氏詩

文選二十七班婕妤怨歌行云：

新裂齊紈素，鮮潔如霜雪，裁為合歡扇，團圓如明月，出入君懷袖，動搖微風發，常恐秋節至，涼飆奪炎熱，棄捐篋笥中，恩情中道絕。

玉臺新詠載此作班婕妤怨詩，並有序云：

昔漢成帝班婕妤失寵，供養於長信宮，乃作賦自傷，并為怨詩。

欽立案：文選、玉臺新詠選錄以外，他如劉勰文心，鍾嶸詩品，以及江淹雜擬，亦並曾及之。此齊梁以來班詩盛傳之證，而疑其為偽託者亦自茲始。文心雕龍於此有說，可參觀也。然是

六同別録

詩雖屬僞託，究在何一時代之物，此則迄今尚鮮論者。嚴羽滄浪詩話謂此歌文選直作班姬之名，樂府以爲顏延年作。近人有從此說，即定爲顏詩者。案嚴氏所謂樂府，當指郭茂倩樂府詩集，然郭書實作班氏，不作延年，嚴氏所說恐不可信。且即使古代樂録有此題署，亦仍不足據信。尋玉臺新詠卷二載傅玄怨歌行朝時篇（又見樂府詩集四十二）云：

逯欽立

昭昭朝時日，皎皎晨明月。十五入君門，一別終華髮。同心忽異離，曠若胡與越。（略）此爾可奈何，譬如紈素裂。孤雌翔故巢，星流光景絕。魂神馳萬里，甘心要同穴。

又樂府詩集四十二陸機班婕妤云：

婕妤去辭寵，淹留終不見。寄情在玉階，託意惟團扇。春苔暗階除，秋草蕪高殿。黃昏履綦絕，愁來空雨面。

欽立案：上舉陸機班婕妤，辭格不類晉人，樂府署名，容有譌誤。然傅玄所作，明以十五以下二句寫班氏身世，且以紈素裂之語摹仿怨歌行，是則班詩晉初即已流傳，並非宋齊以降始出也。又傅玄別有扇賦云：

何皎月之纖素，□皓月而軼貞。睎箑蒲之芳烈，隨變體而殊名。朗勁節以立質，象日月之定形。

出茲扇于懷袖，激微風而增涼。（以上俱見書鈔百三十四）

皓月微風以及出于懷袖，似皆襲自班詩。又張載羽扇賦云：

夫裂素製圓，剖竹爲方，五明起於名都，九華興於上京。（類聚六十九）

裂素製圓取自班詩。至於宋齊，文士作者，或襲取班語（如宋謝惠連白羽扇贊云：惟茲白羽，體此皎潔，涼齊清風，素同冰雪，揮之衿袖，以御炎熱），或摹擬班作（如江淹雜體），或用爲典據（如齊王融謝竟陵王示扇啟云：子叔賞其如規，班姬儷之明月），紛複重沓，不一而足，俱證此詩決非顏氏之作，而傅玄怨歌即擬此篇，並襲其題，自晉迄於齊梁，蓋無不知其爲班氏之作也。

然此怨歌行即爲班婕妤之作乎？是又不然。竊謂詠物之作，率以託喻情興，而遇有一應合時會之傑作出現，所詠雖同，而託喻者則已嶄然新異，則此後即多沿襲而摹仿之者，且至寖盛，僅少數好古之士，抱殘守缺，仍用前此之傳統意境。此在文學史上殆成公例。而與一新體裁之出現，漸見摹擬者，蓋同致焉。今欲略定此怨歌行之著作時代，以文獻不足徵

—14—

依此法考論之。

檢詠扇之作，西漢綦罕，東漢作者，則約有四五家之多。然各家所撰，率以君子之用行舍藏者，為惟一之託喻，前後二百年中，殆無大異。如傅毅扇銘云：

翩翩素圜，清風載揚，君子玉體，賴以寧康，冬則龍潛，夏則鳳舉，知進知退，隨時出處。（書鈔百三十四）

又崔駰扇銘云：

翩翩此扇，輔相君子，屈伸施張，時至時否，動搖清風，以禦炎暑。（書鈔百三十四）

又班固竹扇賦云：

供時有度量，異好有圓方，來風避暑致清涼，安體定神達消息，百王傳之賴功力，壽考康寧累萬億。（古文苑）

又張衡扇賦云：

籍茲竹以成扇，乃畫象而造儀，惟規上而矩下，播采爛以雜施。

憺舟□以柔弱，隨俯仰而成形（以上俱見書鈔百三十四）

又蔡邕圜扇云：

裁帛製扇，陳象應矩，輕徹妙好，其輶如羽，動角揚徵，清風逐暑，春夏用事，秋冬潛處。

東漢詠扇之作，今所存者，僅此數首。然即此數首觀之，其主要之託喻，悉在用行舍藏之一點，初無見棄懷怨之意，如怨歌行者。又晉傅咸扇賦云：

扇之為德，蓋有云取，於執政用，為用清暑，涼風既興，是焉屏處，行藏惟時，孔顏齊矩。

是證西晉文士，仍沿用行舍藏之傳統託喻也。然傅咸扇賦又有云：

大火忽以西流，悲風起乎金商，秋日淒淒，白露為霜，歛然以思暖，御輕裘于溫房，棄我其如遺，去玉手而潛藏，君背故而向新，非余身之無良，哀徒勞而靡報，獨懷怨乎一方。（以上俱見書鈔百三十四，又類聚六十九。）

此棄我其如遺以下六句，則別以見棄懷怨為託喻，而與上引之賦辭完全異致，則在西晉文士，此兩種新舊迥異之寓意，顯已並存靈府，故至兩浮筆端，且自此以前，率用舊喻，一沿傳統，自此以後，則遂取新譬，而仿效怨詩，彼此於西晉時際，成一交替銜接之關係，是則怨歌行之產生，必距西晉不遠也。欽立又案，徐幹圜扇賦云：

惟合歡之奇扇，肇伊洛之纖素，仰明月以取象，規圓體之儀度。（書鈔百三十四）。

合歡明月，俱與怨歌行之用字同。又魏文帝代劉勳妻王氏雜詩云：

逯欽立　翩翩牀前帳，張以避光輝，昔將爾共去，今將爾共歸，緘藏篋笥裏，當復何時披。

緘藏篋笥，與怨歌行之棄捐篋笥，命意又同。又王粲出婦賦云：

既僥倖兮非望，逢君子兮弘仁。當隆暑兮翕赫，猶蒙眷兮見親。更盛衰兮成敗，思情固兮日新。竦余身兮敬事，理中饋兮恪勤。君不篤兮終始，樂枯荑兮一時。（下略見類聚三十。）

欽立案當隆暑兮翕赫，猶蒙眷兮見親，實出婦以扇自比之辭，蓋類書删節，文義脱斷，女子之見親與否，竟以天氣之寒暖而定，此爲不辭矣。然則王粲之命意，亦與怨歌行同，是慣以婦女情節納入篇什之中，實鄴下文士之特殊作風也。總上所述，合歡團扇之稱詠，見棄懷怨之意境，甚可證其始於鄴下文士，可知傳行西晋之怨歌，亦必産於斯時，大抵魏氏開國古樂新曲，一時稱盛，高等伶人，投合時好，遂爲此歌，亦詠史之類也。殆流傳略久，後人遂目爲班氏自作，此與以唐人胡笳十八拍歸諸蔡琰，蓋同類之事實也。

（丙）古詩

古詩者，即指文選古詩十九首一類之五言詩也。近世論此類詩者甚夥，且似各有異識，别解殆不必再爲繁論，以疊床架屋矣。然尚有較要數問題，爲時賢未盡者，故重就以下三事析而論之。

（一）玉臺新詠之枚乘詩

昭明文選所載之古詩十九首，其古詩之名，晋時已有（陸士龍集卷八與平原書有云：一日見正叔與兄讀古五言詩，此生歎息，欲得之，謹啟云云，則陸機與正叔所讀者亦當即其所擬，當時稱古五言詩，其證一。又世説新語文學篇云，王孝伯在京行散，至弟王睹户前，問古詩何句爲最，睹思未得，孝伯詠所遇無故物，焉得不速老，此句爲佳。案此爲迴車駕言邁篇中語，其證二。）古詩云者，無名氏之故作，猶之無名氏樂府歌之稱古辭也。（古詩與古辭相當，故常有互混之例，如：古詩青青陵上柏，書鈔引作古樂府，迢迢牽牛星一首，玉燭寶典引作古樂府，上山採蘼蕪，御覽引作古樂府詩，古樂府或古樂府詩，皆樂府古辭之義，此古詩混爲古辭之例。又如長歌行青青園中葵篇，文選李注引作古詩，隴西行天上何所有類聚白帖俱作古詩，豔歌行翩翩堂前燕，類聚及鳴沙石室類書殘卷俱作古詩，此樂府古辭稱古詩之例）然此所謂古詩，至玉臺新詠竟刪取九首，署作枚乘，殆承劉勰「古詩佳麗或稱枚叔」之言，因即加以實錄。惟隋志稱梁有枚乘集二卷，是則玉臺所編，並當兼據此集。枚集出於梁時，後人所輯，其不足信，本不待言。茲所欲論者，即此雜詩九首，亦恐為原本玉臺所無，今所見者，純係後人之所增入，此可以全書體例斷之也。

「非詞關閨闈者不收」（紀容舒玉臺新詠考異語），此玉臺新詠之基本編例。則凡不合此例者，當時必不甄錄。然此所謂枚乘雜詩，即有三首適成例外者如：

庭中有奇樹，綠葉發華滋，攀條折其榮，將以遺所思。馨香盈懷袖，路遠莫致之。此物何足貴，但感別經時。

明月何皎皎，照我羅床幃，憂愁不能寐，攬衣起徘徊，客行雖云樂，不如早旋歸。

涉江采芙蓉，蘭澤多芳草，采之欲遺誰，所思在遠道。還顧望舊鄉，長路漫浩浩，同心而離居，憂傷以終老。

上列三詩，皆感時思友之作，俱與閨情無關，玉臺新詠決不闌入，以自亂其例。再是書卷九沈約古詩題六首，宋刻原注曰八詠孝穆止收前二首，此皆後人附錄，故在卷末。此唐人已有增竄之證。又卷一古詩八首，宋明本俱同，而楊守敬古詩存目謂古本玉臺新詠無，此亦後人加入他作之證。又卷十劉孝威古體雜意一首，詠佳麗一首，馮氏校本云，此二首宋本所無，是又明人增竄之證。此書既累經增竄，而羼入之篇又可確證，則此枚乘雜詩之為後人所添，得此益可知矣。

又陸機擬古，有擬蘭若生春陽一首，所擬原篇，玉臺新詠作枚乘雜詩，其辭云：

蘭若生春陽，涉冬猶盛滋，願言追昔愛，情款感四時。美人在雲端，天路隔無期，夜光照玄陰，長歎戀所思。誰謂我無憂，積念發狂癡。

案李善注文選，數引美人在雲端以下二句，又悉作枚乘樂府詩。考隋唐以來，枚集已佚，李善所引，或據樂錄一類之書，故題曰樂府，此則與玉臺雜詩之名又異也。夫此組詩章，昔時作者已佚，僅稱古詩，唐人所見，則已易作枚乘樂府，而俱與後人增入玉臺之所謂雜詩者不同。頗疑是書之枚氏雜詩，乃唐人所增，而並有是題，蓋承襲劉勰或稱枚叔之說，而就當時傳世之古詩，刪取九首，附入玉臺。李善所據之本，此人既未寓目，而此九篇是否合於原

六同别録

書體例，並亦未暇辨別也。

（二）玉衡指孟冬辨

逯欽立

文選注曾摘驅車上東門遊戲宛與洛二語，斷定古詩十九首辭兼東都，意謂不盡西京之製，近人多因其說而衍而推廣之，判其俱爲東漢產品。欽立竊謂此組古詩固多東漢之作，然其中實有出於新莽時代者，則明月皎夜光一篇是也。蓋詩中玉衡指孟冬一句，所以似與全篇乖牾者，此因視爲夏正孟冬之故，若知爲新莽丑正孟冬，難解者即可渙然冰釋也。此詩原文如下：

明月皎夜光，促織鳴東壁，玉衡指孟冬，衆星何歷歷，白露沾野草，時節忽復易，秋蟬鳴樹間，玄鳥逝安適。昔我同門友，高舉振六翮，不念攜手好，棄我如遺跡。南箕北有斗，牽牛不負軛，良無磐石固，虛名復何益。

篇中如白露、鳴蟬、玄鳥，皆仲秋八月景色，而突出玉衡指孟冬一句以夏正言之，實與全詩牴牾，因之後人聚訟，亦莫衷一是。茲將各說歸爲三類，而論列於下。

（1）斷爲夏正七月說

李善注文選論此詩云：

上云促織，下云秋蟬，明是漢之孟冬，非夏之孟冬矣。漢書曰，高祖十月至霸上，故以十月爲歲首，漢之孟冬，今之七月矣。

欽立案：李善蓋以此詩出於太初改歷以前，故此云云。顧太初以前，雖以十月爲歲首，然其時春秋四時並未更動，此有史漢記載可以覆案。且其時如以七月爲孟冬，則必以正月爲孟夏，四月爲孟秋，亦斷無是理也

又元劉履選詩補注謂孟冬乃孟秋誤字，此說後人多從之。尋古詩秋字譌冬，頗有其例，如文選載劉楨贈五官中郎將詩，有云：

自夏及玄冬，彌曠十餘旬。

孫志祖文選考異論之云：

自夏涉玄冬，彌曠十餘旬，說文繫傳疒部痁字引作自夏及徂秋，曠爾十餘旬。案若自夏涉冬，則不僅旬矣，且詩三章明云秋日多悲懷，是秋而非冬也。

案劉楨此句，自以說文繫傳所引爲正，孫氏之說是也。此其例一。又陶淵明集於王撫軍坐

—18—

送客詩云，秋日淒且厲，百卉俱已腓。此襲毛詩秋日淒淒，百卉俱腓之語也。而曾集宋本秋字誤冬，此其例二。是則此詩若謂孟秋譌為孟冬，在古詩中固非孤例也。然案陸機擬明月皎夜光此篇，而以招搖西北指五字，摹仿此句，是字作孟冬，西晉已然，固不得以意改之也。且詩中白露玄鳥，明指月令八月，斷為孟秋，與全篇並無一合。李注劉說，皆非是矣。

(2)斷為夏正仲秋八月說

張庚古詩十九首解引吳淇六朝選詩定論云：

史記天官書云，斗杓指夕，衡指夜，魁指晨。堯時仲秋夕，斗杓適指酉，衡指仲冬。然星宿東行，節氣西去，每七十二歲差一度，曆家謂之歲差。漢去堯二千餘年，應差一宮。此時仲秋夕斗杓當指申，衡應指孟冬。觀此詩所詠物色，的是中秋無疑。通曉曆法者自明舊說，泥定孟冬大誤。

欽立案：史記天官，本書漢時天象。吳氏殆以其中引有「璿璣玉衡，以齊七政」之語，因立歲差說，而致茲巨誤。尋史記天官書原文云：

北斗七星，所謂旋璣玉衡以齊七政。杓攜龍角，衡殷南斗，魁枕參首。用昏建者杓，杓自華以西南。夜半建者衡，衡殷中州河濟之間。平旦建者魁，魁海岱以東北也。

據此知漢時觀測天候之法，乃以三時而有三建，杓衡魁，三建也，初昏、夜半、平旦，三時也。天文家於此三相異之時間，根據三相異之斗建，以觀測同一之天象節候。故孟康注曰「假令杓昏建寅，衡夜半亦建寅」，解釋至為扼要。據此，則玉衡指孟冬云云，詩人雖不必天文家，然其為承襲斗建一說之常識而作此句，則可確知。必夜半其時也，孟冬其節也。詩人深夜吟詠，遂悠然而有此叙時述之語。蓋不瀕夜半，即不至引起詩人衡建之意念，而不值孟冬，亦決無孟冬之一語。何者？若其時不為孟冬，而為仲秋，則昏時杓指申方，衡指午方（見下表），與孟冬之方位無關。且昏時衡指午方，詩人亦決不至因此而有玉衡指仲夏之句也。然則詩言孟冬，而吳淇定其時為仲秋，亦全不相合矣。茲並據天官書以仲秋孟冬為例，分附斗建之表如下，讀者可參觀也。

		杓	衡	魁
仲秋斗建（夏正）	昏時	酉方（指仲秋）	午方（不指仲秋）	卯方（不指仲秋）
	夜半	子方（不指仲秋）	酉方（指仲秋）	午方（不指仲秋）
	平旦	卯方（不指仲秋）	子方（不指仲秋）	酉方（指仲秋）

逯欽立

孟冬斗建（夏正）		杓	衡	
	昏時	寅方（指孟冬）	申方（不指孟冬）	巳方（不指孟冬）
	夜半	寅方（不指孟冬）	亥方（指孟冬）	申方（不指孟冬）
	平旦	巳方（不指孟冬）	寅方（不指孟冬）	亥方（指孟冬）

(3)斷為夏正孟冬十月說

近時徐君仁甫作古詩明月皎夜光解一文,(見志學第三期)仍斷此詩作於夏正之孟冬,謂起首四句,寫目前景色。白露沾野草以下四句,則追述過去之事物。蓋篇中多以兩句互文見義,即以下句已言之義,反喻上句不言之義是也。如南箕北有斗,牽牛不負軛,下句言牽牛不負軛,則上句之箕不簸揚斗不挹酒亦可知。由此類推,白露沾野草,時節忽復易,下句言時節已變,則上句白露之變亦可知。秋蟬鳴樹間,玄鳥逝安適,下句言玄鳥已逝,則上句秋蟬之不見亦可知。並謂此詩主旨,述為舊友所棄,以時節之變,興起朋友之變,時節不可復迴,則乖友不可復交亦可知也。欽立案徐君謂此詩每以上下二句,互文見義,此說甚是,可謂知音。然如白露玄鳥,皆夏正八月之景物,作者本照月令,以屬辭比事,蓋其吟哦之頃,並未實見野草白露之何若也。且詩人雖謂白露變,玄鳥逝,明其時已去八月,然其時仍必與白露玄鳥所屬之節令,相距不遠。試思若至十月冬雪之時,夫何至思及白露玄鳥而言之乎?是則斷此詩即為夏正孟冬之作,實不可也。且徐君謂此詩前四句敘當前景色,然促織鳴東壁,不出豳風「九月在户」之義,則所謂當前景色,適足證其不為十月。且檢漢人篇什,凡言蟋蟀,率同唐風,狀寫秋色,亦絕無遇之以狀冬景者,如後漢書六十襄楷傳云:

臣聞布穀鳴于孟夏,蟋蟀吟于始秋.

李賢注引春秋考異郵云:

孟夏戴勝降,立秋促織鳴.

又古詩東城高且長篇有云:

回風動地起,秋草淒以綠。晨風懷苦心,蟋蟀傷局促.

皆其顯例,則依徐說而判之,此詩之作,亦在秋不在冬也.

欽立以上述三事,歷證此詩之作,不在夏正七月及八月,而亦不在夏正之十月,實欲必求其是,故先發其非.且此詩之作,必不出乎三秋以及初冬,上述之三種節候,既不能合,則其應屬之月份,亦將以此不索而得也.

漢詩別錄

欽立謂此詩作於夏正九月，豳風所謂九月肅霜是也。九月而言孟冬者，新莽之孟冬，非夏正之孟冬也。莽用丑正，以夏正之十二月為正月，當時改換月數並易節令，新之孟冬，即夏正之九月也。漢書九十九王莽傳上，莽下書略云：

以戊辰直定御王冠，即真天子位，定有天下之號曰新。其改正朔，易服色，變犧牲，殊徽幟，異器制，十二月朔癸酉為建國元年正月之朔。

又莽傳下始建國二年云：

冬十二月雷。

又莽傳下莽復下書云：

予之受命即真，到于建國，已五載矣。其以此年二月建寅之節，東巡狩，具禮儀調度。

又莽傳下云：

地皇元年正月乙未，赦天下。下書曰：方出軍行師，敢有趨讙犯法者，輒論斬，毋須時，盡歲止。於是春夏斬人，都市百姓震懼，道路以目。

總上所引，足知莽用丑正，時節俱變，其孟冬十月適為夏正之九月，時節較夏正建寅者提前一月也。欽立又案魏明帝青龍五年三月改元景初，景初新曆，亦用丑正，而以是年三月為四月，然至景初三年十二月，復改從夏正，其間改正朔者，不滿二載。而新莽則始終丑正，前後共一十五年。（始建國五年，天鳳六年，地皇四年）夫曆法之改換，非經久不能成習，則此詩之作，必在新莽時代無疑矣。且自魏景初至於晉初，為時至近，若為魏人之作，博識如陸機者亦不至不知其人也。

莽之孟冬，漢之夏正九月，其時玉衡夜半建戌。戌與亥皆西北方位，合乎所謂招搖西北指者。實則當詩人撰作此詩，其時是否標準之夜半，而衡建之為戌為亥，恐皆未計及，更不至加以測量。特十月已交，又值深夜星月之下，景物淒涼，感秋冬之變，傷朋友之變，撫今追昔，因而成篇，極普通之天官月令常識，以時會之應合，並以納入其中。蓋如欽立前端所云，其時不須夜半，即不至引起詩人衡建之意想，節令不交十月，亦不至有玉衡指孟冬之詞也。

欽立此說，似為甚創，實則唐人於此，已似得其崖岸，特無證例，定其時代，進而自堅其說，故不為後人所重。欽立所為，亦僅補苴前賢之遺缺耳，誠非師心自是也。文選五臣注張

鈔釋此詩云，

上言孟冬，此述秋蟬者，謂九月已入十月節氣也。

逯欽立

九月已入十月節氣，實可謂先得吾心，前賢篳路籃縷之功，不可沒也。今此鈎稽抽繹，以補訂之，雖未必言之成理，要為持之有故也歟？

（三）西北有高樓說

古詩十九首西北有高樓篇云，

西北有高樓，上與浮雲齊，交疏結綺窗，阿閣三重階。上有絃歌聲，音響一何悲！誰能為此曲，無乃杞梁妻？清商隨風發，中曲正徘徊。一彈再三歎，慷慨有餘哀，不惜歌者苦，但傷知音稀。願為雙黃鵠，奮翅起高飛。

欽立案近人或據洛陽伽藍記西北高樓之說，旁證此詩為東都之作，並引後漢書，證阿閣為帝王所居。其意蓋謂此高樓者，當時坐落於洛城內之西北角也。事涉洛都城坊問題，此說可否據信，茲置不論。欽立於此擬獻一別解，謂阿閣不特帝居，即外戚第宅亦有之，環匝阿閣之高樓，亦曾建築於洛陽外郊，而又非皇城所獨有。且此西北高樓似為梁冀西第之偉大建築，而此詩正當作於東漢桓帝之時也。詩無達詁，聊此以為說詩者之談助焉。藝文類聚六十三崔駰大將軍臨洛觀賦云，

臨曲洛而立觀，營高壤而作廬。處崇顯以閒敞，超絕鄰而特居。列阿閣以環匝，表高臺而起樓

又南齊書禮志引馬融梁大將軍西第頌云，

西北戌亥，玄石承輸，蝦蟆吐寫，庚辛之域。

又文選景福殿賦注引馬融梁大將軍西第頌云

騰極受檐，陽馬承阿。

欽立案崔駰所謂大將軍指竇憲，馬融則指大將軍梁冀，此可由後漢書駰融各傳而知，不必具論。然有極須注意者三事。當時高樓阿閣，似為一種連合建築，此證之上詩及臨洛觀賦，自可曉然。蓋高樓中立，阿閣環匝，而樓之所以高，則又以高臺為之基礎。此其一。竇憲梁冀皆以外戚而為大將軍，而其第宅，皆建阿閣高樓（西第頌所謂陽馬承阿，阿當即指阿閣之阿），雖俱得僭擬，然亦當非毫無限制，蓋僅外戚之當權者始能有。此其二。竇梁以二建築

— 22 —

皆在城外，而梁冀之西第，且又適在城郊之西北。此其三。考梁冀當時大起第舍，又於城西營西第，此並見於後漢書梁冀本傳，其文云：

冀乃大起第舍，（略）窗牖皆有綺疏青瑣，圖以雲氣仙靈，臺閣周通，更相臨望。（略）又起別第於城西，以納姦亡，或取良人，悉為奴婢，至數千人，名曰自賣人。

欽立案：窗牖綺疏，臺閣周通，此殆當時最高貴華靡之營造方式，梁傳以此示其建築大凡，則更參以馬融西第頌之文，知梁冀西第之裝置，亦必如此。夫窗牖綺疏，即交疏結綺窗也，臺閣周通，即環匝阿閣之高樓也。而其此宅，坐落西北，適與所謂西北有高樓者合，綺疏阿閣，又僅外戚威權之所能有，故此敘寫第宅方位及營造華靡之詩，必與梁冀有甚大之關涉也。

且梁冀傳又稱冀「多從倡伎，鳴鐘吹管，連繼日夜，以騁娛恣」，而此詩自上有絃歌聲以下十二句，悉寫聲樂之事，亦與冀之耽於聲色者同，則所謂杞梁妻之曲，即或自此跋扈將軍之梁宅，聲聞於外也，慷慨哀苦之歌者，將非西第之自賣人乎？

（丁）柏梁臺詩

顧炎武日知錄二十一，柏梁臺詩條云：

漢武帝柏梁臺詩，本出三秦記，云是元封三年作，而考之於史，則多不符。按史記及漢書孝景紀，中六年夏四月，梁王薨。諸侯王表，梁孝王武立三十五年薨，孝景後元年，共王買嗣，七年薨，建元五年，平王襄嗣，四十年薨，文三王傳同。又案孝武紀，元鼎二年春，起柏梁臺，是為平王之二十二年，而孝王之薨，至此已二十九年，又七年始為元封三年。又按平王襄元朔中以與太母爭樽，公卿請廢為庶人，天子曰：梁王襄無良師傅，故陷不義，乃削梁八城，梁餘尚有十城。又按平王襄之十年為元朔二年，來朝，其三十二年為太初四年，來朝，皆不當元封時。又按百官公卿表，郎中令，武帝太初元年更為光祿勳，典客，景帝中六年更名大行令，武帝太初元年更名大鴻臚，治粟內史，景帝後元年更名大農令，武帝太初元年更名大司農，中尉，武帝太初元年更名執金吾，內史，景帝二年分置左右內史，右內史，武帝太初元年更名京兆尹，左內史更名左馮翊，主爵中尉，景帝中六年更名都尉，武帝太初元年更名右扶風，凡此六官，皆太初以後之名，不應預書於元封之時。又案孝武紀，太初元年冬十一月乙酉，柏梁臺災，夏五月正曆以正月爲歲首定官名，則是柏梁既災之後又半歲而始改官名，而大司馬大將軍則薨於元封之五年，距此已二年矣。反復考證，無一合者。蓋是後人擬作，剽取武帝以來官名及梁孝王世家乘輿駟馬之事以合之，而不悟時代之乖舛也。

述欽三 按世家梁王二十九年（表孝景前七年）十月入朝，景帝使使持節乘輿駟馬迎梁王於關下，臣瓚曰：天子副車駕駟馬。此一時異數，乎王安得有此。

顧君參稽史漢，構成上說，考證翔實，殆爲定論。惟此詩雖爲擬作，然其來源出處，亦爲甚古。顧君於此無考，且竟誤爲出於三秦記（詳下），則僅以年月官名不合者爲口實，抑尚有未盡也。且顧君於日知録同卷别有「七言之始」一條云：

余考七言之興，自漢以前固多有之。如靈樞經刺節真邪篇：凡刺小邪日以大，補其不足乃無害，視其所在迎之界。凡刺寒邪日以溫，徐往徐來致其神，門户已閉氣不分，虚實得調其氣存。（下略）

知顧君本在溯源七言，故貳有上舉辨僞之說。然乎靈樞雖出漢世，七略已有著録（即黄帝内經，詳見余嘉錫四庫提要辨證子部二。又按梁弘景真誥曾引靈樞經。）惟經中僅此七言數語，並非全篇如此。而柏梁臺詩則古人率以爲七言之始，若於其擬作時代，略而不論，而别據不足爲例之道經等以爲言，則甚不可也。故兹重爲證訂，以補其遺。

尋柏梁臺詩本出東方朔别傳，梁初部集羣書，始入漢武帝集。以故隋唐人之引此詩者，或仍據朔傳，或已憑武集，遂至不復一致也。世説排調篇王子猷詣謝公，謝曰云何七言詩條劉注云：

東方朔傳曰：漢武帝在柏梁臺上，使羣臣作七言詩，七言詩自此始也。

證孝標所見柏梁臺詩本在朔傳。又御覽三百五十二引東方朔傳云：

孝武元封三年作柏梁臺，召羣臣有能爲七言者乃得上坐。衛尉：周衛交戟禁不時。

案今古類書，相沿鈔襲，御覽此條，當係轉引，未必仍據朔傳。故同書卷二百二十五職官部御史大夫門所引刀筆之吏臣執之句，則與初學記此門相同，而别作漢武帝集。唯鈔各書，自不免有此歧異也。顧由上所引，足徵二事：即一、漢人别集，率自别傳删取，而删取之者，率爲梁人，漢武、李陵以及蔡琰等文集之輯成，無不同此一軌。二、朔之别傳，中唐以後，即已不存，新出之武帝集則代之而行於唐宋兩朝是也。關此欽立别有先唐文集略論一文專門

—24—

門論之，兹姑從略。又各書徵引，無作三秦記者，惟宋敏求長安志卷三柏梁臺條云：

廟記曰，柏梁臺漢武帝造，在北闕內道西。三秦記曰，柏梁臺上有銅鳳，名鳳闕。漢武帝集，武帝作柏梁臺，詔羣臣二千石，有能為七言者，乃得上坐。帝曰，日月星辰和四時。梁王曰，驂駕駟馬從梁來。（下略）

據此則顧君三秦記之說，當為誤讀敏求此書所致，而竟不知此詩之出於東方別傳，而再見於漢武帝集，捨此二書，固莫覓其出處也。

欽立又案，此詩既出東方別傳，則欲斷其時代，必先定此別傳之時代。且時代既明，而真偽自見。否則浮光掠影，終屬無根之談。竊謂東方朔別傳，本出西漢，即當時所謂「外家傳語」者，班固漢書朔傳，即已鈔而錄之，而鈔錄之迹，猶可窺見。特後人未曾加意，故為始終之祕耳。漢書六十五東方朔傳末尾云：世所傳他事皆非也。顏師古注云：

謂如東方朔別傳，及俗用五行時日之書，皆非實事也。

欽立案師古此說，固謂東方別傳行於班書以前，然其以皆非實事斷之，以明曾為孟堅之所擯棄，此則未達一間，不悟漢書朔傳固自此別傳刪取也。兹分舉實例，以考孟堅之鈔襲別傳者：

自兩傳文字異同者言之，北堂書鈔百二十一引東方朔（別）傳云：

朔上書曰，臣十三歲學書，十五歲學擊劍，十六歲學詩書，十九歲學孫吳兵法戰陣之具。

而漢書朔傳則云：

年十三學書，（略。案類書引文率從節錄，故此凡類書略者，此亦從略，下仿此）十五學擊劍，十六學詩書，（略）十九學孫吳兵戰陣之具（略）。

較別傳大同，減三歲字，是其小異。又太平御覽二引東方朔別傳云：

武帝常飲酎，以八月九月中，禾稼方盛熟，夜漏下水十刻，徼行始出。

而漢書朔傳則云：

常用飲酎，八九月中（略。案作與侍中常侍武騎，及待詔隴西北良家子能騎射者，期諸殿門，故有期門之號）自此始微行，以夜漏下十刻迺出。

較別傳大同，而減禾稼方盛熟一句。夜漏一句減水字，而句法亦變，是其小異。又書鈔百四

六同別錄

十五引東方朔(別)傳云：

詔賜之肉，於前飯既盡，懷其餘肉持去，衣盡汚。

逯欽立 史記六十六褚少孫補東方朔傳云：

時詔賜之食，於前飯已盡，懷其肉持去，衣盡汚。

文字尚無出入。而漢書朔傳則云，

詔賜從官肉(略)即懷肉去。

較別傳大同，然僅以數字盡之，是其小異。夫兩傳文字，既大體相同，自必有其淵源關係，換言之，非別傳鈔襲漢傳，即漢傳鈔襲別傳，然尋上舉各例，凡別傳皆文字稍繁，而漢傳則文字迻簡。此種差異，適足定其孰為原料孰為仿本，蓋自來史家之探纂前記綴輯所聞，率以删繁芟穢採摭精實，為最要之筆削工作，而班固因史記，述漢書，消字儉句，尤盡删定之能事，則於朔傳之新撰，其採取史料，自亦循此一軌，而不至於例外，然則漢傳之為鈔襲別傳此其明證一也。

自兩傳故實繁簡者言之，漢書朔傳班固贊云，

朔之詼諧，逢占射覆，其事浮淺，行於衆庶，而後世好事者，因取奇言怪語，附著之朔，故詳錄焉。

顏師古於此注曰：

言此傳所以詳錄朔之辭語者，為俗人多以奇異，妄附於朔故耳。欲明傳所不記，皆非其實也。

據此似班固之於東方故實，凡可信者，盡錄無餘矣，然檢漢書朔傳於射守宮條云：

朔自贊曰，臣嘗受易，請射之。迺別蓍布卦而對曰，臣以為龍又無角，謂之為虵又有足，跂跂脈脈善緣壁，是非守宮即蜥蜴。上曰，善，賜帛十匹。使復射他物，連中，輒賜帛。

是班固於射覆故實，僅詳一例，其他則以連中輒賜帛一語賅括之，而不復一一臚述其為何事何物。然案東方別傳所載射中賜帛之事，甚有多條，而類書引之，皆先述所射之事物，終以賜帛若干之結語。如御覽九百五十引東方朔別傳云，

上置蜻蛉盂下，詔數家獨使朔射之。朔對曰，馮翊馮翊，六足四翼，頭如珠，尾正直，長尾短項，是非勾蟇即蜻蛉。上曰，善，賜帛十疋。

—26—

又同書九百六十五引東方朔傳云：

武帝時上林獻棗，上以所持杖擊未央前殿檻，呼朔曰：叱叱先生，來來先生，知此篋中何等物也？朔曰：上林獻棗四十九枚。上曰：何以知之？朔曰：呼朔者上也，以杖擊檻，兩木，兩木，林也。來來者，棗也。叱叱，四十九枚。上大笑，賜帛十疋。

據此，則別傳之於射覆故事，必一一列舉，以至於連篇累牘，層出不窮。且每中一物，即賜以帛，亦正與射覆之事，相應繁複。假令史家欲實錄此射覆之辭語，而又擬刪其繁而芟其瑣，勢必先詳一例，並削其餘，而以使射他物連中輒賜帛之一語，賅括以代之，以求既不非乎舊錄前記，且又拖乎敘事之要也。今別傳之重複者如彼，而漢傳之簡當者適如此，則班書之必襲別傳而纂定之，此其明證二也。

自兩傳謬誤雷同者言之，顧君謂柏梁臺詩，年代官名皆乖舛不合，因定此詩為後人擬作，此就詩篇之謬誤者言之也。然案漢書朔傳，適有與此雷同之謬誤。漢書朔傳云：

（略）益為右扶風，季路為執金吾，契為鴻臚，龍逢為宗正，伯夷為京兆，管仲為馮翊，魯班為匠作，仲山甫為光祿，申伯為太僕，延陵季子為水衡，百里奚為典屬國，柳下惠為大長秋，（略）

王先謙漢書補注引周壽昌云：

右扶風以下諸官，多太初元年所改。公孫弘為丞相在元朔五年，薨在元狩二年，下去太初二十餘年。此文下云，上復問朔方今公孫丞相云云，則所引官名多不合，疑朔此等雜文，後有改易，流傳轉寫，致多偽舛也。

漢傳又云：

是時朝廷多賢材，上復問朔：方今公孫丞相、兒大夫、董仲舒、夏侯始昌、司馬相如、吾丘壽王、主父偃、朱買臣、嚴助、汲黯、膠倉、終軍、嚴安、徐樂、司馬遷之倫，皆辯知閎達，溢于文辭，先生自視，何與比哉！

漢書補注又引周壽昌云：

案(兒)寬之為御史大夫在元封元年，距公孫薨時已十有二年。其中如司馬相如等人，多已故者，此乃以方今二字冠下，相提並舉，益徵此文雜出，不能以事實繩之。

欽立案：漢書武紀，建元六年，有大司農韓安國之語，亦以太初改官之名，稱太初以前之官，

逯欽立

與此可謂同例。而周氏於此斷為後有改易，流傳轉寫，致多譌舛。其說甚精，可發深省。尋司馬遷未為東方立傳，其撰武紀，旋又佚落，班固自須綴輯其他史料，以述此紀傳，而此紀傳又適與柏梁一詩同犯年代官名上之謬誤，斯又漢傳鈔襲別傳之證，否則其謬誤必不至若是雷同也。

又漢書朔贊，班固稱其當時留目之東方故實，不外詼諧逢占射覆等淺浮之事。欽立茲就各書所引東方別傳而總輯之，觀其遺文逸事，雖有多端，然若加區分，亦不過班固所見之三大類。如御覽八引東方朔（別）傳云：

風占，長吏東耕初出，（東耕初出四字據書鈔百五十及百五十六引補）下車當視，天有黃雲來覆車，五穀大熟。青雲致兵，白雲致盜，烏雲多水，赤雲多火。

又同書九百二十三引東方朔別傳云：

朔與弟子偕行，渴，令弟子扣道邊家求飲，不知姓名。主人閉門不與。須臾見伯勞飛集主人門中李樹上，朔謂弟子曰：此主人姓李名伯，當爾呼李伯，果有李伯應之，即入取飲。

又同書九百二十四引東方朔別傳云：

占人被召見，人以闇求鵠，鵠飛入闇，知必有罪，入闇，罪自取也。

又同書九百五十四引東方朔別傳云：

武皇帝時閒居無事，燕坐未央前殿，天新雨止，當此時（四字據別卷引補）朔執戟在殿階旁，屈指（三字據別卷引補）獨語。上從殿上見朔（五字據別卷引補）呼問之：生獨所語者何也？（七字據別卷引補）答曰：殿後柏樹上，有鵲立枯枝上，東向鳴。上遣侍中視之，（侍中之三字據他卷引補）如朔言。上問何以知之？（之字據別卷引補）朔曰：以人事言之，風從東方來，鵲尾長，傍風則傾，背風（四字據別卷引補）則蹶，必當順風而立，是以知東向而鳴也。何以知立枯枝上？朔曰：新雨生枝滑，枯枝澀，是以知立枯枝上。上大笑，賜帛十疋。（四字據別卷引補。欽立案此文別見御覽三百五十二卷，九百二十一卷。又見書鈔百二十四卷，皆較此略）

又同書九百七十引東方朔別傳云：

朔與三門生俱行，見一鳩，占皆不同。一生曰：今日當得酒。一生曰：其酒必酸。一生曰：雖得酒不得飲也。三生皆到主人，須臾主人出酒樽中，即安於地，贏而覆之，訖不得酒。出門問其故，曰：見鳩取水，故知得酒；鳩飛集梅樹上，故知酒酸；鳩飛去，所集枝折墮地，折者傷覆之象，故知不得飲也。

凡此皆逢占之類也。至於射覆故事，已曾列舉於前。又如書鈔百三十六引東方朔(別)傳云：

郭舍人四(案此上有脫誤)余籍文章英，此乃玉之瑩，石之精，表如月光，裏如眾星，兩兩人相觀，見相知情，此名曰鏡也。

又御覽三百九十一引東方朔(別)傳云：

南山有木名為柘，良工採之可以射，射中人情如掩兔，舍人數窮，可不早謝！上乃撫髀大笑也。

抑又射覆之類例也。茲並將詼諧滑稽之談，次之下方，以見東方別傳之另一內容。御覽四百五十七引東方朔別傳云：

孝武皇帝時人有殺上林鹿者，武帝大怒，下有司殺之。群臣皆相阿，殺人主鹿，大不敬，當死。東方朔時在旁，曰：是人罪一，當死者三：使陛下以鹿之故殺人，一當死；使天下聞之，皆以陛下重鹿賤人，二當死也；匈奴即有急，推鹿觸之，三當死也。武帝默然，遂釋殺鹿者之罪。(又略見同書九百六，可參看。)

又同書九百八十四引東方朔別傳云：

孝武皇帝好方士，敬鬼神，使人求神僊不死之藥甚至，初無所得。天下方士四面蜂至，不可勝言。東方朔睹方士虛語以求尊顯，即云上天，欲以喻之。其辭曰：陛下所使取神藥者，皆天地間之藥也，不能使人不死；獨天上藥能使人不死耳。上曰：然天何可上也？朔對曰：臣能上天。上知謾詑(原注：漫佗二音)，極其語，即使朔上天求不死之藥。朔既辭去，出殿門，復還曰：今臣上天似謾詑者，願得一人為信驗。上即遣方士與朔俱往，期三十日而反。朔等既辭而行，日日過諸侯傳飲，往往留十餘日。期又且盡，無上天意。方士謂之曰：期且盡，日日飲酒，為奈何？朔曰：鬼神之事難豫言，當有神來迎我者。於是方士晝臥，良久，朔遽覺之，曰：呼君極久不應，我今者屬從天上來。方士大驚，還具以聞。上以為面欺，下朔獄。朔啼對曰：朔頃幾死者再。上曰：何也？朔對曰：天公問臣：下方人何衣？臣朔曰：衣蟲。蟲若何？臣朔曰：蟲喙髯髯類馬，邠邠類虎。天公大怒，以臣為謾言，繫臣，

六同別錄

使下問，還報有之，名饕天公乃出臣。今陛下苟以臣為詐，願使人上問之。上大驚曰：善。

齊人多詐，欲以喻我止方士也。罷諸方士弗復用也。由此朔日以親。

逯欽立

欽立案東方別傳所載動人聽聞之事蹟，不出上舉三類，而無一鬼怪故事曾附著之朔，知漢武帝內傳等之小說以神化東方先生者。且自上舉別傳觀之，東方朔並因漢武之惑於方士神僊，而嘗以詼諧之言委曲諫之。知此佚文斷記，仍為班固朔傳藍本之舊，一無後人增竄之迹可尋。是則漢傳之襲此別傳，又一顯著之證據也。

漢傳之為鈔襲別傳，以上四事蓋已可為充分之明徵矣。又班固稱劉向言，少時數問長老賢人通於事及朔時者，皆曰朔口諧辯，不能持論，喜為庸人誦說，故令後世多傳聞者。而褚少孫補東方朔等傳，亦自謂採自「外家傳語」。案少孫元成間人，與史生時代相近，而兩人同此云云。是東方別傳元成時際，即已流傳，而為當時一膾炙人口之傳記也。

東方別傳既係西漢之舊記，其中又鮮後人之所增益，則此柏梁臺詩自為當時所傳之篇，年代官名等記載之不合，並不足否定其時代性。蓋此等記載之所以不合，乃因後人追記之欠乎謹嚴，漢書朔傳且同此弊矣，何得以此而遽以為後人之所擬作乎？欽立又案東方別傳稱元封三年武帝作柏梁臺，此一年代之記載，質之史記封禪書，亦較漢書武紀之系於元鼎二年者，尚為近實。史記封禪書云：

文成言曰：上即欲與神通，宮室被服非象神，神物不至。迺作畫雲氣車，及各以勝日駕車辟惡鬼。又作甘泉宮，中為臺室，畫天地太一諸鬼神，而置祭具以致天神。居歲餘，其方益衰，神不至。迺為帛書以飯牛，詳不知，言曰：此牛腹中有奇書。殺視得書，書言甚怪。天子識其手書，問其人，果是偽書。於是誅文成將軍，隱之。其後則又作柏梁銅柱承露仙人掌之屬矣。

據此知甘泉宮及柏梁等建築之記載，乃史遷特書武帝因方士而大興土木之事，故於文成誅死之時，即又順書此招來僊人之第二次營造也。尋同書此文下又云：

文成死明年，天子病鼎湖甚，巫醫無所不致。游水發根言上郡有巫，病而鬼神下之。上召置祠之甘泉。及病，使人問神君。神君言曰：天子無憂病，病少愈，彊與我會甘泉。於是病愈，遂起幸甘泉，病良已。大赦，置酒壽宮神君。

文成死明年，通鑑系之元狩五年。案漢書元鼎元年夏五月，赦天下，大酺五日。此等大事之

—30—

記載，當無錯誤，則文成之死，在元狩六年，武帝病愈大赦，在元鼎元年。若依漢書武紀，次年即起柏梁臺，為時至暫，與史遷所記已似不合。蓋封禪書中如明年，後二年，後三年之記載甚多，築臺若在文成死後二年，史遷當不致漫有[其後]之語也。今案文成死後，繼之者有方士欒大及公孫卿，欒大時代，朝廷未有營造，而至公孫卿招來僊人，始又大興土木。封禪書云：

公孫卿曰：僊人可見，而上往常遽，以故不見。今陛下可為觀如緱城，置脯棗，神人宜可致也。且僊人好樓居。於是上令長安則作蜚廉桂觀，甘泉則作益延壽觀，使卿持節設具而候神人，乃作通天莖臺，置祠具其下，將招來僊神人之屬。於是甘泉更置前殿，始廣諸宮室。夏有芝生殿房內中，天子為塞河興通天臺，若見有光云。

欽立案三輔黃圖稱通天臺，上有承露盤，仙人掌云云，與封禪書所言者，當指同一建造。仙人承露，實不猶後起之建章宮有此設置。又案封禪書，蜚廉通天，築於南粵既滅之後，而漢書武紀，破南越在元鼎六年，築臺起觀，在元封二年，略與封禪書記載相合。是則封禪書其後則又作柏梁銅柱承露僊人掌云云者，正指元封中求僊築臺廣諸宮室之事，而東方別傳謂元封三年作柏梁臺，固可見其記載較實矣。

又檢柏梁列韻，辭句樸拙，亦不似後人擬作，此姑就其字重韻複者言之。柏梁臺詩云，

日月星辰和四時（帝），驂駕駟馬從梁來（梁王），郡國士馬羽林材（大司馬），總領天下誠難治（丞相），和撫四夷不易哉（大將軍），刀筆之吏臣執之（御史大夫），撞鐘伐鼓聲中詩（太常），宗室廣大日益滋（宗正），周衛交戟禁不時（衛尉），總領從官柏梁臺（光祿勳），平理請讞決嫌疑（廷尉），修飾輿馬待駕來（太僕），郡國吏功差次之（大鴻臚），乘輿御物主治之（少府），陳粟萬石揚以箕（大司農），徼道宮下隨討治（執金吾），三輔盜賊天下危（左馮翊），盜阻南山為民災（扶風），外家公主不可治（京兆尹），椒房率更領其材（詹事），蠻夷朝賀常會期（典屬國），柱枅欂櫨相枝持（大匠），枇杷橘栗桃李梅（太官令），走狗逐兔張罘罳（上林令），齧妃女脣甘如飴（郭舍人），迫窘詰屈幾窮哉（東方朔）

此詩全篇二十六句，共百八十二字。（官名姓名不計）而其中日、和、四、時、駕、從、來、郡、國、材、總、天、哉、吏、輿、主、盜等字，皆二字相重，馬、領、下、不等字，皆三字相重，治、之、則皆四字相重，重者五十四字，佔全詩字數三分之一。又全篇二十六韻，而時、來、材、哉皆二字重韻，治、之則三字重韻，

重者十四韵，佔全詩韵數二分之一。使果為後人假託，其重複拙陋，必不至於此極，頗疑此詩本為武帝君臣之作，特以流傳轉寫，致有增附改易，故不免稍有乖舛之處，然大體上猶存原詩之舊也。

逯欽立

考源第二

兩漢詩章傳世者既少，而贋作又紛，吾人且不能充分應用之，則欲考鑑此三百年中之詩體演變，殊非易事也。然如五言七言，斯皆漢代新興之體，如不為推溯其源，夫何以辨析其流，此又考源論之所以競者。夫五言出於樂府，七言變自楚聲，前賢時儁言之者多矣，然考證論缺略，莫由取信於人，致使好學之士，別立相反之論，紛紜雜遝，迄無底定。故茲廣蒐例據，重斷此案，而以為此兩種體裁，實分別由樂府楚聲而來，而漢武一朝，又其發生之共同起點。因撰成此篇，以與各家之論，較其是非得失焉。

(甲)五言詩

欲徵五言詩之淵源，須先標三準。凡稱五言詩，須通篇皆為五言，一也。凡稱五言詩，不得含有兮字，二也。一體裁之成，須經長期之醞釀，今故不以某一人之有此作，定其原始，而分別以一段時間為其發生期及成立期，三也。請先申其此義於下：

尋前人論五言詩之起源，皆之推之姬周時代。藝文類聚五十六引摯虞文章流別論云：

古之詩有三言、四言、五言、六言、七言、九言。古詩率以四言為體，而時有一句二句雜在四言之間，後世演之，遂以為篇。古詩之三言者，振振鷺，鷺于飛之屬是也，漢郊廟歌多用之。五言者，誰謂雀無角，何以穿我屋之屬是也，于俳諧倡樂多用之。六言者，我姑酌彼金罍之屬是也，樂府亦用之。七言者，交交黃鳥止于桑之屬是也，于俳諧倡樂世用之。古詩之九言者，泂酌彼行潦挹彼注茲之屬是也，不入歌謠之章，故世希為之。

自仲洽以召南行露此詩為例，謂五言始於詩經，後人多有從其說者。如劉勰文心雕龍明詩篇，論五言之起源云：

按召南行露，始肇半章。

又同書章句篇云：

漢詩別録

五言見於周代，行露之章是也。

是其明證。今案一詩之體，既以五言為稱名，則如五言之句，僅有半章，必不得以五言詩目之。摯劉之說，俱非是矣。次則鍾嶸詩品總論云：

夏歌曰，鬱陶乎余心。楚謠曰，名余曰正則。雖詩體未全，然是五言之濫觴也。

又文心雕龍明詩云：

按召南行露，始肇半章。孺子滄浪，亦惟全曲。暇豫優歌，遠見春秋。邪徑童謠，近在成世。閱時取證，五言久矣。

欽立案：夏歌鬱陶，見於夏書五子之歌，其辭云：

嗚呼曷歸，予懷之悲。萬姓仇予，予將疇依。鬱陶乎予心，顏厚有忸怩。弗慎 德，雖悔可追。

暇豫歌見國語晉語，其辭云：

暇豫之吾吾，不如烏烏。人皆集於菀，我獨集於枯。

此兩歌俱非通篇五言，則與吾人之第一標準不合。其不能依鍾劉之說，以定五言詩之起於夏周者，自不俟言。今此所欲論者，則為劉勰所謂孺子滄浪即含有兮字之歌，是否可視為五言詩一事。進而以明五言詩具有其特殊風格，而不可與楚聲之歌混為一談。此兩漢文體之大端，須先為略加區別者也。孺子滄浪之歌，見於孟子離婁篇，辭云：

滄浪之水清兮可以濯我纓，滄浪之水濁兮可以濯我足。

此歌纓清為韻，濁足相押，句句有韻，本與五言詩之兩句一韻者異格，茲姑略而不論。案劉勰之意，謂此歌若去兮字，則成為一整齊之五言詩。此其主張，又別見文心雕龍之章句篇，其言曰：

詩人以兮字入於句限，楚辭用之，字出句外。尋兮字成句，乃語助餘聲，舜詠南風，用之久矣。而魏武否好，豈不以無益文義耶？

是勰以楚辭兮字出於句外，而又無益於文義，故欲刪取滄浪之歌，以為五言之例。欽立案：此說實昧文理，不足為訓。夫楚聲之含有兮字，乃其體格之當然。故此兮字，有時可省，然必省之而無傷其體，楚聲之變為七言是也。有時必不能省，是此字不出句外，抑且與文義有關，則楚聲之不可削為五言是也。後漢梁鴻適吳將行作詩云：

逯欽立

逝舊邦兮遐征，將遷集兮東南，心慅怛兮傷悴，志菲菲兮升降，欲乘策兮縱邁，疾吾俗兮作讒，競舉枉兮措直，咸先佞兮唌唌，固靡慙兮獨建，冀異州兮尚賢，聊逍遙兮遨嬉，纘仲尼兮周流，儵云覩兮我悅，遂舍車兮即浮，過季札兮延陵，求魯連兮海隅，雖不察兮光貌，幸神靈兮與休，惟季春兮華阜，麥含英兮方秀，哀茂時兮逾邁，愍芳香兮日臭，悼我心兮不獲，長委結兮焉究，口囂囂兮余訕，嗟恇恇兮誰留。

此詩楚辭九歌之屬也，倘依劉勰，去其兮字，亦可以通篇變為五言，然如心慅怛兮傷悴，刪為心慅怛傷悴，長委結兮焉究，刪為長委結焉究，此不特不合上二下三之五言詩格，抑且害辭害義，俾明白曉暢者變而為晦澀不通矣，此種弊端，本極易見，然東漢班固即不能免，是固可見知音之難也，漢書郊祀歌天門篇有云：

幡比翍回集，貳雙飛常羊，假清風軋忽，激長至重觴，

欽立案此四句本楚辭一類之歌，據王先謙漢書補注，原歌應作

幡比翍兮回集，貳雙飛兮常羊，假清風兮軋忽，激長至兮重觴。

而漢書刪其兮字，強使此歌變為五言，而如幡比翍回集，激長至重觴，若以五言詩之習調誦之，將乖違文義而全不可通，然則楚聲之兮，亦有在句限而並關文義者，劉勰實不得一概而論也，而其所舉滄浪之歌，本為楚聲之辭（楚辭漁父亦載此歌），其不得去其兮，而目之為五言，亦已甚明也矣。

復次近世之論五言起源者，率據一時之謠，一人之作，以定此一體裁之肇始，夫一新體之起，非一人所能剏，亦非一短期間所能成，傅師孟真先生嘗謂每一文體之發展，具有生盛衰亡四期程，誠至為正確之史觀也，茲故略依其說，以為此篇論斷之根據，而將詩體發展之第一期程，又分為發生及成立二期，以考論之焉。

然則五言詩之發生及成立，究各斷為何時乎，欽立竊謂自西漢武帝（公元前一世紀）至東漢章帝之時（公元一世紀）應定為此一體裁之發生期，自東漢章帝至獻帝建安以前（公元二世紀）應定為此一體裁之成立期，此二期之釐分，足以辨章此一體裁之源流始末，抑足以說明與此體裁相涉之諸問題，請分以下三事以論列之。

（1）由雜歌之自無名氏至有名氏者論之。

兩漢五言詩之有作者主名，始於東漢班固，詩品所謂「班固詠史，質木無文」者，是也。

班固以後，作者世出，連綿至於建安。然前乎班氏者，如兩漢書、華陽國志等書，所載漢代歌詩，則無一有主名者。此不具主名之篇，清辭雅句，又足配班作，蓋皆當時詩人樂家之所造也。則以班固詠史為一劃界，而斷其前後為發生期與成立期，自極允當也歟。茲以各朝帝王為綱領，而分別次其實例如下：

(一)，西漢武帝時、

何以孝悌為，多財而光榮，何以禮義為，史書而仕宦，何以謹慎為，勇猛而臨官。(漢書貢禹傳引武帝時俗語)

代馬依北風，飛鳥揚故巢。(後漢書班超傳注引韓詩外傳，文選古詩十九首李注則引作韓詩外傳曰詩曰云云。欽立案今本韓詩外傳凡詩曰云云，皆斷取詩經，無例外者。惟書中常引諺語，如語曰，淵廣者其魚大，又鄙語曰不知為吏，視已成事，則此兩五言句，或即當時諺語。外傳原作俗語，引選注引作詩者，蓋誤也。桓寬鹽鐵論亦直作故曰代馬依北風，飛鳥翔故巢)

(二) 西漢宣帝時：

南郡獻白虎，邊陲無警備。(漢書陳湯傳，耿育上書曰，應是云云。欽立案漢書郊祀志，宣帝修武帝故事，敬齋祀之禮，頗作詩歌。時南郡獲白虎，獻其牙皮，上為立祠。又後漢書西南夷傳，王褒碧雞頌云：蒼龍見兮白虎仁，歸來可為倫云云。故疑此二句，為宣帝時歌詩。)

(三)，西漢成帝時：

安所求子死，桓東少年場，生時諒不謹，枯骨後何葬。(漢書尹賞傳，長安歌。)

邪徑敗良田，讒口亂善人，桂樹華不實，黃雀巢其顛，昔為人所羨，今為人所憐。(漢書五行志，成帝時謠)

(四)，新莽末：

肅肅清節士，執德實固貞，違惡以授命，沒世遺令聲。(華陽國志，國人為譙君黃作詩)

(五)，東漢光武時：

遊子常苦貧，力子天所富，寧見乳虎穴，不入冀府寺。大笑期必死，忿怒或見置，嗟哉樊府君，安可再遭值。(後漢書樊曄傳，涼州歌)

逯欽立

（六），東漢安帝時：

築室載直梁，國人以貞真，邪娛不揚目，枉行不動身，奸軌避乎遠，理義協乎民。（華陽國志，巴人歌陳紀山。）

上天降神明，錫我仁慈父，臨民布德澤，恩惠施以序，穿瀆廣溉灌，決渠作甘雨。（崔氏家傳，汲長老為崔瑗歌。）

（七），東漢順帝時，

習習晨風動，澍雨潤禾苗，我后恤時務，我人以優饒。

遠望忽不見，惆悵當徘徊，恩澤實難忘，悠悠心永懷。（華陽國志，巴郡人為吳資歌。）

（八），東漢桓帝時：

狗吠何諠諠，有吏來在門，披衣出門應，府記欲得錢，語窮乞請期，吏怒反見尤，旋步顧家中，家中無可為，思往從鄰貸，鄰人已言匱，錢錢何難得，令我獨憔悴。（華陽國志，巴人刺巴郡守李盛。）

以上自西漢武帝至東漢桓帝時無名氏五言歌詩。

（一），東漢章帝時，

三王德彌薄，惟後用肉刑，太倉令有罪，就逮長安城，自恨身無子，困急獨煢煢，小女痛父言，死者不可生。上書詣闕下，思古歌雞鳴，憂心摧折裂，晨風揚烈聲。聖漢孝文帝，惻然感至情，百男何憒憒，不如一緹縈。（班固，詠史。）

長安何紛紛，詔葬霍將軍，刺繡被衣領，縣官給衣衾。（班固詩）

寶劍值千金，指之于樹枝。（班固詩）

延陵輕寶劍。（班固詩）

纏碧以為瓦。（劉騊駼詩）

（二），東漢安帝時：

邂逅承際會，得充君後房，情好新交接，恐慄若探湯。（下略，張衡同聲歌。）

浩浩陽春發，楊柳何依依，百鳥自南歸，翺翔萃我枝。（張衡定情歌。）

（三），東漢順帝時：

白璧不可為，容容多後福。（後漢書左雄傳順帝新立，大 臣懈怠，朝多闕政，雄數言事其辭深切。尚書僕射虞詡以雄有忠公節，上疏薦之曰，臣見方今公卿以下，類多拱默，以樹恩為賢，盡節為愚，至相戒曰云云。則此為當時公卿相戒之諺，特未舉其名耳，故歸入此有名氏一類。)

(四)，東漢桓帝時。

周公為司馬，白魚入王舟。(侯瑾詩)

嫫母升玉堂。(侯瑾詩)

人生譬朝露，居世多屯蹇，憂艱常早至，歡會常苦晚。(下略，秦嘉贈婦詩)

皇靈無私親，為善荷天祿，傷我與爾身，少小罹煢獨。(下略，秦嘉贈婦詩)

肅肅僕夫征，鏘鏘揚和鈴，清晨當引邁，束帶待雞鳴。(下略，秦嘉贈婦詩)

哀人易感傷。(秦嘉答婦詩)

過辭二親墓，振策陟天衢。(秦嘉詩)

巖石鬱嵯峨。(秦嘉詩)

(五)，東漢靈帝時。

庭陬有若榴，綠葉含丹榮。翠鳥時來集，振翼修形容，回顧生碧色，動搖揚縹青，幸脫虞人機，得親君子庭，馴心託君素，雌雄保百齡。(蔡邕翠鳥詩)

河清不可俟，人命不可延，順風激靡草，富貴者稱賢。(下略，趙壹疾邪詩)

勢家多所宜，欬唾自成珠，被褐懷金玉，蘭蕙化為芻。(下略，趙壹疾邪詩)

大道夷且長，窘路狹且促，脩翼無卑棲，遠趾不步局。(下略，酈炎詩)

靈芝生河洲，動搖因洪波，蘭榮一何晚，嚴霜瘁其柯。(下略，酈炎詩)

以上自東漢章帝至靈帝時有名氏五言歌詩。

總觀上列各例，自無名氏之五言論之，漢武以降，迄於東漢桓帝，其間謳歌詩篇，二百餘年，賡續不絕，洪流浩浩，自濫觴於采詩作樂之漢武一朝。蓋前乎此，則尚無五言之先例(水經河水注引楊泉物理論云，秦築長城，死者相屬，民歌云：生男慎莫舉，生女哺用脯，不見長城下，尸骸相支拄。欽立案，陳琳飲馬長城窟行有此四句，然後二句非五言，當承秦時歌謠之舊。楊氏所載，應有刪落，而不得視為五言詩之先例)後乎此，則已多不可抹煞之實例也。自有名氏之五言論之，班固詠史而外，其他斷篇佚句，尚多此類之作，知當堅已普用此體述其詠史之篇，自茲以降，此體作者，無世無之，且皆東都知名之士。是則章帝迄於桓靈，實足定為五言詩之成立期，而與前此之發生一期又復，截然不同也。

逯欽立

（二）自樂府歌辭之由俗入雅者論之。

摯虞文章流別謂五言多用于俳諧倡樂，此言有據，極宜深省，蓋五言實依附樂府為其發展之根據也。而吾人循其此義，以覓五言倡樂之最早歌辭，亦適見其出於武帝之時，漢書李延年傳載延年侍上起舞歌云，

北方有佳人，絕世而獨立，一顧傾人城，再顧傾人國，寧不知傾城復傾國，佳人難再得。

此歌第五句多出三字，當係歌者臨時所加之趁字。是以玉臺新詠載此句作傾城復傾國，李注文選引此句作寧知傾城國，而俱無害此歌之體格音節，蓋此通篇，既與烏生八九子之雜言不同，而與含兮之楚歌，亦迥乎有異，雖此多出三字，固可謂五言首次用於倡樂之實例也。史記佞幸傳李延年傳載，

李延年，中山人也，父母及身兄弟及女，皆故倡也。

而漢書李延年傳則云，

延年善歌為變新聲（略）所造詩謂之新聲曲。

延年以故倡而善新聲，則此非四言非楚歌之北人佳人，其為新曲可知，其為五言之首用於倡樂亦可知，陳思稱其善於增損古辭，（見文心雕龍樂府篇）非偶然也。顧延年雖以五言新施於倡樂，而當時之郊祀等國用之樂辭，則仍為楚聲以及雜言之體，尚無以五言為之者，是其未入正樂之明徵。然至東漢章帝則已以此體為國用鞞舞之歌辭，樂府詩集五十三，引古今樂錄曰，

鞞舞（略）漢曲五篇，一曰關東有賢女，二曰章和二年中，三曰樂久長，四曰四方皇，五曰殿前生桂樹，並章帝造。

欽立案古代樂錄，每以可徵歌辭體裁之首句，以為篇目，而鮮有例外者，則此章帝所造之五曲，其關東有賢女，章和二年中，及殿前生桂樹三篇之俱為五言，殆無問題，關此茲並以後人之擬曲以徵之。曹植鞞舞歌序云，

漢靈帝西園鼓吹李堅者，能鞞舞，遭亂播遷西隨段煨，先帝聞其舊技，召之，堅既中廢兼古曲多謬誤，異代之文，未必相襲，故依前曲改作新歌五篇，不敢充之黃門，近以成

下國之陋樂焉。

欽立案：曹植鞞舞歌五篇，見宋書樂志及樂府詩集，其辭凡擬關東有賢女、章和二年中及殿前生桂樹，皆通篇五言，而於其他兩篇則全不然。且其擬關東有賢女篇，篇中云：關東有賢女，自字蘇來卿云云，明為承用章帝之舊辭。是則曹植所謂依前曲改新歌者，乃一準舊歌之體裁為之，而章帝原作三篇之為五言，蓋不言而明矣。夫五言詩之在西漢，僅能施之倡樂，而至東漢，則一躍而入於黃門之正曲，此其詩體地位之大有變遷，可以概見，而知當時文士如班固者，所以有五言詠史，亦甚非偶然也。茲並據古今樂錄，將古曲及魏晉擬作，列一簡表，以明章帝三篇之必為五言：

	漢舊曲	曹植辭	傅玄辭
鞞舞歌	關東有賢女	精微篇（當關東有賢女）全篇五言	洪業篇（當關東有賢女）全篇五言
	章和二年中	聖皇篇（當章和二年中）全篇五言	天命篇（當章和二年中）全篇五言
	樂久長	大魏篇（當漢吉昌）雜言	景皇篇（當樂久長）雜言
	四方皇	孟冬篇（當狡兔）前四言後五言	大晉篇（當四方皇）前四言後五言
	殿前生桂樹	靈芝篇（當殿前生桂樹）全篇五言	明君篇（當殿前生桂樹）全篇五言

章帝鞞舞作歌以後，下至獻帝建安以前，其間五言詩之應用於正樂與夫發展者為如何，書缺有間，莫知其詳。然如江南可採蓮、雞鳴高樹顛、青青園中葵（長歌行）、白楊初生時（豫章行）、相逢狹路間（相逢行）、邪徑過空廬（步出夏門行）、默默施行違（折楊柳行）、翩翩堂前燕（豔歌行）、里中有啼兒（上留田行），皆漢代舊曲之存者。是知五言之憑依樂府而資其發展者，固未嘗斷也。且建安以還，五言歌詩雲起霞蔚，而舊傳漢曲之四言及雜言者，至此亦多以五言詩代之。此則尤堪注意者。茲以曹氏父子樂府詩，示其略例如下：

善哉行：古辭來日大難篇，四言。魏武自惜身薄祜篇、魏文朝日樂相樂篇，皆為五言。

薤露：古辭薤上露何易晞篇，雜言。魏武惟漢二十世篇、陳思王天地無窮極篇，皆為五言。

蒿里：古辭蒿地誰家地篇，雜言。魏武關東有義士篇，用五言。

猛虎行：古辭飢不從猛虎食篇，雜言。魏文與君結新婚篇、魏明雙桐生空井篇，皆為五言。

據此則東漢五言入樂之盛況，亦可不申而明。蓋東漢百年之中，如五言尚未底於成立，而建安以後，決難又有此種現象也。然則吾人發生成立兩期之斷限，至此復獲一明徵矣。

述欽立

（三）自五言之應用於其他題材者論之

五言詩發生於漢武以降，而成立於漢章以降，上述二事，已足明之。茲更以五言之用於其他題材者，證其東漢以降之發展情形。古文苑六馮衍車銘云：

乘車必護輪，治國必愛民，車無輪安處，國無民誰與。

欽立案銘之為文，四言雅體。衍以五言為之，是五言進於雅矣。又衍之卒，在明章之際，適與班固之時代相近，有此一例，益足證成吾人之說。而此後文士之五言銘箴，且日益多，如崔瑗座右銘云：

無道人之短，無說己之長，施人慎勿念，受施慎勿忘，世譽不足慕，唯仁為紀綱，隱身而後動，謗議庸何傷，無使名過實，守愚聖所臧，柔弱生之徒，老氏誡剛强，在涅貴不緇，曖曖內含光，（此據李善本文選，六臣本强光二韻顛倒。）硜硜鄙夫介，悠悠故難量，慎言節飲食，知足勝不祥，行之苟有恒，久久自芬芳。

又藝文類聚二十三引高彪清誡云：

天地而長久，人生則不然。又不養以福，祿全其壽年，飲酒病我性，思慮害我神，美色伐我性，利慾亂我真，神明無聊賴，愁毒于衆煩，中年棄我逝，忽若風過山，形氣各分離，一往不復還。上士愍其痛，抗志凌雲煙，滌蕩棄穢累，飄邈任自然，退修清以淨，吾存玄中玄，澄清嚣思慮，泰清不受塵，恍惚中有物，希微無形端，智慮赫赫盡，谷神綿綿存。

欽立案崔瑗自和帝以至安順，歷仕三朝，而高彪與馬融同時，為順桓間人。上舉之銘誡，足以說明東漢百餘年中，此五言一體恒為文士所應用，並已目為大雅之體裁也。

上列三論，僅就殘存之五言材料鈎稽抽繹，以證鄙說，並不足以見五言詩發展之全貌，然即此一斑，已足知吾人斷限說之較為合理也。抑尤有進者，漢武立樂府，采詩夜誦，有趙代秦楚之謳，則凡新體之升入廟堂，自以此時為最易，一也。漢武愛文，柏梁列韻，能七言者，始得上坐，漢書東方朔傳稱朔有七言之作，是知詩以字數稱其體裁，亦適肇基於此時，二也。張騫入西域，得摩訶兜勒一曲，李延年因胡曲更造新聲二十八解。延年籍貫中山，本鄰胡境，其所以能造新聲，或即以其素嫻胡樂之故。則名謂五言之興，有關胡樂，亦必以漢武一朝定其朔，三也。則按之實例，揆之情理，五言發生期之起點，固不得不定之漢武之時矣。又自章帝以來，君臣歌詩，銘誄雜什，均漸以五言出之。題材既多，範圍自廣，是東都文章，此亦正體，而建安時代，五言所以騰踊者，基於此也。然則五言成立期之起點，又非斷自章帝一朝不可矣。

(乙) 七言詩

七言之興，亦始於漢武一朝。漢書六十五東方朔傳云：

朔之文辭，其餘有封泰山，責和氏璧，及太子生禖，屏風，殿上柏柱，平樂觀賦獵，八言七言上下，從公孫弘借車，凡劉向所錄具是矣。

又文選四十三孔德璋北山移文注引董仲舒集：

七言琴歌二首。

欽立案，仲舒琴歌，今已亡佚，而東方所作，則尚有殘存。文選二十二魏文帝芙蓉池作詩注引東方朔七言云：

折羽翼兮摩蒼天。

朔之七言，倘使通篇若此，皆上三下三，而以兮字間之，則漢人所謂七言者，乃當時之楚歌，七言云者，僅文士所構之別名耳。然史記載楚項羽歌云：

力拔山兮氣蓋世，時不利兮騅不逝，騅不逝兮可奈何，虞兮虞兮奈若何。

以句型言之，此歌之與東方七言，完全相同，然漢初不名七言，而至此名之，此甚可注意者。尋西漢七言，此類之外，當別有逐句實字之篇，則柏梁臺詩及劉向七言是也。柏梁臺詩，前篇已有論列，又選注引劉向七言云：

博學多識與凡殊，

時將昏暮白日午，

朅來歸耕永自疎，

晏處從容觀詩書，

結構野草起屋廬(選注引作劉歆，案即向詩)。

上列各句押韻相叶，其出於一首，自不必言。茲所欲論者，即此類逐句實字之七言，方為當時之七言正格，而七言一目之所以出現，此所謂正格七言者，實有以致之也。蓋必以正格

六同別錄

七言之出，而七言之目遂行，然後含有兮字之楚歌亦以每句七字者，始得混為一類，而名之曰七言矣。不然，則東方朔所作本與項王之歌，體裁相同，何緣至此而忽有七言之稱乎？

逯欽立

當漢武時代，小學雜占之書，多用此種正格之七言，如司馬相如凡將篇，尚有殘句云：

淮南宋蔡舞嗙喻。

黄潤纖美宜禪制。

鐘磬竽笙筑坎侯。

又前引漢書東方朔傳射覆云：

臣以為龍又無角，謂之為蛇又有足，跂跂脈脈善緣壁，是非守宮即蜥蜴。

此等七言韻語，當時既如是普遍，而漢武之柏梁七言又適為整句實字，則七言新目之所以起，固在此而不在彼。研漢代七言詩，固當以整句實字者為基準也。

欽立又案：含兮七言之出於楚聲，此本不待言矣。然正格之七言，既與當時之小學雜占等為同型，又果何自而來乎？是則本篇所尤欲詳考者。彙柏梁詩與劉向七言，有一顯著之特色，即句句用韻是也。此一特色歷東漢以至兩晋，皆保留不變，而罕有例者。（讀者可參看漢魏兩晋詩。實則宋齊人仍存此格，惟宋袁淑七言詠雪，齊王融淨住子頌，始用隔句為韻一格）茲姑就兩漢之歌詩雜文小學讖緯鏡銘等，以略示其例。太平御覽九百十六引崔駰七言云：

鸞鳥高翔時來儀，應治歸德合望規，啄食楝食飲華池。

欽立案：據後漢書各傳，東平王蒼、杜篤、崔瑗、崔琦、崔寔等，俱有七言之作，今雖悉亡，然其為句句用韻，殆可由駰之此篇推知。夫題曰七言，而句句用韻，此本沿襲傳統之舊，尚無足異。而可異者，則當時凡七字成句之作，雖即不題七言，亦槩為句句用韻者是也。北堂書鈔百四十九引李尤九曲歌云：

年歲晚暮日已斜，安得壯士翻日車。

又御覽五百九十八引戴良失父零丁云：

敬白諸君行路者，敢告重罪自為禍，積惡致災天困我，今月七日失阿爹，念此酷毒可痛傷，當以重幣用相償，請為諸君說事狀。我父軀體與眾異，脊背傴僂捲如胾，脣吻參差不相值，此其庶形何能備，請復重陳其面目，鴟頭鵠頸獵狗啄，眼淚鼻涕相追逐，吻

—42—

中含納無齒牙，食不能嚼左右蹉，□似西域□駱駝，請復重陳其形骸，為人雖長甚細材，面目芒蒼如死灰，眼眶白陷如羹杯。

此東漢歌詩雜言句句用韵之例。又史游急就章云：

急就奇觚與衆異，羅列諸物名姓字，分別部居不雜廁，用日約少誠快意，勉力務之必有喜。（下略）

此又西漢小學之比例。又詩汎歷樞摘洛謠（黄氏逸書考引古微書）云：

剡者配姬以放賢，山崩水潰納小人，家伯罔主異哉震。

此又漢代讖緯歌謠之比例。又太平經三十八丙部之四師云：

吾字十一名為士，丙午丁巳為祖始，四口治事萬物理，子巾用角治其右，潛龍勿用坎為紀，人得見之壽長久，居天地間活而已，治百萬人仙可待，善治病者勿欺紿，樂莫樂乎長安市，使人壽若西王母，比若四時周反始，九十字策傳方士。

此又漢代道經七言之比例。又漢代鏡銘（此據金石索及小校經閣金石拓本）云：

張氏作竟四夷服，多賀國家人民息，胡虜殄滅天下復，風雨時節五穀熟，長保二親得天力，傳吉後世樂無極。

漢有名銅出丹陽，雜以銀錫清而明，朱爵玄武順□□，八子九孫治中央，東上泰山見神人，食而玉英飲澧□，室宜官職保子孫。

尚方作竟真大好，上有仙人不知老，渴飲玉泉飢食棗，浮游天下敖三海，徘徊名山采芝草，壽如金石為國保。

湅治銅華清而明，以之為竟宜文章，延年益壽去不羊，與天毋亟如日光，千秋萬歲樂未央。

桼言之紀從竟始，湅治同華去惡宰，長保二親利孫子。

桼言之始自有紀，湅治銅錫去其宰，辟除不祥宜古市，長保二親利孫子。

此又漢代鏡銘之比例也。總觀上例，則知當時凡屬七言，無不句句用韵，而與六朝以降之隔句用韵者，截然有別，斯固第一期七言歌詩之絕大特色矣。且此鏡銘自稱七言，肇始於鏡，此蓋冶工意斷之辭，未必可以為據，然漢人視句句用韵之鏡銘為七言，固足為鄙說增一佐證也。

逯欽立

考句句用韵，此本楚歌體裁之一。（楚聲本非一格，如離騷上六下六，中衔兮字為一格；招魂上三下二，中衔兮字為一格；漢高祖鴻鵠歌上四下四，各成一節，又為一格。）而逐句實字之正格七言，其源則又出楚辭之亂，故以七言論之，此為新體，以體裁論之，則未背於舊格也。楚辭招魂亂曰：

獻歲發春兮汨南征，菉蘋齊葉兮白芷生。路貫廬江兮左長薄，倚沼畦瀛兮遥望博。青驪結駟兮齊千乘，步及驟處兮誘先行。鶩若通兮引右還，與王趨夢兮課後先。君王親發兮憚青兕，朱明承夜兮時不淹。皋蘭被徑兮斯路漸，湛湛江水兮上有楓。目極千里兮傷春心，魂急來歸兮哀江南。（末句原作魂兮歸來哀江南，案王逸注云，言魂魄當急來歸云云，知王逸見本有急字，今本歸來亦有倒誤。）

又九章抽思亂曰：

長瀨湍流泝江潭兮，狂顧南行以娱心兮，軫石崴嵬蹇吾願兮，超回志度行隱進兮，低佪夷猶宿北姑兮，煩冤瞀容實沛徂兮，愁歎苦神靈遥思兮，路遠處幽無行媒兮，道思作頌聊自救兮，憂心不遂斯誰告兮。（聊自救原作聊以自救，注云一無以字，案無以者是。又無行媒上原有又字，斯誰告斯下原有言字，當俱為衍文。）

上列各亂，皆含兮字而為八言，似無與於七言若柏梁詩者，然正格之七言，實由此亂辭蛻變之，請具四證如下：

(1)，張衡思玄賦，馬融長笛賦，俱以七言造為亂辭，此亂辭可變七言之證。張衡思玄賦篇末系曰：

天長地久歲不留，俟河之清祗懷憂。願得遠度以自娱，上下無常窮六區。超踰騰躍絶世俗，飄遥神舉逞所欲。天不可階仙夫希，柏舟悄悄吝不飛。松喬高跱誰能離，結精遠遊使心攜。回志朅來從玄諆，獲我所求夫何思。

又馬融長笛賦篇末辭曰：

近世雙笛從羌起，羌人伐竹未及已。龍鳴水中不見已，截竹吹之聲相似。剡其上孔通洞之，裁以當簻便易持。易京君明識音律，故本四孔加以一。君明所加孔後出，是謂商聲五音畢。

欽立案思玄之系，笛賦之辭，均在篇末為結音，其即楚辭之亂，自不待言。又張馬兩賦，其本辭，仍以含兮之舊體出之，獨於此亂，去其兮字而變為七言，是此亂必有可去兮字之先例或習慣使之如此。

(2)淮南王八公操，七言為句，而結以兮字，其格與九章抽思之亂辭全同，疑此操與楚亂本屬一類，至此而獨立成章，別為新體，則進而略去兮字，變為七言，亦自然之途徑。八公操云：

煌煌上天照下土兮，知我好道公來下兮，公將與余生毛羽兮，超騰青雲蹈梁甫兮，觀見瑤光過北斗兮，馳乘風雲使玉女兮，含精吐氣嚼芝草兮，悠悠將將天相保兮。

欽立案，此歌見搜神記，而琴操及古今樂錄，亦皆有紀載，是以縱非劉安所作，來源亦必甚古。且自其土下羽甫斗主用韵者觀之，亦知其當為漢人之作也。（史記外戚世家天下為衛子夫歌以怒下為韵，漢書元皇后傳長安為王氏五侯歌以怒杜為韵，漢書溝洫志白渠歌以雨釜斗為韵，皆與此歌相同。）又案漢曲有趨有亂，同為曲後送聲，（參看樂府詩集二十六引古今樂錄）而曲後之趨與曲前之豔，悉曾單獨為曲，（如淮南子有緣水之趨一語，漢曲有豔歌行等）則聲制最美之亂，其可以獨立成章，自在意中。（論語：關雎之亂，楚辭大招，叩鐘調磬，娛人亂只。）而其曲獨立成章，進而略去兮字，復變為正格之七言，亦在意中。

(3)漢晉西陲木簡彙，載漢人風雨詩篇云：

日不顯目兮黑雲多，月不視兮風非（飛）沙，從（縱）恣（從恣或是從茲）蒙（濛）水誠（成）江河，州流灌注兮轉揚波，辟（壁）柱槙（顛）到（倒）忘（亡）相加，天門狹小路彭池，（滂沱）無因以上如之何，興詩教海（教海疑叫喚聲借）兮誠難過。

張鳳於此詩下跋曰：漢人古詩大抵闕名，蘇李贈答，十九首，柏梁諸作，久滋疑喙，徽論主名難恃，即體製亦異。漢詩除樂府外，概承楚辭之後。此詩八句四兮字，若將兮字盡行除去，即為七言古詩，若補上四兮字，即皆為楚辭。兮或有或無，初無準律，蓋時尚楚辭與古詩遞嬗之際，故獨存此蛻化之迹云云。欽立案此詩作於漢代何年，雖不能定，然以論楚亂七言之嬗變，可謂有力之證。張氏之說，誠有見也。

(4)正格七言之源於楚歌，吾人尚有一事可論證者，即漢人已有消除兮字之習慣是也。欽立前文論五言之體，曾斷定班刪兮字，致郊祀歌幡比翄回集等句，聲義俱晦，而幾於不辭，又郊祀歌天馬歌云：

太一况天馬下，霑赤汗沫流赭，志俶儻精權奇，籋浮雲晻上馳，體容與迣萬里，今安匹龍為友。

逯欽立

而史記此歌本云：

太一貢兮天馬下，霑赤汗兮沫流赭，體容與兮跇萬里，今安匹兮龍為友。

欽立案史記此歌，當有刪節，然於兮字，則保留之。是知史遷以後，而班固以前，漢人之省略兮字，亦已成一慣習，班固漢書，蓋可視為當時之此一代表矣。

夫楚亂芟兮，既可變為七言，而漢人楚歌適有芟兮之習，以及七言代替亂辭之例，其風雨詩簡且自示楚亂七言嬗變之迹。然則吾人以以上四事，歷證七言變自獨立成章之楚亂，固可謂信而有徵也夫？讀者三復，當自知也。

又鼻此正格七言以外，漢代謠諺亦多七言者。然經細審，此謠諺七言，皆別具一格，而與此正格七言，迥乎有異。茲列舉其例如下：漢書路温舒傳，載温舒於宣帝時上書引諺云：

畫地為獄議不入，刻木為吏期不對。

又漢書樓護傳，載閭里歌云：

五侯治喪樓君卿。

又漢書張禹傳，載諸儒語云：

不欲為論念張文（今本漢書無不字，此據御覽引補。）

西漢七字謠言，所見僅此三條。然此三條有足徵其與正格七言絕異者，即句中第四字與第七字相叶，而兩句間並無押韻之關係是也。如畫地一諺，入與對不為韻，此與正格七言句句用韻者異，而其句中獄與入叶，吏與對叶。又五侯治喪樓君卿，喪與卿叶，不欲為論念張文，論與文叶，皆句中自韻，此亦正格七言之所無者也。洎乎東漢，七言之謠諺益多，然體沿西京，幾乎無一例外者。茲略依時代，次之下方：

關東大豪戴子高（後漢書百十三戴良傳附祖尊傳），

避世牆東王君公（後漢書百十三逢萌傳），

一馬兩車茨子河（後漢書百六衛颯傳注引東觀漢記。），

枹鼓不鳴董少平（後漢書百七董宣傳），

厥德仁明郭喬卿，忠正朝廷上下平。（後漢書五十六蔡茂傳附郭賀傳）。

說經鏗鏗楊子行。（後漢書百九楊政傳）

關東觥觥郭子橫。（後漢書百十二郭憲傳）

解經不窮戴侍中。（後漢書百九戴憑傳）

五經紛綸井大春。（後漢書百十三井丹傳）

問事不休賈長頭。（後漢書六十六賈逵傳）

城上烏，哺父母，府中諸吏皆孝友。（御覽二百六十二，引益都耆舊傳云張霸為會稽太守，民歌曰云云。案後漢六十六張霸傳霸為會稽在明帝永平中）

五經復興魯叔陵。（御覽六百十五引東觀漢記，後漢書五十五魯丕傳）

道德彬彬馮仲文。（後漢書五十八馮衍傳附子豹傳）

殿中無雙丁孝公。（後漢書六十七丁鴻傳）

關西孔子楊伯起。（後漢書八十四楊震傳）

德行恂恂召伯春。（後漢書百九召馴傳）

五經縱橫周宣光。（後漢書九十一周舉傳）

難經伉伉劉太常。（藝文類聚四十九，引華嶠後漢書）

萬事不理問伯始，天下中庸有胡公。（後漢書七十四胡廣傳）

五經無雙許叔重。（後漢書百九許慎傳）

殿上成群許偉君。（御覽四百九十六，引陳留風俗傳）

關東說詩陳君期。（御覽六百十五，引東觀漢記）

仕宦不止車生耳。（御覽四百九十六引漢官儀里語）

甑中生塵范史雲，釜中生魚范萊蕪。（後漢書百十一范冉傳）

天下規矩房伯武，因師獲印周仲進。（後漢書九十七黨錮傳序）

欲知仲桓問任安。（後漢書百九任安傳）

居今行古任定祖。（同上）

不畏強禦陳仲舉，九卿直言有陳蕃，天下模楷李元禮，天下好交荀伯條，天下英秀王叔茂，天下冰稜王秀陵，天下忠平魏少英，天下稽古劉伯祖，天下良輔杜周甫，天下才英趙仲經。（御覽四百六十五引袁山松後漢書曰：桓帝時朝廷日亂，李膺風格秀整，高自標尚，後進之士升其堂者，以為登龍門。太學生三萬餘人牓天下士，上稱三君，次八俊，次八顧，次八及，次八廚，猶古之八元八凱也。因為七言謠曰云云。）

逯欽立

天下忠誠竇游平，天下義府陳仲舉，天下德弘劉仲承。（羣輔錄，三君。）

天下楷模李元禮，天下英秀王叔茂，天下良輔杜周甫，天下冰淩朱季陵，天下忠貞魏少英，天下好交荀伯條，天下稽古劉伯祖，天下才英趙仲經。（羣輔錄，八俊。）

天下和雍郭林宗，天下慕恃夏子治，天下英藩尹伯元，天下清苦羊嗣祖，天下鉒金劉叔林，天下雅志蔡孟喜，天下臥虎巴恭祖，天下通儒宗孝初。（羣輔錄，八顧。）

海內貴珍陳子麟，海內忠烈張元節，海內蹇諤范孟博，海內通事檀文士，海內才珍孔士元，海內彬彬范仲真，海內珍好岑公孝，海內所稱劉景升。（羣輔錄，八及。）

海內賢智王伯義，海內脩整蕃嘉景，海內貞良秦平王，海內珍奇胡毋季皮，海內光光劉子相，海內依怙王文祖，海內嚴恪張孟卓，海內清明度博平。（羣輔錄，八廚。）

此數十條謠諺，與前舉西漢之三則，體式並同，如出一模。然以較正格七言，則顯然大異，雖俱為七字，其彼此並無淵源關係可知也。又檢謠諺之同乎正格七言者，其在東漢，亦不無數例，如：

游平賣印自有平，不辟豪及大姓。（續漢五行志載桓帝時童謠。）

汝南太守范孟博，南陽宗資主畫諾；南陽太守岑公孝，弘農成瑨但坐嘯。（後漢書黨錮傳序，桓帝時汝南南陽二郡民謠。）

父母何在在我庭，化我鳲梟哺所生。（後漢書百六仇覽傳）

前隊大夫范仲公，鹽豉蒜果共一筩。（顏氏家訓書證書引三輔決錄）

車如雞棲馬如狗，疾惡如風朱伯厚。（後漢書陳蕃傳，附朱震傳）

閬君賦政明且禔，蠲苛去碎以禮讓。（華陽國志：閬虞為綿竹令，以禮讓為本，民謠曰）

魯國孔氏好讀經，兄弟講誦皆可聽，學士來者有聲名，不過孔氏那得成。（孔叢子引諺。）

八九年間始欲衰，至十三年無孑遺。（續漢五行志載建安初荊州童謠。）

古人欲達勤誦經，今世圖官勉治生。（抱朴子審舉篇，引漢末謠）

欽立案：此少數之别例，固同於正格七言之體，然正格七言，遠起西漢，而此各例則近值桓靈，二者之間，倘有淵源關係，必此晚期歌謠，至是已别襲正格之體，而決無相反之事實也。夫句中用韵之七言謠諺，西漢有之，逮東漢而益多，此其自然之本格也。謠諺之同乎正格七言者，漢末始有，而前此無之，此又必其偶然之别格也。然則正格七言，實另有淵源，其不出於民間歌謠，至曉然矣。

或謂如柏梁臺詩及劉向七言等，安知不昉自西漢之小學雜占乎？欽立案：小學雜占之應用七言，自相如東方朔始，其時正楚聲瀰漫西京，而七言詩肇始之際，則二子之作，適足證其與正格七言為同源一時應運而生者，此與鄙說亦毫無衝突也。

總上所論，漢代七言，約有三類：一為中含兮之類，前舉東方朔之七言是也；一為句句用韵之類，即劉向所作，而吾人目為正格七言者是也；一為句中用韵之類，則兩漢七言謠諺是也。然溯源所以别流，覽古所以徵今，以此論之，三類之中，果誰適從乎？尋魏晉七言，悉為句句用韵，名篇佳什，後先承美，此繼乎漢代之正格七言也。宋齊以降，始復隔句用韵，此一變也；而陳隋以後，始復由騈及律，此二變也（此二變皆受五言詩體之影響，須詳論，今從略）。顧雖經兩變，而不離其宗，則總此流衍，以沿波討源，其能承先啓後，而克為魏晉隋唐七言詩之始祖者，厥維欽立所謂之正格七言矣。至於含兮之七言，本楚歌舊體，雖前有所承，而後無所繼；其七言謠諺，則雖西京新格，而隻句破碎，莫由成章，是以俱殘乎其有嗣裔也。研漢詩者，固烏得混而視之哉。

明體第三

兩漢詩體之可論者，不外五言七言以及樂府。其五言七言詩，以材料所限，故僅以前節論其成體之故，而不及其他，而此則專以論樂府詩也。又此樂府詩，其調名與篇名、本辭與奏曲等各相互之關係，欽立已於古詩紀補正叙例中及之；其所屬之樂調，如鐃歌等，時人論之已繁，如相和、清商，欽立將於魏詩别録中辨之，故今皆從略。本篇所欲論者，則在論述兩漢樂府充分具有街陌謳謠之活潑性，而與楚歌五言樂府俱不同，此可就其雜言成章、常不押韵及多含虚聲者分别論之。若夫樂辭之拚湊，此有關章法；聲辭之雜寫，此涉及樂譜，凡此屬於樂府者，皆並論之焉。

○○○　○○○　○○○　○○○

六同别録

逯欽立

樂府詩常兼有三言四五言等，而雜糅成篇，其中變化多端，略無格律之可尋。然其辭句，以長短而有疾徐，極其縱橫溢流之致，雖久謝絲管，若仍含音節者。此在鐃歌相和古辭及雜曲之類，蓋莫不如此。姑舉一二，以示一斑：

有所思，乃在大海南。何用問遺君，雙珠玳瑁簪。用玉紹繚之。聞君有他心，拉雜摧燒之。摧燒之，當風揚其灰。從今已往，勿復相思，相思與君絶。雞鳴狗吠，兄嫂當知之。妃呼狶，秋風肅肅晨風颸，東方須臾高知之。（鐃歌有所思篇）

上邪，我欲與君相知，長命無絶衰。山無陵，江水爲竭，冬雷震震，夏雨雪，天地合，乃敢與君絶。（鐃歌上邪篇）

烏生八九子，端在秦氏桂樹間。秦氏家有遊遨蕩子，工用睢陽彊蘇合彈。左手持彊彈兩丸，出入烏東西。唶我，一丸即發中烏身，烏死魂魄飛揚上天。阿母生烏子時，乃在南山巖石間。唶我，人民安知烏子處？蹊徑窈窕安從通。白鹿乃在上林西苑中，射工尚復得白鹿脯。唶我，黄鵠摩天極高飛，後宫尚復得烹煮之。鯉魚乃在洛水深淵中，釣鈎尚得鯉魚口。唶我，人民生各各有壽命，死生何須復道前後。（相和，烏生八九子篇）

欽立案凡雜言樂府，俱如上例，以繁，姑不再引。今僅就各篇，列其所用之雜言各如下：

雜用三言七言八言者，如鐃歌巫山高篇。

雜用四言六言七言者，如郊祀歌日出入篇。

雜用三言四言六言七言者，如鐃歌遠如期篇。

雜用三言五言七言九言者，如鐃歌君馬黄篇。

雜用三言四言五言七言九言者，如鐃歌戰城南篇。

雜用四言五言六言八言九言者，如雁門太守行。

雜用三言四言五言六言七言者，如古樂府秋風蕭蕭愁殺人篇。

雜用三言五言六言七言八言者，如東門行。

雜用三言五言六言七言八言九言者，如西門行，又蛺蝶行。

雜用四言五言六言七言八言十言者，婦病行。

雜用三言四言五言六言七言八言九言十言者，如孤兒行。

—50—

上列各例,皆應用雜言,極其變化之致,試觀原篇,即可洞明。且此雜言各篇,其構句尤多別致者,如五言:

孝和帝在時.(雁門太守行)

洛陽令王君.(同上)

暮得水來歸.(孤兒行)

行吾去為遲.(東門行)

皆上三下二,與普通五言詩之句法不同。濮班固詠史,太康令有罪,無名氏孔雀東南飛,妾不堪驅使,及黃泉下相見,與此相類。而此皆可於第三字下增以兮字,而變為楚歌,如太康令兮有罪,黃泉下兮相見者是也。此其別致之一。又如七言:

從乞求與孤買餌.(婦病行)

屬累君兩三孤子.(同上)

服此藥可得神仙.(董逃行)

皆上三下四,與普通七言詩之句法亦異。且如:

蛺蝶之遨遊東園.(蛺蝶行)

一丸即發中烏身(烏生八九子)

則雖為七字,直非有韻之文矣。此其別致之二。又如八言,其句法且有五類:

(一)上四下四類.

為我謂烏且為客豪.(鐃歌,戰城南.)

少行學宦通五經論.(雁門太守行)

加笞決罪詣馬市論.(同上)

坐中何人誰不懷憂.(古樂府歌.)

今時清廉難犯教言.(東門行.)

(二)上五下三類.

我欲不悲傷不能已.(婦病行.)

工用淮陽彊蘇合彈(烏生八九子)

(三)上三下五類.

六同別録

逯欽立

摧燒之當風揚其灰。（鐃歌有所思。）

持之我入紫深宮中。（蛺蝶行。）

夫為樂為樂當及時。（西門行。）

人民生各各有壽命。（烏生八九子。）

（四）上二下六類。

陛下長與天相保守。（董逃行。）

射工尚復得白鹿脯（烏生八九子。）

（五）八字渾成類。

秦氏家有遨遊蕩子（烏生八九子。）

死生何須復道前後。（同上。）

本自益州廣漢蜀民。（雁門太守行。）

八言之句，竟該多種，是又其別致之三。凡此皆四五七言各體所罕見，而雜言樂府所特有之句法也。次則虛字虛聲，其應用亦夥，如鐃歌之「以烏路」，（朱鷺篇，詳下。）「妃呼豨」，（有所思）蛺蝶行之「何奴」，烏生八九子之「唶我」，悉其顯例，是又四五七言各體樂府之所無者。至於音辭縱放，常不押韻，較之後代歌章，尤有大異。如郊祀歌日出入篇云：

日出入安窮，時世不與人同。故春非我春，夏非我夏，秋非我秋，冬非我冬。泊如四海之池，徧觀是耶謂何。吾知所樂，獨樂六龍，六龍之調，使我心若。訾黃其何不徠下。

此歌春非我春以下四句不韻，吾知所樂以下四句不韻。又鐃歌上陵篇後段云：

蒼海之雀赤翅鴻，白鴈隨山林，乍開乍合，曾不知日月明。醴泉之水，光澤何蔚蔚，芝為車，龍為馬，覽遨遊，四海外。甘露初二年，芝生銅池中，仙人下來飲，延壽千萬歲。

此歌蒼海至日月明不韻，甘露至千萬歲不韻。又鐃歌遠如期篇云：

遠如期，益如壽，處天左側，大樂萬歲，與天無極。雅樂陳佳哉紛，單于自歸，動如驚心。虞心大佳，萬人還來，謁者引鄉殿陳，累世未嘗聞之，增壽萬年亦誠哉。

此歌謁者一句與前後皆不韻。又如江南可採蓮：

江南可採蓮，蓮葉何田田，魚戲蓮葉間。魚戲蓮葉東，魚戲蓮葉西，魚戲蓮葉南，魚戲蓮葉北

—52—

篇末東西南北四句不韻，與郊祀日出入篇之春夏秋冬四句不韻者，型類相當。凡此又皆漢樂府之特格也。夫漢代樂府既雜用各言，長短參差，（五言樂府姑不論）其句法又變換無方，不拘一格，重以結體自由，常無韻腳，多附虛聲，以存音奏，故能極其縱橫抑揚不可捉摹之致，而與文士樂府迥乎其有異。漢世之街陌謳謠，能升之樂府，而為後世之所豔稱，據此益見其非偶然矣。宋書樂志云：

凡樂章古辭之存者，並漢世街陌謳謠，江南可採蓮，烏生八九子，白頭吟之屬，其後漸被於管絃，即相和諸曲是也。

欽立案：白頭吟及江南可採蓮，皆五言曲，茲姑置之不論。然如相和烏生八九子篇，其雜用各言，變化甚多，且有虛聲以聯絡之，是故最具民間歌謠之活潑性，而其縱恣之聲節，至今猶能適會於脣吻也。又案漢書禮樂志云：

至武帝定郊祀之樂（略）乃立樂府，采詩夜誦，有趙代秦楚之謳，以李延年為協律都尉，多舉司馬相如等數十人造為詩賦，略論律品，以合八音之調，作十九章之歌。

尋漢書所載郊祀歌一十九篇，即此所謂十九章之歌。然其中如天馬，景星，齊房，朝隴首，象載瑜各篇，皆武帝自作，其青陽，朱明，西顥，玄冥四篇，則署鄒子樂（案此或鄒陽所造。）他如練時日，帝臨，惟泰元，天門，后皇，華燁燁，五神，赤蛟等八篇，皆為楚歌，而結體典麗，非謳謠之比。是則此一十九篇，除日出入一篇外，餘皆武帝君臣所造為，而非趙代秦楚之謳甚明。然武帝專立樂府，采風被曲，此在漢書藝文志亦曾記載如云：

自孝武立樂府而采歌謠，於是有代趙之謳，秦楚之風，皆感於哀樂，緣事而發，亦可以觀風俗知厚薄云。

是知武帝采詩，乃當時實事。然郊祀歌幾悉出君臣手筆，則趙代秦楚之謳者，抑果用之何所乎？尋樂府詩集十六論鐃歌云：

—案西京雜記，漢大駕祠甘泉汾陰，備千乘萬騎，有黃門前後鼓吹。（略）晉中興書曰：漢武帝時，南越加置交阯，九真，日南，合浦，南海，鬱林，蒼梧七郡，皆假鼓吹。東觀漢記曰：建初中班超拜長史，假鼓吹麾幢，則短簫鐃歌，漢時已名鼓吹，不自魏晉始也。崔豹古今注曰：漢樂有黃門鼓吹，天子所以宴群臣也。短簫鐃歌，鼓吹之一章耳，亦以賜有功諸侯。然則黃門鼓吹，短簫鐃歌，與橫吹曲，得通名鼓吹，但所用異耳。

短簫鐃歌，既嘗列於前後鼓吹，以祠甘泉汾陰，自可目爲郊祀樂之一部，則班書樂志之説，質之上列諸記，蓋可徵信。然則鐃歌相和歌之類，俱當時四方之謳，宜乎其具有上述之特格矣。（鐃歌中有宣帝時作，此殆以宣帝脩武帝故事，又有采緝。）

逯欽立

○○○　○○○　○○○　○○○

次則古辭五言樂府，率多拼合各章，而成一曲。如相和歌雞鳴篇云：

雞鳴高樹顛，狗吠深宫中，蕩子何所之，天下方太平，刑法非有貸，柔協正亂名。黄金爲君門，碧玉爲軒堂，（略）舍後有方池，池中雙鴛鴦，鴛鴦七十二，羅列自成行，鳴聲何啾啾，聞我殿東廂，兄弟四五人，皆爲侍中郎，五日一來歸，觀者滿路傍，黄金絡馬頭，頻頻何煌煌。桃生露井上，李樹生桃傍，蟲來齧桃根，李樹代桃殭，樹木身相代，兄弟還相忘。

欽立案此歌自黄金爲君門，至頻頻何煌煌一段，與上下文不屬，似别爲一歌，而此則拼合之故，猶顯雜湊之迹。本清調曲相逢行古辭云：

相逢狹路間，道隘不容車，如何兩少年，挾轂問君家，君家誠易知，易知復難忘，黄金爲君門，白玉爲君堂，堂上置尊酒，使作邯鄲倡，中庭生桂樹，華鐙何煌煌，兄弟兩三人，中子侍中郎，五日一來歸，道上自生光，黄金絡馬頭，觀者滿路傍，入門時左顧，但見雙鴛鴦，鴛鴦七十二，羅列自成行，音聲何噰噰，和鳴東西廂，大婦織綺羅，中婦織流黄，小婦無所作，挾瑟上高堂，丈人且安坐，調絲未遽央。

兩相對照，知此即雞鳴中段之藍本，特伶人不無更動，故詞中略有微異耳。又楚調曲白頭吟云：

皚如山上雪，皎如雲間月，聞君有兩意，故來相決絶。（一解）平生共城中，何嘗斗酒會，今日斗酒會，明旦溝水頭，躞蹀御溝上，溝水東西流。（二解）郭東亦有樵，郭西亦有樵，兩樵相推與，無親爲誰驕。（三解）淒淒重淒淒，嫁娶亦不啼，願得一心人，白頭不相離。（四解）竹竿何嫋嫋，魚尾何離簁，男兒欲相知，何用錢刀爲，齕如馬噉萁，川上高士嬉，今日相對樂，延年萬歲期。（五解）

此歌則直似一解，且無聯屬拼合之迹，尤爲較著，則割辭成曲，不問文義，是固樂府古辭之特色矣。然此古辭，雖爲漢歌，而割辭成曲，則似昉曹魏，文心雕龍樂府篇云：

至於魏之三祖，氣爽才麗，宰割辭調，音靡節平，觀其北上衆引，秋風列篇，或述酣宴，或傷羈戍，志不出於淫蕩；辭不離於哀思，雖三調之正聲，實韶夏之鄭曲也。

欽立案：魏明帝步出夏門行，其中「丹霞蔽日」等八句，及「月盈則沖」等八句，原為魏文帝丹霞蔽日行之辭，「烏鵲南飛」等四句，原為魏武帝短歌行之辭。（明帝此曲宋書樂志載之，注云，晉荀勖撰舊辭施用者。樂府詩集稱為魏晉樂所奏。）是則曹魏樂章，本有割辭成曲之例，彥和之說，蓋即指此。又樂府詩集三十一載古辭長歌行云：

仙人騎白鹿，髮短耳何長。導我上太華，攬芝獲赤幢。來到主人門，奉藥一玉箱。主人服此藥，身體日康彊。髮白復更黑，延年壽命長。岧岧山上亭，皎皎雲間星。遠望使心悲，遊子戀所生。驅車出北門，遥觀洛陽城。凱風吹長棘，夭夭枝葉傾。黄鳥飛相追，咬咬弄音聲。佇立望西河，泣下沾羅纓。

岧岧山上亭至遥觀洛陽城八句，藝文類聚題作魏文帝於明津作。倘使樂府類聚俱為不誤，是此樂辭亦已雜湊成章：仙人騎白鹿以下十句，漢辭也；岧岧山上亭以下十二句，魏詩也。益徵彥和之說不誣。且上舉白頭吟一曲，此屬楚調，亦荀勖選用之舊辭。（參看宋書樂志）又雞鳴屬於相和，而相和曾為魏明所部分。（參看宋書樂志。）則據樂府詩集前者為魏晉樂所奏，後者為魏樂所奏。是如雜合辭而成一曲，俱似昉於曹魏也。然魏人相和本承漢曲，如白頭吟，又漢時之街陌謡謳，則此割辭成曲之習，未必即自曹魏始。考漢郊祀歌十九章中，已有此拚湊之例，則天馬一章是也。漢書禮樂志郊祀歌天馬十云：

太一況，天馬下，霑赤汗，沫流赭。志俶儻，精權奇，籋浮雲，晻上馳。體容與，迣萬里，今安匹，龍為友。 元狩三年馬生渥洼水中作。

天馬徠，從西極，涉流沙，九夷服。天馬徠，出泉水，虎脊兩，化若鬼。天馬徠，歷無草，經千里，循東道。天馬徠，執徐時，將搖舉，誰與期。天馬徠，開遠門，竦予身，逝昆侖。天馬徠，龍之媒，游閶闔，觀玉臺。 永初四年誅宛王獲宛馬作。

欽立案：此合成一章之二詩，史記樂書亦分載之，而文字且有出入。（如獲宛馬作歌，史記有「經萬里兮歸有德，承靈威兮降外國」二句，而此章所無。）是殆李延年割辭成曲，以協音律，故存此刪削合拚之迹也。又崔豹古今注稱延年曾分挽歌而定之為兩曲，樂府詩集二十七薤露歌下引其說云：

薤露蒿里，並喪歌也。（略）至武帝時，李延年分為二曲，薤露送王公貴人，蒿里送士大

六同別錄

逯欽立

夫處人，使挽柩者歌之，亦謂之挽歌。（今本古今注亦有此條。）

夫郊祀造歌，延年協其律，而天馬有拼湊成曲之例；薤露蒿里，各自成章，又有延年曾加剖分之說。是樂辭之分拆離合，皆曾見之漢武一朝，則凡古辭拼湊之曲，必並出當時伶工之手。此其重在音律不問文義，固漢曲之特色，其不始於曹魏明矣。惟漢末喪亂，禮崩樂壞，魏武修復古樂，志存舊典，殆多刪取可歌，被以管絃，而文明二帝祖述不變，故為後人之所樂道耳。文心雕龍才略篇云：

夫後漢才林，可參西京；晉世文苑，足儷鄴都。而魏時話言，必以元封為稱首；宋來美談，亦以建安為口實。

云云，則此割辭成曲之業，竟和推諸曹魏者，亦以此矣。

○○○　　○○○　　○○○　　○○○

復次漢曲之聲辭雜寫一事，本文擬就鐸舞（聖人制禮樂篇）巾舞（公莫篇）二曲以論之，以明漢晉以降之樂譜格式與夫變化，而並及其聲辭之分析焉。宋書樂志云：

聖人制禮樂一篇，巾舞歌一篇。按景祐廣樂記言：字訛謬，聲辭雜書。（略）漢鐃歌十八篇，按古今樂錄，皆聲辭豔相雜，不可復分。

又樂府詩集五十四鐸舞歌詩引古今樂錄云：

古鐸舞曲有聖人制禮樂一篇，聲辭雜寫，不復可辨，相傳如此。魏曲有太和時，晉曲有雲門篇，傅玄造，以當魏曲，齊因之。梁周捨改其篇。

又同書同卷鐸舞歌詩引古今樂錄云：

巾舞古有歌辭，訛異不可辨。江左以來，有歌舞辭。沈約疑是公無渡河曲，今三調中自有公無渡河，其聲哀切，故入瑟調，不容以瑟調雜於舞曲。惟公無渡河古有歌有絃無舞也。

據宋志古今樂錄，此等古曲所以不可詁解，兼以聲豔雜糅文字訛異之故。然劉宋鼓吹鐃歌，沈約即不能解（宋書樂志云：宋鼓吹鐃歌辭四篇，舊史言詁不可解。又云：樂人以音聲相傳，訓詁不可復解。（訓詁原作詁，據樂府詩集引改）是其證）則文字訛謬，所關者少，而聲豔雜糅，所關者多也。又尋豔於曲中率置前端，而獨成一段，較之聲字之雜者，又在次要。樂府詩集二十六引古今樂錄云：

—56—

集刊外編第三種

漢詩別録

又諸調曲皆有辭有聲，而大曲又有豔有趨有亂。辭者其歌詩也，聲者若羊吾夷伊那何之類也，豔在曲之前，趨與亂在曲之後，亦猶吳聲西曲前有和後有送也。

據此豔與本辭之詁訓，本無若何之關涉，而最能淆混歌詩義解者，厥維雜書之聲字矣。欽立案，古樂録之著録歌曲，原以大字書辭，細字書聲，聲辭雖雜，而其始尚可辨識，迨後人合寫聲辭，不分大細，遂至於雜而不可知。樂府詩集十九引古今樂録云：

上邪曲四解，晚芝曲九解，漢曲有遠期，疑是也，艾而張三解，沈約云：樂人以音聲相傳，訓詁不可復解，凡古樂録皆大字是辭，細字是聲，聲辭合寫，故致然耳。

此記可為明徵。欽立又案，古樂録所以以大字細字，分書聲辭，亦自有其故。考漢樂舊譜，名曰聲曲折，與歌詩分立，本不相混。推降至魏晉，舊譜不存，樂人以音聲相傳，無形中曲歌合流，而聲辭以雜，然本身之分辭分聲以及曲折，彼此限界，固未嘗泯也。迨樂録録之，略去曲折，而僅著聲辭，古譜之遺迹以泯。更至大字細字混而不分，則歌詩之辭義，亦瀕於不解。此其升沈離合之大凡也。然茲幸有六朝道曲之譜，尚隱人間，頗足參較，復見古譜之式，而古辭義解，亦可以略得而明。故此敬獻一解，以就正於世之研古樂者。道藏三百三十三册，洞玄部養字門上，玉音法事上卷，載玉京山步虛經步虛吟三首空洞一首，悉以大字書辭細字書聲，而以曲折聯絡之。茲臨摹原曲，而橫書列之如下：

步虛第一 七十字

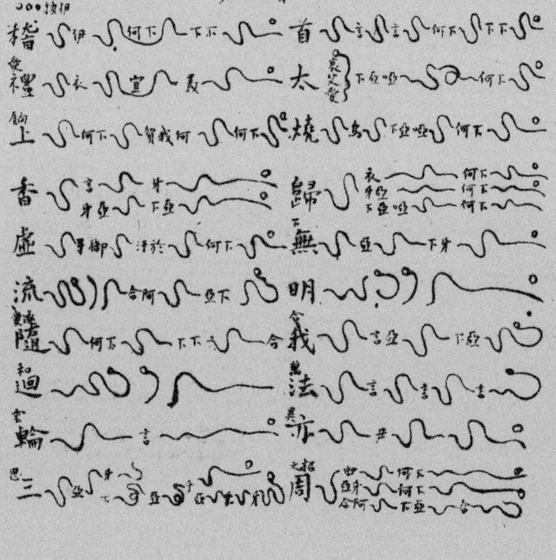

—57—

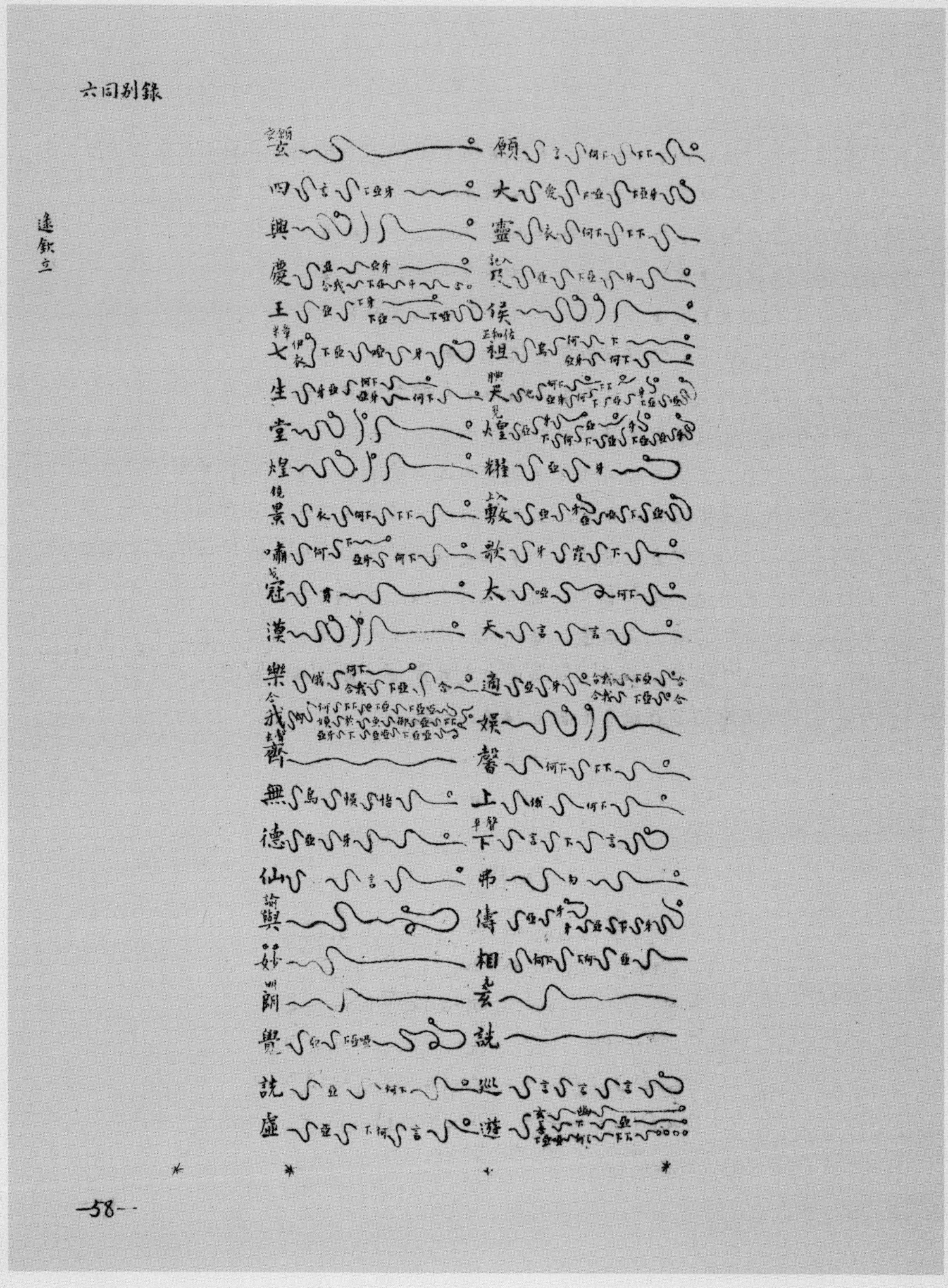
六同別録
-58-

步虛第三

(姑從略)

步虛第五

(姑從略)

空洞 醮筵中不必舉合字徑從元字舉起

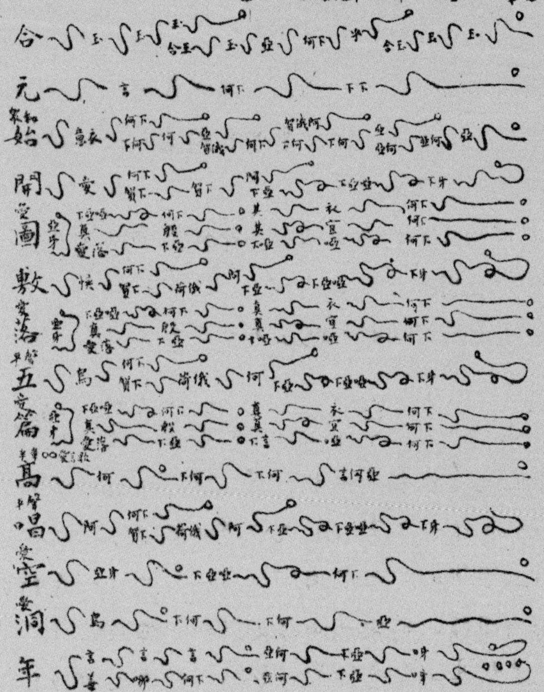

欽立案，唐宋以降，工尺之譜漸行，而此大辭細聲絡以曲折之式，與之大異，故其來源必當較古，雖歌辭之間間有平去等注音，然非唐宋之所創製，固可知也。又上列諸歌早見六朝，亦可為此譜出世較古之左證。上舉步虛吟，本有十章，玉音法事又於卷下別加著錄，因有說明云：

右玉京步虛十首，案太上玉京步虛經云，太極左仙翁葛玄於天台山傳授弟子鄭思遠，思遠復傳仙翁從孫葛洪，號抱朴子者是也。鄭君說天翁云世時告思遠曰，所受上清大洞道經，付吾家門弟子。世世錄傳至人，勿關天道。

六同別錄

欽立案：步虛吟是否出於晉時，雖難遽斷，然唐初釋法琳即已見之。所撰辯正論引玉京山步虛詞云：

長齋會玄都，鳴玉叩瓊鐘，法鼓會羣仙，靈唱靡不同。

逯欽立

檢此四句，玉音法事步虛之第十首有之。此其必為先唐產品之證。又上舉空洞一曲，僅元始開圖，敷落五篇，高唱空洞等一十五字，（第一字含非歌辭）而玉音法事於卷下又別出其辭，則作：

曜明高映，宗飄迴玄，元始開圖，敷落五篇，赤書寶籙，黃雲四纏，八威備衛，靈獸侍真，華光飭發，反香拂塵，綺合長阜，旋迴十天，高唱空洞，飛步入玄，枯魂昇陽，灰骸還人，神王度命，來虛駕煙，禮誦洞章，與劫齊年。

兩相比較，是前舉空洞曲譜，已有佚脫，而道士沿用，不敢增補，則其傳世之久，可以推知。且玉音法事於此歌辭亦有說明云：

右曜明宗飄天帝君道經空洞靈章也，三十二天各有一篇，或四言，或五言，見洞元部靈寶空洞靈章。

欽立案：廣弘明集九，周甄鸞笑道論十五論日月普集條，引諸天內音第三宗飄天八字文曰：澤落覺菩臺緣大羅云云。案今本道藏太上靈寶諸天內音自然玉字經，其曜明宗飄天音第三云：曜明宗飄天中有自然之書八字，文曰：澤洛菩臺緣羅大千云云。是則甄鸞所謂飄天，即屬曜明一宗，而上舉曜明宗之空洞靈章，又可證其且已通行於北周以前矣。夫此步虛吟及空洞靈章，遍行周隋以前，而其此譜又與後世工尺之譜不侔，是則此兼具聲辭曲折之格式，來源必為甚古，其與古樂錄著錄聲辭時所據之樂譜，自當有淵源關係也。考漢書藝文志云：

河南周歌詩七篇。

河南周歌聲曲折七篇。

周謠歌詩七十五篇。

周謠歌聲曲折七十五篇。

上列兩歌，其詩與聲曲折，篇數並同，知詩者歌辭，而聲曲折者歌辭之譜。（王先謙漢書補注已曾言之）而循名覈實，此歌辭之譜，必兼有聲字以及曲折，而與上列道曲之譜式蓋

—60—

略同。班彪稱漢元帝「自度曲被歌聲，分刌節度」者，即此種樂譜之製造也。又宋書樂志載張華表云：

按魏上壽食舉詩，漢氏所施用，其文句長短不齊，未皆合古。蓋以依詠絃節，本有因循，而識樂知音，足以制聲度曲，法用率非凡近所能改。二代三京，襲而不變，雖詩章詞異，興廢隨時，至其韻逗曲折，皆繫於舊，有由然也。是以一皆因就，不敢有所改易。

又載賀循答尚書下太常祭祀所用樂名云：

魏氏增損漢樂，以為一代之禮（略）自漢氏以來，依仿此體，自造新詩而已。舊京荒廢，今既散亡，音韻曲折，又無識者，則于今難以意言。

所謂韻逗曲折、音韻曲折，似即漢人之云聲曲折，指兼具聲字曲折之樂譜言之。然張華之言舊曲，先則謂文句長短，後則稱韻逗曲折，而賀循亦謂不識音韻曲折，即無從自造新詩，是皆魏晉樂譜已雜歌辭之明徵。且曹植擬鞞歌自述依前曲改作新詩，而其所作，兼襲舊辭（已見前）；又傅玄曉音（文心雕龍樂府篇語），足以制聲度曲，然其擬鐸舞以為雲門，亦確有承用舊辭之處，抑可為聲曲折與詩雜合之佐證。然則史稱樂譜，而謂為「樂人以音聲相傳」者（見前引沈約語），即當時詩曲相雜之口頭樂譜，而韻逗曲折或音韻曲折者，即此種譜式之著錄者矣。

此種樂譜，既已兼具歌辭，即與上列道曲之譜式同，而與漢代純粹之聲曲折稍異，則漢譜之舊格至此始變，道曲之新譜至此方興。故竊謂道曲此種樂譜之應用，必不能早出東晉以前。若就此道曲，而刪其歌辭，又無形中可以還原漢曲折之舊型也。

又道曲聲字，凡有二類。如「下丑啞」「賀誐阿」「何下」「下下」等為數最多，且各成定組，狀寫聲節，此譜中通用之字，姑名之曰甲類。又如「愛艾哀」則專於太字下用之，「烏悞悟」則專於無字下用之。此等字為數最少，且因辭變換，並不固定，要須與本辭為疊韻，此譜中特殊之字，姑名之曰乙類（讀者可參看玉音法事步虛吟三曲）。甲類僅狀歌聲，乙類且叶辭韻。倘使晉人「音韻曲折」「韻逗曲折」之言，本為樂譜之實寫，則此甲類，即音即逗：音者，自其為歌曲之聲者言之；逗者，自其於曲折中之住節作用言之。而乙類即所謂韻，自其與本辭為叶韻者言之也。是知晉時樂譜，雖已兼具歌辭，而時人描寫之，則仍重在聲字與曲折，是以不曰韻逗曲折，即曰音韻曲折。然則韻逗曲折者，與聲曲折之義界無大異，而上列道曲之譜，固足代表魏晉時代之樂譜舊式也。欽立茲並以鐸舞中舞而曲之聲字較此道

逯欽立

曲之二類，以見其彼此譜式之同。試先就鄙意析此二曲之聲辭而列之下方：

鐸舞歌詩（聖人制禮樂篇）

昔皇文武邪彌彌舍善誰吾時吾行許道衡來治路萬邪治路萬邪赫赫意黄運道吾治路萬邪善道明邪金邪善道明邪金邪近帝武武邪邪聖皇八音偶邪尊來聖皇八音及來儀邪同邪烏及來義邪善草供國吾咄等邪烏近帝邪武邪近帝武邪武邪應節合用武邪尊邪酒期義邪善草供國吾咄等邪烏近帝邪近帝烏烏邪邪下音足本上爲鼓義邪應衆義邪樂邪邪延否已邪烏已禮祥咄等邪烏素女有絶其聖烏烏武邪

（曲中「吾」「邪」「烏」「咄」「等」皆聲字。又「武武邪邪」與「烏烏邪邪」相當，「儀邪」與「義邪」相當，故「武」「義」亦聲字。又聲字「尊」「路」「及」「幾」等，見宋鼓吹曲，「時」「來」等見下巾舞歌詩。凡此皆以小字書於下側。又「善道明金」「聖皇八音」「善草供國」及「近帝」等皆有疊字，則小字書於上側。）

巾舞歌詩

吾不見公莫時吾何嬰公來嬰姁時吾哺聲何爲茂時來嬰當思吾明月之士轉起吾何嬰轉去吾哺聲何爲去轉南來嬰當去吾城上羊下食草吾何嬰來吾食草吾哺聲汝何三年針縮何來嬰吾亦老吾平平門淫淫下吾何嬰何來嬰淫下吾哺聲昔結吾馬客來嬰吾當行吾度四州洛四海吾何嬰海何來嬰何來嬰四海吾哺聲熇西馬頭香來嬰吾洛道吾海五丈渡汲水吾噫邪哺誰當求兒母何意零邪錢健步哺誰當求兒母何吾哺聲三針一發交時還弩心意何零意弩心還來嬰弩心哺聲復相頭巾意何來何邪相哺頭巾相吾來嬰頭巾母何何吾復來推排意何零子以邪相哺轉輪吾來嬰轉母何吾使君去時使來嬰去時母何思君去時意何零子以邪思君去時思來嬰吾去時母何吾吾。（此曲凡前後重複而無文義可尋者皆聲字，較易析出。）

此兩曲聲辭之分析，未必盡合，然大體當無錯譌，則其顯著聲字之組，固可資之以爲比較。檢鐸舞歌之「武邪」「咄等邪烏」與巾舞歌之「吾何嬰」「意何零」「子以邪」，皆相當道曲中之甲類聲字，固定成組，僅狀歌聲。而如巾舞歌中之「姁」及「茂」，則略與道曲之乙類聲相當，此等字因辭變換，故不特狀聲，且叶辭韻。然則魏晋樂譜之同於道曲，質之此聲字用法之相符，益見其確然無疑。而漢代聲曲析之譜式，與夫漢代至北齊、明古樂錄所以雜寫聲辭之故，至此亦明也。

又案鐸舞巾舞二曲，宋齊以後，本已不可訓釋，似不必于今日强作解人。然此二曲，除聲字以外，是否真正有辭，而傅玄雲門一篇，又曾否襲用舊歌，均須進而明之，以資證成鄙說。故並此既經析出之辭，而略為疏解之。鐸舞歌辭，別出聲字，則可重寫如下：

昔皇文彌彌舍善誰行許道衢治萬赫赫黄運明金近帝聖皇八音同善草佚國應節

合用酒期下音足木上鼓應衆樂延否已禮祥素女有絶其聖

此辭句讀且難，自似無由施以詁解。然若較以傅玄之擬作，則尚有數句可釋，並能見其脱誤之所在。傅玄雲門篇云：

黄雲門，唐咸池，虞韶夏夏殷濩，列代有五。振鐸鳴金延大武，清歌發唱形為主，聲和八音協律呂，身不虛動手不徒舉，應節合度周其叙，時奏宫角雜之以徵羽，下饜衆目，上從鐘鼓，樂以移風與德禮相輔，安有失其所。

試以古曲比較傅作，則見聖皇八音，即聲和八音之所本。應節合用酒期，即應節度周其叙之所本。下音足木上鼓應衆，即下饜衆目，上從鐘鼓之所本。而明金即鳴金，禮祥素又即禮相輔之所本。以較傅作，悉大同而有小異，是蓋古曲微誤之故也。欽立案傅玄擬篇，自非全襲舊辭，如，身不虛動手不徒舉二句，傅作有而古曲無之，而赫赫黄運一句，則古曲有傅作無之，皆其顯例。惟即此數語，已足見鐸舞之曲，其中本附歌辭，而傅玄尚能識其一二，故襲而用之於擬作也。茲依前例，再列巾舞歌辭如下：

不見公莫思明月之士轉起南，城上羊下食草，汝三年鐵縮亦老，平門淫涕下，昔結馬客行度四州洛四海，嗚西馬頭香五丈渡汲水，誰求兒，錢健步，三鍼一發交還弩心，復相頭巾，推排相轉輪，使君去。

此辭略可句讀，並易訓釋。如城上羊下食草，此與鮑照詩所謂「躑躅城上羊，攀隅食玄草」之義相同。行度四州洛四海，洛當為略之借字。錢健步者，錢又遣之借字，三國志鄧艾傳有遣健步之文。他如推排及轉輪，亦皆漢魏習用之語。而篇中又有平門淫涕下一句，且可證其當為西京之作也。欽立又案宋書樂志稱此歌相傳為項莊劍舞，項伯以袖隔之，使不得害高祖，且語云公莫，古人相呼曰公，云莫害漢王也云云。今檢此辭，並無與於項伯事，且辭有頭巾之語，此巾舞稱名之緣由，然亦無涉於項伯。又此歌發端云不見公莫，案此句應作

六同別錄

不見公姥，而莫與茂皆其聲字。公姥者，漢人舅姑之謂。孔雀東南飛「奉事循公姥」、「勤心養公姥」，即其比例。以此本為棄婦之辭，後人推之鴻門劍舞之事，甚無謂也。

逯欽立

欽立又案：古今樂錄於古曲聲字，僅舉羊吾夷伊那何六種。今檢上列二曲聲字，則有武邪吾時來路偶尊儀義烏及咄等何嬰聲啗為當母意寒子以，共二十五種。漢曲聲字為數之繁，於此可見。而此二十餘種，抑且不足以盡之，然即此固足較釋其他古曲之聲辭合寫者。如鐃歌朱鷺曲云：

朱鷺魚以烏路訾邪鷺何食食茹下，不之食不之吐，將以問諫者。

曲中魚以烏路訾邪六字皆聲。此照以上舉偶以烏路子邪等聲字即知，故可以細字大字分書其聲辭如下：

朱鷺魚以烏路訾邪鷺何食食茹下，不之食不之吐，將以問諫者。

則見文通字順，並無難解之處。且徵鐃歌十八曲之詮釋，俱有待於聲字之先事剔出。然明清人之箋注鐃歌，率不全瞭此處，故頗多可笑之論。如莊述祖鐃歌句解釋朱鷺曲云：

烏當為歍，歐歍吐也。訾量也。鷺訾邪，言鷺吐魚不可訾量也。

又王先謙鐃歌釋文箋正云：

先謙案：烏，烏有也，猶言何有。

訾同疵，疵毀字今相承作呰毀。疵病也。鷺訾邪，不以魚之烏有病朱鷺也。先恭曰：訾恣也。路訾邪，言魚之烏有非朱鷺恣欲也，於義亦通。

此種穿鑿附會，幾至令人捧腹，以此而作詮釋，蓋不如無乎？

中華民國三十四年八月二十日草稿寫完，即置行篋，未還訂正。十月二十三日手鈔上石，至十二月十四日寫訖。鈔時增删頗劇，疵纇滋多，修飾潤色，當俟他日也。欽立附記。

-64-

東晋南朝的錢幣使用與錢幣問題

何兹全

導 讀

霍 巍

學術背景

何茲全此文所討論的問題與當時“自然經濟論戰”的核心分歧有關。全漢昇在1936年提出“中古自然經濟主導説”，而宫崎市定在1940年提出貨幣經濟的持續性。何文通過梳理東晉南朝史料，揭示了區域性貨幣使用的複雜實態。在貨幣減重問題的解釋上，何氏否定了將六朝錢幣的混亂歸因于戰亂破壞，或者僅是由財政制度的因素所導致，他是通過分析“剪鑿錢”與官鑄錢比價，提出了政府貨幣政策失當的新解釋。這些争論共同構成了戰時中國學界對“貨幣經濟衰退論”的反思。

學術評議

此文所論述的主要問題，可以歸結爲三個大的方面。首先是關于東晉南朝時期錢幣的製造和使用、流通的情況，以及這個時期的貨幣制度問題。在中國古代歷史上，自從用銅來鑄造方孔圓錢之後，秦漢時代的半兩、五銖等通行貨幣成爲當時最爲穩定的貨幣。但進入東晋南朝時期，由于統一的秦漢帝國的滅亡，南北雙方的政治對峙，統一的貨幣制度走向崩壞，南方地區的銅錢呈現出空前混亂的局面。如同何兹全在文中所指出的那樣，當時錢幣種類真是複雜已極，晋氏渡江有比輪、四文、沈郎錢各種，此外當還有漢魏古錢。宋時又鑄四銖二兩，私鑄又有鵝錢、綖環等。梁時又鑄五銖、女錢、鐵錢、四柱錢，陳時又鑄五銖、大貨六銖。除去有幾種是史有明文的，如陳鑄五銖，初出一當鵝錢之十，大貨六銖一當五銖之十外，其他形式不一、輕重大小不一的各種錢幣，大概都是同價使用。除此之外，南朝錢幣還面臨一個更大的問題就是民間私鑄，而鑄幣的方法是從大錢上剪去邊緣輪廓（稱爲“剪輪”錢）或鑿去錢幣中心（稱爲“綖環”錢），然後用這些獲得的銅料來鑄造極爲輕薄的小錢。這些私鑄的錢幣甚至如同史料中所描繪的那樣，到了“入水不沉、經手即碎”的程度，所謂“鵝錢”，大約就是指這類錢幣。雖然何兹全没有在文中涉及南朝錢幣的考古實物，實際上在漢代末年至三國時期，方孔圓錢和其他形制的錢幣情況就開始混亂起來，所謂“大泉一百”“大泉當千”的銘文錢就是其直接的反映。這種情况到南朝時期更甚，各種“偷工減料”鑄成的小錢在東晋南朝時期的墓葬和遺址中時有出土，可以同何兹全所論述的情况相互印證。由于這種複雜的情况，其造成的直接後果，自然是經濟學上的“劣幣驅逐良幣”，社會上原來流通的漢魏時期的舊錢和五銖等錢幣益發珍貴，人們將其藏而不用，而這種劣質的銅幣却充斥于世，加之政府對于統一幣制缺乏有力的政策管控，带來的後果十分嚴重。何兹全此文針對這些情况，對當時南朝官方和各級官員對此所引發的激烈争論，提出的改革舉措、具體方案等論之甚詳，是全文中極爲精彩的部分。

其次，可以歸納爲東晉南朝時期的錢幣與穀帛實物在社會經濟生活中的流通問題。使用錢幣，是社會經濟高度發達之後的狀況，這在南朝統治的中心區域和主要的大城市，如長江下游的建康、揚州，中游的荊州，上游的益州等地都是以錢幣作爲財富的代表進行經濟交換的。但也有一些南朝社會經濟發展稍爲滯後的中間地帶，尤其是少數民族地區，還流行以穀帛等實物作爲貨幣參與交換與流通。何茲全從社會經濟史的角度對這些現象展開了深入、細緻的分析，運用豐富的史料爲我們勾勒出在這個時期南方社會經濟發展的過程中，當時的錢幣與穀帛實物之間是如何靈活折換變通，并日益朝着以錢幣取代穀帛實物的方嚮發展這一社會進步的現象。

最後，主要論及南朝錢幣與南朝社會經濟生活的各個層面。論文中何茲全對于錢幣作爲日常生活的手段、財富的象徵、一般人追逐的目的等主要方面均有論述，對“上至達官貴人，下至販夫賭徒”對于金錢的態度，以大量史料給予勾畫，形形色色，層面豐富，文中刻畫出的各色人等對于金錢的追逐，其神情似乎可以躍出紙面。此文還對于錢與國家財政的關係，如政府的財政支出和收入、各級官吏的俸禄、皇帝對貴族和官員的賞賜等具體的層面，也都作了相當深入的剖析。

綜觀全文，作者基于對史料嫻熟的掌握和運用，對東晉南朝以來錢幣的使用以及和錢幣相關的問題的探討可謂層理豐富、條分縷析，而且還體現出作者對當時歷史環境所具有深刻的洞察力。這裏試舉一例，文中舉出《魏書》卷五十二《胡叟傳》記載：“時蜀沙門法成鳩率僧侶幾于千人鑄丈六金像，劉義隆（宋文帝）惡其聚衆，將加大辟，叟聞之即赴丹陽，啓申其美，遂得免焉，復還于蜀。法成感之遺其珍寶，價值千餘匹。”何兹全不僅運用這條史料對當時錢和帛之間的關係作了説明，認爲在蜀地有些地方還以穀帛爲交易尺度，同時他還敏鋭地指出，這段史料出自《魏書》，文中的“胡叟”也應是北朝人，這曲折地反映出當時北方還流行以帛折算爲錢幣的真實情況。如果没有深厚的文獻功底和歷史洞察力，要得出這樣的認識是頗爲不易的。

學術價值

何兹全此文開創性地將正史文獻與考古發現互證，如引證南京出土的“大泉五百”“大泉當千”錢範，實證孫吴至南朝大額虛值貨幣的延續性。爲此，他還建立了“制度—市場—社會”三維一體的分析模型，既考辨錢幣重量、成色的技術參數，又關注貨幣流通中的民衆心理與政府應對，并通過貨幣視角重新詮釋南朝社會轉型，論證商業資本積纍對門閥政治體系的侵蝕作用。尤其值得注意的是，文中關于“錢帛兼行”經濟形態的論述，爲理解唐宋“錢荒”現象提供了歷史溯源依據。長沙走馬樓吴簡中的錢幣記録、鄂州六朝鑄錢遺址的發掘成果，均在不同側面驗證了何兹全的核心論斷。總之，作爲研究東晋南朝經濟社會史的名作，閲讀此文對于我們從一個特殊的側面認識中國古代社會發展進程中南方地區的財政經濟及其與錢幣制度的關係，都是極具啓發意義的。

集刊外編第三種

東晉南朝的錢幣使用與錢幣問題

何兹全

一、引言

本文所討論的，大體上是由晉元帝建武元年（西曆三一七年），在江南建立東晉皇朝到陳後主禎明二年（西曆五八八年）陳為隋所滅前後二百七十餘年中，南方東晉及宋齊梁陳各朝錢流通情況及錢幣的使用問題。

自東漢末年，北方經黃巾董卓之亂，秦漢以來發展的城市交換經濟一時遭一大打擊，加以西晉末年永嘉之亂及五胡的殘擾，以城市交換經濟為領導形態的社會經濟又逆轉而為以農村經濟為主的自足自給經濟。不過此種逆轉大體上只限於黃河流域，無論黃巾董卓之亂或永嘉五胡之亂，都很少波及長江流域的江南荊揚等地，不僅很少波及，而且在北方社會經濟的破壞過程中，反以北方人口、財富、生產技術的大量南移，加速南方的開發。北方每經一次變亂，南方即作一次突飛的發展。在北方社會經濟破〔壞〕過程中，人口財富南移的地域有三個中心，一是揚州，二是荊州，三是益州。南方經濟的開發亦以此三地最為顯著。黃巾之亂後，荊揚與蜀的財富足以支持兩個獨立的政權以與北方相頡抗，永嘉之亂後，荊揚經濟財富的發展，即逐漸超越在北方之上。自此以後，全國的經濟重心便由黃河流域移向長江流域了。

南方經濟的繁榮，一方面是農業的開發，一方面是城市交換經濟的繼續與發達。農業開發的情況，因與本文無關，我們且不去談。其交換經濟實上承兩漢而繼續發展。漢代城市交換經濟黃河流域亦遠較長江流域為發達，但黃巾董卓之亂及永嘉五胡之亂，北方遭受破壞，南方則未受破壞，所以在漢末三國鼎峙的時期，長江流域的交換經濟雖然尚未能趕上兩漢時期北方交換經濟的標準，但比起當時北方魏國境內的商業與交通卻無何遜色。長江的水上交通是一條主要交通線，吳王孫休永安元年詔言：

「自頃年以來，州郡吏民及諸營兵，多違此業，皆浮長江，賈作上下。（三國志吳志卷三

—1—

孫休傳）

西晉時石崇就以作荊州刺史，刼奪長江上下來往的商賈大發其財，成為西晉官僚中的首富。永嘉以後在北方人口財富大量南移，土地開發經濟繁榮的情況下，加以交廣的開發及沿海、南洋海外貿易的發達，南方的交換經濟更是繼續發展。建康是南方的政治中心，晉安帝元興三年，曾遭受一次大風災，結果貢使商旅方舟萬計，漂敗流斷，骸骴相望。（宋書卷三三五行志）梁武帝普通年間郭祖深上封事述當日境內的商業情況說：

何茲全

今商旅轉繁，游食轉衆，耕夫日少，杼軸日空。（南史卷七〇郭祖深傳）

都說明長江流域交換經濟的發達。

與交換經濟之發展相適應的，便是錢幣的使用。在東晉和南朝，無論就一般人民的經濟生活或國家財政來說，錢幣都佔一個重要的地位。除去交廣因對外貿易的關係而使用金銀，及一些半開發或未開發的經濟落後地域使用穀帛交易外，東自三吳，西至荊益，大都使用錢幣。而且由於交換經濟的繼續發展，社會上對錢幣數額的需要日增，而另方面由於銅的缺少，錢幣數額卻不能適應社會需要而大量增加，遂造成籌碼不夠，錢幣缺乏現象，成為社會經濟及國家財政上一個極嚴重的問題。就社會經濟形態來講，自東漢末到中唐是中國的中古時期，社會經濟性質既異於前此的秦漢，亦與後此的宋元不同，交換經濟的衰歇，及農村自給的經濟優勢，亦為此一時期社會經濟特質之一。但此點實以北方中原地帶為對象而論，若以長江流域而言，則不能不承認其交換經濟及錢幣使用的發達。

謹排比史籍有關此一時期錢幣使用的材料，以成此文。

二、錢制的沿革

晉元帝在江南建國，即延用吳時錢幣，當時通行的錢貨，有比輪、四文及沈郎錢各種。晉書卷二六食貨志載：

孫權嘉平（按為嘉禾之誤）五年鑄大錢，一當五百。赤烏元年又鑄當千錢……權聞百姓不以為便，省息之……晉自中原喪亂，元帝過江，用孫氏舊錢，（通典作用孫氏赤烏舊錢，輕重雜行，大者謂之比輪（通典作比輪）中者謂之四文，吳興沈郎又鑄小錢，謂之沈郎錢。錢既不多，由是少貴。

通東晉一代，除安帝時桓玄輔政，一度擬廢錢用穀，但亦未能施行外，錢制未有改革。至宋文帝元嘉中始鑄四銖錢，宋書卷五文帝紀載：

元嘉七年十月，立錢署鑄四銖錢。

至元嘉二十四年六月，以貨貴，制大錢一當兩（全上）。至孝武帝孝建元年春正月，更鑄四銖錢（全上書卷六孝武帝紀），但古錢似仍同時並用。自孝武孝建以後，以銅少及盜鑄等因，錢制漸漸破壞。宋書卷七五顏竣傳載：

先是元嘉中鑄四銖錢，輪郭形制與五銖同，用費損無利，故百姓不盜鑄。及世祖即位，又鑄孝建四銖，三年尚書右丞徐爰議曰：貴貨利民，載自五政，開鑄流圜，法成九府，民富國實，教立化光，及時移俗易，則通變適用，是以周、漢俶遷，隨世輕重，降及後代，財豐用足，因條前寶，無復改創，年歷既遠，喪亂屢經，堙焚剪毀，日月銷減，貨薄民貧，公私俱困，不有改造，將至大乏，謂應式遵古典，收銅繕鑄，納贖刊刑，著在往策，今宜以銅贖刑，隨罰為品。詔可。錢形式薄小，輪郭不成，於是民間盜鑄者雲起，雜以鉛錫，並不牢固，又剪鑿古錢，以取其銅，錢轉薄小，稍違官式，雖重制嚴刑，民吏官長坐死免者相係，而盜鑄彌甚，百物踊貴，民人患苦之，乃立品格，薄小無輪郭者，悉加禁斷。

前廢帝永光元年二月，又鑄二銖錢（全上書卷七前廢帝紀），形式細小，民間謂之耒子。沈慶之啟通私鑄，錢式薄細更甚，至數十萬錢不盈一掬。明帝泰始二年三月，遂斷新錢，專用古錢（全上書卷八明帝紀），復禁民間私鑄。前引顏竣傳載稱：

前廢帝即位，鑄二銖錢，形式轉細，官錢每出，民間即模倣之，而大小厚薄，皆不及也。無輪郭，不磨鑢，如今之剪鑿者，謂之耒子。景和元年，沈慶之啟通私鑄，由是錢貨亂敗，一千錢長不盈三寸，大小稱此，謂之鵝眼錢。劣不及此者，謂之綖環錢。入水不沈，隨手破碎，市井不復料數，十萬錢不盈一掬，斗米一萬，商貨不行。太宗（明帝）初，唯禁鵝眼、綖環，其餘皆通用。復禁民鑄，官署廢工，尋復並斷，唯用古錢。

直至劉宋末年，錢制未再有何改革。齊高帝時曾欲鑄錢而未果（註一）。至武帝永明八年，以劉悛的建議，開蒙山銅鑄錢，但以費功太多，旋即停止（註二）。梁武帝初曾鑄五銖

六同别録

何茲全

錢及女錢。普通四年又鑄鐵錢（梁書卷三武帝紀下）錢制頗亂。隋書卷二四食貨志載梁時的錢制稱：

梁初唯京師及三吳荊郢江湘梁益用錢，其餘州郡則雜以穀帛交易，交廣之域全以金銀為貨。武帝乃鑄錢，肉好周郭，文曰五銖，重如其文；而又别鑄，除其肉郭，謂之女錢，二品並行。百姓私以古錢交易，有直百五銖、五銖女錢、太平百錢、定平一百、五銖雉錢、五銖對文等號，輕重不一。天子頻下詔書，非新鑄二種之錢，並不許用，而趣利之徒，私用轉甚。至普通中，議盡罷銅錢，更鑄鐵錢。人以鐵賤易得，並皆私鑄。及大同以後，所在鐵錢，遂如丘山，物價騰貴。交易者以車載錢，不復計數，而唯論貫。商旅姦詐，因之以求利。自破嶺以東，八十為百，名曰東錢；江郢以上，七十為百，名曰西錢；京師以九十為百，名曰長錢。中大同元年，天子乃詔通用足陌。詔下而人不從，錢陌益少，至於末年，遂以三十五為陌云。

梁末敬帝太平元年，又班下遠近雜用古今錢。（梁書卷六敬帝紀）二年又鑄四柱錢。（註三）陳世又改鑄五銖錢、六銖錢兩種（註四）。而時承侯景亂後，京師一帶破壞甚重，錢幣之外，又兼以粟帛交易。隋書卷二四食貨志載梁末及陳時之錢制稱：

陳初，承梁喪亂之後，鐵錢不行。始梁末又有兩柱錢及鵝眼錢，于時人雜用，其價同，但兩柱重而鵝眼輕。私家多鎔錢，又間以錫鐵，兼以粟帛為貨。至文帝天嘉五年，改鑄五銖。初出，一當鵝眼之十。宣帝太建十一年，又鑄大貨六銖，以當五銖之十，與五銖並行。後還當一，人皆不便。乃相與訛言曰：六銖錢有不利縣官之象。未幾而帝崩，遂廢六銖而行五銖，竟至陳亡。其嶺南諸州，多以鹽米布交易，俱不用錢云。

東晉南朝的錢制及其沿革大体如上所述。至於錢幣的鑄造，除宋前廢帝時用沈慶之議，曾短時期聽民私鑄外，始終採取官鑄政策，對於盜鑄嚴加禁止。如宋書卷四五劉懷慎傳載：

（劉）亮世祖大明中為武康令，時境内多盜鑄錢，亮掩討無不禽，所殺以千數。

又梁書卷二四蕭景傳附弟昱傳載：

普通五年，坐於宅内鑄錢，為有司所奏，下廷尉，得免死，徙臨海郡。

私鑄盜鑄地的長官都要連帶受免官的處分。如宋書卷八一顧琛傳載：

—4—

大明三年)為吳郡太守,明年坐郡民多剪錢免官.

三 錢幣的使用

東晉南渡之初,境域之內,有些地方使用錢,有些地方則使用穀帛.東晉末年的孔琳之曾言:

今用錢之處不為貧,用穀之處不為富.(宋書卷五六孔琳之傳)

即在建康京師之地,亦頗有錢帛雜用的情形.太平御覽卷八二八資產部八賣買條下載:

劉超讓表曰:臣家理應用一純色牛,連市素不如意,外廐猥牛中牛色有任用者,臣有正陌三萬錢五疋布乞以此買牛.

但經過東晉一百年的時間,南方的經濟情況是繼續的發展,到劉宋時,錢的使用地域已逐漸擴張.宋文帝元嘉中討論錢幣問題時,中領軍沈演之說:

晉遷江南,疆境未廓,或土習其風,錢不普用.今王略開廣,聲教遐暨,金鏹所布,爰逮荒服,昔所不及,悉已流行之矣.(宋書卷六六何尚之傳)

如漢川一帶,原是以絹為貨的,自文帝元嘉以後,即改用錢.宋書卷八一劉秀之傳載:

(元嘉)二十五年除督梁南北秦三州諸軍事……梁南秦二州刺史……先是漢川悉以絹為貨,秀之限令用錢,百姓至今受其利.

就是蠻夷之區,也漸使用錢幣.南齊書卷二二豫章文獻王傳云:

沈攸之責賧,及荊州界內諸蠻,遂反五溪,禁斷魚鹽.郡蠻怨酉陽蠻王田頭擬殺攸之使,攸之責賧千萬,頭擬輸五百萬,發氣死.

南方經濟繁榮地帶,係以長江沿岸為中心,其次便是沿海交廣各地.此外各內地愈遠則愈落後.梁武帝一朝,為南朝的極盛時代,對於現今福建廣東及江西湖南南部大加開發,但除廣州因係海外貿易的港口,經濟相當繁榮外,其他各地的經濟情況都遠較長江流域的荊陽郢湘等地為落後,所以到梁初,錢幣的使用仍以

六同别錄

何兹全

長江流域爲主.其餘州郡則於錢貨之外雜以穀帛交易.如前引隋書卷二四食貨志所載：

梁初唯京師及三吴荆郢江湘梁益用錢.其餘州郡則雜以穀帛交易.交廣之域全以金銀爲貨

不過所謂三吴荆郢江湘梁益等地.實已大体上包括了南朝的大部分領土.此外的州郡.在當日實在人口稀少的荒郡.這些地方差不多都是些尚待開化的民族居住着.其能夠僅是雜用穀帛交易而不全以穀帛爲貨.已是進步的現象.我們以京師三吴京郢江湘梁益等地爲南朝經濟的代表區.説東晋南是使用錢幣的時代.應是無誤的.

以上就地域上説明東晋南朝錢的使用.貨幣的基本功能是作交易的媒介.及物價的標準.現在我們即由實例中來看錢在作爲交易媒介及物價標準兩方面的實際使用.

我們由史籍記載中.看見在南境内.東自京師三吴.西至荆益.凡説到交易的多是以錢作媒介.其例甚多.如晋書卷九四郭文傳：

洛陽陷.乃步担入吴興餘杭大滌山中……有猛獸殺麈鹿於菴側.文以語人.人取賣之.分錢與文.文曰：我若須此.自當賣之.所以相語.正以不須故也.

又晋書卷八二習鑿齒傳：

（桓）温不悦……異日送絹一疋.錢五千文.以與之.星人乃馳詣鑿齒曰……賜絹.令僕自裁.惠錢五千.以買棺耳.

又宋書卷六一江夏王義恭傳：

義恭性嗜不恒……大明時資供豐厚.而用常不足.賖市百姓物.無錢可還.民有通辭求錢者.輒題後作原字.

又仝書卷七七柳元景傳：

時在朝勳要.多事産業.唯元景獨無所營.南岸有數十畝菜園.守園人賣得錢二萬送還宅.元景曰：我立此園種菜.以供家中人啖耳.乃復賣菜以取錢.奪百姓之利耶.以錢乞守園人.

又仝書卷八一劉秀之傳：

秀之從叔穆之爲丹陽……時賖市百姓物.不還錢.市道嗟怨.

又仝書卷六七謝靈運傳：

—6—

一人姓錢名欽……云……謝(靈運)給錢令買弓箭刀楯等物……。

又仝書卷七六朱脩之傳：

去鎮(荊州)，秋毫不犯，計在州然油及牛馬穀草，以私錢十六萬償之。

仝書八三宗越傳：

(宗越)家貧，無以市馬，常刀楯步出，單身挺戰，衆莫能當。每一捷，郡將輒賞錢五千，因此得市馬。

仝書卷九一郭世道傳：

墓前有數十畝田，不屬原平。(原平世道子，會稽諸暨人)每至農月，耕者恒裸袒。原平不欲使人慢其墳墓，乃販質家資，貴買此田。三農之月，輒束帶垂泣，躬自耕墾。每出市賣物，人問幾錢，裁言其半。

又同傳：

世道嘗與人共於山陰市貨物，誤得一千錢，當時不自覺，分背方悟，請其伴，求以此錢追還本主。伴大笑不答。世道以己錢充數送還之。

仝書卷九三朱百年傳：

百年入會稽南山，以伐樵採箬為業。以樵箬置道頭，須者遂其所堪多少，留錢取樵箬而去。

南史卷二八褚彥回傳：

時淮北屬江南，無復鰒魚，或有間關得至者，一枚直數千錢。有人餉彥回鰒魚三十枚。彥回時雖貴，而貧薄過甚。門生有獻計賣之，云可得十萬錢。彥回變色曰：我謂此是食物，非曰財貨，且不知堪賣錢。聊爾受之，雖復儉乏，寧可賣餉取錢也。

又南史卷三四齊武帝諸子竟陵王子良傳：

時有人陰人孔平訟嫂市米負錢不還。子良嘆曰：昔高文通與寡嫂訟田，義異於此。乃賜米錢以償平。

南齊書卷三六劉祥傳

崇聖寺尼慧首剃頭為尼，以五錢為買棺材，以泥洹轝送葬劉墓。

仝書卷五二崔慰祖傳：

尉祖賣宅四十五萬，買者云寧有減不，答曰：誠慚韓伯休，何容二價。買者又曰：君但責四十六萬，一萬見與。

何遠仝

梁書卷五三何遠傳：

武昌俗皆汲水，盛夏遠患水溫，每以錢買民井寒水，不取錢者，則摙水還之。

仝書卷二七明山賓傳：

山賓……家中嘗乏用，貨所乘牛，既售受錢，乃謂買主曰：此牛經患漏蹄，治差已久，恐後脫發，無容不相語。買主遽追取錢

又仝書卷三武帝紀下：

太清元年三月庚子，高祖幸同泰寺設無遮大會，捨身，公卿等以錢一億萬奉贖。

中大通元年九月癸巳，幸同泰寺設四部無遮大會，因捨身，公卿以下以錢一億萬贖還。

陳書卷一九沈炯傳：

（侯景將宋）子仙愛其（炯）才，終逼之令掌書記，及子仙為王僧辯所敗，僧辯素聞其名於軍中購得之，酬所獲者鐵錢十萬。

以上所舉各例，在時間上，東晉宋齊梁陳各朝皆有，在地域上，則包括東自京師三吳西至荆州襄陽南陽各地。而且在交易物品中，使我們看到田宅，奴隸，蔬菜，油，穀，草，牛，馬，柴草，米，棺材，弓箭，飲水等物，動產及不動產，輕重貴賤，日用各物，都以錢為媒介進行買賣。

其次，關於物價的記載，亦多以錢為標準。晉書卷七成帝紀：

咸和四年，（蘇）峻子碩攻臺城……城中大饑，米斗萬錢。

宋書卷四八毛脩之傳：

高祖將伐羌，先遣脩之複芍陂，起田數千頃……賜衣服玩好，當時計直二十萬。

宋書卷五七蔡興宗傳：

廓（興宗父）罷豫章郡，還起二宅，先成東宅，與軌（廓弟），廓亡而館宇未立，軌罷長沙郡還，送錢五十萬以補宅直。興宗年十歲，向母曰：一家由來豐儉必共，今日宅價，不宜受也。

又仝書卷八二沈懷文傳：

齋庫上絹，年調巨萬匹，綿亦稱此，限期嚴峻，民間買絹一匹至二三千，綿一兩三四百。

南齊書卷七東昏侯紀：

潘氏服御，珍寶主衣庫舊物不復周用，貴市民間金銀寶物，價皆數倍，虎魄釧一隻直百七十萬。

仝書卷五七魏虜傳：

偽安南將軍梁州刺史魏郡王元英……進圍南鄭……自春至夏六十餘日不下，死傷甚衆，軍中糧盡，摶麴為食，畜菜葉直千錢。

宋書卷三一五行志二：

晉成帝咸康時，天下普旱，會稽餘姚特甚，斗米直五，民有相鬻。

又仝書卷六三沈演之傳：

元嘉十二年，東諸郡大水，民人饑饉，吳義興及吳郡之錢塘升米三百。

仝書卷七前廢帝紀：

去歲及是歲（大明七年及八年）東諸郡大旱，甚者米一升數百，京邑亦至百餘，餓死者十有六七。

梁書卷二武帝紀中：

天監元年，是歲大旱，米斗五千，人多餓死。

天監四年，是歲大穰，米斛三十。

仝書卷二〇劉季連傳：

季連驅略人民，閉城（成都）固守……城中食盡，升米三千，亦無所糴

又仝書卷五三庾蓽傳：

出為輔國長史、會稽郡丞，行郡府事。時承凋弊之後，百姓凶荒，所在穀貴，米至數千，人多流散。

這是以錢為物價標準的例。用錢之外，以穀帛為交易媒介及以穀帛為物價尺度，亦有但似各有特殊情形。史籍中記載此一時期中以穀帛為物價尺度及交易媒

六同别錄

何兹全

介的有以下各條：宋書卷七六王玄謨傳：

及大舉北伐，以玄謨為寧朔將軍，前鋒入河，受輔國將軍蕭斌節度。玄謨向碻磝……遂圍滑臺，積旬不克……又營貨利，一匹布責人八百梨，以此倍失人心。及拓拔燾軍至，乃奔退，麾下散亡略盡。

魏書卷五二胡叟傳：

時蜀沙門法成鳩率僧侶幾于千人，鑄丈六金像。劉義隆（宋文帝）惡其聚眾，將加大辟。叟聞之，即赴丹陽，啓申其美，遂得免焉。復還於蜀。法成感之，遺其珍寶，價值千餘匹

南齊書卷二七劉懷珍傳：

初宋孝武世太祖為舍人，懷珍為直閤，相遇早舊。懷珍假還青州，上有白驄馬，齧人不可騎，送於懷珍別。懷珍報上百匹絹。或為懷珍曰：蕭君此馬不中騎，是以與君耳，君報百匹，多以多乎。蕭君局量堂堂，寧應負人此絹。吾方欲以身名託之，豈計錢物多少。

魏書卷九八島夷蕭衍傳：

（侯）景既至，便圍其城。衍城內大饑，人相食，米一斗八十萬，皆以人肉雜牛馬而賣之。軍人共於德陽堂前立市，屠一牛得絹三千匹，賣一狗得錢二十萬，皆燻鼠捕雀而食之。

南史卷九陳本紀上：

（紹泰元年十二月徐）嗣徽（任）約等領齊兵還據石頭……帝遣侯安都領水軍襲破之，嗣徽等單舸脫走。丁巳，拔石頭南岸柵，移度北岸起柵，以絕其汲路。又堙塞東門故城中諸井，齊所據城中無水，水一合貿米一合貿米一一升，一升米貿絹一匹，或炒米食之。

東晉南朝史籍中記以穀帛為交易媒介及物價尺度者大約僅此數例。細繹各條記載，大多有特殊情形，不能以此証東晉南朝係以穀帛為貨。如上舉第一例，時王玄謨正統兵在魏境作戰，當日之魏正是以穀帛為貨，尚未使用錢，王玄謨大約即以此故而以絹作交易。第二例為蜀地情形，當時蜀境不有些地方尚以穀帛為交易尺度。同時胡叟為

—10—

北朝人，此段記載即出於魏書，當日之魏，正係以穀帛為貨幣的時候，本傳曾記叟支人高閭見其貧約，以物值十餘匹贈之，沙成贈叟財物，叟並未接受，所謂值十餘匹者，乃後日北魏人以當時當地之貨幣所作之進行估計，亦有可能。第三例則是朋友間互贈禮品，並不能算作交易，以人情而論，朋友惠我以禮，我報之以禮品則可，如報之以錢似太不通人情，故劉懷珍回報蕭道成以絹百匹，於其說是給的馬價，毋寧說是報之以厚禮。第四五兩例，係圍城絕境中的現象，不能以常情論。梁末侯景之亂，對於南京師一帶社會經濟給以極大破壞，經過此次破壞後，此一帶的繁榮，一時一落千丈，前引隋書食貨志，記此時交易已有兼以穀帛為貨的話，更不能以此証南朝是以穀帛為貨幣的。

要之，由史籍記載中我們可以看出東晉南朝時用作交易媒介和物價尺度的主要的是錢貨，穀帛僅佔次要地位，在邊遠落後地帶方才使用。整個東晉南朝是南方經濟的一個開發與發展過程，落後經濟的地帶圈逐漸在縮小中，錢幣的使用範圍與地域是一天大的擴大，穀帛的使用範圍與地域則一天天的縮小。少數使用穀帛為交易媒介及物價標準的例，並不足以推倒錢為代表性的貨幣的結論。(註五)

四、錢與社會經濟生活

本節擬由社會一般人的私經濟生活中說明錢的地位。錢既是一切物品交換的媒介，則交換經濟愈發達，錢的使用範圍愈廣，錢在經濟生活中的地位就愈重要。關於這一方面我們擬由錢為日常生活手段，錢為財富多寡的表現尺度，及錢為一般人追逐的目的物，三方面來說明。

一 錢為日常生活手段。東晉南朝交換經濟的相當發達，已略如上述，人民日常生活所需，大部可以通過交換而獲得，交換的媒介既然是錢，所以人民日常生活，自衣食住行，以至婚喪嫁娶，只要有了錢就可以解決。上節說明錢為交易媒介及物價標準各例，大多可以用來說明錢在人民生活中的重要，此外以下各例亦說明人民生活對錢的仰賴：

荊州年饑，(衡陽王)義季慮凝之餓斃，餉錢十萬，凝之大喜，將錢至市門，觀有飢色者，悉分與之，俄頃立盡。(宋書卷九三劉凝之傳)

東晉南朝的錢幣使用與錢幣問題

（後廢帝）每出入去來，常自稱劉鐘，或自號李將軍，與右衛翼輦營女子私通，每從之游，持數千錢供酒肉之費。（宋書卷九後廢帝紀）

何茲全

劉敬宣女嫁，高祖賜錢一百萬，雜綵千匹。（宋書卷四八毛脩之傳）

惠開妹當適桂陽王休範，女當適世祖子，發遣之資，須應二十萬，乃以為豫章內史，聽其肆意聚納（宋書卷八七蕭惠開傳）

（義恭）既出鎮，太祖與書誡之曰……汝一月日自用，不可過三十萬，若能省此益美（宋書卷六一江夏王義恭傳）

凡人士喪儀，多出閭里，每有此須，動數十萬，損民財力，而義無可取。（宋書卷五六孔琳之傳琳之語）

（明帝陳貴妃）家在建康縣界，家貧，有草屋二三間，上出行，問尉曰：御道邊那得此草屋，當由家貧，賜錢三萬，令起瓦屋（宋書卷四一后妃傳）

廣州人周靈甫有家兵部曲，（孔）熙先以六十萬錢與之，使於廣州合兵，靈甫一去不返（宋書卷六九范曄傳）

一般自由職業者的報酬，大約亦是以錢來支付的，例如：

世隆善卜，別龜甲，價至一萬（南齊書卷二四柳世隆傳）

体力勞動者的工資亦多由錢來支付，例如：

（天監）六年，州大水……邴州在南岸，數百家見水長，驚走登屋緣樹，憺募人救之，一口賞一萬，估客數十人應募，投馬，州民乃以免。（梁書卷二二始興王憺傳）

錢既是日常生活所需，所以政府對於作官清廉，年老退休，而又無積蓄的官吏，皇室姻親，及社會上有才學聲望而生活貧苦的賢人隱士，多給錢維持其生活，例如宋書卷四七劉懷肅傳：

詔曰：故晉壽太守姜道盛……臨財能廉，先登濁水，殞身鋒鏑，誠節俱亮，矜悼於懷，可贈給事中，賜錢十萬。

宋書卷四七劉敬宣傳：

（晉）安帝反正，（敬宣）自表解職，於是散徹，賜給宅宇，月給錢三十萬……所賜錢帛車馬及器服玩好，莫與比焉。

仝書卷四一后妃傳：

文帝袁皇后……袁氏貧薄，后每就上求錢帛賻與之，上性節儉，所 過三五萬三五十匹。後潘淑妃有寵愛傾後宮，咸言所求無不得，后聞之，欲 ，乃因潘求三十萬錢與家，以觀上意，信宿便得。

仝書卷四二王弘傳：

又詔聞王太保家便已匱之……可賜錢百萬，米千斛。

又仝書卷七七沈慶之傳：

慶之以年滿七十，固請辭事……聽以郡公罷就第，月給錢十萬， 百斛，衛使五十人。

梁書卷五十何點傳附弟胤傳：

有勅給白衣尚書祿，胤固辭，又勅山陰庫錢月給五萬，胤又不受。

一、錢為財富多寡的表現尺度：錢既為交易媒介，有了錢就可以購買一切物品，錢就成為一般人蓄積的對象和物質財富的代表，貨幣貯藏的衝動是無限制的，貨幣貯藏者不絕的從事於蓄積，一個人的財產貧富，都可以以錢來表現，東晋南朝時記人的財富就很多是以錢來表示的。如宋書卷七五王僧達傳：

吴郭西臺寺多富沙門，僧達求須不稱意，乃遣主簿顧曠門義劫寺內沙門竺法瑶，得錢數百萬。

宋書卷九四戴法興傳：

山陰有陳戴者，家富，有錢三千萬。

南齊書卷五二崔慰祖傳：

慰祖……父梁州之資，家財千萬，散與家族。

梁書卷五一阮孝緒傳：

阮孝緒，陳留尉氏人也……七歲出後從伯胤之，胤之母周氏卒，有遺財百餘萬，應歸孝緒，孝緒一無所納。

所謂家富家財有若干萬，當然不必實際上有若干萬錢，要不過以錢為標準，估計其家財有若干萬而已。

二、錢為財富追逐的目的物：錢既為財富的代表，錢多即為富，錢少即為窮困之遺成對於錢的追逐。社會上一般競競為利者，上自達官貴人，下至販夫賭徒，所追求者，目標相同，皆錢而已。我們看，賭博的是以錢來賭的，例如：

何茲全

（桓）温少時游于博徒，資產俱盡，尚有負進，求濟於耽。耽素有藝名，債主聞之而不相識，遂就局，十萬一擲，直上百萬。（晉書卷八三袁瓌傳袁耽傳）

後在東府聚摴蒱，大擲，一判應至數百萬（晉書卷八五劉毅傳）

弘……少時嘗摴蒱公城子野舍，及後當權，有人就弘求縣，辭訴頗切，此人嘗以蒱戲得罪，弘詰之曰：君得錢會戲，何用祿為。答曰：不審公城子野何在。弘默然（宋書卷四二王弘傳）

大明（一年）坐與奉朝請毛法因摴蒱戲，得錢百二十萬，白衣領職（宋書卷八五王景文傳）

敬則……夜呼僚佐文武摴蒱賭錢。（南齊書卷二六王敬則傳）

初郢陽之役，昌義之甚德叡，請曹景宗與叡會，因設錢二十萬，官賭之。（梁書卷一二韋叡傳）

高利貸也是用錢，如

初高祖家貧，嘗負刁逵社錢三萬，經時無以還，逵執錄甚嚴，王謐造逵見之，密以錢代還，由是得釋（宋書卷一武帝紀上）

有尹嘉者，家貧，母熊自以身貼錢為嘉償債，坐不孝當死（宋書卷六四何承天傳）

揚州主簿顧測以兩奴就鮮（澄弟）貸錢，鮮死，子暉誣為賣券。（南齊書卷三九陸澄傳）

褚淵……薨，家無餘財，負債至數十萬（南齊書卷二三褚淵傳）

坦之從兄翼宗為海鹽……檢家赤貧，唯有質錢帖子數百（南齊書卷四二蕭坦之傳）

（庾詵）鄰人有被誣為盜者……詵矜之，乃以書質錢二萬，令門生詐為其親，代之酬備，鄰人獲免（梁書卷五一庾詵傳）

官僚的貪污聚斂亦全以錢為對象，此等例甚多，略舉如下：

愔又好聚斂，積錢數千萬，嘗開庫任超所取（晉書卷六七郗超傳，愔超父也）

穆之中子式之……累遷……宣城淮南二郡太守.在任贓貨狼藉.揚州刺史王弘遣從
事檢校……式之召從事謂曰:治所還白使君.劉式之於國家粗有微分.偷數百萬錢
何有.況不偷耶.(宋書卷四二劉穆之傳)
邵……坐在雍州營私畜取贓貨二百四十五萬.下廷尉免官(宋書卷四六張邵傳)
湛改領歷陽太守.為人剛嚴用法.奸吏犯贓百錢以上皆殺之.自下莫不震肅(宋書
卷六九劉湛傳)
休祐……貪淫.好財色.在荊州裒刻所在.多營財貨.以短錢一百賦民.田登就.求白米
一斛.米粒皆令徹白.若有破折者.悉刪簡不受.民間糴此米一升一百.至時又不受米.
評米責錢.凡諸求利.皆悉如此(宋書卷七二晉平剌王休祐傳)
喜至荊州.公私殷富.錢物無復孑遺……西難既殄.便應還朝.而解故槃停.託云扞蜀.
實由貨易交關.事未回展……從西還.大艑小艒.爰及草舫.錢米布絹.無船不滿.(宋書
卷八三吳喜傳宋太宗收喜時與劉勔張興世等詔語)
惠開自蜀還.資財二千餘萬.悉散施道路.一無所留(宋書卷八七蕭惠開傳)
虎……晚節好貨賄.吝嗇.在雍州得見錢五千萬……(南齊書卷三十曹虎傳)
(琨)出為……廣州刺史.南土沃實.在任者常致巨富.世云廣州刺史但經城門一過得
三十萬也.琨無所取納.表獻祿奉之半……及罷任.孝武知其清.問還資多少.琨曰.
臣買宅百三十萬.餘物稱之.帝悅其對……(南齊書卷三二王琨傳)
元徽中.興世在家.擁雍州還資見錢三千萬.蒼梧王自領人劫之.一夜垂盡.(南齊
書卷五一張欣泰傳)
世祖即位.進號冠軍將軍.在(益)州畜聚.多獲珍貨……慧景每罷州.輒傾資獻奉.動數
百萬.世祖以此嘉之.(南齊書卷五一崔慧景傳)
普通五年.南津獲武陵太守白渦書.許遺捨面錢百萬.津司以聞.雖書自外入.猶
為有司所奏.捨坐免(梁書卷二五周捨傳)
(天監)五年.遷御史中丞.杲性婞直.無所顧望.山陰令虞肩在任.贓汙數百萬.杲
奏收治(梁書卷二六陸杲傳)
官僚貪汙積聚的對象.固然不限於錢.穀帛珍貨.無所不取.上舉諸例.即有於

何茲全

錢之外，貪聚米帛等物的，但其終極目的仍是錢，積聚穀帛要不過是獲得錢的手段而已。當時官吏本人到外地作官，家人則大多仍留住京師，罷仕之後，仍回京師居住。回本籍居住須得勅許。事實上京師繁華安適生活的引誘，也很少樂于回鄉去住的。京師人口衆多，為一大消費市場。即以食粮一項而論，京師所需，除京城附近三吳各地供給一部分外，一部分尚須仰給於長江上游。如宋書卷八四孔覬傳云：

> 世祖大明八年）時東土大旱，都邑米貴，一斗將百錢，道存（覬弟）慮覬甚乏，遣吏載五百斛米餉之。覬呼吏謂之曰：我在彼三載，去官之日，不辨有路粮，二郎至彼未幾，那能便得此米耶？可載米還彼。吏曰：自古以來無有載米上水者，都下米貴，乞於此貨之。不聽，吏乃載米而去。

所以官吏貪聚穀帛等物，乃是為了回到京師大消費市場來賣，目的仍是在錢。仝上書卷傳還載有一段故事：

> 覬弟道存從弟徽，頗營產業，二弟請假東還，覬出諸迎之，輜重十餘船，皆是綿絹紙席之屬，覬見之偽喜，謂曰：我比困乏，得此甚要，因命上置岸側，既而正色謂道存等曰：汝輩添預士流，何至還東作估客耶。命左右取火燒之，燒盡乃去。

還東作賈客，正說明官僚貪污穀帛物產，都是為了出賣，其究極目的仍在錢。在作官也不過為了錢的情况下，有的對於錢的追求，就超過對公侯的追求。陳書卷八周文育傳：

> 文育……至大庾嶺（由廣州北還）詣卜者，卜者曰：君北上不過作令長，南入則為公侯。文育曰：錢足便可，誰望公侯。

如若無錢，便是人生最可怕的事。南史卷三三武陵昭王曅傳稱其：

> 輕財重義，有古人風，罷會稽還都，齋中錢不滿萬，俸祿所入，皆與參佐賓僚共之，常曰：兄作天子，何畏弟無錢。

武陵王以有天子哥哥而不畏無錢，正是沒有天子哥哥的最怕無錢的反面說明。

魏晉南北朝時的達官豪族，都佔有廣大的莊田。魏晉南北朝雖屬於中國的中古時代，但就南朝豪族的莊田論，其性質迥異於歐洲中古的自足自給的封建莊園。南朝的豪族莊田乃是貨幣經濟支配下以營利為目的生產組織。達官豪族經營莊田,與經營商業,開設邸店是同樣的目的,都是為了獲利,增大自己的財富。梁徐勉訓誡他兒子的話,就是很好的說明。梁書卷二五徐勉傳載:

> 勉雖居顯要,不營產業……嘗為書誡其子崧曰:顯貴以來,將三十載,門人故舊亟薦便宜,或使創闢田園,或勸興立邸店,又欲舳艫運致,亦令貨殖聚斂,若此衆事皆拒而不納……。

最明顯的還是宋書卷七七沈慶之傳所載的沈慶之的莊園:

> (慶之)又有園舍在婁湖,慶之一夜攜子孫徙居之,以宅還官,悉移親戚中表於婁湖,列門闢閈,爲廣開田園之業,每指地示人曰:錢盡在此中。與身享大國,家素豐厚,產業累萬金,奴僮千計,再獻錢千萬,穀萬斛。

南朝豪族大莊田以營利為目的,乃交換經濟及錢幣使用發達的結果,這一點一方面說明中國中古社會與歐洲中古的不同,另方面更說明錢在社會經濟生活中的重要。

五、錢與國家財政

關於錢在國家財政收支中的地位,擬由兩方面來說明,第一我們先來看看錢在國家稅收中的地位,其次再來看錢在國家歲出中的地位。

一、錢與政府收入:東晉南朝時的政府稅收,主要的有戶調、田租、商市稅、口稅等項。戶調田租為魏晉以來所延襲下來的主要收入,原來皆是徵收實物的,田租收穀物,戶調收布絹,但自東晉以後,漸有折收錢的趨勢。晉書卷七六王廙傳附王彪之傳言:

> (桓)溫以山陰縣折布米不時畢,郡不彈糾,上免彪之。

所謂折布米,意不甚明,或即指折布米收錢而言。又南齊書卷二六王敬則傳載齊竟陵王子良於武帝永明時上言:

> 昔晉氏初遷,江左草創,絹布所直,十倍於今,賦調多少,因時增減。永明中,官布一匹直錢一千,而民間所輸,聽為九百。漸及元嘉,物價轉賤,私貨則束直六千,官收則匹准五百,所以每欲優民,必為降落。今入官好布,匹堪百餘。(註六)

其四民所送，猶依舊制。昔為損上，今為虐下，民庶空儉，豈不由之。救民拯弊，莫過減賦。

何茲全

依竟陵王子良所述，證以王彪之傳的記載，大約自晉氏東遷，稅收中之米布即有折收錢的事實，似無可疑。所謂賦調多少，因時增減，即指政府收絹布而折收錢時隨時價減增之意。此由接述宋齊的折收標準，可以推知。宋永初中，布一匹直錢一千，政府稅收折布收錢時，一匹僅收九百。元嘉中布價下落，市價布一束直六千，政府收稅時，每匹布折收五百。折收的錢額比市價為低，因此人民本來應納一匹布的實物的，現在只納比一匹布實際價格為低的錢就夠了。政府如此，乃是為了優惠人民。可是到了齊時，物價更為下落，好布市價只賣一百餘錢一匹，而官府收稅時仍按過去的折合標準，即每匹仍按五百錢折收，所以就「昔為損上，今為虐下」。

布米折收錢的辦法，齊以前已不可考。齊時則一半收錢一半收米以為永制。僅永明四年，揚州及南徐州兩州曾一度三分二取見布，一分取錢（註七）。南齊書卷二武帝紀載：

永明四年五月……詔揚南徐二州，今年戶租三分二取見布，一分取錢。來歲以後，遠近諸州輸錢處，並減布直，匹准四百，依舊折半，以為永制。

所謂「依舊折半」之「舊」字，不知依何時為斷限。或者晉宋以來已有折半的辦法。法律上雖然規定折半徵收，實際上各地守宰多不遵守政府法令，每有多收錢或全收錢的現象。如南齊書卷四十竟陵王子良傳言：

時上（武帝）新親政，水旱不時，子良密啓請原除逋租……並陳泉鑄歲遠，類多翦鑿，江東大錢，十不一在。公家所受，必須輪郭，遂買本一千，加子七百，猶求請無地，捶革相驅。尋完者為用，既不兼兩，回復遷貿，會非委積，徒令小人每嬰困苦。且錢布相半，為制永久，或聞長宰須令輸直，進違舊科，退容姦利。

布米之外，力役亦有改收錢的趨勢。竟陵王子良言：

東郡使民，年無常限，在所相承，准令上直，每至州臺使命，切求懸急，應充猥役，必由窮困。（南齊書卷四十竟陵王子良傳）

又南齊書卷二六王敬則傳

會邊帶湖海民丁無士庶皆保塘役，敬則以功力有餘，悉評斂為錢，送臺庫以為便宜，上許之。

仝書卷七東昏侯紀：

下揚南徐二州橋桁塘埭丁，計功為直，斂取見錢，供太樂主衣雜費。

口錢亦是以錢來繳納的，南齊書卷二二豫章文獻王傳：

以穀過賤，聽民以米當口錢，優評斛一百。

又梁書卷二武帝紀中：

天監元年，大赦天下，改齊中興二年為天監元年……逋布口錢勿復收。

丁稅亦以錢繳納，南齊書卷二六王敬則傳載竟陵王子良啟言：

建元初狡虜游魂，軍用殷廣，浙東五郡丁稅一千，乃有質賣妻兒，以充此限，道路愁窮，不可聞見。

各地的牛埭稅，也是收錢，晉書卷七七孔嚴傳：

時（哀帝時）東海奕求海鹽錢塘水牛牽埭稅取錢直，帝初從之，嚴諫乃止。

又南齊書卷四六陸慧曉傳附顧憲之傳：

時西陵戍主杜元懿啟吳興無秋，會稽豐登，商旅往來，倍多常歲，西陵牛埭稅官格日三千五百，元懿即如所見，日可一倍，盈縮相兼，略計年長百萬，浦陽南北津及柳浦四埭，乞為官攝領一年，格外長四百許萬。

南朝因交換經濟發達，關市之徵成為政府財政的重要收入，北魏世宗時甄琛上表曾以南朝關鄽之稅比穀帛之輸，他說：

今偽弊相承，仍崇關鄽之稅，大魏恢博，唯受穀帛之輸。

而所謂關市征，大多都是收錢的，隋書卷二四食貨志載：

晉自過江，凡貨賣奴婢牛馬田宅，有文券，……率錢一萬，輸估四百入官，賣者三百，買者一百。無文券者，隨物所堪，亦百分收四，名為散估。歷宋齊梁陳，如此以為常。

梁書卷一十蕭穎達傳：

天監初任昉奏曰：……風聞征虜將軍臣蕭穎達啟之魚軍稅，輒攝穎達宅督彭

何茲全

難富到臺辦問，列稱尋王魚典稅，先本是鄧僧琰啓乞限今年五月十四日。主人纘這於時謂非新立，仍啓乞接代僧琰，即蒙降許登稅，與史法論一年收直五十萬。

陳書卷五高宗紀：

太建十一年十二月詔曰：……文吏姦貪，妄動科格，重以旗亭關市，稅斂繁多，不廣都內之錢，非供水衡之費，逼遏商賈，營謀自蓄。

皆指明關市各稅，都是收錢的。

以上分別說明政府稅收中收錢的稅目及有些稅調原非收錢後來折收錢的趨勢。至於錢在整個國家稅收中所佔的比數及地位如何，因為我們沒有東晉南朝任何時期的一個歲收的完備數字，故難作確切的說明。但由上面所引用的材料，亦可看出一個大概的形勢。而下述一段記錄，亦可以供我們稍作推測。宋書卷九後廢帝紀：

元徽四年，尚書右丞虞玩之表陳時事曰：天府虛散，垂三十年，江荊諸州，稅調本少，自頃以來，軍募多乏，其穀帛所入，折供文武。豫兗司徐，開口待哺，西北戎將，裸身求衣，委輸京都，益為寡薄。天府所資，唯有淮海，民荒財單，不及曩日，而國度引費，四倍元嘉。二衛臺坊人力，五不餘一，都水材官朽散，十不兩存，備豫都庫，材竹俱盡，東西二堨，甎瓦雙匱，敕令給賜，悉仰交市……昔歲奉敕，課以揚徐眾逋，凡入米穀六十萬斛，錢五千餘萬，布絹五萬匹，雜物在外，賴此相贍，故得推移。今所懸轉多，興用漸廣，深懼供奉頓闕……。

由這一段話，使我們知道元徽四年有一次追繳逋稅的事，結果獲穀六十萬斛，錢五十萬，布絹五萬匹，尚有其他雜物。元徽年間的米穀價格如何，我們不知道。第三節所引有關米價各條，非荒年即穰年，亦不可作為常年標準。前引南齊書卷二二豫章王嶷傳："以穀過賤，聽民以米當口錢，優評斛一百。"既云優評斛一百，市價尚不及一百可知。但亦必距一百不遠。時為齊太祖建元二年，上距後宋廢帝元徽四年，僅四年。故南朝物價因錢貨缺少的關係，是逐漸下跌的。元徽年間的穀價，常年以一斛一百錢作標準，大約不會太差。是米穀六十萬斛，約合錢六十萬。由宋到齊布絹價格，也是逐漸下降的。如依齊竟陵王子良所言，元嘉中布一匹約六百錢，齊永明中，布一匹最高價約為二百。元徽距永明僅十餘年，如以元徽布價匹四百錢作估計，大約亦不會太差。是布五萬匹，約合錢二千萬。由這個估計來看，錢在政府收入中的地位，約是次於米穀，高於布絹，佔到第二位了。當然這是以一次追繳逃稅的收入數字作基礎來推測，不能說政府常年稅收的比數就是如此，但我們由這裏求一點大約的情況，總還是可以的。

二、錢與政府支出：關於政府的開支，因為材料的缺乏，我們也不能作全面說明，我們只能以例証來說。政府財政支出中，有些是以錢來開支的。第一，各級政府的政費，一部分以錢來開支的。（註八）關於中央各機關的，例如宋書卷六一江夏王義恭傳載太尉司徒府的經費：

相府年給錢二千萬，它物倍此，而義恭性奢，用常不足，太祖又別給錢年千萬。

仝書卷六四何承天傳云：

太尉江夏王義恭歲給資費錢三千萬，布五萬匹，米七萬斛。義恭素奢侈，用常不足。（元嘉）二十一年，逆就尚書換明年資費。而舊制出錢二十萬，布五百匹以上，並應奏聞。（謝）元輒令議以錢二百萬給太尉。

時義恭任太尉，領司徒，錄尚書等職，兩傳所記想為仝一機關，錢數微不同。

又宋書卷四二劉穆之傳載前將軍府的歲費：

進穆之前將軍，給前將軍府年布萬匹，錢三百萬。

地方政府的例，如南齊書卷二二豫章文獻王傳：

（建元元年）以為都督荊湘雍益梁寧南北秦八州諸軍事，南蠻校尉，荊湘二州刺史，持節、侍中、將軍、開府如故。晉宋之際，刺史多不領南蠻，別以重人居之，至是有二府二州。荊州資費歲錢三千萬，布萬匹，米六萬斛，又以江湘二州米十萬斛給鎮府；湘州資費歲七百萬，布三千匹，米五萬斛；南蠻資費歲三百萬，布萬匹，綿千斤，絹一百匹，米千斛。近代莫比也。

其次，官吏的俸祿除一部分是以實物（如公田祿米）及力役（如給吏僮幹等）支付外，一部分也是以錢來開支。宋時曾有月給帝室期親及朝臣非祿官以錢之制，宋書卷六孝武帝紀云：

東晉南朝的錢幣使用與錢幣問題

何茲全

大明五年五月制，帝室期親朝臣非祿官者，月給錢十萬。

齊末三品清資官以上者給錢，南齊書卷七東昏侯紀：

永元元年正月辛卯詔，三品清資官以上應食祿者，有二親或祖父母年登七十，並給見錢。

至梁時百官俸祿咸皆給錢，梁書卷三武帝紀下：

大通元年詔曰：……百官俸祿，本有定數，前代以來，皆多評准，頃者因循，未遑改革，自今以後，可長給見錢，依時即出，勿令逋緩。

以上是關於中央官吏的，地方官吏的俸祿，一部分亦以錢支給，例如南齊書卷四八袁彖傳稱：

彖到郡（吳興），坐過用祿錢，免官，付東冶。

梁書卷一九樂藹傳附子法才傳：

（法才）出爲招遠將軍、建康令，不受俸秩，比去任，將至百金，縣曹啓輸臺庫。

又梁書卷二一王志傳。

京師有寡婦，無子，姑亡，舉債以斂，既葬而無以還之，志愍其義，以俸錢償焉。

又仝書卷二九南康王績傳：

績寡玩好，少嗜慾，居無僕妾，躬事儉約，所有租秩，悉寄天府，及薨後，府有南康國無名錢數千萬。

又仝書卷五三何遠傳：

遷始興内史……田秩俸錢，並無所取，歲暮，擇民尤窮者，充其租調，以此爲常。

又宋書卷八一劉秀之傳：

（元嘉）二十五年，除督梁南北秦三州諸軍事、寧遠將軍、西戎校尉、梁南秦二州刺史……元凶弑逆……事寧，遷使持節、督益寧二州諸軍事、寧朔將軍、益州刺史……折留俸祿二百八十萬付梁州鎮庫，此外蕭然。

官吏去職，原治地例應給以錢物，謂之送故。送故的，有實物，有人力，亦有錢。宋書卷七五王僧達傳：

兄錫罷臨海郡還，送故及俸祿百萬以上，僧達一夕令奴輩取，無復所餘。

梁書卷五三范述曾傳：

徵為游擊將軍，郡送故錢二十餘萬，述曾一無所受。

政府有所興建，材料、工價也是以錢來開支。梁書卷五三沈瑀傳：

（齊）明帝復使瑀築赤山塘，所費減材官所量數十萬，帝益善之。

少府掌管市交，與民交關（見南齊書卷五三沈憲傳）政府向市上購買物品，是以錢交易，如南齊書卷五三李珪之傳載：

（永明）四年，滎陽毛惠素為少府卿，吏才強而治事清刻，敕市銅官碧青一十二百斤供御畫，用錢六十萬。

皇帝及政府對臣民的賞賜，亦大多用錢，除前引政府賜臣民錢以維持生活諸例外，如宋書卷一〇順帝紀載：

給司空齊王錢五百萬，布五十匹。

齊國初建，給錢五百萬，布五十匹，絹十匹。

齊鬱林王即位以後，曾極意的賞賜，南齊書卷四鬱林紀云：

及即位，極意賞賜，動百數十萬。每見錢，輒曰：我昔時思汝，一文不得，今得用汝。未期年之間，世祖齋庫儲錢數億垂盡。

鬱林王對錢的恨恨，反映對錢需要的殷切。世祖齋庫錢數億，可見政府財庫中錢的數量很大了。在齊武帝時政府曾舉行一次大規模的和買，由政府出錢收買民間的貨物。武帝永明五年詔說明這次和買的動機及辦法說：

自水德將謝，喪亂彌多，師旅歲興，饑饉代有，貧室盡於課調，泉貝傾於絕域，軍國器用，動資四表，不因厥產，咸用九賦，雖有交易之名，而無潤私之實，民咨塗炭，是此之由……京師及四方出錢億萬，糴米穀絲綿之屬，其和價以優黔首，遠邦嘗市雜物，非土俗所產者，皆悉停之，必是歲賦攸宜，都邑所乏，可見直和市，勿使逋刻。（南齊書卷三武帝紀）

文獻通考卷二一市糴考二記永明六年京師及四方各州出錢和買的詳細情形稱：

永明中天下米穀布帛賤，上欲立常平倉市積為儲。六年詔出上庫錢五十貫，市

何茲全

米買絲綿紋絹布。揚州出錢十九百一十萬（原注江寧郡）南徐州二百萬（原注治京口）各於郡所市糴。南荊河州二百萬（原注壽春）市絲綿紋絹布米大麥。江州五百萬（原注尋陽）市米胡麻。荊州五百萬（原注江陵），郢州三百萬（原注江夏）皆市絹綿布米大小豆大麥胡麻。湘州二百萬（原注長沙），市米布臘。司州二百五十萬（原注義陽）西荊河州二百五十萬（原注歷陽）南兗州二百五十萬（原注廣陵）雍州五百萬（原注襄陽），市絹帛布米。使臺傳並於所在市易。

政府這一次的和買是一種經濟政策，政府能夠來執行這種政策，說明在政府的國庫中是保有大量的錢貨的。

六、錢幣問題與政府的對策

在東晉南朝二百餘年中，錢幣的使用，引起許多問題，影响所及，不知有多少人因之傾家破產，多少人因之喪失生命，歷朝君臣對此問題不知費了多少腦筋，直到陳亡，這問題未得到合理的解決。對於這一時期錢幣問題的性質及政府應付此一問題所採辦法的得失，試就作者看法，說明如下：

東晉南朝錢貨問題中的根本問題，是錢幣數量的缺乏，換言之，即籌碼不足的問題。這一點，事實表現的非常明顯，當時人亦多有此認識。如宋孝武帝孝建元年，討論錢貨問題時尚書右丞徐爰言：

> 貴貨利民，載自五政，開鑄流圜，法成九府……及時移俗易，則通變適用，是以周漢淑遷，隨世輕重，降及後代，財豐用足，因循前寶，無復改創，年歷既遠，喪亂屢經，堙焚剪毀，日月銷減，貨薄民貧，公私俱困，不有革造，將至大乏（宋書卷七五顏竣傳）

同時沈慶之也說：

> 今耕戰不用，采鑄廢久，鎔冶所資，多因成器……方今中興開運，聖化維新，雖復偃甲銷戈，而倉庫未實，公私所乏，唯錢而已。（全上）

齊高帝建元四年，討論錢貨問題時，當時與議的人亦多以"錢貨轉少是一大問題錢貨的缺乏，使民間用錢多不足數使用，如前引隋書食貨志，謂梁時自破嶺以東八十為百，江郢以上七十為百，京師以九十為百，武帝詔通用足陌。梁書卷三武帝紀下載中大同元年七月詔曰：

> 頃聞外間多用九陌錢，陌減則物貴，陌足則物賤，非錢有貴賤，是心有顛倒，至於遠方，日更滋甚，豈直國有異政，乃至家有殊俗，徒亂王制，無益民財，自今可通用足陌，令書行後百日為期，若猶有犯，男子謫運，女子質作，並同三年。

武帝不知不足陌的習慣乃因錢少而成，錢少的問題不解決，妄想以法令制止陌減的怪俗是沒有用的，所以武帝詔令，不但沒有生效，反而至於末年遂以三十五為陌了。

錢貨缺少的結果是錢貴物賤，其影响所及，遂至穀賤傷農，如絹布的價格，依前引竟陵王子良的話，由東晉到齊初，跌落十倍。而且跌落的速度是愈來愈大，由東晉初到宋永初年間，約一百年，布價無大變動，由永初到元嘉不過二三十年，布價跌落一倍，又元嘉到齊武帝永明時，約四五十年，布價又落五六倍。

不過，所謂錢貨缺少，有兩方面的意義，一是絕對的，一是相對的，絕對的缺乏是說錢貨的數量根本上就是很少的，相對的缺乏是錢貨的數量可能已經很大，但與社會需要相較，仍是供不應求，因之造成貨幣缺少的現象。嚴格的講，也可以說只有相對而無絕對，社會上假若根本無錢的需要，即全世界只有一文錢，亦是過多。

錢貨數量的多少，受錢幣的流通速度及商品價格總額來決定。換言之，在一個特定的時間內，錢幣的流通速度及商品價格的總額決定社會上對於錢幣的需要量，假若商品繼續增加，即商品價格的總額繼續增加，而貨幣的流通速度，即同一貨幣的流通次數不變或竟減少，則貨幣的需要額將繼續不斷的增加。在此種情況下，如果貨幣的絕對數量的增加，跟不上商品價格總額的增加，則社會上將繼續感覺錢幣的缺少。南朝錢幣缺少問題的意義，應從相對意義上來了解。整個東晉南朝時期是南方經濟的一個開發與繁榮過程，是交換經濟的發展的過程，由於經濟的繁榮與交換經濟的發達，加入交換的物品數量日多，故商

—25—

何兹全

品價格的總額不斷增加，而且貨幣經濟的發達，錢幣成為財富的代表，一般求利者追的目標，錢幣的儲蓄成為一般的要求和趨勢。其結果不僅使錢幣的流通次數減少，乃至根本使一部分錢幣脫離流通界。由於這兩種原因，使錢幣的需要量，要求不斷的增加。但事實上因銅的缺乏（註九）及已成錢幣的不斷破壞損失，故歷朝雖然不斷的鑄造錢幣，而錢幣相對數量始終跟不上社會上對錢幣所要求的數量。因之，在南朝錢幣使用上，便表現為錢幣缺少的現象。這樣的說明（即認為南朝錢幣缺少，非是絕對性的，乃係相對性的）在了解了南朝交換經濟的發展及一般人對錢幣的貪得追逐及儲藏的情況後，大約可以承認是無誤的。齊高帝建元四年，孔顗曾言：

貪貨相逼，勢理自然。李悝曰：糴甚貴傷民，甚賤傷農。民傷則離散，農傷則國貧。甚賤與甚貴，其傷一也。三吳國之關閫，比歲被水潦而糴不貴，是天下錢少，非穀穰賤，此不可不察也。

"是天下錢少"是一條件，但有一更基本的條件為此種現象的基礎。此種基本的條件即交換經濟的發達。交換經濟發達，使各個小地域成為非自足自給者。一地域的穀物生產量，縱因一時天災而減少，而此一地域之穀物供給量卻不一定因此地減產而減少，因別處之穀物自可大量運來。天下錢少而災地物價不貴為一事實，而此錢少而穀不貴，乃以另一事實，即交換經濟的發達為條件，尤不能不注意。南朝錢幣缺乏的相對性的理解很重要，這一事實使我們了解南北朝錢幣的缺乏，乃是社會進步性下的產物，或說是南朝社會進步性下的現象，而非社會落後性的產物或現象。換言之，南朝錢幣的缺乏，只是來說明南朝社會的進步，不能用來說明南朝社會的落後。

南朝錢幣問題中的次一問題是錢式的不一。當時人士亦有見到這一點的，如宋江夏王義恭曾言：

然頃所患，患於形式不均。（宋書卷七五顏竣傳）

齊高帝時孔顗亦言：

鑄錢之弊，在輕重屢變。（南齊書卷三七劉悛傳）

—26—

當時錢幣種類真是複雜已極。晉氏渡江有比輪、四文、沈郎錢各種，此外當還有漢魏古錢。宋時又鑄四銖二銖，私鑄又有鵝眼綖環等，梁時又鑄五銖女錢、鐵錢、四柱錢，陳時又鑄五銖大貨六銖，除去有幾種是史有明文的，如陳鑄五銖，初出一當鵝眼之十，大貨六銖一當五銖之十外，其他形式不一、輕重大小不一的各種錢幣大概都是同價使用。（註十）經濟學上有一個劣幣驅逐良幣的原則，輕重大小不同的錢幣同時使用，結果便是良幣為人們所儲藏而離開流通界，或者就被剪鑿為劣幣。前者則使流通界的錢幣數量更少，更增加錢荒，後者則使錢制更亂，南朝盜鑄之盛，就是由此產生的。

錢貨的缺乏及錢式的不統一，是東晉南朝錢貨問題中的根本問題，其他盜鑄私鑄、剪鑿取銅，都是末節，都是由這個根本問題所派生的。

錢幣問題，困到了南朝各朝的天子大臣，由東晉末桓玄起到陳梁止，政府有幾次討論錢幣問題，並籌謀對策，但由於辦法的錯誤，錢幣問題始終未得到解決。現在我們來看當時人對錢幣問題的看法，各人所提的主張和政府所採取的政策。

一、廢錢用穀帛的提議：錢幣問題的所在，既在錢少，由之物賤而傷民，同時由於銅的缺乏，無法大量增加錢幣的數量，遂有人提議根本廢錢幣而採用穀帛，以穀帛為交易媒介。桓玄時討論錢貨問題，就根本以廢錢用穀帛為主題。宋孝武帝時周朗曾提出錢幣與穀帛同時使用的辦法，主張市至千錢以還者用錢，餘皆用絹帛與米。他說：

> 農桑者實民之命，為國之本，有一不足，則禮節不興。若重之，宜罷金錢，以穀帛為賞罰。然愚民不達其權，議者好增其異。凡自淮以北，萬匹為市，從江以南，千斛為貨，亦不患其難也。今且聽市至千錢以還者用錢，餘皆用絹布及米，其不中度者坐之。如此則墾田自廣，民資必繁，盜鑄者罷，人死必息。

宋齊梁三朝元老的沈約，曾提出漸進的辦法，漸漸的以穀帛代替錢幣。他說：

> 商子事逸，末業流而浸廣。泉貨所通，非復始造之意，於是競收罕至之珍

六同别錄

何茲全

遠蓄未明之貨，明珠翠羽，無足而馳，絲罽文犀，飛不待翼。天下蕩之，咸以棄本為事。豐衍則同多稌之資，饑凶又減田家之蓄。錢雖盈尺，既不療於堯年，貝或如輪，信無救於湯世。其蠹病亦已深矣。固宜一罷錢貨，專用穀帛，使民知役生之路，非此莫由。夫千匹為貨，事難於懷璧，萬斛為市，未易於越鄉，斯可使末技自禁，游食知反。而年事推移，民與事習，或庫盈朽貫，而高廩未充，或家有藏鏹，而良疇罕闢，若事改一朝，廢而不用，交易所寄，旦夕無待，非致乎要術，而非可卒行。先宜削華止偽，還淳反古，抵璧幽峯，捐珠清壑，然後驅一世之民，反耕桑之路，使縑粟羨溢，同於水火。既而蕩滌圜法，銷鑄勿遺，立制垂統，永傳於後……（宋書卷五六孔琳之傳史臣曰）

錢幣代替穀帛作為流通手段，是社會經濟進步的結果，在社會退後的時期，錢幣可能不廢而自廢，如漢末是。但在社會經濟發展到一定時期，錢幣必然被採用，欲廢又不能。桓玄議廢錢時，孔琳曾提出反對，他說：

聖王制無用之貨，以通有用之財，既無毀敗之費，又省運置之苦，此錢所以嗣功龜貝，歷代不廢者也。穀帛為寶，本充衣食，今分以為貨，則致損甚多，又勞毀於商販之手，耗棄於割截之用，此之為弊，著於自曩。故鍾繇曰：巧偽之民，競蘊濕穀以要利，制薄絹以充資，魏世制以嚴刑，弗能禁也，是以司馬芝以為用錢非徒豐國，亦所以省刑。錢之不用，由於兵亂積久，自至於廢，有由而然，漢末是也。今既用而廢之，百姓頓亡其財。今括囊天下穀以周天下之食，或倉庾充衍，或糧靡斗儲，以相資通，則貧者仰富，致之之道，實假於錢，一朝廢之，便為棄物，是有錢無糧之民，皆坐而饑困，此斷錢之立弊也。

南朝交換經濟的發達，穀帛之不便，已絕無可能代替錢幣而作流通手段的可能。沈約所希望的"千匹為貨，事難於懷璧，萬斛為市，未易於越鄉"，以穀帛之笨重不易攜帶來阻止交換，完全是復古的妄想，絕不會實現的，因為這是違反現實的辦法，所以此種辦法雖由不少人提出，政府則始終未被採用過。

二、鑄造小錢：這是南朝政府所常採用的辦法。如宋文帝元嘉七年，即以貨重鑄四銖錢，孝武即位又鑄孝建四銖，到前廢帝時又鑄二銖錢，因為貨幣數量不

28

東晉南朝的錢幣使用與錢幣問題

足供給社會的需要，而增造新幣，本是對的，但因為銅的缺乏，而鑄小錢問題就發生了。不但未能解決錢荒問題，反而引起新的問題。新鑄的錢，重量雖不如舊錢，但政府所付與它的法價即購買力，却與舊錢完全相同。鑄幣的價值是受它本身所含的勞動價值來決定的，不能由法令來自由規定。不同重量的銅幣，硬使其有同樣的購買力，當然要有問題。採取這種政策的結果，便是盜鑄的公行，人民多剪鑿古錢以鑄小錢，私鑄的小錢又薄小不如官式，遂又造成錢幣濫惡，物價踴貴的現象。如宋文帝元嘉七年鑄四銖錢的結果：

民間頗盜鑄，多剪鑿古錢以取鑄。（宋書卷六六何尚之傳）

元嘉四銖輪郭形制與五銖同，用費損而無利，民間的盜鑄尚輕。（見前引宋書卷七五顏竣傳）孝武鑄四銖及前廢帝鑄二銖的結果更壞，如前引宋書卷七五顏竣傳記孝武時鑄四銖的結果是：錢式薄小，輪郭不成，民間盜鑄者雲起，剪鑿古錢以取銅，雖重制嚴刑，民吏官長坐死免者相係，而盜鑄彌甚。宋書卷六六何尚之傳記前廢帝鑄二銖的結果是形式細小，官錢每出，民間即模効之，而大小厚薄皆不及。

元嘉二十四年，為解決錢幣輕重大小不同，而有同等價格，因而引起的盜鑄問題，曾以錄尚書江夏王義恭的建議，改以一大錢當兩，以防剪鑿。當討論這個建議時，中領軍沈演之贊成義恭的辦法，他說：

若以大錢當兩，則國傳難朽之寶，家贏一倍之利，不俟加憲，巧源自絕，施一令而眾美兼，無興造之費，莫盛于茲矣。（宋書卷六六何尚之傳）

我們細審義恭的建議，無論就社會財產關係的立場或就錢幣本身的立場來看，都有不妥。就財產關係的立場來說，懷有大錢的人的財富，不費舉手之勞即突然增加一倍，而且平日有錢的一定是富人，無錢的多是窮人，今以此種改變，富者更富，窮者更窮，當然不妥。就錢幣的本身來講，以一當兩，雖然注意到錢幣大小不同，應有不同的價格，但仍未能注意大小錢的比價。當時通行的錢有多種，大錢何所指，並無規定。大錢的比重一定不會正好比小錢重一倍。（註十一）以大小錢同價固不妥，以大錢一當兩小錢，當然有同樣不妥。當時何尚之就以此理由反

六同別錄

對以大錢當兩的辦法，他說：

若今制遂行，富人貲貨自倍，貧者弥增其困……又錢之形式，大小多品，直云大錢則未知其格。若止於四銖五銖，則文皆古篆，既非下走所識，加或漫滅，尤難分明，公私交亂，爭訟必起。（仝上）

何茲全

在錢之形式大小多品同時並行，那是大錢那是小錢，其本身的身份資格都難評定的情況下，硬以大錢當兩，事實上的困難恐不減于以一當一。所以行之不到一年，便以公私非便而罷。

三、准許民間鑄錢：宋孝武鑄四銖錢，錢式薄小，民間盜鑄弥甚。時始興郡公沈慶之建議，開署放鑄，聽人民以鑄十輸三的辦法鑄錢，他說：

方今中興開運，聖化惟新，雖復偃甲銷戈，而倉庫未實，公私所乏，唯錢而已。愚謂宜聽民鑄錢，郡縣開置錢署，樂鑄之家皆居署內，平其雜式，去其雜偽，官斂輪郭，藏之以為永寶。去春所禁新品，一時施用，今鑄悉依此格，萬税三千，嚴檢盜鑄，并禁剪鑿，數年之間，公私豐贍，銅盡事息，奸偽自止。且禁鑄則銅轉成器，開鑄器化為財，剪華利用，於事為宜。（宋書卷七五顏竣傳）

當時錢幣問題的核心，由社會方面講，是社會上所需要的錢幣数量大，但以銅的缺少等原因，使錢幣的数量不能滿足社會的需要。由錢制本身講，則是同時通行的錢幣種類太多。關於這點前面已有說明。錢幣種類太多，其本身已是一種紊亂，加以品式大小不一，遂產出剪鑿盜鑄等問題。故欲求錢幣問題的真正解決，第一當增加錢幣数額，第二須統一錢式，欲統一錢式，最重要的條件便是統一發行，統一鑄造。西漢錢幣亦因種類多，式樣雜，人民盜鑄極盛，東漢一代即以專用五銖錢制統一，故終東漢一代，幣制穩定無有問題。准許人民私鑄，在原則上是與統一錢制相背的，必不能解決問題，何況在實行上尚有很問題。當時太宰江夏王義恭駁沈慶之的意見說：

伏見沈慶之議，聽民私鑄，樂鑄之室，皆入署居，平其準式，去其雜偽。愚謂百姓不樂與官相關，由來甚久，又多是人士，蓋不願入署。凡盜鑄為利，利在偽

—30—

雖偽雜既禁，樂入必寡。云斂取輪郭，藏為永寶。愚謂上之所貴，下必從之，百姓閒官斂輪郭，輪郭之價百倍，大小對易，誰肯為之，強之使換，則狀似逼奪。又去春所集新品，一時施用，愚謂此條在可開許。又云今鑄宜依此格，萬稅三千。又云嚴盜鑄，不得更造，夫嚴刑之設，非唯一旦，昧利犯憲，群庶常情，不患制輕，患在冒犯，今入署必萬輸三千，私鑄無十三之稅，逐利犯禁，居然不斷。又云銅盡事息，姦偽自禁。愚謂赤縣內銅非可卒盡，比及銅盡，姦偽已積。又云禁鑄則銅轉成器，開鑄則器化為財，然頃所患，患在形式不均，加以剪鑿，(闕二字)銘鍚，衆詐耳越，若止於盜鑄者，銅亦無須苦禁。(仝上)

顏竣也說：

今云開署放鑄，誠所欣同，但慮採山事絕，器用日耗，銅既減少，器亦彌貴，設器直一千，則鑄之減半，為之無利，雖令不行。又云去春所禁，一時施用，是欲使天下豐財，若細物必行，而不從公鑄，利已極深，情偽無極，私鑄剪鑿，書不可禁，五銖半兩之屬，不盈一年，必至於盡，財貨未贍，大錢已竭，數歲之間，悉為塵土，豈可令取弊之道，基於皇代。(仝上)

義恭和顏竣所指出的都是事實問題，前廢帝時實行私鑄的結果，果然是錢式細薄，至一千錢長不盈三寸，入水不沈，隨手破碎，甚至數十萬錢不盈一掬，斗米一萬，商貨不行了。開放不久，就又禁止。梁武帝天監年間，也曾開鑄，准許民間私鑄錢，但結果也僅只造成幣制紊亂而已。(註十二)

四、專用五銖增鑄幣額的建議：如前所述，南朝錢幣問題之所以發生，乃由於錢少及錢式不一，錢少故貨貴而物賤，引起許多社會問題，經濟問題，財政問題，錢式不一，故錢制終不得安定，錢幣本身永遠在剪鑿盜鑄破碎的循環中，更損失良幣的數額，轉而加劇錢少的恐慌。要徹底解決錢幣問題，只有從這兩點上想辦法，最能把握此錢幣問題的中心，而提出解決辦法的，只有一個孔顗，他所提出的主張是要專用五銖，其他錢幣一概停止使用。他認為五銖錢是由漢以來經過幾百年的經驗，客觀上所決擇下來的不輕不重最合用的錢式，並主張增鑄錢額以應社會的需要，他提出主張的時期是齊高帝時，可惜因高帝的死，未能實

六同别録

何茲全

據南齊書卷三七劉悛傳記齊高帝擬改革錢幣的經過說：

宋代太祖輔政，有意欲鑄錢，以禪讓之際，未及施行。建元四年，奉朝請孔顗鑄錢均貨議，辭證甚博，其略以為，食貨相通，事理自然。李悝云，糴甚貴傷民，甚賤傷農，民傷則離散，農傷則國貧，甚賤與甚貴，其傷一也。三吳國之關閫，比歲被水潦而糴不貴，是天下錢少，非穀穰賤，此不可不察也。鑄錢之弊，在輕重屢變，重錢患難用，而難用為累輕，輕錢弊盜鑄，而盜鑄為禍深，民所盜鑄，嚴法不禁者，由上鑄錢惜銅愛工也，惜銅愛工者，謂錢無用之器，以通交易，務令輕而數多，使省工而易成，不詳慮其為患也。自漢鑄五銖錢，至宋文帝五百餘年，制度世有廢興，而不變五銖錢者，明其輕重可法，得貨之宜。以為宜開置泉府，方牧貢金，大興鎔鑄，錢重五銖，一依漢法，府庫已實，國用有儲，乃量俸祿，薄賦稅，則家給民足。頃盜鑄新錢者，皆效作剪鑿，不鑄大錢也，摩澤淄染，始皆類故，交易之後，渝變還新，良民弗皆淄染，不復行矣。所鬻賣者，皆徒失其物。盜鑄者復賤買新錢，淄染更用，反覆生詐，循環起姦，此明主尤所宜禁而不可長也。若官鑄已布於民，使嚴斷剪鑿，小輕破缺無周郭者，悉不得行，稱合銖兩，銷以為大。利貧良之民，塞奸巧之路，錢貨既均，遠近若一，百姓樂業，市道無爭，衣食滋殖矣。時議者多以錢貨轉少，宜更廣鑄，重其銖兩，以防民姦。太祖使諸州郡大市銅炭，會晏駕，事寢。

"是天下錢少""鑄錢之弊，在輕重屢變"，都是高明遠闊之見，把握着了錢幣問題的核心。所提"大興鎔鑄"以解決錢荒，"錢重五銖一依漢法""嚴斷剪鑿，小輕破缺無周郭者悉不得行，官錢細小者，稱合銖兩，銷以為大"，以解決錢式不通一之弊，也是極正確的辦法。錢式統一於五銖，實是解決錢幣問題的最好辦法。陳文帝年間，即以改鑄五銖錢，錢幣問題得到短時的安定，一二十年中沒有發生過問題。

南朝人士對錢幣問題的認識及政府的對策，大體如上所述。此外梁武帝時曾以銅少難得，改鑄鐵錢，鐵雖易得，卻不適於作貨幣使用，使用的結果並不好，以見前引，茲不多論。

七、結論

—32—

總上所述，我們可以簡單的寫出一個結論，即南朝的錢幣使用已經非常活潑，在公私經濟生活中，錢貨均佔重要地位。錢的使用雖然尚未能完全把穀帛的使用排除於交換手段之外，但這只是由於南朝廣大的地域中的各地經濟未能平衡的發展所致。直到現在西南各地少數民族所居的各地，經濟生活仍然非常的落後，也由之我們不能以這些地帶的經濟情況為標準，來衡量近代中國的經濟一樣，我們也同樣不能以這些落後地帶來衡量南朝的經濟生活。要把南朝看成一個自然經濟的時代，大概是不妥的。西人類經濟史，要不過是一部城市與農村的對立發展史。中國東漢以下的中古社會經濟，大體上雖然可以羅馬末年日耳曼人入侵後的歐洲中古社會相比，但以彼此所承繼的前代的遺產不同，在內容上是必然有差異的。最明顯的便是農業生產技術，中國較羅馬為高，而都市交換經濟的破壞，中國較歐洲為輕。生產技術高及城市破壞輕，使中國沒有退步到農村支配城市，農業生產支配一切的地步，因之在中國便沒有完全以自足自給經濟為基礎的完整的封建制度出現。但南朝錢幣經濟的發達，並無傷於南朝整個經濟的中古性。這一點說來話長，當另作討論。

民國三十四年六月脫稿於李莊

（註一）南齊書卷三七劉悛傳：太祖使諸州郡大市銅炭，會晏駕，事寢。

（註二）南齊書卷三七劉悛傳：永明八年，悛啓世祖曰：南廣郡界蒙山，下有城名蒙城，可二頃地，有燒爐四所，高一丈，廣一丈五尺。從蒙城渡水南百許步，平地掘深二尺，得銅。又有古掘銅坑，深二丈，並居處猶存。鄧通，安南人，漢文帝賜嚴道縣銅山鑄錢，今蒙山近青衣水南，青衣在側，并是故秦之嚴道地。青水縣又改名漢嘉。且蒙山去南安二百里，案此必是通所鑄。近喚蒙山獠出云甚可經略。此議若立，潤利無極。并獻蒙山銅一片，又銅石一片，平州鐵刀一口。上從之，遣使入蜀鑄錢，得錢十餘萬，功費多乃止。

（註三）梁書卷六敬帝紀：太平二年四月己卯，鑄四柱錢，一准二十。壬辰，改四柱錢一准十。丙申，復閉細錢。

（註四）陳書卷三世祖紀：天嘉三年二月甲子，改鑄五銖錢。仝書卷五高宗紀：太建十一年七月辛卯，初用大貨六銖錢。

（註五）友人全漢昇"中古自然經濟"一文，（載本所集刊第十冊第一分）實近年來

—33—

東晉南朝的錢幣使用與錢幣問題

何茲全

研究中國中古社會經濟的一篇精審之作。但就東晋南朝錢幣使用的發達一點上，和作者意見頗有不同。除正文所引王玄謨傳各條外，該文曾舉南齊書卷四一張融傳："宋孝武起新安寺，僚佐多儭錢帛，融獨儭百錢。"是用來營建佛寺；及宋書卷九二徐豁傳："（元嘉）五年，……卒，……太祖下詔曰：可賜錢十萬，布百匹，以營葬事。"是用來支付喪費用的，以證南朝是以實物爲貨幣。按前一例所記是捐獻，凡捐獻則不限於貨幣，此等例甚多，似不能以此證"帛"作貨幣使用。後一例所載以錢布贈死者營喪事，布不一定是用作貨幣而支付，即至今日凡有喪事時布帛仍是主要用品。晋書卷七三庾冰傳："冰臨卒，謂長史江虨曰：吾將逝矣……死之日，斂以時服，無以官物也。及卒，無絹爲衾。"又同書卷七四桓彝傳附子沖傳："（桓）溫薨，……時詔賻溫錢布漆臘等物，而不及大斂，沖上疏陳溫素懷，每存清儉，且私物足舉凶事，求還官庫。"陳書卷二四周弘正傳附弟弘直傳："弘直遇疾，且卒，乃遺書敕其家曰：……棺内唯安白布手巾麤香爐而已，其外一無所用。"皆足證布帛直接用於喪事，不作貨幣支出。布帛如不直接用於喪事，亦可能賣出得錢營護喪事。如三國志吳志卷一一朱桓傳："赤烏元年（桓）卒，……家無餘財，（孫）權賜鹽五千斛，以周喪事。"鹽不能作貨幣用極顯然，喪時賜布大約與賜鹽同意，蓋國庫中什麽品物儲存多，便以之賜與，得者自可賣出以換得所需之錢幣營護喪事也。

（註六）竟陵王子良上啓上段曾有"頃錢貴物賤，殆欲兼倍……今機杼勤苦，匹裁三百"句，此處又言"入官好布，匹堪百餘"，未知孰是。

（註七）武帝紀"戶租三分二取見布，一分取錢"，竟陵王子良本傳則作"詔折租布二分取錢"，取布錢的比數既不同，"戶租""租布"用辭亦不同。布錢比數由當日政府需錢之殷切，及武帝紀下文"來歲并減布直，匹准四百，依舊新制"觀之，大約皆爲"戶調""田租"之合稱。戶租者，戶調田租之謂也。租布者，田租戶布之謂也。因戶調收布，故戶調亦可稱"戶布"。

（註八）有人看了布帛作政府機關的資費，或者又會懷疑這些布要有貨幣的資格，政府機關可以用以購買物品。這種懷疑將是多餘。政府機關的布帛，主要的用處，大概是用來製作軍人的袍襖等。如晋書卷七九謝尚傳："尚初爲建武將軍、歷陽太守，轉江夏義陽隨三郡軍事、江夏相，將軍如故。……始到官，郡府以布四十匹爲尚造烏布帳，尚壞之以爲軍士襦袴。"又梁書卷五六侯景傳："景既據壽春，遂懷反叛，

—34—

……啓求錦萬匹為軍人袍，領軍朱异議以御府錦署止充頒賞遠近，不容以供邊城戎服，請送青布以給之，景得布悉用為袍衫，因尚青色。宋書卷五九孔琳之傳載孔琳之的一段議話更為明白，他說："昔事故饑荒，米穀綿絹皆貴，其後米價登復，而絹于今一倍，綿絹既貴，蠶桑者滋，雖勤兼倍，而貴猶不息。愚謂致此，良有其由。昔事故之前，軍器正用鎧而已，至於袍襖裲襠，必俟戰陣，實在庫藏，永無損毀。今儀從直衛及邀羅使命，有防衛送迎，悉用袍襖之屬，非謂一府，眾軍皆然。綿帛易敗，勢不久支，又晝以禦寒，夜以寢卧，曾未經年，便自敗裂，每絲縣登新，易折租以市，又諸府競收，熟(疑動字之誤)有十萬，積費不已，實由於斯。私服為之難貴，官庫為之空盡。愚謂若侍衛所需，固不可廢，其餘則依舊有鎧，小小使命迎送之屬，止宜給仗，不煩鎧袯。用之既簡，則其價自降。"我們由"易折租以市"及"官庫為之空盡"等語中，可以了解袍襖等項對於布帛的消費必不在少數。布帛既是財貨，當然可以出賣，如政府機關須要錢用時，自然也可以把多餘的布帛賣出。晉書卷六五王導傳言："(成帝)時帑藏空竭，庫中惟有練千端，鬻之不售，而國用不給，導患之，乃與朝賢俱製練布單衣，於是士人翕然競服之，練遂踊貴，乃令主者出賣，端至一金。"假如要以布帛換取别的物品，大約都須經此賣出的手續。

(註九)南朝銅的缺少，參看本所集刊第十本第一分全漢昇先生著之中古自然經濟第八三——八五頁。

(註十)宋書卷六六何尚之傳："先是患貨重，鑄四銖錢，民間多盜鑄，多翦鑿大錢以取銅，上患之。(元嘉)二十四年，錄尚書江夏王義恭建議以一大錢當兩，以防翦鑿。"則不當兩時，輕重錢同價甚為明顯。又竟陵王子良言："江東大錢十不一在，公家所受，必須輪郭，遂買本一千加子七百……尋完者為用，既不兼兩，徒令小人每嬰困苦。"亦說明大小錢同值。

(註十一)大小錢之分，如依註十何尚之傳觀之，似大錢謂元嘉以前之古錢，小錢則指元嘉七年鑄之四銖錢。元嘉以前之古錢，大者就是五銖及比輪，依古今錢略，比輪亦為五銖，五銖與四銖不差一倍甚明。

(註十二)洪遵泉志卷二："顧烜曰：天監元年鑄公式女錢，徑一寸，文曰五銖，稱兩如

六同别録

新五銖、但邊無輪郭、未行用、又聽民間私鑄、以一萬二千易取上庫古錢一萬。以此爲率、普通三年始興新鑄五銖、並行用、斷民間私鑄。”

何兹全

—36—

廣平淀續考

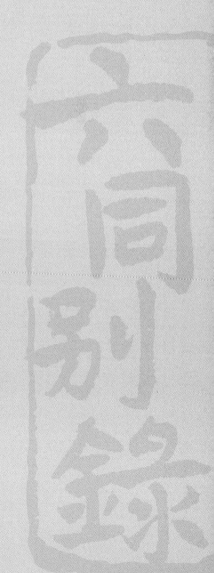

傅樂煥

導 讀

孫玉文

學術背景

在《廣平淀續考》寫作之前，傅樂焕發表了《遼代四時捺鉢考五篇》，包括《春水秋山考》《廣平淀考》《四時捺鉢總論》《遼史游幸表證補》《論遼史天祚帝紀來源》。他的研究以遼帝春水、秋山等行迹爲主綫，全面考察遼帝行迹所至的主要地名和四時捺鉢制度，是研究遼帝捺鉢的奠基之作。《廣平淀續考》則是繼《遼代四時捺鉢考五篇》而作，聚焦于冬捺鉢所在地廣平淀這一關鍵地理點，通過語言學與歷史學相結合的跨學科方法，對廣平淀的异名源流、地理方位、政治功能展開深度考辨。這一研究繼承清代乾嘉學派“因聲求義”的考據傳統，融入了現代語言學知識，研究了契丹語與漢語的語言接觸，體現了作者將傳統小學方法與現代史學問題意識相結合的學術追求。

學術評議

《廣平淀續考》看起來是一個很小的研究課題，實則是值得研究的大題目，研究遼史必須知道廣平淀。這是遼的四捺鉢之一，在遼的永州境内，位于遼河上游今内蒙古翁牛特旗西拉木倫河和老哈河的合流處。此地冬季較温暖，遼主常駐此跟大臣商議國事、校獵講武、接見各國使臣。捺鉢，是契丹語的譯音詞，又譯作納拔、納鉢、納寶、剌鉢等，指遼帝的行營。遼帝保持其先人游牧生活的一些習慣，皇帝四時各有行在之所，叫捺鉢，又叫四時捺鉢，廣平淀是爲遼冬捺鉢所在地。

《廣平淀續考》共分三節，對廣平淀多種异名的得名由來進行探討。

（一）廣平淀與藕絲淀。論證“廣平淀”的結構應爲“廣｜平淀”，而不是“廣平｜淀”，指寬大之平淀，由此形成專名。理由是：在《遼史》中，“平淀”經常連用，共有4處，組成黑山平淀、黑河平淀、遼河平淀、長春州北境之平淀等説法。其中，黑山平淀、黑河平淀所指相同，實有三平淀，“以上三平淀悉在河流之旁，可知所謂平淀者，爲專指河旁平地之詞”。

“平淀”簡稱爲“淀”，有時寫作“甸”，偶爾寫作“澱”。作者“疑原用‘甸’字，後以北人居止之處，悉在水旁，乃用‘淀’字，而‘淀’之本義轉失去”。爲了證成此推測，他引用了宋彭汝礪《廣平淀》詩及其《詩序》：“謂虜地險阻，至此始廣大平易云。”傅氏没有將“澱”字作爲“平淀”的“淀”的來歷，是很正確的，因爲“澱”本義是沉積的泥滓、灰滓。

“藕絲淀”是“廣平淀”的另一個名稱，“藕絲”是契丹語的音譯，指“寬大”，“藕絲淀”跟“廣平淀”同義。“淀”不是指水淀，指的是水旁平地。他據《遼史》證明，“阿斯”是“寬大”義，又作“阿思”。“藕絲淀”既然是廣平淀，“藕絲”跟“阿斯（思）”屬“同音异譯”，是“藕絲淀”，“實契丹本名，廣平淀則其譯稱也”。據此，作者還對幾個契丹人名之得名提出自己的看法。《遼史》多處記載契丹人名“偶思”“阿思”，日本學者白鳥庫吉撰文《東胡民族考》，試圖據通古斯語族跟“阿思”的音近關係作出另外的解釋，傅氏則根據《遼史》的“阿斯、阿思”漢義，證明契丹人名“偶思”“阿思”當得名于“寬大”，可備一說。

傅氏此説有一定的參考價值，但不是定論。他據《遼史》用“平淀”一詞證明“廣平淀”的結構應爲“廣｜平淀”，而不是“廣平｜淀”，指寬大之平淀。但《遼史》的這個用法不足以證明“廣平淀”要理解爲“廣｜平淀”，而且此説跟後面所引宋彭汝礪《廣平淀詩序》“謂虜地險阻，至此始廣大平易云”不一致，據《詩序》，顯然是“廣平”先組成結構，然後跟“甸”結合。《廣平甸》詩首聯是：“四更起趁廣平朝，上下沙陀道路遥。”也是“廣平”在一起説，但是傅氏没有對此作出解釋。

傅氏説“淀”在宋代寫作“甸”，但是他承認：“宋人記載中所見之廣平淀，均指此一廣平淀也。”可見宋人已有寫作“淀”的。對比起來，如果原作“甸”，後作“淀”，“甸”不專指水旁之平地，爲什麼上述三淀都在河旁呢？這是認定原作“甸”的説法不容易解釋清楚的。“淀”本是魏晋時期幽州一帶出現的方言詞，指淺水的湖泊，後來逐步擴大使用區域。這個“淀”完全可以發展出“水邊平地”義。“淀”很早就寫作“澱”，這是假借用法，仍然指淺水的湖泊，《文選・郭璞〈江賦〉》：“栫澱爲涔，夾潦羅筌。”李善注：“劉淵林《吴都賦》注曰：‘淀，如淵而淺。’澱與淀古字通。”北魏酈道元《水經注·汶水》：“汶水又西合一水，西南入茂都澱。澱，陂水之异名也。”引申指供牧馬的水草地。南宋初年吕頤浩《上邊事善後十策·論舉兵之時》：“臣在河北、陝西緣邊，備見金人風俗，每于逐年四月初，盡括官私戰馬，逐水草放牧，號曰入澱。”原注：“澱乃不耕之地，美水草去處，其地虚凉宜馬。”黑山平淀、黑河平淀、遼河平淀、春州北平淀的“淀”完全可以拿這個意義來解釋。

《遼史·國語解》中的“阿斯，實大也”，傅氏説：“‘實大’不辭，乃‘寬大’之誤。”這没有版本上的可靠依據，“實大”不能説是“不辭”。

（二）中會川。這也是廣平淀的别名，此節論證作者以前以爲“川”指河流之説不準確，“川”應該指平地、平川。“中會川”得名于廣平淀一帶處于兩條河流匯合之處的平地。理由是：據《遼史》等材料，塞北地名，凡是説“某某川”者，“謂某處之平地，無一爲河流名稱”。這是很有道理的意見。

（三）長寧淀、王子城、永州。論證《遼史》中的“長寧淀”即廣平淀，名“長寧”，取其地爲長寧縣所轄；王子城在遼代所置的永州境内，王子城即永州的别名，因遼景宗耶律賢第三子藥師奴下葬地在永州而得名。

此文表明傅樂焕從事史學研究重視傳統小學的基礎作用，這是一種實事求是的研究，對遼史、漢語與契丹語的語言接觸的研究和漢語辭書編纂都有參考價值。

學術價值

此文通過系統考辨《遼史》《契丹國志》等核心文獻，結合《武經總要》《水經注》的水文記載，將遼代春捺鉢核心區“廣平淀”精準定位爲今内蒙古赤峰市西拉木倫河與老哈河交匯的甸子地帶，揭示該地兼具漁獵資源腹地與南北交通樞紐的雙重功能，爲重構遼帝四時捺鉢制度的空間布局奠定了實證基礎。更爲重要的是，傅樂焕深入挖掘廣平淀的政治文化意涵，他指出，這片水域不僅是舉行捺鉢儀典之地，更是契丹統治者構建權力合法性的“象徵”：通過周期性的巡幸活動，既以游牧傳統凝聚各部族，又借助地理優勢控扼漢地農耕區，從而在空間實踐中實現“因俗而治”的統治智慧。這種將自然地理與政治生態互滲的闡釋路徑，直接推動了學界對捺鉢制度“儀式—治理”雙重屬性的重新審視。文章以微觀地名爲視角，勾連捺鉢制度運作、南北物資流通、游牧—農耕文明互動等宏觀命題，展現了遼代“二元一體”國家治理的結構性特徵。

集刊外編第三種

廣平淀續攷

傅樂煥

曩攷遼代四時捺鉢，知其冬季捺鉢所在之廣平淀，別有「藕絲淀」「中會川」「長寧淀」「靴淀」諸稱，頗訝其異名過多，因疑此數名或爲各具意義，各指潢土二河合流點附近平原上某一特點之稱（見拙撰廣平淀攷，載本所集刊十本二分）。比更攷之，始知數者均非定名。「藕絲」者，契丹語寬大之稱，「藕絲淀」猶言寬大之平地，「廣平淀」乃「藕絲淀」之譯語，「中會川」謂潢土二河會流處之平原，「長寧淀」則謂長寧縣之淀也（靴淀意義尚不能詳）。今將諸名來源，攷釋於下，用補前文之未備。

（一）廣平淀與藕絲淀

廣平淀應讀曰「廣」「平淀」，「平淀」自成一名詞，遼史中習見之，如：

（一）穆宗紀，應曆十五年十二月，駐蹕黑山平淀。

（二）〃　應曆十六年，是冬，駐蹕黑山平淀。

（三）〃　應曆十七年，是冬，駐蹕黑河平淀。

（四）聖宗紀，統和元年，三月，甲子，駐蹕遼河之平淀。

（五）興宗紀，重熙七年九月丁未，駐蹕平淀，冬十月甲子，朔，渡遼河。

（六）道宗紀，咸雍三年三月辛卯，駐蹕春州北淀。

（七）〃　大安十年四月甲辰，駐蹕春州北平淀。

歸納上引諸例，以「平淀」稱者，凡有四處：（一）黑山平淀，（二）黑河平淀，（三）遼河平淀，（四）長春州北境之平淀。按黑河發源黑山下，故「黑山平淀」與「黑河平淀」所指實爲一地，即此平淀在黑山之下，黑河之旁。又據地志，春州本就鴨子河春獵之地而置，其東北境復有「鴨子河濼」，則春州北之平淀亦自在鴨子河畔。然則以上三平淀悉在河流之旁，可知所謂平淀者，爲專指河旁平地之詞。

平淀通簡稱曰「淀」（或別寫作「甸」，偶亦作「殿」），上舉第六項之春州北淀，即第七項春州北

六同別録

傅樂煥

平淀之簡稱，遍檢遼史（金元二史同）以淀爲稱之地殆不勝舉，蓋塞北多山多沙，唯河旁湖畔地平土沃，水草豐美，始宜牧宜居也。三朝北盟會編（一七六）紹興七年正月呂頤浩奏對十論劄子，其三論舉兵之時云：

臣在河北、陝西沿邊，備見虜人風俗，每於逐年四月，盡括官私戰馬，逐水草牧放，號曰入淀（原注：淀乃不耕之地，美水草之處，其地虛曠宜馬），入淀之後，禁人乘騎，八月末，各令取馬出淀，飼之粟豆，准備戰鬭。

按四月（應作五月）至八月爲一般北方民族避暑之期，不僅專爲放馬始行入淀，又北人依淀而居，亦不僅以四月八月爲限，呂氏所云殆未盡當，惟據此條所記，「淀」之意義可得而明。（淀字在漢地本以指湖泊之屬，文選左思魏都賦「掘鯉之淀」注云「淀，泉而淺者」是也。然在遼金元三史中，則均以指平地，絶無例外，疑原用甸字，後以北人居止之處悉在水旁，乃用淀字，而淀之本義轉失去）

平淀既爲一通用地理名詞，故廣平淀猶言寬大之平淀，初非專名。宋彭汝礪鄱陽詩集（八）廣平甸詩序云：

謂虜地險阻，至此始廣大平易云。

亦尚能道其本義，然沿用既久，漸具專義，宋人記載中所見之廣平淀，均指此一廣平淀也。元耶律鑄雙溪醉隱集（四）寬甸有感詩序云：

和林城有遼碑，號和林北河外一舍地爲寬甸，廣輪可數十百里，列聖春夏所遊幸也。

此寬甸則另一廣平淀也。

遼史（三一）營衛志宮衛門記道宗之宮即斡魯朶曰：

阿思斡魯朶，道宗置，是爲「太和宮」，寬大曰「阿思」。

遼史（一一六）國語解「阿斯」條（按即解釋營衛志「阿思」條者）：

「阿斯」，貲大也。

「貲大」不辭，乃「寬大」之誤，觀道宗宮名譯稱「太和」可知。是契丹語稱寬大曰「阿思」（阿斯），廣平淀又稱藕絲淀，「藕絲」「阿思」同音異譯，無可置疑。然則藕絲淀實契丹本名，廣平淀則其譯稱也。

－2－

遼史(七三)耶律曷魯傳「父偶思」，又(七五)耶律覿烈傳「父偶思」，又(九五)有耶律阿思傳，此「偶思」譯稱「係「阿思」與「阿斯」，自皆從一語譯來。是此語在當時尚通用，故取爲名者尚多。日本白鳥庫吉撰東胡民族考，嘗論「阿思」之語源曰：(史學雜誌二十三編第十一號)

紫通古斯語族中之 Gold 語稱多曰 agdi，Olča 語稱大曰 igdę，Oroc 語曰 okdi，Constantinowsk 邊之 Oroč 語曰 okdy，Bargusin 語曰 okdi，Cástrēn 氏之通古斯語曰 ägdi，ägdi，Anadyr 語曰 ögdän，Ochozk 語曰 egdén。依 Klaproth 氏 Ochozk 語曰 egžán，Lamut 語曰 ögžón，Manägir 語曰 ygdingá，Udskoye 語曰 ygdigö……(中略)……契丹之阿思當爲 agdi，ägdi 之對音，經譯訛爲 addi，äddi 之音譯。

今按，白鳥引證諸語，與上攷所得全不相合，其論不足取也。(白鳥別有攷「阿骨只」一條，上引諸語與「阿骨只」切合，應改次阿骨只條下。)

(二) 中會川

「中會川」，余前誤認爲河流名稱，後悉遼史中(金元史亦同)川字不指河流，而代表平地，凡云某某川者，謂某處之平地，無一爲河流名稱(此以塞北地名爲限)。如近年出土遼道宗哀冊文云「壽昌七年正月甲戌(上)崩於韶陽川行在所」，按「韶陽」爲長春州軍號，韶陽川即謂長春州境之平地也。(道宗紀云「壽隆(昌)七年正月癸亥，如混同江。甲戌，上崩於行宮。」長春州本濱混同江，道宗實崩長春州境混同江畔，兩者似異實同。)又聖宗紀云「統和二年二月，觀獵於饒樂川」，按遼饒州本唐饒樂府地，故饒樂川即饒州之平地。又云「統和元年九月丙子，如老翁川」，據地志，慶州有老翁嶺，老翁川自即老翁嶺下之地。又云「開泰七年九月，駐蹕土河川」，土河川亦即土河旁之地也。此中之川字，原當爲「平川」，蓋謂某處之平川，然沿用既久，遂稱曰某某川。今日吾人徒見川字，誤以爲山川之川耳。遼史中尚保存平川之記載數處，如遼本紀「太平四年九月，射鹿於平川」，「太平五年八月，獵於撻州北山，射鬼於平川」，「重熙十四年九月，獵於平川」。

川字之意義既經確定，則廣平淀何以稱中會川，已不難索解，即謂潢土二河合流處附近之平原也。

(三)長寧淀 王子城 永州

六同别錄

傅樂煥

遼史聖宗紀：

太平十年冬十月，駐蹕長寧淀。

又興宗紀：

重熙四年九月乙酉，駐蹕長寧淀。

凡兩見「長寧淀」名，長寧淀所在不詳，惟地理志云「永州永昌軍，轄縣三，一長寧」，余前以遼帝駐在長寧淀時期均在冬月，與駐廣平淀之時同，而永州倚郭之縣又名長寧，疑長寧淀亦指廣平淀一帶，然未敢確信也。今按據上文所考，知廣平淀中會川必非定名，則淀以縣稱，事甚自然，長寧淀即廣平淀實無可疑。又按興宗紀「重熙四年九月，駐蹕長寧淀」條下繼載云：

十月如王子城。

「王子城」名遼史僅此一見，此外又見「王子院」兩條：

聖宗紀開泰元年正月甲申，駐蹕王子院。戊子，獵於買曷魯林。庚寅，祠木葉山。

皇子表景宗子藥師奴，第四，早卒，葬王子院。

此王子院與王子城爲一地兩地，姑置弗論，茲先試考王子院之究竟。據開泰四年條，聖宗於正月甲申駐王子院，(後四日)戊子，獵買曷魯林，(後八日)庚寅，祠木葉山。買曷魯林所在不詳，木葉山在永州，則王子院當在永州境內，或去永州不遠。據皇子表一條，王子院爲景宗子藥師奴之葬地，故景宗紀云：

乾亨三年三月乙卯，皇子韓八卒，葬潢土二河之間，置永州。

又地理志永州條：

太祖於此置南樓……(景宗)乾亨三年，置州於皇子韓八墓側，東潢河，南土河，二水合流，故號永州。

韓八即藥師奴(據皇子表，景宗四子，長聖宗，隆慶(普賢奴)第二，隆祐(高七)第三，藥師奴第四。隆慶隆祐均卒於聖宗時，故韓八即藥師奴)。是知永州乃就藥師奴葬所建置。其葬所稱曰王子院，則所置州城時人必有呼曰「王子城」者，此就遼人命名之習慣可以推知。故余謂王子城乃永州之別名，興宗重熙四年九月駐蹕廣平淀，十月就近一幸永州也。

—4—

總括本文及前攷所述，可作如下之結語曰：今熱河省潢河、土河合流點附近之大平原，地勢坦夷，薪水易得，兼以多沙天暖，實為北人之絕好冬季屯駐所。遼自太祖時，即以為四樓之一（樓即捺鉢，宋劉跂詠遼景物詩云：「歲歲作樓居」可證），自後仍為諸帝之冬季駐所。其地原無名稱，時人漫呼曰「大平地」（「藕絲淀」），史官記錄，或還記其音曰「藕絲淀」，或譯書曰「廣平淀」，或以地處兩河之間，書曰「中會川」，或取所在縣名，稱曰「長寧淀」。景宗時嘗於其地置永州，然遼諸帝固未駐蹕州城之內，故史中希見駐蹕永州之記載。

劉綎征東考

王崇武

導　讀

孫玉文

學術背景

1937年全面抗戰爆發後，中研院史語所南遷昆明，有些學者着力挖掘歷史上抵禦外侮的實證資源。王崇武參與史語所“明清檔案整理計劃”，在系統梳理清代邊務奏摺過程中，注意到萬曆朝鮮之役。研究契機直接源于1939年北平圖書館南運典籍的重新整理。王崇武在昆明龍泉鎮工作站接觸到朝鮮王朝影印文獻，特別是《宣祖實録》中大量未刊的明軍作戰記録，補充了傳統正史中忽視的部分。朝鮮半島在1910年被日本佔領，直至1945年才擺脱日本帝國的統治。王崇武寫這篇文章時，朝鮮半島仍處于日本軍國主義的奴役之下。彼時日本“東亞協同體”論甚囂塵上，京都學派正構建“豐臣征韓合理論”，王崇武敏鋭意識到必須從史料根源打破戰爭話語壟斷。1941年他通過中英庚款委員會渠道，獲得牛津大學漢學家蘇慧廉（W. E. Soothill）協助，比對了藏于大英博物館的《兩朝平攘録》萬曆刻本與《明實録》的文本差异，這種跨越重慶、倫敦、漢城（今首爾）的史料比對，使研究突破戰時文獻匱乏的困境。

此文完稿時，正值鄂西會戰關鍵階段，文章刻意强調劉綎“海路制勝”的戰略價值，體現出戰時史學“以考據爲刃”的獨特抗争形態。

學術評議

王氏寫《劉綎征東考》時，正處于抗日戰争期間，因此此文可算是“有爲而作”，在當時有積極意義。

劉綎是明朝著名抗倭將領，他于明萬曆二十年（1592）和萬曆二十六年（1598）抗倭援朝，大敗日軍，《明史·劉綎傳》有記載。《劉綎征東考》的“征東”即指這兩次抗倭援朝之事。王崇武在閲讀《明史》時，感到這兩次抗倭援朝是中日朝歷史上的一件大事，但《明史》記載有缺失，需要繼續研究。此文最成功的地方在于利用朝鮮宣祖李昖（1552—1608）朝的《實録》及其他相關中日朝同期或略後的一些史料所載跟《明史》對勘，發現跟《劉綎傳》所載有同有异，對《明史》所載有所補正。

論文分四節：

（一）《明史·劉綎傳》。明神宗時在朝鮮征倭，此爲瞭解當時中朝日關係史上的一件大事，但古書記載有疏略之處，一些征倭將領在《明史》中没有專門立傳，衹略見于《朝鮮傳》。劉綎是征倭的重要將領，而《明史·劉綎傳》對他征倭的功績衹是連帶提及，致對他及史事的瞭解頗顯不足。于是此文詳列《劉綎傳》的相關内容，介紹《劉綎傳》對劉氏兩次抗倭援朝記載的大致内容，顯示《劉綎傳》記載不詳，也有不實，爲後文的論述張本。

（二）第一次出征。王崇武看出《明史・劉綎傳》對劉氏第一次征倭的記載跟其他記載有差别，需要考實。于是詳引朝鮮李昖朝《實録》的相關内容，參以中日其他文獻記載，比照《明史・劉綎傳》記載的异同，看出《劉綎傳》的記載有不詳、不實之處，得出劉綎第一次駐朝期間，并没有在征倭上取得勛績，《劉綎傳》説劉氏第一次征倭時迫敵南退，阻其北侵之説爲誇大之詞，對《劉綎傳》在第一次征東中的相關記載做補充、修正。

（三）第二次出征。詳引朝鮮宣祖《實録》及其他古書的相關内容，證明在第二次征倭之先，日本撤兵的原因是源于豐臣秀吉之死，已有撤軍的準備；劉綎在征倭中有失誤之處，跟《劉綎傳》記載不同。後來劉綎四路進兵，《明史》極力炫耀其戰績，“實則除水路以外，皆無功”，并引《實録》《朝鮮中興志》等書對《劉綎傳》在第二次征東中的相關記載做補充、修正，證明上述結論。此節考證的材料較多，因此補充、修正之處不少。

（四）邢玠、萬世德戰功考實。邢玠、萬世德都是明朝後期重臣，他們在第二次征東中率衆抗倭援朝，邢玠是這次行動的主帥，對他們的戰功，明清一些記載不無誇大之詞，此文均按朝鮮《實録》加以修正，希望恢復歷史的本來面目，比較有説服力。

《劉綎征東考》不囿于《明史・劉綎傳》及相關記載，聯繫海内外多種反映明朝兩次抗倭援朝的材料，尤其是朝鮮宣祖李昖朝的《實録》進行比勘，探求史實真相，研究方法有新穎、獨到之處，考證比較細緻，結論有相當大的參考價值。王崇武不迷信古書記載，縱横考實，這種治史的精神值得後人繼承。

學術價值

此文所集中體現的王崇武對晚明軍事史研究的雙重突破：一方面，通過縝密考辨《明實録》《兩朝平攘録》及朝鮮《實録》等多种史料，系統梳理了萬曆年間名將劉綎在壬辰抗倭援朝與薩爾滸戰役中的軍事行動軌迹，澄清了《明史》因襲野史造成的時序錯亂與戰績訛傳，以劉綎征東爲切入點，揭示了萬曆朝軍事體制的深層危機。他實證性地剖析了衛所制崩解後明朝“以臨時募兵替代常備軍”的權宜之策如何加劇軍事效能衰退。另一方面，此文突破傳統人物評價的忠奸叙事框架，在考據基礎上重構了劉綎作爲職業軍人的複雜面相，揭示出明廷對武將“重器用而輕韜略”的用人痼疾。此文主要利用《實録》立論，嚴格地説，《實録》是否有誇飾的因素，也是需要論證的，但是作者對此没有進行嚴格的論證，這是此文最大的不足。

集刊外編第三種

劉綎征東考

王崇武

(一)明史劉綎傳

明神宗朝鮮征倭，歷時達七年，動員數十萬，餉精軍械之糜費以億兆計，誠為中鮮日三國史上一大事。惟東征有關諸將，若兵部尚書石星及經略宋應昌、顧養謙、孫鑛、邢玠等，或操戰守機宜，或膺方面重寄，明史皆不為之立傳，其戰功籌策雖略見於朝鮮傳，然語焉不詳也。劉綎時為禦倭副總兵及總兵官，以其早歲平蠻，晚伐建州，生平勳業爍赫，明史不容不立傳，東征戰績遂亦連帶及之，然則綎傳固為考平倭史事之重要資料矣。

明史二四七綎傳記：

(萬曆)二十年，召授五軍三營參將，會朝鮮用師，綎請率川兵五千赴援，詔以副總兵從征，至則倭已棄王京遁，綎趨尚州烏(鳥)嶺，嶺亙七十里，峭壁通一線，倭拒險，別將查大受、祖承訓等間道踰槐山，出烏嶺後，倭大驚，遂移駐釜山浦。綎及承訓等進屯大邱、忠州，以全羅水兵布釜山海口，朝鮮略定。未幾，倭遣小西飛納款，遂犯咸安、晉州，逼全羅，提督李如松急遣李平胡、查大受屯南原，祖承訓、李寧屯咸陽，綎屯陝川扼之，倭果分犯，諸將並有斬獲，倭乃從釜山移西生浦，送王子歸朝鮮。帝令撤如松大軍還，止留綎及遊擊吳惟忠合七千六百人，分扼要口，總督顧養謙力主盡撤，綎、惟忠亦先後還。……明年(二十五年)五月，朝鮮再用師，詔綎充禦倭總兵官，提督漢土兵赴討。又明年(二十六年)二月抵朝鮮，則楊鎬、李如梅已敗，經略邢玠乃分軍為三：中董一元，東麻貴，西則綎，而陳璘專將水兵，綎營水源，倭亦分三路，西行長據順天，壕寨深固，綎欲誘執之，遣使請與朝會，使者三反，綎皆單騎俟道中，行長覘知之，乃信，期以八月朔定約，至期，綎部卒洩其謀，行長大驚遁去，綎進攻失利，監軍參政王士琦怒，縛其中軍，綎懼，力戰破之，賊退不敢出，諸將三道進，綎挑戰破之，驅賊入大城。已賊聞平秀吉死，將遁，倭夜半攻奪栗林曳橋，斬獲多。石曼子引舟師救，陳

六同别録

璘邀擊之海中，行長遂棄順天，乘小艘遁。班師，進都督同知。

據此，綎至朝鮮凡兩次：一在萬曆二十年，先既追敵南退，後復阻其北侵；一在萬曆二十六年，綎及董一元、麻貴等三路陸攻，陳璘將水兵要劫，而綎夜半攻粟林、曳橋，斬獲多，故卒使倭將行長棄順天遁，其戰功自甚大也。

王崇武

（二）第一次出征

綎事徵之於其他紀載與明史異，惟在其第一次出征，則頗博好評，茲擇錄朝鮮宣祖李昖實錄所載者，類次如下，以為證明。

二十七年（萬曆二十一年）癸巳，四月戊子，（尹）根壽曰：「……綎之為人最為雅淡，秋毫不犯。」（日本景印朝鮮太白山本，卷七，葉八）

丙申，兵曹判書李恒福啓曰：……其日朝飯後，往劉總兵營中，則總兵方獵于山上，令譯官通名，則即馳來坐定，總兵即問曰：「判書新從東邊來，倭奴聲息近來何如？」臣答曰：「漢江以南及蘆原等處，搶掠比前尤甚。」總兵曰：「乞和於天朝，而乃復如是耶？」臣答曰：「這賊初到尚州，與我國請和，及到臨津、平壤，亦復如是，一邊請和，一邊進兵，其情詐緩，本來如此，大人以賊請和為實情耶？」總兵曰：「我豈不知此賊極詐，不可輕信。」臣曰：「然則大人領兵來此，今欲何為？」總兵曰：「我領此軍，萬里來到，專為你國要殺此賊，不料經略（宋應昌）勿令前進，經略既主兵在此，又有提督（李如松），雖欲有為，不得自由。」臣曰：「小邦君臣自聞和議，仰天腐心，無所告訴，而尤有所望者，大人親統強兵，朝夕渡江，幸或一見，得申衷曲耳。」總兵曰：「我自十三歲時，從父親（劉顯）領兵征戰，橫行天下，將外國向化者作為家丁，今所統率雖只五千，水陸之戰皆可用，倭賊不足畏也。且我慣與倭戰，熟知其情，四月五月則自此還歸其國，風勢似順，若過月餘，渠雖欲歸，亦不可歸，豈可信其詐言不為之戰乎？我雖欲戰，非但違大將之令，恐忤李提督耳。」……觀其辭語慷慨，不似武人，極為蘊藉。臣問所領各處苗蠻名號所用技藝，則總兵即呼暹羅、都蠻等諸番向化，擺列左右，各執其器，次次來呈，殊形怪狀，種種不一，眩耀人目，有扁架弩、擋諸葛弩、皮甲、雷雪刀、關刀、月牙刀、剷了槍、藤牌、沽拏人、楔拏人、趯郎筅、打拳、天蓬剷、楊家槍等名號，又有四楞鞭木十斤，偃月刀、袖箭等器，則總兵所自用也。終日閱視，閱畢，臣告曰：「大人身未過關，小邦君臣已聞威名，日夜佇待，至於童奴走卒亦知其聲，目相謂曰：願少須臾毋死，劉爺來活我也。今觀營陣器械，士卒勇銳，以如許威名，將如許器械，萬里程途，空來空往，不惟小邦之人無復有望於更生，其在大人豈不可惜！」總兵即瞋目揚言曰：「誠然誠然，雁過留聲，人過留名，本欲成功，留名海外，豈可空手回去！」（原注：「史臣曰，劉副總以將家子結髮征戰，似非易言之口，而掣肘於經略提督，不得一試之於逐殺之場，甚可惜也。」）（三七·一六）

癸卯，劉副總到肅川館，上就館接待……進禮單，總兵曰：「國王路上屢遣陪臣相問，又送海味，今復出接遠境，深謝厚意，何敢更受禮單，為殿下之誠，只受弓箭腰刀耳。」上再請，不受。（原注：「劉副總為人精悍，禮貌閑雅，將兵法度不與他將同，軍有取民家芻草一束，即貫耳巡視，一軍畏戢，莫敢擾害。」）（三七·二四）

二十八年（萬曆二十二年）甲午，九月丙戌，上出餞總兵劉綎於慕華館……上令承旨呈禮單，總兵曰：「從來此擾害地方多矣，不以為罪，亦云幸矣，況此餽遺，非至一再，心甚未安，決不敢受。」上曰：「贐行古有其禮，請勿卻之。」總兵只受硯及弓矢襪皮。（五五·一三）

案時值提督李如松碧蹄館新敗，經略宋應昌主和，不再進兵，故朝鮮人士深為憂灼。綎以猛驚聞，又不主兵柄，固可故作豪語以收人望。要其第一次駐鮮期間，軍紀森嚴，取予廉潔，照實錄所載史臣注語疑係從當日國王日記（略同中國之起居注）中所採錄，頗可反映一般之輿論也。

至明史綎傳所謂追敵南退及阻其北侵者，徵之於李昭實錄，並無其事。宋應昌經略復國要編雖多誇功之語，然其與贊畫劉黃裳書，亦謂宜令綎等各守汛地，萬勿進戰。而賴襄日本外史載：「諸將合兵圍晉州，城兵益熾，我軍填壕，蒙竹楯仰攻，城上矢石如注，清正造龜甲車，牛革包之，載以死士，穿城足，樓櫓崩圻，清正與黑田長政先登，諸將繼之，斬城將徐禮元、金千鎰等，屠六萬餘人，夷城池而還。醢禮元首，獻之行宮，仍屯故地。韓王大驚，訴之明，李如松令沈（惟敬）來見行長曰：公等許和未十日，有晉州之事何也？行長怒曰：汝請和，而明兵入韓益眾何也？惟敬語塞，去至北京，請石星召還如松以下，獨留劉綎吳惟忠等萬人。」此言亦多誇飾，然亦可反映綎等進兵朝鮮，倭寇稍口北侵要之，綎此次出師，並無勳績，參以中鮮日三國記載，固彰彰可考也。

王崇武

(三)第二次出征

日本後來撤兵，實因豐臣秀吉之死，在綎第二次出征之先，已有撤退準備，宣祖實錄：

三十二年(萬曆二十六年)戊戌，八月戊午，全羅兵使李光岳馳啓曰：「義兵將林懽馳報，曳橋被擄人鄭成介率妻子來到，言內被擄人等近欲全數出來，蓋傳聞日本有戰伐之變，至於秀吉已死，行長以事赴往泗川，曳橋撤陣當在行長還陣之後云。」(一〇三·五)

九月戊子，政院啓曰：「以近日各陣所報料之，倭賊的有撤回之形，我之乘機進取，正在此時。」(一〇四·六)

案倭兵撤退之頃，當懼抄襲，故朝鮮政院乘機進取之議，自予以極大威脅也。

宣祖實錄載綎進兵南原，先與倭議和：

戊戌九月己丑，右議政李德馨馳啓曰：「劉提督已到南原，行長送書求和，要欲相見，提督覽書多有喜色，曰：俺計可得成云云。蓋觀提督之意，託以講和相見，投策乘機，欲以捕獲，提督之計，出於危道，不勝悶慮。」(一〇四·七)

戊申，右議政李德馨馳啓曰：「十一月二十日，行長欲與劉提督相會，提督以旗牌王文憲假稱提督，虞候白翰南假稱都元帥，方欲相見之際，天兵遽先放砲，行長大驚，走入窟穴，盤果麵肉之物狼藉於曳橋十里許，天兵一時進薄賊窟，舟師亦趁時來泊曳橋前洋，賊氣已奪，不為出戰，天兵氣勢堂堂，剿賊似易，時方造器械打柴木，以為攻城之計矣。」(一〇四·三七、八)

此即綎傳所謂偽為講和，藉以誘執行長者，其真偽之情形如何茲不論，惟據上述，行長之所以逸去，以綎布署不周，遽先放砲之故，非盡因部卒之預洩其謀也。

後來四路進兵，明史極炫其戰績，實則除水路以外，皆無功，茲分述之。宣祖實錄記東路麻貴之師：

戊戌九月壬子，麻提督接伴使李光庭馳啓曰：「島山賊勢浩盛，提督似有難色，二十二日夜，倭賊出來夜驚，唐兵五名被殺，一名被擄矣。溫井之倭則天兵焚蕩，斬三十餘級，被擄人一千餘名招諭出來云。」(一〇四·四九)

十月甲寅，麻提督接伴使李光庭馳啓曰：「提督自內城退遁之後，頗有畏怯之意，方欲退陣慶州矣。」（一〇五．四）

壬戌，麻提督接伴使李光庭馳啓曰：「提督聞中路之敗，欲退守於慶州，步兵則已為發送，不勝悶慮事。」（一〇五．一三）

壬申，慶尚道觀察使鄭經世馳啓曰：「初四日，麻提督步軍輜重器械盡數撤還慶州，只留騎兵。初六日，提督行軍自垂火村十里許新院移駐，此後之計，未知何出矣。」（一〇五．一七）

案時中路董一元兵敗東陽，貴畏怯退慶州，後來倭兵撤退，猶遣嫚書相辱（見朝實錄戊戌十一月乙酉），明史貴傳謂其數戰有功，趙南星贈序稱其擒獲無算（味檗齋集七）揆諸鮮人記載，皆非實。

同書復記中路董一元之師：

戊戌九月丁未，軍門都監廳以堂上意啓曰：「董提督已於二十日進兵晉州，賊徒盡棄牛馬器械，走向昆陽泗川之路，只斬七級，被擄人四百餘名刷還，一面入守晉州，一面追擊事。」（一〇四．三六）

十月丙辰，董提督接伴使李忠元馳啓曰：「進兵泗川，賊徒四百餘名棄城走入新寨，天兵及我軍所斬八十餘級，盧遊擊（得功）中丸致死，賊屍中有著錦衣者，降倭認曰：此乃泗川陣副將倭也云矣。」（一〇五．七）

壬戌，慶尚道觀察使鄭經世馳啓曰：「董都督初二日入攻新寨之賊，打破城門，方欲入攻之際，茅遊擊陣中火藥失火，蒼黃奔救，倭賊望見，開門突出放砲，天兵追遁，致死者幾七千餘人，軍糧二千餘石，亦不為衝火而退，伏屍盈野，兵糧器械狼藉於百三十里地，提督退還星州，設欲更舉，軍無寸兵，束手無策事。」（一〇五．一三）

戊辰，董提督揭帖：「昨藉威靈，得破望晉山泗川諸寨，繼攻沈安道，不期各寨餘孽盡投歸併，而水陸援倭皆至，雖然四集，我兵力攻，已有成效，可期結局矣，不意天不從人，我兵砲藥一簍火發，綠焰一閃，而倭即乘烟突出，混戰良久，彼此皆有損傷，暫退息兵，以圖再舉。」（原注：「泗川之敗，提督之軍過半致死，資糧器械盡為賊有，提督僅以身免，今乃曰彼此皆有損傷云，則其虛張誇誕之習，至此可見。」）（一〇五．一七）

六同别録

王崇武

據此，董一元之進兵泗川，斬倭僅八十餘級，止是小捷，新寨之敗，則損師七八千，軍械糧餉不計其數，是誠大敗矣。明史一元傳朝鮮傳雖亦載泗川（原誤州）失利事，然所因襲史料大半直接間接取材於一元等「虛張誇誕」之詞，其慘敗程度，非與朝鮮記載對證，固不詳悉也。（俟敵退，一元入東洋倉，僅斬留倭兩級。）

照實録記西路綎兵攻曳橋：

戊戌十月甲子，右議政李德馨馳啓曰：「劉提督初二日攻城時，諸軍前進，城下六十步許，賊之銃丸如雨，提督終不麾旗督戰，吳副總廣兵苦待大將號令，或有入楯車而困睡者頗多。於時潮水漸落，水兵亦退，倭奴見陸兵不即齊進，縋城直下，剿攻廣兵，被殺二十餘人，廣兵驚退百步，各營之氣已沮。當日所為，有同兒戲，既不督進，又不捲回，使各兵立過半日，徒引賊之鉛丸，提督所為，殊不可曉。初三日，水兵乘潮血戰，大銃中行長房屋，倭人驚惶，俱就東邊，若從西邊進入，則城可陷矣。金晬排門請戰，提督有怒色，終不動兵，城上有女人呼曰：此時倭賊空虛，天兵速入云云。機會如此，而袖手蹉過。提督行事，正如奪魄之人，將卒皆輕侮。適見泗川敗報，事情已亂，決意退兵，尤為痛泣。提督之與水兵不協，則為因初有爭功之心，而終乃處事益錯，尤不勝痛泣。」（一〇五·一五）

右議政李德馨馳啓曰：「提督乘夜捲退，軍兵散亂，自倭橋（曳橋亦名倭橋）至順天，白粒狼戾道上，倭橋餘糧尚有三千餘石，并令焚燒，未燒者未免資於賊手。退軍時，舟師則乘潮而進，欲為攻城之狀，今此之舉，我兵幾一萬數千餘名，攻城諸具，觀瞻極盛，不得攻毁城一面，反為所侮，為賊所資，歸而不勝痛心。」（同上）

又朝鮮中興志萬曆二十六年十月：

綎與陳璘約明日夜攻，璘及期乘潮急攻，而綎不出兵，但鼓譟相應。璘軍以為陸兵已入城，爭先騰進，自初更戰至二更，李舜臣以潮退白璘，璘意氣方銳，督戰益急，曰：「今夜盡賊乃還。」夜潮忽落，天兵船二十餘艘，一時膠淺，賊出兵圍擊，盡焚之。是夜賊城幾陷，行長所居壘三中大砲，賊悉聚東北面，奔走鏖戰，岸上兵望見水兵千砲沸海，火光中劍戟競發，莫不踴躍思奮，而被擄人又越城奔告曰：「此西空矣。」李德馨權慄馳詣綎帳，更請從入，綎不從，軍中憤嘆，璘大怒，馳入綎營，手裂帥字旗，責以心

—6—

腸不美，即具咨軍門，綎面色如土，但叩胸呼嘆，歸咎諸將而已。綎既攻城不克，又聞中路敗報，乃議退兵，李德馨力止之，綎佯許，而先令權慄撤兵，遂焚營暫退，遺棄甲帳中馬無算，失軍糧九千石。是日，舟師乘潮而進，則岸上軍已空矣。

朝鮮以銳意復讐，故力促進兵，其評綎之遷滯迂緩，或雜感情作用，惟綎與陳璘交惡，水陸兩軍爭功忌妒，不能配合作戰，則是事實，而綎倉皇夜退，糧械資敵，貽誤尤深。同書又載：

戊辰十一月癸未，宣傳官許選啓曰：「臣賫有旨馳往南原富有倉，得聞天兵初退時，賊疑惟不出，所棄資糧器械及各營帳目亦不輸入，過四五日後，始撤木寨，加設於窟外，且作一旗，白質赤畫，來植于順天中路，其書大概：糧器齟齬，而天朝及朝鮮遺我以軍糧，助我以器械，多謝云……提督帶來遼陽一娼婦，而又有我國女子出自賊窟，來到吳副總營中，提督聞其美，亦致之，皆著男服，隨行麾下將士皆有憤怨之志云。」（一〇六·一）

史臣曰：「……劉綎簡膺帝命，出征萬里，身率三軍之衆，而對賊一舍之地，成敗存亡，決于呼吸，而遼陽娼婦，賊營妝娃，尚在左右，則宜乎軍情憤惋，莫有鬪志，曾未交兵，先自奔北，表旗亂轍，莫可收拾，終乃甘言乞和，賂物質人，則其貽侮於兇賊，取譏於外藩，而負皇上委遣之命者為何如哉。」（仝上）

案賂物質人為議和傳聞之訛，要之，倭在曳橋雖徼倖致勝，疑懼實深，綎以漁色勞驁，故失戰鬪能力。

至其最後進佔倭橋，亦非由攻戰而得，照實錄戊辰十一月壬寅：

南以信以軍門都監言啓曰，即刻西路塘報，以紅旗馳到衙門言之曰：「本月十九日巳時，大兵進攻倭橋，賊衆上船遁去之際，水兵截殺，燒破賊船五十餘隻，沈安道亦來救援，而為我兵所殺云云。」（一〇六·一三）

甲辰，左議政李德馨馳啓曰：「本月十九日巳時，曳橋之賊專欲撤渡，劉提督馳入其城，城中只有我國人三名，牛馬四匹矣，遙聞南海大洋砲聲震動，此必水兵接戰而不得詳矣。」（一〇六·一三）

綎入曳橋僅餘鮮人三名，牛馬四匹，則是已成空城，自無需作戰。同書是年十二月壬申，載綎致朝鮮國王書：「本府督押四路官兵於夜半直抵行長城下，三面攻打，至於寅時，以草包土，填塹而上，内外夾攻，倭寇以為從天而下，抵敵不住，俱往海邊，無船不能追，斬一百六十級，獲衣甲等物。」（一〇七·二一）案此事本不實，惟據其自述，不過斬首百六十級，後所以轉成大捷者，同書具載其原委：

王崇武

三十三年（萬曆二十七年）乙亥，二月壬子，李憲國曰：「倭橋行長半夜撤遁，翌日，劉提督始為入據云矣。」上曰：「賊退城空，雖小兒可以入據。」上曰：「昨日予聞邢軍門劉提督播酋征伐時事，極可畏也。今者兩爺又為欺罔朝廷，我國則直奏，是似摘發欺罔之狀，奏本雖不上達，彼既見其草，事極難矣。」李國憲曰：「軍門覽草極怒云矣，劉提督若發怒，則極為可慮。」上曰：「兩爺前日攻楊應龍，欺罔朝廷以結局，上本許蒙褒陞，而楊也復判，科道參云：軍門前既欺罔，今東征之事亦如此也云矣。」……李山海曰：「劉提督受命討賊而終不討賊，反與之和，無狀之甚也。賊退之後始入，毀破城堞若陷城然，掘屍斬頭，若獲得者然，欺罔朝廷，至於此極。」李德馨曰：「劉將當初進圍曳橋，十五日而退兵，劉將甚悔，及賊退之後，巡審賊城，則知其難陷矣。」上曰：「形勢何如？」李德馨曰：「曳橋有山陡起，兩邊濱海，一面連陸，城築五周，雖陷外城，内城又有，決難陷矣。且賊之家舍，自外見之，則似無一家，入内巡審，則不知其數矣。」（一〇九·五、六、七）

丙子，上幸周都司敦吉館（原注：「劉綎中軍」），敦吉曰：「劉大人血戰之狀，中朝布政（原注：「謂王士琦」）貴國陪臣皆所目見，今聞貴國欲毀劉大人，是何故也？……倭橋之圍，都部親犯矢石，晝夜不懈，手足胼胝，行長智窮力竭，棄夜而遁，都部之功豈云少哉。……俺非敢為督部鋪張，憫其勤勞如此，而終未免毀損威名，故敢以都部之意為國王陳之。」（一〇九·二二、三）

史臣曰：「劉綎圍慶行長，朝暮且拔，而潛通使价，陰主羈縻，使狡酋未擒，揚揚渡海，綎何功之有！乃發新葬之屍，戮無罪之民，假成首級，其計豈不慘哉！及其情迹漸露，十目難掩，則反欲歸過于我國，聞除難處之端，以為脅制之計，是以巧而拙矣。」（一〇九·二三）

四月庚午，李德馨曰：「唐將所為多無理，倭橋之戰，劉綎畫攻城之狀，又成一冊，頌其功德，印給軍卒，使之廣布於中朝。」（一一一·一九）

是曳橋城險守固，絕難攻取，其所以致茲奇捷，不過發新葬之屍，戮無辜之民，師平播攘功

劉綎征東考

之故，智及譸張誇誣之宣傳而已。時綎反對黨吳宗道等毀為賂敵媾和，雖不可信，然綎將以曳橋收復，由血戰得來，則絕對子虛，惟以遠在異國，功罪難詳，故中國史書每炫其勳績，明史亦謂綎攻粟林曳橋，斬獲多，殆直接間接為此偽造捷書所欺蔽也。

時邀擊敵兵，鼓勇奮戰者，似僅有水軍，明史陳璘鄧子龍朝鮮等傳雖各有記載，然較為隔閡，參以李昖實錄則詳盡矣，如：

戊戌十一月乙巳，軍門都監啓曰：卽者陳提督（璘）差官入來，曰：「賊船一百隻捕捉，二百隻燒破，斬首五百級，生擒一百八十餘名，溺死者時未浮出，故不知其數。」（一〇六·一四）

戊申，左議政李德馨馳啓曰：「本月十九日，泗川南海固城之賊三百餘隻，合勢來到露梁島，統制使李舜臣領舟師直進逆戰，天兵亦合勢進戰，倭賊大敗，溺水致死，不可勝計。倭船二百餘隻，敗沒死者累千餘名，倭屍及敗船木板兵器衣服蔽海而浮，水為之不流，海水盡赤，統制李舜臣及加里浦僉使李英男樂安郡守方德龍興陽縣監高得蔣等十人中丸致死，餘賊百餘隻退遁南海，留窟之賊，見賊船大敗，棄窟遁歸倭橋，糧米移積南海江岸者，亦棄而遁去，行長亦望見倭船大敗自外洋遁去事。」（一〇六·一七）

己亥二月壬子，上曰：「行長如是據險，何以退遁乎？」李德馨曰：「畏水兵而退遁矣，水兵連日血戰，唐船體小，若於大洋中則不好，而其於出入小浦，放丸用劍，極其精妙，二十八日之戰，倭屍不知其數，初三日之戰，倭死亦多，小臣登高見之，則行長之家在於東邊，唐火箭落於其家，西邊之倭全數東走救火，若於此時陸兵進攻，則可得成事。臣招李憶禮請於劉提督曰：此時可以進擊云，則劉竟不從矣。」上曰：「不入之意何意也？」李德馨曰：「劉綎每言楊鎬不解用兵，多殺軍兵，俺欲不殺一人而蕩平賊窟云矣，大概有必勝之勢，畏怯不入云矣。」……上曰：「水兵大捷之說，恐是過重之言。」李德馨曰：「水兵大捷，則不是虛言也，小臣遣從事官鄭穀往探，則破毀船木板蔽海而流，浦口倭屍積在不知其數，以此見之，可知其壯捷也。」（一〇九·六·七）

丁巳，上幸陳都督璘館，……璘曰：「方賊圍把時，俺船懸鼓先登，鄧子龍李舜臣二將左右挾攻，二人皆為賊所斃，而俺冒死直前，不動聲色，幸免其敗，此亦數也。」上曰：「須天之賊，其數幾何？」璘曰：「賊可二萬有餘，而生還者僅十餘隻，賊之所恃者鳥銃，而我以九鈀撞破其船，故兇賊不得抵當，所以敗也。適以無風，未得追擊，俺尚有餘恨。」

王崇武（一〇九一四）

案璘言或涉浮誇，惟統觀上引各條，則其戰功終不可沒，蓋華船雖小，動作便捷，故能「出入小浦」，所至有功也。

（四）邢玠萬世德戰功考實

時領兵最高將領爲經略邢玠及經理萬世德等，明史雖不爲立傳，他書每渲染其功，如李光元市南子六太保邢公東征奏議序：

……既至（朝鮮），視諸軍，别海陸之長技，三分之以當倭，三帥相機戮力，所嚮必獲，時國家雖一意戰，而先是異議者猶煽處其中，……公以是常幾晝夜立計，賊不滅，即不生入關。……果賴主上神聖，不摇羣議，軍問至，輒慰勉，繇是司馬得愈益自勵，料敵設奇，靡不寧息，車騎之師窮陸，樓船之卒暴海，倭故多變，至是乃數窮，積聚所在見焚，援餉來，悉爲我斷其道，三師之雋，亡於鋒鏑之間，計畫不能支，遁潛舟載輜重去，豈惟新寇，釜山百年之倭盡矣驅除，偉矣哉！

又馮琦宗伯集十二賀大司馬邢公平倭奏凱序：

公以一將軍縻清正，以水兵圍行長，石曼子率諸路倭來援，公授諸將方略，邀擊大破之，石曼子殲焉，禽僞九州都督正成，先後斬首五千級，倭赴海死者無算，海上之倭迹如掃矣。

又光緒益都縣志三十邢玠傳：

（萬曆）二十六年，倭酋石曼子率諸路兵來援，玠遣都督陳璘邀擊，大破之，前後斬首五千級，焚其舟九百，墮海死者無算，渠帥清正行長僅以身免，鑄銅柱紀功釜山，朝鮮人爲建祠繪像祀之。

似玠排衆難，任鉅艱，一意主戰，始收用兵之效者，惟按以上舉朝鮮記事，除水師大捷，餘均無功，且此捷之所以造成，爲陳璘等督導力戰所致，玠僅雍容備位而已。然實録載玠冒功事：

己亥正月丙申，上曰：「予以為軍門（邢玠）寬厚長者，及見軍記，無理之甚也。欺罔天朝，自以為三路征勦，軍門如此，其他武夫不足責也。」（一〇八·一四）

二月壬子，上曰：「軍門所為，無足可觀，欺罔朝廷，無所不至。」（一〇九·五）

「軍記」即玠冒功上奏之疏稿，或為市南子等書之所從出乎？又奏凱序及縣志皆謂生擒倭將平行成，神宗實錄亦載之，知亦出自邢疏，惟此事日本史籍不載，鮮實錄復記：

戊戌十二月乙丑，軍門都監啓曰：卽刻軍門招譯官李海龍言曰：陸都督揭帖，前日生擒將倭，推問則正成部下人，而問正成燒死乎？溺死乎？答曰：未也。更問他倭之時，將倭又為拏致，則諸倭皆合手尊敬，怪而問之：「你何以尊敬此倭乎？」諸倭曰：「此乃豐臣正成。」當初正成或燒云或不死云，而今乃生擒，且其人長大，容貌不凡，似是正成無疑。（原注：「豐臣正成賊將中兇狡有勇智者也。露梁之戰，正成燒死溺死之言，已是謊說，而今乃以諸倭之尊敬，容貌之不凡，而認以正成，謂之擒大將，自以誇大，既奏天朝，又瞞藩邦，其好功無恥之習，至此而極矣。」）（一〇七·一四）

是生擒正成為玠方一面之詞，朝鮮實錄則以為僞也。

益都縣志謂鮮人為玠建生祠，而鮮實錄記：

戊戌十二月壬戌，軍門都監啓曰，今日中軍令譯官李海龍傳言：「前日宋應昌出來時，你國歌謠頌德，或為李提督（如松）設生祠堂，……今日之事大異於前日，倭賊盡去，疆域乾淨，頌德等事，似當舉行，而生祠堂亦趁老爺未還之前，雖草草營立，則其於待老爺之道，不亦有光乎？」（一〇七·十一、二）

是建祠出自玠之諷示，玠有戰蹟圖紀行詩，遍徵東國名士題詠，當亦此類，實則此等感恩稱頌，豈其本衷。鮮實錄復載贊畫賈維鑰所撰釜山平倭銘，當即縣志所謂銅柱紀功者，惟文後載史臣評語曰：

古者立碑，必名有可述，功有可紀，然後為之，故世彌久而功宣，身逾遠而德劭，何者，杜預之碑，馬援之銅柱是也，彼天將等擁兵一隅，坐視倭奴揚波渡海，而虛張名譽，至欲刊石銘功，欲使萬世流名，其為無恥至此極也。（一一八·五）

然則譸張誇功，僅足欺蔽國內，鮮人罔知其真實之底蘊也。

六同别録

王崇武

萬世德以勇悍聞，明代史家文人之揄頌贊美者不勝舉，惟朝鮮實録中多微辭，如：

戊戌十一月辛亥，經理都監啓曰：「萬都爺（世德）先聲素有勇，多大略之譽，雖楊經理（鎬）亦嘗稱道其雄才偉器，喜立功名之士，而自過江來，絶無謀猷興作之事，專以慈祥恬默為主，大異於前日所聞，固不可以尋常淺見窺度大人之量，而亦可想見其大概也。」（一〇六·二〇）

己亥二月壬子，上曰：「經理（萬世德）何如人乎？」沈喜壽曰：「雖似純善，而殊無所為之事。」李憲國曰：「遼東有老嫗謂我國人曰：你國何以萬歸，蓋楊鎬則善於檢下，一路無弊，萬經理不能檢下之故也。」沈喜壽曰：「經理……無威風，人皆不畏矣。」上曰：「予以為無用之人也，且禮單一不辭讓，天朝人相接之時，禮單不可廢也，但小無辭讓之心矣，楊經理則一不受之。」沈喜壽曰：「臣以文房所用之物呈之，皆受不辭矣。」（一〇九·八）

八月辛丑，經理接伴使沈喜壽啓曰：「經理性寬緩少法度，許多門下將官無所顧忌，且以歸期不遠，人各有求請之事，形形色色，徵索百端，雖以平時物力亦所難當，況今日之事乎？例送銀子少許，討出十倍價重之物，無謂莫甚，或送帖哀懇，或對面迫脅，備諸醜態，無所不至，郎僚受辱，色吏被棍，前後相繼，有難形言。」（一一六·二四）

據此，則世德蓋一器識凡庸，貪財縱下之將，何戰功之有。予考東征諸將，以李如松、楊鎬為首功，如松平壤之捷，迫敵退還王京，鎬島山之戰，使倭離去朝鮮，若萬曆二十六年之勝，不過藉島山之餘威，值秀吉之老死而已。

關於諸將冒功，中國史籍亦偶有記載者，如陳繼儒眉公集七答夏彝仲書：「劉綎六千，僥倖關白之自斃而後已。」又董其昌容臺集六筆斷：「萬曆二十七年二月十九日，吏科給事中陳維春一本。……職按倭以平秀吉之死，因而情歸，非戰之功也，丁應泰以為邢玠等之賂倭，科臣又以為丁應泰之黨倭，皆非篤論。」案眉公廣接當時士夫，玄宰博參故案文集，而皆謂倭自動撤退，非邢劉戰功，此類史料修明史時或亦見及，檢明史稿二一二石星宋應昌顧養謙孫鑛邢玠等傳於諸人之主和誤國，因循委蛇，記載甚詳，史稿為纂修明史底本，是館臣於當日情實非不之知，惟史稿朝鮮傳於此等處則略加削減，明史據之，更有隱諱（如記李宗誠楊鎬事），經此兩次改寫，故以明史朝鮮傳與史稿石星等

—四—

傳比，兩書之距離甚遠，明史為前後一致，石星等傳不得不刪去，今以明史二二八與史稿二一二較，兩卷大半相同，因襲之痕迹亦極顯。明史所缺三千餘字，僅與東征有關諸傳而已，然則館臣刪削，實因迴護，今為探求史事真相，自可舊案重翻，但先民之居心用意亦不可不知也。

民國三十三年七月十四日脫稿於四川南溪李莊。

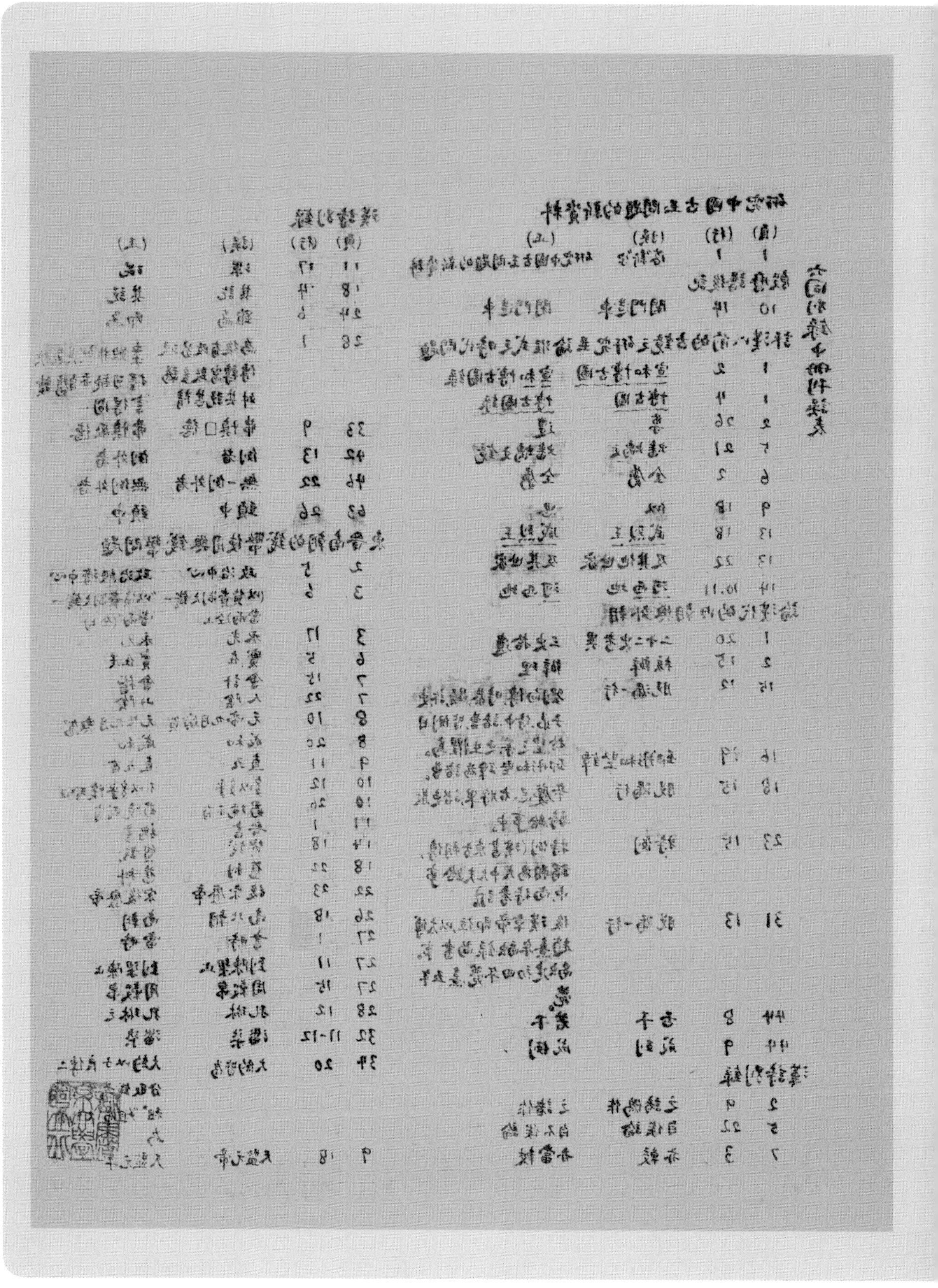

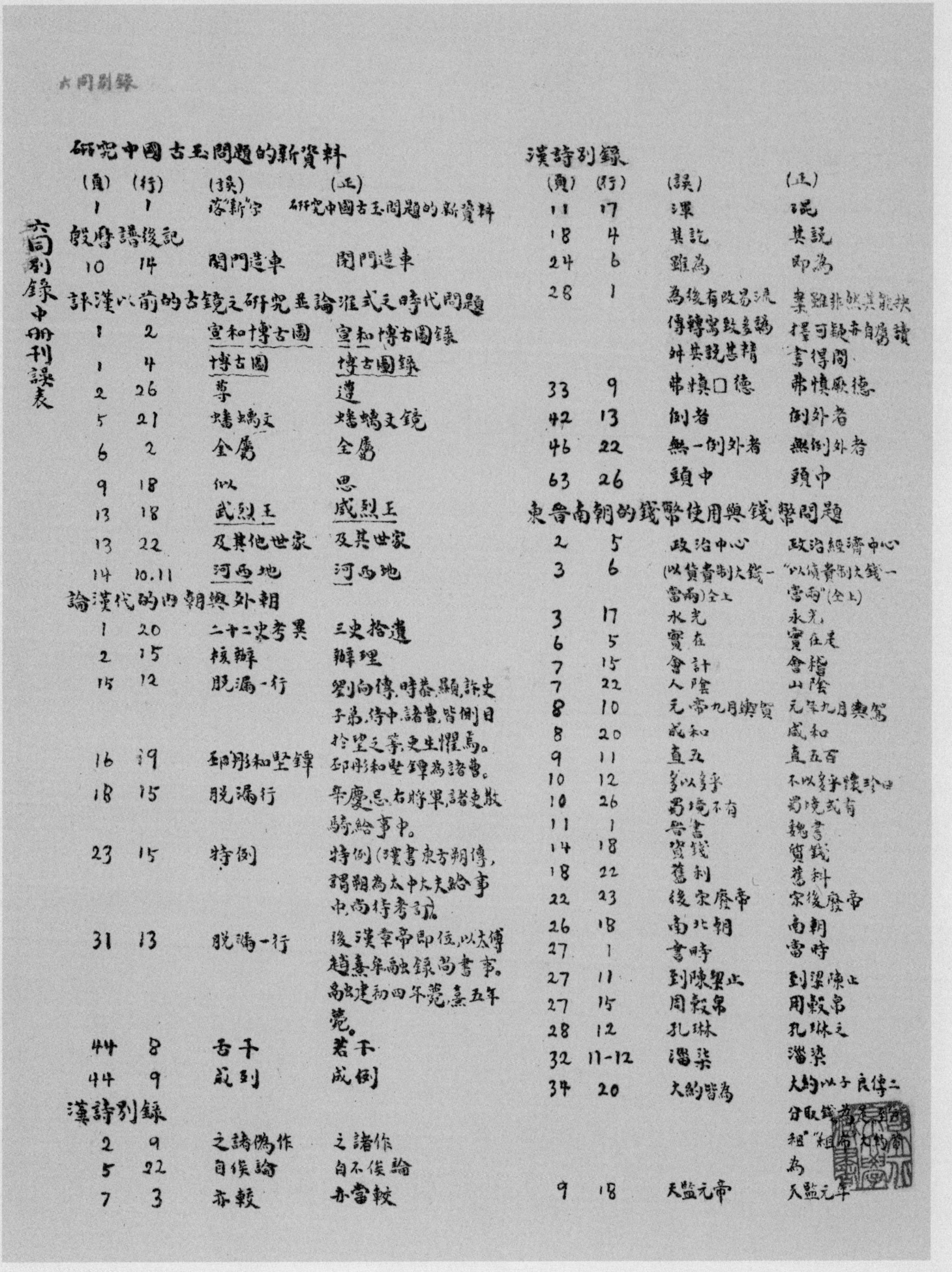

六同别錄

六同别錄中册刊誤表

研究中國古玉問題的新資料

(頁)	(行)	(誤)	(正)
1	1	落"新"字	研究中國古玉問題的新資料

殷曆譜後記

(頁)	(行)	(誤)	(正)
10	14	閉門造車	閉門造車

評漢以前的古鏡之研究並論淮式之時代問題

(頁)	(行)	(誤)	(正)
1	2	宣和博古圖	宣和博古圖錄
1	4	博古圖	博古圖錄
2	26	尊	遵
5	21	蟠螭文	蟠螭文鏡
6	2	全屬	全屬
9	18	似	思
13	18	武烈王	威烈王
13	22	及其他世家	及其世家
14	10.11	河西地	河西地

論漢代的內朝與外朝

(頁)	(行)	(誤)	(正)
1	20	二十二史考異	三史拾遺
2	15	核辦	辦理
15	12	脱漏一行	劉向傳,時恭、顯,許史子弟,侍中,諸曹,皆側目於望之等,更生懼焉。
16	19	邳彤和堅鐔	邳彤和堅鐔為諸曹。
18	15	脱漏行	年慶忌,右將軍,諸吏散騎給事中。
23	15	特例	特例(漢書東方朔傳,謂朔為太中大夫給事中,尚待考證
31	13	脱漏一行	後漢章帝即位,以太傅趙熹牟融録尚書事。融建初四年薨,熹五年薨。
44	8	右干	若干
44	9	成到	成例

漢詩别錄

(頁)	(行)	(誤)	(正)
2	9	之諸偽作	之諸作
5	22	自俟論	自不俟論
7	3	亦較	亦當較

漢詩别錄

(頁)	(行)	(誤)	(正)
11	17	渾	混
18	4	其說	其説
24	6	雖為	即為
28	1	為後有改易流傳轉寫致多譌外其説甚精	棄雖非然其能抉擇可疑者自為讀書得間
33	9	弗慎□德	弗慎厥德
42	13	例者	例外者
46	22	無一例外者	無例外者
63	26	頸中	頸中

東晉南朝的錢幣使用與錢幣問題

(頁)	(行)	(誤)	(正)
2	5	政治中心	政治經濟中心
3	6	(以貨賣制大錢一當兩)全上	"以債賣制大錢一當兩"(全上)
3	17	水光	永光,
6	5	實在	實在是
7	15	會計	會稽
7	22	人陰	山陰
8	10	元帝九月與賀	元年九月與駕
8	20	成和	咸和
9	11	直五	直五百
10	12	多以多爭	不以多爭懷珍由
10	26	蜀境不有	蜀境或有
11	1	晉書	魏書
14	18	貨钱	貨錢
18	22	舊利	舊料
22	23	後宋廢帝	宋後廢帝
26	18	南北朝	南朝
27	1	書時	當時
27	11	到陳梁止	到梁陳止
27	15	周穀帛	用穀帛
28	12	孔琳	孔琳之
32	11-12	瀋染	瀋染
34	20	大約皆為	大約以子良傳二分取錢為是,"租"作"粗"常大約為
9	18	天監元帝	天監元年

北京大學圖書館藏

六同別録

整理與導讀

〔下〕

周青 主編

四川人民出版社

目錄

伯叔姨舅姑考

芮逸夫

導　讀

冯　蒸

學術背景

在此文寫作之際，國際人類學界正經歷親屬制度研究的理論革新，列維–斯特勞斯的結構主義理論雖未正式形成，但法國社會學年鑒學派的影響已波及東亞。在中國本土，費孝通的《江村經濟》、林耀華的《金翼》相繼問世，試圖構建基于中國經驗的親屬制度理論模型。芮氏的獨特之處在于，他既未簡單移植西方理論框架，也未固守乾嘉考據傳統，而是通過《爾雅·釋親》的系統解讀，在古籍注疏與民族志之間架設起闡釋的橋梁。這種學術策略的選擇，既源于其對清代樸學方法的深刻理解，也得益于西南調查中對少數民族語言制度的切身觀察，更反映出戰時學者在學術資源匱乏條件下因地制宜的研究智慧。

學術評議

芮逸夫是著名的親屬稱謂研究專家，他對親屬稱謂的研究可以大別爲兩類，一類是關于中國傳統漢族的親屬稱謂的研究，一類是關于中國少數民族如苗族的親屬稱謂的研究。對此二者，芮逸夫都作出了重要的貢獻。本篇是關于中國傳統漢族人的親屬稱謂的探討，是芮逸夫的代表作之一。從篇首所列目次，我們可以窺見芮逸夫此文的整體結構安排及其論述重點。

在第一節“親從子稱”中，芮逸夫開門見山地指出，伯、叔、姨、舅、姑五個稱謂，每個都可以稱兩種不同行輩的親屬，他以列表的形式鋪陳説明。這張表非常重要，是我們瞭解芮逸夫此文意義的基礎，今照録如下：

親屬關係	稱謂
父之兄	伯，伯父*，阿伯，伯伯，大伯，二伯，三伯
夫之兄	伯，伯子*，阿伯，伯伯，大伯，二伯，三伯
父之弟	叔，叔父*，阿叔，叔叔，二叔，三叔，小叔
夫之弟	叔，叔子*，阿叔，叔叔，二叔，三叔，小叔
母之姊妹	姨，姨母*（姨媽）*，阿姨，大姨（媽）*，二姨（媽）*，三姨（媽）*，小姨（媽）*
妻之姊妹	姨，姨子*，姨姊，姨妹，阿姨，大姨（子）*，二姨（子）*，三姨（子）*，小姨（子）*
母之兄弟	舅，舅父*，母舅*，孃舅*，舅舅*，大舅（舅）*，二舅（舅）*，三舅（舅）*，小舅（舅）*
妻之兄弟	舅，舅子*，舅兄*，舅弟*，阿舅，大舅（子）*，二舅（子）*，三舅（子），小舅（子）*
父之姊妹	姑，姑母*（姑媽）*，姑姑，大姑（媽）*，二姑（媽）*，三姑（媽）*，小姑（媽）*
夫之姊妹	姑，姑子*，姑姑，大姑（子）*，二姑（子）*，三姑（子），小姑（子）*

伯叔姨舅姑，是漢族人十分普通的親屬稱謂名詞，至今仍然在人們的生活中使用。但是，芮逸夫此文却從人們的普通生活入手，從習焉不察的慣習中發現了不平常的現象，而這個現象，既是文化人類學的問題，也是語言學的問題，芮逸夫的分析，大大推進了人們的認知，在學術界産生了重要的影響。

根據上表可知，伯叔姨舅姑這五個親屬稱謂，每個稱謂都有兩個意義，即：

（1）“伯”可用以稱“父之兄”（男女稱尊輩血親通用），也可稱“夫之兄”（女稱平輩姻親專用）；

（2）“叔”可用以稱“父之弟”（男女稱尊輩血親通用），也可稱“夫之弟”（女稱平輩姻親專用）；

（3）“姨”可用以稱“母之姊妹”（男女稱尊輩血親通用），也可稱“妻之姊妹”（男稱平輩姻親專用）；

（4）“姑”可用以稱“父之姊妹”（男女稱尊輩血親通用），也可稱“夫之姊妹”（女稱平輩姻親專用）；

（5）“舅”可用以稱“母之兄弟”（男女稱尊輩血親通用），也可稱“妻之兄弟”（男稱平輩姻親專用）。

這种現象在當今的漢族社會中很是常見，但大家普遍習焉不察。芮先生從民族學的角度做了深入的探討，分爲：男稱、女稱、男女稱、尊輩、平輩、血親、姻親等情況，分析細緻入微。我們知道，“親從子稱”這種親屬稱謂現象，指的是長輩在特定情境下采用晚輩的稱呼方式，以拉近與晚輩的距離或便于理解。如父母直接随子女称呼祖辈为“爷爷”“奶奶”，父母随子女称呼对方为“爸爸”“妈妈”等。這種現象在中國古代和現代家庭中均有體現，是一個非常值得注意的現象。

芮逸夫還考論了伯、叔、姨、舅、姑五個稱謂的原義。要考這五個稱謂的原義，首先想到的文獻當然就是最早將古代親屬稱謂作系統記載的《爾雅·釋親》，但是《爾雅·釋親》衹記叔、姨、舅、姑四個稱謂，没有“伯”。于是作者又從多種古籍文獻中勾稽相關資料，其目的就是探尋伯、叔、姨、舅、姑五個稱謂的原義。

世俗夫稱妻之兄弟爲舅，妻稱夫之姊妹爲姑，作者認爲這些説法“是受親從子稱的影響”。而“妻稱夫之兄弟爲伯、叔，夫稱妻之姊妹爲姨，却不能説是受親從子稱的影響”。因爲伯、叔、姨原來都是平輩對平輩親屬的稱謂，那是無由從子而稱的。這是受的什麽影響呢？芮逸夫認爲和親從子稱恰恰相反，這是受了“子從親稱”的影響。“大抵由于子女因習聞其父稱母之姊妹爲姨，便也跟著稱姨；又因習聞其母稱父之兄弟爲伯、叔，便也跟著稱伯、叔。”這是一種依父母爲兒女稱謂的習俗。

伯叔姨舅姑的稱謂因時代的變遷和習俗的影響，古今含義頗多不同。對于産生這些遞變的原因，作者分析并總結道：“伯、叔、姨、舅、姑五個稱謂，在漢以前的涵義和唐以後是不同的，自漢至唐爲轉變時期。由古義遞變而成和今世所稱相同之義，大約經歷千年之久。馮漢驥嘗分中國親屬稱謂爲古代制和近代制。前者爲《爾雅》《儀禮》和《禮記》時代的稱謂制，約自西元前十一世紀至後一世紀之初；後者爲今世通行的稱謂制，約自第十世紀至現在。他劃分的時期和本文所考大致是相符的。”

在解釋伯叔姨舅姑古今稱謂構成原則時，芮逸夫引用了克羅伯“心理想法”的觀點，提出構成親屬稱謂的基礎原則八條，分别爲：(1)行輩之别；(2)直系旁系之别；(3)同輩長幼之别；(4)被稱親屬性别；(5)稱謂人性别；(6)親屬關係人性别；(7)血親姻親之别；(8)親屬關係人的情況，如存没和婚否之别等。隨後他根據這八條原則分别加以詳細闡述，并總結道：

> 在被稱親屬性别和親屬關係人性别方面，古今都是分辨的。稱謂人性别，則古辨而今不辨；同輩長幼之别，古今都是或辨或不辨；血親姻親之别，古惟姨辨，其餘都不辨，今全不辨。惟在行輩和直旁兩方面的表現，古今恰恰相反：在古代重行輩之分，不重直旁之别；近代則重直旁之别，而不重行輩之分。分行輩，即所以分尊卑；别直旁，即所以别親疏。
>
> 這種行輩或尊卑之分，和直旁或親疏之别，正是近代人類學者分類親屬稱謂制的主要標準。

芮逸夫還列舉了摩爾根和羅維對于親屬稱謂制的分類，并提出自己的觀點：“諸氏所論，各執一是。究竟誰對誰錯？我對這個問題的解答是：没有一家是完全説對了的。主要的原因是：外人多不明中國親屬稱謂的歷史演變，國人雖知古今稱謂頗多不同，但又没有找著不同的要點；所以説來都不能恰當。”他的評述是客觀的，并無任何偏頗。關于中國親屬稱謂制的演變，芮逸夫認爲：

> 中國親屬稱謂制最初可能是行輩型，大概和初民的隊群組織有

關；其次演變而爲二分合并型，大致和外婚的氏族組織有關；再次演變而爲二分旁系型，顯然和大家族組織有關；將來也許有演變而爲直系型的趨勢，似乎和小家族組織的趨勢有關。

芮逸夫所討論的親屬稱謂研究，内容深入細緻，視野開闊。他廣泛涉獵了海量的古代文獻，其中涵蓋了《爾雅》《儀禮》《禮記》等經典著作，還對歷代史書、方志、筆記等資料進行了細緻的爬梳。以《爾雅》爲例，先生對其中關于親屬稱謂的記載進行了深度剖析，不僅闡釋了字詞的基本含義，還結合其他文獻，對其在不同語境下的用法和演變進行了拓展分析。

學術價值

此文的學術價值在戰後數十年間持續釋放，形成多層面的學術影響。在方法論層面，張光直解讀商代親屬稱謂時沿用的“三重證據法”，王明珂研究羌族歷史記憶時采用的文化接觸視角，均可視爲芮氏方法的延伸與發展。在理論建設方面，費孝通在《鄉土中國》中論及差序格局時，多次援引文中的“稱謂功能説”將親屬稱謂的等級性作爲中國社會人際關係網絡的原型。更值得關注的是其國際學術影響。1956年克羅伯（A. L. Kroeber）在《親屬制度研究》中專章討論此文理論，認爲其成功實現了摩爾根進化論與結構功能論的創造性綜合。1987年華琛（James Watson）研究香港宗族組織時，發現當地“姑爺”稱謂的權力隱喻與芮氏描述的納西族案例高度契合，這爲文化比較研究提供了重要實證。

集刊外編第三種

伯叔姨舅姑攷

——論中國親屬稱謂制的演變——

芮逸夫

目次

一 親從子稱

我們知道，伯叔姨舅姑五個稱謂，每個都可以稱兩種不同行輩的親屬的。今且列表如下：

芮逸夫

親屬關係	稱謂
父之兄	伯，伯父*，阿伯，伯伯，大伯，二伯，三伯
夫之兄	伯，伯子*，阿伯，伯伯，大伯，二伯，三伯
父之弟	叔，叔父*，阿叔，叔叔，二叔，三叔，小叔
夫之弟	叔，叔子*，阿叔，叔叔，二叔，三叔，小叔
母之姊妹	姨，姨母*，(姨媽)*，阿姨，大姨(媽)*，二姨(媽)*，三姨(媽)*，小姨(媽)*
妻之姊妹	姨，姨子*，姨姊，姨妹，阿姨，大姨(子)*，二姨(子)*，三姨(子)*，小姨(子)*
母之兄弟	舅，舅父*，母舅*，孃舅*，舅舅*，大舅(舅)*，二舅(舅)*，三舅(舅)*，小舅(舅)*
妻之兄弟	舅，舅子*，舅兄*，舅弟*，阿舅，大舅(子)*，二舅(子)*，三舅(子)*，小舅(子)*
父之姊妹	姑，姑母*，(姑媽)*，姑姑，大姑(媽)*，二姑(媽)*，三姑(媽)*，小姑(媽)*
夫之姊妹	姑，姑子*，姑姑，大姑(子)*，二姑(子)*，三姑(子)，小姑(子)*

表一　伯叔姨舅姑現代稱謂表(註一)

(註一) 此表是根據下列諸書所記並略采世俗通稱而成。有*號的是分辨行輩的稱謂，括號内的是又稱。書目列下：

1. 翟灝：通俗編卷十八稱謂。
2. 錢大昕：恆言錄卷三親屬稱謂類。
3. 趙翼：陔餘叢攷卷三十六至三十八。
4. 梁章鉅：稱謂錄卷一至八。
5. 張驤：世俗稱謂(張慎儀廣釋親附錄).
6. H. P. Wilkinson: Chinese Family Nomenclature (New China Review, 1921, pp. 159—191). also The Family in Classical China (Shanghai, 1926), chap. XIII.
7. T. S. Chen and J. K. Shryock: Chinese Relationship Terms (American Anthropologist, vol. 34, 1932, pp. 623—669).
8. Han-Yi Fêng (馮漢驥): The Chinese Kinship System (Harvard Journal of Asiatic Studies, vol. 2, No. 2. 1937).

由上表所示，可知"伯"可用以称"父之兄"，(男女称尊輩血親公用)，也可以称"夫之兄"，(女称平輩姻親專用)；"叔"可用以称"父之弟"，(男女称尊輩血親公用)，也可称"夫之弟"，(女称平輩姻親專用)；"姨"可用以称"母之姊妹"，(男女称尊輩血親公用)，也可称"妻之姊妹"，(男称平輩姻親專用)；"姑"可用以称"父之姊妹"，(男女称尊輩血親公用)，也可称"夫之姊妹"，(女称平輩姻親專用)；"舅"可用以称"母之兄弟"，(男女称尊輩血親公用)，也可称"妻之兄弟"，(男称平輩姻親專用)。清錢大昕恆言錄卷三称妻之兄弟曰舅條釋云：

> 予按爾雅釋親篇妻黨云："姑之子為甥，舅之子為甥，妻之昆弟為甥，姊妹之夫為甥。"謂我舅者，吾謂之甥"，既互称甥，亦可互称舅矣，乃後世妻之兄弟獨得舅名，蓋從其子女之称，遂相沿不覺耳。

和錢氏同時的趙翼在陔餘叢考卷三七舅條亦云：

> 後人称妻兄弟曰舅，本非古法。爾雅謂"妻之昆弟為甥"，劉熙釋名謂之"外甥"。是今之所謂舅，正古之所謂甥，乃俗呼正相反。蓋妻之昆弟方謂我之子為甥，而我呼妻之兄弟亦為甥，本無差別，故從乎己之子之称以尊之耳。

上引錢氏的"蓋從其子女之称"和趙氏的"故從乎己之子之称"，正是英人泰洛氏(E. B. Tylor)所謂"親從子称"(Teknonymy)。(註一)這是一種依兒女為父母或其他親屬称謂的習俗。這種習俗的地理分佈很廣，差不多世界各地都通行。據泰洛、斯皮特(J. Spieth)(註二)、傅雷塞(J. G. Frazer)(註三)、曼恩(E. H. Man)(註四)、息里曼(C. G. and B. Z. Seligmann)(註五)，

(註一) On a Method of Investigating the Development of Institutions Applied to Laws of Marriage and Descent (Journal of the Royal Anthropological Institute of Great Britain and Ireland, Vol. XVIII, 1889, pp. 245–272), p. 248; also A. C. Kroeber and T. T. Waterman: Source Book in Anthropology (New York, 1931), pp. 466—467.

(註二) Die Ewe-Stämme (Berlin, 1906), p. 217.

(註三) The Golden Bough, 3rd. ed. pt. II (London, 1911), pp. 331—334.

(註四) On the Aboriginal Inhabitants of the Andaman Islands (London, 1883), p. 61.

(註五) The Veddas (Cambridge, 1911), p. 65.

六同别錄

芮逸夫

勞弗(B. Laufer)(註一)、黎佛斯(W. H. R. Rivers)、(註二)羅維(R. H. Lowie)(註三)、克羅伯(A. L. Kroeber)(註四)、吉福德(E. W. Gifford)(註五)諸氏所記，在亞洲如中國、西伯利亞、印度、錫蘭島、安達曼群島、馬來群島，在海洋洲如澳大利亞、新几内亞、美拉尼西亞(包括斐濟群島等)，在非洲如南非的伯欵那(Bechuana)和班圖(Bantu)各族，西非奴隸海岸的尤族(Ewe)，在美洲如北美加拿大的不列顛哥倫比亞，美國的加利福尼亞(California)、阿利松那(Arizona)、新墨西哥諸州，中美的危地馬拉(Guatemala)，南美南端的巴塔哥尼亞(Patagonia)等等，都有這種習俗。在歐洲如英語中也有婦称公婆(Parent-in-law)為祖父母(Grand-parent)，妻称夫為"父"(daddy，女兒呼父的習称)，夫称妻為"母"(mother)之俗。(註六)在中國不但現在通行，而且由來很古。恆言錄卷三称妻曰兒母條引公羊傳(哀公六年)云：

> 陳乞曰："常之母"。(漢何休註："常，陳乞子，重難言其妻，故云尔"。(唐徐彥疏曰："正以妻者己之私，故難言之，似若今人謂妻為兒母之類是也"。

由錢氏所引公羊傳及何註徐疏之文，可見自春秋或漢初至唐，都有此俗。而在徐疏所説的"似若今人謂妻為兒母之類是也"一語中，且可想見當時不僅是謂妻"可稱"兒母"，謂夫"也一定可称"兒父"。依此類推，則謂其他親屬也可從子女而称。宋吳

(註一) Preliminary Notes on Explorations among the Amoor Tribes (American Anthropologist, Vol. 2, 1900, PP. 297—338), P. 320.

(註二) The History of Melanesian society (Cambridge, 1914), Vol. I PP. 230, 279.

(註三) Notes on the Social organization and Customs of the Mandan, Hidatsa and Crow Indians (Anthropological papers of the American Museum of Natural History, vol. XXI, 1917, PP. 1—99), P. 92.

(註四) Zuñi Kin and Clan (Anthropological papers of the American Museum of Natural History, Vol. XVIII, 1917, PP. 39—205), P. 72.

(註五) Californian Kinship Terminologies (University of California publications in American Archaeology and Ethnology, vol. XVIII, 1922, PP. 1-285), P. 256.

(註六) Ibid., P. 256.

4

處厚青箱雜記記嶺南人的風俗云：

嶺南風俗相呼不以行第，唯以各人所生男女小名呼其父母。元豐中(1078—1085)，余任大理丞，斷賓州奏案，有民韋超，男名首，即呼韋超作"父首"。韋遨，男名滿，即呼韋遨作"父滿"。韋全，女名插娘，即呼韋全作"父插"。韋庶女名睡娘，即呼庶作"父睡"，妻作"嬸睡"。

按宋時賓州的居民，大概以台語(Thai)族人為多，可能就是現在的撞人。至在現代各族中，例如黑龍江流域的赫哲族，妻称夫總是某某的"ama(父)"，夫称妻却是直呼其名。(註一)作者前年在川南永寧河源調查苗族，發現他們夫妻在未生子女以前，都互以名字相呼，到生了子女之後，則夫称妻為某某的"na(母)"，妻称夫為某某的"tsi˨˩˧(父)"。他們不僅在夫妻相互間從子而称，此外如夫称妻之兄弟，及其妻称她自己的兄弟，原為"no˩"(女子對兄弟及男子對妻兄弟之称)，生子後也都從子称為"klaŋ˥˧(舅)"或"jeu˧˥ klaŋ˥˧(舅爺)"。妻称夫之姊妹及夫称他自己的姊妹原為"ma˧"(男子對姊妹及女子對夫姊妹之称)，生子後從子称"ṇaŋ˩(姑)"。其他的親屬還有好些都可以這樣的從子而称。(註二)此處只略舉其例，已足够說明"親從子称"的涵義了。

由上所述，可見親從子称的習俗，無論古今中外，通行的都相當普遍。由錢趙二氏釋"夫称妻之兄弟為舅"之例，則"夫称妻之姊妹為姨"，"妻称夫之兄弟為伯叔，姊妹為姑"，似乎也都可用親從子称來解釋。馮漢驥先生的親從子称為中國親屬称謂制的構成因素(註三)一文和中國親屬称謂制中的親從子称(註四)一節，都是這樣看法的，他的結論云：

(註一) B. Laufer: Preliminary Notes on Explorations among the Amoor Tribes (1900) P.320

(註二) 作者別有苗語釋親一文詳述之。

(註三) H. Y. Fêng: Teknonymy as a Formative Factor in the Chinese Kinship System (American Anthropologist, Vol. 38, 1936, No. 1, PP. 59—66) P. 66.

(註四) The Chinese Kinship System (Harvard Journal of Asiatic Studies, Vol. 2, 1937, No. 2, PP. 141—275) P. 203.

六同別錄

需要許多套姻婚或其他特殊習俗才能解釋的舅、伯、叔、姑、姨的特性，只要親從子稱的一條原則，就可同樣的獲得解釋了。

芮逸夫

這五個稱謂的被用以稱十種親屬的現象，果真是親從子稱的一條原則所能解釋的嗎？親從子稱，顧名思義，一定要先有子女對尊輩親屬的稱謂，而後他和她的父母稱起來才能有所從；否則，便無由從子而稱了。所以在下文我們要考伯、叔、姨、舅、姑五個稱謂，原來是否都是卑輩用以稱尊輩親屬的。

二 伯叔姨舅姑稱謂考

要考伯、叔、姨、舅、姑五個稱謂的原義，我們可先看最早將古代親屬稱謂作系統記載的爾雅釋親。惟釋親只記叔、姨、舅、姑四個稱謂，今且抄錄如下：

夫之弟為叔。(婚姻章)

以上叔一義。(註一)

妻之姊妹，同出為姨。(妻黨章)

以上姨一義。

母之晜弟為舅。(母黨章)

婦稱夫之父為舅。(註二)(婚姻章)

妻之父為外舅。(註三)(妻黨章)

以上舅三義。

(註一)宗族章有"父之晜弟，後生為叔父"條，那個叔父的叔是長幼區別詞。邢昺疏引許慎云："言尊行之小也"。不加父字，不能成獨立的稱謂。

(註二)又云："姑舅在則曰君舅、君姑，沒則曰先舅、先姑，謂夫之庶母為少姑"。白虎通三綱六紀篇云："稱夫之父母謂之舅姑者何？尊如父而非父者，舅也；親如母而非母者，姑也；故稱夫之父母為舅姑也"。

(註三)清梁玉繩瞥記云："釋親'妻之父母為外舅、外姑'，然亦可單稱舅姑。坊記曰：'舅姑承子以授壻'"。(見梁氏清白士集卷十九)。

—6—

父之姊妹為姑。(宗族章)

婦稱夫之母為姑。(註一)(婚姻章)

妻之母為外姑。(註二)(妻党章)

以上姑三義。

今本爾雅，據說是劉歆徵蒙了千餘能通爾雅的人，令各記字庭中，附益而成的。然據魏張揖上廣雅表云：“爰暨帝劉，魯人叔孫通撰置禮記，文不違古。今俗所傳三篇爾雅，或言仲尼所增，或言子夏所益，或言叔孫通所補，或言沛郡梁文所攷。皆解家所說，先師口傳，既無証驗，聖人所言，是故疑而不能明也。”清臧庸王念孫據此，多信爾雅原在禮記中。王氏廣雅疏証補正引臧氏云：“張稚讓言叔孫通撰置禮記，不違爾雅，然則大戴禮中當然有爾雅數篇，為叔孫氏所取入，故白虎通引禮親屬記“男子先生稱兄，後生稱弟，女子先生為姊，後生為妹”，文出釋親；風俗通引禮樂記“大者謂之產，其中謂之仲，小者謂之箹”，文出釋樂；公羊宣十二年傳引禮“天子造舟，諸侯維舟，卿大夫方舟，士特舟，”文出釋水；孟子“帝館甥于貳室，”趙註引禮記“妻父曰外舅，謂我舅者，吾謂之甥，”文出釋親。梁任公先生也極信此說，惟云：“既附在禮記裡，篇幅一定沒有今本那麼多。”(註三)作者以為無論如何說法，我們總該認爾雅一書為西漢以前的作品。釋親所記，在時代上當為公元前一二世紀至三四世紀，或更早時期的。在地域上當為當時所謂中原的稱謂制。

由釋親所記，顯然可以看出叔姨兩稱謂是用以稱平輩親屬的；舅姑兩稱謂，雖各有三義，但都是用以稱尊輩親屬的。伯一稱謂，釋親未詳。父之兄在釋親為

(註一)婚姻章又云：“姑舅在則曰君舅，君姑，歿則曰先舅，先姑，謂夫之庶母為少姑。”白虎通三綱六紀篇云：“稱夫之父母謂之舅姑者何？尊如父而非父者，舅也；親如母而非母者，姑也；故稱夫之父母為舅姑也。”

(註二)清梁玉繩瞥記云：“釋親‘妻之父母為外舅外姑，’然亦可單稱舅姑。坊記曰‘舅姑承子以授壻。’”(見梁氏清白士集卷十九)。

(註三)見梁氏古書真偽及其年代，頁一三四。

六同别録

芮逸夫

"世父"，夫之兄為"兄公"，都不稱伯。我們知道，叔伯二字在古籍中常多對文，例如："叔兮伯兮"，並見於詩邶風旄丘，鄭風蘀兮及丰。見於左傳的如昭公二十八年的"吾聞諸伯叔"。由對文之例，我們想到釋親的"父之晜弟，先生為世父，後生為叔父"，世父應當有伯父之稱；又"夫之兄為兄公，夫之弟為叔"，兄公也應當有伯之稱。我們看礼曾子問有"已祭而見伯父、叔父"，便可為世父亦稱伯父的明証。（單稱為伯，為後起之辞，説詳後。）但稱夫兄為伯，則各家都以為後起，翟灝以為起於唐時。通俗編卷十八阿伯條云：

五代史補："李濤弟澣娶婦竇氏，出參濤，濤答拜，澣曰：'新婦參阿伯，豈有答礼？'"按婦人呼夫之兄為伯，唐有之矣。

錢大昕趙翼都以為起於宋時。錢氏恒言録卷三夫之兄曰伯條云：

容斋三筆云："婦人呼夫之兄為伯，於書無所載。嘗為弟婦作青詞云：'頃因兄伯出使，夫婿從行，偶憶尔雅，改為兄公。'"是兄伯之稱，沿自宋代矣。

趙氏陔餘叢攷卷三六夫兄稱伯條云：

叔嫂之称，見於經書，而婦人呼夫之兄為伯，則無所據；尔雅釋親篇但曰兄公耳。然稱伯則由來已久。（下引五代史補李濤故事，同通俗篇。）

又云：

容斋隨筆記："宋慶曆（1041—1048）中，陳恭公為相，以曾公亮自起居注除天章閣待制。陳之弟婦，曾出也。陳語之曰：'六新婦！曾三做從官，想甚喜？'應聲對曰：'三舅荷伯伯提挈，極喜；只是外婆不樂。'"據此，則弟婦稱夫兄為伯，宋時已然。

梁章鉅稱謂録卷七夫之兄為伯條也引五代史補和容斋隨筆之文，並以婦稱夫兄為伯，不見於經典；但其末有云：

然以尔雅稱夫弟為叔例之，則夫兄亦可為伯耳。

梁氏夫兄亦可稱伯之説，似本於張習孔，雲谷臥餘云：

尔雅稱夫之弟為叔，則夫之兄亦可為伯也。

二氏所云，完全相同。這雖是一種推測，在礼書是無徵的。但我們可看和尔雅纂

—8—

集時代相距不遠的史記，陳丞相世家記陳平妻之祖母張負試其孫女云：

事兄伯如事父！（漢書作"事兄伯如事乃父"！）

這可為公元前一二世紀時"婦稱夫兄為兄伯"的確証。兄伯原為男子稱兄長之辭，此處則用作妻對夫兄的稱謂，可見古代是通用的，又可單稱為"伯"。陳丞相世家云：

陳丞相平者，……獨與兄伯居，伯常耕田，縱平使游學。……其嫂嫉平之不事家生產，曰："亦食糠覈耳，有叔如此，不如無有"。伯聞之，逐其婦而棄之。

按釋親原本，或是史記以前之作，但今本尔雅的寫定，則無疑的是在司馬遷之後。所以史記有稱夫兄為"兄伯"或"伯"之文，當可為張翟二氏的推測作有力的証據。因此，我們在釋親"夫之兄為兄公"下，"夫之弟為叔"上，似可以插補一句云："亦稱為伯"。

由上所述，可知在尔雅纂集時代，伯、叔、姨三稱謂是用以稱平輩親屬的，"姑舅"兩稱謂是用以稱尊輩親屬的。如依楊雄方言和王充論衡之說，以尔雅為解釋六藝、五經的訓詁；歐陽修詩本義，高承事物紀源，以為是學詩者解詁詩人之旨纂集而成。則尔雅所記五稱謂的涵義，當和先秦經籍相符。現在我們再就保存先秦本來面目最多的詩經和左傳等書分別攷之。

先攷伯叔——上文提及伯叔二字常多對文，曾引詩邶風旄丘、鄭風蘀兮以來的"叔兮伯兮"；至於單稱伯的，則有如衛風伯兮的"伯兮朅兮，……伯也執殳，……自伯之東，……願言思伯"，小雅正月的"將伯助予！"何人斯的"伯氏吹壎"。單稱叔的，如鄭風叔于田的"叔于田，……叔于狩，……叔適野，……不如叔也，"大叔于田的"叔于田，……叔在藪，……將叔無狃，……叔善射忌，……叔馬慢忌，……叔發罕忌"。所有這些伯、叔之稱，自漢以來經學家的解釋頗多，除"伯兮朅兮"之"伯"，毛傳有"州伯"之解外，餘可約為三義：

第一義是兄弟長幼的稱謂。如鄭玄箋鄭風蘀兮中的"叔兮伯兮"云："叔伯，兄弟之稱。"又箋小雅何人斯中的"伯氏吹壎，仲氏吹篪"云："伯、仲，喻兄弟也。"梁氏稱謂錄卷四長兄稱伯氏條也引此詩為例証。惟鄭箋所謂"兄弟"之義很廣，不但不限於同胞兄弟，且不限於同姓兄弟，如從父兄弟，從祖兄弟，族兄弟，親同姓之類，凡

芮逸夫

屬儕輩，都以伯叔或伯仲相稱。蘀兮的叔伯，是鄭國的群臣相謂之稱；何人斯的伯仲，是喻列國諸侯相謂之辞。這可以説是廣義的兄弟之稱，正如現在我們朋輩相互間，都以兄弟相稱一樣。又左氏定公四年傳云：“分魯公以大路，……分康叔以大路，……分唐叔以大路，……三者，皆叔也，而有令德，故昭之以分物。不然文武成康之伯猶多”。魯公指周公旦之子伯禽，封魯公即封周公，周公是武王之弟；康叔封為衛之祖，也是武王之弟；唐叔虞為晋之祖，乃是成王之弟；所以都稱為叔。孔穎達正義云：“文武成康皆以處長而立，未得更有兄伯封為諸侯，而云伯猶多者，以叔年稚於伯，處叔而得分多，明其長者無所得。伯是兄弟之長，故舉伯以為言”。這個叔伯，便是親兄弟或同姓兄弟相互間分長幼的稱謂。史記稱陳平之兄為兄伯或伯，也是此義。

第二義是古人二十而冠時所加的字。（註一）鄭玄箋衛風伯兮中的“伯兮朅兮，……伯也執殳”的伯字云：“伯，君子字也。”孔穎達正義云：“伯、仲、叔、季，長幼之字。”鄭氏又箋邶風旄丘云：“叔、伯，字也。”顧炎武日知録卷二三伯父叔父條云：“古人於父之昆弟必稱伯父、叔父，未有但言伯、叔者。若不言父而但曰伯、叔，則是字之而已；詩所謂‘叔兮伯兮’，‘伯兮朅兮’，‘叔于田’之類皆是也。”

第三義是新婦對壻親迎時從者的稱謂。毛氏傳鄭風丰中的“叔兮伯兮”云：“叔伯，迎己者。”鄭氏箋云：“叔也、伯也，來迎己者。”迎己者是誰？清陳奐疏云：“謂壻之從者也。迎己者當不止一人，故或評叔，或評伯。”壻之從者是何等人呢？儀禮士昏禮：“從者畢玄端”，鄭玄註云：“從者，有司也。”賈公彥疏云：“以士雖無臣，其僕隸皆曰有司。”作者以為從者或即司儀擯相之類。古時天子諸侯有大夫，大夫有士，士有僕隸，都可為從者。至於庶人，則惟有儕輩，其中可能有同胞兄弟，或從父兄弟，從祖兄弟，族兄弟，親同姓等等。總之，所有從者，都是壻之黨。

由上述第三義，顯然可以看出妻稱夫兄弟為伯叔的來源。釋親婚姻章云：“壻之黨為姻兄弟。”新婦呼姻兄弟為“叔兮伯兮”，可見稱夫兄弟為伯叔，就是淵源於此。然釋親為什麽只説“夫之弟為叔”而没有“夫之兄為伯”之文呢？大概在爾雅寫定時代，稱夫之兄為兄公或公，較比兄伯或伯之稱通行，正如左傳、儀禮、禮記都有伯父之

（註一）禮曲禮：“男子二十冠而字。”

稱，釋親卻只說"父之晜弟，先生為世父"。宋邢昺疏云："繼世以嫡長，先生于父，則繼世者也，故曰世父。"漢劉熙釋名云："父之兄曰世父，言為嫡統繼世也。又曰伯父，伯，把也；把持家政也。……夫之兄曰公，公，君也；君，尊稱也。"為了繼世之故，所以稱伯父為世父；為了尊敬之故，所以呼夫兄為兄公或公。因此釋親作者便把伯之稱謂略而不提了。釋名又云："俗間曰兄章，章，灼也；章灼，敬奉之也。又曰兄伀，言是己所敬忌，見之怔忪，自肅齊也。"弟婦見了兄伯為什麼要這樣嚴肅，乃至於怔忪呢？作者以為這和兄伯弟婦間的迴避(avoidance)之俗可能有相關性的。(註一)所以弟婦呼夫兄，遂多不稱兄伯或伯，而尊稱兄公或公。晉郭璞註釋親"夫之兄為兄公"云："今俗呼兄鍾，語之轉耳。"清郝懿行爾雅義疏云："爾雅釋文作兄妐，音鍾，今本作公。"然則兄公當讀為兄鍾。郭注欲顯其音讀，故借鍾為公耳。"玉篇云："妐，之容切，夫之兄也。"可見自漢至唐，俗間多習呼夫之兄為兄公、公兄章、兄伀、兄鍾、兄妐，至兄伯或伯之稱，只是偶爾用之，直至唐末再見通行。(參看上引陶岳五代史補所記李濤故事。)洪邁及翟錢趙梁諸家，既都沒有注意到上述的第三義，又忽略了史記陳丞相世家張負戒陳平妻之語有"兄伯"之稱，因有"於書無所載，無所據"或"不見於經典"之說。殊不知稱夫之兄弟為伯叔，早已見於經史了。

其次考姨——姨的稱謂最早見於詩衛風碩人：

齊侯之子，衛侯之妻，東宮之妹，邢侯之姨，譚公維私。

孔穎達正義云：

釋親云："男子謂女子先生為姊，後生為妹；妻之姊妹，同出為姨；女子謂姊妹之夫為私。"孫炎曰："同出，俱已嫁也。"私無正親之言。然則謂我姨者，吾謂之私。邢侯、譚公，皆莊姜姊妹之夫，互言之耳。

據此，則莊姜也是譚公之姨，邢侯和譚公的夫人，又都是衛莊公之姨；同時邢侯也是莊姜之私，衛莊公又是邢侯和譚公夫人之私。我們可把這幾人的親屬關係畫

(註一)這是一種親屬禁忌之俗，解釋頗多，非此處所能詳，可看R. H. Lowie: Primitive Society, (1920), PP. 80—94; also Notes and Queries on Anthropology, 5th ed. (1929) P. 71.

芮逸夫

示如下：

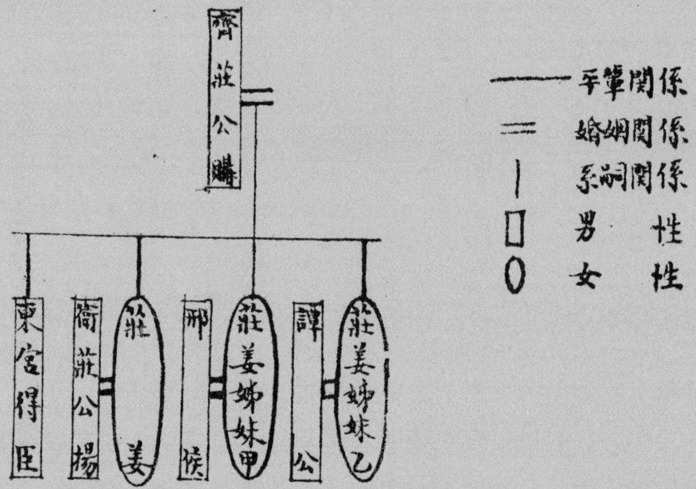

由圖所示，可見姨和私兩稱謂，是有交互性的（reciprocity）。（註一）所以孔氏云：“謂我姨者，吾謂之私。”反轉來說，便是“謂我私者，吾謂之姨。”換句話說，即是“不謂我私者，吾不能謂之姨。”

姨的稱謂見於左傳者有二：其一，莊公十年傳云：

蔡哀侯娶於陳，息侯亦娶焉。息嬀過蔡，蔡侯曰：“吾姨也。”

蔡侯稱息嬀為姨，則息侯稱蔡侯夫人也必是姨；同時蔡侯是息嬀之私，息侯也必是蔡侯夫人之私。這和上引詩經所稱之姨是完全相合的。

其二，襄公二十三年傳云：

臧宣叔娶于鑄，生賈及為而死，繼室以其姪，穆姜之姨子也。

（註一）A. L. Kroeber: California Kinship System (University of California publications in American Archaeology and Ethnology, vol. 12, No. 9, 1917) P. 340, note 1; Zuñi Kin and Clan (Anthropological papers, American Museum of Natural History, vol. 18, 1917) pp. 71–81; Han-yi Fêng: The Chinese Kinship System (Harvard Journal of Asiatic Studies, vol. 2, No. 2, 1937) pp. 170–171.

集刊外编第三种

晋杜预注云："姪，穆姜姨母之子，與穆姜為姨昆弟。"這裡姨所称的親屬對象和上述姨的称謂可不同了。孔頴達即覺得杜註不對，正義云：

釋親云："妻之姊妹，同出為姨。"孫炎曰："同出，俱已嫁也。"然則據女言之謂之姨，據子言之當謂之從母。

但不依杜註，却無法解釋，所以又只好曲為疏解云：

但子效父語，亦呼為姨；姨子昆弟，即喪服從母昆弟是也。

此外懷疑杜預註有誤的，在孔氏之前有晋袁準，後來又有清邵晋涵。唐杜佑通典卷九十二引袁準論云：

春秋傳："蔡哀侯娶於陳，息侯亦娶焉。息嬀將歸，過蔡，蔡侯曰："吾姨也"，止而享之。"尔雅曰："妻之姊妹，同出為姨，此本名者也。左傳："臧宣叔娶于鑄，生賈及為而死，繼室以其姪，穆姜之姨子也。"以蔡侯尔雅言之，穆姜焉得為姨？

邵氏尔雅正義釋親"母之姊妹為從母"下疏云：

尔雅於母党曰"母之姊妹為從母"於妻党曰"妻之姊妹，同出為姨"；姨之名，於妻党有此称，於母党不當有此称也。

但他們雖多明知姨字的實解，終因杜氏早已註作姨母，先入為主，不得不曲為之解，所以袁氏又云：

此緣妻姊妹之姨，因相謂姨也；姊妹相謂為姨，故其子謂之姨子，其母謂之姨母；從其母而來，謂之從母，從母姨，為親一也，因復謂之從母。此因轉假而遂為名者也。(見同上引書)

邵氏雖始終不以為然，但無法推翻孔疏之說，也只得嘆道：

自周末礼教衰微，假人以名器，子效父語，有称從母為姨者！(見同上引書)

致由称妻之姊妹為姨，引申而為称母之姊妹為姨，大概始於東漢之末。劉熙釋名云：

妻之姊妹曰姨，姨，弟也，言與己妻相長弟也。母之姊妹曰姨亦如之，礼謂之從母。

—13—

六同別錄

劉氏釋母之姊妹曰姨的"亦如之，礼謂之從母"八字，意思就是說，姨的原義是與己妻相長弟，本是對平輩親屬的稱謂，後來引申而為與己母相長弟之義，遂用以稱尊輩親屬，但和礼是不合的。邵晉涵以為劉氏是根據時俗而作的解釋。爾雅正義云

尚遂夫

劉熙撰釋名，遂云"母之姊妹曰姨亦如之，礼謂之從母，為娣而來，則從母列也，故雖不來，猶以此名之也。"此因漢世有姨之稱，故劉熙亦有此釋。

但邵氏所謂漢世，似乎不能早過東漢中葉以前；因為許慎說文解姨字，還只是說"妻之女弟，同出為姨"，而沒有"母之姊妹為姨"之解。這在一方面，似乎是表示當公元一世紀時還沒有稱母之姊妹為姨之俗，或雖已有而尚未普遍通行，所以許氏略而不提。在另一方面，作者頗疑許氏所讀的左傳"穆姜之姨子也"一句中的姨字，或者不是本字；否則，這位古文經學家解姨字，或不至略而不提。由前之說，則漢以前似乎不應有稱母之姊妹為姨之俗；由後之說，則"穆姜之姨子也"的姨字或有訛誤。

第一，這個姨字究竟是什麼字之訛呢？我以為可能性最大的是娣字之訛。因為娣姨兩字，篆文之形很相近，（娣作[篆]，姨作[篆]），古書中的字，因形近而訛的，其例很多。王引之在經義述聞通說篇曾舉出百餘條，如"夫"與"矢"相似而誤為"矢"，"梏"與"桔"相似而誤為"桔"等等。娣姨二字，形近如此，所以誤娣為姨，似有絕大的可能性。

第二，古代沒有稱從母昆弟或姊妹為姨子的，爾雅有"男子謂姊妹之子為出，女子謂昆弟之子為姪"，"出"又稱"甥"，所以又有"謂我舅者，吾謂之甥"之文。男子謂兄弟之子，女子謂姊妹之子稱什麼呢？爾雅沒有提及。魏晉以來，論者頗多，說法不一。通典卷六十八甥姪名不可施伯叔從母議引劉宋顏延之云：

謂吾伯叔者，吾謂之兄弟之子；謂吾從母者，吾謂之姊妹(如娣)之子。

兄之子、弟之子之稱，見於爾雅，論語公冶長也有"兄之子"之稱。"之"字是語助，可有可無的。左氏僖公二十四年傳有"介之推"，杜注"語助"。王引之經傳釋詞云："凡春秋人名中有之字者，皆倣此。"所以"兄之子"又作"兄子"，家語："孔子兄子有孔蔑者"，可

為古有"兄子"之称的佐証。有"兄子"之称，必也有"弟子"之称，男子謂兄弟之子既有兄子弟子之称，則女子謂姊妹之子，當有姊子、妹子之称。但古時女子既嫁，便不以姊妹相称。怎樣称法呢？釋親云："女子同出，謂先生為姒，後生為娣。"太平御覽五一七卷引郭注云："同出，俱嫁，各事一夫。"今本爾雅郭注作"同出，謂俱嫁事一夫"。未知孰是。按釋親"妻之姊妹，同出為姨"郭注云："同出謂俱已嫁。"鄭珍經說姒娣篇云："同出文同，義豈宜異？"(註一)所以"女子同出"也當作如是解。大概古時女子既嫁，無論是共事一夫，或各事一夫，都是互以姒娣相称。所以女子謂姒娣之子，當有姒子、娣子之称。因此，作者頗疑左傳之文，或原為"穆姜之娣子也"。(註二)

再次考舅——称母之兄弟為舅，見於詩經的如秦風渭陽："送我舅氏"序云："康公時為太子，贈送文公于渭之陽，念母之不見也，我見舅氏，如母存焉。"毛傳云："秦康公之母是晉獻公之女；文公者，獻公之子，康公之舅。"又大雅崧高："往近王舅，……王之元舅。"毛傳云："申伯，宣王之舅也"。舅和甥常多對文。小雅頍弁："兄弟甥舅"。鄭箋云："謂我舅者，吾謂之甥。"

至於小雅伐木的"以速諸舅"，則為天子對異姓諸侯，諸侯對異姓大夫之称。毛傳云："天子謂同姓諸侯，諸侯謂同姓大夫，皆曰父，異姓則称舅。"又有伯舅、叔舅之称。儀礼覲礼"同姓大國則曰伯父，其異姓則曰伯舅；同姓小邦則曰叔父，其異姓小邦則曰叔舅"。那是因為天子的后多娶自諸侯，所以称之為舅，和上述舅及舅氏之義是相同的。

見於左傳的如：

所不與舅氏同心者，有如白水。(僖公二十四年)

茲率舅氏之典。(襄公十四年)

齊，王舅也。(昭公十三年)

絲以告其舅。(昭公十九年)

(註一)見巢經巢文集卷一。

(註二)關於這個問題，我曾請教於陳槃厂(槃)、勞貞一(榦)、屈翼鵬(萬里)三先生，勞、屈深然其說，陳謂可備一說。

伯叔姨舅姑攷

六同别録

洵遠夫

吾懲舅氏矣。（昭公二十八年）

舅甥對文的尤多，如：

好舅甥。（文公二年）

兄弟甥舅侵敗王略，……夫齊，甥舅之國也。（成公二年）

為父子、兄弟、姑姊、甥舅、昏媾、姻亞，以象天明。（昭公二十五年）

若我一二兄弟甥舅。（昭公二十六年）

而即安於甥舅。（昭公二十八年）

我一二親暱甥舅。（昭公三十二年）

宋鄭，甥舅也。（哀公九年）

以上所引這些舅氏或舅，都和詩經所稱之舅義同。這是舅的第一義。

稱夫之父為舅，不見於詩經和左傳，但見於國語，魯語記子夏之言云：“古之嫁者，不及舅姑謂之不幸。夫婦，學於舅姑者也。”又儀礼士昏礼：“贊見婦于舅姑，……舅即席，……舅坐撫之，……”礼檀弓：“吾舅死于虎。”這些舅的稱謂，都是白虎通所謂“親如父而非父者，舅也”之舅。這是舅的第二義。

稱妻之父為舅或外舅，也不見于詩經和左傳，孟子萬章篇下有“帝館甥於貳室”一語。漢趙岐注云：“礼謂妻父曰外舅，謂我舅者，吾謂之甥。堯以女妻舜，故謂舜甥。”孟子既說堯稱舜為甥，則舜稱堯必為舅或外舅。可見在孟子時已有稱妻父為舅或外舅之俗了。稱舅為什麽要稱外？釋名云：“言妻從外來，謂至己家為歸，故反以此義稱之；夫妻，匹敵之義也。”清汪琬云：“男子謂妻父曰外舅，母曰外姑；蓋彼以我父為舅，我亦從而舅之。懼其同於母党也，故別曰外舅。”這是舅的第三義。

以上說舅之三義：第一義是稱尊輩血親的，第二、三兩義是稱尊輩姻親的。

最後說姑——稱父之姊妹為姑，見於詩邶風泉水：“問我諸姑，遂及伯姊。”毛傳云：“父之姊妹稱姑。”正義引孫炎云：“姑之言古，尊老之名也。”左氏文公二年傳引泉水詩云：“謂其姊親而先姑也。”又僖公十五年：“姪其從姑。”杜注：“謂我姪者，吾謂之姑。”

—16—

左傳又有姑姊妹之稱。襄公十三年："無女而有姊妹及姑姊妹。"正義云："樊光曰：春秋傳云：姑姊妹。"然則古人謂姑為姑姊妹，若父之姊為姑姊，若父之妹為姑妹，列女傳："梁節姑妹(註一)入火而救兄子"，是謂父妹為姑妹也。"又昭公三年："則猶有先君之適及遺姑姊妹。"正義云："姑姊妹，亦先君之女也。"惟至漢時雖列女傳尚有姑姊妹之稱，似已不很通行，所以白虎通三綱六紀篇云：

父之昆弟不俱謂之世父，女之昆弟俱謂之姑，何也？以為諸父，內親也，故別稱之也；姑當外適人，疏，故總言之也。

魏晉以後，便沒有此種稱呼了。顏氏家訓風操篇云：

吾親表所行，(婦人)若父屬者，為某姓姑。

可知早已沒有姑後加姊妹之俗了。這是姑的第一義。

稱夫之母為姑，不見於詩經，只見於左傳。襄公二十三年："婦，養姑者也，虧姑以成婦。"昭公二十六年："姑慈婦聽，……姑慈而從。"又二十八年："子容之母走謁諸姑。"杜注云："子容母，叔向嫂，伯華妻也；姑，叔向母。"又見於國語，除上引子夏之語外，魯語又有"吾聞之先姑。"韋注云："夫之母曰姑。"又上引儀礼士昏礼："贊見於舅姑，……姑即席，……姑坐舉以興，……"這些姑的稱謂，都是白虎通所謂"親如母而非母者，姑也"之姑。這是姑的第二義。至釋親所云"謂夫之庶母為少姑，"邵晉涵爾雅正義，郝懿行爾雅義疏並云："因夫有母名，故婦有姑名也。"則少姑之姑，也是同義。

稱妻之母為姑或外姑，詩經和左傳都不見，惟礼坊記有云："昏礼，壻親迎，見于舅姑，舅姑承子以授壻。"鄭注："舅姑，妻之父母也。"孔氏正義云："見于舅姑，舅姑承子以授壻者，謂親迎之時，壻見于舅姑；舅姑，謂婦之父母也。"釋親為什麼稱外姑？汪琬云："彼以我母為姑，我亦從而姑之；懼其同於父黨也，故別曰外姑。"這是姑的第三義。

以上攷姑之三義，和舅之三義一樣：也是第一義稱尊輩血親，第二、三兩義稱

伯叔姨舅姑攷

(註一)阮刻校刊記云："案下文取其兄子，則姑妹是矣，而列女傳妹作姊，疑今列女傳誤。釋隸載武梁祠堂畫像亦作姑姊。"

六同别錄

芮逸夫

尊輩姻親。

由上文所攷，可見在尔雅纂集時代，伯、叔、姨、舅、姑五稱謂的涵義，都和經傳相符的。釋親所記"夫之兄為兄公"之文，當是從時俗之稱，所以忽略了經傳的根據。這因尔雅一書原為綴緝舊文，遞相增益之作，無怪乎不能一致了。

讀者或者要問，在詩經時代以前這五個稱謂的涵義又如何？這因文獻不足，姨舅姑三字並不見於甲骨文，姨舅二字且不見於金文，（註一）只能闕疑。若就西周以前金文所見之"姑"，及並見甲骨金文的"白叔"二字而論，則其涵義仍多和自詩經至尔雅時代相同。作者於古文字學未嘗涉獵，本不敢談，今姑就請教於王鳳生（獻堂）董彥堂（作賓）張苑峯（政烺）屈翼鵬（萬里）諸先生之所得，略加參稽，簡述如下：

伯——甲骨金文中之伯多不从人。董氏五等爵在殷商一文釋白字云：

> 白字在甲骨文中涵義有三：一曰色，二曰地，三曰侯伯之伯；侯伯字，假白為之，仍作白。在殷商時代有"方伯"，有"伯"；伯有兼稱國及人者，有但稱國或但稱人者，一如侯；亦稱多伯，亦如多侯之稱諸侯然。（註二）

依董氏之說，伯在殷商時代多數是用以稱國或人或兼稱國及人。用為親屬稱呼，大致是沒有的。長幼之長，似乎是因方伯為一方之長假借而來。商承祚氏依說文解字白字的解釋，以為是由白色之白假借而來。殷虛書契類編伯字條云：

> 說文解字："白，从入合二"，古文作㿝，古金文與此同，亦作Ө，（盂鼎）但多借為伯仲字。

清朱駿聲氏的解白字和許氏不同，說文通訓定聲引蘇轍"白字从日，上象日未出，

（註一）甲骨文中只有夷字，胡厚宣殷代封建制度攷一文引有卜辭五片；金文中也只有夷字，容庚金文編收有鼎彝十一器，所有夷字都訓夷方之夷。又甲骨文中有舊字，商承祚殷虛書契類編收有卜辭三片；金文中也有舊字，容庚金文編收有鼎彝三器，都是故舊之義。又屈翼鵬先生告我，甲骨文中有古字，郭沫若古代銘刻彙攷釋讀篇引卜辭一片，凡兩見，都是故字之義。三字在當初都和稱謂無關。稱謂中所用姨字的从女，夷聲；舅字的从男，臼聲；姑字的从女，古聲；都是後起的。

（註二）本所集刊第六本第三分，頁417。

初生微光"之說，他加上按語云：

日未出地平時，先露其光恒白。今蘇俗謂"昧爽"曰"東方發白"是也。字當从日。白，指事，訓太陽之明也。晧、皞的等字，亦皆从日，訓白。莊子人間世"虛室生白"。崔注："白者，日光所照也。"……〔轉注〕荀子王霸："仁人之所務，白也。"注："白，明白也。

章炳麟氏依朱氏謂白从日及其他之說，以為伯長之伯，乃是由明白之白孳乳而來。文始云：

依明白之義，又孳乳為百，十十也；百，白也，為伯長也。春秋元命苞曰："伯之為言白也"。案幼為幽，孟為明。伯孟一聲之轉，白明亦一聲之轉也。又孳乳為魄，陰神也。是謂學白為陰用事色相應。白虎通義亦云："魄者，白也"。楚辭義注："耳目之聰明為魄"。是亦白也。

李濟之(濟)先生因作者之請教而告以瑞典高本漢氏(Bernhard Karlgren)的解釋白字，又和上引諸說不同，並以高氏中國古代的幾個蕃生象徵(註一)一文見示。知高氏也以白字有三義：一為白色之白(po，古讀b'ɒk, white)，二為兄伯之伯(po，古讀pɒk，引伸而為senior, prince等義)，三為魂魄之魄(p'o，古讀pɒk soul)；三義密切相關，原寫作一字，"人""鬼"兩偏旁是後加的。(註二)他從初民的一種"陽具崇拜"(phallicism)之俗的觀點攷白字的意義，以為白字最初為祖宗之義，衍為長兄之義(文長不錄)。其結論云：

白(PO，長兄，eldest brother)和白(p'o，精靈，spermatic soul)必為同源語，或同一語根的兩個變化。白"長兄"最初為祖宗(progenitor，宗人 the clan man)之義。如白"長兄"和白"精靈"為同一語根——因而最初即用同一字表示——則必為陽具崇拜之義(phallic design)。因此白色之義是後起的。(註三)

(註一) Some Fecundities in ancient china (The Museum of Far Eastern Antiquities, Bulltin No:2, Stockholm, 1930).

(註二) Ibid., P.5

(註三) Ibid., P.7.

六同別錄

上引各家的解說雖各有異，而以伯為長、老之義，則多相同。

叔——甲骨、金文中的叔，多不从人。殷虛書契類編尗字條云：

此字從∮象弓形，↑象矢，己象弋射之繳，其本意全為弋射之弋，或即弋之本意，而借為伯叔。

芮逸夫

吳大澂說文古籀補云：

尗，善也；伯叔，長幼之稱也；象人執弓矢形，男子生桑弧蓬矢六以射天地四方，故叔為男子之美稱。

商吳二氏的說法雖各執一是，而以叔為"幼"、"少"之義則同。

由上所引，可知前文所攷伯叔的第一義，實即淵源於此。殷周彝器所稱某伯、某叔，某是自稱其名，所以附伯、叔字者，表示兄弟長幼之別而已。

姑——甲骨文中有"古"，但非稱謂。屈翼鵬先生告我，郭沫若古代銘刻彙攷續編畐甾篇引甲骨文云：

中牧于義，伊侯山畐。

戊戌貞，右牧于片，伊侯山畐。

屈先生以為郭氏以"山為古字，讀為故，謂畐者，故畐也"甚是。至於用作稱謂的姑，只見於金文，例如：

婦闟作文姑日癸障彝。（婦闟卣及甗。）

作婦姑尊彝。（婦姑鼎）

用作乃文姑寶尊彝。（庚羆卣）

上引三條，都是承王孝生先生見告的，並以為諸器的姑字，當為稱謂。婦闟卣及甗，據羅振玉說，為殷器，恐不可靠，但最晚也是西周初之物。婦姑鼎和庚羆卣也都是西周之器。惟器雖作於西周，而稱姑之俗當沿自殷商。張苑峯先生則以為婦闟卣及甗為殷器，庚羆卣為西周器；姑字當為婦對夫母之稱。婦姑鼎為殷器，姑字是否夫母之稱，則不能斷言。

總結以上所攷，我們的結論是：

伯、叔、姨三稱謂原來是稱平輩親屬的，舅姑兩稱謂原來是稱尊輩親屬的。

—20—

三 子從親称

由上文的結論，可知世俗夫称妻之兄弟為舅，妻称夫之姊妹為姑，說是受親從子称的影響是可以解釋的。至於妻称夫之兄弟為伯、叔，夫称妻之姊妹為姨，卻不能說是受親從子称的影响。因為伯叔姨原來都是平輩對平輩親屬的称謂，那是無由從子而称的。

這是受的什麼影響呢？作者以為和親從子称恰恰相反，這是受子從親称的影響。大抵由於子女因習聞其父称母之姊妹為姨，便也跟着称姨；又因習聞其母称父之兄弟為伯、叔，便也跟着称伯、叔，（男子對兄弟称伯叔，自漢以後，似已不通行。）這是一種依父母為兒女称謂的習俗。

為什麼或從父称或從母称呢？這可沒有一定。羅維氏曾說"親從子称"是可供給"輳合演化"（Convergent evolution）做例証的，它的起源，必須要從特有的情況中去尋求。（註一）"子從親称"也正相同，它把兩種不同行輩的親屬称謂合而為一，也正是湊合演化的又一例證。它的起源，自然也要從特有情況中去尋求。

我們知道，每一社區的風俗習慣，必有它自已選擇的模式（pattern）。當一個人結婚以後，他或她便有一套對姻親的称謂。上一輩的姻親，到了下一輩便變為血親，他們的子女對父母的姻親，（由子女說是血親）便可有多種称法。依美人阿金斯基氏（B. W. Aginsky）之說，有四種可能：（1）從父而不從母，（2）從母而不從父，（3）兼從兩者，（4）既不從父，又不從母。（註二）

由上文所考，我們已可知姨為男子對其姻親妻姊妹之称，伯、叔為子女對其姻親夫兄弟之称（第三義），或男子對兄弟之称（第一義）。世俗子女對原称從母之姊妹，多從其父称為姨；子女對原称從父、世父或伯父、叔父的父之兄弟，則多從其母称為

（註一）R. H. Lowie: Primitive Society (1920), p. 104.

（註二）B. W. Aginsky: The Mechanics of Kinship (American Anthropologist, Vol. 37, No. 3, 1935) pp. 452—453.

六同别錄

伯、叔。前者把母之姊妹和妻之姊妹作同等的称呼，是從父而不從母；後者是把父之兄弟和夫之兄弟作同等的称呼，是從母而不從父；或再依伯叔的第一義解釋，則也可說是兼從兩者。總之，都是受"子從親称"的影響。

芮逸夫

這種或從父称或從母称的不定認從的称謂現象，阿金斯基氏有一個驗經的証明。他在調查加利福尼亞的樸摩（pomo）印地安人親屬称謂後，曾在一九三四年美國人類學會和民俗學會联合年會上宣讀一篇論文，題名親屬的機械。他引調查時的問答語作結論云：

> 我發現許多樸摩族世代相傳的合一称呼（identification），乃是由選擇而來之後，在北部的胡巴族（Hupa）和育基族（Yuki）及南部的楚康細族（Chu-chansi），又獲得微驗，在我所調查的例案中，他們的称謂法都顯示一種合一称呼的選擇。當我問他們為什麼用某幾種称謂称某幾個親屬時，他們的回答或是說："因為我的母親是這樣称呼的"，或是說："因為我的父親是這樣称呼的"。我又問："你母親這樣称呼，你父親可不是這樣啊！！"答道："我只從我母親的称呼，不管父親怎樣称法。"又問："你父親這樣称呼，你母親可不是這樣称啊！！"答道："我只從我父親的称呼，不管母親怎樣称法。"由此，我們對推斷而得的原則，有了經驗的証明。（註一）

由上所引，可知子從親称的或從父或從母，是沒有一定的；開始時原由子女偶然意向的選擇，後來大家跟着称呼起來，日久俗成，便是一定的称謂習俗了。

這種習俗流行的程度如何，因為很少有人注意，現在尚不知道。作者曾調查過的永寧河源苗族是確有其俗的。他們的婦人称夫之兄為lau˩，夫之弟為je˩。lau˩原為"長老"之義，je˩原為"幼少"之義；正和伯叔二字的意義相同，同時並皆用為男女對父之兄弟之称。惟在間接称謂時，称父之兄其前必加jeu˦（祖或爺之義）而称為jeu˦ lau˩（伯爺）；称父之弟其前必加tsi˅（父或爹之義）而称為tsi˅ je˩（叔父）。在調查時我曾問過敘永南壩田苗胞馬俊森和馬俊良及馬家屯古元生三位報導人，為什麼lau˩和je˩兩個称謂可以用以称父之兄弟及夫之兄弟兩種不同

（註一）B. W. Aginsky: The Mechanics of Kinship, P. 456.

—22—

行輩的親屬。他們都不能有令人滿意的解答，問到最後，只是答稱不知道，惟很肯定的説：若在必須分辨尊卑時，則稱父之兄弟其前必加jeu˦˥和tsi˥˩˥，不能單稱lau˨˩和je˨˩。馬俊森君並説：娃兒(小孩)對年長於父的男子，通稱jeu˦˥(和稱祖父相同)或na˦˥ jeu˦˥(大爺之義)；對年幼於父的男子，通稱為tsi˥˩˥(和稱父相同)或na˦˥ tsi˥˩˥(大爹之義)。所以我們用漢話稱你調察員(指作者)就是na˦˥ jeu˦˥。"馬君是當地邊民復興小學的校長，高小畢業的基督教徒，所以能作此略具通概性的談話。據他的説明，覈以lau˨˩、je˨˩二字的原義，顯示他們對父之兄弟稱lau˨˩和je˨˩乃是"子從親稱"。在間接称謂時，因為容易混淆，所以在前面加上jeu˦˥和tsi˥˩˥而称為jeu˦˥ lau˨˩和tsi˥˩˥ je˨˩，以別於婦人對夫之兄弟單称的lau˨˩和je˨˩。

我的所謂"子從親称"，其實就是馮漢驥氏的"反親從子称"(reverse teknonymy)。馮氏也承認姨字原來是用以称妻之姊妹的，但對左傳"穆姜之姨子也"一句中姨的解釋，則從杜注孔疏之説，以為是称母之姊妹為姨之始；並説那是由於對這種兩親屬心理上的類似觀念"(psychological similarity)和"反親從子称"的引申(extension)。(註一)除這一点外，和我的意見原可説是相同的。至於伯叔之称，馮氏始終説是原為父之兄弟的称謂，(註二)而称夫之兄為伯，則據称謂錄引五代史補李濤故事，認為始於第十世紀。(註三)釋親"夫之弟為叔"，反被認為稀罕，以為和壻之党為姻兄弟"矛盾。所以他對今俗称夫之兄弟為伯叔，仍以"親從子称"來解釋(註四)殊不知也是"反親從子称"。

或者有人要説，伯父、叔父之称很早，詩魯頌閟宮有"王曰叔父"，左氏昭公十五年傳有"叔父唐叔"，又九年有"伯父惠公"，三十二年有"伯父若肆大惠"，前引礼曾子問也有"伯父、叔父"之称。所以称諸父為伯叔固然不是"親從子称"，却也不是"子從親称"或"反親從子称"，而是伯父、叔父的省称。

(註一) H.Y. Feng: The Chinese Kinship System, P. 249.

(註二) Ibid., P. 197.

(註三) Ibid., P. 193.

(註四) Ibid., P. 193.

伯叔姨舅姑考

芮逸夫

此說似很可能。但古時又有伯舅叔舅之称(参看前引礼記覲礼之文)，唐代詩人猶多習称。例如：嚴維詩："伯舅礼仍崇"，元稹詩："理家煩伯舅"，杜牧詩："叔舅欲飲我"，李商隱詩："叔舅德維馨"。可見魏晉以來称尊輩親屬的伯、叔，說是伯父、叔父的省称固可，說是伯舅、叔舅的省称也未嘗不可。且在直接称謂時，父之兄弟和夫之兄弟常同樣的被称為伯伯、叔叔。如上文所引容齋隨筆記陳恭公的弟婦呼恭公為伯伯，夢華錄記蘇東坡的姪輩呼東坡為伯伯之類(註一)，並非單称伯叔。若都是單称伯叔，或可說是伯父叔父的省称；但称伯伯、叔叔，卻不能說是伯父、叔父的省称，而不是"子從親称"或"父親從子称"。除非我們能証明單称伯叔一定不是伯舅叔舅的省称，而伯伯叔叔之称，曾經兩度演変：即初由伯父、叔父之称，省略而成伯、叔之称；後又因單音詞容易混淆，乃用重字的方法，把單音詞改成複音詞，以免在會話時容易誤解。(註二)

四 伯叔姨舅姑古今称謂涵義的遞変

由上文所述，我們知道伯、叔、姨、舅、姑五称謂，因時代的変遷，受習俗的影響，古今涵義頗多不同。今更就載籍所記，分別考其遞変之跡如下：

第一，古代的伯叔，原為男子對兄弟儕輩，女子對姻兄弟，即夫兄弟之称，已詳上文所考。魏晉以來，称父之兄弟，因受子從親称的影响，乃由從父、世父、伯父、叔父諸称，而変為單称伯、叔。晉書庾峻傳："君二父抱孩經世，獨至今日，尊伯為當世令器。"這是称伯父為伯之始。又鄭袤傳："賢叔大匠，垂称於陽平。"這是称叔父為叔之始。顏氏家訓風操篇云："古人皆呼伯父、叔父，而今世多單称伯叔。"惟伯父、叔父之称，至今仍多沿用，和單呼伯叔是並存的。

第二，古代的姨，原為男子對妻姊妹之称。東漢以來，称母之姊妹，因受子

(註一)夢華錄云："東坡立春日簪幡勝過子由，諸子姪笑指云："伯伯老人，亦簪幡勝也！"

(註二)参看胡適：國語的進化(胡適文選頁二五二——二七六)，頁二六四。

從父称的影响，由從母之称而変為姨（参看前文）。同時又有姨母之称。漢書霍光傳：“光諸女遇太后無礼。”顏師古注云：“服虔曰：‘光諸女自以於上官太后為姨母，遇之無礼。’”晉時又有阿姨之称。王獻之東陽帖云：“不審阿姨所患得瘥否？”大抵當時姨母和姨之称，都頗通行。通典引袁準議云：“從母，時俗所謂姨母者也。”顏氏家訓風操篇云：“吾親表所行（婦人），若母屬者，為某姓姨。”翟灝通俗編阿姨條：“詩從于妻之姊妹單稱曰姨，母之姊妹，姨下加母，所言是矣。”

六朝時又称妾母為姨，或阿姨。南史齊宗室傳：“衡陽王鈞五歲時，所生母區貴人病，便悲戚，左右以五色餅飴之，不肯食，曰：‘須待姨瘥。’”又“晉安王子懋七歲時，其母阮淑媛病篤，有献蓮花供佛者，子懋流涕礼佛曰：‘若使阿姨因此和勝，願諸佛令此花竟齋不萎！’”趙翼陔餘叢考姨娘條云：“二王皆呼母為姨，蓋姨本姬侍之称。二王所生母，皆非正嫡，宮中久呼為姨，故其子之呼母亦同耳。”錢大昭漢書辨疑文帝紀“母曰薄姬”注：“如淳曰：‘姬音怡，眾妾之總称。’”條云：“如說是也。六朝人称妾母為姨，即此意。但不知姬有怡音，因変文為姨，此俗間之謬耳。攷釋親妻之姊妹同出為姨，豈可称眾妾？”章炳麟新方言釋親屬亦云：“今人謂妾曰姬娘，音正如怡，世皆誤作姨，姨為妻之姊妹，非姬妾字也。”錢章二氏之說恐未必是。我們称妾母為姨，也可能是“子從親称”。古有姊妹同婚之俗（註一）夫對妻妹原有姨称，後對非妻妹之妾也称為姨，其子女因而也從父称姨。

第三，古代的舅原有：（一）子女称母之兄弟，（二）妻称夫之父，（三）夫称妻之父三義。後來夫称妻之兄弟，因受親從子称的影响，由甥（註二）或婚兄弟（註三）妻兄弟（註四）婦兄弟（註五）之称，而変為舅，和舅之第一義合一称呼。恆言錄称妻之兄弟曰舅

（註一）公羊莊公十九年傳云：“諸侯娶一國，二國往媵之，以姪娣從。”以姪從嫁為内姪女婚，以娣從嫁為姊妹同婚。

（註二）釋親：“妻之晜弟為甥。”

（註三）釋親：“婦之黨為婚兄弟。”郝懿行疏云：“詩云：‘宴尔新婚，如兄如弟。’婚兄弟也。”

（註四）史記孔子世家：“子路妻兄顏濁鄒。”既有妻兄之称，當亦有妻弟之称。

（註五）北齊書崔昂傳：“崔昂直臣，魏収才士，婦兄妹夫，俱省罪過。”又鄭元礼傳：“但知妹夫疏於婦弟。”

伯叔姨舅姑考

六同别錄

條引唐書朱延壽傳云："楊行密妻，延壽姊也，……行密曰：得舅代，吾無憂矣。"據此，則稱妻兄弟為舅，至第九世紀始見通行。

訪逸夫

至妻稱夫之父為舅，秦時即有稱"妐"的。呂氏春秋：姑妐知之曰："為我婦而有外心。"高誘注云：妐，即翁也，音鐘。"可見東漢時又通稱為"翁"。"妐"本陝西方言。顏師古漢書注云："關中呼夫之父曰妐。"至今日所稱的"公"，也始於漢。漢書賈誼列傳載治安策云："抱哺其子，與公併倨。"惟漢時雖有公翁等稱，但標準稱謂，似仍為"舅"。所以釋名云："夫之父曰舅，俗或謂舅曰章，又曰伀。"一切經音義引作"俗謂舅章為伀"。後來在長江下游又有稱"官"的。馬令南唐書翁媼怒曰："自家官，自家家，何用作拜耶!?"注云："浙人謂舅為官，姑為家。"又野客叢書："吳人稱翁曰官，稱姑曰家。"惟一般通稱，則多為公。明孝慈錄云："舅姑，即公婆。"可見公婆之稱，早已代替了舅姑。近代除禮書外，實際上也早已不用。由孝慈錄的用公婆來解釋舅姑，則舅姑之稱，在明初即已不為一般人所習知了。

夫稱妻父之舅，漢時即有婦公、父姼之稱。後漢書第五倫傳：光武戲謂倫曰："聞卿為吏篣婦公，有之耶!!"方言云："南楚瀑洭之間，稱婦考曰父姼。"大概後來父姼很通行，所以魏張揖廣雅云："妻之父謂之父姼。"不把它當方言了。婦公之稱，至晉也仍通行。晉書衛玠傳："玠妻父樂廣有海內重名，議者以為婦公冰清，女婿玉潤。"同時又有婦翁、婦父之稱。三國志魏志太祖紀："伯玉三娶孤女，謂之撾婦翁。"世說新語："太傅謝安，王國寶婦父也。"自唐以來，通稱丈人。宋朱翌猗覺寮雜記及莊綽雞肋編並引柳宗元祭楊憑詹事文有"丈人"之稱，以為後世稱妻父為丈人之始。趙翼則以為起於六朝。陔餘叢考云："南史齊東昏呼潘妃父寶慶為阿丈。唐書杜黃裳之婿韋執誼為相，黃裳勸其請太子監國，執誼曰：丈人甫得一官，奈何啟口議禁中事!?"是六朝及唐已有是稱。"丈人本為尊長之稱，先秦時就有了。論語微子："子路從而後遇丈人以杖荷蓧。"莊子："子貢過灌園丈人。"晉時始用以稱舅；後又引伸為妻父之稱。陔餘叢考又云："三國志：獻帝舅車騎將軍董承句，裴松之注云：靈帝母，董太后之姪，於獻帝為丈人；古無丈人之稱，故曰舅也。此則雖非妻父，然以舅為丈人，則裴松之時已有是稱；而妻父曰外舅，則以外舅為丈人，蓋亦

—26—

即起於是耳。"同時又有"岳丈"及"泰山"之稱。(註一)宋代並有外父(註二)、冰叟(註三)、冰翁(註四)諸稱。今俗通称岳父，當為自宋以來稱妻母為岳母(詳後文)的對稱。

第四，古代的姑原有(一)子女稱父之姊妹，(二)妻稱夫之母，(三)夫稱妻之母三義。後來妻稱夫之姊妹，因受親從子稱的影响，由女公、女叔之稱(註五)而變為姑，和古代姑之第一義合一稱呼。孔雀東南飛詩中有"卻與小姑別，……小姑始扶床，……小姑如我長。"作此詩的時代，據胡適之先生的考証，大概在建安(196——219A.D.)

(註一)陔餘叢考丈人條云："至婦翁曰岳丈，曰泰山，其說紛紛不一。或曰晉樂廣為衛玠妻父，岳丈蓋樂丈之訛也。釋常談則曰：'因泰山有丈人峯故也'。按泰山有丈人峯，而玉匱經：'青城山黃帝亦封為五岳丈人'，則山之稱丈人者不一。世俗以婦翁有丈人之稱，而丈人又有山岳之典，遂引以為美稱耳。晁氏客話謂開元十三年封禪泰山，三公以下例遷一階，張說為封禪使，其婿鄭鎰自九品至五品。會大宴，明皇訝之。黃幡綽曰：'泰山之力也'。然則唐時并已有泰山及岳丈之稱矣。又黃潛日損齋筆記謂漢郊祀志：'大山川有嶽山，小山川有嶽壻'。山嶽而有壻，則嶽可以呼婦翁矣。世俗之稱，未必不因此。又因山嶽而轉為泰山耳'。此雖近附會，亦可備一解。"

(註二)外父見於宋人潛居錄："馮布贅於孫氏，其外父有煩惱事，輒曰：'俾布代之'。"

(註三)冰叟見於蘇軾次王郎韻慶生日詩"媿從冰叟來游宦"。

(註四)冰翁見於游宦紀聞："又二里有亭曰輔龍，乃先兄之冰翁(亦云先兄岳翁)董燇字季興所創。"

(註五)釋親："夫之姊為女公，夫之妹為女妹。"郝懿行疏云："夫之女弟為女妹者，女妹當作女叔，與夫弟為叔之義同也。昏義云：'和於室人'。鄭注：'室人謂女妐女叔諸婦也'。正義曰：'女妐謂壻之姊也；女叔，謂壻之妹也'。然則尔雅及郭注女妹，並女叔之誤，賴有昏義注可以正之。所以叔誤為妹者，叔字俗書作尗或变為林，與草書妹字形近，因而致譌也。"

六同別錄

芮逸夫

後不遠，約當公元三世紀中葉。(註一)

至妻稱夫母之姑，到了漢時別有"威"稱。說文："威，姑也"，並引漢律"婦告威姑"。廣雅："姑謂之威"。王念孫疏証云："威姑，即爾雅所謂君姑也。君與威，古聲相近；說文："莙，從艸，君聲，讀若威"，是其例也。"魏晉以來又有姥、婆，或阿婆諸稱。孔雀東南飛詩云："便可白公姥，及時相遣婦"。晉樂府休洗紅："人壽百年能幾何？後來新婦今為婆！"晉干寶搜神記："李信妻走告姑曰：'阿婆！兒夜來不知何故變相？'"後來在長江下游又有"家"之稱。(見前引馬令南唐書及野客叢書。)惟通稱則多為婆，而姑之稱早已不是一般人所習知的了。

夫稱妻母之姑，漢時即有"母姼"之稱。方言云："南楚瀑洭之間，謂婦妣曰母姼"。和父姼之稱相同。廣雅也有"妻之母謂之母姼"。唐以來通稱丈母，一般也都據柳宗元祭獨孤氏丈母文，以為起於唐代。丈人之稱很早，上文已經說過；丈母之稱，在唐以前也早就有了。顏氏家訓風操篇云："中外丈人之婦，猥俗呼為丈母，士大夫謂之王母、謝母云"。錢氏恒言錄據顏氏之說，以為"凡是丈人行之婦，並稱丈母也"。可知唐以前凡尊長皆稱丈人，其婦則稱丈母。至專以稱妻之父母，乃是唐以後之俗。更後又有岳母及泰水之稱。宋徐慥漫笑錄云："昆陵有成郎，貌不揚，岳母洒之曰：'我女如生菩薩，乃嫁一麻胡！'"稱謂錄泰水條云："合璧事類：'俗呼妻母為泰水，此何義耶？'案此，即因妻父之為泰山而推之，知此稱宋時已然耳"。世俗則通稱岳母。

古代舅姑兩稱謂各具三義，馮漢驥氏以為是雙系的交表婚姻制的表現，即己身能和舅姑的子女互為婚姻。他說：

> 如己身(女)與母之昆弟之子結婚，則母之昆弟(舅)與夫之父為一人，以"舅"一名詞統之，固屬自然。再如己身(女)與父之姊妹之子結婚，則父之姊妹(姑)與夫之母又為一人，以"姑"一名詞統之，亦屬自然也。吾人當知，在親屬關係增加之程序上，"舅(母之昆弟)、姑(父之姊妹)之關係在先，舅(夫之父)、姑(夫之母)之關係在後，以先有之名詞，加諸後來增加之關係上，在語言上固屬自然之趨勢也。反之，己身(男)若與母之昆弟之女結婚，則母之昆弟(舅)與妻之父為一人

(註一)胡適：白話文學史卷上頁八一至八二。

—78—

。又如己身(男)與父之姊妹之女結婚，則父之姊妹(姑)與妻之母同為一人。

以同上之理由，舅姑之名，亦可加之於妻之父母也。(註一)

馮氏的解釋當然是持之有故，言之成理的。黎佛斯氏研究美拉尼細亞的斐濟(Fiji)、新赫布里底(New Hebrides)、瓜達爾加納(Guadalcanar)諸島土人的親屬稱謂和婚姻制度的結論(註二)且可作佐證。羅維氏也有同樣的說法，並說維達人(Veddah)也是如此。但是他說：

可是，在這一點上，各族並非都是一模一致的。如有別種方式的優先婚配(Preferential mating)和交表婚(Cross-Cousin marriage)同時並存時(如密瓦克人Miwok)，則後者的影响也許極小，或竟沒有。(註三)

而克羅伯氏且以為親屬稱謂和婚姻制度間並沒有正常的密切關係。關於這一点，下文將作較詳的討論，這裡不必多說。

妻稱夫之父母為公婆，馮漢驥氏以為是受親從子稱的影响，他認為公婆原為孫對祖父母之稱，(註四)並引呂氏春秋"孔子之弟子從遠方來者，孔子荷杖而問之曰：'子之公不有恙乎？'"為証。(註五)作者按，孫稱祖父為公，固然很早，但子稱父為公，也並不晚。战國策魏策云：

陳軫將赴魏王之召，其子陳應止其父之行曰："魏欲絕楚，齊必重迎公，郢中不善公者，欲公之去也，必勸王多公之車。

公本古代對有爵位者尊美之称。公羊傳隱公五年"天子三公称公，王者之後称公。"詩閟宮："乃命魯公，俾侯於東"。春秋書魯君都称公，所以釋名云："公，君也。"然美称所在，輒多借用，其後遂多称年老者為公，更假借而為年老的祖或父之称。

(註一)馮漢驥：由中國親屬名詞上所見之中國古代婚姻制(齊魯學報第一期，1941)，頁一二二。

(註二)W.H.R.Rivers: Kinship and social organization(1914), pp.22599.

(註三)R.H.Lowie: Primitive Society(1920), P.30.

(註四)H.Y.Feng: The Chinese Kinship System, P.201.

(註五)Ibid., P.210.

芮逸夫

這是呂氏春秋称祖為公、战國策称父為公的由來。所以婦人称夫之父為公，未必就是受親從子称的影响，很可能是從夫而呼，可以説是妻從夫称。

至孫称祖母為婆，原來很晚，就我們所知，唐韓愈祭姪孫滂文有"翁婆"之称。婆字本不見於古籍，説文只有"媻，奢也，一曰老女称。"(註一)廣韻："老母称也。"可見婆原為子女對老母或一般對老婦之称，後來假借而為称祖母之辞，而妻称夫之母為婆，已見前引晉樂府休洗紅，此詩或非晉時作品，但不會晚於唐，所以必無受親從子称影响的可能，或者也是從夫而呼。

夫称妻之父母為丈人、丈母，顯然由假借古時對尊長所称丈人、丈母而來。陔餘叢攷丈人條云："蓋唐以前凡尊長及婦翁皆曰丈人，後遂專以屬之婦翁耳。"丈母的專用為妻母之称，即因妻父專称丈人而來，而岳父岳母之称，則又因岳丈和泰山之称交相附會而來。至對妻父所称婦公、婦翁、氷叟、氷翁的公、翁、叟諸称，原都通用為對父之称，(註二)顯然是夫從妻称。

由上所攷，可見伯、叔、姨、舅、姑五個称謂，在漢以前的涵義和唐以後是不同的，自漢至唐為轉变時期。由古義遞变而成和今世所称相同之義，大約經歷千年之久。馮漢驥氏嘗分中國親屬称謂為古代制和近代制。前者為爾雅、儀礼和礼記時代的称謂制，約自公元前十一世紀至後一世紀之初；後者為今世通行的称謂制，約自第十世紀至現在。(註三)他劃分的時期和本文所攷大致是相符的。惟作者以為：在殷代以前當尚有一種更古的称謂制，而今世通行的称謂制似又有開始轉变的趨勢。(説詳下文)

現在我們且先把伯、叔、姨、舅、姑及其演变的称謂，分別古今，列成對照表如下：

(註一)今本作小妻也，此據韻會引。王筠説文繫傳校録云："小妻即老女之誤"。

(註二)上引戰國策魏策陳應称其父軫為公。史記項羽本紀："吾翁即若翁"。廣雅："叟，父也"。

(註三)H.Y. Feng: The Chinese Kinship Systems, P.143.

親屬別＼時代別	古代制（約自殷末至漢）	近代制（約自唐末至現在）
父之兄	父（從、世、伯父）	伯（伯父）
夫之兄	伯（兄伯、兄公、公）	伯（伯子）
父之弟	父（從、叔父）	叔（叔父）
夫之弟	叔	叔（叔子）
母之姊妹	母（從母）	姨（姨母）
妻之姊妹	姨	姨（姨子、姨姊妹）
母之兄弟	舅（伯叔舅）	舅（舅父）
夫之父	舅（君舅）	公
妻之父	舅（外舅）	丈人（岳丈、岳父）
妻之兄弟	甥（妻兄弟）	舅（舅子、舅兄弟）
父之姊妹	姑（姑姊妹）	姑（姑母）
夫之母	姑（君姑）	婆
妻之母	姑（外姑）	丈母（岳母）
夫之姊妹	女公、女叔	姑（姑子）

表二　伯叔姨舅姑古今稱謂同異對照表

由上表所示，我們對於五稱謂古今涵義的同異及其演變，可以一覽瞭然。現在我們要問：那種同異的現象有什麼內在的因素嗎？那種遞變的現象，有什麼外形的相關嗎？下文我們將作這兩種解釋的嘗試。

五　伯叔姨舅姑古今稱謂構成原則的分析

自美人摩爾甘氏倡導親屬稱謂的研究以來，在社會人類學和民族學的方法上實開一新途徑。惟因學者間觀點的不同，在研究方法上久已分為兩派：一派以在美拉尼細亞工作最久，任教劍橋大學的英人黎佛斯氏為代表。他紹述摩爾甘氏之說，而加以發揚光大，以為親屬稱謂的特徵是被決定于社會因素的，特殊的稱

六同别錄

芮逸夫

謂，乃是特殊的社會組織的結果。(註一) 另一派以研究美國加利福尼亞省印第安人成績最佳，久任加里福尼亞大學人類學教授的美人克羅伯氏為代表。他大概是受了斯塔克氏(C. N. Starcke)初民家族(註二)一書的影响，以為由親屬称謂而推繹現存社會或婚姻制度的方法是最靠不住的，因為親屬称謂的同異和社會制度的同異，其間並沒有正常的密切関係。他的主張是：親屬称謂的同異，只能由"心理想法"(manner of thought)的同異上去求解釋。(註三) 黎佛斯氏已在二十餘年前去世，他的門徒白朗氏(A. R. Radcliffe—Brown)雖不同意於他老師的歷史推測法，但以為親屬称謂類别和社會類别有相當密切的相関性的，(註四) 並創其所謂"功能一致"(functional Consistency)和基型関係(type relationship)之說，自称為結

(註一) 要知黎佛斯氏関于親屬称謂研究的方法和主張，可看：

(1) The Genealogical Method of Anthropological Enquiry (Journal of the Royal Anthropological Institute, Vol. 30, 1900; also Sociological Review, Jan., 1910.)

(2) Kinship and Social Organization, (London, 1914).

(3) The History of Melanesian Society, 2 vols. (Cambridge, 1914).

(註二) The primitive Family in its Origin and Development, (London, 1888).

(註三) 要知克羅伯氏関於親屬称謂研究的方法和主張，可看：

(1) Classificatory System of Relationship (Journal of the Royal Anthropological Institute, vol. 39, 1909).

(2) California Kinship Systems, (University of California Publications in American Archaeology and Ethnology, vol. 12, No. 9, 1917).

(3) Yurok and Neighboring Kin Term System (University of California Publications in American Archaeology and Ethnology, vol. 34, No. 2, 1934.) pp. 15—22.

(註四) Kinship Terminologies in California (American Anthropologist, vol. 37, No. 3, 1935) p. 531.

—32—

構的分析法，(註一)和克羅伯氏一派對立。兩派的論爭，歷三十餘年而仍莫衷一是。韋斯勒氏(C, wissler)說得好："沒有一方對這個爭論的是非能給我們一個令人滿意的客觀証明"。(註二)在這裡可以不必置論。我們現在所要討論的是伯叔姨舅姑古今称謂的同異。除上文所辨論的親從子称、子從親称、夫從妻称、妻從夫称外，在其構成原則的觀點上，可有什麽解釋？關于這一点，克羅伯氏的比較研究法是可取的。他根據心理想法的觀点，提出構成親屬称謂的基礎原則八條：(1)行輩之別，(2)直系旁系之別，(3)同輩長幼之別，(4)被称親屬性別，(5)称謂人性別，(6)親屬關係人性別，(7)血親姻親之別，(8)親屬關係人的情況，如存沒和婚否之別等。(註三)他用許多印第安人的語言作試驗，計算他們的親屬称謂在各條原則上的表現，並和英語比較，發現英語只在行輩、直旁、血姻之別，及被称親屬性別四條原則上有表現，而各種印第安族語言，則於前七條都有表現的；第八條也偶尔有表現。這顯示各種親屬称謂的同異，乃是由于内在的構成原則的同異。(註四)我們現在即根據這個觀点，把伯叔姨舅姑古今称謂同異之点來分析一下；同時並用吉福德氏研究美國加利福尼亚省印地安人，(註五)馮漢驥氏研究中國，(註六)作者研究川南永寧河源苗族(註七)的材料以為比較；雖然不够充分，但已足供參証之資。

(一)行輩之別——古代的伯叔姨舅姑五称謂是分辨行輩的，——伯叔姨為平輩親屬之称，舅姑為尊輩親屬之称，不容紊亂。近代却不分辨了，——五称謂都可兼称尊輩和平輩。按行輩之別，所以分尊卑，在親屬称謂上則是重要的構成原則

(註一) The Study of Kinship Systems (Journal of the Royal Anthropological Institute, Vol. 31, pts. 1 and 2, 1914), pp. 1—17.

(註二) An Introduction to Social Anthropology. (New York, 1929) p. 182.

(註三) Classificatory Systems of Relationship, pp. 78—79

(註四) California Kinship Systems, pp. 395—396.

(註五) California Kinship Terminologies, pp. 266—273.

(註六) The Chinese Kinship System, pp. 167—170.

(註七) 看附錄二苗族親屬基本称謂構成原則分類表現表。

六同別錄

芮逸夫

之一。吉福德氏調查加利福尼亞省五十八種印地安人親屬称謂制中，有四十八種表現行輩之別，都在百分之50以上，且有全部称謂都表現的，如加瓦依蘇族(Kawaiisu)。唯表現最少的只有百分之 21，為楚展細族(chuchansi)，百分差距(range of pencentage variation)之大達79。(見附錄一)這顯示行輩之別在印地安人称謂中的表現是很不一致的。我曾統計川南永寧河源苗族的po˧(祖母、祖婆、婆)、jeu˦(祖父、祖公、公)、na˦(母)、tsi˧(父)、po˩(妻)、jeu˧(夫、岳父)、ntsʻai˧(女)、to˧(子)、ȵaŋ˧(婦、弟婦、子婦、孫婦)、vau˧(姊妹夫、姑夫、女婿、孫婿)、ki˧(孫男、孫女、外孫男女)、lau˩(伯父、大伯子)、je˩(叔父、小叔子)、ʑa˧(姨妹、娣婦)、klaŋ˧(舅父、舅兄弟)、ȵaŋ˩(姑母、姑子)、ti˩(男称兄)ku˧(男称弟)、ve˧(姊)、ntɕau˩(女称妹)、ma˧(男称姊妹、女称姑子)、no˩(女称兄弟、男称舅兄弟)、ntu˩(男称姪、女称甥)、tʻai˧(岳母、外祖母)二十四個基本称謂(primary terms)，其中表現行輩之別的，佔百分之54.17(見附錄二)。馮漢驥氏統計中國現代的祖、孫、父、子、母、女、兄、弟、姊、妹、伯、叔、姪、甥、姑、舅、姨、岳、婿、夫、妻、嫂、婦二十三個核心称謂(nuclear terms, i.e., primary terms)，其中表現行輩之別的佔百分之78.27，其不表現的佔百分之21.67，就是伯、叔、姨、舅、姑五称謂(見附錄一)。上文已經說過，那是因為伯叔姨三称謂受了子從親称的影响，舅、姑兩称謂受了親從子称的影响，各各把另一種不同行輩的親屬合一称呼，所以把原有行輩之別的称謂，变成不辨行輩了。今在有分辨的必要時，則加附屬成分：称尊輩男性加父，女性加母，而為伯父、叔父、舅父、姨母、姑母；称卑輩不分性別，一律加子，而為伯子、叔子、舅子、姨子、姑子。

(二)直系旁系之別——古代称父之兄弟為諸父或從父，母之姊妹為從母。從父又有世父或伯父、叔父之称，諸是衆多，從是類從，世是継世，伯、叔是長幼之義，都是附加成分，其基本称謂仍是父母，和直系親屬相同。又称旁系尊親母之兄弟，及妻称直系尊親夫之父，或夫称妻之父，都是舅；称旁系尊親父之姊妹，及妻称直系尊親夫之母，或夫称妻之母，都是姑。可見古代的父、母、舅、姑之称，是不辨直系和旁系的。到了近代，則父之兄弟可單称伯叔，更有伯伯、叔叔、阿伯、阿叔等称。(此處的伯叔為基本称謂，和古代的伯父、叔父以父為主要成分，以伯叔為年齡區別

—34—

詞"(age indicator)之義有別)，母之姊妹可單稱為姨或阿姨；雖因傳統關係，前者至今仍有父稱，後者仍有母稱或媽稱，那已變成行輩區別詞"(Generation indicator)，不過表示尊敬如父母之義。又舅姑之稱，只用以呼旁系尊親母之兄弟和父之姊妹；至妻對夫之父母，別有公婆之稱；夫對妻之父母，也別有丈人、丈母或岳父、岳母之稱。可見近代伯、叔、姨、舅、姑五稱謂，都表現直系旁系之別的。按直系旁系之別，為分辨親屬親疏的唯一標準。馮氏統計的六十三個中國稱謂是全部表現此種分別的。我所統計的二十四個英語稱謂，也表現百分之91.67。但在吉福德氏調查的五十八種稱謂制中，卻有五十六種表現直系旁系之別，都在百分之50以下；其表現最多的是魯陀米族(Lutuami)和猶馬族(Yuma)，也只有百分之56的稱謂分辨直系和旁系；最少的只表現百分之7，為西摩挪族(Western Mono)。這種現象似乎表示直系旁系之別，在印地安人稱謂中，比較的不很重視，所以很多稱謂是不辨親疏之別的。

(三)同輩長幼之別——古代妻稱夫之兄為兄公或公，兄伯或伯，弟為叔，姊為女公，妹為女叔，都是分辨長幼的。至夫對妻之兄弟則同稱為甥，姊妹同稱為姨，都不分長幼之別。但依釋親婚兄弟，史記妻兄弟之稱，則仍分長幼。只有姨是不分的。近代則惟有妻稱夫之兄弟為伯叔，因和古制相同，尚保存長幼之別。至妻稱夫之姊妹、夫稱妻之兄弟，上文已經說過，因受親從子稱的影響，和尊輩血親舅姑之稱合而為一，都不分長幼；而夫稱妻之姊妹為姨，和古稱相同，自然也是不分的。世俗常因實際需要而加大小，或行次以為區別。如云：大姑、小姑、二姑、三姑、大舅、小舅、二舅、三舅、大姨、小姨、二姨、三姨等等。古代對尊輩親屬所稱的諸父或從父、從母及舅姑，普通都不分辨長幼之別，大概也是為了實際需要才加形容詞的。如父之兄稱世父或伯父，其配偶稱世母(註一)或伯母；(註二)父之弟稱叔父，其配偶稱叔母；(註二)母之兄稱伯舅，(註三)母之弟稱叔舅；(註三)都是加形容詞的。

(註一)釋親宗族章："父之兄妻為世母"。又礼曾子問："父母不在而稱伯父、世母"。

(註二)礼雜記："伯母、叔母"。叔母又稱嬸，明道雜錄以為是"世母"二字合呼，我以為是"叔母"二字合呼。

(註三)見上引儀礼覲礼之文。

六同別錄

芮逸夫

至父之姊稱姑姊，父之妹稱姑妹，卻是以姊妹為形容詞，而倒置在姑之後了。按長幼之別，在印歐語系各族稱謂中，大都是不表現的。吉福德氏調查的五十八種稱謂制中，有五十六種表現長幼之別都在百分之30以下，如威岳特族（Wiyot）竟完全不表現；表現最多的兩種為瓦殺族（Wappo）和加瓦依蘇族（Kawaiisu），前者只有百分之39，後者百分之37。我統計的二十四個英語稱謂，也只表現百分之29.17。馮氏統計的二十三個中國稱謂，表現百分之34.78，百分數高是相當大了。其餘的百分之65.22，即祖、孫、父、子、母、女、姪、甥、姑、舅、姨、岳、婿、夫、妻十五個稱謂都是不表現的。大抵平輩親屬稱謂表現的較多，如兄、弟、姊、妹、嫂、婦（男女公用）、伯、叔（妻稱夫之兄弟）；尊輩親屬只有伯、叔及其配偶（世母或伯母，叔母或嬸）表現長幼之別。至對卑輩親屬，除非附加形容詞，則完全不表現。中國親屬稱謂比較的重視長幼之別，似乎和古代的宗法制度有關。說文云："兄，長也"。古代又稱"昆"（亦作翼、曻），詩王風葛藟："謂他人昆"。毛傳云："昆，兄也"。論語先進："人不間於其父母昆弟之言"。晉皇侃疏云："謂兄為昆，昆，明也，尊而言之也"。為什麼要尊而言之？清程瑤田宗法小記云："尊祖故敬宗，宗之者，兄之也，故曰宗之道，兄道也"。尊親屬伯父，古又稱世父。儀礼喪服齊衰不杖期章："世父母"。唐賈公彥疏云："伯言世者，欲見繼世"。卑親屬長子又稱宗子、世子、嫡子。儀礼喪服齊衰三月章："丈夫婦人為宗子"。鄭註云："宗子繼別之後，百世不遷，所謂大宗也"。又斬衰三年章："父為長子"。賈疏："若言世子，唯據天子諸侯之子"。又云："適子之號，唯據大夫士"。可知所有世、宗、適等形容詞，都是因宗法制度而產生的。

（四）被稱親屬性別——伯、叔、舅表男性，姨、姑表女性，其不容相混，古今相同。和這五個稱謂相關的古今稱謂，如父、公、丈人、甥表男性，母、婆、丈母、女公、女叔表女性，也都性別顯然。（註一）被稱親屬的性別，所以分辨男女，也是親屬稱謂制重要的構成原則之一。馮氏統計的二十三個稱謂，全都表現這種性別。我統計的二十四

（註一）其他稱謂也有不表現性別的。例如"子"，今人只用以稱男性，古人則兼稱女性。論語公冶長的"以其子妻之"及"以其兄之子妻之"都是專稱女性的。礼曲礼："子與父母"則兼指兩性。

—36—

個苗語称謂，表現百分之95.83。英語中只有兼称堂兄弟姊妹和表兄弟姊妹的Cousin一稱謂不分辨男女，其餘的稱謂都分辨的。吉福德氏調查的五十八種稱謂制中，有五十四種表現被稱親屬的性別，都在百分之50以上，其餘四種也都表現百分之40以上。可見這種性別，在大多數民族心理的想法上，都是重視的。

(五)親屬關係人性別——古代的從父和舅，同為生我者的兄弟；從母和姑，同為生我者的姊妹。何以父之兄弟稱從父，母之兄弟要称舅？母之姊妹稱從母，父之姊妹要稱姑？這是因為從父和姑的親屬關係人為父，是男性；從母和舅的親屬關係人為母，是女性。再就被称親屬和親屬關係人間的關係來說，則從父和父，從母和母，都是同性，所以同称；姑和父，舅和母，都是異性，所以異呼。前者是羅維氏所謂父方母方之辨；(註一)後者是被称親屬對親屬關係人性別同異之辨。為什麼要有這種分辨？清汪琬儀禮說姑姪舅甥條釋云：

> 凡父党之尊者，由父推之，則皆父之屬也，如世父叔父是也。至父之姊妹，則不可謂之父矣，不母謂之父，其可謂之母乎？二者皆不可以命名，故聖人更之曰姑。凡母党之尊者，由母推之，則皆母之屬也，如從母是也。至母之昆弟，則不可謂之母矣，不可謂之母，其可謂之父乎？二者皆不可以命名，故聖人更之曰舅。(註二)

汪氏所論是古代的制度，近代則父党之尊者可以不必称父而單称伯叔，母党之尊者也可不必称母而單称姨；其表現父方母方之辨，和古制相同；但同時又表現了上文所論的直系旁系之分，這是古今称謂的大不相同之點。英語只分直系和旁系，而不辨親屬關係人的性別，所以不管父方或母方的兄弟，同称為uncle，姊妹同称為aunt。吉福德氏調查的五十八種称謂制中，表現親屬關係人的性別，在百分之50以上者，只有十二種；表現最多的為百分之70(可可巴族Cocopa)，最少的只有百分之3(加陀族Kato)，百分差距之大達67，可見是很不一致的。我統計的二十四個苗語稱謂表現百分之37.53；馮氏統計的二十三種中國稱謂表

(註一) R. H. Lowie: Primitive Society (1920), P.57.
(註二) 汪堯峯文鈔卷七經解六。

六同別錄

芮逸夫

現百分之56.53，即祖孫伯叔姪甥姑舅姨岳壻嫂婦十三個稱謂；其父母子女夫妻六個称謂，則因其親屬関係之發生是直接的，無所謂親屬関係人；而兄弟姊妹四個称謂，則因其親屬関係人為父母，兼具兩性，所以這種性別関係便無由表現了。

（六）稱謂人性別——伯叔姨舅姑及其相関的稱謂，都不因稱謂人的性別而異。馮氏統計的二十三個稱謂，也完全不表現此種性別。印歐語系各族稱謂大都不表現。惟英語子稱父為"pater"，女稱父為"Daddy"，子称母為"Mater"，女称母為"Mammy"；（註一）却是表現称謂人性別的；或者古代印歐語系民族曾有此俗，所以至今尚有這種遺風（Survival）。吉福德氏調查的五十八種稱謂制中，每種多少都有表現，惟都在百分之50以下，較多的也只有百分之46，為可可巴族（Cocopa）；最少的只有百分之9，為北溫頓族（Northern wintun），百分差距37，較比其他各種構成原則為最小（參看附錄三），這顯示稱謂人性別的表現於親屬稱謂的構成，其變異性較小。我統計的二十四個苗語稱謂，表現百分之25：計有ti˩（男称兄）、ku˩（男称弟）、ntɕau˩（女称妹）、ma˧（男称姊妹、女称姑子）、no˩（女称兄弟、男称舅兄弟）、ntu˩（男称姪、女称甥）六個稱謂。在中國古代的稱謂中，也有少數因稱謂人的性別而異呼的。最顯明的為男子謂女子先生為姊，後生為妹（釋親宗族章）；女子同出，謂先生為姒，後生為娣（妻黨章）。（註二）又男子謂姊妹之子為出"（妻党章），

（註一）C.S. Burne: The Handbook of Folklore, new ed., revised and enlarged (London, 1914), p. 168.

（註二）姒娣的解釋，異說頗多；本文第二節作已嫁女子姊妹相互之称解；漢孫炎以為是共事一夫的姊妹相称（見左傳成公十一年正義引，今所傳爾雅郭注同孫炎）；清鄭珍以為是同父所出的姊妹相称（見巢經巢文集卷一姒娣篇）；毛際盛以為是同母所出的姊妹相称（見說文解字述誼娣字解）；而梁章鉅則以為是"女子同生，謂後生為娣，於男則言妹也"。（称謂錄卷八稱妹為娣條）各家解說雖異，而為女子對姊妹之称則同，男子對姊妹是不能称姒娣的。

—38—

也称為甥(婚姻章)；(註一)女子謂兄弟之子為姪(喪服章)；至男子称兄弟之子則為兄子、弟子；女子称姊妹(姒娣)之子，依前文的攷証，當為"姒子""娣子"(今稱甥或姨甥)。為什麽要有這種區別？通典卷六十八甥姪名不可施伯叔從母議論云：

宋代或問顏延之曰："甥姪不可施于伯叔從母耶？"顏答曰："伯叔有父名，則兄弟之子不得姪稱；從母有母名，則姊妹之子不可言甥。且姪甥唯施之于舅姑耳。"何者？姪之言至也，甥之言生也。女子雖出，情不自絕，故于兄弟之子，称其情實；男子居內，據自我出，故于姊妹之子，言其出生。伯叔本內，不得言實；從母俱出，不得言生。故謂我伯叔者，吾謂之兄弟之子；謂吾從母者，吾謂之姊妹之子。雷次宗曰："夫謂我姑者，吾謂之姪，此名獨從姑發。姑與伯叔于兄弟之子，其名宜同姑。以子女有行，事殊伯叔，故獨制姪名，而字偏從女。如舅與從母，為親不異，而言謂吾舅者，吾謂之甥，亦猶自舅而制也。名發于舅，字亦從男。故姪字有女，明不及伯叔；甥字有男，見不及從母。"

顏雷二氏之說，雖不免學究見解；然由此，我們可知"姪"字的"从女"和"甥"字的"从男"，原來是表示称謂人性別的。(註二)後來伯叔假女子(姑)對兄弟之子所称之姪，以為男

(註一)郝懿行爾雅義疏云："男子謂姊妹之子為出，又謂甥者，甥之言生，與出同義。故釋名云：'舅謂姊妹之子為甥，甥亦生也，出配他男而生，故其制字男傍作生也。'"又云："出者，釋名云：'姊妹之子為出，出嫁於異姓而生之也。'"

(註二)姪字在古籍中，有時專指子女而言：如公羊成公二年傳云："蕭同姪子者，齊君之母也"；釋名："姑謂兄弟之女為姪，姪，迭也，共行事夫，更迭進御也。"有時兼指男女而言：如左氏僖公十五年傳云："姪其從姑"，註："姪謂子圉"。國語周語："則我皇妣大姜之姪"。韋解云："女子謂昆弟之子，男女皆曰姪。"朱駿聲說文通訓定聲解姪字云："受姪称者，男女皆可通；而称人者必婦人也。"甥字似多指男子：詩大雅韓奕："汾王之甥"。鄭箋云："汾王，厲王也，……姊妹之子為甥。"孔氏正義云："姊妹之子為甥，

六同别録

芮逸夫

子對兄弟之子之称：(註一)從母假男子(舅)對姊妹之子所称之甥，以為女子對姊妹之子之称。於是甥和姪之称，便不表現称謂人性别，而兄子、弟子、姒子、娣子之称也不行於後世了。至姊妹姨三字的从女，都是表示被称親屬的性别的；而姒娣兩字的从女，則兼示兩種性别。

(七)血親姻親之别——古代的伯叔，男子既用以称己之兄弟(血親)，女子又用以称夫之兄弟(姻親)；舅姑，男女既都用以称母之兄弟和父之姊妹(血親)，男子又用以称妻之父母(姻親)，女子也用以称夫之父母(姻親)。惟姨則為男子專用以称妻之姊妹(姻親)的。可見古代伯叔舅姑四称謂是不辨血親和姻親的，只有姨一称謂是分辨的。到了近代，伯、叔，男女都不用以称己之兄弟，而用以称父之兄弟(血親)，女子則仍用以称夫之兄弟(姻親)。姨，除男子仍用以称妻之姊妹(血親)外，又用以称母之姊妹(血親)。舅姑，用作對尊輩親屬之称時，則專用以称血親母之兄弟和父之姊妹，至男子對其姻親妻之父母，則称丈人丈母，或岳父岳母，女子對其姻親夫之父母則称公婆。但用作平輩親屬之称時，則舅又為男子對妻之兄弟之称，姑又為女子對夫姊妹之称。可見近代伯叔姨舅姑五称謂，都是不辨血親和姻親的。按血親、姻親之别，在世界各種語言中，大多數是給分辨的。摩尔甘氏研究親屬称謂的名著人類的血族和姻族制，就是由這個觀點出發的。(註二)吉福德氏謂

釋親文"。王樹柟尔雅説詩云："今釋親作姊妹之夫，恐有誤"。今俗姪、甥二字均用以称男性，称女性時，其後加女字而為姪女、甥女。

(註一)宋朱熹答張欽夫書云："尔雅云：'女子謂兄弟之子為姪'，注引左氏'姪其從姑'以釋之，而反覆考尋，終不言男子謂兄弟之子何也。以漢書考之，二疏乃今世所謂叔姪，而傳以父子称之，則是古人直謂之子，雖漢人猶然也。蓋古人淳質不以為嫌。降及後世，則必有以為不可不辨者，於是假其所以自名於姑者而称焉。雖非古制，然亦得别嫌明微之意；而伯父叔父與夫所謂姑者，又皆吾父之同氣也，亦何害於親親之義哉？(翁元圻困學紀聞注姪名義條引。)

(註二) L. H. Morgan: System of Consanguinity and Affinity of the Human Family (Smithsonian Institution Contributions to Knowledge, vol. 17. 1871.).

—40—

查的五十八種稱謂制中，有四十七種表現血親姻親之別都在百分之50以上，其全部表現的為加若克族(Karok)；最少的也有百分之36，就是上述表現直系旁系之別也最少的西摩挪族。我統計的二十四個英語稱謂，也表現百分之58.33。馮氏統計的二十三個中國稱謂有百分之78.27是表現的，其不表現的百分之21.63，也是伯叔姨舅姑五稱謂。

此外如存歿之別，釋親有"姑舅在則曰君舅君姑，歿則曰先舅先姑"之文。"先舅、先姑"，在儀禮士昏禮又稱"皇舅皇姑"。近代則已沒有在舅姑之前加"君"字之俗，而"先"字則可普加在伯叔姨舅姑諸稱及其他稱謂之前。又如婚否之別，釋親有"女子同出，謂先生為姒，後生為娣"。孫炎郭璞釋"同出"為俱嫁之義，(註一)可見"姒娣"為嫁後之稱，嫁前當稱姊妹。近代則無論已嫁未嫁，一律以姊妹相稱。

總結上文分析各點，可得結論如下：在被稱親屬性別和親屬關係人性別方面，古今都是分辨的；稱謂人性別，則古辨而今不辨；同輩長幼之別，古今都是或辨或不辨；血親姻親之別，古惟姨辨，其餘都不辨，今全不辨。惟在行輩和直旁兩方面的表現，古今恰恰相反：在古代重行輩之分，不重直旁之別；近代則重直旁之別，而不重行輩之分。分行輩即所以分尊卑，別直旁，即所以別親疏。

這種行輩或尊卑之分，和直旁或親疏之別，正是近代人類學者分類親屬稱謂制的主要標準。我們在下文再試論中國親屬稱謂制。

六　中國親屬稱謂制的演變

摩爾甘氏分親屬稱謂制為兩類：一為"敘述制"(Descriptive)，一為"類分制"(Classificatory)。後者又分為兩型："馬來亞型"(Malayan)和"都蘭型"(Turanian)。他以為中國親屬稱謂制屬於都蘭型而偏近馬來亞型。(註二)威爾金生氏(H.P. Wil-

(註一)清人頗多釋"同出"為"同生"者，已見前註。

(註二)Systems of Consanguinity and Affinity of the Human Family,(1871) P. 413.

六同别録

芮逸夫

Kinson)則說中國稱謂並非類分的，而是敍述的。(註一)馮漢驥氏又說中國親屬稱謂制既是類分的，又是敍述的。(註二)

羅維氏分親屬稱謂制為四型：(一)行輩型(Generation Type)，(二)二分合併型(Bifurcate merging Type)，(三)二分旁系型(Bifurcate Collateral Type)，(四)直系型(Lineal Type)。他以為中國親屬稱謂制如不屬行輩型，便屬二分合併型。(註三)陳施二氏(T. S. Chen and J. K. Shyrock)則說應屬二分旁系型。(註四)克羅伯氏也以為是二分旁系型。(註五)

諸氏所論，各執一是。究竟誰對誰錯？我對這個問題的解答是：沒有一家是完全說對了的。主要的原因是：外人多不明中國親屬稱謂的歷史演變。國人雖知古今稱謂頗多不同，但又沒有找着不同的要點；所以說來都不能恰當。

我們知道，摩尔甘氏的二分法，所謂敍述的和類分的，並不是兩個相輔而行的概念，不過屬於不同的兩個邏輯範疇而已。(註六)前者的特徵是直系和旁系親屬稱謂的各別，所以示實際的血親關係。因為除近親以外，所有稱謂大都是敍述的(但不是一致的)，所以稱為敍述制。後者的特徵是只計羣体的，不計個人的親屬關係，無論直系和旁系親屬，只要行輩相同，除性別外，都用同一稱謂，所以稱為類分制。至其再分的馬來亞型和都蘭型的區別，則在前者凡同行輩的親屬，男女兩性各用同一稱謂，後者則分父方(父為親屬關係人)和母方(母為親屬關係人)之別

(註一) The Family in Classical China (Shanghai. 1926). P. 206.

(註二) The Chinese Kinship System, P. 269.

(註三) Relationship Terms, in Encyclopaedia Britanica, 12 th. ed., 1922.

(註四) Chinese Relationship Terms (American Anthropologist, vol. 34, No. 4, pp. 623—669, 1932), P. 627.

(註五) Process in the Chinese Kinship System, (American Anthropologist, vol. 35, No. 1, PP. 151—157, 1933), P. 155.

(註六) R. H. Lowie: A Note on Relationship Terminologies, (American Anthropologist, vol. 30, No. 2, 1928) P. 264.

—42—

；九和父同性者称謂同父，異性者用另一称謂；和母同性者称謂同母，異性者用另一称謂。所以摩尔甘氏的分類，實際上是三分法。(註一)

羅維氏的四分法，只在摩尔甘氏的三類外另加一類。第一、行輩型的特徵為父母的兄弟都称父，父母的姊妹都称母；相當於摩尔甘氏的馬來亞型類分制，黎佛斯氏称之為夏威夷制(Hawaiian system)。(註二)波里尼細亞(包括夏威夷新西蘭等等)及若干美拉尼細亞島居土人的称謂，都屬此制。第二、二分合併型則父之兄弟都称父，母之兄弟別有專称；母之姊妹都称母，父之姊妹別有專称；相當於摩尔甘的都蘭型類分制，黎佛斯氏称之為氏族制(Clan System)，(註三)又有達科塔伊洛魁制(Dakota—Iroquois System)之称。北亞各族人，北美大部分土人等的称謂都屬此制。第三、二分旁系型則父母的兄弟或姊妹都和雙親的称謂有別，而且他們和她們相互間也各自有別；相當於黎佛斯氏所謂宗親制(Kindred System)(註四)。阿剌伯北非及北美一部分土人的称謂屬此制。摩尔甘氏的分類則未提及。第四、直系型則父母的兄弟或姊妹都和雙親称謂有別，但他們或她們都只有一個共同的称謂，相當於摩尔甘氏的敘述制，黎佛斯氏称之為家族制(Family System)。印歐語系各族的称謂都屬此制。(註五)

由上所述，可知自摩尔甘氏以來，所謂親屬称謂制分類標準的主要根據，即為行輩或尊卑之分和直旁或親疏之別。由本文第五節所論，可見：

重行輩或尊卑之分的中國古代親屬称謂制，應屬於摩尔甘氏所謂都蘭型的類分制，即黎佛斯氏的氏族制，羅維氏的二分合併型，又称達科塔制。重直旁或親疏之別的近代称謂制，則屬於羅維氏的二分旁系型，又称第二家族制。

(註一) W.H.R.Rivers：Kin，Kinship (Art. in Hasting's Encyclopaedia of Religion and Ethics，vol. VII) pp. 702—703.

(註二) Ibid.，p. 702.

(註三) Ibid.，p. 703.

(註四) W.H.R.Rivers：Social Organization，(1924)，pp. 61—62.

(註五) R.H.Lowie：op. cit.，p. 266.

六同別錄

芮逸夫

摩尔甘氏以為馬來亞型類分制是最原始的，都蘭型則由馬來亞型演变而來。(註一)而黎佛斯氏的意見恰恰相反，他以為最不複雜的称謂制既屬於高度開化的夏威夷人，則最複雜的称謂制如澳洲第厄利族(Dieri)及綵得哥斯島人(pentecost)所通行的，當代表親屬称謂制的始點；夏威夷制是由複雜制度漸漸簡化而來的。(註二)馬林諾斯基氏(B. Malinowski)也就父母的称謂，第一步推廣是及於父親之兄弟及母親的姊妹；那就是說：夏威夷制或直系型是由都蘭型或二分合併型推廣父母的称謂而來的。(註三)羅維氏也同意於黎佛斯氏之說，並以為二分合併型又是由二分旁系型演变而來的。(註四)克羅伯氏在這一點上，却似乎同意於摩尔甘氏之說，他以為中國親屬称謂制顯然淵源於和許多初民相同的"非分述制"，(註五)那就是說，二分旁系型是由類分制(行輩型和二分合併型)演变而來的。如以上文所述中國称謂制演变之跡做例證，則克羅伯氏之說頗近事實；因為中國近代的二分旁系型親屬称謂制，無疑的是由二分合併型(都蘭型或達科塔制)演变而來的。

二分合併型又是何由演变而來呢？這個問題現在很難解答，因為西周以前的文獻不足，親屬称謂的材料尤感缺乏。如僅就現有材料而論，則上文已經提及，在殷商甲骨文中尚未發現姨舅姑三字，雖有白尗二字，但白或為黑白之白及地名爵名或為宗祖之義，尗或為美称，或為隿射之隿，尚無定說；其被假借而為長幼之義，或在殷末。古公亶父有三子，長子字泰伯；文王有二弟，幼弟字虢叔；似乎可證。至近代所称的伯叔，在當時則称父，所以有多父大父中父等称。例

(註一) L. H. Morgan: System of Consanguinity and Affinity (1871), p. 12; also Ancient Society (1877), pp. 395--397.

(註二) W. H. Rivers: Social organization (1924), pp. 59--61.

(註三) 費孝通譯馬氏文化論(社會學叢刊甲集第一種，商務 1944)頁36.

(註四) R. H. Lowie: op. cit., p. 266.

(註五) A. L. Kroeber: Process in the Chinese Kinship System (American Anthropologist, vol. 35, No. 1, 1933), p. 157.

如：

貞帝(禘)多父。(林泰輔：龜甲獸骨文字一卷，十一頁，十八片。)

戊子卜庚(寅)于多父旬。(羅振玉：殷虛書契前編一卷，四六葉，四片。)

祖日乙，大父日癸，大父日癸，中父日癸，父日癸，父日辛，父日己。

(羅振玉：夢郼草堂吉金圖錄中卷。)(註一)

多父之稱，正和詩經上的"諸父"(註二)之稱相同。"大父"之稱，據王國維氏說，即爾雅釋親的"世父"，古代世字和大字是通用的。"中父"當為年幼於伯父的從父，或如劉熙釋名所說的"父之弟曰仲父；仲，中也，位在中也。"這顯示古代的稱謂是不辨直系和旁系的。(註三)只有姑的稱謂，已見於殷末金文，最晚也在西周初(參看前文)；舅字雖未發現，但不一定就是沒有舅的稱謂。由這一點看來，似乎殷末周初的稱謂，已有父方母方之分。因此，作者頗疑當時親屬稱謂制，或已屬二分合併型。

固然，甲骨文不見舅姑二字，不能作沒有舅姑稱謂之証。不過，舅字从男，臼聲；姑字从女，古聲。白虎通三綱六紀篇云：

舅，舊也；姑，故也；舊故，老人稱也。

甲骨金文有舊字，均从萑，臼聲；臼旁，甲骨文作[illegible]，金文作[illegible]；甲骨文古作[illegible]，是故字之義。可見舅姑二字，當由臼古二字形聲假借而來，其為後起之詞，當無疑義。依此推論，則殷商以前，很可能是沒有舅姑之稱的。如果沒有舅姑之稱

(註一)這是二十年前保定南鄉出土的三把殷商句刀之一的銘父名文。另兩把：一銘祖名，一銘兄名。

(註二)諸父之稱並見於詩伐木："以速諸父"，黃鳥："復我諸父"，楚茨："諸父兄弟"。

(註三)郭沫若氏根據德人恩格斯氏(F. Engels)家族私產及國家的起源一書，轉據摩尔甘氏"原始社會進展階段"之說，引上引卜辭及銘文材料以証商代末年猶有"亞血族群婚"的存在。(說詳中國古代社會研究頁255—270)作者按摩氏"血族婚姻"之說，早為一般現代人類學者推翻了，郭氏之說實是無法成立的。(參看R.H.Lowie：Primitive Society, pp.52—57.)

六同别錄

芮逸夫

，則舅之稱當同父，姑之稱當同母，這是有許多低化民族如波里尼細亞和美拉尼細亞島居人的稱謂制可以作佐証的，那就是行輩型的親屬稱謂制了。因此，作者頗疑中國古代的二分合併型稱謂制，很可能是由行輩型演變而來的。

由上論可知：中國近代的二分旁系型稱謂制，是由古制一再演變而來的。將來又將如何演變呢？在這裡我們也可附帶一論。克羅伯氏云：

> 中國親屬稱謂制最初顯然是和許多初民的非敘述制相同的，但經力求改進，加上許多敘述詞之後，就一般的性質説，已很像歐洲的敘述制，不過內容和功能不同罷了。他們（中國人）因對附加成分選擇的明敏，同時保存了許多古來的區別，已造成一種豐富的稱謂制，而我們的（英美稱謂制）却是貧乏的。由理論的觀點説，這個現象的旨趣，全在其可供敘述型稱謂演變的又一例証；由歷史上觀來，無疑的是一個獨立的例證。無論是由理論的或史實的觀點説，我們相信，這是和文化現象之由低級進至高級階段的假設有相關性的，但是結果却各異其趣。大概因為兩者只是趨向相似，而歷史的先例和歷史的特殊影响，在雙方的發展上，是各殊其途的。（註一）

由上所引，可見克羅伯氏認為中國稱謂制的由類分制演變而為今日的"准敘述制"是進步的，大有自愧不如之意。他並以為近代中國稱謂制，除敘述詞的增加外，還有兩點是和歐洲制相似的：

第一，男女同生，親屬關係相同的第三者用同一稱謂；其因稱謂人性別而異呼的稱謂法是沒有的。（註二）

第二，近代中國稱謂習俗，妻對夫族多從夫稱，（註三）這是和英語中最近的趨

（註一）A. L. Kroeber: Process in the Chinese Kinship System, P. 157.

（註二）中國古代稱謂是有因稱謂人性別而異呼之俗的，已詳本文第五節"稱謂人性別"條，自漢以來便沒有了。

（註三）中國古代便有妻對夫族從夫而稱之俗。國語魯語："公父文伯之母曰：'吾聞之先子。'"韋昭注："先子，先舅。"郝懿行爾雅正義云："然則以先舅為先子，蓋從其夫稱也。"

—46—

向相同的。例如：称夫兄弟原為伯叔，英語為brother-in-law；但在日常對話中，常和夫同樣的称為哥哥、弟弟，英語称為brother。同樣的，妻稱夫之父母，通常原称公婆，英語為parent-in-law；在日常對話中，也和夫同樣的称為爸爸媽媽(依各處方言的不同而異)，英語称為father和mother。不過中國人只有兴样妻称夫族是如此，夫称妻族却不盡然，英語則雙方相同。(註一)

按夫称妻族，中國人也有不少是從妻而称的，特别是在那岳母随婿而居的变型家庭中，女婿称岳母無不從妻而呼；甚至於子女們因而有称已之妻弟為叔而不称舅的。川南一帶且有對姑母和姨母並称為"孃孃"的。這顯示中國称謂制有直系型化的趋势。

我們知道，親屬称謂制為文化現象之一。狹義些說，就是社會現象之一。組織社會的分子固然是個人；社會現象的根源，當然有不少個人成分(individual element)。(註二)但社會現象畢竟和個人的現象不同，個人必受社會的強制，所以社會現象決不是完全可由個人心理方面所能解釋的。上文作者雖依"心理想法"的觀點論親屬称謂制，但同時仍以為親屬称謂制的演变，是和社會制度有或種程度的相關性的。摩尔甘氏由"血族家族"(Consanguine family)產生馬來亚型(即行輩型)称謂制和由"亚血族家族"(punaluan family)產生都蘭型(即二分合併型)称謂制之說，(註三)既沒有微驗，當然不足憑信。但秦洛氏和藜佛斯氏所說的"外婚氏族組織"(exogamous clan organization)和"類分称謂制"(即二分合併型)的相關性，羅維氏却曾用北美洲的資料，証明凡有外婚氏族組織的部族，都有達科塔型(即二分合

(註一) A. L. Kroeber: Process in the Chinese Kinship System, P. 157.

(註二) Cf. R. Firth: Marriage and the Classificatory System of Relationship (Journal of the Royal Anthropological Institute, vol. LX, 1930, pp. 235—268) pp. 266—267.

(註三) L. H. Morgan: Ancient Society, pp. 410—461；"亚血族"之称，從郭沫若氏中國古代社會研究的譯名。摩氏以為檀香山的土人實行着異性間的兄弟姊妹的羣婚，相謂為"Punalua"；郭氏因為爾雅有"兩婿相謂為亞"之文，便雙關二意的譯為"亞血族羣婚"。

六同别錄

萬惠夫

併型)稱謂制，(註一)那是應該可以相信的。以中國古代的社會組織論，則宗法制度始於殷商，丁山、胡厚宣二氏論之已詳。丁氏云：

宗法之起，不始周公制礼，蓋興於宗廟制度。殷之宗廟，以子能繼父者為大宗，身死而子不能繼位者，雖長於昆弟，亦降為小宗，與礼家所傳"繼别為宗，繼禰者為小宗"適得其反。凡礼家所謂繼别、繼禰，則近於周人之大宗為祖，小宗為禰。是後儒相傳之宗法，即周宗昭穆之演变。(註二)

胡氏引武丁時卜辞或言"王族"，或言"子族"，或言"多子族"，或言"三族"，以為是周代以來宗法制度的前身，周代的制度和商代並無大異，乃是由商代逐漸演化而成的。所謂宗法，便是父系(patrilineal)、父權(patripotestal)、從夫居(patrilocal)的氏族制度。氏族制度的特色之一是擇偶的對象限於異氏族者，即所謂"氏族外婚制"(Clan exogamy)。胡氏又論族外婚制云：

觀武丁之配，有名帚嫀、帚周、帚楚、帚杞、帚妊、帚婡、帚龐者，嫀周楚杞妊婡龐皆其姓，亦即所自來之國族。他辞或言"取奠女子"。奠，即鄭，取，即娶。此非族外婚而何？(註三)

由上所引，可見外婚氏族的組織已行于殷商。我們看了古籍所記周人對於親疏尊卑、長幼、男女分别之嚴，及同姓雖百世而不通婚姻之制，則知周代當更盛行。這又可為外婚氏族組織和二分合併型稱謂制確有相關性之説的佐證。至於二者間的相關性究竟如何，則非説明外婚氏族組織的性質不可。

我們知道，氏族(Clan)(註四)的最簡單的定義是單方的親屬群(unilateral Kin-

(註一) R. H. Lowie: Primitive Society, pp. 108—109。

(註二) 見丁氏宗法考源一文(國立中央研究院歷史語言研究所集刊第四本第四分(1934)),頁415。

(註三) 見胡氏殷代婚姻家族宗法生育制度考(甲骨學商史論叢初集第一册),頁十二。

(註四) Notes and Queries on Anthropology, 5th ed., P. 55; also R. Thurnwald: Economics in Primitive Communities (Oxford, 1932), P. vii.

—48—

ship group），同氏族者的親屬之感，是和他們的親屬称謂相應的：只要同行輩雖然疏遠，也互以兄弟妹姊相称。（註一）所以子女們對和父同族同輩的男子都称為父，和母同族同輩的女子都称為母。父之姊妹行，因受外婚律的限制，在父系社會須出嫁到另一氏族，不是母之同氏族者（父系社會的母為父之氏族的一員），親屬之感不同，所以和母異称。母之兄弟行，同樣的，在母系社會須出嫁到另一氏族，不是父之同氏族者（母系社會的父為母之氏族的一員），親屬之感也不同，所以和父異称。

但是，父系社會的母之姊妹行出嫁之族，除非只有一個可嫁的氏族，即不一定是同一氏族；同樣的，母系社會的父之兄弟行出嫁之族，也不一定是同一氏族。既非同族，何能同称？

這有三種可能的解釋：第一，假定一個部族（tribe）或分部族（phratry）分為兩個以上的氏族，如為父系的，母之姊妹行初未計及她們的出嫁之族，只因她們和父之兄弟行是對等的，他們既被称為父，則她們也被称為母。同樣的，如為母系的氏族，父之兄弟行初也未計及他們的出嫁之族，只因他們和母之姊妹行是對等的，她們既被称為母，則他們也被称為父。郝懿行爾雅義疏云："從母者，猶宗族（父方親屬）之中有從父，言從母而得尊称也。"可見郝氏也以為称母之姊妹行為母，乃是称父之兄弟行為父的對称。

第二，假定一個部族只有兩個分部族，即所謂二分組織（dual organization），這種分部族別有專名，称之為半部族（moieties）。（註二）這兩個半部族，如果是像澳洲第厄利族的只是各有一個氏族，假定是父系的，父屬甲半部族，所配之母必來自乙半部族，而母之姊妹行也必是由乙半部族嫁到甲半部族，都是母之同氏族者，所以都称為母。同樣的，假定是母系的，母屬甲半部族，所配之父必來自乙半部族，而父之兄弟行也必是由乙半部族嫁到甲半部族，都是父之同氏族者，所以都称為父。

（註一）R.H. Lowie: Primitive Society, p.105.

（註二）Notes and Queries on Anthropology, 5th ed. (1929), p.68.

六同別錄

芮逸夫

第三　還有一種可能，無論一個部族分為兩個或兩個以上的分部族，只要是有姊妹同婚（Soro.ial polygyny，這不是妻死則繼配其妹的妻妹婚'Sororate'）之俗的，則父之配偶為同事一夫的姊妹，所以同稱為母。或是有兄弟同婚（adelphic polyandry，這不是夫死則繼配其兄弟的收繼婚'levirate'）之俗的，則母之配偶為同婚一妻的兄弟，所以同稱為父。

由上所述，則於外婚氏族組織和二分合併型稱謂制的相關性，已可瞭然。現在我們即由這個觀点，試探一下中國古代社會氏族組織的型式。

有些學者主張二分組織或半部族為氏族最初期的型式。這個理論的沒有必然性或概然性，已有羅維氏給証明了。（註一）但是，它的或然性是不容否認的。傅孟真先生論姜原一文，曾引國語記少典氏取于有蟜氏生黃帝炎帝的神話，及詩大雅生民："厥初生民，實為姜嫄。"魯頌閟宮："赫赫姜嫄，其德不回。"以為

> 周以姬姓而用姜之神話，則姬周當是姜姓的一個支族，或者是一更大之族之兩支。（註二）

這寥寥數語，實給我們對於了解古代社會組織的很重要的啓示。因此，作者頗信周民族最初的氏族制度或是二分組織。少典似為周在原始時代的部族之名。國語韋解引賈侍中云："少典，黃帝之先，有蟜諸侯也。"史記五帝紀索隱亦云："少典者，諸侯國號，非人名也。"黃帝炎帝，則為兩個半部族之號。所謂炎帝以火德王，黃帝以土德王的火和土，只是兩種信仰或崇祀的對象。祀火和祀土（即祀社神），本是初民很普遍的習俗。或者火和土，就是炎帝黃帝兩個半部族的圖騰之號。（註三）

二分組織的最重要的特徵，是兩個半部族各行外婚而互為婚姻。由中國古代史

（註一）R. H. Lowie：Primitive Society, P. 130.

（註二）國立中央研究院歷史語言研究所集刊第二本第一分（1930），頁131.

（註三）衛惠林氏也以炎帝為火圖騰。惟黃帝因有熊氏之號，所以他認為是熊圖騰，也可備一說。見衛氏中國古代圖騰制度論証一文（民族學研究集刊第三期，1943）頁55.

上看，則姬姜二姓，世為婚姻：后稷之母姜嫄，古公之妻姜女，武王之后邑姜，宣王之后齊女，桓王之后紀女，定王靈王之后也都是齊女；春秋時代，姬周同姓之國（魯、晉、衛、鄭、蔡、曹、滕、吳、虢、虞、燕等）的夫人，獨多姜氏；姜姓之國（齊、呂、許、申、紀等）的夫人，亦多姬氏。（註一）顯見兩姓淵源之久。這在一方面，可以說明二分組織或半部族，雖然不是一定的，但可說是確有為氏族組織最早型式的可能性；在另一方面，也可以說明它和二分合併型称謂制的相關性。

美人薩皮尔氏（E. Sapir）曾說類分称謂（二分合併型和行輩型），可能是收繼婚（Levirate）和妻妹婚（Scororate）之俗的結果。（註二）羅維氏也以為和氏族相關的達科塔称謂制，大半是由於更早的收繼婚和妻妹婚的作用。（註三）但白朗氏則以為並未能証明兩者間的相關性。（註四）馮漢驥氏據公羊莊十九年傳"諸侯娶一國，二國往媵之，以姪娣從"之說，以為中國古代有姊妹同婚和內姪女婚；至於收繼婚則全無徵驗。（註五）可見兩種婚姻和二分合併型称謂制，並沒有必然的相關性。惟姊妹同婚之俗，雖不能說一定，但至少可說是可能和二分合併型相關的。劉熙釋名云：

> 母之姊妹，……礼謂之從母，為娣而來，則從母列也。後雖不來，猶以此名之也。

馮漢驥氏也以為"從母之名，亦當為姊妹同婚之遺也。"（註六）

以上論二分合併型称謂制和中國古代外婚氏族組織的相關性。至於二分旁系型

（註一）參看清常茂徠：春秋女譜，清道光三十年（1850）夷門怡古堂刊本。

（註二）E. Sapir: Terms of Relationship and the Levirate (Americian Anthropologist, Vol. 18, 1916), p. 337.

（註三）R. H. Lowie: Primitive Society, p. 157

（註四）A. R. Radcliffe-Brown: The Study of Kinship System, pp. 8–9.

（註五）由中國親屬名詞上所見之中國古代婚姻制（齊魯學報第一期，1941），頁124–131.

（註六）Ibid.，頁125.

六同別錄

芮逸夫

稱謂制和中國近代社會的何種制度有相關性，却很難説。第一，因為這種類型的稱謂制，向不為一般人類學者所注意，無從取証。第二，因為中國自秦漢以來社會變遷甚為複雜，不易爬梳。由親屬稱謂和社會組織間可能有的相關性看來，則除氏族組織外，當為家族組織。中國的社會組織，在漢以前似乎偏重氏族的團結，而不重家族的同居，其俗至漢猶然。漢書地理志云："河內薄恩礼，好生分"；"潁川好爭訟，生分"。商君治秦，甚至強迫二男以上的家族分居。史記商君傳云：

商君治秦 令民有二男以上不分異者，倍其賦。

所以秦人的家族組織，成了"家富，子壯則出分；家貧，子壯則出贅"的現象。但漢人却多以分居為惡俗，賈誼治安策説"商君遺礼義，棄仁恩"，應劭風俗通主"兄弟同居為上"，都可反映出漢以前家族分居之俗的通行。但至漢末，却有不少同居的事例。後漢書記蔡邕"和叔父從弟同居，三世不分財"；"樊重三世共財"；"繆彤兄弟四人，皆同財共業"。陶淵明誡子書云："潁川韓元長，漢末名士，八十而終，兄弟同居，至於没齒。濟北氾幼春，七世同財，家人無怨色。"魏書記"楊播及弟椿津，緦服同爨"；"盧潛自祖至孫，百口同居"。此外見於各史孝義、孝友傳和本記列傳的記載尚多（註一），可不必列舉。可見同居之風的盛行了。而唐張公藝九代同堂，更至今傳為美談。唐肅宗（乾元元年）、玄宗（天寶元年）、宋太祖（開寶元年）、太宗（淳化元年）、真宗（大中祥符元年）、遼聖宗（統和元年），且都下詔敕禁民分居。（註二）所以歷代義門，史不勝書，累世同居舉世稱道。而大家族制（extended family or Grossfamilie）（註三）便在這種社會風氣之下，成了中國自公元三世紀以來家族組織的標準型。這好像是暗示我們説，二分旁系型稱謂制和大家族組織或者是有相關性的。究竟如何相關呢？要解答這個問題，應該將家族組織的性質説明一下。

（註一）參看趙翼陔餘叢考卷三十九累世同居條。

（註二）張亮采：中國風俗史（商務，1911），頁六十八。

（註三）Notes and Queries on Anthropology, 5th ed., P. 55; also R. Thurnwald: Economics in primitive Communities, P. viii.

—52—

伯叔姨舅姑攷

我們知道，家族是人類社會普遍存在的基本單位，它和氏族間最大的區別是它的雙方性(bilateralness)，包括父母雙親，及父母兩方的親屬。(註一)氏族是單方的，它的計算親屬，如為父系的，則完全依父親而蔑視母親，父之兄弟可称父，母之兄弟則不称父。如為母系的，則完全依母親而蔑視父親，母之姊妹同称母，父之姊妹則不同母称。這是和偏重氏族組織之俗相應的，已如上文所論。但到了偏重家族組織時代，則父母兩方並重；父之兄弟和母之兄弟是對等的，母之兄弟既和父異称，父之兄弟也因之異称。他們的称謂可能既異於父，又異於母之兄弟；也可能只異於父，而同於母之兄弟。前者如中國近代的称伯叔(古來的伯父叔父之称，仍同時並存)，後者如英語的称uncle。同樣的，母之姊妹和父之姊妹也是對等的，父之姊妹既和母異称，則母之姊妹也因之異称。她們的称謂可能既異於母，又異於父之姊妹；也可能只異於母，而同於父之姊妹。前者如中國近代的称姨(古來的姨母之称，仍同時並存)，後者如英語的称aunt。

如上所述，則偏重家族織組的影响親屬称謂是有兩種可能的：第一種可能是父之兄弟的称謂既異於父，又異於母之兄弟；母之姊妹的称謂既異於母，又異於父之姊妹；那就是二分旁系型的称謂制，也就是中國近代的称謂制。中國自漢朝以來，盛行大家族制，已如上文所述。大家族組織的特徵是直系親屬和旁系親屬同居。父之兄弟為父之同家族者，而母之兄弟則為異家族者，親屬之威不同，所以称謂各別。母之姊妹和父之姊妹是對等的，母之兄弟既和父之兄弟異称，所以母之姊妹和父之姊妹的称謂也因之各別。我想二分旁系型的称謂制，或許就是這樣的和大家族組織相関着的。

第二種可能是父之兄弟的称謂只異於父，而同於母之兄弟；母之姊妹的称謂只異於母，而同於父之姊妹；那就是直系型的称謂制，也就是印歐語系各族的称謂制。它和近代歐洲各族的小家族制(family)，(註二)似乎是相關着的。

(註一) R. H. Lowie: Primitive Society, P. 105.

(註二) Notes and Queries on Anthropology, 5th ed., pp. 54—55; also R. Thurnwald: Economics in Primitive Communities, P. viii.

—53—

六同別錄

芮逸夫

小家族組織只包括第一序（first order）的三種親屬關係：(1)父母子女間，(2)同父母的子女間（即尚未婚嫁的兄弟姊妹間），(3)為子女父母的夫妻間。（註一）其親屬稱謂重在表現一家的血親；除上述三種關係的親屬外，還有由直系上推的祖高曾，及下推的孫曾玄，大都有各別的稱謂。至於旁系的親屬，如父之兄弟和母之兄弟，同為異家族者，親屬之感相同，所以稱謂也相同。母之姊妹和父之姊妹也同為異家族者，親屬之感相同，所以稱謂也相同。由此以觀，則我們說直系型稱謂制和小家族組織有相關性，當是可能的。

如果中國最早的稱謂制，如上文所論，是行輩型的，則它又和何種社會組織相關着呢？（註二）這涉及殷商以前的社會組織問題，當然更難說了。不過，由古籍的記載和現代民族學的研究，也還可以推知一些大略。淮南子要略訓說："古時人民多茹草飲水，採樹木之實，食蠃蠬之肉。"礼記礼運篇云：

昔者先王未有宮室，冬則居營窟，夏則居橧巢；未有火化，食草木之實，鳥獸之肉，飲其血，茹其毛；未有麻絲，衣其羽皮。

以上所引，雖出于秦漢時人的推測，但當有所本。且証以現代未開化民族的生活狀況，當是實有其事。在那種原始生活狀況之下，社會組織的單位當然不大，然也決不會太小。因為在那土曠人稀，或竟如莊子盜跖篇所說的"古者禽獸眾而人民少"；及韓非子五蠹篇所說的"上古之世，人民少而禽獸眾"的時代，人類為要獵取禽獸或魚類以維持生活，獵群的人數一定不能太少。據現代民族學者攷察未開化民族的經驗，以為那種隊群組織的人數，大抵在十人以上至五十人，至多也不過百人；其中包括幾個，或至多也不過十幾個小家族。（註三）它們組成的分子，大都

（註一）A. R. Radcliffe-Brown：The Study of Kinship System，P. 2.

（註二）摩尔甘氏以為是與血族婚姻有相關性的。（参看 Ancient Society，pp. 410—432.）羅維氏已經指出他的錯誤，這裡可以不說了。（参看 Primitive Society，pp. 53—56.）

（註三）C. Wissler：An Introduction to Social Anthropology，pp. 123—124；also R. Thurnwald：Economics in Primitive Communities，P. 59.

—54—

有血親或姻親的關係。(註一)這種組織今稱為隊群(band)。一個隊群中的各分子相互間，當然都有親屬之感，自然也有親屬稱謂。惟殷商以前的稱謂，已經不得而知；殷商時代則在甲骨文中尚可考見大略。甲骨文父作𠂇或𠂆，董彥堂先生說是象手持物，其說和說文"父，矩也，从又舉杖"相合。商承祚氏以金文皆从𠂆，疑象持炬形；董先生說，有人以為象石斧之形。我想那個手所執之物，很可能是一種狩獵用的武器，大約就是木杖或石斧之類。從事狩獵者大都為成年男子，所以父只是成年男子的通稱。如依原始民族崇拜勇武的心理來說，(註二)也可以說是成年男子的美稱。又母，甲骨文作𡥈或𡥈，多和女字相通的，董先生說後者的兩點示女有乳。可見母只是成年女子的通稱。王國維氏在古彝器中發見十七個女字，有的母為女作器自稱為某母，或女子自己作器，或為他人作器，也自稱為母。王氏因作女字說云：

> 此皆女字。女子之字曰某母，猶男子之字曰某父。案士冠禮記男子之字曰："伯某甫，仲叔季，惟其所當。"注云："甫者，男子之美稱。"說文甫字注亦云："男子之美稱也。"然經典男子之字多作某父，彝器則皆作父，無作甫者，知父為本字也。男子字曰某父，女子字曰某母，蓋男子之美稱莫過於父，女子之美稱莫過於母。男女既冠笄，有為父母之道，故以某父、某母字之也。(註三)

據此，則父母二字，原為成年男女之美稱，也就是成年男女的通稱，並非生我者的專稱。這顯示殷商以前的稱父母，只是稱成年男女，而子女稱生己的成年男女為父母，稱同隊群的成年男女，無論是血親或姻親也都是父母。所以父母之稱，並不是像馬林諾斯基氏所說的"父母的稱謂是推廣及於父之兄弟及母之姊妹的"。(註四)

(註一)例如南非的布須門族(Bushmen)，看C. D. Forde：Habitat, Economy and Society (London, 1934), p. 27.

(註二)R. H. Lowie：Primitive Society, pp. 325—328.

(註三)觀堂集林卷三。

(註四)費孝通譯馬氏文化論頁36。

六同别錄

許逸夫

而他對研究親屬称謂的結論，類別性称呼的推廣，所有的功能是在用推廣親屬称謂的隱喻方式，以確立各種父母責任的法律関係"之説是很可疑的。由甲骨文所示，只是當初的称謂較為簡單而已。所以作者以為，行輩型的称謂制和初民的隊群組織，可能是有相關性的。

説到這裡，有幾點是不能不説明的。第一，本文所謂行輩型和隊群組織相関，二分合併型和外婚氏族組織相関，二分旁系型和大家族組織相関，直系型和小家族組織相関；只是就很有限的記載材料，對過去和現在中國的一般狀況而歸結出來的一種通概的推測。若就整個世界的觀點説，這是一種特殊的狀況，其他各族的称謂制，當然不會都是這樣相関着的。或由于傳播的関係，或受了其他的影响，如婚姻制、財産承受制，職位承襲制等，都可能使称謂制起变化，而不一定和社會組織相應。羅維氏所調查的材料中，便有幾個没有氏族組織的部族，也通行達科塔型称謂制，就是有受其他影响可能的一個明証。(註一)因為親屬称謂制和社會組織間，只有"同一"(identity)的現象，而没有"因果"(cause and effect)的関係。(註二)第二，雙方性的家族是普遍存在的，上文説的隊群組織和氏族組織，只是就其重心而言，其實是和家族並存的；不過，存在在隊群組織中的家族，當然不像現代所謂家族涵義的嚴格。它只是這樣的一個結合：即由一個母親撫育她的小孩，專用一個火塘，受一個和她常營性生活関係的男子的保護。一個隊群即由若干個這樣結合的集團而成。至在氏族織組中的家族，大概已經很近或竟像現代所謂的家族；不過它的存在不像氏族的顯著，正如自漢末以來，中國社會基層組織的重心已移至大家族組織，而氏族組織固至今猶存，但不及大家族的顯著。隊群組織中的家族，大抵以一家之親聚食寢息的火塘為單位，(註三)氏族組織中的家族，則以男耕女織的生産條件為基礎；大都偏于小家族的組織。這應屬於家族及氏族制度的研究範圍，非本文所能詳。第三，還有一点，本文論親屬称謂制，

(註一) R. H. Lowie: primitive society, P. 109.

(註二) Ibid., P. 154.

(註三) R. Thurnwald: Economics in primitive Communities, P. 59.

-56-

只分行輩、二分合併、二分旁系直系四型；這只是由上推的一輩尊親着眼而作的大分類。如果再由平輩親屬，及下推的一輩卑親，或更由上推的二輩親尊，及下推的二輩卑親着眼，則每一型又可分為許多型。然此，非等到世界各族的稱謂都有相當詳盡的調查材料，決不能作那種詳細分類的嘗試。所以本文也只就大分類立論，各型稱謂制在細節上的差異，不屬討論的範圍。

總結本節所論，我們的結論是：

中國親屬稱謂制最初可能是行輩型，大概和初民的隊群組織有關；其次演变而為二分合併型，大致和外婚的氏族組織有關；再次演变而為二分旁系型，顯然和大家族組織有關；將來也許有演变而為直系型的趋势，似乎和小家族組織的趋势有關。

三十四年五月十八日初稿；八月十五日，在獲聞日本無條件投降消息之夕改定稿；時在四川南溪李莊栗峯本所。

後記

本文初稿寫成後，曾在本所學術講論會連講兩次，多承諸位同仁指教；惟因時間不足，未盡欲言。改定後又承李濟之先生審正，高曉梅、屈翼鵬、于錦繡三兄詳為校閱，並多匡正，于兄且為寫付石印；作者謹以至誠，表示謝忱。在現代參考文献中，獲益於馮漢驥先生的中國親屬稱謂制一文者最多，（雖然馮先生的見解和作者略有不同之處）亦應誌謝。

本文寫付石印過半，陳槃厂兄以呂氏春秋孝行覽長攻篇記蔡侯稱息夫人為"吾妻之姨也"和左莊十年傳所記吾姨也兩句語意頗有出入見告。我亟檢閱其原文，今抄錄如下：

楚王欲取息與蔡，乃先佯善蔡侯而與之謀曰："吾欲得息，奈何？"蔡侯曰："息夫人，吾妻之姨也。"

芮逸夫

按釋親："妻之姊妹同出為姨"；釋名："妻之姊妹曰姨，姨，弟也，言與己妻相長弟也"；說文："妻之女弟同出為姨"；章炳麟新方言："姨為妻之姊妹"。可見姨之称是表現称謂人性別的（參看本文第五節，親屬称謂構成原則之六），男子對妻之姊妹有此称，女子對自己的姊妹是不當有的。所以作者以為蔡侯對息夫人之称當從左傳，不當從呂氏春秋。因為蔡侯之妻和息夫人為姊妹，如果當時女子既嫁，無論是共事一夫或各事一夫，都是互以姒娣相称（參看本文第二節，"其次考姨"末一段），則記述蔡侯對息夫人的称謂，如不作"吾姨也"，便應作"吾妻之姒也"（如息夫人居長）或"吾妻之娣也"（如息夫人居幼），而不應作"吾妻之姨也"。依此而論，則"吾妻之姨也"的"姨"，頗有譌誤的可能。不過，我們讀古書，如果遇着講不通的地方，在沒有找到証據以前，即說它是譌字，畢竟是不應該的。所以我們對呂氏春秋"吾妻之姨也"的"姨"字，仍當另求解釋。或者當時已有"妻從夫称"之俗，即女子既嫁，称自己的姊妹可不称姒娣，而跟着丈夫称姨。則呂氏春秋的作者記蔡侯称息夫人，自可作"吾妻之姨也"了。據此以論，則本文第二節所攷"穆姜之姨子也"譌"娣"為"姨"之說，便有並非譌誤的可能，倘使我們能証明當時確有妻對己族從夫而称之俗。（但臧宣叔的繼室，鑄國夫人之姪，仍應作穆姜的娣子之解，即魯宣公的姨妹之女，今称姨甥女或姨外甥女；不當依杜預之說作"穆姜姨母之子，與穆姜為姨昆弟"解。因為穆姜是齊惠公夫人蕭同叔子所生之女，鑄國夫人之姪之母，與穆姜當為姊妹行。）然而我們知道，妻從夫称大都是妻称夫族的親屬：如婦對公婆，在直接称謂時，跟着丈夫称爸爸、媽媽；對大伯子、小叔子、大姑、小姑也跟着丈夫称哥哥、弟弟、姊姊、妹妹等等。但她對己族的親屬，必用她自己應称的称謂。就我們所知，只有夫跟着她称呼，她反轉來跟着夫称呼的例子是不容易找到的。

陳槃厂兄曾承介紹常茂徠增訂春秋世族源流圖考及春秋女譜二書以為讀左傳的參攷；今復承以呂氏春秋所記一節見告，使我又得因而補述數語如上，並藉此致謝教益。

三十四年十一月十五日，逸夫附識。

On the Chinese Kinship Terms Po, Shu, Ku, Chiu and I:
A Study of Chinese Kinship System
and its Development

伯叔姨舅姑攷

By Ruey Yih-fu

A Concluding Summary in English

The writer of this paper employs teknonymy to explain the overriding of generation principle in designating mother's brother and wife's brother by the same term "chiu" and father's sister and husband's sister by "ku", and tekeisonymy or reverse teknonymy to explain the anomalous designations of father's older brother and husband's older brother by the same term "po", father's younger brother and husband's younger brother by "shu", and mother's sister and wife's sister by "i".

In the ancient time the generation of these relatives were clearly differentiated by distinct terms, which, however, were gradually merged into each other during the last few centuries of the first millennium B.C. and nearly the whole of the first millennium A.D. By analyzing the principles which underlie, and tracing the historical development of social organizations which influence, the kinship system, the writer remarks that the archaeic Chinese kinship system seems to have been a generation type which originates the ancient bifurcate merging type, wherefrom came the modern bifurcate collateral type in Lowie's terminology, and that at the present day there are indications of new trends in the transformation of the modern Chinese kinship system from

-59-

六同别錄

its bifurcate collateral to a lineal type. The generation type of kinship system correlates most probably with the primitive hunting band; the bifurcate merging, the exogamous clan; the bifurcate collateral, the Grossfamilie; and the lineal, the family organization respectively.

芮逸夫

Y. F. R.

National Institute of History and Philology,
Academia Sinica, November, 1945.

-60-

構成原則 / 稱謂	行輩之別	血姻之別	直旁之別	被称親屬性別	親屬關係人性別	称謂人性別	長幼之別
祖	*	*	*	*	*		
孫	*	*	*	*	*		
父	*	*	*	*			
子	*	*	*	*			
母	*	*	*	*			
女	*	*	*	*			
兄	*	*	*	*			*
弟	*	*	*	*			*
姊	*	*	*	*			*
妹	*	*	*	*			*
伯			*	*	*		*
叔			*	*	*		*
[illegible]	*	*	*	*	*		
[illegible]	*	*	*	*	*		
[illegible]			*	*	*		
[illegible]			*	*	*		
[illegible]			*	*	*		
岳	*	*	*	*	*		
婿	*	*	*	*	*		
夫	*	*	*	*			
妻	*	*	*	*			
嫂	*	*	*	*	*		*
姉	*	*	*	*	*		*
總數	18	18	23	23	13	0	8
百分數	78.27	78.27	100	100	56.53	0	34.78

附錄一　中國親屬核心稱謂構成原則分類表現表(註一)

(註一)本表錄自 H. Y. Feng(馮漢驥): The Chinese Kinship System (Harvard Journal of Asiatic Studies, vol.2, 1937), p.168.

芮逸夫

稱謂＼構成原則	行輩之別	直旁之別	長幼之別	被称親屬性別	親屬關係人性別	称謂人性別(註一)	血姻之別(註二)
po˧（祖母，祖婆，婆）		*		*	*		
jeu˦（祖父，祖公，公）		*		*	*		
na˦（母）	*	*		*			*
tsi˅（父）	*	*		*			*
po˩（真）	*	*		*			
jeu˧（夫，岳父）		*		*			*
ntsai˧（女）	*	*		*			*
to˧（子）	*	*		*			*
npaŋ˧（嫂，弟婦，子婦，孫婦）				*	*		*
vau˅（姊妹夫，姑夫，女婿，孫婿）				*	*		*
ki˅（孫男，孫女，外孫男女）	*	*					*
lau˩（伯父，夫兄）		*	*	*	*		
je˩（叔父，夫弟）		*	*	*	*		
ɕa˧（小姨母，叔母，妻妹，娣婦）		*	*	*			
klaŋ˧（舅父，妻兄弟）		*		*	*		
npaŋ˩（姑母，夫姊妹）		*		*	*		
ti˅（男称兄）	*	*	*	*		*	*
ku˅（男称弟）	*	*	*	*		*	*
ve˅（姊）	*	*	*	*			*
ntɕau˩（女称妹）	*	*	*	*		*	*
ma˧（男称姊妹，女称夫姊妹）	*	*		*		*	
no˩（女称兄弟，男称妻兄弟）	*	*		*		*	
ntu˩（男称姪，女称甥）	*	*		*		*	*
tai˧（岳母，外祖母）		*		*	*		
總數	13	22	7	23	9	6	13
百分數	54.17	91.67	29.17	95.83	37.50	25	54.17

附錄二　苗族親屬基本称謂構成原則分類表現表（註三）

（註一）指男女雙方對其親屬關係相同的第三者，各因本人性別而異呼而言。夫妻之称，不屬此項。（参看本文頁46）

（註二）夫妻兩称謂相互間的關係，依配偶為當然親屬之說，既屬血親，又屬姻親；即依配偶為親屬關係泉源之說，則既非血親，又非姻親，也無所謂血姻之別。

（註三）根據川南永寧河源苗族調查材料製。

伯叔姨舅姑考附表　芮逸夫

族名 \ 構成原則	行輩之別	直旁之別	長幼之別	血姻之別	被称親屬性別	称謂人性別	親屬關係人性別
Tolowa	72	28	9	93	88	40	44
Hupa	58	28	11	86	83	25	57
Whilkut	61	31	11	86	83	25	50
Lassik	65	22	11	54	81	41	27
Wailaki	73	24	12	48	79	42	31
Kato	64	22	11	44	83	42	3
Yurok	76	44	12	65	79	24	9
Wiyot	88	45	0	79	73	15	36
Karok	71	33	10	100	76	21	51
Shasta	63	37	11	86	57	29	30
Achomawi	72	22	14	83	44	17	43
Yahi	79	19	9	88	67	33	54
Lutuami	71	56	13	87	47	36	67
Northwestern Maidu (Plains)	70	23	13	73	63	20	44
Northwestern Maidu (Mts.)	88	18	18	38	68	15	39
Northeastern Maidu	90	29	13	68	71	13	44
Southern Maidu	83	28	14	45	66	21	45
Northeastern Mono	78	24	11	68	59	32	65
Southeastern Mono	87	23	10	59	67	26	53
Western Mono	86	7	14	36	57	21	43
Kawaiisu	100	14	37	44	70	37	41
Tübatulabal	87	21	18	77	64	28	51
Serrano	72	33	26	51	51	33	41
Desert Cahuila	81	27	25	65	48	31	38
Cupeño	89	22	29	58	47	36	39
Luiseño	81	26	28	56	56	37	63
Yuma	80	56	19	96	63	43	63
Kamia	78	40	24	98	56	31	63
Cocopa	88	44	23	90	81	46	70
Southern Diegueño	85	29	27	63	66	32	63
Northern Diegueño	97	23	28	56	56	26	42
Yauelmani	75	22	11	72	69	22	45
Yaudanchi	73	21	12	76	73	18	48
Tachi	32	30	11	73	76	22	31

集刊外編第三種

Gashowu	22	19	15	70	85	22	39
Chukchansi	21	14	21	69	79	21	35
Southern Miwok (Pohonichi)	24	14	21	59	76	10	37
Southern Miwok (Yosemite)	32	14	18	75	71	11	36
Central Miwok (Groveland)	32	15	15	76	76	26	48
Central Miwok (Tuolumne)	31	14	17	74	80	26	47
Northern Miwok	28	16	19	72	78	13	43
Plains Miwok	72	18	18	72	72	11	38
Lake Miwok	30	18	21	67	64	12	29
Southeastern Wintun	28	22	17	44	50	11	7
Southwestern Wintun	28	22	17	44	50	11	7
Central Wintun	24	16	24	44	84	12	14
Northwestern Wintun (Trinity)	28	24	16	52	88	16	21
Northern Wintun (Shasta)	79	42	12	58	85	9	15
Northeastern Wintun	82	47	12	62	86	12	14
Southeastern Pomo	30	14	16	65	84	24	45
Central Pomo	44	25	17	64	69	17	41
Northern Pomo	25	19	14	67	81	22	43
Southwestern Pomo	75	28	18	55	90	30	48
Southern Pomo	24	13	16	61	84	18	51
Wappo	27	17	39	71	76	12	55
Huchnom	83	17	26	43	77	26	50
Yuki	82	21	24	43	79	18	45
Coast Yuki	71	29	10	74	81	26	20
最大百分數	100	56	39	100	90	46	70
最小百分數	21	7	0	36	44	9	3
百分差距	79	49	39	64	46	37	67

附錄三　美國加里福尼亞省各土族親屬稱謂構成原則之百分數的表現表(註一)

(註一)此表由E. W. Gifford：Californian Kinship Terminologies (University of California Publications in American Archaeology and Ethnology, Vol. 18, 1922)的第十五表：Expression of Categories in percentages (p. 267)和第十六表：Percentage Variation of Kinship Categories (p. 268)合製而成。

—63—

象郡牂柯和夜郎的關係

勞榦

導 讀

譚繼和

學術背景

自乾嘉學派始，關于《史記》《漢書》所載西南郡縣地理的考辨便成爲顯學，但多囿于文獻互校的窠臼。清儒全祖望在《漢書地理志稽疑》中提出“象郡改置牂柯”之説，成爲後世主流觀點，然而其推論多依賴文本訓詁而缺乏實證支撑。抗戰時期國民政府開發西南的現實需求，促使學界重新審視邊疆治理的歷史經驗。勞榦敏鋭捕捉到這一時代歷史觀衍變命題，選擇從秦漢郡縣制在西南地區的施行情況切入，試圖通過歷史地理考證揭示中原王朝經略邊疆的規律。當時新出土的居延漢簡、敦煌漢簡中包含的邊郡行政文書，以及史語所在川滇地區的民族學調查成果，均爲研究提供了嶄新的材料支撑。勞榦的研究不僅是對清代考據學的批判性繼承，更是對殖民史觀的有力回應，其學術立場彰顯了戰時中國學者守護大一統文化中國疆界的自覺意識。

學術評議

在中國西南邊疆歷史研究的學術譜系中，勞榦的《象郡牂柯和夜郎的關係》堪稱一篇具有里程碑意義的經典之作。這篇完成于20世紀40年代的論文不僅展現了作者深厚的秦漢史研究功底，更開創性地運用多重證據法解開了困擾學界數百年的西南地理疑案。

在具體論證過程中，勞榦首先通過梳理《史記·西南夷列傳》《漢書·地理志》等核心文獻，厘清象郡、牂柯郡的建制沿革，指出《漢書》“改象郡爲牂柯”之説存在時空錯位的矛盾。他考訂《史記》所載漢武帝元鼎六年（前111）平南越置牂柯郡的細節，據此分析“在伐南越時，還只有犍爲郡，牂柯越巂各郡還是平越人之後才有的，象郡自然談不到”，“因此説象郡是平南越以前設立的，根據就不充分了”。又据《漢書》得出類似結論，即無法認定在元鼎六年以前“曾置有西南夷的象郡”。此外，勞氏在考證漢代象郡實際轄境時，還綜合《山海經》《漢書·地理志》及王先謙的補注等相關記載，認爲漢代象郡的境界“是從湖南西部的黔陽，跨過湖南、貴州、廣西三省的交界處”。儘管勞氏也認爲，《山海經》或成于西漢，屢經篡改，不能僅以此書作證，但其所展現的基本山水地理，也仍還有輔助考證的功能。另外，還有越南的宣光省，也應當屬于“現在南寧的象郡治臨塵的象郡太守治下”。

針對夜郎國的地理範圍，勞氏綜合前人幾種不同説法：

> 一、夜郎是在蜀郡外，不在巴郡外，也就是説，夜郎的範圍當在今天的成都以南，而不是重慶以南。

二、夜郎旁邊的小邑，在漢代被收爲犍爲郡。但是，犍爲的僰道、江陽，據《華陽國志》却是劃入蜀郡。因此，這些地方應當在僰道及江陽之南。此外，夜郎以北的邛都國，在進入漢朝後，成爲越嶲郡，也就是今天的西昌一代。因此，可以定位夜郎，應當在現在的西昌之南，而同時與今天的宜賓、瀘縣等地相去不太遠。

三、通夜郎的大道，是“自僰道指牂牁江”，僰道即現在的宜賓，從宜賓向南是雲南的東部和貴州的西部，所以夜郎應在此一帶。

根據這三種説法推斷，勞氏將夜郎的境域假定在“雲南和貴州之間”。

學術價值

此文對“象郡—牂柯”沿革關係的重新詮釋，推翻清代學者全祖望的“改置説”，證實二者存在地理重叠但非簡單繼承關係。勞榦通過梳理《華陽國志》所載犍爲郡設立過程，指出漢武帝開拓西南時，秦象郡故地已被南越國實際控制，故元鼎六年所置牂柯郡實爲新拓疆土，與秦象郡僅有部分區域重合。同時，從史學方法論來説，勞氏通過考證，根據《漢書・西南夷傳》所載：“夜郎與鉤町相次，夜郎不受漢勸。牂牁太守陳立誅夜郎王興，平其亂。”自後夜郎王不見于史，由此而知，在漢已廢去其王了。與此同時，《後漢書・西南夷傳》與《華陽國志》皆有載。勞氏于是將史料溯源，分析出“《華陽國志》或與《後漢書》抄自同一的舊史”，而“《水經注》又沿襲《華陽國志》”。由此而一錯再錯，將錯就錯。如果僅以文本互證而未溯源，則固然做到于史事的孤證不立，而于史料左右互參，但如此類相互摻入，則越互徵而越糊塗。正是陳寅恪所説："愈有條理系統，則去古人立説之真相愈遠。"因此，現代史學——尤其是傅斯年所創的史語所——正是要跳出傳統史學從文本到文本的考據路徑，而以"地下遺物與紙上遺文互證"爲軌轍。這也是學界同人所共同努力的方向。

集刊外編第三種

象郡牂柯和夜郎的關係

勞榦

對於名實的關係，許多事物是同名異實的，許多事物是同實異名的，也有許多事物是名實之中有一部分相關但不完全相等。在這許多名實繚繞的紛紜狀態之中，許多糾紛和誤會便由此產生。秦有象郡，漢武帝也曾設象郡；漢武帝時有夜郎國；漢書地理志牂柯郡也有一個夜郎縣為牂柯都尉治所。然而秦的象郡不應誤為漢的象郡；牂柯郡的郡界雖以夜郎國境為基礎，但也不是就等於夜郎國，郡治故且蘭也並非夜郎國都。

(甲) 秦的象郡和漢的象郡

秦的象郡應當在越南境內，這是一個用不着懷疑的事。史記秦始皇本紀云：「三十三年發諸嘗逋亡人，贅壻，賈人，略取陸梁地，為桂林，象郡，南海，以適遣戍。」注韋昭曰：「今日南。」漢書地理志：「日南，故秦象郡。」晉書地理志：「日南郡，秦置象郡，漢武帝改名焉。盧容，象郡所居。」可見秦象郡在漢的日南，史家相承，向無異說。

至於象郡的地望，可以盧容為中心來推定。盧容所在，水經溫水注云：「……又南逕四會浦，水上承日南盧容縣西，古郎究內漕口，馬援所漕水，東南屆通郎湖，湖水承金山郎究究水北流，左會盧容壽冷二水。盧容水出西南區粟城高山，山南長嶺連接天障，嶺西盧容水湊，隱山遶西衛北而東逕城北。」又云：「自四會南入，得盧容浦口，晉太康三年，省日南郡屬國都尉，以其所統盧容縣置日南郡，及象林縣之故治。晉書地道記曰：「郡去盧容浦口二百里，故秦象郡象林縣治也」。」又云：「康泰扶南記曰：「從林邑至日南盧容浦口，可二百餘里。從

勞榦

口南發往扶南諸國，常從此口出也。」」照這幾段說來，盧容的方位是可以從：⑴四會浦，⑵盧容浦，⑶區粟城等處來推定的。區粟城的坐落在水經注溫水注中也說到的。法國人鄂盧梭（Leonard Aurcseau）對於喬治·馬司帛洛（Georges Maspero）：占婆史（Le Royaume de Champa）的書評（河內遠東法國校刊一九一四年十四卷九號。馮承鈞西域南海史地考證譯叢續篇有譯文，題為占城史料補遺。）認為「郎湖就是名曰Câu-hai的大海湖之東湖，四會浦就是順安（Thuân-an）海口，盧容浦就是Câu-hai湖在Chu-may西岬北邊的入海口。……古之區粟近在承天府河之南，就在今日Ban bô地方。嗣德陵通道所橫斷廢址之中。」這一個遺址在順化附近是一個最重要的遺址，可以證明為漢代日南郡的西捲城和水經注所稱的區粟城的。照水經注所記盧容城約在區粟城的近處，且同在一個三角洲。此處即現在越南京城順化所在，因此秦的象郡也不妨以順化為中心來推定他的地域。

此外，照晉書地道記，晉的盧容浦口為秦象郡的象林，這和漢代象林縣應在現在越南的廣南（Quang-nam）以南數十公里的Dong-duong，是不同的，這又是一個同名異地的事。

現在再討論象郡的設置。秦時略取陸梁地，設南海，桂林，象郡。趙佗時仍前境域。漢武帝始分為九郡。史記南越列傳云：「南越王尉佗者，真定人也。姓趙氏。秦時已并天下，略定揚越，置桂林，南海，象郡，以謫徙民。……（佗）行南海尉事。……秦已破滅，佗即擊并桂林，象郡，自立為南越武王。」漢書南粵傳云：「夜郎兵未下，南粵已平，遂以其地為儋耳，珠崖，南海，蒼梧，鬱林，合浦，九真，日南，九郡。」所以秦的三郡，即漢的九郡，象郡的領域當然在此九郡之中，而不應當在九郡之外。

但是漢武帝却也曾經在九郡之外設了一個象郡。按着地域說來，大都為夜郎國境。夜郎是西南夷，象郡是舊陸梁地，兩處本有分别。並且史記明說趙佗擊并象郡，而南越對於西南夷，却是：「南越以財物役屬夜郎，西至同師，然亦不能臣使也」（史記西南夷列傳。）這樣顯然象郡不是西南夷。因此我們決不應當將二者來混為一談。

誤解古書把秦象郡認為即漢象郡的有兩個人。一個是法國亨利·馬司帛洛(Henri Maspero),他的論文在河內遠東法國學校校刊一九一六年第十六卷四九至五五葉,一個是日本佐伯義明(Y. Saegi),他的論文見於一九二八年史學雜誌三十九卷十號。他們根據的不外下列四條:

a. 漢書昭帝紀,元鳳五年(前七六年)秋,罷象郡,分屬鬱林,牂柯。

b. 山海經海內東經,沅水出象郡鐔城西。入東注江,入下雋西,合洞庭中。

c. 山海經海內東經,鬱水出象郡而西南注南海。

d. 漢書高帝紀注,臣瓚曰,茂陵書,象郡治臨塵,去長安萬七千里。

這四條的根據,歷來談到象郡問題的都不相信,例如齊召南在清殿本所附的考證說:

> 按此文可疑,秦置象郡,後屬南越,即故象郡置日南郡。以地理志證之,此時無象郡名,且日南郡固始終未罷也。

至於錢大昕的二十二史考異,全祖望的漢書地理志稽疑,吳卓信的漢書地理志補注,周壽昌的漢書注校補,王國維的秦漢郡考,也都不承認這幾條的真實性。法國人鄂盧梭的秦初平南越考(Leonard Aurousseau: La Premiére Conquete Chinoise des pays Annamites,有馮承鈞譯本)也是不承認有北方的象郡的。

鄂盧梭的理由較為具體。他認為在這四條理由之中,最有力是昭帝紀的一條,但這一條是毫無根據的。山海經的兩條也不可靠。因為山海經是一部奇異而迷罔的書,四庫全書便把他列在子部小說之內。此書或成於西漢時代,最早的本子當在一世紀下期,惟自此以後,屢經改竄,若是僅僅根據此書的材料考訂古代的政治地理,是一種危險的事。至於茂陵書的一條,他以為昔日的臨塵,在今廣西南寧之西,前漢時為鬱林郡的一個屬縣,從長安到南寧,其距離要不過一千至兩千公里之間,別言之即兩千到四千華里。茂陵書說萬七百五百里,數目太大了。不過里數似乎比地名難錯些,所以錯誤應當在地名上,即臨塵乃由臨邑而誤,臨邑即是林邑。義淨南海寄歸內法傳卷一云:「南至占波,即是臨邑。」所以臨邑即

六同別錄

林邑，二字同音，例可通假。因此他的結論認為此四條都不可信據，他主張「毅然將此文屏除」。

勞榦

但這能算這一個問題的最後結論嗎？當然不是。用這樣手續來處理這個問題當然還有漏洞。第一，漢代既無象郡，為甚麼昭帝紀忽然竄入這一條，未免太突兀了。只說不可信賴而不能充分說明這條所以能夠出現的理由，還不能使人心服。第二，據山海經的兩條，和戰國及秦代情況不合，自然非戰國及秦代舊文，其為漢武帝時期以後的人竄入，也可以說不致有多大問題。但假設武帝時並無象郡，又何為忽然參入此二條不屬於神話範圍的地理記載，而且以地望來說，也和昭帝紀所稱應為接近鬱林和牂柯者𡗝若符契的相合？所以更不應當用「偶然現象」來解釋，說是都不可信據便算了事。第三，數目字的錯誤和名稱上的錯誤，機會至少相等，決不能說數目字難得錯誤些。據一般地理書來看，數目字或者更容易錯誤。況西漢日南郡治在盧容，不在林邑，並且西漢亦無林邑一個地名，只有象林縣，到後來二百餘年之後，林邑建國才有林邑一名，在茂陵書中無從預見「林邑」二字，更無從錯寫成「臨邑」，再從「臨邑」錯寫成「臨塵」。

因此，我們實在不敢因為有一二處疑點，便對古代材料輕下斷語，說他是不可信。固然，秦的象郡在越南境內，是一個確然無疑的事；但漢的象郡在貴州和廣西之間，卻也是一個不容否認的事。關於漢代的象郡為甚麼不和秦代的象郡設到同一的地方，雖尚不能有最堅確的解答。揣測起來，似乎最近情理的可能，便是武帝通西南夷的目的，為的是要平定南越，因此便在西南夷中最接近南越的地方，也設置一個象郡。這種相似的例子在三國和南北朝很容易找到。所以漢武帝象郡的設置應在元光五年（前一三〇）唐蒙通西南夷之後，而在元鼎六年（前一一一）平定南越之前。到南越既定，南越的象郡分成三郡，各立嘉名。未平南越以前在今貴州廣西一帶設置的象郡，便仍保存着象郡之名，一直到昭帝時代。

但漢通西南夷分兩個時期。在建元時因為北方的情形還很嚴重，對於西南夷只能作初步的經營，此為第一個時期。史記西南夷列傳云：

建元六年（前一三五年），大行王恢擊東越，東越殺王郢以報。恢因兵威

4

使番陽令唐蒙風指曉南越，南越食蒙蜀枸醬，蒙問所從來，曰：「道西北牂柯」。牂柯江廣數里，出番禺城下。蒙歸至長安，問蜀賈人。賈人曰：「獨蜀出枸醬，多持竊出市夜郎。夜郎者，臨牂柯江，江廣百餘步，足以行船。南越以財物役屬夜郎，西至同師，然亦不能臣使也」。蒙乃上書說上曰：「南越王黃屋左纛，地東西萬餘里，名為外臣，實一州主也。今以長沙豫章往，水道多絕難行。竊聞夜郎所有精兵，可得十餘萬，浮船牂柯江，出其不意，此制越一奇也。誠以漢之彊，巴蜀之饒，通夜郎道，為置吏，易甚」。上許之，乃拜蒙中郎將。將千人，食重萬人，從巴蜀筰關入，遂見夜郎侯多同。蒙厚賜喻以威德，約為置吏，使其子為令。夜郎旁小邑皆貪漢繒帛，以為漢道險，終不能有也，乃且聽蒙約還報，乃以為犍為郡。發巴蜀卒治道，自僰道指牂柯江。蜀人司馬相如亦言西夷邛筰可置郡，相如以郎中往喻，皆如南夷，為置一都尉十餘縣，屬蜀。……及（公孫）弘為御史大夫，是時方築朔方，以據河逐胡。弘因數言西南夷害，可且罷，專力事匈奴。上罷西夷，獨置夜郎兩縣一都尉，稍令犍為自葆就。（集解，徐廣曰：「元光六年南夷始置郵亭」。）

所以武帝通西南夷的動機，實在是為的利用牂柯江在南越上游，藉此可以為伐越的準備的原故。因此，在西南夷設立一個和南越境界同名的象郡，是可能的。不過在開通西南夷的初期，在西南夷只有一個「稍自葆就」的犍為郡，其夜郎境內只有一都尉兩縣，若說還有一個象郡，似乎對當時的史實不合。

到元鼎六年（前一一一年），南越反，漢對西南夷才作一個總的整頓。史記西南夷列傳又云：

及至南越反，上使馳義侯因犍為發南夷兵，且蘭君恐遠行，旁國虜其老弱，乃與其衆反，殺使者及犍為太守。漢乃發巴蜀罪人，嘗擊南越者，擊破之。會越已破，漢八校尉不下，即引兵還，行誅頭蘭。頭蘭者，常隔滇道者也。已平頭蘭，遂平南夷為牂柯郡。夜郎侯始倚南越，南越既滅，還誅反者。夜郎侯遂入朝，上以為夜郎王。南越破後，及漢誅且蘭邛君，並殺筰侯。

冉駹皆振恐，請臣置吏。乃以邛都為越巂郡，筰都為沈犂郡，冉駹為汶山郡，廣漢以西白馬為武都郡。

勞榦

可見在伐南越時，還只有犍為郡，牂柯越巂各郡還是平越人之後才有的，象郡自然談不到，因此說象郡是平南越以前設立的，根據就不充分了。又漢書西南夷傳說：

及至南粤反，上使馳義侯因犍為發南夷兵。且蘭君恐遠行，旁國虜其老弱，乃與其衆反。殺使者及犍為太守。漢乃發巴蜀罪人，嘗擊南粤者八校尉擊之。會粤已破，漢八校尉不下，中郎將郭昌衛廣引兵還，行誅隔滇道者且蘭。（按且蘭當從史記作頭蘭，史記於反者作且蘭，而隔滇道者作頭蘭，明屬兩地。漢書俱作且蘭，蓋淺人妄改。）斬首數萬，遂平南夷為牂柯郡。夜郎侯始倚南粤，南粤已滅，還誅反者，遂入朝，上以為夜郎王。南粤破後，及漢誅且蘭，邛君，並殺筰侯，冉駹皆震恐，請臣置吏。以邛都為粤巂郡，筰都為沈黎郡，冉駹為文山郡，廣漢西白馬為武都郡。

據史記西南夷列傳太史公論曰：「後揃剽二方，卒為七郡」。集解：「徐廣曰，犍為，牂柯，越巂，益州，武都，沈犂，汶山地也」。集解是依照本傳以前所述的，恰為七郡。中間並未提到象郡郡名。所以在平定南越的前後，均找不出來設置象郡的地位。因此對於象郡認為是平定南越以前或初定南越時所設置，都是不合於歷史記載的揣測。

我們對於歷史上兩種互相矛盾的記載，除非萬不得已，並且確有堅強的證據，不但不應當認為兩種記載是「必有一誤」，並且也不能「增字」，「減字」，或「改字」的。倘若認為漢的象郡是平南越時的越地，那就無從相合於史記南越尉佗列傳的「遂為九郡」，此九郡在漢書已指明為：「儋耳，珠崖，南海，蒼梧，鬱林，合浦，交阯，九真，日南」共為九郡，倘若認為象郡是平西南夷時的西南夷地，也無從相合於史記西南夷列傳前後所記以及徐廣指出的七郡。總之，統合南越和西南夷地，在這九和七共十六郡之中，除非改字釋史，實不能找到容納象郡的地位，因此無法認為在元鼎六年（前一一一年）以前曾置有西南夷的象郡。

那麽，這一件事應當如何解決呢？在若干方面的夾縫中，只有一個可能的假設，那便是漢武帝元鼎六年（前一一一年）設置西南夷境中的七郡，而昭帝元鳳五年（前七六年）罷去象郡。象郡的設立，便在此三十五之間。即象郡是武帝晚年或昭帝初年增置之郡，與舊日秦的象郡並無相承之處。

漢書昭帝紀元鳳五年罷象郡的一條材料，只說將象郡併入鬱林和牂柯，至於象郡在未設郡之前，其境是否屬於鬱林和牂柯，從這一條材料看，是無法知道。茂陵書所說象郡治臨塵，臨塵縣據漢書地理志是屬於鬱林郡的，與昭紀併象郡一部分入鬱林的記載相符，但未設郡之前和南越及與鬱林的關係，從這一條也不能知道。至於山海經的兩條，山海經本身當然要慎重審核，但這兩條和昭紀及茂陵書並無衝突，未嘗不可以採用。其郭璞所說隨時附益的話，按此書在劉向校書時即已凝固，決不可以說有東漢以後的人的附益。

山海經海內東經：「沅水出象郡鐔城西，入東注江，入下雋西，合洞庭中。」又海內東經：「鬱水出象郡而西南注南海。」這兩條雖然也不能直接看出象郡和其他各郡的因革，但和昭帝紀及茂陵書互相參證，那就不難看出和西南夷境域的關係來。

鐔城，漢書地理志作鐔成，屬武陵郡，王先謙補注曰：

淮南人間訓，尉屠睢五軍：「一塞鐔城之嶺」，鐔城即鐔成也。續志：「後漢因」。一統志：「今靖州，黔陽，綏寧，通道，會同，天柱縣地。故城在黔陽西南。」沅水篇：「旁溝水自牂柯故且蘭來，東至鐔成縣為沅水，下入無陽」。

下雋，漢書地理志屬長沙國，王先謙補注曰：

一統志：「故城在沅陵縣東北」，後書馬援傳：「援征五谿，軍次下雋。」計其地當在澧州安鄉縣。然歷代地理志，俱以通城，巴陵，臨湘當之。馬援軍次下雋，進壺頭，去岳州武昌，相隔千里。即以沅陵為下雋，亦屬可疑。下雋屬長沙，不應反在武陵西也。紀要：「巴陵縣本漢下雋縣地，故城在沅江縣東」，章懷注云：「在沅陵縣」，誤也。

7

六同別録

勞榦

王氏這裏的考訂是對的。照此說來，參以山海經的兩條。即沅水發源於故且蘭的旁溝水，東至黔陽縣附近的鐔城為沅水，再到沅江縣以東的下雋入洞庭。至於鬱水所在，據水經溫水注：「鬱水即夜郎豚水也。……豚水東北流，……東逕牂柯郡且蘭縣，謂之牂柯水。水廣數里，縣臨江上，故且蘭侯國……牂柯郡治也。」所謂鬱水的大約等於現在的融江，下入柳州為柳江。

從上文所說的(1)臨塵（南寧附近），(2)鐔成（黔陽附近），(3)鬱水（融江），再加上牂柯和鬱林兩郡的交界區域，漢象郡的大略範圍，也就不難知道。漢象郡的境界是從湖南西部的黔陽，跨過湖南，貴州，廣西三省的交界處，例如貴州的天柱，榕江，荔波；廣西的龍勝，三江，融縣等處。再按照臨塵的範圍，則宜山，南寧，百色，都應當在這個範圍之內。假若不然，那就在黔陽的鐔成和在南寧的臨塵，不能聯絡了。此外還有越南東京的宣光省在漢為牂柯的西隨縣的，也應當屬於在現在南寧的象郡郡治臨塵的象郡太守治下；因為臨塵是一個比較接近的郡治。

這幾處地方，漢時在作地理志根據的元始時代，鐔成是屬於武陵郡的；秦時武陵為黔中郡（據續漢書郡國志，水經沅水注，並云武陵秦時為黔中郡。）據淮南人間篇，鐔成為秦時邊徼，應當即是黔中的邊徼。到漢時改黔中為武陵，所以鐔成也是武陵的邊徼，因此象郡的鐔成應當是從武陵郡撥去的。至於天柱榕江等處地方，適當鬱水上游應即是且蘭故地。而百色附近，却為漢句町縣，也就是句町侯國，後為句町王國，的所在。所以漢的象郡，應當是夜郎平定之後，分夜郎國以外的南夷諸地，再加上武陵郡的鐔成而設的。

據以上的分析，象郡的來原不難明瞭。據史記和漢書西南夷傳，漢將南夷地方設立牂柯郡，其中包括的是夜郎，且蘭，和句町諸國，漢象郡既包含且蘭的一部分和句町，其從牂柯分來是很顯明的。其臨塵附近雖不知是否原屬鬱林，但以鐔成的例子看來，似乎有原屬鬱林的可能。並且從「象郡」的命名看來，似乎郡治的臨塵，從前為南越的一部。

8

(乙) 牂柯與夜郎

牂柯的境域，大部分在現代的貴州省，這是不成問題的。然而再稍加推求，牂柯境內主要的是夜郎國的地方；夜郎國的境域是怎樣的，那便有問題了。

關於夜郎國的位置，只有據下列幾條史料來推求：

(a) 漢書西南夷傳：(唐蒙)見夜郎侯多同，蒙厚賜諭以威德，約為置吏，使其子為令。夜郎旁小邑，皆貪漢繒帛；以為漢道險，終不能有也，廼且聽蒙約還報。廼以為犍為郡，發巴蜀卒治道，自僰道指牂柯江。

(b) 後漢書西南夷傳：西南夷在蜀郡徼外者有夜郎國。東接交阯，西有滇國，北有邛都國，各立君長，其人皆椎結左衽。

這兩段雖然未將夜郎國的地位詳細指出來，但有幾個重要的啓示。

一，夜郎是在蜀郡徼外，不在巴郡徼外，即夜郎的境域當在今成都以南，不在今重慶以南。

二，夜郎旁的小邑漢共收為犍為郡。但犍為的僰道(宜賓)，江陽(瀘縣)，據華陽國志都是自蜀郡畫入。因此這些地方還應當在僰道及江陽之南。此外夜郎以北的邛都國，在入漢以後為越嶲郡當現在的西昌一帶。所以夜郎應當在現在西昌之南，而與現在宜賓，瀘縣等地相去不太遠。

三，通夜郎的大道是『自僰道指牂柯江』，僰道即現在的宜賓，從宜賓向南是雲南的東部和貴州的西部，所以夜郎應在此一帶。

因此，據以上的推論，對於夜郎境域的位置，自應假定為『雲南和貴州之間』。

夜郎的位置現在可以大致知道了。現在再用水道和道里來決定，今舉出在下面：

(a) 漢書地理志，牂柯郡夜郎，豚水東至廣鬱，莽曰同亭。

(b) 水經溫水，溫水出牂柯夜郎縣。——注，縣，故夜郎侯國也。唐蒙開以為縣，王莽曰同亭矣。溫水自縣西北流，逕談藁(按當在今雲南平彝)，

勞榦

與迷水合（按即今白石江），水出益州之銅瀨縣（按即今雲南馬龍）談虜山，東逕談槀，右注溫水。溫水又西逕昆澤縣（按即今雲南陸涼，昆澤即陸涼海子），又逕味縣（按即今雲南曲靖縣，汪先謙以為此句應在「又西逕昆澤縣」之前，甚是），縣，故滇國都也。諸葛亮討平南中，劉禪建興三年，分益州郡，置建寧郡於此。水側皆是高山，山水之間悉是木耳夷居。語言不同，嗜欲亦異。雖曰山居，水差平和而無瘴毒。

(c) 水經溫水注，鬱水即夜郎豚水也。豚水東北流，逕談槀縣，東逕牂柯郡且蘭縣，謂之牂柯水，水廣數里，故且蘭侯國也。一名頭蘭，牂柯郡治也（按頭蘭非且蘭，酈氏誤）。楚將莊蹻泝沅伐夜郎，椓牂柯繫船，因名且蘭為牂柯矣。

(d) 宋書地理志，寧州刺史。晋武帝太始七年，分益州南中之建寧，興古，雲南，永昌四郡立。……惠帝太安二年，復立。增牂柯，越巂，朱提，三郡。

(e) 宋書地理志，「牂柯太守……去州一千五百里」。「萬壽令，晋武帝立」。「且蘭令，漢舊縣，云故且蘭，晋書地理志無」。

(f) 宋書地理志，「夜郎太守，晋懷帝永嘉五年，寧州刺史王遜分牂柯，朱提，建寧立，去州一千」。「夜郎令，漢舊縣，屬牂柯」。

(g) 宋書地理志，「晋寧太守，……去州七百三十。建伶令，漢舊縣」。

根據以上水經注的材料，夜郎為溫水和鬱水發源的地方，溫水為今北盤江，鬱水為今南盤江，都在今雲南和貴州兩省的交界處。即是在霑益，平彝，宣威，威寧各縣一帶發源。這和前節根據漢書和後漢書的西南夷傳假設夜郎國在雲貴之間正相符合。所以現在便將夜郎假定在霑益，平彝，宣威，威寧等縣地方，再按道里來決定那一個最合適。

道里的記載，只有宋書地理志的幾段，都是以寧州刺史及建寧太守所治城，味縣，為標準的。味縣的故址，據清一統志說即在曲靖城西十五里平川中，舊名洪範川。雲南通志說，舊名三岔，故城遺址尚存。爨寶子碑即在此附近發現的。

10

象郡牂柯和夜郎的關係

寳子是晉的建寧太守，這是很可以證明的。此外諸言地理沿革的，也並無若何有力的異說。所以晉宋的建寧郡治在現今曲靖附近，可以說並無多大問題了，因此以這一個地方來作道里的標準是可以的。

現在便以道里的遠近來決定夜郎的坐落。宋書地理志所記道里當然是劉宋的尺度標準，未嘗不可以折合現在的道里，不過這一帶是山地，決不能輕易折合公路的數目，或驛路的數目；只能用宋代的附近地方的道里比較推勘，或者較為近似些。據宋書地理志，夜郎郡去州一千里，晉寧郡去州七百二十里，即夜郎與晉寧去州距離之比，約為四比三稍強。晉寧治建伶，據清一統志在昆明西北（大約不能過二十里，因為太遠便入山了。）今假定建伶故址去昆明城十五里，那就自味至建伶和自曲靖至昆明略同。用這個標準算作三在地圖上來量，則自曲靖稍西至貴州的郎岱恰為四。不過自曲靖至昆明道路平坦，曲靖至郎岱道路崎嶇，所以計算道里為昆明曲靖間的三分之四稍強，自不為過。郎岱距北盤江不遠，和史記西南夷列傳中蜀賈人所述：「夜郎者，臨牂柯江」的記載相符。據水經注豚水和溫水都在夜郎縣境發源，今按北盤江（豚水）發源於宣威附近，距第口不遠；南盤江（溫水）在郎岱附近是只有支流的；不過酈道元足跡未出北朝，記長江以南的事雖然所用材料甚好，但也間有謬誤，這一段也是不能不加以鑒別的。（據郵政地圖，曲靖至昆明為二二〇・一公里，曲靖至郎岱為三〇五・三公里，亦為三比四稍強。若以道里論再以沿江的地域為準，似乎第口更合適些，不過第口只是一個峽谷中的小鎮，有無遺址不可知，所以只好暫定為郎岱了。）

漢書地理志牂柯郡十七縣，其記有水道的，計有：

故且蘭，沅水東南至益陽入江，過郡二，行二千五百三十里。

鐔封，溫水東至廣鬱入鬱，過郡二，行五百六十里。

鄨，不狼山鄨水所出，東入沅，過郡二，行七百三十里。（按鄨水即烏江，乃至涪陵入江，非入沅的，漢志誤。）

毋斂，剛水東至潭中入潭。

夜郎，豚水東至廣鬱，都尉治。

六同别錄

西隨，麋水西受徼外，東至麋泠入尚龍谿，過郡二，行千一百六里。

都夢，壺水南入尚龍谿。

句町，文象水東自領食入鬱，又有來唯水，盧細水，伐水。

勞幹

這幾處地方，故且蘭，鐔，都屬於長江支流的沅水流域。(據志所記)。鐔封，毋斂，夜郎，句町都屬於珠江流域。西隨和都夢都屬於紅河流域。據桑欽的水經本文：「沅水出牂柯且蘭縣，為旁溝水，又東至鐔成縣為沅水」在鬱水並未提到且蘭城（經注的分，在此處各家無甚出入），但注中却說：「豚水東北流，逕談藁縣，東逕牂柯郡且蘭縣，謂之牂柯水。水廣數里，縣臨江上，故且蘭侯國也」豚水即北盤江，由北盤江到沅江發源處，中隔數百里，不能縣臨牂柯江上而廣地到沅水上游。這是可疑的第一點。從北盤江而下，沿途皆高山深谷並無一處是有「江廣數里」的可以作郡治的。這是可疑的第二點。按「江廣數里」出於史記西南夷傳：「牂柯江廣數里，出番禺城下」，廣州城下的珠江廣可數里這是不錯的，但要說貴州境內的北盤江也廣數里便不對了。所以桑欽只在沅水說到且蘭，在鬱水不提到且蘭，這是對的。只酈氏誤會了史記西南夷傳的意義將番禺城下的牂柯江誤作且蘭城下的牂柯江，因此且蘭城便無法安置了。

今按桑欽和班固只說且蘭在沅水發源之處，即現在平越和鎮遠一帶地方，更據水經沅水注：「無水出故且蘭，南流至無陽故縣，縣對無水，因以氏縣。無水又東南入沅，謂之無口。」沅水的源向東南流的，只有㵲水，那古之無水應當即今之㵲水，而故且蘭應當即鎮遠了。水經注既言故且蘭臨豚水(北盤江)上，又言在無水發源處，中隔現在八九縣，相去四五百公里，顯然是互相矛盾的記載。這因為無水出自故且蘭一段，當採自漢魏以下的圖經，同時又誤會了史記的意思，認為故且蘭亦沿豚水，因此這一縣便無處可以適合了。楊守敬地圖中也認識了這個困難，便將故且蘭安在定番，對於豚水和無水兩顧夠不上，這便是調停之失，和酈氏原意也不見得相符的。

關於夜郎和故且蘭兩城，根據已有的證據，只好如此推斷。本篇未寫定之前，根據古今人的推論已經改動了好幾次，然而最後根據較早的材料來分析，只有如

-12-

比。誠然，以郎岱為夜郎國都，似乎太偏西北些。但據後漢書西南夷傳：「西南夷在蜀郡徼外者，有夜郎國，東接交阯，西有滇國，北接邛都國。」此處所言的蜀郡，係指夜郎立國時代的蜀郡來說的。當時沒有犍為郡，江陽（瀘縣），僰道（宜賓），等地還是歸巴及蜀。華陽國志巴志：「高帝乃分巴置廣漢郡，孝武又兩割置犍為郡，故世曰，分巴割蜀，以成犍廣也。」按僰道高后六年城，見江水註，江陽景帝封蘇息為侯國，見漢書功臣侯表，都不過大江。江水注引地理風俗記曰：「漢武帝感相如之言……鑿石開閣，以通南中，迄於建寧，二千餘里。」史記西南夷列傳所謂：「發巴蜀卒治道，自僰道至牂柯江」，亦即指此。所以自僰道以南，已至夷地。自僰道以南的朱提（昭通），堂琅（會澤）都應當為夜郎旁的小國。尤其川滇大道上的堂琅（假定為Dâng-lâng）或竟有為頭蘭（假定為Dŭg-lân）處地的可能。（假定的標音據董同龢先生上古音均表稿。）我們決不應當說某兩個名辭有雙聲或疊均的關係便貿然決定為一地。不過詳史記西南夷列傳，漢八校尉是從僰道先至且蘭，平且蘭後，南越已平，乃經由夜郎由頭蘭西北，再經邛，筰入蜀。所以頭蘭的地望頗有在夜郎之西，滇之東北，邛都以南，當朱提及堂琅一帶的可能。至於頭蘭和堂琅兩個地名，第一，並非絕對全同，亦非在陰陽對轉或其他等條件有根據；第二，他們的語源也全然不明瞭；說他們相關還嫌太早些。此外，從夜郎下牂柯江，只是當時根據商人的傳說，有此一番擬議而已。其時在今日貴州除去東南角的都江三合以外，浮船到廣西根本不可能。（都江三合一帶決非夜郎，因為水道和道里都不合。）所以八校尉平且蘭時，並未來得及到南越，顯然是受了交通的影響。假如牂柯江上游真能通舟楫，那當時的八校尉恐也早已到了廣鬱了。照此說來，若以原來制越的動機論，開闢西南夷對此事並未收到預期的效果。只是南中開闢，廣地萬里，有他本身的價值，也就不追問原有動機了。

牂柯郡晉時自故且蘭改治萬壽縣。華陽國志：「牂柯萬壽縣，郡治。」宋書地理志：「牂柯太守……去州（州治味縣）一千五百」，「萬壽令，晉武帝立。」前文說夜郎距味縣一千里，此處說萬壽距味縣一千五百，即萬壽縣到味縣比夜郎縣遠五百里。按現在郵路說，曲靖到郎岱三〇五·三公里，自郎岱到平壩為一四

勞榦

一一六公里，則萬壽縣或在平壩。若以第四起算，第四至曲靖為二八二·八公里，第四至安順為一二九·七公里，則萬壽也有為安順的可能。因為中國舊法記里是不太正確的，例如照清一統志計算，自曲靖至安順六百九十九里，但鄭珍巢經巢文集牂柯十六縣答問，卻說：「今日安順府至曲靖府計里亦八百里而遙。」固然一統志所說為舊驛道，鄭珍所說也許為新驛道；據獨立評論第六期丁文江先生漫遊散記舊驛道比新道要近六十里，但說八百里而遙，便過當了。所以中國計里的標準，也只有相對的根據。

華陽國志蜀志云：「六年（上當有建元二字，當據下文犍為郡下云「犍為建元六年置」，增「建元」二字），分廣漢置犍為郡，元封元年分犍為置牂柯郡（地理志云「元鼎六年開」，先此一年），二年，分牂柯置益州郡。」今案此節說犍為為廣漢分出，尚不盡合，因為應當也有蜀郡的地方，不過大體上是對的。又云：「犍為郡，孝武建元六年置，時治鄨。」鄨即今遵義，諸書大率無異辭。所以牂柯實從犍為分出，犍為的郡治鄨縣，據漢書地理志後來也畫入牂柯了。史記西南夷傳：「（唐蒙）見夜郎侯多同，厚賜諭以威德，約為置吏，使其子為令。夜郎旁小邑皆貪漢繒帛，以為漢道險，終不能有也，乃且聽蒙約。還報，乃以為犍為郡。」又云：「上罷西夷，獨置南夷夜郎兩縣一都尉，稍令犍為自葆就。」這還是屬於犍為郡的。至以後到元鼎六年平定南越之後，「漢八校尉……還行誅頭蘭，頭蘭，常隔滇道者也。已平頭蘭，遂平南夷為牂柯郡。」這時漢兵威所至，無不懾服，我們也不必懷疑於夜郎以西的朱提，堂琅，北的南廣，東北的江陽都屬於犍為，夜郎城卻屬於牂柯，這正是因地制宜的政略。

夜郎自此以後為漢內臣。據漢書西南夷傳，成帝河平中，夜郎與鉤町相攻，夜郎不受漢勸。牂柯太守陳立誅夜郎王興，平其亂。自後夜郎王不見於史，大抵漢已廢去其王了。後漢書西南夷傳：「夜郎侯以竹為姓，武帝元鼎元年平南夷，為牂柯郡，夜郎侯迎降。天子賜其王印綬，後遂殺之。夷獠咸以竹王非血氣所生，求為立後，牂柯太守吳霸以聞，天子乃封其三子為侯。死，配食其父，今夜郎縣竹王三郎祠是也。」這一段大多本於邊徼傳聞，難為信史。迎降的夜郎王，是滇郎

-14-

多同，被殺的夜郎王是夜郎王興，後漢書誤混兩人的事為一人了。只是封夜郎王三子為侯的事，或者是曾有其事的。至於華陽國志或與後漢書抄自同一的舊史，但誤稱夜郎王的為唐蒙，尤乖史實；水經注又沿華陽國志之誤，更難究詰了。

象郡牂柯和夜郎的關係

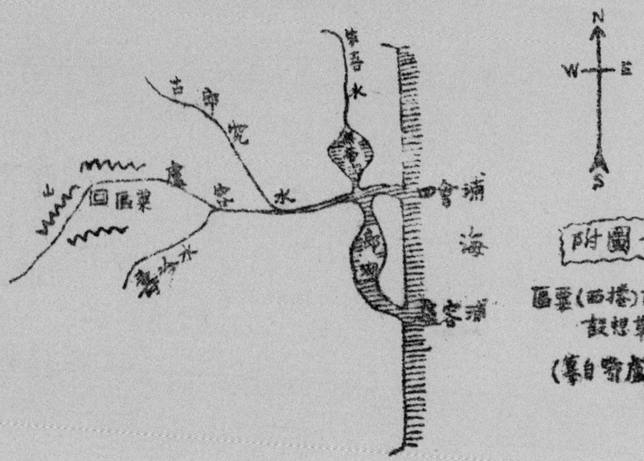

附圖一

區粟（西捲）附近據水經注的設想草圖

（摹自鄂盧梭的書評）

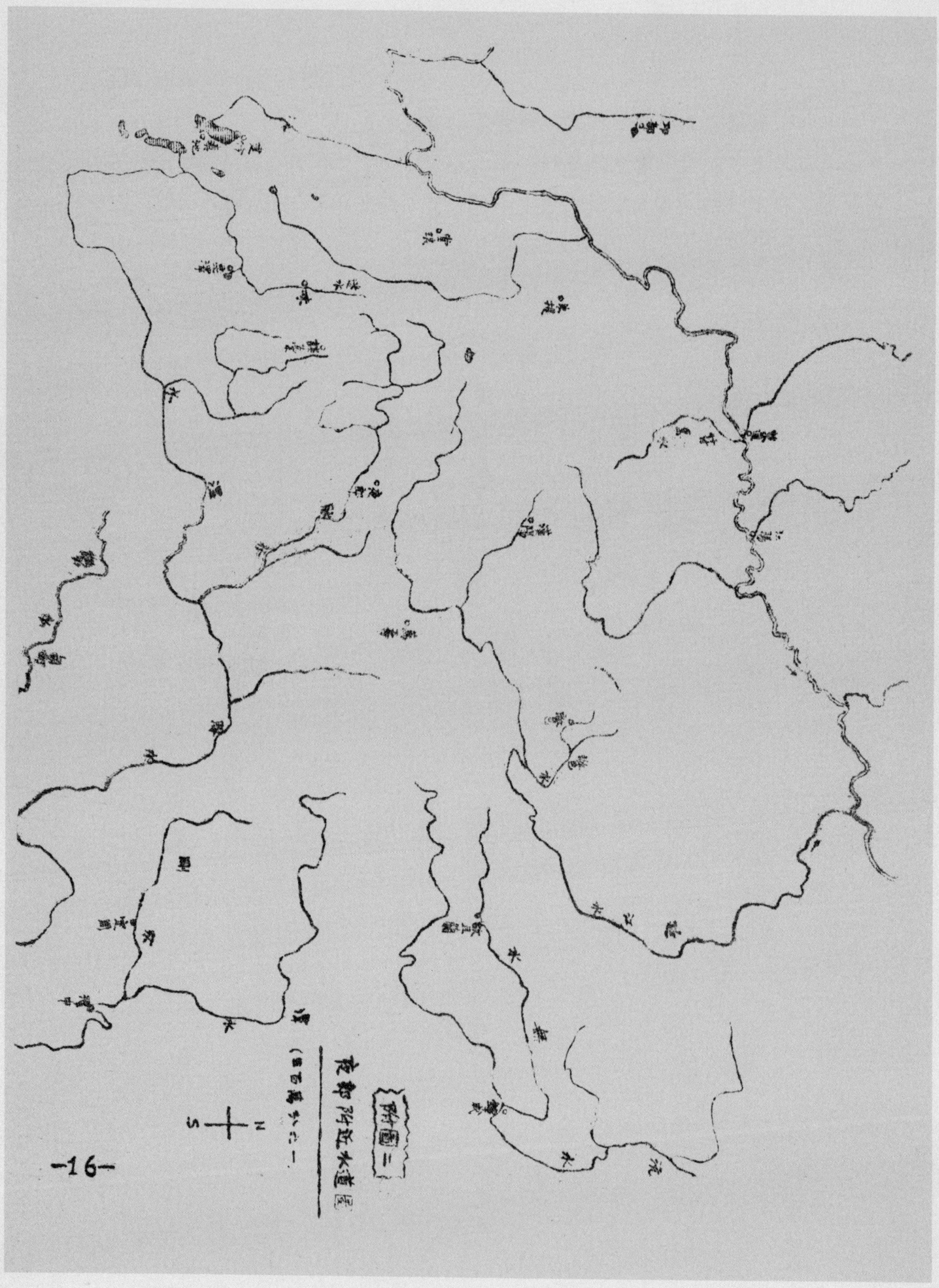
附圖二
京都附近水道圖
-16-

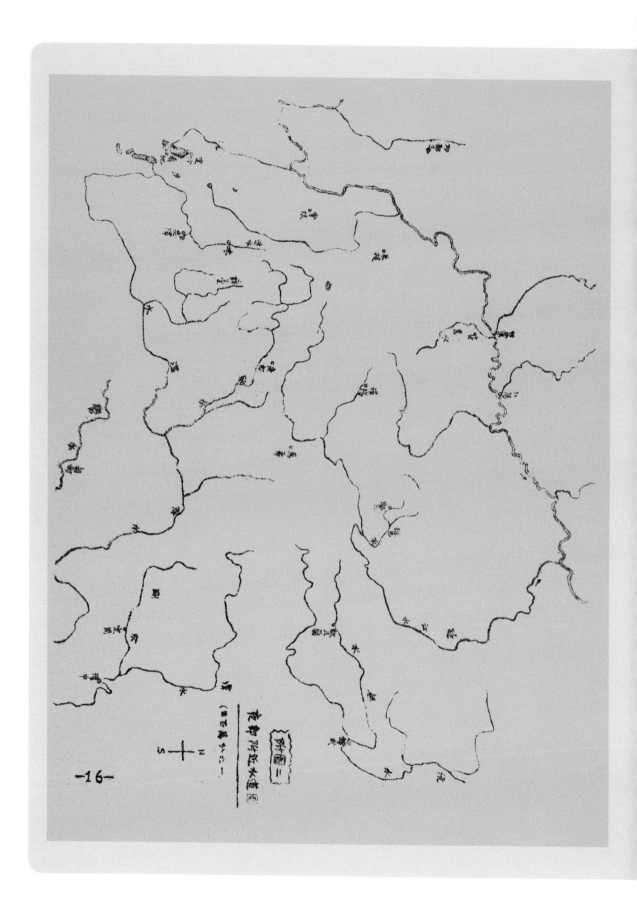

勞榦

居延漢簡考證補正

導　讀

刘　钊　康博文

學術背景

在20世紀40年代的抗戰烽火中，居延漢簡實物已于1940年由傅斯年、胡適協調轉運至美國國會圖書館保存，學者僅能依據1938至1940年漢簡在香港期間，由西北科學考察團沈仲章經手拍攝的反體照片開展工作。這種照片將簡牘顯現爲與真實文字呈左右鏡像的狀態，加之不少曾遭火燒的簡牘僅以普通底片而非紅外綫底片攝影，發黑的簡面在照片上一片漆黑，使字迹無法辨認。在這樣簡陋的條件下，勞榦憑藉過人的目力與深厚的學識，完成了《居延漢簡考證》（1944年石印），并于之後的一年中，“凡涉及前説未密者，輒記于書眉”，最終匯爲《補正》一文，其學術進取精神可見一斑。局勢動蕩，此時的李莊紙墨奇缺，石印本《六同别録》使用當地手工竹紙，油墨滲染導致字畫時重時輕，效果不算理想。可勞氏却并不氣餒：“比年國難既起，避地西南……李莊僻在川西，工料拙陋，譌誤孔多，然此時地能付印行，猶深自幸也。”這些話固然折射出戰時物質匱乏的困境，但更體現出中華知識分子自强不息、堅韌樂觀的學術品格。

學術評議

勞榦此文的行文體例一如前《居延漢簡考證》，即先羅列簡文，進而針對某些方面結合傳世及出土文獻加以考證發揮。全文共計二十條，涉及的關鍵詞有：嗇夫、兼行、别火官、詔令、平賈、傳信符節、罪人徙邊、期會、塞曹、塢壁、冬獄、鹽惡、賃作、農都尉、封詔、加時法、鄣塞、社、銅鍭、臘祭等。凡職官、行政、法制、經濟、社會生活、邊塞軍備諸事，無不在視域之内，“漢家儀制，經緯萬千”，誠可謂包羅萬象。

《補正》1946年石印刊出，後收入《歷史語言研究所集刊》第14本，1949年由商務印書館排印發行。其中“銅鍭”條的觀點，在排印本中有所變化，改“鍭之原義，應爲矢之小者”爲“矢之金鏑”，并修改上下文多處。這一改動保留至1960年的《居延漢簡·考釋之部》中，故應以排印本爲準。“鄣塞”條，排印本于“咸在鄣間”後補入“以此論之，則函谷、陽關、蕭關、武關之屬亦當有障，此弘農縣利用函谷關城之事，亦得一證矣”一句。“傳信符節”條，改“其説雖非大秦法”爲“其説雖言大秦法”，蓋原文筆誤。除此三處外，由于石印本不甚清晰，重印時又未加仔細校對，導致排印本徒增幾十處誤字，後出轉劣，閲讀時仍當以石印本爲上選。

現將《補正》中所涉及的簡號依行文次序開列于下，以供覆核新發表的清晰圖版［主要是簡牘整理小組編:《居延漢簡（壹—肆）》，“中研院”史語所專刊之一〇九，2014—2017］：19·37、303·12A（又102·6A，90·33+19·8+192·29+192·17+182·49+19·44+293·10+182·11A）、10·27、5·10、65·18、10·30、20·8、65·7、332·12、10·35、

7·7A、155·14A、33·22、483·24+482·19、16·11、224·19、214·33A、456·5B、317·27、19·5、232·6+232·26、239·22、28·1、14·11、136·7、無號+32·16、63·34、280·15、10·39、90·15、495·4AB。

限于當時反體照片的模糊，以及對漢簡文字、相關制度的研究尚不深入，勞榦的釋文中存在許多錯誤，再據此加以考證，産生了進一步的誤會。如33·22“宣六月癸亥取寧，吏卒盡具，塢上不乏人，敢言之”，勞氏釋文作“宣六月癸亥所寧吏卒，書具塢上，不止入”，句意無法讀通。456·5B“☐以爲常，謹案部見吏二人，一人壬癸休，謹輸正月書繩二十丈，封傳詣”，勞氏誤將末字釋爲“詔”，引《春秋運斗樞》“黄金爲匣，白玉檢，黄金繩，芝泥封兩端”等語以證漢代封詔命之制，可謂郢書燕説。結合73EJT28：10楬云：“登山隧長繩五十丈傳詣候長王卿治所，各完全封相付屬，毋留。”可知456·5B的“封傳詣”説的也是施加封泥後使用傳驛運輸物資之事。又如280·15“入秋賦錢千二百，元鳳三年九月乙卯欒☐”，勞氏誤將“賦錢”釋爲“社錢”，從而將其作爲漢代里社的資料看待，實則與“社”無關。495·4AB書信有“獨賜臘，賀初歲，宜當奔走至前，迫有行塞者，未敢去署”之語，正合《漢書·天文志》“臘明日，人衆卒歲，壹會飲食，發陽氣，故曰初歲”之記載，而勞氏釋作“獨賜臘貲，前歲宜奔走至前”，失之甚遠。

另外，一些簡在後期的整理中有所綴合，如483·24+482·19“名莫府凉州刺史治所，迫斷冬獄”，勞氏釋文僅作“刺史治所，且斷冬獄”；無號+32·16“出錢百六十，買葱卌束，束四錢，給社”，勞氏作“買芯卅束，束四錢，給社”。其他各條簡文均有或多或少的誤釋、缺釋，限于篇幅不能一一枚舉，請讀者留意。

“平賈”條補充了《考證》未及的一些穀價資料，可與王仲犖《金泥玉屑叢考》合觀。該條引《後漢書·馮异傳》“時百姓飢餓，人相食，黄金一斤，易豆五斗”，其中“斗”字，《後漢書》實作“升”（北宋刻遞修本、宋紹興江南東路轉運司刻宋元遞修本、宋王叔邊刻本、宋白鷺洲書院刻本、宋建安黄善夫刻本、清武英殿本），《太平御覽》卷四八六、卷八四一，《册府元龜》卷四八五，《資治通鑒》卷四十一皆作“升”，唯《御覽》卷八四一（另一處）作“斗”，袁宏《後漢紀》作“黄金一斤五斗穀”，而《御覽》卷八三七引袁《紀》作“升”，則當以作“升”爲是。

“塞曹”一職，勞氏指出乃爲北邊郡所特設，蓋是。陳夢家謂《三國志·魏志·烏丸鮮卑東夷傳》遼東带方郡有“塞曹掾史張政”。另外1971年内蒙古和林格爾縣發現的東漢護烏桓校尉墓，其前室南壁上方壁畫亦有“塞曹”榜題。羅繼祖指出，東漢護烏桓校尉治所在上谷寧城，即今河北省萬全區，地處極邊，負有督護烏桓、鮮卑之責，故置塞曹。則此官并不限于西北邊塞。

“塢壁”條所引敦煌寫本《晋紀》，即法藏P. 2586號，《紀》云：“永嘉大亂，中夏殘荒，保壁大帥，數不盈卌，多者不過四五千，少者千家五百家。”勞榦謂“卌”爲“册”之誤字，非是。典籍中凡云“數不盈某”，“某”皆爲數詞，如《孔叢子·執節》“吾聞太山之上，封禪者七十有二君，其見稱述，數不盈十，所謂貴賤不嫌同名也”，晋釋道恒《釋駁論》“孔門三千，并海内翹秀，簡充四科，數不盈十”，隋盧思道《北齊興亡論》“後庭嬪嬙，皆是藩邸之舊，數不盈十，竟無私寵”，宋劉宰《建康平止倉免回稅記》"常平領于使者，權不在郡，又數不盈萬，雖興發不足贍"等等，可以爲證。

"農都尉"條，勞榦在《考證》中已指出，簡文所録爲元帝永光年間守大司農非調的奏文，良是。釋文中"調物"之"物"，當从鄔文玲改釋爲"均"，反映秦漢時期大司農負責財政調度，調有餘而給不足的制度。勞榦根據簡文214·33A"▨以東至西河郡十一農都尉官上調物錢穀轉漕"，認爲安定、金城、武威、張掖、酒泉、敦煌、西河、朔方、五原、北地、上郡十一個邊郡各有一農都尉。同持此觀點的還有陳夢家，衹不過他的十一邊郡是加上隴西、天水而減去朔方、五原。關于農都尉的數量，裘錫圭有很好的意見。他指出，簡文所謂"官上"的"上"字是"二"之誤釋，應句讀作"▨以東至西河，郡十一，農都尉官二"，《漢書·食貨志》"元帝即位，天下大水，關東郡十一尤甚"的文例和本簡全同。《漢書·地理志》對都尉治所大多數是注明的，但是注明是農都尉的衹有張掖郡番和一處。《地理志》無疑没把農都尉治所注全。不過，如果西漢的農都尉真有十一個之多，《地理志》斷不會衹注出一個。所以，西漢的農都尉本來一定是相當少的。見于《漢書》而爲《地理志》所遺漏的農都尉，衹有上河農都尉一個，簡文的"農都尉二"有可能就是指張掖農都尉和北地郡的上河農都尉（上河屬北地郡，參沈欽韓《漢書疏證》）。儘管後來的學者們在典籍、封泥、碑刻中找到了兩漢及新莽時期的四五種農都尉之名，但由于他們或是一官在王莽改制後的异稱，或不能確指與本簡同屬西漢元、成時期，現在看來都難以撼動"農都尉官二"的讀法。此外，65·18有"領武校居延屬國部農都尉"之文，陳夢家據此認爲有居延農都尉的存在，加上番和的農都尉，張掖郡已有兩個農都尉。裘錫圭認爲居延都尉、屬國都尉、部都尉和農都尉當平列的意見是可取的。

"加時法"條勞氏引用的三個出土漢代日晷，端方舊藏者即托克托日晷，見《陶齋藏石記》卷一，現藏中國國家博物館；周進舊藏者出山西右玉，見《居貞草堂漢晉石影》卷二；加拿大傳教士懷履光所得者，後由其攜歸，現藏安大略皇家博物館。孫機指出，安大略晷在晷面文字、輔助綫、邊長、孔徑等多方面與托克托日晷相仿，很可能是根據後者模製而成的。不過由于托克托日晷真實可靠，勞榦據此做出的論述并不受影響。

塞上守御器"烽（蓬）"的用法，《補正》肯定文穎説，即以薪草置桔槔頭之籠内，有寇則燃火，舉以相告。不過勞榦在初版《考證》中僅謂"藻以布爲之，間以紅白，以便遠望"，即一種信號用的旗幟，與"表"同類。在1960年修訂版的《考釋之部》裏，他又接受了楊聯陞的看法，將"烟"包括在"烽"内。這樣便出現了烽表、烽煙、烽火三種意見。初師賓贊同"烽表"説，他認爲居延地區的蓬有布蓬和草蓬兩種，布蓬是在木框架上蒙縛布帛，草蓬則與今日所見航運、氣象信號的竹編籠球相似，二者皆有顔色。考慮到漢簡中出現的"布蓬""木蓬""蓬皆白"等詞語，這一看法有一定的道理，但依然不能排除"蓬"用于燃燒的可能性：簡文的"蓬"亦寫作"烽""藻"，均从"火"作；簡14·11言"晝舉亭上蓬一烟"，以"烟"爲"蓬"之單位。至于究竟是白天所用之"烟"抑或夜晚所用之"火"，古注有歧，蓋莫能定。總之，這一問題暫時缺乏公認的結論。

"社"條所引的10·39"對祀具"，應依肖從禮釋作"祭祀具"，是舉行祭祀儀式時所應具備的祭食種類和數量的規定，使用範圍則包括河西邊地的社祭和臘祭。關于社祭活動所需要物資的簡牘材料，肖氏也有很好的補充。

“詔令”條較爲特別，在引述漢成帝時何武建言置三公以分丞相之權的史事及何焯對此的贊許後，勞榦發表了一番“國家政體，一而已矣，合之則治，分之則亂”的政論。通觀《居延漢簡考證》系列的洋洋十三萬言，這一段脱離考史的宏議更顯出它的殊衆，從中能够感受到那一代學人對故紙堆外家國命運的關切和思索。

學術價值

簡牘文獻與傳世典籍、出土文物互證的方法在本文中得到示範性的應用，如引《春秋運斗樞》考詔書封緘形制，據托克托日晷討論漢代記時法，雖個别細節有誤，却爲後續研究樹立了典範。儘管一些條目在字詞改釋後顯得文不對題，但勞氏從傳世文獻中搜羅排比的相關史料，仍是我們今天研究各個問題的起點和基石。另外，此文多次提到“前考”，這也提示我們，若將相關内容與《考證》合觀，則可把握到勞氏學術思想的演進脉搏。作爲漢簡學的扛鼎之作，勞榦的《居延漢簡考證》系列搭建起了一個較《流沙墜簡》更爲細密的漢簡分類框架和漢史研究體系，并以前所未有的深度投入到了以出土文獻重寫秦漢史的學術潮流之中。他把漢簡内容分爲七大類66項，將專題考證鋪展到了相當廣袤的程度，以至于20世紀50年代日本學者着手研究漢簡時感慨無題可做，不得不在分類集成和簡牘文書學上另闢蹊徑。從這個意義上説，勞榦的漢簡研究可謂是承前啓後、别開生面的。

集刊外編第三種

居延漢簡考證補正

勞榦

自居延漢簡考證出版後，於今一載。凡涉及前說未密者，輒記於書眉，共得如干事。今當六同別錄下冊刊行，用寫而出之。惟所補正者僅限於考證之部，其釋文之部前考未及之者，補苴闕失，願以異日。中華民國三十四年十二月。

二月乙巳，肩水關候門嗇夫敢言之。▢

嗇夫之職，已見前考。又按漢武何武傳：「市嗇夫求商捕辱顯（何顯）家。」沈欽韓疏證曰：「唐六典注：『漢代諸郡國皆有市長，隋氏始有市令。』按此乃縣市，但置嗇夫。」此亦嗇夫隨在可置之證也。又庫嗇夫用小官印，見後文，（三一二）三一二、一六條考證。

元鳳三年十月戊子朔戊子，酒泉庫令安國以近次兼行太守事……

按漢書項籍傳：「會稽假守通。」注，張晏曰：「假守兼守也。」姚鼐惜抱軒筆記曰：「南史謝朏為侍中，齊受禪，朏當日在直，侍中當解璽，乃引枕卧，傳詔使稱疾，欲取兼人。」王延之傳內載「宋孝武選侍中四人，王彧謝莊為一雙，阮韜何偃為一雙，常充兼假。」案侍中每日應有人在省，正直無人，攝者為兼假。蓋重其官不遽以予人之意。謂假攝曰兼，此蓋漢制舊已有語，王莽傳「率皆數年守兼」是也。今人不達古時俗語，觀晏此注，反增惑矣。」

御史大夫吉昧死言，丞相相上太常書言，太史丞定言，元康五年五月二日壬子夏至，宜寢兵，太官抒井，更水火，進鳴雞，謁以聞，布當用者。◣臣謹案比原宗御者抒太官御井，中二千石，二千石各抒別火官，先夏至一日，以除燧取火，授中二千石，二千石官。在長安雲陽者，其民皆受。以日至日易故火，庚戌寢兵不聽事，盡甲寅五日。臣請布，臣昧死以聞。

六同別録

按漢書薛宣傳：「日至休吏」。師古曰：「冬夏至之日不省事，故休吏。」

又漢書百官公卿表：「大鴻臚屬官有行人，譯官，別火，三令丞。」如淳曰：「漢儀注，別火獄令官主治改火之事。」

勞榦

☐☐廣明下丞相，承書從事下當用者，如詔書，書到言。☐☐郡太守諸侯相，承書從事下當用者，書到明白布☐到令諸☐☐縣人其☐☐如詔書律令，書到言。

丞相史☐☐下領武校居延屬國部農都尉縣官承書☐

二月丁卯，丞相相下車騎將軍，將軍，中二千石，二千石，郡太守，諸侯相，承書從事下當用者，如詔書。少史慶，令史宜王，始長。

漢書朱雲傳：「求下御史中丞，事下丞相。丞相部吏考立殺人罪。」蓋天子所下，下丞相則丞相治之，下御史中丞則御史中丞治之也。然郡國事則例至丞相府，薛宣傳：「谷永上疏曰，竊見少府宣為左馮翊，……姦軌絕跡，辭訟者歷年不至丞相府。」郡國事既當至丞相府，則詔令下郡國亦必自丞相府矣。

漢書朱博傳：「初漢興襲秦官，置丞相御史大夫太尉。至武帝罷太尉，始置大司馬以冠將軍之號，非有印綬官屬也。及成帝時何武為九卿，建言……宜建三公官。……于是上賜曲陽侯根大司馬印綬，置官屬。」又云：「議者以為古今異制，漢自天子之號下至佐史皆不同于古，而獨改三公，職事難分明，無益于治亂。」武帝時大司馬本屬虛銜，迄宣元二世未改，丁卯簡乃下大司馬車騎將軍韓增以下者，故僅言車騎將軍不言大司馬也。又何焯義門讀書記曰：「王莽，蘇綽，宋神宗皆昧此理（古今異制之理），然何武謂不可以丞相獨兼三公則可採也。」今案國家政體，一而已矣。合之則治，分之則亂，專制之世，政在天子；民主之世，政在國會。而綜治權之大成者，則[illegible]老紛紜牽制，必使之割裂不成片段而後快，其極必使天下政出多門，不陷國家於危亡不止。義門何為出此亡國之言乎？

☐長光糴粟四十石，請告入縣官，貴市平賈石六錢，得利二萬四千。又使從吏☐等持書請安，安聽入馬十匹賈九☐三萬三千，安又聽廣德姊夫弘請為入馬一

—2—

賈故賈豈故囗

漢書溝洫志：「治河卒非受平賈者，為著外繇六月。」注，蘇林曰：「平賈以錢取人作卒，顧其時庸之平賈也。」如淳曰：「律說平賈一月，得錢二千。」又吳王濞傳：「然其居國以銅鹽，故百姓無賦，卒踐更輒予平賈。」注，服虔曰：「以當為更卒出錢三百謂之過更，自行為卒謂之踐更，吳王欲得民心，為卒者顧其庸，隨時月與平賈也。」晉灼曰：「謂借人自代為卒者，官為出錢，顧其時庸平賈也。」師古曰：「晉說是也，賈讀曰價，謂庸直也。」故平賈者平價之謂，溝洫志及吳王濞傳所言俱謂雇人為卒之庸值也。此所言平賈則為米穀之平價，雖命意相同，而所施者則略異矣。漢書孫寶傳：「有詔郡平田予直，錢有貴一萬萬以上。」注，師古曰：「增于時價。」毋將隆傳：「頃之，太后使謁者買諸官婢，賤取之，復取執金吾官婢八人。隆奏言賈賤，請更平直。」此則購買之平直，稍異傭資，與此簡正可互為證明也。

又前考所言穀價，有引證未盡者，今更列之：

建武二年……初王莽末天下旱蝗，黃金一斤，易穀一斛，至是野穀旅生，麻尗尤盛，野蠶成繭，被於山阜，人收其利焉。後漢書光武紀。

時百姓饑餓，人相食，黃金一斤，易豆五斗。後漢書馮異傳。

穀價騰躍，斛至數千。後漢書范升傳。

以上光武時。

永平十二年……是時天下安平，人無徭役，歲比登稔，百姓殷富，粟斛三十。後漢書明帝紀。

以上明帝時。

建初中，南陽大饑，米石千餘。後漢書朱暉傳。

以上章帝時。

州郡大饑，米石二千。後漢書安帝紀永初二年注引古今注。

（永初）四年，羌寇轉盛，兵費日廣，且連年不登，穀石萬餘。後漢書龐

—3—

六同别録

勞榦

參傳。

寇抄三輔，斷隴道；湟中諸縣，粟石萬錢。後漢書西羌傳。

詡始到（武都）穀石千錢，鹽石八千；見户萬三千；視事三歲，米石八十，鹽石四百；流人還歸，郡户數萬；人足家給，一郡無事。後漢書虞詡傳。注引續漢書。

甘雨屢降，報如景響，國界大豐，穀斗三錢。元初四年元氏三公山碑。

以上安帝時。

歲饑，粟石數千，訪乃開倉賑恤，以救其敝。吏懼譴，爭欲上言。訪曰：「若上須報，是棄民也，太守樂以一身救百姓。」遂出穀賦人。順帝嘉之，由是一郡得全。後漢書第五訪傳。

以上順帝時。

年穀屢登，倉庾惟億，百姓有蓄，粟麥五錢。建寧四年西狹頌。

年穀歲熟，百姓豐盈，粟斗五錢。光和六年白石神君碑。

夷人復叛，以廣漢景毅為太守討定之，毅初到郡，米斛萬錢。漸以仁恩，少年間米至數十云。後漢書西南夷傳。

頃者以來，連年饑荒，穀價一斛至六七百。蔡中郎集諫田三互疏。

以上靈帝時。

卓又壞五銖錢更鑄小錢，悉取洛陽及長安銅人、鍾虡、飛廉、銅馬之屬，以充鑄焉，故貨賤物貴，穀石數萬。後漢書董卓傳。

時長安盜賊不禁，白日虜掠；傕、汜乃參分城內，各備其界，猶不能制，而其子弟侵暴百姓。是時穀一斛五十萬，豆麥二十萬。後漢書董卓傳，又見獻帝紀興平元年。

以上獻帝時。

始元七年閏月甲辰，居延與金關為出入六寸符券齒百，從第一至千，左居官，右移金關，符合以從事。第八。

從第一始太守，從第五始使者。符合為□

—4—

此二簡前簡為居延出關之傳。後簡所言者當為虎符或竹使符之事。據漢書文帝紀注引應劭說，虎符及竹使符各為五枚。此簡之意則為四在太守，一在使者，非五符之左符悉在郡也。又前考言宮中有門籍，今按王莽傳云：「置宗官，祝官，卜官，史官，虎賁三百人；家令丞各一人；宗祝史官皆置嗇夫，佐。安漢公在中府，外第虎賁為門衛，當出入者傳籍；自四輔，三公，有事府第皆用傳。」注，孟康曰：「傳符也。」此則用宮禁故事，非人臣之所宜有也。

又前考云：史記文帝本紀二年索隱引續漢書云：「驛馬三十里一置」若以簡牘記載推之，約為三十里一候。今案左傳僖公二十三年：「晉楚治兵遇于中原，其辟君三舍。」注，「一舍三十里。」漢書賈捐之傳：「至孝文皇帝時，……有獻千里馬者。詔曰：『吉行五十里，師行三十里；朕乘千里馬，獨先安之？』」後漢書南蠻傳云：「明年（永和三年）召公卿百官及四府掾問其方略，皆議遣大將發荊揚兗豫四萬人赴之。大將軍從事中郎李固駁曰：『……軍行三十里為程，而去日南九千餘里，三百日乃到。』」是皆可以證三十里一置之事也。三國魏志注引魏略，言大秦：「郵亭驛置如中國。」又：「從安息繞海北到其國，人民相屬，十里一亭，三十里一置。」其說雖非大秦法，然當時中國固如是矣。

地節五年正月丙子朔丁丑，肩水候所以私印行候事，敢言之都尉府，府移太守府所移敦煌太守書曰：故大司馬博☐

按漢世罪人徙邊之事數見不鮮。高帝嘗擬徙彭越于蜀，其後則解萬年徙敦煌，趙欽趙訢家屬徙遼西，並見成帝紀。傅晏妻子徙合浦，見傅喜傳。楊惲傳：「妻子徙酒泉郡。」毋將隆傳：「史立時為中太僕，丁玄泰山太守，及尚書令趙昌譖鄭崇者為河內太守，皆免官徙合浦。」李尋傳：「（夏）賀良等皆伏誅，尋及解光減死一等徙敦煌郡。」師丹傳：「諸造議泠褒段猶等皆徙合浦。」翟方進傳：「浩商捕得伏誅，妻子徙合浦。」息夫躬傳：「家屬徙合浦。」後漢書楊終傳上疏曰：「自永平以來，仍連大獄，有司窮考，轉相牽引，掠拷冤濫，家屬徙邊。」此皆可證徙邊之事，在漢為常法也。（參見地理志）

勞榦

地節二年六月辛卯朔……令可知賣事詣官會月廿八日夕。……

後漢書百官志，「尚書左右丞各一人，四百石，本注曰，掌錄文書期會。」此亦期會之事也。今補。

元始三年八月甲辰朔丁巳，累虜候長□，塞曹史塞曹史塞曹史塞曹史。

曹全碑陰：「故塞曹史杜苗幼始，故塞曹史吳產孔宇五百。」而蜀郡太守張納碑則無塞曹。非郡府無而縣有也。蓋蜀郡不當北邊，而曹全曾為酒泉祿福長，地當北邊。塞曹非郃陽之塞曹，蓋祿福之塞曹也。

☐餅庭隧還宿第卅隧，即日旦發第卅，食時到治所第廿一隧。☐病不幸死，宣六月癸亥所寧吏卒，書具塢上，不止入，敢言之。

三國蜀志諸葛亮傳注引漢晉春秋曰：「亮卒于郭氏塢。」此亦塢之在西北者也。又前考引敦煌寫本晉紀曰：「永嘉大亂，中夏殘荒，保壁大帥，數不盈卅，多者不過四五千，少者千家五百家。」當時疑數不盈卅為數可盈卌之誤；以今觀之，卅或當作卌，而不字則未誤。蓋晉紀原意言保壁者甚少大帥，多則不過四五千家；其可稱大帥者，為數不能盈卌也。

刺史治所，且斷冬獄。

司馬遷傳報任安書：「今少卿抱不測之罪，迫旬月，涉季冬。」于定國傳：「冬月請治讞，飲酒益精明。」趙廣漢傳：「（劫盜）至冬當出死，豫為調棺給葬具，告語之。」魏相傳：「久繫，踰冬會赦出。」夏侯勝傳：「繫再更冬，講論不怠。」此皆可證冬獄為重罪之獄也。

將軍使者太守議貨錢古惡小萃不為用，改更舊制，設作五銖錢，欲使以錢行銖能☐

按漢書息夫躬傳云：「未聞將軍惻然深以為憂，簡練戎士，繕修干戈，器用盬惡，孰當督之。」注鄧展曰：「盬，不堅牢也。」師古曰：「音公戶反。」字作盬，不作苦也。

庸任作者移名，佳作者不欲為庸，☐一編敢言之。

漢書兒寬傳：「受業孔安國，貧無資用，嘗為弟子都養，時行賃作，帶經而組。」王先謙補注：「賃作為人庸也。司馬相如傳顏注，「庸謂賃作者」。」其說是也。又尹翁歸傳：「諸霍在平陽，奴客持刀兵入市鬭變，吏不能禁。」此亦奴客並稱之一例矣。

守大司農光祿大夫臣調昧死言，守受簿丞慶前以請詔使護軍屯食，守部丞武
☑以東至西河郡十一農都尉官上調物錢穀轉漕為民困乏脅調有餘給……

漢書地理志云，張掖郡，番和，「農都尉治」，其他不見注農都尉者。惟馮奉世傳云，「陽朔中，中山王來朝，參擢為上河農都尉。」注師古曰：「上河在西河富平，於此為農都尉」清官本考證，齊召南曰：「地理志，西河有富昌縣，無富平縣，且富昌下亦不云農都尉治。又顏注敘傳曰：「上河地名，農都尉者，典農事」二注自相矛盾。案地理志富平有二，一屬平原郡，故名厭次，宣帝時更名也。一屬北地郡，有北部都尉，渾懷都尉，亦不云農都尉治也。惟張掖郡番和縣有農都尉治明文。」沈欽韓漢書疏證曰：「河水注，「河水自麥田山又東北逕眴卷故城西，河水於此有上河之名，又北歷峽北注，枝分東出，又北逕富平縣故城西」一統志：「眴卷故城在寧夏府中衛縣東，富平故城在靈州西南」漢屬北地郡，師古謬云西河」王先謙漢書補注曰：「據此傳，北地都尉當時或偶更名，志不詳載耳」按上河一地依河水注應屬北地，不屬西河，注中涉筆偶誤，沈欽韓好攻顏師古，故云其謬矣。今依此傳，更以地理志核之，傳志相違。先謙稱「北地都尉當時或偶更名」其言蓋是。若更據班志自西河以西北邊諸郡錄其都尉，可得以下諸數：

西河　美稷屬國都尉治　虎猛西部都尉治
朔方　廣牧東部都尉治
五原　蒲澤屬國都尉治　成宜中部都尉治原高　西部都尉治戍辟
北地　富平北部都尉治神泉障　渾懷都尉治渾懷障
安定　參䜌主騎都尉治　三水屬國都尉治
武威　休屠都尉治熊水障　北部都尉治休屠城

六同别録

勞榦

張掖　日勒 都尉治澤索谷　番和 農都尉治　居延 都尉治

酒泉　會水 北部都尉治偃水障　東部都尉治東部鄣　乾齊 西部都尉治西部鄣

敦煌　敦煌 中部都尉治步廣（步廣）候官　廣至 宜禾都尉治昆侖障　龍勒 有陽關玉門關皆都尉治

共計六郡二十二都尉，其中惟番和爲農都尉，其餘無一爲農都尉者。是地理志之元始時期，若干農都尉已改爲非農都尉矣。而況都尉之中，若漢簡之肩水都尉，以及趙充國傳之金城西部都尉，地理志俱失載，則所謂十一農都尉亦不得以地理志所已載者定之也。按蕭望之傳云：「京兆尹張敞上書言國兵在外，以夏發隴西以北，安定以西吏民並給轉輸，田事頗廢。……願令諸有罪非盜受財殺人及犯法不得赦者，皆得以差入穀此八郡贖罪。」注，師古曰：「八郡即隴西以北，安定以西。」從隴西以北，安定以西數之，計爲：安定，隴西，金城，天水，武威，張掖，酒泉，敦煌，實得八郡。若併西河以西之西河，朔方，五原，北地四郡，共爲十二郡；若併上郡數之，共爲十三郡。然此十三郡，天水隴西二郡實不臨邊，或者安定，金城，武威，張掖，酒泉，敦煌，西河，朔方，五原，北地，上郡十一郡，各有一農都尉，至哀平時始改也。漢書百官表云：「關都尉秦官，農都尉屬國都尉皆武帝初置。」是農都尉蓋與屬國都尉同置者。其地當同限於北邊；其事蓋專爲領導移民，屯田殖穀者。今雖史籍無徵，上河番和以外不能詳言其處；然據此簡，則西河以西之農都尉凡十一，則其設置在北邊甚爲普遍；而於北邊開發之功用，自當甚偉，不待言也。

☐府常業部見吏二人，一人王美休謹輸正月書繩二十丈，封傳詣。

案漢書魏相傳曰：「故事諸上書者皆爲二封，署其一曰副，領尚書者先發副封，所言不善屏去不奏。」是上書之封也。路史餘論七引春秋運斗樞曰：「舜以太尉之號即天子，東巡狩，中舟與三公諸侯臨觀河，黃龍五采負圖出置舜前，黃金爲匣，白玉檢，黃金繩，芝泥封兩端，文曰：天黃帝符璽。」此則漢人以漢代詔命之制設想而成，亦可藉以推漢制也。

—8—

南書一封居延都尉章　詣張掖太守府　十一月甲子□大半當曲卒昌受□□卒輔□丑蚤食八分臨木卒□付卅井卒□□中界定行□□二時二分

前考以為西漢時已分一日為十二時，應不誤。惟漏刻百分與時之關係，前考尚有應為修正者；蓋漢代記時之法至分而止，分（刻）以下更無再小單位之命名，而出土之漢代日晷（端方、懷履光 Rev. William C. White 及奎德思氏所藏）亦無分以下之漏刻，不能謂有半分之制。漢代分以下既無更小之單位，則其分配必利用加時法，不能應用劉半農先生所設想或就半農先生所設想略加修正也。司馬彪續漢書律曆志曰：「推諸加時，以十二乘小餘，先減如法之半得一時，其餘乃以法除之，所得算之數從夜半子起，算盡之外，則所加時也。」在此一則中有「夜半子」三字，司馬彪雖晉人，然所述為東漢之術，是東漢以夜半為子也。宋寶祐四年丙辰會天具注曆，在每月月建下加時法，則為：（嚴敦傑跋紅樓夢新考內西洋時刻與中國時刻之比較曾引及之。）

二月	丑艮寅	辰巽巳	未坤申	戌乾亥
三月	子癸丑	卯乙辰	午丁未	酉辛戌
四月	寅甲卯	巳丙午	申庚酉	亥壬子

此所謂：艮，巽，坤，乾；癸，乙，丁，辛；甲，丙，庚，壬；皆所加一刻於各時之末之所謂「加時」者也。以後每三月依此式更迭。若依續漢律曆志，則加時之法隨歲而更，非隨日而更者。蓋歲中之日減去六十日之倍數為大餘，其不及一日則為小餘，東漢加時之法既以小餘而定，則非逐月而改矣。惟其計時之法從夜半子起而夜半僅有半時，則起算之時（正子時）已至夜半第四刻末，似又與西漢算法不盡相同，故亦未敢輒指東漢之加時法即西漢之加時法也。（漢舊儀漏刻之數晝夜分配亦與續志不同。）若以此簡論之，則西漢應有加時於蚤食（辰時）之一種現象，在此加時現象之下，此年之加時應為：

丑艮寅　辰巽巳　未坤申　戌乾亥

一種形式。但依照西漢之日晷，固定於日晷者乃刻數而非時名，足徵西漢各時因加時之關係而常在變易。西漢加時之術亦必有在子，午，卯，酉，以及在寅，申，巳，亥，之後者；非必定在辰，戌，丑，未，之後也。

樂昌隧次鄉亭卒迹不在迹上塢為□

勞　遺失可用者，謹擇可用者隨亭隧…

可用者各隨亭隧不可用者☐

榦　☐來□□臨亭隧彊落天田。

毋闌越天田出入迹。

陽朔三年十二月壬辰朔癸巳，第十七候長慶敢言之官移府舉書曰十一月丙寅☐渠鉼庭隧以日出舉塢上一表一☐下餔五分還府，府去鉼庭隧百五十二里二百☐

•虜守亭障，不得燔積薪；晝舉亭上烽，一煙；夜舉離合苣火；次亭燔積薪，以品約。

塞上士卒所據，大者曰城，其次曰鄣，又次曰亭隧。凡置郡縣之處，大都為城。候官所治，則皆為鄣。而候長隧長所在，則皆亭隧也。城之地寬闊，故其外不必定有外郭。鄣為小城，亭隧則烽臺而已，其外皆需外壁以繞之，始足以容屋宇，此即塢或壁也。亭，隧，塢，壁，諸名，其解釋已見前考。其關于障者則見下列各條：

桂馥說文義證曰：「蒼頡篇：「障小城也」（按見文選北征賦注）北征賦：「登障隧而遙望兮。」史記秦始皇本紀：「築亭障以逐戎人。」漢書張湯傳：「居一障閒」注云：「謂塞上要險之處，別築為城而為障蔽」李陵傳：「陵以九月發，出遮虜障」顏注：「障者，塞上險要之處往往修築，別置候望之人，所以自障蔽而伺寇也。」」

又案管子幼官篇：「障塞不審。」注：「所以防守要路也」漢書武帝紀太初三年：「匈奴入定襄，雲中；殺略數千人，行壞光祿諸亭障。」注：「應劭曰：「光祿勳徐自為所築列城，今匈奴從此往壞敗也」師古曰，漢制每塞要處別築為城，置人鎮守，謂之候城，此即障也。」故障城即候官城，凡敦煌居延遺存之漢代候官城皆鄣也。凡鄣城皆設於形勢險要之處，以為通路之要害，故諸關塞若玉門關，若肩水金關，又咸在鄣間也。

—10—

至於漢書地理志，如武威休屠都尉治熊水障。酒泉會水北部都尉治偃泉障，東部都尉治東部障。酒泉乾齊西部都尉治西部障。敦煌效穀本漁澤障，廣至宜禾都尉治昆侖障。北地富平北部都尉治神泉障，渾懷都尉治塞外渾懷障。五原郡稒陽北出石門障得光祿城。此所謂障者皆當為候官所治。至續漢郡國志，會稽郡東部候官（原作國，誤），張掖屬國候官，遼東郡及玄菟郡並有候城，皆當故為障城也。後漢書西羌傳：「詔魏郡，趙國，常山，中山，繕作塢候六百一十六所。」又：「築馮翊北界候塢五百所。」又：「虞詡書奏，帝乃復三郡，使謁者郭璜督促徙者各歸舊縣，繕城郭，置候驛。」此所謂候者，蓋指鄣而言。而所謂塢者，則當指亭隧以外之塢壁矣。

又障與塞常連言，漢書地理志下：「自日南障塞徐聞合浦船行五月有都元國。」漢書匈奴傳：「十年以外，百歲之內，障塞破壞，亭隧滅絕，當更發屯繕治，累世之功，不可卒復。」皆其例也。塞者，漢書匈奴傳：「起塞以來，百有餘年，非皆以土垣也；或因山巖石，木柴僵落，谿谷水門，稍稍平之；卒徒築治，功費久遠，不可勝計。」是塞為邊境之防禦工事，而障則塞上險要之屯兵置戍之所，故障塞常並言也。漢書匈奴傳：「匈奴三千餘騎入五原，略殺數千人，後數萬騎南旁塞獵，行攻塞外亭障。」在此所言，塞者「土垣」「木柴僵落」；亭者烽隧塢壁；障者候城；三物不同，釐然有別，從可知矣。然障與塞常相關涉，故有時障塞互稱，漢書地理志敦煌宜禾都尉「治昆侖障」，而後漢書明帝紀：「遣奉車都尉竇固，駙馬都尉耿秉，騎都尉劉張，出敦煌昆侖塞。」此則由於「鄣謂塞上要險之處，別築為城」。故或稱障，或稱塞，皆不難明其所指也。塞又與亭並稱：貢禹傳，「諸官奴婢十萬餘人，戲遊無事，稅良民以給，歲費五六鉅萬，宜免為庶人，稟食，代關東戍卒乘北邊亭塞候望」是其例。又塞亦稱為徼，漢書食貨志下：「新秦中或千里無亭徼，於是誅北地太守以下，而令民得畜邊縣。」註：「晉灼曰，徼，塞也。」師古曰，「晉說是也。」是亭徼者即亭塞，亦即烽隧與塞垣，虎落，諸防禦工事；雖不言障候，而障候自在其中。三國志魏志鄧艾傳：「艾在西時，修治障塞，築起

勞榦

城塢。泰始中羌虜大叛，頻殺刺史，涼州道斷，吏民安全者皆保又所築塢。障塞城塢本爲有别之四物，此雖並稱，仍宜見其同異；後專稱塢，亦由塢多於城，吏民多保塢間，故特稱之也。

(附注)鄣塞連稱者，如漢書高紀十一年注張晏曰「邊郡將萬騎行鄣塞」，漢儀：「太守各將萬騎行鄣塞」，後書馬援傳：「援乃將三千騎出高柳，行鴈門代郡上谷障塞」，後書西羌傳：「初開河西，列置四郡，通道玉門，隔絶羌胡，使南北不相交關，於是障塞亭燧出長城外數千里」，此皆鄣塞連稱者也。又單稱塞者如，高紀二年「繕治河上塞」，高紀十二年：「盧綰與數千人居塞下」，高紀二年六月：「興關中卒乘邊塞」，武紀太初三年：「遣光祿勳徐自爲築五原塞外列城，西北至盧朐」，鼂錯傳：「秦北攻胡，築河上塞」，匈奴傳：「單于自請留居光祿塞下」，又匈奴傳：「漢遣長樂衛尉高昌侯董忠、車騎將軍韓昌……送單于出朔方雞鹿塞」，食貨志下：「初置張掖酒泉郡而上郡、朔方、西河河西開田官，斥塞卒六十萬人戍田之」。(案此節當與農都尉有關，見前)此皆鄣塞，或塞，之例也。

烽火之事，據漢書賈誼傳注：「文穎說：「邊方備胡，作高土櫓，櫓上作桔槔，桔槔頭兜零；以薪草置其中，有寇則火燃，舉以相告，曰烽。又多積薪，寇至則燃之以望其煙，曰燧。」」今案漢書郊祀志上：「秦以十月爲歲首，常以十月上宿郊見，通權火。」注：「張晏曰：「權火，烽火也，狀如井挈皐矣。其法類稱，故謂之權火，欲令光明遠照，通於祀所也。漢祀五時於雍，五十里一烽火。」如淳曰：「權，舉也。」師古曰：「凡祭祀通舉火者，或以天子不親至祠而望拜，或以衆祠各處，欲其一時薦饗，宜知早晏，故以火爲之節度也。」」由此言之，桔槔所舉者爲火，文穎之說是也。其舉火於兜零則以兜零中(籠中)當盛有盆盎之屬，薪草置於盆盎之中故不致燃及兜零。亭隧相望有定處，一籠之火自可望見於數十里以外也。郊祀志所言通權火者，雖爲祠神定時之用，然其物固與塞上無殊，自可相爲互證矣。(烽燧之火，蓋亦以日至日易識者。又烽火之事至宋猶然，宋會要運曆二九一：「禁火乃之慈制，唐及宋清明日賜新火，亦時人出火之制。」前文未引，今併及之。）

至於苣火之制，則古今並用手持，不得在籠中。漢書蒯通傳：「即束縕請火於亡肉家。」文選西京賦：「爇蘊崇之，又行火焉。」亦皆炬火一類。其炬火之有脂者，大而小雅之庭燎（參見詩疏），小而禮記檀弓童子所執之燭，以至於古文父光諸字所從者，皆當與烽燧間苣火有相關之處。是簡言離合苣火者，當用手持離合其光以示警，自與桔槔所舉傳而不動者，有所殊別矣。

壁，簡中通作辟；今案漢書劉賈傳：「已而楚兵擊之，賈輒避不肯與戰。」清官本齊召南曰：「史記作賈輒壁不肯戰，是堅守壁壘意，此作避是避其鋒也。」王念孫漢書雜志曰：「避本作壁，壁不肯與戰，謂築壁壘而守之，不肯與戰也。吳王濞傳『條侯壁不肯戰』，是其證；後書耿弇傳注『壁謂築壁壘也』。後人不知其義而改壁為避，其失甚矣。荊燕世家正作『壁不肯與戰』。」案王說是也。惟壁字甚難改為避字，原文當作辟；而辟又通避，（孟子：「段干木踰垣而辟之」，「伯夷辟紂」，皆其例。）遂為人改作避矣。

簡文「第卅四隧地蓬鹿盧不調」，今案地蓬之設蓋由亭隧之外偶有高曠之地，便於望遠，故亦施烽竿；因其不在亭隧之上，故曰地蓬也。然其為處必距亭隧不能過近，否則可以在隧上施之，不必立於地上矣。是地蓬用蓬竿，施桔槔，應與隧上之蓬相同，無二致也。蓬竿三丈（沙畹六九四簡），合今度二丈一尺，桔槔懸其頂不能長過三丈，其兩端各一丈五尺，仍距地甚高，非人手所能及也。故蓬用桔槔上下，而桔槔又必用鹿盧（滑車）上下，然後可舉高而及遠。然則以鹿盧上下桔槔，不惟地蓬用之，隧上之蓬亦當用之矣。

買芯卅束束四錢給社
官對祠為社市買□☑
入秋社錢千二百　元鳳三年九月乙卯□☑
對祠具　雞一　黍米二斗　稷米一斗　酒二斗　鹽少半升

案漢書眭弘傳：「是時昌邑有枯社木，卧復生。」注：「師古曰社木，社主之樹也。」古微書引春秋潛潭巴曰：「里社鳴，此里當有聖人出，其呴，百姓歸之，天辟七。」三國志公孫度傳：「襄平延里社生大石，長丈餘，下有三小石爲之足。」又六韜略地篇：「社叢勿伐」此皆社樹及里社之例也。

勞軼

出稾矢銅鍭二百，完。

淮南兵略篇：「疾如鏃矢，何可勝偶。」王念孫校鏃字當爲鍭字。呂氏春秋貴卒：「所爲貴於鏃矢者，爲其應聲而至。」義與此同，亦當作鍭。注：「鏃（鍭）矢，輕利也；小曰鏃（鍭）矢，大曰鏑矢。」王氏引本文而不及此注。據此注則鍭者鏃之小者，鏃小則羽必翦，而矢輕利矣，此相關之義也。凡以金爲鏑者始可小而重，故詩疏引孫炎云：「金鏃斷羽，使前重也。」文選注引李巡云：「鍭以金爲箭鏑也。」銅之重不及鐵，故又以鐵施其前。考工記鄭注：「（鍭矢）參訂而平之者，前有鐵重也。」是其義。然鍭之原義，應爲矢之小者。翦羽乃自小矢鏑而相承之義，而有鐵之義更自小矢鏑之事推衍而成。鍭字從金，本不宜以翦羽爲初訓；矢之有鐵亦當起自戰國以後，尤不得竟有其事於大雅行葦之時。此所以漢簡中以鍭稱矢鏑正得古義，可以理釋經各家之惑者也。

吏奴下薄賤，多所迫。近官廷不得去尺寸。家數失往人，甚毋狀。叩頭。子覆不羞慈，負入收録置意中，殺身見以報厚恩。彭叩頭。因道彭今年毋狀小疾，内錢家室，分離獨居，因致毋禮物至，至子覆君胥前，甚毋狀。獨賜臈賞，前歲宜奔走至前。迫有行塞，未敢去署。叩頭請子覆君胥。

亦便致言解倶叩頭。比得謁見。始餘威寒不和，唯爲時平衣强奉酒食。愚戇毋匍，甚厚。叩頭。數已張子春累毋已。子覆奉以彭故，不遣亡至亡得。已蒙厚恩，甚厚。謹因子春致書，彭叩頭。單記□□不□。彭叩頭。

按臘祭自左傳「虞不臘矣」以至月令所記，皆在夏正十月。秦始皇以十月爲歲首，秦正月即漢武帝太初歷十月，凡史記稱十月者皆史公追改之。秦以太初歷之九月爲嘉平，在秦則爲十二月也。是臘祭在秦已改在歲終。至太初改歷，臘祭遂自秦制改至建丑之十二月，非復建亥之九月矣。楊惲報孫會宗書曰：「田家作苦，歲時伏臘，烹羊，炮羔，斗酒自勞。」伏臘並言，伏者，

—14—

夏至後第三庚；臘者，冬至後第三戌也。漢書東方朔傳：「伏日詔賜從官肉。……朔……謂其同官曰：『伏日當蚤歸』。」又元后傳：「漢家正臘日，獨與其左右相對飲食。」可證飲食之會，伏臘相同。嚴延年母欲從延年臘者，正謂與此飲食之會。御覽三十三引謝承書謂「第五倫母老不能之官，臘日常悲戀垂涕」，亦謂臘日之會矣。漢書天文志：「臘明日人衆卒歲一會飲食，故曰初歲。」初歲者，歲前之歲，一曰小歲，御覽三十三引崔寔四民月令：「臘明日，謂小歲，進酒尊長，修刺賀君師。」即其事也。

居延漢簡考證補正

六同別録

勞榦

居延漢簡考證中有誤字數處，前作刊誤未及者，今列于下：

卷	葉	行	誤	正
一	九下	十七	漠面無王庭	漠南無王庭
一	十下	十五	天下大煌	天下大蝗
一	十三下	九	又此異	又與此異
一	二十九上		肩水候官下各條後應加餅庭隊(68·12)及餅庭隊(23·46)前刊誤表三十九葉誤印為七十九葉，今併正之。	
二	六十四上	十五	東平國。	東平國。」
二	七十上	十六	于士人王慈君家 見一物似玉	於士人王慈君求家 見一古物似玉
附圖			此圖據Aurel Stein之Innermost Asia及Sven Hedin七旬紀念號中陳宗器及C. Parker之Alternating Lakes.	此圖據Aurel Stein之Innermost Asia及Sven Hedin七旬紀念號中，陳宗器(Parker Chen)及N. G. Hörner之Alternating Lakes.

—16—

王逸集牙籤考證

張政烺

導　讀

孫玉文

學術背景

張政烺此文發表時，有部分簡牘學研究成果與傳統目録學有齟齬。當時學界對“牙籤”制度的理解存在分歧：以余嘉錫爲代表的一些目録學家將“牙籤”解釋爲書籍裝幀中的書籤；另有一些考古學者如勞榦等人，則根據新出土的西北漢簡實物，提出“牙籤”實爲簡牘時代的文書標籤。這一异見背後，涉及對簡牘制度的不同見解。此文選擇王逸的《楚辭章句》，意在通過具體分析來對此爭議作出回應。

學術評議

牙籤，是以牙骨製成，用于在書卷上做標記，便于翻檢的一種書籤。江夏黄濬《衡齋金石識小録》卷下有黄氏收藏的“漢王公逸象牙書籤”一枚，分正反兩面，張政烺據原圖釋讀爲：“初元中，王公逸爲校書郎，著《楚辭章句》及誄書、雜文二十一篇。（以上正面）又作《漢書》

一百二十三篇。子延壽，有俊才，作《靈光殿賦》。（以上背面）”既云“象牙書籤”，則非普通人家所有，當爲權貴之家所置，“字畫古樸……體勢在隸楷之間”。張氏先論證此牙籤出現的大致時代及用途：“當屬魏晋或北朝時物，不得早至漢代。”古人大抵將一書五卷至十卷左右爲一帙，這枚牙籤是懸挂于一書全帙外“用便檢索”的書籤。

牙籤釋文簡叙王逸重要履歷及著述，附带言及其子王延壽著述，其中“初元”爲“元初”之誤倒。張氏據此牙籤釋讀的結果跟《後漢書·文苑列傳·王逸傳》及相關傳世文獻比對，由此生發開去，從目録學的角度解决了古書釋讀中的一些難題。主要有：

一、牙籤“作《漢書》一百二十三篇”，而今傳《後漢書》“作《漢詩》百二十三篇”。張政烺據相關材料證明：（一）《後漢書》的“漢詩”當作“漢書”。（二）此《漢書》即《東觀漢記》，這是一部集體創作的史學著作，東漢時遞修而成，王逸曾參與編寫此書。（三）所謂“作《漢書》一百二十三篇”，衹是後人稱名的一種方式，并不是説王逸個人獨立寫出此書“一百二十三篇”，王逸時《東觀漢記》没有這麽多篇數。

二、牙籤既簡叙王逸重要履歷及著述，附带言及其子王延壽著述，相當于目録，張政烺由此推定此爲藏書標記。藏書時《王逸集》《王延壽集》排在一起，《王延壽集》是附在《王逸集》之後，當時爲《王逸集》《王延壽集》作了一個叙目，叫“録”，這枚牙籤是挂在其外具有總括解題性質的書籤，便于尋檢。

三、牙籤給《王逸集》《王延壽集》作叙目以及范曄《後漢書·文苑列傳》列《王逸集》《王延壽集》目録的方式前有所承，張政烺據此牙籤進一步深化了我國目録學史的一些問題的研究：漢代劉向、劉歆父子有敘録，東漢有人繼續這項工作，但毁于董卓之亂。給東漢文章大規模撰集敘録，“當在魏晋之世”，曹魏時鄭默寫了《魏中經簿》，晋荀勖寫了《新撰文章家集叙》，其中有解題方面的内容，范曄《後漢書·文苑列傳》多取材于荀書。

我國古代很早就形成不以建構一門具體的學術系統爲目的而專事考證的學術研究範式。影響所及，我國20世紀初形成將出土材料、文物材料跟傳世文獻互證的研究方法，張政烺《王逸集牙籤考證》繼承了這種研究傳統，以《衡齋金石識小録》卷下有黄氏收藏的“漢王公逸象牙書籤”一枚爲抓手，做深入細緻的考證，多有説服力，也將相關研究導嚮深入，很有價值。

學術價值

張政烺此文是20世紀古籍版本學與考古學交叉研究的重要文章，不僅解决了《楚辭章句》版本學史上的重大疑案，也開創了“出土實物、版本著録、刻工檔案”綜合研究方式，突破了傳統版本學依賴傳世文獻的局限。例如，黄永年對《元稹集》宋蜀本的重構、李致忠對《文選》版本鏈的還原，皆沿襲了這一實證路徑。此文小題大作，從多种角度顯示出如何從微觀的具體文物中發掘重要歷史信息，從而解决有關疑難問題：一方曾被忽視的木質牙籤，經考釋成爲解開宋本《楚辭》千年懸案的關鍵，其研究方法值得發揚。

集刊外編第三種

王逸集牙籤考證

張政烺

江夏黄氏衡齋金石識小録卷下，第四十六葉，著録象牙書籤一枚，長三公分半，闊二公分，正反兩面各刻文三行，行字數無定，今依原式釋文如下：

初元中，王公逸為校
書郎，著楚辭章句，
及誄書雜文二十一篇。（以上正面）
又作漢書一百二十三
篇，子延壽，有儁才，
作靈光殿賦。（以上背面）

原書有圖，無録於出土及流傳情况，皆不能悉。題「漢王公逸象牙書簽」，不知何據，或以文中具記人名書名故爾。字畫古樸，確非近人僞作，體勢在隸楷之間，當屬魏晋或北朝時物，不得早至漢代。觀首行「初元」二字乃元初之誤倒，東漢改元雖頻數，果此籤出於當時人之手，疑未必荒謬至如此也。

古書大抵五卷以上至十卷左右為一帙，（參考古文舊書考卷一書册裝潢考及書林清話卷一書之稱函條）懸以牙籤，用便檢索。故唐書藝文志記兩都四庫書有軸帶帙籤之異。（經義考卷二百九十四引韋述曰：「經庫……用白牙木書軸，赤黄暈帶，黄牙錦花織竹書帙籤」云云，不知本於何書。）而鄭賓題經藏詩云：

萬褾千牌次碧牙，縹牋金字間明霞。（宣和書譜卷四）

亦可為證。此牙籤正反兩面皆有文字，不能附著於物，其上部當有鼻以繫於帙，蓋已損折矣。

六同别録

張政烺

范曄後漢書文苑(列傳七十)有王逸傳，云

王逸字叔師，南郡宜城人也。元初中舉上計吏，為校書郎。順帝時為侍中。著楚辭章句行於世。其賦誄書論及雜文凡二十一篇。又作漢詩百二十三篇。子延壽，字文考，有儁才。少游魯國，作靈光殿賦。後蔡邕亦造此賦，未成，及見延壽所為，甚奇之，遂輟翰而已。曾有異夢，意惡之，乃作夢賦以自厲。後溺水死，時年二十餘。

以牙籤之文與本傳比較觀之，其裨益於目録學約有數事可得而言，茲分别述之。

王逸傳云「又作漢詩百二十三篇」，自來注解及補後漢藝文志者皆不識為何書。今此牙籤詩乃作書，然則漢書一百二十三篇蓋指東觀漢記之别本而言。王逸預修漢記，劉知幾猶及知之，惟不深信其事。史通史官建置篇：

觀夫周秦已往，史官之取人，其詳不可得而聞也。至於魏晋已降，則可得而言。然多竊虛號，有聲無實。案劉(後漢)曹(魏志)二史，皆當代所撰，能成其事者，蓋唯劉珍、蔡邕、王沈、魚豢之徒耳。而舊史載其同作，非止一家，如王逸、阮籍亦預其列。且叔師研尋章句，儒生之腐者也；嗣宗沈湎麯蘗，酒徒之狂者也。斯豈能錯綜時事，裁成國典乎？

云舊史載其同作，不知果何所指。史通述漢記纂修始末最詳，必有所據。又古今正史篇：

董卓作亂，大駕西遷，史臣廢棄，舊文散佚……故漢記殘闕，至晋無成。

是其書本無定本。藤原佐世見在書目十一，正史家

東觀漢記百四十三卷　起光武，訖靈帝。長水校尉劉珍等撰。

右隋書經籍志所載數也。而件漢記，吉備大臣所將來也。其目録注云：此書凡二本，一本百二十七卷，與集賢院見在書合。一本百四十一卷，與見書不合。又得零落四卷，又與兩本目録不合。真備在唐國多處營求，竟不得其具本。故且隨寫得如件。今本朝見在百四十二卷。(烺按而件如件猶言乃件或這件。)

蓋唐人所見漢記尚多異本，或具列纂修銜名亦未可知。又隋書經籍志著録各家後漢書當時率有傳本，而袁山松書且有藝文志，皆足為劉氏評述漢記之依據，惜今無可考矣。(文選集註卷六十三「離騷經一首，王逸注」下，引陸善經曰「後為豫章太守」，亦不知本於何書。)

漢明帝以班固為蘭臺令史，詔撰光武本紀及諸列傳載記，是為後漢注記之始。自章

2

和已後圖籍盛於東觀，凡撰漢記相繼在乎其中，而校書郎都為著作，今可考者無慮二三十人。王逸為校書郎在安順之世，正劉珍等奉詔雜作紀表名臣節士儒林外戚諸傳之時，參與著作，亦固其所。然乃預於其列，而非總司其成，以事理論不得輒專作者之名。且其時漢記成篇尚屬無幾，下逮桓帝元嘉間才得百十有四篇，則當王逸之世絕不能有百二十三篇之數。古者注記之體或曰書，或曰記，初無定稱，如太史公百三十篇（漢書藝文志），或曰太史公書（漢書宣元六王傳，班彪畧論，王充論衡超奇案書對作等篇，宋忠注世本），亦曰太史公記（漢書楊惲傳，應劭風俗通義）。班固作漢書，而時人有上言班固私改作史記（初學記卷二十一引東觀漢記）。漢書成於東觀，實一代之國史，漢記草創又始班固，其書僅有小題而無大名，别本流行，襲班書之舊稱，自無足異。（古人書既相類，不嫌同名，薛瑩後漢記，謝承後漢書，「後」字皆後人所加，原名殆不如此。）惟一時相同之書名繁多，則必藉篇數以示分别。（漢志凡云某某若干篇者，必連篇數舉之，始成一完全書名。宋以降或不達此義，若遂初堂文淵閣等書目，既不記卷數，又無撰人，遂多不可曉矣）故云「又作漢書一百二十三篇」者，亦猶云又撰東觀漢記而已，非必百二十三篇皆王逸之手作也。後漢書列傳載「撰漢記」之處甚多，如

李尤傳　……俱撰漢記。

伏無忌傳　……共撰漢記。

張衡傳　……撰集漢記。

盧植傳　……補續漢記。

蔡邕傳　……撰補後漢記。

皆與王逸傳「又作漢詩百二十三篇」之語不同，是知范書此句乃因襲所據史料之舊文，其義或不深解，故未改從一律，則傳寫失實，訛書為詩，又何責焉。浦起龍史通通釋云：

按逸列名史事未詳。

蓋此事沈薶近千年，久無知者，今得此牙籤可以正范書之誤，藉推知其涯畧，信所謂一字千金者矣。

此牙籤與本傳之文繁簡雖殊，而大端則一。由字體推斷，牙籤當不出於范書。蓋兩者

六同別録

張政烺

同源而彼此不相襲，然則其皆何所據耶？此實一疑問也。考隋書經籍志，集部，別集類

梁有王逸集二卷，録一卷，亡。

所謂「録一卷」即撰集王逸所著文章之叙目。古者書録皆為傳體，表作者事蹟以為知人論世之資，故史家列傳遂多取材於此，如淮南王安叙離騷傳，史記藉以為屈原列傳，劉向校書，每一書已，輒條其篇目，撮其旨意，録而奏之。今所存者如管子，鄧析子，晏子春秋，孫卿新書，韓非子，列子等書録，皆詳考其行事，畧如列傳之體，而漢書列傳多取於七畧別録，如賈誼，董仲舒，東方朔等篇，尤明白可辨，此義余嘉錫先生目録學發微論述已詳，可謂定案。王逸文撰集於何時今姑不論，觀本傳云「其賦誄書論及雜文凡二十一篇」，寔全篇主旨之所在，知其辭當本於王逸集之録一卷。隋志又載

梁又有王延壽集三卷，亡。

此集三卷而無録，疑與王逸集同時叙次，父子共為一録，故附傳亦載其作賦之事甚詳。若牙籤者，則藏書之標幟，王逸父子文集同帙，而以此籤懸於外，用省繙檢舒卷之煩，其文乃自録中畧出，亦猶四庫提要之於簡明目録矣。

王逸集原本不止二卷，隋書經籍志，子部，儒家類

梁有王逸正部論八卷，後漢侍中王逸撰，亡。

姚振宗云：

案史言賦誄書論，論或即此正部論，當時編入本集二十一篇中。意林載王逸正部十卷，十卷者別有集二卷見下別集類，蓋阮氏七録分此八卷入此類，餘二卷入文籍部，本志仍之也。（隋書經籍志考證卷二十四）

按姚氏之說是也。馬總意林因庾肩吾子鈔之舊目，猶是梁以前舊本。古書小題在上，大題在下，（或無大題）正部論占王逸集十分之八，遂掩本集之名，故曰正部十卷。自東漢以降，文人論撰多「理不勝辭」，固宜入文集。魏文帝典論論文謂文非一體，而以「書論宜理」居四科之一，（文選卷五十二）是其說矣。下逮齊梁專重美麗之文，作者既衆，文集之體例遂興，凡自成一家之言不列於集，（參考文選卷四十六任彥昇王文憲集序）阮孝緒既以「頃世文詞」之例定文集録，自不免釐正舊集，別裁著録。意者王逸集之本來面目當為王逸集十卷，附子延壽集三卷，并録一卷，牙籤即施於其上。至若楚辭章句乃王逸為校書郎時校注

4

之官書，已「行於世」。云「又作漢書一百二十三篇」者，亦分別內外之辭，皆不在撰集敘錄之列也。

楚辭章句卷十七王逸九思乃後人附入，原書本無此卷。明仿宋刊洪興祖補注本（四部叢刊即影此本。余別有跋）此卷獨題「漢侍中南郡王逸叔師作」，與以上十六卷題「校書郎臣王逸上」者不同，而與隋志所記正部論銜名合。蓋此卷乃自王逸集錄入，漢侍中一行猶是本集銜名舊式。明吳郡黃氏，豫章王氏重刻楚辭章句，世稱善本，乃改竄銜名，並此卷亦題王逸章句，謬矣。

范曄後漢書多載文人著作，凡傳中錄其篇數者，北海王睦，臨邑侯子騊駼，桓譚，馮衍，賈逵，桓麟，桓彬，班彪，班固，朱穆，胡廣，應奉，崔駰，崔瑗，崔寔，崔烈，楊修，劉陶，張衡，馬融，蔡邕，荀悅，李固，延篤，盧植，皇甫規，張奐，孔融，衛宏，服虔，杜篤，王隆，史岑，夏恭，夏牙，傅毅，黃香，劉毅，李尤，李勝，蘇順，曹衆，曹朔，劉珍，葛龔，王逸，崔琦，邊韶，張升，趙壹，酈炎，侯瑾，張超，班昭五十四人。而杜篤至張超二十三人皆在文苑傳，尤以記述文章為主，體製整齊，如出一式。按東觀漢記本無文苑傳，經董卓之亂，又史臣廢棄舊文散佚，史通古今正史篇：

及在許都，楊彪頗存注記，至於名賢君子自永初以下闕續，魏黃初中惟著先賢表。

是關於後漢文人之史料，東觀即有所儲，亦久矣蕩然無憑。隋書經籍志：

董卓之亂，獻帝西遷，圖書縑帛，軍人皆取為帷囊，所收而西，猶七十餘載。兩京大亂，掃地皆盡。魏氏代漢，采掇遺亡，藏在祕書中外三閣。魏祕書郎鄭默始制中經，祕書監荀勗又因中經更著新簿。……但錄題及言，盛以縹囊，書用緗素，至於作者之意無所論辯。

然則東京文章之大規模撰集敘錄，當在魏晉之世。王隱晉書：

鄭默字思元，為祕書郎，刪省舊文，除其浮穢，著魏中經簿。中書令虞松謂默曰：而今而後，朱紫別矣。（初學記卷十二引）

荀勗字公曾，領祕書監，與中書令張華依劉向別錄整理錯亂，又得汲冢竹書，身自撰次，以為中經。（文選李善注卷四十六引）

蓋鄭荀校書猶沿向歆遺法，雖分部不同，而規制無異。中經簿大抵仿劉歆七略，乃中經之

六同别録

張政烺

簡明目録，故晋書美其刪省舊文，除其浮穢，隋志譏其但録題及言，至於作者之意，無所論辯也。然書之後出至魏晋始校上者，實皆有叙録，魏録已渺不可徵，晋録則猶存二篇。一，陳壽上諸葛氏集目録，見蜀志諸葛亮傳末。二，荀勗等上穆天子傳序，見本書卷首。（世傳伶玄趙飛燕外傳，末載荀勗書録一篇，首尾僅六十字，大抵出於依托。）其體皆似劉向書録，可窺一斑。當時是否仿别録之例，總括羣書，輯為一編，今不可知。按隋書經籍志史部，簿録類

雜撰文章家集叙十卷。荀勗撰。

雜撰當作新撰，舊唐書經籍志、新唐書藝文志著録不誤（兩唐志皆作五卷，疑卷數有分合，否則殘缺矣）此當即魏晋新撰書録之一部分。中古重文，流行獨久。史漢三國無文苑傳。范曄創意為之，大抵依傍此書。而他傳具文章篇數者，其辭亦多本於此。蓋承初平永嘉圖籍焚喪，一代文獻之足徵者，亦僅此而已。

新撰文章家集叙一書，唐以後久佚不傳。三國志注、世説新語注等書徵引，皆簡稱文章叙録（參考文廷式、吴士鑑、黄逢元諸家補晋藝文志）嘗就涉獵所及，綴輯得若干篇，復甄録范書文苑等傳，附於其後。自來學者於魏晋整理書部之情形，無能言其梗概者，甚或謂荀勗校書不為解題，今竟考得其叙録數十篇，雖皆經刪節附益，非盡原文，亦足珍惜。荀勗丁部上承劉歆詩賦畧，故撰次文章家集，賦誄詩讚居首，而以書論雜文為末。王逸集有正部論，梁入儒家，何晏集有道德論，（見世説新語文學篇注引文章叙録）梁入道家。（見隋志）知阮孝緒文集録割析辭義，體例又有不同。蓋文章之升降，子集之盛衰，又可於此窺其消息，輒發其意，世有治章學誠文史校讎之學者，容有取焉。

三十二年十二月十八日作

三十四年八月二十日寫畢

6

梵文t·d·的對音

周法高

導　讀

馮　蒸

學術背景

中古漢語聲母擬音研究中的“舌上音問題”，是20世紀音韻學領域最具方法論意義的學術論争之一。19世紀末，以高本漢爲代表的歐洲漢學家將歷史比較語言學方法引入中古音研究，其《中國音韻學研究》系統運用《切韵》反切、等韵圖與方言材料構建音系框架，開創了現代音韵學研究。1931年，羅常培發表《知徹澄娘音值考》，標志着中國本土學者對高本漢體系的首次系統性挑戰。羅氏創造性運用佛經譯音新材料，發現梵文頂音ṭ、ḍ在東漢至隋唐譯經中主要對應知組字（如“吒”ṭā→知麻切），據此提出知組實爲捲舌音［ʈ］、［$ʈ^h$］、［ɖ］、［ɳ］。這一結論不僅挑戰了高本漢的顎化説，更觸及方法論的根本分歧：以中研院史語所爲代表的中國學派注重發掘出土文獻、譯經等新材料，與高本漢依賴的傳世韵書系統和現代方言讀音形成互補。學術争議的深化催生了周法高的相關研究。

學術評議

周法高此文所論述的問題，須從20世紀30年代“知徹澄娘”的兩種擬音體系的争論談起。這問題産生的直接當事人是瑞典漢學家高本漢和羅常培。下面先介紹一下高本漢的構擬。

高本漢在其名著《中國音韵學研究》和其後發表的《中上古漢語音韵綱要》二書中，對《廣韵》音系的聲韵母做了全面的構擬。在聲母方面，高氏把《廣韵》的舌上音“知徹澄娘”構擬爲舌面前音，即ȶ、ȶʻ、ȡ、ȵ，這是根據它們在等韵圖上的位置和漢語方言資料的證據得出的構擬。

高本漢對漢語中古舌上音“知徹澄娘”和正齒音“照穿床審禪”的構擬是放在一起討論的，不像其他聲母那樣分開討論。他認爲這兩組聲母在等韵圖上的位置、反切上字的分布特點和現代漢語方言讀音等方面有相似之處，在擬音上可以互證，爲此他提出了著名的“舌齒音比例式”説。所以，高氏在確立了“知徹澄”爲塞音而“照穿床”爲塞擦音這一區别後，開始討論知組聲母的音值問題。高本漢説：

> 知徹澄僅僅在個别情况下出現在二等韵中，大多是有規律地出現在三等韵母（/i̯a/型）前面。由于舌根音表現爲兩種變體：一個是一等（/ka/型）的純粹聲母（非軟化的），一個是三等（/kji̯a/型，簡寫作/ki̯a/）的軟化聲母，因而我們可以確信，與軟化聲母kj等等同處于三等的知徹澄娘也帶有某種程度的軟化性質。那麽這恐怕就會誘導我們説，知徹澄娘不過是與純粹舌尖音端透定泥相配的軟化

音（知tji̯a、徹t'ji̯a、澄d'ji̯a、娘nji̯a），所以宋圖纔把它們放在端透定泥下面。但這樣説是不行的，因爲宋代學者不可能因此而給它們起與舌尖音（端透定泥）不同的名字（知徹澄娘），而該把它們收進端透定泥名下，正如把kji̯a、k'ji̯a等音收進ka、k'a等音（見溪群疑）名下一樣。在司馬光的語言中，端組和知組的差别肯定比見組一等和三等的差别大一些。如果在北宋確是這樣，那麼就有充分理由相信在隋唐時代也是這樣——由于没有反面的證據，我們就必須遵從司馬氏所繪製的韵圖。真正的答案不容置疑：三等聲母的軟化作用到那時已經發展得造出了真正的舌面音聲母：知ȶ、徹ȶ'、澄ȡ'、娘ȵ。

在列出了照二組聲母與照三組聲母的讀音不同之後，高本漢接着説：

中國古代語文學家如此仔細地分辨了純粹（舌尖後）和軟化（舌面前）這兩組塞擦音：照二等tṣan不同于照三等ȶɕi̯ɛn，一旦發現了這一點，我們就碰到這樣的事實：在塞音知組中却没有這種區别，它們全都是用同一組反切上字來切的。由于知組大都位于三等韵母之前（如“展”ȶi̯ɛn），所以我們就斷定它們是舌面音ȶ、ȶ'、ȡ'、ȵ，再者，因爲它們即使在二等韵前也具有同樣的反切上字，所以我們也能斷定這裏的音與上述塞擦音的情形相反，從而不能不把它們列入舌面音一類：站ȶam等等。我在我以前的全部著作中都是這樣做的（包括《中日漢字形聲論》）。

以上是高氏把“知澈澄娘”構擬爲舌面前塞音和鼻音ȶ、ȶ'、ȡ'、ȵ的全部理由。

羅常培不同意這種構擬，他根據梵漢對音資料發現“知澈澄娘”對應的梵文音是所謂梵文的頂音（Mūrdhanya）ṭ、ḍ，據此，羅常培認爲“知澈澄娘”四母的中古音值應該是舌尖後音：ʈ、ʈ'、ɖ、ɳ。對于羅氏的這種構擬，高本漢提出了批評，他説：

> 然而羅常培曾提出過，雖然三等韵前的聲母是舌面前塞音，但二等韵前的聲母則是舌尖後塞音：“站”ʈam，但“展”ȶi̯ɛn，他引用了梵漢對音來證明這一論點。不過用梵漢對音來作證據却是有些冒險，因爲中國人大多是從中亞細亞的俗梵語變體（Prakrit）那裏獲取材料，却很少聽到純正的經典梵語（Sanskrit）。不過，由于“舌尖後音説”更能與塞擦音系統相符，所以它還是很吸引人的。但是還剩下一個事實:《切韵》和《廣韵》中的“站”等字（二等）和“展”等字（三等）是用樣的反切上字來切的，而做反切的那些極爲敏鋭的語音學家既然能够精密地辨别tʂ和tɕ（舌尖後塞擦音和舌面前塞擦音），那麽假如ʈ和ȶ聽起來象tʂ和tɕ一樣容易分辨的話，語音學家當然不會把它們混爲一談。從反切的立場説，仍用一套音標（ȶ、ȶ'、ȡ'、ȵ）來標示二三等字似乎要好些，當然我們不妨保留一個意見：二等的聲母大概象羅氏所説，是一個比三等聲母略有些翹舌的舌面音。

應該説，高本漢的批評不無道理，著名語言學家王静如就贊成高氏的這個意見，因爲羅常培所引用的梵漢對音資料不是同質的，也就是説，那些梵漢對音資料在時空方面的內部性質并不一樣。音韵學家李榮在其名著《切韵音系》一書中也支持高本漢的這個構擬。但是，著名音韵學家李方桂則贊成羅常培的這個構擬，并且在其名著《上古音研究》一書中予以明確肯定。

現在回到此文的主題，可以看出，周法高此文的立論是贊成羅常培的觀點，他在仔細考察了羅氏的“知澈澄娘”的梵漢對音資料後，又補充了若干資料，并且對于梵文的頂音（Mūrdhanya）ṭ、ḍ竟然對應于漢語的來母字這一特殊的對音現象提出一個音理上的解釋。首先，陸志韋對此現象采取闕疑態度，他說：

> 最不可瞭解的，譯經何以有時用來母字（l）來代ṭ，ḍ？

再看一下羅常培的解釋。羅先生說：

> 那些轉到其它各母的例外，我想恐怕是譯者音的不同，或者是所根據原本的歧异。

對此周法高指出：

> 在中國人的譯音裏，大致用舌上音知、徹、澄、母的字來翻譯它們；但是在唐以前，有時候也用來母字來翻譯。從表面上看，似乎翻譯梵文ṭ、ḍ的來母字是不規則的，是例外的，不過假使我們多搜集一些例子，便知道這不能算做例外了。

接着，他進一步解釋説：

原來梵文的ṭ等，相當于國際音標的［ʈ］等，在漢語裏没有這一類的音，于是除了藉用知系字外，有時還藉用來母字。在周秦時代，舌上音知系字和舌頭音端系字不分，都讀［t］等。後來因爲韵母的影響，漸漸顎化，到唐代知系的［ȶ］等就和端系的［t］等分别了。在魏晋南北朝時代，顎化現象雖不如唐代的顯著，不過在二、三等韵母前和在一、四等韵母前的舌音聲母，已略有差别，所以在魏晋南北朝時代對譯梵文ṭ等所用的端系字遠不如知系字的多。不過這種翻譯也并不切合，所以有時也用來母字來翻譯，或許來母的l音略有捲舌作用吧！到了隋唐以後，除了沿襲舊的譯名外，後一種方法完全廢弃，到現在看起來，更覺得早期譯音中的這種現象非常不規則了。

以上解釋是周文的核心内容。對于周法高的上述解釋，著名梵文專家季羡林《論梵文ṭ ḍ的音譯》一文中説：

梵文的頂音（Mūrdhanya）ṭ ḍ在中譯佛典裏普遍都是用舌上音知徹澄母的字來譯：ṭ多半用“吒”字，有的時候也用舌頭音“多”“陀”“頭”“鐸”等字；ḍ多半用“茶”字，有的時候也用舌頭音“陀”“茶”“拿”“那”“擇”等字。這些字所代表的音大部分都同梵文原音很相似；有幾個雖然不十分相似，但也差不太多。衹有很少數的例外，是用來母字來對梵文的ṭ同ḍ。這却有了問題：爲

> 什麼中文譯者會用來母字來翻譯梵文的頂音呢？中國音韵學家也曾注意到……羅先生同陸先生都是用闕疑的態度來看這問題，這正足以表示兩位先生的謹慎。周先生却大膽的給了一個看起來也能自圓其説的解釋；但他這個説法究竟能不能成立呢？我覺得，祇從中國音韵學上着眼是不够的，我們應該把眼光放遠一點，去追尋這些用來母字對音的根源，换句話説，就是看一看在印度語言學史上，頂音ṭḍ同l或ḷ有没有關係。倘若能把來源弄明白，我們的問題也自然就可以解决了。

由此可知，梵文ṭ、ḍ的對音問題，本質上是一個印度語言史或説是梵語史上的音韵學問題。

學術價值

周法高的多維互證方法被後世學者應用于漢藏對音研究，形成歷史語言學的“證據鏈”研究方式。它顛覆了傳統譯經研究的“單語對應”預設，揭示早期佛經傳播的“多語層纍”特點，并促成中古音系理論的修正聲母配列規則、構建舌齒音協同演變模型、推進音變鏈理論發展、影響上古音構擬四項關鍵進展。其價值正如梅祖麟及其追隨者所認爲的那樣：知組擬音之争實爲方法論之争，它是迫使音韵學走出書齋，在佛經的絲路駝鈴與梵語的吠陀誦聲中尋找答案，最終將漢語納入世界語言演變的普遍法則之中。

集刊外編第三種

梵文ṭḍ的對音

周法高

梵文的"舌音"(linguals)ṭ,ṭh,ḍ,ḍh,和國際音標舌尖後音(supra-dentals)的塞声(Plosives)[ʈ],[ʈʻ],[ɖ],[ɖʻ]大致相當。在中國人的譯音裡,大致用舌上音知,徹,澄母的字來翻譯牠們,但是在唐以前,有時候也用來母字來翻譯。從表面上看,似乎翻譯梵文ṭ,ḍ的來母字是不規則的,是例外的;不過假使我們多搜集一些例子,便知道這不能祘做例外了。在這兒我暫且把宋以前的譯音分為三期:把隋以前祘做第一期,可以鳩摩羅什為代表;唐代初葉為第二期,可以玄奘為代表;唐代中葉以後到宋初為第三期,可以不空為代表。

羅莘田師的知徹澄娘音值考(歷史語言研究所集刊第三本第一分,1931)把梵文"舌音"字母各時代的譯音列成兩個表,現在抄在後面。看了可以知道大致都用舌上音的字來翻譯牠們,"祇有僧伽婆羅以舌頭'多,他,陀,檀,那',對ṭ,ṭh,ḍ,ḍh,ṇ,而以'輕多,輕他,輕陀,輕檀,輕那'對t,th,d,dh,n"。(前引文p.128)"ḍ母的對音,善無畏,不空,般若等作'拏',慧琳作'拏'或'絮',惟淨作'痆';'拏'女加切,'絮'女下切,'痆'女黠切,均屬娘母。"(前引文p.129)這是第三期的譯音。因為在唐代中葉以後,一部分方言鼻尾字(無鼻音收声)的明母讀mb-,泥母讀nd-,娘母讀ṇḍ-,疑母讀ŋg。所以日譯漢音用b,d,g來翻譯牠們,在"唐五代西北方音"(歷史語言研究所單刊甲種之十二,羅莘田師著)中,用'b譯明母,'d譯定母,'ɖ譯娘母,'g譯疑母;在華梵對音中也可以看出來這種音變。

在佛典譯名上,也可以看和字母表相同的情形,為節省篇幅起見,不再舉例。讀者可參看知徹澄娘音值考(p.132-140)和茹利安(Stanislas Julien)氏的梵語譯音還原法(Méthode pour Déchiffrer et Transcrire Les Noms Sanskrits qui se recontrent dans les livres

— 1 —

六同別錄

周法高

Chinois, 1861). 另外我們也還可以找出一些來母字的譯音,多出現在第一期的前段。在茹利安的書裡找不出用來母字對譯梵文ṭ, ṭh, ḍ, ḍh的例子,大概他也認為是偶然的例外,所以沒有收。羅先生的統計表中也有少數幾个來母字,他認為:"那些轉到其他各母的例外,我想恐怕是譯者方音的不同,或者是所根據原本的歧異。"(前引文p.143.)

我在下面舉出一些來母字譯梵文七,ㄙ等的例子,大都錄自玄應一切經音義,除了注明所在的卷數外,並且注明那一條是屬於某經某卷。如第一條注"應十八雜阿毘曇心論十",就是說全條出於玄應一切經音義第十八卷[illegible]僧伽跋摩等譯的雜阿毘曇心論卷十的"拘隣"的。玄應是唐初人,屬第二期,音義大多是解釋第一期的佛經。在下面把對譯七,ㄙ等的來母字都用～～号標出。

ājñātakauṇḍinya 拘隣:賢劫經作居倫,大哀經作俱輪,或作居隣,皆梵言訛也……普曜經云俱隣者,解本際也,阿若者,言已知,正言解了,拘隣亦姓也,此則憍陳如訛也,中本起經云:(初)五人者,一名拘隣。(應十八、雜阿毘曇心論十.)

其名曰阿若憍陳如(後秦鳩摩羅什譯妙法蓮華經卷一)

ārāḍa kālāma 阿羅邏迦摩羅,亦名羅勒迦藍……中阿含羅摩經云:我為童子時,年二十九,往阿羅邏迦摩羅所。(翻譯名義集卷二)

garuḍa 有四迦樓羅王(妙法蓮華經卷一)

迦婁羅:新經云揭路荼,此云妙翅鳥也。(雲公涅槃音義)

kukkuṭa 究究羅(北涼曇無讖譯大般涅槃經卷二十三)

pāṭala 波羅羅華香(妙法蓮華經卷六)

saṅghāṭi 三衣僧伽梨:此音訛也,應云僧伽致,或云僧伽胝(應十四,四分律卷六)

僧伽梨:正云僧揭胝,此曰和合衣。(慧苑華嚴音義)

sphaṭika 頗梨:力私反;又作黎,力奚反,西國寶名也,梵言塞頗胝迦,亦言頗胝,此云水玉,或曰白珠,大論云,此寶出山石窟中,過千年冰化為頗梨珠。(應二,大般涅槃經第一卷。)

－2－

集刊外編第三種

梵文ṭḍ的對音

vaiḍūrya 瑠璨，天竺之名，梵云吠琉璃耶，此云近山寶，謂近迦毘羅城，淨三藏云綠色寶也，漢書云罽賓所出，經云無以琉璃同於水精也。（雲公涅槃音義）

vetāḍa 毘陀羅（妙法蓮華經卷七第二十六品）

韋陀羅（同上，第二十八品）

virūḍhaka 毗留勒叉，或名毗流離，或言毗樓勒迦，或言鼻溜荼迦。（應十八立世阿毗曇論卷四。）

羅先生文中又有二條：*kuṭaśalmalī* 究羅瞋摩羅，*drāviḍa* 陀毘羅。

此外，我們從妙法蓮華經內的陀羅尼也可以看出同樣的例証。這種陀羅尼我收了四種音譯本：第一是姚秦鳩摩羅什譯的妙法蓮華經（大正藏第二六二號），第二是隋闍那崛多譯的添品妙法蓮華經（大正藏第二六四號），第三是唐玄應一切經音義卷二妙法蓮華經音義後附的"三藏法師玄奘譯"的陀羅尼，第四是唐不空譯的成就妙法蓮華經王瑜伽觀智儀軌（大正藏第一〇〇〇號）。梵文根據南條和Kern所編的*Saddharmapuṇḍarīka*（1912, Bibl. B. X）。只有鳩摩羅什的譯文裡，才有用來母對譯梵文ṭ，ḍ的現象，在其他三種隋唐時代的譯文，便看不到這種現象了。現在把有關的譯文和梵字排列出來。

第二咒	aḍe	aḍāvati	iṭṭini
羅什	阿隸	阿羅婆第	伊緻（豬履反）柅（女氏反。）
崛多	頞帝	頞荼（屠迦）皤底（都業反。	壹鋅（都筆）爾
玄奘	阿齲（去聲）	阿吒（重）伐底（長）	伊緻抳
不空	阿孏	阿拏（引）縛底（丁以反）	壹置寧

第三咒	aṭṭe	naṭṭe	vanaṭṭe*	anaḍe*
羅什	阿梨	那梨	㝹那梨	阿那盧
崛多	頞齲（都皆反）	捺（奴割）齲	訥（奴骨）捺齲	案那廚（拏句反）
玄奘	遏媄（除皆反）	捺媄	篘捺媄	阿捺廚（稚俱反，清聲）
不空	阿齲	捺齲	努捺齲	阿曩（引）怒

—3—

周法高

第三咒	nāḍi	kunaḍi
羅什	那履	拘那履
崛多	揶稚（徒寄）	倨（俱運）奈（奴箇）稚
玄奘	捺遲	俱捺遲（声）
不空	曩膩	矩曩膩

※有兩處，四種譯文一致和南條的梵文本不合。南條本在anaḍe註明一本作aratre，一本作anatro，也都不合。

信行翻梵語卷八寺舍名第四十八（大正藏第五十四卷p.1041.）：

陀林寺 應云陀林摩。傳曰：石留。歷國傳第一卷。

"陀林"當為梵文dāḍima的音譯。唐禮言梵語雜名：

石榴 娜捻徐屈良麼（大正藏第五十四卷p.1237.）

也是這个字的音譯。不過後者屬第三期，所以用娘母來翻譯梵文的ḍ。案歷國傳一書，今佚。向覺明先生漢唐間西域及海南諸國古地理書叙録考訂歷國傳為法盛撰，外國傳為曇無竭撰。翻梵語卷六雜人名第三十中"有佛陀多羅，外國傳第二卷"，卷二比丘名第十一中有"佛陀多羅，歷國傳第一卷"。向氏認為就是高僧傳卷三曇無竭傳中的"天竺禪師佛馱多羅"（國立北平圖書館館刊第四卷第六号p31—35，1930.）案曇無竭傳：

後至檀特山南石留寺，住僧三百餘人，雜三乘學。無竭停此寺受大戒。天竺禪師佛馱多羅，此云覺救，彼土咸云，已證聖果。無竭請為和上。

現在既然知道陀林寺就是石留寺，更可以証明歷國傳中的"佛陀多羅"和曇無竭傳中的"佛馱多羅"確是一人了。

（備註）：翻梵語卷九林名第六十一："佛多陀林：應云陀林摩，譯曰石留。外國傳第一卷。"

以上所舉都是用來母字對譯梵文ṭ，ḍ的例子。另外，梵文的harītakī第一期譯為"訶梨勒"，用來母對譯梵文的ṭ；佛經中的"阿荔散"和"阿遲散"，都是指埃及的亞歷山大城Alexandria。後者用澄母對譯梵文的l。這兩種情形都是很少見的。

我們現在知道:早期的梵文譯音,除了用知徹澄母對譯梵文的ṭ,ṭh,ḍ,ḍh外,還可以用來母字來對譯牠們,這究竟是什么緣故呢?原來梵文的ṭ等,相當於國際音標的[ʈ]等,在漢語裡沒有這一類的音,於是除了借用知系字外,有時還借用來母字。在周秦時代,舌上音知系字和舌頭音端系字不分,都讀[t]等。後來因為韻母的影响,漸漸顎化,到唐代知系的[ȶ]等就和端系的[t]等分別了。在魏晉南北朝時代,顎化現象雖不如唐代的顯著,不過在二,三等韵母前和在一,四等韵母前的舌音声母,已略有差別,所以在魏晉南北朝時代對譯梵文ṭ等所用的端系字遠不如知系字的多,不過這種翻譯也並不切合,所以有時也用來母字來翻譯,或許來母的l音略有捲舌作用吧!到了隋唐以後,除了沿襲舊的譯名外,後一種方法完全廢棄,到現在看起來,更覺得早期譯音中的這種現象非常不規則了。

最後我想引用一位史學家的考証結束這篇短文。日本藤田豐八氏的慧超往五天竺國傳箋釋說:

(中略)法顯傳作七寶,西域記作水精,此傳作吠瑠璃,吠瑠璃又作璧流離。漢書西域傳"罽賓"條"璧琉璃",孟康曰:"流離青色如玉"。師古曰:"魏略云'大秦國出赤白黑黃青綠縹紺紅紫十種流離',孟言青色,不博通也。此蓋自然之物,采澤光潤,踰於衆玉,其色不恒。今俗所用,皆銷冶石汁,加以衆藥,灌而為之,尤虛脆不貞,實非真物"。徐氏漢西域傳補注云:"梵書作吠瑠璃,一切經音義:舊言鞞稠利夜,亦言鞞頭利,或云毗瑠璃,皆梵音訛轉。(中略)說文云:珋,璧珋,石之有光者也。段氏謂璧珋即此傳之璧流離。今本漢書注脫璧字,讀者誤以璧與流離為二物矣"。然則鞞稠利夜,鞞頭梨(vaidurya)訛為璧流離,吠瑠璃,毗瑠璃,鞞瑠璃,更誤為流離或琉璃。據希(Hirth)氏云:"中西民族称玻璨或水精曰畀羅爾(Belor)或勃羅爾,與此吠琉璃同。玻瓈始見唐書,乃吠瑠璃之省。此傳吠瑠璃,蓋謂水精,與西域記同。(条壽東文書藏校印本十六葉)

藤田氏說吠瑠璃,流離等名是鞞頭梨的訛誤,不但把時代的先後弄顛倒了,並且忽略了早期用來母對譯梵文ḍ的現象。玻瓈的梵名是sphaṭika,他卻認為"乃吠瑠璃之省"。我想,假使我們不願在"通轉"的說法裡打圈子的話,那麽,从許多"雜亂而不規則"的現象中,歸納出一些條理來,也許正是我們在利用對音時所應當注意的一点吧。

六同別錄

附第一表　圓明字輪中舌音五母譯音表(錄自知徹澄娘音值考p.126.)

周法高

舌音五母在圓明字輪中之次序	41	35	9	42	36
天城體梵書	ट	ठ	ड	ढ	ण
羅馬字註音	ṭa	ṭha	ḍa	ḍha	ṇa
西晉竺法護譯光讚般若波羅蜜經觀品(太康七年286 A.D.)	陀	咤侎	咤	吒	那
西晉無羅叉譯放光般若經摩訶般若波羅蜜陀隣尼品(元康元年291 A.D.)	吒	咃	茶	嗏	那
姚秦鳩摩羅什譯摩訶般若波羅蜜經廣乘品(弘始五年402 A.D.)	咤	咃一本作他	茶	茶	拏
姚秦鳩摩羅什譯大智度論釋四念處品(弘始六年403 A.D.)	吒	咃一本作他	茶	茶	拏
東晉佛馱跋陀羅譯大方廣佛華嚴經入法界品(東晉義熙十四年至劉宋永初二年418–421 A.D.)	侘恥加反	吒	茶	陀	拏
唐玄奘譯大般若波羅蜜多經初分辯大乘品(顯慶四年659 A.D.)	吒	搋	茶	擇	拏
唐地婆訶羅譯大方廣佛華嚴經入法界品(垂拱元年685 A.D.)	侘恥加反	吒	茶	陀	拏
唐實叉難陀譯大方廣佛華嚴經入法界品(武周證聖元年695 A.D.)	侘恥加切	吒	茶徒邪切	陀	拏嬭可切
唐不空譯大方廣佛華嚴經入法界品四十二字觀門(大曆六年771 A.D.)	吒上	姹上	拏上	荼去	儜上
唐般若譯大方廣佛華嚴經入不思議解脫界普賢行願品(貞元十四年798 A.D.)	侘上	姹上	拏	荼去	儜上
唐慧琳一切經音義華嚴四十二字觀門經(貞元四年至元和五年788–810 A.D.)	吒諂賈反	姹拆賈反	拏儜賈反	侘借音拆賈反	儜女雅反鼻中声也

—6—

附第二表　四十九根本字中舌音五母譯音表（錄自知徹澄娘音值考P.127）

舌音五母在四十九根本字中之次序	27	28	29	30	31
天城體梵書	ट	ठ	ड	ढ	ण
羅馬字註音	ṭa	ṭha	ḍa	ḍha	ṇa
東晉法顯譯大般泥洹經文字品（義熙十三年417A.D.）	吒	侘（丑家反）	茶	茶（重音）	拏
北涼曇無讖譯大般涅槃經如來性品（玄始三年至十年414—421A.D.）	吒	咃	茶	袒	拏
劉宋慧嚴修大般涅槃經文字品（元嘉元年至九年間424—432A.D.?）	吒	侘（丑家反）	茶	茶（重音）	拏
梁僧伽婆羅譯文殊師利問經字母品（天監十七年518A.D.）	多	他	陀	檀	那
隋闍那崛多譯佛本行集經（開皇七年至十二年589—592A.D.）	吒	咤	茶	嗏	拏
唐玄應一切經音義大般涅槃經文字品（貞觀末649A.D.）	吒（重）	咃（屈反）	茶	咤（佇賈反）	拏
唐地婆訶羅譯方廣大莊嚴經示書品（垂拱元年687A.D.）	吒（上声）	吒	茶（上声）	茶	拏（上声）
唐義淨南海寄歸內法傳（武周天授元年至如意元年690—692A.D.）	吒	詫	茶	稅	拏
唐善無畏譯大毗盧遮那成佛神變加持經百字成就持誦品（開元十二年724A.D.）	吒	咤	拏	茶（重声）	拏
唐不空譯瑜伽金剛頂經釋字母品（大曆六年771A.D.）	吒（上）	咤（上）	拏（上）	茶（去）	拏（尼爽反，鼻聲呼）
唐不空譯文殊問經字母品（大曆六年771A.D.）	吒（上）	姹（上）	拏（上）	茶（去）	拏
唐智廣悉曇字記（唐德宗間780—804A.D.?）	吒（近卓我反，卓下反音）	侘（近拆我反，拆下反音）	茶（有音擲下反，宅下反，輕）	茶（幢我反，重音音近）	拏（有音搦下反，搦我反，搦下反音近）

梵文ṭ·ḍ·的對音

六同別錄

周法高

	ṭa	ṭha	ḍa	ḍha	ṇa
唐慧琳一切經音義釋大般涅槃經卷八辨文字功德及出生次第篇(貞元四年至元和五年788–810A.D.)	絟 陟賈反	姹 坼賈反	絮 紬雅反	搽 茶夏反 去聲引	拏 儜雅反 兼鼻音
宋惟淨景祐天竺字源(景祐二年1035A.D.)	哲 陟轄反	詫 丑轄切	痆 尼轄切	茶	拏
清同文韻統卷五天竺字母譜(乾隆十四年1749A.D.)	查 正齒緊 支阿切	叉 正齒 崽阿切	楂 正齒緩 之阿切	楂哈 半齒半喉 楂哈切	那 卷舌 吶阿切

— 8 —

董同龢

等韵門法通釋

導讀

孫玉文

學術背景

作爲中國現代音韵學奠基人王力的嫡傳弟子，董同龢將歷史語言學方法與傳統文獻考據相結合研究漢語。自晚唐至明清，涌現了《四聲等子》《切韵指掌圖》等大量等韵學著作，但等韵中有些門法釋義含混、體系龐雜，需要疏通、整理。尤其近代受西方語言學衝擊，傳統等韵學研究幾近斷層，曾運乾1936年發表的《等韵門法駁議》與董氏此文成爲1949年前僅存的兩部專題論著。董同龢以史語所珍藏的珍稀文獻爲基礎，系統梳理了從守温殘卷到釋真空《直指玉鑰匙門法》的千年演變脉絡，其研究正值戰亂時期文獻流散之際，具有搶救性整理學術遺産的性質；利用現代語言學的知識，重新確定等韵門法的一些術語的含義，爲現代音韵學所用，具有重要意義。

學術評議

我國自晚唐起，就製成了聲韵調配合的連續性圖表，以字母表示聲母系統，以七音和清濁區分聲母的發音部位和發音方法，以等、呼、攝分析韵母的類别和結構，叫等韵圖。等韵，是在等韵學基礎上建立起來的分析漢字字音結構的一種方法。門法，專門的法則。等韵門法是古人爲了方便人們通過等韵圖拼切出反切讀音而制訂的規則和條例，大量涉及具體音素的發音問題，這是既往音韵學研究最容易出現紕漏的地方，臆説、异説甚多。因此，在音韵學史上，等韵門法是最不容易弄懂的地方，很多音韵學家都望而生畏，有人雖有涉及，但未能中的。

《等韵門法通釋》一文很長，當時抄寫條件有限，來不及仔細校勘，不免有一些錯誤，例如原標題"（一）"漏掉了，没有"（八）"，原文説有十一節，實際上衹有十節，所以"（九）"實即"（八）"，"（十）"實即"（九）"，"（十一）"實即"（十）"。讀者要利用《等韵門法通釋》研究等韵，應采用《史語所集刊》14本的改定文本。

等韵學，原來叫"切韵學"。等韵學著作中，"切韵"的"切"指反切上字，"韵"指反切下字。《等韵門法通釋》按照反映等韵門法的著作出現的時代先後加以排比，以釋真空《直指玉鑰匙門法》爲主體，梳理前人等韵門法研究的源流，分十節進行討論，多有新意。

（一）相當于"緒論"，詳搜《四聲等子》、《切韵指掌圖》、劉鑒《經史正音切韵指南》、釋真空《直指玉鑰匙門法》、《續通志·七音略》等韵書中等韵門法的内容，加以比勘，分析等韵門法難懂的原因，簡介此文的研究内容，説明此文順次解决：1.闡明門法的沿革，證明等韵門法研究在劉鑒以前和劉鑒之後有不同。2.比較門法跟其他等韵條文的异同，據當時對中古韵書、韵圖的研究成果，探討劉鑒以前門法的性質并詳加詮釋。3.分析劉鑒之後門法的變革并評論其得失。

（二）分四個時期論述了等韵門法出現到後來的發展歷程：1.第一期的門法是東鱗西爪而與韵圖分行的。《切韵指掌圖》不是漢語等韵圖的始祖，等韵門法不是《四聲等子》才開始出現，《守温韵學殘卷》裏有門法的泉源，《通志・藝文略》著録了專論門法的書，“大概門法的創制起初是跟韵圖自行分立的。所謂智公，倒可能是把門法與韵圖合載的第一人”。2.第二期以《四聲等子》爲代表，《四聲等子》産生于《切韵指掌圖》之前，大概從《四聲等子》起，等韵門法漸漸與韵圖合行。3.第三期以劉鑒《經史正音切韵指南》爲代表，其中《直指玉鑰匙門法》和《玄關歌訣》討論了門法，《玄關歌訣》對門法有補充，又加進了新的内容，此後門法“别無進展，同時也開始轉變”。4.第四期以《續通志・七音略》爲代表。《續通志・七音略》有《門法圖》《門法解》，對門法没有創建，但對門法的含義進行了解釋，方便人們瞭解各門法的意義，其中有的解釋有誤。

（三）跟等韵書進行對比，探討了等韵門法的性質。董氏認爲“等韵門法是跟反切與字母等第同時有關係的”，“門法的物件是中古韵書的反切與等韵圖上的字母等第”，三十六字母、四等跟韵書“大體相容而不全合”，于是産生門法，“等韵門法就是韵圖的歸字説明，各條所講是某種字的反切與其韵圖位置的關係”。據此認識，董氏詳細梳理各門法的含義及沿革。

（四）論證門法中衹有“音和”是韵圖的正則歸字條例，其他門法都是變例。

（五）結合聲韵配合在等第上的契合關係，以及董同龢本人對漢語舌齒音聲母從上古到中古的發展演變情況，討論“類隔、精照互用”等門法。

（六）順着“類隔門”梳理了“麻三不定、窠切”等門法的得失。

（七）討論上面門法之外的其他有關聲母方面的門法。

（八）從韵母的角度討論跟韵母有關的一些門法。

（九）劉鑒《玄關歌訣》的門法具有承上啓下的作用，以《玄關歌訣》爲主體，順次討論牙音、舌音、脣音、齒音、喉音、半舌半齒音相關的門法。

（十）相當于《小結》，對上文討論的各個門法進行簡明的總結，給各門法下了定義。

此文是20世紀研究等韵門法的一篇重要論文，它挑戰學術難題，希望通過當時獲得的漢語語音變化的知識對傳統的等韵門法進行科學梳理、評價，發現既往等韵門法的得失。在當時的歷史條件下，它將等韵門法研究的傳統接續了起來，具有承上啓下的作用，對于瞭解漢語音韵學有一定幫助。後來，董同龢寫《漢語音韵學》，多采用《等韵門法通釋》的研究所得，但有不同之處，反映了董同龢認識的發展。例如《漢語音韵學》關注了《韵鏡》。再如《等韵門法通釋》以爲最早的門法跟韵圖是“分行的”，到了《漢語音韵學》，董氏説“所以差不多與韵圖流布的同時”，就有等韵門法，“後來逐步演變，乃獨立而得‘門法’之名”，没有提二者“分行”了。

毋庸諱言，董同龢寫《等韵門法通釋》時，還没有見到古代有些關于等韵門法研究的成果，對傳世文獻中有關等韵門法的研究成果的占有還不全面。後來人們又從海外發現了更多宋元時期有關等韵門法的書籍或抄本，例如日藏宋盧宗邁《切韵法》、俄藏内蒙古額濟納旗黑水城出土西夏等韵抄本《解釋歌義》等。這些材料的發現，改寫了人們對等韵門法源流的舊看法，能補正此文之不足，值得重視。

學術價值

董同龢此文最大的學術价值在于用現代語音學的知識整理出傳統等韵門法中一些術語的具體内涵及其源流演變，爲傳統音韵學術語的現代化做出了貢獻，溝通了傳統音韵学与现代音韵學。就等韵門法自身發展史及當時所能見到的材料而言，董氏敏鋭地分爲三個歷史時期：其一，晚唐守温創制三十字母時，門法尚處萌芽，《守温韵學殘卷》中“類隔切”雛形與梵漢對音實踐密切相關。其二，北宋《切韵指掌圖》雖附“交互音和”等九門，但未形成獨立體系，直至金代《四聲等子》方將門法系統化。其三，元明之際釋真空《直指玉鑰匙門法》將門法擴至二十門，但“窠切門”與“麻韵不定門”的抵牾暴露了韵圖固化與語音演變的根本矛盾。

董氏在抗戰期間遍檢北平圖書館藏元至正本《切韵指南》、史語所藏明成化本《直指玉鑰匙門法》等珍稀版本，通過校勘不同時期門法條例的增删改易，揭示出“門法嬗變實爲中古音系歷時層纍的化石斷面”這一特徵。這種將文獻學與歷史音系學深度融合的研究路徑，克服了清代樸學家“就門法論門法”的局限，爲等韵學研究開闢了新天地。

集刊外編第三種

等韻門法通釋

董同龢

等韻門法通釋

今所謂等韻門法者，是指下列各項等韻書中的文字而言。

1)四聲等子載有

辨音和切字例　辨類隔切字例　辨廣通偈狹例　辨內外轉例　辨窠切門　辨振救門　辨正音憑切寄韻門法例(其中實分：正音憑切門　互用憑切門　寄韻憑切門　喻下憑切門　日母寄韻門法)

2)切韻指掌圖載有

檢例(上，下)　辨內外轉例　辨廣通偈狹例

3)劉鑑經史正音切韻指南所載「門法玉鑰匙」(以下簡稱「玉鑰匙」)，共分十三門。

音和門　類隔門　窠切門　輕重交互門　振救門　正音憑切門　精照互用門　寄韻憑切門　喻下憑切門　日寄憑切門　通廣門　偈狹門　內外門

劉氏另有「總括玉鑰匙玄關歌訣」(亦見指南)分六段總述門法。

牙音　舌音　唇音　齒音　喉音　半舌齒

(以下引稱簡作「玄關歌訣」)

4)釋真空「直指玉鑰匙門法」(以下簡稱「真空門法」)分二十門。

音和門　類隔門　窠切門　輕重交互門　振救門　正音憑切門　精照互用門　寄韻憑切門　喻下憑切門　日寄憑切門　通廣門　偈狹門　內外門　麻韻不定之切　前三後一門　三二精照音和門　就形門　剏立音和門　開合門　通廣偈狹門

5)續通志七音略(以下簡稱「續七音略」)有「門法圖」與「門法解」各一卷，也分二十門，許多門內又分子目。

-1-

董同龢

音和門第一（又分：音和　一四音和　四一音和）類隔門第二（又分：端等類隔　知等類隔）窠切門第三　交互門第四（又分：輕重交互　重輕交互）振救門第五　正音憑切門第六　互用門第七（又分：精照互用　照精互用）寄韻憑切門第八　喻下憑切門第九（又分：覆喻下憑切　仰喻下憑切）日母寄韻門第十　通廣門第十一　侷狹門第十二　内外門第十三（又分：内三　外二）各韻不定門第十四　前三後一門第十五（又分：前三　後一）寄正音和門第十六　就形門第十七　創立音和門第十八　開合門第十九　小通廣侷狹門第二十

在音韻學史料之中這一部分可以説是最不容易懂得的。明清以降，説等韻門法的總有幾十家。然而直到現在，非但問題之撲朔迷離未減，一般人更有愈形眩惑之感。這是為什麼呢？等韻之學本來傳自域外。當初講説都是僧衆，士大夫則鄙棄不談。因措詞不清，自然的已經種下誤解之根。等到展轉相傳，面目雖似仍舊，實質已有不少改换的。歷來説者，既没有推原究委，明其變革；又不能洞察韻圖體制与反切條理，察其本質。於是就不免强不同以為同，妄以己意附會而立説紛紜了。

本文將第一步闡明門法的沿革，辨明門法在劉鑑以前及其以後實有不同。其次，比較門法与其他等韻條文的異同，並且根據最近對中古韻書与韻圖的認識，説明劉氏以前的門法的性質而逐條与以詮釋。然後更就劉氏以後門法的變革論其得失。希望這一項糾轕了幾百年的史料從此人人可識。至於前人的解説，除必要者外，本文一概不与徵引。愈説愈亂既已證了他們的失敗，引來非但白佔篇幅，而且徒亂人意。

（二）

傳統的説法（如四庫提要）總是把切韻指掌圖當作等韻圖的始祖，因此也把指掌圖卷首的各个「例」或「歌」尊為門法的權輿。目前這種觀念是應該取消了。就所謂「温公自序」与孫覿「切韻類例序」（見所著「内簡尺牘」）雷同一點既足以證明指掌圖當是南宋的産品，算不得最早的韻圖。[1] 而取其卷首的「例」与「歌」与四聲等子比較，則内容与文字兩方面下

1) 看趙印棠「切韻指掌圖撰述年代考」（輔仁學誌四卷二期）。作者也有「切韻指掌圖中的幾个問題」一文增訂趙説。該文原來編入「集刊」十本一分，淪滬未印出。

-2-

列諸條前後因襲之跡尤其明顯。

指掌圖	等子
檢例(上,下)	辨音和切字例 辨類隔切字例
辨内外轉例	辨内外轉例
辨廣通偈狹例	辨廣通偈狹例
雙聲疊韻例	辨雙聲切字例 辨疊韻切字例

除「雙聲疊韻」竟全与門法有關。等子「辨内外轉例」有云"今以"某某為内轉某某為外轉。指掌圖該例説"舊圖以"云云。指掌圖在後是没有問題的。

雖然今傳等韻門法最早是見於四聲等子，而等子序也説"切韻之作始乎陸氏，關鍵之設肇自智公"[1]，可是事實上門法並不是從等子的作者才創設的。拿燉煌發現的守溫韻學殘卷來比較一下，就可以發現那裡面的確具有今傳若干門法的泉源。(如「類隔」与「寄韻憑切」，詳見下文。) 通志藝文略更著録有「切韻内外轉鈐」与「内外轉歸字」各一卷。書雖不傳，但顧名思義，也當与「内外轉」一例有關。等子的「辨内外轉例」在「説轉」，而本圖則已併轉為攝；「辨廣通偈狹例」在分别支脂与之，而本圖也已合支脂与之為一。由此也可以看出等子所載「各例」是沿襲而來，並非專為本圖設置的。[2] 大概序文裡那句話原不過是一種言過其實的頌揚之詞。由守溫殘卷与通志所録兩種之獨立成書來看，大概門法的創制最初是跟韻圖自行分立的。所謂智公倒可能是把門法与韻圖合藏的第一个人呢。

錢曾讀書敏求記云："古四聲等子一卷即劉士明切韻指南，曾一經翻刻，冠以元人熊澤民序而易其名。"後來四庫提要又列舉許多本圖上的事實證明二者非一，遂成定論。現在單説那些門例，我倒覺得錢氏並未完全説錯。等子卷首的那些條文，自「音和」以至

1) 依序文看"智公"即等子的作者。或説就是作龍龕手鑑序的智光。

2) 邵光祖論切韻指掌圖云"舊之檢例全背圖旨"，也是這个意思，不過説得過激些。

六同别録

「內外轉」都稱「例」，而自「窠切」以至「日母寄韻」總又稱「門」。這種分別既很觸目。更可以注意的是：切韻指掌圖卷首既在大量襲用等子，何以那麼湊巧，又只取了等子稱「例」的那一部分而完全未及稱「門」的那些呢？由這一點，我很疑心等子的門法本來只有稱為「例」的那幾條，至於帶「門」字的，大概是後人竄入的。其所據以竄入者可能是指南的「玉鑰匙」，不過也不見得一定是。因為合「正音憑切」等五門為「辨正音憑切寄韻門法例」到底跟「玉鑰匙」不同，並且五門中也有名目小異的。（看第1頁）

董同龢

就現有的材料說，等韻門法條目大體齊備，文字比較清晰，是到「玉鑰匙」才有的事。劉鑑切韻指南自序有云："……故僕於暇日，因其舊制，次成十六通攝，作檢韻之法。析繁補簡，詳分門類。並私述玄關六段，總括諸門，盡其蘊奧。"據此，「玉鑰匙」是他"因舊例"補苴刪修而成的。如果等子所載的門法真有一部分不是原有的，取「玉鑰匙」相与比較，劉氏所收真是很多了。他究竟是个文人，以前那些纏夾不清的文句至此也有所改革。除增補者外，「玉鑰匙」還有一點不同的，就是等子与指掌圖的「類隔」他是分作「類隔」与「輕重交互」兩條。等子与指掌圖中還有一些條文，如「雙聲疊韻」等，劉氏全沒有把他們收進「玉鑰匙」，可是有一些則在指南卷首或卷末可見。這是很要緊的，与門法的性質很有關係。（為方便起見，我將留待後文申說）如果我們把等子當作第一部合載韻圖与門法的書，那麼劉士明又是首先分別門法与其他等韻條文的人了。

從表面看，「玄關歌訣」似乎只在換一種體裁解說門法。不過實際上因為他是去古已遠的"私述"，結果是不期而然的總有与「玉鑰匙」以前門法異趣的地方。在我們看來，他的作用就不是"總括諸門"諸字所能包括的。第一，有些事例是「玉鑰匙」及其以前的門法沒有說到的，「玄關歌訣」卻因體裁關係，自然而然的補充出來，如「半舌齒」段末二句論來母字之類是。（詳見下文）真空以後增補門法，多半導源於此。其次，「玉鑰匙」以前門法所舉的切語大都不出中古韻書的系統；「玄關歌訣」注中則時有韻書系統所不容許有的切語出現。如脣音段中有"方閑切鰥"，喉音段中有"呼世切歇"。「閑」与「鰥」以及「世」与「歇」在廣韻集韻以及劉氏所稱道五音集韻都根本不在一韻。由下文可知這一類的切語是作者杜撰出來使人瞭解門法的。可是後人擴大使用，竟因此而完全誤解門法的性質。末

-4-

了，「玄関歌訣」又不免有離開韵圖談到實際音讀的地方，如「脣音段論」「謀」「目」等字是。這一點与上述杜撰切語的結果連合起來，就構成續七音略一派的謬論了。

真空門法以"直指玉鑰匙"為名。夏玄又說"…但士明所製門法，始於「音和」終於「内外」僅十三門。……至我朝京畿大慈仁寺釋訥菴老人，則於「内外」之下續以"麻韵不定門"……共二十門。"[1] 這就像真空是據「玉鑰匙」另添七門而已。但是覈考其實，我們儘可以說真空門法完全脫胎於「玄関歌訣」，他不過是在形式上恢復「玉鑰匙」的分條式，而内容竟与「玉鑰匙」関係不深。我們最容易看得出的莫過於「音和門」的差異。「玉鑰匙」云：

音和者，謂切腳二字，上者為切，下者為韵。先將上一字歸知本母，於為韵等内本母下便是所切之字。是名音和門。故曰：音和切字起根基，等母同時便莫疑，記取古紅公式樣，故教切起初知。

真空則云：

音和門謂見溪群疑四母下字為切，隨四等韵去皆是音和。故曰：切時若用見溪群四等音和隨韵臻。如古紅切公字，古行切庚字，豈俱切區字，古賢切堅字之類是也。

這樣可以說簡直是風馬牛不相及了。真空的改變是從哪裡來的呢？看「玄関歌訣」便知。歌訣首二句（牙音段）：

切時若用見溪群，四等音和隨韵臻。

又原注：

臻，至也。此四母下字，隨四等韵去皆是音和。如古紅切公，古行切庚，豈俱切區，古賢切堅字之類是也。

便是他的出處。（至於「音和」能否如此改，現在且不必說，下文自將論及。）

自「類隔」至「内外」十二門，真空門法跟「玉鑰匙」可以說是沒有大差別，可是那裡面也處處有「玄関歌訣」的成分加入。在文字方面，真空門法每門中總有兩句韵語，他們差不多都是從「玄関歌訣」引來的。例如「類隔門」的"一四端泥二三知，相乘類隔已明之"出於「玄関

1) 見「直指玉鑰匙門法序」。

董同龢

歌訣」舌音首二句；「通廣門」中"來日舌三並照二，通廣必取四為真"出於「玄關歌訣」牙音段末二句。其餘不暇枚舉。真空門法又有在各門中再分子目的傾向。例如「正音憑切門」中有"正音憑切三"与"正音憑切四"之稱；「喻下憑切門」有"喻下憑切覆"与"喻下憑切仰"之稱。諸如此類，大致只是純名目的添立，沒有什麼意義[1]。這種精神也可以說是得之於「玄關歌訣」。因為「喻下憑切」的"覆"与"仰"在那裡已經見到了。（喉音段注文）

後續七門中有三門出於「玄關歌訣」也很顯明。

「前三後一」是根據「玄關歌訣」唇音段"唯有東尤非等下，相違不与眾同情，重遇前三隨重體，輕逢後一隨輕聲"數衍而出的。所引韻語即"重遇……"以下兩句可證。

「三二精照寄正音和」出於「玄關歌訣」齒音段"切三韻二不離初，精照昭然真可信"二語。所引韻語即此二句可證。

「通廣偏狹」出於「玄關歌訣」半舌齒段"精雙喻四事如何，廣通偏狹憑三等，四位相通理不訛"數語。所引韻語即"廣通……"以下二句可證。

此外，「開合門」是從指南卷末「辨開合不倫」一條蛻化而出的。"唯有開合一門絕無憑據，直須於開合兩處韻中較訂始見分明"數語文字完全相同可證。「麻韻不定之切」倒是由「玉鑰匙」的「類隔門」中"唯有陟邪切爹字是麻韻不定之切"一語敷衍出來的。真空自己在「篇韻貫珠集」中也說"依玉鑰匙內陟邪切不定之例，予今特撰於斯"。（見「門法歌訣」中「敘麻韻不定之例」注。） 至於「就形」与「創立音和」兩門，現在還不能確定是否前有所承。

真空門法受「玄關歌訣」的影響深，從「通廣」与「偏狹」兩門還可以看出來。在「玉鑰匙」以前這兩門都是有韻的限制的。從「玄關歌訣」改變體裁來門法，這兩門就分別編入幾个段落之中，因措詞的關係就沒有言明韻上的限制。真空既然回返「玉鑰匙」以前的體制，卻又沒有韻的限定。可見他是僅從「玄關歌訣」各段立言，而不知已与「玉鑰匙」有違。（略去韻的限制當然是不行的。詳見下文。）

真空又繼續了「玄關歌訣」杜撰反切的行為，如「類隔門」之"滿日切談"与「就形門」之"巨寒切案"是。為什麼要杜撰？在他的「篇韻貫珠集」中可以找到解答。貫珠集卷七、八，有些說門法的歌詞，本身不足重視，不過各个字下分別注反切跟一兩个門法的名稱都可以注意。例如「前三後一門」的"三"字下注"山貪切，精照互用門"；「敘麻韻不定之例」的韻

6

[illegible]

下注「于信切，開合門，喻下憑切門」。這似乎有些令人難解。但是通觀前後，則「三」字所注的反切与門法共有以下幾種：

山衾切—精照互用門　　思甘切—四一音和門1)　　息三切，蘇甘切，沙含切—雙聲精照互用門1)

「韻」字也有：

于鎮切—開合門　　于信切—開合門，喻下憑切門　　于俊切—喻下憑切門

由此問題就明白了。除去捏造，韻書上決不會有那些離奇而不一致的反切。一个字可以造上好幾个反切，原來是為例釋不同的門法而設的。

續七音略的門法是以真空門法為底本。他与真空門法不同之處只有兩點。1)真空門法的「麻韻不定」他改稱「各韻不定」；真空的「通廣偏狹」他改稱「小通廣偏狹」。2)各門中繁細子目之增立比真空更多，如「類隔門」又分「端等類隔」与「知等類隔」是。這些都是無關宏旨的。他的特色是在他對門法的解釋。

「門法解」序云：「今於每門之下，先釋其義，次類舉數字以為格式。其有兼用別門法者亦附注各字之下。而出切行韻有數門法相犯者亦覆加案語」。這就奇怪了。某一門法中的例字怎麼會兼用別的門法呢？各个門法又為什麼會「相犯」呢？看他所舉的例字，如「類隔門」的「長」字注「唐王切，又開合門」，就知道那完全是「篇韻貫珠集」的遺韻，而不是「玄關歌訣」与真空門法的辦法了。原來在玄關歌訣与真空門法捏造的反切究竟是極少數的，而且是每門之中，有根有底的反切至少還有一兩个在。「貫珠集」既大量杜撰以釋各門，續七音略承之，人已昧於真空本意，所以各門中就盡是那些光怪陸離的切語。例如「類隔門」所舉：

中—東恭切　　嘲—刀肴切　　朝—都朝切　　長—唐王切，又為開合門

東—智通切　　同—除洪切　　等—知肯切　　登—智肱切，又為開合門

那裡還像是真的反切呢。由此可以知道，某字某切用某門而兼用別門，完全是誤解劉士明等杜撰反切的用意而來。這兩書之「門法圖」字文中的一段話。

1)這是真空門法中未見的名詞，一部續七音略沿用了。

7.

六同别録

反切之用本以代直音之窮。音和一門，其正法也。而古今語音有輕重則四等多舛；字音有異同則三十六母亦互有出入。執古人反切而以今人之音求之，則音和一門又有時而窮。於是多立門法以取之。

董同龢

也是不明反切系統，完全為「篇韻貫珠集」所誤的一種謬論。

各門"相犯"則是誤讀「玄關歌訣」所生的曲解。「音和門」有云：

音和門行韻宜先除去照一精二喻四來日舌三照二諸類，蓋來日舌三照二犯通廣門；精二喻四犯偏狹門；照一犯內三外二門法也

這就是從「玄關歌訣」牙音段附會而出的。「玄關歌訣」原說：

切時若用見溪群，四等音和隨韻臻。照類兩中一作韻，內三外二自名分。精雙喻四為其法，偏狹須歸三上親。來日舌三並照二，廣通必取四為真。

續七音略說隨真空門法誤以這裡的首二句為音和，接着，三四兩句就說作"犯"內外門，五六兩句就說作"犯"偏狹門，七八兩句就說作"犯"通廣門了。我們看："照一"、"精二喻四"与"來日舌三照二"的次序也竟与「玄關歌訣」絲毫不爽！其他處各門相犯之說莫非如此，今不再贅。關於「玄關歌訣」，下文還有詳細的註釋。

總之，就門法的發達說，續七音略非但是沒有分毫的創建，反而牽強附會，給門法加上些翳障。其實我們說門法本可以不提他的。不過因他是官書，歷來給人的影響很深，還光把他的來源指出，辨明本非門法之舊也是要緊的。

如上所述，等韻門法的發展是經過了四个時期。1)最早的門法是東鱗西爪而与韻圖分行的，但可惜現在已然見不到他們的真面目了。2)大概是從四聲等子，他們才漸漸的被收集起來与韻圖合行。到切韻指南，條文大致齊備；同時又与別的等韻條文分開，自成「門法玉鑰匙」。又自等子以至「玉鑰匙」，所有的門法都是"因舊制"而非"私述"，故能保存原來的面目而少後加的成分。3)劉士明作「玄關歌訣」，採取另一種方式來說門法，他一方面能對門法有所補充；一方面卻也加進了新的東西。真空門法實在不過是「玄關歌訣」精神的繼續。從此之後，門法就別無進展，同時也開始轉變。4)續七音略可以說是總集劉士明、真空二人謬說之大成，曲解門法的濫觴。 自他解說，門法就成為

·3·

與不可知的天書了。

（三）

我們要認識等韻門法的性質，第一步可以把他們跟等韻書中所見的其他條文比較一下。

四聲等子除上引各門例之外更有

七音綱目　　辨雙聲切字例　　辨疊韻切字例

切韻指掌圖除上引各例之外更有

辨五音例　　辨字母清濁歌　　辨字母次第例　　辨分韻等第歌　　辨獨韻与開合韻例　　辨來日二字母例字例　　辨匣喻二字母切字歌　　雙聲疊韻例

切韻指南除「玉鑰匙」与「玄關歌訣」之外，卷首有

分五音　　辨清濁　明等第　　交互音

卷末也有

開合不倫　　呼吸辨　　經史動靜字音

只是這一些跟所謂等韻門法的條文兩相比較，就可以顯然見其所以不同。上面這一些，除指掌圖的「辨來日二字母切字例」与「辨匣喻二字母切字歌」下段另說，又指南的「開合不倫」後來也變為門法，總說起來都是單純的有關字母、等第，或者是字音的討論，要不然也是單純的韻圖的說明，大致都很容易懂得。可是所謂門法的條文就不然了。他們既講字母与等第，同時又講反切，並且又在說某字如遇某字作切則字母等第如何如何，讀者一時不能知道他的用意。由此，我們可以極粗淺的說一句，等韻門法是跟反切与字母等第同時有關係的。

指掌圖的「辨來日二字母切字例」与「辨匣喻二字母切字歌」既說到反切也說到字母等第，歷來卻不算為門法，是有原因的。據熊澤民切韻指南序云「古有四聲等子，為傳流之正宗」，就有人說指掌圖或不為劉士明所見。真空「直指玉鑰匙門法」詞謂劉氏，就不再出他的範圍了。我以為這是一種似是而非的說法。大家都知道切韻指南与五音集韻

董同龢

的關係很深(劉氏自序明言"与韓氏五音集韻互為體用")而五音集韻又是稱述所謂"司馬溫公切韻指掌圖"不只一次的。上文曾說"玉鑰匙"以前門法所引的反切都不出傳統韻書的範圍。現在再看指掌圖的這兩條:"辨匣喻二字母切字歌"說云:

上古釋音多具載　　當今篇韻少相逢

而"辨來日二字母切字例"的

如精切寧　　仁頭切魏　　日交切鐃

又是不為傳統韻書所許的。(精与寧、交与鐃不同韻;據廣韻[illegible]集韻[illegible])他們不能列為門法應當是為此。由此我們又可以進一步來說,門法的對象是中古韻書的反切与韻圖上的字母等第。

有了這一層基本的認識,再以今日已得韻書韻圖知識為參考,進而細繹等韻門法的各條,他們是為何而作的,每條所指何事,就可以完全清楚了。原來韻圖的制作是利用三十六字母与四聲四等的系統以代韻書中繁細的切語而能總括所有的字音。如果發展到理想的地步,使三十六字母与四等的劃分能与反切所代表的聲韻系統全相符合,又使他們縱橫交錯的關係能与中古聲韻母的配合條理絲毫無間,那麼好了,韻書中數以千計而不易知其頭緒的那些切語的確是在一條最簡單的原則下就可以包容無遺了。無如等韻之學是另有來源的。事實上三十六字与四等只与韻書的反切系統大體相容而不全合。尤有進者,中古的韻書本來是幾百年間陳陳相因的產品,在那裡面儘有一些不合常軌而与實際情形有違的切語存在着。職是之故,韻圖歸字就不得不在一些地方變通反切的關係來遷就圖中的位置;在另一些地方,又必須不顧反切的特殊以從實在的系統。結果,韻書中不同的字音雖然都能在圖中各得其所,然而編排的方法卻也不如普通圖表那樣單一易曉了。這些非只一端的事例自然是要逐項加以說明才能使人明白。所以差不多是跟韻圖的流布同時就有這一類的條文跟其他專門討論五音、字母或等第的文字在等韻書中出現。後來逐漸演變,乃獨立而得"門法"之名。用現代的詞語來說,等韻門法就是韻圖的歸字說明,各條所講是某種字的反切与其韻圖位置的關係。

現在就以事例的類別為主,分述各門法如下。(引稱以"玉鑰匙"為主體,各書有不同的也隨加辨正。但真实以後有受「玄関歌訣」的影響而性質迥異者則留待討論「玄関歌訣」時再說。

(四)

在等韻門法之中，「音和」是韻圖的正則歸字條例，其他各門通通是變例。除去每一門的内容都可以證明這一點，我們就另外的幾樁事實也可以看得出來。1)無論在哪兒，只要在講門法，「音和」總是他的開宗明義第一章。2)韻鏡卷首有一段文字，頗有類似門法中「音和」的，而他的名稱是"歸字例"。（說詳下文）3)拿"音和"這个名稱跟其他的如"類隔，振救，通廣，寄韻"等比較起來，也可以體會到他們的正變關係。4)等子「辨音和切字例」在說明「音和」的意義之後更有一段話：

…此乃音和切。其間有字不在本眼内者，必屬類隔廣通偏狹之例与喻匣來日下字。

（指掌圖「檢例下」同。"此乃音和切"之後更多"萬不失一"四字）

這就無異乎說，用「音和」的原則找不到字時可以用別的方法去找。指掌圖多了四个字，意思又顯明一些。

現在再說「音和」的意義。「玉鑰匙」云：

音和者，謂切脚二字，上者為切[1]，下者為韻[1]。先將上一字歸知本母，於為韻等内本母下便是所切之字。是名音和門。（下歌訣四句從略）

除"為韻等内"即是反切下字所在之等，其餘無須解釋。等子「辨音和切字例」更有一段話可以拿來做具體的注脚：

謂如德洪切東字。先調德字求協聲韻所攝，於圖中尋德字，屬端字母下，係入聲第一等眼内字[2]。又調洪字，於[3]協聲韻所攝。圖中尋洪字[4]。即自洪字横截過端字母下平聲第一等眼内即是東字。（指掌圖「檢例上」略同）

---

1)這是門法為許多的"切"字和"韻"字總下定義。注意：以後要如此講的很多。

2)入聲一等与否其實沒有關係。如此措詞不清，後來引起誤會的很多。（看下文）

3)此當作"求"。上文及指掌圖可證。　4)句首當脱"於"字。上文及指掌圖可證。

董同龢

就韻圖的實際情形説，這段話的意思可以表達如下：

"德"字端母，"洪"字一等，二者交錯，恰好是"東"字。這正是一般圖表的排列法。照理，韻圖上所有的字都應當如此尋得才是。不過因上述種種原因，有許多字跟他們的切語竟不是這樣的一横一直的關係了，才有别的門法來補充説明。

等子「辨音和切字例」云：

凡切字，以上者為切，下者為韻。取同音[1]同母同韻同等四者皆同謂之音和。謂如丁增切登字。丁字為切。丁字歸端字母，是舌頭字。增字為韻。增字亦是舌頭字。切而歸母，即是登字。所謂音和遞用聲者此也。（指掌圖「檢例下」略同。）

這裡説話出了一個錯，即言"增"為舌頭字是。"增"非舌頭字而為齒頭字且不必論，要緊的是"增"字既是「韻」，這兒應當説他屬何韻何等才是。至於他屬何「音」，却與問題無涉。如果不把這一段文字跟上面引的一段聯起來看（本來就在這一段後面），就會莫名其妙而生種種誤解了。

等子以前，韻鏡中有「歸字例」一條。其中有幾段也可以説跟「音和」有關係。現在引在下面以備參考。

…且如得芳弓反：先就十陽韻求芳字，知屬脣音次清第三位。却歸一東韻尋弓字，便就脣音次清第三位取之，乃知為豐字。蓋芳字是同音之定位，弓字是同韻之對映。歸字之訣大概如此。……先侯反：先字屬第四，歸成涑字，又在第一。蓋…侯字韻列第一行，故隨本韻定音也。

1）此"音"字是五音之音。同音同母指上字；同韻同等指下字。

-12-

也所謂同音之定位与同韵之對映意思跟等子的同音同母同韵同等一樣的。

真空以後的「音和」与以上所說的大為不同。為方便計，將在「交閒歌訣」之後討論。

等韵門法通釋

(五)

依古代音韵研究的結果我們知道中古的舌頭音聲母与舌上音聲母在上古原屬一類。差不多是同樣的，齒頭音精清從心邪与正齒音照穿牀審禪的二等[1]也同出一源[2]。他們到中古各自分別為二，是以韵母的等第為演變的條件。

端透定泥 { 一四等 > 端透定泥；二三等 > 知徹澄娘

精清從心邪 { 古一三四等 > 精清從心邪；古二等 > 照穿牀審禪

所以就中古音的音韵結構說，端系舌頭音只見於一四等韵[3]而知系舌上音只見於二三等韵；精系齒頭音只見於一三四等韵而照系正齒二等音只見於二等韵以及出自古代二等的三等韵（如尤、魚諸韵的照二等字是。這幾種音既然各有定居，如果中古音韵中的反切是曾經劃一釐訂的，那麼代表他們的反切上字自然不會在不該出現的韵裡出現了。但是我們知道，韵書中確實保留了一些時代較早的切語，自隋唐以迄宋初都沒有能完全劃一。因此，自今日所得見的切韵殘卷到廣韵，以舌頭音切二三等韵或以齒頭音切二等韵字的切語總還是有一些。大家熟知的是如「都江切」椿字与「則減切」斬字之類。「仕垢切」鯫則是正齒音切一等韵字之例。雖然如此，從種種方面都可以證明「椿」是舌上音而非舌頭音，「斬」是正齒音而非齒頭音，「鯫」則是齒頭音而非正齒音。類乎此者都不合實際音讀而為端与知以及精与照以未分時音切之遺留無疑。

在韵圖上，如「椿」、「斬」、「鯫」諸字都是依照實際情形各歸本母的。但是拿他們的切語來看，反切上下字交錯之處却不是這幾个字而是不可能有的音了。切韵指掌圖的排列法最能夠表現這一點。

1) 禪母也可能有二等音。看本書上冊拙作「廣韵重紐試釋」13—15頁。

2) 看拙作「上古音韵表稿」12—18頁。

3) 至韵有定母「地」字似為例外。不過「地」字的音韵地位本來是有問題的。

-13-

六同別錄

董同龢

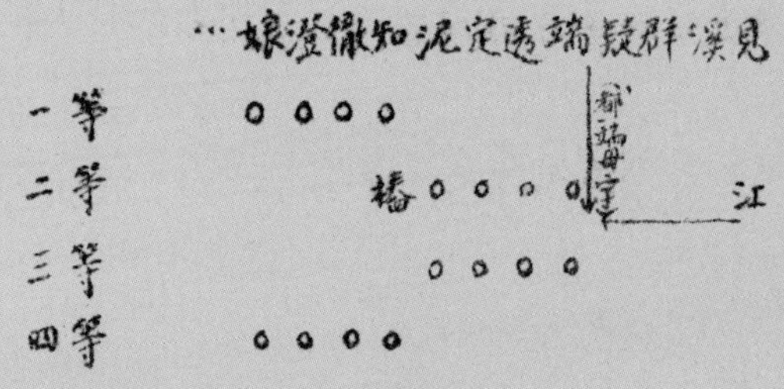

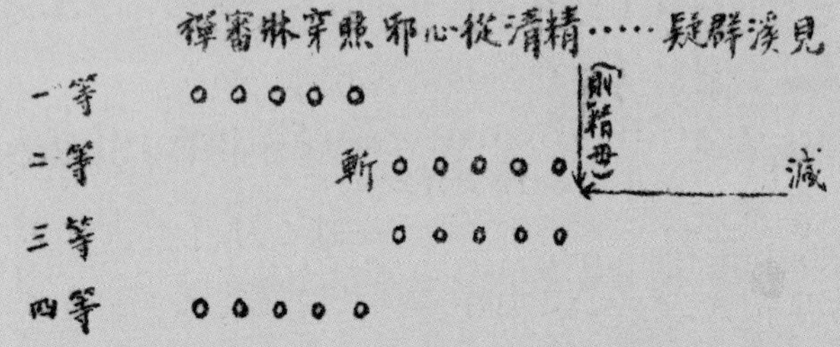

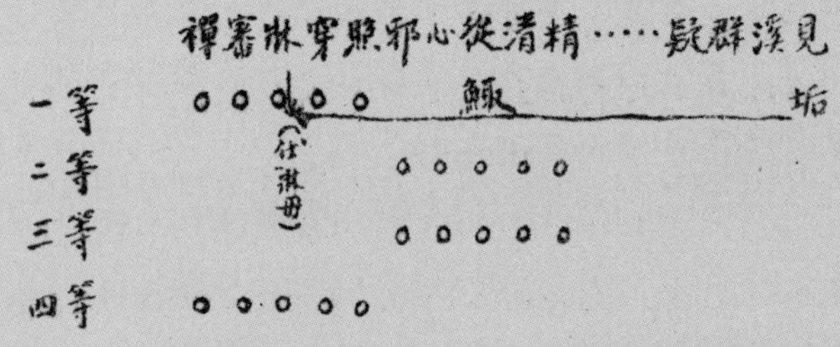

敦煌掇瑣一〇〇守溫韻學殘卷有「定四等輕重兼辨聲韻不和無字可切門」一條，所說正是這一類的情形。原文：

高　此是喉音中濁[1]，於四等中是第一字，与歸審穿禪照等字不和。若將審穿禪照中字為切，將高字為韻，定無字可切。但是四等喉音第一字，總如高字例也

交　此是四等中第二字，与歸精清從心邪中字不和。若將精清從心邪中字為切，將交字為韻，定無字可切。但是四等中第二字，總如交字例也。

又一段言精系字与照系字不和，大意相同，不再引述。

1) 此語疑誤，好在与本題無關。

-14-

等韻門法通釋

門法中補救這一種不合的是「類隔」与「精照互用」兩項。「玉鑰匙」云：

類隔者：謂端等一四為切，韻逢二三，便切知等。知等二三為切，韻逢一四，卻切端等。為種類阻隔而音不同也，故曰類隔。如都江切樁，徒減切湛字之類是也。

(此下暫略，後文再說。)

精照互用者：謂但是精等字為切，韻逢諸母第二，只切照一[1]字。照等第一為切，韻逢諸母第一，卻切精一字。故曰精照互用。如士垢切鯫字，則減切斬之類是也。

這樣就是說明韻圖對於這些字是遵從了實際音讀而改變他們跟切語的關係的。還有這一類的反切，韻圖是同時利用韻母的等第來決定聲母何屬。所以「樁」字並非隨他的反切上字列端母下而應當在二等韻所許可的知母；「斬」字不隨切語「則」列精母下而是二等韻所許可的照母字；「鯫」字也不隨「士」為牀母而當在一等韻所許可的從母下。既然如此，自与一般圖表的排法異趣，不得不加以說明。

等子「辨類隔切字例」云：

凡類隔切字：取脣重脣輕舌頭舌上齒頭正齒三者中清濁同[2]者謂之類隔。如端知八母下，一四歸端，二三歸知。一四為切，二三為韻，切二三字。或二三為切，一四為韻，切一四字是也。假若丁呂切貯[3]字。丁字歸端字母，是舌頭字。呂字亦是舌頭字。貯字雖屬知，緣知與端俱是舌頭純清之音，亦可通用。故以符代「蒲」，其類奉並。以無代模，其類微明。以丁代中，其類端知。以敕代他，其類徹透。餘並做此。(「指掌圖檢例下」略同。)

把輕重脣的關係也算「類隔」是跟「玉鑰匙」不同的。由下文可知輕重脣是屬於另一種性質的事例。所以「玉鑰匙」別出為「輕重交互」一項也是對的。此外關於上面的文詞，我們應該注意幾點：

1) 所謂清濁同者，下文以某代某其類為某一段可為具體的注腳。這是等子比「玉鑰

1) 「正音憑切門」有注云："照等第一即四等中第二是也"。所以他就跟我們說"照二等"相同。

2) 此字據指掌圖補。不然此句不可通。

3) 原作"柱"。校以本圖及指掌圖「檢例下」當作「貯」無疑。"柱"實澄母字也。

-15-

董同龢

是「說得比較細的一點。指掌圖有「類隔二十六字母圖」最齊全。

2)"呂"字是「韻」。這兒不應該說他是什麼音(其實也不是舌頭音)而要說他是三等韻字才是。

3)"故可通用"語病最大。由上所述這些反切是有歷史背景的，並非凡某種字可与另一種字互借切語之謂。在廣韻以前既是偶見的少數，而集韻以後除一兩个例外，又都依實在的讀法改了反切(如「椿」為「株江切」及「斬」為「阻減切」最足以說明這點。(輕脣音也一樣。詳下文。)

燉煌守溫韻學殘卷中也有講到「類隔」的。

夫類隔切字有數般，須辯輕重方乃明之。引例於後。

如都教切罩　他孟切牚　徒幸切瑒　此舌頭舌上隔

如方美切鄙　芳逼切堛　符巾切貧　武悲切眉　此是切輕韻重隔

如疋問切忿　鋤里切士[1]　此是切重韻輕隔

恐人只以端知透徹定澄等字為類隔，迷於此理，故舉例。

此中無齒頭正齒又与等子不同。一再說輕重脣也是「類隔」，可見很早時候就有單以舌頭舌上為「類隔」的。

真空与續七音略的「類隔門」跟「玉鑰匙」在文詞上無何差異。真空所舉切語「都江切椿」外，「徒甘切談，丁弓切中，陟經切丁」都是臆造的。續七音略則全然無根據，已見上文第七頁。

(六)

「玉鑰匙」的「類隔門」末尾有一句話是上文沒有引的。

…唯有陟邪切爹字是麻韻不定之切。

這在等子与指掌圖都沒有。但真空卻據此另立「麻韻不定」一門。現在可以就便討論

1) 此切語非其類，疑有誤。

-16-

我們首先要注意「爹」字在韻書与韻圖中都是出現較晚的。在廣韻以前，現在還有幾種早期的韻書可以看到。麻韻不缺的尚有一種切韻殘卷与兩个本子的「王仁煦刊謬補缺切韻」，他們都沒有「爹」字。在等子以前我們也有早期一派的韻圖韻鏡与通志七音略所錄的一種，他們也沒有這个字，並且全無麻三等的知系音。從廣韻等書而韻書韻圖錄「爹」字，他的義訓是"羌人呼父也"。可見他在中古是一个很後起而且又是一个外來的字。所以等子与指掌圖的門法沒有說他是因為他們那時還沒有這个字（前面已經說過，等子与指掌圖的門法來源比本圖要早）。

「爹」字的音韻地位也是值得考慮的。廣韻音「陟邪切」，他就是麻三等的知母字嗎？廣韻以前，韻書韻圖都沒有麻三等知系音。這就先使我們懷疑。再看等子与指南在果攝內，他不在舌音三等而在四等。由此可知他不會是知母字而是端母字。然而三等韻例無端母，又如何解釋呢？此字今北方官話讀 tie，吳語的一些方言讀 tia，推上去確是像一个麻三等端母字。好了，外來語本來是不合原有音韻系統的多，我們儘可以相信等子与指南的措置。[1] 廣韻「陟邪切」的音無疑的不能代表實際。（不用「都」「丁」等字正是謹守三等無端母的規律。）

「爹」字在門法上發生問題，就是因為他的反切跟韻圖上的地位發生抵觸。依上文所說，「類隔」的現象是在一四等韻字以知系字為反切上字或二三等韻字以端系字為反切上字的時候才發生的。現在「爹」是麻三等韻字而以知母的「陟」為反切上字，本來不在範圍之內。不過因為他是个特殊的字，又須例外的不從反切上字為知母而改在端母的地位。這是不應「類隔」而「類隔」的情形，所以「玉鑰匙」說他是"麻韻不定之切"。

「玉鑰匙」從「類隔」的立場來說「爹」字的韻圖地位与其切語的關係，真空據他的一句話敷衍出一「門」，却是站在另一个方面說的。其「麻韻不定門」云：

麻韻不定之切者：亦謂知徹澄娘第二為切，[2] 韻逢精清從心邪曉匣影喻第四，當切出第三知等字。今稽聞合俱無，却切第二端等字。[3] 故曰：韻逢影喻精雙四，知二

1）說他是端母麻四等韻似乎更好。不過此字既為借音，倒不必硬使適合中古的規律。並且麻四等韻也是中古所無。

2）原注："謂知等第三，即四等中第三也。" 3）原注："謂端等第二，即四等中第四也。"

六同别録

董同龢

無時端二陳。如陟邪切爹字是麻韻不定之切，…

此所謂"知徹澄娘"云云正是另一个門法「窠切」的說法。「陟邪切」在那个範圍之內而又不合那種說法，故認為"不定"。換言之，真空是把這个現象看作「窠切」的例外。

看過下文對「窠切」的解釋可知真空這樣說確也不錯。不過他在上面所引的之後還說：

…勅洗切體是齊韻不定之切，女象切養是養韻不定之切，女星切寧是清韻不定之切。餘皆倣此矣。

這就匪夷所思了。第一是這些例既無根據，且亦文不對題。其次「體」与「寧」是四等韻字，「寧」青韻字非清韻，縱有「勅洗」与「女星」之切，也當合「類隔」。末了「養」實在算不得真正養韻字。集韻還沒有他，並且等子以前的韻圖都沒有養韻的娘母或泥母音。五音集韻養韻「泥」母下始有「養」字，但音「乃驪切」，並云与「驪」為音和。足見他既是中古以後的新起的音，又与「女」与「象」聲韻都不同。「爹」是个例外字，「陟邪切」也是一个例外反切，哪有這許多同類呢。續之音略改真空此門之名為「各韻不定」，文字舉例全同，並云："…今按不定之切各韻俱有，…故改為各韻不定門"。這是從何說起！門法之晦，多半是由於這些錯上加錯。

由上面的論述，我們還可以看出「類隔」門法的措詞確有改訂之必要。把所有的「類隔」例子看一遍，就會發現我們只要"端等一四為切，韻逢二三便切知等字"這兩句就够了。因為底下的"知等二三為切，韻逢一四便切端等字"兩句實在無此事實。非但如此，因為門法上所謂四等通常都是指韻圖上的第四等而非真正的四等韻，這底下的兩句話跟「窠切」還可以衝突。如果不注明這裡的「四」非指真正四等韻不可，那麼「窠切」說

知等第三為切，韻逢精等影喻第四，並切第三。

豈不与此正相反？還有一層。「爹」字「陟邪切」的「邪」韻圖是在四等的。如果這个「四」等於上引"韻逢一四"的「四」了，「爹」与「陟邪切」將是合格的「類隔」例子，哪裡會是"不定之切"呢？

（七）

韻書中不合常軌的反切除上文談過的還有好幾種。他們不像「類隔」与「精照互用」

19

等韻門法通釋

的例字那樣普徧，來源也不容易弄清楚。不過因為他們是不合常軌的，在韻圖上就得不到「音和」的關係，也得要另用若干門法來分說。

1）「犙、茝」諸字与「寄韻憑切」門法

廣韻咍韻跟他的上聲海韻各有一个穿母（三等）字，即「犙」字昌來切与「茝」字昌紿切是。依韻書通例，照三等系的音是不該在一等韻裡出現的。在所有的韻圖裡，這兩个字都排在三等的地位，与咍皆諸韻的字分列於四等以相承。由於蟹攝各韻是分成咍皆佳与泰夬祭兩个系統[1]，而咍皆佳系無三等音，由於「茝」字又有一音在之韻而古代來源跟一部分的咍皆韻同，又由於戈韻的「靴」字雖以一等的「戈」字為反切下字而實為三等音，我們很可以作一个合理的推測，認「犙」与「茝」為咍韻的三等音，借一等的「來」与「紿」作反切下字而已。

無論上面的推斷是否合乎事實，就韻圖的地位說，「犙、茝」二字跟他們的切語不是「音和」的關係卻無疑問。

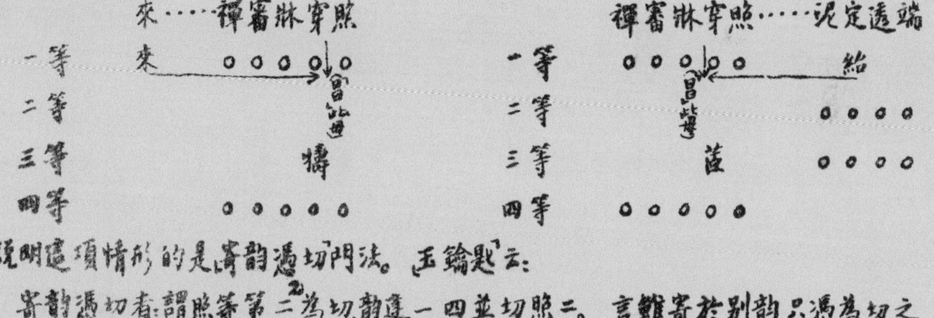

說明這項情形的是「寄韻憑切」門法。「玉鑰匙」云：

寄韻憑切者：謂照等第二[2]為切，韻逢一四並切照二。言雖寄於別韻，只憑為切之等也。故曰寄韻憑切。如昌來切犙字昌紿切茝字之類是也。

「雖寄於別韻」這幾个字還可以證明我們對「犙」字等音韻地位的推測。

這裡說「韻逢一四」，而舉例並無寄於四等的字。真空門法內容無異，只是改「昌紿切茝字」為「成攜切移字」。「移」齊韻字，是否跟「犙、茝」同一性質呢？今按廣韻「移」字「成臡切」（真空

1）高本漢以佳与泰同系，非是。看拙著「上古音韻表稿」95頁。
2）原注：「照等第二」即四等中第三也。

-19-

六同别錄

董同龢

「成構切」開合根本不對，可以不管）而在韻圖上「移」既与「齹」同列一行，[1]聲母又另外沒有什麼問題。從門法的立場看，他正合「音和」的關係而与「爆蓬」兩字不同。「齹」字「人兮切」是有問題的，下文論「日寄憑切」門時要說到；又按集韻「移」字又在咍韻，音「𨓦來切」。如果把「移」字算這个門法，當從集韻此切。但他是与「爆蓬」二字同為門法「一」字所指。

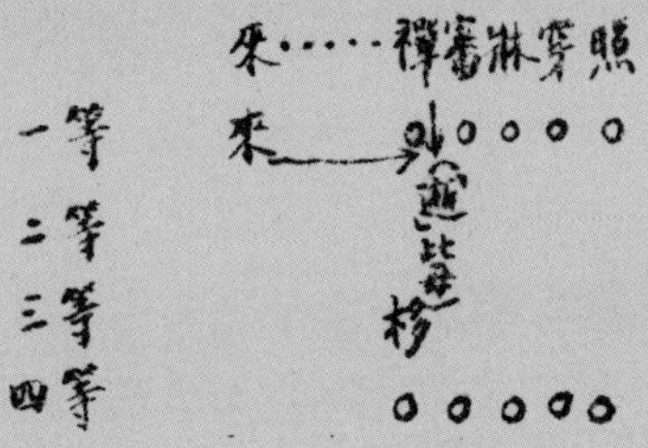

所謂「𨓦逢一四」的「四」無疑的是指三等韻照系字以精系喻母或一部分韻圖置於四等的脣牙喉音字為反切下字的。這些字韻圖排在三等而他們的反切下字又都在四等，並非「音和」的關係。如「痓」字「充自切」，「鍾」字「職容切」，「剡」字「尺絹切」之類是。

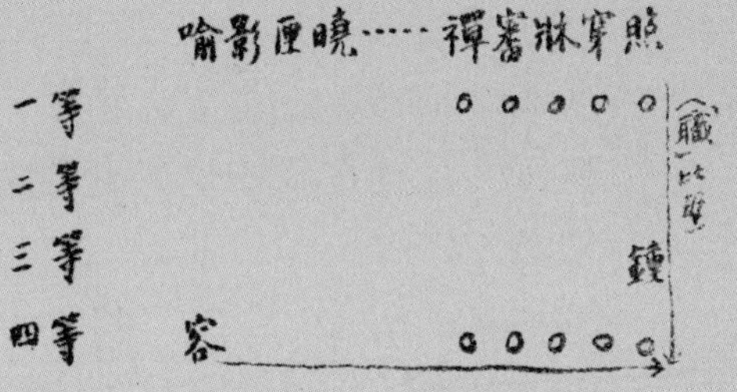

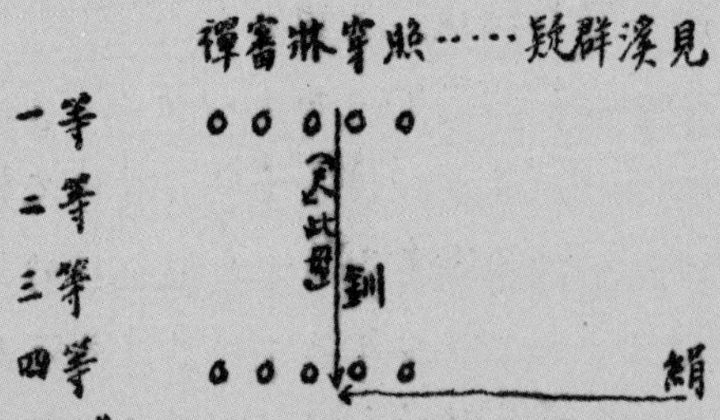

像這一些字固然算不得"寄韻"。不過我們看「日寄憑切」門在「茄」字「𣲼來切」之外更有「然」字「如延切」，「然」字也算不得「寄」的。（看下文）

1) 通志七音略同置四等有問題。好在跟我們談門法沒有妨害。

-20-

續七音略此門与真空同。但所舉例字全無據

2)「疓挼」諸字与「日寄憑切」門法

廣韻海韻有「疓」字,音「如亥切」;集韻咍韻又有「荋,腝,臡」諸字,音「汝來切」。依中古音通例,日母字不在一等韻出現;而在等子,指掌圖与指南,他們確是排在三等[1]。如果這三種韻圖的排法是有根據的,我們就可以把這幾个日母字与上述「疓荋」諸字一例看待,認作咍韻的三等音。

從韻圖的歸字法說,這幾个字既在三等而他們的反切下字又都在一等,是与一般通則不合的。

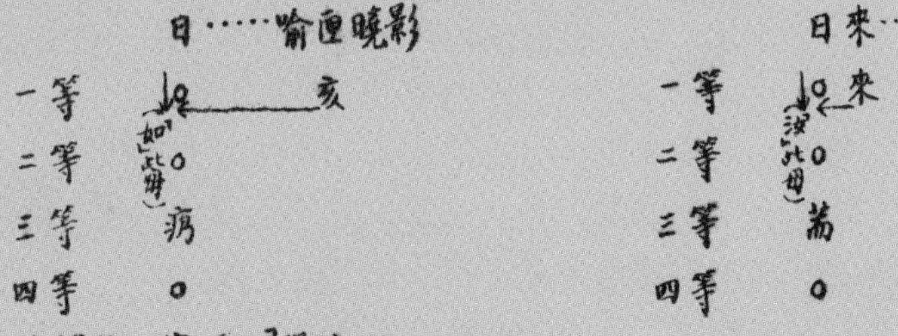

所以「玉鑰匙」有「日寄憑切」門法云:

「日寄憑切」者:謂日母下第三為切,韻逢一二四並切第三。故曰日寄憑切。如汝來切荋字,儒華切挼字,如延切然字之類是也。

這裡除「荋」字,其餘二个例還可以討論。

「儒華切挼」是指「韻逢一二四」的「二」字而言。考廣韻麻韻無「挼」字;集韻有之,則音「儒邪切」,為「若」字的平聲。除指南一書,所有韻圖又都沒有假攝日母合口。指南与「玉鑰匙」的「挼」音出於五音集韻。五音集韻此字義訓与集韻同而音切大異,不知何故。依集韻的音切,這个字的關係就跟「然」如延切完全一樣(下一段就要說到)。在各韻圖可看「若」平聲与「邪」。但依五音集韻,則是三等的「挼」用二等的「華」作反切下字。無論從反切或是韻圖說都不能認作正則的現象。反切究竟如何,今不論。韻圖的地位也是由「日寄憑切」指出。

1)通志七音略以「荋」与「疓」置一等。韻鏡無「荋」,「疓」亦在一等。這種措置是有問題的。兩書又同以「臡」從廣韻齊韻音入四等。大概他們只是依反切下字排未顧實際。

六同别録

董同龢

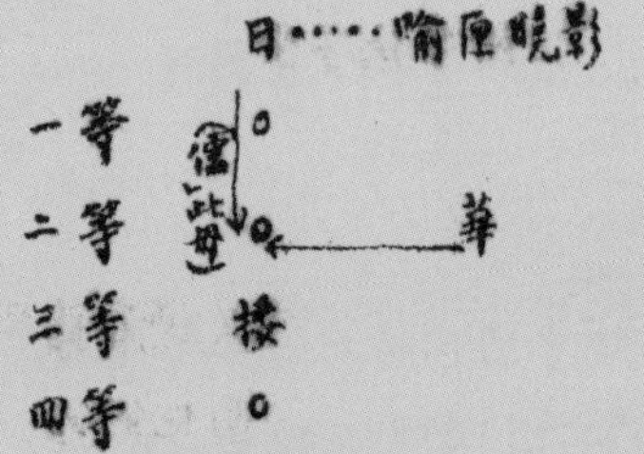

「如延切然」可以代表許多日母字用喻母精系以及三等韵而韵圖置四等的唇牙喉音字作反切下字的例。他們在三等而反切下字在四等，為門法「四」字所指。

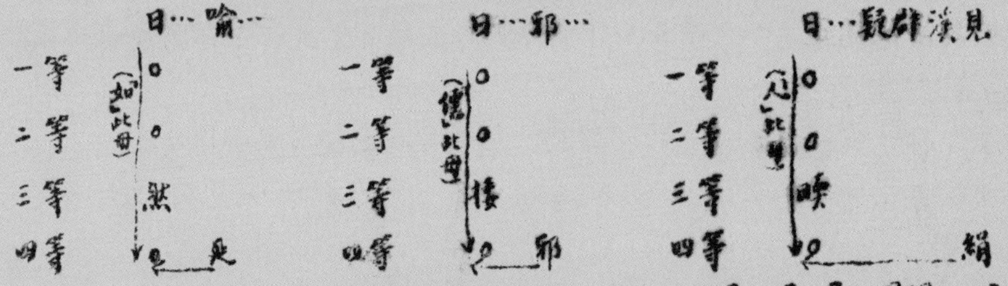

以上前兩例見門法，後一例據廣韵獮韵補。依反切，「然」与「延」，「鄢」与「接（著）」，「㬇」与「絹」都同類，所以他們實在算不得「寄韵」。門法只因為同是日母字，就講在一處。

廣韵「䰐」字人兮切是不是「寄韵」呢？依通志七音略与韵鏡，他排入四等，与「兮」字為音和。依等子，指掌圖与指南，他的集韵同音字「腝」「䳢」均在三等。但「腝」与「䳢」又見咍韵，可能与上述「㾀」字一樣的是一等的「寄韵」。

此門等子名「日母寄韵」，「玉鑰匙」之名顯係「日母寄韵憑切」之省。按事例說，這一門是跟「寄韵憑切」同一性質，因那裡沒有二等的關係才分開。真空門法之詞雖異，舉例也全同。續七音略舉的例全無根據，不可信。

3）「靴」字許戈切与「就形」門法

廣韵戈韵「靴」字「許戈切」。依反切通例，曉母的「許」字不与一等韵字相切，而此處「戈」字却是一等字。在現代方言裡「靴」字總是讀同三等音的。所以「許戈切」的「戈」無疑是借用而在實際不合的，韵圖既以「靴」入三等，就跟他的反切下字「戈」得不到「音和」的關係。

-22-

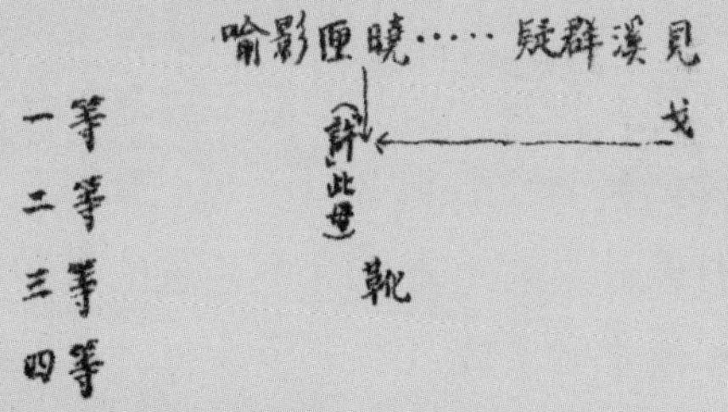

這个現象是「玉鑰匙」以前的門法沒有提到的。真空有「就形門」云：

就形者：謂見溪群疑幫滂並明非敷奉微曉匣影喻此一十六母字第三等為切，韻逢諸母第一，宜切出第一等字。今詳前後俱無，却切第三。故曰：開合果然無有字，就形必取第二函。如巨寒切犍字，無鉢切嚩字，無感切錽字，許戈切靴字之類是也。

我們要注意這裡前三个例子是不可靠的。韻書中与「靴字」許戈切相似的例子極少。除「寄韻憑切」与「日寄憑切」所云，據个人所知，送韻還有「鳳字」「馮貢切」一个。韻圖「鳳」在三等而「貢」在一等。

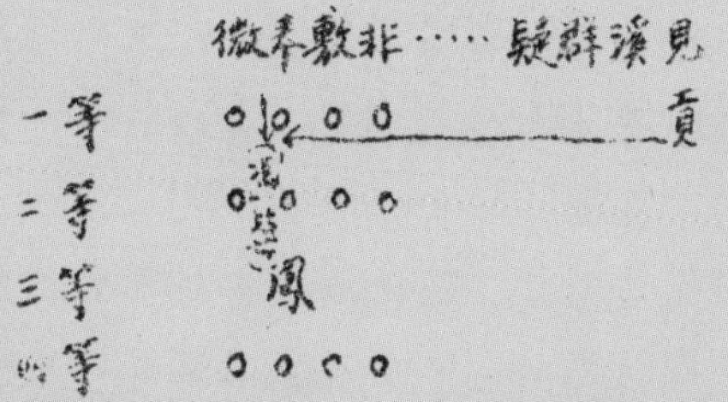

門法並不是不知道這个例，却以之誤入「前三後一門」。（參看下文。）海韻又有「佁字」夷在切」。喻四例無一等音。照理想他當与上述「茝、䆀」等同韻母，而以屬喻母的關係為此門現象之一。但是韻圖都一致把他排在一等，就是跟「在」字同行了。（此字是否一等音當然是問題。門法從韻圖立言，既同行便是「音和」。）

續七音略「就形門」文字与真空同，惟舉例完全無據。

4）開合不定的反切与「開合」門法

六同别録

董同龢

關於開合的分別，中古韻書的反切大體上還表現得清楚，只是牽涉到脣音字時才略見淆混的地方。這一點前賢已多論列，無容再贅。韻圖對脣音字的處置大家雖也不能一致。但就某一韻說，歸開則全歸開，歸合則全歸合，誰都不再有開合俱見的事了。因為如此，拿原來的切語對照起來，就有兩種在本圖找不到字的可能：

1)當一个脣音字以別一種音的字作反切下字而他們分居開合兩圖之時——如「慢」字廣韻「謨晏切」，各圖「慢」都在合口圖，而「晏」是開口字，當然在開口圖中；

2)當別一種音的字用脣音字作反切下字而他們也不在一圖之時——如「紇」字「下沒切」，「紇」是開口音，但各圖均以「沒」入合口圖。

所以真空有「開合」一門論此事云：

> 開合者：謂見溪群疑乃至來日三十六母為切，韻逢各母本排，只是音和。本眼如無，卻切開合。故曰：唯有開合一門絕無憑據。直須於開合兩處韻中較訂始見分明。如居縛切钁字，蒲干切槃字，俱萬切建字，下沒切紇字之類是也。

我們曾說真空此門出於指南卷末的「辨開合不倫」一條。劉鑑為何不把他編入玉鑰匙門法呢？細想上文所述「音和」的意思，我們大概可以猜得出來。這些字雖然跟反切下字不在一圖，但是聲母等第都沒有問題，「音和」的條件只規定為「同母，同等」卻圖不是嗎？

「玉鑰匙」以前，指掌圖有「辨獨韻與開合韻例」，所云與此大意相同。

> 總二十圖。前六圖係獨韻，應所切字不出本圖之內。其後十四圖係開合韻，所切字多互見。如眉箭切面字，其面字合在第七干字圖內明字母下，今乃在第八官字圖內明字母下。蓋官與干二韻相為開合。他皆倣此。

續七音略此門與真空略同，只是例字無一可靠的。真空的「蒲干切槃」與「俱萬切建」雖見指南，亦為韻書所無。

這一項事例與脣音字有關，而自指掌圖以降從未言明此意。所以「篇韻貫珠集」與「續七音略」就連其他各種字都亂造出開合不同的反切來。

-24-

三十六字母与廣韻以前反切系統最不相同的一點是在唇音方面。三十六字母的唇音有重唇幫滂並明、輕唇非敷奉微之分，而廣韻以前的反切則幫与非、滂与敷、並与奉、明与微尚同為一類。韻圖既用字母的系統，從他的立場看廣韻以前的反切，自然會覺得有些重唇字是用輕唇字作切，或者有些輕唇字是用重唇字作切，如「胚」字「芳杯切」与「颰」字「匹尤切」是。在韻圖上，凡這一類的字跟他們的切語都得不到「音和」的關係。

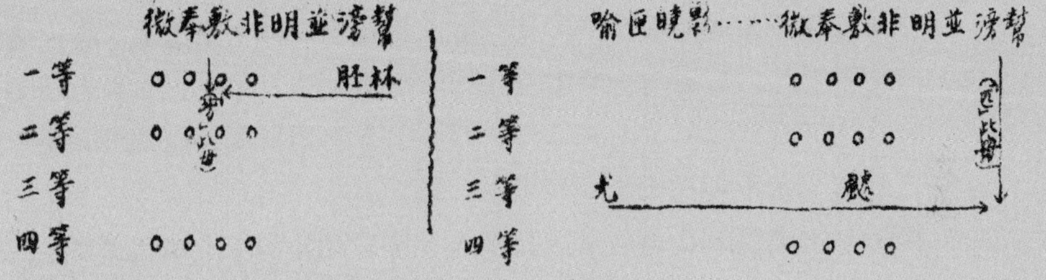

我們知道，輕重唇音的分別是以韻母的不同為條件的——元、微、陽、東（三等）……為輕唇，其他盡為重唇。所以「玉鑰匙」的「輕重交互」門說：

輕重交互者：謂幫等重唇音為切，韻逢有非等處第三等，便切輕唇字；非等輕唇音為切，韻逢一二四皆切重唇字。故曰輕重交互。如匹尤切颰字，芳杯切胚字之類是也。

這就無異乎說，凡在輕唇音出現之韻，雖切語上字屬重唇，所切之字也當是輕唇；反之，凡在重唇音出現之韻，雖切語上字屬輕唇，所切之字也當是重唇。不過這裡"韻逢一二四"一語應改作"韻逢有幫等處一二三四"才是。因為三等並非全為輕唇音，真韻「貧」字「符巾切」，「符」雖輕唇，「貧」正是三等的重唇音。

「玉鑰匙」以前這一項事例是併在「類隔」中說的，已見上文。真空此門与「玉鑰匙」略同。「續七音略」改名「交互門」，內分「輕重交互」与「重輕交互」二目，不過分真空的文字為兩段而已。所舉切語除「胚」字「芳杯」切外全無據。

三十六字母的喻母依韻書切語是「喻」与「于」兩類。照穿牀審禪一系在韻書反切也是章昌船書禪与莊初崇生俟二系。韻圖雖然把他們分別同列一行，卻又在等第方面

等韻門法通釋

董同龢

仍使分居,似混實分。這樣的分別不免還與音和的原則有違,就另有門法關說。就韻尙而言,他們既由字母的關係改為等第的關係了,我們為各從其類,也是挪到下面再講的好。

(九)

在韻母的規畫方面,韻圖是把二百六韻先併為若干轉或攝,在每个轉或攝之內都分成四个等,使那些韻的字各依性質之異同分別排在四个等內。在大部分的情形下,這種辦法是很合適的。韻書中的每一个韻類有多半在韻圖上都是恰恰的也同排在一个等之內。例如:(韻目舉平以該上去入)

東(公類),冬,模,咍[1],灰,泰,痕,魂,寒,桓,豪,歌,戈[2],唐,侯,覃,談,登韻字全在一等,

江,皆,佳,夬,山,刪,肴,麻(加類),庚(庚類),耕,咸,銜韻字全在二等。

支(羈類)[3],微,脂(飢類)[3],祭(猘類)[3],廢,真(巾類)[3],殷,文,仙(愆類)[4],元,宵(驕類)[3],侵(歆類),嚴,凡韻字全在三等;

齊[4],先,蕭,青,幽,添韻字全在四等。

因為如此,現在我們說古音,論到韻母的性質就得到一種方便,統稱同類諸韻時就分別呼作"一等韻","二等韻","三等韻"或"四等韻"。還有一部分韻上面沒有列舉的,即

東(弓類),鍾[1],支(祇類)[3],脂(伊類)[2],之,魚,虞,祭(蔽類)[3],真(賓類),仙(甄類),宵(腰類)[1],麻(邪類),陽,清,尤,侵,鹽,蒸

是。他們本與上列支(羈類)微……韻字同一性質,我們也叫"三等韻"的。但是在韻圖上,因為種種緣故,他們的字並不全在三等,而是有一部分插到二等或四等去了。在這裡面情形又不完全一樣。東(弓類),鍾,之,魚,虞,麻(邪類),陽,尤與蒸是一派[5]位置分配如下:

1)前文所論"[illegible]"諸字不計。

2)應除去"[illegible]"諸字。

3)看拙著"廣韻重紐試釋"1—12頁。

4)前文所論"移臡"兩个有問題的字不計。

5)上聲腫韻內有冬上聲的兩个寄字當然在一等。

等韻門法通釋

	脣音	舌音	牙音	齒音	喉音	半舌齒
一等						
二等				(莊系字)		
三等	(幫系字)	(知系字)	(見系字)	(章系字)	(影)(曉)[1](于)	(來)(日)
四等				(精系字)	(喻)	

支(祇類)，脂(伊類)，祭(蔽類)，真諄(賓類)，仙(甄類)，宵(趫類)清另是一派，其位置分配如下：

	脣音	舌音	牙音	齒音	喉音	半舌齒
一等						
二等				(莊系字)		
三等		(知系字)		(章系字)		(來)(日)
四等	(幫系字)		(見系字)	(精系字)	(影)(曉)(匣)(喻)[2]	

兩派的異點在脣牙喉音字的歸三等或四等。為方便計，以下將統稱前者為「偏狹韻」，後者為「廣通韻」。(名稱的來源得自門法，見下文。)鹽韻字也該分兩類，一屬前派，一屬後派。在劃分的標準尚有問題之時[3]，我就暫時沒有提。在韻圖上他們是大體如「偏狹」諸韻，只是另有一套影母字在四等跟在三等的對立。因為這一點恰巧跟我們講門法無礙，(看下文)，就可以暫時全收在「偏狹」韻內。

本來是同一韻類的字而有如此參差的排法，拿本字跟切語下字對照起來，自然有許多問題發生了。

1) 知系字與「窠切門法」

先就兩派韻共同的方面順上面的次序看，知系字如以精系或喻母字作反切下字，在韻圖上是得不到「音和」的關係的。事實上這種例子在韻書中也不少見。如廣韻線韻「䋣」字「女箭切」，宵韻「朝」字「陟遙切」之類是。

---

1) 此類韻無匣母。

2) 此類無于母。真韻賓類有「礥」字「下珍切」為匣母。但三等韻例無匣母。現在姑如此。

3) 看拙著「重韻重紐試釋」17—18頁。

-27-

董同龢

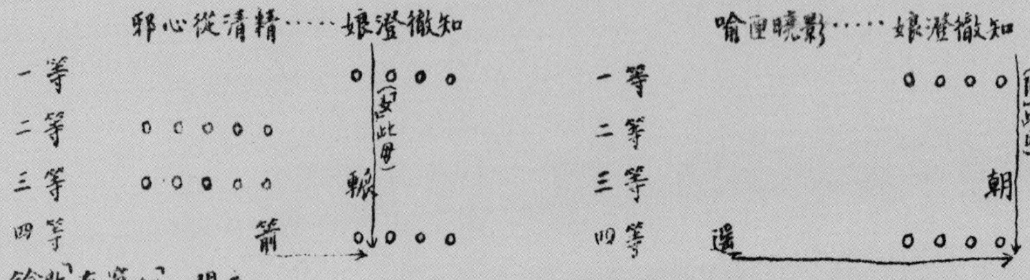

「玉鑰匙」有「寄切」一門云：

寄切者：謂知等第三為切，韵逢精等影喻第四，並切第三。為不離知等第三之本窠，故曰寄切。如陟遥切朝字，直猷切儔字之類是也。

正是指明這一點。

此中「影」字係指「廣通」諸韵的影母字而言。「廣通」諸韵的唇牙喉音韵圖置四等，跟知系字也可以發生「寄切」的關係。不過韵書中只有這些韵的知系字用影母字作反切下字的例——如廣韵寘韵「娷」字「竹恚切」，質韵「秩」字「直一切」——所以只説影而不泛稱唇牙喉。

廣韵麻韵「爹」字「陟邪切」。等子以後的韵圖不置三等而置四等是一个特例，不在本門範圍之内。「玉鑰匙」把他連到「類隔」門説，真空單獨訂立一門，上文已加論列。

等子，真空与續七音略此門与「玉鑰匙」略同。只是真空与續七音略有「韵逢精清從心邪曉匣影喻」之語，其中「曉匣」二字無據。

⑵來母字与真空的「通廣偏狹」門法

跟知系字情况相同的還有章系字（或稱照三等）來母字与日母字。章系字与日母字又牽涉到幾个特殊的切語，門法就把他們併到「寄韵憑切」与「日寄憑切」兩門去説，已見上文。至於來母字，「玉鑰匙」以前的門法都没有提到，劉鑑在「玄關歌訣」中才指出他跟精系以及喻母字不是音和的關係。真空則是根據劉氏另立一門，並予以「通廣偏狹」的名字。續七音略因与「通廣」以及「偏狹」兩門易混，又在前面加上一个「心」字。

「東」文的解説見下文。

-38-

集門外編第三稿

等韻門法通釋

三等：來　用精系或喻母字作反切下字的，是廣韻至韻「類」字力遂切，鹽韻「廉」字力鹽切之類。他們在韻圖上的關係如下：

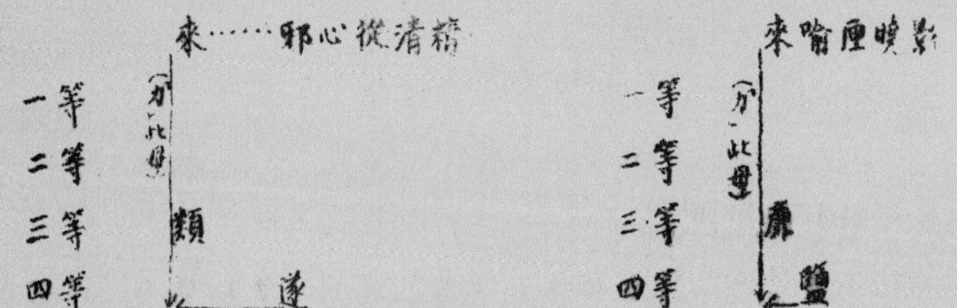

真空云：

通廣偏狹者：謂來母下第三等為切，韻逢精清從心邪喻第四，並切第三。…1)

指明此非「音和」。言"來母下第三等"者，韻書三等韻來母的反切上字大致与一二四等韻不混。單言"喻"而《窠切》門言"影喻"者，「廣通」諸韻來母字在韻書中沒有用喻母以外的唇牙喉音字作反切下字的實例。

續七音略此門与真空無異。末言此門与「偏狹」同一性質，非是。此門与「窠切」及「寄韻憑切」等範圍同，「廣」「偏狹」則小得多，看下文便知。

5) 精系喻母字与「振救」門法，「喻下憑切」門法

把上兩節所說的關係倒轉過來，三等韻的精系或喻母字如有用知系章系或來日兩母字作反切下字的，他們在韻圖上也非「音和」。實例可如廣韻屋韻「肅」字息逐切，「育」字余六切，送韻「縱」字子仲切，東韻「融」字以戎切之類。

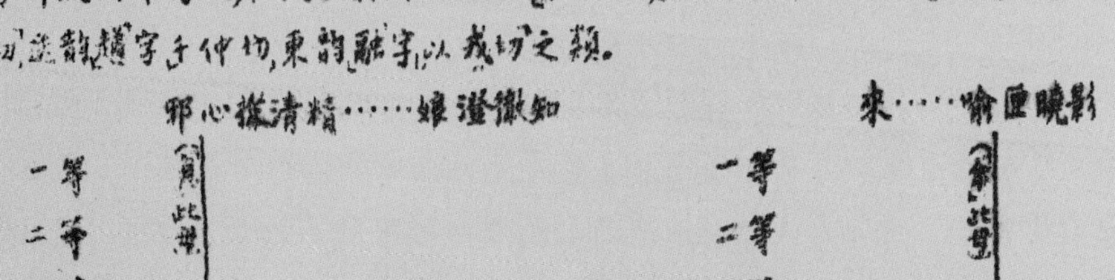

1) 下略數句与「玄關歌訣」全同。看下文。

-29-

六同别録

董同龢

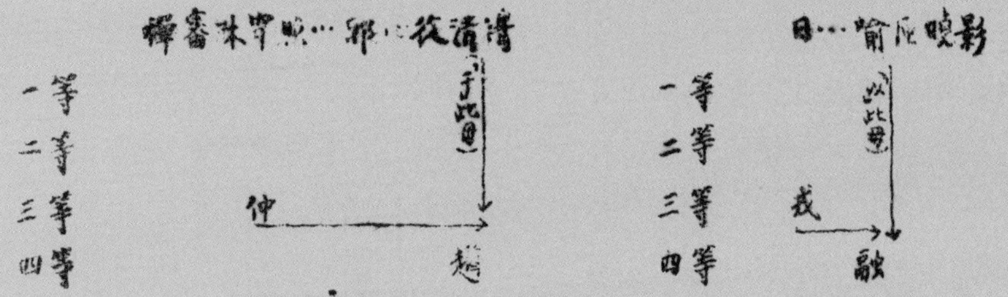

為說明這一類的情形，玉鑰匙「振救門」云：

振救者：謂不問輕重等第，但是精等字為切，韻逢諸母第三，並切第四。是振救門。振者舉也，整也。救者護也。為舉其綱領，能整三四，救護精等之位也，故曰振救。如私兆切小字，詳遷切似字之類是也。

又「喻下憑切門」云：

喻下憑切者：謂單喻母下三等為覆，四等為仰，仰覆之間只憑為切之等也。故曰喻下憑切。如余招切遥字，于聿切颶字之類是也。

這兩項文字還有幾點要解釋。第一，「振救門」不說"韻逢知照來日"而泛言"諸母第三"是因為在「偏狹」"諸韻唇牙喉音排在三等，他們也作精系字的反切下字，韻圖地位与知照等系字同。東韻「嵩」字「息弓切」便是一个例子，可以補於門法。

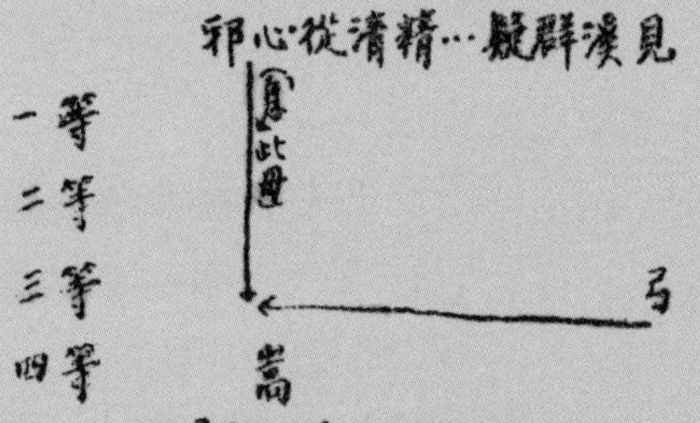

第二「喻下憑切」之所以不能併入「振救」是因為他還包含了上所未述的事例。所謂「喻母」在韻圖上實在兼有我們常說的喻母与于母字，前者居四等而後者居三等。門法的第一句也与指明了。喻母居四等，跟其他字的關係与精系同，我們正已說過。于母居三等，所處的地位就跟知照来日系的字一樣了。(如下頁圖所示) 喻母不隨在三等的反切下字列三等而在四等，于母不隨在四等的反切下字列四等而在三等，等第不隨下字，切「選」當作「選」。

-30-

而視上字為定，故可得「憑切」之名。第三但于母字以精系或喻母字作反切下字的例在宋以前的韻書中可以說是實際未有的。門法的「于聿切颶」是根據五音集韻。廣韻則「于筆切」，集韻也是「越筆切」。依廣韻与集韻，他們在韻圖上恰好是「音和」；依五音集韻才是「喻下憑切」之一例。

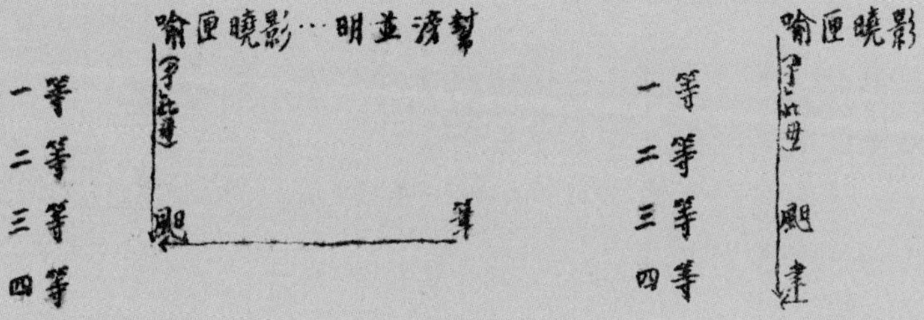

真空的「振救門」以精系一等字為切者与四等字為切者分說，並名前者為「四二振救」，並沒有什麼道理。續七音略識為「轉輻」而不從，甚是。「喻下憑切」兩書並与「玉鑰匙」無異。又在這兩門，他們又有些不可靠的切語。

等子「振救」門亦与「玉鑰匙」同。「喻下憑切」只說到喻母而未及于母，是沒有用到五音集韻或者是遺漏，不得而知。

4) 東鍾魚虞之麻陽蒸尤諸韻的唇牙喉音字与「偏狹」門法

上列諸三等韻的唇牙喉音字（喻母除外）韻圖都置於三等。他們中間如有用精系或喻母字作反切下字的，則跟知照來日系的字一樣，切語下字与所切之字在韻圖上都不同在一排。茲以廣韻鍾韻「恭」字「居容切」与腫韻「拱」字「居悚切」表明如下：

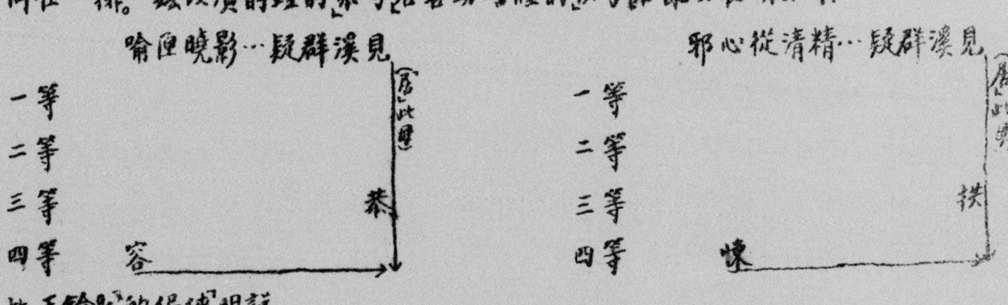

為此，「玉鑰匙」的「偏狹」門說：

偏狹者：亦謂唇牙喉下為切，韻逢東鍾陽魚蒸為偏，尤鹽侵麻狹中依，韻逢精等喻下四，偏狹三上莫生疑。所謂偏狹者，為第四等字少，第三等字多，故曰偏狹。如去羊切羌字，許由切休字之類是也。

董同龢 這一段文字内中夾了四句歌詞，不很清楚。現在再引等子「辨廣通偏狹例」作參考。

偏狹者，第四等字少，第三等字多也。凡唇牙喉下為切，韻逢東鍾陽魚蒸尤鹽侵，韻逢影喻及齒頭精等四為韻，並依偏狹門法，於本母三等下求之。

兩書所謂"第四等字少，第三等字多"不過是韻圖上另一種現象，却与本題無關。所列韻目比本文少之与虞而多侵与鹽倒值得討論。「偏狹」的現象可能發生於之与虞以及其相當的上去入韻，而韻書未見實例，是然法不要他們的原因。其實麻韻也可以不要的，「玉鑰匙」只怕是認為「彌也切」的「也」字當在三等，才算上他。（參看下節）鹽与侵除在三等的唇牙喉音外另有一套影母字韻圖排在四等，原不与鍾陽諸韻相同。不過從門法的觀點説，那一套影母字是自有天地的。因為他們都以喻母字為反切下字[1]，在韻圖上恰好是「音和」。除此之後，其他的字就完全跟鍾陽諸韻一樣了。[2] 還有一點，等子"韻逢影喻及齒頭……"的影字可能即指侵鹽兩韻在四等的影母字而言。他們也可能做本韻三等唇牙喉音的反切下字，与精系喻母字同，不過我們沒有見到實例。

真空与續七書略此門沒有韻的規定，盡失本意。我們看：如在一二等韻，根本不會有這類的事發生；如在四等韻，則處處是「音和」；三等韻如微元等根本無精系及喻母，支韻寘類等同；如在清韻等他們的唇牙喉音也在四等，与精系喻母的反切下字也是「音和」。總之，除鍾陽諸韻都談不到「偏狹」。

5)「也、驕」諸字与「獨立音和」門法

依「偏狹」門法，鍾陽諸韻的唇牙喉音韻圖全列於三等，即便他們有用在四等的精系喻母字作反切下字的，門法更特别言明所切之字應在三等。但在等子与指南，韻書上「眦養切」的「驕」字与「彌也切」的「也」字却不在三等而在四等了。這就恰恰跟「偏狹」的規定是相反的。

考「乜𩦅」与其同類的字在廣韻以前的韻書中都沒有；韻鏡与通志七音略也都未見。到「玉鑰匙」為止，門法也沒有提到他們的，大概就是這種跟「偏狹」不合的現象根本還沒有產生。等子与指南的最早根據在廣韻。兩字都是蕃姓，為外來借音無疑。又有「乜」的平聲字「哶」，見集韻，音「彌嗟切」，訓雲南城名，亦同。我想，養韻是輕唇音的範圍，又通無奉母，等子与指南不以「𩦅」入三等，恐怕這个字並非輕唇。麻三等韻本來是沒有唇音字的，把「哶」与「乜」置於三等，也与原來的系統不合。他們的地位究應如何，現時恐怕不易確定。

從門法的立場說，「𩦅」与「養」，「乜」与「也」以及「哶」与「嗟」既同在四等，自然得到「音和」的關係。現在特别提出來，只是又与「偏狹」衝突的緣故。第一个見到這一點的可以說是韓道昭。五音集韻養韻「養」字注云：

…昌黎子為並母之下有「毗養切」第四等之字，違其「偏狹」門法。故鄒安混母，用「乃𩦅」切「養」為第四音和。却用「毗養」切「𩦅」，亦是第四音和。此二字遞互相切，不違門法也。

照他這一改，「𩦅」与「養」就自成一个韻母，可以稱作「陽四等」。不過麻韻「哶」他却沒有跟上文說過的「爹」字也如此聯一下，未知何故。

真空說「鄒立音和」一門，是緣五音集韻此法而起。「篇韻貫珠集」有「叙昌黎鄒立四等音和」一條，其注首云：

其模範者乃昌黎子所述也。…

又有歌訣曰：

唇牙喉下起根基。偏狹三排細審推，本眼果然無有字。鄒安直往四上移。

語雖含混，尚可見原意。不過在門法裡，却是另外一種精神了。門法云：

鄒立音和者：謂見溪群疑幫滂並明曉匣影此一十一母為切，韻逢偏狹攝內第三，當切出第三等字；今詳推開合俱無，却切第四。故曰詳推本眼無斯字，鄒立須歸四上謀。如莫者切哶字，毘兩切𩦅字，眉鳩切繆字之類是也。

按「偏狹」所指是鍾陽諸韻唇牙喉音用精喻母字（韻圖置四等）作反切下字的情形而言。此云"韻逢偏狹攝內第三"，明明不對。看他的例字，除「𩦅」的音切無據，「哶」与「繆」也只出於五音集韻。「哶」在集韻上聲又与「乜」同音，注「彌野切」，猶与廣韻的「彌也切」無異。五音集韻以也，「野為者」在反切系統並無問題，不過在韵圖因「者」在三等而所切的「咩」在四等，就不合「音和」以及其他任何門法了。「繆」与「鳩」在集韵及其以前都不同韵，他們所屬的幽韵与尤韵韵圖也分列四等与三等不混。五音集韵併尤与幽為一，於牙喉音仍不改其切語，只有幽韵的唇音字都改用尤韵字為反切下字。在他本身，因尤韵本無重唇，仍不衝突。但從韵圖看，「鳩」在三等而「繆」在四等，也發生如「咩」字「彌者切」的問題。所以我們可以説真空門法的「類立音和門」是為五音集韵這一類的反切而立，實際上跟「偏狹」門並無關係。他緣五音集韵論「鸊」字而立此門，却説了另一樁事。改「鸊」字的「毘養」与「毘羃」兩切為「毘兩」，只不過是適應他的新條件。

續七音略此門与真空略同。

6）支脂真諄仙祭清宵的唇牙喉音与「通廣」或「廣通」門法

這幾韵的唇牙喉音分為兩類，韵圖分置三四兩等。在三等的自成一類，反切下字大致不出本身的範圍。[1] 本字与切語下字既在一排，韵圖上自得「音和」的關係。在四等的唇牙喉音是与各該韵的舌齒音同屬一類，反切下字多互用。[1] 如果用精系或喻母字作反切下字，在韵圖上他們也是「音和」，因為大家都在四等。但如用的是知系，章系或来日母的字，因不在一个等之内，自然有問題發生了。兹以真韵「賓」字「必鄰」必与質韵「吉」字「居質」切圖示如下：

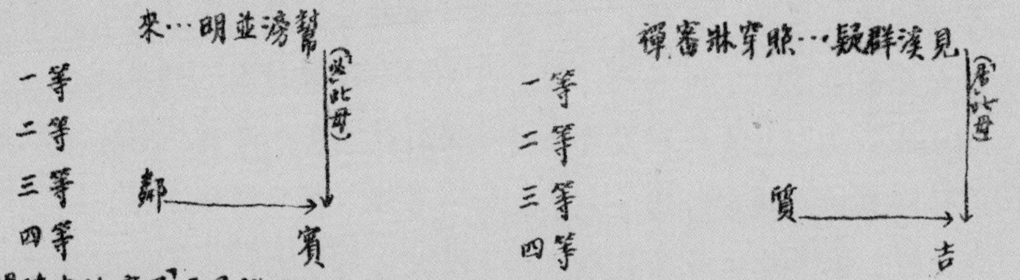

門法中的「廣通」便是説明這一類現象的。「玉鑰匙」云：

通廣者：謂唇牙喉下為切，以脂韵真諄是名通，仙祭清宵號廣門，韵逢来日知照三，通廣門中四上存。所謂通廣者，以其第三通及第四，故曰通廣。如符真切頻，芳

1）詳見拙著「廣韵重紐試釋」1—12頁（本書上册）。

等韻門法通釋

遷切篇字之類是也。」

又等子「辨廣通偏狹例」有云：

廣通者，第三等字通及第四等字。…凡唯牙喉下為切，韻逢支脂真諄仙祭清宵八韻，及韻逢來日知照正齒第三等，並依廣通門法，於本母四等下求之。

語意尚顯，無須詮釋了。他們都沒有言明是這幾韻的哪一類唇牙喉音，是不是知道有一類實在跟來日知照系無關呢？

「玉鑰匙」分支脂真諄為「通」，仙祭清宵為「廣」，似有所謂而實無關宏旨。因為前者在韻圖沒有獨立四等韻居其下；後者則有（即先齊青蕭）。「偏狹門」也是相似的。以東鍾陽魚蒸之無四等韻者為「偏」；尤鹽侵麻之另在四等有字者為「狹」。分不分都是不要緊的。

「指掌圖」的「辨廣通偏狹例」是據等子，但所舉韻目有誤。真空与續七音略不言韻的限制，大誤，与「偏狹門」同，茲不再辨。

7)莊系字与「正音憑切」門法

三等韻莊系字在韻圖上的地位最獨特。他們孤立在二等而与本韻其他的字分開。因此，只要反切下字一出本系的範圍，便發生「非音和」的現象。這一類的實例很不少。茲以廣韻脂韻「師」字「疏夷切」与之韻「菑」字「側持切」圖示如下：

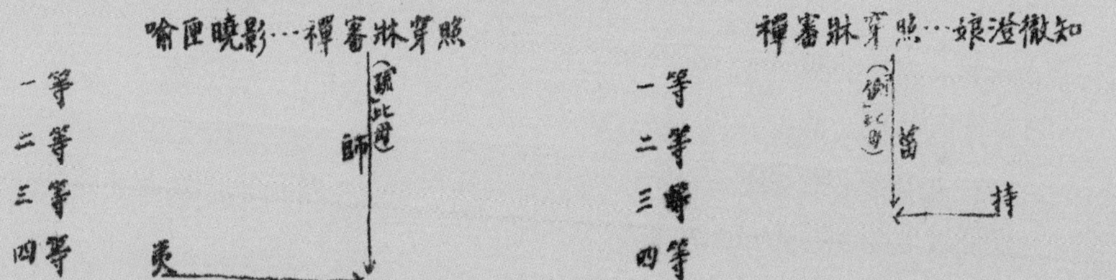

「玉鑰匙」有「正音憑切」一門云：

正音憑切者：謂照等第一[1]為切，韻逢諸母三四，並切照一。為正齒中憑切也，故曰正音憑切。如楚居切初字，側鳩切鄒字之類是也。

1)原注："照等第一即四等中第二也"

六同别録

指明此時不以反切下字定所切字之等第。

等子此門云：

照等五母下為切，切逢第二，韻逢二三四，並切第二，名正音憑切門。

董同龢

這是以所有的莊系字為題來說。莊系字又見於二等韻。二等韻的字韻圖均列於二等。無論反切下字為何俱与所切之字同在一排。嚴格的說，這是「音和」，不能算在「憑切」之內。

真空与續七音略大體与「玉鑰匙」同，惟所舉切語有無據者。

8)莊系的反切下字与「內外」門法

把上述「正音憑切」的關係倒轉來看，在三等韻中，如果莊系字用作其他任何一種字的反切下字，因他們是獨居二等，跟所切的字也總不能在韻圖上得到「音和」的關係。不過莊系字在三等韻的歷史是很淺的，事實上韻書用他們切别種字的例却極少見。據我所知，廣韻只有「良士」切「里」一个，集韻又多一个「以殊」切「熊」。1)

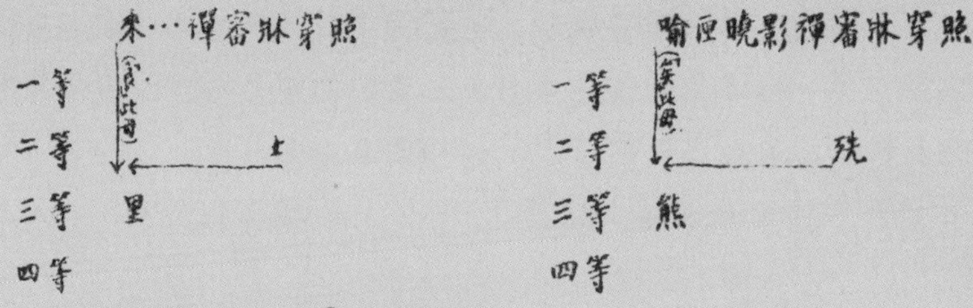

門法与此有關的是「內外」。「玉鑰匙」云：

內外者：謂唇牙喉舌來日下為切，韻逢照一，內轉切三，外轉切二。故曰內外。如古雙切江，矣殊切熊字之類是也。

此所謂「外轉」者是指韻圖的江山梗假效蟹咸臻八攝，「內轉」者是指果遇流通深曾宕止八攝，等子与指南各圖之首標注甚明，韻鏡与通志七音略之內轉某或外轉某也全相合。「外轉」的特點是有獨立二等韻。如江攝的江韻，臻攝的臻韻，不遑枚舉。「內轉」的特

1)我在「上古音韻表稿」中曾說三等韻莊系字沒有一个切别系字的，應改正。(與該處論證異。)

-36-

然是沒有獨立二等韵。二等的地位除齒音之外都空着，而齒音中的字也實當同攝或轉的三等韵莊系音。如宕攝二等只有陽韵莊系字佔用是。

門法是以莊系字的全體為題來說的。莊系字分見於二等韵与三等韵，在韵圖上正是「外轉」与「內轉」的範圍。「外轉」二等韵的莊系字跟同韵其他各字都排在二等。拿他們作反切下字，無論去切什麼音，所切之字都在二等，故門法曰"外轉切二"。「內轉」三等韵的莊系字雖居二等，却實与本韵字之在三等或四等者同韵類。只要是用他們作別系字的反切下字，所切之字都不在二等而是在三等或四等。用韵書恰好沒有精系喻母等(韵圖置四等者)用莊系字作反切下字的，故門法曰"內轉切三"。將才討論的「象士切里」与「以殘切然」便是這種情形。

關於這个門法，我們還要注意一點，就是他的主題當是"內轉切三"，所謂"外轉切二"只能看作陪襯的話。「內轉」的莊系字不能与所切之字在一行，確不合「音和」的原則。「外轉」的莊系字却無論切什麼都在本等，只要聲母則無問題[1]，就是合格的「音和」了，哪能另算一種「門法」呢？「玉鑰匙」所舉「古雙切江」一例便足以顯示。

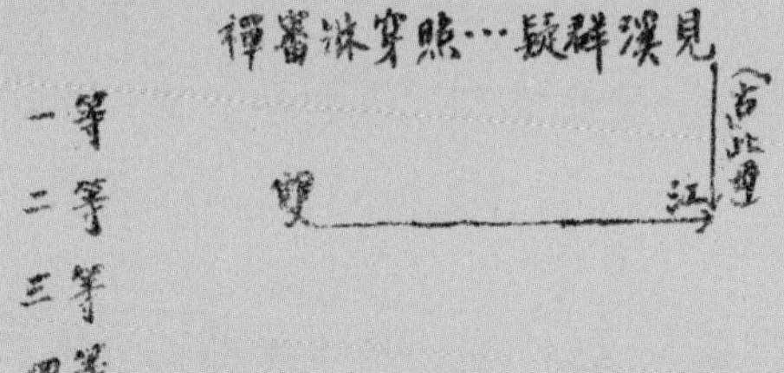

「等子」辨內外轉例」云：

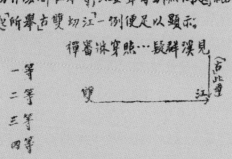

> 內轉者，唇舌牙喉四音更無第二等字，唯齒音方具足。外轉者，五音四等都具足。今以深曾止宕果遇流通括內轉六十七韵，江山梗假效蟹咸臻括外轉一百三十九韵。

「指掌圖」与此同。他們只說了「內轉」与「外轉」的表面分別，大概是不完全的抄錄。「真空」与「續七音略」的「內外門」大體与「玉鑰匙」同，不過所舉切語有不可靠的，後者尤甚。

1) 如有也与本題無關。

-37-

六同別録

董同龢

羅莘田先生有「釋內外轉」一文載本所集刊四本二分。他先改訂了「內轉」与「外轉」的內容，認為宕果二攝當為「外」，臻攝當為「內」。然後根據高本漢氏擬訂的中古音讀，他說「內轉」与「外轉」是主要元音性質的分類。約在六年前我曾上書陳述如下的意見：

1)「內轉」与「外轉」的內容不能改換。因為他根據的材料本身實有問題，並且深曾止宕果遇通流恰為六十七韻，江山梗假效蟹咸臻恰為一百三十九韻，足證韻圖与門法不誤。

2)「內轉」的莊系字獨居三等應居之外，而所切之字又在三等之內，故名「內」。「外轉」莊系字相反，故名「外」。等韻家命名本不科學，此門又稱「內三外二」可以參考。

當時已蒙賜答，表示採納。茲附此說明。

（十）

劉鑑的「門法歌訣」為總括門法而設。他的作法是以字的五音為綱目，說某種字遇某種字作反切下字時韻圖上的關係如何，合某門法所云。把他讀通，我們可以從另一个觀點瞭解門法。又因為他是門法轉變的樞紐，要明白從真空起何以會跟「玉鑰匙」以前不同，也能在他身上找得根源。原文有注，但還不够清楚。茲逐項疏釋如次：

1)牙音

切時若用見溪群，四等音和隨韻臻。（原注：此四母下字，隨四等韻去皆是音和。如古紅切公字，古行切庚字，豈倶切區字，古賢切堅字之類是也。）

此言見四母字無論用何等字作反切下字都是「音和」，注文尚明。但是我們要注意這是就大數的情形而言。下幾句所云便非「音和」，應當看作這兩句的例外。喉音首二句与半舌齒首句均与此同。

真空不明此理，又不知這僅是「音和」的一小部分，乃棄「玉鑰匙」以前的「音和門」而依附此文云：

音和門謂見溪群疑此四母下為切，隨四等韻去皆是音和。故曰：切時若用見溪群，四等音和隨韻臻。如古紅切公字，古行切庚字，豈倶切區字，古賢切

等韻門法通釋

堅字之類是也。

這顯然是个大錯。除見系字之外,別的字又實有「音和」,而且看下文,見系字中就有不是「音和」的。「玄關歌訣」的旨趣在「各門」,所以許多「音和」都略而未言,(見下文)但劉氏決不以為只牙音与其切語是「音和」。歌訣末三段都明言「音和」可證。續七音略「音和門」与真空同。又有所謂「四一音和」与「一四音和」者云見等二十二母一等為切,韻逢諸母四等即切四等,又見等二十二母四等為切,韻逢諸母第一即切第一。這更是無中生有的轇轕。既有「音和門」「隨四等韻去皆是音和」一語,何必顧反切上字的等第呢?其實反切上字在一二四等者均混用。這麼做的話,豈不是還可以立「一二,二一,二四,四二」各種的「音和」嗎?這裡提出見系以外的字,倒可以稍補真空之誤。

照類兩中一作韻,內三外二自名分。(原注:"兩中一"於四等中為第二也。後皆倣此。韻逢兩中一即分內外。如居霜切姜是內三門,古雙切江是外二門。)

"照類兩中一"依注意即莊系字。可能以莊系字作反切下字的是二等韻与三等韻的牙音。二等韻的牙音与莊系字為「音和」,門法又說作「外二」。(看上文論「內外門」段)三等韻的牙音与莊系字不在一行,可能發生「內」的關係。但韻書無此類實例,「居霜切姜」無據。

精雙喻四為其法,偏狹須歸三上親。(原注:韻逢精二喻四,於偏狹門中切第三。如去羊切羌是偏門,巨鹽切鍼是狹門。)

「精雙」或「精二」即韻圖置於四等的精系字。(下同,不再釋)牙音用到這類字作反切下字的是三四兩等韻的字。四等韻的牙音字与精系字為「音和」。三等「廣通」諸韻的牙音也在四等,跟精系喻母也是「音和」。只有「偏狹」諸韻的牙音不跟他們在一行,應為「偏狹」的關係。

來日舌三並照二,廣通必取四為真。(原注:來日舌三照二皆是第三等也。韻逢來日舌三照二,於廣通門中切第四等也。如渠之切祇是通門,居正切勁是廣門。)

牙音以"來日舌三照二"為「韻」者是三等韻的字。在「偏狹」諸韻,牙音跟"來日舌三照二"都在三等,故為「音和」。「廣通」諸韻的牙音在四等而"來日舌三照二"在三等,乃發

六同别録

董同龢

[illegible]適生「廣通」門法所説的關係。

牙音字的「音和」關係，現在還可以補充説明如次：

a)就舌音言，一四等韻的牙音可以分别以端系字，二等韻的見系字也可以用知二等的字作反切下字；

b)就脣牙與喉音（除喻）言，各等韻的牙音字可以分别用各該韻脣牙與喉音（除喻）作反切下字；

c)就齒音説，一等韻的見系字還可以用一等的精系字作反切下字；

d)此外，一二四等韻的牙音也還可以用各該韻的來母字作反切下字；

凡這些情形，切語与所切之字都在一行。

2)舌音

一四端泥二三知，相乘類隔已明之。（原注：一等四等歸端等，二等三等歸知等。端等一四与知等二三，於玉鑰匙内已明言之矣。）

舌音字跟反切下字的關係很簡單。除去一些「類隔」的現象，其餘都合乎「音和」的原則。所以這兒只統括一句——凡下字之"一四"者為端，"二三"者為知——就够了。不過，如上文所説「類隔」門法所謂"一四"与"二三"要規定為一等韻，四等韻，二等韻与三等韻才没有毛病。而事實上門法所謂"一，二，三，四"照例又是指韻圖上的等第。因三等韻字有不排在本等的，向外侵入了"二"与"四"的範圍，就有兩種可以「衝突」的現象了。此下四句可以説是這二句的字面例外。

知遵影喻精邪四，寱切憑三有定基。（原注：只是知遵影喻精等第四，並切第三是也。）

此合「寱切」門法所説，看上文。這兒的"影喻精四"實是三等韻字，不能因韻圖在四等的地位改從「類隔」的規定，故注云"只是……"。

正齒兩中一作韻，内三外二表玄微。（原注：韻逢正齒音兩等中第一，即分内外。如丁釃切知是内三門，德山切譠是外二門。）

知系字還藉系字作反切下時有「内外」的關係，見上文。他們雖實同韻類，韻圖知

·40·

分居二三兩等，既非「音和」，也不是「類隔」。注中兩例無據。

按：知系字用「廣通」諸韵唇牙喉音字作反切下字者應与「窠切」所言同。（看上文論「窠切」段）只因門法都没有提，這兒就也不説。此段尚有二句云：

舌頭舌上輕分析，留与學人作指歸。

無何意義。

3）唇音

幫非為切最分明，照一須隨内外形。（原注：韵逢照一即分内外。如夫側切逼是内三門，布闕切班是外二門。

唇音以莊系字作反切下字者是二等韵与三等韵的字。在三等韵，他們跟莊系字不同行，為「内」的關係。在二等韵實同行為「音和」，門法又謂為「外」。（看上文論「内外門」段）注中兩例無據。後一例「闕」非莊系字，更疑有誤。

來日舌三並照二，廣通第四取其名。（原注：韵逢來日舌三照二，於廣通門中切第四。如符真切頻是通門，芳連切篇是廣門。）

唇音以"來日舌三照二"為反切下字的是三等韵字。在「偏狹」諸韵，他們跟"來日舌三照二"同行為「音和」。在「廣通」諸韵，他們分居三四兩等，如「廣通」門法所云。

精雙喻四為其韵，偏狹却將三上迎。（原注：韵逢精二并喻四，於偏狹門中切為第三。如府容切風是偏門。鉄狹門切脚。）

唇音以"精雙喻四"作反切下字的是三等韵与四等韵字。在四等韵与三等「廣通」諸韵，他們跟"精雙喻四"同在四等為「音和」。只在「偏狹」諸韵是分列不同等，如「偏狹」門法所説。

輕見重形須切重，重逢輕等必歸輕。（原注：輕唇音為切，隨韵切出重唇字，是輕重交互門。如武登切瞢，方閑切編之類是也。重唇音為切，隨韵切出輕唇字，亦是輕重交互門。如匹尤切䬙，芳杯切胚字之類是也。

注文已明。並參看上文論「輕重交互」段。

董同龢

唯有東尤非等下，相逢不与衆同情。重遇前三歸重體，輕逢後一就輕聲。原注：重謂重唇音。在第一等名後一。[1] 若遇前三等諸母下字為韻，當切出輕唇字，今[illegible]字。如莫浮切謀，莫六切目字之類是也。輕為輕唇音。[2] 第三等輕唇音為前三。若遇後一等諸母下字為韻，當切出重唇字，今卻是輕唇音字。如馮貢切鳳字之類是也。

這是上兩句（輕重交互）的例外。由現代音我們已經知道，東[illegible]本字輕唇音的出現處所，但次濁母字（即「謀，夢，目」等）卻讀重唇。如果自中古後期輕唇音產生之始便是如此，言「輕重交互」而不及此，當然是个漏洞。不過劉氏既首先說到這一點，足證他那時候是跟現代一樣了。

要決定劉氏以前「謀，目」等字是否也讀[illegible]唇，或者是他們隨本韻其他唇音字同讀輕唇，現在倒不很容易。因為就能分别他們的材料看，是兩種情形都有——切韻指掌圖以「夢，目」置明母下而不置微母下；五音集韻則不以為明母而注「微」。大約兩種讀法從前是方言的不同，都存在的。劉氏從自己的讀法立言。

其實「馮貢切鳳」是另一回事，与此不同。我們知道，不合輕重唇演變通例的只是這兩韻的次濁音，都無别的字。前面討論「寄韻憑切」的時候已經說過，「鳳」字「馮貢切」在「韻」上就是有問題的。「鳳」三等而「貢」一等，實与「茝」字「昌紿切」一例。這个「貢」並非「鳳」的真正的「韻」，所以不能算「馮」碰到「後一」而不變重唇。

真空的「前三後一門」便是從敷衍而出的，語意反不如這兒清楚，不俱引。「馮貢切鳳」之外又引「縛謀切浮」為「後一」之例。以「謀」為一等字，与廣韻原來的系統不合，不能算。

續七音略文詞大致從真空，舉例全非。

---

1) 此段文字恐多錯亂。"在第一等名後一"与"第三等輕唇為前三"當互倒，不然此下兩句均無所承。原文並分屬兩句之下，益顯。）

2) 自"輕為"至下"前三"，原作"輕為第三等輕唇音為前三"，不可通。今按上下文補此三字，分兩句。"第三等輕唇為前三"即「玉鑰匙」「輕重交互門」所謂"韻逢有非等處"之意。

-42-

上面除去輕重唇是就各音各等唇音与反切普徧立言，前六句也只說到三等韻唇音字遇"照一""來日舌三照二"以及"精雙喻"作反切下字的情況。除此之外：

一二三四各等韻的唇音字有用各該韻牙音与喉音(除喻)作反切下字的；

一四等韻的唇音字有用各該韻端系字，二等韻唇音字有用知系字(二等)作反切下字的；

各韻唇音有互相為切的；

一等韻的唇音字有用各該韻精系字的(四等韻同，上文也附帶說了)。

一二四等韻的唇音字也有用各該韻來母字作反切下字的。

如不在聲母方面發生「輕重」的問題，他們都同在一行為「音和」，可以從略。

4)齒音

精邪若見一為韻，定向兩中一上認。(原注：精邪五母字為切，韻逢四等中第一，定要向精邪一四兩等中切出第一等字，只是音和門。)

注文已明。精系字韻圖分居一四兩等。一等的精系字為切，韻逢一等字，切出一等字固無問題。即四等的精系字為切，韻逢一等字，切出的字也在一等，為「音和」。因為就一般情形說，反切上字只決定聲母，与等第無關。續七音略有所謂「四一」与「一四」音和，大概就從這一點附會出來的。

四二相違互用呼。(原注：韻逢四等第二，當切出照等字。)

仍承上文言精系字。如精系字為切，韻逢二等字，則合「精照互用」門所說。參看上文論「精照互用」段。謂二等字為"四二"者，注云即"四等第二"。大概是以此別於"精一""精二"之"二"。

四三還歸四名振。(原注：韻逢諸母第三，並切第四，是振救門。)

仍承上文言精系字。注已明，並看上文論「振救」段。此言"四三"，与上句言"四二"同。

照初却見四中一，互用還歸精一順。(原注：韻逢四等第一，當切出精等字。)

"照初"与"照一"同，即莊系字。莊系字遇一等字為韻，如「精照互用」門所說，切出者為一等精系字。

董同龢

逢三遇四盡歸初，正音憑切成規訓。（原注：韻逢諸母三四，並切照一，是正音憑切門。如士尤切愁是第三憑切門，山幽切搜是第四憑切門。）

承上文言照一字。注已明。所謂"第三憑切"与"第四憑切"為真空"正音憑切門"分"三"与"四"之張本。"山幽切搜"無據。

照二若逢一四中，只從寄韻言中論。（原注：照二即四等中第三也，後皆倣此。韻逢一四，並切照二。如昌來切犆，昌給切茝之類是也。）

此即"寄韻憑切門"所說。如《玉鑰匙》注中沒有舉"照二字以四為韻"的例，看上文論"寄韻憑切"段。

切三韻二不離初。（原注：第三照等為切，韻逢第二照等字，只切第二。如充山切撣字之類是也。）

注已明。這是韻書中的一个特殊反切，《玉鑰匙》還沒有提到。章系字照例不出現於二等韻，所以"撣"得認作莊系字。不過韻圖莊系既与章系併為照等，如果不從實際區辨他們，這个反切還像是音和。

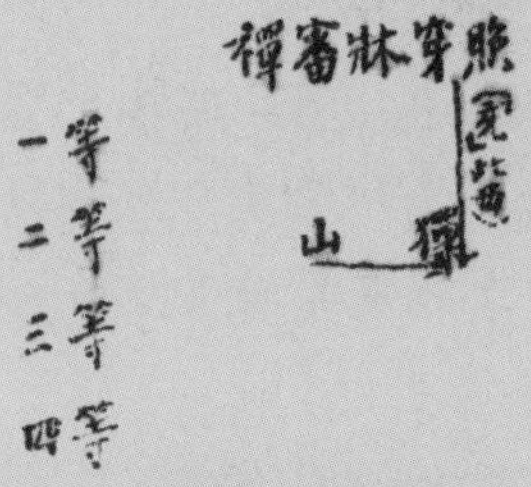

真空據此立"三二精照寄正音和"一門。改"韻逢第二照等字"為"韻逢諸母第二"，並增"川真切杉"一例無據。續之音略名"寄正音和門"，文字与真空無異，例全不可靠。

此段之末尚有"精照昭然真可信"一句，為收尾語，無所指。精切四等字，莊系切二等字以及章系切三等字都沒有說。他們全是"音和"。

5）喉音

曉喻四音隨韻去，法同見等不差參。（原注：曉匣影喻四音，隨四等韻去皆是音和。亦如見等無少差參也。)

此就一般喉音字而言。下文喻母單說,事實上喻母也自有他變,這裡應除喻母才是。歌詞与注文都不妥。以下是這兩句的例外。

三來日連知照,通廣門中四上擔。(原注:韻逢來日知照三等,於通廣門中切第四。如下珍切礥是通門,呼世切𣢺是廣門。)

喉音在三等韻才以"來日舌三照二"作「韻」。在「偏狹」諸韻實同在一行為「音和」。在「廣通」諸韻則"來日舌三照二"在三等而所切之喉音居四等。後一例無據。

精雙喻四何以辨,當於偏狹第三函。(原注:韻逢精等喻下四,於偏狹門中並切第三。如許容切胸是偏門,許由切休是狹門。)

喉音以"精雙喻四"為「韻」者為三等韻与四等韻字。四等韻与三等「廣通」諸韻,喉音与精喻同在一行為「音和」。只有偏狹諸韻是精喻在四等而喉音在三等。

如逢照一言三二。(原注:韻逢照一,內轉切三,外轉切二。)

注文已明。並看上文論「內外」段。

喻母復從三四說。若逢仰覆但憑切。玄論分明有指南。(原注:曉匣影三母外,再從單喻母三四等言之。三等為覆,四等為仰。仰覆之間只憑為切之等也。如余招切搖是仰,于聿切颶是覆。)

注據《玉鑰匙》的「喻下憑切門」立說。參看上文論「喻下憑切」段。

6)半舌半齒音

來逢四類但音和。(原注:四類即四等也。隨四等韻去皆是音和。)

來母字在韻圖上的地位与牙音喉音大致相同,這兒的措詞也跟牙音喉音兩段一樣。不過也如那兩段,所謂"皆是音和"只就大體而言,實際還有例外在下面說着。

日止憑三寄韻歌。(原注:日字母下為切,韻逢一二四,止要切於第三,是日寄憑切門。如汝來切荋,如延切然字之類是也。)

注已明,並看上文論「日寄憑切」段。除此所云,日母都是「音和」,故歌曰"止"。

董同龢

全得照初分內外。（原注：韻逢照一即分內外。）

此指來母字。廣韻「里」字「良士切」是「內」的例。

精雙喻四事如何，廣通偏狹憑三等。（原注：韻逢精雙喻四如何為法？於廣通偏狹門中切第三是也。如力小切繚是廣門，力遂切類是通門，良辥切兩是偏門，力鹽切廉是狹門。）

此亦指來母字。來母有一點不同於牙喉音的就是他在三等韻，無論是「廣通」或「偏狹」都只排在韻圖的三等而沒有排入四等的[1]。職是之故，對「精雙喻四」的切語下字而言，牙喉音只在「偏狹」諸韻才不是「音和」，而來母字則連「廣通」帶「偏狹」都不是「音和」了。這兩句歌的主旨在此，為真空的「通廣偏狹門」所本，前文已經說到了。據此而言，"廣通偏狹憑三等"應該釋作"於廣通与偏狹門皆切第三"才是；後面舉例也應該說作"如力小切繚是廣門例，力遂切類是通門例，……"才清楚。注文少了幾个字，就使真空誤以這樣的情形叫作「通廣偏狹門」了。前文曾說，這樣情形与知系字完全相同，還無須說什麼「廣通」或「偏狹」。

四位相通理不訛。玄妙欲求端的處，五音該盡更無過。

此為收尾語，無所指。

（十一）

如上所述，我們把前人撒布的翳障清除，腳踏實地去推求，可知等韻門法的每一項都是言之有物的。（「物」本身的價值如何是另一个問題）本不過是字的韻書反切与韻圖地位的說明，而數百年來弄得撲朔離迷，立說者措詞未善應該首尸其咎。現在總算從根本上清算一過了。不過以事例為綱，一般檢閱未便。以下再依原來的次序，用个人認為比較清晰的文句另說一遍。

1）音和——凡字与其反切上字在韻圖同屬一母又与其反切下字同列一等之內者為音和。這是韻圖歸字的通則。依反切去求所切的字音，只要知道上字屬何母，

1）幽韻全部排入四等是另一回事。

下字列何等，大致两者交錯之處便是切出的字音。（看上文11—13頁）

2）類隔——端系舌頭音照例不出現於二等韵与三等韵。但韵書中却保有若干端系字切二三等韵字之例外切語。韵圖既從實在的系統歸字，如用這一類的切語找字，就得變該端系音為二三等韵所實有的相當的知系音。（看13—16，18頁）

3）窠切——三等韵的知系字韵圖列三等，而精系，喻母与一部分的唇牙喉音字則列四等。遇有知系字以精喻等母字作反切下字的，須注意所切之字並不跟切語下字同在四等而是在知系字所定居的三等。（看27—28頁）

4）輕重交互——反切唇音只一類，但韵圖却分輕唇与重唇。用反切在韵圖上找唇音字，自不免時覺乖違。不過輕重唇音是有一定的分野的：即微元諸韵全為輕唇；其他全是重唇。我們只要記清這一點，就有辦法了。如反切下字屬微元諸韵，無論上字是「輕」或是「重」，總是到輕唇音下面找字。反之，如屬其他的韵，無論上字是「輕」或是「重」，總是到重唇音下面找字。（看上文25頁）

5）振救——三等韵的精系字韵圖列四等而跟他們同韵類的字大部分又在三等。遇有精系字用那些字作反切下字的時候，須注意所切之字不隨反切下字在三等而是在精系字所定居的四等。（看29—31頁）

6）正音憑切——三等韵的莊系字韵圖列二等而同韵的别的字又在三四两等。所以莊系字如以别系的字作反切下字，那个字無論在三等或四等，都要改到二等才找得到本字。（看35—37頁）

7）精照互用——精系字照例不在二等韵出現；莊系字也照例不見於一等韵。然而韵書中却有若干精系字切二等韵字以及莊系字切一等韵字的例外切語。韵圖是依實際情形以前者列莊系的地位，後者列精系的地位。所以如遇這一類的切語，只要下字是一等的，雖上字屬莊系，也得改在一等韵所許可的相當的精系音下找字。反之，如下字是二等字，雖上字屬精系，也得改在二等韵所許可的莊系音下找字。（看13—16頁）

8）寄韵憑切——章系字照例不見於一等韵。可是韵書中却有若干章系字是借用了一等韵的字作反切下字的。他們實是三等音而反切下字在一等，所以不能從下字的等第找到他們，他們是在聲母所許可的三等。

除此之外，三等韻的章系字韻圖都列三等，可是同韻類的許多别的字又有列四等的。遇章系字用那些字作反切下字時，也不能從反切下字的等第找到他們。他們是在章系定居的三等。（看19—20頁）

董同龢

9）喻下憑切——韻書的「于」類字与「喻」類字韻圖都列入喻母下，不過仍使前者居三等而後者居四等以相别。因為「于」類字的反切下字不一定都在三等，「喻」類字的反切下字也不一定在四等，要找他們，也不能以下字的等第為據。只要上字屬「于」，就一定在三等；只要上字屬「喻」，就一定在四等。（看29—31頁）

10）日寄憑切——日母字只見於三等韻，韻圖也都列三等。不過他們的切語下字却有若干是從一二等韻借用的，又有若干本是同韻字而韻圖列四等的。不管怎樣，只要上字屬日母，總要到三等去找，不須顧及下字的等第。（看21—22頁）

11）通廣（或廣通）——支脂真諄祭仙宵清八韻有一類唇牙喉音在韻圖是列四等的，而同韻的知章系与來日母字又在三等。遇前者以後者為反切下字時，就不能從後者所居的三等找到前者而要改在四等。（看34—35頁）

12）偏狹——東鍾陽魚蒸尤鹽侵麻八韻的唇牙喉（除喻）音韻圖置三等，可是他們有用同韻而韻圖置四等的精系与喻母字作反切下字的。在這種情形下，反切下字雖在四等，所切之字却要到三等去找。（看31—32頁）

13）内外——三等韻的莊系字在韻圖上是離開本韻别系的字獨居於二等。韻書上却也不是没有用他們作别系字的反切下字的例。用那些反切在韻圖上找字，就不能依下字的二等而當在三等或四等了。（看36—38頁）

14）麻韻不定之切——「爹」字「陟邪切」，等子与指南把他放在舌音四等的地位。這種措置很特别，跟上述两个門法不合。依「類隔門」，麻三等可有知母，但舌音四等是端母的地位。依「窠切門」，「爹」字也不能因反切下字「邪」在四等而列四等。（看16—18頁）

15）前三後一——這是「輕重交互門」的例外，指東尤的唇次濁音不隨其他的唇音變輕唇而言。（看12頁）

16）寄正音和——章系字照例不見二等韻，而齊韻山韻有「㸑」字「充山切」。韻圖隨反切下

-48-

字以「揮」置二等，誤作「莊」系字。(看44頁)

17)就形——「靴」是三等字，而韻書「許戈切」；「鳳」是三等字，韻書也以「馮貢」為切。唇牙喉音的反切上字照例是三等韻與一二四等韻有別，「許」與「馮」都屬前者，也不能與一等的「戈」與「貢」配。用這些例外的切語，下字的等第就不足為憑，而上字倒可供參考。(看22—23頁)

18)獨立音和——養韻有「𩣡」字，音「眦養切」，而實不與本韻其他各字同韻類。韻圖以置四等，因與侷狹門法所云不合。五音集韻在養韻新增「䰘」字為泥母四等音。乃改「𩣡」為「眦䰘切」，使與「䰘」互相為切，獨成一類為音和。(看32—34頁)

19)開合——韻書中有一切語是下字的開合口跟所切之字不對的。用那些切語到韻圖上找字，在下字所在的圖中自然不會有所切之字。要到相當的開口或合口圖中才有。(看23—24頁)

20)通廣侷狹——三等韻的來母字韻圖列三等，而同韻中卻有些字列四等。遇來母字用那些字作反切下字時，就不能從下字所在的四等找得所切之字，而當在三等。(看28—29頁)

苗語釋親

芮逸夫

六同別錄

導讀

馮蒸

學術背景

芮逸夫20世紀30年代進入中研院史語所，1933年參與凌純聲領導的湘西苗族調查，成爲其學術生涯的重要轉折——在武陵山脉的層巒叠嶂間，他觸摸到了中國民族學研究的新領域。抗戰軍興的特殊時局，將民族學研究推向了前所未有的戰略高度。史語所西遷至昆明後，芮逸夫在楊成志、陶雲逵等學者構建的西南研究領域中，敏鋭捕捉到苗語親屬稱謂系統藴含的文化密碼。此時國民政府“中華民族是一個”的國族建構需求與學界“科學認知邊疆”的學術追求形成微妙張力。芮逸夫選擇以語言學爲突破口，在苗語稱謂的語音褶皺間尋找化解這種張力的可能。這種學術選擇既是對馬林諾夫斯基功能主義人類學的本土化實踐，更是對顧頡剛“邊疆即中國”命題的學理性回應。

學術評議

芮逸夫畢生致力于民族學與人類學研究，是中國民族學與人類學發展史上的關鍵人物之一，其研究領域跨越體質人類學、語言學、民族學等。有别于側重文獻分析與考據的傳統民族學研究方式，他是走出書房進入田野里，進行實際大量民族志第一手資料收集的首批研究者之一。

本文所示“釋親”，顧名思義，就是指解釋親屬的稱謂和親屬的關係。芮逸夫以此爲名，顯然是來源于《爾雅·釋親》。《爾雅·釋親》作爲我國最早論説親屬關係的專篇和總表，它詳細記録了我國早期社會的親屬稱謂和親屬關係，也反映了當時特殊的婚姻形態。《爾雅·釋親》下分四類：宗族、母黨、妻黨、婚姻。從此文可以看出，《爾雅·釋親》的分類對芮先生的苗語親屬稱謂的分類研究有一定影響。

該文首次運用科學的方法，以記音的形式記録了苗語的親屬稱謂屬性詞彙。此一方式，既是該文科學性的最爲重要的表現，也是該文討論苗語親屬稱謂詞彙的基礎。因爲如果記音出了問題，後面的一切都無從談起。關于這些苗語親屬稱謂詞彙材料及其記音經過，芮逸夫的説明非常重要，因爲苗語無文字，其語言數千年來口耳相傳，由于没有足够徵考的歷史文獻可以參考，因此，記音的準確性就至關重要。而如果没有受過嚴格的聽音記音訓練，則難以達到此項任務。所以，他説：

> 本文所記苗語親屬稱謂是根據兩位苗胞的報道而來的：其一爲叙永海壩鄉南坝田馬俊森君，是作者在其家借住時記録的，并經馬俊良君複述一過；其二爲大樹鄉馬家屯古元生君，是古君來到李莊

本所後，由張次瑶（琨）先生和作者共同記録的。在審音和辨調上，多承張先生匡正，并蒙李方桂先生指教。特此志感，并表謝忱。

芮逸夫是一位民族學家，不是語言學家。據筆者所知，中華人民共和國成立前，一般的民族學家多未受過嚴格的聽音記音訓練，芮逸夫也不例外。他“雖未受過學院式的人類學訓練，但他與凌純聲、陶雲逵等人長期共同進行田野考察，加上他十分勤于鑽研人類學典籍，因此後來成爲中國人類學先驅學者之一”。在1942—1943的半年中，他“與胡慶鈞到川南叙永進行苗族考察”（王明珂:《民族與國民在邊疆——以歷史語言研究所早期民族考察爲例的探討》），在鄉間勤于學習及記録苗語，這個經歷，使他獲得了聽音記音的基礎訓練。但由他所記的這份材料，因爲内容的限制，芮逸夫記録的聲母是17個（實際上永寧河源苗語全部聲母60餘個，此以在親屬稱謂中用到的爲限）；韵母是10個（實際上全部韵母是14個，此以在親屬稱謂中用到的爲限）；聲調有9個，分别是:高平調（55），高中平調（44），中平調（33），低平調（11），中升調（35），低升調（13），高降調（53），全降調（51），低降調（31）。據筆者所知，苗語的聲調非常複雜，有的苗語方言有五個平調，已經達到了一個音系中平調的極限。而芮逸夫記録的這個苗語方言有4個平調，也很複雜，此外，還有3個降調，2個升調，如果不是受過嚴格的訓練，是很難記得如此準確的。

除了記音，在第一節中，芮逸夫通過分釋苗語親屬的稱謂，依其八個附表排列的次序，臚列稱謂200餘個。前四表爲男性稱謂人的稱謂，後四表爲女性稱謂人的稱謂。這裏之所以要單獨提出“男性稱謂人”與

“女性稱謂人”，是因爲“苗人的稱謂有一部分是因稱謂人本身性别而异呼的，所以有男性稱謂人和女性稱謂人之别”。

第二節所附表所列苗語親屬稱謂，除重複的以外，尚多至百餘，但綜合觀察分類，實際衹有24個“基本稱謂”。

第三節即將這24個基本稱謂分别加以説明。尤其重要的是，將對“稱謂”的解釋路徑，從社會組織及婚姻制度的二元解釋中更跨出心理的因素。這在研究視野上，是一大發展。

第四節“釋稱謂區别詞”。芮逸夫説，上節上釋的24個基本稱謂，其中有一半（共計12個），在由兩個以上的基本稱謂結合而成的“複合稱謂”中都是作區别詞用的。此外還有三個純粹的區别詞。此節即將這些詞彙分别作了説明。

第五節是“釋面呼稱謂”。芮逸夫對“面呼稱謂”作出如下説明：

> 我們對尊輩及年長于本身的平輩稱謂，除稱述用的祖父、祖母（二輩尊親），父親、母親（一輩尊親），兄姊（年長于本身的平輩親屬）等外，另有一套“面呼稱謂”，例如：稱祖父爲“爺”或“爺爺”，“公”或“公公”；祖母爲“嬭”或“嬭嬭”，“婆”或“婆婆”；稱父爲“爹”或“爹爹”，“爸”或“爸爸”；稱母爲“孃”、“媽”或“媽媽”；稱兄爲“哥”或“哥哥”，稱姊爲“姐”或“姐姐”等等。稱年幼于本身的平輩及卑輩，無論長幼的稱謂，通常都可稱名字。惟有時也用面呼稱謂，例如：稱弟爲“弟弟”，妹爲“妹妹”，女婿爲“姑爺”，等等。而女子對夫族年幼于夫的平輩親屬更多用面呼稱謂，例如：稱夫之弟爲“叔叔”，其妻爲“嬸

嬸”，夫之妹爲“姑姑”等等。同樣的，永寧河源苗族的親屬稱謂，除前三節所釋的“稱述稱謂”外，另外也有面呼稱謂。

據此需要注意的是，面稱與背稱問題是一個非常重要的社會語言學現象，從作者由苗族作爲切入點來看這種現象可知，使用另一套“面呼稱謂”的情況不但在漢族中有，在苗語的親屬稱謂中同樣存在。芮逸夫説：

> 由語言學的觀點説，親屬稱謂是語言的一部分；由社會學或社會人類學的觀點説，親屬稱謂制是社會現象的一種，也就是文化現象的一種。我們知道，親屬稱謂的構成，有其內在的“心理想法”（manner of thought）的因素，也有其外在的社會習俗的因素。所以研究一族的親屬稱謂制，特别是低化民族的，可以窺覘其思想體系及社會組織，婚姻制度等的大略。英人白朗氏（A. R. Radcliffe-Brown）甚且以爲研究親屬稱謂制可使我們對于人類社會的本質——即關于過去、現在及未來一切社會的特徵——達到作正確概括（generalization）的唯一方法。惟本文的主要目的衹是供給材料，關于比較的研究，應俟各族語言有了詳審的參考材料以後才能討論。

芮逸夫的苗語稱謂研究，并非簡單地套入以往的歸類，而是具體的借助對苗語親屬稱謂細緻入微的剖析，挖掘苗族親屬制度的本質與特點，爲深入理解苗族社會結構、家庭組織及婚姻形態提供了關鍵綫索。通過對苗語親屬詞彙的語義分析，我們能洞察苗族家庭中成員關係的親疏遠近，以及這種關係在社會生活中的實踐與影響，這對完善民族學中關于親屬制度的研究意義重大。

學術價值

此文作爲中國首部系統研究非漢語親屬稱謂的著作，成功地將歷史比較語言學、結構功能主義與社會人類學熔鑄爲新的分析工具。芮逸夫使用的“方言比較三要素法”（語音對應、語義場分析、文化語境還原），爲後來的少數民族語言研究提供了可操作的方式。芮逸夫證明，親屬稱謂絶非簡單的符號標籤，而是凝結着社會結構、歷史記憶與文化策略的“壓縮檔案”。這種研究取向對當代學者的研究具有重要啓示：當學者運用語料庫技術分析少數民族語言時，《苗語釋親》提示他們必須關注詞彙的“多重語境”，尤其親屬稱謂作爲文化的重要載體，其所蘊含的是歷史記憶、社會价值、傳統習俗。通過解讀稱謂，我們所能達至的是一個共同族群的文化元素，通過語言的分析而進入歷史研究。從這一側面，我們也能觀察到傅斯年所創立的史語所是如何追求將學術從傳統過渡到現代，而又同時成爲區别開了乾嘉余脉的訓詁音韵之學的標志之一。

集刊外編第三種

苗語釋親

苗語釋親

芮逸夫

目次

一　引言

本文所稱苗語是指川南敘永縣屬永寧河源苗族的語言。永寧河源有東南二水，東水俗稱東門河，又有二源：一出后山堡，一出燈盞坪；南水俗稱南門河，又有三源：一出分水嶺，一出海壩，一出雙河場。這五源流經之地都是敘永縣南鄉的山

六同别錄

芮逸夫

區，(注1)適當四川盆地南西的邊緣，海拔大都在一千公尺上下。東自燈盞坪以南，西至雙河場一帶，南起分水嶺以北，北及城郊附近：在這地方百里，人口約莫五萬的區域以內，雜居着的苗民約佔十之一二。這些苗民都自稱 ɦmoŋ˦ ntʂʅ˩，又稱 ɦmoŋ˦ ʂwa˥。ɦmoŋ˦ 或 ɦmo˦ 為一般苗人自稱之名，ɦmo˦ 只是消失了鼻音韻尾的 ɦmoŋ˦，ntʂʅ˩ 之義不可解。ʂwa˥ 單讀時作 ʂwa˨，為苗人稱漢人之名，ɦmoŋ˦ ʂwa˥ 或 ɦmo˦ ʂwa˥ 即漢苗之義。因為他們自承早已漢化，所以自稱為漢苗。但據敘永合志所記則稱鴉雀苗，有些漢人及另一種和他們相處很近自稱 ɦmoŋ˦ tau˧ 的苗人(原義即下方苗，敘永合志稱之為牛屎苗)，也都以此相稱。他們也自承一般所稱的鴉雀苗就是他們。據他們自己的解釋是因為少婦頭包白帕，身着青布花衣，腰束蠟染花裙，遠看有似鴉雀云。在他們和漢人談話時，常自稱為 ɦmoŋ˦ 家或苗家，而稱漢人為 ʂwa˥ 家。

一般基督教傳教士都稱川滇黔三省交界一帶的苗人為川苗，本文所稱的苗當然是被包括在内的。據美人葛維漢氏(D.C. Graham)說，北至四川珙縣和長寧，東至永寧(敘永)東百里，南至雲南大關，西至綏江：在這個區域以内約共有十五萬苗民都是屬於一個文化區的川苗。(注2)他們自稱 ɦmoŋ bo。(注3)由於他們的服飾，特别是婦女們的，都因地而異，所以有不少異稱：雲南北部的稱小花苗，鎮雄附近有白苗及和尚苗，老鴉灘(鹽津)附近的稱簀雞苗，珙縣洛表附近的稱兜兜苗，貴州北部也有稱鴉雀苗的。(注4)這些苗民雖有各種不同的名稱，但他們自稱的通名都是 ɦmoŋ˦ 或 ɦmo˦。葛氏並云，他們的語言，習俗及體質，大致是相同的。(注5)其

注1：敘永縣志卷一輿地篇(民國二十四年排印本)。

注2：D. C. Graham: The Customs of the Ch'uan Miao (Journal of the West China Border Research Society, Vol. IX, 1937, pp.13-79), p.16.

注3：Ibid., p.18.

注4：Ibid., pp.19-20.

注5：Ibin, p.19

—2—

語雖覺言之過早——因為那些苗族的語言，習俗及體質，尚未經專家的詳細研究——但由其稱名的相同，並以我們所記的苗語材料來和用上述各地苗方言翻譯而成的苗文基督教經典及詩歌[注1]比較，而知其雖有差異，然很相近。由這一點看來，本文所記苗族的親屬稱謂，大概和川滇黔交界一帶各種苗族的親屬稱謂，或者差異並不很大。

苗語釋親

由語言學的觀點說，親屬稱謂是語言的一部分；由社會學或社會人類學的觀點說，親屬稱謂制是社會現象的一種，也就是文化現象的一種。我們知道，親屬稱謂的構成，有其內在的心理想法”(manner of thought)的因素，也有其外在的社會習俗的因素。所以研究一族的親屬稱謂制，特別是低化民族的，可以窺覘其思想體系及社會組織，婚姻制度等的大畧。英人白朗氏(A.R. Radcliffe-Brown)甚且以為研究親屬稱謂制可使我們對於人類社會的本質——即關於過去、現在及未來一切社會的特徵——達到作正確概括(generalization)的唯一方法。[注2]惟本文的主要目的只是供給材料，關於比較的研究，應俟各族語言有了詳審的參考材料以後才能討論。

本文所記苗語親屬稱謂是根據兩位苗胞的報道而來的：其一為敍永海壩鄉南坳田馬俊森君，是作者在其家借住時(1943年一、二月間)記錄的，並經馬俊良君複述一遍；其二為大樹鄉馬家屯古元生君，是古君來到李莊本所後，由張次瑤(琨)先生和作者共同記錄的。在審音和辨調上，多承張先生匡正，並蒙李方桂先生指教。特此誌感，並表謝忱。

注1：即用英國傳教士柏艦理氏(Sam Pollard)所造的所謂Pollard script拼寫苗語印行的教會用書，作者所見有：1、川苗一書(ʾɔ6 ᐱ Yn (ϯ))，鉛字排印本，出版年月未詳；2.福音詩歌(R ɔ ⊐11 ⊏)，四川古藺福音灣堂譯，長沙石印本，1935；3.川苗福音詩(⊐9 R ɔ)，楊明清譯，石門坎循道公會發行，1935.

注2：A.R. Radcliffe-Brown: The Study of Kinship Systems (Journal of the Royal Anthropological Institute, Vol. LXXX, Parts I & II, 1941), p.16.

六同別錄

二　釋表列稱謂

芮逸夫

本節釋苗語親屬稱謂，一依附表排列的次序。附表凡八，前四表為男性稱謂人的稱謂：Ⅰ父方血親，Ⅱ母方血親，Ⅲ妻族父方姻親，Ⅳ妻族母方姻親；後四表為女性稱謂人的稱謂：Ⅴ父方血親，Ⅵ母方血親，Ⅶ夫族父方姻親，Ⅷ夫族母方姻親。因為苗人的稱謂有一部分是因稱謂人本身性別而異呼的，所以有男性稱謂人和女性稱謂人之別。稱謂記音所用國際音標的音值詳見附表說明。

Ⅰ男性稱謂人父方血親：

A、祖父輩

1、父之父為 jeu˧˩（祖父）。

2、父之母為 po˧（祖母）。

B、父輩

3、父為 tsi˥˧（父）。

4、母為 na˧˩（母）。

5、父之兄為 jeu˧˩ lau˩（伯父）。

6、父之兄妻為 po˩ lau˧（伯母）。按 lau˧ 為 lau˩ 用在高低降調後的變調。

7、父之弟為 tsi˥˧ je˩（叔父）。

8、父之弟妻為 na˧˩ ɬa˧（叔母）。

9、父之姊妹為 ȵaŋ˩ 或 me˧ ȵaŋ˩（姑母）。

10、父之姊妹夫為 jeu˧˩ vau˥˧（姑父）。

C、平輩

11、（本身）。

12、妻為 po˩（妻）。

13、兄和堂兄為 ti˩（兄）。

14、兄妻和堂兄妻為 ȵaŋ˧˥ ti˧（嫂）。按 ti˧ 為 ti˩ 用在高低降調後的變調。

—4—

15.弟和堂弟為ku˥˩(弟)。

16.弟妻和堂弟妻為ɲaŋ˥˧ ku˥(弟婦)。按ku˥為ku˥˩用在高低降調後的變調。

17.姊妹和堂姊妹為ma˧(姊妹)。

18.姊妹夫和堂姊妹夫為ma˧ vau˥˩(姊妹夫)。

19.父之姊妹之子年長於本身的為ti˩ mpeu˧(表兄)。按mpeu˧為mpeu˩用在高低降調後的變調。

20.表兄之妻為ɲaŋ˥˧ ti˧ mpeu˩(表嫂)。

21.父之姊妹之子年幼於本身的為ku˥˩ mpeu˩(表弟)。

22.表弟之妻為ɲaŋ˥˧ ku˥ mpeu˩(表弟婦)。

23.父之姊妹之女為ma˧ mpeu˩(表姊妹)。

24.表姊妹之夫為ma˧ vau˥˩ mpeu˩(表姊妹夫)。

D.子輩

25.子為to˥˧(子)。

26.子之妻為to˥˧ ɲaŋ˥˧(子婦)。按通例高低降調後的字大都變調，但ɲaŋ˥˧不變。

27.女為ntsʻai˥(女)。

28.女之夫為ntsʻai˥ vau˥˩(女壻)。

29.兄弟之子和堂兄弟之子為to˥˧ ntu˧(姪男)。按ntu˧為ntu˩在高低降調後的變調。

30.姪男和堂姪男之妻為ɲaŋ˥˧ to˥˧ ntu˧(姪婦)。按通例高低降調後的字大都變調，但to˥˧不變。

31.兄弟之女和堂兄弟之女為ntsʻai˥ ntu˩(姪女)。

32.姪女和堂姪女之夫為ntsʻai˥ ntu˩ vau˥˩(姪女壻)。

33.姊妹之子和堂姊妹之子為no˩ ku˥˩(外甥)。按今多從漢稱。

34.外甥和堂外甥之妻為ɲaŋ˥˧ no˩ ku˥˩(外甥婦)。按no˩在ɲaŋ˥˧後本應變調，但no˩和ku˥˩合成一個稱謂後則又不變。今稱"ɲa˧外甥"。

35.姊妹之女和堂姊妹之女為ntsʻai˥ ku˥˩(外甥女)。按今稱"ntsʻai˥外甥。

六同別錄

芮逸夫

36、外甥女和堂外甥女之夫為ntsʻai˧ ku˅ vau˅(外甥壻)。按今稱"vau˅外甥"。

37、表兄弟之子為to˅ ntu˧ mpeu˩(表姪男)。

38、表姪男之妻為ȵaŋ˅ to˅ ntu˧ mpeu˩(表姪婦)。

39、表兄弟之女為ntsʻai˧ ntu˩ mpeu˩(表姪女)。

40、表姪女之夫為ntsʻai˧ ntu˩ mpeu˩ vau˅(表姪壻)。

41、表姊妹之子為no˩ ku˅ mpeu˩(表外甥)。按今稱"外甥mpeu˩"。餘倣此。

42、表外甥之妻為ȵaŋ˅ no˩ ku˅ mpeu˩(表外甥婦)。

43、表姊妹之女為ntsʻai˧ ku˅ mpeu˩(表外甥女)。

44、表外甥女之夫為ntsʻai˧ ku˅ mpeu˩ vau˅(表外甥壻)。

E、孫輩

45、子和女之子為ki˅(孫男)。按今多從漢稱為"孫孫"。

46、孫男和外孫男之妻為ȵaŋ˅ ki˥(孫婦)。按ki˥為ki˅在高低降調後的變調。今稱"ȵaŋ˅孫孫"。

47、子和女之女為ntsʻai˧ ki˅(孫女)。按今稱"ntsʻai˧孫孫"。

48、孫女和外孫女之夫為ntsʻai˧ ki˅ vau˅(孫壻)。按今稱"vau˅孫孫"。

Ⅱ男性稱謂人母方血親：

A、祖父輩

1、母之父為jeu˩或jeu˩ tai˧(外祖父)。按今從漢稱為"家公"。

2、母之母為tai˧或po˧ tai˧(外祖母)。

B、父輩

3和4同Ⅰ.3和4。

5、母之兄弟為jeu˩ klaŋ˅(舅父)。

6、母之兄弟妻為po˩ klaŋ˅(舅母)。按通例高低降調後的字大都變調，但klaŋ˅不變。

7、母之姊為po˩ lau˧(大姨母)。

8、母之姊夫為jeu˩ lau˩(大姨父)

-6-

9.母之妹為na˧ ʑu˥(小姨母)

10.母之妹夫為jeu˩ ʑu˧(小姨父)。

C.平輩

11和12為配偶，13至18為本身的同胞及其配偶，均不屬母方，稱謂同Ⅰ11至18。

19.母之兄弟之子和姊妹之子年長於本身的為ti˨ mpeu˧(表兄)。

20.表兄之妻為ɲaŋ˦ ti˧ mpeu˩(表嫂)。

21.母之兄弟之子和姊妹之子年幼於本身的為ku˨˩ mpeu˩(表弟)。

22.表弟之妻為ɲaŋ˦ ku˥ mpeu˩(表弟婦)。

23.母之兄弟之女和姊妹之女為ma˧ mpeu˩(表姊妹)。

24.表姊妹之夫為ma˧ vau˨˩ mpeu˩(表姊妹夫)。

D.子輩

25至28為本身所生親屬，29至36為同胞所生，均不屬母方，稱謂同Ⅰ25至36。

37.表兄弟之子為to˦ ntu˧ mpeu˩(表姪男)。

38.表姪男之妻為ɲaŋ˦ to˦ ntu˧ mpeu˩(表姪婦)。

39.表兄弟之女為nts'ai˧ ntu˩ mpeu˩(表姪女)。

40.表姪女之夫為nts'ai˧ ntu˩ mpeu˩ vau˨˩(表姪壻)。

41.表姊妹之子為no˩ ku˨˩ mpeu˩(表外甥)。按今稱"外甥mpeu˩"。餘做此。

42.表外甥之妻為ɲaŋ˦ no˩ ku˨˩ mpeu˩(表外甥婦)。

43.表姊妹之女為nts'ai˧ ku˨˩ mpeu˩(表外甥女)。

44.表外甥女之夫為nts'ai˧ ku˨˩ mpeu˩ vau˨˩(表外甥壻)。

Ⅲ男性稱謂人妻族父方姻親

A.祖父輩

1.妻父之父為jeu˩或jeu˩ tai˥(岳祖父)。

2.妻父之母為po˧或po˧ tai˥(岳祖母)。

B.父輩

3.妻父為jeu˧或tai˥ ʑeu˧(岳父)。

六同别錄

芮
逸
夫

4、妻母為tai˦或na˧˩ tai˦(岳母)。

5、妻父之兄為jeu˧˩ lau˩或jeu˧ lau˩(伯岳父)。

6、妻父之兄妻為tai˦ lau˩(伯岳母)。

7、妻父之弟為jeu˧˩ je˩或jeu˧ je˩(叔岳父)。

8、妻父之弟妻為tai˦ je˩(叔岳母)。

9、妻父之姊妹為ȵaŋ˨˩或tai˦ ȵaŋ˨˩(姑岳母)。

10、妻父之姊妹夫為jeu˧˩ vau˧˩˧或jeu˧ vau˧˩˧(姑岳父)。

C、平輩

11和12同I 11和12，不屬妻族。

13、妻兄弟和妻堂兄弟為no˩(舅兄弟)。

14、妻兄弟妻和妻堂兄弟妻為ȵaŋ˦ no˧(舅嫂，舅弟婦)。

15、妻姊和妻堂姊為na˧˩ lau˩(姨姊)。

16、妻姊夫和妻堂姊夫為tsi˧˩˧ lau˩(姨姊夫)。

17、妻妹和妻堂妹為mi˥ ɬa˦(姨妹)。

18、妻妹夫和妻堂妹夫為tsi˧˩˧ ɬa˦(姨妹夫)。

19、妻父之姊妹之子為no˩ mpeu˩(表舅兄弟)。

20、表舅兄弟之妻為ȵaŋ˦ mpeu˧(表舅嫂，表舅弟婦)。

21、妻父之姊妹之女年長於妻的為na˧˩ lau˩ mpeu˩(表姨姊)。

22、表姨姊之夫為tsi˧˩˧ lau˩ mpeu˩(表姨姊夫)。

23、妻父之姊妹之女年幼於妻的為mi˥ ɬa˦ mpeu˩(表姨妹)。

24、表姨妹之夫為tsi˧˩˧ ɬa˦ mpeu˩(表姨妹夫)。

D、子輩

25至28同I 25至28，不屬妻族。

29、舅兄弟之子和堂舅兄弟之子為no˩ ku˧˩˧(内姪男)。

30、内姪男和堂内姪男之妻為ȵaŋ˦ no˩ ku˧˩˧(内姪婦)。

31、舅兄弟之女和堂舅兄弟之女為ntsai˦ ku˧˩˧(内姪女)。

—8—

集刊外編第三種

32、內姪女和堂內姪女之夫為nts'ai˥ ku˧˩˧ vau˧˩˧（內姪壻）。

33、姨姊妹之子和堂姨姊妹之子為to˦ ntu˧（姨外甥）。按今稱"外甥"，餘做此。

34、姨外甥和堂姨外甥之妻為ŋaŋ˦ to˦ ntu˧（姨外甥婦）。

35、姨姊妹之女和堂姨姊妹之女為nts'ai˥ ntu˩（姨外甥女）。

36、姨外甥女和堂姨外甥女之夫為nts'ai˥ ntu˩ vau˧˩˧（姨外甥壻）。

37、表舅兄弟之子為no˩ ku˧˩˧ mpeu˩（表內姪男）。

38、表內姪男之妻為ŋaŋ˦ no˩ ku˧˩˧ mpeu˩（表內姪婦）。

39、表舅兄弟之女為nts'ai˥ ku˧˩˧ mpeu˩（表內姪女）。

40、表內姪女之夫為nts'ai˥ ku˧˩˧ mpeu˩ vau˧˩˧（表內姪壻）。

41、表姨姊妹之子為to˦ ntu˧ mpeu˩（表姨外甥）。按今稱"外甥mpeu˩"。餘做此。

42、表姨外甥之妻為ŋaŋ˦ to˦ ntu˧ mpeu˩（表姨外甥婦）。

43、表姨姊妹之女為nts'ai˥ ntu˩ mpeu˩（表姨外甥女）。

44、表姨外甥女之夫為nts'ai˥ ntu˩ mpeu˩ vau˧˩˧（表姨外甥壻）。

Ⅲ男性稱謂人妻族母方姻親表：

A、祖父輩

1、妻母之父為jeu˩˧或jeu˩˧ tai˥（外岳祖父）。按今從漢稱為"家公"。

2、妻母之母為tai˥或po˧ tai˥（外岳祖母）。

B、父輩

3和4同Ⅲ3和4。

5、妻母之兄弟為jeu˩˧ klaŋ˦或jeu˧ klaŋ˦（舅岳父）。

6、妻母之兄弟妻為po˧˩ klaŋ˦或tai˥ klaŋ˦（舅岳母）。

7、妻母之姊為po˧˩ lau˧或tai˥ lau˩（大姨岳母）。

8、妻母之姊夫為jeu˩˧ lau˩或jeu˧ lau˩（大姨岳父）。

9、妻母之妹為na˩˧ ɕa˥或tai˥ ɕa˥（小姨岳母）。

10、妻母之妹夫為jeu˩˧ ɕa˥或jeu˧ ɕa˥（小姨岳父）。

C、平輩

苗語釋親

六同别錄

芮逸夫

11和12同Ⅲ11和12。13至18為妻之同胞及其配偶，屬妻族父方，稱謂同Ⅲ13至18。

19.妻母之兄弟之子和姊妹之子為no˩ mpeu˩（表舅兄弟）。

20.表舅兄弟之妻為ŋaŋ˦ mpeu˧（表舅嫂，表舅弟婦）。

21.妻母之兄弟之女和姊妹之女年長於妻的為na˩˨ lau˩ mpeu˩（表姨姊）。

22.表姨姊之夫為tsi˥˩˥ lau˩ mpeu˩（表姨姊夫）。

23.妻母之兄弟之女和姊妹之女年幼於妻的為mi˥ ʑa˧ mpeu˩（表姨妹）。

24.表姨妹之夫為tsi˥˩˥ ʑa˧ mpeu˩（表姨妹夫）。

D.子輩

25至36同Ⅲ25至36。25至28不屬妻族，29至36屬妻族父方，不屬母方。

37.表舅兄弟之子為no˩ ku˥˩˥ mpeu˩（表内姪男）。

38.表内姪男之妻為ŋaŋ˦ no˩ ku˥˩˥ mpeu˩（表内姪婦）。

39.表舅兄弟之女為ntsʻai˧ ku˥˩˥ mpeu˩（表内姪女）。

40.表内姪女之夫為ntsʻai˧ ku˥˩˥ mpeu˩ vau˥˩˥（表内姪壻）。

41.表姨姊妹之子為to˦ ntu˧ mpeu˩（表姨外甥）。按今稱"外甥mpeu˩"。餘做此。

42.表姨外甥之妻為ŋaŋ˦ to˦ ntu˧ mpeu˩（表姨外甥婦）。

43.表姨姊妹之女為ntsʻai˧ ntu˩ mpeu˩（表姨外甥女）。

44.表姨外甥女之夫為ntsʻai˧ ntu˩ mpeu˩ vau˥˩˥（表姨外甥壻）。

Ⅴ女性稱謂人父方血親表：

A.祖父輩

1和2同Ⅰ1和2。

B.父輩

3至10同Ⅰ3至10。

C.平輩

11.（本身）。

12.夫為jeu˧（夫）。

13.兄弟和堂兄弟為no˩（兄弟）。

—10—

苗語釋親

14、兄弟妻和堂兄弟妻為ŋaŋ˦ no˧（嫂，弟婦）。

15、姊和堂姊為ve˨˩˧（姊）。

16、姊夫和堂姊夫為tsi˨˩˧ lau˩（姊夫）。

17、妹和堂妹為ntɕau˩（妹）。

18、妹夫和堂妹夫為tsi˨˩˧ ɬa˧（妹夫）。

19、父之姊妹之子為no˩ mpeu˩（表兄弟）。

20、表兄弟之妻為ŋaŋ˦ mpeu˧（表嫂，表弟婦）。

21、父之姊妹之女年長於本身的為ve˨˩˧ mpeu˩（表姊）。

22、表姊之夫為tsi˨˩˧ lau˩ mpeu˩（表姊夫）。

23、父之姊妹之女年幼於本身的為ntɕau˩ mpeu˩（表妹）。

24、表妹之夫為tsi˨˩˧ ɬa˧ mpeu˩（表妹夫）。

D、子輩

25至28為本身所生親屬，屬夫族，不屬己族，稱謂同I25至28。

29、兄弟之子和堂兄弟之子為no˩ ku˨˩˧（姪男）。

30、姪男和堂姪男之妻為ŋaŋ˦ no˩ ku˨˩˧（姪婦）。

31、兄弟之女和堂兄弟之女為ntsʻai˥ ku˨˩˧（姪女）。

32、姪女和堂姪女之夫為ntsʻai˥ ku˨˩˧ vau˨˩˧（姪女壻）。

33、姊妹之子和堂姊妹之子為to˦ ntu˧（外甥）。按今多從漢稱。

34、外甥和堂外甥之妻為ŋaŋ˦ to˦ ntu˧（外甥婦）。按今稱"ŋaŋ˦外甥"。

35、姊妹之女和堂姊妹之女為ntsʻai˥ ntu˩（外甥女）。按今稱"ntsʻai˥外甥"。

36、外甥女和堂外甥女之夫為ntsʻai˥ ntu˩ vau˨˩˧（外甥壻）。按今稱"vau˨˩˧外甥"。

37、表兄弟之子為no˩ ku˨˩˧ mpeu˩（表姪男）。

38、表姪男之妻為ŋaŋ˦ no˩ ku˨˩˧ mpeu˩（表姪婦）。

六同別錄

芮逸夫

39.表兄弟之女為ntsʻai˥ ku˅ mpeu˩（表姪女）。

40.表姪女之夫為ntsʻai˥ ku˅ mpeu˩ vau˅（表姪壻）。

41.表姊妹之子為toY ntu˧ mpeu˩（表外甥）。按今稱“外甥mpeu˩”，餘倣此。

42.表外甥之妻為ŋaŋY toY ntu˧ mpeu˩（表外甥婦）。

43.表姊妹之女為ntsʻai˥ ntu˩ mpeu˩（表外甥女）。

44.表外甥女之夫為ntsʻai˥ ntu˩ mpeu˩ vau˅（表外甥壻）。

Ⅵ女性稱謂人母方血親：

A.祖父輩

1和2同Ⅱ1和2。

B.父輩

3至10同Ⅱ3至10。

C.平輩

11和12為配偶，13至18為本身的同胞及其配偶，均不屬母方，稱謂同Ⅴ11至18。

19.母之兄弟之子和姊妹之子為no˩ mpeu˩（表兄弟）。

20.表兄弟之妻為ŋaŋY mpeu˧（表嫂，表弟婦）。

21.母之兄弟之女和姊妹之女年長於本身的為ve˅ mpeu˩（表姊）。

22.表姊之夫為tsi˅ lau˩ mpeu˩（表姊夫）。

23.母之兄弟之女和姊妹之女年幼於本身的為ntsau˩ mpeu˩（表妹）。

24.表妹之夫為tsi˅ ɬa˥ mpeu˩（表妹夫）。

D.子輩

25至28同Ⅱ25至28。29至36為同胞所生的親屬，不屬母方，稱謂同Ⅴ25至36。

37.表兄弟之子為no˩ ku˅ mpeu˩（表姪男）。

38.表姪男之妻為ŋaŋY no˩ ku˅ mpeu˩（表姪婦）。

39.表兄弟之女為ntsʻai˥ ku˅ mpeu˩（表姪女）。

40.表姪女之夫為ntsʻai˥ ku˅ mpeu˩ vau˅（表姪壻）。

41.表姊妹之子為toY ntu˧ mpeu˩（表外甥）。按今稱“外甥mpeu˩”，餘倣此。

—12—

42.表外甥之妻為ɲaŋ˥ to˥ ntu˧ mpeu˩(表外甥婦)。

43.表姊妹之女為nts'ai˥ ntu˩ mpeu˩(表外甥女)。

44.表外甥女之夫為nts'ai˥ ntu˩ mpeu˩ vau˥˩˥(表外甥婿)。

Ⅲ.女性稱謂人夫族父方姻親:

A.祖父輩

1.夫父之父為jeu˩˧(祖公)。

2.夫父之母為po˧(祖婆)。

B.父輩

3.夫父為jeu˩˧(公)。

4.夫母為po˧(婆)。

5.夫父之兄為jeu˩˧ lau˩(伯公)。

6.夫父之兄妻為po˩ lau˧(伯婆)。

7.夫父之弟為jeu˩˧ je˩(叔公)。

8.夫父之弟妻為po˩ je˧(叔婆)。按je˧為je˩用在高低降調後的變調。

9.夫父之姊妹為ɲaŋ˩或me˥ ɲaŋ˩(姑婆)。

10.夫父之姊妹夫為jeu˩˧ vau˥˩˥(姑公)。

C.平輩

11.和12為配偶,稱謂同Ⅲ11至12。

13.夫兄和夫堂兄為lau˩(伯子)

14.夫兄妻和夫堂兄妻為na˩˧ lau˩(姆姆)。

15.夫弟和夫堂弟為jia˩(叔子)

16.夫弟妻和夫堂弟妻為mi˥ ɬa˧(嬸嬸)。

17.夫姊妹和夫堂姊妹為ma˧(姑子)。

18.夫姊妹夫和夫堂姊妹夫為ma˧ vau˥˩˥(姑夫)。

19.夫父之姊妹之子年長於夫的為lau˩ mpeu˩(表伯子)

六同別錄

芮逸夫

20.表伯之妻為na˨˩ lau˩ mpeu˩(表姆姆)。

21.夫父之姊妹之子年幼於夫的為je˩ mpeu˩(表叔子)。

22.表叔之妻為mi˥˧ ʑa˧ mpeu˩(表嬸嬸)。

23.夫父之姊妹之女為ma˧ mpeu˩(表姑子)。

24.表姑子之夫為vau˧˩˧ mpeu˩(表姑夫)。

D.子輩

25至28為本身所生親屬，不是姻親，稱謂同I25至28。

29.伯叔之子和堂伯叔之子為to˧˩˧ ntu˧(姪男)。

30.姪男和堂姪男之妻為ŋaŋ˧˩˧ to˧˩˧ ntu˧(姪婦)。

31.伯叔之女和堂伯叔之女為nts'ai˧ ntu˩(姪女)。

32.姪女和堂姪女之夫為nts'ai˧ ntu˩ vau˧˩˧(姪女婿)。

33.姑子之子和堂姑子之子為no˩ ku˧˩˧(外甥)，按今多從漢稱

34.外甥和堂外甥之妻為ŋaŋ˧ no˩ ku˧˩˧(外甥婦)。按今稱"ŋaŋ˧ 外甥"

35.姑子之女和堂姑子之女為nts'ai˧ ku˧˩˧(外甥女)。按今稱"nts'ai˧ 外甥"

36.外甥女和堂外甥女之夫為nts'ai˧ ku˧˩˧ vau˧˩˧(外甥婿)。按今稱"vau˧˩˧ 外甥"。

37.表伯叔之子為to˧˩˧ ntu˧ mpeu˩(表姪男)。

38.表姪男之妻為ŋaŋ˧ to˧˩˧ ntu˧ mpeu˩(表姪婦)。

39.表伯叔之女為nts'ai˧ ntu˩ mpeu˩(表姪女)。

40.表姪女之夫為nts'ai˧ ntu˩ mpeu˩ vau˧˩˧(表姪婿)。

41.表姑子之子為no˩ ku˧˩˧ mpeu˩(表外甥)，按今稱"外甥mpeu˩"，餘倣此。

42.表外甥之妻為ŋaŋ˧˩˧ no˩ ku˧˩˧ mpeu˩(表外甥婦)。

43.表姑子之女為nts'ai˧ ku˧˩˧ mpeu˩(表外甥女)。

44.表外甥女之夫為nts'ai˧ ku˧˩˧ mpeu˩ vau˧˩˧(表外甥婿)。

VIII女性稱謂人夫族母方姻親：

A.祖父輩

—14—

1. 夫母之父為jeu˧˩或jeu˧˩ tai˥(外祖公)。按今從漢稱為"家公"。

2. 夫母之母為tai˥或po˧ tai˥(外祖婆)。

B、父輩

3和4同Ⅶ3和4。

5、夫母之兄弟為jeu˧˩ klaŋ˥˧(舅公)。

6、夫母之兄弟妻為po˩ klaŋ˥˧(舅婆)。

7、夫母之姊為po˩ lau˧(大姨婆)。

8 夫母之姊夫為jeu˧˩ lau˩(大姨公)。

9、夫母之妹為na˧˩ ɬa˧(小姨婆)

10、夫母之妹夫為jeu˧˩ ɬa˧(小姨公)。

C、平輩

11和12為配偶，不屬夫族母方；13至18為夫之同胞及其配偶，屬夫族父方，不屬母方，稱謂同Ⅴ11至18。

19、夫母之兄弟之子和姊妹之子年長於夫的為lau˩ mpeu˩(表伯子)。

20、表伯子之妻為na˧˩ lau˩ mpeu˩(表姆姆)。

21、夫母之兄弟之子和姊妹之子年幼於夫的為je˩ mpeu˩(表叔子)。

22、表叔子之妻為mi˥˧ ʒa˧ mpeu˩(表嬸嬸)。

23、夫母之兄弟之女和姊妹之女為ma˧ mpeu˩(表姑子)。

24、表姑子之夫為vau˨˧ mpeu˩(表姑夫)。

D、子輩

25至36同Ⅶ25至36。25至28不是姻親，29至36屬夫族父方，不屬母方。

37、表伯叔之子為to˥˧ ntu˧ mpeu˩(表姪男)。

38、表姪男之妻為naŋ˥˧ to˥˧ ntu˧ mpeu˩(表姪婦)。

39、表伯叔之女為ntsʻai˥ ntu˩ mpeu˩(表姪女)。

40、表姪女之夫為ntsʻai˥ ntu˩ mpeu˩ vau˨˧(表姪壻)。

41、表姑子之子為no˩ ku˨˧ mpeu˩(表外甥)。按今稱"外甥mpeu˩"，餘倣此。

苗語釋親

42.表外甥之妻為ɳaŋ˦ no˩ ku˧˩˧ mpeu˩(表外甥婦)。

43.表姑子之女為nts'ai˧ ku˧˩˧ mpeu˩(表外甥女)。

44.表外甥女之夫為nts'ai˧ ku˧˩˧ mpeu˩ vau˦(表外甥壻)。

芮逸夫

以上所釋的苗語親屬稱謂，由縱的方面看，只限於直系和第一第二兩旁系。由横的方面看，直系親屬只限於自本身上推的兩輩和下推的兩輩，連平輩共為五輩，包括二輩尊親即祖父行，一輩尊親即父行，平輩親屬即本身行，一輩卑親即子行，二輩卑親即孫行。（孫行親屬即41至48八號，只在男性稱謂人父方血親項下釋之；因其不屬母方，不屬女性稱謂人的父方和母方，並且是血親而不是姻親，所以在其餘七項下均從闕。）第一旁系即兄弟姊妹及其後裔，兄弟姊妹的尊親即本身直系的尊親，其二輩卑親的稱謂又和直系的相同，所以從畧，只釋兩輩。第二旁系即父之兄弟姊妹及其後裔，父之兄弟姊妹的尊親即直系的二輩尊親，其子女的二輩卑親的稱謂又和直系的相同，所以都也從畧，只釋三輩。至於第三旁系即本族的再從兄弟姊妹和外族的堂姑舅姨表兄弟姊妹，以及第四旁系即本族的族兄弟姊妹和外族的再從姑舅姨表兄弟姊妹的親屬稱謂，則本族的二輩尊親和二輩卑親均同直系，一輩尊親同第二旁系，平輩親屬和一輩卑親均同第一旁系；外族的二輩尊親已經沒有一致習用的稱謂，一輩尊親和一輩卑親以及平輩親屬均同第二旁系。（外族的平輩親屬和一輩卑親的稱謂只是在同行輩的本族第一旁系親屬稱謂後加"mpeu˩"一字，相當於漢語的"表"字。）至於三輩尊親即曾祖行以及四輩尊親即高祖行的親屬稱謂，本族男性統稱"jeu˩˦"，和祖父同稱；女性統稱"po˧"，和祖母同稱。三輩卑親即曾孫行以及四輩卑親即玄孫行的親屬稱謂，則不分性別，統稱為"ki˧˩˧"，和孫男女同稱，今且從漢俗都稱"孫孫"了。葛維漢氏在川苗風俗記(The Customs of the Ch'uan Miao)一文附有川苗的八輩親屬稱謂圖(只限直系，不及旁系)，列有高祖父母、曾祖父母及曾孫男女。其高祖行尊親是在祖父和祖母後加一"lla⁵"字，義即"大祖父"和"大祖母"，曾祖行尊親則加一"lau²"字，義即"老祖父"和"老祖母"，大概都是效漢俗而加的區別詞。至稱曾孫男女為"mo² mo⁵"，則完全是借用漢稱。本文概不闌入。又上文於"本身"未加苗語解釋，表中作"ko˧˩˧"，即"我"之義。

—15—

三　釋基本稱謂

上節釋附表所列苗語親屬稱謂，除重複的以外，雖多至百餘，然綜合起來觀察一下，實在只有jeu˩˧、po˧、tai˦、tsi˥˩、na˩˧、jeu˧、po˩、to˧˥、ntsʻai˦、ȵaŋ˧˥、vau˥˩、ki˥˩(在ȵaŋ˧˥後變調為ki˥)、lau˩(在po˩後變調為lau˧)、je˩(在po˩後變調為je˧)、ɬa˧、klaŋ˧˥、ȵaŋ˩、ti˩(在ȵaŋ˧˥後變調為ti˧)、ku˥˩(在ȵaŋ˧˥後變調為ku˥)、ve˥˩、ntɕau˩、ma˧、no˩(在ȵaŋ˧˥後變調為no˧)、ntu˩(在to˧˥後變調為ntu˧)二十四個"基本稱謂"。本節再將這二十四個基本稱謂分別說明如下：——

1. jeu˩˧："老者"或"長者"之義。男女通用以稱(1)父之父，即"祖父"；也用以稱(2)母之父，即"外祖父"，當為jeu˩˧ tai˦的省稱，現在多從漢稱為"家公"。男子又用以稱(3)妻父之父，即"岳祖父"(也稱jeu˩˧ tai˦)，當為夫從妻稱；也用以稱(4)妻母之父，即"外岳祖父"(也稱jeu˩˧ tai˦)，也是夫從妻稱，現在同樣的也多從漢稱為"家公"。女子又用以稱(5)夫父之父，即"祖公"，當為妻從夫稱；也用以稱(6)夫之父，即"公"，顯然是母從子稱。

2. po˧："老婦"之義。男女通用以稱(1)父之母，"即祖母"。女子用以稱(2)夫父之母，即"祖婆"，當為妻從夫稱；也用以稱(3)夫之母，即"婆"，顯然是母從子稱。

3. tai˦："挾鉗"，"挾取"之義，和稱謂相關之義未詳。男女通用以稱(1)母之母，即"外祖母"(也稱po˧ tai˦)。男子也用以稱(2)妻之母，即"岳母"(也稱na˩˧ tai˦)，當為父從子稱。

4. tsi˥˩："果實"之義。男女通用以稱"父"。

5. na˩˧："大"之義。男女通用以稱"母"。

6. jeu˧："男人"之義。(1)女子用以稱配偶，即"夫"。(2)男子又用以稱妻之父，即"岳父"，當為原稱tai˦ jeu˧(岳母之夫)的省稱。

六同别録

7. po˩：“婦人”之義。 男子用以稱配偶，即“妻”。

8. to˧：“男孩”之義，又人的代詞，如to˧ to˥ mo˥，即通消息的人。 男女通用以稱“子”。

芮逸夫

9. nts'ai˥：“女孩”之義。男女通用以稱“女”。

10. ŋaŋ˧：“少婦”之義。男女通用以稱⑴子之妻，即“子婦”。⑵兄弟之妻，即“嫂和弟婦”，當為子從親稱；⑶孫之妻，即“孫婦”，却是親從子稱。

11. vau˧：原義未詳。 男女通用以稱⑴女之夫，即“女壻”；⑵姊妹之夫，即“姊妹夫”，當為子從親稱；親更從親稱，於是又用以稱⑶父之姊妹夫，即“姑父”；⑷子之女之夫，即“孫壻”；⑸女之女之夫，即“外孫壻”。二者都是親從子稱。

12. ki˧：原義未詳。 男女通用以稱子女之子女，即“孫男孫女”和“外孫男外孫女”；在必須分辨性别時，則加nts'ai˥而為“nts'ai˥ ki˧”，以示女性。

13. lau˩：“老”，“舊”，“年長”之義。 ⑴女子用以稱夫之兄，即“大伯子”；⑵男女通用以稱父之兄，即“伯父”，當為子從母稱。 在必須分辨時，前者稱“tsi˧ lau˩”，後者稱“jeu˩ lau˩”。

14. je˩：“年幼”之義。⑴女子用以稱夫之弟，即“小叔子”；⑵男女通用以稱父之弟，即“叔父”，也是子從母稱。在必須分辨時，後者稱“tsi˧ je˩”，以别於對平輩單稱的je˩。

15. ɦa˥：“年幼”之義。 ⑴男子用以稱妻之妹，即“姨妹”或“小姨子”。⑵女子用以稱夫弟之妻，即“嬸嬸”（亦即古稱的“娣婦”）。男女通用以稱⑶母之妹，即“小姨母”，當為子從父稱；⑷父弟之妻，即“叔母”，當為子從母稱。 通常加na˩而為“na˩ ɦa˥”以示尊親，加mi˥而為“mi˥ ɦa˥”以示平輩。

16. klaŋ˧：“鬼神”，“凹下”之義，和稱謂相關之義未詳。 男女通用以稱⑴母之兄弟，即“舅父”（通稱jeu˩ klaŋ˧）。 男子也用以稱⑵妻母之兄弟，即“舅岳父”（也稱jeu˩ klaŋ˧），當為夫從妻稱；並用以稱原應稱no˩的⑶妻兄弟，即“大舅子”和“小舅子”，顯然是父從子稱。 女子也用以稱⑷夫母之兄弟，即“舅公”，

—18—

當為妻從夫稱；並用以稱原應稱 no˩ 的(5)本身兄弟，顯然是母從子稱。

17. naŋ˩：“少女”之義。男女通用以稱(1)父之姊妹，即“姑母”(通稱 me˧ naŋ˩)。女子也用以稱(2)夫父之姊妹，即“姑婆”，當為妻從夫稱；並用以稱原應稱 ma˧ 的(3)夫姊妹，即“大姑”和“小姑”，顯然是母從子稱。男子也用以稱(4)妻父之姊妹，即“姑岳母”(也稱 tai˧ naŋ˩)，當為夫從妻稱；並用以稱原應稱 ma˧ 的(5)本身姊妹，顯然是父從子稱。

18. ti˩：原義未詳。男子用以稱(1)年長於本身的男性同胞，即“兄”；(2)年長於本身的本族同輩男子，即“堂兄”、“再從兄”、“族兄”。

19. ku˅：“挑”、“抬”之義，和稱謂相關之義未詳。男子用以稱(1)年幼於本身的男性同胞，即“弟”；(2)年幼於本身的本族同輩男子，即“堂弟”、“再從弟”、“族弟”。

20. ve˅：原義未詳。原限女子用以稱(1)年長於本身的女性同胞，即“姊”；(2)年長於本身的父族同輩女子，即“堂姊”、“再從姊”、“族姊”。現在男子也用以稱(3)“姊”；(4)“堂姊”、“再從姊”及“族姊”。這顯示苗語的男女稱謂已有不依稱謂人性別而異呼的趨勢。

21. ntɕau˩：原義未詳。女子用以稱(1)年幼於本身的女性同胞，即“妹”；(2)年幼於本身的父族同輩女子，即“堂妹”、“再從妹”、“族妹”。

22. ma˧：“賣”之義。和稱謂相關之義未詳。男子原用以稱(1)女性同胞，即“姊妹”；(2)本族同輩女子，即“堂姊妹”、“再從姊妹”、“族姊妹”；現在因稱姊已借用女子所稱的 ve˅，所以將 ma˧ 專用以稱“妹”及“堂妹”、“再從妹”、“族妹”。女子用以稱(3)夫姊妹，即“大姑”和“小姑”，當為妻從夫稱(也從子稱為 naŋ˩，已詳 17. naŋ˩ 條)。

23. no˩：原義未詳。女子用以稱(1)男性同胞，即“兄弟”；(2)父族同輩男子，即“堂兄弟”、“再從兄弟”、“族兄弟”。男子用以稱(3)妻兄弟，即“大舅子”和“小舅子”，當為夫從妻稱(也從子稱為 klaŋ˥，已詳 16. klaŋ˥ 條)。

24. ntu˩：“細綁”之義。和稱謂相關之義未詳。男子用以稱(1)兄弟之子，即“姪”；(2)妻姊妹之子，即“甥”。女子用以稱(3)姊妹之子，即“甥”；(4)夫兄弟

— 19 —

之子，即"姪"。簡單說來，就是ku˨˦ ti˩（男稱兄弟）和ve˨˦ ntɕau˩（女稱姊妹）之子為ntu˩；通常都在其前加to˦而為to˦ ntu˧，以示男性；加nts'ai˥而為nts'ai˥ ntu˩，以示女性。

芮逸夫

由上所釋，可知苗語稱謂中的許多以一個基本稱謂而稱二種以上的親屬的現象——用社會組織及婚姻制度等來解釋很不容易獲得可信結論的現象——以心理常識在其家常生活中可體驗出其構成的因素，不外親從子稱、子從親稱、夫從妻稱、妻從夫稱及省稱五個原則。其從子從親從妻從夫或省稱，並沒有一定。開始時不過是偶然意向的選擇，後來大家不知不覺的跟着稱呼起來，日久俗成，便變為有一致性的，或多數人通用的稱謂了。至於有關社會習俗方面的構成因素，則因現在苗族的漢化程度已深，不容易獲得各地苗族可靠的原始習俗材料，以為比較研究之資；本文暫不討論。

四 釋稱謂區別詞

上節所釋的二十四個基本稱謂，其中有一半，即jeu˧˩、po˧、tai˥、tsi˨˦、na˧˩、jeu˧、po˩、to˦、nts'ai˥、ŋaŋ˦、ma˧、no˩十二個，在由兩個以上的基本稱謂結合而成的"複合稱謂"中都作區別詞用。此外還有mi˥、me˧、mpeu˩三個純粹的區別詞。現在將那十二個作區別詞用的基本稱謂在其相互或和其他基本稱謂結合而成的複合稱謂中的區別作用，以及三個"純粹區別詞"的用法，分別說明如下：——

1. jeu˧˩和tai˥、lau˩、je˩、ŋa˧、vau˨˦、klaŋ˦結合成複合稱謂如下：

(a) jeu˧˩ tai˥：男女通用以稱(1)母之父，即"外祖父"。男子也用以稱(2)妻父之父，即"岳祖父"及(3)妻母之父，即"外岳祖父"。女子用以稱(4)夫母之父，即"外祖公"。jeu˧˩在這個複合稱謂中，所以示男性，以別於稱女性的po˧ tai˥，是一種"兩性區別詞"(sex indicator)。

(b) jeu˧˩ lau˩：男女通用以稱(1)父之兄，即伯父及(2)母之姊夫，即"大姨父"。男子用以稱(3)妻母之姊夫，即"大姨岳父"。女子用以稱(4)夫父之兄，即

—20—

"伯公"及(5)夫母之姊夫，"大姨公"。jeu˧˩在這個複合稱謂中，一面所以示男性，以別於稱女性的po˨ lau˧；一面又所以示尊輩，以別於稱平輩的tsi˥˩ lau˨：是一種"兩性兼行輩區別詞"(sex-generation indicator)。

(c) jeu˧˩ je˨：女子用以稱夫父之弟，即"叔公"。jeu˧˩在這個複合稱謂中，一面所以示男性，以別於稱女性的po˨ je˧；一面又所以示姻親，以別於稱血親的tsi˥˩ je˨：是一種"兩性兼血姻區別詞"(sex-affinity indicator)。

(d) jeu˧˩ ta˧：男女通用以稱(1)母之妹夫，即"小姨父"。男子用以稱(2)妻母之妹夫，即"小姨岳父"。女子用以稱(3)夫母之妹夫，即"小姨公"。這個jeu˧˩和jeu˧˩ lau˨的jeu˧˩一樣，也是一面示男性，以別於稱女性的na˧˩ ta˧，一面又示尊輩，以別稱平輩的tsi˥˩ ta˧：乃是兩性兼行輩區別詞。

(e) jeu˧˩ vau˥˩：男女通用以稱(1)父之姊妹夫，即"姑父"。男子用以稱(2)妻父之姊妹夫，即"姑岳父"。女子用以稱(3)夫父之姊妹夫，即"姑公"。jeu˧˩在這個複合稱謂中，所以示尊輩，以別於稱平輩的ma˧ vau˥˩，及卑一輩的nts'ai˧ vau˥˩，卑二輩的nts'ai˧ ki˥˩ vau˥˩：是一種"行輩區別詞"(generation indicator)。

(f) jeu˧˩ klaŋ˥˩：男女通用以稱(1)母之兄弟，即"舅父"。男子用以稱(2)妻母之兄弟，即"舅岳父"。女子用以稱(3)夫母之兄弟，即"舅公"。這個jeu˧˩和jeu˧˩ tai˧的jeu˧˩一樣，只是示男性，以別於稱女性的po˨ klaŋ˥˩：乃是兩性區別詞。

2. po˧和tai˧結合成複合稱謂是：

(a) po˧ tai˧：男女通用以稱(1)母之母，即"外祖母"。男子用以稱(2)妻父之母，即"岳祖母"及(3)妻母之母，即"外岳祖母"。女子用以稱(4)夫母之母，即"外祖婆"。po˧在這個複合稱謂中，一面所以示女性，以別於稱男性的jeu˧˩ tai˧，一面又所以示二輩尊親，以別於稱一輩尊親的na˧˩ tai˧：

六同別錄

芮逸夫

乃是兩性兼行輩區別詞。

3. tai˧和jeu˧、lau˩、je˩、ɬa˧、ŋaŋ˨˩、klaŋ˥結合成複合稱謂如下：

(a) tai˧ jeu˧：男子用以稱妻之父，即"岳父"。這個tai˧所以示尊輩，以別於稱平輩的jeu˧；乃是行輩區別詞。

(b) tai˧ lau˩：男子用以稱(1)妻父之兄妻，即"伯岳母"及(2)妻母之姊，即"大姨岳母"；後者也可稱po˩ lau˧。tai˧在這個複合稱謂中，一面所以示女性，以別於稱男性的jeu˧ lau˩及jeu˨˩ lau˩；一面又所以示尊輩，以別於稱平輩的na˨˩ lau˩；同時並說明了是姻親：是一種兩性兼行輩血姻區別詞(sex-generation-affinity indicator)。

(c) tai˧ je˩：男子用以稱妻父之弟妻，即"叔岳母"。這個tai˧所以示女性，以別於稱男性的jeu˧ je˩，同時也說明了是姻親；乃是兩性兼血姻區別詞。

(d) tai˧ ɬa˧：男子用以稱妻母之妹，即"小姨岳母"，也可稱na˨˩ ɬa˧。這個tai˧一面所以示女性，以別於稱男性的jeu˧ ɬa˧及jeu˨˩ ɬa˧；一面又所以示尊輩，以別於稱平輩的mi˥ ɬa˧；同時並說明了是姻親：和tai˧ lau˩的tai˧一樣，也是兩性兼行輩血姻區別詞。

(e) tai˧ ŋaŋ˩：男子用以稱妻父之姊妹，即"姑岳母"，也可稱me˧ ŋaŋ˩。這個tai˧所以示妻方的ŋaŋ˩，說明了是姻親；是一種"血姻區別詞"(affinity indicator)。

(f) tai˧ klaŋ˥：男子用以稱妻母之兄弟之妻，即"岳舅母"，也可稱po˩ klaŋ˥。這個tai˧所以示女性，以別於稱男性的jeu˧ klaŋ˥及jeu˨˩ klaŋ˥，同時也說明了是姻親；和tai˧ je˩的tai˧一樣，也是兩性兼血姻區別詞。

4. tsi˨˩和lau˩、je˩、ɬa˧結合成複合稱謂如下：

(a) tsi˨˩ lau˩：女子用以稱(1)姊夫及(2)夫兄，即"大伯子"。男子用以稱(3)妻之姊夫，即"姨姊夫"。tsi˨˩在這個複合稱謂中，一面所以示男性，以

—22—

別於稱女性的na˧˩ lau˩；一面又所以示平輩，以別於稱尊輩的jeu˧˩ lau˩：乃是兩性兼行輩區別詞。

(b) tsi˧˩˧ je˩：男女通用以稱父之弟，即叔父。這個tsi˧˩˧一面所以示男性，以別於稱女性的po˧ je˧；一面又所以示尊輩，以別於稱平輩的je˩：也是兩性兼行輩區別詞。按以tsi˧˩˧作行輩區別詞而稱尊輩，限於年幼於父的叔父，其餘如tsi˧˩˧ lau˩和tsi˧˩˧ ɬa˧，均用以稱平輩。

(c) tsi˧˩˧ ɬa˧：女子用以稱(1)妹夫。男子用以稱(2)妻妹之夫，即姨妹夫。tsi˧˩˧在這個複合稱謂中，和tsi˧˩˧ lau˩的tsi˧˩˧一樣，也是一面示男性，以別於稱女性的mi˥ ɬa˧；一面又示平輩，以別於稱尊輩的jeu˧˩ ɬa˧：乃是兩性兼行輩區別詞。

5. na˧˩和tai˦、lau˩、ɬa˧結合成複合稱謂如下：

(a) na˧˩ tai˦：男子用以稱妻母，即岳母，也單稱tai˦。這個na˧˩一面所以示女性，以別於稱男性的tai˦ jeu˧；一面又所以示一輩尊親，以別於稱二輩尊親的po˧ tai˦：乃是兩性兼行輩區別詞。

(b) na˧˩ lau˩：男子用以稱(1)妻之姊，即"姨姊"或"大姨子"。女子用以稱(2)夫兄之妻，即"姆姆"(亦即古稱的"姒婦")。na˧˩在這個複合稱謂中，一面所以示女性，以別於稱男性的tsi˧˩˧ lau˩；一面又所以示平輩，以別於稱尊輩的po˧ lau˧：也是兩性兼行輩區別詞。

(c) na˧˩ ɬa˧：男女通用以稱(1)父弟之妻，即"叔母"及(2)母之妹，即"小姨母"。男子用以稱(3)妻母之妹，即"小姨岳母"，也可稱tai˦ ɬa˧。女子用以稱(4)夫母之妹，即"小姨婆"。na˧˩在這個複合稱謂中，一面所以示女性，以別於稱男性的jeu˧˩ ɬa˧；一面又所以示尊輩，以別於稱平輩的mi˥ ɬa˧：也是兩性兼行輩區別詞。

6. jeu˧和lau˩、je˩、ɬa˧、vau˧˩˧、klaŋ˥結合成複合稱謂如下：

(a) jeu˧ lau˩：男子用以稱(1)妻父之兄，即"伯岳父"及(2)妻母之姊夫，即"大姨岳父"，也可稱jeu˧˩ lau˩。jeu˧在這個複合稱謂中，一面所以示男性

六同別錄

，以別於稱女性的tai˧ lau˩；一面又所以示尊輩，以別於稱平輩的tsi˥˩˥ lau˩；同時也說明了是姻親：乃是兩性兼行輩血姻區別詞。

芮逸夫

(b) jeu˧ je˩：男子用以稱妻父之弟，即"叔岳父"。這個jeu˧和jeu˧ lau˩的jeu˧一樣，也是一面示男性，以別於稱女性的tai˧ je˩；一面示尊輩，以別於稱平輩的je˩；同時並說明了是姻親：也是兩性兼行輩血姻區別詞。

(c) jeu˧ ɬa˧：男子用以稱妻母之妹夫，即"小姨岳父"，也可稱jeu˩ ɬa˧。這個jeu˧和jeu˧ lau˩、jeu˧ je˩的jeu˧也是相同的，一面示男性，以別於稱女性的tai˧ ɬa˧；一面又示尊輩，以別於稱平輩的tsi˥˩˥ ɬa˧；同時並說明了是姻親：也是兩性兼行輩血姻區別詞。

(d) jeu˧ vau˥˩˥：男子用以稱妻父之姊妹夫，即"姑岳父"，也可稱jeu˩ vau˥˩˥。這個jeu˧一面所以示尊輩，以別於稱平輩的ma˧ vau˥˩˥，卑一輩的nts'ai˧ vau˥˩˥及卑二輩的nts'ai˧ ki˥˩˥ vau˥˩˥；同時並說明了是姻親：乃是行輩兼血姻區別詞(generation-affinity indicator)。

(e) jeu˧ klaŋ˧：男子用以稱妻母之兄弟，即"舅岳父"，也可稱jeu˩ klaŋ˧。這個jeu˧一面所以示男性，以別於稱女性的tai˧ klaŋ˧或po˩ klaŋ˧；同時也說明了是姻親：乃是兩性兼血姻區別詞。

7. po˩和lau˩（在po˩後變lau˧）、je˩（變je˧）、klaŋ˧結合成複合稱謂如下：

(a) po˩ lau˧：男女通用以稱(1)父之兄妻，即"伯母"及(2)母之姊，即"大姨母"。男子用以稱(3)妻母之姊，即"大姨岳母"，也稱tai˧ lau˩。女子用以稱(4)夫父之兄妻，即"伯婆"及(5)夫母之姊，即"大姨婆"。po˩在這個複合稱謂中，一面所以示女性，以別於稱男性的jeu˩ lau˩；一面又所以示尊輩，以別於稱平輩的na˩ lau˩：乃是兩性兼行輩區別詞。

(b) po˩ je˧：女子用以稱夫父之弟妻，即"叔婆"。這個po˩所以示女性，以別於稱男性的jeu˩ je˩，乃是兩性區別詞。

(c) po˩ klaŋ˧：男女通用以稱(1)母兄弟之妻，即"舅母"。男子用以稱(2)妻

—24—

母之兄弟之妻，即"舅岳母"，也稱tai˧ klaŋ˥。女子用以稱(3)夫母之兄弟之妻，即"舅妻"。 po˩在這個複合稱謂中，和po˩ je˧的po˩一樣，所以示女性，以別於稱男性的jeu˨ klaŋ˥，也是兩性區別詞。

8、to˥和ɳaŋ˥、ntu˩(在to˥後變ntu˧)結合成複合稱謂如下：

(a) to˥ ɳaŋ˥：男女通用以稱子之妻，即"子婦"或"媳婦"。這個to˥所以示一輩卑親，以別於稱平輩的ɳaŋ˥ ti˧和ɳaŋ˥ ku˥及卑二輩的ɳaŋ˥ ki˥：乃是行輩區別詞。

(b) to˥ ntu˧：男子用以稱(1)兄弟之子，即"姪"；(2)妻姊妹之子，即"姨外甥"。女子用以稱(3)姊妹之子，即"外甥"；(4)夫兄弟之子，即"姪"。 to˥在這個複合稱謂中，所以示男性，以別於稱女性的nts'ai˧ ntu˩：乃是兩性區別詞。

9、nts'ai˧和ntu˩、ku˅、vau˅、ki˅結合成複合稱謂如下：

(a) nts'ai˧ ntu˩：男子用以稱(1)兄弟之女，即"姪女"及(2)妻姊妹之女，即"姨外甥女"。女子用以稱(3)姊妹之女，即"外甥女"及(4)夫兄弟之女，即"姪女"。 nts'ai˧在這個複合稱謂中，所以示女性，以別於稱男性的to˥ ntu˧：乃是兩性區別詞。

(b) nts'ai˧ ku˅：男子用以稱(1)姊妹之女，即"外甥女"及(2)妻兄弟之女，即"內姪女"。女子用以稱(3)兄弟之子，即"姪女"及(4)夫姊妹之女，即"外甥女"。 nts'ai˧在這個複合稱謂中，一面所以示女性，以別於稱男性的no˩ ku˅；一面又所以示一輩卑親，以別於稱平輩的ku˅：乃是兩性兼行輩區別詞。

(c) nts'ai˧ vau˅：男女通用以稱女之夫，即"女壻"。這個nts'ai˧所以示一輩卑親，以別於尊尊輩的jeu˨ vau˅，平輩的ma˧ vau˅及卑二輩的nts'ai˧ ki˅ vau˅：乃是行輩區別詞。

(d) nts'ai˧ ki˅：男女通用以稱(1)子之女，即"孫女"及(2)女之女，即"外甥女"。這個nts'ai˧所以示女性，以別於稱男性的to˥ ki˥：乃是兩性區

六同別錄

芮逸夫

別詞。

按ntsʻai˧ ntu˩、ntsʻai˧ ku˥˩、ntsʻai˧ ki˥˩三個複合稱謂和vau˥˩結合則成"三合稱謂"，而三個複合稱謂便成三個"複合區別詞"。ntsʻai˧ ntu˩和ntsʻai˧ ku˥˩一面示一輩卑親，以別於稱尊輩的jeu˨˦ vau˥˩，平輩的ma˧ vau˥˩，卑二輩的ntsʻai˧ ki˥˩ vau˥˩，而ntsʻai˧ ki˥˩，則示二輩卑親，以別於卑一輩的ntsʻai˧ ntu˩ vau˥˩和ntsʻai˧ ku˥˩ vau˥˩，平輩的ma˧ vau˥˩，尊輩的jeu˨˦ vau˥˩；同時ntsʻai˧ ntu˩和ntsʻai˧ ku˥˩又示旁系，以別於直系的ntsʻai˧ ki˥˩ vau˥˩，而ntsʻai˧ ki˥˩則示直系，以別於旁系的ntsʻai˧ ntu˩ vau˥˩、ntsʻai˧ ku˥˩ vau˥˩、ma˧ vau˥˩及jeu˨˦ vau˥˩；是一種複合的"行輩兼直旁區別詞"(generation-collateral indicator)。

10. ɲaŋ˦和ti˩(在ɲaŋ˦後變ti˧)、ku˥˩(變ku˥)、no˩(變no˧)、no˩ ku˥˩、to˦ ntu˧、ki˥˩(變ki˥)結合成複合及三合稱謂如下：

(a) ɲaŋ˦ ti˧：男子用以稱兄之妻，即"嫂"。這個ɲaŋ˦一面所以示女性，一面又所以示姻親，以別於稱男性血親的ti˩：乃是兩性兼血姻區別詞。

(b) ɲaŋ˦ ku˥：男子用以稱弟之妻，即"弟婦"。這個ɲaŋ˦和ɲaŋ˦ ti˧的ɲaŋ˦完全相同，一面示女性，一面又示姻親，以別於稱男性血親的ku˥˩：也是兩性兼血姻區別詞。

(c) ɲaŋ˦ no˧：女子用以稱(1)兄弟之妻，即"嫂"及"弟婦"。男子用以稱(2)妻兄弟之妻，即"舅嫂"及"舅弟婦"。ɲaŋ˦在這個複合稱謂中，只是示女性，以別於稱男性的no˧：乃是兩性區別詞。

(d) ɲaŋ˦ no˩ ku˥˩：男子用以稱(1)姊妹之子之妻，即"外甥婦"及(2)妻兄弟之子之妻，即"內姪婦"。女子用以稱(3)兄弟之子之妻，即"姪婦"及(4)夫姊妹之子之妻，即"外甥婦"。ɲaŋ˦在這個三合稱謂中，也只是示女性，以別於稱男性的no˩ ku˥˩：乃是兩性區別詞。

—26—

(e) ɳaŋ˥˧ to˥˧ ntu˧：男子用以稱(1)兄弟之子之妻，即"姪婦"及(2)妻姊妹之子之妻，即"姨外甥婦"。女子用以稱(3)姊妹之子之妻，即"外甥婦"及(4)夫兄弟之子之妻，即"姪婦"。ɳaŋ˥˧在這個三合稱謂中，和在ɳaŋ˥˧ no˩ ku˧˩˧中完全相同，只是示女性，以別於稱男性的to˥˧ ntu˧：也是兩性區別詞。

(f) ɳaŋ˥˧ ki˥：男女通用以稱(1)子之子之婦，即"孫婦"及(2)女之子之婦，即"外孫婦"。這個ɳaŋ˥˧一面所以示女性，一面又所以示姻親，以別於稱男性血親的to˥˧ ki˥：乃是兩性兼血姻區別詞。

11、ma˧和vau˧˩˧結合成複合稱謂是：

(a) ma˧ vau˧˩˧：男子用以稱(1)姊妹夫。女子用以稱(2)夫之姊妹夫，即姑夫。ma˧在這個複合稱謂中，一面所以示平輩，以別於稱尊輩的jeu˨˩ vau˧˩˧，卑一輩的ntsʻai˧ vau˧˩˧，ntsʻai˧ ntu˩ vau˧˩˧，ntsʻai˧ ku˧˩˧ vau˧˩˧及卑二輩的ntsʻai˧ ki˧˩˧ vau˧˩˧；一面又所以示旁系，以別於稱直系的ntsʻai˧ vau˧˩˧和ntsʻai˧ ki˧˩˧ vau˧˩˧：乃是行輩兼直旁區別詞。

12、no˩和ku˧˩˧結合成複合稱謂是：

(a) no˩ ku˧˩˧：男子用以稱(1)姊妹之子，即"外甥"及(2)妻兄弟之子，即"內姪"。女子用以稱(3)兄弟之子，即"姪"及(4)夫姊妹之子，即"外甥"。no˩在這個複合稱謂中，一面所以示男性，以別於稱女性的ntsʻai˧ ku˧˩˧；一面又所以示卑輩，以別於稱平輩的ku˧˩˧：乃是兩性兼行輩區別詞。

以上釋十二個作區別詞用的基本稱謂在其相互或和其他基本稱謂結合而成的複合稱謂中的區別作用。

13、mi˥："小"之義。用在基本稱謂ɬa˧前即成mi˥ ɬa˧：男子用以稱(1)妻之妹，即"姨妹"或"小姨子"；女子用以稱(2)夫弟之妻，即"嬸嬸"。這個mi˥所以示平輩，以別於稱尊輩的na˨˩ ɬa˧：乃是行輩區別詞。

14、me˥：大約是女子的美稱，所以女子常用來作名字。用在基本稱謂ɳaŋ˩

—27—

六同別錄

芮逸夫

前即成me˧ ŋaŋ˩：男女通用以稱(1)父之姊妹，即"姑母"。女子用以稱(2)夫父之姊妹，即"姑婆"及(3)夫姊妹，即"大姑"和"小姑"。這個me˧原或所以示血親，以別於稱姻親的tai˧ ŋaŋ˩：乃是血姻區別詞。惟現在一般稱ŋaŋ˩通常都加me˧，已失去這種區別作用了。

15. mpeu˩：相當於"中表"之"表"。用在ti˩、ŋaŋ˥˧ ti˧、ku˧˩、ŋaŋ˥˧ ku˥、ma˧、ma˧ vau˧˩、no˩、ŋaŋ˥˧、ve˥˧、ntɕau˩、tsi˧˩ lau˩、tsi˧˩ ɬa˥、na˩˧ lau˩、mi˥ ɬai˧、lau˩、je˩、vau˧˩、to˥˧ ntu˧、ŋaŋ˥˧ to˥˧ ntu˧、nts'ai˧ ntu˩、nts'ai˧ ntu˩ vau˧˩、no˩ ku˧˩、ŋaŋ˥˧ no˩ ku˧˩、nts'ai˧ ku˧˩、nts'ai˧ ku˧˩ vau˧˩諸稱謂之後，所以示姑舅姨表的親屬關係。現在列舉如下：

(a) ti˩ mpeu˧：男子稱年長於本身的父之姊妹之子、母之兄弟及姊妹之子，即"姑舅姨表兄"，也可稱jeu˩˧ mpeu˩。

(b) ŋaŋ˥˧ ti˧ mpeu˩：男子稱姑舅姨表兄之妻，即"姑舅姨表嫂"。

(c) ku˧˩ mpeu˩：男子稱年幼於本身的父之姊妹之子、母之兄弟及姊妹之子，即"姑舅姨表弟"，也可稱jeu˩˧ mpeu˩。

(d) ŋaŋ˥˧ ku˥ mpeu˩：男子稱姑舅姨表弟之妻，即"姑舅姨表弟婦"。

(e) ma˧ mpeu˩：(1)男子稱父之姊妹之女、母之兄弟及姊妹之女，即"姑舅姨表姊妹"。(2)女子稱夫父之姊妹之女、夫母之兄弟及姊妹之女，即"姑舅姨表姑子"。

(f) ma˧ vau˧˩ mpeu˩：男子稱姑舅姨表姊妹之夫，即"姑舅姨表姊妹夫"，也可稱vau˧˩ mpeu˩。

(g) vau˧˩ mpeu˩：女子稱姑舅姨表姑子之夫，即"姑舅姨表姑夫"。

(h) no˩ mpeu˩：(1)女子稱父之姊妹之子，母之兄弟及姊妹之子，即"姑舅姨表兄弟"。(2)男子稱妻父之姊妹之子、妻母之兄弟及姊妹之子，即"姑舅姨表兄弟"。

(i) ŋaŋ˥˧ mpeu˧：(1)女子稱姑舅姨表兄弟之妻，即"姑舅姨表嫂"和"表弟婦"

—28—

。 (2)男子稱姑舅姨表舅兄弟之妻，即"姑舅姨表舅嫂"和"表舅弟婦"。

(j) ve˧˥ mpeu˩： 男女稱年長於本身的父之姊妹之女、母之兄弟及姊妹之女，即"姑舅姨表姊"。(參看三、基本稱謂20. ve˧˥條。)

(k) ntsau˩ mpeu˩： 女子稱年幼於本身的父之姊妹之女、母之兄弟及姊妹之女，即"姑舅姨表妹"。

(l) tsi˨˩˧ lau˩ mpeu˩： (1)女子稱姑舅姨表姊之夫，即"姑舅姨表姊夫"。(2)男子稱姑舅姨表姨姊之夫，即"姑舅姨表姨姊夫"。

(m) tsi˨˩˧ ɬa˧ mpeu˩： (1)女子稱姑舅姨表妹之夫，即"姑舅姨表妹夫"。(2)男子稱姑舅姨表姨妹之夫，即"姑舅姨表姨妹夫"。

(n) na˩ lau˩ mpeu˩： (1)男子稱年長於妻的妻父之姊妹之女、妻母之兄弟及姊妹之女，即"姑舅姨表姨姊"。(2)女子稱年長於夫的夫父之姊妹之子、夫母之兄弟及姊妹之子之妻，即"姑舅姨表姆姆"。

(o) mi˥ ɬa˧ mpeu˩： (1)男子稱年幼於妻的妻父之姊妹之女、妻母之兄弟及姊妹之女，即"姑舅姨表姨妹"。(2)女子稱年幼於夫的夫父之姊妹之子、夫母之兄弟及姊妹之子之妻，即"姑舅姨表嬸嬸"。

(p) lau˩ mpeu˩： 女子稱年長於夫的夫父之姊妹之子、夫母之兄弟及姊妹之子，即"姑舅姨表大伯子"。

(q) je˩ mpeu˩： 女子稱年幼於夫的夫父之姊妹之子、夫母之兄弟及姊妹之子，即"姑舅姨表小叔子"。

(r) tɿ˧ ntu˧ mpeu˩： 男子稱(1)父之姊妹之子之子、母之兄弟及姊妹之子之子，即"姑舅姨表姪"；(2)妻父之姊妹之女之子、妻母之兄弟及姊妹之女之子，即"姑舅姨表姨外甥"。女子稱(3)父之姊妹之女之子、母之兄弟及姊妹之女之子，即"姑舅姨表外甥"；(4)夫父之姊妹之子之子、夫母之兄弟及姊妹之子之子，即"姑舅姨表姪"。

(s) ŋa˧˥ to˧˥ ntu˧ mpeu˩： 男子稱(1)姑舅姨表姪之妻，即"姑舅姨表姪婦"。(2)姑舅姨表姨外甥之妻，即"姑舅姨表姨外甥婦"。女子稱(3)姑舅姨

六同别録

芮逸夫

表外甥之妻，即"姑舅姨表外甥婦"。(4)姑舅姨表姪之妻，即"姑舅姨表姪婦"。

(t) nts'ai˧ ntu˩ mpeu˩：　男子稱(1)父之姊妹之子之女、母之兄弟及姊妹之子之女，即"姑舅姨表姪女"；(2)妻父之姊妹之女之女、妻母之兄弟及姊妹之女之女，即"姑舅姨表姨外甥女"。女子稱(3)父之姊妹之女之女、母之兄弟及姊妹之女之女，即"姑舅姨表外甥女"；(4)夫父之姊妹之子之女、夫母之兄弟及姊妹之子之女，即"姑舅姨表姪女"。

(u) nts'ai˧ ntu˩ mpeu˩ vau˥：　男子稱(1)姑舅姨表姪女之夫，即"姑舅姨表姪壻"；(2)姑舅姨表姨外甥女之夫，即"姑舅姨表姨外甥壻"。女子稱(3)姑舅姨表外甥女之夫，即"姑舅姨表外甥壻"；(4)姑舅姨表姪女之夫，即"姑舅姨表姪壻"。

(v) no˧ ku˥ mpe˩：　男子稱(1)父之姊妹之女之子、母之兄弟及姊妹之女之子，即"姑舅姨表外甥"；(2)妻父之姊妹之子之子、妻母之兄弟及姊妹之子之子，即"姑舅姨表内姪"。女子稱(3)父之姊妹之子之子、母之兄弟及姊妹之子之子，即"姑舅姨表姪"；(4)夫父之姊妹之女之子、夫母之兄弟及姊妹之女之子，即"姑舅姨表外甥"。

(w) nuŋ˥ no˩ ku˥ mpeu˩：男子稱(1)姑舅姨表外甥之妻，即"姑舅姨表外甥婦"；(2)姑舅姨表内姪之妻，即"姑舅姨表内姪婦"。女之稱(3)姑舅姨表姪之妻　即"姑舅姨表姪婦"；(4)姑舅姨表外甥之妻，即"姑舅姨表外甥婦"。

(x) nts'ai˧ ku˥ mpeu˩：　男子稱(1)父之姊妹之女之女、母之兄弟及姊妹之女之女，即"姑舅姨表外甥女"；(2)妻父之姊妹之子之女、妻母之兄弟及姊妹之子之女，即"姑舅姨表内姪女"。女子稱(3)父之姊妹之子之女、母之兄弟及姊妹之子之女，即"姑舅姨表姪女"；(4)夫父之姊妹之女之女、夫母之兄弟及姊妹之女之女，即"姑舅姨表外甥女"。

—30—

(Y) nts'ai˦ ku˨ mpou˩ vau˨： 男子稱⑴姑舅姨表外甥女之夫，即"姑舅姨表外甥婿"；⑵姑舅姨表内姪女之夫，即"姑舅姨表内姪婿"。 女子稱⑶姑舅姨表姪女之夫，即"姑舅姨表姪婿"；⑷姑舅姨表外甥女之夫，即"姑舅姨表外甥婿"。

以上釋三個純粹區別詞。

由上所釋，可知苗語複合稱謂中的區別詞，其主要作用不外示明：男女兩性，行輩尊卑，血親姻親，直系旁系的四種區別。 也有一個區別詞兼示兩種以上的區別的，例如：jeu˦ lau˩之jeu˦，兼示兩性和行輩之別；jeu˦ je˩之jeu˦，兼示兩性和血姻之別；jeu˦ vau˨之jeu˦，兼示行輩和血姻之別；ma˦ vau˨之ma˦，兼示行輩和直旁之別；而tai˦ lau˩之tai˦，則兼示兩性行輩和血姻三種區別。

五 釋面呼稱謂

我們對尊輩及年長於本身的平輩稱謂，除稱述用的祖父祖母(二輩尊親)，父親母親(一輩尊親)，兄姊(年長於本身的平輩親屬)等外，另有一套"面呼稱謂"，例如：稱祖父為"爺"或"爺爺"，"公"或"公公"；祖母為"嬭"或"嬭嬭"，"婆"或"婆婆"；稱父為"爹"或"爹爹"，"爸"或"爸爸"；稱母為"孃"、"媽"或"媽媽"；稱兄為"哥"或"哥哥"，稱姊為"姐"或"姐姐"等等。 稱年幼於本身的平輩及卑輩無論長幼的稱謂，通常都可稱名字。 惟有時也用面呼稱謂，例如：稱弟為"弟弟"，妹為"妹妹"，女婿為"姑爺"等等。而女子對夫族年幼於夫的平輩親屬更多用面呼稱謂，例如：稱夫之弟為"叔叔"，其妻為"嬸嬸"，夫之妹為"姑姑"等等。 同樣的，永寧河流苗族的親屬稱謂，除前三節所釋的"稱述稱謂"外，另外也有面呼稱謂。 現在再將苗語中通用的幾個面呼稱謂分別說明如下：

1. tai˥： tai˥的面呼稱謂：⑴男女通用以面呼母之母，即"外祖母"(面呼"外婆")；⑵男子從妻稱也用以面呼妻母之母，即"外岳祖母"；⑶女子從夫稱父

—31—

六同別録

芮逸夫

用以面呼夫母之母，即"外祖母"。

2. tsai˅： tsi˅的面呼稱謂：(1)男女通用以面呼"父"；(2)男子從妻稱也用以面呼妻之父，即"岳父"；(3)女子從夫稱也用以面呼夫之父，即"公"。

3. na˥： na˩的面呼稱謂：(1)男女通用以面呼"母"；(2)男子從妻稱也用以面呼妻之母，即"岳母"；(3)女子從夫稱也用以面呼夫之母，即"婆"。

4. na˥ ɬa˧： na˩ ɬa˧的面呼稱謂：男女通用以面呼(1)父弟之妻，即"叔母"，(2)母之妹，即"小姨母"。男子用以面呼(3)妻母之妹，即"小姨岳母"。女子用以面呼(4)夫母之妹，即"小姨婆"。

5. ɬa˧： mi˥ ɬa˧的面呼稱謂，後面常加名字：(1)男子用以面呼妻之妹，即"小姨子"；(2)女子用以面呼夫弟之妻，即"嬸嬸"。

6. lau˩： jeu˩ lau˩和tsi˅ lau˩的面呼稱謂：(1)男女通用以面呼父之兄，即"伯父"；(2)女子用以面呼夫之兄，即"大伯子"。

7. je˩： tsi˅ je˩的面呼稱謂：男女通用以面呼父之弟，即"叔父"。(女子面呼夫之弟和稱述稱謂相同。)

8. klaŋ˧： 男稱no˩的面呼稱謂，後面常加名字：男子用以面呼妻之兄弟，即"大舅子"和"小舅子"。

9. ŋaŋ˩： ma˧和ma˧ mpeu˩的面呼稱謂，後面常加名字：(1)女子用以面呼夫之姊妹，即"大姑子"和"小姑子"；(2)男子用以面呼父之姊妹之女、母之兄弟及姊妹之女，即"姑舅姨表姊妹"。

10. vau˅： ma˧ vau˅的面呼稱謂，後面常加名字：(1)男子用以面呼姊妹之夫，即"姊妹夫"；(2)女子用以面呼夫姊妹之夫，即"姑夫"。

11. jeu˩ mpeu˩： ti˩ mpeu˧和ku˅ mpeu˩的面呼稱謂：(1)男子用以面呼父之姊妹之子、母之兄弟及姊妹之子，即"姑舅姨表兄弟"；(2)女子用以面呼夫父之姊妹之子、夫母之兄弟及姊妹之子，即"姑舅姨表大伯子"和"表小叔子"。

除以上所釋面呼稱謂外，其他的尊輩及年長於本身的平輩的面呼稱謂大都和稱述稱謂相同。年幼於本身的平輩及卑輩則面呼名字或行次，如[illegible]

—32—

苗親釋親

附表說明

本文附表凡八張：I、II、III、IIII 四張為男性稱謂人親屬稱謂表，前二張為血親，表I屬父方，表II屬母方；後二張為姻親，表III屬妻族父方，表IIII屬妻族母方。 V、VI、VII、VIII 四張為女性稱謂人親屬稱謂表，前二張為血親，表V屬父方，表VI屬母方；後二張為姻親，表VII屬夫族父方，表VIII屬夫族母方。

各表中間的一行為直系親屬，共列五世；兩旁和本身並列的兩行為第一旁系，左方為男性及其配偶，右方為女性及其配偶，各列兩世；和父母並列的兩旁兩行為第二旁系，左方為男性及其配偶，右方為女性及其配偶，各列三世。

各表所用符號如下：

"——"示平輩關係；"="示婚姻關係；"|"示系嗣關係；"▯"示男性；"⬡"示女性。

親屬稱謂記音所用國際音標的讀法如下：

j 讀如英語yes中的"y"。	ɳt 讀如國音ㄋ(n)加ㄉ(d)。
k 讀如國音ㄍ(g)。	ntɕ 讀如國音ㄋ(n)加ㄐ(j)。
kl 讀如國音ㄍ(g)加ㄌ(l)。	ntʂʻ 讀如國音ㄋ(n)加ㄘ(ts)。
l 讀如國音ㄌ(l)。	ɲ 讀如國音ㄬ(gn)。
ɬ 讀如英語威爾斯方言llangollen中的"ll"，即"l"的無聲擦音。	p 讀如國音ㄅ(b)。
	t 讀如國音ㄉ(d)。
m 讀如國音ㄇ(m)。	ts 讀如國音ㄗ(tz)。
mp 讀如國音ㄇ(m)加ㄅ(b)。	v 讀如英語veil中的"v"。
n 讀如國音ㄋ(n)。	

以上聲母十六。(永寧河源苗語全部聲母凡六十餘，此以在親屬稱謂中用到的為限。)所云讀如某音，只示大概的讀法。括弧內的是國語羅馬字。

a 讀如英語cat中的"a"。	aŋ 讀如國音ㄤ(ang)。
ai 讀如國音ㄞ(ai)。	ɑ 讀如英語father中的"a"。

芮逸夫

au 讀如國音ㄠ(au)。　　i 讀如國音ㄧ(i)而略開。

e 讀如國音ㄝ(è)而略闊。　　o 讀如國音ㄛ(o)而略闊。

eu 讀如國音ㄝ(è)加ㄨ(u)。　　u 讀如國音ㄨ(u)。

以上韻母十。（全部韻母凡十四，此以在親屬稱謂中用到的為限。）

標調所用調號如下：

˥ 高平調，即最高的平調而有微升的趨勢，如 na˥(孃)。

˦ 高中平調，即高中之間的平調，如 nts'ai˦(女兒)。

˧ 中平調，即適中的平調，如 po˧(祖母)。

˩ 低平調，即最低的平調，如 lau˩(伯)。

˧˦ 中升調，即由中升至高中調，如 ʑa˧˦(叔母，小姨子)。

˩˧ 低升調，即由低升至中調，如 na˩˧(母)。

˥˧ 高降調，即由高降至中調，如 to˥˧(子)。

˥˩ 全降調，即由高降至低調，如 tsi˥˩(父)。

˨˩ 低降調，即由低中降至低調，如 po˨˩(妻)。

以上調號九。

*　　*　　*　　*　　*

本文記音所用國際音標讀法説明，承周法高先生指正數處，謹此誌謝。

三十四年三月初草，十二月修正稿，

時在西川南溪李莊菜壽本所。

—34—

集刊外編第三種

Miao Kinship Terms

By Ruey Yih-fu

苗語釋親

An Abstract

This paper is intended primarily to present the material of the Miao Kinship terminology collected by the writer in 1943 from an ethnographic survey of the Miao Tribe on the Source of the Yungning River in Southern Szechuan. In addition to the presentation of material, an attempt has been made to explain the primary terms and modifying indicators in the light of a study, not according to some preconceived dogma, but on a plain, everyday common sense basis.

What has made the Miao system particularly interesting is the peculiar and characteristic mode of terminology for brothers and sisters as well as cousins, nephews and nieces. The use of a term depends not merely on the sex of the relative addressed and of the person through whom relationship exists, but also on that of the speaker. With respect to the difference between generations and the age within one generation, between lineal and collateral relationship, and between consanguinity and affinity, the Miao recognizes all of the distinctions of which one and another are expressed by its terms as well as modifiying indicators. The anomalous use of one term to designate two or more relatives of different generations or categories is interpreted as due to one of the four or five formative factors: teknonymy, reverse teknonymy, ellipsis, and the spousal identity of addressing relatives, i.e., the wife addresses the members of the husband's clan in the same way as her

六同别錄

husband and vice versa.

The paper, with eight tables, is dealt in five headings: (1) Introduction; (2) The list of terms in the tables explained; (3) An analysis of the use of primary terms; (4) An analysis of the use of modifying indicators; (5) An analysis of the use of vocative terms.

芮逸夫

National Institute of History and Philology,
Academia Sinica, December, 1945.

—36—

集刊外編第三種　　　六同別錄

苗語釋親　芮逸夫

表I——男性稱謂人父方血親表

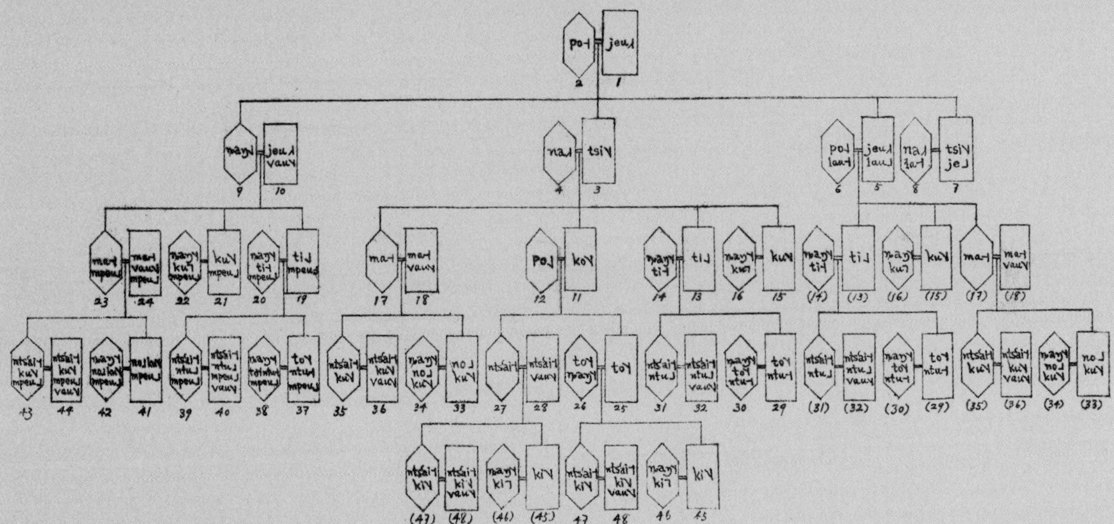

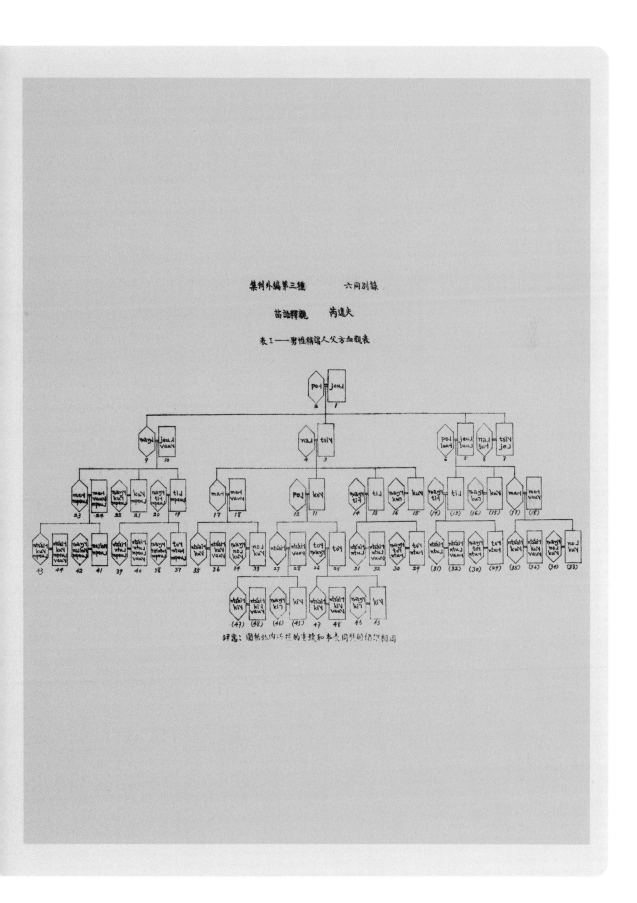

注意：圖括弧內所標的重號和本表同號的稱謂相同

集刊外編第三種　　　　六同別録

苗語釋親　　芮逸夫

表Ⅱ——男性稱謂人母方血親表

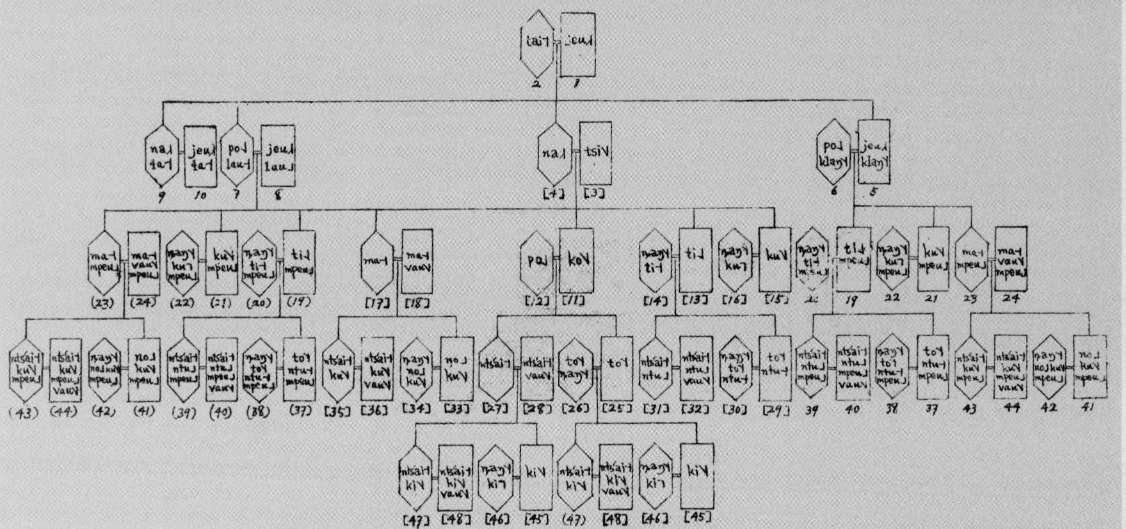

注意1：圓括弧内所標的號數和本表同號的稱謂相同

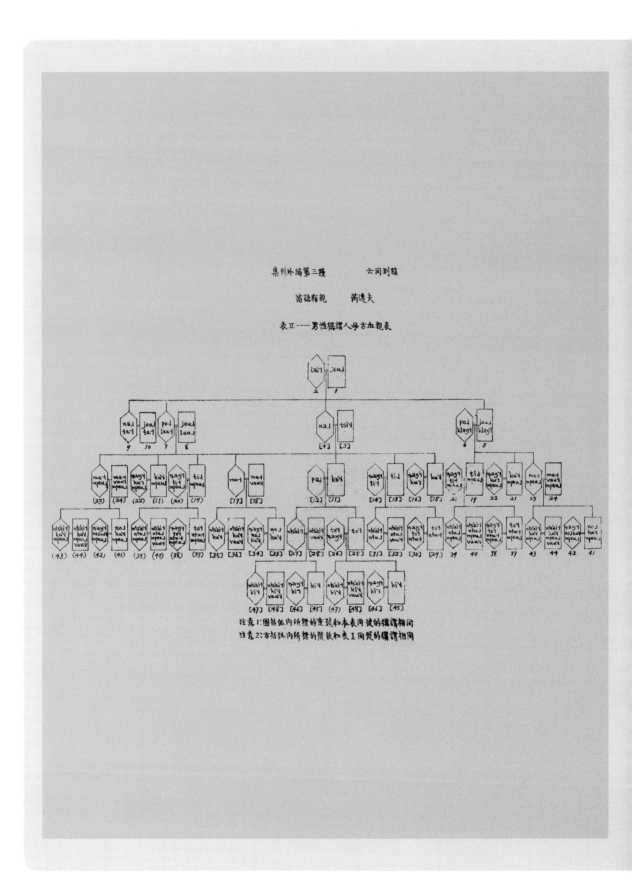

注意2：方括弧内所標的號數和表Ⅰ同號的稱謂相同

集刊外編第三種　　　　六同別錄

苗語釋親　　　　芮逸夫

表III——男性稱謂人妻族父方姻親表

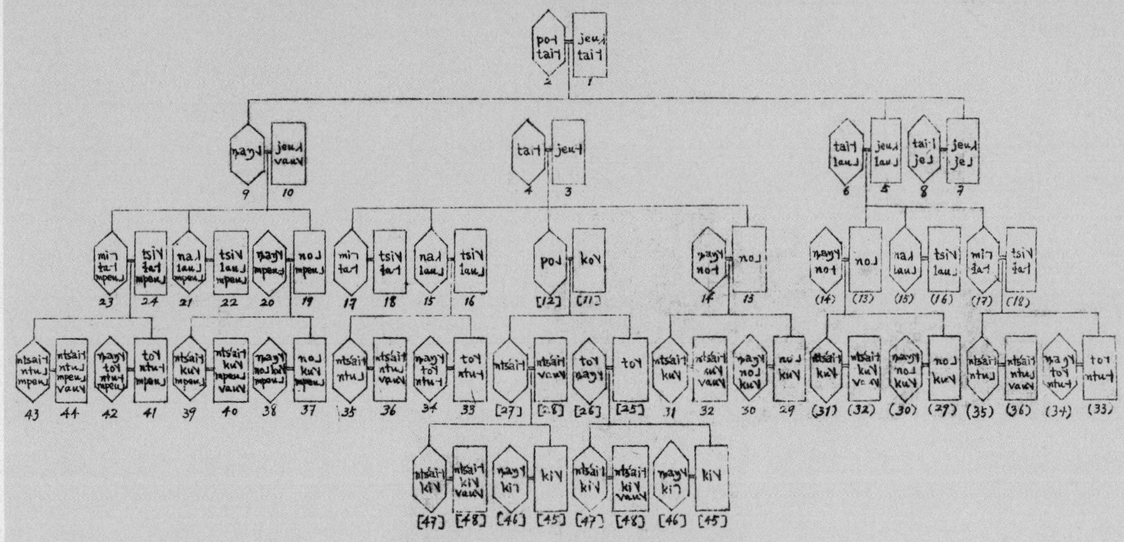

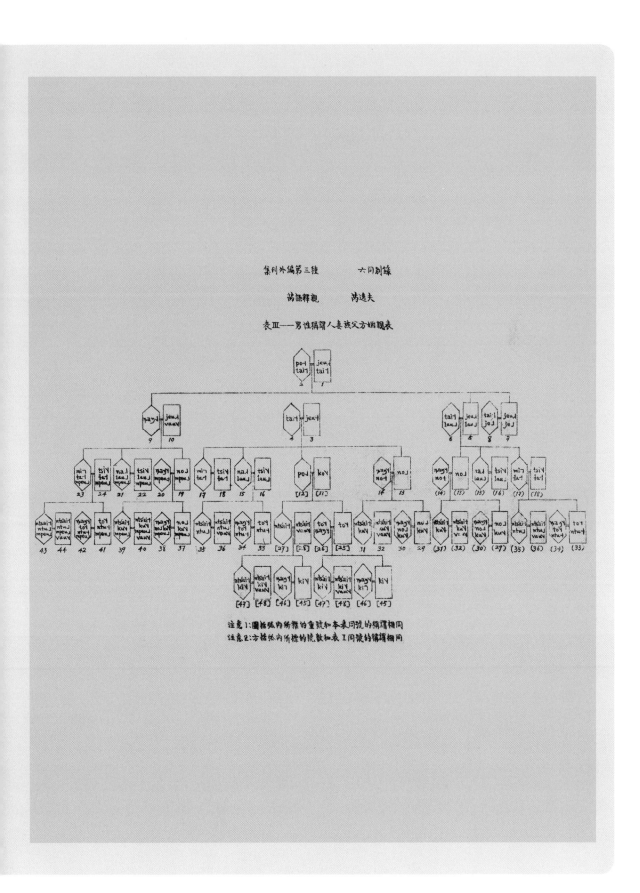

注意1:圓括弧內所標的數號和本表同號的稱謂相同
注意2:方括弧內所標的號數和表I同號的稱謂相同

集刊外編第三種　　　六同別錄

苗語釋親　　　芮逸夫

表Ⅲ——男性稱謂人妻族母方姻親表

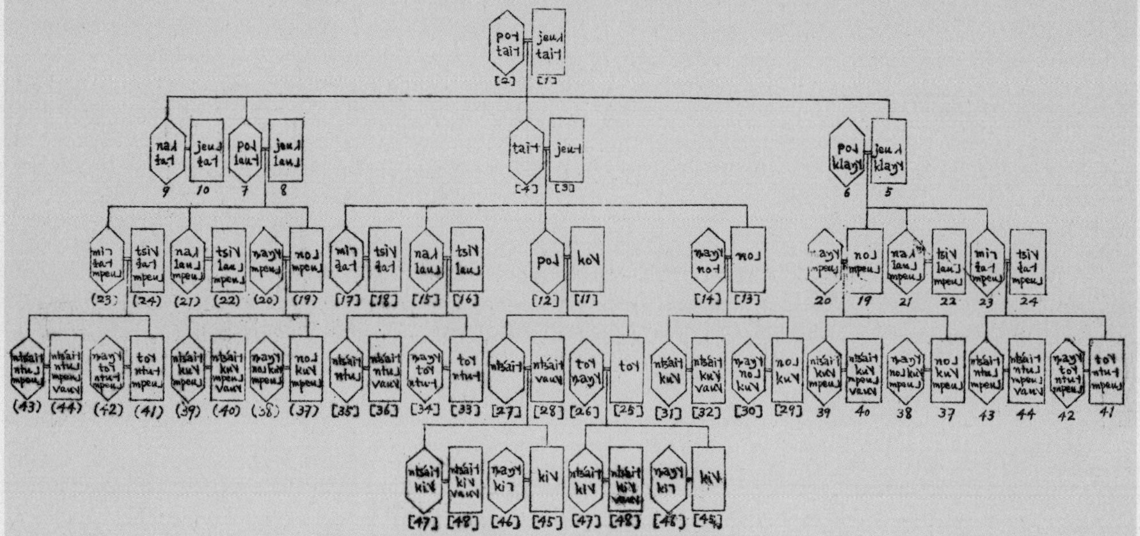

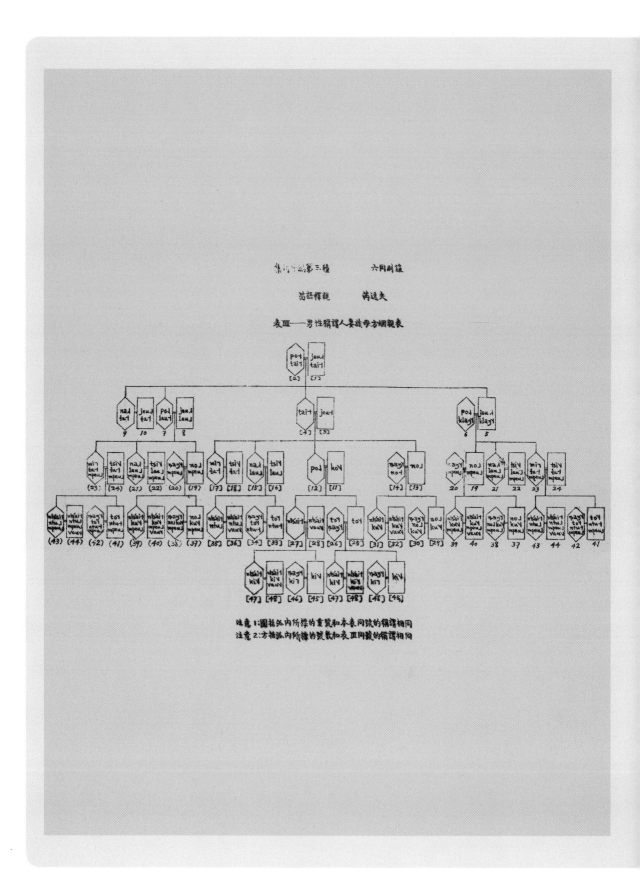

注意1:圓括弧內所標的重號和本表同號的稱謂相同
注意2:方括弧內所標的號數和表Ⅱ同號的稱謂相同

集刊外編第三種　　六同別錄

苗語釋親　芮逸夫

表V——女性稱謂人父方血親表

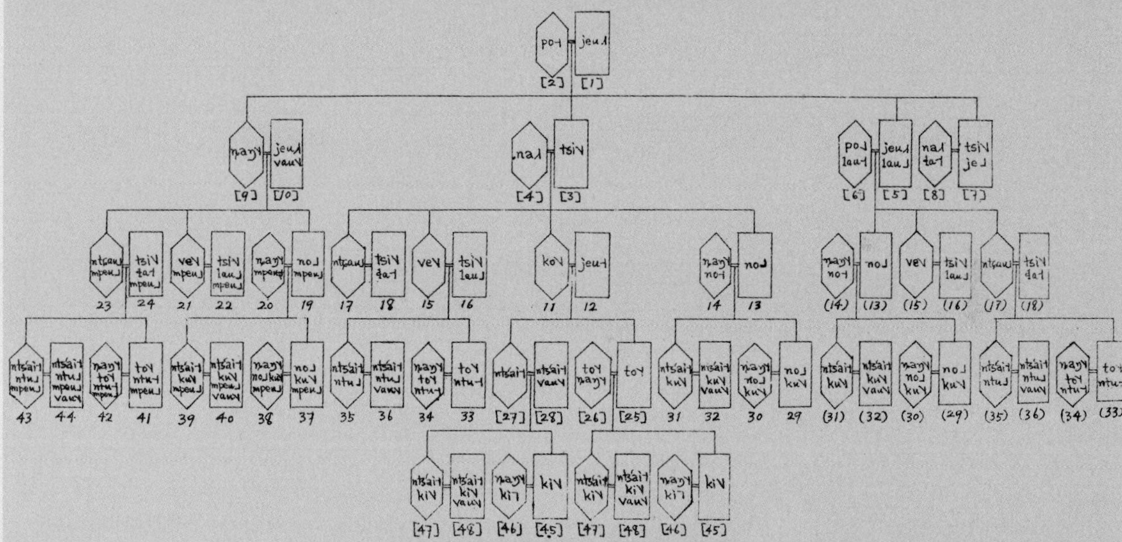

注意1:圓括弧內所標的重號和本表同號的稱謂相同

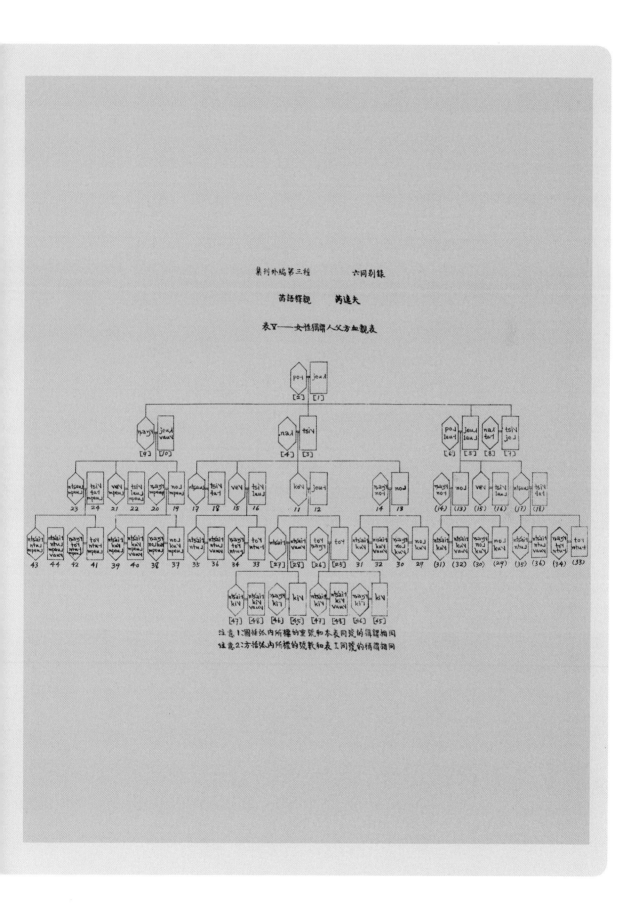

注意2:方括弧內所標的號數和表I同號的稱謂相同

集刊外編第三種　　　六同別錄

苗語釋親　　芮逸夫

表VI——女性稱謂人母方血親表

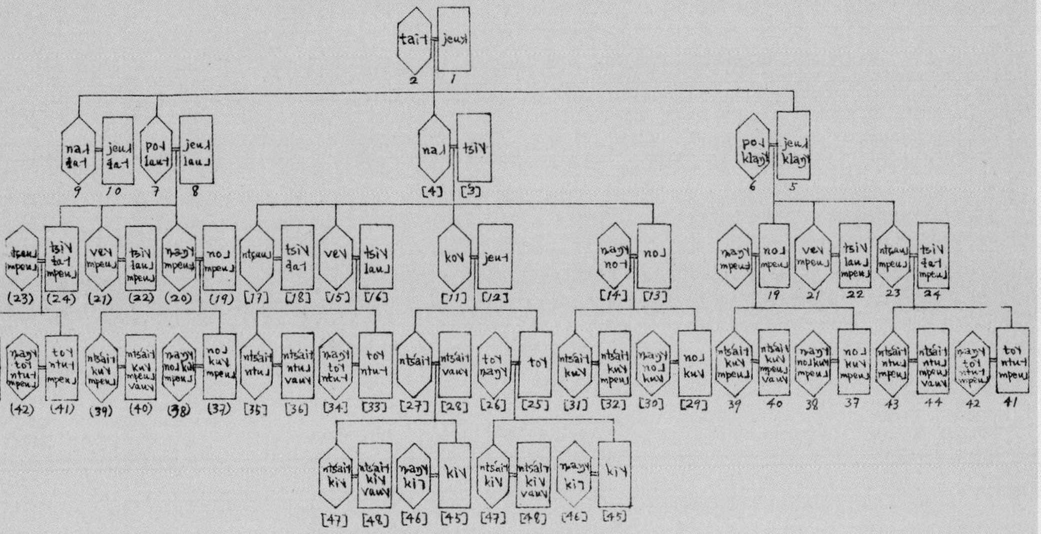

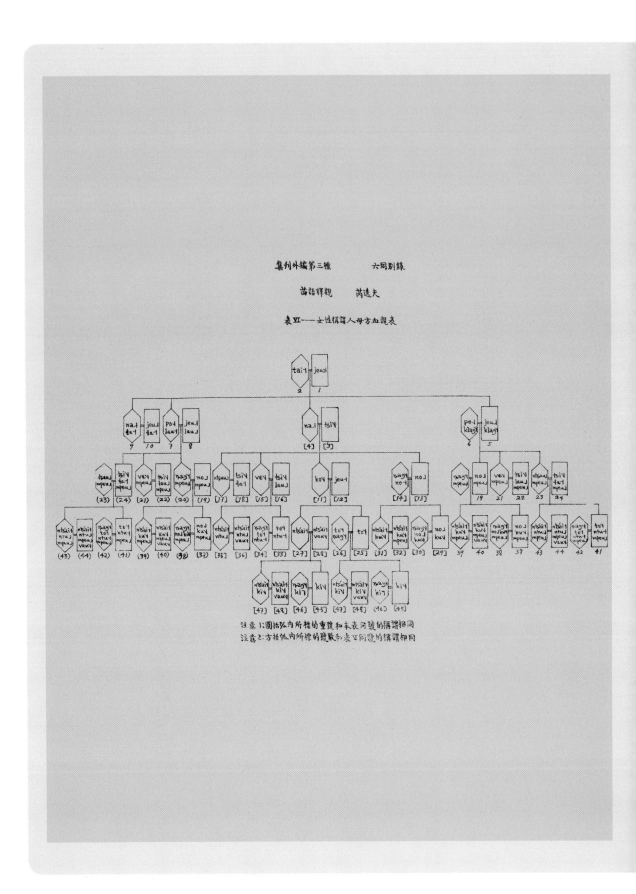

注意1:圓括弧內所標的號數和本表同號的稱謂相同
注意2:方括弧內所標的號數和表V同號的稱謂相同

集刊外編第三種　　六同別錄

苗語釋親　　芮逸夫

表VII——女性稱謂人夫族父方姻親表

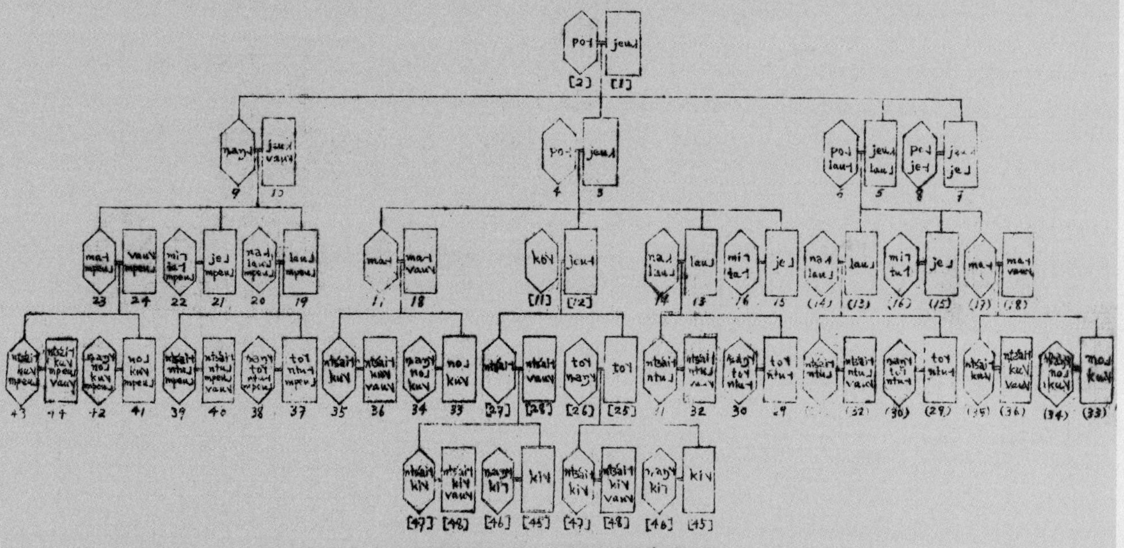

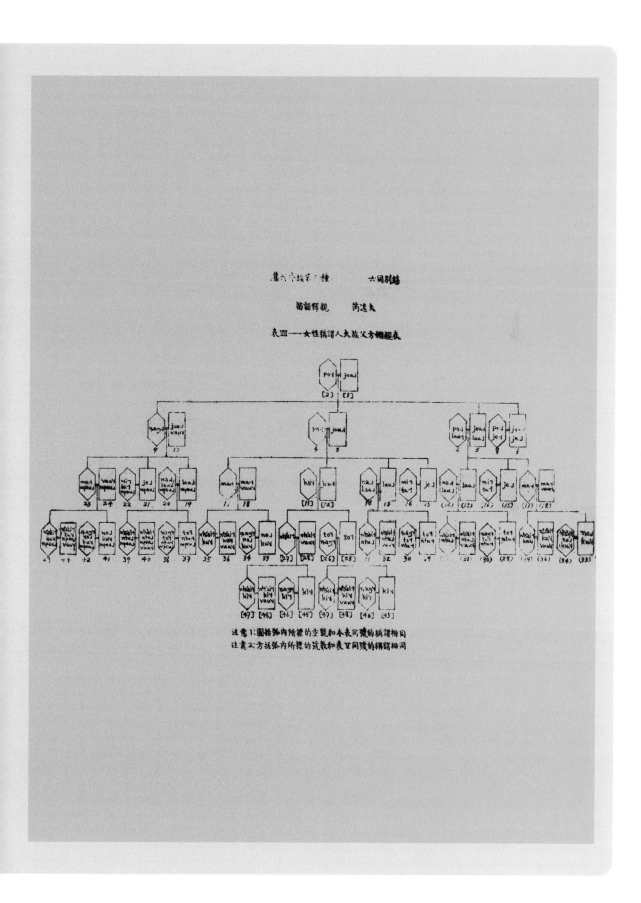

注意1:圓括弧內所標的號數和本表同號的稱謂相同
注意2:方括弧內所標的號數和表V同號的稱謂相同

集刊外編第三種　　　　六同別錄

苗語釋親　　芮逸夫

表VIII——女性稱謂人夫族母方姻親表

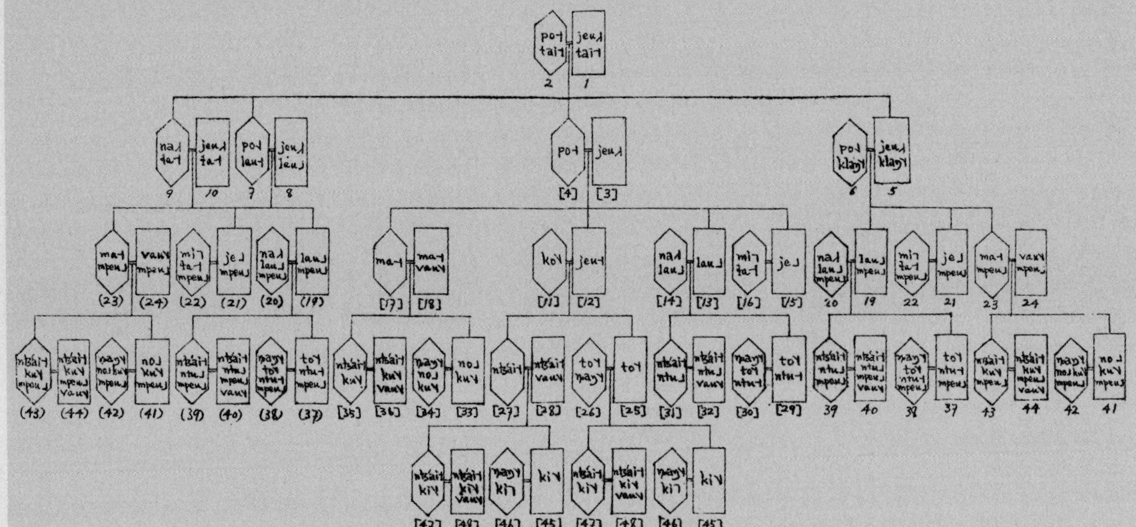

注意1：圓括弧內所標的重號和本表同號的稱謂相同

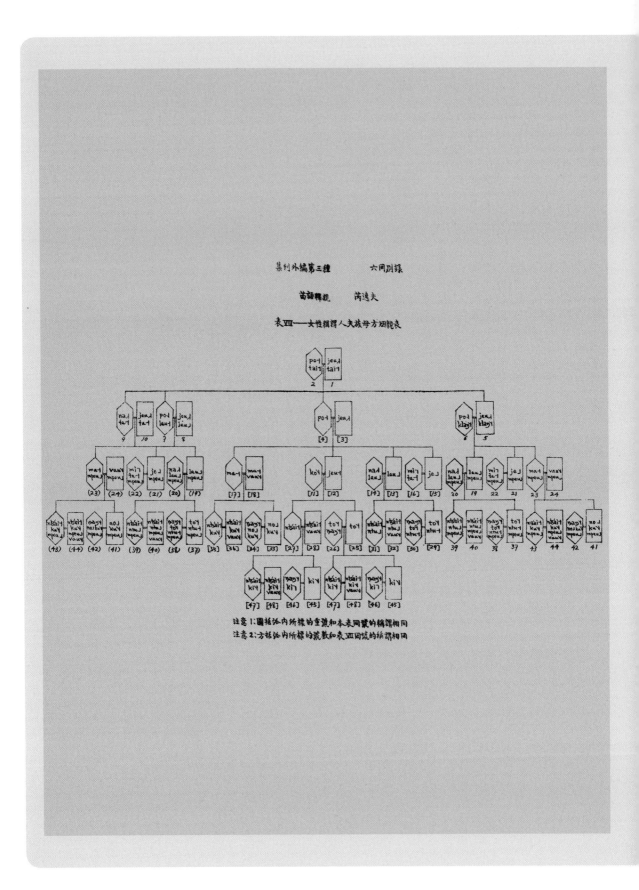

注意2：方括弧內所標的號數和表VII同號的稱謂相同

馬學良

倮文作齋經譯注

六同別錄

導　讀

馮　蒸

學術背景

作爲李方桂先生的嫡傳弟子，馬學良繼承了其師在美國印第安語研究中形成的語言學調查體系。李方桂作爲中國非漢語語言學奠基人，將薩丕爾、布龍菲爾德學派的結構主義方法與田野調查技術引入國内，這些方法論精髓在馬學良的彝語研究中得到充分實踐。20世紀40年代，馬學良隨李方桂赴雲南禄勸彝族聚居區進行方言調查。此次調查突破了傳統彝文經籍研究方法，首次將現代語言學理論與民族志工作方法相結合。此研究作爲傅斯年主持的彝文經典科研計劃組成部分，其四行譯注法的確立，不僅規範了民族語言文獻記録標準，更開創了結合文字學、語音學、語義學的綜合研究路徑。

學術評議

馬學良在20世紀40年代隨李方桂赴雲南禄勸地區進行彝語（當時被

稱爲倮㑩語）方言調查。在調查過程中，他們發現了一個極爲重要的語音現象——彝語方言有元音鬆緊之别，這個現象爲前人所未言，并創立了一套標記鬆緊元音的記音方法，該方法至今仍然被藏緬語族彝語支語言研究者所沿用。在彝語研究史上實具有劃時代的意義。

李方桂在美國學習期間，長期跟隨美國印第安語專家薩丕爾教授調查美國無文字的印第安語言，他的碩士論文和博士論文都是關于美洲印第安語的調查與研究。他學會了一整套調查無文字語言的聽音和記音方法，并且把這套方法用于中國境内的民族語言調查，同時把這套方法傳授給馬學良，用于中國諸多民族語言的記音，馬先生的這篇彝文文獻記音就是在李先生指導下的一份彝文文獻記音報告。

這份彝文經典的記音和譯注格式開創了今通稱的“四行譯注法”格式，這四行是：

第一行：彝文原文

第二行：彝語的國際音標記音（彝語逐音節的國際音標聲、韵、調標音）

第三行：逐字對應的彝文漢語直譯

第四行：彝文全句的漢語意譯

馬學良就是運用這種方式記録該彝文經典，這一譯注格式一直作爲一種譯注民族語言文獻或語料的標準格式沿用至今。

此文的價值并非在于所記録的彝文文獻《作齋經》的經文内容上，更深層的意義正如馬學良文中所説：“以我所見的幾種經典，多具有深奥的道理，明鋭的思想，而且從經典中可以看出古代社會的禮俗，生活狀況，及初民的心理狀態，在文學技巧上更是優美秀麗的。”

此文的記音首次揭示了彝語支語言具有完整、系統的元音鬆緊現象，爲前人所未言。這一發現，在彝語支研究史上實具有劃時代的意義，爲民族語言學界所矚目。所以，這裏着重談一談該文的記音特色，以及鬆緊元音的發聲態（Phonation Type）意義。

此文譯的彝文經典多爲五言之韵文，在“譯注本文”部分首句的“$n\underline{e}^7$”下有一脚注云：

> $n\underline{e}^7$韵母e下之一横表示緊喉，讀時聲帶縮緊，其音尖嘶，與e韵分成兩個音位（phoneme），例如，ne^7“你們”，$n\underline{e}^7$則爲（作）齋。倮語在雲南東北區之方音，如尋甸、禄勸、武定等縣，其韵母皆有相對之鬆緊二套，以下標音，凡遇韵母下有一横者皆同此。

這一段話雖然不長，但却是彝語有鬆緊元音最爲著名和明確的一個論斷，是對彝語元音特徵的首次披露，在彝語研究史上占有極其重要的地位。

對于這種現象，著名語言學家戴慶厦教授有進一步的解釋，他説：

> 所謂鬆緊元音，就是元音分鬆元音和緊元音兩類對立的音位。這是屬于元音範疇的一種語音現象。緊元音的發音特點是喉頭肌肉緊縮，音色較爲響亮，喉頭不緊縮的就是鬆元音。標音方法目前比較通用的是在元音下面加“–”表示緊元音。如拉祜語：na^{53}“停止”，

na̱^{55}“黑”，ɣa^{53}“蕎”，ɣa̱^{33}“鷄”（指雲南省瀾滄糯福拉祜話，下同）。複合元音和帶輔音韵尾的元音若分鬆緊，緊元音的符號加在主要元音的下面。如景頗語：tai^{33}“那”，ta̱i^{33}“成”，kaŋ^{33}“拉”，ka̱ŋ^{33}“緊”（指雲南省德宏州盈江銅壁關區景頗話，下同）。

元音分鬆緊，是藏緬語族一部分語言在語音方面的一個重要特徵。就我們目前所知，藏緬語族中的彝語、哈尼語、拉祜語、傈僳語、苦聰語、景頗語、載瓦語、白語等語言，元音都分鬆緊。如哈尼語有二十個元音，分鬆緊兩類，十個緊元音，十個鬆元音，即i e a ɔ o u ɤ ɯ y ʅ和i̱ e̱ a̱ ɔ̱ o̱ u̱ ɤ̱ ɯ̱ y̱ ʅ̱（指雲南省紅河州緑春大寨哈尼話，下同）。彝語有十四個元音，七個鬆元音，七個緊元音，即i e ɛ a o ɤ ɯ和i̱ e̱ ɛ̱ a̱ o̱ ɤ̱ ɯ̱（指雲南省彌勒阿細彝話，下同。阿細彝話的材料由武自立同志提供，深表感謝）。鬆緊在藏緬語族語言裏主要擔負着區别詞彙意義的功能，有相當一部分詞就靠鬆緊來區别意義。

最先指出鬆緊元音特徵的，是我國語言學家馬學良教授。他在1948年《倮文作祭獻藥供牲經譯注》一文中開始揭示這一語音特徵，指出在彝語禄勸話裏韵母分緊喉和非緊喉兩類，“緊喉韵母是發音時喉頭有點兒緊縮（laryngeal constriction），我在這類的韵母下標－號，以示緊喉。如lu^{55}‘虎’，lu̱^{55}‘足够’”。在當時的條件下，他能從彝語裏首先指出鬆緊元音的客觀存在，并正確地把鬆緊看成是元音的屬性，給鬆緊元音研究提供了一個難得的開端，應該説這是難能可貴的一步。

學術價值

馬學良此文通過嚴謹的記音實踐解析了彝語音系結構，其鬆緊元音理論不僅完善了彝語支語言的類型學特徵描述，更推動了歷史比較語言學的發展：學者得以據此重建原始彝語的元音系統，解釋同源詞分化規律。在方法論上，它構建了民族語言研究的完整形式，四行譯注法兼顧語言事實的記録與闡釋，將瀕危語言保護從簡單的文字轉寫提升爲系統性的語言知識保存。更重要的是在理論語言學層面的啓示，該研究早于國際學界30年觸及發聲態研究的核心問題，爲語言學家朱曉農等學者建立十四類發聲態系統提供了重要的實證支撑。

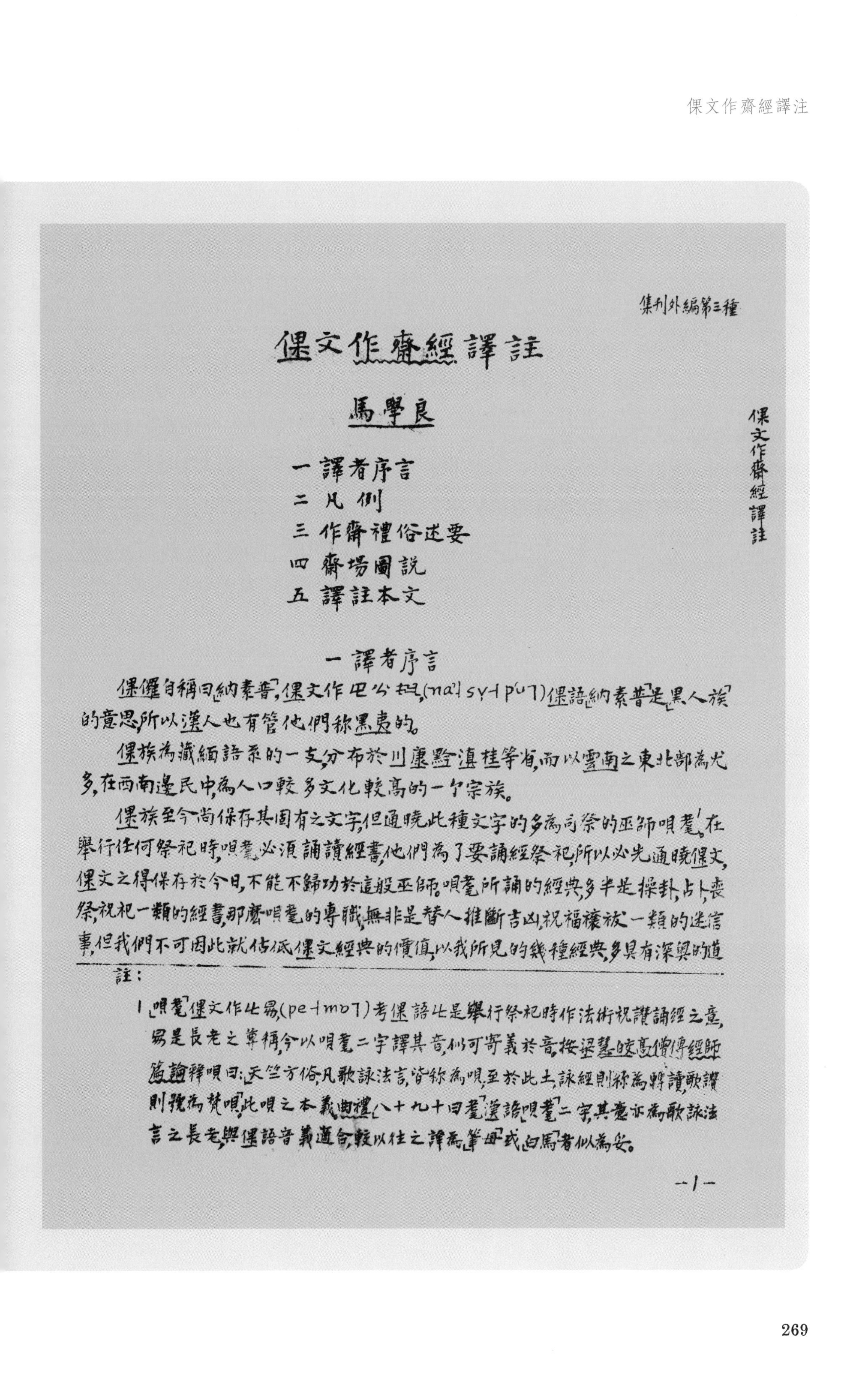

集刊外編第三種

倮文作齋經譯註

馬學良

一 譯者序言

倮儸自稱曰「納素普」，倮文作[illegible]，(na˧˥ sɣ˧ pʻu˩˥) 倮語「納素普」是「黑人族」的意思，所以漢人也有管他們称黑夷的。

倮族為藏緬語系的一支，分布於川康黔滇桂等省，而以雲南之東北部為尤多，在西南邊民中，為人口較多文化較高的一个宗族。

倮族至今尚保存其固有之文字，但通曉此種文字的多為司祭的巫師唄耄[1]。在舉行任何祭祀時，唄耄必須誦讀經書，他們為了要誦經祭祀，所以必先通曉倮文，倮文之得保存於今日，不能不歸功於這般巫師。唄耄所誦的經典，多半是操卦，占卜，喪祭，祝祀一類的經書，那麼唄耄的專職，無非是替人推斷吉凶，祝福禳祓一類的迷信事，但我們不可因此就估低倮文經典的價值，以我所見的幾種經典，多具有深奧的道

註：

1 「唄耄」倮文作[illegible]，(pe˧ mo˩˥) 考倮語[illegible]是舉行祭祀時作法術祝讚誦經之意，[illegible]是長老之尊稱，今以唄耄二字譯其音，似可寄義於音。按梁慧皎高僧傳經師篇論釋唄曰：「天竺方俗，凡歌詠法言，皆称為唄，至於此土，詠經則称為轉讀，歌讚則號為梵唄」此唄之本義。曲禮「八十九十曰耄」漢語「唄耄」二字，其意亦為歌詠法言之長老，與倮語音義適合，較以往之譯為「筆母」或「白馬」者似為安。

六同别録

馬學良

理，明銳的思想，而且從經典中可以看出古代社會的禮俗，生活狀況，及初民的心理狀態，在文學技巧上更是優美秀麗的。惟其如此，所以一般低能的巫師，只憑口誦，不能深解，甚至連文字也不認識，這固然是倮文經典日漸衰落之原因，而其主因尤以傳授的經師，不肯以衣鉢傳人，只教生徒誦讀經文，從不開講，所以降至今日，很難訪得一位深通經義的倮文經師。

三年前承傅孟真師的好意，給我一个去雲南研究倮族語文的機會。初時在尋甸祿勸二縣的倮區中，工作了一年，後又移地至武定，前後共歷時二年餘，交識的唄耄數十人，但真能通經識字者，不過一二人而已。我所搜集的倮文經典，凡二千餘冊，[2]分門別類，大要可作九類[3]：

1. 祭經
2. 占卜
3. 律曆
4. 譜牒
5. 倫理
6. 古詩歌及文學
7. 歷史
8. 神話
9. 譯著

每類經典包括書籍多種，本譯文只是祭經中之一部分，所以這裡先談祭經，其餘的姑置不論。關於祭經約可分為下列四種：

(1) 作齋經

註：

2. 此二千餘冊經典，現分藏於本所圖書室，及國立北平圖書館，北大，清華，南開等圖書館中，而以北平圖書館所藏者為尤多，寫本且較古，此即鳳土司土署中之遺物。

3. 倮經此種分類，僅限於現有之倮文經典，將來若能於他處發現更多之倮經，則其分類，當不止此。我所收藏的倮經，現已草成倮文經典目錄述要一文，或可供治此學者翻檢之便。

—2—

集刊外編第三種

倮文作齋經譯註

(2) 作祭經

(3) 百解經

(4) 除祟經

此四種祭經，每種所包括之經典浩繁，而以作齋經爲尤多。經中義理詞句，亦以此經最爲艱深難解，倮族至今之宗教禮俗，多本於此。本譯文是根據武定祿勸二縣倮族所藏之倮文作齋經節譯其中之一段，以見梗概而已。

武定祿勸二縣，爲雲南迤東倮族文化最高之區，著名的鐫字崖（嘉靖癸巳，西紀1533年）鳳詔碑（嘉靖甲午，西紀1534年）都是此區的倮文古蹟。明代雄踞一方的鳳土司的土署，就設在武定的幕連鄉。因爲鳳氏好大喜功，除了整軍經武，對於促進倮族固有文化，亦甚努力，延攬學識淵博之唄耄，設倮文學校，教育子弟，除抄寫各種經典外，並雕版印刷，流傳民間，以是通經識字者日多。今時民間所藏較古之經本，多爲此時之遺跡。其尚能通經之一二老師宿儒，亦鳳氏土署中經師之再傳弟子。同我譯經的張文元唄耄，他是一位五十餘歲的老人，其家自彼上溯六代，世爲唄耄，研讀倮經，可謂家學淵源。所以他的造詣很深，能講解艱深的經典，現時迤東各縣的唄耄，多出其祖人及他的門下，我很僥倖的找到這位良師，更幸運的是他肯以誨人不倦的精神教我，他對於倮文經典的日漸沒落，深爲嘆惜，常存起衰興亡，舍我其誰的抱負。

我同張唄耄就在鳳土司的土署中工作了一年多，除了翻譯經典外，大部分的時間費在校勘的工夫上，因爲倮經的保存，雕版印刷的很少，大多數是由唄耄傳抄的，遺誤自多，而且倮文的書法和倮語一樣的因地不同，古今有別，又因此種經書多用於祭時，烟火薰炙，殘闕尤多，所以想求得本來面目，殆不可能。幸而我們搜羅的經典較多，又得到土署較古的寫本，供我們校對，故每譯一經，先用數本作一番校勘的工夫，疑似處旁徵他書，博引古義，校正訛誤，如此所譯之經文，雖不能還他以本來面目，但較抱殘守闕，以訛傳訛的傳抄本，確得筆鍼墨灸之益處。

經過校勘後的經本，自然文從字順了，用這種校本來翻譯，可以省去許多的困難，但事實還不如此簡單，我們要知道，經典中的紀載多爲其禮俗之縮影，要想徹底了解經文大[illegible]，必先了解倮族的禮俗，所以我們在譯某經之前，先問明與此經有關

—3—

六同别録

之各種禮俗，然後再譯經文，便可豁然貫通。今為使讀者易於了解起見，所以除了在譯文中儘量附註外，並於譯文之前，附一禮俗述要，讀者若想多了解一點經義，以先讀此述要為佳。

馬學良

在這裡我應當感謝土署中那老太太廿，她給我的幫助很大，除了幫我們收回她土署中流傳在民间的藏書外，她對於倮文經義頗具興趣，時常參加我們的譯經工作，她熟習典故，常常為我們解決許多費解的问題，她常想把倮文經典介紹到内地，並願出資把倮經印刷出来，分發給唄耄研究，以資流傳，她热心於文化工作的精神，是至可欽佩的。因為她的幫助，我們很順利的譯完數十部重要的經典，一俟印刷環境較易，將作有系统之發表。

最後還要聲明的，本譯文的音韵是根據同我譯經的張唄耄文元的方音，他的家鄉是祿勸縣卓干鄉安多康村。我原想把這個音系及語法撮要於譯文之前，對於讀者或更方便一些，但又想本文是側重於譯文，似不必在此多佔篇幅，索性留待專文討論吧。

三十四年秋記於四川南溪李莊栗峯

註：

廿鳳土司土署，現在雲南武定縣茂蓮鄉萬德村，今已改姓那矣。嘗於其土署中得閱其永曆十年之世襲宗枝譜圖册，内載"……先是土官知府鳳阿英弟鳳阿改，生男阿他，阿他生鳳拔，拔生鳳者義，者義諱鳳姓那，生男那僖，俱蔭和曲州土僉，僖於崇禎十六年，奉文提調十馬"。故諱鳳姓那遠在明季，其何以改姓？余初至武定，詢諸地方士紳，多謂因鳳土司謀反，朝廷征剿，其後裔畏罪，始改姓那。後查閱其宗譜，方知因閙家務所致，譜中謂"……鳳詔妻索林襲土官知府，母瞿氏以索林無子，遂撫族孫鳳繼祖為嗣，將令承襲府職，不意索林聽信家奴鄭昂讒言，欲謀殺繼祖，繼祖潛逃至京，承襲奉旨，准任土官知府及據里，而索林不容繼祖到任，互相仇殺，奉旨改土設流，自後未復府職，有父鳳者義，係知府鳳詔親侄，由此隱居鹽祈，諱姓那"。其改姓原因，當以此說為可信，今時土人只知那土司，而不知那氏實即鳳氏之後裔矣。

—廿—

二. 凡例

1. 倮文為自左而右直書之行列，為保存其原來面目，本譯文仍採右行直書式。

2. 每句凡四行，第一行為倮文原文，第二行為國際音標註音，第三行為逐字漢譯，第四行為漢文譯意。

3. 第一行與第四行字體較大，為便於只讀原文或譯文者，可使上下文易於連貫；如不欲考究音韻或語法者，可不必顧及二三兩行。

4. 倮經多為五言之韻文，為不破壞原文之體裁，譯時仍使詞句整齊；惟限於每句字數，難免意義含混，讀者不能領悟，因於每節之下，附加註釋，以阿拉伯數字標明註次，其註法如下：

(1) 數目字若在四行中之某一行中，即為該行字或詞句之註釋。

(2) 數目字若在句中的一個字旁，(例如17頁，註1) 下邊是有關於這個字或詞的註釋。

(3) 數目字若在每句的上邊，(例如18頁，註10) 下邊是有關於這一句的註釋。

(4) 數目字若在每節第四行漢文譯意末句的下邊，下邊是有關於這一節的註釋。(例如17頁，註5)

5 為免翻檢查閱小註之煩，所有之註釋，皆隨註於其所註詞句之篇幅下方。

六同別録

馬學良

-6-

集刊外編第三種

倮文作齋經譯注

馬學良

三. 作齋禮俗述要

(一) 作齋的意義

「作齋」一詞,倮語為「内模」。([illegible] ne˥ my˩」)「内」義為同宗,「模」義為「作」,合言之,即同宗者合作祭祖大典之意。

倮族對於人死後的兩大祭儀是:

1. 作祭　追悼死者,指引死者赴陰間的路程。
2. 作齋　超度陰鬼化為仙靈,與始祖同登仙域。

由此我們可以明白倮族對於人死後的觀念是這樣的一個程序:

1. 生路 ——→ 死路 (即作祭之意義)
2. 死路 ——→ 仙境 (即作齋之意義)

但由死鬼化為仙靈,究竟要到一個什麼境界呢?如何使死鬼化為仙靈呢?這都是作齋的任務。作齋經就是紀載這一套程序,並說明其中的道理,和他們對天地鬼神的看法。這是倮族最隆重的一個祭祖大典。作齋不僅是為了孝思,由經中所載且可使子孫昌旺,化凶為吉。所以倮族凡是隸屬於同宗的子孫,每經十三年,選擇年建為丑寅午申之一的臘月吉日,就要舉行作齋一次。

(二) 作齋前的準備

每逢作齋之年,先由同宗的子孫,約同商量籌備作齋的事情。作齋的前三月,就要請巫師唄耄,選伐一棵作祖簡用的化桃樹,截成約二三尺長的一段木筒,送到闔族在峭崖所立的祠堂附近的一個崖洞中,再殺綿羊雄雞各一隻,祭祀祖簡,此木筒就是準備作齋時作新祖筒之用。選伐化桃木時,由唄耄誦請祖筒經,([illegible] py˧ ky˧ sy˧)經中大義謂樹之位置,及枝葉形狀色澤,何者為上,何者宜伐,誦畢,然後由唄耄用紅色雄雞一隻,祝告天地,殺後取雞股占驗吉地,選作齋場。

齋場選定以後,在作齋的前幾日,由長支分配工作,依長幼輩分配職務,井然有序。茲分述各支族的工作如下:

1. 長族為一族之長,居於領導地位,發號施令,管理經費及對外應酬,在作齋的時候,由長支吩咐各支,建築五座寬敞的大青棚;第一座用作供祖靈用的,裏面分作三間或四間,依祖人伯仲叔季長幼次序分列,(參看齋場圖説)設壇虔供,壇下又隔成許多間格,每格内放置各家帶來的雄雞一隻,每日薄暮,由各家把雄雞抱出,互相啄鬥,據説鬥勝的主家,為子孫昌盛之兆。第二座是唄耄居住的青棚,唄耄的數目不定,但一定要有六個主祭的唄耄,第一個司總祭,經中稱為唄母,([illegible] pe˧ mu˧˥)一切祭儀都由唄母指揮;第二個司應酬經中稱為唄奇,([illegible] pe˧ tɕʰi˥)處置唄耄與主人間一切交涉;第三個司勞作,經中稱為唄導,([illegible] pe˧ tɒ˧)領導揹祖筒取淨水播神座等事;第四個司淨除,經中稱為唄浩,([illegible] pe˧ xɒ˩)如宰牲時先由該唄耄將牲畜洗淨及打醋炭(詳經文註解)等事;第五個司驅除邪鬼惡魔,經中稱為握唄,([illegible] ɣɒ˥ pe˧)如請祖之先,由該唄耄舉行驅邪之法術;第六個司雕刻祖像,經中稱為格唄,([illegible] kɯ˥ pe˧)司一切工事,獨居於第三座青棚中。第四座是造飯人居住的青棚,第五座是作菜人居住的青棚。

2. 仲族專司勞作,如採伐柴建築齋棚等事。

3. 幼族司作齋時所用之牲畜,及雕祖筒修治裝祖人之麞皮採買等事。

(三)作齋的日期

倮族每次作齋的日期,規定九晝九夜,茲將每日齋祭情形逐日紀要如下:

第一日與第二日 家齋

作齋的第一日由參加作齋的各戶,在屋外紮一青棚,於是夜將要入齋場超度的前一輩祖人之靈位請出屋外,為了避免經過活人所走的生門,由屋頂瓦隙或牆縫中接出,供在青棚中,由唄耄誦家齋經([illegible] ɕe˧ tɒ˧ sɣ˧)一一誦出入齋場之祖名,並指引途中情形,及會老祖輩之禮貌等;其後殺牲獻祭,祭饌全係生祭,此時唄耄即為子孫祈福。第二夜雞鳴時,由女壻將祖靈用紅氈裹起,揹送到齋場裡。家齋的意思,因為祖人要離家入祠堂,從此靈位與後人永別,後人自不免依依之情,設祭為祖人餞別,以慰孝思。

第三日 野宿

不論距齋場遠近,揹祖的人,當日不能一直到齋場裡,必須在中途建一青棚野宿,次日相約同時進入齋場。

第四日　入齋場

參加作齋的各宗支，於是日齊集齋場附近，約同揹着祖人的靈位，吹着比利，(一種竹製的樂器)燃放火炮，轟轟烈烈的步入齋場。此時齋場裡只搭一座小青棚，各處送來的祖靈，就安放在這小青棚中，由唄耄登記各處送來的祖人姓名，然後誦唸驅邪經，(ㄛ ㄗㄛ ㄒㄨ ntɛ˥ ʂɿ˧ ntɣ˧)為祖人解除路上所沾污之邪惡，並用木桿四根，紮成善門一道，旁置淨水一盆，此時各宗支所揹來之祖靈，都要在盆內由唄耄洗濯，表示從此滌除生前一切罪惡，送祖的後裔，要向盆內擲銀七錢，酬謝唄耄替祖解罪，方得度此善門，到處供祖靈的壇台上。然後牽着一隻羊，同二三唄耄，到闔族的祠堂去歡迎老祖筒，並將三月前放在崖洞中的新祖筒，一併接到齋場，唄耄於是復仍誦經祭祖。

第五日　卜卦

倮族一切祭祀，必先由占卜斷定吉凶。作齋第五日誦卜卦經，(ㄐㄧ ㄘㄛ ㄖ ㄙ ㄊㄨ˥ vɑ˥ p'o˩ sʏ˧)先由唄耄用長約一尺的白柴及青樹條，圍着齋場插成一週，據說白柴是代表各種鬼神的靈位，青樹枝是根據一段神話來的，相傳古代有一時期，天昏地暗，人民疾苦，天宮便先後派了三个唄耄，把經書繫在每人所騎的黃牛角上，下凡拯救人民，不意渡過汪洋大海時，牛角上的經書，被海水浸溼，唄耄既到陸地，就把經書放在青樹葉上曝曬，結果被青葉黏破了一半，所以現存的經書，僅得原數之半。現在唄耄於舉行祭儀之前，必先於祭場中插青樹葉，意即抵補損壞的另一半經書；或謂當曝經時，被老鷹把經書抓破了一半，故現在有些唄耄，並於唸經時，頭戴笠帽，帽緣上繫一對老鷹脚，亦即以鷹脚補充損失之一半經書。

是日晚間，隨起唄耄，吹着比利，由唄耄用豬膀骨及雞腿骨卜卦，卜時由各宗支把祖靈揹在身上，隨起唄耄，在所插的白柴及青樹葉中繞行，然後牽一頭豬，一隻雞，到卜卦台上，由唄耄唸完經，屠宰後生祭，移時取出豬膀骨及雞腿骨占卜，再由唄耄查驗經典上關於此卦象之吉凶，然後將牲煮熟，再獻祭於台前，是日祭儀方告結束。

馬學良

第六日與第七日　解罪孽

此二日所舉行之儀式，全為解除祖人在世時所遺之罪孽，由唄耄誦解除二十四種罪惡經，如解除祖人生前之誓願，淫邪，災患，凶兆，惡夢，以及牲瘟土崩水灘等不祥之事，正式超度祖人。各種經義謂人生在世，難免罪孽，子孫若不為祖人唸經解除，將永無超脱苦難之日。

第八日　換祖

倮族每作一次齋，要把同族在崖洞中所供的一對祖妣雕像，用新雕的一對去替換。祖公的臉是用銀子鑲成的，祖妣的臉是用金子鑲成的，骨骼用金線繫連，穿着綢緞衣褲，先置於用麞皮作成的皮袋中，再裝在化桃筒中，並將祖人日常用具，如釜，甑，碗，刀，斧，鋤，犂等，全是用鐵製成的小型器具，一併裝入筒內，另外還要裝入一个撑天柱，據說這是祖人爬入天宫的鐵柱。裝置安當，然後撒入紅綠的五色種子，並將白綢上所登記此次所請來的祖妣名單裝入，表示祖裔死後，仍隨始祖同去。

倮族的祖靈何以要用化桃筒來裝置呢？傳説古代洪水氾濫之時，世人全被淹死，惟有倮族的祖人篤阿木（[illegible] dɤ˩ a˩ mɤ˧）因心地善良，蒙太白星君的指示，叫他挖一化桃筒，躲在裡面，隨水漂流，方得脱險。當洪水退落以後，化桃筒掛於北古阿斥崖上，進退維谷，後來又蒙太白星君之救，並與七星姑成婚生子，這就是倮族的始祖。現在因為紀念祖人當時蒙難的情形，所以仍用化桃筒護庇祖靈，祠堂仍設於峭崖之上，就是追溯本源之意。

新祖裝置妥當後，便將舊祖送往另一个崖洞裡去，然後占卜雞卦，指示取淨水的方向，由唄耄帶領子孫等去取淨水。淨水一定要選擇一游長流的河塘，表示後裔源遠流長的意思。每户用竹筒一節貯水，由一綿羊馱回齋場，放在獻台上，由唄耄唸取淨水經（[illegible] kɯ˨˥ ji˩ kɯ˥）然後將水分與各宗。據説各家將水攜回後，羼入祭品中，處供天地日月星辰等鬼神，可保五穀豐登，子孫昌盛，且可退避諸邪。

倮族各宗作齋取淨水的地方，此後就作該宗的根源，所以常見倮人初

—70—

逢時先問何年作齋何處取淨水這就是追叙家譜的意思，若為同齋，即認為同一宗族，則異常親近，否則即同一姓氏，亦不得認為同宗，所以各宗的後裔必須牢記作齋的日期及取淨水處，以便與人叙述宗源。

第九天 焚靈

是日為作齋之末一日，要把背來的祖人靈位焚燬。倮族祖人靈位是用竹子編成的一個簍籮，其中附上一個小布袋，袋中放山竹根綿羊毛，用絲線繫連，這個小袋就是祖人的靈魂寄託處。據說用山竹根的意思是因為始祖篤阿慕的化妝篇，掛在峭崖上的時候，幸被崖上的山竹攔住，方免墜崖殞命。用綿羊毛的意思是根據作齋經中「祖妣如綿羊」一語，意謂子孫昌旺，且如綿羊之馴善。

有些倮區祖人的靈位，不如上述的做法，如祿勸倮人的祖靈位是用綑了數十根竹條作成的，初見頗為詫異，及後讀作祭經，其中有一段指示作靈位的方法說：「若一節處（指骨骼）用三節竹縛，竹若為三節人，則作六節人，若作六節，用九節竹作。」我以為此法式較古。上述用山竹根作靈位，疑為簡化後之作法，至於用山竹的意義，則同出一源。

將所有的靈位，收集一處，擇一潔淨地點，立一松橋，松橋下方設一油鍋，鍋中盛豬油與清油二種，燒滾後，由雕像唄耄放酒鍋中，斯時火燄噴出，後裔即繞行齋場，意為嚇祖，使既入齋場之祖人靈魂，勿隨後裔歸去。此為作齋末日發油鍋之儀式。

繞行畢，由主祭唄耄將祖名記於木牌上，交與雕祖之唄耄置於油鍋中，此時後裔必須備緞贖回祖名，將祖牌及祖衣送至發油鍋處焚燬。靈位之竹根或竹塊，則裝於馬櫻花木筒中，以豬血調生麵封筒之兩端，擇地葬埋。至於用馬櫻花藏祖靈之意，亦為紀念始祖當洪水時避入木筒中，得免於難，以為木筒永久可以護祖。

此種焚靈儀式，只限於長支與幼支參加，至於仲支，則單獨舉行此儀式，必須用一頭豬，先祭山神，然後將祖衣自焚，其餘儀式悉依長幼二支，惟仁

六同别録

允仲支参加此最後一幕，則頗令人莫解。

焚靈儀式完畢後，齋場的青棚，完全焚化，然後由唄耄率領闔族，吹着比利，將新祖筒送入崖洞裡，一場齋事，才算完結。

馬學良

—12—

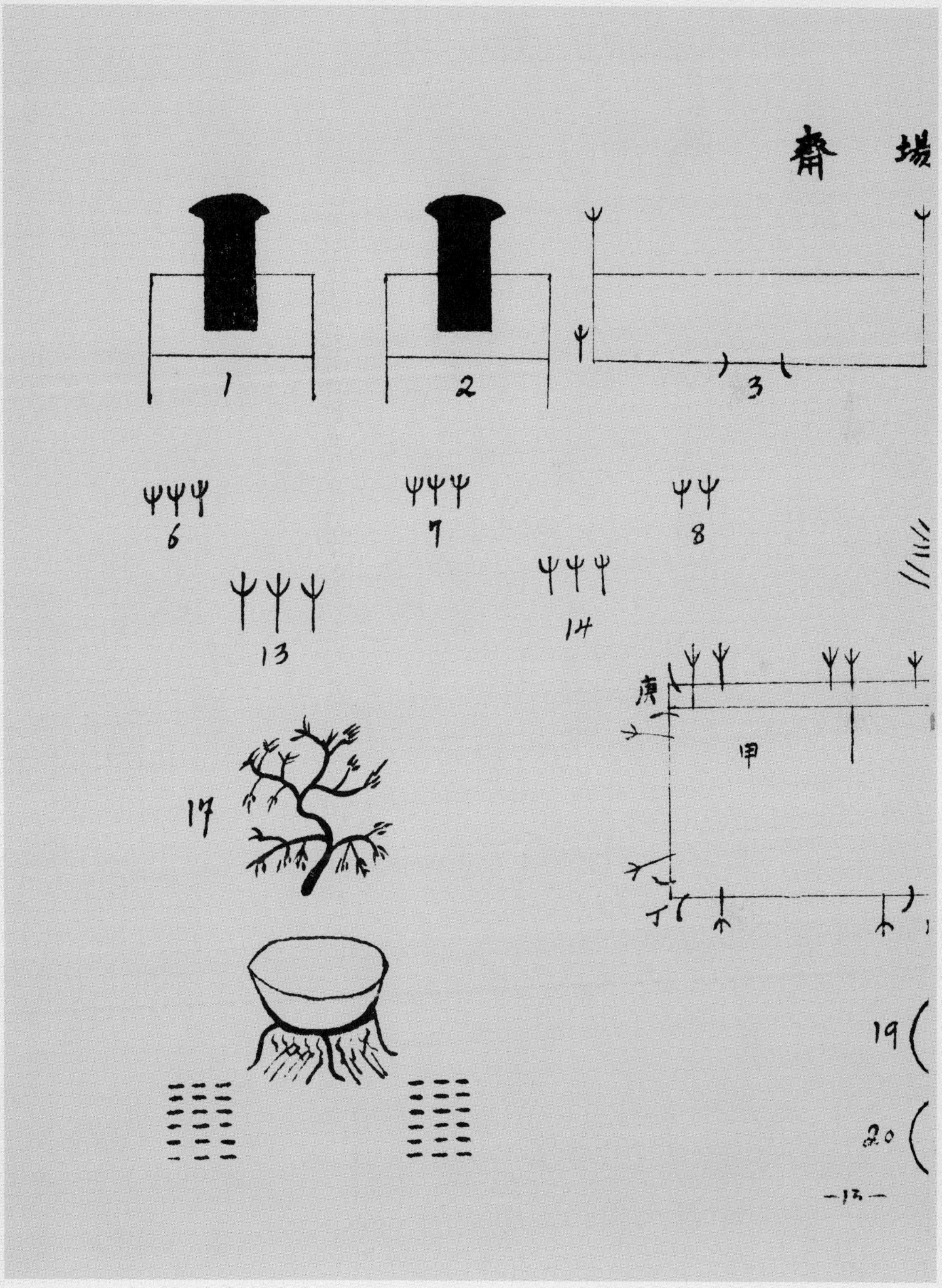
齋 場
1
2
3
6
7
8
13
14
17
庚
甲
丁
19
20
—15—

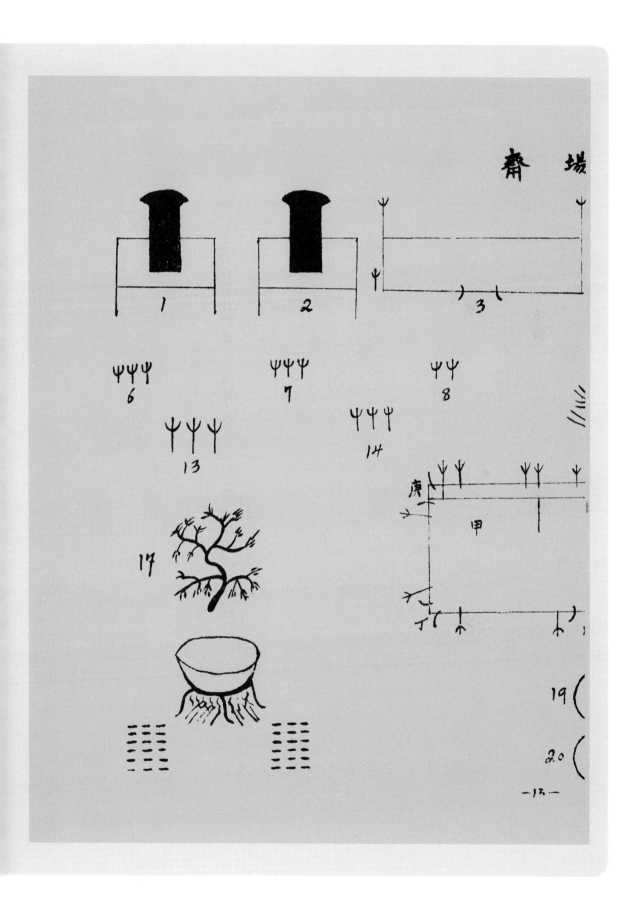

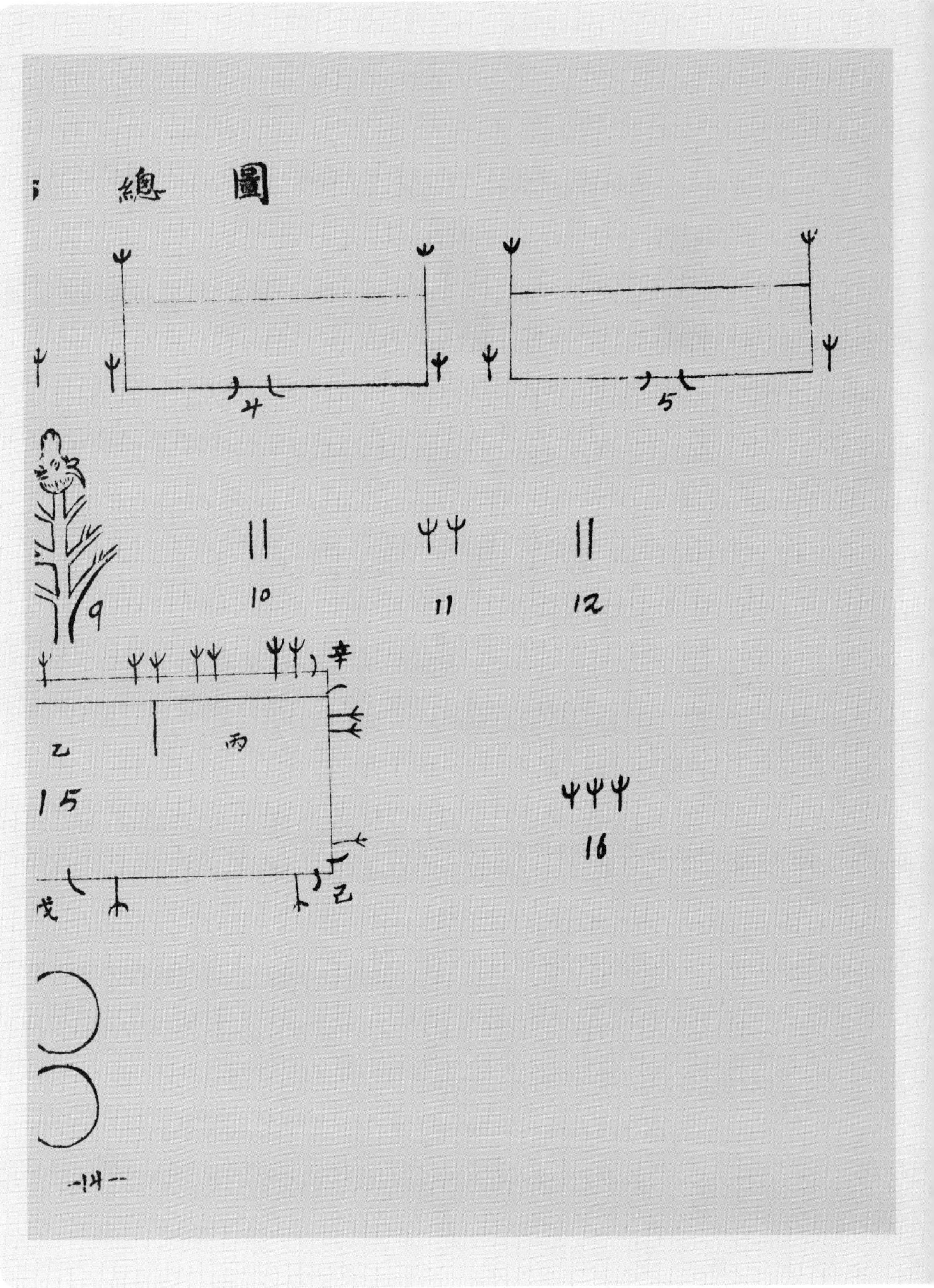
總　圖
4
5
9
10
11
12
辛
丙
乙
15
16
戊
己
-14-

集刊外編第三種

倮文作齋經譯註

四、齋場圖說

上圖僅就齋場中之重要名物，指繪其方位而已。讀者讀作齋經時，若參照此圖，亦可聊具規模，齋場情景，不難推知。詳圖不能於此具錄，擬於全經付印時，隨文逐節附圖說明，今僅錄於本譯文有關之簡圖，依圖中所標號碼，說明如下：

1. 老祖筒 vɚ˩ ʈɯ˧，作齋時由崖洞中請至齋場，搭一木台，置於其上，與新祖筒並列，俟齋事完畢，此老祖筒即作廢，而代以新祖筒。
2. 新祖筒 vɚ˩ ɕi˥，作齋時新雕之祖筒，其形狀全倣老祖筒，惟其中伴鈴 tɕʻɚ˥ tɕʻy˧，每作一次齋，則增加一個，故察驗祖筒中之伴鈴，即可知該族作齋之次數。
3. 唄耄青棚 pe˧ mo˥ tɕʻɚ˩，以青乾櫟葉搭此青棚，中分數格，為齋場司祭之唄耄居處。
4. 雕祖匠棚 kɯ˥ my˩ tɕʻɚ˩，此棚專居雕祖像之匠人；祖像用青翠石磨光，節節相連，形成肢体之骨幹，關節處墊以金片或銀片，據謂青翠石必須由河邊掘數丈深所獲者方可用。
5. 挖祖筒處 py˧ nty˩ de˧，此棚專居挖祖筒之匠人，取仡桃木一段，長約尺餘，挖空其中，以備裝祖像及器具等。
6. 解罪神座 ntɕʻa˥ lɯ˥ de˧，此處為祖人解除一切罪惡，每一種罪孽有一神專司。𠀌為不帶葉之柏樑枝，以此代表神所止處，故名曰神座。
7. 五更神座 ɕi˥ my˩ zɚ˥ ʂɚ˧。
8. 太白星君神座 gu˥ my˩，此即洪水時代救倮族始祖篤阿木之神。
9. 犧牲架 xu˧ tɕʻa˥，作齋時之犧牲，懸於此架上。據經書所載，此為衡肉與唄耄之秤架。牛頭向天，表示對天宣告，公平無私。

六同別錄

馬學良

10.崖神座 [illegible] gɯ˧ nu˧，此為護祖之崖洞神。|為帶葉之柏樑枝，代表崖神之神座。

11.白琴神座 [illegible] ʨʻa˥ ʨʻy˧。

12.綠枝神座 [illegible] dzɔ̃˩ ny˩。

13.卜卦神座 [illegible] tsɣ˥ va˥ pʻo˩，作齋時於此處占卜。

14.敘家譜神座 [illegible] ŋɛ˩ ʦɣ˥ ŋɛ˩ xɣ˧ de˧，作齋時必先由唄耄敘家譜，自始祖以迄於後代。唄耄亦須誦出個人之身世，於此處舉行。

15.齋棚 [illegible] ʨʻɔ̃˩ hɔ̃˩，此為齋場中最大之青棚，內分三大間，各支所措入齋場之祖靈，依次供於此棚中。茲將各部分之名称分述於下：

甲.長族间 [illegible] gu˥ ʝwɔ˧ zu˧，長族之祖靈供於此间。

乙.仲族间 [illegible] gu˥ ʨu˥ zu˧，仲族之祖靈供於此間。

丙.幼族间 [illegible] gu˥ ŋɔ˧ zu˧，幼族之祖靈供於此間。

丁.生門 [illegible] dʑɔ˧ ŋkʻu˧，此門為生人出入。

戊.鬼門 [illegible] ɕi˧ ŋkʻu˧ 祖靈由此洞出入。

己.入口 [illegible] ʝv˩ ŋkʻu˧。

庚.五更門 [illegible] ɕi˥ mɣ˩ ŋkʻu˧。

辛.取净水門 [illegible] kwɔ˥ ŋkʻu˧，作齋取净水時，由此門出入。

16.黑琴神座 [illegible] ʨʻa˥ na˧。

17.五更樹 [illegible] ɕi˥ mɣ˩ zɔ̃˥。

18.油鍋 [illegible] ʋ˧ ɖɣ˧ ʦu˥，散齋時焚祖靈處。

19.祖變土洞甲 [illegible] ʼa˥ pʻɣ˧ ʨu˧ mi˧ dɣ˩，祖公由此洞入。

20 祖變土洞乙，祖公由此洞出，此後即變為神矣。

—16—

集刊外編第三種

五、譯註本文

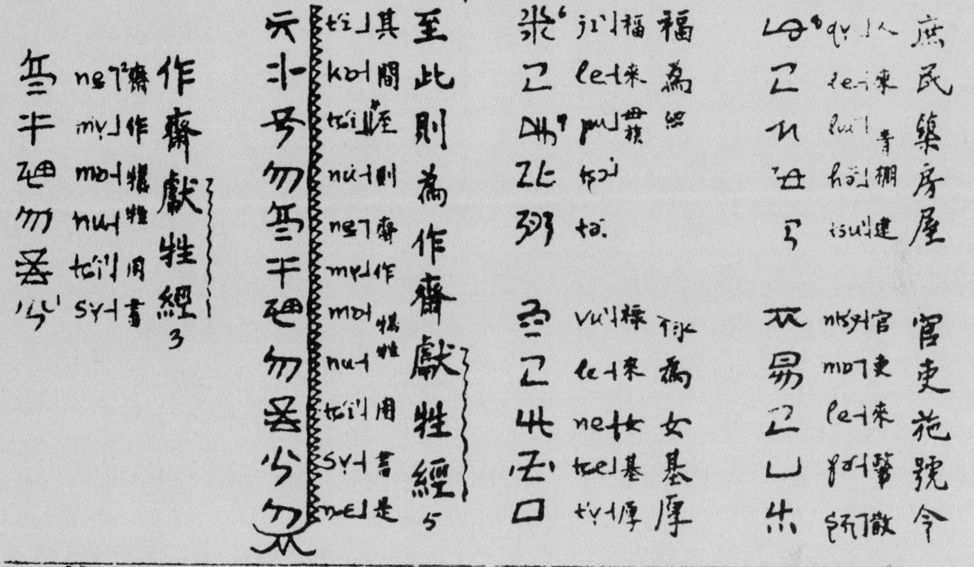

註：

1. [illegible]為[illegible] sʏ˧ sɯ˥ 書之省文。
2. ne˥ 韻母e下之一橫表示緊喉，讀時聲帶縮緊，其音尖斷，與e韻分成兩個音位(phoneme)，例如 ne˥ 你們，ne˥ 則為作齋。倮語在雲南東北區之方音，如尋甸，祿勸，武定等縣，其韻母皆有相對之鬆緊二套。以下標音凡遇韻母下有一橫者皆同此。
3. 獻牲經為作齋經中之一篇，此為篇名，標於卷首。按此書為作齋宰牲之前，由唄耄誦此經一遍，然後鬼神方來歆享。
4. tɕi˧ 至，為 tɕi˩ 之變調，倮語表示假設或擬斷口氣，則將句中之末一動詞之平調變為升調。
5. 此一句為以下經文之標題，[illegible]為倮經標題之符號。倮族一切喪祭皆由唄耄誦經祭祀，每種祭儀皆有其經書，唄耄臨祭時，依祭儀先後次序誦經，誦唸某種經書，即某種儀式之開始。故每種紀載祭儀之經書開首，必冠以[illegible](至此)意即經書現誦至此，此時某種祭儀應開始了，唄耄即誦畢全經，由助祭者紛紛準備此種祭儀之各項事物。

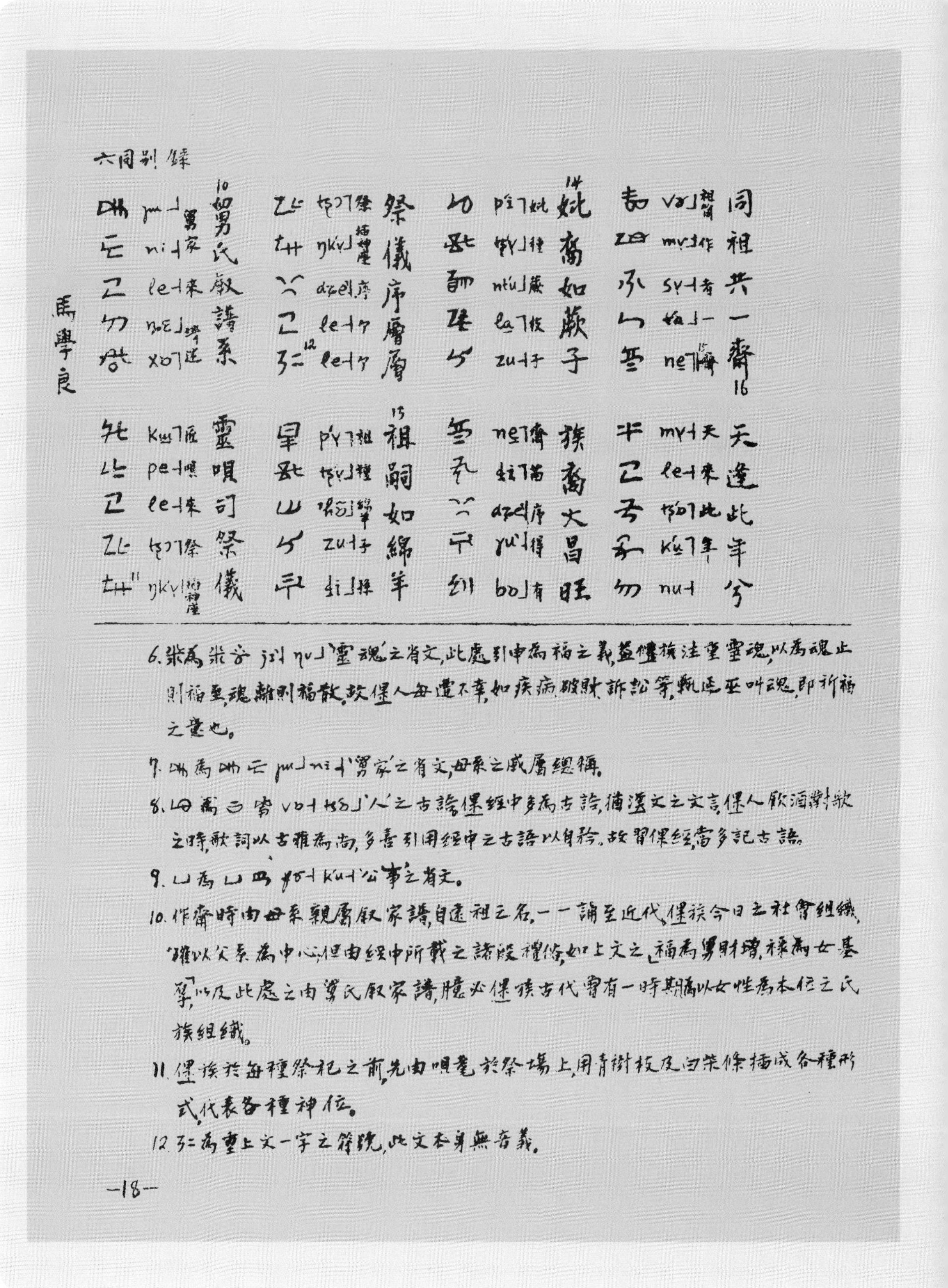
六同別録
同祖共一齋
妣裔如蕨子
祭儀序層層
舅氏敘譜系
天逢此年分
孫裔大昌旺
祖嗣如綿羊
靈唄司祭儀
馬學良
6. 為 ʑɿ˧ ɳu˩ "靈魂"之省文，此處引申為福之義，蓋儸族注重靈魂，以為魂止則福至，魂離則福散。故儸人每遭不幸，如疾病、破財、訴訟等，輒延巫叫魂，即祈福之意也。
7. 為 pʊ˩ ni˧ "舅家"之省文，母系之戚屬總稱。
8. 為 vo˧ ɬo˩ "人"之古語。儸經中多為古語，猶漢文之文言。儸人飲酒對歌之時，歌詞以古雅為尚，多喜引用經中之古語以自矜。故習儸經當多記古語。
9. 為 ko˧ ku˧ "公事"之省文。
10. 作齋時由母系親屬敘家譜，自遠祖之名，一一誦至近代。儸族今日之社會組織，雖以父系為中心，但由經中所載之諸般禮俗，如上文之"福為舅財增，祿為女基掌"，以及此處之由舅氏敘家譜，臆必儸族古代曾有一時期係以女性為本位之氏族組織。
11. 儸族於每種祭祀之前，先由唄耄於祭場上，用青樹枝及白柴條插成各種形式，代表各種神位。
12. 為重上文一字之符號，此文本身無音義。
—18—

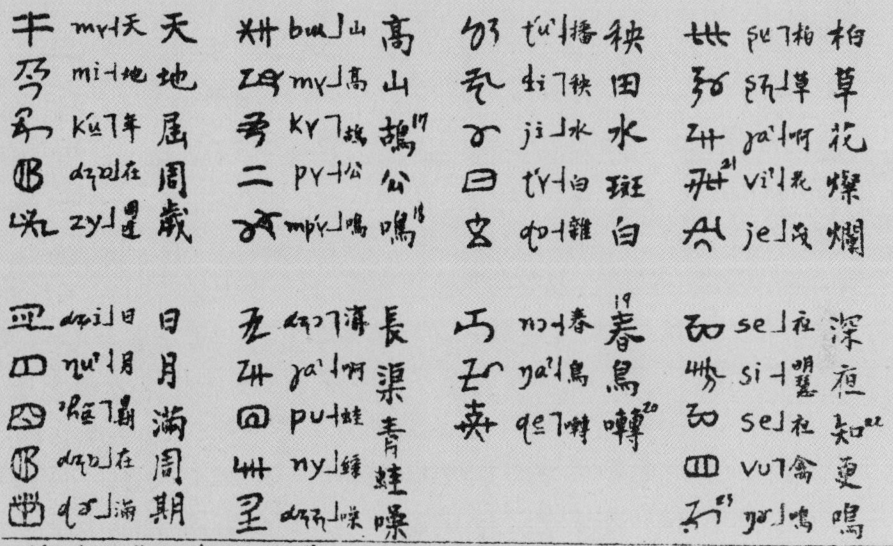

天地屆周歲
高山鴣公鳴
秧田水斑白
柏草花燦爛
日月滿周期
長渠青蛙噪
春鳥囀
深夜知更鳴

13. 喻後代如錦草之馴善。

13. 喻子嗣之昌盛。按蕨草為一種隱花植物，早春出嫩葉，其端卷曲如拳，後成複葉，長三四尺，葉葉背面，子囊叢聚，赤褐色，葉嫩時可食。

15. 倮語數字若為低平調(˩)其後附隨之高平調(˥)名詞，即倂為中平調。

16. 自「福為習財增」至此為一節。此節敘作齋時各人之責任，及子孫等之馴良昌盛。

17. 鴣公即布穀鳥。

18. mpʏ˩ 為雞鳴及禽類之鳴聲

19. 此句與下句「柏草花燦爛」連讀，倮經詞句之排比，往往五言相對，中出字一句，是否有一定之格調，尚未及細究，惟此種穿插，唄耄唱誦時不呆板，且可使聽者悅耳。

20. qʊ˥ 音調悅耳之聲如歌聲鳥囀。

21. 為 vi˥ 花之意。

22. 文中只謂夜禽，此為知更鳥名，故譯為知更。

23. ŋɯ˩ 為野獸之吼聲，此處用以形容靜時鳴聲之大。

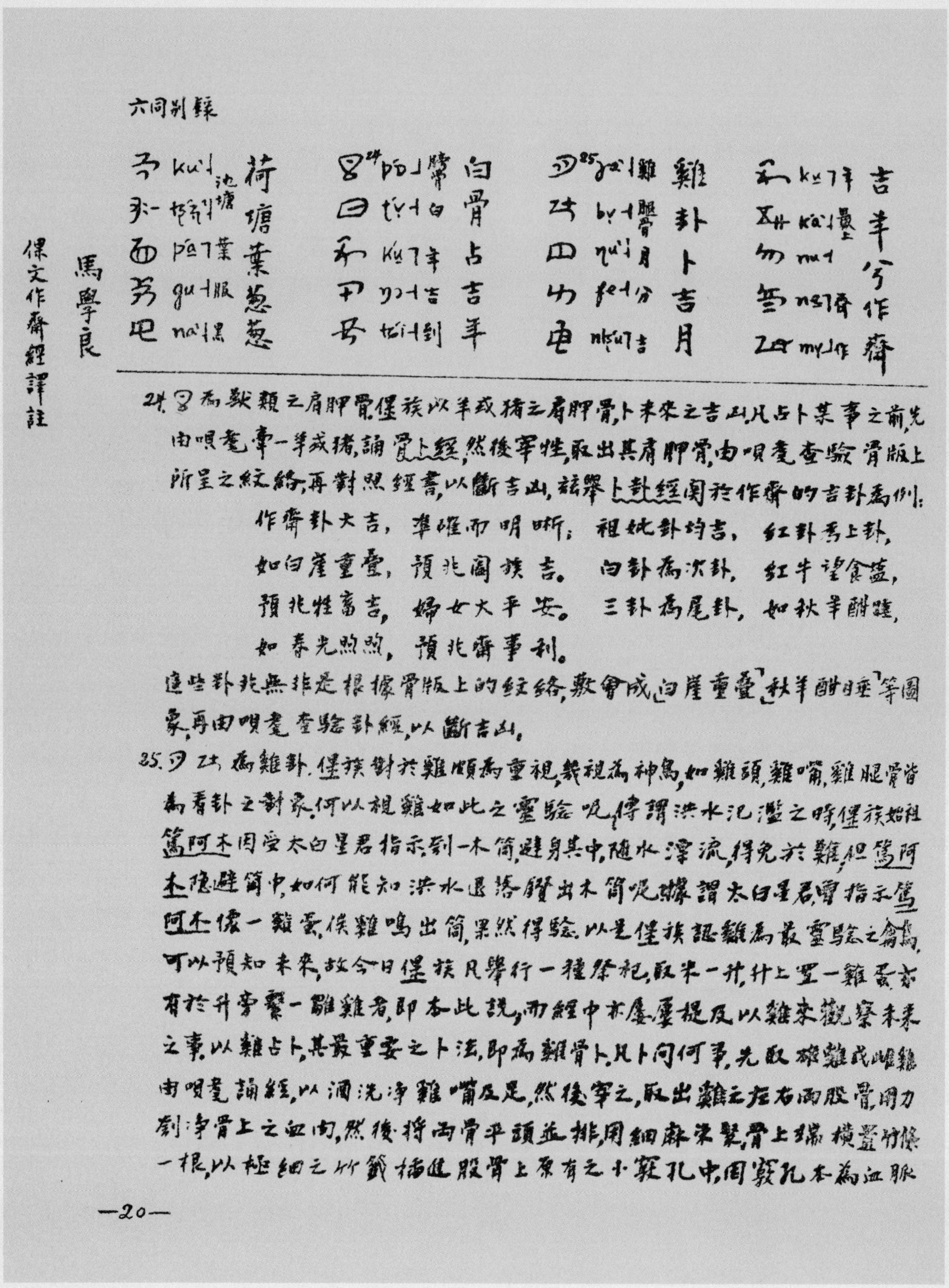

傈文作齋經譯註

馬學良

荷塘葉葱葱

白骨占吉年

雞卦卜吉月

吉年兮作齋

24. 為獸類之肩胛骨。傈族以羊或猪之肩胛骨，卜未來之吉凶。凡占卜某事之前，先由唄耄牽一羊或猪，誦骨卜經，然後宰牲，取出其肩胛骨，由唄耄查驗骨版上所呈之紋絡，再對照經書，以斷吉凶。茲舉卜卦經関於作齋的吉卦為例：

作齋卦大吉，準確而明晰；祖妣卦均吉，紅卦為上卦，如白崖重疊，預兆閤族吉。白卦為次卦，紅牛望食盆，預兆牲畜吉，婦女大平安。三卦為尾卦，如秋羊酣睡，如春光煦煦，預兆齋事利。

這些卦兆無非是根據骨版上的紋絡，擬會成「白崖重疊」「秋羊酣睡」等圖象，再由唄耄查驗卦經，以斷吉凶。

25. 為雞卦。傈族對於雞頗為重視，幾視為神鳥，如雞頭，雞嘴，雞腿骨皆為看卦之對象。何以視雞如此之靈驗呢？傳謂洪水氾濫之時，傈族始祖篤阿木因受太白星君指示，剜一木筒，避身其中，隨水漂流，得免於難。但篤阿木隱避筒中，如何能知洪水退落，鑽出木筒呢？據謂太白星君曾指示篤阿木懷一雞蛋，俟雞鳴出筒，果然得驗。以是傈族認雞為最靈驗之禽鳥，可以預知未來，故今日傈族凡舉行一種祭祀，取米一升，升上置一雞蛋，亦有於升旁繫一雛雞者，即本此説，而經中亦屢屢提及以雞來觀察未來之事。以雞占卜，其最重要之卜法，即為雞骨卜。凡卜問何事，先取雄雞或雌雞，由唄耄誦經，以酒洗淨雞嘴及足，然後宰之，取出雞之左右兩股骨，用刀刮淨骨上之血肉，然後將兩骨平頭並排，用細麻索繫，骨上端橫置竹條一根，以極細之竹籤插進股骨上原有之小竅孔中，因竅孔本為血脈

月時至則明 (nu 月 / tu 時 / tsi 至 / nu 則 / bu 明)

日時月時至 (dzi 日 / tu 時 / nu 月 / tu 時 / tsi 至)

天時至則枉 (my 天 / tu 時 / tsi 至 / nu 則 / va 枉)

吉月今祭祖 (nu 月 / ka 今 / nu / va 祭 / 祖)

齋時祖時至 (nɛ 齋 / tu 時 / va 祖 / tu 時 / tsi 至)

日時至則熱 (dzi 日 / tu 時 / tsi 至 / nu 則 / tsu 熱)

地時至則晝 (mi 地 / tu 時 / tsi 至 / nu 則 / te 晝)

今逢天時地時至 (今 / nu / my 天 / tu 時 / mi 地 / tu 時 / tsi 至)

神經之孔多寡不一，故所插入之竹籤數目亦不定，普通多為四根至五根。竹籤插入後，視竹籤之方向及洞口深淺，再驗雞卦經以定吉凶，茲舉雞卦經中之一卦為例：

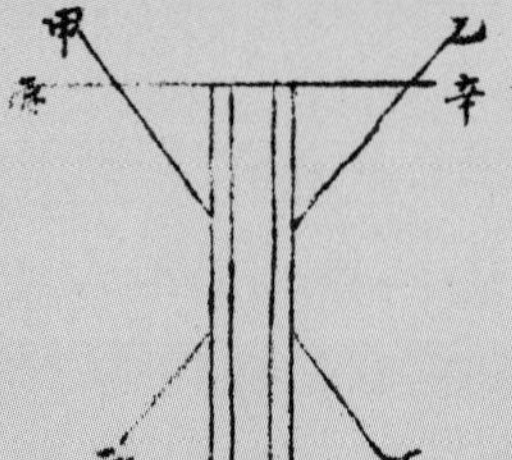

如圖為四竅孔戊己兩雞股骨竹籤，既得此形，同之卦圖適為此卦，為雞股骨四根相對相插之雞卦，甲乙丙丁為四根竹籤插入上之竅孔中，庚辛為支撐兩條股骨之唄毫，即按形查雞卦經上與此形相第四卦，卦文曰：雞卦第四卦，卜得一對相合，每股骨上有二孔，插竹籤占得此卦，若作百解祭（除祟還願之祭名——譯註）主人自旺，出行大吉，合婚有成，牲畜稼穡均吉，若爭鬥訴訟見官則不吉，遺失覓得有望，病者為家中祖靈作祟，供茶一盅即為作齋吉利。據雞骨上經有八十餘卦，故則竹籤所插之方向與雞骨上竅孔之不同數目可有如此多之圖形。

— 21 —

六同別録

馬學良

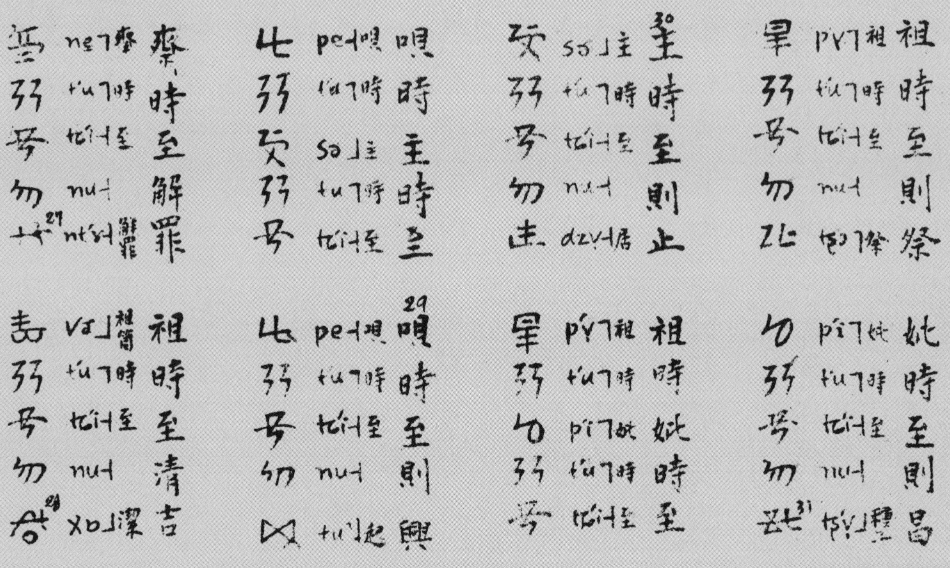

26. 自「天逢此年分」至「吉日分祭祖」為一節，此節叙作齋之時令，謂天地更始，日月滿周年，大地氣象更新，草木蔥綠，禽鳥好啼，乃是早春景象。由此知更為象徵作齋時令已至，由占卜而定齋期。

27. 廿為解除死者生前之一切罪孽，作齋之主旨為替先人解罪超度，使化為神，詳見作齋禮俗述要10頁。

28. 為一種潔除惡祟之儀式，俗名打醋炭，由河邊選擇潔淨之卵石二枚，在火中燒熱，再以碗盛清水及青櫟葉，以熱石置地上，唄耄誦除祟經，將碗水潑石上，此時白氣蒸騰，據謂此氣可以退避諸邪，倮族一切祭事之前，皆先經過之儀式，使人物清吉。傳說太公於封神時，被封為醋炭神，管束一切惡邪，故行經倮村，常見倮人門上貼着「太公在此眾諸邪迴避」的門聯，則此風習不僅盛行於漢地也。

29. 唄耄以作齋時至，則與主人共商作齋事宜。

30. 作齋之家為主，主人以作齋時至，不能至田間工作，止於家中籌備作齋。

31. 為種子，此處引申為子孫昌盛。

72 —

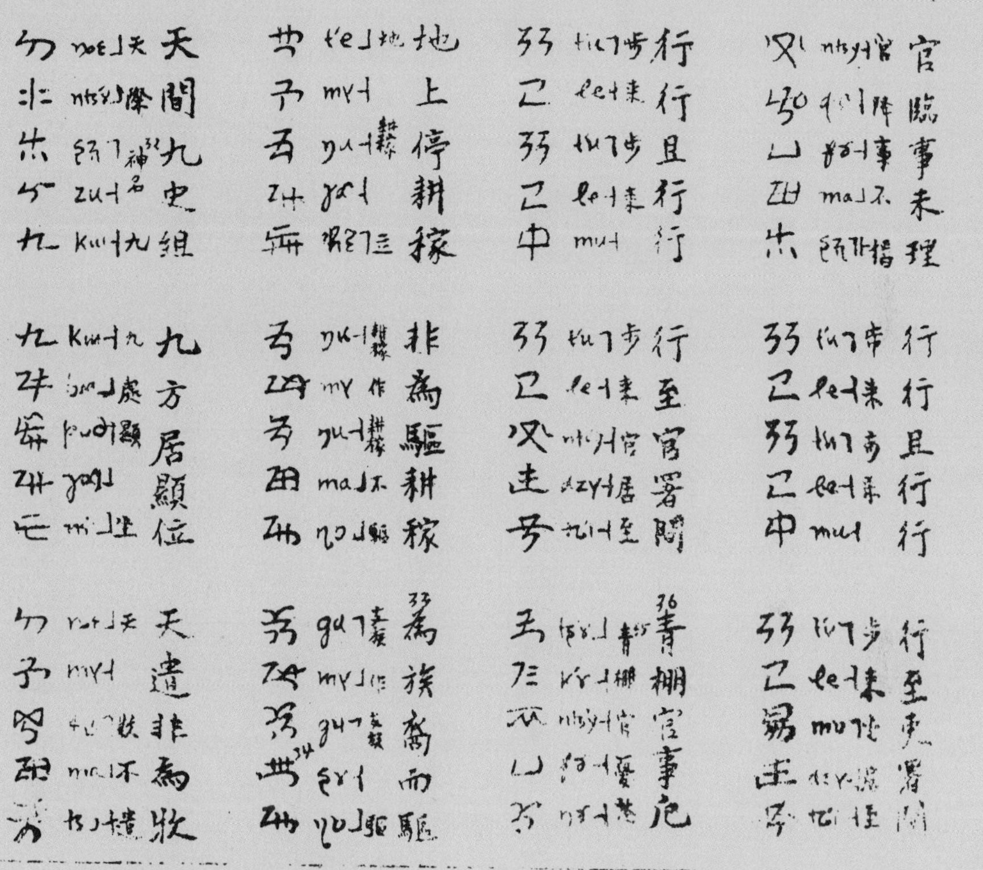

集刊外編第三種

傈文作齋經譯註

天間九忠組　九方居顯位　天遣非為妝

地上停耕稼　非為驅耕稼　為族齊而驅

行行且行行　行至宮署開　青棚宮事危

官臨事未理　行行且行行　行至宮署開

33 天間神名，下凡督理齋事者。

33 此句意即作齋，因作齋各氏族齊至齋場，此處不言作齋，只言作齋之族齊，為避免與上句為齋事而遣重複。

34 而為語助詞，與漢語"而"字用法相似。

35 古代官署居青棚中，並無房屋之建築。

36 傈經中有紀載古代未作齋以前，宇宙沉暗，日出光不明，月出光不亮，天星晨不閃耀，號令不得佈，其後氏至天神下凡掃除烟瘴，然後日月放光明，政理民安樂，此處青即指此而言。

—21—

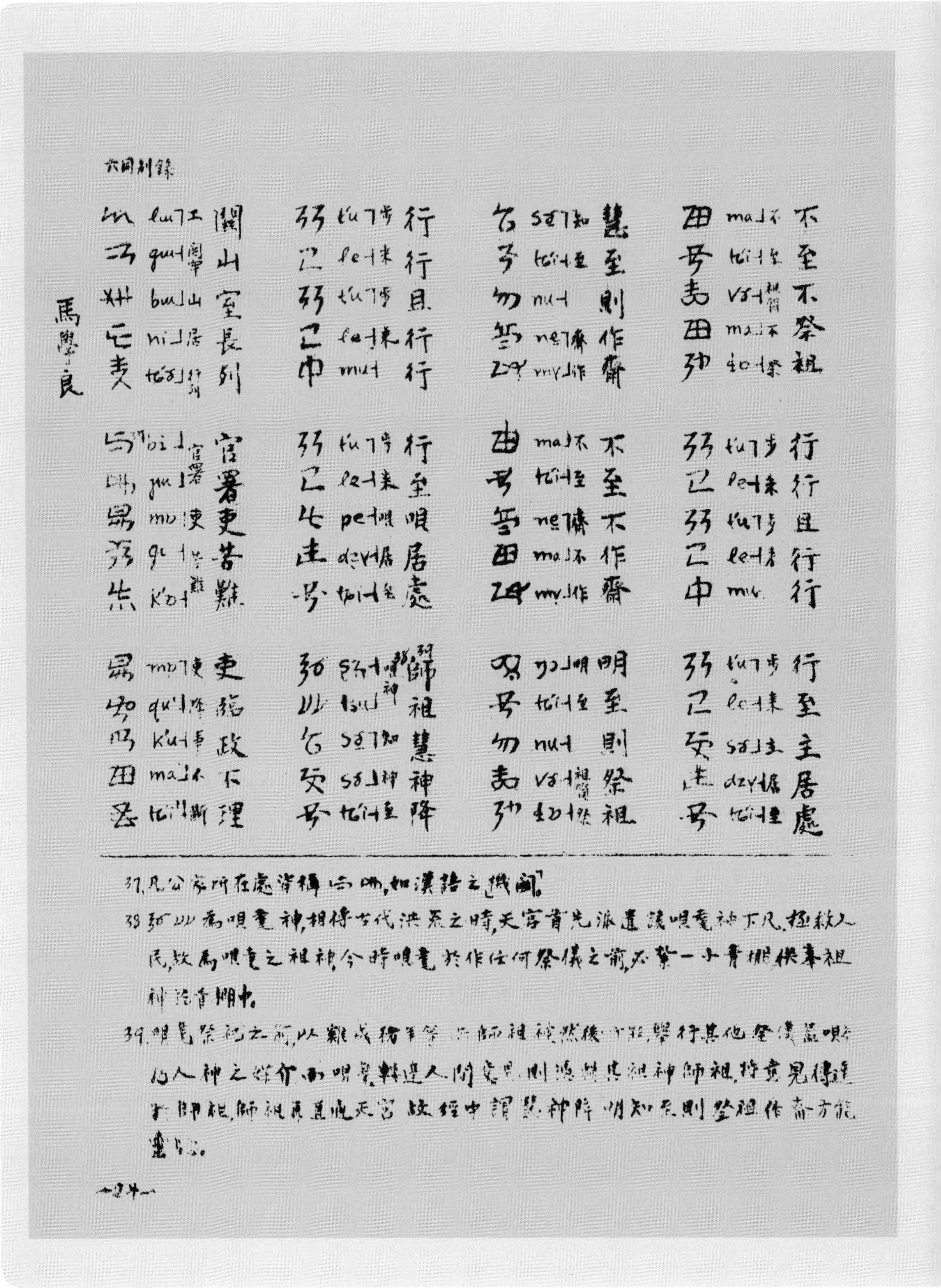
六同别録

馬學良

不至不祭祖

慧至則作齋

行行且行行

闕山室長列

行行且行行

不至不作齋

行至明居處

官署吏苦難

行至主居處

明至則祭祖

師祖慧神降

吏臨政不理

37、凡公家所在處皆稱[Shui]，如漢語之"衙門"。

38 [Shui]為唄耄神，相傳古代洪荒之時，天宮首先派遣該唄耄神下凡，拯救人民，故為唄耄之祖神，今時唄耄於作任何祭儀之前，必紮一小青棚供奉祖神於青棚中。

39、唄耄祭祀之前，以雞或豬羊等祭師祖神，然後才能舉行其他各儀，蓋唄耄為人神之媒介，而唄耄轉達人間意思，則須經其祖神師祖，將意見傳達於師祖，師祖再直達天宮，故經中謂慧神降明知至，則祭祖作齋方能靈驗。

—27—

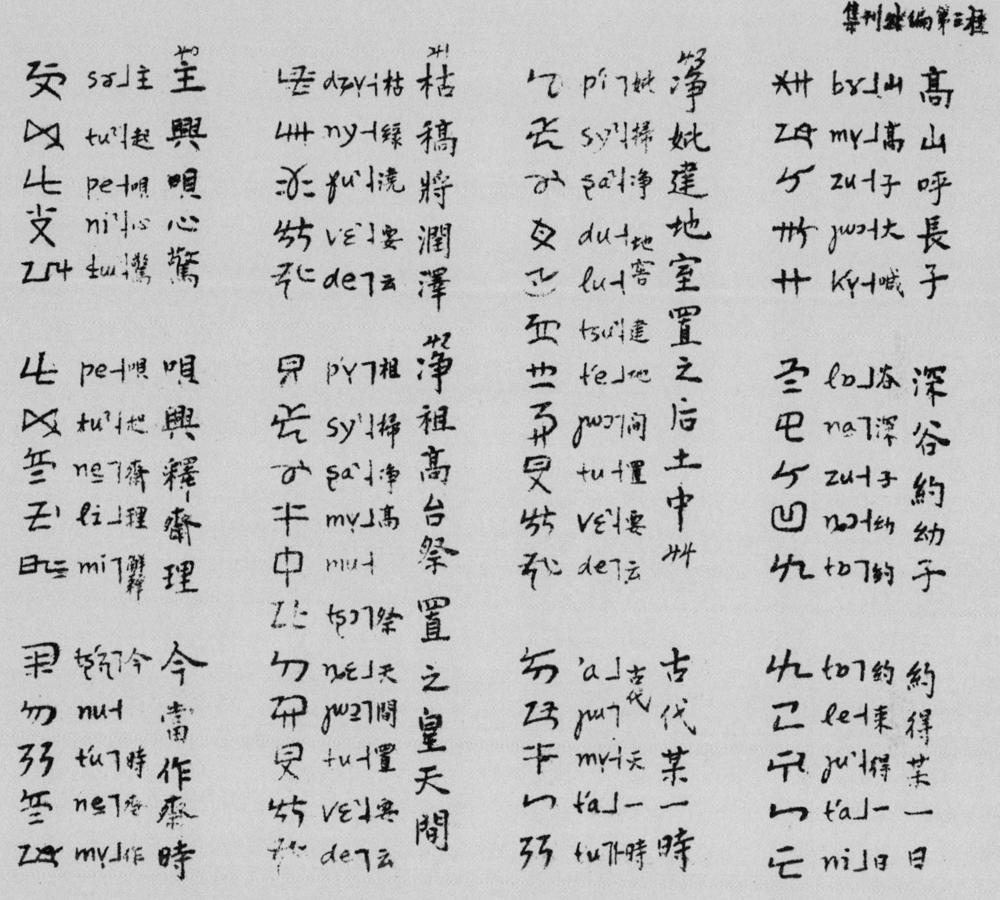

40.主人起而作齋，唄耄進隨主人主持一切祭儀，故唄耄見主人起如齋時已至，心為之驚，戒慎之意也。

41.比喻之詞，不作齋則歿存俱感不安，如大旱之望雲霓，既至齋時，如沛然下雨，枯槁禾得甘霖，油然而蘇，極言作齋之迫切重要也。

42.作齋時先將祖靈注淨，置於祖棚之高台上，巍然如置身天上。

43.祖台分上下二級，祖靈置於上，妣靈置於下，蓋乾坤有別也。

44.自「天間九史組」至「淨妣建地室置之后土中」為一節，此節承上節謂天地日月各有其時節，引出作齋亦如天地日月之有時序也。故謂天間亦因作齋而派

—25—

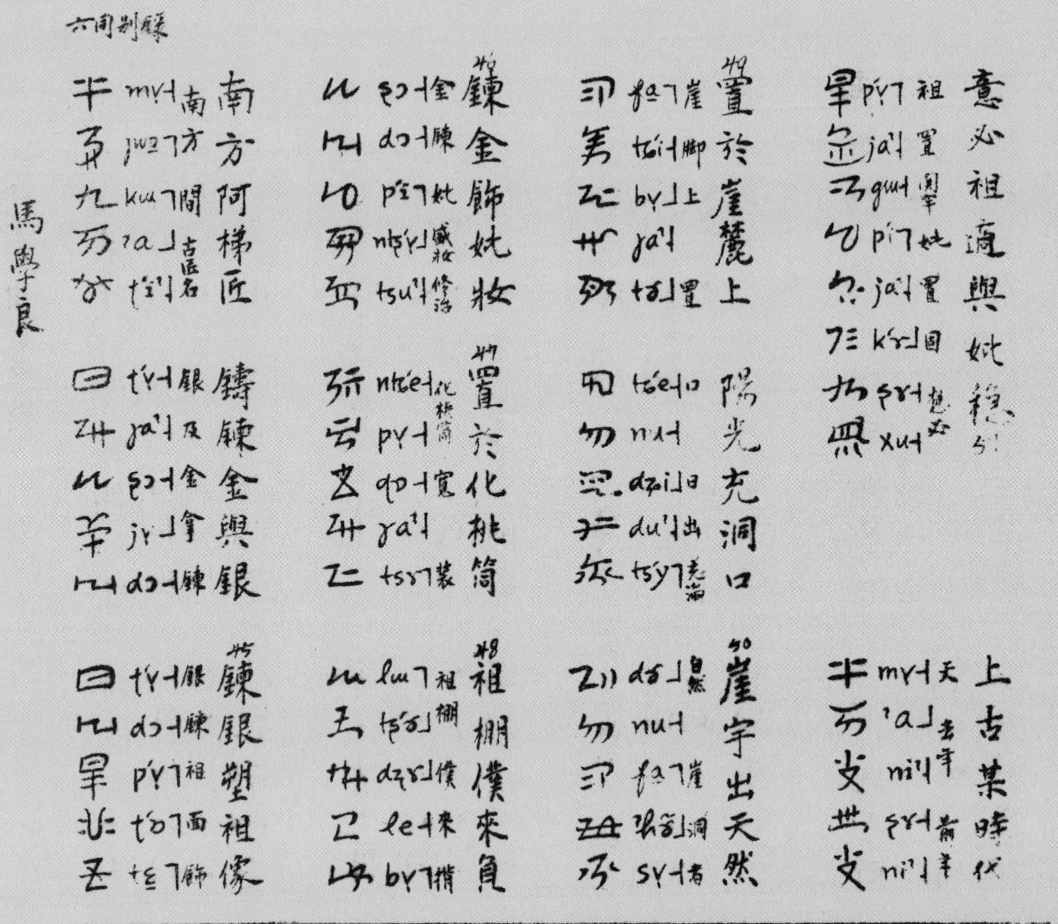

遣天神，督理齋事。斯時凡間以未作齋，官不理政，吏不親民，故曰史組下凡，非為督理耕牧，旨在訪唄耄作齋，以蘇民困，可見作齋對於庶民之重要。審考其中原因，蓋倮族以為人死後，其靈魂仍縈繞家室，在未作齋之前，此種靈魂，以游蕩無所歸宿，對於後裔，不但不加佑庇，且時常作祟。故倮經中常有「家鬼作祟應速作齋」之語。此輩家鬼，既經作齋後，子孫為其解除生前罪孽，超度之使隨始祖篤阿木同化為仙，此後沒存俱安，陰陽互不相擾。蓋上世未嘗作齋，陰鬼充塞宇宙，以是人世混沌，官吏苦難，民不聊生，故經書紀載此一段時期為「日出光不明，月出光不亮」之人鬼糾纏之洪荒時代。自天宮派遣天神，協同

—26—

集刊外編第二種

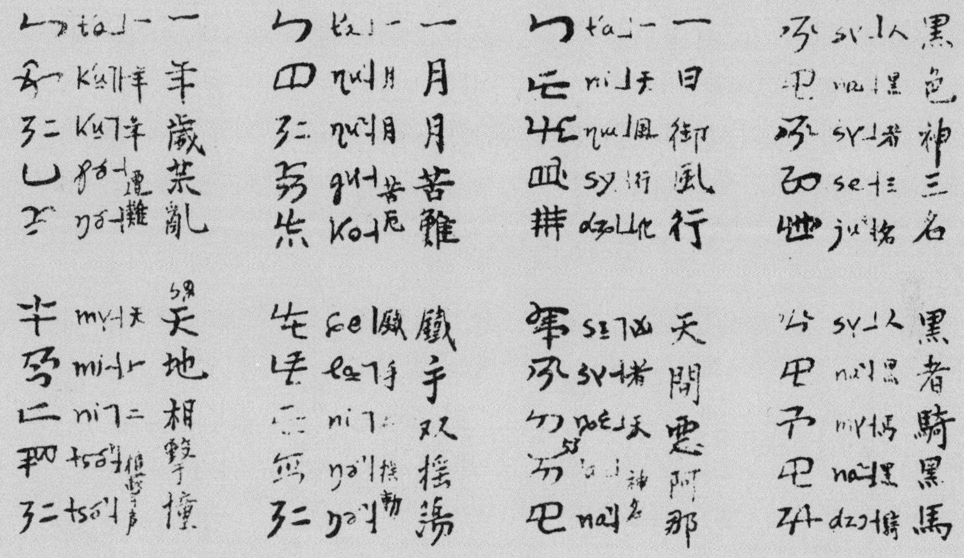

傈文作齋經譯注

唄耄作齋此後世向方告寧靖人鬼異路，故今以傈族頗法重作齋。

45 傈族祖筒中所裝之祖像，其面孔及肢節飾以銀片。

46. 妣像則飾以金。

47 祖像雕好後，即裝於以化桃木所雕之祖筒中。

48 作齋時專有司揹祖筒者，以紅綠氈裹祖筒，唄耄手執銅鈴及青樹枝，誦經振鈴前導，子孫追隨於後

49 祖筒置於峭崖之壁洞中人跡罕至，愈陡峭有天險之崖洞，愈可護祖，蓋追念始祖篤阿木蒙難時之情景也。

50 崖洞以天然生成者為佳，不加鑿治。

51 自「古代某一時」至「意必祖適與妣接」為一節，此節敘作齋時祖像之修飾及何種崖洞方可使祖妣棲適。

52. 謂雷聲。

53 天上某神名。

54 𠃌，𠃌為一字之不同寫法，經書原文如此，不便改作一體。

—27—

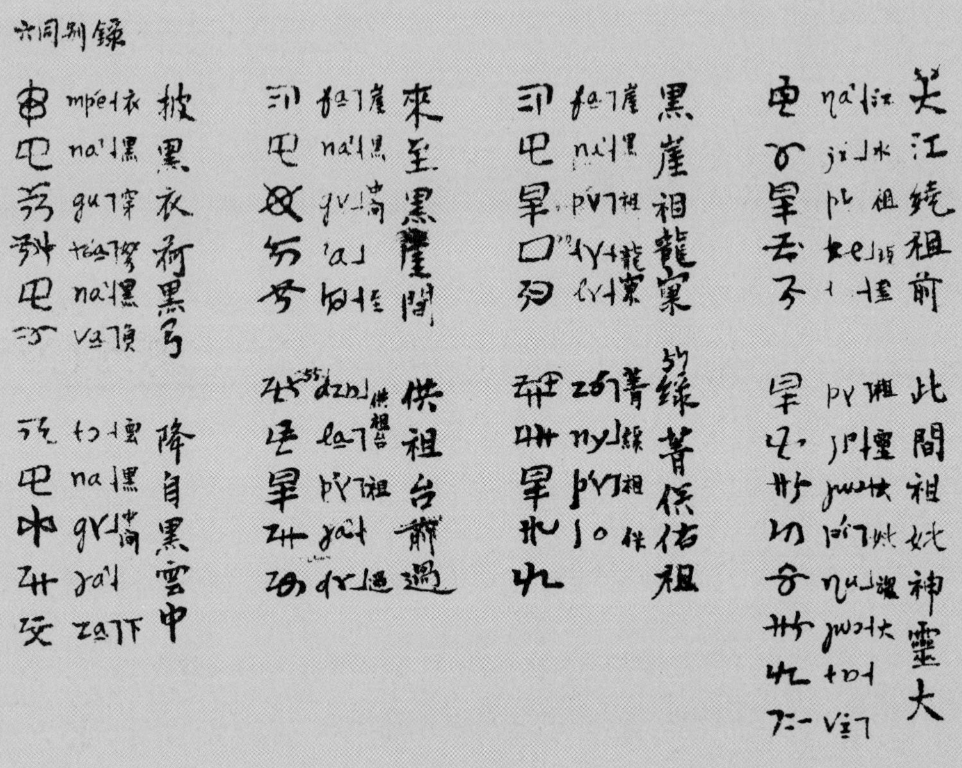
六同別錄

55. [illegible]一本作[illegible](擲)[illegible]，又一本作[illegible](學習)[illegible]，三說今取[illegible]，按[illegible]為供祖台，其意允當。[illegible]固可詳為「擲手」，但不合於倮語語法，因倮語動詞當位於名詞之後，「擲手」倮語當作[illegible]，故此處當非「擲手」可知。[illegible]則不成解，固知各本[illegible]乃[illegible]字燭摩殘闕致誤，其後淺學之唄耄傳抄，以訛傳訛，致不能成解矣。倮經此種紕繆甚多，讀者不可不慎也。

56. 喻崖洞可以護祖，如龍窠之穩適可貴。

57. 置祖之崖洞，必選擇林木茂鬱之處，往往於箐林中選一古樹作為靈枝神，以為可以護祖。

58. 理想之崖洞背山面水，故曰「大江繞祖前」。

59. [illegible]指定之語助詞，經文常用今語已不習見矣。

28

供祖台前過 60

黃色神之名

黃者騎黃馬

披黃衣荷黃弓

降自黃雲中

來至黃崖間

供祖台前過

山神保佑祖 61

太白守護妣 62

此間祖妣神靈大

供祖台前過 63

60. 自上古某時代至「供祖台前過」為一節。此節敘黑崖可以護祖，雖有惡神經過，以崖洞之優勢，可以防止外力之滋擾。

61. 山神即漢人鄉村所奉祀之土地神，保佑一方清吉。傈族每村之外，選擇一林木茂鬱之地，以其中之一老樹為山神樹，屠牲祭祀。凡一切大小祭儀，必先宰公雞一隻獻山神，以為山神可以管理一方之鬼神也。

62. jeɬ syɬ moɬ，即洪水氾濫時拯救傈族始祖篤阿木之太白神也。此神為傈族之恩神，故每祭必享此神

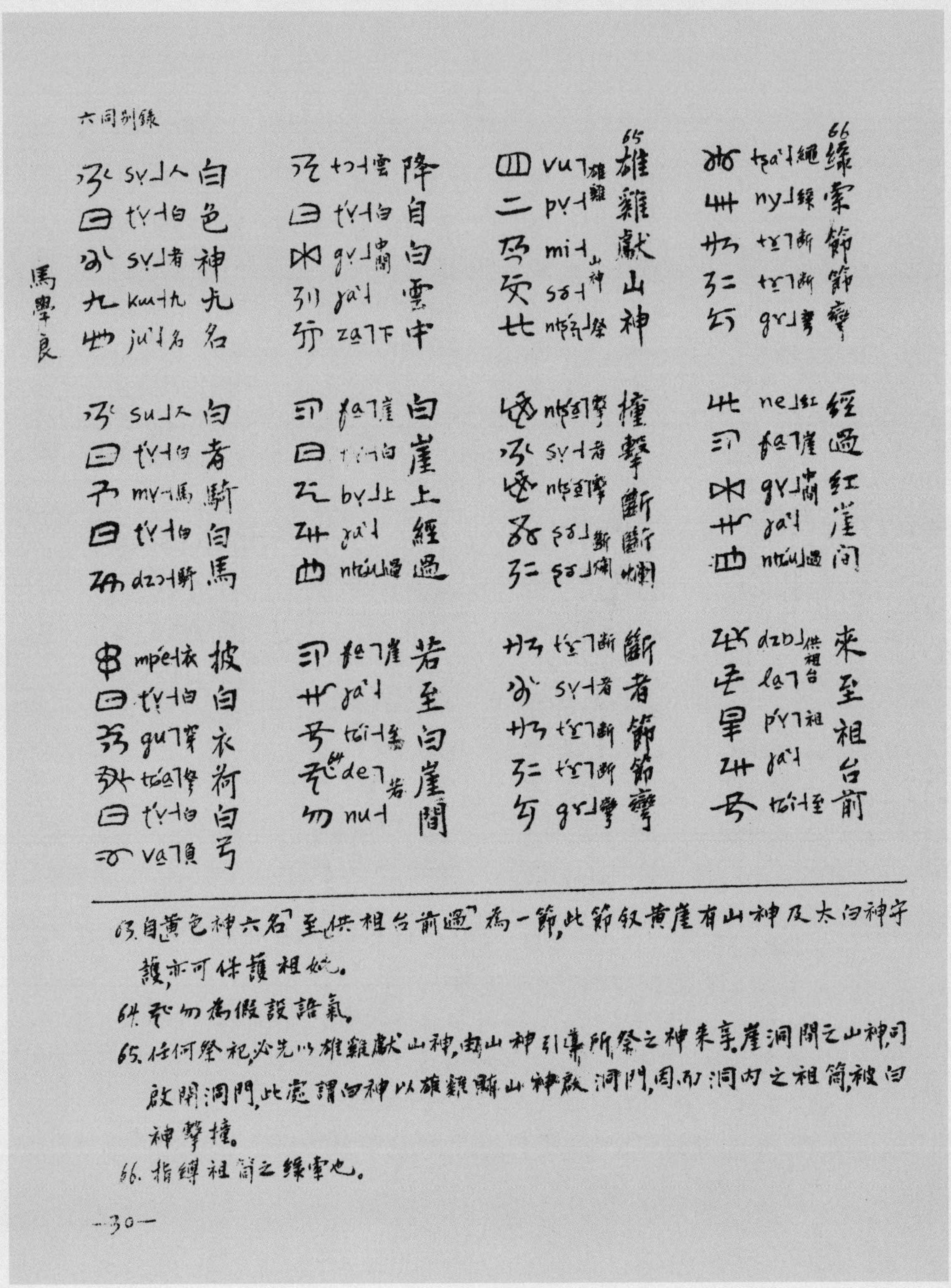

六同别録

馬學良

白色神九名

降自白雲中

65 雄雞獻山神

66 緣索節節彎

白者騎白馬

白崖上經過

撞擊斷斷斕

經過紅崖间

披白衣荷白弓

若至白崖間

斷者節節彎

来至祖台前

63. 自"黄色神六名"至"供祖台前過"為一節，此節叙黄崖有山神及太白神守護，亦可佑護祖妣。

64. 若勿為假設語氣。

65. 任何祭祀，必先以雄雞獻山神，由山神引導所祭之神来享。崖洞間之山神司啟閉洞門，此處謂白神以雄雞獻山神啟洞門，因而洞内之祖筒被白神撞擊。

66. 指縛祖筒之緣索也。

—30—

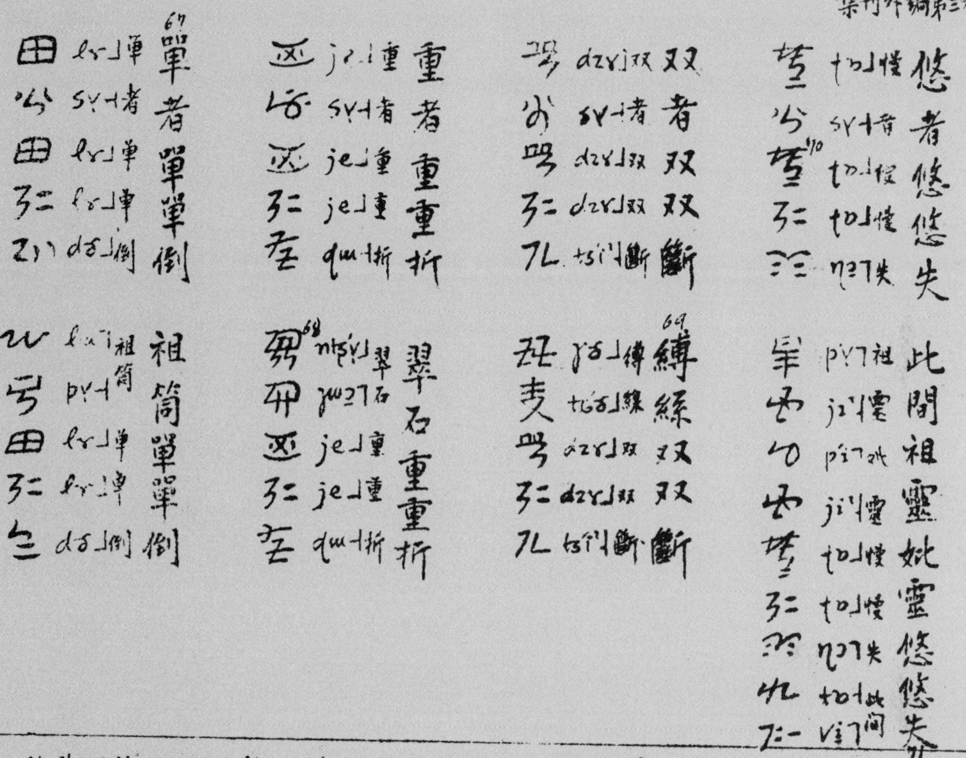

悠者悠悠失[70]
双者双双斷
重者重重折
單[67]者單單倒

此閒祖靈妣靈悠悠失[71]
縛[69]綵双双斷
翠[68]石重重折
祖筒單單倒

67. 指祖筒被白神擊倒，祖筒只一个，故曰「單者單單倒」。

68. [illegible]為裝祖妣之翠石，此石由河邊掘出者，磨之成軀幹之各部，以細銅絲連繫成偶像。關節相接處，祖像鑿以銀片，妣像鑿以金片，此處即指祖筒被擊倒後，祖妣軀幹之翠石重重折損也。

69. 指連繫翠石之銅絲而言，以翠石双双相連，其所繫之銅絲，既被折斷，則翠石脱落，故曰「縛綵双双斷」

70. [illegible]為悠緩貌。

71. 自「白色神九右」至「此閒祖靈妣靈悠悠失」為一節，此節謂白崖不能護祖，故遇外來滋擾，則祖筒即被損壞，祖妣靈魂因而消失。此三節乃指示選擇崖洞之重要，以何種色澤之崖洞，及何種環境，方可作護祖之崖洞。故今日倮族之崖洞未有選擇白色者，即根據經書所示。

原文作者簡介

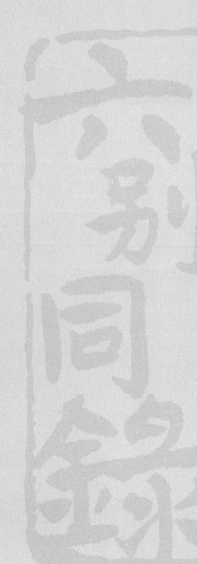

董同龢

（1911—1963）

江蘇如皋人。中國現代音韵學的重要學者。他不僅在漢語古音、方言研究方面取得了重要成就，還致力于南島語系鄒語的調查研究，其學術成果對後世影響深遠。代表作有《上古音韵表稿》《華陽凉水井客家方言記音》《中國語音史》《鄒語研究》等。

- 1932年，考入清華大學中文系，師從王力學習音韵學。
- 1937年，入中研院史語所任職。
- 1938年，隨史語所遷往雲南昆明。
- 1940年，參與史語所雲南省及四川省方言調查，同年隨史語所遷往四川李莊。
- 1943年，升任副研究員。
- 1949年，遷往臺灣，升任研究員，并受聘爲臺灣大學中國文學系教授。
- 1954年，應哈佛大學燕京學社之邀，赴美擔任訪問學人2年。
- 1956年，赴日本京都大學進行短期訪問。
- 1959年，赴美國華盛頓大學任客座教授1年。
- 1963年，在臺灣逝世，享年52歲。

石璋如

（1902—2004）

河南偃師人。中國現代考古學的主要奠基者之一。他一生專注于考古事業，尤其是在殷墟發掘和研究方面作出了卓越貢獻，他的學術成就和治學態度成爲考古學界的典範。代表作有《莫高窟形》《安陽發掘史》《中國歷史地理》《龍頭一年》等。

- 1928年，考入河南中山大學（今河南大學）文科史學系。
- 1931年，被河南大學選派參加安陽殷墟的第4次發掘，這是他第1次參與殷墟發掘。
- 1932年，加入中研院史語所考古組，開始專業考古生涯。
- 1934年，與郭寶鈞共同主持第13次發掘，發現了著名的YH127甲骨坑。
- 1935年，與梁思永共同主持第14次發掘。
- 1936年，獨自主持第15次發掘。
- 1940年，隨史語所遷往四川李莊。
- 1945年，遷往臺灣。
- 1958年，當選爲臺北“中研院”院士。
- 2004年，在臺灣逝世，享年102歲。

周法高

（1915—1994）

江蘇東臺人。中國著名的語言文字學家。他的研究涵蓋了語言學、音韵學、訓詁學、文字學等多個領域，取得了卓越的學術成就，對中國語言學的發展作出了重要貢獻。代表作有《中國古代語法》《潮語詞典》《金文零釋》《周法高上古音韵表》等。

- 1935年，考入中央大學中文系。
- 1937年，抗日戰争全面爆發，隨中央大學遷至重慶。
- 1939年，考入西南聯大之北京大學文科研究所，導師爲著名音韵學家羅常培、丁聲樹。
- 1941年，考入中研院，任助理研究員，同年隨史語所遷往四川李莊。
- 1943年，與董同龢赴成都調查方言。
- 1946年，隨史語所回遷南京，同年兼任中央大學副教授。
- 1949年，赴臺灣，同年兼任臺灣大學教授。
- 1955年，任哈佛大學哈佛燕京學社訪問學者，歷時3年。
- 1964—1976年，任香港中文大學中國語言及文學系講座教授、主任，香港中文大學研究院中國語言及文學部主任，中國語言學研究中心主任等職。
- 1985年，自香港中文大學退休，同年被聘爲臺灣東海大學講座教授。
- 1994年，在臺灣逝世，享年79歲。

張政烺

（1912—2005）

山東榮成人。中國現代著名的歷史學家、考古學家、古文字學家和文獻學家。他的研究領域廣泛，學術成就卓越，對中國古代史、古文字學、考古學和文獻學的發展作出了重要貢獻。代表作有《甲骨金文與商周史研究》《馬王堆帛書〈周易〉經傳校讀》《論易叢稿》等。

- 1932年，考入北京大學歷史系。
- 1936年，進入中研院史語所，歷任圖書管理員、助理研究員、副研究員等職。
- 1937年，隨史語所遷往長沙。
- 1940年，隨史語所遷往四川李莊。
- 1946年，任北京大學歷史系教授。
- 1954年，參加籌建中國科學院歷史研究所，并兼任中國科學院歷史研究所研究員。
- 1960年，任中華書局副總編輯。
- 1966年，任中國科學院歷史研究所研究員。
- 1978—1980年，先後當選爲中國古文字研究會理事、中國考古學會常務理事、中國史學會理事。
- 1982年起，兼任文化部國家文物委員會委員等職務。
- 2005年，在北京逝世，享年93歲。

李　濟

（1896—1979）

湖北鐘祥人。中國現代考古學的奠基人之一。他的研究不僅奠定了中國考古學的基礎，還推動了中國考古學的國際化發展。他提出“考古學即史學”的學科定位，宣導地層學、類型學與現代科技結合的研究方法，推動考古學從傳統金石學向現代科學轉型。代表作有《西陰村史前的遺存》《李濟考古學論文集》等。

- 1918年，畢業于清華學堂（清華大學前身），隨後被派往美國留學。
- 1919年，在克拉克大學獲得心理學文學士學位，同年改讀社會學研究生。
- 1920年，進入哈佛大學人類學系學習，并于1923年獲得哲學博士學位。
- 1925年，任清華學校國學研究院講師。
- 1929年，任中研院史語所考古組主任，領導并參加了安陽殷墟、章丘城子崖等田野考古發掘。
- 1940年，隨史語所遷往四川李莊。
- 1948年，當選中央研究院第一屆院士，同年底遷居臺灣。
- 1949年，任臺灣大學教授，并創立臺灣大學考古人類學系。
- 1955—1972年，擔任史語所所長。
- 1979年，在臺灣逝世，享年83歲。

董作賓

（1895—1963）

河南南陽人。中國現代考古學和甲骨學的重要奠基人之一。他的研究不僅奠定了中國考古學的基礎，還推動了中國考古學的國際化發展。代表作有《殷曆譜》《續甲骨年表》等。

- 1923—1924年，在北京大學研究所國學門讀研究生。
- 1925—1927年，先後在福建協和大學、河南中州大學和廣州中山大學任講師、副教授和教授。
- 1928年，進入中研院史語所工作。
- 1928—1937年，先後主持或參與殷墟的多次發掘工作。
- 1940年，隨史語所遷往四川李莊。
- 1948年，被選爲中央研究院院士。
- 1949年，遷往臺灣，兼任臺灣大學教授。
- 1956—1958年，任香港大學、崇基書院、新亞書院和珠海書院研究員、教授。
- 1963年，在臺灣逝世，享年68歲。

屈萬里

（1907—1979）

山東濟寧人。中國現代著名文獻學家、經學家、古文字學家。他在多個學術領域均有卓越成就，如先秦典籍研究、版本目録學等，爲推動中國學術的發展作出了杰出貢獻。代表作有《詩經釋義》《尚書釋義》《古籍導讀》等。

- 1930年，進入私立郁文學院讀書。
- 1932年，供職于山東省立圖書館，後任編藏部主任。
- 1937年，抗日戰爭全面爆發後，協助保存館中文物古籍，輾轉運往四川萬縣。
- 1940年，供職于中央圖書館，同年抵達四川李莊。
- 1942年，入中研院史語所考古組任職。
- 1945年，隨中央圖書館遷至南京，歷任編纂及特藏組主任。
- 1949年，遷往臺灣，任臺灣大學副教授兼文書組主任。
- 1953年，升爲教授。
- 1957年，任史語所研究員、代理所長。
- 1968—1973年，任臺灣大學中國文學系教授及中國文學研究所主任。
- 1972年，當選爲臺北“中研院”院士。
- 1979年，在臺灣逝世，享年72歲。

高去尋

（1910—1991）

河北安新人。中國現代考古學的重要奠基人之一。他的研究領域主要集中在殷墟發掘和史前文化研究。他對殷墟的發掘和研究工作，爲中國考古學的發展作出了重要貢獻。耗時三十餘年整理梁思永遺稿，主持編寫《侯家莊·1001號大墓》《侯家莊·1004號大墓》等九册報告。

- 1929年，考入北京大學文預科。
- 1931年，由北京大學預科轉入正科歷史系。
- 1935年，進入中研院史語所工作，同年加入梁思永領導的殷墟發掘團，參加侯家莊西北岡的最後一次發掘、三次小屯村北地的發掘。
- 1937年，抗日戰爭全面爆發後，隨史語所遷往西南地區，繼續從事考古研究工作。
- 1940年，隨史語所遷往四川李莊。
- 1949年，隨史語所遷往臺灣，任研究員。
- 1954年，梁思永逝世後，受命整理梁思永的西北岡報告未完稿，從此將後半生精力投入到該工作中。
- 1966年，當選爲臺北“中研院”院士。
- 1973—1976年，任史語所所長。
- 1991年，在臺灣逝世，享年81歲。

勞　榦

（1907—2003）

湖南長沙人。中國著名歷史學家。他在秦漢史和居延漢簡研究領域作出了卓越貢獻。他的研究不僅推動了中國歷史學的發展，也爲國際學術界提供了重要的參考。代表作有《秦漢史》《居延漢簡·考釋之部》《居延漢簡·圖版之部》等。

- 1926年，考入北京大學歷史系。
- 1932年，進入中研院史語所工作。
- 1937年，抗日戰爭全面爆發後，隨中研院遷往西南地區，繼續從事學術研究。
- 1940年，隨史語所遷往四川李莊。
- 1942年，與石璋如赴敦煌和黑水流域考察，這次考察對他研究居延漢簡幫助極大，奠定了以後工作的基礎。
- 1949年，遷往臺灣，任臺灣大學、臺灣師範大學教授。
- 1958年，當選爲臺北“中研院”院士。
- 1962年，留居美國，任加州大學洛杉磯分校教授，退休後爲榮譽教授。
- 1982年，被聘爲臺灣大學歷史研究所客座教授。
- 2003年，在美國洛杉磯逝世，享年96歲。

逯欽立

（1910—1973）

山東巨野人。中國著名古代文學研究專家。他在漢魏六朝文學領域有著卓越的貢獻，并在漢詩研究、陶淵明研究、漢樂府研究和古代文學理論研究上取得了顯著成果。編纂有《先秦漢魏晋南北朝詩》，校注有《陶淵明集》，著有《逯欽立文存》等。

- 1935年，考入北京大學哲學系，翌年經湯用彤推重轉入中文系學習。
- 1937年，抗日戰争全面爆發後，隨北京大學南遷至昆明，參與西南聯合大學的教學與研究工作。
- 1939年，畢業于北京大學中文系，隨即考入北大文科研究所。
- 1940年，隨史語所遷往四川李莊。
- 1942年，進入中研院史語所工作。
- 1946年，隨史語所遷往南京，任副研究員。
- 1948年，任廣西大學教授。
- 1951年，被選爲桂林市人大代表。10月，自廣西大學轉往東北師範大學，任中文系教授，後主持古典文學教研室（組）的工作。
- 1973年，在吉林長春逝世，享年63歲。

何兹全

（1911—2011）

山東菏澤人。中國著名歷史學家、教育家。他的主要研究領域爲魏晋南北朝政治制度史、兵制史和寺院經濟史，其首倡的“漢魏之際封建説”影響深遠。代表作有《中國古代社會》《秦漢史略》《魏晋南北朝史略》。

- 1931年，考入北京大學，最初選讀政治系，後轉入史學系。
- 1935年，畢業後去日本留學，不到一年因病回國，回國後與友人合辦《教育短波》刊物。
- 1939—1940年，在中央大學歷史系研究魏晋南北朝史，并講授中國通史課。
- 1944年，任中研院史語所助理研究員。
- 1947年，赴美國，在紐約哥倫比亞大學讀書。
- 1950年，在北京師範大學任教，先後任副教授、教授，兼任魏晋南北朝研究室主任。
- 1987—1988年，作爲訪問學者，赴美國西雅圖華盛頓大學講學。
- 2011年，在北京逝世，享年100歲。

傅樂焕

（1913—1966）

山東聊城人。中國著名遼金史專家。他對中國少數民族史研究事業作出了劃時代貢獻，其提出的“遼代二元政治論”系統闡释契丹南北面官制、捺缽制度與部族組織演變，奠定遼史研究理論基石。代表作有《遼史叢考》《捺缽與斡爾魯朵》等。

- 1932年，考入北京大學歷史系。
- 1936年，從北京大學歷史系畢業，獲學士學位。
- 1937年，入中研院史語所任助理研究員。後隨史語所遷往長沙、昆明、重慶等地，從事語言研究工作。
- 1941年，隨史語所遷往四川李莊。
- 1942年，被聘爲副研究員。
- 1947—1950年，赴英國倫敦大學東方學院留學，獲得博士學位。
- 1950—1951年，在中國科學院考古研究所任研究員。
- 1952年，調入中央民族學院，先後在研究部、歷史系工作，曾任歷史系副主任、院工會副主席等職，兼任中國科學院歷史研究所研究員和學術委員。
- 1966年，在北京逝世，享年53歲。

王崇武

（1911—1957）

河北雄縣人。中國著名明史學家。他不僅在明史領域取得了卓越成就，還兼治朝鮮史和近代外交史。他的治學態度極爲嚴謹，擅長做細緻的研究工作。研究成果不僅在學界引起了廣泛關注，也爲後來的明史研究提供了重要的參考和啓示。代表作有《明靖難史事考證稿》《奉天靖難記注》《明本紀校注》等。

- 1932年，考入北京大學歷史學系。
- 1936年，畢業後在北京大學文科研究所任助理員，參與整理清朝内閣大庫檔案。
- 1937年，進入中研院史語所，負責校勘《明實録》并從事明史研究。
- 1941年，隨史語所遷往四川李莊。
- 1948年，赴英國牛津大學從事明清兩代和中西交通史的研究。
- 1953年，任中國科學院歷史研究所第三所研究員。
- 1954年，到中國科學院近代史研究所工作。
- 1957年，在北京逝世，享年46歲。

芮逸夫

（1898—1991）

江蘇溧陽人。中國著名人類學家、民族學家。他的研究領域跨越體質人類學、語言學、民族學等。其研究不僅推動了苗族文化的研究，也爲理解中國民族關係和國家認同提供了重要參考。代表作有《中國民族及其文化論稿》、《川南鴉雀苗的婚喪禮俗：資料之部》、《湘西苗族調查報告》（與凌純聲合著）等。

- 1923年，考入東南大學外文系。
- 1930年，進入中研院工作，歷任中研院社會科學研究所民族學組助理員，中研院史語所人類學組助理員、副研究員、編纂、研究員。
- 1937年，隨史語所遷至雲南昆明。
- 1940年，到達四川李莊。
- 1949年，赴臺灣，任史語所第四組主任，兼任臺灣大學考古人類學系教授。
- 1959年，任臺灣大學考古人類學系主任。
- 1964年，赴美國任教，歷任西雅圖華盛頓大學人類學系及印第安那大學人類學系客座教授。
- 1966年，回到臺灣，任臺灣大學考古人類學系教授。
- 1981年，當選爲臺北“中研院”院士。
- 1991年，在臺灣逝世，享年93歲。

馬學良

（1913—1999）

山東榮成人。中國著名語言學家、民族語言文學家、民族教育家、中央民族大學民族語言文學學科奠基人。他長期致力于少數民族語言文學教育工作，爲發展民族語言、文學培養了大批人才。代表作有《漢藏語概論》《中國少數民族文學史》《彝文經籍文化辭典》等。

- 1934年，考入北京大學中文系。
- 1938年，獲學士學位，任西南聯合大學助教。
- 1939年，考入北京大學文科研究所攻讀語言學，師從李方桂，專攻漢語音韻學和訓詁學。
- 1941年，研究生畢業，獲語言學碩士學位，同年隨史語所遷往四川李莊。
- 1941—1949年，任中研院史語所助理研究員。
- 1943—1949年，兼任南京中央大學副教授。
- 1949—1953年，任北京大學東方語文系副教授。
- 1953年後，任中央民族學院教授，兼任語文系主任。
- 1999年，在北京逝世，享年86歲。

導讀作者簡介

馮 蒸

首都師範大學文學院、首都師範大學中國詩歌研究中心二級教授，博士生導師，漢語言文字學國家級教學團隊主要成員、負責人之一，中國音韵學研究會理事，北京國際漢字文化研究會理事。早年曾受到著名音韵學家陸志韋、王静如二位先生的多年教誨。1978年進入中國社會科學院語言研究所工作，又受到著名學者李榮、邵榮芬、王顯教授的指導。1985—1987年，就讀于北京師範學院（今首都師範大學）中文系漢語言文字學專業，獲得文學碩士學位，導師是洪成玉教授；1987—1989年，就讀于杭州大學中文系漢語言文字學專業，獲得文學博士學位，導師是蔣禮鴻教授。1989年至今任教于首都師範大學文學院，先後擔任漢語言文字學教研室主任、漢語言文字學學科帶頭人，2017年承擔國家社科基金重大項目“北京方言形成的歷史音韵層次研究”并擔任首席專家。任教期間，曾受邀前往日本學術振興會、日本神户市外國語大學、臺北“中研院”語言學研究所、高雄中山大學、臺灣東海大學、香港中文大學、澳門大學等機構講學并合作進行音韵學研究。在多年的學術研究中，形成了富有特色的研究風格，目前已出版專書多部，發表音韵學論文120餘篇。

霍 巍

四川大學歷史文化學院教授、博士生導師、著名考古學家，長期致力于漢唐考古、西南地區考古及中外文化交流史研究。現任四川大學歷史文化學院学术院長、教育部人文社會科學重点研究基地四川大学中国藏学研究所所长、四川大學铸牢中华民族共同体意识研究基地主任，兼任國務院學位委員會考古學科評議組召集人之一、四川省考古学会首任会长等職，是西藏高原考古領域的開拓性學者之一。霍巍教授主持多項重大考古項目，尤其在西藏吉隆境内發現的《大唐天竺使出銘》，在阿里地區發現的大型墓葬群、佛教石窟遺址等成果轟動學界，填補了高原考古的空白，其研究揭示了漢唐時期中原與邊疆、中國與南亞的文化互動脉絡。他先后主持國家社科基金重大項目两项，出版的《青藏高原考古研究》《史前至唐代高原丝绸之路考古研究》入选国家哲学社会科学成果文库，構建了西藏考古學的理論體系，并推動考古成果轉化爲公衆文化認知。霍巍教授注重田野實踐與理論創新，培養了大批考古人才，曾獲國家級教學成果獎一等獎、教育部人文社會科學成果二等獎等榮譽，其學術貢獻爲深化邊疆民族史、中外文化交流史研究提供了關鍵的實證支撑，在國際學術界具有廣泛影響。

劉　釗

復旦大學出土文獻與古文字研究中心教授、博士生導師，著名古文字學家，長期致力于甲骨文、金文、戰國秦漢簡帛及古文字理論研究，在出土文獻整理與文字考釋領域成就卓著。現任復旦大學出土文獻與古文字研究中心主任，兼任教育部“古文字与中华文明传承发展工程”專家委員會委員、中國古文字研究會副會長、中國訓詁學會副會長、中國殷商文化學會副會長等職。

黄　博

復旦大學出土文獻與古文字研究中心博士生。現于清華大學中國語言文學博士後科研流動站從事科研工作。主要研究方向爲甲骨學與商代史。

孫玉文

北京大學中文系教授、博士生導師、著名語言學家，主要從事古代漢語、漢語音韵學及訓詁學研究，尤以漢語音義關係、漢語語音史和上古音研究見長。他師承郭錫良、唐作藩等先生，是王力學派的重要學術傳人，學術根基深厚，注重文獻考證與語言理論相結合，在漢語音義關係、上古音構擬及《説文解字》《經典釋文》等古籍的語音分析領域成果卓著。其代表作《漢語變調構詞研究》《漢語變調構詞考辨》《上古音叢論》《漢族漢語獨立時期考》《字學咀華集》等系統揭示漢語語音演變規律，提出“音義互動”研究範式，爲漢語史研究提供了新視角。孫玉文教授主持國家社科基金重大項目“上古漢語語音綜合研究”，參與《王力全集》編纂，曾任中國修辭學會副會長、中國訓詁學研究會副會長、中國音韵學研究會副會長等職，并獲1999年全國首届优秀博士學位論文獎、“王力語言學獎”一等獎、第二届全球華人國學成果獎等榮譽。他長期致力于語言學人才培養，注重學科交叉與實證研究，學術成果對漢語史理論構建及古籍整理具有重要推動作用，是當代漢語語言學界的代表性學者之一。

譚繼和

四川省政府文史研究館資深館員、四川省社科院杰出研究員、重點學科巴蜀文化學首席專家、《巴蜀文化通史》主編之一。四川省歷史學會名譽會長，中國郭沫若研究會顧問，四川省郭沫若研究會名譽會長，四川省經濟文化協會、四川省司馬相如研究會、四川省揚雄研究會等組織名譽會長，四川省大禹研究中心首席專家，四川省李白研究會、四川省杜甫學會顧問，終身享受國務院特殊津貼專家，四川省學術（技術）帶頭人。主要著述有《巴蜀文化通史》（主編）和《巴蜀文化辨思集》《巴蜀文脉》《歷史文化資源與城市神韵建設》等。

康博文

復旦大學出土文獻與古文字研究中心博士生。曾獲國家獎學金，參與編纂“貫聯汗青：簡牘綴合資訊庫”，發表論文四篇。主要致力于西北漢簡及出土文獻字詞考釋研究。